Le stress et les glandes surrénales

Rétroaction
↑ [ ] de
corticostéroïde

Modification physiologiques
Rétention Na et H_2O
↑ vol sanguin et pression
artérielle (↑ O_2 et D'énergie)

cellules cibles ← Miné. 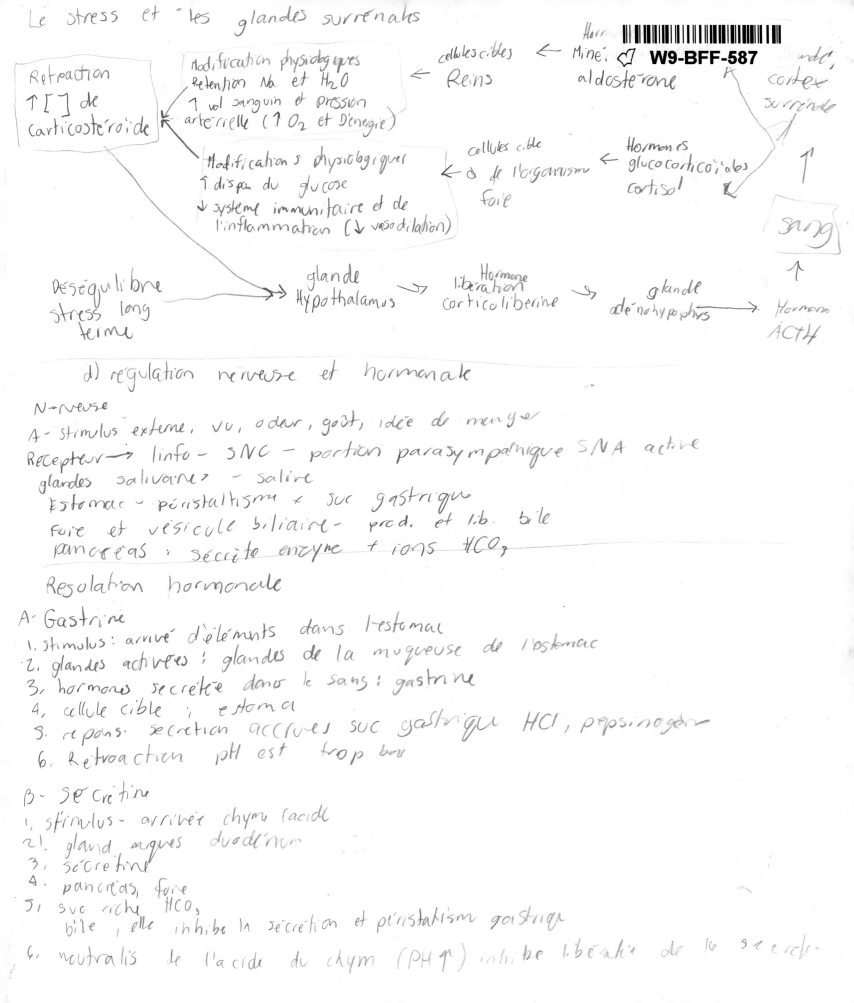 **W9-BFF-587**
Reins   aldostérone

cortex
surrénale

Modifications physiologiques
↑ dispo du glucose
↓ système immunitaire et de
l'inflammation (↓ vasodilation)

cellules cible ← Hormones
d de l'organisme ← glucocorticoïdes
foie   cortisol

sang
↑

Déséquilibre   glande   Hormone   glande   Hormone
stress long   →   Hypothalamus → libération   →   adénohypophyse → ACTH
terme   corticolibérine

d) régulation nerveuse et hormonale

Nerveuse
A- stimulus externe, vu, odeur, goût, idée de manger
Récepteur → l'info - SNC - portion parasympathique SNA active
    glandes salivaires - salive
    Estomac - péristaltisme + suc gastrique
    Foie et vésicule biliaire - prod. et lib. bile
    pancréas : sécrète enzyme + ions HCO_3

Régulation hormonale

A- Gastrine
1. stimulus: arrivé d'éléments dans l'estomac
2. glandes activées : glandes de la muqueuse de l'estomac
3. hormones sécrétée dans le sang : gastrine
4. cellule cible : estomac
5. répons. sécrétion accrues suc gastrique HCl, pepsinogène
6. Rétroaction pH est trop bas

B- Sécrétine
1. stimulus- arrivée chyme l'acide
2. gland. muqueux duodénum
3. sécrétine
4. pancréas, foie
5. suc riche HCO_3
    bile, elle inhibe la sécrétion et péristaltisme gastrique
6. neutralise le l'acide du chyme (PH 9) inhibe libération de la sécréti.

CCK

1. Présence graisse ou polypeptide
2. glande muque duodenum
3. CCK
4. foie, pancréas, visicule bliair
5. contracte visicule

BIOLOGIE GÉNÉRALE

L'unité et la diversité de la vie

Cecie Starr et Ralph Taggart

Révision scientifique
Jules Fontaine, professeur au Cégep de Sainte-Foy
Lucie Morin, professeure au Cégep de Sainte-Foy

Traduction
Philippe Axelsen
Jules Fontaine
Nathalie Liao
Lucie Morin
Serge Paquin

THOMSON
GROUPE MODULO

Australie   Canada   Espagne   États-Unis   Mexique   Royaume-Uni   Singapour

Biologie générale. L'unité et la diversité de la vie est la traduction de la dixième édition de *Biology. The Unity and Diversity of Life* de Cecie Starr et Ralph Taggart. ISBN 0-534-38800-0. © 2004, Brooks / Cole – Thomson Learning Inc. Tous droits réservés. Traduit avec la permission de Brooks / Cole – Thomson Learning Inc.

Nous reconnaissons l'aide financière du gouvernement du Canada par l'entremise du Programme d'Aide au Développement de l'Industrie de l'Édition (PADIÉ) pour nos activités d'édition.

Catalogage avant publication de Bibliothèque et Archives Canada

Starr, Cecie

    Biologie générale : l'unité et la diversité de la vie

    Traduction de la 10e éd. de : Biology : the unity and diversity of live.
    Comprend des réf. bibliogr. et un index.
    Pour les étudiants du niveau collégial.

    ISBN 2-89593-063-5

    1. Biologie. 2. Vie (Biologie). 3. Écologie. I. Taggart, Ralph. II. Titre.

QH308.2.S7214 2006   570   C2006-940263-9

Équipe de production

Éditeur : Bruno Thériault
Responsable de la production éditoriale : Dominique Lefort
Chargée de projet : Karine Méthot
Révision linguistique : Lyne Mondor, Serge Paquin, Annie Pronovost
Correction d'épreuves : Nicole Demers, Lyne Mondor, Serge Paquin
Typographie et montage : Interscript, une division de Dynagram
Couverture : Marguerite Gouin
Illustration de la couverture : Kevin Schafer / Getty Images

GROUPE MODULO

Biologie générale. L'unité et la diversité de la vie
© Groupe Modulo, 2006
233, avenue Dunbar
Mont-Royal (Québec)
Canada H3P 2H4
Téléphone : (514) 738-9818 / 1 888 738-9818
Télécopieur : (514) 738-5838 / 1 888 273-5247
Site Internet : www.groupemodulo.com

Dépôt légal – Bibliothèque et Archives nationales du Québec, 2006
Bibliothèque nationale du Canada, 2006
ISBN 2-89593-063-5

Imprimé au Canada
1 2 3 4 5   10 09 08 07 06

CCTENU DÉTAILLÉ

 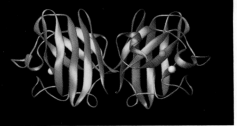

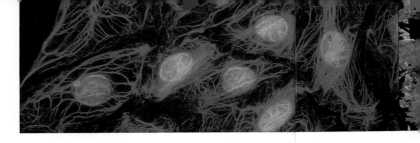

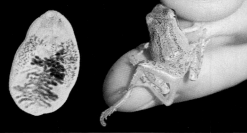

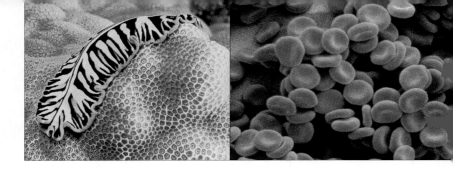

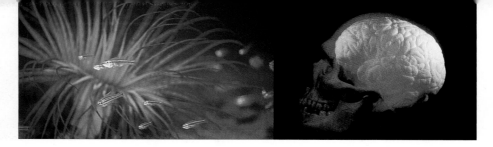

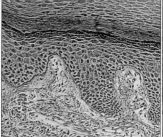

PRÉFACE

Entreprises il y a près de 30 ans, les révisions successives du présent manuel ont bénéficié des commentaires et des observations qu'ont formulés un grand nombre de professeurs et d'étudiants. La présente édition conserve la formule « un concept, une section » ainsi que d'autres éléments pédagogiques qui caractérisent ce manuel.

UN CONCEPT : UNE SECTION Les étudiants se voient parfois submergés par le travail qu'exige la lecture et l'apprentissage des notions exposées dans le cadre des cours qu'ils suivent pendant une même session. Nous voulons leur faciliter la lecture et la compréhension de la biologie en présentant un par un les différents concepts. Les concepts-clés sont d'abord énumérés au début de chaque chapitre, puis les notions, le traitement graphique et les explications propres à chaque concept sont présentés sur deux pages adjacentes ou parfois sur une seule. Comme le montre l'encadré qui apparaît aux pages xxii et xxiii, chaque section est identifiée par un onglet numéroté et se termine par un résumé en caractères gras des points importants. Les étudiants peuvent ainsi jeter un coup d'œil au résumé avant de lire l'exposé du concept et, à la fin de leur lecture, le consulter à nouveau pour vérifier leur compréhension des notions essentielles avant d'aborder le concept suivant.

Ainsi structurée, la présentation des notions offre également une certaine flexibilité aux professeurs pour le choix des sujets qui correspondent le mieux aux exigences de leurs cours. Par exemple, un professeur qui consacre moins de temps à la photosynthèse peut laisser de côté les sections relatives aux propriétés de la lumière et à la théorie chimiosmotique de la synthèse de l'ATP. Il peut aussi s'arrêter ou non à la rubrique traitant de l'incidence globale de la photosynthèse. Toutes les sections et les rubriques (SCIENCE, SANTÉ, ENVIRONNEMENT et BIOÉTHIQUE EN ACTION) font partie intégrante des chapitres, mais certaines approfondissent davantage un aspect du sujet traité.

Toutes les sections sont assorties de titres et d'intertitres afin que les étudiants puissent bien se représenter la structuration de la matière étudiée. Les transitions entre les sections vont les aider à suivre l'enchaînement des concepts, tout autant que le fera la mention de certains détails dans des illustrations optionnelles à l'intention des étudiants les plus motivés.

Grâce à la présentation en sections distinctes, les étudiants pourront rapidement repérer les sujets à l'étude et ainsi se concentrer sur un volume raisonnable de notions nouvelles, ce qui les rendra d'autant plus aptes à assimiler la matière étudiée. Notre approche produit des effets concrets : de meilleurs résultats aux évaluations.

LA REPRÉSENTATION DES CONCEPTS Nous continuons à présenter ensemble le texte et les illustrations, comme un tout inséparable. Nos schémas commentés offrent le meilleur exemple de l'approche retenue ici. Ils permettent aux étudiants favorisant l'apprentissage visuel d'élaborer une image mentale d'un concept avant de lire le texte qui le décrit. La figure 34.5 illustrée aux pages xxii et xxiii montre bien les descriptions simples qui guident clairement les étudiants dans les schémas successifs donnant un aperçu du concept examiné. Sur les millions d'étudiants ayant lu notre ouvrage, un grand nombre nous ont écrit pour nous signaler qu'une telle approche leur avait été beaucoup plus utile que des schémas « muets ».

Maintes représentations anatomiques donnent un aperçu intégré de la structure et du fonctionnement d'un organe. Ainsi, les étudiants n'ont pas à aller et venir entre le texte, les tableaux et les illustrations pour bien comprendre les relations entre les organes d'un système et la fonction de chacun d'eux. Nous utilisons également des séquences allant de vues macroscopiques à des vues microscopiques, afin de donner aux étudiants l'impression visuelle d'entrer dans un système ou un mécanisme. Par exemple, les figures 37.19 et 37.20 montrent d'abord le biceps d'une ballerine, puis révèlent peu à peu les degrés d'organisation du muscle squelettique, jusqu'à la structure moléculaire de ses unités de contraction.

Des schémas permettent aux étudiants de situer le contenu d'une illustration par rapport à la matière étudiée. Au chapitre 4, par exemple, un schéma de la cellule apparaît à plusieurs reprises pour rappeler aux étudiants l'emplacement des organites. D'autres schémas rappellent aux étudiants les étapes d'une réaction dans une voie métabolique plus vaste, comme aux chapitres 7 (la photosynthèse) et 8 (la respiration aérobie), ou soulignent l'importance des relations évolutionnistes, comme aux chapitres 25 et 26. Par ailleurs, un symbole multimédia les renvoie aux illustrations du cédérom qui accompagne chaque livre. Un autre symbole les dirige vers du matériel supplémentaire disponible sur Internet, dont Info-Trac^MD College Edition, une base de données en ligne comprenant des articles complets parus dans 4000 revues scolaires ou populaires.

Un onglet doré numéroté comme celui-ci signale le début de l'examen d'un nouveau concept dans un chapitre. D'autres onglets (en brun) du chapitre désignent les diverses rubriques. Beaucoup de rubriques enrichissent le texte d'un chapitre en traitant de questions de science, de santé, d'environnement ou de bioéthique. D'autres décrivent en détail certaines expériences afin d'illustrer le dynamisme de la pensée critique.

34.2

LE POTENTIEL D'ACTION : DU DÉCLENCHEMENT À LA PROPAGATION

La propagation du potentiel d'action est simple à comprendre si l'on sait qu'il y a un gradient de concentration de part et d'autre de la membrane du neurone. Cette section approfondit la matière abordée dans la section précédente.

À l'approche du seuil d'excitation

Une faible stimulation du pôle récepteur, ou afférent, d'un neurone ne fait que perturber légèrement l'équilibre ionique de sa membrane. C'est ce qui arrive, par exemple, quand on touche légèrement le pelage d'un chat endormi. Les tissus situés sous l'épiderme ont des terminaisons nerveuses, c'est-à-dire des pôles récepteurs de neurones sensitifs. Au moment de la stimulation, des régions de la membrane plasmique de ces récepteurs se déforment, ce qui laisse certains ions la traverser. La différence de potentiel de part et d'autre de la membrane se modifie alors légèrement. Dans notre exemple, la pression du toucher produit un potentiel local gradué.

provoque l'ouverture d'autres canaux à sodium tensiodépendants, laissant ainsi entrer encore plus d'ions sodium. Cet afflux grandissant d'ions sodium est un exemple de **rétroactivation**, un mécanisme ayant tendance à intensifier le stimulus.

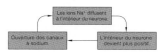

Conséquemment, une fois le seuil d'excitation atteint ou dépassé, l'ouverture des canaux ne dépend plus de la force du stimulus initial : le mouvement de rétroactivation est enclenché et l'afflux d'ions sodium est suffisant pour ouvrir les autres canaux à sodium et ainsi de suite.

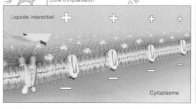
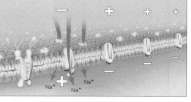

a Membrane au repos (intérieur négatif par rapport à l'extérieur). Une faible perturbation électrique (flèche jaune) se répand du pôle récepteur au cône d'implantation de la membrane, qui compte un grand nombre de canaux à sodium.

b Une forte stimulation provoque un potentiel d'action. Les canaux à sodium s'ouvrent. L'afflux d'ions sodium fait baisser la charge négative à l'intérieur du neurone. Cette différence de potentiel entraîne l'ouverture d'autres canaux, jusqu'à ce que le seuil d'excitation soit atteint et qu'il y ait une inversion du potentiel de membrane.

Figure 34.5 La propagation d'un potentiel d'action le long de l'axone d'un neurone moteur.

Le terme *gradué* signifie que l'amplitude des signaux dans le pôle récepteur varie selon l'intensité et la durée du stimulus et le terme *local* indique que cette perturbation du potentiel de membrane ne se propage pas. Pour qu'un signal se propage, un certain type de canal ionique que les pôles récepteurs ne possèdent pas doit être présent dans la membrane.

Quand un stimulus est intense ou d'une durée suffisante, les signaux gradués se propagent du pôle récepteur vers le cône d'implantation de l'axone, qui comprend de nombreux canaux à sodium sensibles à la tension (tensiodépendants). Si la stimulation est telle que la différence de potentiel atteint un niveau critique appelé *seuil d'excitation*, un potentiel d'action est déclenché.

En s'ouvrant, les canaux laissent passer les ions sodium dans le neurone, comme le montre la figure 34.5. Cet afflux d'ions diminue la charge négative du côté cytoplasmique de la membrane, ce qui

La réponse de type tout ou rien

La figure 34.6 montre la différence de potentiel de part et d'autre de la membrane plasmique avant, pendant et après le potentiel d'action. On note que le potentiel membranaire atteint rapidement un sommet une fois le seuil d'excitation dépassé. Par contre, si le seuil n'est pas atteint, la perturbation membranaire cesse en même temps que la stimulation, et il n'y a pas de potentiel d'action. Tout potentiel d'action dans un neurone atteint toujours la même valeur maximale ; il s'agit d'une réponse de type tout ou rien.

Le pic du potentiel d'action est bref : il ne dure environ qu'une milliseconde, parce que, à l'endroit de la membrane où l'inversion de polarité a lieu, les canaux à sodium se ferment et bloquent l'entrée d'ions sodium. Lorsque l'inversion est à moitié complétée, les canaux à potassium s'ouvrent à leur tour et laissent sortir les ions potassium, ce qui rétablit la différence de potentiel à l'endroit de la stimulation.

582   Chapitre 34 Le système nerveux : l'intégration et la régulation

Exemple de schéma d'une cellule →

Enfin, nous avons ajouté des centaines de nouvelles micrographies et photographies, non pas par simple souci d'esthétique, mais parce qu'elles cernent plus précisément la notion de biodiversité et visent à démontrer l'importance de sa préservation.

L'ÉQUILIBRE ENTRE LES NOTIONS THÉORIQUES ET LES APPLICATIONS Dans le but de susciter l'intérêt des étudiants, nous amorçons chaque chapitre par la description d'une application étonnante, amusante ou plus sérieuse. L'application ainsi décrite est immédiatement suivie de la liste des concepts-clés du chapitre, qui donne un premier aperçu de son organisation. Nous tentons ensuite de maintenir l'intérêt à l'aide de différentes rubriques approfondissant certaines questions de science, de santé, d'environnement ou de bioéthique, mais sans interrompre l'exposition des concepts. Pour rendre plus stimulante l'étude d'une question qui nous semble plus ardue, nous intercalons une brève présentation d'applications dans le texte lui-même. Dans les dernières pages de l'ouvrage, un index séparé permet aux étudiants de retrouver rapidement la référence à l'une ou l'autre des centaines d'applications décrites dans le livre.

LES BASES DE LA PENSÉE CRITIQUE Comme tous les manuels de ce niveau, le présent ouvrage aide les étudiants à aiguiser leur sens critique concernant la nature. Nous faisons état des expériences menées qui ont clairement confirmé ou infirmé certaines hypothèses. L'index principal à la fin du manuel énumère les expériences

choisies à cette fin (voir les entrées « Expérience et exemples » ainsi que « expérimentation, observation »).

L'introduction de certains chapitres, comme ceux portant sur la génétique mendélienne (11), la structure et la fonction de l'ADN (13), la spéciation (18), l'immunologie (39) et le comportement (46), et parfois même des chapitres entiers servent à illustrer les résultats utiles que donne le recours à la pensée critique. À la fin de chaque chapitre sont proposées un certain nombre de « Questions à développement » qui offrent aux étudiants une occasion d'exercer leur sens critique. De même, les nombreux problèmes de génétique se trouvant à la fin des chapitres 11 et 12 vont aider les étudiants à mieux saisir les principes de l'hérédité.

SUPPLÉMENTS Le manuel à l'usage du professeur pour cette édition comprend un riche ensemble de matériel imprimé et de suppléments multimédias, y compris des ressources en ligne accessibles aux professeurs qui auront adopté le manuel. Le représentant de la maison d'édition pourra fournir des informations complémentaires à ceux qui le désirent.

UN VIRAGE CONCEPTUEL MAJEUR Chaque révision de ce manuel nous a permis de mettre à jour des données précises afin de rendre compte des nouveaux travaux effectués dans les domaines de la biologie qui sont en constante évolution. Cette fois-ci, nous avons décidé d'entreprendre un virage conceptuel majeur, après en être venus à la conclusion qu'il était grand temps d'en faire bénéficier les manuels de ce niveau.

Une vision d'ensemble

Le paradigme primordial de la biologie consiste à poser que l'impressionnante diversité de la vie tire son origine de débuts moléculaires simples. Depuis plusieurs décennies, des chercheurs s'emploient à élucider peu à peu les secrets de la structure des molécules biologiques. Ils ont déterminé les modes d'assemblage des différents types de ces molécules, leur fonctionnement ainsi que les conséquences de leurs mutations. Ils font la lumière sur l'origine de la vie, sur les événements marquants survenus depuis 3,8 milliards d'années et sur ce que l'avenir pourrait réserver à l'espèce humaine et aux autres organismes, à l'échelle tant individuelle que collective.

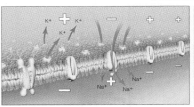

Figure 34.6 Des potentiels d'action. **a)** Quand les chercheurs ont commencé à étudier la fonction neuronale, ils ont trouvé chez le calmar géant (*Loligo*) des preuves confirmant les modifications du potentiel de membrane lors du potentiel d'action. Le diamètre des axones géants du calmar se montre suffisant pour y placer deux électrodes. **b)** Les chercheurs ont fixé des électrodes à l'intérieur et à l'extérieur de l'axone, et ont ensuite stimulé ce dernier. Les électrodes ont détecté un changement du potentiel de membrane et, sur l'écran de l'oscilloscope, des déflexions lumineuses se sont produites. **c)** La courbe type (en jaune) d'un potentiel d'action mesuré à l'aide d'un oscilloscope.

Ce symbole indique que la notion est examinée plus en détail dans le cédérom d'accompagnement interactif.

Voici un exemple des schémas commentés à l'intention des étudiants et favorisant l'apprentissage visuel. Il s'agit d'aperçus illustrés de la matière présentée dans le texte, assortis de descriptions simples (a, b, c…) qui présentent clairement chaque étape du mécanisme étudié.

c L'inversion du potentiel pousse les canaux à sodium à se fermer, et les canaux à potassium à s'ouvrir (flèches en rouge). Les ions potassium suivent le gradient de concentration et sortent du neurone, rétablissant ainsi le potentiel de membrane initial. Cette perturbation déclenche une inversion du potentiel de membrane de la région voisine, où le même mécanisme se produit, et ainsi de suite, en s'éloignant graduellement du point de stimulation.

d Dans le sillon de chaque potentiel d'action, l'intérieur de la membrane plasmique redevient négatif. Cependant, la concentration des ions sodium et potassium n'est pas encore rétablie : les pompes à sodium et à potassium la rétabliront par transport actif.

Toutefois, à ce moment, les concentrations ioniques initiales ne sont pas rétablies. Pour ce faire, les pompes à sodium et à potassium transportent le sodium vers l'extérieur et le potassium vers l'intérieur. La plupart des canaux à potassium se ferment alors, et les canaux à sodium retrouvent leur état initial, c'est-à-dire qu'ils seront prêts à s'ouvrir de nouveau si un stimulus suffisant survient.

La direction de la propagation

Pendant le potentiel d'action, l'afflux d'ions sodium à l'intérieur du neurone affecte le potentiel de membrane des régions voisines du neurone, où s'ouvrent, en aval, un nombre équivalent de canaux ioniques. En fait, ce processus se fait graduellement : l'ouverture d'un canal ionique entraîne, par la dépolarisation qu'elle provoque, l'ouverture du canal voisin, et ainsi de suite. Il faut noter que la rétroactivation ne s'atténue pas en se propageant. De surcroît, le

potentiel d'action ne revient pas au cône d'implantation parce que, pendant une fraction de seconde après l'afflux d'ions sodium, les canaux ioniques en amont deviennent insensibles aux stimuli et se ferment. Le potentiel d'action ne revient pas à la partie de la membrane où s'est produite la stimulation et l'influx se propage en s'éloignant de son origine.

Les ions traversent la membrane du neurone par des protéines de transport qui peuvent s'ouvrir et se fermer. Une fois le seuil d'excitation atteint dans le cône d'implantation, les canaux à sodium s'ouvrent selon une réponse de type tout ou rien, et l'afflux d'ions sodium dans le neurone crée un potentiel d'action. Des pompes à sodium et à potassium rétablissent le gradient ionique initial.

Les canaux à sodium et à potassium, en amont du potentiel d'action, sont inactivés et empêchent le retour en arrière de celui-ci.

Les notions importantes sont résumées en caractères gras à la fin de chaque section. Les étudiants peuvent d'abord lire le résumé pour prendre connaissance des principaux éléments de la section, puis le relire à la fin de l'étude de la section pour consolider les notions apprises.

Ensemble, ces résumés en caractères gras constituent un condensé des notions essentielles.

www.info.brookscole.com/starr10 583

Ce symbole rappelle aux étudiants de consulter le site web pour en apprendre davantage sur la matière de la section.

Il s'agit là de questions fondamentales. Pourtant, les manuels d'introduction – y compris les précédentes éditions de celui-ci – n'ont pas offert aux étudiants toute la matière nécessaire pour bien comprendre la relation remarquable unissant l'organisation moléculaire, l'évolution et leur propre vie. Nous avons remanié la plus grande partie de cette dixième édition afin d'exposer plus clairement cette relation, en commençant par l'adoption de nouveaux modèles pour représenter les molécules biologiques. Ces modèles aideront les étudiants à mieux comprendre en quoi la diversité structurale se traduit par une diversité fonctionnelle.

Des outils conceptuels puissants pour les étudiants

On voit des modèles moléculaires dans des livres, des journaux et des magazines populaires, mais peu d'étudiants ont une idée précise de ce que représentent ces modèles. À quoi sert de leur demander de mémoriser le fait que les chaînes polypeptidiques forment des spirales, des feuillets ou des boucles, si aucun exemple clair ne vient en illustrer les conséquences? Pourquoi ne pas montrer que différentes configurations prennent la forme de barillets, d'ancres ou de mâchoires qui traversent de part en part la membrane plasmique et peuvent saisir les agents pathogènes présents dans l'organisme? Pourquoi ne pas compléter le raisonnement en précisant qu'une mutation peut modifier une configuration juste assez pour entraver ou favoriser une fonction de transport, d'ancrage ou de défense?

Et pourquoi ne pas mettre en relief le lien entre ce raisonnement et l'ensemble du paradigme? De légères modifications des séquences moléculaires et des domaines fonctionnels donnent lieu aux variations des traits, qui constituent la matière première de l'évolution.

Après avoir bien saisi ce lien, les étudiants peuvent se servir de ce qu'ils ont appris au sujet des modifications de la structure moléculaire pour éclairer leurs nombreuses autres questions ou préoccupations concernant la vie. Qu'en est-il des troubles génétiques? Il faut examiner les modifications de la structure moléculaire qui ont altéré le fonctionnement des cellules, des organes et de l'organisme dans son ensemble. Qu'en est-il des événements lointains qui ont amené le chimpanzé et l'être humain sur des voies évolutives distinctes? Il faut scruter les transposons et les autres perturbations de l'ADN ancestral qu'ils partageaient. Qu'en est-il des différents nombres de pattes chez une mouche, un centipède et un humain, ou du nombre des pétales d'une fleur? Il faut s'arrêter aux petites mutations des gènes maîtres qui président au développement de la structure corporelle d'un organisme.

Et qu'en est-il des ressemblances caractérisant le métabolisme, par exemple, d'une tulipe et de Tina Turner, ou de tout autre organisme? Il faut se tourner vers l'uniformité des réactions moléculaires aux différentes modifications du milieu.

Des chapitres qui développent les outils conceptuels

Plusieurs chapitres s'étoffent mutuellement pour aider les étudiants à élargir leur connaissance des bases moléculaires de la vie. Le premier chapitre se veut un simple aperçu des bases moléculaires sur lesquelles reposent l'unité et la diversité de la vie. Les chapitres 3, 5 et 6 comprennent des sections qui décrivent la structure et le fonctionnement des enzymes et d'autres molécules, et qui préparent les étudiants à l'étude des importants chapitres relatifs à la structure et au métabolisme cellulaires, à la génétique, à l'évolution, à l'anatomie et à la physiologie.

Après l'examen de ces chapitres, les étudiants seront en mesure de saisir l'importance des études moléculaires comparatives pour mieux faire ressortir les liens évolutionnistes. Ces études ont donné lieu à l'établissement d'arbres évolutionnistes plus précis et du système de classification à trois domaines.

Le chapitre 28 constitue une nouvelle introduction aux parties consacrées à l'anatomie et à la physiologie. Il souligne bien à quel point les nombreuses ressemblances d'ordre moléculaire entre les végétaux et les animaux passent parfois inaperçues en raison des grandes différences entre les plans d'organisation respectifs de ces organismes. L'une des rubriques de ce chapitre porte ainsi sur les obstacles récurrents que doivent surmonter toutes les cellules d'un organisme pluricellulaire pour assurer leur survie – notamment les conditions à satisfaire pour le maintien des échanges gazeux et de la circulation interne, de l'homéostasie, ainsi que de l'intégration et de la régulation. Ce chapitre vise aussi, grâce à des exemples simples illustrant la réception de signaux, la transduction et les réactions des végétaux et des animaux, à favoriser la réflexion des étudiants sur la façon dont les cellules communiquent entre elles.

La rubrique « Liens » offre de nouveaux textes qui étoffent la vision d'ensemble

La présente édition comporte une nouvelle série de courtes rubriques baptisées LIENS, qui pourront aider les étudiants à établir des ponts entre les données explicatives et les concepts généraux. La liste de ces rubriques figure à la page suivante.

La préparation du terrain

La rubrique LIENS 1.4 apporte une réponse à une question capitale: «Comment la vie peut-elle présenter à la fois unité et diversité?» Elle indique que c'est la théorie de l'évolution par la sélection naturelle qui établit le lien entre ces deux caractéristiques de la vie. On ne peut évidemment expliciter les mécanismes de l'évolution avant l'étude des parties du livre concernant la biologie cellulaire et la génétique. Cependant, une simple esquisse de cette théorie peut certainement aider les étudiants à mieux comprendre les relations entre ses prémisses fondamentales et les questions traitées dans ces parties.

La rubrique LIENS 3.1 se veut une introduction conviviale aux modèles utilisés pour dépeindre les molécules biologiques. La plupart des manuels représentent les molécules à l'aide de bâtons, de boules, de rubans, etc. Or, combien d'étudiants regardent ces formes sans n'y rien comprendre et gardent l'impression de ne pas avoir accès à un secret trop bien gardé? Des modèles variés offrent une information plus ample, que ce soit au sujet de la masse, de l'organisation structurale, de la réactivité ou de la fonction. C'est pourquoi nous utilisons des modèles diversifiés dans des contextes différents. Par exemple, les modèles du glycogène, de l'hémoglobine, des enzymes et de l'ADN nous révèlent différentes données sur les modes d'assemblage et de fonctionnement des cellules et des organismes.

Sans la connaissance de ces données, les étudiants peuvent-ils, par extrapolation, remonter des modèles moléculaires jusqu'aux schémas génériques – soit jusqu'aux cercles et aux carrés utilisés pour représenter les enzymes, l'ATP et toutes les autres molécules biologiques? Peuvent-ils vraiment, par extrapolation à partir des seuls schémas génériques, remonter jusqu'aux concepts de structure, de fonction et d'évolution? Nous ne le croyons pas.

Pour sa part, la rubrique LIENS 5.2 présente des modèles de certaines protéines membranaires importantes. Ces modèles remarquables aident les étudiants à constater que la diversité structurale se traduit par la diversité fonctionnelle nécessaire au métabolisme, au fonctionnement des gènes, à l'intégration, à l'immunité, à la formation des tissus et des organes, et à d'autres tâches. Ils leur permettent de saisir, par exemple, que la fibrose kystique résulte d'une mutation qui modifie le fonctionnement d'un seul type de transporteur membranaire. La rubrique LIENS 3.8, quant à elle, conduit les étudiants de la structure moléculaire de l'hémoglobine A à celle de l'hémoglobine S et, de là, à la drépanocytose.

Rendre intelligibles l'évolution et la biodiversité

À moins qu'on ne leur donne une explication convaincante de la continuité et du changement à l'échelle moléculaire, beaucoup d'étudiants ne seront jamais réceptifs à la notion de continuité et de changement de la vie elle-même, c'est-à-dire à la possibilité que l'évolution soit davantage qu'une « simple théorie ».

La continuité et le changement font précisément l'objet de la rubrique LIENS 8.7, qui associe les concepts de la partie concernant la biologie cellulaire pour mieux montrer ce que partagent toutes les formes de vie par suite de l'évolution survenue à l'échelle moléculaire.

La rubrique LIENS 19.9 souligne un fait essentiel : l'interprétation scientifique du passé exige de la part des chercheurs un immense bond intellectuel pour passer de l'observation directe à la formulation d'hypothèses fondées sur des études moléculaires, l'examen des fossiles retrouvés et l'établissement de comparaisons morphologiques. La rubrique LIENS 28.2 poursuit sur la même voie et invite à la prudence dans l'interprétation de l'histoire évolutionniste de la vie, car les adaptations présentent parfois des apparences trompeuses, comme le révèle la comparaison qui y est effectuée entre l'hémoglobine du lama et celle du chameau et du dromadaire.

Après avoir accepté la théorie de l'évolution de façon provisoire, les étudiants peuvent songer à l'appliquer à leur propre vie. Ainsi, les rubriques LIENS 26.2, 26.11, 37.4 et 38.1 traitent toutes à différents égards de l'origine des organes étonnants que sont les mains et le cerveau humains, et expliquent pourquoi les voies de la circulation sanguine sont si complexes chez l'être humain et pourquoi celui-ci est sujet aux douleurs lombaires. La rubrique LIENS 34.12 met en relation l'évolution du cerveau et son développement, et montre que cette relation met en lumière les raisons pour lesquelles les adolescents ont tendance à s'endormir en classe et adoptent parfois des comportements impulsifs.

L'acceptation de la théorie de l'évolution apporte aussi une compréhension élargie de l'origine de la biodiversité, des extinctions massives et des lents rétablissements qui leur font suite, comme le montrent les rubriques LIENS 21.9, 22.1 et 23.1.

Le lien entre la vie individuelle et la vision d'ensemble

Nous espérons que la présente introduction à la biologie procurera aux étudiants une compréhension plus profonde de la façon dont chacun est lié à la grande histoire de la vie. Dans une telle optique, nous consacrerons certaines rubriques LIENS à l'influence que la biologie exerce sur la vie et les choix de chacun.

Ainsi, la rubrique LIENS 16.10 offre une réflexion sur le fait que l'étude et la modification des génomes, grâce à l'utilisation de puces à ADN, par exemple, avancent plus rapidement que les efforts visant à en estimer les répercussions bioéthiques. Quelles sont les conséquences de la thérapie génique humaine ? du clonage de mammifères génétiquement modifiés ? de la manipulation des génome des plantes cultivées ? Voilà autant de questions qui interpellent les étudiants d'aujourd'hui et qui s'imposeront aux citoyens et aux dirigeants de demain.

À la fin de la cinquième partie du manuel, qui décrit les caractéristiques des végétaux, la rubrique LIENS 32.6 traite de l'un des coûts qu'entraîne la culture de végétaux en quantité suffisante pour nourrir la population humaine. Elle invite les étudiants à examiner attentivement ce qui a mené à l'utilisation massive d'herbicides, de fongicides et de pesticides, et à considérer l'incidence de ces molécules complexes sur les organismes qui n'en sont pas la cible, dont l'espèce humaine.

La rubrique LIENS 49.14 relate la façon dont Rita Colwell a établi une relation surprenante entre les copépodes, le cycle biologique d'une bactérie, les modifications de la température de surface de la mer au cours du phénomène El Niño et les horribles épidémies de choléra au Bangladesh.

En guise de conclusion du manuel, la rubrique LIENS 50.10 compare l'évolution de la vie depuis 3,8 milliards d'années et l'incidence des nouveaux arrivants que sont les êtres humains. Elle invite les étudiants à réfléchir à l'obligation bioéthique qui incombe à ces nouveaux arrivants : atténuer l'effet disproportionné qu'ils exercent sur le monde vivant.

LIENS

La bande verticale en rouge qui apparaît à la bordure de la page annonce la rubrique.

D'AUTRES CHANGEMENTS IMPORTANTS Maintenant que les systématiciens sont parvenus à un certain consensus, nous avons réparti les règnes des organismes en un système de classification à trois domaines. La section 1.3 présente une introduction à ce système, et les sections 19.7 et 19.8 en donnent les détails. Nous avons adopté une approche plus franchement cladistique et avons grandement remanié les chapitres de la partie portant sur la biodiversité. La section 22.1 expose les motifs d'un tel remaniement, dont le résultat le plus visible se manifeste dans la présentation des protistes (chapitre 22) et des vertébrés (chapitre 26).

À nouveau, nous avons délaissé les boîtes et les cercles génériques pour la représentation des molécules et offrons plutôt des modèles plus réalistes illustrant les membranes, les transporteurs protéiques, les enzymes, les molécules d'ARN et les autres composants cellulaires. On peut voir aux chapitres 3, 5, 14 et 34 quelques exemples du parti que nous en avons tiré.

Pour donner une idée du travail accompli pour les nouveaux éléments graphiques, Lisa Starr a réalisé nos modèles moléculaires à partir de données structurales de première main. Elle a même déniché des chercheurs qui sont en voie d'élaborer un modèle des jonctions communicantes des cellules cardiaques humaines et a travaillé directement avec eux pour conférer, dans le cadre du présent manuel, une forme graphique à leurs données les plus récentes.

Nous avons réécrit la section 13.5 (le clonage des mammifères) et le chapitre 16 (l'ADN recombiné et le génie génétique) pour qu'ils soient à la hauteur des progrès rapides réalisés en biotechnologie. La section 16.10 soulève certaines questions bioéthiques, tout comme le font les « Questions à développement » détaillées se trouvant à la fin du chapitre 16. Ce sont là d'importantes questions qui devraient susciter des discussions parmi les étudiants. Par ailleurs, l'introduction du chapitre 15 et la rubrique SCIENCE EN ACTION sur le cancer ont été mises à jour.

En raison de la grande quantité de connaissances nouvelles devant être présentées dans la partie portant sur l'évolution, nous avons décidé de condenser l'histoire de la pensée évolutionniste dans quelques sections introductives du chapitre 17 (« La microévolution »). Le chapitre 19 (« Le casse-tête de la macroévolution ») a été sensiblement réécrit et réorganisé, tout en ayant été assorti d'une nouvelle introduction sur des questions associées à la mesure des temps géologiques. Nous avons approfondi le traitement des faits établis au moyen de la biochimie et de la systématique. Ce chapitre se conclut par une réflexion sur l'interprétation du passé.

Nous invitons nos lecteurs à passer en revue le chapitre 28, dans lequel sont présentées les notions qui permettront aux étudiants d'assimiler les deux parties du livre concernant l'anatomie et la physiologie des végétaux et des animaux. Les améliorations et les mises à jour apportées – notamment sur la nutrition humaine, le développement embryonnaire et les interactions prédateurs/proies – y sont si nombreuses que nous manquons d'espace pour les exposer toutes. Soulignons simplement que nous avons déployé des efforts vigoureux pour demeurer au fait de la biologie contemporaine et pour lui rendre justice sur tous les plans.

La rédaction de cet aperçu de tous les changements apportés à notre manuel m'a rappelé la chance que j'ai de me trouver sous le parapluie de Wadsworth. Aucun auteur ne peut effectuer une importante révision d'un ouvrage sans la présence d'une équipe de production dévouée et d'une direction éclairée. Mon équipe de base, la meilleure de toutes, se compose de Gary Head, Lisa Starr, Diana Starr, Suzannah Alexander, Jana Davis, Teri Hyde, Karen Hunt, Grace Davidson, Myrna Engler et Angela Harris. Pour leur part, Pat Waldo, Donna Kelley, Keli Amann, Chris Evers et Steve Bolinger ont créé notre remarquable matériel multimédia. Quant à Susan Badger, Sean Wakely, Michelle Julet, Jack Carey et Kathie Head, ils se veulent autant d'éditeurs qui encadrent leurs auteurs avec intelligence, vigueur et élégance.

Cecie Starr
Octobre 2002

REMERCIEMENTS

Le présent ouvrage résulte d'un effort pédagogique entrepris il y a près de 30 ans. Nous remercions tous les étudiants et tous les enseignants qui ont utilisé les éditions antérieures et qui nous ont fait parvenir des commentaires et des observations au sujet de ces dernières. Nous remercions également les personnes nommées ci-après de leur importante contribution à l'élaboration de l'ouvrage. Nous adressons des remerciements particuliers au consultant principal ayant œuvré pour la présente édition, E. William Wischusen, qui a participé à la formulation des liens rappelant aux étudiants ce qu'ils ont appris dans les premiers chapitres et ce qu'ils apprendront dans les chapitres ultérieurs. Comme il l'a souligné lui-même, si nous voulions que les étudiants comprennent la teneur des chapitres traitant de la génétique, de l'évolution, de l'anatomie et de la physiologie, nous devions leur offrir les outils intellectuels et les éléments graphiques nécessaires à cette fin. Nous devions aussi clairement associer les chapitres aux outils permettant aux étudiants de bien comprendre ce que sont les biomolécules et les membranes. Nous devions enfin ajouter un chapitre sur les éléments communs aux systèmes végétal et animal, afin d'aider les étudiants à garder une vue d'ensemble de la biologie tout en examinant les détails de celle-ci.

Nous remercions également Walter Judd, qui a encadré le remaniement des chapitres relatifs à la macroévolution et à la biodiversité, où l'accent a surtout été mis sur les protistes et les vertébrés. Parmi ses contributions figurent le nouvel arbre de l'évolution (sections 19.8 et 22.1) et le nouveau système de classification (annexe I).

Les enseignants qui se réjouiront de la clarté accrue du fond et de la forme de la présente édition pourront exprimer leur reconnaissance à Bill et Walt, qui nous ont gentiment exhortés à sans cesse donner le meilleur de nous-mêmes.

Consultant principal de la dixième édition
E. WILLIAM WISCHUSEN *Louisiana State University*

Consultants généraux
ALCOCK, JOHN *Arizona State University*
COX, GEORGE *San Diego State University*
DeVORE, MELANIE *Georgia College and State University*
FAIRBANKS, DANIEL J. *Brigham Young University*
GARRISON, TOM *Orange Coast College*
GOODIN, DAVID *The Scripps Research Institute*
HERTZ, PAUL E. *Barnard College*
JACKSON, JOHN D *North Hennipin Community College*
JUDD, WALTER *University of Florida*
KOZLOFF, EUGENE N. *University of Washington*
LANDECKER-MOORE, ELIZABETH *Rowan University*
MESSLEY, KAREN E. *Rock Valley College*
REISKIND, JON *University of Florida*
ROST, THOMAS L. *University of California, Davis*
SHERWOOD, LAURALEE *West Virginia University*
WOLFE, STEPHEN L. *University of California, Davis*

Autres consultants
ALDRIDGE, DAVID *North Carolina Agricultural/Technical State University*
ANDERSON, ROBERT C. *Idaho State University*
ARMSTRONG, PETER *University of California, Davis*
BAJER, ANDREW *University of Oregon*
BAKKEN, AIMEE *University of Washington*

BARBOUR, MICHAEL *University of California, Davis*
BARHAM, LINDA *Meridian Community College*
BARKWORTH, MARY *Utah State University*
BELL, ROBERT A. *University of Wisconsin, Stevens Point*
BENDER, KRISTEN *California State University, Long Beach*
BENIVENGA, STEPHEN *University of Wisconsin, Oshkosh*
BINKLEY, DAN *Colorado State University*
BORGESON, CHARLOTTE *University of Nevada*
BRENGELMANN, GEORGE *University of Washington*
BRINSON, MARK *East Carolina University*
BROWN, ARTHUR *University of Arkansas*
BUTTON, JERRY *Portland Community College*
CARTWRIGHT, PAULYN *University of Kansas*
CASE, CHRISTINE *Skyline College*
CASE, TED *University of California, San Diego*
CHRISTIANSEN, A. KENT *University of Michigan*
CLARK, DEBORAH C. *Middle Tennessee University*
COLAVITO, MARY *Santa Monica College*
CONKEY, JIM *Truckee Meadows Community College*
CROWCROFT, PETER *University of Texas at Austin*
DABNEY, MICHAEL W. *Hawaii Pacific University*
DAVIS, JERRY *University of Wisconsin, La Crosse*
DeGROOTE, DAVID K. *St. Cloud University*
DELCOMYN, FRED *University of Illinois, Urbana*
DEMMANS, DANA *Finger Lakes Community College*
DEMPSEY, JEROME *University of Wisconsin*
DENETTE, PHIL *Delgado Community College*
DENGLER, NANCY *University of California, Davis*
DENNISTON, KATHERINE *Towson State University*
DeSAIX, JEAN *University of North Carolina*
DETHIER, MEGAN *University of Washington*
DeWALT, R. EDWARD *Louisiana State University*
DiBARTOLOMEIS, SUSAN *Millersville University of Pennsylvania*
DIEHL, FRED *University of Virginia*
DONALD-WHITNEY, CATHY *Collin County Community College*
DOYLE, PATRICK *Middle Tennessee State University*
DUKE, STANLEY H. *University of Wisconsin, Madison*
DYER, BETSEY *Wheaton College*
EDLIN, GORDON *University of Hawaii, Manoa*
EDWARDS, JOAN *Williams College*
ELMORE, HAROLD W. *Marshall University*
ENDLER, JOHN *University of California, Santa Barbara*
ERWIN, CINDY *City College of San Francisco*
EWALD, PAUL *Amherst College*
FALK, RICHARD *University of California, Davis*
FISHER, DAVID *University of Hawaii, Manoa*
FISHER, DONALD *Washington State University*
FLESSA, KARL *University of Arizona*
FONDACARO, JOSEPH *Hoechst Marion Roussel, Inc.*
FROEHLICH, JEFFREY *University of New Mexico*
FULCHER, THERESA *Pellissippi State Technical Community College*
GAGLIARDI, GRACE S. *Bucks County Community College*
GENUTH, SAUL M. *Mt. Sinai Medical Center*
GHOLZ, HENRY *University of Florida*
GOODMAN, H. MAURICE *University of Massachusetts Medical School*
GOSZ, JAMES *University of New Mexico*
GREGG, KATHERINE *West Virginia Wesleyan College*
GUTSCHICK, VINCENT *New Mexico State University*
HASSAN, ASLAM *Univeristy of Illinois College of Veterinary Medicine*
HELGESON, JEAN *Collin County Community College*
HUFFMAN, DAVID *Southwest Texas State University*
INEICHER, GEORGIA *Hinds Community College*
INGRAHAM, JOHN L. *University of California, Davis*
JENSEN, STEVEN *Southwest Missouri State University*
JOHNSON, LEONARD R. *University of Tennessee College of Medicine*
JOHNSTON, TIMOTHY *Murray State University*
KAREIVA, PETER *University of Washington*
KAUFMAN, JUDY *Monroe Community College*
KAYE, GORDON I. *Albany Medical College*
KAYNE, MARLENE *Trenton State College*
KENDRICK, BRYCE *University of Waterloo*
KILBURN, KERRY S. *Old Dominion University*
KILLIAN, JOELLA C. *Mary Washington College*
KIRKPATRICK, LEE A. *Glendale Community College*
KLANDORF, HILLAR *West Virginia University*
KREBS, CHARLES *University of British Columbia*

KREBS, JULIA E. *Francis Marion University*
KUTCHAI, HOWARD *University of Virginia Medical School*
LANZA, JANET *University of Arkansas, Little Rock*
LASSITER, WILLIAM *University of North Carolina*
LEVY, MATTHEW *Mt. Sinai Medical Center*
LEWIS, LARRY *Salem State College*
LITTLE, ROBERT *Medical College of Georgia*
LOHMEIER, LYNNE *Mississippi Gulf Coast Community College*
LUMSDEN, ANN *Florida State University*
LYNG, R. DOUGLAS *Indiana University, Purdue University*
MANN, ALAN *University of Pennsylvania*
MARTIN, JAMES *Reynolds Community College*
MARTIN, TERRY *Kishwaukee College*
MASON, ROY B. *Mt. San Jacinto College*
McKEAN, HEATHER *Eastern Washington State University*
McKEE, DOROTHY *Auburn University, Montgomery*
McNABB, ANN *Virginia Polytechnic Institute and State University*
MENDELSON, JOSEPH R. *Utah State University*
MICKLE, JAMES *North Carolina State University*
MILLER, G. TYLER *Wilmington, North Carolina*
MILLER, GARY *University of Mississippi*
MINORKSY, PETER V. *Western Connecticut State University*
MOISES, HYLAN C. *University of Michigan Medical School*
MORENO, JORGE A. *University of Colorado, Boulder*
MORRISON-SHETLER, ALLISON *Georgia State University*
MORTON, DAVID *Frostburg State University*
MURPHY, RICHARD *University of Virginia Medical School*
MYRES, BRIAN *Cypress College*
NAPLES, VIRGINIA *Northern Illinois University*
NELSON, RILEY *University of Texas at Austin*
NORRIS, DAVID *Brigham Young University*
PECHENIK, JAN *Tufts University*
PERRY, JAMES *University of Wisconsin, Center-Fox Valley*
PETERSON, GARY *South Dakota State University*
POLCYN, DAVID M. *California State University, San Bernardino*
REESE, R. NEIL *South Dakota State University*
REID, BRUCE *Kean College of New Jersey*
RENFROE, MICHAEL *James Madison University*
RICKETT, JOHN *University of Arkansas, Little Rock*
ROSE, GREIG *West Valley College*
ROST, THOMAS *University of California, Davis*
SALISBURY, FRANK *Utah State University*
SCHAPIRO, HARRIET *San Diego State University*
SCHLESINGER, WILLIAM *Duke University*
SCHNEIDEWENT, JUDY *Milwaukee Area Technical College*
SCHNERMANN, JURGEN *University of Michigan School of Medicine*
SCHREIBER, FRED *California State University, Fresno*
SELLERS, LARRY *Louisiana Tech University*
SHONTZ, NANCY *Grand Valley State University*
SLOBODA, ROGER *Dartmouth College*
SMITH, JERRY *St. Petersburg Junior College, Clearwater Campus*
SMITH, MICHAEL E. *Valdosta State College*
SMITH, ROBERT L. *West Virginia University*
STEARNS, DONALD *Rutgers University*
STEELE, KELLY P. *Appalachian State University*
STEINERT, KATHLEEN *Bellevue Community College*
SUMMERS, GERALD *University of Missouri*
SUNDBERG, MARSHALL D. *Empire State University*
SWEET, SAMUEL *University of California, Santa Barbara*
TAYLOR, JANE *Northern Virginia Community College*
TIZARD, IAN *Texas A&M University*
TROUT, RICHARD E. *Oklahoma City Community College*
TYSER, ROBIN *University of Wisconsin, LaCrosse*
WAALAND, ROBERT *University of Washington*
WAHLERT, JOHN *City University of New York, Baruch College*
WALSH, BRUCE *University of Arizona*
WARING, RICHARD *Oregon State University*
WARNER, MARGARET R. *Purdue University*
WEBB, JACQUELINE F. *Villanova University*
WEIGL, ANN *Winston-Salem State University*
WEISS, MARK *Wayne State University*
WELKIE, GEORGE W. *Utah State University*
WHITE, EVELYN *Alabama State University*
WINICUR, SANDRA *Indiana University, South Bend*

Introduction

La configuration actuelle
des océans et des continents
sur la Terre constitue
la scène géologique sur
laquelle le spectacle
de la vie se déploie.
Cette image satellitaire
composite illustre la
consommation nocturne
d'énergie par les habitants
de la planète. À l'instar
de la biologie elle-même,
elle nous engage tous à
approfondir notre réflexion
au sujet du monde vivant
et des conséquences
de la présence humaine
sur ce monde.

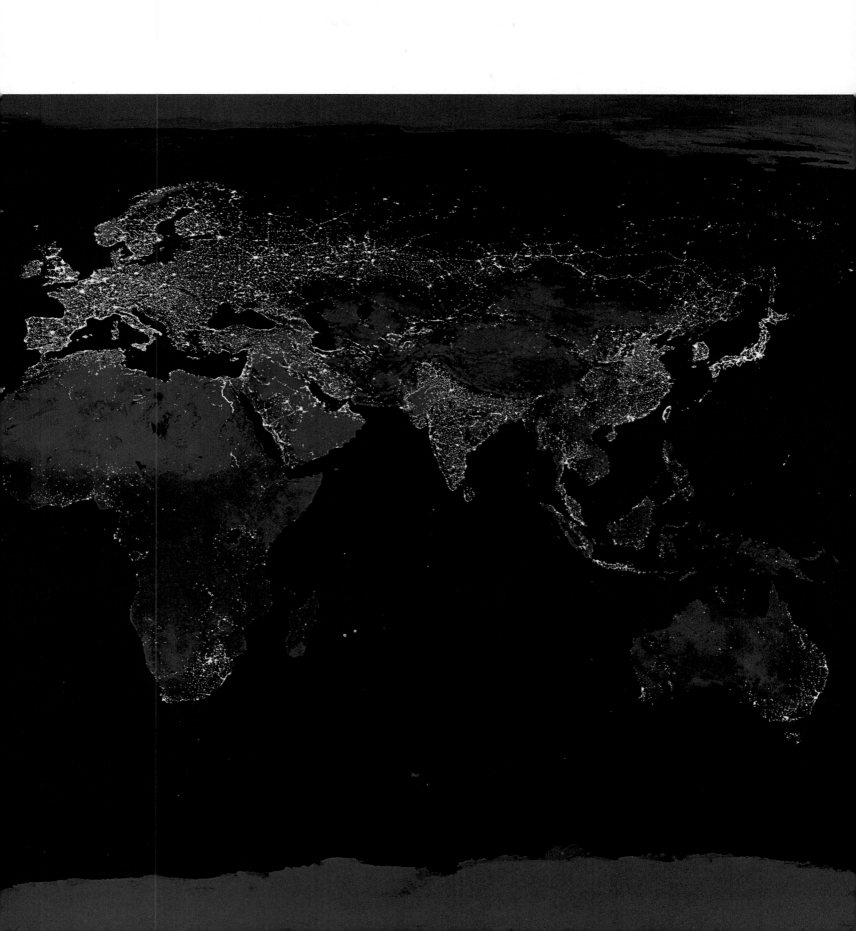

LES CONCEPTS ET LES MÉTHODES UTILISÉS EN BIOLOGIE

Pourquoi étudier la biologie ?

La lecture de l'un ou l'autre des grands quotidiens laisse parfois la désagréable impression que les catastrophes naturelles se succèdent à un rythme accéléré : les forêts boréales sont la proie de violents incendies (voir la figure 1.1), la calotte glaciaire de l'Arctique ne cesse de fondre et les glaciers du Groenland se transforment en lacs, les vagues de chaleur et les sécheresses atteignent une intensité sans précédent, un réchauffement climatique semble se dessiner à l'échelle de la planète. Le dernier spécimen d'une ancienne lignée de primates s'est éteint au moment où la population humaine totalise plus de 6,2 milliards de personnes. Des généticiens ont une nouvelle fois décodé un message distordu dans l'ADN humain qui est à l'origine d'une autre maladie terrible. Nombreux sont ceux qui débattent encore du moment exact où un être humain est un être humain : au moment de sa conception, à la fin de la période embryonnaire, à sa

naissance ? Un spécialiste du génie génétique a eu l'étrange idée d'affirmer son « tempérament artistique » en manipulant l'ADN d'un lapin pour que celui-ci brille d'un vert fluorescent en présence de lumière ultraviolette.

Voilà autant de faits qui donnent envie de baisser les bras et d'aller se changer les idées en se promenant dans le parc, ou encore qui incitent à penser que la vie était bien plus simple dans le bon vieux temps.

Bien sûr, plus on lit ce qui s'est écrit sur le bon vieux temps, plus on se rend compte qu'il n'était pas si bon. Ainsi, en 1918, soit à l'époque des grands-parents de la génération adulte actuelle, la grippe espagnole s'est répandue un peu partout dans le monde. La virulence de cette maladie infectieuse était telle que, souvent, les malades mouraient à peine quelques heures après l'apparition des premiers symptômes. On estime que de 30 à 40 millions de personnes en

Figure 1.1 La biologie se fonde sur la prémisse selon laquelle tout événement naturel, y compris ce feu de forêt non maîtrisé au Montana, résulte d'une ou de plusieurs causes sous-jacentes. Cette science offre aux êtres humains un cadre de réflexion critique à propos de la vie et les aide ainsi à mieux comprendre tant la nature que la place qu'ils y occupent eux-mêmes.

étaient décédées lorsque l'épidémie a finalement été endiguée. Contrairement à la plupart des virus de la grippe, qui affectent avant tout les jeunes enfants, les gens âgés et les personnes gravement malades, le virus de la grippe espagnole frappait surtout les jeunes adultes en bonne santé, c'est-à-dire les piliers de l'ensemble des structures sociales. À cette époque, comme aujourd'hui dans des situations semblables, beaucoup ont cru que le monde s'écroulait littéralement, accablés par le désespoir et un sentiment d'impuissance devant les ravages que causait une telle force de la nature.

On pourrait cerner l'essence de la question en disant que, depuis au moins deux millions d'années, les êtres humains et leurs ancêtres directs s'efforcent de trouver une explication aux phénomènes naturels. Ils les observent et formulent à leur sujet des hypothèses qu'ils tentent de vérifier. Toutefois, plus ils assemblent les pièces du casse-tête de la nature, plus celui-ci s'agrandit. On a maintenant acquis assez de connaissances pour comprendre que ce casse-tête est d'une envergure presque insaisissable.

On pourrait alors renoncer à relever un tel défi et laisser tout simplement à d'autres le soin de nous dire quoi penser. Mais on pourrait aussi décider d'approfondir notre propre compréhension dudit casse-tête. Chacun peut également s'intéresser aux éléments qui ont une incidence sur sa propre santé, son foyer, son alimentation et, le cas échéant, ses enfants. Certains peuvent être simplement fascinés par les liens unissant les organismes et leur environnement. Quoi qu'il en soit, la **biologie**, c'est-à-dire l'étude scientifique de la vie, peut certainement élargir notre point de vue sur le monde qui nous entoure.

Commençons par une question assez simple : « Qu'est-ce que la vie ? » Une réponse instinctive consisterait à dire qu'il suffit d'en observer la présence pour savoir ce que c'est. Pourtant, cette question simple met en scène une histoire vieille d'au moins 3,8 milliards d'années.

D'un point de vue biologique, la vie résulte d'événements lointains au cours desquels de la matière inerte, faite d'atomes et de molécules, s'est organisée pour former les premières cellules vivantes. La vie est un processus consistant à puiser et à utiliser de l'énergie et des matières premières. La vie représente une façon d'être sensible aux éléments de son milieu et d'y réagir. La vie, c'est aussi la capacité de se reproduire. En outre, la vie évolue, ce qui signifie simplement que les caractères propres aux individus d'une population donnée peuvent se modifier au fil des générations.

Le présent ouvrage offre de nombreux exemples illustrant la structure, le fonctionnement, l'habitat et le mode de vie de divers organismes. Ces exemples sous-tendent un ensemble de concepts qui, ensemble, permettent de bien comprendre ce qu'est la vie. Le présent chapitre donne un aperçu des concepts fondamentaux en la matière. Il prépare le terrain à la description ultérieure des observations, des expériences et des vérifications scientifiques qui montreront comment élargir, corriger et raffiner sa propre compréhension de la vie.

Concepts-clés

1. La vie présente un caractère unitaire, car tous les organismes sont similaires à bien des égards. Tous les êtres vivants, unicellulaires ou pluricellulaires, sont constitués des mêmes types de substances qui sont assemblées selon les mêmes processus fondamentaux. Pour toutes leurs activités, ils ont besoin d'énergie qu'ils doivent puiser dans leur milieu. Tous les organismes réagissent aux modifications survenant dans leur milieu et possèdent la faculté de croître et de se reproduire, conformément à l'information que renferme leur ADN.

2. L'univers du vivant est extrêmement diversifié. Les différents types d'organismes – les espèces – qu'on retrouve aujourd'hui sur la Terre se comptent par millions et beaucoup d'autres millions d'espèces, maintenant éteintes, y ont vécu dans le passé. Chaque espèce présente des caractères qui lui sont propres, qu'il s'agisse de sa morphologie, de sa physiologie ou de son comportement.

3. Les théories de l'évolution, et notamment la théorie de l'évolution par voie de sélection naturelle formulée par Charles Darwin, permettent d'expliquer la grande diversité chez les êtres vivants. Elles associent en un tout cohérent l'ensemble des domaines de recherche en biologie.

4. À l'instar des autres domaines scientifiques, la biologie s'appuie sur des observations systématiques, la formulation d'hypothèses et de prédictions ainsi que sur des vérifications expérimentales effectuées sur le terrain et en laboratoire. C'est le monde extérieur, et non les convictions des chercheurs, qui constitue le banc d'essai des théories scientifiques.

L'ADN, L'ÉNERGIE ET LA VIE

Il n'y a pas de vie sans ADN

LES MOLÉCULES DE LA VIE Amorçons notre aperçu de la vie par l'observation d'une grenouille qui coasse sur une pierre. Sans même s'arrêter pour y penser, on sait que la grenouille est vivante et que la pierre ne l'est pas. Mais qui pourrait dire pourquoi ? Après tout, les deux sont faits uniquement de protons, d'électrons et de neutrons, soit les éléments constitutifs des atomes. Mais les atomes sont eux-mêmes les éléments constitutifs de particules de matière plus grosses et plus variées : les molécules. C'est précisément à l'échelle moléculaire qu'apparaissent les différences entre le vivant et le non-vivant.

Personne ne trouvera jamais une pierre faite d'acides nucléiques, de protéines, de glucides et de lipides, car, dans la nature, seules les cellules rassemblent toutes ces molécules, qui sont d'ailleurs décrites en détail plus loin. La molécule fondamentale d'une cellule – soit la plus petite unité dotée d'un potentiel de vie – est un acide nucléique nommé **ADN**. Aucun morceau de granit ou de quartz n'en contient.

L'ADN renferme l'information nécessaire à la synthèse d'un grand nombre de protéines composées de molécules plus petites, les acides aminés. On peut ici faire une analogie : en suivant les directives appropriées et en y consacrant l'énergie nécessaire, on peut assembler quelques types de tuiles céramiques (représentant les acides aminés) pour créer des motifs bien différents (représentant les protéines), comme le montre la figure 1.2.

Les enzymes constituent une catégorie de protéines. Lorsque ces molécules actives reçoivent un apport d'énergie, elles organisent, séparent et réarrangent rapidement les molécules de la vie. Certaines de ces enzymes agissent de concert avec l'ARN, une autre sorte d'acide nucléique, pour former des protéines à partir de l'information de l'ADN. On peut se représenter le tout comme un flux d'information allant de l'ADN à l'ARN puis à la protéine. Ce trio moléculaire joue un rôle fondamental dans notre compréhension de la vie.

L'ADN ET L'HÉRÉDITÉ Beaucoup d'êtres humains ont tendance à penser qu'on entre dans le monde tout d'un coup et qu'on le quitte de la même façon. Mais cette impression est trompeuse. Les êtres humains

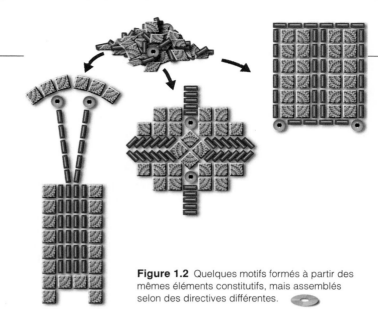

Figure 1.2 Quelques motifs formés à partir des mêmes éléments constitutifs, mais assemblés selon des directives différentes.

et tous les autres organismes s'inscrivent dans une histoire qui a débuté il y a quelque 3,8 milliards d'années lors de la formation des premières cellules vivantes, dont l'origine est de nature chimique.

Dans les conditions naturelles actuelles, les cellules et les organismes pluricellulaires héritent leurs caractères distinctifs de leurs parents. Le terme **hérédité** désigne simplement l'acquisition de caractères résultant de la transmission de l'ADN des parents à leurs descendants, tandis que le terme **reproduction** renvoie plus précisément aux mécanismes concrets assurant cette transmission. Pourquoi un cigogneau ressemble-t-il à une cigogne et non à un pélican ? Parce qu'il a hérité de l'ADN de parents cigognes et que leur ADN n'est pas identique à celui du pélican.

Chez les grenouilles, les êtres humains, les arbres et d'autres organismes de grande taille, l'ADN dirige également le **développement**, terme qui désigne la transformation d'un être – à l'origine unicellulaire – en un adulte pluricellulaire doté de tissus et d'organes spécialisés pour l'accomplissement de certaines tâches. Ainsi, le papillon illustré à la figure 1.3 ne représente que le stade adulte du développement de cet insecte. Il a d'abord été une simple cellule, un œuf fécondé qui est ensuite devenu une chenille, soit le stade larvaire immature

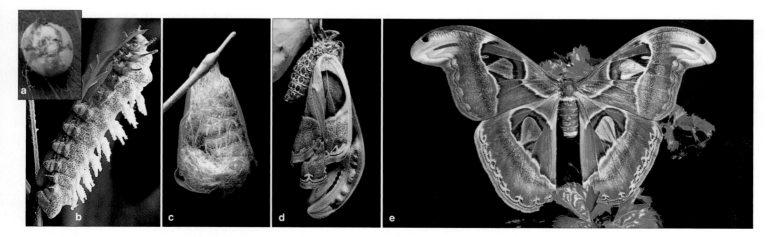

Figure 1.3 Les stades de développement successifs d'un insecte sont régis par l'information que contient son ADN. Différentes propriétés adaptatives apparaissent à chaque stade. On voit ici les stades de développement d'un papillon de nuit : **a)** l'œuf, **b)** la larve, appelée plus communément chenille, **c)** la nymphe ou chrysalide, **d)** et **e)** l'adulte ailé.

Figure 1.4 Voici un bel exemple de réaction visible à des signaux déclenchés par des récepteurs de la douleur qu'a activés un lionceau, inconscient du risque auquel il s'expose ainsi !

de l'insecte pendant lequel il s'est nourri de feuilles vertes et s'est développé rapidement. Puis, son horloge biologique a déclenché une nouvelle transformation au cours de laquelle ses tissus se sont réorganisés en vue d'atteindre le stade de nymphe, à l'issue duquel est apparu l'insecte adulte, prêt à se reproduire grâce à des organes spécialisés qui produisent des spermatozoïdes ou des ovules. Les couleurs, les motifs et la fréquence du battement de ses ailes, entre autres, résultent tous des mécanismes d'adaptation qui sont à l'œuvre pour attirer les individus de l'autre sexe.

Comme d'autres animaux, le papillon passe donc par plusieurs stades dont chacun doit être complété avant le passage au stade suivant. L'information nécessaire au développement de chacun des stades a été codée dans son ADN bien avant que ses parents l'aient conçu : c'est ainsi que se poursuit l'histoire de la vie.

Il n'y a pas de vie sans énergie

LA DÉFINITION DE L'ÉNERGIE La vie nécessite davantage que de l'ADN. Les papillons, de même que tous les êtres vivants, ont besoin d'**énergie**, c'est-à-dire la capacité d'effectuer un travail. Dans les cellules, le travail résulte du fait que des atomes cèdent, partagent et acceptent des électrons et que des molécules s'assemblent, se réorganisent et se défont. C'est l'énergie qui rend possible tous ces événements moléculaires.

LA DÉFINITION DU MÉTABOLISME Toute cellule vivante possède la capacité d'absorber de l'énergie, de la transformer et de l'utiliser pour satisfaire ses besoins de croissance, de reproduction et de survie. L'ensemble de ces activités constituent le **métabolisme**. Prenons l'exemple d'une cellule de feuille qui produit des éléments nutritifs par un processus appelé photosynthèse. Cette cellule capte l'énergie solaire et la transforme en énergie chimique sous forme d'ATP (adénosine triphosphate). Grâce à l'ATP, des centaines de réactions métaboliques de transfert d'énergie peuvent se dérouler, ce qui permet à des enzymes de synthétiser des molécules de sucre. L'ATP peut également se former par respiration aérobie dans la plupart des cellules. Ce processus permet la libération de l'énergie entreposée sous forme d'amidon ou d'autres types de molécules par les cellules.

LA PERCEPTION DE L'ÉNERGIE ET LES RÉACTIONS À LA PRÉSENCE D'ÉNERGIE On entend souvent dire que seule la matière vivante réagit à son milieu. Pourtant, même une roche n'est pas immuable : elle cède à la force de gravitation lorsqu'elle roule jusqu'au bas d'une pente, ou encore elle change graduellement de forme sous les assauts répétés du vent, de la pluie ou des marées. Il y a tout de même une différence entre les deux : un organisme peut percevoir les changements qui surviennent dans son milieu et réagir à ces changements en s'y adaptant. En effet, tout être vivant possède des **récepteurs**, c'est-à-dire des molécules ou des structures sensibles aux stimulus. Un **stimulus** est une forme d'énergie spécifique que peut détecter un récepteur. L'énergie solaire, l'énergie calorifique, l'énergie de liaison entre des atomes et l'énergie mécanique d'une morsure (voir la figure 1.4) sont autant d'exemples de stimulus.

Une cellule ou un organisme modifie son activité métabolique en fonction des signaux provenant de ses récepteurs. Tout être vivant doit pouvoir résister à la chaleur ou au froid dépassant un certain degré d'intensité, doit être capable de se débarrasser des substances qui sont nocives pour lui et a besoin de consommer certains aliments en quantités déterminées. Or, la température n'est pas constante, des substances nocives sont présentes dans la nature et les sources d'aliments peuvent parfois être rares.

Voici un exemple d'adaptation de l'organisme aux signaux qu'il reçoit. À la fin d'une collation, les sucres quittent l'intestin et entrent dans le sang. Avec le liquide dans lequel baignent toutes les cellules, c'est le sang qui constitue le milieu interne du corps humain. Or, une quantité trop élevée de glucose (un sucre) dans le sang peut être causée par le diabète, par exemple. Normalement, lorsque le taux de glucose sanguin s'élève, le pancréas, un organe glandulaire, sécrète davantage d'insuline. La plupart des cellules du corps possèdent des récepteurs sensibles à la présence de cette hormone, qui stimule l'absorption du glucose par les cellules. Le taux de glucose sanguin redevient normal par suite de l'absorption du glucose par les cellules.

Les organismes réagissent si finement aux modifications énergétiques que leurs fonctions internes se maintiennent généralement à l'intérieur de limites tolérables. Un tel équilibre, nommé **homéostasie**, est une des caractéristiques fondamentales des êtres vivants.

Tout organisme est constitué d'une ou de plusieurs cellules, la cellule étant la plus petite unité de vie. Dans des conditions naturelles, de nouvelles cellules ne se forment que lorsque des cellules vivantes se reproduisent.

L'ADN, le support moléculaire de l'hérédité, code l'information nécessaire à la synthèse des protéines, que l'ARN contribue à mener à terme. De nombreuses protéines sont des enzymes accélérant le travail cellulaire, qui comprend l'assemblage de toutes les molécules complexes propres au vivant.

Les cellules ne demeurent en vie qu'à condition de maintenir leurs activités métaboliques. Elles absorbent et transfèrent l'énergie servant à assembler, décomposer, accumuler et éliminer de la matière afin de favoriser leur survie et leur reproduction.

Les êtres vivants sont sensibles aux conditions régnant dans leur milieu et y réagissent de façon à préserver leurs fonctions internes.

L'ÉNERGIE ET L'ORGANISATION DES ÊTRES VIVANTS

Les niveaux d'organisation biologique

Grâce à leur utilisation individuelle et interactive de l'énergie et de la matière, les êtres vivants constituent la pierre d'assise de l'organisation biologique. La figure 1.5 présente les différents niveaux d'organisation hiérarchique du monde vivant. Le premier élément vivant est la **cellule** : celle-ci se compose d'organites, eux-mêmes formés de molécules, lesquelles sont constituées d'atomes, et ces derniers, d'éléments subatomiques. La cellule est la plus petite unité capable de vivre et de se reproduire par elle-même grâce à l'information contenue dans son ADN, aux éléments dont elle se compose, à un apport d'énergie et à des conditions favorables. Une amibe ou tout autre organisme unicellulaire sont autant d'exemples d'une telle unité. Cette définition s'applique-t-elle aussi aux **organismes pluricellulaires**, qui sont formés de cellules spécialisées, interdépendantes et généralement organisées en tissus et en organes ? Tout à fait. Nos propres cellules ne pourraient pas survivre de manière autonome dans la nature, car elles doivent constamment baigner dans des liquides organiques qui leur apportent des éléments nutritifs et qui éliminent les déchets métaboliques. Toutefois, même des cellules humaines isolées demeurent vivantes dans des conditions bien définies en laboratoire. Partout dans le monde, des chercheurs conservent des cellules humaines isolées dans des milieux de culture à des fins expérimentales, notamment pour des études sur le cancer.

Les organismes unicellulaires et pluricellulaires font d'ordinaire partie d'une **population**, c'est-à-dire un groupe d'organismes de la même espèce, comme un troupeau de zèbres. Le niveau d'organisation suivant est celui de la **communauté**, qui comprend les populations de toutes les espèces habitant la même région, à l'exemple des bactéries, des herbes, des arbres, des zèbres et des lions qui vivent dans la savane africaine. Le niveau suivant est celui de l'**écosystème**, qui réunit une communauté ainsi que son milieu physique et chimique. La **biosphère**, soit le niveau d'organisation le plus élevé, englobe toutes les parties de la croûte terrestre, des eaux et de

BIOSPHÈRE
Toutes les parties de la croûte terrestre, des eaux et de l'atmosphère où on trouve des êtres vivants

ÉCOSYSTÈME
La communauté et son milieu physique

COMMUNAUTÉ
Ensemble des populations animales, végétales et microbiennes qui habitent une même région

POPULATION
Ensemble d'individus d'une même espèce qui habitent une même région

ORGANISME PLURICELLULAIRE
Individu formé de cellules interdépendantes généralement organisées en tissus, en organes et en systèmes

SYSTÈME
Groupe d'organes dont les interactions chimiques et physiques contribuent à la survie d'un organisme

ORGANE
Unité de structure composée de tissus et accomplissant une tâche précise

TISSU
Ensemble de cellules d'un même type, exerçant une fonction commune

CELLULE
Plus petite unité ayant la capacité de vivre et de se reproduire, seule ou dans un organisme pluricellulaire

ORGANITE
Élément intracellulaire, généralement membraneux, où se déroulent des réactions spécialisées

MOLÉCULE
Ensemble formé d'au moins deux atomes, d'un même élément ou d'éléments différents, maintenus grâce à des liaisons chimiques

ATOME
Plus petite unité d'un élément qui conserve les propriétés de cet élément

PARTICULE SUBATOMIQUE
Électron, proton, neutron ou toute autre unité fondamentale de la matière

Populations d'arbustes et d'arbres

Communauté (l'ensemble des populations habitant une même région)

Populations d'herbes

Population de zèbres

Écosystème (la communauté et son milieu physique)

Organisme pluricellulaire

Organisme pluricellulaire auparavant vivant, qui sera bientôt décomposé en molécules inorganisées

Figure 1.5 Les niveaux d'organisation biologique.

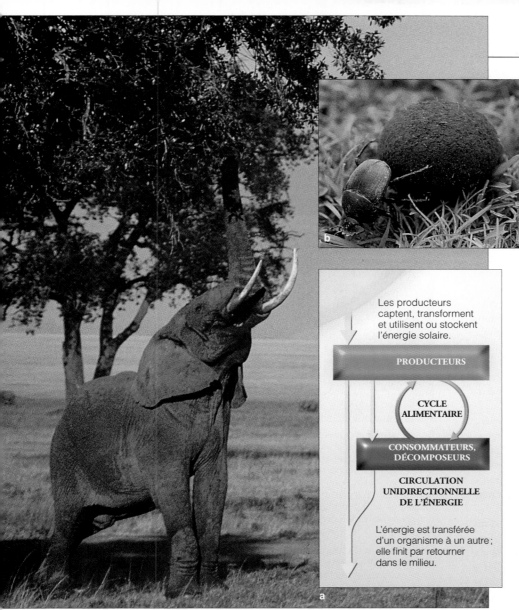

Larve de bousier

Figure 1.6 Voici un exemple de la circulation unidirectionnelle de l'énergie et du cycle de la matière dans la biosphère.

a) Les végétaux qui poussent dans les prairies à climat chaud et sec formant la savane africaine captent l'énergie solaire et l'utilisent pour croître. Une partie de cette énergie est absorbée par des animaux se nourrissant de ces végétaux, comme l'éléphant mâle adulte ci-contre, qui doit manger une énorme quantité de feuilles pour maintenir en bonne santé son corps de huit tonnes. Il produit des tas d'excréments solides – le fumier – qui contiennent encore des éléments nutritifs et de l'énergie inutilisés. Bien que peu d' organismes en tirent parti, le fumier d'éléphant constitue une ressource alimentaire exploitable.

b) Les petits bousiers font leur apparition dès qu'un éléphant lève la queue pour déféquer! Chacun d'eux s'empare d'un morceau de fumier frais, forme une petite boule, s'éloigne en la faisant rouler, puis va l'enterrer. Le bousier y pond ensuite ses œufs. Le fumier offrira à sa descendance **c)** une source alimentaire immédiatement disponible.

Grâce aux bousiers, le fumier d'éléphant ne s'accumule pas en amas séchés et durcis par la chaleur intense du jour. La savane bénéficie plutôt d'un bon nettoyage, la progéniture des bousiers y trouve de quoi se nourrir et le fumier restant s'accumule dans les terriers des bousiers, où il enrichit le sol qui permet la croissance des végétaux dont se nourrissent, entre autres, les éléphants.

Diagramme (figure a):

Les producteurs captent, transforment et utilisent ou stockent l'énergie solaire.

PRODUCTEURS

CYCLE ALIMENTAIRE

CONSOMMATEURS, DÉCOMPOSEURS

CIRCULATION UNIDIRECTIONNELLE DE L'ÉNERGIE

L'énergie est transférée d'un organisme à un autre; elle finit par retourner dans le milieu.

---

l'atmosphère dans lesquelles vivent des organismes. N'est-il pas étonnant de penser qu'une telle organisation à l'échelle planétaire a débuté par la convergence d'énergie et de matière inorganique et organique dans de minuscules cellules isolées ?

L'interdépendance des organismes

Une grande partie de l'énergie solaire s'introduit dans le monde vivant grâce aux **producteurs**, soit les végétaux et les autres organismes capables de produire leur propre nourriture. Les animaux, eux, sont des **consommateurs** qui, directement ou indirectement, utilisent l'énergie alimentaire stockée dans les tissus des producteurs. Ainsi, comme le montre la figure 1.5, une certaine quantité d'énergie est transférée au zèbre lorsqu'il mange des végétaux, puis au lion qui dévore le zèbre, avant d'être transférée de nouveau aux décomposeurs microbiens qui se nourrissent de tissus et de carcasses de lions, d'éléphants et de tous les autres organismes morts. Les **décomposeurs** dégradent les molécules organiques en éléments plus simples, dont une partie retourne aux producteurs. À la longue, toute l'énergie solaire captée par les végétaux finit par se dissiper dans le milieu naturel.

Il est donc clair que les organismes sont interreliés grâce à une circulation unidirectionnelle de l'énergie passant par eux et grâce à un cycle de la matière s'intégrant à eux, comme le montre la figure 1.6. Cette interdépendance influe sur la structure, la taille et la composition des populations, des communautés, des écosystèmes et même de la biosphère dans son ensemble. Lorsqu'on comprend bien l'ampleur de ces interactions, on saisit mieux les causes des famines, des épidémies de choléra, des pluies acides, du réchauffement planétaire, de la diminution de la biodiversité et de nombreux autres problèmes contemporains.

La nature présente divers degrés d'organisation. Les caractéristiques de la vie apparaissent au niveau des organismes unicellulaires et s'étendent aux populations, aux communautés, aux écosystèmes et à la biosphère.

Une circulation unidirectionnelle de l'énergie passant par les organismes et un cycle de la matière circulant parmi eux structurent la vie dans la biosphère. Dans presque tous les cas, la circulation d'énergie s'amorce par la transformation de l'énergie solaire.

POURQUOI AUTANT D'ESPÈCES ?

Jusqu'à présent, nous avons surtout insisté sur le caractère unique de la vie et sur les caractéristiques que partagent tous les êtres vivants. Après tout, ces derniers sont tous constitués des mêmes unités de matière inerte et ils se maintiennent tous en vie grâce aux activités métaboliques et à des transferts d'énergie constants à l'échelle cellulaire. Ils interagissent lorsqu'ils utilisent de l'énergie et des matières premières. Ils sont sensibles à leur environnement et capables d'y réagir. Ils ont la possibilité de se reproduire grâce à l'information contenue dans l'ADN qu'ils ont hérité des membres de la génération précédente.

À cet héritage commun se superpose une immense diversité. Nous, les êtres humains, partageons la Terre avec plusieurs millions d'organismes appelés **espèces**, et des millions d'autres espèces nous ont précédés depuis 3,8 milliards d'années, mais se sont éteintes. Pendant des siècles, des chercheurs ont tenté d'ordonner cette vaste diversité. L'un d'eux, Carl von Linné, a mis au point une nomenclature dans laquelle un nom latin composé de deux termes est attribué à toute espèce dûment identifiée. Le premier terme désigne le **genre**, qui englobe toutes les espèces apparentées entre elles en raison de leur morphologie, de leur physiologie et de l'identité de leurs ancêtres. Le deuxième terme est un qualificatif désignant une espèce particulière appartenant à un genre.

Par exemple, *Quercus alba* est le nom du chêne blanc et *Q. rubra* est celui du chêne rouge (le nom d'un genre peut être abrégé ainsi lorsqu'il a déjà été mentionné au long dans un même paragraphe). Le fait que ces noms latins sont utilisés universellement par tous les biologistes, quelle que soit leur langue maternelle, donne accès à une vaste documentation, comme le montre rapidement toute recherche effectuée à ce sujet sur Internet.

Les biologistes groupent des espèces apparentées en raison d'un ancêtre commun, mais cette classification n'est pas encore achevée et elle est encore sujette à bien des modifications. Par exemple, il y a longtemps, les chercheurs avaient proposé deux grands groupes d'êtres vivants, appelés règnes, pour contenir l'ensemble des êtres vivants connus, soit les animaux et les végétaux. Ils proposent maintenant une classification comportant trois domaines, à savoir les eubactéries, les archéobactéries et les eucaryotes.

EUBACTÉRIES *(BACTERIA)*	ARCHÉOBACTÉRIES *(ARCHÆA)*	EUCARYOTES *(EUKARYA)*

Dans le sens des aiguilles d'une montre, à partir du haut : une forêt d'algues géantes (*Macrocystis*), la coquille d'un coccolithophore, une amibe sociale (*Dictyostelium discoideum*) au stade de limace mobile, un protozoaire flagellé (*Trypanosoma brucei*) qui transmet la maladie du sommeil et un protozoaire cilié (*Paramecium*). Même un si faible échantillon de la diversité des protistes suffit à montrer pourquoi de nombreux biologistes estiment maintenant que ceux-ci ne forment pas un groupe unique, mais qu'ils sont plutôt constitués de nombreuses lignées évolutives distinctes.

Une colonie microscopique d'archéobactéries appartenant au genre *Methanosarcina* prolifère dans la vase d'un habitat anaérobie (sans oxygène). D'un point de vue évolutif, les archéobactéries sont plus proches des êtres humains que des bactéries véritables.

Figure 1.7 Quelques exemples illustrant la grande diversité chez les êtres vivants.

Ces domaines comprennent au moins six groupes qui sont toujours qualifiés de règnes : les **archéobactéries**, les **eubactéries**, les **protistes**, les **eumycètes**, les **végétaux** et les **animaux** (voir la figure 1.7).

Les archéobactéries et les eubactéries sont des organismes unicellulaires dits *procaryotes*, car leur ADN n'est pas séparé du cytoplasme par une membrane ou une enveloppe. Différents procaryotes remplissent les fonctions de producteurs, de consommateurs et de décomposeurs. Ils forment le groupe qui, dans le monde vivant, présente la plus grande diversité métabolique.

Les archéobactéries vivent dans les sources chaudes, les étendues d'eau salée et d'autres habitats aussi rigoureux que ceux dans lesquels se seraient formées les premières cellules. Les eubactéries sont plus courantes et plus répandues. Étant donné que « eubactérie » signifie « bactérie véritable », elles seront dorénavant désignées par le simple nom de « bactéries ».

À l'instar des végétaux, des eumycètes et des animaux, les protistes sont des organismes dits *eucaryotes*, car leur matériel nucléaire est compris à l'intérieur d'une enveloppe cellulaire. Comparativement aux cellules procaryotes, la plupart des protistes sont plus volumineux et possèdent un cytoplasme plus complexe. Le règne des protistes comprend des producteurs, des consommateurs et des décomposeurs unicellulaires ainsi que des algues pluricellulaires géantes. Puisque les différences entre les protistes sont assez prononcées, il est probable que ce règne sera bientôt subdivisé en unités plus homogènes.

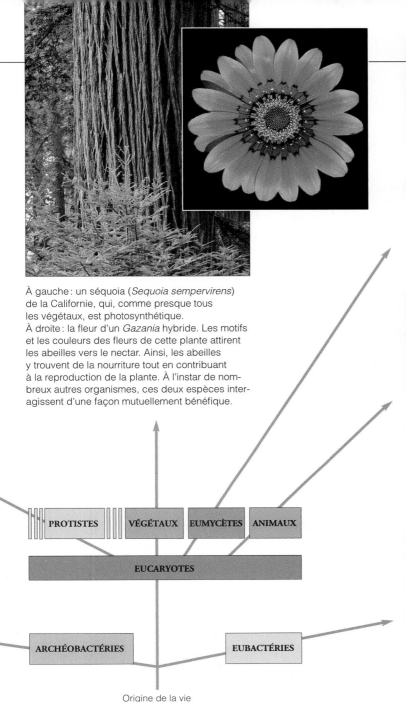

À gauche : un séquoia (*Sequoia sempervirens*) de la Californie, qui, comme presque tous les végétaux, est photosynthétique.
À droite : la fleur d'un *Gazania* hybride. Les motifs et les couleurs des fleurs de cette plante attirent les abeilles vers le nectar. Ainsi, les abeilles y trouvent de la nourriture tout en contribuant à la reproduction de la plante. À l'instar de nombreux autres organismes, ces deux espèces interagissent d'une façon mutuellement bénéfique.

Un dictyophora (*Dictyophora indusiata*) et des craterelles tubulaires (*Craterellus*). Si certains champignons sont des parasites et causent parfois des maladies, ces deux espèces, tout comme la grande majorité des champignons, sont des décomposeurs. En l'absence de décomposeurs, les communautés deviendraient ensevelies sous leurs propres déchets.

Comme ses lointains ancêtres, les poissons, le basilic commun (*Basiliscus basiliscus*) possède quatre membres. Mais, contrairement aux poissons, il s'est adapté à la vie terrestre, tout en pouvant courir rapidement à la surface de l'eau sur ses pattes postérieures.

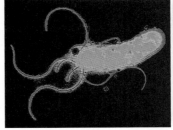
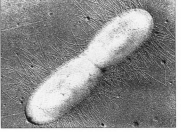

À gauche : *Helicobacter pylori*, une bactérie qui peut causer des troubles et des ulcères gastriques. À droite : *Escherichia coli*, une bactérie qui vit dans le tube digestif des mammifères. Elle a répliqué son ADN et sa division cellulaire est pratiquement terminée.

| PROTISTES | VÉGÉTAUX | EUMYCÈTES | ANIMAUX |

EUCARYOTES

ARCHÉOBACTÉRIES EUBACTÉRIES

Origine de la vie

La plupart des eumycètes, qui comprennent aussi les champignons, sont des décomposeurs ou des parasites pluricellulaires qui se nourrissent par absorption. Ils libèrent des enzymes extracellulaires qui digèrent les composés organiques dans leur milieu et ils absorbent ensuite les produits plus petits de la digestion.

Les végétaux sont des producteurs photosynthétiques pluricellulaires. Ils sont dits photosynthétiques parce qu'ils fabriquent leur propre nourriture à partir de matières premières simples (CO_2, H_2O et minéraux) et de l'énergie solaire. Des vaisseaux permettant le transport de l'eau et d'autres substances sont généralement présents dans les feuilles, la tige et les racines.

Les animaux sont des consommateurs pluricellulaires qui ingèrent les tissus d'autres organismes. Ils comprennent des herbivores (qui se nourrissent de végétaux), des carnivores (qui se nourrissent de chaire animale), des parasites et des nécrophages. Le développement de tous les animaux passe par une série de stades embryonnaires et tous se déplacent activement pendant au moins une partie de leur existence.

Lorsque toutes ces données sont prises en compte, on comprend mieux la pertinence de mettre en relief l'unité et la diversité de la vie.

S'il est vrai que le vivant présente un caractère unitaire, il se caractérise aussi par sa grande diversité, car les organismes diffèrent beaucoup sur les plans de la morphologie, de la physiologie et du comportement.

Les organismes se répartissent en trois domaines : les archéobactéries, les eubactéries et les eucaryotes. Les principaux groupes d'eucaryotes sont les protistes, les eumycètes, les végétaux et les animaux.

UN APERÇU ÉVOLUTIONNISTE DE LA DIVERSITÉ

Comment se fait-il que les organismes soient si semblables tout en présentant une diversité si étonnante? Une des réponses données à cette question repose sur l'évolution des êtres vivants par voie de sélection naturelle, dont la capacité prédictive sera illustrée tout au long du présent ouvrage. Pour le moment, familiarisons-nous d'abord avec les principes fondamentaux de l'évolution, qui s'appuient sur une observation simple: les individus d'une population présentent des variations dans les caractères qu'ils partagent.

Les mutations, source première de variations

L'ADN possède deux caractéristiques remarquables: l'information qu'il véhicule a pour effet que les descendants ressemblent à leurs parents, mais elle rend également possibles des variations dans les détails de la plupart des caractères. Ainsi, la présence de cinq doigts à chaque main est un caractère humain, mais certains bébés naissent pourtant avec six doigts à chaque main. Cela résulte d'une **mutation**, soit une modification héréditaire de l'ADN. Les mutations constituent la source initiale de variations de caractères héréditaires.

De nombreuses mutations sont nuisibles lorsqu'elles portent atteinte à la croissance, au développement ou au fonctionnement de l'organisme. Cependant, d'autres sont inoffensives ou même bénéfiques. C'est le cas d'une mutation qui donne une couleur foncée à des papillons nocturnes qui étaient jusque-là de couleur pâle.

Les papillons de nuit sont actifs la nuit et se reposent le jour, lorsque les oiseaux qui s'en nourrissent sont eux-mêmes actifs. Les oiseaux ne parviennent généralement pas à repérer les papillons de nuit pâles qui se posent sur des troncs d'arbre pâles. Mais que se passerait-il au voisinage d'une usine au charbon, alors que la fumée remplie de suie qui en émane finirait par donner une teinte foncée à l'écorce de tous les troncs d'arbre? Des papillons de nuit foncés se trouvant sur des troncs d'arbre foncés seraient peu visibles aux yeux des oiseaux qui s'en nourrissent (voir la figure 1.8), de sorte qu'ils seraient susceptibles de vivre plus longtemps et de se reproduire davantage. Ainsi, là où la suie s'accumulerait, la forme foncée de ce caractère serait mieux adaptée à son milieu que la forme pâle. Un **caractère adaptatif** désigne toute forme de caractère qui favorise la survie et la reproduction d'un individu dans son milieu.

Figure 1.8 Le résultat de la sélection naturelle portant sur deux variations d'un même caractère: la coloration du corps. **a)** La forme pâle de la phalène du bouleau (*Biston betularia*), un papillon de nuit, est difficile à repérer sur un tronc d'arbre non couvert de suie, contrairement à une phalène foncée. **b)** La forme foncée de la phalène est mieux protégée contre les prédateurs, là où l'écorce des arbres est plus foncée.

Figure 1.9 Ci-contre: les résultats possibles de la sélection artificielle. On ne voit que certaines des quelque 300 variétés de pigeons domestiqués. Les éleveurs ont d'abord retenu des variations de caractères chez des populations captives de pigeons bisets sauvages.

PIGEON BISET SAUVAGE

Une définition de l'évolution

Envisageons maintenant les variétés de papillons de nuit par rapport à l'ensemble de leur population. À un certain moment, il s'est produit une mutation de l'ADN qui a engendré un papillon plus foncé. Lorsque ce papillon mutant s'est reproduit, une partie de ses descendants a hérité de l'ADN mutant et de la couleur plus foncée. Les oiseaux ont pu repérer et manger de nombreux papillons pâles, mais la plupart des papillons foncés ont échappé à leurs prédateurs et ont vécu assez longtemps pour se reproduire, tout comme leurs descendants et les descendants de leurs descendants, etc. La fréquence d'une forme du caractère a augmenté par rapport à la fréquence de l'autre forme dans la population. Lorsque la forme foncée devient la plus répandue, on peut alors parler de «la population de papillons de nuit foncés».

De la même façon que les papillons de nuit, les individus de la plupart des populations présentent différentes variétés de nombreux caractères communs. Quand il y a une variation dans la fréquence d'un caractère dans une population donnée, on peut dire qu'il y a **évolution**. En biologie, ce terme renvoie à l'apparition graduelle de modifications héréditaires dans une lignée.

Une définition de la sélection naturelle

Au XIXe siècle, Charles Darwin a donné l'exemple des pigeons pour illustrer le lien conceptuel qu'il a établi entre l'évolution et la variation de caractères. Les pigeons domestiqués diffèrent entre eux par la taille, la couleur de leur plumage et bien d'autres caractères (voir la figure 1.9). Darwin savait déjà que les éleveurs de pigeons sélectionnaient certaines variétés de caractères. Lorsque ces éleveurs privilégiaient les plumes caudales noires et retroussées, ils ne laissaient s'accoupler et se reproduire que les pigeons ayant ces caractères. C'est ainsi que les formes «plumes caudales noires et retroussées» sont devenues les variétés les plus répandues au sein de la population de pigeons en captivité et que les formes «plumes caudales pâles et peu retroussées» sont devenues moins courantes ou ont disparu.

L'élevage de pigeons constitue un cas de **sélection artificielle**, car cette sélection effectuée entre différentes formes d'un caractère se produit dans un environnement «artificiel», c'est-à-dire dans des conditions contraignantes prédéfinies. Mais Darwin a vu, dans une telle pratique des éleveurs, un modèle simple pour illustrer la **sélection naturelle**, qui favorise certaines variétés d'un caractère spécifique aux dépens d'autres variétés présentes dans la nature.

Si les éleveurs sont des «agents de sélection» qui favorisent la reproduction de certains individus dans des populations en captivité, d'autres agents de sélection, comme le faucon pèlerin, sont à l'œuvre en matière de variations parmi les pigeons sauvages. Au sein d'une population de pigeons donnée, les individus les plus vifs ou munis d'un camouflage mieux adapté à leur milieu sont beaucoup plus susceptibles d'échapper aux faucons pèlerins, et donc de vivre assez longtemps pour se reproduire, que les individus moins vifs ou plus visibles. Ce que Darwin

a qualifié de sélection naturelle est simplement le résultat des différences, en matière de survie et de reproduction, entre les individus d'une population dont un ou plusieurs des caractères communs héréditaires varient.

Bien sûr, les variations entre pigeons ne préoccupent vraiment que les éleveurs de pigeons. Examinons maintenant un cas qui nous concerne tous, à savoir les **antibiotiques**. Ceux-ci sont de puissantes sécrétions élaborées par des bactéries ou des eumycètes qui vivent dans le sol et qui inhibent la croissance d'autres bactéries ou eumycètes. C'est dans les années 1940 qu'a débuté le recours aux antibiotiques pour tuer des bactéries pathogènes. Certains médecins prescrivaient alors ces « médicaments miracles » pour combattre aussi des infections légères. On a même déjà ajouté des antibiotiques à des pâtes dentifrices et à des gommes à mâcher.

Il s'est avéré que les antibiotiques sont de puissants agents de la sélection naturelle. L'un d'eux, la streptomycine, neutralise certaines protéines essentielles des bactéries auxquelles il s'attaque. Mais des souches bactériennes ont subi des mutations qui ont légèrement modifié la forme moléculaire de leurs protéines, de sorte que la streptomycine ne peut plus se lier à celles-ci pour les neutraliser. Contrairement aux cellules originales, les cellules mutantes peuvent alors survivre et se reproduire en présence de streptomycine. En d'autres termes, un antibiotique agit contre les bactéries qui lui sont sensibles, mais il favorise les variétés qui lui résistent!

Les souches résistantes aux antibiotiques rendent plus difficile la lutte contre les maladies d'origine bactérienne, comme la tuberculose, la typhoïde, la blennorragie et les infections staphylococciques. À mesure que la résistance évolue par voie de sélection, les stratégies d'utilisation des antibiotiques doivent également évoluer pour que soient vaincues les nouvelles défenses contre ceux-ci. C'est pourquoi les entreprises pharmaceutiques tentent de modifier la structure ou la composition moléculaires des antibiotiques, afin de produire des médicaments plus efficaces. Toutefois, cette efficacité est remise en question dès qu'apparaissent de nouvelles générations de bactéries plus résistantes, les superbactéries.

Dans un chapitre subséquent, les mécanismes qui président à l'évolution des populations de papillons de nuit, de pigeons, de bactéries et de tous les autres êtres vivants sont abordés. Pour le moment, la réflexion porte sur les éléments-clés de la sélection naturelle, qui constituent les fondements de la recherche en biologie sur la nature même de la diversité de la vie.

1. Au sein d'une même population, on observe des variations morphologiques, physiologiques et comportementales. Une grande partie de ces variations sont héréditaires, c'est-à-dire qu'elles peuvent être transmises des parents à leurs descendants.

2. Certaines variétés de caractères héréditaires sont mieux adaptées que d'autres aux conditions de l'environnement. Elles augmentent les probabilités de survie et de reproduction de l'individu qui les porte, en l'aidant à trouver de la nourriture, un partenaire sexuel, des endroits pour se cacher, etc.

3. La sélection naturelle explique les différences, en matière de survie et de reproduction, entre des individus appartenant à une même génération.

4. La sélection naturelle favorise une meilleure adaptation aux conditions du milieu. Les formes bien adaptées à leur milieu deviennent plus courantes que les autres formes, si bien que les caractéristiques d'une population se modifient et que celle-ci évolue.

Ainsi, d'un point de vue évolutionniste, la diversité de la vie résulte de la somme totale des variations de caractères qui se sont accumulées dans les différentes lignées d'êtres vivants au fil des générations, par voie de sélection naturelle et d'autres processus de changement.

Les mutations de l'ADN engendrent des variations des caractères héréditaires.

Si de nombreuses mutations sont nuisibles, sinon létales, d'autres entraînent des variations morphologiques, physiologiques ou comportementales qui sont bien adaptées aux conditions du milieu.

La sélection naturelle résulte des différences, en matière de survie et de reproduction, entre les individus d'une population chez laquelle un ou plusieurs caractères héréditaires varient. Elle contribue à rendre intelligible l'évolution, c'est-à-dire les modifications des différentes lignées d'êtres vivants qui, à la longue, ont produit la grande diversité de la vie.

LA NATURE DE LA RECHERCHE EN BIOLOGIE

Les sections précédentes donnent un aperçu de quelques concepts-clés. Il s'agit maintenant d'aborder cet ensemble de « faits », ou tout autre ensemble avec un esprit critique. « Pourquoi devrait-on estimer que ces faits sont crédibles ? » Pour répondre à cette question, il faut d'abord examiner comment les biologistes formulent des hypothèses à partir de leurs observations et comment ils mettent à l'épreuve la capacité prédictive de ces hypothèses en procédant à des expériences en milieu naturel ou en laboratoire.

Les observations, les hypothèses et les expérimentations

Pour bien comprendre la démarche scientifique, passons en revue les pratiques les plus reconnues en la matière.

1. On observe d'abord un événement naturel, on vérifie soigneusement ce que d'autres chercheurs ont mentionné à son sujet, puis on formule une question ou on cerne un problème lié à cette observation.

2. On formule une ou des **hypothèses** quant aux réponses possibles aux questions formulées ou aux solutions à apporter aux problèmes cernés.

3. À partir de ces hypothèses, on fait une **prédiction**, c'est-à-dire un énoncé sur ce qu'on devrait observer dans la nature à propos de l'objet de la recherche. Un tel processus est dit hypothético-déductif parce qu'il est de type « si-alors ». Exemple : si la force de gravitation n'entraînait pas les objets vers le centre de la Terre, alors il devrait être possible d'observer des pommes s'élever vers le ciel plutôt que tomber au sol.

4. On définit des moyens permettant la **vérification** de l'exactitude des prédictions, par exemple en effectuant des observations systématiques, en développant des modèles et en procédant à des expériences. Un **modèle** est une description ou une analogie théoriques détaillées qui aident le chercheur à visualiser quelque chose qui n'a pas encore été directement observé.

5. Si la vérification ne confirme pas la prédiction initiale, on doit en déterminer la cause. Ce peut être parce qu'on a négligé un facteur ayant influé sur la vérification effectuée, ou encore parce que l'hypothèse n'était pas valable.

6. On répète la vérification ou on en élabore une nouvelle. Une hypothèse confirmée par de nombreuses vérifications est plus susceptible de s'avérer utile par la suite.

7. On analyse et on rapporte objectivement les résultats des vérifications ainsi que les conclusions qu'on en a tirées.

Toutes ces pratiques sont parfois désignées collectivement sous le vocable de « méthode scientifique », un peu comme si tous les scientifiques agissaient à l'unisson suivant une procédure immuable et absolue. Ce n'est pas le cas. Nombreux sont ceux qui effectuent des observations et des descriptions, rédigent un rapport sur une question précise et laissent à des collègues le soin de formuler des hypothèses. Certains ont de la chance et mettent la main sur des données qu'ils ne cherchaient même pas (bien sûr, la chance favorise davantage un esprit qui est déjà disposé à saisir ce que les données signifient). Ce n'est pas une méthode unique que les scientifiques partagent, mais bien une attitude critique qui les incite à vouloir voir plutôt que croire et à adopter une démarche logique pour résoudre des problèmes.

La logique fait appel à un mode de réflexion permettant de tirer une conclusion qui ne contredit pas les faits sur lesquels celle-ci

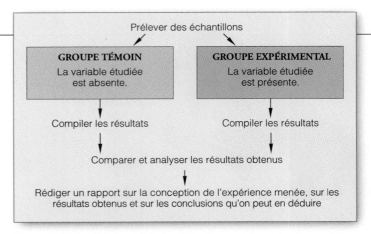

Figure 1.10 Le déroulement de la vérification expérimentale d'une prédiction fondée sur une hypothèse.

s'appuie. Lorsqu'on passe la langue sur une tranche de citron, on en remarque tout de suite la saveur particulièrement acide. Si on répète la même expérience avec dix autres tranches, on note toujours la même saveur et on en conclut que tous les citrons sont particulièrement acides. On établit ainsi une corrélation entre un élément (le citron) et un autre (la saveur acide). Grâce à ce mode de réflexion, nommé **logique inductive**, une personne peut énoncer une affirmation générale à partir d'observations précises.

Il suffit de donner à la généralisation une formulation de type « si-alors » pour obtenir une hypothèse : « Si on passe la langue sur une tranche de citron, alors on perçoit une saveur acide ». Au moyen de ce schéma de pensée, nommé **logique déductive**, une personne fait des inférences au sujet de conséquences ou de prédictions spécifiques qui doivent découler d'une hypothèse.

On peut ensuite vérifier l'hypothèse avec d'autres échantillons de citron. Il existe cependant une variété, le citron Meyer, qui est plus douce. Par ailleurs, certaines personnes ne peuvent percevoir aucune saveur. Il faut donc reformuler l'hypothèse ainsi : « Si des personnes passent la langue sur une tranche de citron, à l'exception du citron Meyer, alors la plupart d'entre elles perçoivent une saveur acide. » On peut goûter à des échantillons de toutes les variétés de citron connues dans le monde et conclure que l'hypothèse modifiée est valable. On ne prouvera jamais que cette hypothèse est vraie, car il pourrait exister des citronniers dans des endroits demeurés inconnus de tous. On peut toutefois dire qu'il est très probable que l'hypothèse ne soit pas fausse.

Effectuer de très nombreuses observations est un moyen logique de vérifier une prédiction découlant d'une hypothèse. Expérimenter en est un autre. Une **expérience** simplifie le processus d'observation dans la nature ou en laboratoire, car elle permet la modification et la maîtrise des conditions dans lesquelles les observations sont effectuées. Lorsqu'une expérience est bien conçue et qu'on peut en observer les résultats, on peut prédire qu'un événement se produira si l'hypothèse n'est pas fausse ou qu'il ne se produira pas si elle est fausse. La figure 1.10 donne un bon aperçu du déroulement d'une expérience bien conçue.

UNE PRÉMISSE DE CAUSALITÉ Toute expérience s'appuie sur la prémisse suivante : tout élément de la nature résulte d'une ou de plusieurs causes sous-jacentes. C'est parce qu'elle se fonde sur cette prémisse que la science est si différente de la croyance dans le surnaturel. Les expériences scientifiques portent sur des hypothèses réfutables, c'est-à-dire des hypothèses qui sont vérifiées dans le monde naturel par des moyens pouvant les réfuter.

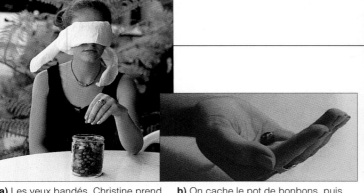

a) Les yeux bandés, Christine prend un bonbon dans un pot qui contient 120 bonbons verts et 280 bonbons noirs, soit respectivement 30 % et 70 % du nombre total de bonbons.

b) On cache le pot de bonbons, puis Christine enlève son bandeau. Elle voit alors un bonbon vert dans sa main et suppose que le pot ne contient que des bonbons verts.

c) Les yeux bandés de nouveau, Christine prend cette fois-ci 50 bonbons dans le pot, dont 10 verts et 40 noirs.

d) Le plus gros échantillon obtenu la deuxième fois l'incite à supposer qu'un cinquième des bonbons dans le pot sont verts et que quatre cinquièmes sont noirs, soit des proportions respectives de 20 % et 80 % du nombre total de bonbons, ce qui se rapproche davantage des proportions réelles. Plus Christine fera des prélèvements, plus il est probable qu'elle finira par connaître les proportions réelles de bonbons verts et noirs dans le pot.

Figure 1.11 La démonstration simple d'une erreur d'échantillonnage.

LA CONCEPTION D'UNE EXPÉRIENCE Les chercheurs recourent à certaines pratiques afin d'obtenir des résultats expérimentaux concluants. Afin de mieux concevoir leurs expériences, ils consultent les publications spécialisées pour en tirer des données liées à leur objet de recherche. Ils conçoivent ensuite des expériences pour vérifier une prédiction issue de leur hypothèse de départ. Dans la mesure du possible, ils utilisent un **groupe témoin**, auquel seront comparés les résultats des groupes expérimentaux. Le groupe témoin doit être identique aux groupes expérimentaux, sauf en ce qui concerne la variable étudiée par les chercheurs. Une **variable** est un élément spécifique d'un objet ou d'un événement qui peut varier dans le temps chez certains individus.

La section 1.6 illustre la conception d'une expérience au cours de laquelle les chercheurs ont agi directement sur une seule variable dans le but de confirmer ou d'infirmer une prédiction, tout en s'efforçant de maintenir constantes toutes les autres variables qui auraient pu influer sur les résultats de l'expérience.

L'ERREUR D'ÉCHANTILLONNAGE Les chercheurs peuvent rarement observer tous les individus d'un groupe. Ils doivent plutôt se servir de sous-ensembles ou d'échantillons de populations, d'événements ou d'autres aspects touchant l'objet de leur recherche. Il leur faut éviter toute **erreur d'échantillonnage**, qui consiste à effectuer des expériences avec des sous-ensembles qui ne sont pas représentatifs de l'ensemble. En général, les résultats d'une expérience sont plus fiables lorsque l'échantillon est volumineux et qu'elle est répétée à plusieurs reprises (voir la figure 1.11).

Le concept de théorie

Lorsque personne n'a réussi à réfuter une hypothèse de départ après la réalisation d'innombrables expériences rigoureuses et que des scientifiques se servent de cette hypothèse pour interpréter d'autres données ou de nouvelles observations, qui pourraient donner lieu à d'autres hypothèses, l'hypothèse de départ peut être acceptée en tant que **théorie scientifique**.

Le terme « théorie » est parfois utilisé pour qualifier une supposition, comme dans l'expression « ce n'est qu'une théorie ». Mais une théorie scientifique n'est pas une supposition, étant donné que des chercheurs ont mis à l'épreuve sa capacité prédictive à maintes reprises et de nombreuses façons dans la nature, sans avoir obtenu un seul résultat qui réfute ladite théorie. C'est pour cette raison que la théorie de la sélection naturelle est si respectée. Elle permet de répondre de façon satisfaisante à diverses questions, comme celles qui ont trait à l'origine de la vie, aux effets des phytotoxines sur les animaux herbivores, à l'avantage sexuel que procurent des plumes colorées, à la récurrence de certains cancers au sein d'une même famille et à la perte d'efficacité des antibiotiques. En association avec les données tirées de l'histoire géologique de la Terre, elle a même favorisé une meilleure compréhension de l'évolution de la vie.

Il se peut qu'une théorie largement mise à l'épreuve avec les données disponibles ne permette pas aux scientifiques de s'approcher davantage de la vérité. Ainsi, après des milliers d'expériences menées depuis plus d'un siècle, la théorie de Darwin, enrichie de quelques légères modifications, demeure toujours aussi solide. On ne peut en prouver la validité dans toutes les conditions possibles, car il faudrait alors procéder à un nombre d'expériences infini. Comme pour toute autre théorie, on peut simplement dire qu'il est très probable que cette théorie soit valide. D'ailleurs, les biologistes demeurent toujours attentifs à la publication de données et d'expériences nouvelles qui seraient susceptibles de démentir les prémisses de cette théorie.

Cela montre de nouveau l'importance de la pensée critique. Les scientifiques ne doivent jamais cesser de se poser la question suivante : « Est-ce que des observations ou des expériences peuvent démontrer qu'une hypothèse est fausse ? » Ils s'attendent tous à ce que leurs confrères ne laissent pas l'orgueil ou les préjugés les empêcher de vérifier une hypothèse par des moyens qui pourraient la réfuter. Si un scientifique ne veut pas le faire, d'autres le feront certainement, car les milieux scientifiques se caractérisent autant par la concurrence que par la coopération. Dans le meilleur des cas, les chercheurs partagent leurs idées avec les autres, parce qu'ils savent qu'il est tout aussi utile de révéler les erreurs que d'applaudir aux nouvelles idées. Il arrive souvent qu'ils changent d'avis après avoir pris connaissance de faits contraires à leur hypothèse de départ. Il s'agit là d'un point fort, et non d'un point faible, de la science.

L'étude scientifique de la nature se fonde sur la formulation de questions, d'hypothèses et de prédictions, l'expérimentation et le compte-rendu objectif des résultats.

Une théorie scientifique est une hypothèse de longue date, vérifiée au moyen d'expériences scientifiques, qui explique la ou les causes d'un vaste ensemble d'événements interreliés. Elle continue à faire l'objet d'expériences, de modifications, d'acceptations ou de rejets provisoires.

La puissance de l'expérimentation

DES EXPÉRIENCES EN THÉRAPIE BIOLOGIQUE Nombreux sont ceux qui se préoccupent de l'apparition de nouvelles souches de bactéries pathogènes qui résistent aux antibiotiques. Ainsi, Bruce Levin, de l'université Emory, et Jim Bull, de l'université du Texas, s'efforcent de développer des solutions de rechange à l'antibiothérapie. Ils ont relevé dans les ouvrages et les journaux scientifiques les articles portant sur une thérapie biologique qui fait appel à des bactériophages pour lutter contre les infections bactériennes. Les bactériophages, appelés plus simplement phages, sont des virus qui s'attaquent à des souches bactériennes. Lorsqu'un phage entre en contact avec sa cible, il lui injecte son matériel génétique, en prélude à une véritable invasion : en effet, la bactérie hôte va alors produire de nouvelles particules virales, des enzymes virales vont faire éclater la bactérie, puis les phages nouvellement produits vont aller infecter d'autres bactéries, et ainsi de suite.

Ces deux biologistes se sont alors demandé, comme d'autres l'avaient fait il y a de nombreuses années, si des injections de phages pourraient aider des malades à combattre une infection bactérienne. La découverte des antibiotiques avait relégué aux oubliettes une telle possibilité, du moins dans les pays occidentaux, mais le recours aux phages est maintenant redevenu intéressant, et c'est pourquoi Levin et Bull ont voulu reproduire des expériences qu'avaient autrefois réalisées les chercheurs H. Williams Smith et Michael Huggins.

Ils choisirent une souche pathogène d'*Escherichia coli* dite O18:K1:H7, qui est insensible aux phages généralement utilisés en laboratoire. À l'instar des autres bactéries qui résident dans l'intestin des êtres humains et d'autres mammifères, cette souche bactérienne est évacuée du corps dans les excréments. Levin et Bull entreprirent alors de trouver des phages d'*E. coli* dans des échantillons d'eau prélevés dans une usine de traitement d'eaux usées, à Atlanta. Ils en isolèrent deux types qu'ils nommèrent, après expérimentation, *E* (phage efficace) et *I* (phage relativement inoffensif).

Avec l'aide d'un étudiant, Terry DeRouin, et d'une technicienne, Nina Moore Walker, ils ont fait croître une population d'*Escherichia coli* O18:K1:H7 dans un milieu de culture. Puis, après avoir sélectionné deux groupes de souris d'une même souche, toutes des femelles ayant le même âge, ils ont injecté ces bactéries et plus de 10^7 particules du phage *E* à un groupe expérimental de 15 souris, qui ont

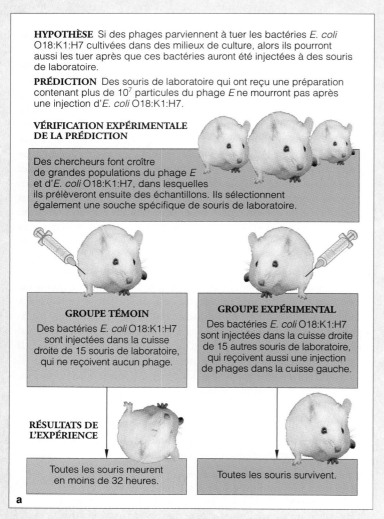

HYPOTHÈSE Si des phages parviennent à tuer les bactéries *E. coli* O18:K1:H7 cultivées dans des milieux de culture, alors ils pourront aussi les tuer après que ces bactéries auront été injectées à des souris de laboratoire.

PRÉDICTION Des souris de laboratoire qui ont reçu une préparation contenant plus de 10^7 particules du phage *E* ne mourront pas après une injection d'*E. coli* O18:K1:H7.

VÉRIFICATION EXPÉRIMENTALE DE LA PRÉDICTION

Des chercheurs font croître de grandes populations du phage *E* et d'*E. coli* O18:K1:H7, dans lesquelles ils prélèveront ensuite des échantillons. Ils sélectionnent également une souche spécifique de souris de laboratoire.

GROUPE TÉMOIN
Des bactéries *E. coli* O18:K1:H7 sont injectées dans la cuisse droite de 15 souris de laboratoire, qui ne reçoivent aucun phage.

GROUPE EXPÉRIMENTAL
Des bactéries *E. coli* O18:K1:H7 sont injectées dans la cuisse droite de 15 autres souris de laboratoire, qui reçoivent aussi une injection de phages dans la cuisse gauche.

RÉSULTATS DE L'EXPÉRIENCE

Toutes les souris meurent en moins de 32 heures.

Toutes les souris survivent.

a

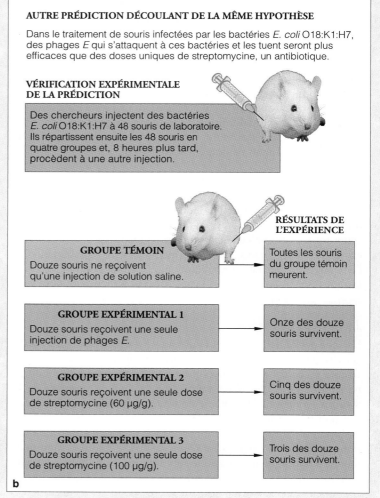

AUTRE PRÉDICTION DÉCOULANT DE LA MÊME HYPOTHÈSE

Dans le traitement de souris infectées par les bactéries *E. coli* O18:K1:H7, des phages *E* qui s'attaquent à ces bactéries et les tuent seront plus efficaces que des doses uniques de streptomycine, un antibiotique.

VÉRIFICATION EXPÉRIMENTALE DE LA PRÉDICTION

Des chercheurs injectent des bactéries *E. coli* O18:K1:H7 à 48 souris de laboratoire. Ils répartissent ensuite les 48 souris en quatre groupes et, 8 heures plus tard, procèdent à une autre injection.

RÉSULTATS DE L'EXPÉRIENCE

GROUPE TÉMOIN
Douze souris ne reçoivent qu'une injection de solution saline.

Toutes les souris du groupe témoin meurent.

GROUPE EXPÉRIMENTAL 1
Douze souris reçoivent une seule injection de phages *E*.

Onze des douze souris survivent.

GROUPE EXPÉRIMENTAL 2
Douze souris reçoivent une seule dose de streptomycine (60 µg/g).

Cinq des douze souris survivent.

GROUPE EXPÉRIMENTAL 3
Douze souris reçoivent une seule dose de streptomycine (100 µg/g).

Trois des douze souris survivent.

b

Figure 1.12 Une comparaison expérimentale de l'efficacité respective d'un bactériophage et d'un antibiotique dans le traitement d'une infection bactérienne.

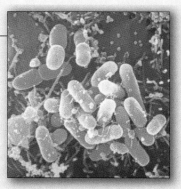

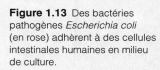

Figure 1.13 Des bactéries pathogènes *Escherichia coli* (en rose) adhèrent à des cellules intestinales humaines en milieu de culture.

toutes survécu. Pour leur part, les 15 souris du groupe témoin n'avaient reçu que du *E. coli* O18:K1:H7 et aucune n'a survécu. La figure 1.12*a* décrit la vérification expérimentale. La figure 1.13 montre des bactéries pathogènes *E. coli*.

La figure 1.12*b* décrit la vérification expérimentale d'une autre prédiction découlant de la même hypothèse de départ. Les résultats obtenus viennent étayer la conclusion de Smith et Huggins selon laquelle certains phages sont aussi efficaces, ou même davantage, que des antibiotiques pour enrayer certaines infections bactériennes.

Chaque type de phage ne peut attaquer tout au plus que quelques souches bactériennes. À l'heure actuelle, il faut tellement de temps pour isoler la bactérie qui est à l'origine d'une infection grave que le phage approprié ne peut souvent pas être obtenu à temps. La mise au point de nouvelles méthodes pourrait accélérer le processus d'identification des bactéries.

L'IDENTIFICATION DE VARIABLES IMPORTANTES En milieu naturel, de nombreux facteurs peuvent modifier l'évolution d'une infection. Par exemple, l'état de santé, le régime alimentaire, l'âge des individus atteints et des différences génétiques entre eux peuvent tous susciter des différences dans la réaction immunitaire à une infection. En outre, certains agents pathogènes sont plus virulents que d'autres.

C'est pourquoi Levin et Bull ont voulu simplifier et maîtriser les variables, qui sont, rappelons-le, les éléments spécifiques d'un objet ou d'un événement qui peuvent différer dans le temps chez certains individus. Toutes les souris utilisées dans leurs expériences provenaient de la même souche et avaient été élevées dans les mêmes conditions de laboratoire. Les deux chercheurs pouvaient donc s'attendre à ce que ces souris réagissent de la même façon à une attaque contre elles, puisqu'elles avaient le même âge et le même sexe et qu'elles avaient été élevées dans les mêmes conditions. Chaque souris de chaque groupe expérimental avait reçu la même quantité d'antibiotique ou de bactériophages. De même, chaque souris du groupe témoin avait reçu la même injection de solution saline. L'accent a donc été mis sur une variable, soit la comparaison entre un bactériophage précis et un antibiotique précis, qui a été examinée dans une situation artificielle simple et contrôlée.

LES BIAIS DANS LA CONSIGNATION DES RÉSULTATS Volontairement ou non, les chercheurs interprètent parfois leurs données dans un sens favorable à ce qu'ils cherchent à prouver ou à réfuter. Quelques-uns se sont même déjà permis de falsifier des mesures ou de favoriser certains résultats afin d'étayer leur point de vue. C'est pour cette raison que, en science, on insiste tant sur l'importance de consigner d'une manière quantitative, au moyen de nombres exacts ou d'autres unités précises, les résultats des expériences effectuées. Cela permet aux chercheurs, comme Levin et Bull, de contrevérifier rapidement et systématiquement les résultats obtenus par d'autres chercheurs.

LES LIMITES DE LA SCIENCE

L'importance accordée à la réalisation d'expériences objectives renforce les théories issues des études scientifiques, mais elle restreint l'éventail des études qui peuvent être menées à bien. Au-delà du champ de la science, certains événements demeurent inexpliqués. Quel est le but de l'existence? Pourquoi chaque individu doit-il mourir à un moment particulier? De telles questions débouchent sur des réponses subjectives et personnelles, qui résultent de toutes les expériences de vie et de toutes les activités intellectuelles qui forment notre conscience. Étant donné que les différences individuelles en la matière sont énormes, des réponses subjectives ne se prêtent pas facilement aux expériences et aux analyses scientifiques.

Cela ne signifie pas que des réponses subjectives ne valent rien. Aucune société humaine ne peut se maintenir longtemps lorsque ses membres ne respectent pas certaines normes pour porter des jugements, même subjectifs. Les normes morales, esthétiques, philosophiques et économiques varient beaucoup d'une société à l'autre, mais elles orientent toutes la réflexion de chacun lorsqu'il s'agit de distinguer ce qui est important et bon de ce qui ne l'est pas. Elles visent toutes à donner un sens à ce que chacun fait.

De temps à autre, des scientifiques suscitent une controverse lorsqu'ils élucident un phénomène qui semblait échapper à toute explication naturelle et relever du surnaturel. Cela se produit souvent lorsque les codes moraux d'une société sont étroitement liés à des croyances religieuses. L'adoption d'une démarche scientifique pour examiner une interprétation ancienne du monde naturel peut être erronément considérée par certains comme une remise en cause de la morale existante, bien que l'une et l'autre soient foncièrement distinctes.

Ainsi, il y a quelque 500 ans en Europe, Nicolas Copernic, après avoir étudié le mouvement des planètes, en a conclu que la Terre tournait autour du Soleil. Si une telle affirmation relève aujourd'hui de l'évidence, elle n'était rien de moins qu'hérétique à cette époque, car tous croyaient alors que le Créateur avait fait de la Terre et, par conséquent, des êtres humains, le centre immuable de l'Univers. Par la suite, un physicien respecté du nom de Galilée a étudié le modèle copernicien du système solaire, l'a jugé adéquat et s'est prononcé en sa faveur. Mais il a ensuite dû se rétracter publiquement, à genoux, et affirmer que la Terre était bien le centre fixe de l'Univers (on dit que, après s'être relevé, il aurait murmuré: «Et pourtant, elle se meut!»). Quelques siècles plus tard, la théorie de l'évolution formulée par Darwin s'est heurtée au même type de réaction.

À toute époque, une société applique un ensemble de normes. Mais ces dernières sont parfois remises en question lorsqu'une nouvelle explication naturelle vient s'opposer aux croyances au surnaturel. Cela ne signifie pas que les scientifiques qui soulèvent certaines questions respectent moins la morale ou la loi et sont moins sensibles ou moins bienveillants que d'autres. Cela signifie plutôt qu'une norme supplémentaire oriente leur travail: c'est le monde extérieur, et non une conviction personnelle, qui doit être le banc d'essai des théories scientifiques.

C'est par le recours à des observations, à des hypothèses, à des prédictions et à une expérimentation systématique que la science diffère des systèmes de croyances fondés sur la foi, la force ou un simple consensus.

RÉSUMÉ   Le chiffre en **brun** renvoie à la section du chapitre.

1. Le monde vivant se caractérise par son unité, puisque tous les organismes partagent les caractéristiques suivantes : ils sont faits d'une ou de plusieurs cellules, ils sont constitués des mêmes types d'atomes et de molécules assujettis aux mêmes lois relatives à l'énergie, ils sont tous le siège d'activités métaboliques, ils sont sensibles à certains facteurs de leur environnement et ils sont capables d'y réagir. Grâce à leur ADN, ils peuvent survivre et se reproduire. Le tableau 1.1 donne la liste de ces caractéristiques. *1.1*

2. La hiérarchie de l'organisation biologique se compose de cellules, d'organismes pluricellulaires, de populations, de communautés, d'écosystèmes et de la biosphère. *1.2*

3. Il existe aujourd'hui des millions d'espèces (des types d'organismes) sur la Terre, et de nombreux autres millions d'espèces ont existé dans le passé, mais se sont éteintes. Le système de classification des êtres vivants comprend des espèces, regroupées à l'intérieur de genres, de familles, d'ordres, de classes, d'embranchements et de règnes. *1.3*

4. La diversité de la vie découle de mutations, c'est-à-dire de modifications héréditaires de la structure des molécules d'ADN. Ces modifications sont à l'origine de la variation des caractères héréditaires que les parents transmettent à leurs descendants, y compris la plupart des caractères morphologiques et physiologiques : *1.4*

5. La théorie de l'évolution par voie de sélection naturelle qu'a formulée Darwin est au cœur de la recherche en biologie. Ses grands principes sont les suivants : *1.4*

a) Les membres d'une population présentent des différences dans les détails des caractères héréditaires qu'ils ont en commun. Certaines variations de caractères peuvent altérer les capacités de survie et de reproduction.

b) La sélection naturelle résulte des différences relatives à la capacité de survie et de reproduction que possèdent les individus, qui varient par un ou plusieurs caractères. Les formes d'un caractère adaptées au milieu deviennent généralement plus courantes, tandis que les formes moins bien adaptées se raréfient ou disparaissent. Ainsi, les caractères fondamentaux peuvent se modifier au fil des générations, et la population peut évoluer.

6. Les méthodes utilisées en recherche scientifique sont diversifiées. Les principaux éléments constitutifs de ces méthodes sont les suivants : *1.5*

a) Théorie : explication d'un large éventail de phénomènes associés qui s'appuie sur de nombreuses vérifications expérimentales, telle que la théorie de l'évolution par voie de sélection naturelle qu'a formulée Darwin.

b) Hypothèse : explication proposée au sujet d'un phénomène particulier.

c) Prédiction : affirmation, fondée sur les principes d'une théorie ou sur une hypothèse, à propos de ce qui peut être anticipé dans la nature.

d) Vérification expérimentale : tentative de procéder à des observations réelles qui correspondent aux observations prédites ou attendues.

e) Conclusion : affirmation relative à l'acceptation, à la modification ou au rejet d'une théorie ou d'une hypothèse, qui s'appuie sur la vérification expérimentale de prédictions issues de cette théorie ou hypothèse.

7. La logique est un schéma de pensée en vertu duquel une personne tire une conclusion qui n'est pas contraire aux faits sur lesquels repose ladite conclusion. On parle de logique inductive lorsqu'une affirmation générale est énoncée à partir d'observations spécifiques, tandis

---

Tableau 1.1 *La synthèse des principales caractéristiques de la vie*

LES CARACTÉRISTIQUES COMMUNES ILLUSTRANT L'UNITÉ DE LA VIE

1. Les organismes sont faits d'une ou de plusieurs cellules.

2. Les organismes sont constitués des mêmes types d'atomes et de molécules assujettis aux mêmes lois relatives à l'énergie.

3. Les organismes sont le siège d'activités métaboliques ; ils acquièrent et utilisent de l'énergie et des matières premières pour assurer leur survie et leur reproduction.

4. Les organismes sont sensibles aux modification de leurs milieux intérieur et extérieur et y réagissent de manière adéquate.

5. L'information héréditaire codée dans l'ADN donne aux organismes leurs capacités de survie et de reproduction. De plus, elle oriente le développement des organismes pluricellulaires complexes.

6. Les caractéristiques propres à une population d'organismes peuvent se modifier au fil des générations et la population peut évoluer.

LES FONDEMENTS DE LA DIVERSITÉ DE LA VIE

1. Les mutations, c'est-à-dire les modifications héréditaires de la structure de l'ADN, sont à l'origine de la variation des caractères héréditaires, y compris la plupart des caractères morphologiques, physiologiques et comportementaux.

2. La diversité est la somme des variations qui, en raison de la sélection naturelle et d'autres processus d'évolution, se sont accumulées chez les lignées d'êtres vivants qui se sont succédé sur la Terre depuis 3,8 milliards d'années.

---

qu'on parle de logique déductive lorsqu'une affirmation porte sur des prédictions ou des conséquences spécifiques devant découler d'une hypothèse de départ. Un tel schéma de pensée s'exprime souvent sous la forme « si-alors ». *1.5*

8. Les prédictions découlant d'une hypothèse peuvent être vérifiées au moyen d'observations détaillées ou d'expériences. *1.5*

9. Les expériences scientifiques simplifient les observations faites dans la nature ou en laboratoire, car ces dernières sont effectuées dans des conditions soigneusement préétablies et maîtrisées. Les expériences reposent sur le principe suivant : tout élément de la nature résulte d'une ou de plusieurs causes sous-jacentes, manifestes ou non. Une hypothèse n'a un caractère scientifique que lorsqu'elle peut être vérifiée selon une méthode susceptible de la réfuter. *1.5, 1.6*

10. Un groupe témoin est un point de référence auquel sont comparés un ou plusieurs groupes expérimentaux. Dans la mesure du possible, le groupe témoin est identique aux groupes expérimentaux en ce qui concerne toutes les variables, sauf celle qui fait l'objet de la recherche. *1.5, 1.6*

11. Une variable est un élément spécifique d'un objet ou d'un événement qui diffère dans le temps chez certains individus. Les chercheurs agissent directement sur la variable examinée afin de confirmer ou d'infirmer une prédiction. *1.5, 1.6*

12. Les résultats d'une expérience peuvent être faussés par une erreur d'échantillonnage : il s'agit de différences aléatoires entre une population, un événement ou tout autre élément naturel, d'une part, et les échantillons choisis pour le représenter, d'autre part. Le recours à des échantillons volumineux et variés contribue à prévenir une telle éventualité. *1.5, 1.6*

13. Les théories scientifiques sont le produit d'observations, d'hypothèses, de prédictions et d'une expérimentation systématique. Le monde extérieur constitue le banc d'essai des théories. *1.7*

Exercices

Dans le présent chapitre et les suivants, le chiffre indiqué en italique après l'énoncé d'une question renvoie à la section où se trouve la réponse.

1. Pourquoi est-il difficile de formuler une définition simple de la vie ? *1*

2. Nommez la molécule de l'hérédité présente dans les cellules. *1.1*

3. Donnez une définition simple de chacun des termes suivants : *1.1*
a) cellule   b) métabolisme   c) énergie   d) ATP

4. Comment les organismes perçoivent-ils les changements se produisant dans leur environnement ? *1.1*

5. Examinez la figure 1.5, puis organisez et définissez vous-même les niveaux d'organisation biologique. *1.2*

6. Examinez la figure 1.6, puis faites un schéma de la circulation unidirectionnelle de l'énergie et du cycle de la matière dans la biosphère. Sur le côté de votre schéma, définissez les termes suivants : producteur, consommateur, décomposeur. *1.2*

7. Énumérez les caractéristiques communes de la vie. *1, 1.3*

8. Quelles sont les deux parties du nom scientifique d'une espèce ? *1.3*

9. Énumérez les six règnes, puis indiquez quelques-unes de leurs caractéristiques générales. *1.3*

10. Définissez les termes « mutation » et « caractère adaptatif », puis décrivez le lien entre les mutations et la diversité de la vie. *1.4*

11. Rédigez une brève définition des termes suivants : évolution, sélection artificielle et sélection naturelle. *1.4*

12. Définissez les termes suivants et indiquez ce qui les distingue. *1.5*
a) Hypothèse et prédiction
b) Observation et vérification expérimentale
c) Logique inductive et logique déductive
d) Supposition et théorie scientifique

13. En ce qui concerne les vérifications expérimentales, définissez les termes suivants : variable, groupe témoin et groupe expérimental. *1.5*

14. Qu'est-ce qu'une erreur d'échantillonnage ? *1.5*

Autoévaluation   RÉPONSES À L'ANNEXE III

1. Le terme _____ désigne la capacité des cellules d'extraire l'énergie de sources situées dans leur milieu, puis de la transformer et de l'utiliser pour leur survie, leur croissance et leur reproduction.

2. Le terme _____ désigne l'état dans lequel le milieu intérieur se maintient sans dépasser ses limites tolérables.

3. La _____ est la plus petite unité de vie.

4. Si l'une des variations d'un caractère permet d'augmenter les probabilités de survie et de reproduction dans un milieu donné, il s'agit alors d'un caractère _____ .

5. La capacité d'évolution repose sur des variations de caractères héréditaires, qui découlent initialement de _____ .

6. Chacun possède certains caractères qui étaient également présents chez ses arrière-arrière-arrière-arrière-grands-parents. C'est là un exemple _____ .
a) de métabolisme   c) de groupe témoin
b) d'homéostasie   d) d'hérédité

7. Les molécules d'ADN _____ .
a) contiennent de l'information relative aux caractères héréditaires
b) subissent des mutations
c) se transmettent des parents à leurs descendants
d) toutes ces réponses

8. Pendant de nombreuses années consécutives, un producteur laitier a laissé ses meilleures vaches laitières se reproduire, mais pas les moins bonnes productrices de lait. Au fil des générations, la production de lait a augmenté. Un tel résultat constitue un exemple _____ .
a) de sélection naturelle   c) d'évolution
b) de sélection artificielle   d) les réponses b) et c)

9. Un groupe témoin est _____ .
a) un point de référence auquel sont comparés des groupes expérimentaux
b) identique à des groupes expérimentaux, sauf en ce qui concerne une variable
c) un point de référence comptant plusieurs variables auquel est comparé un groupe expérimental
d) les réponses a) et b)

10. Un élément spécifique d'un objet ou d'un événement qui peut changer dans le temps ou chez certains individus est _____ .
a) un groupe témoin   c) une variable
b) un groupe expérimental   d) une erreur d'échantillonnage

11. Plus le nombre d'individus d'une population choisis au hasard pour faire partie d'un groupe expérimental est faible, _____ .
a) plus la probabilité qu'il y ait une erreur d'échantillonnage est élevée
b) plus la probabilité qu'il y ait une erreur d'échantillonnage est faible
c) plus la probabilité que les différences entre eux faussent les résultats de l'expérience est faible

12. Associez chaque terme à la définition la plus appropriée.

_____ Caractère adaptatif

_____ Sélection naturelle

_____ Théorie scientifique

_____ Hypothèse

_____ Prédiction

a) Énoncé de ce qu'on devrait trouver dans la nature si on tentait de l'observer.
b) Explication proposée.
c) Élément qui fait augmenter la probabilité de survie et de reproduction dans un milieu donné.
d) Ensemble cohérent d'hypothèses qui forment une explication largement adéquate et vérifiable.
e) Résultat des différences, en ce qui a trait à la survie et à la reproduction, entre des individus chez qui certains éléments d'un ou de plusieurs caractères varient.

Questions à développement

1. Certaines araignées, comme *Dolomedes*, se nourrissent d'insectes près des étangs et capturent parfois des têtards et des petits poissons, comme le montre la figure 1.14. Avant d'atteindre leur maturité, les araignées femelles se

Figure 1.14 L'araignée *Dolomedes* et sa proie, un petit alevin. Après avoir injecté dans sa proie un venin paralysant et des enzymes digestives, l'araignée se nourrit des sucs prédigérés de l'alevin. Les araignées de cette espèce peuvent se déplacer sous la surface de l'eau. Les poils qui les recouvrent retiennent l'air (pour leur respiration aérobie) au cours de leurs expéditions de chasse sous-marine.

confinent généralement dans une petite aire de végétation à proximité d'un étang. Lorsqu'elles atteignent leur maturité sexuelle, elles s'accouplent et stockent le sperme qui fécondera leurs œufs. Ce n'est qu'à ce moment qu'elles commencent à occuper une aire plus vaste autour de l'étang. Formulez des hypothèses qui expliqueraient pourquoi ces araignées occupent des aires différentes à des moments différents de leur vie, puis concevez une expérience qui vous permettrait de vérifier chacune de vos hypothèses.

2. Une théorie scientifique relative à un élément de la nature repose sur la logique inductive. On tient alors pour acquis que, puisque le résultat d'un événement a été observé de manière constante, il se produira de nouveau. On ne peut toutefois en être absolument certain, car il n'est pas possible de prendre en compte toutes les variables possibles qui pourraient influer sur ce résultat. À titre d'illustration, Garvin McCain et Erwin Segal proposent la parabole suivante :

Il était une fois une dinde très intelligente qui vivait dans un enclos entretenu par un maître gentil et attentionné. Elle n'avait rien d'autre à faire que de réfléchir aux merveilles de ce monde et à sa stabilité. Elle avait donc pu observer d'importantes régularités. Le matin commençait toujours par la lueur de l'aube éclairant le ciel, suivie de l'agréable bruit des pas de son maître et de l'apparition de sa délicieuse nourriture. D'autres éléments variaient – certains matins étaient doux, d'autres étaient plus froids – mais la nourriture apparaissait toujours après le bruit des pas. La séquence des événements était devenue si prévisible qu'elle avait fini par constituer le fondement de la théorie de la dinde sur la bienveillance du monde.

Un matin, après plus d'une centaine de confirmations de cette théorie, la dinde a entendu le bruit des pas et a eu la tête tranchée.

La dinde a appris à ses dépens que toute explication du monde n'a qu'une probabilité élevée ou faible de ne pas être fausse. De nos jours, certaines personnes estiment qu'une telle incertitude signifie que « les faits n'ont aucune importance : ils changent toujours ». Si c'était vrai, devrait-on simplement cesser de faire de la recherche scientifique ? Pourquoi ou pourquoi pas ?

3. Les témoins à un procès doivent « jurer de dire la vérité, toute la vérité et rien que la vérité ». Quels sont les problèmes inhérents à une telle demande faite aux témoins ? Pouvez-vous imaginer une solution de rechange qui soit moins problématique ?

4. De nombreuses revues populaires publient une énorme quantité d'articles sur les régimes alimentaires, l'exercice physique et d'autres questions liées à la santé. Certains auteurs recommandent l'adoption d'un régime particulier ou la consommation de suppléments alimentaires. À votre avis, quels sont les faits que ces articles devraient mentionner afin que les lecteurs puissent déterminer s'ils peuvent accepter ou non les recommandations ?

5. Bien que l'information scientifique soit souvent utile avant que soit prise une décision, elle ne peut permettre à personne de savoir ce qui est « bien » ou « mal ». Donnez-en un exemple tiré de votre propre expérience.

6. Comme le dit le vieux dicton, tout le monde se plaint de la météo, mais personne ne fait rien pour la changer. Il est possible de commencer à réfléchir aux façons dont les êtres humains pourraient modifier au moins un élément des conditions météorologiques locales. Deux chercheurs de l'université d'État de l'Arizona, R. Cerveny et R. Balling junior, ont constaté, à l'issue de leur étude portant sur la côte nord-est de l'Amérique du Nord, qu'il pleut effectivement davantage les fins de semaine, alors qu'on aimerait bien se détendre en plein air !

Les deux chercheurs estimaient que, si la quantité de pluie qui tombe chaque jour de la semaine est un phénomène aléatoire, alors les lois de la probabilité devraient s'appliquer (« probabilité » signifie ceci : l'éventualité que chaque résultat possible se produise est proportionnelle au nombre de façons dont il peut se produire). Ainsi, il devrait tomber chaque jour 1/7 (14,3 %) de la quantité totale de pluie tombant en une semaine. Mais il s'avère que les lundis sont les moins pluvieux (13,1 %), qu'il y a un peu plus de pluie les jours suivants, que la proportion de pluie est la plus élevée les samedis (16 %) et que les dimanches sont légèrement au-dessus de la moyenne.

Quelle pourrait être la cause d'un tel phénomène ? L'hypothèse des deux chercheurs est la suivante : si la pollution de l'air est plus prononcée en semaine qu'en fin de semaine, alors les activités humaines pourraient avoir une incidence sur la configuration des précipitations de pluie à l'échelle régionale. Du lundi au vendredi, les usines au charbon et les véhicules à essence libèrent dans l'air de grandes quantités de petites particules, qui favorisent les courants aériens ascendants et agissent comme des « plates-formes » pour la formation de gouttelettes d'eau. La pollution de l'air s'accumule durant la semaine et se fait davantage sentir le samedi. Les usines en activité et les véhicules en circulation sont moins nombreux la fin de semaine, de sorte que l'air doit être plus propre et plus sec le lundi.

À votre avis, quels sont les faits que Cerveny et Balling ont réunis pour vérifier leur hypothèse ? Formulez par écrit quelques idées à ce sujet, puis comparez-les à celles que contient l'article que les deux chercheurs ont publié dans le numéro du 6 août 1998 de la revue *Nature*. Que vous poursuiviez ou non des études en biologie, un tel exercice est très utile pour comprendre comment chercher, dans des publications scientifiques, des données réelles que vous pouvez évaluer à propos de questions qui vous intéressent.

7. Des scientifiques ont mis au point des expériences visant à déterminer si différentes espèces de poissons appartenant au même genre se font concurrence dans leur habitat naturel. Ils ont aménagé 12 étangs ayant la même composition chimique et les mêmes caractéristiques physiques, puis ils ont déposé dans les étangs les quantités suivantes d'individus :

Étangs 1, 2 et 3	Espèce A	300 individus par étang
Étangs 4, 5 et 6	Espèce B	300 individus par étang
Étangs 7, 8 et 9	Espèce C	300 individus par étang
Étangs 10, 11 et 12	Espèces A, B et C	300 individus de chaque espèce par étang

Une expérience ainsi conçue prend-elle en compte tous les facteurs susceptibles d'influer sur le résultat ? Dans la négative, quelles modifications lui apporteriez-vous ?

Vocabulaire

Dans le présent chapitre et les suivants, une liste reprend les termes apparaissant en caractères gras dans le corps du texte, à la section indiquée par le chiffre en italique. Pour faciliter l'étude de ces termes, vous pourriez en faire une liste, écrire une définition pour chacun et la comparer à celle qui figure dans le chapitre. Ces termes reviendront ultérieurement. Si vous en avez une bonne compréhension, il vous sera plus facile de saisir la matière abordée dans les chapitres subséquents.

ADN *1.1*	Espèce *1.3*	Mutation *1.4*
Animal *1.3*	Eubactérie *1.3*	Organisme pluri-
Antibiotique *1.4*	Eumycète *1.3*	cellulaire *1.2*
Archéobactérie *1.3*	Évolution *1.4*	Population *1.2*
Biologie *1*	Expérience *1.5*	Prédiction *1.5*
Biosphère *1.2*	Genre *1.3*	Producteur *1.2*
Caractère adaptatif *1.4*	Groupe témoin *1.5*	Protiste *1.3*
Cellule *1.2*	Hérédité *1.1*	Récepteur *1.1*
Communauté *1.2*	Homéostasie *1.1*	Reproduction *1.1*
Consommateur *1.2*	Hypothèse *1.5*	Sélection artificielle *1.4*
Décomposeur *1.2*	Logique déductive	Sélection naturelle *1.4*
Développement *1.1*	*1.5*	Stimulus *1.1*
Écosystème *1.2*	Logique inductive	Théorie scientifique *1.5*
Énergie *1.1*	*1.5*	Variable *1.5*
Erreur d'échantillon-	Métabolisme *1.1*	Végétal *1.3*
nage *1.5*	Modèle *1.5*	Vérification *1.5*

Lectures complémentaires

Carey, S. (1994). *A Beginner's Guide to the Scientific Method*. Belmont, Californie : Wadsworth.

Donald, I. (mars 1998). « L'architecture de la vie ». *Pour la science*, no 245 : 34-45.

Moore, J. (1993). *Science as a Way of Knowing*. Cambridge, Massachusetts : Harvard University Press.

Lectures complémentaires en ligne : consultez l'infoTrac à l'adresse Web
www.brookscole.com/biology

I Les fondements de la vie cellulaire

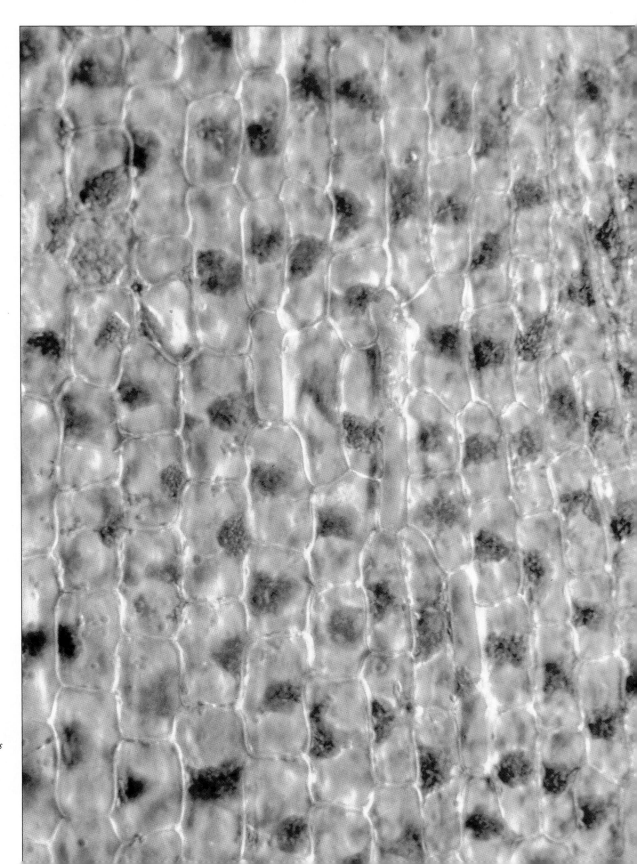

Des cellules végétales (Elodea) observées au microscope. On distingue dans chacune de ces cellules de forme rectangulaire un noyau bien évident, ainsi que de petits organites ronds et verts appelés chloroplastes, *responsables de la transformation de l'énergie lumineuse en énergie chimique.*

LES FONDEMENTS CHIMIQUES DE LA CELLULE

Combien valez-vous ?

À Hollywood, l'actrice américaine Julia Roberts touche près de 25 millions de dollars par film. Les dirigeants des Rangers du Texas, une équipe de baseball, ont accordé à Alex Rodriguez, un arrêt-court, un contrat de près de 311 millions de dollars pour 10 ans. Le gouvernement du Québec paie un enseignant environ 48 000 $ par année. Mais du point de vue de sa composition chimique, combien vaut réellement un corps humain ?

Le corps humain est composé d'un ensemble d'éléments chimiques. Forme fondamentale de la matière, l'**élément** possède une masse, occupe un espace et ne peut pas être décomposé au cours de réactions chimiques habituelles. Si on fragmente un morceau de cuivre en parties de plus en plus petites, la plus petite partie possible, composée d'un seul atome, restera du cuivre. Tout solide, liquide ou gaz est constitué de un ou de plusieurs de ces éléments dans des proportions bien définies.

On connaît 92 éléments chimiques naturels. Les éléments les plus abondants dans le corps des êtres humains et de tous les autres êtres vivants sont au nombre de quatre, soit l'oxygène, l'hydrogène, le carbone et l'azote. D'autres éléments constitutifs des êtres vivants sont, par exemple, le phosphore, le potassium, le soufre, le calcium et le sodium. On y trouve également des oligoéléments, soit des éléments en très faible quantité, comptant pour moins de 0,01 % du poids corporel.

La figure 2.1 a dresse la liste de tous les éléments présents dans le corps humain et indique ce que coûte 1 kg de cet élément. Selon ces données, un être humain pesant 70 kg vaudrait la somme dérisoire de 146,37 $.

Figure 2.1 a) Combien vaut le corps humain, du point de vue chimique ? Le tableau indique la masse de chaque élément constitutif d'un corps de 70 kg et sa valeur commerciale. Les prix s'appliquent à la forme que l'on trouve le plus couramment dans la nature (par exemple, les atomes d'hydrogène et d'oxygène sont plus souvent liés dans des molécules d'eau que présents à l'état pur). Notons que le prix de l'or sur le marché varie tous les mois. Le prix de l'uranium, qui n'est plus divulgué par les fournisseurs de produits chimiques, a été obtenu sur E-Bay.

b) Voici un tableau comparatif des proportions que représentent les éléments respectifs du corps humain, d'une citrouille et de la croûte terrestre (en %). En quoi ces proportions sont-elles similaires ou différentes ?

La masse des éléments d'un corps humain de 70 kg		Le coût (au détail)
Oxygène	43,00 kg	0,026859 $
Carbone	16,00 kg	7,9072 $
Hydrogène	7,00 kg	0,034983 $
Azote	1,80 kg	11,99291 $
Calcium	1,00 kg	19,15025 $
Phosphore	780,00 g	84,25936 $
Potassium	140,00 g	5,06399 $
Soufre	140,00 g	0,01436 $
Sodium	100,00 g	2,826513 $
Chlore	95,00 g	1,741432 $
Magnésium	19,00 g	0,549685 $
Fer	4,20 g	0,067458 $
Fluor	2,60 g	9,781778 $
Zinc	2,30 g	0,108835 $
Silicium	1,00 g	0,457135 $
Rubidium	0,68 g	1,343178 $
Strontium	0,32 g	0,021898 $
Brome	0,26 g	0,015886 $
Plomb	0,12 g	0,004893 $
Cuivre	72,00 mg	0,016013 $
Aluminium	60,00 mg	0,304926 $
Cadmium	50,00 mg	0,012523 $
Cérium	40,00 mg	0,053275 $
Baryum	22,00 mg	0,035553 $
Iode	20,00 mg	0,116364 $
Étain	20,00 mg	0,006656 $
Titane	20,00 mg	0,013492 $
Bore	18,00 mg	0,002684 $
Nickel	15,00 mg	0,038696 $
Sélénium	15,00 mg	0,046886 $
Chrome	14,00 mg	0,004203 $
Manganèse	12,00 mg	0,001885 $
Arsenic	7,00 mg	0,029128 $
Lithium	7,00 mg	0,02994 $
Césium	6,00 mg	0,000016 $
Mercure	6,00 mg	0,005829 $
Germanium	5,00 mg	0,161152 $
Molybdène	5,00 mg	0,001557 $
Cobalt	3,00 mg	0,001864 $
Antimoine	2,00 mg	0,0003 $
Argent	2,00 mg	0,016803 $
Niobium	1,50 mg	0,000771 $
Zirconium	1,00 mg	0,001025 $
Lanthane	0,80 mg	0,000699 $
Gallium	0,70 mg	0,00416 $
Tellure	0,70 mg	0,000892 $
Yttrium	0,60 mg	0,006464 $
Bismuth	0,50 mg	0,000147 $
Thallium	0,50 mg	0,001105 $
Indium	0,40 mg	0,000741 $
Or	0,20 mg	0,00244 $
Scandium	0,20 mg	0,071857 $
Tantale	0,20 mg	0,002015 $
Vanadium	0,11 mg	0,000398 $
Thorium	0,10 mg	0,006113 $
Uranium	0,10 mg	0,000127 $
Samarium	50,00 µg	0,000146 $
Béryllium	36,00 µg	0,000269 $
Tungstène	20,00 µg	0,000007 $
	Total :	146,37 $ CA

a

L'observation, même superficielle, de tout être humain révèle bien vite que le corps ne se résume pas à la liste de ses composants. Cette liste peut néanmoins servir de point de départ pour définir les traits distinctifs du corps humain. On peut par exemple comparer les proportions des éléments qui le composent avec celles des éléments présents dans la croûte terrestre ou la citrouille (voir la figure 2.1 *b*) et constater alors que si beaucoup d'éléments leur sont communs, les proportions de chacun sont très différentes. Chez l'humain, le genre et le nombre d'éléments sont intégrés en un tout unique, extrêmement structuré et dynamique.

Par ailleurs, la liste des éléments chimiques présentée ici peut donner l'impression que tous sont immuables. En réalité, les 43 kg d'atomes d'oxygène sont liés à d'autres atomes sous la forme de liquides biologiques ou de molécules utilisées par les cellules comme éléments de structure ou comme source d'énergie. Cette masse de gaz ne constitue pas les réserves de toute une vie. À tout instant en effet, d'innombrables atomes d'oxygène s'échappent du corps, au moment par exemple où le dioxyde de carbone est exhalé des poumons, et sont remplacés par ceux qui proviennent de l'air, des aliments et de l'eau. Comme tous les organismes vivants, l'être humain doit continuellement absorber des quantités suffisantes d'oxygène et d'autres éléments afin de fabriquer et de préserver ses cellules et, par le fait même, de se maintenir en vie. S'il inhalait quelques bouffées d'un gaz dépourvu d'oxygène, il entrerait dans le coma dans les cinq secondes qui suivent et, s'il demeurait privé d'oxygène pendant les deux à quatre minutes suivantes, il mourrait.

Chaque fois que quelqu'un affirme que la « chimie » n'est pas importante, on doit se rappeler ceci : étant composés de matière, tous les êtres humains obéissent aux principes de la chimie au même titre que toute la matière organique ou inorganique de l'univers. Les hamburgers et les pâtes, les réfrigérateurs et le kérosène, la drépanocytose et les autres maladies génétiques, la santé et la maladie, les pesticides et l'agriculture, les pluies acides et les forêts matures, le réchauffement de la planète, les gaz neurotoxiques aux mains des terroristes et toute autre matière sont également soumis aux principes de la chimie. Cette science mérite toute notre attention.

La croûte terrestre		Le corps humain		Une citrouille	
Oxygène	46,6 %	Oxygène	65 %	Oxygène	85 %
Silicium	27,7	Carbone	18	Hydrogène	10,7
Aluminium	8,1	Hydrogène	10	Carbone	3,3
Fer	5,0	Azote	3	Potassium	0,34
Calcium	3,6	Calcium	2	Azote	0,16
Sodium	2,8	Phosphore	1,1	Phosphore	0,05
Potassium	2,1	Potassium	0,35	Calcium	0,02
Magnésium	1,5	Soufre	0,25	Magnésium	0,01
		Sodium	0,15	Fer	0,008
		Chlore	0,15	Sodium	0,001
		Magnésium	0,05	Zinc	0,0002
		Fer	0,004	Cuivre	0,0001
		Iode	0,004		

b

L'ATOME

La structure de l'atome

L'**atome** est la plus petite particule qui conserve les propriétés d'un élément. Un million d'atomes alignés n'occuperaient pas plus d'espace que le point qui termine cette phrase. Les physiciens ont réussi à séparer des atomes en plus d'une centaine de types de particules plus petites, mais les seules particules subatomiques qui nous intéressent sont le **proton**, l'**électron** et le **neutron**.

Tous les atomes possèdent un ou plusieurs protons qui portent une charge électrique positive (p^+). L'hydrogène excepté, les atomes ont également un ou plusieurs neutrons, dont la charge est nulle. Les protons et les neutrons constituent le cœur d'un atome, soit le noyau atomique (voir la figure 2.2). Un ou plusieurs électrons, de charge négative (e^-), entourent le noyau et occupent presque tout le volume de l'atome. Habituellement, le nombre d'électrons est égal au nombre de protons, auquel cas la charge nette de l'atome est nulle.

Chaque élément a un numéro atomique qui lui est propre, correspondant au nombre de protons de ses atomes. L'atome d'hydrogène a un seul proton, par conséquent son numéro atomique est 1. Quant à l'atome de carbone, constitué de 6 protons, son numéro atomique est 6 (voir le tableau 2.1). Chaque élément possède aussi un nombre de masse, qui représente la somme des protons et des neutrons dans le noyau atomique : l'atome de carbone, avec ses 6 protons et ses 6 neutrons, a un nombre de masse de 12.

Le numéro atomique et le nombre de masse sont des données importantes parce qu'ils laissent entrevoir si une substance interagira ou non avec une autre. Le cas échéant, ces données nous permettent aussi de prédire, dans diverses conditions, l'activité d'une substance spécifique dans une cellule, dans un organisme pluricellulaire ou dans l'environnement.

Les isotopes, des variantes atomiques

Tous les atomes d'un élément ont le même nombre de protons, mais pas toujours le même nombre de neutrons. Les **isotopes** sont les

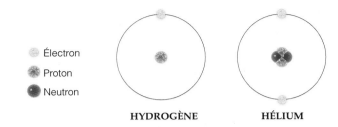

Électron
Proton
Neutron

HYDROGÈNE   HÉLIUM

Figure 2.2 Un atome d'hydrogène et un atome d'hélium selon un modèle très simplifié de structure atomique : à cette échelle, le noyau de ces deux atomes devrait être invisible.

formes atomiques d'un élément qui se distinguent par leur nombre variable de neutrons. Dans la nature, la plupart des éléments ont plus d'un isotope. L'azote et le carbone, par exemple, en ont respectivement deux et trois. Le chiffre placé en exposant à la gauche du symbole de l'élément indique qu'il s'agit d'un isotope. Les trois isotopes du carbone sont le carbone 12 ou ^{12}C (l'isotope le plus courant, formé de 6 protons et de 6 neutrons), le ^{13}C (formé de 6 protons et de 7 neutrons) et le ^{14}C (formé de 6 protons et de 8 neutrons).

Sur le plan chimique, les isotopes d'un élément réagissent tous de la même manière avec les autres atomes, de sorte que les cellules peuvent utiliser n'importe quel isotope d'un élément pour accomplir leurs activités métaboliques.

Qu'en est-il des isotopes radioactifs (ou radio-isotopes) ? Le physicien Henri Becquerel les découvrit en 1896, après avoir déposé dans un tiroir une pierre bien enveloppée sur une plaque photographique vierge. Étant donné que la pierre contenait des isotopes d'uranium qui émettaient de l'énergie, la plaque exhiba la silhouette de la pierre après quelques jours d'exposition aux émissions. Marie Curie, une collègue, donna à ce phénomène le nom de « radioactivité ».

On sait aujourd'hui qu'un **radio-isotope** est un isotope dont le noyau est par définition instable et qui se stabilise en émettant spontanément de l'énergie et des particules, c'est-à-dire en se désintégrant. La désintégration radioactive transforme à une vitesse déterminée le radio-isotope en un atome d'un autre élément. Nous savons par exemple que, en un laps de temps prévisible, le carbone 14 devient de l'azote 14 (voir la section 19.2).

Les éléments chimiques sont des formes de la matière, lesquelles occupent un espace, ont une masse et ne peuvent être scindées en d'autres substances par des moyens ordinaires.

Les atomes, qui sont les plus petites particules distinctives de chaque élément, possèdent un ou plusieurs protons de charge positive, autant d'électrons de charge négative et un certain nombre de neutrons, à l'exception de l'hydrogène qui n'en a aucun.

La plupart des éléments ont plus d'un isotope, c'est-à-dire des atomes qui diffèrent par leur nombre de neutrons. Un radio-isotope possède un noyau instable. La désintégration radioactive transforme l'isotope en un autre élément à une vitesse spécifique et donc prévisible.

Tableau 2.1	*Le numéro atomique et le nombre de masse de quelques éléments courants*		
Élément	Symbole	Numéro atomique	Nombre de masse
Hydrogène	H	1	1
Carbone	C	6	12
Azote	N	7	14
Oxygène	O	8	16
Sodium	Na	11	23
Magnésium	Mg	12	24
Phosphore	P	15	31
Soufre	S	16	32
Chlore	Cl	17	35
Potassium	K	19	39
Calcium	Ca	20	40
Fer	Fe	26	56
Iode	I	53	127

Repérer des substances chimiques et sauver des vies grâce aux radio-isotopes

Un radio-isotope sert souvent de **marqueur**, utilisé seul ou lié à une substance donnée qu'on dit alors *marquée*. Les chercheurs insèrent des marqueurs radioactifs dans des cellules, des organismes pluricellulaires, des écosystèmes ou tout autre système et, à l'aide d'un appareil détectant les radiations émises, ils suivent le marqueur tout le long d'une voie métabolique ou ils localisent avec précision sa destination.

Melvin Calvin et d'autres botanistes ont utilisé des marqueurs radioactifs pour suivre les étapes de la photosynthèse. Ils savaient que tous les isotopes d'un élément possèdent un même nombre d'électrons et que, par conséquent, tous réagissent de la même manière avec les autres atomes. Selon leur hypothèse, les végétaux devaient être en mesure de fabriquer des glucides avec n'importe quel isotope du carbone. Après avoir déposé des cellules végétales dans un milieu enrichi avec un marqueur (le ^{14}C au lieu du ^{12}C), ils ont pu mesurer la quantité de carbone utilisé au cours de chacune des réactions menant à la production de monosaccharides et de saccharose. Les botanistes emploient du phosphore 32 pour déterminer comment les végétaux absorbent et utilisent les nutriments du sol et les engrais. Grâce aux données ainsi obtenues, ils peuvent par la suite contribuer à améliorer le rendement des cultures.

Les radio-isotopes sont utiles non seulement aux travaux de recherche, mais aussi à l'établissement de diagnostics médicaux. Ainsi, les cliniciens qui procèdent à un examen de la thyroïde recourent à un isotope qui se désintègre rapidement en un élément inoffensif. La thyroïde est la seule glande endocrine qui utilise de l'iode pour synthétiser ses hormones, qui influent grandement sur la croissance et les fonctions de l'organisme. Lorsqu'un patient manifeste des symptômes qui semblent indiquer une production anormale d'hormones thyroïdiennes, les cliniciens peuvent lui injecter de l'iode 123 à l'état de traces et faire ensuite appel à un appareil d'imagerie photographique pour analyser l'état de la glande. La figure 2.3 montre quelques exemples d'images obtenues par ce procédé.

La tomographie par émission de positrons fournit aussi des images de tissus obtenues à l'aide de radio-isotopes. Un clinicien utilise par exemple du glucose marqué qu'il injecte à un patient qui est par la suite placé en observation dans un tomographe (voir la figure 2.4a). Puisque toutes les cellules de l'organisme ont besoin de glucose, elles consomment aussi le glucose marqué. La consommation de glucose varie selon le tissu et selon son activité métabolique au moment de l'examen. Des appareils spécialisés détectent les émissions radioactives à partir desquelles ils produisent des images susceptibles de révéler des anomalies ou des modifications de l'activité métabolique, comme on le voit à la figure 2.4d.

Même les radio-isotopes suffisamment énergétiques pour tuer les cellules peuvent être utiles. En radiothérapie, ils servent à entraver ou à inhiber l'activité des cellules anormales. Ainsi, les radiations d'une source de radium 226 ou de cobalt 60 peuvent détruire de petites tumeurs cancéreuses localisées. Par ailleurs, les émissions de plutonium 238 alimentent en énergie les stimulateurs cardiaques qui régularisent les battements du cœur. Dans ce cas-ci, le radio-isotope est scellé dans une capsule afin que ses radiations n'endommagent pas les cellules de l'organisme.

Thyroïde normale

Thyroïde hypertrophiée

Thyroïde cancéreuse

Figure 2.3 La position de la thyroïde par rapport au larynx et à la trachée. À droite, des scintigrammes de la thyroïde de trois patients.

Anneau de détection circulaire à l'intérieur du tomographe

Section du corps à l'intérieur de l'anneau
L'anneau intercepte les émissions radioactives des molécules marquées.

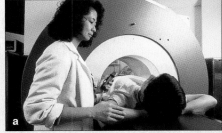

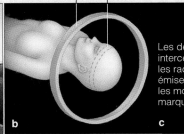

Les détecteurs interceptent les radiations émises par les molécules marquées.

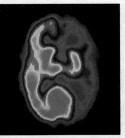

Figure 2.4 a) Un patient placé dans un tomographe à émission de positrons. **b)** et **c)** À l'intérieur de l'appareil, des détecteurs interceptent les émissions radioactives dégagées par les molécules marquées qui ont préalablement été injectées au patient. Des ordinateurs analysent les émissions de chaque point de la région étudiée, puis leur attribuent un code de couleur.

d) Un tomogramme (les régions de forte activité sont en rouge, alors que celles de faible activité sont en bleu).

d) Dans un tomogramme du cerveau, les couleurs varient selon l'intensité de l'activité métabolique. Alors que les cellules de la partie gauche du cerveau du patient ont absorbé et utilisé à un taux normal les molécules marquées, les cellules de la partie droite ont révélé une activité plus faible. Les médecins ont ainsi pu diagnostiquer un trouble neurologique chez ce patient.

LA FORMATION DE LIAISONS ENTRE LES ATOMES

Les électrons et les niveaux d'énergie

Les cellules demeurent vivantes parce que l'énergie intrinsèque des électrons alimente toutes les réactions nécessaires à leur survie (voir la figure 2.5). Si les innombrables atomes des cellules capturent, partagent et cèdent des électrons, les atomes de certains éléments le font plus aisément que d'autres. Qu'est-ce qui détermine si un atome va réagir avec d'autres atomes ? Tout dépend du nombre et de l'arrangement de ses électrons.

En manipulant des aimants, on peut sentir la force d'attraction qui s'exerce entre les charges opposées (+ −) et la force de répulsion entre les charges identiques (+ + ou − −). Les électrons, qui portent une charge négative, sont attirés par la charge positive des protons dans les atomes, mais ils se repoussent mutuellement. Ils réagissent aux diverses forces d'attraction et de répulsion en changeant d'orbitale. Chaque orbitale correspond à un volume d'espace entourant le noyau atomique et dans lequel les électrons peuvent se trouver à tout instant (voir la figure 2.6). Voici une analogie : deux enfants qui ne maîtrisent pas très bien la notion de partage tournent autour d'une jarre à biscuits. Chaque enfant est attiré par les biscuits, mais veut aussi éviter toute collision avec l'autre, si bien que les deux se placent toujours en des points opposés l'un par rapport à l'autre. Ils n'occupent jamais le même espace au même moment. Dans cette analogie, l'orbitale correspond à l'espace dans lequel les enfants se déplacent.

Chaque orbitale atomique contient un ou deux électrons tout au plus. Compte tenu de la variabilité du nombre de leurs électrons, les atomes ne possèdent pas tous le même nombre d'orbitales.

L'hydrogène, qui est l'atome le plus simple, comprend un électron occupant l'orbitale sphérique la plus proche de son noyau. Cette orbitale correspond au niveau d'énergie le plus faible. Dans les autres atomes, deux électrons occupent la première orbitale, puis deux autres électrons se trouvent sur une deuxième orbitale entourant la première, et ainsi de suite. Plus l'atome est gros, plus il y a d'électrons occupant les orbitales éloignées de son noyau et plus leur niveau d'énergie est élevé.

Quel que soit son niveau d'énergie, tout électron possède une quantité d'énergie spécifique, mais il ne peut se déplacer de lui-même à un autre

Figure 2.5 Un seul électron suffit à amorcer une réaction. Par exemple, après avoir été confinés dans une bulle d'hélium liquide et avoir été soumis à des ondes acoustiques de longueur variable, les électrons ont fait éclater la bulle. Un électron échappé a produit cet éclair rouge au centre duquel se trouve un point blanc.

niveau. Toutefois, lorsqu'un atome absorbe un surplus d'énergie suffisant (provenant du soleil, par exemple), l'électron devient excité et saute à un niveau énergétique supérieur. Puis, laissé à lui-même, il retourne rapidement au niveau d'énergie inférieur en émettant ce surplus d'énergie, généralement sous forme de lumière. Ce phénomène est approfondi aux sections 7.3 et 7.4, qui abordent la photosynthèse.

Le modèle des couches électroniques

Le **modèle des couches électroniques** est une manière simple d'expliquer la répartition des électrons dans un atome. Selon ce modèle, une couche électronique englobe toutes les orbitales disponibles pour les électrons ayant le même niveau d'énergie (voir la figure 2.7). La première orbitale sphérique est contenue dans la première couche. La deuxième couche, d'un niveau d'énergie supérieur, entoure la première couche et comporte quatre orbitales supplémentaires. La troisième couche comprend davantage d'orbitales, la quatrième encore plus, et ainsi de suite jusqu'aux gros atomes complexes des éléments de masse plus élevée énumérés à l'annexe II.

Des atomes aux molécules

Comment peut-on prédire si deux atomes vont interagir ou non ? Il faut vérifier si la couche électronique la plus éloignée du noyau, soit la couche de valence, est complète ou non. Si elle n'est pas complète, cela signifie que l'atome pourra céder, accepter ou partager des électrons si les conditions s'y prêtent, ce qui modifiera la répartition et le nombre de ses électrons. Le modèle des couches facilite la visualisation de cette situation.

La figure 2.7 présente la répartition des électrons dans certains atomes. Après avoir disposé les électrons selon leur niveau d'énergie

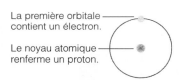

La première orbitale contient un électron.

Le noyau atomique renferme un proton.

a Modèle des couches électroniques de l'atome d'hydrogène

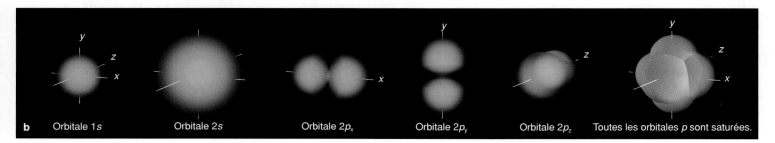

b Orbitale 1s   Orbitale 2s   Orbitale 2p$_x$ Orbitale 2p$_y$ Orbitale 2p$_z$ Toutes les orbitales p sont saturées.

Figure 2.6 La disposition électronique selon trois axes, x, y et z. Chaque axe est perpendiculaire aux deux autres. **a)** L'électron de l'atome d'hydrogène occupe l'orbitale sphérique 1s, qui correspond au niveau d'énergie le plus faible. **b)** Chaque atome possède une orbitale 1s occupée par un ou deux électrons. Puis, les orbitales 2s et 2p$_x$, 2p$_y$ et 2p$_z$ de la deuxième couche correspondent au deuxième niveau d'énergie et peuvent contenir chacune deux électrons.

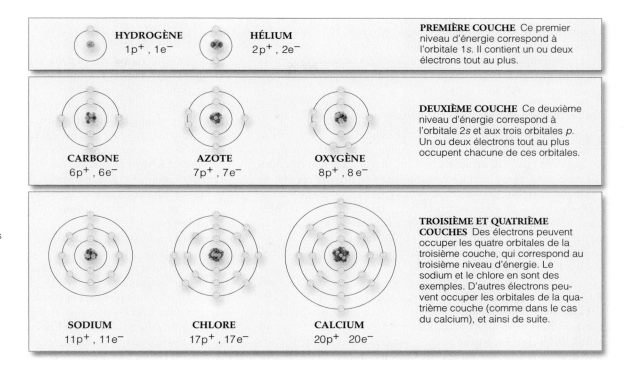

Figure 2.7 La distribution des électrons dans les atomes selon le modèle des couches électroniques. Chacune des couches correspond à des niveaux d'énergie croissants, du noyau vers la périphérie.

L'hydrogène, le carbone et les autres atomes dont la couche de valence renferme des orbitales non comblées ont tendance à donner, accepter ou partager des électrons. L'hélium et les autres atomes dont la couche de valence renferme des orbitales comblées sont inertes. Ils tendent à réagir peu ou à ne pas réagir du tout avec d'autres atomes.

HYDROGÈNE
$1p^+$, $1e^-$

HÉLIUM
$2p^+$, $2e^-$

PREMIÈRE COUCHE Ce premier niveau d'énergie correspond à l'orbitale 1*s*. Il contient un ou deux électrons tout au plus.

CARBONE
$6p^+$, $6e^-$

AZOTE
$7p^+$, $7e^-$

OXYGÈNE
$8p^+$, $8e^-$

DEUXIÈME COUCHE Ce deuxième niveau d'énergie correspond à l'orbitale 2*s* et aux trois orbitales *p*. Un ou deux électrons tout au plus occupent chacune de ces orbitales.

SODIUM
$11p^+$, $11e^-$

CHLORE
$17p^+$, $17e^-$

CALCIUM
$20p^+$ $20e^-$

TROISIÈME ET QUATRIÈME COUCHES Des électrons peuvent occuper les quatre orbitales de la troisième couche, qui correspond au troisième niveau d'énergie. Le sodium et le chlore en sont des exemples. D'autres électrons peuvent occuper les orbitales de la quatrième couche (comme dans le cas du calcium), et ainsi de suite.

Figure 2.8 Les formules chimiques se composent avec les symboles des éléments et rendent compte du contenu des composés. Par exemple, dans la formule de l'eau, H_2O, le chiffre en indice indique qu'il y a deux atomes d'hydrogène (H) pour un atome d'oxygène (O). Les équations chimiques représentent, au moyen de symboles et de formules, les réactions entre des atomes et des molécules. Les substances entrant dans une réaction (les réactifs ou substrats) sont placées à gauche de la flèche, tandis que les produits sont placés à sa droite, comme on peut l'observer dans l'équation chimique de la photosynthèse présentée ici.

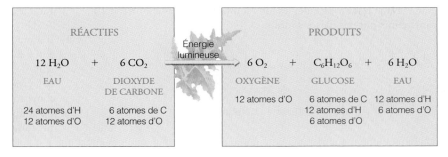

RÉACTIFS

$12\,H_2O$ + $6\,CO_2$

EAU   DIOXYDE DE CARBONE

24 atomes d'H   6 atomes de C
12 atomes d'O   12 atomes d'O

Énergie lumineuse

PRODUITS

$6\,O_2$ + $C_6H_{12}O_6$ + $6\,H_2O$

OXYGÈNE   GLUCOSE   EAU

12 atomes d'O   6 atomes de C   12 atomes d'H
               12 atomes d'H   6 atomes d'O
               6 atomes d'O

respectif (dans l'une ou l'autre des couches électroniques), on compte le nombre d'électrons manquant dans la couche de valence. Comme on peut le constater ici, l'hélium est un atome dépourvu d'orbitales non comblées. Il est donc inerte, c'est-à-dire qu'il a tendance à ne pas réagir en présence d'autres atomes.

Examinons à nouveau la figure 2.1, qui dresse la liste des principaux éléments constitutifs de l'organisme humain et qui comprend, entre autres, l'hydrogène, l'oxygène, le carbone et l'azote. Étant donné que ces éléments comportent des orbitales incomplètes, leurs atomes tendent à combler ces dernières en formant des liens avec d'autres atomes.

Une **liaison chimique** est une union entre les électrons des couches de valence de deux atomes ou plus. La figure 2.8 présente quelques conventions utilisées pour représenter les réactions métaboliques. Une **molécule** résulte de la liaison de deux atomes ou plus. Certaines molécules sont constituées d'un seul élément, comme l'azote moléculaire (N_2), avec ses deux atomes d'azote, et le dioxygène (O_2).

Les molécules de **composés** contiennent au moins deux éléments différents qui s'assemblent dans des proportions invariables, telle la molécule d'eau, qui est formée d'un atome d'oxygène et de deux atomes d'hydrogène. Qu'elle provienne des nuages, des océans, d'un lac de Sibérie, de l'eau du robinet, d'une feuille ou des pétales d'une

fleur, une molécule d'eau possède toujours deux fois plus d'atomes d'hydrogène que d'oxygène.

Dans un **mélange**, au moins deux éléments ou composés s'associent dans des proportions habituellement variables, comme lorsque du saccharose (un composé formé de carbone, d'hydrogène et d'oxygène) est dissous dans l'eau.

Les électrons occupent des orbitales, soit des volumes d'espace entourant le noyau atomique. Selon un modèle simplifié, les orbitales adoptent un arrangement à l'intérieur d'une série de couches entourant le noyau. Les couches successives correspondent à des niveaux d'énergie d'autant plus élevés qu'elles s'éloignent du noyau.

Chaque orbitale est occupée par un ou deux électrons tout au plus. Les atomes dont la couche de valence contient des orbitales non comblées ont tendance à réagir avec d'autres atomes. En revanche, ceux dont les orbitales sont comblées demeurent inertes.

Dans les molécules formées d'un seul élément, tous les atomes sont identiques. Les molécules d'un composé regroupent des atomes d'au moins deux éléments liés dans des proportions invariables.

LES PRINCIPAUX TYPES DE LIAISON DANS LES BIOMOLÉCULES

Depuis sa plus tendre enfance, chaque être humain absorbe des glucides, des protéines et d'autres biomolécules. Seules les cellules vivantes fabriquent et utilisent ces molécules, qui sont constituées d'atomes unis essentiellement par des liaisons ioniques, des liaisons covalentes et des liaisons hydrogène.

La formation des ions et la liaison ionique

Rappelons qu'un atome a autant d'électrons que de protons, de sorte que sa charge est nulle. Toutefois, cet équilibre peut être rompu quand la couche de valence d'un atome présente une orbitale non comblée. Par exemple, l'atome de chlore possède une telle orbitale et peut, de ce fait, acquérir un autre électron. Pour sa part, la couche de valence de l'atome de sodium n'est occupée que par un seul électron, qui peut ainsi être cédé. Un atome qui perd ou gagne un ou plusieurs électrons est appelé **ion**. Un ion porte donc une charge positive ou négative, car son nombre d'électrons diffère de son nombre de protons (voir la figure 2.9*a*).

Les atomes s'échangent couramment des électrons dans les cellules. Lorsqu'un atome cède un électron et qu'un autre l'accepte, les deux atomes deviennent ionisés. Selon les conditions intracellulaires, les deux ions demeurent parfois associés à cause de l'attraction mutuelle qu'exercent leurs charges opposées. L'association de deux ions de charges opposées est appelée **liaison ionique**. La figure 2.9*b* montre une liaison ionique au sein d'un cristal de sel de table ou NaCl. Dans cette molécule, les ions sodium (Na^+) et chlorure (Cl^-) sont réunis par des liaisons ioniques.

La liaison covalente

Supposons la rencontre de deux atomes, chacun muni d'un électron non apparié dans sa couche de valence. Chaque atome attire l'électron non apparié de l'autre atome, mais cette force d'attraction n'est pas suffisante pour l'arracher de son orbitale. Chaque atome se stabilise alors en partageant son électron non apparié avec l'autre atome. Ce partage d'une paire d'électrons produit une **liaison covalente**. Ainsi, un atome d'hydrogène comble partiellement sa couche de valence en formant une liaison covalente avec un autre atome d'hydrogène.

Deux atomes d'hydrogène, comportant chacun un seul proton, partagent deux électrons.

MOLÉCULE D'HYDROGÈNE

Dans les formules développées, le trait qui relie deux atomes symbolise une liaison covalente simple, comme dans la molécule d'hydrogène (H_2 ou $H-H$), où elle représente une paire d'électrons. Dans une liaison covalente double, deux atomes partagent deux paires d'électrons, comme dans la molécule d'oxygène ($O=O$), tandis que, dans une liaison covalente triple, ce sont trois paires d'électrons que partagent les atomes, comme dans la molécule d'azote ($N\equiv N$). Ces exemples portent sur des molécules gazeuses. Chaque fois que nous respirons, un nombre prodigieux de ces molécules (H_2, O_2 et N_2) sont acheminées dans nos poumons.

Une liaison covalente peut être polaire ou non polaire. Dans une liaison covalente non polaire, les atomes exercent tous deux la même force sur les électrons et les partagent de façon égale. Dans cette liaison, il n'y a pas de différence de charge entre les deux extrémités de la liaison, c'est-à-dire entre ses deux pôles. Les atomes de la molécule d'hydrogène sont ainsi retenus par une liaison covalente non polaire, puisque chacun des deux atomes d'hydrogène, comportant un seul proton, attire également les deux électrons partagés.

Transfert d'électron

ATOME DE CHLORE
17 p$^+$,
17 e$^-$

ATOME DE SODIUM
11 p$^+$,
11 e$^-$

ION SODIUM
11 p$^+$,
10 e$^-$

ION CHLORURE
17 p$^+$,
18 e$^-$

$+$ $-$

a Formation d'un ion sodium et d'un ion chlorure

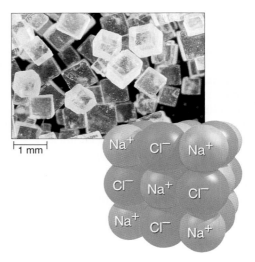

b Cristaux de chlorure de sodium (NaCl)

Figure 2.9 a) L'ionisation par transfert d'un électron. Dans cet exemple, l'atome de sodium donne l'unique électron de sa couche de valence à l'atome de chlore, qui possède une orbitale non comblée dans sa propre couche de valence. Une telle interaction produit un ion sodium (Na^+) et un ion chlorure (Cl^-). **b)** Dans chaque cristal de sel de table (NaCl), de nombreux ions sodium et chlorure s'associent grâce à l'attraction mutuelle de leurs charges opposées. Une telle interaction forme une liaison ionique.

Dans une liaison covalente polaire, les atomes de différents éléments (qui ont un nombre de protons également différent) n'exercent pas la même attraction sur les électrons qu'ils partagent. L'atome ayant la force d'attraction la plus élevée devient légèrement négatif: il est dit *électronégatif*. Toutefois, cet effet est contrebalancé par celui de l'autre atome, devenu légèrement positif, si bien que, considérés ensemble, les deux atomes unis par une liaison covalente polaire ont une charge nette nulle.

La molécule d'eau, H–O–H, possède deux liaisons covalentes polaires. Puisqu'il contient davantage de protons, l'atome d'oxygène attire davantage les électrons que ne le font les deux atomes

Figure 2.10 À l'instar des parachutistes en chute libre qui se tiennent par les mains pour former une configuration ordonnée, les attractions faibles entre les molécules et au sein de chacune d'elles peuvent se former et se rompre aisément.

d'hydrogène. La molécule issue de ces trois atomes est donc légèrement négative à une extrémité et légèrement positive à l'autre, mais sa charge nette demeure nulle. À cause de sa polarité, l'eau attire les substances polaires.

La liaison hydrogène

Les divers modes de partage d'électrons dans les liaisons covalentes donnent lieu à des arrangements particuliers à l'intérieur des molécules. Ces arrangements se manifestent par des attractions et des répulsions faibles entre des groupements fonctionnels chargés et entre les molécules elles-mêmes. Comme des parachutistes en chute libre qui se tiennent par les mains, de telles interactions se forment et se rompent aisément (voir la figure 2.10). Elles jouent néanmoins un rôle primordial dans la structure et les fonctions des biomolécules.

Prenons l'exemple de la **liaison hydrogène**: elle résulte d'une attraction faible entre un atome électronégatif (comme un atome d'oxygène ou d'azote prenant part à une liaison covalente polaire) et un atome d'hydrogène qui participe à une autre liaison covalente polaire. La charge légèrement positive de l'hydrogène attire faiblement l'atome portant la charge légèrement négative (voir la figure 2.11).

Des liaisons hydrogène se forment souvent entre les différentes parties d'une molécule qui s'enroule et se replie sur elle-même. C'est ce qui arrive chez les protéines (voir la section 3.7). Dans d'autres circonstances, ces liaisons unissent deux molécules ou plus, comme c'est le cas pour les deux brins de l'ADN (voir la figure 2.11*d*). Bien que chacune soit facile à rompre, l'ensemble des liaisons hydrogène contribue sensiblement à la stabilité de l'ADN. Les multiples liaisons hydrogène entre les molécules d'eau expliquent également ses propriétés, qui sont essentielles à la vie. Cette question est examinée en détail à la section suivante.

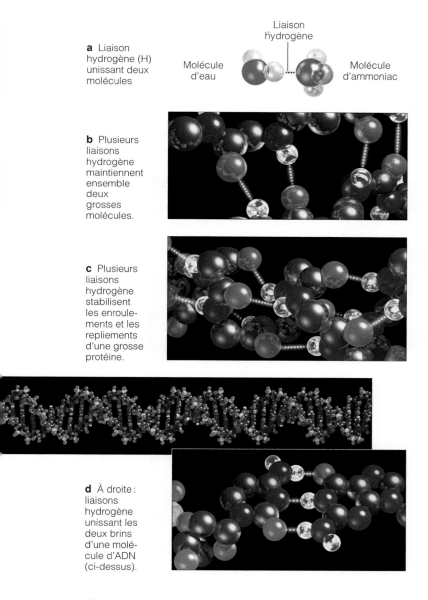

a Liaison hydrogène (H) unissant deux molécules

Liaison hydrogène

Molécule d'eau

Molécule d'ammoniac

b Plusieurs liaisons hydrogène maintiennent ensemble deux grosses molécules.

c Plusieurs liaisons hydrogène stabilisent les enroulements et les repliements d'une grosse protéine.

d À droite: liaisons hydrogène unissant les deux brins d'une molécule d'ADN (ci-dessus).

Figure 2.11 Trois exemples de liaisons hydrogène. Par comparaison avec une liaison covalente, une liaison hydrogène est facile à rompre. Collectivement, les liaisons hydrogène jouent toutefois un rôle essentiel dans la structure et les propriétés de l'eau, de l'ADN, des protéines et d'autres substances.

Dans une liaison ionique, deux ions de charges opposées s'attirent mutuellement et s'associent. Un ion se forme lorsqu'un atome gagne ou perd des électrons et qu'il acquiert ainsi une charge positive ou négative.

Dans une liaison covalente, des atomes partagent une paire ou plus de leurs électrons. Lorsque les électrons sont partagés de manière égale entre les atomes, la liaison est dite *non polaire*; si le partage est inégal, la liaison est dite *polaire*, c'est-à-dire légèrement positive à une extrémité et légèrement négative à l'autre.

Dans une liaison hydrogène, un atome de charge légèrement négative prenant part à une liaison covalente interagit faiblement avec un atome d'hydrogène de charge légèrement positive qui prend aussi part à une liaison covalente.

LES PROPRIÉTÉS DE L'EAU

Aucun survol des principes de base de la chimie ne serait complet sans une étude de l'eau. La vie est apparue dans l'eau. De surcroît, un très grand nombre d'organismes y vivent toujours et toutes les cellules de tous les êtres vivants renferment de l'eau. Chez les organismes pluricellulaires, toutes les cellules baignent dans un liquide aqueux, soit le liquide interstitiel. La forme des cellules et leur structure interne en dépendent, et bon nombre de réactions métaboliques sont rendues possibles grâce à l'eau qui y participe en tant que réactif. Ces questions étant régulièrement traitées dans le présent manuel, il est donc tout indiqué de se familiariser avec les propriétés de l'eau.

La polarité de la molécule d'eau

S'il est vrai qu'une molécule d'eau possède une charge nette nulle, cette charge n'est pas répartie également entre ses atomes. En raison de la disposition des électrons et des angles de liaison, l'extrémité associée à l'atome d'oxygène est légèrement négative et l'extrémité associée aux atomes d'hydrogène est légèrement positive, comme le montre la figure 2.12*a*. La polarité résultant d'une telle répartition des charges explique qu'une molécule d'eau peut attirer d'autres molécules et former des liaisons hydrogène avec elles (voir la figure 2.12*b* et *c*).

Les monosaccharides et les autres molécules polaires établissent facilement des liaisons hydrogène avec une molécule d'eau à cause de sa polarité ; puisqu'elles sont attirées par l'eau, ces substances sont dites **hydrophiles**. Mais cette même polarité repousse des lipides et d'autres molécules non polaires, dites **hydrophobes**. Lorsqu'une bouteille remplie d'un mélange d'eau et d'huile végétale est agitée fortement puis laissée au repos, de nouvelles liaisons hydrogène entre les molécules d'eau remplacent rapidement celles qui ont été rompues par l'agitation de la bouteille. À mesure que les molécules d'eau reforment des liaisons entre elles, les molécules d'huile s'éloignent d'elles et se rassemblent ensuite en fines gouttelettes ou en une pellicule à la surface de l'eau.

Une fine membrane constituée de molécules partiellement hydrophobes sépare l'eau intracellulaire de l'eau du liquide interstitiel dans lequel baigne la cellule. La structure de la membrane et, par conséquent, la vie elle-même reposent donc sur des interactions hydrophiles et hydrophobes, comme les sections 4.1 et 5.1 le décrivent.

L'effet stabilisateur de l'eau sur la température

Principalement composées d'eau, les cellules libèrent, au cours de leurs réactions métaboliques, une grande quantité d'énergie sous forme de chaleur. En l'absence des liaisons hydrogène de l'eau, les cellules ne résisteraient sans doute pas longtemps à l'accumulation de chaleur qui en résulterait. L'explication est la suivante : toute

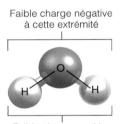

Faible charge négative à cette extrémité

La charge + et la charge − s'équivalent, et la molécule a une charge nette nulle.

Faible charge positive à cette extrémité

a

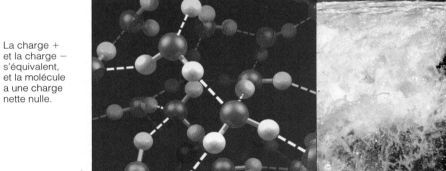

b

Figure 2.12 L'eau, une substance vitale.
a) La polarité d'une molécule d'eau. **b)** La configuration des liaisons hydrogène (lignes pointillées) de l'eau à l'état liquide. **c)** La configuration des liaisons hydrogène de l'eau à l'état solide (glace). En dessous de 0 °C, chaque molécule d'eau forme des liaisons hydrogène avec quatre autres molécules d'eau pour constituer ensemble un réseau tridimensionnel. Dans la glace, les molécules sont plus éloignées les unes des autres que dans l'eau à la température ambiante, où le mouvement moléculaire est plus prononcé, et les liaisons moins nombreuses. La glace flotte donc parce qu'elle est constituée d'un plus petit nombre de molécules pour un même volume d'eau liquide. Sa densité est donc inférieure à celle de l'eau.

La calotte glaciaire de l'océan Arctique fond actuellement à un rythme tel qu'elle aura disparu dans 50 ans. Sa disparition entraînera celle des ours blancs, dont la saison de chasse aux phoques s'est déjà considérablement écourtée. Il en résulte que les ours ont moins de réserve de graisse et que leur taux de reproduction diminue.

c

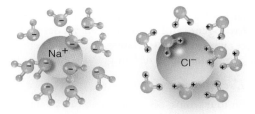

Figure 2.13 Une mise en évidence de la cohésion de l'eau.
a) Grâce aux poils fins et hydrofuges de ses pattes, de même qu'à la forte tension superficielle de l'eau, ce patineur, ou gerris, peut glisser sur la surface de l'eau. **b)** En s'évaporant à la surface des feuilles, l'eau perdue est remplacée grâce à la cohésion, qui permet à l'eau de remonter des racines jusqu'aux feuilles par les tissus vasculaires.

Figure 2.14 Deux sphères d'hydratation.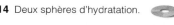

molécule est continuellement en mouvement et ce mouvement s'accentue avec l'absorption de chaleur. La **température** est une mesure du mouvement des molécules. Par rapport à la plupart des autres liquides, l'eau a une chaleur spécifique élevée. Ceci signifie que l'eau peut absorber beaucoup plus d'énergie sous forme de chaleur avant que sa température augmente. Cela, tout simplement parce que la majeure partie de cette énergie rompt les liaisons hydrogène entre les molécules au lieu d'accentuer leur mouvement. C'est ainsi que les liaisons hydrogène de l'eau contrebalancent les changements de température radicaux dans les habitats aquatiques, de même qu'à l'intérieur des cellules ou des organismes.

Même lorsque la température de l'eau varie peu, les liaisons hydrogène se rompent continuellement et se reforment aussitôt. Par contre, un grand apport d'énergie thermique a pour effet d'accentuer suffisamment l'agitation moléculaire pour que les liaisons hydrogène demeurent rompues et que les molécules à la surface de l'eau s'échappent dans l'air. C'est ainsi que se déroule l'**évaporation**, un processus au cours duquel l'eau soumise à la chaleur passe de l'état liquide à l'état gazeux. En effet, l'apport d'énergie dépasse les forces d'attraction entre les molécules d'eau liquide, si bien que ces dernières se libèrent les unes des autres et que l'eau passe à l'état gazeux. En s'évaporant, les molécules entraînent une partie de l'énergie avec elles, de sorte que la température à la surface de l'eau diminue.

La perte d'eau par évaporation est l'un des principaux moyens par lesquels l'être humain et beaucoup d'autres mammifères régulent leur température corporelle par temps chaud et sec. La sueur, composée à 99 % d'eau, s'évapore par la peau et entraîne avec elle la chaleur accumulée. Cela contribue à diminuer la température à la surface du corps et à refroidir quelque peu le sang qui y circule.

En dessous de 0 °C, les liaisons hydrogène sont plus résistantes et les molécules d'eau demeurent emprisonnées dans le réseau formé par la glace (voir la figure 2.12c). C'est parce que la glace est moins dense que l'eau qu'elle se forme à la surface des étangs, des lacs et des cours d'eau en hiver. Cette couche de glace isole l'eau liquide se trouvant en dessous et contribue ainsi à protéger du gel les poissons, les amphibiens et d'autres organismes aquatiques.

La cohésion de l'eau

La vie dépend aussi de la **cohésion** de l'eau. Ce terme s'applique à la capacité d'une substance à résister à la rupture lorsqu'elle est soumise à une tension, comme celle qu'exercent les pattes d'un insecte sur l'eau (voir la figure 2.13a). Dans le cas d'un lac ou d'un autre plan d'eau par exemple, d'innombrables liaisons hydrogène exercent sur les molécules de surface une force qui les attire vers l'intérieur du liquide.

Ces liaisons créent ainsi une forte tension superficielle qui se manifeste, entre autres, lorsque des insectes glissent ou flottent sur l'eau.

La cohésion joue aussi un rôle à l'intérieur des organismes. Les végétaux, par exemple, ont besoin d'une eau riche en nutriments pour assurer leur croissance et leurs activités métaboliques. Or, c'est principalement grâce à la cohésion que l'eau monte dans les vaisseaux étroits des tissus vasculaires, qui s'étendent des racines jusqu'aux feuilles et à toutes les parties végétales en croissance. Quand il fait soleil, l'eau des feuilles s'évapore à mesure que les molécules se détachent les unes des autres et qu'elles diffusent dans l'air, comme le montre la figure 2.13b. Ensuite, la formation de nouvelles liaisons hydrogène attire l'eau des tissus vasculaires dans les feuilles, pour remplacer celle qui s'est évaporée (voir la section 30.3).

L'eau est un solvant

Enfin, l'eau est un excellent **solvant** puisque les molécules polaires et les ions s'y dissolvent aisément. Une substance dissoute, dite **soluté**, se caractérise généralement par le fait que des molécules d'eau s'assemblent autour des ions ou des molécules polaires et les maintiennent dispersés dans le liquide. De tels regroupements, appelés *sphères d'hydratation*, se forment dans les liquides cellulaires, la sève de l'érable, le sang, les liquides du tube digestif et tout autre liquide biologique.

Le même phénomène se produit également lorsqu'on verse du sel de table (NaCl) dans un verre rempli d'eau. Peu à peu, les cristaux de sel se séparent en ions Na$^+$ et Cl$^-$, puis chaque Na$^+$ attire l'extrémité négative de certaines molécules d'eau pendant que chaque Cl$^-$ attire l'extrémité positive d'autres molécules d'eau (voir la figure 2.14). Les sphères d'hydratation qui se forment ainsi maintiennent les ions dispersés dans l'eau, soit le solvant.

Une molécule d'eau a une charge nette nulle, mais elle est légèrement polaire à cause de la répartition inégale de ses charges. L'extrémité associée à l'atome d'oxygène est légèrement négative, alors que l'extrémité associée à ses atomes d'hydrogène est légèrement positive.

En raison de leur polarité, les molécules d'eau peuvent former des liaisons hydrogène entre elles et avec d'autres substances polaires (hydrophiles). Les molécules d'eau ont tendance à repousser les substances non polaires (hydrophobes).

L'eau se distingue par son effet stabilisateur sur la température, par sa cohésion et par sa capacité à dissoudre les substances polaires. De telles propriétés ont des répercussions sur la structure et le fonctionnement des êtres vivants.

LES ACIDES, LES BASES ET LES TAMPONS

Une grande variété d'ions dissous dans les liquides intracellulaires et extracellulaires influent sur la structure et le fonctionnement cellulaires. Parmi les ions les plus importants se trouvent les **ions hydrogène**, ou H⁺, qui sont en fait des protons libres. Les effets de ces ions sont considérables, principalement en raison de leur réactivité chimique et de leur grand nombre.

L'échelle de pH

En tout temps, des molécules d'eau à l'état liquide se décomposent en ions hydrogène et en ions hydroxyle (OH^-). C'est sur une telle ionisation de l'eau qu'est fondée l'**échelle de pH** présentée à la figure 2.15. Les biologistes utilisent cette échelle pour mesurer la concentration d'ions H⁺ de l'eau de mer, de la sève, du sang et d'autres liquides. L'eau pure (différente de l'eau de pluie ou de l'eau du robinet) contient toujours autant d'ions H⁺ que d'ions OH^-. Un tel équilibre correspond à un pH neutre.

Le pH d'une solution neutre est de 7. Toute augmentation ou toute diminution d'une unité de pH signifie que la concentration d'ions H⁺ est respectivement dix fois plus faible ou dix fois plus forte (il y a dix fois plus d'ions H⁺ dans une solution de pH 6 que dans une solution de pH 7). L'échelle de pH s'étend de 0 (la plus forte concentration d'ions H⁺) à 14 (la plus faible concentration d'ions H⁺). Ainsi, plus la concentration d'ions H⁺ est élevée, plus le pH est faible.

On peut obtenir un aperçu du pH de certaines substances en trempant successivement le bout de la langue dans le bicarbonate de soude (pH 9), l'eau pure (pH 7) et le jus de citron (pH 2,3).

Les acides et les bases

En se dissolvant dans l'eau, les substances **acides** cèdent des protons (H⁺) à la solution, tandis que les **bases** acceptent des protons. Des solutions acides comme le jus de citron, le liquide gastrique et le café libèrent des ions H⁺, de sorte que leur pH est inférieur à 7. Les solutions basiques, comme l'eau de mer, le bicarbonate de soude et l'albumine, acceptent des ions H⁺ ou s'y associent. Aussi appelées *alcalines*, ces solutions ont un pH supérieur à 7.

Le liquide situé à l'intérieur de la plupart des cellules humaines a un pH d'environ 7, alors que le pH du plasma (la partie liquide du sang) et de la plupart des autres liquides extracellulaires varie entre 7,35 et 7,45. Pour sa part, l'eau de mer est plus alcaline que les liquides biologiques des organismes qui y vivent.

Un acide peut être faible ou fort. Les acides faibles, tel l'acide carbonique (H_2CO_3), donnent difficilement des ions H⁺. En revanche, des acides forts comme l'acide chlorhydrique (HCl), l'acide citrique (HNO_3) et l'acide sulfurique (H_2SO_4) cèdent facilement un proton quand ils sont en solution.

Après l'ingestion de plats épicés, les aliments se mélangent au liquide gastrique de l'estomac. Les épices stimulent la muqueuse de l'estomac, dont les glandes sécrètent alors un acide fort, le HCl, qui se dissocie en ions H⁺ et Cl^-. Étant donné que la concentration d'ions H⁺ augmente, le liquide gastrique devient plus acide ; cela active les enzymes qui digèrent les protéines alimentaires et qui détruisent la plupart des bactéries pouvant se trouver dans la nourriture. Les personnes qui consomment beaucoup de plats épicés peuvent éprouver des brûlures d'estomac et devoir recourir à un antiacide comme le lait de magnésie (une base) pour se soulager. En se dissolvant, le lait de magnésie libère des ions magnésium (Mg) et OH^- qui neutralisent l'acide. L'association des ions OH^- aux ions H⁺ en excès dans le liquide gastrique réduit la concentration de H⁺ et atténue ainsi les malaises.

Des concentrations élevées de bases ou d'acides forts peuvent aussi nuire à l'environnement et menacer les êtres vivants. La lecture des étiquettes de bouteilles d'ammoniaque, de produits de débouchage et d'autres produits domestiques révèle que beaucoup d'entre eux peuvent causer de graves brûlures chimiques, tout comme l'acide sulfurique contenu dans une batterie de voiture. L'épandage d'engrais azoté et l'utilisation de combustibles fossiles (dans les centrales

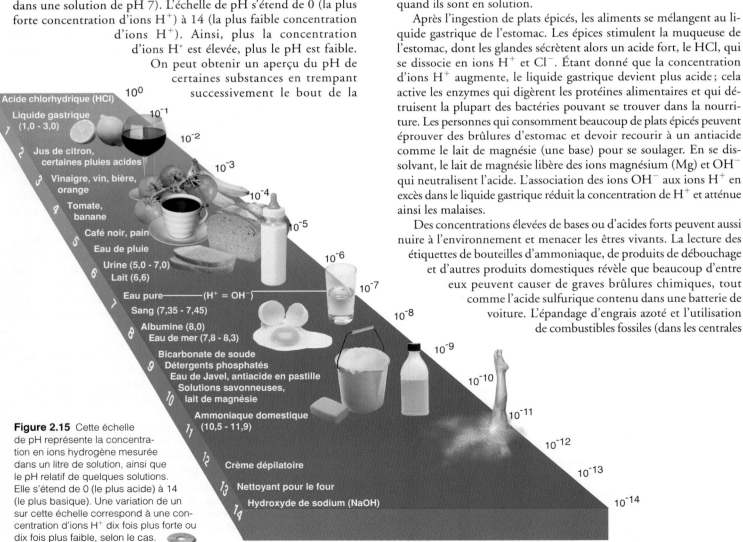

Figure 2.15 Cette échelle de pH représente la concentration en ions hydrogène mesurée dans un litre de solution, ainsi que le pH relatif de quelques solutions. Elle s'étend de 0 (le plus acide) à 14 (le plus basique). Une variation de un sur cette échelle correspond à une concentration d'ions H⁺ dix fois plus forte ou dix fois plus faible, selon le cas.

Acide chlorhydrique (HCl) 10^0
Liquide gastrique (1,0 - 3,0) 10^{-1}
10^{-2}
Jus de citron, certaines pluies acides
Vinaigre, vin, bière, orange 10^{-3}
Tomate, banane 10^{-4}
Café noir, pain
Eau de pluie 10^{-5}
Urine (5,0 - 7,0)
Lait (6,6) 10^{-6}
Eau pure ———— (H⁺ = OH⁻) 10^{-7}
Sang (7,35 - 7,45)
Albumine (8,0) 10^{-8}
Eau de mer (7,8 - 8,3)
Bicarbonate de soude 10^{-9}
Détergents phosphatés
Eau de Javel, antiacide en pastille 10^{-10}
Solutions savonneuses, lait de magnésie
Ammoniaque domestique (10,5 - 11,9) 10^{-11}
10^{-12}
Crème dépilatoire 10^{-13}
Nettoyant pour le four
Hydroxyde de sodium (NaOH) 10^{-14}

thermiques et les voitures) libèrent des acides forts qui modifient le pH des précipitations (voir la figure 2.16). Dans certaines régions, les précipitations acides causent beaucoup de dommages aux sols et à la couverture végétale. La modification chimique des habitats peut nuire aux organismes qui y vivent, comme l'explique plus en détail la section 50.1.

La stabilisation du pH par les tampons

Les réactions métaboliques sont sensibles au moindre changement de pH, car les ions H^+ et OH^- peuvent se lier à un vaste éventail de molécules et en modifier les fonctions. Normalement, des mécanismes de régulation s'activent lorsque le pH varie, comme l'illustre la sécrétion de HCl dans l'estomac après un repas. Un bon nombre de ces mécanismes mettent en jeu des systèmes tampons.

Un **système tampon** désigne l'association d'un acide et d'une base faibles qui peut neutraliser les légères variations de pH. On sait que la concentration d'ions OH^- augmente lorsqu'une base forte est ajoutée à un liquide. Toutefois, un acide faible peut neutraliser une partie de ces ions OH^- en cédant des H^+ et susciter ainsi la formation de son partenaire, une base faible. Si un acide fort est ultérieurement ajouté au mélange, la base faible en acceptera les ions H^+ et restaurera l'acide du système tampon.

Il est utile de rappeler ici qu'un système tampon ne peut ni former de nouveaux H^+ ni éliminer ceux qui sont déjà présents, mais qu'il peut seulement se lier à eux ou les libérer.

Chez tous les organismes pluricellulaires complexes, différents systèmes tampons agissent dans le milieu intérieur, notamment dans le sang et le liquide interstitiel. Par exemple, les poumons et les reins sont le siège de réactions métaboliques qui contribuent au maintien du milieu intérieur, gardant son pH dans des limites compatibles avec la vie (voir les chapitres 40 et 41). Si la concentration d'ions H^+ dans le sang diminue suffisamment pour que celui-ci ne soit plus aussi acide qu'il le devrait, l'acide carbonique dissous dans le sang libère des ions H^+ et devient ainsi la base partenaire en se transformant en bicarbonate :

$$H_2O + CO_2 \longrightarrow H_2CO_3 \longrightarrow HCO_3^- + H^+$$
EAU DIOXYDE   ACIDE CARBONIQUE   BICARBONATE
DE CARBONE

Si le sang devient acide, un plus grand nombre d'ions H+ se lient à la partie basique du tampon et il en résulte la formation de l'acide partenaire :

$$HCO_3^- + H^+ \longrightarrow H_2CO_3 \longrightarrow H_2O + CO_2$$
BICARBONATE   ACIDE CARBONIQUE   EAU DIOXYDE
DE CARBONE

Un système tampon ne peut neutraliser qu'une quantité limitée d'acide ou de base. Dès que cette limite est dépassée, le pH varie rapidement. Or, des fluctuations incontrôlées du pH peuvent entraîner de graves conséquences. Ainsi, une baisse du pH sanguin (7,35-7,45) qui l'amènerait ne serait-ce qu'à 7 provoquerait un coma par acidose, c'est-à-dire une perte de conscience parfois irréversible et mortelle, tandis qu'une hausse le poussant à 7,8 pourrait conduire à une tétanie par alcalose, soit un trouble parfois mortel aussi, qui se caractérise notamment par des contractures involontaires des muscles squelettiques. Dans le cas de l'acidose, l'accumulation de dioxyde de carbone dans le sang entraîne la production excessive d'acide carbonique,

Figure 2.16 Des émissions de dioxyde de soufre s'échappant d'une centrale thermique au charbon. Des polluants aéroportés comme le dioxyde de soufre se dissolvent dans la vapeur d'eau et forment des composés acides. Ce sont les principaux composants des pluies acides.

suivie d'une chute du pH sanguin. Dans le cas de l'alcalose, la hausse du pH prend plus de temps à être corrigée. Ces deux troubles, l'acidose et l'alcalose, peuvent être fatals.

Les sels

Les **sels** sont des composés qui libèrent des ions autres que des ions H^+ et OH^- en solution. La réaction d'un acide avec une base produit souvent des sels et de l'eau, et le degré de dissolution des sels varie selon le pH de la solution. Voici, par exemple, comment se forme le chlorure de sodium :

$$HCl \text{ (acide)} + NaOH \text{ (base)} \longrightarrow NaCl \text{ (sel)} + H_2O$$
ACIDE   HYDROXYDE   CHLORURE DE SODIUM
CHLORHYDRIQUE   DE SODIUM   ↓   ↓
                                                    Na^+ Cl^- (ions)

Beaucoup de sels se dissolvent et forment des ions qui jouent des rôles importants dans les cellules : les ions sodium, potassium et calcium régissent l'activité des neurones, les ions calcium contribuent à la contraction des muscles et les ions potassium déterminent en grande partie l'absorption de l'eau par les cellules végétales.

Les ions hydrogène (H^+) et d'autres ions dissous dans les liquides intracellulaires et extracellulaires influent sur les fonctions cellulaires.

Lorsqu'elles se dissolvent dans l'eau, les substances acides libèrent des ions H^+, et les substances basiques (ou alcalines) les acceptent. Grâce à leur pouvoir tampon, certaines interactions acido-basiques favorisent le maintien du pH d'un liquide, soit sa concentration en ions H^+.

Un système tampon neutralise les faibles variations du pH en libérant des ions hydrogène lorsque leur concentration est trop faible ou en se liant à eux lorsque leur concentration est trop élevée.

Les sels sont des composés qui libèrent des ions autres que H^+ et OH^-. Beaucoup de ces ions jouent des rôles essentiels dans le fonctionnement cellulaire.

RÉSUMÉ   Le chiffre en **brun** renvoie à la section du chapitre.

1. La connaissance des principes de la chimie permet de comprendre la nature de toutes les substances constitutives des cellules, des organismes vivants et de la Terre, y compris ses eaux et son atmosphère.

Tableau 2.2	*Un aperçu des principaux constituants chimiques des êtres vivants*
ÉLÉMENT CHIMIQUE	Forme fondamentale de la matière, qui occupe un espace, a une masse et ne peut être décomposée en d'autres formes de matière par des moyens chimiques ou physiques ordinaires.
ATOME	Plus petite unité d'un élément chimique qui conserve les propriétés caractéristiques de cet élément.
Proton (p^+)	Particule de charge positive faisant partie du noyau atomique. Tous les atomes d'un élément possèdent le même nombre de protons qui correspond au numéro atomique. Un ion hydrogène (H^+) est un proton non accompagné par un électron.
Électron (e^-)	Particule de charge négative qui occupe un volume d'espace (une orbitale) autour du noyau atomique. Des électrons peuvent être partagés ou transférés par des atomes.
Neutron	Particule non chargée faisant partie du noyau de tous les atomes excepté l'hydrogène. Pour un élément donné, le nombre de masse représente le nombre total des protons et des neutrons faisant partie du noyau.
MOLÉCULE	Unité de matière dans laquelle sont liés au moins deux atomes d'un même élément ou d'éléments différents.
Composé	Molécule regroupant au moins deux éléments différents dans des proportions bien définies. L'eau en est un exemple.
Mélange	Combinaison d'au moins deux éléments dans des proportions variables.
ISOTOPE	L'une ou l'autre des formes atomiques d'un élément qui diffèrent entre elles par leur nombre de neutrons.
Radio-isotope	Isotope dont le nombre de protons et de neutrons est instable et qui émet des particules et de l'énergie.
Marqueur	Radio-isotope lié à une molécule d'une substance. Le marqueur et l'appareil qui le détecte servent à déterminer le déplacement ou la destination d'une substance dans une voie métabolique, dans un système ou dans l'organisme.
ION	Atome qui a gagné ou perdu un ou plusieurs électrons et qui acquiert ainsi une charge nette respectivement négative ou positive.
SOLUTÉ	Molécule ou ion dissous dans un solvant.
Substance hydrophile	Molécule ou partie de molécule polaire qui se dissout facilement dans l'eau.
Substance hydrophobe	Molécule ou partie de molécule non polaire qui se dissout difficilement dans l'eau, sinon pas du tout.
ACIDE	Substance qui donne des ions H^+ lorsqu'elle est dissoute dans l'eau.
BASE	Substance qui accepte des ions H^+ lorsqu'elle est dissoute dans l'eau.
SEL	Composé qui libère des ions autres que H^+ et OH^- lorsqu'il est dissous dans l'eau.

Chaque substance est composée de un ou de plusieurs éléments. Des 92 éléments naturels, l'oxygène, le carbone, l'hydrogène et l'azote sont ceux qui se retrouvent le plus souvent dans les organismes vivants. Ceux-ci contiennent également beaucoup d'autres éléments en proportions moindres, notamment le calcium, le phosphore, le potassium et le soufre. *2*

2. Le tableau 2.2 présente quelques termes chimiques importants, ainsi qu'une brève définition de chacun. *2, 2.1 à 2.6*

3. Les éléments chimiques sont composés d'atomes. Un atome comprend un ou plusieurs protons, de charge positive, un nombre égal d'électrons, de charge négative, et (hormis l'hydrogène) un ou plusieurs neutrons non chargés. Les protons et les neutrons constituent le cœur de l'atome, soit le noyau atomique. La plupart des éléments ont des isotopes, c'est-à-dire des atomes possédant le même nombre de protons, mais pas le même nombre de neutrons. *2.1*

4. Le nombre et l'arrangement des électrons d'un atome déterminent si celui-ci va interagir ou non avec d'autres atomes. Chaque électron occupe l'une ou l'autre des orbitales (une orbitale est un volume d'espace) correspondant aux couches qui entourent le noyau. Lorsqu'un atome comporte des orbitales non comblées dans sa couche de valence, il a tendance à se lier à des atomes d'autres éléments. *2.3*

5. Un atome peut perdre ou gagner un ou plusieurs électrons et, par conséquent, devenir un ion de charge globale positive ou négative. *2.4*

6. En général, une liaison chimique résulte de l'association de structures électroniques des atomes. *2.3*

a) Une liaison ionique unit un ion positif et un ion négatif grâce à l'attraction mutuelle exercée par leurs charges opposées. *2.4*

b) Les atomes partagent souvent une ou plusieurs paires d'électrons dans une liaison covalente simple, double ou triple. Le partage des électrons est égal dans une liaison covalente non polaire et inégal dans une liaison covalente polaire. Bien que la charge nette globale des atomes unis par une liaison covalente polaire soit nulle, cette liaison est légèrement négative à une extrémité et légèrement positive à l'autre. *2.4*

c) Dans une liaison hydrogène, un atome ayant une charge légèrement négative et prenant part à une liaison covalente (l'oxygène, par exemple) est faiblement attiré par la charge légèrement positive d'un atome d'hydrogène qui participe à une autre liaison covalente polaire. *2.4*

7. Une molécule d'eau comprend deux atomes d'hydrogène et un atome d'oxygène unis par des liaisons covalentes polaires. La polarité des molécules d'eau entraîne la formation de liaisons hydrogène entre elles. Ces liaisons hydrogène expliquent la grande résistance de l'eau liquide aux changements de température, sa cohésion interne et sa capacité à dissoudre aisément des substances ioniques ou polaires. De telles propriétés ont des répercussions importantes sur l'activité métabolique, la structure, la morphologie et l'organisation interne des cellules. *2.5*

8. Le pH est un système de mesure de la concentration des ions H^+ présents dans une solution. Dans l'échelle de pH, les valeurs vont de 0 (la concentration d'ions H^+ la plus forte) à 14 (la concentration la plus faible). Un pH de 7 signifie que la concentration des ions H^+ est la même que celle des ions OH^-. Les acides libèrent des ions H^+ dans l'eau, tandis que les bases s'y associent. Un système tampon contribue à stabiliser le pH du sang, du liquide interstitiel et du liquide intracellulaire. *2.6*

Exercices

1. Qu'est-ce qu'un élément chimique ? Nommez les quatre éléments qui constituent plus de 95 % du poids corporel de tous les organismes vivants et donnez leur symbole respectif. *2, 2.1*

2. Définissez ce que sont un atome, un isotope et un radio-isotope. *2.1*

3. Combien d'électrons peuvent occuper chaque orbitale entourant le noyau atomique ? À l'aide du modèle des couches électroniques, expliquez comment les orbitales disponibles pour les électrons se répartissent autour du noyau. *2.3*

4. Définissez ce que sont une molécule, un composé et un mélange. *2.3*

5. Quelle est la différence entre les éléments suivants ?
a) Liaison ionique et liaison hydrogène *2.4*
b) Liaison covalente polaire et liaison covalente non polaire *2.4*
c) Interaction hydrophobe et interaction hydrophile *2.5*

6. Étant donné qu'une molécule d'eau a une charge nette nulle, comment peut-on expliquer qu'elle attire les molécules polaires et repousse les molécules non polaires ? *2.5*

7. Identifiez les atomes de chaque molécule d'eau illustrée dans la figure ci-contre. Indiquez l'extrémité de chaque molécule qui porte une charge légèrement positive (+) et l'extrémité qui porte une charge légèrement négative (−). *2.5*

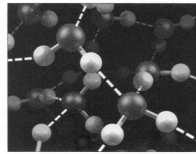

8. Définissez ce que sont un acide et une base. Puis, expliquez comment un système tampon neutralise les variations de pH. *2.6*

Autoévaluation   RÉPONSES À L'ANNEXE III

1. Un électron porte une charge _____.
a) positive   b) négative   c) nulle

2. Des atomes se partagent inégalement des électrons dans le cas d'une liaison _____.
a) ionique   c) covalente polaire
b) covalente non polaire   d) hydrogène

3. Considérée isolément, une molécule d'eau se caractérise par _____.
a) sa polarité
b) sa capacité à former des liaisons hydrogène
c) sa grande résistance à la chaleur
d) son hydratation de type sphérique
e) les réponses a) et b)   f) toutes ces réponses

4. Dans l'eau à l'état liquide, des sphères d'hydratation se forment autour des _____.
a) molécules non polaires   c) ions   e) les réponses b) et c)
b) molécules polaires   d) solvants   f) toutes ces réponses

5. Les ions hydrogène (H^+) _____.
a) constituent la base des valeurs de pH
b) sont des protons
c) sont la cible de certains tampons
d) sont dissous dans le sang
e) les réponses a) et b)   f) toutes ces réponses

6. En se dissolvant dans l'eau, un(e) _____ donne des ions H^+, alors qu'un(e) _____ en accepte.

7. Associez le terme de gauche à l'énoncé de droite qui y correspond.
_____ Oligoélément   a) Un acide faible et sa base partenaire
_____ Système tampon   contribuent ensemble à la stabilité du pH.
_____ Liaison chimique   b) Association des structures électroniques
_____ Température   de deux atomes
                              c) Représente moins de 0,01 % du poids
                                 corporel
                              d) Mesure du mouvement moléculaire
                                 dans un volume défini

Questions à développement

1. Un composé ionique se forme lorsque le calcium se combine au chlore. À l'aide de la figure 2.8, donnez la formule de ce composé. (Indice : assurez-vous que la couche de valence de chaque atome est comblée.)

2. David, un enfant de trois ans très curieux, ne s'est pas fait mal en touchant l'eau chaude contenue dans une casserole placée sur la plaque chauffante d'une cuisinière. Toutefois, il s'est brûlé en touchant la casserole elle-même. Expliquez pourquoi la température de l'eau de la casserole s'élève beaucoup plus lentement que celle de la casserole elle-même.

3. À mesure qu'elles absorbent des micro-ondes (un type de rayonnement électromagnétique), les molécules vibrent de plus en plus rapidement. Expliquez le processus de cuisson des aliments dans un four à micro-ondes.

4. À partir de ce que vous avez appris sur la cohésion, formulez une hypothèse expliquant pourquoi l'eau peut prendre la forme de gouttelettes.

5. Édouard étudie une réaction chimique catalysée par une enzyme. Les ions H^+ qui se forment au cours de la réaction risquent de détruire l'enzyme en abaissant le pH. Que peut-il ajouter au mélange réactionnel pour préserver l'enzyme ?

6. Par le biais d'interactions avec l'eau et des ions, une protéine soluble se disperse dans le liquide cellulaire. Un ensemble de particules électriquement chargées est responsable de sa solubilité. À l'aide de la figure ci-contre, déterminez les interactions chimiques expliquant la formation de cet ensemble. Commencez par les principales liaisons situées à l'intérieur de la protéine.

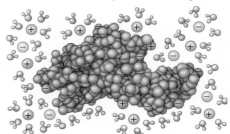

7. Les quantités de réactifs et de produits sont souvent exprimées en moles. Une mole représente un certain nombre d'atomes ou de molécules d'une substance quelconque, comme une « douzaine » désigne tout groupe de douze objets. La masse molaire, exprimée en grammes, correspond à la masse atomique de tous les atomes faisant partie d'une substance. Par exemple, la masse atomique du carbone est de 12, de sorte que la masse d'une mole de carbone est de 12 g. De même, puisque la masse atomique de l'oxygène est de 16, la masse d'une mole d'oxygène est de 16 g. Expliquez pourquoi la masse d'une mole d'eau (H_2O) est de 18 g, et celle d'une mole de glucose ($C_6H_{12}O_6$), de 180 g.

Vocabulaire

Acide *2.6*	Liaison covalente *2.4*
Atome *2.1*	Liaison hydrogène *2.4*
Base *2.6*	Liaison ionique *2.4*
Cohésion *2.5*	Marqueur *2.2*
Composé *2.3*	Mélange *2.3*
Échelle de pH *2.6*	Modèle des couches électroniques *2.3*
Électron *2.1*	Molécule *2.3*
Élément *2*	Neutron *2.1*
Évaporation *2.5*	Proton *2.1*
Hydrophile *2.5*	Radio-isotope *2.1*
Hydrophobe *2.5*	Sel *2.6*
Ion *2.4*	Soluté *2.5*
Ion hydrogène (H+) *2.6*	Solvant *2.5*
Isotope *2.1*	Système tampon *2.6*
Liaison chimique *2.3*	Température *2.5*

Lectures complémentaires

Ritter, P. (1996). *Biochemistry: A Foundation.* Pacific Grove, Californie : Brooks/Cole.

3

LES COMPOSÉS CARBONÉS DE LA CELLULE

Les hauts et les bas du carbone dans l'atmosphère

Depuis qu'on enregistre les températures, la dernière décennie a été la plus chaude de toutes. Nous connaissons en effet un **réchauffement de la planète**, c'est-à-dire une hausse à long terme de la température de la basse atmosphère, ce qui est très préoccupant. En 2001, par exemple, des orages violents et inhabituels se sont abattus sur l'Alaska et, à Hawaï, des maisons ont été emportées par les 685 mm de pluie qui y sont tombés en 24 h.

Si, comme on le prévoit, la température atmosphérique s'accroît de 2,5 °C durant le présent siècle, le niveau de la mer pourrait s'élever suffisamment pour inonder de façon permanente des villes côtières. En raison des modifications du régime des pluies dans de vastes régions du monde, les expressions «récolte déficitaire» et «guerre de l'eau» pourraient prendre un tout nouveau sens. Les graves inondations et les fréquents glissements de terrain se produisant sous les tropiques, en Californie et ailleurs s'amplifieront, les régions centrales des continents s'assécheront davantage et les déserts étendront leur superficie.

Voilà pour les conséquences sur les populations humaines, mais qu'arrivera-t-il aux autres êtres vivants? Considérons par exemple les arbres des forêts pittoresques des hautes montagnes du Nord-Ouest américain (voir la figure 3.1). Ils sont au repos durant l'hiver, car l'eau dont ils ont besoin pour croître se trouve alors emprisonnée sous forme de neige et de glace. Pendant les jours froids de l'automne, les arbres entrent en état de dormance. Leur métabolisme ralentit et leur croissance s'interrompt. L'eau de leurs tissus étant très concentrée en nutriments et en électrolytes, elle ne gèle pas et elle maintient leurs cellules en vie. À l'arrivée du printemps, les arbres sortent de leur état de dormance. À mesure que la température s'élève et que la neige fond, l'eau enrichie de minéraux redevient accessible, et les cellules photosynthétiques de leurs feuilles absorbent le dioxyde de carbone de l'air et le transforment en monosaccharides, en amidon et en d'autres composés carbonés.

Figure 3.1 Une forêt de conifères couverte par les premières neiges de l'hiver, sur le mont Silver Star, situé dans l'Ouest canadien. Les composés organiques, constitués à la base d'atomes de carbone, sont à l'origine de la structure, du fonctionnement et de la survie même de ces arbres, ainsi que de celle des humains, des ours et des autres organismes. Même l'essence et les autres combustibles fossiles dont nous sommes dépendants proviennent de composés carbonés produits il y a des millions d'années par les arbres des forêts anciennes.

La température de l'air a une influence sur la photosynthèse partout sur la Terre. Tôt ou tard, les changements de température vont affecter les humains et les autres êtres vivants, qu'ils soient aptes ou non à fabriquer leur propre nourriture.

Continuons notre réflexion : la concentration de dioxyde de carbone de l'atmosphère diminue au printemps et en été, car c'est la période durant laquelle les organismes photosynthétiques en absorbent des quantités considérables. En revanche, elle s'élève en automne, quand la photosynthèse diminue et que les décomposeurs s'activent. Les déchets et les débris des organismes photosynthétiques nourrissent les décomposeurs et favorisent la croissance de leurs populations. Collectivement, ils libèrent des quantités énormes de dioxyde de carbone, un sous-produit de leur métabolisme.

À l'heure actuelle, les chercheurs remarquent que les végétaux des États-Unis, des forêts septentrionales et des grandes plaines du Canada, entre autres, sortent de leur période de dormance plus tôt qu'il y a 20 ans. En outre, la concentration atmosphérique de dioxyde de carbone subit des variations jamais vues auparavant : une hausse de 20 % à Hawaï et une chute impressionnante de 40 % en Alaska. Le réchauffement de la planète est probablement responsable d'un allongement de la période de croissance des végétaux, ce qui explique la forte captation de dioxyde de carbone et les grandes variations de sa concentration.

Les causes précises du réchauffement climatique sont inconnues, mais on sait qu'une augmentation à long terme du taux de dioxyde de carbone lui est associée. Les humains utilisent comme source d'énergie d'énormes quantités d'essence, de charbon et d'autres combustibles fossiles. Le dioxyde de carbone libéré par cette consommation serait partiellement responsable du problème, comme l'explique la section 48.9.

L'objectif du présent chapitre est de montrer que le carbone est omniprésent dans le monde vivant. Le carbone est relié aussi bien à la structure et au fonctionnement des cellules qu'aux conditions chimiques et physiques qui règnent sur la planète et qui ont des répercussions sur tous les écosystèmes.

Nous verrons de quelle façon la structure moléculaire des composés riches en carbone leur fournit des propriétés associées à la vie. Il importe de bien approfondir les notions de ce chapitre, notamment le résumé de la section 3.10, puisqu'elles serviront à comprendre comment différents organismes élaborent et utilisent ces composés, ainsi que les répercussions de cette utilisation sur la biosphère.

Concepts-clés

1. Les composés organiques sont des molécules renfermant du carbone et au moins un atome d'hydrogène. Les cellules se caractérisent entre autres par leur capacité à fabriquer les composés organiques caractéristiques de la vie : les glucides, les lipides, les protéines et les acides nucléiques.

2. Les cellules assemblent leurs molécules biologiques à partir de réserves de composés organiques plus petits, comme les monosaccharides, les acides gras, les acides aminés et les nucléotides.

3. Le glucose et les autres monosaccharides, ou sucres simples, font partie de la famille des glucides. Les oligosaccharides, qui sont de courtes chaînes d'unités monosaccharidiques liées de façon covalente, en font également partie. Les glucides les plus complexes sont les polysaccharides, dont la plupart sont composés de centaines ou de milliers d'unités monosaccharidiques.

4. Les lipides sont des substances huileuses ou graisseuses ayant peu tendance à se dissoudre dans l'eau, mais qui se dissolvent aisément dans des composés non polaires comme les autres lipides. Parmi les lipides importants, mentionnons les triacylglycérols (graisses neutres ou triglycérides), les phosphoglycérolipides, les cires et les stéroïdes.

5. Les glucides et les lipides, en plus de jouer un rôle structural dans la cellule, représentent une importante source d'énergie.

6. De tous les composés organiques, ce sont les protéines qui présentent la plus grande diversité de structures et de compositions. Beaucoup d'entre elles sont des éléments structuraux de la cellule. Plus nombreuses encore sont les enzymes, une catégorie de protéines qui accélèrent de façon considérable la vitesse de réactions métaboliques spécifiques. Certaines protéines assurent le transport de substances dans les cellules ou à travers leurs membranes. D'autres encore contribuent aux mouvements de la cellule, induisent des changements dans son activité ou défendent l'organisme en cas de lésion ou de maladie.

7. L'ATP et d'autres nucléotides jouent un rôle primordial dans le métabolisme. L'ADN et l'ARN sont des acides nucléiques constitués de chaînes de nucléotides. Ils représentent le fondement de l'hérédité et de la reproduction.

LES BIOMOLÉCULES, DE LA STRUCTURE À LA FONCTION

Qu'est-ce qu'un composé organique?

Dans les conditions prévalant actuellement sur la Terre, seules les cellules synthétisent des glucides, des lipides, des protéines et des acides nucléiques, des molécules qui sont les caractéristiques mêmes des êtres vivants. Les diverses catégories de ces biomolécules sont pour les cellules des sources instantanées d'énergie, des éléments structuraux, des agents du métabolisme, des signaux intercellulaires ou des banques d'information génétique. Dans bien des cas, leur conformation tridimensionnelle influence leur fonction et cette conformation dépend de l'agencement des atomes dans la molécule et de la répartition des charges électriques entre eux.

Les biomolécules sont des **composés organiques** qui, par définition, contiennent du carbone et au moins un atome d'hydrogène. L'expression a été forgée à une époque où les chimistes croyaient que les substances « organiques » ne pouvaient provenir que des animaux et des végétaux, tandis que les substances « inorganiques » dérivaient des minéraux. La désignation est toujours en usage même si, de nos jours, des composés organiques sont fabriqués en laboratoire, et même si, par ailleurs, nous avons des raisons de croire que ces composés sont apparus sur la Terre avant les êtres vivants.

Les **hydrocarbures** ne sont formés que d'atomes d'hydrogène liés de façon covalente à des atomes de carbone. L'essence et les autres combustibles fossiles en sont des exemples. Comme les autres composés organiques, ils renferment un nombre précis d'atomes dont l'organisation est spécifique. Les composés organiques possèdent en plus un ou plusieurs **groupements fonctionnels**, soit des groupes d'atomes particuliers liés de façon covalente au carbone.

Dans ce manuel, on utilise un code de couleur normalisé pour identifier les principaux éléments des composés organiques:

Carbone (C) Calcium (Ca) Sodium (Na)
Oxygène (O) Phosphore (P) Chlore (Cl)
Hydrogène (H) Potassium (K) Magnésium (Mg)
Azote (N) Soufre (S) Fer (Fe)

Le cas du carbone

Les êtres vivants sont principalement composés d'oxygène, d'hydrogène et de carbone (voir la figure 2.1). L'oxygène et l'hydrogène y sont essentiellement présents sous forme d'eau et, si on retire cette eau, le carbone constitue la moitié de ce qui reste.

Le rôle crucial du carbone chez les êtres vivants tient à la variété des liaisons qu'il peut établir. Chaque atome de carbone peut établir des liaisons covalentes avec quatre autres atomes. Ces liaisons, où deux atomes partagent une, deux ou trois paires d'électrons, sont relativement stables. Elles lient fréquemment les atomes de carbone pour former un squelette auquel l'hydrogène, l'oxygène et d'autres éléments peuvent se fixer et elles constituent le point de départ de la structure tridimensionnelle des composés organiques.

Les modes de représentation des composés organiques

Le méthane est le composé organique le plus simple. Ce gaz incolore et inodore est abondant dans l'atmosphère, les sédiments marins, les colonies de termites, les marais stagnants et les enclos à bétail. Les

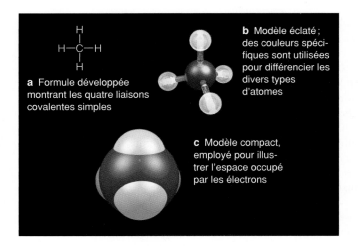

a Formule développée montrant les quatre liaisons covalentes simples

b Modèle éclaté; des couleurs spécifiques sont utilisées pour différencier les divers types d'atomes

c Modèle compact, employé pour illustrer l'espace occupé par les électrons

Figure 3.2 Des modèles moléculaires du méthane (CH_4), le plus simple des composés organiques.

quatre atomes d'hydrogène qui le composent sont liés de façon covalente à un atome de carbone (CH_4). La figure 3.2 montre plusieurs manières de représenter le méthane. Le modèle éclaté, conçu avec des boules et des tiges, sert à illustrer les angles de liaison et à montrer la répartition de la masse de la molécule (dans le noyau atomique). Le modèle compact est préférable quand il s'agit de représenter la taille et la surface de la molécule.

Utilisons maintenant un modèle éclaté pour représenter un composé organique constitué d'une chaîne de six atomes de carbone, unis par des liaisons covalentes, de laquelle se projettent des atomes d'hydrogène et d'oxygène:

Modèle éclaté illustrant la structure linéaire du glucose

Dans les cellules, ce genre de squelette carboné reste parfois sous forme de chaîne mais, la plupart du temps, il se replie sur lui-même, liant ses deux extrémités afin de former une structure cyclique.

Structure cyclique du glucose se formant habituellement à l'intérieur de la cellule

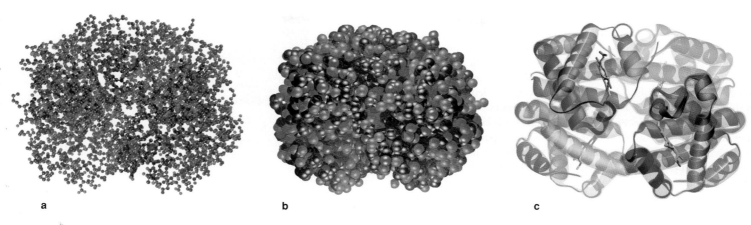

a   b   c

Figure 3.3 La structure de l'hémoglobine, la protéine des globules rouges responsable du transport de l'oxygène. **a)** Le modèle éclaté. **b)** Le modèle compact. **c)** Le modèle en ruban. Contrairement au code de couleur des atomes, dans les modèles en ruban et les schémas simples représentant des molécules complexes, les couleurs utilisées varient selon le contexte.

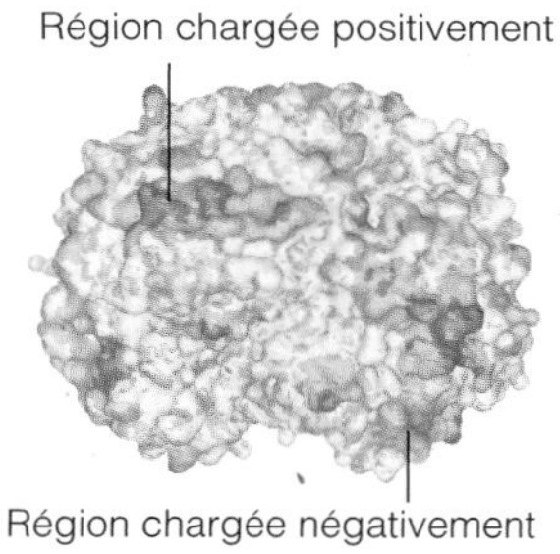

Région chargée positivement

Figure 3.4 Un modèle représentant le potentiel électrostatique à la surface d'une molécule d'hémoglobine.

Région chargée négativement

Les structures carbonées cycliques sont souvent représentées de manière plus simple, dans une formule développée plane qui peut montrer les atomes de carbone, mais pas les atomes qui leur sont liés. Dans le cas d'une représentation cyclique où aucun atome n'apparaît, il est sous-entendu qu'un atome de carbone occupe chaque angle du cycle.

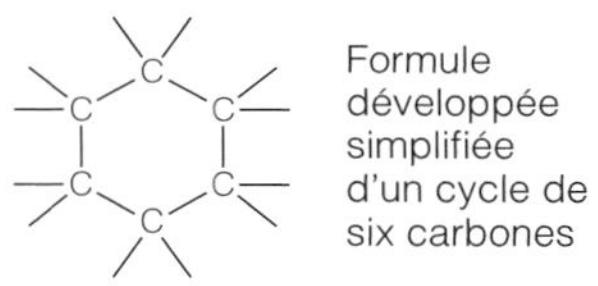

Formule développée simplifiée d'un cycle de six carbones

Schéma représentant un cycle de six carbones

La figure 3.3 montre différentes façons de représenter une molécule beaucoup plus grosse, l'hémoglobine. Tous les vertébrés, y compris l'être humain, dépendent de cette protéine pour assurer le transport de l'oxygène vers les cellules de leur organisme. Le modèle éclaté et le modèle compact donnent un aperçu de la masse et de la complexité structurale de cette molécule. Toutefois, ces représentations ne fournissent pas de renseignements sur sa fonction de transport de l'oxygène.

La figure 3.3c représente un modèle en ruban qui montre que l'hémoglobine est en fait constituée de quatre chaînes, dont chacune est formée, comme nous le verrons plus loin dans ce chapitre, d'une succession d'unités élémentaires, des acides aminés. Certaines portions des chaînes sont linéaires ou repliées, alors que d'autres sont hélicoïdales. Retenons pour l'instant que la conformation tridimensionnelle de l'hémoglobine renferme quatre cavités qui contiennent chacune un petit groupe d'atomes appelé *hème* (en rouge orangé dans la figure). Chaque groupement hème peut se lier à une molécule d'oxygène ou la libérer selon les conditions existant dans un tissu.

De nos jours, on utilise des modèles moléculaires encore plus perfectionnés. Par exemple, certains modèles informatiques montrent les variations localisées des charges électriques à la surface de la molécule. Les parties de la molécule sont représentées à l'aide d'un code de couleur: par exemple, les parties en rouge se trouvant à la surface d'une molécule pourraient être attirées par les parties en bleu

situées ailleurs sur la même molécule ou sur une autre molécule (voir la figure 3.4).

En définitive, l'étude de la structure tridimensionnelle des molécules aide à comprendre le fonctionnement des cellules et des organismes pluricellulaires. Par exemple, des virus peuvent infecter une cellule quand ils se fixent à des protéines spécifiques de sa membrane plasmique. À l'instar de blocs Lego^MD qui s'emboîtent, les protéines présentent à leur surface des reliefs, des cavités et des régions chargées qui sont complémentaires de celles de la surface du virus. Certains médicaments sont élaborés de la sorte: on conçoit une molécule synthétique adaptée à une protéine virale et on trouve le moyen d'en administrer une quantité suffisante à un patient. Un grand nombre de virus peuvent alors se lier à cette molécule «leurre» au lieu d'infecter les cellules de l'organisme.

Différents types de modèles moléculaires sont utilisés dans ce manuel. Dans chaque cas, le modèle choisi donne un aperçu de la structure et de la fonction de la molécule étudiée.

Les glucides, les lipides, les protéines et les acides nucléiques sont les principales molécules biologiques. Seules les cellules peuvent assembler ces composés organiques dans les conditions existant actuellement dans la nature.

Les composés organiques adoptent différentes conformations tridimensionnelles et assument diverses fonctions qui sont basées sur leur squelette carboné ainsi que sur les types et la disposition des groupements qui s'y rattachent.

L'étude de la structure des molécules favorise la compréhension du fonctionnement des cellules et des organismes pluricellulaires.

LES GROUPEMENTS FONCTIONNELS

Les groupements fonctionnels sont des groupes d'atomes liés de façon covalente aux atomes de carbone des composés organiques. Les propriétés physiques et chimiques de chaque groupement fonctionnel sont toujours les mêmes, peu importe la molécule à laquelle il est lié. Comparativement aux régions hydrocarbonées, les groupements fonctionnels sont plus réactifs et leur nombre, leur type et leur disposition sont à l'origine des caractéristiques fondamentales des glucides, des lipides, des protéines et des acides nucléiques (voir la figure 3.5).

Les sucres de notre alimentation appartiennent par exemple à une classe de composés organiques appelés **alcools**, qui portent un ou plusieurs groupements hydroxyles (—OH). Les alcools de faible masse moléculaire se dissolvent rapidement, car les molécules d'eau forment des liaisons hydrogène avec eux. En revanche, les molécules d'alcool plus lourdes se dissolvent mal, car elles possèdent de longues chaînes hydrocarbonées. (Comme l'expose la prochaine section,

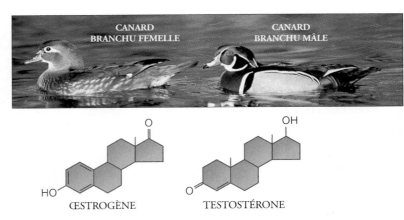

Figure 3.6 Des différences entre le mâle et la femelle chez le canard branchu (*Aix sponsa*). Ce sont deux hormones sexuelles qui déterminent le développement de la couleur des plumes et des autres caractères qui distinguent le mâle de la femelle. Ces distinctions les aident à se reconnaître, ce qui augmente leur succès reproductif. Les hormones en question – la testostérone et l'un des œstrogènes – possèdent toutes deux le même squelette carboné. Elles ne diffèrent que par la position des groupements fonctionnels qui lui sont liés.

des enzymes peuvent scinder le groupement hydroxyle de certaines molécules, puis lier ces molécules ensemble.) Quant aux hydrocarbures, ils sont insolubles dans l'eau. On trouve des chaînes hydrocarbonées dans les acides gras, ce qui explique pourquoi les lipides munis de chaînes d'acides gras ne se dissolvent pas dans l'eau, sinon très peu.

Le groupement carbonyle, qu'on trouve dans les graisses et les glucides, est très réactif et cède facilement ses électrons. Le groupement carboxyle est présent dans les acides aminés, les acides gras et d'autres molécules importantes. Le groupement phosphate comprend des atomes d'oxygène qui forment des liens covalents avec du phosphore. Les groupements phosphate donnent à l'ATP sa fonction dans les transferts d'énergie et ils s'associent aussi avec des monosaccharides pour former la charpente de l'ADN et de l'ARN. Le groupement thiol (sulfhydryle), que l'on trouve dans l'acide aminé cystéine, contribue à stabiliser la structure de nombreuses protéines.

En quoi les groupements fonctionnels sont-ils importants ? Considérons deux hormones sexuelles de structure similaire qui présentent une différence apparemment mineure dans l'emplacement de leurs groupements fonctionnels (voir la figure 3.6). Chez le canard branchu, l'humain et les autres vertébrés, l'embryon est asexué au début de son développement et ne possède que des tubes et des conduits qui peuvent se développer en organes reproducteurs mâles ou femelles. Si l'embryon sécrète de la testostérone, cette hormone induira le développement de ces structures en organes sexuels mâles et, ultérieurement, provoquera l'apparition des caractères sexuels secondaires mâles, comme la coloration des plumes chez l'oiseau et la pilosité chez l'humain. Quant aux organes sexuels femelles, ils ne se forment qu'en l'absence de testostérone. La présence d'œstrogènes mènera à l'apparition des caractères propres à la femelle.

Les groupements fonctionnels, liés de manière covalente au squelette carboné, sont responsables de la très grande diversité structurale et fonctionnelle des composés organiques, des cellules et des organismes pluricellulaires.

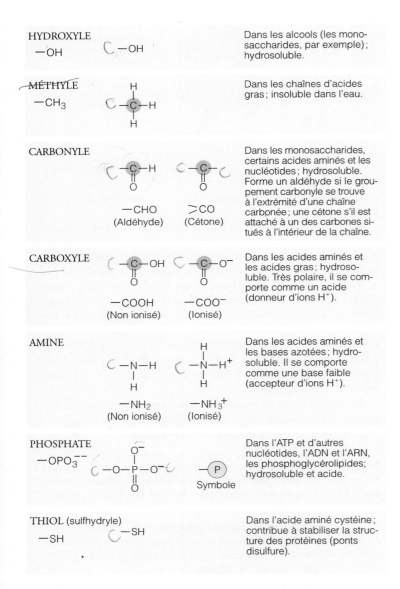

HYDROXYLE —ÔH		Dans les alcools (les monosaccharides, par exemple); hydrosoluble.
MÉTHYLE —CH$_3$		Dans les chaînes d'acides gras; insoluble dans l'eau.
CARBONYLE	—CHO (Aldéhyde) >CO (Cétone)	Dans les monosaccharides, certains acides aminés et les nucléotides; hydrosoluble. Forme un aldéhyde si le groupement carbonyle se trouve à l'extrémité d'une chaîne carbonée; une cétone s'il est attaché à un des carbones situés à l'intérieur de la chaîne.
CARBOXYLE	—COOH (Non ionisé) —COO$^-$ (Ionisé)	Dans les acides aminés et les acides gras; hydrosoluble. Très polaire, il se comporte comme un acide (donneur d'ions H$^+$).
AMINE	—NH$_2$ (Non ionisé) —NH$_3^+$ (Ionisé)	Dans les acides aminés et les bases azotées; hydrosoluble. Il se comporte comme une base faible (accepteur d'ions H$^+$).
PHOSPHATE —OPO$_3^{--}$	Symbole (P)	Dans l'ATP et d'autres nucléotides, l'ADN et l'ARN, les phosphoglycérolipides; hydrosoluble et acide.
THIOL (sulfhydryle) —SH		Dans l'acide aminé cystéine; contribue à stabiliser la structure des protéines (ponts disulfure).

Figure 3.5 Des groupements fonctionnels courants des molécules biologiques et des exemples de molécules où on les retrouve.

LA SYNTHÈSE DES COMPOSÉS ORGANIQUES PAR LES CELLULES

Les quatre catégories de biomolécules

Considérons de nouveau les arbres des pittoresques forêts décrites dans l'introduction du chapitre. Ces arbres utilisent du carbone (provenant du dioxyde de carbone) et de l'eau (ainsi que de la lumière solaire comme source d'énergie), puis les transforment d'abord en petits composés organiques. Ces derniers appartiennent à quatre grandes familles : les monosaccharides (des sucres simples), les acides gras, les acides aminés et les nucléotides. Chaque famille comprend de nombreuses variétés de molécules contenant entre 2 et 36 atomes de carbone.

Les cellules renouvellent continuellement leur réserve de ces petites molécules organiques, qui comptent pour seulement 10 % de toutes les substances organiques intracellulaires. Elles y puisent régulièrement certaines molécules comme source d'énergie, alors que d'autres seront les unités élémentaires, ou **monomères**, servant à former des **macromolécules**, soit des molécules plus volumineuses qui contribuent à la structure ou au fonctionnement de la cellule. Celles-ci appartiennent à quatre catégories, qui correspondent aux quatre familles de petites molécules : les glucides, les lipides, les protéines et les acides nucléiques. Ces macromolécules sont souvent des **polymères** qui se composent de trois à plusieurs millions d'unités élémentaires, identiques ou non. La dégradation des macromolécules libère des monomères qui peuvent servir de source immédiate d'énergie ou retourner dans les réserves cellulaires.

Les cinq catégories de réactions

Comment les cellules élaborent-elles leurs biomolécules ? La réponse à cette question pourrait bien sûr faire l'objet de plus d'un chapitre. Mentionnons simplement que les réactions par lesquelles une cellule assemble, réarrange et dégrade les composés organiques requièrent davantage qu'un apport d'énergie. Elles nécessitent également des **enzymes**, une classe de protéines capables d'accroître considérablement la vitesse des réactions métaboliques. Diverses sortes d'enzymes interviennent dans des réactions différentes. Nous verrons dans plusieurs chapitres de ce manuel des exemples spécifiques de cinq catégories de réactions :

1. Transfert de groupement fonctionnel : une molécule cède un groupement fonctionnel à une autre molécule.

2. Transfert d'électrons : un ou plusieurs électrons d'une molécule sont cédés à une autre.

3. Réarrangement : une réorganisation des liaisons internes transforme un composé organique en un autre.

4. Condensation : deux molécules se combinent, par l'établissement d'une liaison covalente, pour former une molécule plus grosse.

5. Dégradation : une molécule se scinde en deux molécules plus petites.

Pour avoir un aperçu de ces activités cellulaires, étudions les événements qui surviennent au cours d'une réaction de **condensation** : des enzymes retirent un groupement —OH d'une molécule et un atome d'hydrogène d'une autre, puis une liaison covalente se forme entre les deux molécules au niveau des sites exposés. Les atomes libérés forment une molécule d'eau ou H_2O (voir la figure 3.7 a). L'amidon et d'autres polymères se forment par des réactions de condensation répétées.

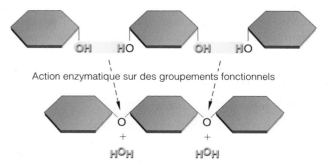

Action enzymatique sur des groupements fonctionnels

a Deux réactions de condensation. Des enzymes retirent un groupement —OH et un atome d'hydrogène (qui formeront une molécule d'eau) de deux molécules différentes. Une liaison covalente s'établit entre celles-ci pour produire une molécule plus volumineuse.

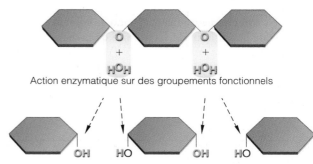

Action enzymatique sur des groupements fonctionnels

b L'hydrolyse, une réaction de dégradation nécessitant de l'eau. L'enzyme sépare la molécule, puis fixe un groupement —OH et un atome d'hydrogène provenant d'une molécule d'eau à chacun des sites exposés.

Figure 3.7 Quelques exemples de réactions métaboliques par lesquelles la plupart des biomolécules sont synthétisées, réarrangées ou dégradées.

La réaction de dégradation appelée **hydrolyse** s'apparente à une réaction de condensation inversée (voir la figure 3.7 b). D'abord, les enzymes scindent une molécule au niveau d'un groupe spécifique, puis fixent un groupement —OH et un atome d'hydrogène, provenant d'une molécule d'eau, aux sites exposés. Grâce à l'hydrolyse, les cellules peuvent dégrader les polymères en des molécules plus petites lorsqu'elles ont besoin de matériaux de construction ou de sources d'énergie.

Les cellules fabriquent leurs macromolécules principalement à partir de quatre familles de petits composés organiques : les monosaccharides, les acides gras, les acides aminés et les nucléotides.

Les cellules assemblent, réarrangent et dégradent régulièrement des composés organiques plus ou moins gros. Ces réactions, catalysées par des enzymes, sont de cinq types principaux : le transfert de groupements fonctionnels ou le transfert d'électrons, le réarrangement des liaisons internes et la condensation ou la dégradation de molécules.

LES GLUCIDES, LES BIOMOLÉCULES LES PLUS ABONDANTES

Les **glucides** sont les biomolécules les plus répandues. La plupart des glucides se composent de carbone, d'hydrogène et d'oxygène dans un rapport de $1:2:1$ $(CH_2O)_n$. Les cellules les utilisent comme éléments structuraux, comme source d'énergie ou comme réserve d'énergie. Ils se divisent en trois grandes classes : les **monosaccharides**, les **oligosaccharides** et les **polysaccharides**.

Les monosaccharides ou sucres simples

Les monosaccharides, formés d'un seul monomère, sont les glucides les plus simples. Chacun porte au moins deux groupements $-OH$ liés au squelette carboné ainsi qu'un groupement aldéhyde ou cétone. La plupart des monosaccharides se dissolvent aisément dans l'eau. Les plus courants possèdent un squelette constitué de cinq ou six atomes de carbone qui a tendance à former un cycle quand ils sont dissous dans le cytoplasme des cellules ou les liquides biologiques. Le ribose et le désoxyribose, qui sont les unités glucidiques de l'ARN et de l'ADN, comprennent tous deux cinq atomes de carbone. Le glucose, formé quant à lui de six atomes de carbone (voir la figure 3.8a), représente la principale source d'énergie de la plupart des organismes, en plus d'être le précurseur de nombreux composés et un monomère constituant des glucides plus complexes. La vitamine C

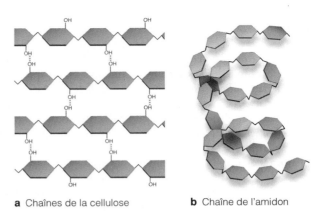

a Chaînes de la cellulose   **b** Chaîne de l'amidon

Figure 3.9 La géométrie des liaisons retenant les unités de glucose dans la cellulose et l'amidon. **a)** Dans la cellulose, des liaisons hydrogène se forment entre les chaînes de glucose. Cet agencement stabilise les chaînes et les maintient solidement ensemble. **b)** Dans l'amylose, une composante de l'amidon, les liaisons se forment entre les molécules de glucose, ce qui conduit à la formation d'une hélice.

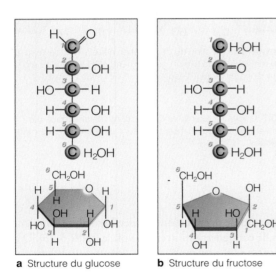

a Structure du glucose   **b** Structure du fructose

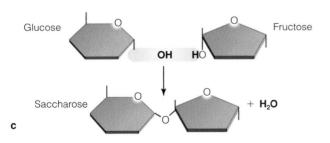

c

Figure 3.8 Les formes linéaires et cycliques **a)** du glucose et **b)** du fructose. Les atomes de carbone des monosaccharides sont numérotés en séquence, en commençant par le carbone voisin du groupement aldéhyde ou cétone de la molécule. **c)** La condensation de deux monosaccharides en un disaccharide.

et le glycérol (un alcool possédant trois groupements $-OH$) sont des composés dérivés de monomères glucidiques.

Les oligosaccharides, des glucides à courtes chaînes

À la différence des monosaccharides, les oligosaccharides sont de courtes chaînes de monomères glucidiques liés de façon covalente. Parmi eux, les disaccharides ne sont formés que de deux unités glucidiques. Le lactose, le saccharose et le maltose sont les plus connus. Le lactose, qui est le sucre contenu dans le lait, est constitué d'un glucose et d'un galactose, alors que le saccharose, le sucre le plus répandu dans la nature, est formé d'un glucose et d'un fructose (voir la figure 3.8c). Les végétaux transforment les glucides complexes en saccharose, qui peut circuler facilement dans les feuilles, les tiges et les racines. Le sucre de table est du saccharose sous forme cristalline, provenant de la canne à sucre ou des betteraves sucrières. Des chaînes latérales d'oligosaccharides s'attachent souvent au squelette de certaines protéines et d'autres grosses molécules, des lipides par exemple.

Les polysaccharides ou glucides complexes

Les polysaccharides sont des glucides complexes consistant en des chaînes linéaires ou ramifiées d'un grand nombre d'unités monosaccharidiques (souvent des centaines ou des milliers) du même type ou de types différents. La cellulose, l'amidon et le glycogène, les polysaccharides les plus courants, ne sont constitués que de glucose, mais présentent des propriétés très différentes en raison de l'arrangement des liaisons covalentes entre les unités de glucose qui forment leurs chaînes.

Dans la cellulose, de nombreuses chaînes parallèles de glucose sont maintenues ensemble par des liaisons hydrogène entre les groupements $-OH$ (voir la figure 3.9a). La géométrie des liaisons stabilise les chaînes et forme une trame compacte qui résiste à l'action de la plupart des enzymes digestives. Les fibres de cellulose sont un composant structural de la paroi cellulaire des végétaux

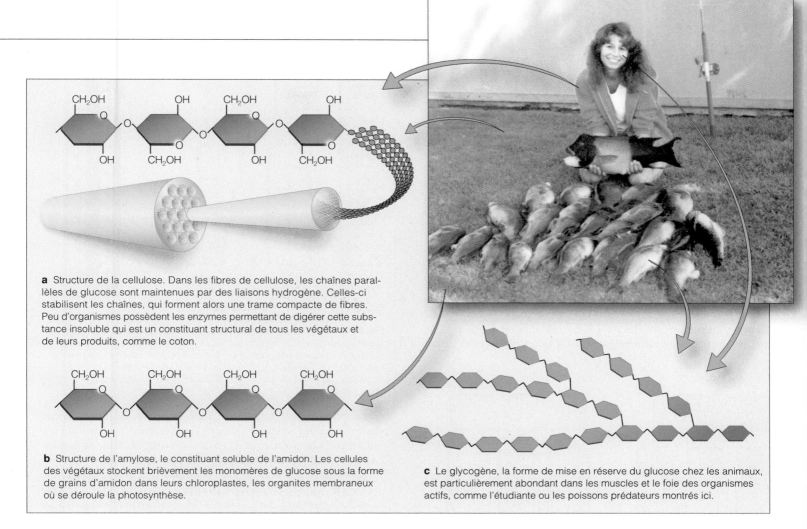

a Structure de la cellulose. Dans les fibres de cellulose, les chaînes parallèles de glucose sont maintenues par des liaisons hydrogène. Celles-ci stabilisent les chaînes, qui forment alors une trame compacte de fibres. Peu d'organismes possèdent les enzymes permettant de digérer cette substance insoluble qui est un constituant structural de tous les végétaux et de leurs produits, comme le coton.

b Structure de l'amylose, le constituant soluble de l'amidon. Les cellules des végétaux stockent brièvement les monomères de glucose sous la forme de grains d'amidon dans leurs chloroplastes, les organites membraneux où se déroule la photosynthèse.

c Le glycogène, la forme de mise en réserve du glucose chez les animaux, est particulièrement abondant dans les muscles et le foie des organismes actifs, comme l'étudiante ou les poissons prédateurs montrés ici.

Figure 3.10 La structure moléculaire de la cellulose, de l'amidon et du glycogène, trois glucides constitués uniquement de glucose.

Figure 3.11 Une micrographie électronique à balayage d'une tique, un arachnide. Sa cuticule protectrice est renforcée par de la chitine.

(voir la figure 3.10*a*). À la manière des tiges d'acier qui renforcent le béton armé, ces fibres sont solides, insolubles et résistantes à la traction et aux contraintes mécaniques.

Dans l'amylose, l'un des deux constituants de l'amidon, la géométrie des liaisons covalentes forme un angle entre chaque unité de glucose et sa voisine, de sorte que la chaîne adopte une forme hélicoïdale, à la manière d'un escalier en colimaçon (voir la figure 3.9*b*). Ces hélices sont facilement digérées par les enzymes. L'amylopectine, l'autre constituant de l'amidon, présente des chaînes ramifiées qui sont encore plus facilement digestibles. Beaucoup de groupements −OH se déploient hors des chaînes hélicoïdales qui, de ce fait, sont plus vulnérables à la dégradation par des enzymes. Les végétaux emmagasinent les sucres produits par la photosynthèse sous la forme de grosses molécules d'amidon (voir la figure 3.10*b*). Les enzymes hydrolysent aisément l'amidon en glucose.

Le glycogène des animaux est l'équivalent de l'amidon des végétaux. Les cellules musculaires et hépatiques stockent une certaine quantité de glycogène. Quand le taux de glucose sanguin diminue, les cellules du foie dégradent le glycogène en glucose, qui est libéré dans le sang. Lors d'un exercice intense, mais bref, les cellules musculaires dégradent aussi le glycogène pour obtenir de l'énergie. La figure 3.10*c* montre quelques-unes des nombreuses ramifications du glycogène.

Un polysaccharide différent, la chitine, se distingue par la présence de groupements azotés liés à ses monomères de glucose. La chitine est la substance organique qui renforce l'exosquelette et d'autres parties anatomiques rigides de beaucoup d'animaux, comme les crustacés, les lombrics, les insectes et les arachnides (voir la figure 3.11). La chitine est aussi un constituant de la paroi cellulaire de beaucoup d'eumycètes.

Les monosaccharides (comme le glucose), les oligosaccharides et les polysaccharides (tel l'amidon) sont des glucides. Toutes les cellules ont besoin de glucides, qui jouent le rôle d'éléments structuraux et de source d'énergie ou de réserve d'énergie.

LES LIPIDES

Si une substance est graisseuse ou huileuse au toucher, il y a fort à parier qu'il s'agit d'un lipide ou d'une matière qui en contient. Les **lipides** sont des hydrocarbures non polaires. Ils se dissolvent mal dans l'eau, mais aisément dans les substances non polaires, à l'exemple du beurre dans une sauce à base de crème. Les cellules emploient différents lipides comme réserve d'énergie, comme éléments structuraux (par exemple, comme constituants des membranes cellulaires ou de la cuticule des végétaux) et comme messagers chimiques. Nous décrirons ici les lipides renfermant des acides gras, soit les graisses ou triacylglycérols, les phosphoglycérolipides et les cires, ainsi que les stéroïdes, dont le squelette est constitué de quatre cycles carbonés.

Les acides gras et les graisses

Les lipides connus sous le nom de **graisses** possèdent généralement trois acides gras rattachés à une molécule de glycérol. Chaque **acide gras** est composé d'une chaîne carbonée, contenant au plus 36 atomes de carbone, dont la totalité ou la majorité des sites de liaison sont occupés par des atomes d'hydrogène, et qui se termine par un groupement carboxyle ($-COOH$). La plupart des acides

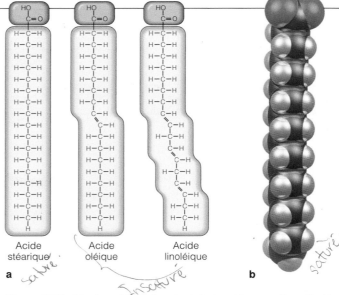

Figure 3.12 **a)** La formule développée de trois acides gras. Dans l'acide stéarique, le squelette carboné est saturé d'atomes d'hydrogène. L'acide oléique, dont le squelette contient une liaison double, est un acide gras mono-insaturé. L'acide linoléique, avec ses trois liaisons doubles, est un acide gras polyinsaturé. **b)** Un modèle compact de l'acide stéarique.

gras s'apparentent à une queue flexible correspondant soit à une chaîne insaturée, comprenant une ou plusieurs liaisons doubles, soit à une chaîne saturée, uniquement constituée de liaisons simples. La figure 3.12 présente quelques exemples d'acides gras.

La plupart des graisses animales comprennent beaucoup d'acides gras saturés agglutinés ensemble par des interactions faibles, de sorte qu'elles demeurent à l'état solide à des températures auxquelles les graisses végétales sont liquides. Chez celles-ci, auxquelles on donne le nom d'*huiles*, les interactions observées chez les graisses ne sont pas aussi stables, car leurs chaînes d'acides gras présentent des angles rigides au niveau des liaisons doubles qui s'y trouvent (voir la figure 3.12). C'est la raison pour laquelle les huiles végétales sont si fluides.

Le beurre, le suif, les huiles végétales et d'autres graisses naturelles sont pour la plupart des **triacylglycérols** (ou triglycérides), des graisses neutres qui se composent de trois chaînes d'acides gras liées à une molécule de glycérol (voir la figure 3.13*a*). Les triglycérides sont les lipides les plus abondants de l'organisme et constituent sa source d'énergie la plus riche. Par comparaison aux glucides complexes tels que l'amidon et le glycogène, la dégradation des triglycérides fournit, gramme pour gramme, plus du double de l'énergie. Les triglycérides sont emmagasinés sous forme de gouttelettes dans les cellules adipeuses des vertébrés. Une épaisse couche de graisse sous-cutanée isole le corps de certains animaux vivant dans les régions froides. Cette adaptation permet à des animaux comme le manchot ou l'ours blanc de lutter contre le froid (voir la figure 3.13*b*).

Un acide gras est le précurseur des éicosanoïdes, des messagers chimiques locaux parmi lesquels on compte les prostaglandines. Les éicosanoïdes jouent un rôle dans la contraction musculaire, la défense, la transmission des messages dans le système nerveux et contribuent à d'autres fonctions importantes.

Glycérol

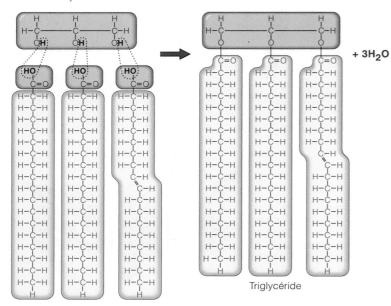

a Trois chaînes d'acides gras

Figure 3.13 **a)** La condensation de trois acides gras et d'une molécule de glycérol en un triglycéride. **b)** Des manchots plongeant dans les eaux glacées. Ces animaux sont protégés du froid par des triglycérides.

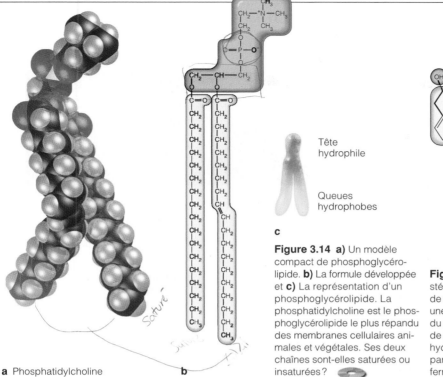

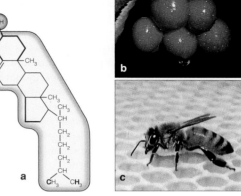

Figure 3.14 a) Un modèle compact de phosphoglycéro-lipide. **b)** La formule développée et **c)** La représentation d'un phosphoglycérolipide. La phosphatidylcholine est le phos-phoglycérolipide le plus répandu des membranes cellulaires ani-males et végétales. Ses deux chaînes sont-elles saturées ou insaturées?

a Phosphatidylcholine

Tête hydrophile

Queues hydrophobes

c

Figure 3.15 a) La formule structurale du cholestérol, le principal stéroïde des tissus animaux. Le foie produit suffisamment de cholestérol pour satisfaire les besoins du corps. Cependant, une alimentation riche en graisses peut conduire à une élévation du taux de cholestérol sanguin et ainsi contribuer à obstruer de petites artères. Deux substances cireuses : **b)** la cuticule hydrofuge recouvrant les cerises et **c)** les alvéoles fabriquées par les abeilles. Ces alvéoles sont constituées d'une substance ferme et hydrophobe, la cire d'abeille.

Les phosphoglycérolipides

Les **phosphoglycérolipides** (ou phospholipides) sont constitués d'une molécule de glycérol à laquelle se lient deux chaînes d'acides gras, ainsi qu'un groupement phosphate lui-même lié à un autre groupement polaire (voir la figure 3.14). La molécule présente ainsi une tête hydrophile et un pôle hydrophobe formé par les chaînes d'acides gras. Les phosphoglycérolipides sont les principaux constituants des mem-branes cellulaires, dans lesquelles ils se disposent en deux couches. Les têtes polaires hydrophiles de l'une des couches sont dissoutes dans le liquide intracellulaire et celles de l'autre couche pointent vers le li-quide extracellulaire. Entre les deux couches se trouvent les queues hydrophobes des chaînes d'acides gras (voir la figure 5.3).

Les stéroïdes et leurs dérivés

Les **stéroïdes** sont des lipides dépourvus d'acides gras. Ils diffèrent par le nombre, la localisation et le type de groupements fonctionnels qu'ils portent. Toutefois, ils possèdent tous un squelette rigide com-posé de quatre cycles carbonés rattachés entre eux, comme on le voit ci-dessous. Les stéroïdes entrent dans la composition des membranes des cellules eucaryotes. Le cholestérol, dont la structure est présentée à la figure 3.15*a*, est le stéroïde le plus courant des tissus animaux. Le cholestérol est aussi modifié pour former des composés comme la vita-mine D (indispensable pour la santé des dents et des os), d'autres stéroïdes et des sels biliaires. Certaines hor-mones sexuelles, comme celles illustrées à la figure 3.6, sont des stéroïdes. Ces hormones régissent la formation des gamètes et le développement des caractères sexuels se-condaires tels que la couleur des plumes chez les oiseaux et la répartition des poils chez l'humain. Les sels biliaires sont indispensables à la digestion des graisses dans l'intestin grêle.

Stéroïde

Les cires

Les **cires** sont des alcools à longues chaînes ou des cycles carbonés auxquels sont fixées de longues chaînes d'acides gras dans un arrange-ment dense. Toutes ont une consistance ferme et sont hydrophobes. La cuticule recouvrant toutes les parties aériennes des végétaux est essentiellement constituée de cires et d'un autre lipide, la cutine (voir la figure 3.15*b*). Elle limite les pertes d'eau et sert de protection contre certains parasites. Chez l'être humain, des sécrétions cireuses protègent et lubrifient l'épiderme et les cheveux, et sont responsables de leur flexibilité. Les oiseaux sont dotés d'une glande uropygienne qui sécrète des cires, des acides gras et des graisses leur permettant d'imperméabiliser leurs plumes. Les abeilles construisent leurs alvéoles avec de la cire, lesquelles renferment non seulement le miel, mais aussi les larves et les nymphes (voir la figure 3.15*c*). De minuscules organismes planctoniques marins utilisent également des cires comme source d'énergie.

Étant donné qu'ils sont en bonne partie composés de chaînes hydrocarbonées, les lipides ne sont pas solubles dans l'eau, mais le sont dans des substances non polaires.

Les triacylglycérols, ou graisses neutres, se composent d'une tête formée d'une molécule de glycérol et de trois chaînes d'acides gras. Ils constituent la principale réserve d'énergie de l'organisme. Les phosphoglycérolipides sont les principaux constituants des membranes cellulaires.

Les stéroïdes tels que le cholestérol jouent le rôle de composants membranaires et de précurseurs des hormones stéroïdiennes et d'autres substances. Les cires sont des substances à la fois fermes et flexibles utilisées comme lubrifiants et hydrofuges.

LA STRUCTURE PRIMAIRE DES PROTÉINES, UN CHAPELET D'ACIDES AMINÉS

De toutes les macromolécules, les **protéines** sont celles qui présentent la plus grande diversité. Les protéines appelées *enzymes* permettent à des réactions de se dérouler beaucoup plus vite qu'elles ne le feraient d'elles-mêmes. D'autres protéines ont une fonction structurale et composent la toile des araignées, les ailes des papillons, les plumes, les os et beaucoup d'autres parties anatomiques. Certaines protéines assurent le transport de substances spécifiques à travers les membranes et dans des liquides, alors que des protéines nutritives abondent dans les œufs et les graines. Des protéines hormonales sont des signaux modifiant l'activité des cellules, et beaucoup de protéines protègent l'organisme contre les agents pathogènes. Les cellules élaborent des milliers de protéines différentes, remplissant ces rôles variés, à partir de 20 acides aminés seulement!

La structure des acides aminés

Un **acide aminé** est un composé organique constitué d'un atome de carbone auquel sont liés de façon covalente un groupement amine (basique), un groupement carboxyle (acide), un atome d'hydrogène et un ou plusieurs atomes formant un radical (R). Les figures 3.16 et 3.17 illustrent la structure de certains acides aminés.

La formation d'une chaîne polypeptidique

Quand une cellule synthétise une protéine, des enzymes assemblent les acides aminés les uns à la suite des autres par des liaisons peptidiques. Ce type de liaison covalente se forme entre le groupement carboxyle ($-COO^-$) d'un acide aminé et le groupement amine ($-NH_3^+$) de l'acide aminé suivant.

Quand trois acides aminés et plus sont unis par des liaisons peptidiques, ils forment une **chaîne polypeptidique**, dans laquelle le squelette carboné contient des atomes d'azote selon l'arrangement régulier suivant: $-N-C-C-N-C-C-$.

Pour chaque type de protéine synthétisée, les acides aminés sont sélectionnés un à la fois à partir des 20 sortes disponibles, et ce sont les instructions encodées dans l'ADN de la cellule qui déterminent leur séquence. Cette séquence est unique pour chaque protéine et constitue sa structure primaire (voir la figure 3.18).

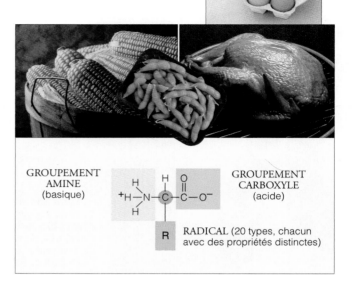

Figure 3.16 La formule générale des acides aminés et quelques sources alimentaires de ces composés organiques.

Dans la nature, on trouve des milliers de protéines différentes. Beaucoup sont des protéines fibreuses dont les chaînes polypeptidiques sont organisées en filaments ou en feuillets. Ces protéines jouent un rôle dans la forme et la structure de la cellule. Les protéines globulaires sont formées d'une ou de plusieurs chaînes repliées en une forme compacte et sphérique. La plupart des enzymes sont des protéines globulaires, de même que les protéines qui assurent le mouvement de la cellule ou de ses parties.

Peu importe le type de protéine, sa conformation et sa fonction dépendent de sa structure primaire, c'est-à-dire de l'information contenue dans la séquence de ses acides aminés.

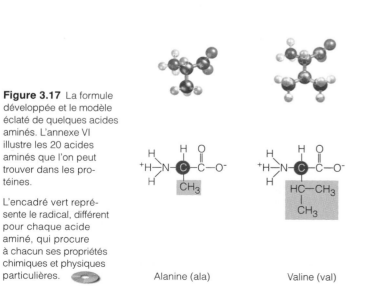

Figure 3.17 La formule développée et le modèle éclaté de quelques acides aminés. L'annexe VI illustre les 20 acides aminés que l'on peut trouver dans les protéines.

L'encadré vert représente le radical, différent pour chaque acide aminé, qui procure à chacun ses propriétés chimiques et physiques particulières.

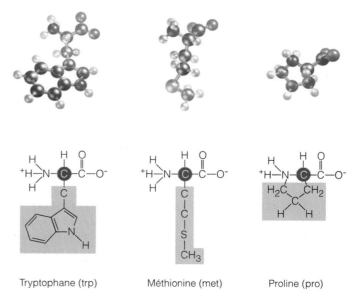

Alanine (ala)   Valine (val)   Tryptophane (trp)   Méthionine (met)   Proline (pro)

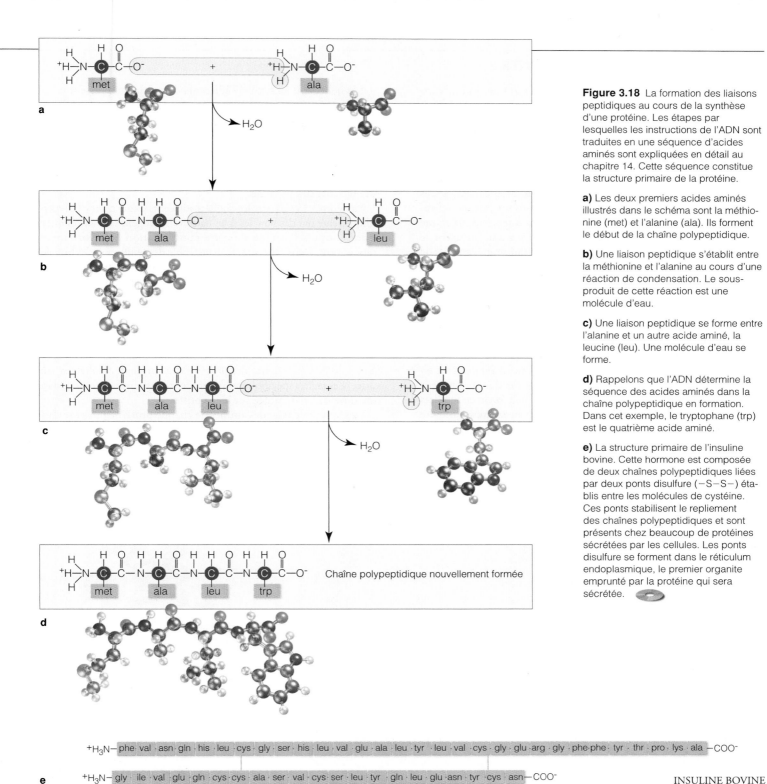

a

b

c

d

Chaîne polypeptidique nouvellement formée

Figure 3.18 La formation des liaisons peptidiques au cours de la synthèse d'une protéine. Les étapes par lesquelles les instructions de l'ADN sont traduites en une séquence d'acides aminés sont expliquées en détail au chapitre 14. Cette séquence constitue la structure primaire de la protéine.

a) Les deux premiers acides aminés illustrés dans le schéma sont la méthionine (met) et l'alanine (ala). Ils forment le début de la chaîne polypeptidique.

b) Une liaison peptidique s'établit entre la méthionine et l'alanine au cours d'une réaction de condensation. Le sous-produit de cette réaction est une molécule d'eau.

c) Une liaison peptidique se forme entre l'alanine et un autre acide aminé, la leucine (leu). Une molécule d'eau se forme.

d) Rappelons que l'ADN détermine la séquence des acides aminés dans la chaîne polypeptidique en formation. Dans cet exemple, le tryptophane (trp) est le quatrième acide aminé.

e) La structure primaire de l'insuline bovine. Cette hormone est composée de deux chaînes polypeptidiques liées par deux ponts disulfure ($-S-S-$) établis entre les molécules de cystéine. Ces ponts stabilisent le repliement des chaînes polypeptidiques et sont présents chez beaucoup de protéines sécrétées par les cellules. Les ponts disulfure se forment dans le réticulum endoplasmique, le premier organite emprunté par la protéine qui sera sécrétée.

$^+H_3N-$ phe · val · asn · gln · his · leu · cys · gly · ser · his · leu · val · glu · ala · leu · tyr · leu · val · cys · gly · glu · arg · gly · phe · phe · tyr · thr · pro · lys · ala $-COO^-$

e $^+H_3N-$ gly · ile · val · glu · gln · cys · cys · ala · ser · val · cys · ser · leu · tyr · gln · leu · glu · asn · tyr · cys · asn $-COO^-$

INSULINE BOVINE

Cette séquence détermine quelles parties de la chaîne polypeptidique vont s'enrouler, se replier ou interagir avec d'autres chaînes. Le comportement de la protéine, qu'il s'agisse d'une enzyme, d'un transporteur, d'un récepteur ou de la cible d'une bactérie ou d'un virus, repose sur la nature et la disposition des acides aminés composant les parties repliées, linéaires ou enroulées de la molécule.

Chaque protéine comprend une ou plusieurs chaînes polypeptidiques constituées d'acides aminés. La séquence des acides aminés, c'est-à-dire leur ordre dans la chaîne, est propre à chaque protéine. C'est elle qui détermine sa structure unique, son comportement chimique et sa fonction.

LA CONFORMATION DES PROTÉINES

Maintenant qu'on a décrit comment les acides aminés sont assemblés en une chaîne polypeptidique, voyons quelques exemples illustrant le rapport entre la séquence des acides aminés et la conformation des protéines.

La structure secondaire et la structure tertiaire des protéines

La structure primaire pourrait se comparer à des cartes à jouer rigides reliées par des tiges (les liaisons covalentes) pouvant pivoter légèrement. Dans cette analogie, chaque « carte » représente le site d'une liaison peptidique (voir la figure 3.19) dont les atomes peuvent se lier facilement avec des atomes avoisinants. Certains mouvements de pivot favorisent la formation de liaisons hydrogène entre les acides aminés situés le long d'une même chaîne polypeptidique, alors que d'autres positionnent les radicaux de façon à favoriser la formation de liaisons entre eux.

Certaines séquences d'acides aminés favorisent la formation de liaisons qui entraînent un enroulement en hélice de la chaîne polypeptidique, un peu à la manière d'un escalier en colimaçon (voir la figure 3.19a). D'autres séquences donnent naissance à des portions en forme de feuillet (voir la figure 3.19b) et à des boucles dont la longueur et l'enroulement varient. Ces arrangements en hélices ou en feuillets plissés sont les caractéristiques principales de la structure secondaire des protéines.

Les hélices ou les feuillets adjacents d'une chaîne finissent par se retrouver côte à côte dans la protéine, alors que leurs radicaux s'entassent. Ces régions se replient pour former des domaines compacts dont le nombre va de un à plusieurs douzaines. Par définition, un **domaine** est une chaîne polypeptidique ou une portion de chaîne dont l'arrangement produit une unité fonctionnelle et structuralement stable. La formation de ces domaines correspond à la structure tertiaire des protéines.

La figure 3.19b illustre les feuillets adjacents d'une chaîne polypeptidique reliés par des boucles. Des liaisons hydrogène et d'autres interactions sont à l'origine de cette conformation et favorisent sa stabilisation. Dans cet exemple, l'ensemble des feuillets et des boucles se replie pour former un domaine en forme de cylindre.

Beaucoup de protéines possèdent des domaines enroulés autour d'un ou de plusieurs domaines plus denses de forme cylindrique. À l'intérieur de ce cylindre se trouvent les radicaux hydrophobes qui protègent les radicaux des boucles participant à l'activité catalytique et à d'autres fonctions. Ces protéines diffèrent de celles qui ont des hélices encadrant un domaine en forme de feuillet plissé (voir la figure 3.20a). La structure des protéines en forme de feuillet est très variée. Les tâches spécifiques qu'elles accomplissent se déroulent dans une sorte de cavité située sur leur pourtour.

La séquence des acides aminés de chaque protéine présente dans la nature est-elle vraiment unique ? Non, car certaines séquences sont

Figure 3.19 L'émergence de la structure secondaire et de la structure tertiaire. **a)** Un grand nombre de liaisons hydrogène (en pointillé) le long d'une chaîne polypeptidique ou dans une portion de celle-ci peut entraîner la formation d'une structure hélicoïdale. **b)** Les liaisons hydrogène entre les régions filamenteuses d'une chaîne peuvent entraîner la formation d'un feuillet plissé. Les régions en forme de feuillet plissé ou d'hélice représentent la structure secondaire d'une protéine. Des hélices et des feuillets plissés adjacents s'entassent pour former les sous-unités fonctionnelles stables (les domaines) qui constituent la structure tertiaire de la protéine.

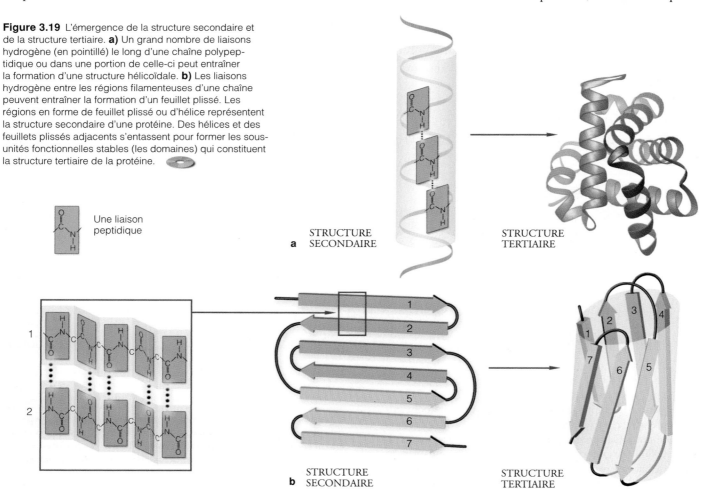

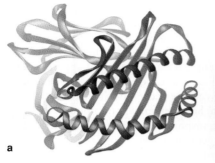

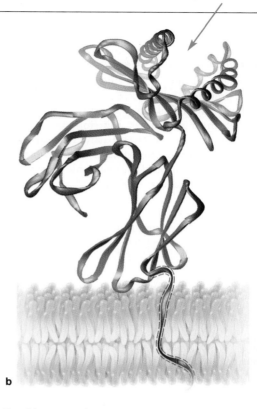

Site de liaison et de présentation de molécules non-soi (indiqué par la flèche)

Figure 3.20 Une protéine qui aide l'organisme à se défendre contre les agents pathogènes et les substances étrangères. **a)** La structure quaternaire du HLA-A2, qui comprend deux chaînes polypeptidiques formant une espèce de mâchoire. **b)** La localisation présumée de cette protéine par rapport à la face externe de la membrane plasmique.

L'une des chaînes traverse la membrane plasmique et y ancre la molécule.

b

récurrentes dans la plupart des protéines. Celles qui sont à l'origine des formes cylindriques et des enroulements hélicoïdaux sont courantes, particulièrement chez les enzymes et les transporteurs.

La structure quaternaire

De nombreuses protéines sont formées de deux ou de plusieurs chaînes polypeptidiques retenues par des liaisons hydrogène et parfois par des liaisons covalentes. De telles protéines ont une structure dite *quaternaire*.

Les protéines du **complexe majeur d'histocompatibilité (CMH)** en sont un exemple. Toutes les cellules du corps possèdent des molécules du CMH à leur surface, mais les leucocytes, ou globules blancs, en sont littéralement couverts. Ces molécules reconnaissent le « soi », c'est-à-dire les cellules qui appartiennent à l'organisme, et le « non-soi ». Elles se lient à des fragments de protéines du non-soi, puis les présentent aux cellules immunitaires, ce qui avertie ces dernières de la présence d'un envahisseur. Il existe plus de 400 protéines du CMH, toutes légèrement différentes. Les humains se différencient les uns des autres par les variantes moléculaires se trouvant sur la membrane de leurs cellules.

La figure 3.20 illustre la structure quaternaire d'une protéine du CMH désignée sous le nom de *HLA-A2* qui, comme on le voit, est constituée de deux chaînes polypeptidiques. Une portion de l'une des chaînes est un domaine en forme de feuillet plissé associé à deux hélices qui forment une arche au-dessus de lui, à la manière de deux mâchoires. Les hélices sont capables de saisir un fragment provenant d'un « agent ennemi » qui a été capturé et digéré, puis de le présenter aux cellules de défense de l'organisme. Les récepteurs situés sur ces cellules immunitaires reconnaissent les molécules du CMH et se lient à celles qui présentent des fragments étrangers. Ce sont ces liaisons qui déclenchent une réponse immunitaire (voir la section 39.4).

La figure 3.20*b* montre qu'une autre portion de la même chaîne traverse la membrane plasmique de la cellule et s'attache à des fibres du cytoplasme afin d'ancrer l'ensemble de la molécule.

La structure d'une protéine ne s'arrête pas là. Des oligosaccharides courts, linéaires ou ramifiés, peuvent se fixer à des protéines pour former des glycoprotéines, telles la plupart des protéines de la surface cellulaire et des protéines sécrétées par les cellules. Des lipides s'associent également aux protéines pour former des lipoprotéines comme lorsque des protéines sanguines se combinent au cholestérol, aux triglycérides et aux phosphoglycérolipides absorbés par l'intestin après un repas.

La dénaturation

La **dénaturation** se produit lorsque les liaisons faibles d'une protéine sont rompues et que sa conformation tridimensionnelle est détruite. Par exemple, les liaisons hydrogène, qui sont des liaisons faibles, sont vulnérables aux variations de température et de pH. Si la température ou le pH s'écarte des limites de tolérance d'une protéine, ses chaînes polypeptidiques se déroulent ou changent de conformation. La protéine cesse alors d'être fonctionnelle. Prenons l'exemple de l'albumine du blanc d'œuf. Pendant la cuisson d'un œuf, l'élévation de la température ne brise pas les liaisons covalentes solides de la structure primaire de l'albumine. Cependant, la chaleur détruit les liaisons plus faibles qui contribuent à sa configuration tridimensionnelle. Chez certaines protéines, la dénaturation peut s'inverser quand les conditions reviennent à la normale. L'albumine ne fait toutefois pas partie de ces protéines. Il est en effet impossible de ramener un œuf cuit à l'état d'origine.

La structure primaire d'une protéine est représentée par la séquence des différents acides aminés qui constituent sa ou ses chaînes polypeptidiques.

Les protéines adoptent une structure secondaire lorsque des portions de la chaîne polypeptidique se tordent et se replient pour former des hélices ou des feuillets plissés.

Les protéines peuvent aussi présenter une structure tertiaire. Une chaîne polypeptidique ou des portions de celle-ci s'organisent en domaines, qui sont des unités compactes stables pouvant présenter des fonctions distinctes.

Une protéine présentant une structure quaternaire comprend deux ou plusieurs chaînes polypeptidiques jointes par des liaisons hydrogène. Des liaisons covalentes, des ponts disulfure et d'autres interactions la stabilisent.

L'IMPORTANCE DE LA STRUCTURE DES PROTÉINES

Quand un acide aminé se substitue à un autre...

Les sections précédentes nous ont présenté quelques modèles illustrant la structure des protéines. La synthèse des protéines, à partir de l'information fournie par l'ADN, est une tâche que les cellules accomplissent habituellement avec succès. Toutefois, des erreurs se glissent parfois pendant leur assemblage et il arrive également que la nature sabote les instructions. L'action des rayons ultraviolets en est un exemple. Or, la substitution d'un seul acide aminé peut entraîner de très graves conséquences.

Voyons les effets d'une telle substitution sur la structure de l'hémoglobine. Cette protéine possède une structure quaternaire constituée de quatre chaînes d'un polypeptide appelé *globine*. Pendant sa synthèse, chaque molécule de globine se replie de façon compacte de manière à créer une petite cavité. Celle-ci attire chimiquement un groupement hème renfermant un atome de fer, la partie de l'hémoglobine qui transporte l'oxygène (voir la figure 3.21*a*). À l'instant même où les yeux du lecteur se posent sur ces lignes, chaque globule rouge mature de son organisme transporte environ

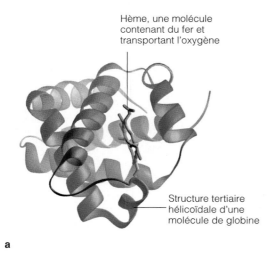

a

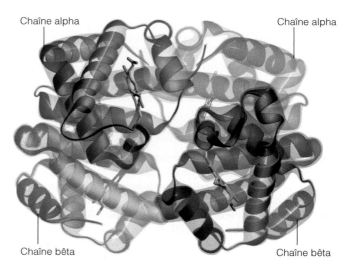

b

Figure 3.21 a) Une molécule de globine. Cette chaîne polypeptidique repliée s'associe à une molécule d'hème, un groupement fonctionnel qui renferme un atome de fer et qui attire fortement l'oxygène.

b) La structure quaternaire de l'hémoglobine, le pigment des globules rouges qui sert au transport de l'oxygène. Elle est formée de quatre molécules de globine et de quatre molécules d'hème. Deux de ses chaînes, nommées *alpha*, diffèrent légèrement des deux autres (les chaînes *bêta*) par la séquence de leurs acides aminés. Pour que les quatre chaînes puissent être plus faciles à visualiser, les portions hélicoïdales ont été enchâssées dans des tubes transparents.

c) La séquence normale des acides aminés au début d'une chaîne bêta de l'hémoglobine.

d) La substitution d'un seul acide aminé peut conduire à la formation d'une chaîne bêta défectueuse, comme dans l'hémoglobine S (HbS). Pendant la synthèse de la protéine, une molécule de valine, au lieu de l'acide glutamique, a été placée à la sixième position de la chaîne polypeptidique en formation. Les modèles éclatés des deux acides aminés sont présentés.

L'acide glutamique possède une charge nette négative, alors que celle de la valine est nulle. Cette différence de charge produit un point de contact hydrophobe sur la molécule d'hémoglobine S.

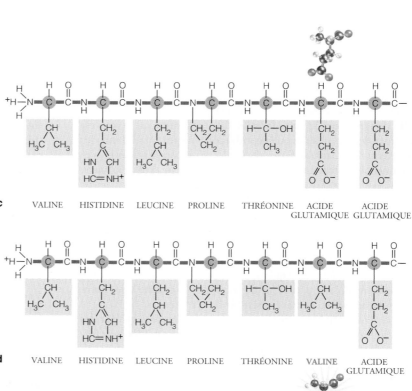

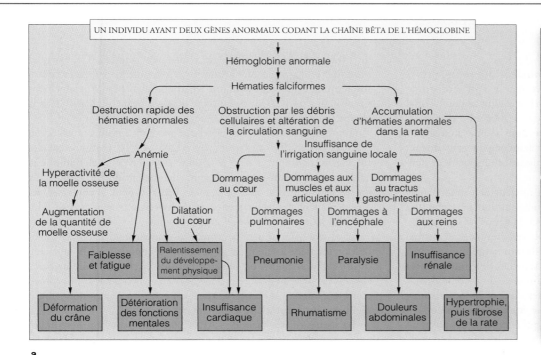

UN INDIVIDU AYANT DEUX GÈNES ANORMAUX CODANT LA CHAÎNE BÊTA DE L'HÉMOGLOBINE

Hémoglobine anormale

Hématies falciformes

Destruction rapide des hématies anormales

Obstruction par les débris cellulaires et altération de la circulation sanguine

Accumulation d'hématies anormales dans la rate

Anémie

Insuffisance de l'irrigation sanguine locale

Hyperactivité de la moelle osseuse

Dommages au cœur

Dommages aux muscles et aux articulations

Dommages au tractus gastro-intestinal

Augmentation de la quantité de moelle osseuse

Dilatation du cœur

Dommages pulmonaires

Dommages à l'encéphale

Dommages aux reins

Faiblesse et fatigue

Ralentissement du développement physique

Pneumonie

Paralysie

Insuffisance rénale

Déformation du crâne

Détérioration des fonctions mentales

Insuffisance cardiaque

Rhumatisme

Douleurs abdominales

Hypertrophie, puis fibrose de la rate

a

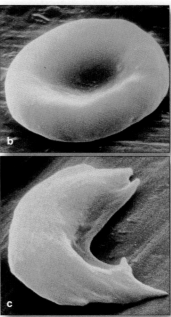

Figure 3.22 a) Un diagramme décrivant le vaste échantillon de symptômes caractéristiques de la drépano-cytose, ou anémie à hématies falciformes, un trouble génétique. **b)** Un globule rouge provenant d'une personne atteinte de cette maladie. La micrographie électronique montre l'apparence du globule rouge quand l'individu atteint reçoit suffisamment d'oxygène. **c)** Une micrographie illustrant la forme de faucille que prend une hématie contenant de l'HbS quand la concentration sanguine en oxygène est faible.

1 milliard de molécules d'oxygène, toutes liées à quelque 250 millions de molécules d'hémoglobine.

La globine de l'hémoglobine normale adopte deux conformations légèrement différentes : les formes alpha et bêta (voir la figure 3.21 b). Toutefois, il existe une mutation qui modifie les instructions de l'ADN codant la chaîne bêta. À la sixième position, l'acide glutamique est alors remplacé par la valine, comme le montre la figure 3.21 c. L'acide glutamique a une charge globale négative tandis que celle de la valine est nulle. Cette différence cause l'apparition de sites hydrophobes « collants » sur les chaînes bêta. L'hémoglobine qui contient ces chaînes modifiées est appelée *hémoglobine S* (HbS), par opposition à l'hémoglobine A.

Les hématies falciformes, la manifestation d'une maladie grave

Chaque personne hérite de deux gènes qui codent la chaîne bêta, soit un gène de chaque parent. (Un gène est une unité d'information déterminant un caractère héréditaire.) Si l'un des gènes est normal et que l'autre code l'HbS, la maladie ne se déclare pas. Les globules rouges produisent suffisamment de molécules d'hémoglobine normale pour contrebalancer l'effet de celles présentant une anomalie. En revanche, si une personne hérite de deux gènes mutés, les globules rouges ne fabriqueront que de l'HbS. Un grave trouble génétique, appelé *drépanocytose* ou *anémie à hématies falciformes*, se manifeste alors.

Les humains, comme la plupart des organismes, doivent capter beaucoup d'oxygène, car leurs cellules utilisent ce gaz pour extraire l'énergie pendant la respiration aérobie. L'oxygène est acheminé dans les poumons, puis diffuse dans le sang où il se lie à l'hémoglobine.

Par la suite, le sang oxygéné circule dans les artères, les artérioles et les capillaires (des vaisseaux de très faible diamètre dont la paroi est mince) qui pénètrent dans tous les tissus. La majeure partie de l'oxygène diffuse dans le liquide interstitiel, puis dans les cellules. La consommation d'oxygène par les cellules abaisse la concentration sanguine de ce gaz. Cette diminution est plus importante en haute altitude et pendant les activités physiques intenses.

Quand la concentration d'oxygène est faible, les molécules d'hémoglobine anormales adhèrent les unes aux autres par leurs sites hydrophobes collants. Elles forment alors des agrégats qui déforment les globules rouges et leur donnent une forme de faucille, comme la figure 3.22 c permet de le constater. Les globules rouges altérés se brisent facilement, et leurs débris finissent par bloquer et endommager les capillaires. Leur destruction rapide entraîne un déficit en oxygène dans les cellules des tissus touchés. En raison de ces obstructions, le sang est incapable d'acheminer l'oxygène vers certains tissus, puis de les débarrasser du dioxyde de carbone et des autres déchets métaboliques. Avec le temps, les effets continus du gène mutant peuvent endommager les tissus et les organes de tout l'organisme.

L'hémoglobine, les hormones, les enzymes et les récepteurs sont des protéines cruciales pour notre survie. La compréhension de la structure et des fonctions des protéines en général nous permet de comprendre les mécanismes de la vie, aussi bien dans son expression normale que dans ses anomalies.

La structure moléculaire des protéines détermine la façon dont elles accomplissent leurs fonctions. Leur bon fonctionnement détermine la qualité de la vie, parfois la vie elle-même ou la mort.

LES NUCLÉOTIDES ET LES ACIDES NUCLÉIQUES

Les rôles des nucléotides

Les petits composés organiques appelés **nucléotides** sont constitués d'un monosaccharide, d'une base azotée et d'au moins un groupement phosphate. Le monosaccharide est un sucre à cinq atomes de carbone, soit le ribose ou le désoxyribose. Le ribose se distingue du désoxyribose par la présence d'un atome d'oxygène supplémentaire sur le carbone 2. Les bases azotées sont constituées d'un ou de deux cycles carbonés. La cellule utilise les nucléotides pour différents usages.

L'**ATP** (adénosine triphosphate) est un nucléotide formé d'une base azotée (l'adénine) et d'un sucre (le ribose) auquel s'attache un ensemble de trois groupements phosphate (voir la figure 3.23a). L'ATP transfère facilement un groupement phosphate à beaucoup d'autres molécules intracellulaires, ce qui les active suffisamment pour les faire participer à des réactions métaboliques. Le transfert de groupements phosphate de l'ATP est une réaction fondamentale du métabolisme.

D'autres nucléotides jouent divers rôles dans le métabolisme. Certains d'entre eux sont des sous-unités de **coenzymes** (des cofacteurs nécessaires à l'activité des enzymes), qui acceptent des atomes d'hydrogène ou des électrons cédés par des molécules au cours d'une réaction, puis les transfèrent à un autre site de réaction dans la cellule. La figure 3.23b illustre la structure du NAD^+ (nicotinamide adénine dinucléotide), un acteur de la respiration aérobie. Le FAD ou flavine adénine dinucléotide est une autre coenzyme.

D'autres nucléotides sont des messagers chimiques entre les cellules ou entre des régions cytoplasmiques. Un chapitre ultérieur aborde l'un d'entre eux, l'AMPc ou adénosine monophosphate cyclique.

Enfin, les nucléotides sont également les éléments constitutifs des acides nucléiques.

L'ADN et l'ARN

En plus de participer aux réactions métaboliques, cinq sortes de nucléotides jouent un rôle crucial dans le stockage et la récupération de l'information génétique de toutes les cellules. Ce sont les monomères des molécules à simple ou à double brin appelés **acides nucléiques**. Dans ces brins, une liaison covalente lie le groupement phosphate d'un nucléotide au sucre du nucléotide qui le suit dans la chaîne (voir la figure 3.24).

Toutes les étapes de la vie des cellules gravitent autour des molécules d'acides désoxyribonucléiques, ou **ADN**, qu'elles contiennent des instructions comprises dans leur double chaîne de nucléotides. Cet acide nucléique contient quatre types de nucléotides. La figure 3.24 illustre leur formule développée. Comme on peut le constater, les quatre nucléotides ne diffèrent que par leur base azotée, qui est l'adénine, la guanine, la thymine ou la cytosine.

La figure 3.25 illustre comment les liaisons hydrogène entre les bases réunissent les deux brins sur toute la longueur de la molécule d'ADN. Par analogie, on pourrait considérer chaque paire de bases comme un barreau d'une échelle et les deux chaînes sucre-phosphate comme les deux montants. Cette échelle se tord en un mouvement régulier pour former une double hélice.

La séquence des bases de l'ADN code l'information héréditaire nécessaire à la synthèse de toutes les protéines requises pour la croissance, la survie et la reproduction de toute nouvelle cellule. Chaque espèce possède des séquences uniques de bases dans au moins certaines portions de son ADN.

Comme l'ADN, l'**ARN** (acide ribonucléique) est formé de quatre types de monomères nucléotidiques. À la différence de l'ADN, les bases de l'ARN sont l'adénine, la guanine, la cytosine et l'uracile. Par ailleurs, les molécules d'ARN sont habituellement monocaténaires, c'est-à-dire constituées de brins uniques.

Certains types d'ARN copient les instructions de l'ADN pour la synthèse de protéines et agissent en tant que messagers qui aident à traduire le code en protéines. D'autres types d'ARN effectuent la traduction. Depuis que les cellules sont apparues sur la Terre, les ARN ont été les éléments-clés de la synthèse des protéines.

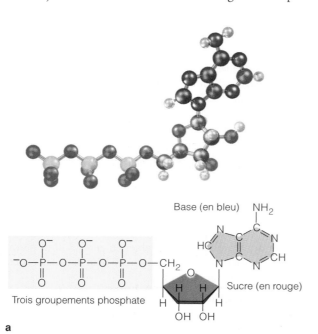

Base (en bleu)

Sucre (en rouge)

Trois groupements phosphate

a

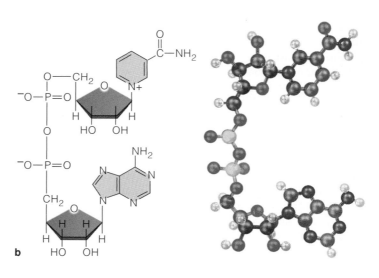

b

Figure 3.23 Les modèles éclatés et les formules développées **a)** de l'ATP et **b)** du NAD^+. Ces deux nucléotides jouent un rôle fondamental dans le métabolisme cellulaire.

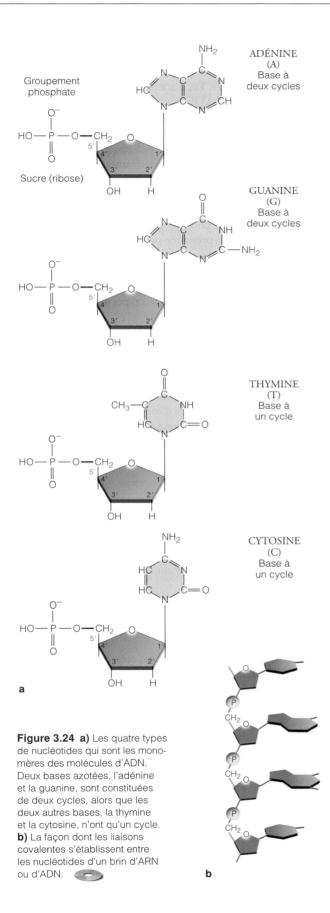

Groupement
phosphate

Sucre (ribose)

ADÉNINE
(A)
Base à
deux cycles

GUANINE
(G)
Base à
deux cycles

THYMINE
(T)
Base à
un cycle

CYTOSINE
(C)
Base à
un cycle

a

b

Figure 3.24 a) Les quatre types
de nucléotides qui sont les monomères des molécules d'ADN.
Deux bases azotées, l'adénine
et la guanine, sont constituées
de deux cycles, alors que les
deux autres bases, la thymine
et la cytosine, n'ont qu'un cycle.
b) La façon dont les liaisons
covalentes s'établissent entre
les nucléotides d'un brin d'ARN
ou d'ADN.

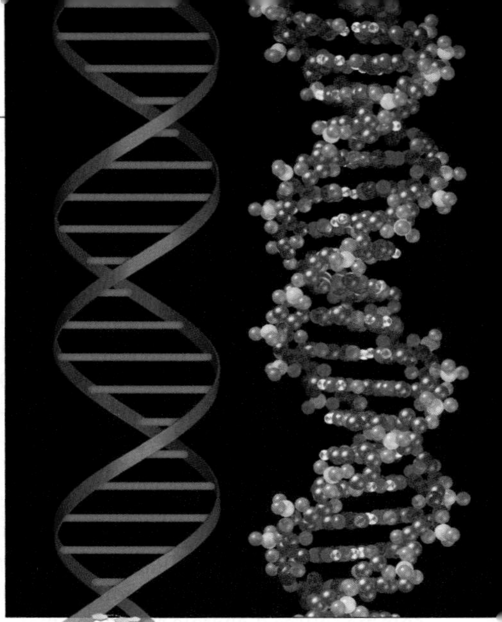

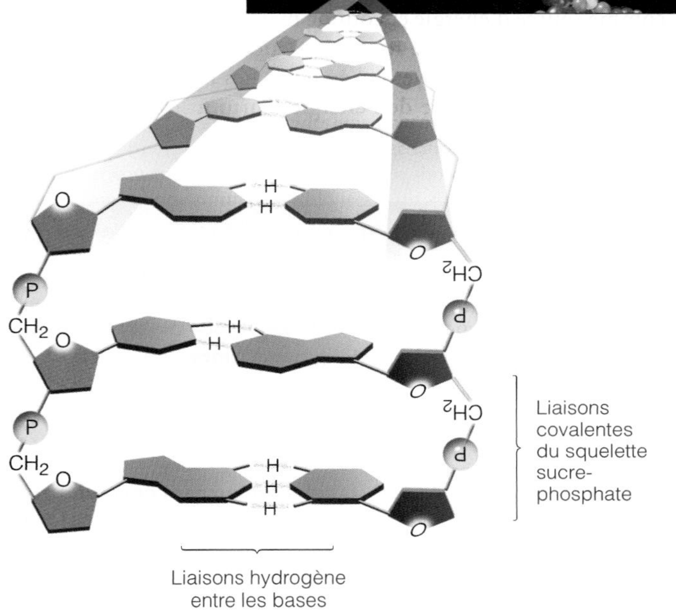

Figure 3.25 Des modèles
de la molécule d'ADN
adoptant la forme
d'une double hélice
avec ses deux brins
de nucléotides enroulés
l'un autour de l'autre
et dont les bases sont
retenues par des liaisons
hydrogène.

Liaisons
covalentes
du squelette
sucre-
phosphate

Liaisons hydrogène
entre les bases

Les petits composés organiques appelés *nucléotides* assurent
les transferts d'énergie ou sont des messagers chimiques ou
des sous-unités des coenzymes et des acides nucléiques. Les acides
nucléiques sont formés de nucléotides liés les uns aux autres
par des liaisons covalentes.

L'ADN est un acide nucléique composé de deux brins de nucléotides retenus par des liaisons hydrogène. Les deux brins s'enroulent
l'un autour de l'autre et forment une double hélice. La séquence
des nucléotides de l'ADN renferme l'information génétique nécessaire à la synthèse de toutes les protéines dont une cellule a besoin
pour survivre et se reproduire.

Les différents ARN sont des acides nucléiques à simple brin,
ou monocaténaires, qui jouent un rôle dans les mécanismes
permettant à une cellule d'extraire l'information génétique
de l'ADN et de l'utiliser pour fabriquer des protéines.

4

LA STRUCTURE ET LE FONCTIONNEMENT CELLULAIRE

Les animalcules et les cellules remplies de liquide

Au début du XVIIᵉ siècle, un savant nommé Galileo Galilei inséra deux lentilles de verre dans un cylindre. À l'aide de cet instrument, il observa un insecte et décrivit l'arrangement géométrique extraordinaire de ses minuscules yeux. Galileo, qui n'était pas un biologiste, fut néanmoins l'un des premiers à consigner une observation portant sur un échantillon biologique vu au microscope. L'étude de la cellule, qui est le fondement de la vie, était sur le point de débuter. D'abord en Italie, ensuite en France et en Angleterre, les savants entreprirent l'exploration d'un monde dont l'existence avait été jusque-là insoupçonnée.

Au milieu du siècle, Robert Hooke, conservateur des instruments de la Société royale de l'Angleterre, était au premier rang dans cette sphère d'étude. Lorsqu'il observa au microscope de fines lamelles de liège provenant d'un arbre mature, il aperçut de minuscules compartiments (voir la figure 4.1 c). Il les nomma *cellulæ*, vocable signifiant « petites chambres » en latin, et duquel le terme biologique « cellule » tire ses origines. Il s'agissait en fait des parois de cellules végétales mortes, ce dont le liège est constitué. Toutefois, Hooke et ses contemporains ignoraient qu'elles étaient mortes, car personne ne savait alors que les cellules étaient des entités vivantes. Dans d'autres tissus végétaux, il observa des cellules « remplies » de liquide sans avoir la moindre idée de ce dont il s'agissait.

Quand on songe à l'aspect rudimentaire de leurs instruments, il est surprenant que les pionniers de la microscopie aient pu faire autant d'observations. Antonie Van Leeuwenhoek, un commerçant hollandais, faisait preuve d'un talent remarquable dans la fabrication de lentilles ; il avait probablement une vue extraordinairement perçante, ce qui lui permit de faire les meilleures observations d'entre toutes (voir la figure 4.1 a). À la fin des années 1600, il avait découvert des merveilles de la nature partout, même dans les dépôts de tartre sur ses dents où il vit de « nombreux animalcules très petits, dont le mouvement était très plaisant à regarder ». Il observa des protistes, des spermatozoïdes et même des bactéries, des organismes si petits qu'il faudra attendre deux siècles avant de les redécouvrir !

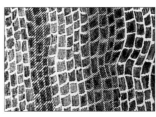

c

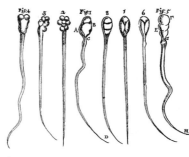

d

Figure 4.1 Les premiers aperçus de l'univers des cellules. **a)** Antonie Van Leeuwenhoek, son microscope à la main. **b)** Le microscope composé de Robert Hooke et **c)** son dessin des parois cellulaires d'un tissu de liège. **d)** L'un des premiers croquis de spermatozoïdes dessinés par Van Leeuwenhoek. **e)** Une caricature illustrant la réaction de surprise suscitée par l'observation du monde microscopique au XIXᵉ siècle à Londres.

Dans les années 1820, le perfectionnement des lentilles permit l'obtention d'une image plus détaillée des cellules. Robert Brown, un botaniste, remarqua une tache opaque dans diverses cellules et l'appela noyau. En 1838, un autre botaniste, Matthias Schleiden, se demanda si le noyau jouait un rôle dans le développement. Il émit l'hypothèse que chaque cellule végétale devait se développer de manière indépendante même si elle faisait partie d'un ensemble, soit la plante.

En 1839, après avoir étudié les tissus animaux pendant des années, le zoologiste Theodor Schwann affirma ceci : les animaux aussi bien que les végétaux sont constitués de cellules et de produits cellulaires. De plus, bien que les cellules fassent partie d'un organisme entier, elles possèdent dans une certaine mesure un devenir qui leur est propre.

Dix ans plus tard, une question restait toujours sans réponse : d'où proviennent les cellules ? Rudolf Virchow, un physiologiste, mena ses propres études sur la croissance et la reproduction des cellules, c'est-à-dire la division en deux cellules filles. Il en conclut que chaque cellule tire son origine d'une cellule préexistante.

C'est ainsi qu'au milieu du XIXᵉ siècle, les analyses microscopiques permirent la formulation de trois généralisations, à partir desquelles la **théorie cellulaire** fut élaborée. D'abord, chaque organisme est composé d'une ou de plusieurs cellules. Ensuite, la cellule est la plus petite entité ayant les propriétés du vivant. Enfin, la croissance et la division de chaque cellule sont directement responsables de la continuité de la vie. Ces trois principes sont toujours valables aujourd'hui.

La lecture du présent chapitre vous donnera une vue d'ensemble des connaissances actuelles portant sur la structure et les fonctions de la cellule. Ce chapitre servira à des fins de repérage à mesure que nous approfondirons la matière dans les chapitres ultérieurs. Par ses micrographies, ce chapitre et plusieurs autres nous transporteront dans l'univers spectaculaire des « animalcules et des cellules remplies de liquide ».

e

Concepts-clés

1. Tous les organismes sont composés d'une ou de plusieurs cellules. La cellule est la plus petite entité qui conserve les caractéristiques du vivant. Depuis l'origine de la vie, chaque nouvelle cellule a dérivé d'une cellule qui existait déjà. Ces trois principes forment l'assise de la théorie cellulaire.

2. Toutes les cellules possèdent une membrane plasmique. Cette structure externe présente une disposition en bicouche et sépare la cellule de son environnement, en même temps qu'elle permet à certaines substances de la traverser.

3. Toutes les cellules ont un cytoplasme. Il s'agit d'une zone interne organisée où ont lieu les transformations de l'énergie, la synthèse des protéines, le mouvement de parties cellulaires et d'autres activités nécessaires à la survie des cellules. Chez les cellules eucaryotes, l'ADN est contenu dans un noyau entouré d'une enveloppe. Chez les procaryotes (les archéobactéries et les eubactéries), l'ADN est simplement concentré dans une zone de la cellule.

4. La membrane plasmique et les membranes des structures intracellulaires sont principalement constituées de lipides et de protéines. Les lipides forment deux couches accolées. Cette bicouche donne à une membrane sa structure fondamentale et empêche les substances hydrosolubles de la traverser librement. Des protéines enchâssées dans la bicouche ou localisées sur l'une de ses faces remplissent de nombreuses fonctions, notamment le transport de substances à travers la membrane.

5. Divers organites, dont le noyau, divisent l'intérieur des cellules eucaryotes en compartiments délimités par une membrane et assurent chacun une fonction. Les cellules procaryotes ne possèdent pas de tels organites.

6. Pendant la croissance de la cellule, son volume augmente plus rapidement que sa surface. Cette contrainte physique a des effets sur sa taille et sa morphologie.

7. Les microscopes photoniques et les microscopes électroniques nous fournissent des images de spécimens extrêmement petits. Nos connaissances actuelles sur la structure et les fonctions des cellules reposent sur l'emploi de ces instruments.

LES ASPECTS FONDAMENTAUX DE LA STRUCTURE ET DES FONCTIONS DE LA CELLULE

À l'intérieur de notre organisme et dans ses muqueuses, des trillions de cellules vivent en interdépendance. Dans les forêts boréales, des grains de pollen, composés de quatre cellules chacun, s'échappent des pins. Dans l'eau écumeuse d'un étang, une amibe unicellulaire se déplace par ses propres moyens. Chez les humains, les pins, les amibes et tous les autres êtres vivants, la **cellule** est la plus petite unité fonctionnelle qui vit ou qui a le potentiel de vivre par ses propres moyens (voir la figure 4.2). Chaque cellule possède une structure assurant ses activités métaboliques. Elle perçoit les stimuli de son environnement et y réagit. L'information génétique codée par son ADN lui donne la possibilité de se reproduire.

La structure de la cellule

Les cellules diffèrent énormément par leur taille, leur morphologie et leurs fonctions, comme nous pouvons le présumer en comparant une minuscule bactérie à une cellule hépatique, qui est relativement grosse. Pourtant, ces deux cellules se ressemblent sur trois points : elles sont entourées d'une membrane plasmique et elles contiennent un cytoplasme et de l'ADN.

1. La **membrane plasmique**. Cette membrane périphérique mince sépare l'intérieur et l'extérieur de la cellule et fait de cette dernière une entité distincte. Ce faisant, elle isole les activités métaboliques cellulaires des événements aléatoires qui surviennent dans l'environnement. Cette membrane ne crée toutefois pas une barrière infranchissable. En effet, de manière toute sélective, elle permet le passage de certaines substances et de messagers chimiques.

2. Le **noyau** ou **nucléoïde**. Selon le type de cellule, l'ADN est contenu dans un sac délimité par une membrane (le noyau) ou occupe simplement une région intracellulaire (le nucléoïde).

3. Le **cytoplasme**. Le cytoplasme est la zone comprise entre la membrane plasmique et la région nucléaire. Il renferme une matrice semi-liquide et d'autres constituants tels que les **ribosomes** (des structures à l'aide desquelles les protéines sont synthétisées).

Ce chapitre présente deux types de cellule très différente. Une **cellule eucaryote** possède des organites, qui sont des sacs plus ou moins petits entourés d'une ou de plusieurs membranes baignant dans le cytoplasme. Une cellule eucaryote se caractérise par la présence d'un véritable noyau entouré d'une membrane. Une **cellule procaryote**, quant à elle, est dépourvue d'un véritable noyau, étant donné que son ADN n'est pas isolé du cytoplasme par une membrane. Les archéobactéries et les eubactéries sont les seules cellules procaryotes. Tous les autres organismes, des amibes aux arbres fruitiers, des chanterelles aux baleines en passant par les zèbres, sont constitués de cellules eucaryotes.

La structure des membranes cellulaires

Toutes les membranes cellulaires présentent une même structure composée de deux couches de lipides. La figure 4.3 montre la **bicouche lipidique** dont est constituée la membrane plasmique. Celle-ci constitue une barrière continue et huileuse empêchant les substances hydrosolubles de quitter la cellule ou d'y entrer. Chez les cellules eucaryotes, des membranes du même type recouvrent les organites, divisant ainsi le cytoplasme en compartiments

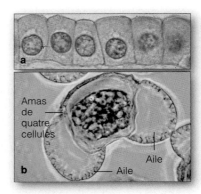

Figure 4.2 a) Une rangée de cellules à la surface d'un tubule rénal humain. Chaque cellule possède un noyau (la sphère rose foncé). **b)** Un grain de pollen ailé. L'une de ces cellules deviendra un gamète mâle qui fécondera un ovule. De cette union naîtra un pin.

Amas de quatre cellules

Aile

Aile

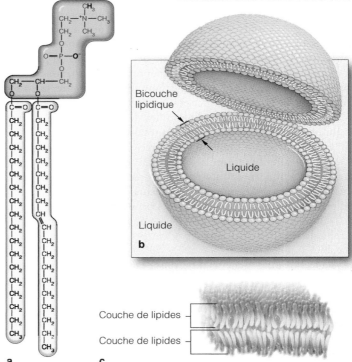

Bicouche lipidique

Liquide

Liquide

b

Couche de lipides

Couche de lipides

a   **c**

Figure 4.3 La structure de la bicouche lipidique composant la membrane cellulaire. **a)** Un exemple de phosphoglycérolipide, le lipide membranaire le plus abondant. **b)** et **c)** Les lipides sont disposés en deux couches et sont placés en vis-à-vis comme s'ils étaient réfléchis dans un miroir. Par conséquent, les queues hydrophobes sont enclavées entre les têtes hydrophiles. Ces dernières baignent d'un côté dans le cytoplasme et de l'autre dans le liquide extracellulaire.

fonctionnels dans lesquels les substances sont synthétisées, traitées, emmagasinées ou dégradées.

La bicouche lipidique est garnie de diverses protéines enchâssées ou localisées sur l'une de ses faces. Ces protéines assurent la plupart des fonctions de la membrane (voir la figure 4.4). Par exemple, certaines tiennent lieu de canaux par lesquels les substances hydrosolubles sont transportées. D'autres pompent les substances à travers la membrane plasmique. D'autres encore servent de récepteurs. Ces protéines fixent des hormones ou d'autres types de signal moléculaire qui déterminent des changements de l'activité cellulaire. Le chapitre suivant approfondit le fonctionnement des protéines membranaires.

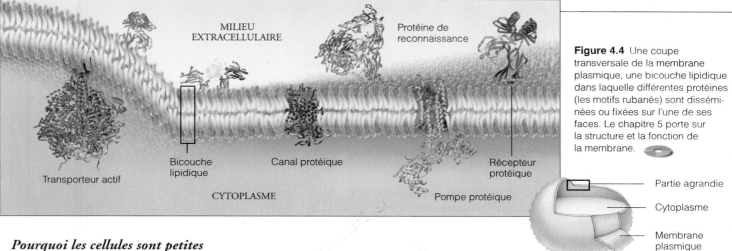

MILIEU EXTRACELLULAIRE

Protéine de reconnaissance

Bicouche lipidique

Canal protéique

Récepteur protéique

Transporteur actif

Pompe protéique

CYTOPLASME

Figure 4.4 Une coupe transversale de la membrane plasmique, une bicouche lipidique dans laquelle différentes protéines (les motifs rubanés) sont disséminées ou fixées sur l'une de ses faces. Le chapitre 5 porte sur la structure et la fonction de la membrane.

Partie agrandie

Cytoplasme

Membrane plasmique

Pourquoi les cellules sont petites

On sait que les cellules sont petites. Mais à quel point le sont-elles? Peut-on en observer à l'œil nu? Quelques-unes sont visibles à l'œil nu, notamment le vitellus ou le «jaune» des œufs d'oiseaux, les cellules de la partie rouge de la pastèque et les œufs des poissons. Les œufs peuvent être volumineux parce qu'ils sont inactifs à maturité. Toutefois, la plupart des cellules métaboliquement actives sont trop petites pour être observées sans microscope. Pour avoir une idée de la taille d'un globule rouge, ou érythrocyte, précisons qu'il mesure environ 8 µm de diamètre et qu'il faut en aligner environ 2000 pour couvrir la largeur de l'ongle du pouce!

Pourquoi les cellules sont-elles si petites? Il existe une relation physique entre le volume et la surface appelée **rapport surface-volume**, qui explique la taille de la cellule. Selon cette relation, l'augmentation du volume d'un objet est égale au cube de l'augmentation de son diamètre, tandis que l'augmentation de la surface n'est égale qu'au carré de l'augmentation du diamètre.

Figure 4.5 Le rapport surface-volume explique que l'augmentation du volume d'une cellule limite sa taille et influe sur sa morphologie. Cette relation s'applique aussi aux œufs de grenouille, qui mesurent entre 2 et 3 mm de diamètre. Ces œufs figurent parmi les cellules animales les plus volumineuses. Comparer cette figure à la figure 4.8. (x = µm, mm, cm, etc.)

Diamètre (x)	0,5	1,0	1,5
Surface (x^2)	0,79	3,14	7,07
Volume (x^3)	0,06	0,52	1,77
Rapport surface-volume	13 : 1	6 : 1	4 : 1

Appliquons cette relation à une cellule sphérique. Comme la figure 4.5 le montre, lorsque le diamètre d'une cellule croît, son volume augmente davantage que sa surface. Imaginons que cette cellule se développe et devienne quatre fois plus grosse. Son volume augmentera alors de 64 fois (4^3), tandis que sa surface n'augmentera que de 16 fois (4^2). Cela signifie que chaque unité de la membrane plasmique sert alors à échanger des substances avec quatre fois plus de cytoplasme qu'auparavant. En outre, à partir d'un certain point, le flux d'éléments nutritifs entrant dans la cellule et le flux de déchets en sortant n'arriveraient plus à être assez rapides pour maintenir la cellule en vie.

Par ailleurs, une cellule sphérique volumineuse ne pourrait pas assurer efficacement la distribution des substances dans tout son cytoplasme. En revanche, dans les petites cellules, les infimes déplacements aléatoires des molécules suffisent à assurer la répartition des substances. Lorsqu'une cellule n'est pas petite, on peut d'ordinaire s'attendre à ce qu'elle soit longue et fine ou qu'elle possède des replis internes et externes servant à augmenter sa surface par rapport à son volume. Plus une cellule est petite, étroite ou repliée, plus les substances traversent la membrane et se répartissent efficacement à l'intérieur d'elle.

Dans l'organisation corporelle des espèces pluricellulaires, certaines particularités attestent la réalité des contraintes surface-volume. Par exemple, les cellules d'un type d'algue se succèdent dans une chaîne pour que chacune puisse interagir directement avec le milieu. Les cellules musculaires sont étroites. Toutefois, elles sont aussi longues que le muscle qu'elles composent.

Toutes les cellules sont entourées d'une membrane plasmique. À l'intérieur se trouve le cytoplasme dans lequel baigne l'ADN. Seules les cellules eucaryotes possèdent des organites et un noyau délimité par une membrane.

La bicouche lipidique, qui consiste en un arrangement de deux couches de lipides, donne à la membrane cellulaire sa structure globale. Des protéines enchâssées dans la bicouche ou localisées sur l'une de ses faces assurent différentes fonctions membranaires.

L'activité métabolique dépend énormément du volume et de la surface de la cellule. Durant leur croissance, le volume des cellules augmente davantage que leur surface. Le rapport surface-volume limite la taille des cellules. Il a aussi des effets sur la morphologie des cellules et l'organisation corporelle des organismes pluricellulaires.

Les microscopes ont ouvert une porte sur l'univers des cellules

Les microscopes modernes sont des portes s'ouvrant sur des univers époustouflants. Quelques-uns peuvent même donner un aperçu de la structure des molécules. Certains types exploitent des ondes lumineuses ou des faisceaux d'électrons (voir les figures 4.6 et 4.7). Les micrographies montrées aux figures 4.8 et 4.9 révèlent seulement une fraction des détails stupéfiants que l'on peut maintenant observer. Une **micrographie** est simplement une photographie de l'image perçue à l'aide d'un microscope.

LES MICROSCOPES PHOTONIQUES Imaginons une série de vagues se déplaçant à la surface d'un océan. Une **longueur d'onde** représente la distance entre la crête d'une vague et celle de la vague qui lui succède. La lumière voyage aussi sous forme d'ondes comparables à des vagues. Ces ondes sont émises par des sources comme le soleil et différents corps lumineux. Dans un microscope photonique composé, deux ensembles (ou plus) de lentilles de verre font dévier la lumière émanant d'une cellule ou de tout autre échantillon, de manière à en former une image agrandie (voir la figure 4.6*a* et *b*).

Une cellule doit être suffisamment petite ou mince pour que la lumière la traverse. L'observation de ses parties serait facilitée si elles étaient naturellement colorées et de densités différentes. Toutefois, la plupart sont presque incolores et leur densité paraît uniforme. Pour contourner ce problème, les cytologistes colorent les cellules (ils les exposent à des colorants qui réagissent avec certaines de leurs parties et

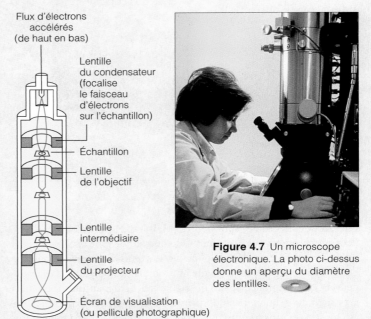

Flux d'électrons accélérés (de haut en bas)

Lentille du condensateur (focalise le faisceau d'électrons sur l'échantillon)

Échantillon

Lentille de l'objectif

Lentille intermédiaire

Lentille du projecteur

Écran de visualisation (ou pellicule photographique)

Figure 4.7 Un microscope électronique. La photo ci-dessus donne un aperçu du diamètre des lentilles.

pas avec d'autres). La coloration peut altérer, voire tuer les cellules. Lorsqu'elles sont mortes, la plupart se dégradent rapidement ; voilà pourquoi on leur ajoute des agents de conservation avant de les colorer.

Lorsque le diamètre d'un spécimen est agrandi plus de 2 000 fois, certaines parties deviennent floues, même si l'on dispose de systèmes de lentilles de qualité. Pour comprendre ce phénomène, pensons à la distance qui sépare les crêtes de deux ondes de lumière rouge ou violette. Cette longueur d'onde est d'environ 750 nm pour la lumière rouge et 400 nm pour la lumière violette (les longueurs d'onde de toutes les autres couleurs sont comprises entre ces deux valeurs). Lorsqu'une structure cellulaire mesure moins de la moitié de la longueur d'onde, elle est incapable de dévier assez de rayons du faisceau de lumière pour devenir visible.

LES MICROSCOPES ÉLECTRONIQUES Les électrons permettent d'obtenir des images d'une très haute résolution. Rappelons que les électrons sont des particules de matière qui se comportent aussi comme des ondes. En microscopie électronique, des faisceaux d'électrons sont accélérés jusqu'à ce que leur longueur d'onde atteigne environ 0,005 nm, ce qui représente une longueur d'onde environ 100 000 fois plus courte que celle de la lumière visible. Les électrons ne peuvent pas traverser les lentilles de verre, mais un champ magnétique peut les faire dévier de leur trajectoire, puis les faire converger.

En microscopie électronique à transmission, un champ magnétique tient lieu de lentille. Les électrons accélérés sont dirigés vers l'échantillon, le traversent et sont focalisés en une image qui est agrandie. En microscopie électronique à balayage, un fin faisceau d'électrons balaie toute la surface d'un échantillon sur lequel a été appliquée une mince couche de métal. Le métal réagit en émettant des électrons. Un détecteur relié à un système de circuits transforme l'énergie des électrons en une image de la topographie de l'échantillon, laquelle est projetée sur un écran de télévision. La plupart des images obtenues par balayage ont une profondeur étonnante (voir la figure 4.9*d*).

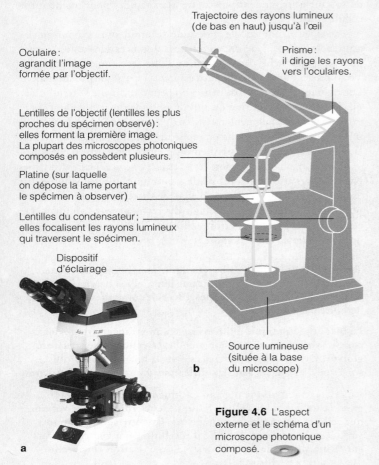

Trajectoire des rayons lumineux (de bas en haut) jusqu'à l'œil

Oculaire : agrandit l'image formée par l'objectif.

Prisme : il dirige les rayons vers les oculaires.

Lentilles de l'objectif (lentilles les plus proches du spécimen observé) : elles forment la première image. La plupart des microscopes photoniques composés en possèdent plusieurs.

Platine (sur laquelle on dépose la lame portant le spécimen à observer)

Lentilles du condensateur ; elles focalisent les rayons lumineux qui traversent le spécimen.

Dispositif d'éclairage

Source lumineuse (située à la base du microscope)

b

a

Figure 4.6 L'aspect externe et le schéma d'un microscope photonique composé.

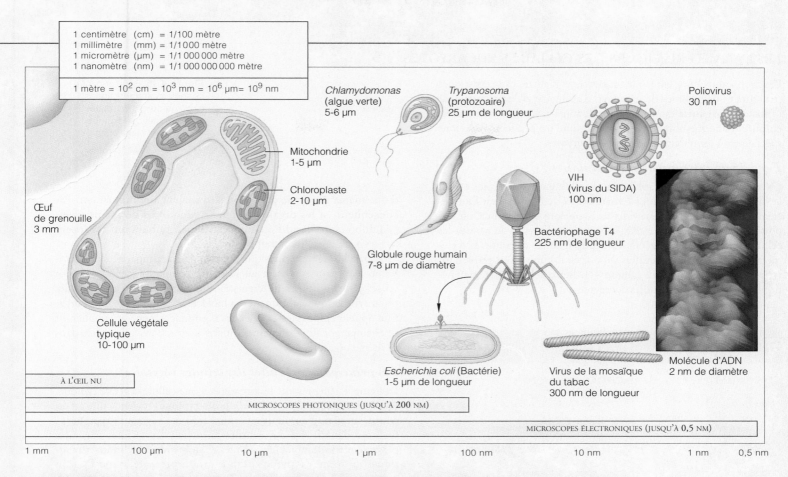

1 centimètre (cm) = 1/100 mètre
1 millimètre (mm) = 1/1000 mètre
1 micromètre (μm) = 1/1 000 000 mètre
1 nanomètre (nm) = 1/1 000 000 000 mètre

$1 \text{ mètre} = 10^2 \text{ cm} = 10^3 \text{ mm} = 10^6 \text{ μm} = 10^9 \text{ nm}$

Chlamydomonas
(algue verte)
5-6 μm

Trypanosoma
(protozoaire)
25 μm de longueur

Poliovirus
30 nm

Mitochondrie
1-5 μm

Chloroplaste
2-10 μm

VIH
(virus du SIDA)
100 nm

Œuf
de grenouille
3 mm

Bactériophage T4
225 nm de longueur

Globule rouge humain
7-8 μm de diamètre

Cellule végétale
typique
10-100 μm

Molécule d'ADN
2 nm de diamètre

À L'ŒIL NU

Escherichia coli (Bactérie)
1-5 μm de longueur

Virus de la mosaïque
du tabac
300 nm de longueur

MICROSCOPES PHOTONIQUES (JUSQU'À 200 NM)

MICROSCOPES ÉLECTRONIQUES (JUSQU'À 0,5 NM)

1 mm   100 μm   10 μm   1 μm   100 nm   10 nm   1 nm   0,5 nm

Figure 4.8 Des unités de mesure utilisées en microscopie. La micrographie de l'ADN a été obtenue à l'aide d'un microscope à effet tunnel, qui agrandit jusqu'à 100 millions de fois. L'extrémité de la sonde ultrafine est constituée d'un seul atome. Lorsqu'on applique une tension entre la sonde et un atome sur la surface de l'échantillon, les électrons migrent de la pointe vers l'échantillon. À mesure que la sonde balaie la surface de l'échantillon, un ordinateur analyse l'effet tunnel (le courant) et fournit une image tridimensionnelle des atomes situés en surface.

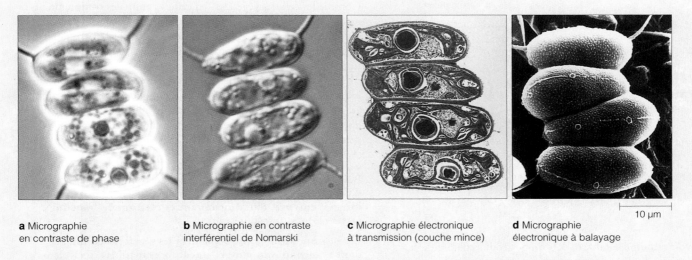

a Micrographie
en contraste de phase

b Micrographie en contraste
interférentiel de Nomarski

c Micrographie électronique
à transmission (couche mince)

d Micrographie
électronique à balayage

10 μm

Figure 4.9 Des micrographies de l'algue verte *Scenedesmus* obtenues à l'aide de différents microscopes révèlent divers aspects de celle-ci. Les images des quatre échantillons sont de même grossissement. La microscopie en contraste de phase et la microscopie en contraste interférentiel de Nomarski, en **a)** et **b)**, créent des contrastes sans qu'il soit nécessaire de recourir à la coloration des cellules. Ces deux types de microscopie révèlent des détails invisibles en microscopie optique. **d)** Comme dans le cas des autres micrographies du manuel, l'échelle située sous la micrographie donne un aperçu de la taille de l'échantillon observé. À l'aide de cette échelle, pouvez-vous estimer la longueur et le diamètre de *Scenedesmus*?

LES CARACTÉRISTIQUES DES CELLULES EUCARYOTES

Penchons-nous à présent sur les organites et d'autres caractéristiques structurales des cellules de végétaux, d'animaux, d'eumycètes et de protistes. L'**organite** est un sac ou un compartiment interne qui est entouré d'une membrane et qui exerce une ou plusieurs fonctions spécialisées à l'intérieur des cellules eucaryotes.

Les principaux constituants cellulaires

En examinant les micrographies d'une cellule eucaryote typique (voir les figures 4.2*a* et 4.9), nous remarquons que le noyau est l'un des éléments cellulaires les plus évidents. Rappelons que toute cellule qui possède un noyau est une cellule eucaryote. En plus du noyau, les cellules eucaryotes renferment beaucoup d'autres organites et d'éléments particuliers. Ces derniers varient en nombre et en genre d'un type de cellule à l'autre. Le tableau 4.1 dresse la liste des caractéristiques communes aux cellules eucaryotes.

Tableau 4.1 *Les caractéristiques générales des cellules eucaryotes*

LES ORGANITES ET LEURS PRINCIPALES FONCTIONS

Noyau	Contient l'ADN de la cellule.
Réticulum endoplasmique	Modifie et fait circuler les polypeptides nouvellement synthétisés ; fabrique également les lipides.
Appareil de Golgi	Contribue à la maturation des polypeptides en protéines ; trie et achemine les protéines et les lipides en vue d'une sécrétion ou d'une utilisation par la cellule.
Vésicules de divers types	Transportent ou stockent différentes substances ; digèrent les substances et les structures cellulaires ; autres fonctions.
Mitochondrie	Fabrique efficacement de nombreuses molécules d'ATP.

LES STRUCTURES NON MEMBRANAIRES ET LEURS FONCTIONS

Ribosomes	Assemblent les polypeptides.
Cytosquelette	Confère à la cellule sa morphologie et sa structure interne ; intervient dans la locomotion de la cellule et la mobilité des structures internes.

Après avoir examiné le tableau 4.1, on pourrait se demander en quoi est avantageuse la compartimentation assurée par les organites à l'intérieur des cellules. La compartimentation permet à la cellule d'accomplir simultanément un grand nombre d'activités, le tout dans un espace très limité. Prenons l'exemple d'une cellule photosynthétique de feuille. Cette cellule peut assembler des molécules d'amidon par un ensemble de réactions tout en dégradant d'autres molécules par le biais d'autres réactions. Toutefois, la cellule ne tirerait aucun avantage si la synthèse et la dégradation

Figure 4.10 Page ci-contre : certaines caractéristiques **a)** d'une cellule végétale photosynthétique typique et **b)** d'une cellule animale typique.

d'une même molécule d'amidon survenaient simultanément. Par conséquent, si les organites étaient dépourvus de membranes, l'équilibre entre les différentes activités chimiques qui favorisent la survie de la cellule serait rompu.

À part l'isolement physique de réactions incompatibles, la membrane des organites permet aux réactions compatibles et étroitement reliées de se produire à différents moments. Par exemple, les cellules photosynthétiques fabriquent des molécules d'amidon dans un organite appelé chloroplaste. Elles les y emmagasinent et les libèrent ultérieurement afin d'alimenter différentes réactions qui ont lieu dans ce même organite.

Les principaux organites des cellules végétales

La figure 4.10*a* présente les organites d'une cellule végétale typique. Soulignons que qualifier une cellule de « typique » revient à dire qu'un cactus, un nénuphar ou un pommier sont des végétaux « typiques ». Comme dans le cas des cellules animales, les cellules végétales présentent d'innombrables variantes. Compte tenu des limites sémantiques du terme « typique », l'illustration présente la localisation courante des organites et des structures généralement présentes dans bon nombre de cellules végétales.

Les organites typiques d'une cellule animale

La figure 4.10*b* illustre les organites d'une cellule animale typique. Comme les cellules végétales, les cellules animales comprennent un noyau, des mitochondries et les autres caractéristiques générales figurant au tableau 4.1. Ces similarités structurales correspondent à des fonctions vitales qui sont les mêmes chez toutes les cellules, peu importe leur type.

En comparant la figure 4.10*a* à la figure 4.10*b*, nous constatons à quel point une cellule végétale se distingue d'une cellule animale au plan structural. Par exemple, aucune cellule animale n'est munie d'une paroi. Cependant, beaucoup de cellules d'eumycètes et de protistes en sont pourvues. Quelles sont les autres différences ?

Les cellules eucaryotes renferment un certain nombre d'organites. Ces organites sont des sacs ou des compartiments internes entourés d'une membrane et exerçant des fonctions métaboliques spécifiques.

Les organites isolent physiquement les réactions chimiques, dont beaucoup sont mutuellement incompatibles. Ils isolent également les différentes réactions dans le temps, par exemple, quand certaines molécules sont assemblées, stockées et utilisées ultérieurement dans d'autres réactions.

Toutes les cellules eucaryotes possèdent certains organites (comme le noyau) et des structures (comme les ribosomes) qui exercent des fonctions vitales. Les cellules spécialisées possèdent parfois d'autres types d'organite et de structures.

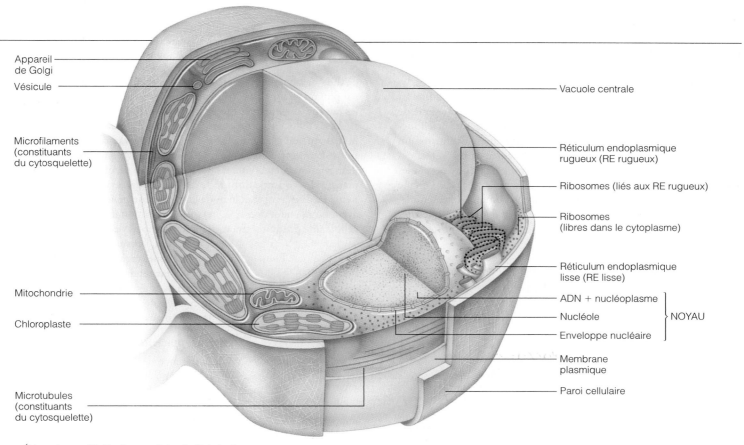

Appareil de Golgi

Vésicule

Microfilaments (constituants du cytosquelette)

Mitochondrie

Chloroplaste

Microtubules (constituants du cytosquelette)

Vacuole centrale

Réticulum endoplasmique rugueux (RE rugueux)

Ribosomes (liés aux RE rugueux)

Ribosomes (libres dans le cytoplasme)

Réticulum endoplasmique lisse (RE lisse)

ADN + nucléoplasme

Nucléole

Enveloppe nucléaire

} NOYAU

Membrane plasmique

Paroi cellulaire

a Éléments constitutifs d'une cellule végétale typique

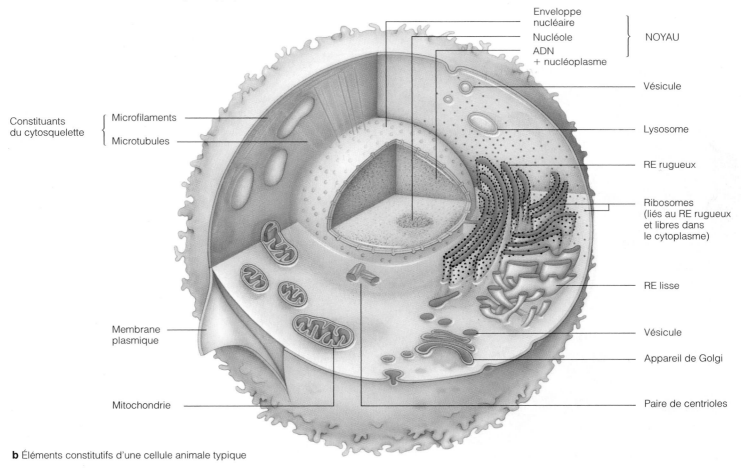

Enveloppe nucléaire

Nucléole

ADN + nucléoplasme

} NOYAU

Vésicule

Lysosome

RE rugueux

Ribosomes (liés au RE rugueux et libres dans le cytoplasme)

RE lisse

Vésicule

Appareil de Golgi

Paire de centrioles

Constituants du cytosquelette
{ Microfilaments
  Microtubules

Membrane plasmique

Mitochondrie

b Éléments constitutifs d'une cellule animale typique

LE NOYAU

Sans les glucides, les lipides, les protéines et les acides nucléiques, les cellules ne pourraient ni se former, ni fonctionner, ni se reproduire. La synthèse et l'utilisation de ces molécules nécessitent une catégorie de protéines appelées *enzymes*. En d'autres termes, la structure et le fonctionnement d'une cellule reposent sur les protéines. L'information nécessaire à la synthèse de ces protéines est localisée dans l'ADN.

À la différence des bactéries, l'information génétique des cellules eucaryotes est répartie dans de nombreuses molécules d'ADN de longueur différente. Chaque cellule du corps humain, par exemple, contient 46 molécules d'ADN. Placées bout à bout, ces molécules mesureraient environ 1 m. De la même manière, si les 26 molécules

d'ADN de la grenouille étaient déroulées et alignées, elles s'étendraient sur plus de 10 m. À l'heure actuelle, nous ne connaissons toujours pas les raisons de cette quantité phénoménale d'ADN chez la grenouille.

Les cellules eucaryotes conservent leur ADN dans un noyau, dont la structure est illustrée à la figure 4.11. Le noyau remplit deux fonctions. Premièrement, il sépare physiquement les molécules d'ADN des réactions métaboliques complexes qui se déroulent dans le cytoplasme. La conservation de l'ADN dans une enveloppe membraneuse facilite la copie et le tri de l'information génétique par la cellule avant qu'elle ne se divise. Ces étapes sont importantes puisque chaque cellule fille produite nécessite un jeu complet de molécules d'ADN.

Deuxièmement, l'enveloppe nucléaire sert à délimiter les zones où la cellule régit le transport des substances de même que les signaux qui entrent dans le noyau ou qui se dirigent vers le cytoplasme. Le tableau 4.2 dresse la liste des constituants nucléaires.

L'enveloppe nucléaire

À la différence des cellules elles-mêmes, le noyau est entouré de deux membranes externes, l'une enveloppant l'autre. Cette double membrane est l'**enveloppe nucléaire**. Elle contient non pas une, mais deux bicouches de lipides dans lesquelles de nombreuses protéines sont enchâssées (voir la figure 4.12). L'enveloppe nucléaire renferme le nucléoplasme, soit le liquide du noyau. Sur la face interne de la membrane, des sites de fixation pour des protéines filamenteuses permettent l'ancrage de l'ADN à l'enveloppe nucléaire et confèrent une structure à l'ADN. Sur la face externe se trouve une profusion de ribosomes. Les protéines sont assemblées sur les ribosomes liés aux membranes ou sur d'autres ribosomes situés dans le cytoplasme.

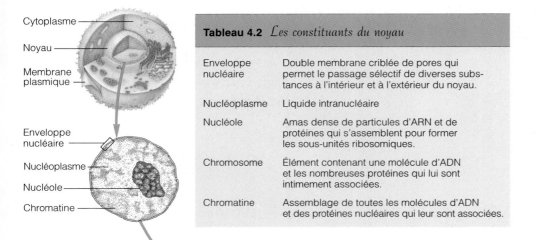

Cytoplasme
Noyau
Membrane plasmique
Enveloppe nucléaire
Nucléoplasme
Nucléole
Chromatine

Tableau 4.2 *Les constituants du noyau*

Enveloppe nucléaire	Double membrane criblée de pores qui permet le passage sélectif de diverses substances à l'intérieur et à l'extérieur du noyau.
Nucléoplasme	Liquide intranucléaire
Nucléole	Amas dense de particules d'ARN et de protéines qui s'assemblent pour former les sous-unités ribosomiques.
Chromosome	Élément contenant une molécule d'ADN et les nombreuses protéines qui lui sont intimement associées.
Chromatine	Assemblage de toutes les molécules d'ADN et des protéines nucléaires qui leur sont associées.

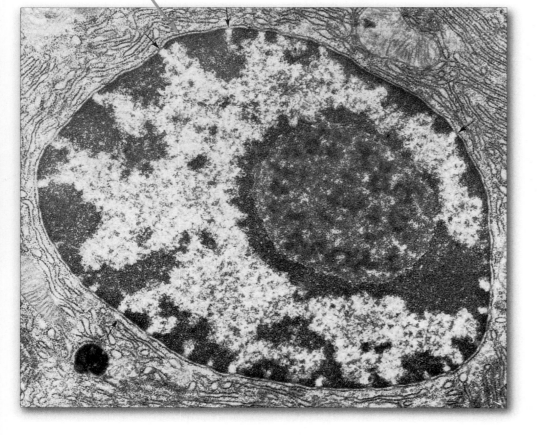

Figure 4.11 Le noyau d'une cellule pancréatique. Dans cette micrographie électronique à transmission, les petites flèches noires indiquent les pores par lesquels un système de régulation permet ou limite le passage de substances spécifiques à travers l'enveloppe nucléaire.

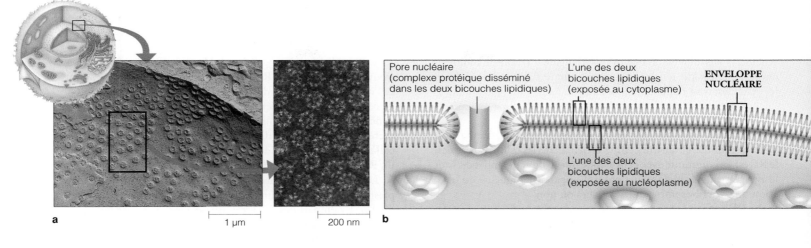

a   1 µm   200 nm   b

Figure 4.12 a) La portion de la face externe de l'enveloppe nucléaire. À gauche : l'enveloppe nucléaire a été fracturée afin de révéler ses deux bicouches lipidiques. À droite : les pores nucléaires. Chaque pore qui traverse l'enveloppe nucléaire est formé d'un regroupement de protéines membranaires. Il permet le transport sélectif de substances à l'intérieur du noyau et hors de lui. **b)** La structure de l'enveloppe nucléaire.

Comme toutes les membranes cellulaires, les bicouches lipidiques de l'enveloppe nucléaire empêchent les substances hydrosolubles de pénétrer dans le noyau ou d'en sortir. Cependant, beaucoup de pores, constitués d'un amas de protéines, sont disséminés dans les deux bicouches. C'est par ces pores que les petites molécules hydrosolubles et les ions peuvent traverser l'enveloppe nucléaire. Les grosses molécules (notamment les sous-unités ribosomiques) traversent aussi ces pores de manière très sélective.

Le nucléole

Examinons à nouveau le noyau de la figure 4.11. On observe à l'intérieur un amas dense et sphérique. De quoi s'agit-il ? Pendant leur croissance, les cellules eucaryotes fabriquent un ou plusieurs de ces amas. Ce sont des **nucléoles**, une région où certains ARN et certaines protéines sont assemblés pour former des sous-unités ribosomiques. Ces sous-unités traversent les pores nucléaires et se dirigent vers le cytoplasme. À cet endroit, deux sous-unités s'unissent pour former un ribosome intact servant à assembler les acides aminés en protéines.

Le chromosome

Quand une cellule eucaryote n'est pas en division, la microscopie ne permet pas de distinguer les différentes molécules d'ADN, car celles-ci ont un aspect granuleux (voir la figure 4.11). Toutefois, quand la cellule s'apprête à se diviser, les molécules d'ADN sont répliquées pour que chaque cellule fille reçoive toute l'information génétique nécessaire. L'ADN cesse alors de présenter un aspect granuleux, car chaque molécule se condense intensément pour former une structure compacte distinctement visible au microscope.

Les premiers cytologistes avaient nommé **chromatine** la substance à l'apparence granuleuse et **chromosomes**, les structures denses.

Aujourd'hui, la **chromatine** est définie comme l'ensemble de l'ADN de la cellule avec toutes les protéines qui lui sont associées (voir le tableau 4.2). Chaque **chromosome** est une molécule d'ADN avec ses protéines associées, peu importe que sa forme soit condensée ou filamenteuse :

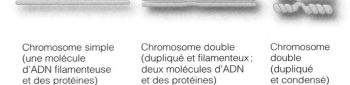

Chromosome simple (une molécule d'ADN filamenteuse et des protéines)

Chromosome double (dupliqué et filamenteux ; deux molécules d'ADN et des protéines)

Chromosome double (dupliqué et condensé)

Autrement dit, l'apparence d'un chromosome change au cours du cycle biologique d'une cellule eucaryote. Il est important de garder cette notion en mémoire.

Le sort des protéines codées par l'ADN

Dans le cytoplasme, les ribosomes assemblent les polypeptides. Que deviennent ces polypeptides ? Beaucoup sont emmagasinés dans le cytoplasme ou utilisés sur place. D'autres entrent dans le système endomembranaire, qui comprend le réticulum endoplasmique, l'appareil de Golgi et diverses vésicules.

Conformément à l'information de l'ADN, de nombreuses protéines adoptent leur configuration finale dans le système endomembranaire. C'est là aussi que les lipides sont assemblés et regroupés par des enzymes et d'autres protéines (elles aussi codées par l'ADN). Comme nous le verrons, des vésicules transportent les protéines et les lipides vers des sites intracellulaires spécifiques ou vers la membrane plasmique pour une sécrétion ultérieure.

Dans les cellules eucaryotes, le noyau, un organite muni de deux membranes externes, sépare les molécules d'ADN de l'appareil métabolique du cytoplasme.

Cette compartimentation facilite la structuration et la copie de l'ADN avant la division d'une cellule mère en deux cellules filles.

Les pores de l'enveloppe nucléaire assurent le passage sélectif de beaucoup de substances entre le noyau et le cytoplasme.

LE SYSTÈME ENDOMEMBRANAIRE

Le **système endomembranaire** comprend un ensemble d'organites associés par leurs fonctions, dans lesquels les nouveaux polypeptides sont modifiés et les lipides, assemblés. Ces produits sont triés et acheminés vers différentes destinations. La figure 4.13 illustre comment ces organites, soit le réticulum endoplasmique, l'appareil de Golgi et les vésicules, sont reliés les uns aux autres.

Le réticulum endoplasmique

Le **réticulum endoplasmique** ou **RE** est le premier élément du système endomembranaire à entrer en jeu. Dans les cellules animales, le RE est en continuité avec l'enveloppe nucléaire et s'étend dans tout le cytoplasme. Ses membranes ont une apparence rugueuse ou lisse, selon que des ribosomes y sont attachés ou non.

Le RE rugueux est habituellement composé de piles de saccules aplatis associés à de nombreux ribosomes (voir la figure 4.14*a*). C'est sur ces ribosomes que les nouveaux polypeptides sont synthétisés.

Seuls les polypeptides nouvellement formés et contenant un signal particulier peuvent pénétrer à l'intérieur du RE rugueux ou être incorporés dans ses membranes (ce signal consiste en une séquence de 15 à 20 acides aminés spécifiques). Une fois que ces polypeptides se trouvent à l'intérieur du RE rugueux, des enzymes peuvent leur fixer des oligosaccharides ou d'autres chaînes latérales. Un bon nombre de cellules spécialisées sécrètent des protéines matures. Ainsi, dans le pancréas humain, les cellules glandulaires riches en RE fabriquent et sécrètent des enzymes digestives destinées à l'intestin grêle. Les cellules qui synthétisent des protéines en grande quantité présentent un RE rugueux très étendu.

Le RE lisse est dépourvu de ribosomes et serpente dans le cytoplasme à la manière d'un système de canalisations (voir la figure 4.14*b*). La plupart des lipides y sont assemblés. Le RE lisse est très développé dans les graines. Dans les cellules hépatiques, c'est à l'intérieur du RE lisse que se produisent la dégradation de certains médicaments de même que la détoxication des déchets métaboliques. Le réticulum sarcoplasmique, un type de RE lisse situé dans les cellules musculaires squelettiques, régit la contraction.

L'appareil de Golgi

Dans l'**appareil de Golgi**, des enzymes achèvent la maturation des protéines et des lipides, les trient et les regroupent dans des vésicules afin de les acheminer vers des localisations particulières. Par exemple, une enzyme située dans une certaine zone de l'appareil de Golgi pourrait fixer un groupement phosphate à une protéine nouvellement synthétisée et ainsi « l'étiqueter » pour qu'elle soit transportée vers sa destination appropriée.

L'appareil de Golgi ressemble généralement à une pile de crêpes. En effet, il est composé d'une série de saccules membraneux aplatis (voir la figure 4.15). La dernière étape du processus de maturation se déroule au sommet de la pile. C'est à cet endroit que les vésicules bourgeonnent aux extrémités des saccules pour ensuite être libérées dans le cytoplasme.

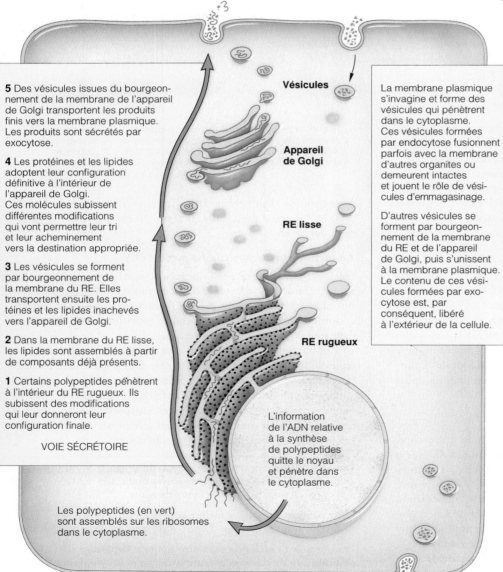

5 Des vésicules issues du bourgeonnement de la membrane de l'appareil de Golgi transportent les produits finis vers la membrane plasmique. Les produits sont sécrétés par exocytose.

4 Les protéines et les lipides adoptent leur configuration définitive à l'intérieur de l'appareil de Golgi. Ces molécules subissent différentes modifications qui vont permettre leur tri et leur acheminement vers la destination appropriée.

3 Les vésicules se forment par bourgeonnement de la membrane du RE. Elles transportent ensuite les protéines et les lipides inachevés vers l'appareil de Golgi.

2 Dans la membrane du RE lisse, les lipides sont assemblés à partir de composants déjà présents.

1 Certains polypeptides pénètrent à l'intérieur du RE rugueux. Ils subissent des modifications qui leur donneront leur configuration finale.

VOIE SÉCRÉTOIRE

Vésicules

Appareil de Golgi

RE lisse

RE rugueux

L'information de l'ADN relative à la synthèse de polypeptides quitte le noyau et pénètre dans le cytoplasme.

Les polypeptides (en vert) sont assemblés sur les ribosomes dans le cytoplasme.

La membrane plasmique s'invagine et forme des vésicules qui pénètrent dans le cytoplasme. Ces vésicules formées par endocytose fusionnent parfois avec la membrane d'autres organites ou demeurent intactes et jouent le rôle de vésicules d'emmagasinage.

D'autres vésicules se forment par bourgeonnement de la membrane du RE et de l'appareil de Golgi, puis s'unissent à la membrane plasmique. Le contenu de ces vésicules formées par exocytose est, par conséquent, libéré à l'extérieur de la cellule.

Figure 4.13 Un système endomembranaire. Ce système synthétise, modifie, regroupe et transporte les protéines et les lipides. Les flèches vertes indiquent la voie sécrétoire de certaines protéines et de certains lipides provenant de nombreux types de cellules, notamment les cellules glandulaires sécrétant le mucus, la sueur et les enzymes digestives.

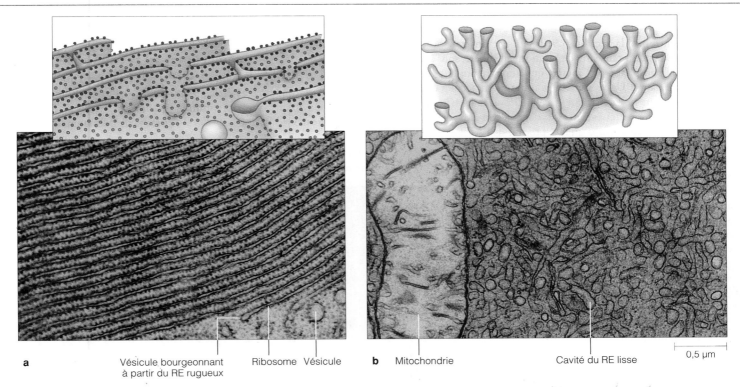

a Vésicule bourgeonnant   Ribosome Vésicule   b Mitochondrie   Cavité du RE lisse   0,5 µm
à partir du RE rugueux

Figure 4.14 Des micrographies à transmission électronique et des schémas du réticulum endoplasmique. **a)** De nombreux ribosomes parsèment les surfaces du RE rugueux. **b)** Une coupe transversale du réticulum endoplasmique lisse mettant en évidence sa structure tubulaire ramifiée.

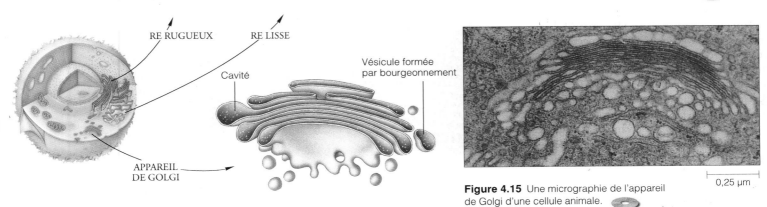

RE RUGUEUX   RE LISSE

Cavité   Vésicule formée par bourgeonnement

APPAREIL DE GOLGI

Figure 4.15 Une micrographie de l'appareil de Golgi d'une cellule animale.   0,25 µm

Une variété de vésicules

Les **vésicules** sont de minuscules sacs membraneux qui circulent dans le cytoplasme ou qui s'y établissent en certains endroits. Chez les cellules animales et certaines cellules fongiques, on observe des lysosomes, un type courant de vésicules issues du bourgeonnement de la membrane de l'appareil de Golgi. Les **lysosomes** sont des organites servant à la digestion intracellulaire. Ils contiennent des enzymes qui digèrent les glucides complexes, les protéines, les acides nucléiques et certains lipides. Les lysosomes fusionnent souvent avec des vésicules formées par endocytose et renfermant une bactérie, des substances chimiques ou d'autres éléments fixés à des récepteurs membranaires. Ils dégradent aussi des cellules entières et des parties de cellule. Par exemple, lorsqu'un têtard se transforme en une grenouille, sa queue disparaît graduellement grâce à l'action d'enzymes lysosomiales qui répondent à des signaux régissant le développement de cet animal.

Les **peroxysomes**, un autre type de vésicule, sont des sacs d'enzymes servant à la dégradation des acides gras et des acides aminés. Ces réactions génèrent un produit toxique, le peroxyde d'hydrogène, comme le décrit l'introduction du chapitre 6. Toutefois, une enzyme le convertit en eau et en oxygène ou l'utilise afin de dégrader l'alcool et d'autres toxines. Près de la moitié des molécules d'alcool consommées sont détruites par les peroxysomes des cellules hépatiques et rénales.

Dans le réticulum endoplasmique et l'appareil de Golgi, qui sont des constituants du système endomembranaire, de nombreuses protéines adoptent leur configuration définitive et les lipides y sont assemblés.

Les lipides, les protéines (notamment les enzymes) et d'autres éléments sont regroupés dans des vésicules destinées à la sécrétion, au stockage, à l'élaboration de membrane, à la digestion intracellulaire et à d'autres activités cellulaires.

LES CELLULES PROCARYOTES

À la différence des cellules étudiées jusqu'à présent, l'ADN des cellules procaryotes n'est pas contenu dans un noyau. Le terme *procaryote* signifie d'ailleurs « noyau primitif ». Cette dénomination indique que, dans l'évolution, ce type de cellule a précédé l'apparition de cellules dotées d'un véritable noyau, comme celui des cellules eucaryotes.

Les cellules procaryotes sont les plus petites cellules connues. La plupart ne mesurent pas plus de 1 µm de diamètre. Même les espèces en forme de bâtonnet ne font que quelques micromètres de longueur. Du point de vue structural, ce sont les cellules les plus simples. La quasi-totalité d'entre elles ont une paroi cellulaire rigide ou semi-rigide qui recouvre leur membrane plasmique, les soutient et leur donne leur morphologie (voir la figure 4.30a).

La composition chimique de leur paroi cellulaire est différente de celle des cellules eucaryotes (voir la section 21.1). Étant donné que cette paroi est perméable, les substances dissoutes s'y déplacent librement entre l'extérieur de la cellule et la membrane plasmique. Des polysaccharides collants recouvrent généralement la paroi, ce qui aide la cellule à se fixer sur des surfaces variées telles que les roches des cours d'eau ou l'émail des dents. Beaucoup d'eubactéries pathogènes possèdent une capsule épaisse, composée de polysaccharides muqueux, qui recouvre et protège leur paroi.

Comme chez la cellule eucaryote, la membrane plasmique d'une cellule procaryote participe au transport de substances vers l'intérieur ou l'extérieur de la cellule. Elle est constituée de protéines qui tiennent lieu de canaux, de transporteurs et de récepteurs pour différents types de molécules. Elle comprend également un appareil métabolique qui intervient dans les réactions de synthèse et de dégradation. La plupart des cellules procaryotes photosynthétiques ont des protéines membranaires capables de capter l'énergie lumineuse et de la transformer en énergie chimique, soit en ATP.

Les cellules procaryotes sont si petites qu'elles ne contiennent qu'un minuscule volume de cytoplasme. Elles possèdent toutefois de nombreux ribosomes sur lesquels les protéines sont synthétisées. Leur cytoplasme se distingue de celui des cellules eucaryotes par le fait qu'il est continu et comprend une région nucléaire de forme irrégulière. Cette région, appelée aussi *nucléoïde*, n'est pas entourée d'une membrane (voir la figure 4.30b) et renferme une molécule d'ADN circulaire, qui est le chromosome bactérien. Étant donné leur taille minuscule et leur composition simple, ces cellules procaryotes ne nécessitent pas un cytosquelette complexe. Des filaments protéiques semblables à l'actine forment une charpente qui procure une certaine rigidité à la paroi cellulaire.

Un ou plusieurs flagelles sont présents à la surface de nombreuses cellules procaryotes. Ces structures mobiles filiformes sont différentes des flagelles eucaryotes, car leurs microtubules ne sont pas disposés selon un arrangement de type « 9 + 2 ». Le flagelle bactérien permet à la cellule de se déplacer rapidement dans un milieu liquide. Les autres prolongements situés à la surface de ces cellules comprennent les fimbriæ, soit des filaments protéiques qui favorisent la fixation des bactéries sur diverses surfaces ou les unes aux autres.

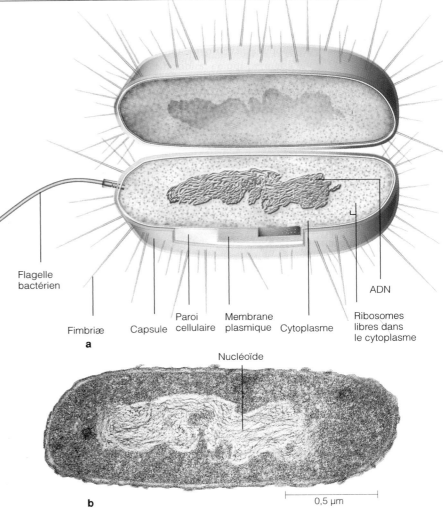

Flagelle bactérien

Fimbriæ — Capsule — Paroi cellulaire — Membrane plasmique — Cytoplasme — ADN — Ribosomes libres dans le cytoplasme

a

Nucléoïde

b

0,5 µm

Figure 4.30 a) L'anatomie d'une cellule procaryote. **b)** Une micrographie de la bactérie *Escherichia coli*.

L'intestin des humains et d'autres mammifères abrite une énorme population de cellules d'une souche d'*E. coli* habituellement inoffensive. Certaines souches pathogènes peuvent cependant contaminer la viande offerte sur le marché. Une autre souche peut aussi contaminer le cidre. Les personnes qui consomment de telles denrées ainsi avariées peuvent s'empoisonner, voire mourir. Toutefois, la cuisson adéquate de la viande et la pasteurisation du cidre tuent les agents pathogènes.

Page ci-contre : **c)** les chercheurs ont manipulé cette bactérie (*E. coli*) afin de libérer son unique molécule d'ADN circulaire. **d)** Les cellules de diverses espèces bactériennes prennent des formes variées : sphères, bâtonnets ou hélices. Les cellules sphériques de Nostoc, une cyanobactérie photosynthétique, forment des chaînes recouvertes d'une gaine épaisse et gélatineuse dérivée de leurs propres sécrétions. Le chapitre 21 présente d'autres exemples. **e)** Comme *Pseudomonas marginalis*, beaucoup d'espèces sont dotées d'un ou de plusieurs flagelles servant à déplacer leur corps dans un milieu liquide.

On connaît deux principaux groupes de cellules procaryotes, à savoir les archéobactéries et les eubactéries (voir les sections 19.7 et 21.3). Ensemble, les espèces de ces deux groupes offrent la plus grande diversité métabolique du monde vivant. Un grand nombre d'espèces ont réussi à exploiter l'énergie et les matières premières présentes dans presque tous les milieux, des sources thermales aux champs de neige

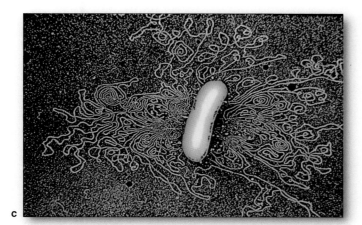

c

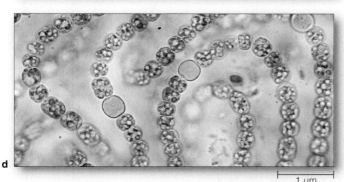

d

1 µm

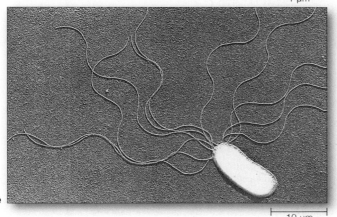

e

10 µm

et aux déserts chauds et arides. Par ailleurs, les cellules procaryotes ancestrales sont à l'origine des protistes, des végétaux, des eumycètes et des animaux. L'évolution, la structure et les fonctions de ces cellules remarquables sont abordées dans des chapitres ultérieurs.

Les archéobactéries et les eubactéries sont des cellules procaryotes; leur ADN n'est pas contenu dans un noyau. La membrane plasmique de la plupart des procaryotes est entourée d'une paroi cellulaire. Généralement, les cellules procaryotes ne possèdent pas d'organites comparables à ceux des cellules eucaryotes.

Les procaryotes sont les cellules les plus simples. En tant que groupe, cependant, elles présentent la plus grande diversité métabolique. Leurs activités métaboliques se déroulent au niveau de la membrane plasmique et dans le cytoplasme.

RÉSUMÉ   Le chiffre en *brun* renvoie à la section du chapitre.

1. La théorie cellulaire repose sur trois principes. *4*

a) Tous les êtres vivants sont composés d'une ou de plusieurs cellules.

b) La cellule est la plus petite entité qui conserve les propriétés du vivant. Cela signifie qu'elle est automone ou qu'elle a hérité de la capacité de l'être.

c) Les cellules nouvellement formées proviennent de cellules préexistantes.

2. Toutes les cellules possèdent une membrane plasmique, une région nucléaire et un cytoplasme. La membrane plasmique (une mince membrane externe) délimite la cellule et isole les activités métaboliques des événements aléatoires qui surviennent dans son environnement. Beaucoup de substances et de signaux la traversent sélectivement. Le cytoplasme renferme des ribosomes, des éléments constitutifs, des liquides et (seulement chez les cellules eucaryotes) des organites situés entre la région nucléaire et la membrane plasmique. *4.1*

3. Les membranes, constituées de lipides et de protéines, sont essentielles pour la structure et les fonctions de la cellule. Les lipides sont disposés en deux couches et placés en vis-à-vis comme s'ils étaient réfléchis dans un miroir. Par conséquent, les queues hydrophobes sont enclavées entre les têtes hydrophiles (qui sont en contact avec la solution externe et interne). Cette bicouche donne à la membrane sa structure fondamentale. Les substances hydrosolubles ne peuvent pas la traverser. Les protéines enchâssées dans la double couche ou fixées sur elle jouent de nombreux rôles. Par exemple, beaucoup constituent des canaux ou des pompes par lesquels les substances hydrosolubles traversent la bicouche, d'autres sont des récepteurs, etc. *4.1*

4. Le rapport surface-volume limite la taille de la cellule et influe sur sa morphologie ainsi que sur l'organisation corporelle des organismes pluricellulaires. *4.1*

5. Les microscopes modernes mettent à profit les ondes lumineuses ou les faisceaux d'électrons focalisés pour révéler les structures cellulaires. *4.2*

6. Des membranes divisent le cytoplasme des cellules eucaryotes en compartiments fonctionnels (les organites). Les cellules procaryotes n'ont pas d'organites comparables. *4.3 et 4.12*

7. Les membranes des organites isolent les réactions métaboliques dans le cytoplasme et leur permettent de se succéder dans un ordre particulier. De nombreuses réactions similaires se produisent dans la membrane plasmique d'une cellule procaryote. *4.3*

a) La fonction de l'enveloppe nucléaire est de séparer l'ADN de l'appareil métabolique du cytoplasme. *4.4*

b) Le système endomembranaire comprend le réticulum endoplasmique, l'appareil de Golgi et les vésicules. Beaucoup de protéines nouvellement formées y sont modifiées en vue d'acquérir leur forme définitive et les lipides y sont assemblés. Les produits finis sont regroupés et acheminés vers leur destination intracellulaire ou extracellulaire. *4.5*

c) Les mitochondries se spécialisent dans la production d'innombrables molécules d'ATP par des réactions nécessitant un apport d'oxygène. *4.6*

d) Les chloroplastes captent l'énergie solaire et l'utilisent pour élaborer des composés organiques. *4.7*

8. Le cytosquelette d'une cellule eucaryote contribue à lui donner sa forme, sa structure interne et son mouvement. Beaucoup de cellules possèdent une paroi et d'autres structures de surface. *4.9 et 4.10*

Tableau 4.3	Un résumé des principaux constituants des cellules procaryotes et eucaryotes					
Constituant cellulaire	Fonction	**PROCARYOTES** Archéobactéries Eubactéries	**EUCARYOTES** Protistes	Eumycètes	Végétaux	Animaux
Paroi cellulaire	Protection, soutien structural	√*	√*	√	√	Aucun
Membrane plasmique	Régulation des substances traversant la membrane	√	√	√	√	√
Noyau	Séparation physique et structuration de l'ADN	Aucun	√	√	√	√
ADN	Encodage de l'information génétique	√	√	√	√	√
ARN	Transcription et traduction de l'information génétique en polypeptides	√	√	√	√	√
Nucléole	Assemblage des sous-unités ribosomiques	Aucun	√	√	√	√
Ribosome	Synthèse des protéines	√	√	√	√	√
Réticulum endoplasmique (RE)	Première étape de la maturation des nombreux polypeptides nouvellement formés; synthèse de lipides	Aucun	√	√	√	√
Appareil de Golgi	Dernière étape de la maturation des protéines et des lipides; tri et regroupement pour une utilisation intracellulaire ou une sécrétion	Aucun	√	√	√	√
Lysosome	Digestion intracellulaire	Aucun	√	√*	√*	√
Mitochondrie	Production d'ATP	**	√	√	√	√
Pigment photosynthétique	Conversion de la lumière en énergie	√*	√*	Aucun	√	Aucun
Chloroplaste	Photosynthèse; stockage de certains amidons	Aucun	√*	Aucun	√	Aucun
Vacuole centrale	Augmentation de la surface de la cellule; stockage	Aucun	Aucun	√*	√	Aucun
Flagelle bactérien	Locomotion dans un milieu liquide	√*	Aucun	Aucun	Aucun	Aucun
Flagelle et cil	Locomotion et mouvement dans un milieu liquide	Aucun	√*	√*	√*	√
Cytosquelette	Morphologie de la cellule; structuration interne; élément à la base du mouvement et, dans beaucoup de cellules, de la locomotion	Rudimentaire***	√*	√*	√*	√

* Fonction présente dans les cellules d'au moins quelques groupes.
** De nombreux groupes font appel à la respiration aérobie, mais sans les mitochondries.
*** Des filaments protéiques forment une charpente simple contribuant à soutenir la paroi cellulaire chez au moins quelques espèces.

9. Le tableau 4.3 offre un aperçu des caractéristiques qui définissent des cellules procaryotes et des cellules eucaryotes.

Exercices

1. Énoncez les trois principes de la théorie cellulaire. *4*

2. Vous désirez observer un œil d'insecte dans ses trois dimensions. Quel type de microscope vous permettrait de voir le plus de détails? Le microscope optique, le microscope électronique à transmission ou le microscope électronique à balayage? *4.2*

3. Identifiez les organites dans les schémas ci-dessous, qui représentent respectivement une cellule végétale et une cellule animale. Quelles sont

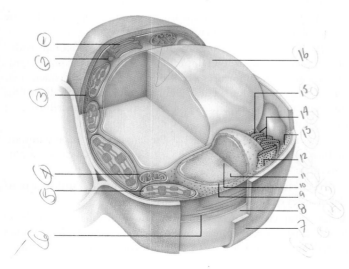

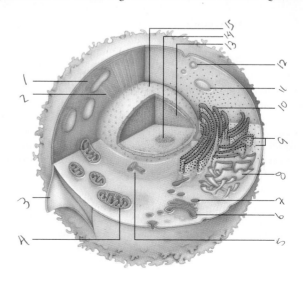

les principales différences entre ces deux cellules ? En quoi sont-elles similaires ? *4.3*

4. Décrivez trois caractéristiques communes à toutes les cellules. Après avoir révisé la matière du tableau 4.3, rédigez un paragraphe expliquant les principales distinctions entre la cellule eucaryote et la cellule procaryote. *4.1, 4.3 et 4.12*

5. Expliquez brièvement la structure et les fonctions du noyau, de l'enveloppe nucléaire et du nucléole. *4.4*

6. Qu'est-ce qui distingue le chromosome de la chromatine ? Est-ce que les chromosomes ont toujours la même apparence pendant le cycle cellulaire ? *4.4*

7. Nommez trois types d'organites qui composent le réseau intracellulaire de membranes. Décrivez brièvement la fonction de chacun. *4.5*

8. Vrai ou faux : les cellules végétales renferment des chloroplastes, mais pas de mitochondries. Expliquez votre réponse. *4.3, 4.6 et 4.7*

9. Quelles sont les fonctions de la vacuole centrale ? *4.7*

10. Définissez ce qu'est un cytosquelette. Comment contribue-t-il au fonctionnement de la cellule ? *4.9*

11. Quelle structure donne naissance à l'arrangement de microtubules 9+2 dans les cils et les flagelles ? *4.10*

12. Lesquels de ces organismes possèdent des cellules munies d'une paroi : les eubactéries, les protistes, les eumycètes, les végétaux ou les animaux ? *4.11*

13. Indiquez le rôle de la paroi cellulaire et nommez ses caractéristiques générales. Par exemple, est-ce que la paroi est perméable ? Pourquoi ? *4.11*

14. À mesure qu'elles croissent et se développent, beaucoup de cellules végétales fabriquent une paroi secondaire. Cette paroi tapisse-t-elle l'intérieur ou l'extérieur de la paroi primaire ? *4.11*

15. Chez les organismes pluricellulaires, les interactions coordonnées des cellules reposent sur des liens physiques et des communications chimiques. Quels types de jonctions relient des cellules animales adjacentes ? Des cellules végétales ? *4.11*

16. Identifiez les parties de la bactérie illustrée en haut, à droite. *4.12*

Autoévaluation   RÉPONSES À L'ANNEXE III

1. Les membranes cellulaires sont principalement constituées ___C___ .
a) d'une bicouche glucidique et de protéines
b) d'une bicouche protéique et de phosphoglycérolipides
c) d'une bicouche lipidique et de protéines
d) aucune de ces réponses

2. Les organites _____ .
a) sont des compartiments délimités par une membrane
b) se trouvent généralement chez les cellules eucaryotes, mais pas chez les cellules procaryotes
c) isolent les réactions chimiques dans le temps et dans l'espace
d) toutes ces réponses

3. Les cellules de bon nombre de protistes, de végétaux et de mycètes, mais pas celles des animaux, possèdent généralement _____ .
a) des mitochondries
b) une membrane plasmique
c) des ribosomes
d) une paroi cellulaire

4. Vrai ou faux : la membrane plasmique est le constituant le plus externe de la cellule. Expliquez votre réponse.

5. Contrairement aux cellules eucaryotes, les cellules procaryotes _____ .
a) sont dépourvue de membrane plasmique
b) logent de l'ARN, mais pas d'ADN
c) sont dépourvues de noyau
d) toutes ces réponses

6. Associez chaque constituant cellulaire à la fonction qui lui correspond.
_____ Mitochondrie
_____ Chloroplaste
_____ Ribosome
_____ RE rugueux
_____ Appareil de Golgi

a) Synthèse de polypeptides
b) Première étape de maturation des polypeptides nouvellement formés
c) Dernière étape de maturation des protéines ; tri et acheminement des protéines
d) Photosynthèse
e) Production d'une grande quantité d'ATP

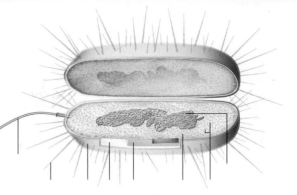

Questions à développement

1. Dans l'épisode intitulé « L'amibe » de la série de science-fiction *Patrouille du cosmos*, une amibe géante avale le vaisseau spatial. À l'aide d'une navette, M. Spock place des explosifs à l'intérieur de l'amibe pour la faire exploser avant qu'elle ne se reproduise et ne détruise l'univers. Quelle est la faille de ce scénario ? De la même manière, pourquoi est-il impossible de rencontrer une amibe de deux tonnes ?

2. Votre professeur vous montre une micrographie électronique d'une cellule munie d'un grand nombre de mitochondries et d'appareils de Golgi. Vous remarquez que cette cellule contient aussi un réticulum endoplasmique particulièrement étendu. Quelles activités cellulaires nécessitent un si grand nombre de ces organites ?

3. Les individus souffrant du syndrome des cils immobiles, une maladie très rare frappant une personne sur 30 000, sont incapables d'évacuer le mucus de leurs voies respiratoires. Les bactéries prolifèrent dans le mucus accumulé et endommagent les tissus. Il s'ensuit une inflammation chronique qui accentue également les dommages.

À l'aide de la vidéomicroscopie, les chercheurs ont découvert que les cils des malades battent faiblement, voire pas du tout, en dépit de leur apparence normale. Émettez des hypothèses sur les constituants qui pourraient contribuer à l'apparition de la maladie. Comment cette anomalie est-elle survenue ?

Vocabulaire

Appareil de Golgi *4.5*	Enveloppe nucléaire *4.4*	Organite *4.3*
Bicouche lipidique *4.1*	Filament intermédiaire *4.9*	Paroi cellulaire *4.11*
Cellule *4.1*		Paroi primaire *4.11*
Cellule eucaryote *4.1*	Flagelle *4.10*	Paroi secondaire *4.11*
Cellule procaryote *4.1, 4.12*	Jonction intercellulaire *4.11*	Peroxysome *4.5*
Centriole *4.10*	Longueur d'onde *4.2*	Protéine motrice *4.10*
Chloroplaste *4.7*	Lysosome *4.5*	Pseudopode *4.10*
Chromatine *4.4*	Membrane plasmique *4.1*	Rapport surface-volume *4.1*
Chromosome *4.4*	Microfilament *4.9*	Réticulum endoplasmique (RE) *4.5*
Cil *4.10*	Micrographie *4.2*	Ribosome *4.1*
Communication cellulaire *4.11*	Microtubule *4.9*	Système endomembranaire *4.5*
Corpuscule basal *4.10*	Mitochondrie *4.6*	Théorie cellulaire *4*
Cortex cellulaire *4.9*	Noyau *4.1, 4.4*	Vacuole centrale *4.7*
Cytoplasme *4.1*	Nucléoïde *4.1*	Vésicule *4.5*
Cytosquelette *4.9*	Nucléole *4.4*	

Lectures complémentaires

Alberts, B., *et al.* (2002). *Molecular Biology of the Cell*, 4ᵉ éd. New York : Garland.

Dahm, R. (mars 2004). « L'étrange transparence du cristallin ». *La Recherche*, 373 : 60-64.

Garnier, L. (sept. 2004). « Des billes pour mimer le mouvement cellulaire », *Science & vie*, hors série, 228 : 4-15.

Wolfe, S. (1993). *Molecular and Cellular Biology*, Belmont, Californie : Brooks-Cole.

LES MEMBRANES CELLULAIRES

La mucoviscidose, un problème de transporteur

Aussi petite soit-elle, la cellule est une entité vivante souvent exposée à des risques. Il n'y a qu'à penser à nos cellules qui doivent composer avec une substance aussi banale que l'eau, dont elles doivent en tout temps assurer le transport, ainsi que celui des solutés, à travers leur membrane plasmique. Celle-ci doit être extrêmement sélective, puisqu'elle contribue à maintenir des conditions favorables à la survie de la cellule et, somme toute, à celle de l'organisme tout entier. Normalement, les quantités de substances échangées entre la cellule et son milieu sont adéquates. Les conditions ne sont toutefois pas toujours normales.

La protéine CFTR est l'un des canaux protéiques enchâssés dans la membrane plasmique des cellules épithéliales. Ces cellules disposées en feuillets forment des épithéliums qui tapissent les glandes

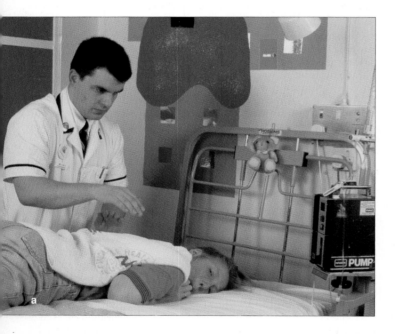

sudoripares, les voies respiratoires et les sinus, de même que les conduits du système digestif et du système reproducteur. Les ions chlorure empruntent d'abord les canaux formés par la protéine. L'eau suit les ions et forme à la surface des épithéliums une mince pellicule sur laquelle le mucus, qui lubrifie les tissus et aide à prévenir l'infection, s'écoule librement.

Le gène codant la protéine CFTR subit parfois une mutation qui peut provoquer la mucoviscidose (ou fibrose kystique) chez son porteur. Les ions chlorure et l'eau atteignent alors la surface de l'épithélium en quantité insuffisante, si bien que la pellicule aqueuse ne se forme pas. Or, en l'absence de cette pellicule, le mucus se déshydrate, devient épais et se déplace plus difficilement.

Ce mucus épais peut obstruer les conduits du pancréas par exemple, empêchant les enzymes digestives d'atteindre l'intestin grêle où se déroule la majeure partie de la digestion et de l'absorption des aliments, ce qui occasionne une perte de poids. Les glandes sudoripares, en sécrétant trop de sel, modifient l'équilibre eau-sel de l'organisme, ce qui a des répercussions sur le cœur et d'autres organes. Par ailleurs, les hommes atteints de ce trouble génétique deviennent stériles.

Qu'en est-il des voies aériennes menant aux poumons? Leurs cellules ciliées, qui évacuent habituellement les bactéries et les autres particules emprisonnées dans le mucus (voir la section 4.10), n'y parviennent plus (voir la figure 5.1 *a*). La protéine CFTR défectueuse induit la formation de **biofilms**, soit des populations de micro-organismes ancrés sur l'épithélium par les polysaccharides rigides et visqueux qu'ils sécrètent. Les biofilms présentent une grande résistance aux mécanismes de défense de l'organisme et aux antibiotiques. La bactérie *Pseudomonas æruginosa* est l'organisme colonisateur le plus efficace. Elle cause des infections modérées qui peuvent persister pendant des années. La plupart des patients, qui finissent par mourir d'une défaillance respiratoire, ne dépassent pas l'âge de 30 ans. Jusqu'à présent, il n'existe aucun traitement.

La mucoviscidose est le trouble génétique mortel le plus répandu aux États-Unis, où plus de 10 millions de personnes sont porteuses

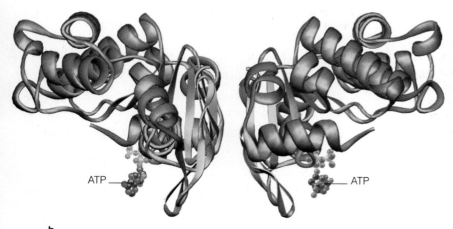

ATP   ATP

b

Figure 5.1 a) Un enfant atteint de mucoviscidose doit subir quotidiennement un drainage postural afin d'évacuer le mucus épais qui s'accumule dans ses voies respiratoires. Les symptômes varient d'un individu à l'autre, notamment en raison des centaines de mutations possibles de la protéine de transport en cause. Les facteurs environnementaux et l'hérédité influent également sur le pronostic.

b) Un modèle en ruban d'une partie de l'un des transporteurs ABC, qui comprend la protéine CFTR. Les deux parties illustrées sont les «moteurs» alimentés par l'ATP qui servent à élargir un canal ionique transmembranaire. Les autres détails de la molécule CFTR, dont la structure de ses deux domaines transmembranaires, font toujours l'objet de recherches.

du gène mutant qui la cause. La maladie ne se développe toutefois que lorsque l'individu hérite de deux copies de ce gène, provenant de chacun de ses deux parents. Cette maladie s'observe dans 1 naissance sur environ 3300.

La protéine CFTR appartient à la famille des **transporteurs ABC**, des protéines membranaires présentes chez toutes les espèces procaryotes et eucaryotes. Certaines d'entre elles, comme la CFTR, sont des canaux par lesquels des substances hydrophiles peuvent traverser la membrane (voir la figure 5.1*b*). D'autres pompent des substances à travers cette dernière. Certaines régulent même l'activité d'autres protéines membranaires.

Chez 90 % des individus atteints de la mucoviscidose, c'est la perte d'un seul acide aminé au cours de la synthèse de la protéine qui est responsable de l'apparition de la maladie. Comme l'explique la section 4.5, avant qu'une protéine CFTR nouvellement formée soit envoyée à la membrane plasmique, elle doit habituellement subir des modifications dans le système intramembranaire de la cellule. Les protéines mutantes pénètrent bel et bien dans le réticulum endoplasmique, mais des enzymes dégradent 99 % d'entre elles avant qu'elles parviennent à l'appareil de Golgi. Par conséquent, très peu de canaux chlorure arrivent à leur destination dans la membrane plasmique.

On estime que la protéine CFTR pourrait aussi être associée aux problèmes de sinus qu'éprouvent 30 millions de personnes aux États-Unis seulement. La sinusite est une inflammation de la muqueuse qui tapisse les sinus, des cavités situées au voisinage des fosses nasales. Au cours d'une étude menée à l'université Johns Hopkins de Baltimore, les chercheurs ont analysé des échantillons de sang de 147 individus souffrant de sinusite, et d'autant d'individus sains formant le groupe témoin. Les chercheurs se sont concentrés sur seulement 16 des quelque 500 formes mutantes connues de la protéine. Il s'est avéré que 10 des personnes souffrant de sinusite avaient hérité d'une copie de l'un des 16 gènes considérés dans l'étude.

Cet exemple illustre comment certains problèmes de santé, touchant parfois un très grand nombre d'individus, peuvent être attribuables à l'absence de molécules fonctionnelles d'une seule protéine parmi toutes celles qui sont disséminées dans la membrane plasmique. Il nous permet également d'apprécier la précision avec laquelle les cellules normales tirent profit de leurs protéines.

Chez les cellules eucaryotes, cette précision concerne aussi les membranes des compartiments internes que forment certains organites. La respiration aérobie, la photosynthèse et beaucoup d'autres processus requièrent le transport sélectif de substances à travers ces barrières internes. L'étude de la structure et du fonctionnement des membranes permet de comprendre les mécanismes de la survie sur le plan le plus fondamental, c'est-à-dire l'échelle moléculaire.

Concepts-clés

1. Toutes les membranes cellulaires sont principalement constituées de lipides, organisés en une double couche. Cette bicouche lipidique forme la trame de la membrane et empêche les substances hydrosolubles de la traverser librement. Différentes protéines enchâssées dans la bicouche ou associées à l'une de ses surfaces assurent la plupart des fonctions de la membrane.

2. La membrane plasmique renferme beaucoup de récepteurs protéiques, qui captent des messagers chimiques induisant une modification des activités cellulaires. Elle comprend aussi des protéines de reconnaissance, qui identifient une cellule comme appartenant à un type particulier. Des protéines de transport par lesquelles des substances hydrosolubles peuvent traverser la membrane sont également disséminées dans toutes les membranes cellulaires.

3. Un gradient de concentration est une différence de concentration (du nombre de molécules ou d'ions d'une substance par unité de volume) entre deux régions. Le mouvement net des molécules a tendance à suivre ce gradient, c'est-à-dire que celles-ci se déplacent vers la région où leur concentration est la plus faible. Ce phénomène porte le nom de *diffusion*.

4. Les réactions métaboliques dépendent de gradients de concentration qui provoquent le déplacement des substances dans une direction donnée. Les cellules possèdent des mécanismes qui s'exercent à travers la membrane plasmique et les membranes intracellulaires afin d'augmenter ou de diminuer la concentration des solutés et de l'eau.

5. Au cours de la diffusion facilitée, un soluté traverse la membrane par simple diffusion à travers le canal d'un transporteur protéique. Au cours du transport actif, un autre type de transporteur protéique pompe le soluté à travers la membrane à l'encontre de son gradient de concentration. Le transport actif nécessite de l'énergie, généralement fournie par l'ATP.

6. L'osmose est le phénomène moléculaire par lequel l'eau diffuse à travers toute membrane à perméabilité sélective et se dirige vers une région où sa concentration est plus faible.

7. L'endocytose et l'exocytose permettent à des quantités plus importantes de matériaux de traverser la membrane plasmique.

LA STRUCTURE DES MEMBRANES CELLULAIRES

La bicouche lipidique

Supposons que nous observions une cellule vivante au microscope et que nous la percions avec la pointe d'une aiguille extrêmement fine. Nous serions surpris de découvrir que son cytoplasme ne s'écoulera pas après que nous aurons retiré l'aiguille! La membrane plasmique se refermera plutôt sur la perforation qu'elle fera ainsi disparaître. En effet, la membrane plasmique, tout comme le cytoplasme et le liquide extracellulaire dans lesquels elle baigne, est une structure fluide et non pas une paroi solide et statique.

Comment une membrane fluide peut-elle demeurer distincte du milieu liquide qui l'entoure? Rappelons les caractéristiques des phosphoglycérolipides, ses constituants les plus abondants (voir la section 3.5). Chaque **phosphoglycérolipide** se compose d'une tête contenant un groupement phosphate et une molécule de glycérol et de deux queues formées par des chaînes d'acides gras liés au glycérol (voir la figure 5.2*a*). La tête est hydrophile et se dissout donc aisément dans l'eau. En revanche, les queues d'acides gras sont hydrophobes et repoussent l'eau. Si on place beaucoup de molécules de phosphoglycérolipides dans de l'eau, elles interagissent avec les molécules d'eau et entre elles et se rassemblent pour former spontanément un feuillet ou une pellicule à la surface de l'eau. Leurs interactions peuvent même les amener à former deux couches, toutes les queues d'acide gras étant alors enclavées entre les têtes hydrophiles exposées au milieu aqueux. Une telle **bicouche lipidique** constitue la trame des membranes cellulaires (voir la section 4.1 et la figure 5.2*c*).

Cet arrangement permet de réduire au minimum le nombre de groupements hydrophobes exposés à l'eau. Un bris minime de la membrane se répare spontanément en raison de la nature même des phosphoglycérolipides qui les amène à se disposer de façon à placer leurs queues hydrophobes vers l'intérieur et leurs têtes hydrophiles vers le milieu aqueux.

La disposition des phosphoglycérolipides membranaires favorise non seulement la réparation spontanée de la membrane, mais aussi la formation de vésicules. Quand par exemple une portion du réticulum endoplasmique ou de l'appareil de Golgi forme une extension à l'une de ses extrémités, l'eau du cytoplasme repousse les phosphoglycérolipides de la membrane et favorise leur organisation en une vésicule qui finit par se détacher. La membrane se soude à nouveau après son départ.

Le modèle de la mosaïque fluide

La figure 5.3, qui montre une petite portion de membrane cellulaire, illustre le **modèle de la mosaïque fluide**. Selon ce modèle, la membrane cellulaire est composée, comme une mosaïque, de plusieurs éléments, soit des phosphoglycérolipides, des glycolipides, des stéroïdes et des protéines. Les phosphoglycérolipides ne sont pas tous pourvus d'une tête identique et la longueur de leurs queues d'acides gras diffère, de même que le degré de saturation de celles-ci. (Les acides gras insaturés possèdent une ou plusieurs liaisons doubles dans leur chaîne carbonée, tandis que les acides gras saturés en sont dépourvus.) Les glycolipides s'apparentent aux phosphoglycérolipides sur le plan structural, mais un ou plusieurs glucides sont fixés sur leur tête. Le cholestérol constitue le stéroïde le plus abondant des membranes des cellules animales (voir la figure 5.2*b*). Les membranes des cellules végétales contiennent plutôt des phytostérols.

Toujours selon ce modèle, la membrane est fluide à cause du déplacement de ses constituants et de leurs interactions. La plupart des phosphoglycérolipides sont libres de dériver latéralement. Ils peuvent aussi tourner autour de leur axe et fléchir leurs queues, ce qui empêche les molécules adjacentes de s'entasser et de former une couche solide. Les queues hydrophobes courtes ou courbées (insaturées) contribuent également à la fluidité de la membrane. Comme il en est question plus loin, certaines protéines membranaires peuvent aussi se déplacer latéralement dans la bicouche fluide.

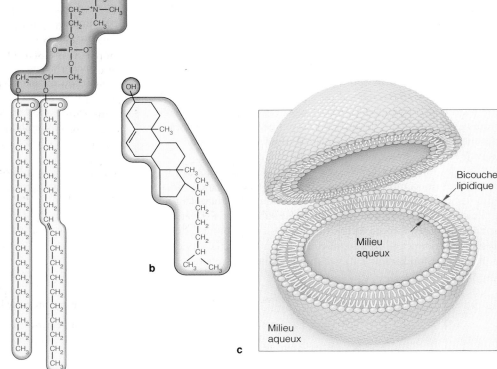

Figure 5.2 a) La formule développée de la phosphatidylcholine. Ce phosphoglycérolipide est l'un des constituants les plus courants des membranes cellulaires des animaux. La partie orange correspond à la tête hydrophile de la molécule, et les parties jaunes, aux queues hydrophobes.

b) La formule développée du cholestérol, le stéroïde le plus répandu dans les tissus animaux. Les phytostérols sont les pendants de ce stéroïde dans les tissus végétaux.

c) L'organisation spontanée des molécules de lipides en deux couches (une bicouche). Quand on les immerge dans un milieu aqueux, les queues hydrophobes des lipides sont enclavées entre les têtes hydrophiles, qui se dissolvent dans l'eau.

Bicouche lipidique

Milieu aqueux

Milieu aqueux

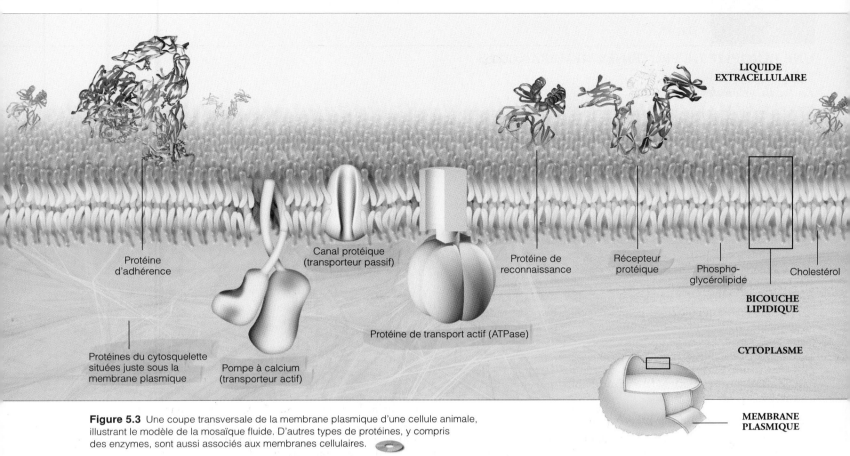

LIQUIDE EXTRACELLULAIRE

Protéine d'adhérence

Canal protéique (transporteur passif)

Protéine de reconnaissance

Récepteur protéique

Phospho-glycérolipide

Cholestérol

BICOUCHE LIPIDIQUE

Protéine de transport actif (ATPase)

Protéines du cytosquelette situées juste sous la membrane plasmique

Pompe à calcium (transporteur actif)

CYTOPLASME

MEMBRANE PLASMIQUE

Figure 5.3 Une coupe transversale de la membrane plasmique d'une cellule animale, illustrant le modèle de la mosaïque fluide. D'autres types de protéines, y compris des enzymes, sont aussi associés aux membranes cellulaires.

Le modèle de la mosaïque fluide est un bon point de départ pour explorer les membranes. Rappelons toutefois que celles-ci diffèrent par la nature et la disposition des molécules qui y sont incorporées. Même la composition des deux feuillets de la bicouche est différente. Par exemple, les glycolipides et les glycoprotéines ne s'observent que sur la face externe de la membrane plasmique (voir la figure 5.3). Le nombre et le type de glucides attachés aux protéines et aux lipides diffèrent également d'une espèce à l'autre et même d'une cellule à l'autre chez le même individu.

Comment les deux couches de la membrane plasmique en viennent-elles à être si différentes ? L'acquisition de leurs caractéristiques commence à l'intérieur du réticulum endoplasmique, où de nombreuses chaînes polypeptidiques sont modifiées avant d'être acheminées vers leur destination finale (voir la section 4.5). Les protéines qui seront intégrées dans la membrane plasmique sont incorporées dans la membrane de vésicules qui fusionnent avec l'appareil de Golgi. Dans cet organite, elles continuent leur maturation, puis sont expédiées dans la membrane d'autres vésicules qui fusionneront avec la membrane plasmique. La figure 5.4 illustre comment cette fusion amène les protéines contenues dans la membrane d'une vésicule à la surface externe de la membrane.

La prochaine section présente les types de protéines membranaires que nous rencontrons dans plusieurs chapitres de ce manuel. Une fois de plus, nous pouvons constater ici la corrélation entre la fonction d'une protéine et sa structure moléculaire.

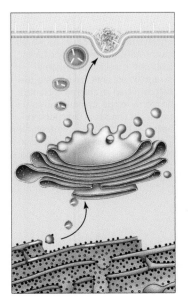

Figure 5.4 L'origine de la répartition asymétrique des protéines, des glucides et des lipides dans les membranes. Les protéines qui exercent leur fonction à la surface de la cellule sont des chaînes polypeptidiques synthétisées dans le cytoplasme, qui subissent par la suite une maturation dans le réticulum endoplasmique, puis dans l'appareil de Golgi. Beaucoup sont ensuite incorporées à la membrane de vésicules qui iront fusionner avec la membrane plasmique, ce qui amènera automatiquement les protéines situées à l'intérieur des vésicules à se placer à la surface externe de la membrane plasmique.

Une membrane cellulaire comprend deux couches principalement composées de lipides, en particulier de phosphoglycérolipides. Cette bicouche lipidique est la trame fondamentale des membranes. Elle agit également comme une barrière pour les substances hydrosolubles.

Les parties hydrophobes des lipides membranaires sont enclavées entre les parties hydrophiles. Ces dernières baignent ainsi dans le cytoplasme ou dans le liquide extracellulaire.

Beaucoup de protéines différentes, assurant des fonctions différentes, sont intégrées dans la membrane ou localisées à sa surface.

UNE PANOPLIE DE PROTÉINES MEMBRANAIRES

La localisation des protéines

C'est par les lipides et les protéines de leur membrane plasmique que les cellules entrent en contact avec leur milieu. C'est par là qu'elles reçoivent ou qu'elles envoient toute une variété de substances et de signaux. Chez les organismes pluricellulaires, c'est grâce à ces molécules membranaires que les cellules du système immunitaire peuvent reconnaître les éléments étrangers à l'organisme. Enfin, c'est aussi grâce à elles que les cellules adhèrent les unes aux autres ou à la matrice extracellulaire dans les tissus. Étant donné que les protéines membranaires sont impliquées dans la plupart de ces fonctions, ces exemples montrent une fois de plus que la structure moléculaire se traduit par des fonctions spécifiques.

Les protéines intégrées de la membrane établissent des interactions avec les parties hydrophobes des phosphoglycérolipides de la bicouche et sont difficiles à déloger. La plupart d'entre elles sont des protéines transmembranaires qui traversent complètement la bicouche et dont les domaines hydrophiles font saillie sur les deux surfaces de la membrane. Quant à elles, les protéines périphériques sont localisées à la surface de la membrane et non à l'intérieur de la bicouche lipidique. Elles s'associent avec les protéines intégrées et les têtes polaires des lipides membranaires grâce à des liaisons faibles, notamment des liaisons hydrogène.

Les fonctions des protéines membranaires

La figure 5.5 présente les principales catégories de protéines membranaires et leurs fonctions. Toutes ces protéines traversent la bicouche. Chez les organismes pluricellulaires, il existe des **protéines d'adhérence** qui permettent aux cellules semblables de se reconnaître, d'adhérer les unes aux autres et de se fixer dans le tissu adéquat. Une fois le développement du tissu achevé, certains sites d'adhérence s'intègrent à des jonctions cellulaires, comme le décrit la section 4.11.

Les **protéines de communication** forment des canaux à travers la membrane plasmique de deux cellules adjacentes. Ces protéines permettent un échange rapide de signaux et de substances entre le cytoplasme des deux cellules. Les **récepteurs protéiques** se lient à des substances extracellulaires, telles que les hormones, qui déclenchent une modification de l'activité cellulaire. La liaison d'une hormone précise à son récepteur membranaire peut par exemple activer des enzymes qui jouent un rôle dans la croissance et la division de la cellule. L'assortiment des récepteurs membranaires varie selon le type de cellule. Quant aux **protéines de reconnaissance**, elles sont comparables à des empreintes digitales moléculaires puisqu'elles identifient chaque cellule comme appartenant à un tissu en particulier ou à un individu. Enfin, les **protéines de transport** (aussi appelées *transporteurs*) laissent les solutés traverser passivement la membrane ou les pompent activement.

D'autres protéines, notamment des enzymes, sont enchâssées dans les membranes cellulaires. Certaines enzymes sont associées avec d'autres types de protéines et sont essentielles à leur fonctionnement.

Les protéines membranaires comprennent des transporteurs, qui assurent le transport passif ou actif de substances hydrosolubles à travers la bicouche de lipides. Elles comprennent aussi diverses enzymes.

La membrane plasmique, particulièrement celle des espèces pluricellulaires, contient de nombreux récepteurs, de même que des protéines qui jouent un rôle dans l'adhérence des cellules les unes aux autres, la communication intercellulaire et la reconnaissance du soi.

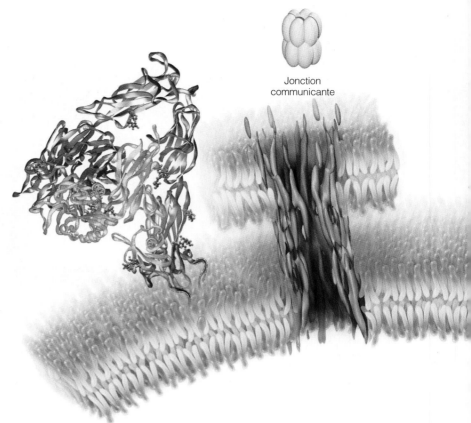

Jonction communicante

LES PROTÉINES D'ADHÉRENCE

Ces protéines sont enchâssées dans la membrane plasmique. Elles aident la cellule à adhérer à une autre cellule ou à une protéine de la matrice extracellulaire, tel le collagène.

Les intégrines, comme celle qui est illustrée ici, transmettent des signaux à travers la membrane. Les cadhérines se lient aux cadhérines identiques ancrées dans les cellules adjacentes. Les sélectines unissent les cellules en adhérant à des polysaccharides déterminés. Elles sont abondantes dans l'endothélium tapissant la paroi interne des vaisseaux sanguins et du cœur.

LES PROTÉINES DE COMMUNICATION INTERCELLULAIRE

Ces protéines se lient à des protéines identiques situées dans la membrane plasmique d'une cellule adjacente et forment ainsi un canal qui relie directement leurs cytoplasmes. Des signaux chimiques et électriques pourront emprunter ce canal.

Le type représenté ici est une jonction communicante comme on en observe beaucoup dans les cellules musculaires du cœur. Grâce à ces jonctions, les signaux voyagent si rapidement entre les cellules que ces dernières se contractent toutes en même temps, comme si elles formaient une seule unité fonctionnelle. Ce modèle présente seulement les parties les plus denses de la jonction communicante; les autres détails de sa structure sont en voie d'être élucidés.

Figure 5.5 Les principales catégories de protéines membranaires et leurs fonctions. (Nous présentons ailleurs dans ce manuel des exemples spécifiques de ces protéines, particulièrement celles qu'on a ici représentées à l'aide d'un dessin simplifié.)

Protéine
de reconnaissance

Transporteur
passif

Transporteur
actif (type P)

Transporteur
actif (type F)

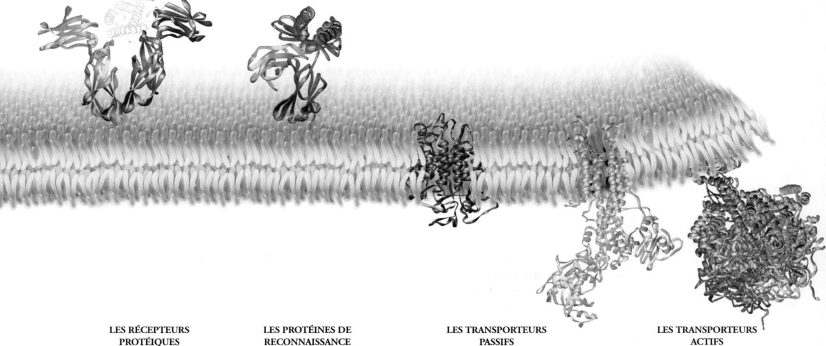

LES RÉCEPTEURS PROTÉIQUES

Les récepteurs intégrés dans la membrane sont des sites sur lesquels diverses hormones et d'autres signaux peuvent se lier. Ils induisent une modification des activités chez la cellule cible. Cette dernière est munie de récepteurs pour un messager chimique particulier.

Un signal pourrait par exemple entraîner la synthèse d'une protéine particulière dans la cellule, l'accélération ou l'inhibition d'une réaction métabolique, la sécrétion d'une substance ou l'amorce de la division cellulaire.

Le schéma illustre un récepteur de l'hormone de croissance (aussi appelée *GH*) présent sur la plupart des cellules des vertébrés. Une molécule d'hormone de croissance (en gris) liée à ce récepteur déclenche les divisions cellulaires responsables de l'augmentation de la taille qu'on observe au cours de la croissance et du développement.

LES PROTÉINES DE RECONNAISSANCE

Chaque membrane plasmique contient des glycoprotéines et des glycolipides dotés de chaînes latérales qui se projettent de sa surface. Ces molécules établissent l'identité de la cellule comme faisant partie du soi (appartenant à l'organisme) ou du non-soi (qui lui est étranger).

Certaines de ces protéines jouent un rôle dans la défense des tissus. Pensons aux protéines du complexe majeur d'histocompatibilité (voir la section 3.7). Les fragments étrangers qui se lient à ces protéines incitent les cellules du système immunitaire à amorcer une réaction de défense. D'autres protéines de reconnaissance permettent aux cellules d'un même type de se reconnaître et de se fixer les unes aux autres pendant le développement des tissus.

Le schéma illustre une glycophorine, une molécule d'identité se trouvant à la surface des globules rouges. Voir aussi la section 11.4, qui porte sur les groupes sanguins du système ABO.

LES TRANSPORTEURS PASSIFS

Les transporteurs passifs sont des canaux qui permettent à des solutés spécifiques de les traverser sans recourir à l'énergie. Le soluté diffuse simplement à travers la membrane en suivant son gradient de concentration ou son gradient électrochimique (voir la section 5.4).

Certaines cellules animales et diverses vacuoles de cellules végétales possèdent un grand nombre de canaux permettant le passage de l'eau (les aquaporines). D'autres types de canaux modifient leur conformation quand un soluté les traverse. L'illustration ci-dessus montre un transporteur appelé GLUT1 qui se lie au glucose et l'aide à traverser la membrane plasmique des globules rouges. Un cotransporteur de chlorure et de bicarbonate facilite quant à lui le transport passif et simultané des ions chlorure et bicarbonate à travers la membrane, chacun dans une direction opposée.

D'autres transporteurs passifs sont des canaux ioniques sélectifs munis de « barrières » moléculaires. Certaines de ces « barrières » s'ouvrent ou se ferment rapidement quand une petite molécule se lie à elles ou quand la distribution des charges électriques de part et d'autre de la membrane varie. Les cellules musculaires et nerveuses sont munies de tels canaux à ouverture intermittente pour les ions sodium, calcium, potassium et chlorure.

LES TRANSPORTEURS ACTIFS

Les protéines de transport actif pompent un soluté spécifique à travers la membrane vers la région où sa concentration est plus élevée et où il est le moins susceptible de diffuser par lui-même. Certaines pompes sont des cotransporteurs qui laissent un soluté diffuser passivement en suivant la pente de son gradient de concentration tout en pompant activement un autre soluté contre son propre gradient de concentration.

Les transporteurs alimentés par l'ATP sont des pompes qui portent le nom d'*ATPases*. La plupart des ATPases de type P sont constituées d'une chaîne polypeptidique. La pompe à calcium illustrée ci-dessus (en bleu) de même que la pompe à sodium et à potassium en sont des exemples.

Les ATPases de type V pompent des protons, soit des ions hydrogène (H^+), et activent des enzymes hydrolytiques dans les cellules animales, végétales et fongiques.

Les ATPases de type F, qu'on retrouve chez les cellules animales, végétales et procaryotes, pompent les protons à travers des membranes et sont potentiellement réversibles. Le flux de protons qui les traverse alors fournit l'énergie pour la synthèse d'ATP, d'où leur nom plus explicite d'*ATP synthétases* (voir les chapitres 7 et 8).

La migration des protéines membranaires

Il y a déjà un certain temps que les chercheurs ont réussi à séparer les couches de la membrane plasmique et ont découvert que les protéines ne forment pas un revêtement uniforme sur la bicouche lipidique de la membrane, comme certains l'avaient présumé, mais qu'un grand nombre d'entre elles y sont plutôt enchâssées :

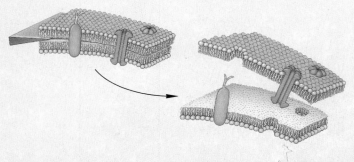

Mais ces protéines occupaient-elles une localisation fixe dans la membrane ? On l'ignorait jusqu'à ce que des chercheurs conçoivent une expérience ingénieuse. Ils parvinrent à fusionner une cellule humaine et une cellule de souris, formant ainsi une cellule hybride entourée d'une membrane continue. En moins d'une heure, la plupart des protéines membranaires des deux cellules s'étaient entremêlées (voir la figure 5.6).

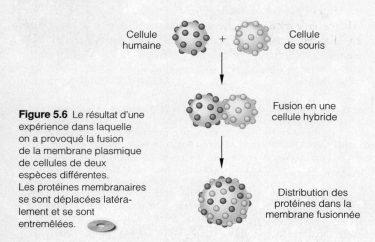

Figure 5.6 Le résultat d'une expérience dans laquelle on a provoqué la fusion de la membrane plasmique de cellules de deux espèces différentes. Les protéines membranaires se sont déplacées latéralement et se sont entremêlées.

Cellule humaine   +   Cellule de souris

Fusion en une cellule hybride

Distribution des protéines dans la membrane fusionnée

Nous savons maintenant que beaucoup de protéines membranaires migrent latéralement dans la bicouche de lipides, mais que d'autres restent en place. Certaines forment des agrégats et ne se déplacent plus les unes par rapport aux autres. Les récepteurs protéiques pour l'acétylcholine, une molécule qui joue un rôle dans la transmission de l'information dans le système nerveux, sont de ce type. D'autres protéines s'ancrent à des éléments du cytosquelette qui limitent leurs déplacements latéraux. La glycophorine illustrée à la figure 5.5 est fixée à un réseau de molécules de spectrine entrelacées. Il en va de même pour la protéine de transport qui échange des ions chlorure contre des ions bicarbonate à travers la membrane plasmique du globule rouge.

LA DIFFUSION

Qu'est-ce qui détermine le sens dans lequel une substance traversera la bicouche de lipides ou une protéine membranaire ? Une partie de la réponse réside dans un phénomène qui porte le nom de *diffusion*. Considérons le milieu aqueux dans lequel baignent les surfaces de la bicouche lipidique. Une multitude de substances y sont dissoutes, mais leur nature et leur quantité ne sont pas les mêmes des deux côtés de la membrane. C'est la membrane elle-même qui est responsable de cette différence et qui la maintient. Comment ? Chaque membrane cellulaire présente une **perméabilité sélective**, ce qui signifie que sa structure moléculaire permet à certaines substances de la traverser d'une manière déterminée et à des moments précis.

Par exemple, nous savons que les chaînes lipidiques de la bicouche ne sont pas polaires. Il en résulte que l'oxygène moléculaire, le dioxyde de carbone et d'autres petites molécules non polaires peuvent traverser la membrane librement. Bien que les molécules d'eau soient polaires, certaines réussissent à se faufiler par les failles créées par la flexion ou la courbure des queues hydrocarbonées (voir la figure 5.7).

En revanche, la bicouche n'est pas perméable aux molécules polaires volumineuses comme le glucose, pas plus qu'elle ne laisse passer les ions (voir la figure 5.7). Des protéines membranaires sont nécessaires pour que ces substances traversent la membrane. Les molécules d'eau dans lesquelles ces substances sont dissoutes traversent la membrane avec elles.

La perméabilité sélective de la membrane est cruciale, car le bon déroulement du métabolisme dépend de la capacité de la cellule à augmenter, à diminuer ou à maintenir la concentration des molécules et des ions nécessaires à des réactions spécifiques.

Le gradient de concentration

Imaginons à présent les molécules ou les ions d'une substance situés à proximité d'une membrane cellulaire. Ces molécules ou ces ions se déplacent constamment, entrent en collision aléatoirement et rebondissent les uns sur les autres. Plus leur concentration est élevée dans une zone, plus leurs collisions sont fréquentes. Quand la concentration d'une région n'est pas la même que celle d'une région adjacente, nous sommes en présence d'un gradient. Un **gradient de concentration** est la différence de concentration d'ions ou de molécules d'une substance entre des régions adjacentes.

En l'absence d'autres forces, toute substance se déplace d'une région où elle est plus concentrée vers une région où elle l'est moins. C'est l'énergie thermique des molécules qui alimente ce mouvement. Malgré les collisions aléatoires des molécules et leurs oscillations (des millions de fois par seconde), leur déplacement net les éloigne de la région où elles sont le plus concentrées.

Le terme **diffusion** désigne le déplacement net des molécules ou des ions de la même sorte dans la direction de leur gradient de concentration. La diffusion détermine la manière dont les substances traversent les membranes et se déplacent dans le cytoplasme. Chez les espèces pluricellulaires, elle induit aussi le déplacement de substances entre des régions de l'organisme ou entre celui-ci et son milieu. Par exemple, quand l'oxygène se forme dans les cellules photosynthétiques d'une feuille, il diffuse ensuite dans l'air contenu dans les lacunes de cette feuille, puis dans l'air se trouvant à l'extérieur de celle-ci, là où sa concentration est plus faible.

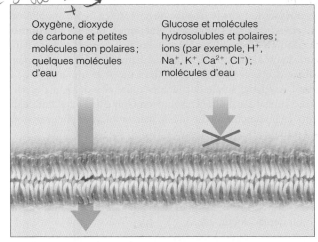

Oxygène, dioxyde de carbone et petites molécules non polaires; quelques molécules d'eau

Glucose et molécules hydrosolubles et polaires; ions (par exemple, H⁺, Na⁺, K⁺, Ca²⁺, Cl⁻); molécules d'eau

Figure 5.7 La perméabilité sélective des membranes cellulaires. Les petites molécules non polaires et un certain nombre de molécules d'eau traversent la bicouche de lipides. Les ions, les grosses molécules hydrosolubles polaires et l'eau qui les hydrate ne peuvent toutefois pas la traverser. Ce sont des protéines de transport qui leur permettent de circuler, de manière active ou passive.

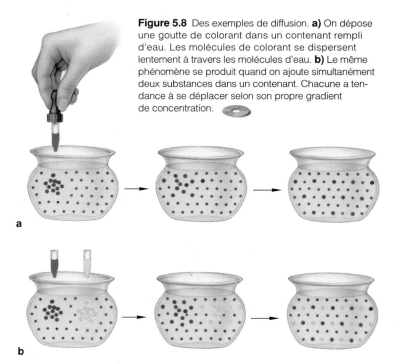

Figure 5.8 Des exemples de diffusion. **a)** On dépose une goutte de colorant dans un contenant rempli d'eau. Les molécules de colorant se dispersent lentement à travers les molécules d'eau. **b)** Le même phénomène se produit quand on ajoute simultanément deux substances dans un contenant. Chacune a tendance à se déplacer selon son propre gradient de concentration.

a

b

Comme toutes les autres substances, l'oxygène a tendance à diffuser dans une direction établie par son propre gradient de concentration, et non par le gradient des autres substances dissoutes dans le même fluide. La diffusion d'une goutte de colorant dans un verre d'eau illustre ce phénomène. Les molécules de colorant diffusent vers la région où elles sont le moins concentrées. Simultanément, les molécules d'eau se déplacent vers la région où elles aussi sont le moins concentrées (voir la figure 5.8).

Les facteurs responsables de la vitesse de diffusion

Plusieurs facteurs influent sur la vitesse de déplacement d'une substance selon son gradient de concentration. Ces facteurs comprennent l'importance de la pente du gradient de concentration, la taille des molécules, la température, de même que le gradient de pression ou le gradient électrochimique.

La diffusion est plus rapide quand la pente du gradient de concentration est forte, parce que beaucoup plus de molécules s'éloignent d'une région de concentration élevée qu'il n'y en a qui s'y introduisent. À mesure que le gradient diminue, la différence entre le nombre de molécules qui se déplacent dans un sens et dans l'autre s'amenuise également. En fait, les molécules continuent à se mouvoir même si le gradient est nul. Cependant, le nombre total de molécules qui diffusent dans un sens pendant un certain intervalle de temps est identique à celui des molécules qui diffusent dans l'autre sens. Quand les molécules sont réparties de façon homogène dans les régions adjacentes, il se crée un équilibre dynamique.

Quel est le rôle de la température? L'énergie thermique (c'est-à-dire une élévation de la température) entraîne un déplacement plus rapide des molécules et des collisions plus fréquentes entre elles. C'est la raison pour laquelle la diffusion est plus rapide dans les zones où la température est élevée que dans celles où elle l'est moins. Qu'en est-il de la taille des molécules? Généralement, les petites molécules se meuvent dans le sens de leur gradient de concentration plus rapidement que les molécules volumineuses.

Un gradient électrochimique peut aussi avoir des effets sur la vitesse et le sens de la diffusion. Un **gradient électrochimique** est simplement une différence de charge électrique entre deux régions voisines. Par exemple, beaucoup d'ions sont dissous dans les liquides où baigne une membrane. Chacun de ces ions contribue à la charge électrique de ces liquides. Il est connu que les charges opposées s'attirent. Par conséquent, le milieu dont la charge négative est la plus forte exercera globalement une plus grande attraction sur des substances chargées positivement, comme les ions sodium. Beaucoup de processus, notamment le transfert d'informations dans le système nerveux, font intervenir la force combinée d'un gradient de concentration et d'un gradient électrochimique.

Enfin, comme il en sera question sous peu, la diffusion peut aussi être influencée par un **gradient de pression**, soit la différence de pression entre des régions voisines.

Les molécules ou les ions d'une substance entrent constamment en collision à cause de leur énergie cinétique intrinsèque. Les collisions entraînent la diffusion, soit le déplacement net d'une substance d'une région de forte concentration vers une région de plus faible concentration.

On peut considérer le gradient de concentration comme une forme d'énergie qui peut activer le déplacement d'une substance dans une direction donnée à travers une membrane cellulaire. La pente du gradient, la température, la taille des molécules, la présence d'un gradient électrochimique et d'un gradient de pression exercent une influence sur la vitesse de diffusion.

Les réactions métaboliques dépendent de l'énergie chimique emmagasinée dans des concentrations élevées de molécules et d'ions. Les cellules font appel à certains mécanismes pour augmenter ou diminuer ces concentrations de part et d'autre de la membrane plasmique et des membranes intracellulaires.

LES MODES DE TRANSPORT MEMBRANAIRE

Avant d'étudier en détail les divers modes de transport qui permettent aux substances de traverser les membranes, examinons la vue d'ensemble que nous en offre la figure 5.9. C'est grâce à ces mécanismes que les cellules et les organites reçoivent des matériaux bruts et se débarrassent de leurs déchets. Collectivement, ils contribuent à maintenir le volume, la composition et le pH des cellules et des organites à l'intérieur de limites convenables pour leur fonctionnement.

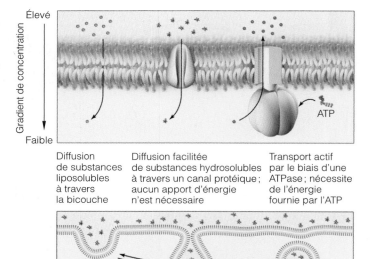

Diffusion de substances liposolubles à travers la bicouche

Diffusion facilitée de substances hydrosolubles à travers un canal protéique; aucun apport d'énergie n'est nécessaire

Transport actif par le biais d'une ATPase; nécessite de l'énergie fournie par l'ATP

Endocytose (flèches pointant vers la droite)

Exocytose (flèches pointant vers la gauche)

Figure 5.9 Les modes de transport membranaire.

Rappelons que les petites molécules non polaires, comme l'oxygène, diffusent librement à travers la bicouche de lipides, alors que les molécules polaires et les ions diffusent en empruntant des protéines de transport transmembranaires. Ces transporteurs passifs permettent simplement à la substance de diffuser dans le sens de son gradient de concentration. Il s'agit là d'un mode passif de transport qu'on désigne sous le nom de *diffusion facilitée*.

Les pompes ATPase participent quant à elles au transport actif. Ces transporteurs permettent eux aussi le passage de substances polaires à travers la membrane, mais le déplacement net de celles-ci s'effectue contre leur gradient de concentration. Contrairement à la diffusion simple à travers les lipides ou à la diffusion facilitée, le transport actif requiert un apport d'énergie pour s'opposer au gradient de concentration.

D'autres mécanismes contribuent au transport massif de substances à travers la membrane plasmique. Dans l'exocytose par exemple, une vésicule membraneuse qui s'est formée à l'intérieur du cytoplasme fusionne avec la membrane plasmique et relâche son contenu dans le milieu extracellulaire. Dans le cas de l'endocytose, une portion de la membrane plasmique s'invagine, puis se referme pour libérer une vésicule dans le cytoplasme.

Différents modes de transport permettent à des substances de traverser les membranes dans le sens de leur gradient de concentration ou à l'encontre de celui-ci, soit directement à travers les lipides de la bicouche, soit à travers les protéines enchâssées dans la bicouche.

LE FONCTIONNEMENT DES TRANSPORTEURS

Tous les transporteurs sont des protéines percées d'une sorte de canal ou de tunnel permettant le passage de molécules hydrosolubles ou d'ions. Certains canaux protéiques permettent la diffusion de solutés de façon continue. Dans d'autres cas, le soluté, une fois présent dans l'ouverture du canal située d'un côté de la membrane, se lie faiblement à la protéine. Celle-ci modifie sa conformation, ce qui contribue à verrouiller l'ouverture située derrière le soluté et à dégager l'ouverture située à l'autre extrémité. Le soluté est alors exposé au liquide de l'autre côté de la membrane. Le site de liaison du soluté revient alors à son état initial et libère sa cargaison (voir la figure 5.10).

La diffusion facilitée

La **diffusion facilitée** désigne la diffusion d'un soluté particulier à travers une protéine de transport. C'est un gradient de concentration, un gradient électrochimique ou les deux à la fois qui déterminent la direction du déplacement.

Sur le plan énergétique, le passage à travers la membrane n'entraîne comme dépense que ce que la cellule a déjà investi pour produire et maintenir ces gradients. La diffusion facilitée en elle-même n'exige aucun apport d'énergie supplémentaire.

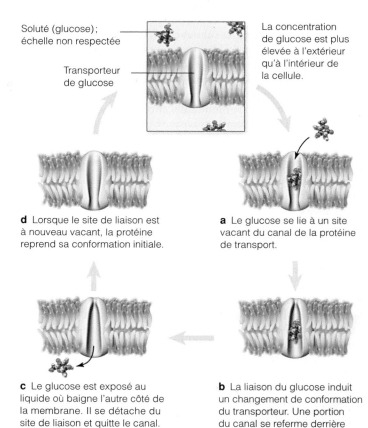

Soluté (glucose); échelle non respectée

Transporteur de glucose

La concentration de glucose est plus élevée à l'extérieur qu'à l'intérieur de la cellule.

d Lorsque le site de liaison est à nouveau vacant, la protéine reprend sa conformation initiale.

a Le glucose se lie à un site vacant du canal de la protéine de transport.

c Le glucose est exposé au liquide où baigne l'autre côté de la membrane. Il se détache du site de liaison et quitte le canal.

b La liaison du glucose induit un changement de conformation du transporteur. Une portion du canal se referme derrière le soluté, alors qu'une autre portion s'ouvre devant lui.

Figure 5.10 La diffusion facilitée du glucose à l'aide d'un transporteur. Le glucose peut traverser la membrane dans les deux sens, mais son déplacement net se fera selon son gradient de concentration jusqu'à ce que les concentrations s'égalisent des deux côtés de la membrane.

Figure 5.11 Le transport actif par une pompe à calcium. Ce modèle illustre le canal qui traverse la membrane. L'ATP transfère un groupement phosphate à la pompe à calcium. Les changements réversibles de conformation de ce transporteur permettent un déplacement net plus important des particules de soluté à l'encontre de leur gradient de concentration.

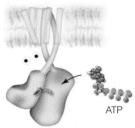

Concentration de calcium plus élevée à l'extérieur de la cellule

Concentration de calcium plus faible à l'intérieur de la cellule

Le déplacement net pendant un intervalle donné dépend du nombre de molécules ou d'ions d'un soluté spécifique qui se fixent aléatoirement sur le transporteur (voir la figure 5.10). Les rencontres sont simplement plus fréquentes du côté de la membrane où la concentration du soluté est plus élevée. Par conséquent, le déplacement net du soluté se fait vers la région où sa concentration est moins élevée.

Si aucun autre facteur n'intervient, la diffusion facilitée se poursuit jusqu'à ce que les concentrations s'égalisent de part et d'autre de la membrane. Certains processus peuvent toutefois l'affecter.

Par exemple, les transporteurs de glucose (voir la figure 5.10) permettent au glucose de diffuser passivement du sang vers la cellule, où il sera utilisé comme source d'énergie ou pour effectuer des biosynthèses. Quand le taux de glucose sanguin est élevé, les cellules maintiennent le gradient en dépit d'une absorption rapide de la molécule. Comment y parviennent-elles ? À mesure que certaines molécules de glucose diffusent à l'intérieur des cellules, d'autres entrent simultanément dans des réactions métaboliques. En d'autres termes, quand les cellules utilisent le glucose, elles maintiennent un gradient de concentration qui favorise une absorption encore plus grande de glucose.

Le transport actif

Ce n'est que chez une cellule morte que la concentration des solutés devient la même de part et d'autre de la membrane. Les cellules vivantes dépensent sans cesse de l'énergie afin de pomper des solutés vers l'intérieur ou l'extérieur. Dans le **transport actif**, des « moteurs protéiques » utilisant de l'énergie contribuent à déplacer un soluté spécifique à travers une membrane cellulaire, à l'encontre de son gradient de concentration.

Examinons les transporteurs actifs de la figure 5.5. Quand l'un d'eux se lie à de l'ATP, un canal interne s'y ouvre. Seul un soluté particulier peut pénétrer à l'intérieur de ce canal et se fixer de manière réversible aux groupements moléculaires qui le bordent. La liaison pousse le transporteur à accepter le groupement phosphate de l'ATP. Ce transfert du groupement phosphate entraîne chez le transporteur un changement de conformation grâce auquel le soluté est libéré et pénètre dans le milieu situé de l'autre côté de la membrane cellulaire.

La figure 5.11 illustre une **pompe à calcium**. Grâce à ce transporteur actif, la concentration de calcium intracellulaire est au moins 1000 fois plus faible que sa concentration extracellulaire. La **pompe à sodium et à potassium** est un cotransporteur. Une fois activée par l'ATP, elle se lie à des ions sodium (Na^+) d'un côté de la membrane et les libère de l'autre côté. La libération des ions sodium favorise la liaison des ions potassium (K^+) sur un autre site du tunnel traversant le transporteur. Ce dernier retourne à sa conformation initiale après que le K^+ a été libéré de l'autre côté de la membrane.

C'est par le truchement de tels systèmes de transport actif que les gradients de concentration et les gradients électrochimiques sont maintenus de part et d'autre des membranes. Ces gradients jouent un rôle essentiel dans de nombreuses activités cellulaires et de

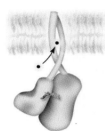

e Le transporteur retrouve sa conformation initiale.

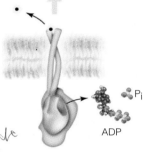

ADP

d Le changement de conformation entraîne la libération du calcium de l'autre côté de la membrane. Le groupement phosphate et de l'ADP (adénosine diphosphate) sont libérés.

a L'ATP se lie à la pompe à calcium.

b Le calcium pénètre dans le tunnel qui traverse la pompe et se lie aux groupements fonctionnels qui le bordent.

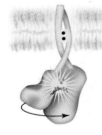

c L'ATP transfère un groupement phosphate à la pompe. Cet apport d'énergie induit un changement de conformation de celle-ci.

multiples processus physiologiques, comme la contraction musculaire et le fonctionnement du neurone.

Toutes les protéines de transport se lient à des solutés d'un côté d'une membrane cellulaire et modifient leur conformation de façon réversible. Ce changement fait circuler le soluté dans le canal protéique.

Dans la diffusion facilitée, un soluté diffuse à travers un transporteur selon son gradient de concentration.

Dans le transport actif, le déplacement net du soluté se fait à l'encontre de son gradient de concentration. L'énergie fournie par l'ATP active le transporteur et lui permet de s'opposer à l'énergie du gradient.

LE MOUVEMENT DE L'EAU

L'eau est de loin la substance qui traverse le plus abondamment les membranes cellulaires. C'est la raison pour laquelle nous accordons une attention particulière aux facteurs qui influencent ses mouvements.

L'osmose

Pensons à quelque chose d'aussi simple qu'un filet d'eau coulant du robinet ou d'aussi impressionnant que les chutes du Niagara. Dans les deux cas, le mouvement de l'eau fournit un exemple de **courant de masse**, soit le mouvement en masse d'une ou de plusieurs substances causé par la pression, la gravité ou toute autre force externe. Le courant de masse est responsable de certains mouvements de l'eau chez les végétaux et les animaux. Les battements du cœur génèrent par exemple une pression qui propulse le sang (principalement composé d'eau) dans l'organisme tout entier. Dans l'érable, la sève qui s'écoule à l'intérieur du réseau de tissus conducteurs constitue aussi un courant de masse.

Qu'en est-il du mouvement de l'eau qui pénètre ou qui sort des cellules ou des organites ? Si la concentration de l'eau n'est pas égale de part et d'autre d'une membrane cellulaire, on assiste à un phénomène qui porte le nom d'**osmose**. L'eau pourra alors traverser la membrane, qui est sélectivement perméable, en suivant son propre gradient de concentration.

La concentration des solutés des deux côtés d'une membrane sélectivement perméable influe sur l'osmose. Ce type de membrane laisse passer les petites molécules polaires d'eau, mais limite le passage des molécules polaires plus volumineuses. Le côté

[Notes manuscrites : Molarité (Moles/L) = nombre de grammes de soluté dilué dans 1 L de solution divisé par la masse molaire du soluté

soluté NaCl — Nb dions 2 — Masse molaire 58,443 g/md

qté soluté pour solution 0,6 mol/L

35,0658 — donc 58,443 × 0,6

35,0658 g/L ÷ 0,0025 L — le ballon rouge rouge (cylindre ou wtv)

réponse en 0,876,645 mol / 0,0025 L

osmolarité (osm) = molarité × nombre d'ions]

contenant le plus de particules de soluté a la concentration d'eau la plus faible (voir la figure 5.12). Par exemple, dans une solution de glucose, il y a moins de molécules d'eau que dans un volume équivalent d'eau. Pourquoi ? Parce que chaque molécule de glucose occupe l'espace qui serait autrement occupé par des molécules d'eau.

C'est le nombre total de molécules ou d'ions, et non leur nature, qui détermine la concentration de l'eau. Si on dissout une certaine quantité d'un acide aminé ou d'urée dans un litre d'eau, la concentration de l'eau se modifiera de la même manière que s'il s'agissait d'une solution de glucose. Si par contre on ajoute du chlorure de sodium (NaCl) dans un litre d'eau, il se dissociera en un nombre égal d'ions sodium et d'ions chlorure. Il en résulte deux fois plus de particules de soluté que dans la solution de glucose. Par conséquent, la concentration de l'eau diminuera proportionnellement.

Les effets de la tonicité

L'exemple suivant permettra de vérifier si l'eau se déplace effectivement vers une région où le soluté est plus concentré. On fabrique trois sacs avec une membrane qui permet le passage de l'eau, mais pas celui du saccharose (voir la figure 5.13) et on remplit chacun d'une solution de saccharose à 2 %. On immerge ensuite le premier sac dans un litre d'eau distillée (sans soluté), le deuxième, dans une solution de saccharose à 10 %, et le dernier, dans une solution de saccharose à 2 %. Dans chaque cas, la tonicité régit l'ampleur et la direction du déplacement des molécules d'eau.

Figure 5.12 Les effets d'un gradient de concentration sur l'osmose. Voici un contenant divisé par une membrane qui laisse passer l'eau, mais pas les protéines. On remplit le compartiment de gauche avec de l'eau et celui de droite avec le même volume d'une solution riche en protéines. Celles-ci occupent un certain espace dans ce compartiment. La diffusion nette de l'eau se fera ici de la gauche vers la droite (la flèche en gris).

Membrane sélectivement perméable divisant le contenant en deux compartiments

Molécule d'eau

Molécule de protéine

Solution de saccharose à 2 %

Un litre d'eau distillée

Un litre d'une solution de saccharose à 10 %

Un litre d'une solution de saccharose à 2 %

a

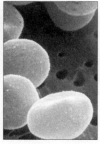

b

MILIEU HYPOTONIQUE

L'eau diffuse dans les globules rouges, ce qui les fait gonfler.

MILIEU HYPERTONIQUE

L'eau diffuse hors des cellules, qui se ratatinent.

MILIEU ISOTONIQUE

Il n'y a pas de mouvement net de l'eau ; la taille et la forme des cellules ne varient pas.

Figure 5.13 Les effets de la tonicité sur le mouvement de l'eau. **a)** La taille des flèches indique la direction et l'importance du mouvement de l'eau. **b)** Les micrographies montrent la forme qu'adoptent des globules rouges placés dans une solution hypotonique, hypertonique ou isotonique. Habituellement, les solutions sont en équilibre de part et d'autre de la membrane de ces cellules. Le globule rouge ne bénéficie d'aucun mécanisme interne qui l'aide à s'adapter aux brusques variations de concentration des solutés de son environnement.

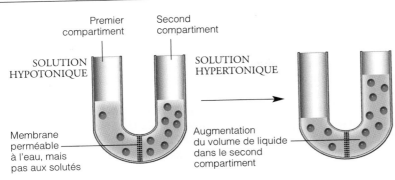

Premier compartiment | Second compartiment

SOLUTION HYPOTONIQUE | SOLUTION HYPERTONIQUE

Membrane perméable à l'eau, mais pas aux solutés

Augmentation du volume de liquide dans le second compartiment

Figure 5.14 L'augmentation du volume d'un liquide causée par l'osmose. Avec le temps, la diffusion nette à travers la membrane séparant les deux compartiments devient nulle. Toutefois, le volume de la solution du second compartiment devient plus important, car la membrane est imperméable aux solutés.

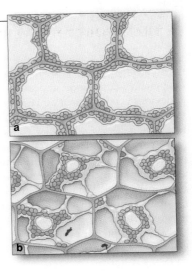

Figure 5.15
a) De jeunes cellules végétales en turgescence.
b) Une exemple de l'effet de la plasmolyse (une diminution de la pression hydrostatique interne résultant de l'osmose). Le cytoplasme et la vacuole centrale se réduisent, tandis que la membrane plasmique s'écarte de la paroi cellulaire.

La *tonicité* fait référence à la concentration relative de deux solutions. Si la concentration de deux solutions situées de part et d'autre d'une membrane est différente, la **solution hypotonique** est celle qui contient le moins de soluté, alors que celle dont la concentration est plus élevée est la **solution hypertonique**. L'eau a tendance à diffuser de la solution hypotonique vers la solution hypertonique. Des **solutions isotoniques** ont la même concentration de soluté, si bien que l'eau ne présente pas de mouvement osmotique net entre les solutions.

En temps normal, le cytoplasme et le liquide à l'extérieur de la cellule sont isotoniques. Si le liquide interstitiel devient brusquement hypotonique, beaucoup trop d'eau diffuse alors à l'intérieur des cellules, qui risquent d'éclater. Si le liquide devient trop hypertonique, les cellules se flétrissent parce que l'eau diffuse hors d'elles.

La plupart des cellules possèdent des mécanismes internes qui leur permettent de s'adapter à des changements de tonicité. Toutefois, les globules rouges en sont privés (voir la figure 5.13 qui montre ce qui leur advient lorsqu'ils sont plongés dans des milieux de tonicité différente). C'est la raison pour laquelle les patients sérieusement déshydratés reçoivent en perfusion une solution isotonique par rapport au sang.

Les effets de la pression hydrostatique

Les cellules animales évitent d'éclater en effectuant un transport sélectif des solutés à travers leur membrane plasmique. Quant aux cellules végétales et à celles de beaucoup de protistes, d'eumycètes et de bactéries, elles échappent à l'éclatement grâce à la pression exercée par leurs parois cellulaires.

Tout comme les concentrations de solutés, les différences de pression ont un effet sur le mouvement osmotique de l'eau. Examinons la figure 5.14, qui montre comment l'eau continue à se déplacer entre une solution hypotonique et une solution hypertonique jusqu'à ce que la concentration du soluté soit la même de part et d'autre de la membrane. Comme nous le constatons, le volume de la solution qui était auparavant hypertonique a augmenté (parce que les solutés ne peuvent s'en échapper en diffusant à travers la membrane).

La **pression hydrostatique** se définit comme la pression que tout volume de liquide exerce contre une paroi, une membrane ou toute autre structure qui le contient. (Chez les végétaux, on l'appelle *pression de turgescence*.) Plus la concentration en soluté du liquide est élevée, plus l'eau y pénètre par osmose et plus la pression hydrostatique qu'il exerce est forte.

La taille des cellules végétales ne peut pas augmenter indéfiniment (voir la section 4.1). À un certain moment, la pression du liquide à l'intérieur de la cellule s'oppose à l'entrée d'eau dans cette même cellule. Cette pression correspond à la **pression osmotique**, soit la force qui empêche un accroissement additionnel du volume d'une solution.

Considérons une jeune cellule végétale munie d'une paroi primaire flexible. À mesure qu'elle croît, l'eau diffuse à l'intérieur de la cellule. Cette diffusion accentue la pression exercée contre sa paroi et contribue à l'augmentation de la surface de celle-ci, de sorte que le volume de la cellule peut augmenter. La croissance de la paroi (et de la cellule) s'arrête lorsque la pression hydrostatique interne est suffisante pour s'opposer à l'entrée de l'eau. La pression hydrostatique serait ici égale à la pression osmotique.

Les cellules végétales sont exposées à la perte d'eau qui peut survenir quand le sol s'assèche ou qu'il devient trop riche en sels. La diffusion de l'eau vers l'intérieur des cellules s'arrête alors pour faire place à la diffusion de l'eau vers le milieu extracellulaire, ce qui abaisse la pression hydrostatique interne. La diminution du volume cytoplasmique causée par l'osmose porte le nom de *plasmolyse* (voir la figure 5.15). Les végétaux s'adaptent dans une certaine mesure à la diminution de pression, par exemple en absorbant par transport actif des ions potassium à l'encontre de leur gradient de concentration par les mécanismes expliqués à la section 5.6.

Comme l'indiquent les chapitres 38 et 42, les pressions hydrostatique et osmotique influent aussi sur la répartition de l'eau dans le liquide interstitiel et les cellules des animaux.

L'osmose désigne la diffusion de l'eau entre deux solutions de concentrations différentes, séparées par une membrane à perméabilité sélective. Plus le nombre de molécules et d'ions dissous dans une solution est grand, plus sa concentration en molécules d'eau est faible.

L'eau a tendance à se déplacer par osmose vers la région où la concentration de soluté est plus élevée (d'une solution hypotonique à une solution hypertonique). Il n'y a pas de diffusion nette de l'eau entre des solutions isotoniques.

La pression hydrostatique qu'une solution exerce contre une membrane ou une paroi influe également sur le mouvement osmotique de l'eau.

LE TRANSPORT À TRAVERS LA SURFACE CELLULAIRE

L'exocytose et l'endocytose

Les protéines de transport ne peuvent transférer que de petites molécules et des ions vers l'intérieur ou l'extérieur des cellules. Pour absorber ou évacuer des molécules ou des particules plus volumineuses, les cellules recourent à des vésicules qui se forment par exocytose ou endocytose.

L'**exocytose** est le phénomène par lequel une vésicule se déplace vers la surface de la cellule et fusionne sa membrane (constituée elle aussi d'une bicouche de lipides parsemée de protéines) avec la membrane plasmique. Du fait de cette fusion, la vésicule perd son identité tout en libérant son contenu dans le milieu extracellulaire (voir la figure 5.16*a*). L'**endocytose** permet à la cellule d'absorber des substances situées près de sa surface. Au cours de ce processus, une petite portion de la membrane plasmique s'invagine, puis se détache de la membrane plasmique pour former une vésicule intracellulaire. Cette vésicule d'endocytose transporte son contenu vers un organite ou l'entrepose dans le cytoplasme (voir les figures 4.13 et 5.16*b*).

On connaît trois formes d'endocytose. Dans la première forme, l'endocytose par récepteur interposé, des récepteurs membranaires reconnaissent chimiquement une substance spécifique, par exemple une hormone, une vitamine ou un minéral, et se lient à elle. Les récepteurs se concentrent à l'intérieur de minuscules puits à la surface de la membrane plasmique (voir la figure 5.17). La face cytoplasmique de chaque puits ressemble à un panier tressé composé de filaments entrelacés d'une protéine (la clathrine) formant un arrangement géométrique stable. Lorsque le puits s'enfonce dans le cytoplasme, le panier se referme sur lui-même et forme la charpente d'une vésicule.

La deuxième forme d'endocytose, la pinocytose, est moins sélective. Une vésicule d'endocytose se forme autour d'un petit volume de liquide extracellulaire sans égard à la nature des substances qu'il contient. La pinocytose se produit à un rythme relativement constant chez presque toutes les cellules eucaryotes. En introduisant régulièrement des portions de la membrane plasmique dans le cytoplasme, cette forme d'endocytose compense l'incorporation de nouvelle membrane par les vésicules d'exocytose.

La troisième forme d'endocytose est la **phagocytose**. Dans cette forme active d'endocytose, la cellule avale des microorganismes, des particules ou des débris cellulaires. Les amibes et d'autres protistes se nourrissent de cette manière. Chez les organismes pluricellulaires, les macrophagocytes et certains autres leucocytes phagocytent des virus ou des bactéries pathogènes, des cellules cancéreuses et d'autres particules nuisibles.

La phagocytose fait aussi intervenir des récepteurs. Une cible se lie d'abord aux récepteurs qui hérissent la membrane d'une cellule

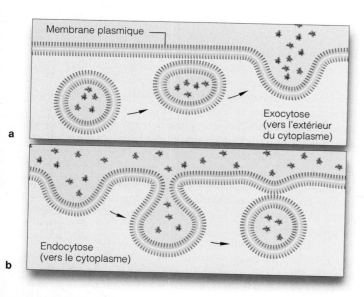

Membrane plasmique

Exocytose (vers l'extérieur du cytoplasme)

a

Endocytose (vers le cytoplasme)

b

Figure 5.16 a) L'exocytose et **b)** l'endocytose.

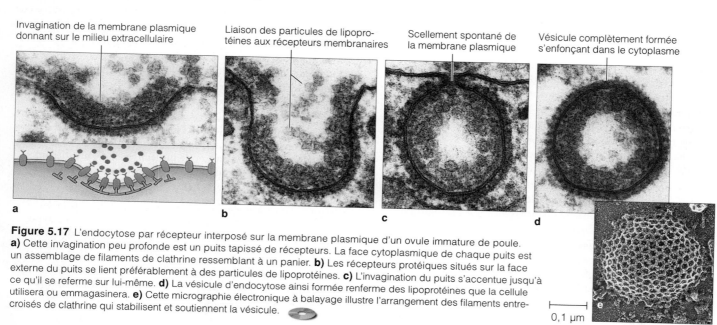

Invagination de la membrane plasmique donnant sur le milieu extracellulaire

Liaison des particules de lipoprotéines aux récepteurs membranaires

Scellement spontané de la membrane plasmique

Vésicule complètement formée s'enfonçant dans le cytoplasme

a   **b**   **c**   **d**

0,1 µm

Figure 5.17 L'endocytose par récepteur interposé sur la membrane plasmique d'un ovule immature de poule. **a)** Cette invagination peu profonde est un puits tapissé de récepteurs. La face cytoplasmique de chaque puits est un assemblage de filaments de clathrine ressemblant à un panier. **b)** Les récepteurs protéiques situés sur la face externe du puits se lient préférablement à des particules de lipoprotéines. **c)** L'invagination du puits s'accentue jusqu'à ce qu'il se referme sur lui-même. **d)** La vésicule d'endocytose ainsi formée renferme des lipoprotéines que la cellule utilisera ou emmagasinera. **e)** Cette micrographie électronique à balayage illustre l'arrangement des filaments entrecroisés de clathrine qui stabilisent et soutiennent la vésicule.

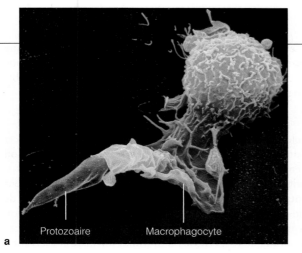

b   Bactérie   Vésicule de phagocytose

Figure 5.18 La phagocytose. **a)** Une micrographie électronique à balayage montrant un macrophagocyte en train d'avaler un protozoaire, *Leishmania mexicana*. Ce parasite cause une maladie parfois mortelle appelée *leishmaniose*. Le parasite est transmis aux humains par la piqûre d'une petite mouche appelée *phlébotome*. **b)** Un schéma expliquant la *phagocytose*. Les lobes du cytoplasme (les pseudopodes) de cette amibe s'étendent pour entourer la proie. Leurs extrémités fusionnent et forment une vésicule de phagocytose. Cette vésicule s'enfonce dans le cytoplasme où elle fusionne avec des lysosomes. Son contenu est alors digéré. Les molécules qui en résultent et les constituants de la membrane de la vésicule sont recyclés (voir la figure 5.19).

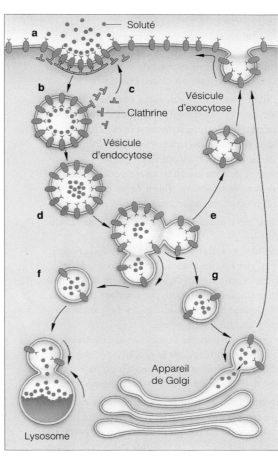

a Les molécules se concentrent à l'intérieur des puits tapissés de récepteurs de la membrane plasmique.

b Les puits forment des vésicules d'endocytose.

c Les vésicules perdent leurs molécules de clathrine, qui retournent à la membrane plasmique.

d Les molécules emprisonnées dans la vésicule sont triées et souvent libérées de leur récepteur.

e Beaucoup de molécules ayant subi un triage sont retournées à la membrane plasmique.

f et **g** Un grand nombre d'autres molécules triées sont amenées à des lysosomes où elles séjournent ou sont dégradées. D'autres sont acheminées vers l'enveloppe nucléaire et à l'intérieur des membranes du RE, et d'autres encore, vers l'appareil de Golgi.

phagocytaire. Cette liaison déclenche la synthèse de microfilaments et leur entrecroisement pour former un réseau situé juste sous la membrane plasmique. Grâce à l'énergie de l'ATP, ces microfilaments se contractent, ce qui a pour effet de pousser une partie du cytoplasme contre la membrane de la cellule et, conséquemment, de former des lobes appelés *pseudopodes* (voir la figure 5.18). Les pseudopodes entourent leur cible, puis leurs extrémités se rejoignent et fusionnent. Il en résulte une vésicule de phagocytose qui s'enfonce dans le cytoplasme où elle fusionne avec des lysosomes. À l'intérieur de ces organites de digestion intracellulaire, les particules capturées seront digérées en fragments, puis en petites molécules réutilisables.

Le recyclage de la membrane

Tant que la cellule demeure vivante, l'exocytose et l'endocytose ajoutent et retirent continuellement des portions de la membrane plasmique, et ce, à un rythme qui permet apparemment de conserver la surface totale de celle-ci.

Par exemple, les neurones libèrent des neurotransmetteurs lors de vagues d'exocytose. (Un neurotransmetteur est un messager chimique, libéré par une cellule, qui agit sur les cellules avoisinantes.) Les biologistes cellulaires John Heuser et T. S. Reese ont décrit un intense phénomène d'endocytose qui survient dans les neurones immédiatement après un important épisode d'exocytose, qu'il vient ainsi compenser.

Figure 5.19 Le recyclage des protéines et des lipides membranaires. Le cycle commence avec l'endocytose par récepteur interposé. La membrane plasmique abandonne de petites portions de sa surface au profit des vésicules qui se forment à partir des puits tapissés de récepteurs. Elle récupère des portions quand les vésicules d'exocytose, issues du bourgeonnement du réticulum endoplasmique et de l'appareil de Golgi, libèrent leur contenu. La portion de la membrane qui a formé les vésicules d'endocytose retourne les lipides et les récepteurs protéiques à la membrane plasmique.

La figure 5.19 montre d'autres exemples des moyens par lesquels les cellules recyclent les lipides et les protéines de leur membrane.

Alors que les transporteurs protéiques des membranes cellulaires ne s'occupent que d'ions et de petites molécules, l'exocytose et l'endocytose assurent le transport plus massif de substances à travers la membrane plasmique.

Dans l'exocytose, une vésicule cytoplasmique fusionne avec la membrane plasmique de manière à libérer son contenu hors de la cellule. Dans l'endocytose, une petite portion de la membrane plasmique s'invagine et se referme sur elle-même pour former une vésicule à l'intérieur du cytoplasme. Les récepteurs membranaires jouent souvent un rôle dans ce processus.

RÉSUMÉ

La structure des membranes cellulaires

1. La membrane plasmique est une barrière structurale et fonctionnelle qui sépare le cytoplasme du milieu extracellulaire. Chez les cellules eucaryotes, la membrane des organites permet de subdiviser le cytoplasme en de nombreux compartiments aux fonctions diverses. *5.1*

2. Les membranes cellulaires comprennent deux couches de lipides imperméables à l'eau (surtout des phosphoglycérolipides) ainsi que des protéines qui y sont disséminées, comme le montre la figure 5.20. *5.1*

a) Les queues d'acides gras et les autres parties hydrophobes des lipides sont enclavées entre les têtes hydrophiles.

b) Beaucoup de protéines de nature différente sont enchâssées dans la bicouche lipidique ou sont localisées sur l'une de ses deux surfaces. Les protéines assurent la plupart des fonctions de la membrane.

3. Les principales caractéristiques du modèle de la mosaïque fluide sont les suivantes : *5.1*

a) Une membrane cellulaire est fluide, surtout à cause de la rotation et du déplacement latéral des lipides et de la flexion de leurs queues hydrocarbonées. En outre, certains lipides ont une structure cyclique, et beaucoup possèdent une queue d'acides gras courbée (insaturée) ou courte. Ces caractéristiques empêchent les lipides de la membrane de s'entasser pour former une bicouche solide.

b) Une membrane est une mosaïque composée de lipides et de protéines. Les protéines sont intégrées dans la bicouche ou localisées à sa surface. La disposition des lipides et des protéines, leur nature et leur nombre diffèrent dans les deux couches de la membrane.

4. Chaque membrane cellulaire comprend des protéines de transport et des protéines qui renforcent sa structure. La membrane plasmique est également munie de divers récepteurs ainsi que de protéines qui jouent un rôle dans l'adhérence, la communication et la reconnaissance. Le nombre et la nature des protéines de la membrane ont un effet sur la capacité de la cellule de réagir à diverses substances, sur son métabolisme, son pH et son volume. *5.2*

a) Les substances hydrosolubles traversent la membrane en empruntant des protéines de transport transmembranaires.

b) Les récepteurs protéiques se lient à des substances extracellulaires, et cette liaison provoque une modification de l'activité métabolique de la cellule. Les protéines de reconnaissance tiennent lieu d'empreintes moléculaires qui identifient une cellule comme appartenant à un type donné. Les protéines d'adhérence favorisent l'adhérence des cellules entre elles et avec la matrice extracellulaire dans les tissus. Des jonctions communicantes traversent la membrane plasmique de cellules adjacentes et assurent le transfert rapide de substances et de signaux entre leur cytoplasme.

Le mouvement des substances à travers les membranes

1. Les molécules et les ions d'une substance ont tendance à se déplacer de la région où leur concentration est plus élevée vers la région où leur concentration est plus faible. *5.4*

a) La vitesse de diffusion est dépendante de la pente du gradient de concentration, de la température, de la taille des molécules, de même que du gradient électrochimique et du gradient de pression qui peuvent exister entre deux régions.

b) Les cellules bénéficient de mécanismes intrinsèques servant à déplacer des solutés à travers leurs membranes dans le sens de leur gradient de concentration ou à son encontre.

c) Le métabolisme requiert l'énergie chimique associée au gradient de concentration et au gradient électrochimique qui existent de part et d'autre des membranes cellulaires.

2. L'oxygène, le dioxyde de carbone et d'autres petites molécules non polaires diffusent à travers la bicouche de lipides membranaires. Les ions et les molécules polaires comme le glucose la traversent de façon passive ou active à l'aide de protéines de transport. Les molécules d'eau traversent directement les lipides de la bicouche ou empruntent des canaux protéiques. *5.5*

3. Les protéines de transport assurent le transfert de substances hydrosolubles à travers la membrane en modifiant leur conformation de façon réversible. La diffusion facilitée n'exige aucun apport d'énergie ; le soluté diffuse simplement par le canal de la protéine. Le transport actif nécessite de l'énergie fournie par l'ATP. La protéine, une ATPase, déplace le soluté à l'encontre de son gradient de concentration. *5.6*

4. L'osmose se définit comme la diffusion de l'eau à travers une membrane à perméabilité sélective, laquelle diffusion se produit en réponse au gradient de concentration de l'eau. *5.7*

5. Dans l'exocytose, une vésicule du cytoplasme migre vers la membrane plasmique. En fusionnant avec elle, la vésicule libère son contenu dans le milieu extracellulaire. *5.8*

6. Dans l'endocytose, une portion de la membrane plasmique s'invagine pour former une vésicule. Ce processus peut se produire selon l'une de ces trois voies : la reconnaissance entre un récepteur et un soluté particulier, l'absorption non spécifique de solutés dissous dans le liquide extracellulaire ou la phagocytose (le phénomène par lequel une cellule avale des cellules ou des particules). *5.8*

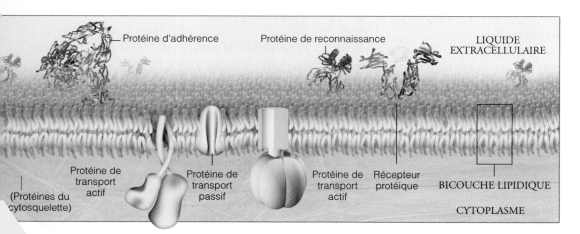

Protéine d'adhérence — Protéine de reconnaissance — LIQUIDE EXTRACELLULAIRE

(Protéines du cytosquelette) — Protéine de transport actif — Protéine de transport passif — Protéine de transport actif — Récepteur protéique — BICOUCHE LIPIDIQUE — CYTOPLASME

Figure 5.20 Les principaux types de protéines associées à la membrane plasmique.

Exercices

1. Décrivez le modèle de la mosaïque fluide. Qu'est-ce qui procure une fluidité à la membrane? Pourquoi parle-t-on de «mosaïque»? *5.1*

2. Énumérez les fonctions des protéines de transport, des récepteurs protéiques, des protéines de reconnaissance et des protéines d'adhérence. *5.2*

3. Définissez la diffusion. La diffusion résulte-t-elle d'un gradient de concentration d'un soluté, d'un gradient électrochimique, d'un gradient de pression ou d'une combinaison de tous ces types de gradients? *5.4*

4. Si le fonctionnement de toutes les protéines de transport implique un changement de conformation, en quoi les transporteurs passifs se distinguent-ils des transporteurs actifs? *5.6*

5. Définissez l'osmose. *5.7*

6. Donnez une définition des termes «hypertonique», «hypotonique» et «isotonique». Ces termes renvoient-ils à une propriété intrinsèque des solutions ou sont-ils utilisés uniquement pour comparer des solutions entre elles? *5.7*

7. Le globule blanc de la figure 5.21 avale-t-il le globule rouge usé par endocytose, par phagocytose ou par les deux mécanismes? *5.8*

Autoévaluation   RÉPONSES À L'ANNEXE III

1. Les membranes cellulaires sont principalement constituées _____.
a) de protéines et d'une bicouche de glucides
b) de phosphoglycérolipides et d'une bicouche de protéines
c) de protéines et d'une bicouche de lipides

2. Dans une bicouche lipidique, les _____ des molécules de lipides sont enclavées entre les _____.
a) queues hydrophiles; têtes hydrophobes
b) têtes hydrophiles; queues hydrophobes
c) queues hydrophobes; têtes hydrophiles
d) têtes hydrophobes; queues hydrophiles

3. La plupart des fonctions des membranes sont assurées par des _____.
a) protéines   c) acides nucléiques
b) phosphoglycérolipides   d) hormones

4. La membrane plasmique contient des _____.
a) protéines de transport   c) protéines de reconnaissance
b) protéines d'adhérence   d) toutes ces réponses

5. Si on place des cellules dans une solution hypotonique, l'eau aura tendance à _____.
a) pénétrer dans les cellules   c) ne présenter aucun déplacement net
b) sortir des cellules   d) pénétrer par endocytose

6. _____ peut facilement diffuser à travers la bicouche lipidique.
a) Le glucose   c) Le dioxyde de carbone
b) L'oxygène   d) Les réponses b) et c)

7. Les ions sodium traversent une membrane à l'aide de protéines de transport alimentées par de l'énergie. Il s'agit d'un exemple de _____.
a) transport passif   c) diffusion facilitée
b) transport actif   d) les réponses a) et c)

8. La formation de vésicules survient au cours _____.
a) du recyclage de la membrane   c) de l'endocytose et de l'exocytose
b) de la phagocytose   d) toutes ces réponses

Questions à développement

1. Certaines espèces de bactéries prolifèrent dans des environnements où la température avoisine le point d'ébullition de l'eau, par exemple au voisinage des bouches éruptives des volcans ou des sources thermales du parc de Yellowstone aux États-Unis. Supposons que la bicouche lipidique de la membrane cellulaire de ces bactéries est surtout constituée de phosphoglycérolipides. Quelles caractéristiques les queues d'acides gras de ces phosphoglycérolipides doivent-elles posséder pour favoriser la stabilité des membranes à de telles températures? Expliquez votre réponse.

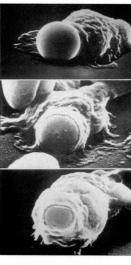

Figure 5.21 Quel mécanisme de transport voyons-nous ici à l'œuvre?

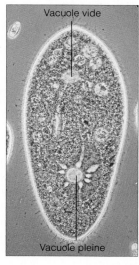

Figure 5.22 Les vacuoles pulsatiles de *Paramecium*.

2. L'eau pénètre par osmose dans *Paramecium*, un protiste aquatique unicellulaire. Sans régulation, cette entrée d'eau provoquerait la dilatation de la cellule jusqu'à l'éclatement de sa membrane plasmique. Un mécanisme nécessitant de l'énergie et faisant intervenir des vacuoles pulsatiles permet l'évacuation de l'excédent d'eau (voir la figure 5.22). L'eau pénètre dans cet organite par des prolongements en forme de conduits et s'accumule au centre de la vacuole. Quand elle est remplie, la vacuole se contracte et évacue l'excédent d'eau par un pore qui s'ouvre vers l'extérieur. Le milieu dans lequel vit la paramécie est-il hypotonique, hypertonique ou isotonique par rapport à son cytoplasme?

3. En Californie, beaucoup de champs en culture sont fortement irrigués. Avec les années, une grande partie de l'eau d'irrigation finit par s'évaporer, laissant dans le sol les solutés qu'elle contenait. Quels types de dommages ces sols pourraient-ils causer aux végétaux qui y poussent?

4. Une espèce de crevettes habite les eaux d'un estuaire, un endroit où l'eau douce provenant du ruissellement des terres se mêle à l'eau salée de la mer. Beaucoup de résidants qui possèdent une maison au bord d'un lac situé à proximité aimeraient pouvoir accéder à la mer avec leur bateau et ils souhaitent creuser un canal pour relier le lac à l'estuaire. Qu'arrivera-t-il à cette espèce de crevettes si son projet se concrétise?

Vocabulaire

Bicouche lipidique *5.1*
Biofilm *5*
Courant de masse *5.7*
Diffusion *5.4*
Diffusion facilitée *5.6*
Endocytose *5.8*
Exocytose *5.8*
Gradient de concentration *5.4*
Gradient de pression *5.4*
Gradient électrochimique *5.4*
Modèle de la mosaïque fluide *5.1*
Osmose *5.7*
Perméabilité sélective *5.4*
Phagocytose *5.8*
Phosphoglycérolipide *5.1*

Pompe à calcium *5.6*
Pompe à sodium et à potassium *5.6*
Pression hydrostatique *5.7*
Pression osmotique *5.7*
Protéine d'adhérence *5.2*
Protéine de communication *5.2*
Protéine de reconnaissance *5.2*
Protéine de transport *5.2*
Récepteur protéique *5.2*
Solution hypertonique *5.7*
Solution hypotonique *5.7*
Solution isotonique *5.7*
Transport actif *5.6*
Transporteur ABC *5*

Lectures complémentaires

Nelson, D., et M. Cox (2000). *Lehninger's Principles of Biochemistry*, 3e éd. New York: Worth.

Dautry-Varsat, A. et Lodish, H. (juill. 1984). «Les récepteurs cellulaires et l'endocytose» *Pour la science* 81: 78-85.

Lafont, F. et Van der Goot, F. G. (sept. 2005). «Des radeaux à la surface des cellules». *Pour la science* 335: 82-88.

Lectures complémentaires en ligne: consultez l'infoTrac à l'adresse Web www.brookscole.com/biology

LES FONDEMENTS DU MÉTABOLISME

Le vieillissement et les déficiences moléculaires

L'ADN de nos cellules contient, entre autres, des séquences qui régissent la fabrication de deux enzymes particulières : la superoxyde dismutase et la catalase (voir la figure 6.1). Il s'agit de molécules antioxydantes, comme les vitamines E et C. En travaillant de concert, ces deux enzymes nous protègent d'un vieillissement prématuré en catalysant une réaction au cours de laquelle l'oxygène (O_2) retire des atomes d'hydrogène aux molécules potentiellement toxiques, ce qui les neutralise. Ces deux enzymes se retrouvent chez de nombreuses espèces, des bactéries aux nématodes en passant par les végétaux.

Le fait de retirer des atomes d'hydrogène aux molécules libère des électrons qui sont habituellement captés par l'oxygène. Il arrive cependant que celui-ci n'en capte qu'un seul. Cet électron, à lui seul, n'est pas suffisant pour que la réaction se complète, et l'O_2 s'en trouve chargé négativement, devenant de l'O_2^-.

À l'instar d'autres fragments moléculaires libres qui possèdent un ou plusieurs électrons non appariés, l'O_2^- est un **radical libre**. Les radicaux libres se forment au cours d'une panoplie de réactions catalysées par des enzymes, dont la dégradation des graisses et des acides aminés. Les chaînes de transport d'électrons ainsi que l'irradiation de l'eau et d'autres molécules en produisent également.

Les radicaux libres sont fortement réactifs. Lorsqu'ils se lient à une molécule, ils en modifient la structure et entravent ses fonctions. Ils s'attaquent même à des molécules peu réactives comme l'ADN et les lipides de la membrane cellulaire. Lorsqu'ils entrent en contact avec des radicaux libres, certains récepteurs membranaires induisent la mort programmée de la cellule, appelée *apoptose* (voir la partie 15.6).

Heureusement, la superoxyde dismutase et la catalase contrecarrent, en partie du moins, les effets des radicaux libres. La superoxyde dismutase catalyse une réaction au cours de laquelle deux molécules d'oxygène se combinent avec des ions H^+. Il en résulte du peroxyde d'hydrogène (H_2O_2) et de l'O_2. Or, le peroxyde d'hydrogène, qui est le sous-produit normal de certaines réactions, peut entraîner la mort lorsqu'il s'accumule. La catalase empêche toutefois cette accumulation en faisant réagir ensemble deux molécules de peroxyde d'hydrogène pour former de l'eau et de l'oxygène : $2H_2O_2 \longrightarrow 2H_2O + O_2$. Cette réaction primordiale se produit normalement avant que le peroxyde d'hydrogène ne cause de graves dommages. En effet, une seule molécule de catalase peut dégrader 40 millions de molécules de peroxyde d'hydrogène par seconde.

Avec le temps, nos cellules fabriquent de moins en moins d'enzymes, et une fraction croissante des enzymes synthétisées présentent une conformation anormale. Quand ce phénomène affecte la concentration ou la qualité de la dismutase ou de la catalase, les radicaux libres et le peroxyde d'hydrogène s'accumulent, se faufilent à l'intérieur des cellules et endommagent la structure des protéines, de l'ADN, des lipides et d'autres molécules. Ces dommages peuvent perturber le fonctionnement cellulaire et même causer la mort de la cellule.

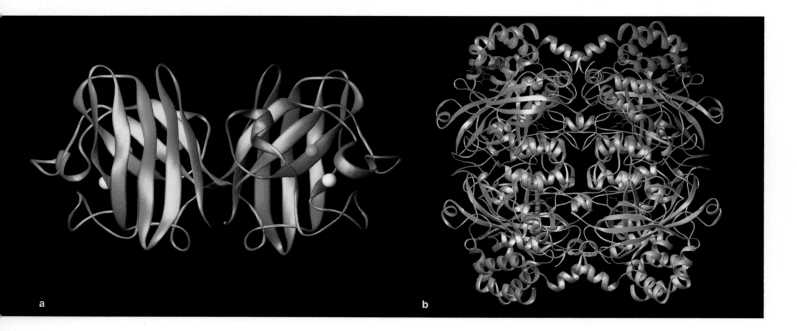

Figure 6.1 Les modèles en ruban de **a)** la superoxyde dismutase et de **b)** la catalase. Les deux enzymes contrôlent la quantité de radicaux libres. On trouve des molécules de superoxyde dismutase dans le cytoplasme, le noyau et les peroxysomes, ces derniers étant des organites de digestion intracellulaire chez les végétaux et les animaux. L'une des formes de cette enzyme est sécrétée dans la matrice extracellulaire de tous les tissus des mammifères, particulièrement ceux du cœur, des poumons, du pancréas et du placenta. La catalase est concentrée dans les peroxysomes, mais se trouve également dans le cytoplasme et les membranes des mitochondries.

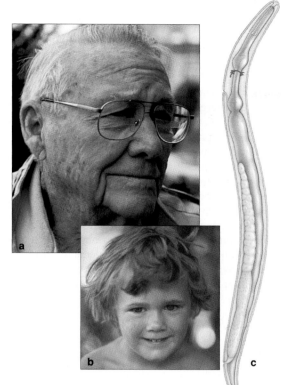

Figure 6.2 a) Un homme dont la peau présente des taches de vieillesse, un indice de la présence de radicaux libres. **b)** À une certaine époque de sa vie, cet homme possédait, comme ce petit garçon, de nombreuses molécules fonctionnelles de superoxyde dismutase et de catalase. **c)** Un organisme de prédilection pour l'étude du vieillissement, le nématode *Cænorhabditis elegans*.

Les taches de vieillesse brunes qui apparaissent sur la peau sont les indices d'une attaque par des radicaux libres (voir la figure 6.2*a*). Chaque tache est le résultat d'une accumulation de pigments brunnoir dans les cellules, laquelle survient lorsque, faute d'enzymes spécifiques, le nombre de radicaux libres augmente. Plus grave encore, les radicaux libres peuvent induire des maladies cardiaques et bien d'autres pathologies.

À partir de ces informations, Simon Melov, Bernard Malfroy et d'autres chercheurs ont mené diverses expériences sur des nématodes, de minuscules vers dont l'espérance de vie ne dépasse habituellement pas un mois (voir la figure 6.2*c*). Ils ont observé que l'ajout de catalase et de superoxyde dismutase synthétiques à l'alimentation des nématodes faisait augmenter leur durée de vie, allant jusqu'à la doubler dans certains cas! Les chercheurs ont aussi ajouté des enzymes à l'alimentation de nématodes qui avaient préalablement été manipulés génétiquement pour succomber prématurément aux radicaux libres. Ces vers ont vécu aussi longtemps que ceux qui n'avaient subi aucune manipulation génétique.

Cet exemple constitue une introduction à l'étude du **métabolisme**, qui est à la base de la capacité de la cellule d'acquérir de l'énergie et de l'utiliser en vue de synthétiser, de dégrader, d'emmagasiner et de libérer des substances de manière sélective. Chaque jour supplémentaire gagné par les nématodes de l'expérience présentée plus haut nous rappelle que les cellules doivent continuellement se procurer de l'énergie et l'utiliser pour alimenter chacune de leurs activités. Au quotidien, on se soucie assez rarement de ces activités cellulaires, qui nous semblent éloignées de nos intérêts. Pourtant, elles concourent à définir ce que nous sommes et la façon dont notre vieillissement se déroulera.

Concepts-clés

1. Les cellules sont le siège du métabolisme, c'est-à-dire d'un ensemble de réactions chimiques. Elles exploitent l'énergie en vue d'emmagasiner, de synthétiser, de réarranger et de dégrader des substances. Les cellules requièrent aussi de l'énergie pour accomplir un travail mécanique tel que le mouvement des flagelles. Elles canalisent également l'énergie pour accomplir un travail électrochimique, comme le transfert d'ions à l'intérieur ou à l'extérieur d'un organite.

2. L'énergie se transforme graduellement, passant de formes utilisables à des formes moins utilisables. Les organismes maintiennent leur structure complexe en renouvelant constamment l'énergie qui a été perdue.

3. Tous les organismes tirent leur énergie d'une source externe. L'énergie solaire représente la source d'énergie originelle de la vie. Les organismes peuvent également obtenir l'énergie nécessaire au travail cellulaire par l'ingestion de molécules dont les liaisons sont riches en énergie. Ces molécules peuvent être puisées dans l'environnement ou dans les tissus d'organismes ingérés.

4. L'ATP (adénosine triphosphate), le principal transporteur d'énergie des cellules, lie les réactions qui dégagent de l'énergie à celles qui en nécessitent. L'ATP rend les molécules réactives en leur transférant un groupement phosphate.

5. Un grand nombre de réactions du métabolisme comportent un transfert d'électrons ou des réactions d'oxydoréduction. De tels transferts s'effectuent principalement dans les chaînes de transport d'électrons de la photosynthèse et de la respiration aérobie.

6. Lorsqu'elles se font spontanément, les réactions chimiques se déroulent trop lentement pour maintenir les organismes en vie. Les enzymes accélèrent grandement la vitesse des réactions cellulaires. Souvent, des coenzymes, comme le NAD^+ (nicotinamide adénine dinucléotide), concourent aux réactions ou assurent le transfert à d'autres molécules des électrons et de l'hydrogène libérés lors des réactions chimiques.

7. La plupart du temps, des enzymes et d'autres molécules jouent un rôle dans des enchaînements de réactions appelés *voies métaboliques*. Ces voies, grâce à un fonctionnement coordonné, maintiennent, élèvent ou abaissent les concentrations relatives de substances dans les cellules.

8. En régissant une étape-clé d'une voie métabolique, les cellules peuvent rapidement modifier leurs activités.

L'ÉNERGIE ET L'ORGANISATION DE LA VIE

Une définition de l'énergie

Quand un chat chasse une souris, il s'immobilise d'abord pour éviter d'être vu, avant de bondir sur sa proie. Le chat possède une certaine quantité d'**énergie potentielle**, qui correspond à sa capacité de fournir un travail. Au moment où le chat bondit, une partie de son énergie potentielle est transformée en **énergie cinétique**, l'énergie du mouvement.

L'énergie cinétique effectue un travail quand elle transmet un mouvement aux objets. Dans les cellules des muscles squelettiques du chat, l'ATP transfère une partie de son énergie potentielle aux molécules des unités contractiles et en induit le mouvement. Lorsque cela se produit chez un grand nombre de cellules musculaires, le muscle au complet entre en mouvement et se contracte. Le transfert d'énergie de l'ATP libère également une autre forme d'énergie, la **chaleur** ou l'énergie thermique.

L'énergie potentielle des molécules a reçu une appellation qui lui est propre: l'**énergie chimique**. Cette énergie est mesurable et peut être quantifiée en kilocalories: 1 kcal équivaut à 1000 cal, soit la quantité d'énergie nécessaire pour élever de 1 °C la température de 1 kg d'eau à la pression atmosphérique normale.

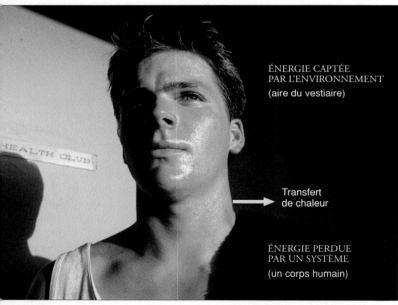

ÉNERGIE CAPTÉE
PAR L'ENVIRONNEMENT
(aire du vestiaire)

Transfert
de chaleur

ÉNERGIE PERDUE
PAR UN SYSTÈME
(un corps humain)

VARIATION DE LA QUANTITÉ
NETTE D'ÉNERGIE = 0

Figure 6.3 Un exemple illustrant la conservation de la quantité totale d'énergie dans un système incluant un individu et son milieu.

Le « système » englobe toute la matière comprise dans une région particulière, par exemple, un corps humain, une plante, une molécule d'ADN ou une galaxie. Le « milieu » peut être une petite région contiguë au système ou vaste comme l'univers entier. Le système dont il est question ici est un humain (qui dégage de la chaleur quand sa sueur s'évapore) et son environnement (ici un vestiaire). L'énergie perdue par une région du système est gagnée par une autre, si bien que la quantité d'énergie totale présente dans les deux régions demeure la même (dans la mesure où le système est fermé).

Le sort de l'énergie dans les cellules

Tous les organismes présentent des adaptations particulières qui leur permettent d'extraire l'énergie de leur environnement. Certains captent l'énergie du soleil, d'autres extraient l'énergie de substances organiques ou inorganiques présentes dans leur milieu. Quelle qu'en soit la source, l'énergie obtenue est liée aux milliers de processus cellulaires qui la requièrent. En effet, les cellules nécessitent de l'énergie pour effectuer un travail chimique, pour emmagasiner, élaborer, réarranger ou dégrader des substances. De plus, l'énergie est essentielle à l'accomplissement d'un travail mécanique tel que le mouvement des flagelles ou le déplacement d'autres structures. Chez les organismes pluricellulaires, cette énergie peut servir au mouvement des membres ou de l'organisme entier. L'énergie est également essentielle au travail électrochimique ayant cours lors du transport de substances chargées de part et d'autre de la membrane d'un organite ou d'une cellule.

Les transformations de l'énergie

Nous ne pouvons, à l'instar des cellules, créer de l'énergie: nous devons l'obtenir d'une source extérieure. Pourquoi? Selon le **premier principe de la thermodynamique**, la quantité totale d'énergie dans l'univers est toujours constante. On ne peut créer davantage d'énergie, pas plus que l'énergie existante ne peut disparaître. Elle ne peut que passer d'une forme à une autre.

Réfléchissons aux implications de ce principe au sein du vivant. L'univers renferme une certaine quantité d'énergie qui se manifeste sous diverses formes. Voici un exemple des transformations que peut subir l'énergie au cours de son passage dans le réseau de la vie. Des plants de maïs captent l'énergie solaire et la transforment en énergie chimique (sous forme d'amidon, dans ce cas). Si un humain se nourrit de ce maïs, cette énergie est de nouveau transformée par les cellules de son corps, qui extraient l'énergie chimique de l'amidon pour la transformer en énergie mécanique nécessaire au mouvement, par exemple.

À chaque transformation, une petite quantité d'énergie se dissipe dans l'environnement sous forme de chaleur. Même quand un humain est inactif, son corps libère autant d'énergie qu'une ampoule électrique de 100 watts, en raison des transformations énergétiques qui ont lieu dans ses cellules. L'énergie dégagée est transmise dans le corps de molécule en molécule jusqu'à ce qu'elle parvienne aux atomes et aux molécules de l'air. L'énergie cinétique accrue des molécules de l'air fait augmenter le nombre de collisions aléatoires entre elles et suscite ainsi une légère augmentation de la température du milieu ambiant (voir la figure 6.3). Bien qu'elle se dissipe en chaleur, cette énergie ne disparaît jamais.

Le flux unidirectionnel de l'énergie

Dans les cellules, l'énergie disponible pour les transformations réside principalement dans la disposition des atomes et dans les liaisons covalentes de composés organiques complexes, tels le glucose, l'amidon, le glycogène et les acides gras. Beaucoup de ces liaisons contiennent une grande quantité d'énergie. Pendant une réaction métabolique, des liaisons d'un composé sont réarrangées ou rompues, rendant disponible pour le travail cellulaire une partie de l'énergie qu'elles contenaient. Cependant, au cours de ce branle-bas moléculaire, une certaine quantité de chaleur est dissipée dans l'environnement. Généralement, les cellules ne peuvent pas récupérer l'énergie perdue sous forme de chaleur.

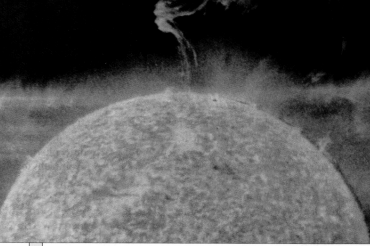

Figure 6.4 Un flux d'énergie unidirectionnel qui alimente le monde du vivant et qui contrebalance le flux d'énergie que perd ce dernier. Le Soleil perd continuellement de l'énergie, principalement sous forme de rayons lumineux (voir la section 7.2). Les cellules vivantes captent une partie de cette énergie et la convertissent en une forme utile qu'elles emmagasinent dans les liaisons des composés organiques. Chaque réaction métabolique dans les cellules a pour effet de libérer une partie de l'énergie ainsi emmagasinée, dont une partie est inévitablement perdue dans l'environnement, principalement sous forme de chaleur.

La photo du bas montre des organismes photosynthétiques dulcicoles (*Volvox*) qui se rassemblent en minuscules colonies sphériques. Les structures oranges sont des cellules reproductrices. Les nouvelles colonies se forment à l'intérieur même de la colonie mère.

ÉNERGIE PERDUE
Flux unidirectionnel de l'énergie du Soleil vers les différents milieux terrestres.

ÉNERGIE GAGNÉE
Flux unidirectionnel de l'énergie du milieu vers les organismes.

Dans les cellules, par exemple, la rupture des liaisons covalentes du glucose libère une quantité d'énergie utilisable. À la suite d'une série d'étapes successives, six molécules de dioxyde de carbone et six molécules d'eau sont produites. Ces sous-produits sont plus stables que le glucose, mais la quantité d'énergie chimique contenue dans l'ensemble de leurs liaisons chimiques est moindre que celle du glucose. Pourquoi? À chaque étape de transformation, une certaine quantité d'énergie a été perdue. En d'autres termes, le glucose est une meilleure source d'énergie utilisable que le CO_2 et l'eau.

Qu'en est-il de la chaleur que les cellules ont transférée à leur environnement pendant la formation du dioxyde de carbone? Elle est inutilisable puisque les cellules ne peuvent la transformer. Elle ne peut donc pas servir à accomplir un travail.

Les cellules d'un futur lointain risquent d'éprouver quelques problèmes, car la quantité d'énergie de « mauvaise qualité » dans l'univers augmente constamment. En effet, aucune conversion énergétique ne peut être efficace à 100 % : même les conversions les plus efficaces libèrent de la chaleur. D'ailleurs, d'un point de vue humain, la quantité totale d'énergie dans l'univers se déplace spontanément des formes utilisables aux formes inutilisables. Dans quelques milliards d'années, il n'existera peut-être plus d'énergie capable d'assurer les conversions puisque toute l'énergie utilisable aura peut-être été dissipée en chaleur.

Sans un apport d'énergie pour assurer son maintien, un système ordonné a tendance à être de plus en plus désordonné avec le temps. L'**entropie** est une mesure du degré de désordre d'un système. Prenons l'exemple des pyramides d'Égypte. Bien qu'elles furent autrefois très structurées, elles s'effritent aujourd'hui graduellement et, dans plusieurs milliers d'années, elles ne seront plus que poussière. Il semble que le sort ultime des pyramides et de tout ce qui existe dans l'univers soit le désordre complet, ce qui correspond à une entropie maximale. C'est là l'essentiel du **deuxième principe de la thermodynamique**.

La vie serait-elle un bastion de résistance à l'entropie? De fait, chez les êtres vivants, de nouvelles liaisons se forment et unissent les atomes selon une structure très précise. Il en résulte des molécules présentant un degré d'organisation supérieur et contenant de plus grandes quantités d'énergie, et non l'inverse!

Pourtant, voici un exemple simple qui illustre que le deuxième principe s'applique aussi à la vie sur Terre. La principale source d'énergie de tous les êtres vivants est le Soleil, qui libère de l'énergie depuis sa formation. Les végétaux captent l'énergie solaire et la

Les organismes producteurs captent l'énergie solaire et s'en servent pour élaborer des composés organiques à partir de matériaux bruts présents dans leur environnement.

Tous les organismes exploitent l'énergie potentielle emmagasinée dans les composés organiques afin d'alimenter les transformations énergétiques qui les maintiennent en vie. Une certaine partie de l'énergie est perdue à chacune des conversions.

ÉNERGIE PERDUE
Flux unidirectionnel de l'énergie des organismes vers le milieu.

convertissent en d'autres formes, après quoi cette énergie est transférée aux organismes qui se nourrissent directement ou indirectement des végétaux. À chaque transfert, une certaine quantité d'énergie se perd sous forme de chaleur et rejoint le « réservoir de l'univers ». Globalement, l'énergie se déplace toujours dans une seule direction. Si l'univers du vivant arrive à conserver un degré d'organisation très élevé, c'est parce qu'il remplace constamment l'énergie perdue par de l'énergie nouvelle (voir la figure 6.4).

La quantité totale d'énergie demeure constante dans l'univers. L'énergie peut passer d'une forme à une autre, mais ne peut pas être créée ni détruite.

Du point de vue des êtres vivants, toute l'énergie utilisable de l'univers se transforme spontanément en des formes inutilisables. Un flux constant et unidirectionnel d'énergie solaire est capté par le réseau des êtres vivants, ce qui contrebalance le flux régulier d'énergie qu'il perd.

LA GESTION SIMULTANÉE DES SUBSTANCES ET DE L'ÉNERGIE PAR LA CELLULE

La façon dont les cellules puisent leur énergie ne constitue qu'un aspect du métabolisme. Les cellules doivent également effectuer diverses réactions endergoniques afin d'accumuler, de transformer ou d'éliminer des substances.

Les acteurs des réactions métaboliques

Les substances portent différents noms en fonction de leur rôle au sein d'une réaction chimique. Les substances qui entrent en réaction les unes avec les autres sont les **réactifs**, celles qui se forment au cours du déroulement d'une réaction sont les **produits intermédiaires** et, finalement, celles qui résultent d'une réaction sont les **produits**. En cours de réaction, des **transporteurs d'énergie** activent, par un transfert de groupement phosphate, les enzymes et d'autres molécules. L'ATP est d'ailleurs le transporteur d'énergie le plus commun. Quant aux enzymes, ce sont des molécules qui accélèrent des réactions biochimiques spécifiques. Bien que ces molécules soient presque toujours des protéines, nous connaissons à l'heure actuelle quelques ARN qui jouent le même rôle. Un autre groupe de molécules importantes dans le métabolisme est formé des **cofacteurs**. Ce sont des ions métalliques ou des coenzymes (aussi appelées cofacteurs enzymatiques), comme le NAD^+ et certains autres composés organiques. Ces molécules aident les enzymes à déloger des électrons, des atomes ou des groupements fonctionnels du site de réaction et à les transférer à un autre site. Rappelons finalement le rôle des **protéines de transport**, qui permettent à certaines substances de franchir les membranes cellulaires. La régulation de l'activité de ces protéines a des conséquences importantes sur le métabolisme puisqu'elle permet d'ajuster les concentrations des substances nécessaires à certaines réactions.

Le tableau 6.1 résume les rôles joués par ces acteurs du métabolisme. Il est essentiel de porter une attention particulière à la nomenclature puisque ces notions reviennent constamment dans ce manuel.

Les voies métaboliques

Dans les cellules vivantes, la concentration de milliers de substances se modifie continuellement. La plupart des substances entrent dans une **voie métabolique**, soit une série de réactions successives faisant intervenir des enzymes, ou la quittent. Souvent, les petites molécules servent à la fabrication de molécules plus volumineuses contenant davantage d'énergie dans leurs liaisons, comme les glucides et les lipides complexes ou les protéines. Ces voies sont dites *anaboliques* (ou *biosynthétiques*) et ne peuvent pas se réaliser sans un apport d'énergie; ce sont des voies endergoniques. La voie anabolique la plus importante est la photosynthèse.

Les voies cataboliques (ou de dégradation) sont globalement exergoniques. Elles dégradent les grosses molécules en des produits plus petits dont les liaisons possèdent une plus faible quantité d'énergie. La respiration aérobie est la principale voie catabolique. Elle dégrade complètement le glucose en dioxyde de carbone et en eau et libère une quantité considérable d'énergie utilisable.

Il existe trois types de voies métaboliques. D'abord, les voies dites *linéaires*, qui transforment simplement le substrat en produits finals. Ensuite, les *voies cycliques*, au cours desquelles un intermédiaire est transformé de nouveau en réactif : le cycle régénère son propre point de départ. Les *voies ramifiées*, quant à elles, mettent en jeu un réactif ou un intermédiaire qui participe à plus d'une série de réactions (voir la figure 6.8).

La réversibilité des réactions

Contrairement à ce que pourrait laisser croire la figure 6.8, les réactions métaboliques ne se déroulent pas dans un seul sens. Généralement, les réactifs sont transformés en produits, mais la plupart des voies métaboliques peuvent se réaliser dans le sens inverse, les produits étant alors convertis en réactifs. La double flèche qui figure souvent dans les équations chimiques signifie que la réaction est réversible. Chaque flèche signifie « produit » :

$$A + B \rightleftharpoons C$$

RÉACTIFS   PRODUIT

Le sens d'une réaction dépend en partie du contenu énergétique des molécules qui y participent et du ratio réactif/produit.

Tableau 6.1	*Les acteurs des réactions métaboliques*
RÉACTIF	Substance qui entre dans une réaction ou une voie métabolique ; porte aussi le nom de *substrat d'une enzyme*
PRODUIT INTERMÉDIAIRE	Substance formée entre les réactifs et les produits finals au cours d'une réaction ou dans une voie métabolique
PRODUIT	Substance qui résulte d'une réaction chimique ou d'une voie métabolique
ENZYME	Protéine accélérant une réaction chimique ; quelques ARN assurent aussi cette fonction
COFACTEUR	Coenzyme (comme le NAD^+) ou ion métallique ; aide les enzymes ou transfère les électrons, l'hydrogène ou les groupements fonctionnels entre les sites de réaction
TRANSPORTEUR D'ÉNERGIE	Principalement l'ATP dans les cellules ; couple les réactions libérant de l'énergie avec celles qui en requièrent
PROTÉINE DE TRANSPORT	Protéine qui participe passivement au transport ou activement au pompage de substances à travers la membrane cellulaire

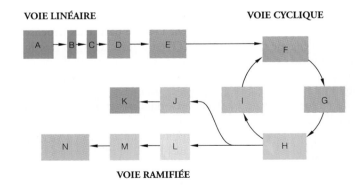

Figure 6.8 Les différentes voies métaboliques : linéaire, cyclique et ramifiée. La flèche signifie que l'étape est catalysée par une enzyme. Dans cet exemple, la voie linéaire transforme le réactif A en produit F. Dans la voie cyclique, F est le réactif qui amorce plusieurs étapes conduisant à la régénération de F, l'étape qui boucle le cycle. L'un des produits intermédiaires de la voie cyclique, H, devient un réactif de la voie ramifiée, qui le divise en deux et le transforme en deux produits, N et K.

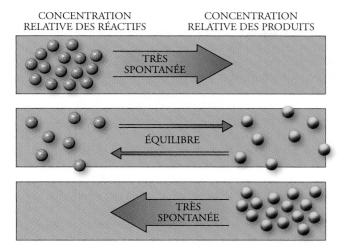

CONCENTRATION RELATIVE DES RÉACTIFS	CONCENTRATION RELATIVE DES PRODUITS
TRÈS SPONTANÉE →	
ÉQUILIBRE	
	← TRÈS SPONTANÉE

Figure 6.9 L'équilibre chimique. Quand la concentration des réactifs est élevée, la réaction se déroule surtout dans le sens de la synthèse des produits. Quand la concentration des produits est élevée, la réaction se déroule davantage dans le sens inverse. Au point d'équilibre, la réaction directe et la réaction inverse se produisent à la même vitesse.

Quand les molécules d'un réactif ont une énergie et une concentration élevées, on est en présence d'un état favorable du point de vue énergétique. Cela signifie que la réaction a tendance à se produire spontanément vers la formation des produits. Quand la concentration du produit est assez élevée, cependant, les molécules ou les ions du produit se trouvent alors en quantité suffisante pour induire un renversement spontané du sens de la réaction (vers les réactifs).

Toute réaction réversible tend à atteindre un **équilibre chimique**. Lorsque celui-ci est atteint, les réactions se produisent à la même vitesse dans les deux sens (voir la figure 6.9). Bien que les réactions se produisent à la même vitesse, la quantité de molécules des réactifs est différente de la quantité de molécules des produits. On pourrait comparer la réaction à une fête pendant laquelle les invités se déplacent continuellement entre deux pièces. Le nombre de personnes dans chacune des pièces demeure sensiblement le même, disons 30 dans l'une et 10 dans l'autre, en dépit du fait que les individus se déplacent constamment d'une pièce à l'autre.

Chaque réaction réversible présente un état d'équilibre spécifique. Prenons le cas du glucose-1-phosphate qui se forme à partir du glucose-6-phosphate (comme le montre la figure 6.10, ces deux substances sont des molécules de glucose, sauf que le groupement phosphate y est lié à un atome de carbone différent). Dans ce cas particulier, les réactions directe et inverse se déroulent à la même vitesse et il y a toujours 19 molécules de glucose-6-phosphate pour une molécule de glucose-1-phosphate. Le ratio d'équilibre de cette réaction est donc de 19:1.

Pourquoi la notion d'équilibre est-elle si importante? Parce que chaque cellule peut rapidement modifier ses activités en régissant quelques étapes de ses voies métaboliques réversibles.

Il arrive par exemple que des cellules aient soudainement besoin d'énergie. Elles peuvent alors dégrader des molécules de glucose, chacune d'elle se transformant en deux molécules de pyruvate, à partir desquelles la cellule produira l'ATP dont elle a besoin. Cette dégradation du glucose, appelée *glycolyse*, fait intervenir neuf étapes contrôlées par plusieurs enzymes (voir la section 8.2). Toutefois, si les réserves de glucose du corps sont très faibles, la voie se déroule en

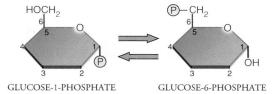

GLUCOSE-1-PHOSPHATE   GLUCOSE-6-PHOSPHATE

Figure 6.10 Une réaction réversible. La fixation d'un groupement phosphate sur le glucose active ce dernier. Si la concentration de glucose-1-phosphate est élevée, la réaction a tendance à être directe. Quand la concentration de glucose-6-phosphate est élevée, la réaction a tendance à s'inverser.

Les chiffres 1 et 6 de ces noms renvoient à l'atome de carbone du cycle auquel le groupement de phosphate est attaché.

sens inverse dans plusieurs cellules, et du glucose est formé à partir du pyruvate et d'autres substances. Cela est possible du fait que six des étapes mentionnées précédemment sont réversibles. Les trois autres sont simplement contournées. C'est grâce à un apport d'énergie sous forme d'ATP que les réactions de contournement peuvent se dérouler dans un sens défavorable du point de vue énergétique.

Qu'arriverait-il aux cellules si cette voie inverse n'existait pas? Pendant les périodes de famine, c'est-à-dire quand la concentration de glucose sanguin est dangereusement faible, les cellules ne pourraient pas fabriquer du glucose assez rapidement pour contrebalancer les effets néfastes de cette carence sur les cellules qui ont constamment besoin d'énergie, comme celles du système nerveux.

Les atomes ne disparaissent pas

Il est important de bien comprendre que les voies métaboliques, qu'elles soient directes ou inverses, réarrangent les atomes sans jamais les détruire. Selon la **loi de la conservation de la masse**, la masse totale de tous les réactifs d'une réaction équivaut à la masse totale de tous ses produits. D'ailleurs, si l'on observe attentivement une équation chimique, on constate que le nombre total d'atomes des réactifs (sont à gauche de la flèche) est égal au nombre total d'atomes des produits (sont à droite de la flèche). Ce principe prévaut dans toutes les réactions chimiques, y compris les réactions du métabolisme.

Les cellules arrivent à élever, maintenir ou abaisser la concentration des substances qu'elles contiennent en coordonnant des milliers de réactions.

Les réactions chimiques transforment les réactifs en produits. Les substances qui se forment entre les réactifs et les produits sont des produits intermédiaires. Les transporteurs d'énergie (l'ATP surtout), les enzymes, les cofacteurs et les protéines de transport jouent un rôle majeur au sein des réactions métaboliques.

Les voies métaboliques sont un enchaînement de réactions faisant intervenir des enzymes. Elles peuvent être anaboliques ou cataboliques. Les voies anaboliques (biosynthétiques) contribuent à la fabrication de molécules volumineuses dont l'énergie de liaison est élevée, à partir de molécules plus petites. Les voies cataboliques (de dégradation) dégradent les grosses molécules et les transforment en produits plus petits ayant une énergie de liaison faible.

Les cellules peuvent modifier considérablement et rapidement leur métabolisme en régissant des étapes-clés de voies métaboliques réversibles.

LES CHAÎNES DE TRANSPORT D'ÉLECTRONS DES PRINCIPALES VOIES MÉTABOLIQUES

Au cours de la photosynthèse et de la respiration aérobie, des chaînes d'enzymes enchâssées dans une membrane assurent certains transports d'électrons. La compréhension du fonctionnement de ces chaînes de transport d'électrons constitue un élément essentiel de l'étude de ces deux processus métaboliques.

Les cellules photosynthétiques produisent de l'ATP, la source d'énergie qui permet la transformation du CO_2 et de l'H_2O en glucose. Or, toutes les cellules ont besoin du glucose, puisque c'est par sa dégradation, lors de la respiration cellulaire aérobie, que l'ATP nécessaire au travail cellulaire est produite.

Qu'il s'agisse de la synthèse du glucose ou de sa dégradation, le processus doit se dérouler en plusieurs étapes successives et non en une seule. Pourquoi ? En fait, le glucose est une molécule réduite et très énergétique qui n'est pas aussi stable que le CO_2 et l'H_2O (l'atmosphère contient tellement d'oxygène que le CO_2 est la forme de carbone la plus stable, et l'eau, la forme d'hydrogène la plus stable). Si on jette une poignée de glucose dans un feu de bois, les atomes de carbone et d'hydrogène du glucose vont se libérer, puis s'unir à l'oxygène atmosphérique. Cependant, toute l'énergie produite sera dissipée sous forme de chaleur (voir la figure 6.11*a*). Dans les cellules, fort heureusement, l'énergie est libérée de manière plus efficace par une série de réactions d'oxydoréduction au cours d'une voie métabolique appelée *respiration aérobie*. D'abord, le glucose est activé (voir la figure 6.10). Ensuite, des électrons et des atomes d'hydrogène lui sont arrachés et sont transférés à des coenzymes, le NAD^+ et la FAD.

Après avoir arraché des électrons et des atomes d'hydrogène au glucose, le NAD^+ et la FAD sont réduits respectivement en NADH et en $FADH_2$. Ces molécules transportent ensuite l'hydrogène et les électrons provenant du glucose vers des chaînes de transport d'électrons. Pendant la photosynthèse, c'est la coenzyme $NADP^+$ qui assure le transfert des électrons.

Une **chaîne de transport d'électrons** est constituée d'enzymes particulières et d'autres molécules qui sont enchâssées dans des membranes situées entre deux compartiments cellulaires. Ces molécules acceptent ou cèdent des électrons selon une séquence précise. Au moment où ils entrent dans la chaîne, les électrons sont à un niveau d'énergie plus élevé que lorsqu'ils en ressortent. On peut imaginer que les électrons descendent un escalier en perdant une partie de leur énergie à chaque marche (voir la figure 6.11*b*).

Lorsqu'on étudie ces étapes de transfert, on ne doit pas s'attarder aux électrons eux-mêmes, mais à l'attraction qu'ils exercent sur l'hydrogène. En effet, des ions H^+ libres (des protons) s'associent aux électrons qui entrent dans la chaîne. À certaines étapes de la chaîne de transport, ces ions H^+ sont propulsés à l'intérieur d'un compartiment par des composants de la chaîne. Les protons s'y accumulent, ce qui génère un gradient de concentration d'ions H^+ ainsi qu'un gradient électrochimique, étant donné la charge de ces ions. La force exercée par ces gradients tend à expulser les ions H^+ hors du compartiment. Or, la membrane du compartiment étant imperméable aux ions H^+, ces derniers sont contraints de la traverser en empruntant des protéines de transport disséminées dans la membrane. Ce flux ionique à travers des protéines de transport induit la formation d'ATP.

En bref, les chaînes de transport d'électrons contribuent à une production d'énergie sous forme d'ATP en exploitant un gradient de concentration d'ions H^+, un gradient électrochimique et des protéines de transport membranaire.

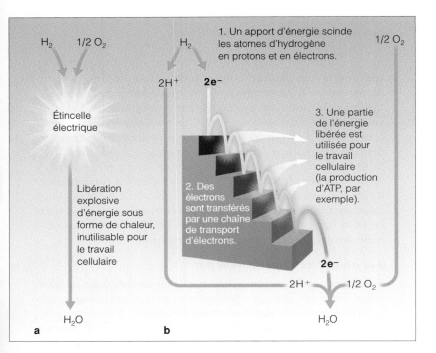

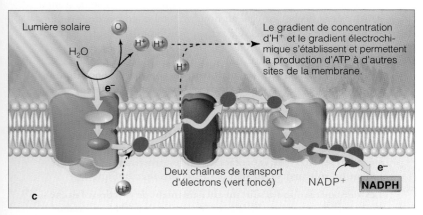

Figure 6.11 Les libérations d'énergie non régulée et régulée. **a)** Une étincelle électrique amorce une réaction entre l'oxygène et l'hydrogène qui entraîne un dégagement explosif de l'énergie. **b)** Dans les chaînes de transport d'électrons, une réaction similaire se produit. Cependant, la réaction est scindée en plusieurs petites étapes plus faciles à maîtriser, qui permettent à la cellule de récupérer une bonne partie de l'énergie libérée. **c)** Des complexes donneurs d'électrons et des chaînes de transport d'électrons dans un chloroplaste. Les chaînes acceptent les électrons de l'eau excités par la lumière solaire. Après avoir été transférés par deux chaînes de transport, les électrons sont captés par le $NADP^+$.

Que ce soit aux cours de la photosynthèse ou de la respiration aérobie, la production de l'énergie nécessaire à la formation d'ATP fait appel à des chaînes de transport d'électrons.

Les chaînes de transport d'électrons enchâssées dans les cellulaires génèrent un gradient d'ions H^+ et un gradient électrochimique utiles à la production d'ATP à d'autres sites de la même membrane.

LES ENZYMES ET LES COLLINES D'ÉNERGIE

Qu'arrive-t-il si on laisse du glucose exposé à l'air libre ? À vrai dire, pas grand-chose. Même si sa transformation en CO_2 et en H_2O en présence d'oxygène est favorisée du point de vue énergétique, il s'écoulera des années avant qu'elle soit observable. Par contre, cette réaction se fait en seulement quelques secondes lorsqu'elle a lieu dans un organisme. C'est la présence d'enzymes qui explique cette différence.

Sans enzymes, la mort surviendrait rapidement. En effet, les réactions ne se dérouleraient pas assez rapidement pour assurer la digestion et l'absorption des aliments, l'élaboration de nouvelles cellules et l'élimination des plus vieilles, le fonctionnement du cerveau, la contraction des muscles, bref, tout ce qui est essentiel à notre survie.

Par définition, les enzymes sont des molécules catalytiques : elles accélèrent une réaction chimique spécifique sans toutefois modifier son résultat.

La plupart des **enzymes** sont des protéines (certains ARN ont une fonction enzymatique) et nous avons vu, aux sections 3.6 à 3.8, que la fonction d'une protéine dépend de sa structure tridimensionnelle finale, c'est donc le cas des enzymes également.

En plus de leur nature chimique commune, toutes les enzymes partagent quatre caractéristiques. Premièrement, elles n'accélèrent que des réactions qui se seraient produites spontanément. L'effet des enzymes est

Figure showing energy diagram with labels:
Substance de départ · Énergie d'activation en absence d'enzymes · Énergie d'activation en présence d'enzymes · Énergie libérée par la réaction · Sens de la réaction → · Produits · a

Figure 6.12 L'énergie d'activation. **a)** Une certaine quantité d'énergie est requise pour amorcer une réaction métabolique. Cette énergie, l'énergie d'activation, permet à une réaction de se dérouler spontanément dans le sens de la formation des produits. **b)** Les enzymes accélèrent une réaction en abaissant l'énergie d'activation qui lui est nécessaire (à ce sujet, revoir l'analogie de la figure 6.5). Les enzymes diminuent la hauteur de la « colline d'énergie ». Ce faisant, elles abaissent la barrière que constitue l'énergie d'activation.

ENZYMES!

b

très important puisque certaines réactions se produisent des centaines, voire des millions de fois plus rapidement qu'elles ne l'auraient fait sans le concours d'une enzyme. Deuxièmement, les réactions n'altèrent pas de façon irréversible les enzymes, pas plus qu'elles ne les épuisent, si bien que la même enzyme peut accomplir plusieurs fois le même travail. Troisièmement, un même type d'enzyme catalyse habituellement les deux sens d'une réaction réversible. Quatrièmement, les enzymes sont très sélectives : chacune d'elles ne reconnaît qu'une ou quelques substances particulières. Cette substance ou ce groupe de substances est appelé *substrat*. Une enzyme ne peut se lier qu'à un substrat particulier et le modifier de manière spécifique. Prenons l'exemple de la thrombine, l'une des enzymes jouant un rôle dans la coagulation du sang. Elle ne reconnaît et ne scinde qu'une séquence de deux acides aminés, l'arginine et la glycine, présente dans une certaine protéine. La réaction catalytique transforme cette protéine en un facteur de coagulation.

Afin de bien saisir le fonctionnement des enzymes, il est nécessaire de comprendre la notion d'énergie d'activation. L'**énergie d'activation** est la quantité minimale d'énergie requise par les collisions intermoléculaires pour amorcer une réaction. Cette quantité d'énergie varie selon les réactions. Les collisions peuvent être spontanées, mais elles sont grandement favorisées par l'action des enzymes.

L'énergie d'activation est une barrière énergétique, à l'instar de la colline illustrée à la figure 6.12. Cette barrière doit être franchie d'une façon ou d'une autre afin que la réaction puisse se produire. Or, les enzymes abaissent la barrière de l'énergie d'activation. Cet aspect est présenté plus en détail dans la section suivante.

Les enzymes accélèrent une réaction en abaissant la quantité d'énergie d'activation requise pour la déclencher.

L'INFLUENCE DES ENZYMES SUR L'ÉNERGIE D'ACTIVATION

Le site actif

Comment les enzymes font-elles augmenter la vitesse d'une réaction en en abaissant l'énergie d'activation? Elles créent un microenvironnement favorable au déroulement de la réaction d'un point de vue énergétique. En fait, chaque enzyme contient un ou plusieurs **sites actifs**, qui sont des cavités où les **substrats** se fixent et où des réactions spécifiques sont catalysées. Les réactifs d'une enzyme, soit ses substrats, possèdent à leur surface une région qui est complémentaire au site actif sur le plan de la taille, de la conformation, de la solubilité et de la charge. C'est grâce à une telle complémentarité qu'une enzyme peut reconnaître son substrat parmi des milliers de substances dans la cellule. La figure 6.13 illustre la rencontre d'une enzyme et de son substrat.

Parfois, seuls les groupements fonctionnels sont requis pour la catalyse de la réaction. Cependant, la présence d'un ou plusieurs cofacteurs est souvent nécessaire. Les cofacteurs, rappelons-le, peuvent être des ions métalliques ou des **coenzymes**; celles-ci sont des composés organiques complexes qui peuvent comporter une vitamine.

Il arrive qu'un ion métallique ou une coenzyme soit si fortement lié au site actif qu'il forme ce qu'on appelle un *groupement prosthétique*: la présence de tels groupements est aussi importante pour l'enzyme que celle d'un membre artificiel l'est pour un amputé. Le groupement hème de l'hémoglobine en est un exemple.

L'état de transition

Rappelons les principales catégories de réactions mettant en jeu des enzymes (voir le chapitre 3). D'abord, celles-ci peuvent catalyser le transfert d'un groupement fonctionnel, c'est-à-dire qu'une molécule cède un groupement fonctionnel et qu'une autre molécule l'accepte. Les enzymes peuvent également catalyser un transfert d'électron, auquel cas un ou plusieurs électrons sont arrachés à une molécule et donnés à une autre. Le réarrangement est un autre type de réaction: des liaisons intramoléculaires sont brisées et d'autres sont créées, de sorte que la molécule d'origine devient une nouvelle molécule. Lors de la condensation, deux molécules s'unissent par des liaisons covalentes et forment une molécule plus volumineuse. Enfin, la dégradation est la scission d'une molécule en deux plus petites.

Ainsi, lorsqu'il est question de la quantité d'énergie d'activation nécessaire pour transformer un substrat en produit, il s'agit, en fait, de l'énergie requise pour aligner les groupements chimiques, pour déstabiliser brièvement les charges électriques ou pour réarranger, créer ou briser des liaisons.

Ces événements amènent un substrat à un **état de transition**, soit un point à partir duquel une réaction peut aussi bien se dérouler dans un sens que dans l'autre, vers les produits ou vers les réactifs. C'est dans cet état qu'un substrat est le plus fortement lié à une enzyme.

Le fonctionnement des enzymes

Pendant une réaction enzymatique, il se forme différentes liaisons entre le substrat, l'enzyme et le cofacteur s'il y a lieu. Beaucoup de ces liaisons sont faibles. Toutefois, de l'énergie se dégage chaque fois qu'une liaison se forme, et cette libération d'énergie favorise la formation du complexe enzyme-substrat. L'énergie libérée à partir de toutes les interactions faibles est appelée **énergie de liaison**. Cette énergie dégagée lors de l'état de transition du substrat contribue à faire diminuer l'énergie d'activation.

L'énergie de liaison fait augmenter la vitesse de réaction par plusieurs mécanismes. Les quatre mécanismes suivants concourent, ensemble ou séparément selon l'enzyme, à l'atteinte de l'état de transition.

L'énergie de liaison peut favoriser la proximité des substrats. On sait que les molécules d'un substrat interagissent rarement si leur concentration est trop faible. Or, leur liaison au site actif a l'effet d'une augmentation localisée de la concentration. Selon la réaction, la vitesse peut être de 10 000 à 10 000 000 fois plus rapide.

L'énergie de liaison contribue à orienter les molécules du substrat dans une position favorisant la réaction. Spontanément, les substrats entrent en collision selon une orientation aléatoire. De nombreuses liaisons faibles se forment au sein du site actif et orientent les groupements réactifs de manière à accroître la fréquence des collisions entre des molécules placées favorablement.

Il arrive que l'énergie de liaison permette au substrat de se lier si fortement au site actif qu'il en déloge partiellement ou entièrement les molécules d'eau. Dans certaines réactions, le microenvironnement non polaire qui en résulte peut abaisser l'énergie d'activation par un facteur de 500 000. Ce phénomène se produit notamment lorsqu'une enzyme se fixe au groupement carboxyle ($-COO^-$) d'une molécule.

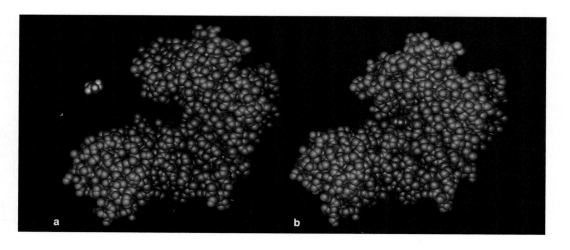

Figure 6.13 L'hexokinase, une enzyme essentielle qui fixe un groupement phosphate au glucose. **a)** La molécule de glucose, en rouge, se dirige vers le site actif situé à l'intérieur d'une cavité de l'enzyme (en vert). **b)** À mesure que le glucose pénètre dans la cavité, des parties de l'enzyme l'entourent brièvement.

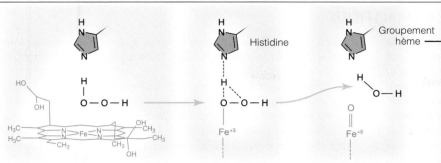
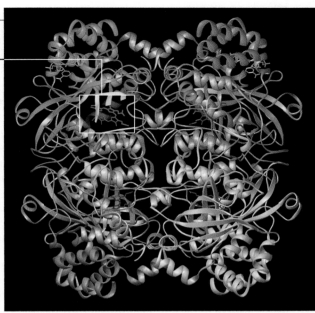

a Une molécule de peroxyde d'hydrogène (H_2O_2), qui est le substrat de la réaction, pénètre dans l'une des quatre cavités de la molécule de catalase. Le groupement hème contenu dans la cavité est illustré en rouge.

b L'un des acides aminés (l'histidine) qui émerge de la cavité attire l'un des atomes d'hydrogène (H) du substrat, ce qui libère un atome d'oxygène (O), qui se fixe alors au fer (Fe) du groupement hème.

c La liaison au fer étire et brise la liaison O—O du substrat. De l'eau (H_2O) se forme quand le groupement —OH retire un atome d'hydrogène (H) à l'histidine. Le fer libère un autre atome d'oxygène quand il réagit avec une deuxième molécule de H_2O_2, puis une autre molécule d'eau se forme.

Figure 6.14 La catalase, une enzyme qui décompose le peroxyde d'hydrogène en eau et en oxygène. Dans les cellules, quatre unités formées d'un polypeptide s'associent pour constituer la structure quaternaire de la catalase. Chaque unité comprend une cavité qui contient un groupement hème. L'atome de fer du groupement hème joue un rôle dans la catalyse. Les propriétés électrochimiques du groupement hème inhibent la production de radicaux oxygénés nuisibles, des sous-produits de la décomposition du peroxyde d'hydrogène.

L'énergie de liaison peut induire une modification de la conformation de l'enzyme. Dans la plupart des cas, les interactions faibles établies entre l'enzyme et son substrat suscitent un changement de la conformation de l'enzyme. Selon le **modèle de la complémentarité induite**, les groupements fonctionnels situés à la surface du substrat ne sont que partiellement complémentaires aux groupements fonctionnels du site actif. Lorsque la structure de l'enzyme est bien alignée sur celle du substrat, ce dernier se replie, ce qui le mène à l'état de transition. Selon ce modèle, une complémentarité parfaite entraverait la réaction. Si un substrat était trop fortement fixé au site actif, le complexe enzyme-substrat deviendrait trop stable et la réaction ne pourrait pas suivre son cours.

Au sujet des cofacteurs

Une fois que le substrat s'est adéquatement aligné sur le site actif, quel rôle jouent les cofacteurs? Étudions le cas des cofacteurs qui assurent le transfert des électrons.

Au cours d'un grand nombre de réactions, des produits intermédiaires instables et chargés sont formés. S'ils étaient laissés à eux-mêmes, ils se retransformeraient rapidement en substrats. Cependant, des transferts d'électrons (et d'hydrogène) entre le substrat et les produits intermédiaires peuvent parfois favoriser le déroulement de la réaction vers les produits plutôt que vers le substrat. Or, les cofacteurs participent à la plupart de ces réactions. Par exemple, les ions métalliques se lient si fortement à l'acide aspartique, à la cystéine, à l'histidine et à l'acide glutamique qu'ils sont intégrés à la structure d'un grand nombre d'enzymes. Ces ions donnent et acceptent facilement des électrons. En réagissant avec un substrat ou un produit intermédiaire, ils réarrangent les électrons de manière à favoriser la formation du produit. Ce phénomène survient, par exemple, au sein du groupement hème de la catalase. L'hème renferme un cycle carboné complexe au centre duquel se trouve un ion de fer (Fe^{++}). La figure 6.14 illustre le rôle de cet ion métallique. Près du tiers de toutes les enzymes connues font appel à un ou plusieurs ions métalliques.

La taille des enzymes

La taille de la plupart des enzymes, comme celle de la figure 6.13, est de beaucoup supérieure à celle de leur substrat. Pourquoi? Une catalyse rapide et répétée requiert un environnement chimique stable. La chaîne polypeptidique de l'enzyme doit être assez longue pour pouvoir se replier plusieurs fois dans des directions précises, et pas seulement pour assurer la stabilité structurale. Grâce au repliement, des acides aminés et des groupements fonctionnels particuliers se trouvent à des endroits et dans des orientations qui favorisent les interactions avec les molécules d'eau associées à la surface de l'enzyme et avec la molécule de substrat qui se fixe au site actif.

L'énergie d'activation d'une réaction représente l'énergie requise pour orienter adéquatement les groupements chimiques réactifs, pour déstabiliser les charges électriques ou pour réarranger, créer ou briser des liaisons.

L'énergie d'activation mène les substrats à l'état de transition, soit le point à partir duquel une réaction peut spontanément se dérouler dans le sens de la synthèse des produits ou du substrat.

Les principaux facteurs qui abaissent l'énergie d'activation au site actif sont la concentration élevée du substrat, l'orientation du substrat, l'élimination des molécules d'eau et le changement de conformation de l'enzyme et du substrat.

L'INFLUENCE DU MILIEU SUR L'ACTIVITÉ ENZYMATIQUE

La qualité d'un travail est grandement influencée par les conditions dans lesquelles il est fait. Par exemple, nous travaillons plutôt mal quand nous avons trop chaud ou trop froid ou quand nous ressentons un malaise parce que nous avons engouffré des croustilles bien salées. Quand le garde-manger est vide, on pense à aller à l'épicerie. Nous pouvons alors téléphoner à un ami pour qu'il nous y accompagne. Si nous conduisons trop vite pour s'y rendre, la rencontre d'une voiture de police peut nous inciter à ralentir. À bien des égards, nous avons beaucoup de points en commun avec les enzymes. En effet, l'activité enzymatique est influencée par la température, le pH, la salinité et la quantité relative de certaines substances. De plus, un grand nombre d'enzymes font appel à des auxiliaires pour exécuter leurs tâches. Enfin, toutes les enzymes normales sont régies par une « police » métabolique.

La régulation de l'activité enzymatique

Toute cellule régit son activité enzymatique. En coordonnant différents mécanismes de régulation, la cellule arrive à maintenir, à abaisser ou à élever la concentration des substances en fonction de ses besoins.

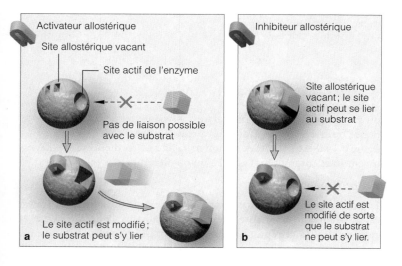

Figure 6.15 La régulation allostérique de l'activité enzymatique. **a)** Le site actif est libéré quand un activateur allostérique se lie à un site allostérique vacant. **b)** Le site actif est bloqué quand un inhibiteur allostérique se fixe à un site allostérique vacant.

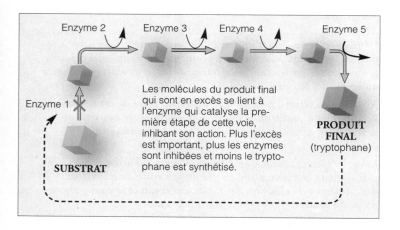

Figure 6.16 Un exemple de rétro-inhibition d'une voie métabolique. Cinq enzymes agissent de manière séquentielle. Elles convertissent le substrat en un produit, le tryptophane.

La régulation, d'une part, régit la vitesse à laquelle les enzymes sont fabriquées et deviennent disponibles. D'autre part, elle agit directement sur les enzymes déjà synthétisées.

Prenons l'exemple de la régulation allostérique. Dans ce cas, une molécule se fixe sur un site allostérique de l'enzyme qui n'est pas le site actif. Cette molécule peut être un activateur allostérique ou un inhibiteur allostérique, selon le cas. La liaison de cette molécule au site allostérique induit une modification de la conformation du site actif de l'enzyme, qui sera activée ou inhibée selon la nature de la molécule fixée au site allostérique. La figure 6.15 illustre les effets de la liaison réversible qui s'établit entre ces molécules. Afin de mieux comprendre le mécanisme, imaginons une bactérie qui produit différents acides aminés, dont le tryptophane, afin qu'ils soient intégrés à des protéines en formation. Peu après, la synthèse des protéines en question prendra fin, mais la synthèse du tryptophane continuera jusqu'à ce que sa concentration soit suffisante pour provoquer une **rétro-inhibition**. En effet, quand le tryptophane s'accumule faute d'être intégré dans une protéine en formation, sa concentration devient telle qu'il se lie au site allostérique d'une enzyme participant à la synthèse d'autres molécules de tryptophane. Cette enzyme est alors inhibée, et la synthèse du tryptophane cesse. Si toutefois le tryptophane devient rare, les sites allostériques seront libres et d'autres molécules de tryptophane seront synthétisées. De telles boucles de rétroaction permettent aux cellules d'ajuster rapidement la concentration de nombreuses substances (voir la figure 6.16).

La régulation de l'activité enzymatique observable chez l'être humain et les autres organismes pluricellulaires est une chose fascinante. En plus de travailler à leur propre survie, les cellules collaborent afin de maintenir l'homéostasie de l'organisme entier. Certaines cellules spécialisées sécrètent des hormones (des messagers chimiques) qui circulent dans tout l'organisme. Toute cellule munie de récepteurs spécifiques à une hormone donnée peut répondre au signal. La liaison de l'hormone au récepteur induit une modification de l'activité de la cellule. Ainsi, l'hormone contribue à la régulation de toutes les cellules portant un récepteur qui lui est spécifique par l'activation ou l'inhibition de l'activité de leurs enzymes.

Les effets de la température et du pH sur les enzymes

Rappelons d'abord que la température est une mesure du mouvement des molécules. Une augmentation de température accélère donc la réaction en accroissant les probabilités de collision entre le substrat et son site actif. Pourtant, au-delà d'une certaine température (qui varie selon l'enzyme), la rapidité des collisions brise les liaisons faibles qui donnent à l'enzyme sa conformation tridimensionnelle. Les substrats ne peuvent plus se fixer au site actif, de sorte que la vitesse de réaction enzymatique diminue beaucoup (voir la figure 6.17*a*). Si la température dépasse les limites de tolérance des enzymes, le métabolisme normal est alors perturbé. C'est précisément ce qui se produit lors d'une forte fièvre : quand la température corporelle d'un être humain atteint 44 °C, la survie devient impossible.

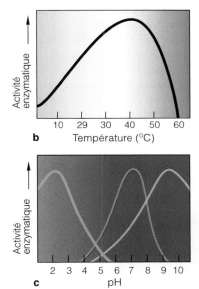

a

Figure 6.17 Les enzymes et l'environnement. **a)** Les effets de la température sur l'activité enzymatique sont manifestes chez le chat siamois. Les cellules de l'épiderme qui produisent leur fourrure fabriquent un pigment brun-noir, la mélanine. Or, une enzyme sensible à la chaleur régit la production de mélanine et est moins active lorsque la température est plus élevée, ce qui explique que la fourrure des oreilles et des pattes contient plus de mélanine que les autres parties anatomiques du chat. **b)** Les effets d'une élévation de la température sur l'activité enzymatique. **c)** La réaction de trois enzymes différentes à une augmentation du pH.

Les valeurs de pH qui se situent en dehors de l'intervalle de tolérance de l'enzyme lui sont nuisibles (voir la figure 6.17 *b*). La plupart des enzymes ont un fonctionnement optimal à un pH se situant entre 6 et 8. La trypsine, par exemple, est active dans l'intestin grêle, où le pH est d'environ 8. La pepsine, une enzyme qui catalyse la dégradation des protéines, est une exception. Elle exerce son activité dans le suc gastrique, un liquide extrêmement acide (un pH d'environ 1 à 2) qui dénature la plupart des enzymes.

En outre, la plupart des enzymes fonctionnent mal dans un milieu riche en sels. Une forte salinité (une concentration ionique très élevée) perturbe les interactions qui contribuent à maintenir la conformation tridimensionnelle des enzymes.

Des mécanismes de régulation régissent la synthèse de nouvelles enzymes et stimulent ou inhibent l'activité des enzymes existantes. En exerçant une régulation des enzymes, la cellule régit la concentration et la nature des substances disponibles.

Les enzymes ont un fonctionnement optimal quand la température, le pH et la salinité du milieu se situent à l'intérieur de leur intervalle de tolérance. Cet intervalle varie selon l'enzyme.

La bière, les enzymes et le foie

La catalase agit, pour ainsi dire, comme un « soldat » qui protège l'organisme contre les méfaits de l'alcool. Qu'arrive-t-il quand on boit 350 ml de bière, 180 ml de vin ou 45 ml de vodka à 40 % d'alcool ? Ces consommations renferment toutes la même quantité d'éthanol ou alcool éthylique (C_2H_6O), une molécule hydrosoluble dont certaines régions sont liposolubles. D'abord, cet alcool est absorbé à 20 % par l'estomac et à 80 % par l'intestin grêle et il se retrouve dans le sang. Or on sait que l'éthanol, à fortes concentrations, entraîne la mort des cellules et cause des dommages aux tissus. Heureusement, le sang transporte ensuite rapidement plus de 90 % de l'alcool au foie, qui le dégrade en acétate (acide acétique), une molécule non toxique. Normalement, dans le cas d'une consommation modérée, le foie d'une personne en bonne santé est en mesure de détoxifier l'alcool avant qu'il fasse des ravages.

Cependant, le foie a ses limites quant à la quantité d'alcool qu'il peut détoxifier en une heure. Lors d'une consommation importante d'alcool, la vitesse d'absorption de ce dernier est plus grande que la vitesse des réactions de détoxification. Ce sont les enzymes hépatiques responsables du métabolisme de l'alcool qui dictent la vitesse des réactions. Les alcools déshydrogénases des cellules hépatiques sont des enzymes cruciales pour les réactions de détoxification. Elles catalysent la conversion de l'alcool éthylique en acétaldéhyde, un produit qui devient toxique à concentration élevée. Une autre enzyme, l'acétaldéhyde déshydrogénase, dégrade rapidement cet intermédiaire en acétate et en d'autres substances non toxiques. De plus, quand la concentration d'alcool dans le sang est élevée, l'un des cytochromes participe à la détoxification, ainsi que la catalase.

Compte tenu du rôle central du foie dans le métabolisme de l'alcool, les buveurs excessifs courent un risque élevé de développer une maladie hépatique provoquée par l'alcool. Puisqu'un nombre décroissant de cellules, et donc d'enzymes, sont en mesure de participer à la détoxification, la tolérance à l'alcool diminue. Chez les malades atteints d'hépatite alcoolique, l'inflammation et la destruction du tissu hépatique sont étendues. Une autre maladie, la cirrhose alcoolique, est caractérisée par des lésions permanentes qui finissent tôt ou tard par inhiber l'activité du foie (voir la figure 6.18).

Évidemment, la dégénérescence du foie est très dommageable pour l'organisme. Cet organe interne est la glande la plus volumineuse du corps, et son fonctionnement a une incidence sur tous les autres organes. Il joue un rôle important dans la digestion et l'absorption des lipides, en plus d'être essentiel à la régulation de la synthèse et de l'absorption des glucides, des lipides et des protéines par les cellules. Il sert également de réservoir sanguin et contribue au maintien du volume sanguin. Par ailleurs, ses enzymes désactivent beaucoup de composés toxiques autres que l'acétaldéhyde.

Figure 6.18
À gauche : un tissu hépatique normal. À droite : les ravages d'une maladie provoquée par l'alcool.

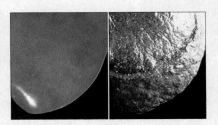

DE LA LUMIÈRE DANS LA NUIT ET DANS LE LABORATOIRE

Les organismes bioluminescents

Dans les eaux chaudes des mers tropicales, dans les jardins et les champs durant certaines nuits d'été, nous avons parfois la chance d'observer des organismes qui scintillent. Beaucoup d'espèces émettent en effet de la lumière orange, jaune, jaune-vert ou bleue (voir la figure 6.19).

Ce phénomène est attribuable aux luciférases, des enzymes qui transforment l'énergie chimique en énergie lumineuse. La figure 6.19*c* présente la structure moléculaire de la luciférase de la luciole. Les réactions débutent quand, en présence d'oxygène, l'ATP transfère un groupement phosphate à une substance très fluorescente, la luciférine. Cet ajout de phosphate rend la molécule instable et l'incite à réagir en transférant des électrons. Au cours de l'une de ces réactions, de l'énergie est dégagée sous forme de lumière fluorescente. Ce type de lumière est émis lorsque les molécules instables reprennent une configuration plus stable. L'émission de lumière par certains organismes vivants est appelée **bioluminescence**.

Les êtres vivants peuvent être considérés comme des merveilles de la nature. On peut également les voir autrement, soit sous l'angle de leurs activités et de leur fonctionnement. C'est de cette manière que les biologistes abordent l'univers du vivant.

Certains d'entre eux ont d'ailleurs eu l'idée d'exploiter la bioluminescence des lucioles, sachant que les gènes de la bioluminescence peuvent être insérés dans une panoplie d'organismes, tels que des bactéries, des végétaux et des souris (voir la figure 6.20).

Voici un exemple d'application intéressante. Chaque année, trois millions de personnes meurent d'une maladie pulmonaire causée par *Mycobacterium tuberculosis*. Or, il n'existe pas d'antibiotique efficace contre toutes les souches bactériennes causant cette maladie infectieuse et il faut administrer au patient un ou des antibiotiques spécifiques à la souche bactérienne dont il est victime. Par conséquent, une personne infectée ne peut être traitée efficacement que lorsque la souche responsable de l'infection a été identifiée.

Figure 6.19 a) Des organismes marins bioluminescents près de l'île de Vieques à Porto Rico. Un seul litre d'eau peut contenir près de 5000 dinoflagellés, des microorganismes libres qui émettent de la lumière quand on les perturbe.
b) La luciole d'Amérique du Nord (*Photinus pyralis*) est munie d'un organe qui émet des éclairs lumineux. Les peroxysomes contenus dans cet organe sont remplis de luciférase. La lumière émise permet au mâle de trouver la femelle dans le noir.
c) Un modèle en ruban de la luciférase. Cette enzyme catalyse la réaction qui produit de la lumière. Son unique chaîne polypeptidique est repliée en plusieurs domaines.

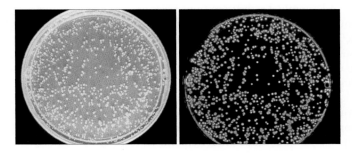

Figure 6.20 Des colonies d'une bactérie bioluminescente vues à la lumière du jour dans une boîte de Petri (à gauche), et les mêmes colonies émettant une fluorescence dans le noir (à droite).

Pour établir rapidement l'identité des bactéries prélevées sur le patient, nous pouvons les mettre en contact avec les gènes de la luciférase. Ces gènes s'insèrent habituellement dans l'ADN de quelques bactéries. Les chercheurs isolent ensuite ces bactéries et exposent à différents antibiotiques les colonies qu'elles forment. Quand un antibiotique n'a pas d'effet, la colonie émet de la lumière puisque ses bactéries ont réussi à fabriquer la luciférase. En revanche, on sait qu'un antibiotique est efficace lorsque les bactéries de la colonie n'émettent pas de lumière, puisque celles-ci ont alors été tuées par l'antibiotique.

Une autre exploitation intéressante de la bioluminescence fut mise au point par Christopher et Pamela Contag, deux chercheurs postdoctoraux de l'université Stanford, qui voulaient rendre fluorescentes les bactéries responsables de la salmonellose, une infection qui attaque les souris de laboratoire. Pourquoi? En fait, les scientifiques qui réalisent des études sur les maladies bactériennes ou virales doivent infecter des dizaines ou des centaines de souris dans le cadre de leurs expériences. Pour déterminer le degré de propagation de l'infection, il faut sacrifier toutes les souris inoculées afin d'examiner leurs tissus. En plus d'être coûteuse et fastidieuse, cette pratique nécessite le sacrifice inutile d'animaux.

Les Contag ont alors décidé de soumettre leur hypothèse à David Benaron, un chercheur en imagerie médicale de Stanford : si les bactéries infectieuses vivantes étaient bioluminescentes, la lumière qu'elles émettraient devrait traverser les tissus des animaux infectés. Dans une expérience préliminaire visant à explorer cette nouvelle idée, les chercheurs ont introduit des cellules de *Salmonella* fluorescentes dans des poitrines de poulet achetées au supermarché, qui ont alors émis de la lumière.

Les Contag ont ensuite transféré des gènes de bioluminescence à trois souches de *Salmonella*, puis ont injecté ces bactéries à des souris réparties dans trois groupes, après quoi ils ont utilisé une caméra pour déceler l'infection dans chacun de ces groupes. La première souche était peu virulente : les souris ont réussi à combattre l'infection en moins de six jours et, par conséquent, n'ont pas émis de fluorescence. La deuxième souche était relativement virulente, mais l'infection ne s'est pas propagée dans tout l'organisme et est demeurée localisée. La troisième souche était très virulente. Les bactéries ont proliféré dans l'intestin des souris, qui était devenu fluorescent.

Il est donc possible, par le transfert de gènes de bioluminescence conjugué à un système d'imagerie de l'activité enzymatique, de suivre l'évolution d'une infection et d'évaluer l'efficacité des médicaments au sein d'organismes vivants (voir la figure 6.21). D'ailleurs, le transfert

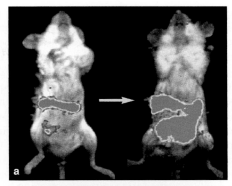
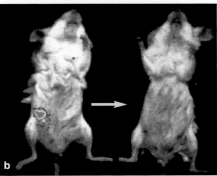

Figure 6.21 La localisation des bactéries bioluminescentes infectant des souris de laboratoire et la visualisation de leur prolifération dans les tissus. **a)** Des images colorées artificiellement montrent la propagation de l'infection chez la souris qui n'a pas été traitée aux antibiotiques. **b)** Ces deux souris illustrent l'efficacité de l'antibiotique, qui a tué la majeure partie des bactéries.

de gènes de bioluminescence pourrait être appliqué en thérapie génique, puisqu'on parvient déjà à substituer des copies de gènes normaux à des gènes défectueux ou causant le cancer.

Pourquoi conclure ce chapitre sur les propriétés des organismes bioluminescents ? Parce que l'activité métabolique est manifeste chez ces organismes. On conçoit aisément qu'ils doivent se procurer de l'énergie et s'en servir pour fabriquer, dégrader, emmagasiner et libérer sélectivement des substances. Chaque éclair de lumière nous rappelle que les cellules vivantes absorbent des substances riches en énergie, élaborent des membranes, stockent des substances, fabriquent de nouvelles enzymes et traitent l'information contenue dans leur ADN. Un apport constant d'énergie alimente toutes ces activités. Les biologistes d'aujourd'hui s'affairent à percer les secrets du métabolisme et à mettre en application leurs découvertes.

La bioluminescence est le résultat de réactions au cours desquelles des enzymes interviennent pour libérer de l'énergie sous forme de lumière fluorescente.

Les biologistes ont transféré des gènes de bioluminescence, soit des gènes codant la luciférase, à une panoplie d'organismes. De tels transferts de gènes ont ouvert la voie à d'autres travaux de recherche et à des applications pratiques.

RÉSUMÉ

Le chiffre en **brun** renvoie à la section du chapitre.

1. Les cellules emmagasinent, dégradent, puis éliminent des substances en se procurant et en utilisant de l'énergie et des matières premières provenant de sources externes. Leur survie dépend de leur métabolisme, soit de toutes les activités chimiques qui s'y déroulent. Ces réactions sont alimentées par de l'énergie. *6*

2. La vie est régie par deux principes de la thermodynamique. Le premier principe : l'énergie passe d'une forme à une autre, mais sa quantité totale ne diminue ni n'augmente ; la quantité totale d'énergie dans l'univers demeure donc constante. Le deuxième principe : l'énergie se propage spontanément dans une direction, des formes utilisables aux formes moins utilisables. *6.1*

3. Toute matière possède une énergie potentielle, qui se mesure par sa capacité à réaliser un travail et qui est inhérente à sa position dans l'espace ainsi qu'à la disposition de ses parties. Les cellules utilisent l'énergie potentielle emmagasinée pour effectuer un travail électrique, chimique ou mécanique. *6.1*

4. Sans énergie, la cellule (comme tout système organisé) est vouée à perdre sa structure. Chaque réaction métabolique s'accompagne d'une perte d'énergie potentielle qui se dissipe sous forme de chaleur. La cellule se maintient en vie (demeure structurée) en compensant une perte d'énergie par un gain d'énergie. Le Soleil est la principale source d'énergie des êtres vivants. Les végétaux et les autres organismes photosynthétiques convertissent l'énergie solaire en énergie de liaisons chimiques dans les composés organiques. Les végétaux, de même que les organismes qui s'en nourrissent, font appel à l'énergie des composés organiques pour réaliser le travail cellulaire qui les garde en vie. *6.1, 6.2*

5. Les cellules conservent leur énergie en couplant les réactions qui libèrent de l'énergie avec celles qui en requièrent. L'ATP est le principal agent de couplage ; il incite les molécules à réagir en leur transférant un groupement phosphate. *6.2*

6. Les cellules élèvent, maintiennent et abaissent la concentration des substances qu'elles contiennent en coordonnant des milliers de réactions métaboliques. Elles peuvent modifier rapidement la vitesse du métabolisme en régissant certaines étapes des voies métaboliques réversibles. *6.3, 6.6*

7. Les réactions métaboliques transforment des réactifs en produits. Les substances qui se forment entre les deux sont des produits intermédiaires. Les transporteurs d'énergie (surtout l'ATP), les enzymes, les cofacteurs et les protéines de transport jouent un rôle important dans le métabolisme. *6.3*

8. Les voies métaboliques sont des réactions séquentielles faisant intervenir des enzymes. À partir de molécules plus petites, les voies anaboliques (ou biosynthétiques) fabriquent des molécules plus volumineuses ayant une forte énergie de liaison. La photosynthèse en est un exemple. Les voies cataboliques (ou de dégradation) dégradent les grosses molécules en produits plus petits ayant une énergie de liaison faible. La respiration aérobie en est un exemple. *6.2, 6.3*

9. Au cours de la photosynthèse et de la respiration aérobie, des transferts d'électrons (réactions d'oxydoréduction) contribuent à produire l'ATP. Enchâssées dans certaines membranes, des chaînes de transport d'électrons libèrent une énergie qui sert à produire un gradient électrochimique et un gradient de concentration d'ions H^+ nécessaires à la production d'ATP. *6.2, 6.4*

10. Les enzymes sont des catalyseurs ; elles accélèrent considérablement certaines réactions. Les cavités (les sites actifs) situées à la surface des enzymes offrent, d'un point de vue énergétique, un microenvironnement favorable à la réaction à catalyser. *6.4, 6.5*

a) Presque toutes les enzymes sont des protéines, quoique certains ARN aient aussi une action catalytique.

b) L'énergie d'activation d'une réaction est l'énergie nécessaire pour orienter adéquatement les groupements chimiques réactifs, déstabiliser les charges électriques ou réarranger, créer et briser des liaisons. Elle mène les substrats à l'état de transition, un point à partir duquel la réaction peut se dérouler vers la formation tant des produits que des réactifs.

c) De l'énergie est dégagée quand des liaisons se forment brièvement entre l'enzyme et son substrat pendant l'état de transition. Cette énergie de liaison représente une partie des coûts énergétiques à payer, le coût total correspondant à l'énergie d'activation.

d) Les enzymes abaissent l'énergie d'activation de différentes manières : en augmentant la concentration du substrat au site actif, en orientant le substrat dans une position qui favorise la réaction, en éliminant une grande partie ou la totalité des molécules d'eau du site actif ou, souvent, en modifiant leur conformation.

11. Parfois, les groupements fonctionnels d'une enzyme jouent un rôle dans la réaction. La plupart du temps, toutefois, un ou plusieurs cofacteurs contribuent à la réaction par le transfert de groupements fonctionnels ou d'électrons. Les cofacteurs sont des ions métalliques ou des coenzymes, soit des composés organiques complexes pourvus ou non d'un élément vitaminique. Les cofacteurs fortement liés à un site actif sont appelés *groupements prosthétiques* ; l'hème en est un exemple. Près du tiers des enzymes connues renferment au moins un ion métallique. *6.6*

12. Différents mécanismes de régulation régissent l'activité enzymatique et influent sur la nature et la concentration des substances présentes dans la cellule. Le fonctionnement des enzymes est optimal quand la température, le pH et la salinité du milieu se situent à l'intérieur de leur intervalle de tolérance. *6.7*

13. La bioluminescence est le résultat de réactions au cours desquelles des enzymes interviennent pour libérer de l'énergie sous forme de lumière fluorescente. Le transfert de gènes de bioluminescence dans des organismes a suscité des applications pratiques et des travaux en recherche. *6.9*

Exercices

1. Définissez ce qu'est un radical libre. Quel est le lien entre les radicaux libres et la vieillesse ? *6*

2. Énoncez le premier et le deuxième principes de la thermodynamique. Est-il vrai que le deuxième principe ne s'applique pas aux êtres vivants ? *6.1*

3. Donnez la définition de l'énergie potentielle et quelques exemples de cette forme d'énergie. *6.1*

4. Donnez des exemples d'une énergie potentielle qui se transforme a) en travail mécanique et b) en travail chimique. *6.2*

5. Faites un schéma d'une molécule d'ATP. Surlignez-en les parties qui peuvent être transférées à une autre molécule. *6.2*

6. Qu'est-ce qu'une réaction d'oxydoréduction ? *6.2*

7. Définissez les termes suivants : voie métabolique, substrat (ou réactif), produit intermédiaire et produit final. La photosynthèse est-elle globalement une voie anabolique ? *6.3*

8. Qu'est-ce qu'une chaîne de transport d'électrons et comment fonctionne-t-elle ? *6.4*

9. Décrivez quatre caractéristiques essentielles des enzymes. *6.5*

10. Donnez la définition de l'énergie d'activation et énoncez quatre moyens par lesquels les enzymes abaissent l'énergie d'activation. *6.5, 6.6*

11. Définissez la rétro-inhibition qui modifie l'activité des enzymes allostériques. *6.7*

1. _____ est la principale source d'énergie des êtres vivants.
a) La nourriture   c) La lumière solaire
b) L'eau   d) L'ATP

2. Si on situait l'équilibre chimique au bas de la pente d'une colline d'énergie, alors une réaction _____ consisterait à remonter la pente.
a) endergonique   c) alimentée par l'ATP
b) exergonique   d) les réponses a) et c)

3. Quel énoncé est faux? Une voie métabolique _____.
a) est un enchaînement de réactions
b) fait intervenir une enzyme qui amorce les réactions
c) peut être globalement anabolique ou catabolique
d) toutes ces réponses

4. Quel énoncé relatif à l'équilibre chimique est faux?
a) La concentration des réactifs est toujours égale à celle des produits.
b) Les vitesses d'une réaction directe et d'une réaction inverse sont les mêmes.
c) Il n'y a pas de variation nette de la concentration des produits et des réactifs.

5. Les chaînes de transport d'électrons font intervenir _____.
a) des enzymes et des cofacteurs   c) des membranes cellulaires
b) des transferts d'électrons   d) toutes ces réponses

6. Les enzymes _____.
a) accélèrent les réactions
b) sont sensibles à la température
c) sont sensibles au pH
d) ne sont pas sensibles à la salinité
e) les réponses a), b) et c)
f) toutes ces réponses

7. Toutes les enzymes renferment _____.
a) un site actif   c) un ion métallique
b) une coenzyme   d) toutes ces réponses

8. Le NAD$^+$, la FAD et le NADP$^+$ sont _____.
a) des coenzymes   c) des enzymes allostériques
b) des ions métalliques   d) les réponses a) et b)

9. Appariez l'énoncé de gauche avec le terme qui lui correspond.
_____ Coenzyme ou ion métallique   a) Réactif ou substrat
_____ Contribue à établir des gradients   b) Enzyme
       à travers la membrane   c) Cofacteur
_____ Substance qui réagit   d) Produit intermédiaire
_____ Substance formée au cours   e) Produit
       d'une réaction   f) Transporteur d'énergie
_____ Substance obtenue à la fin   g) Protéine de transport
       d'une réaction
_____ Accélère une réaction
_____ Particulièrement l'ATP

Questions à développement

1. Le cyanure est un composé toxique qui peut se lier à une enzyme faisant partie d'une chaîne de transport d'électrons. Cette liaison conduit à un empoisonnement au cyanure. En effet, l'enzyme ne peut plus transférer les électrons à la molécule voisine (un accepteur) dans le système. Quel effet aura cette liaison sur la production d'ATP? En vous fondant sur ce que vous connaissez de la fonction de l'ATP, quel effet aura cette liaison sur la santé d'un individu?

2. Découverte dans une cheminée volcanique en Italie, la bactérie *Pyrococcus furiosus* prospère à 100 °C, le point d'ébullition de l'eau. Les enzymes isolées à partir de *P. furiosus* ne fonctionnent pas bien en dessous de 100 °C. Dans leur structure, qu'est-ce qui permet à ces enzymes de rester stables et actives malgré la température élevée? (Indice: revoir la section 3.7, où sont résumées les interactions qui maintiennent la structure des protéines.)

3. Dans les cellules, la superoxyde dismutase (voir la figure 6.1 et la figure ci-dessus, à droite) possède une structure quaternaire constituée de deux chaînes

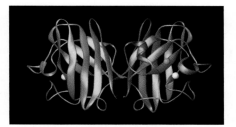

polypeptidiques. Dans chacune d'elles, un domaine en forme de ruban entoure un ion de cuivre et un ion de zinc (respectivement en orange et en blanc) de manière à former un barillet.

Quelle partie du barillet est probablement hydrophobe? Quelle partie est hydrophile? Croyez-vous que le substrat se lie à l'intérieur ou à l'extérieur des barillets? Les ions métalliques jouent-ils un rôle dans la catalyse?

4. L'azidothymidine, ou AZT, est un médicament qui soulage les symptômes du syndrome de l'immunodéficience acquise, ou sida. La structure de l'AZT est très semblable à celle de la thymidine, l'un des nucléotides de l'ADN. L'AZT peut également se fixer au site actif d'une enzyme produite par le virus qui cause le sida. L'infection par le virus introduit l'enzyme et le matériel génétique du virus (l'ARN) à l'intérieur des cellules. La cellule, dupée, utilise l'ARN viral comme matrice pour assembler les nucléotides. Elle élabore ainsi l'ADN viral. L'enzyme virale participe aux réactions d'assemblage. Proposez un modèle pour expliquer comment l'AZT pourrait inhiber la réplication du virus à l'intérieur des cellules.

5. La bactérie *Clostridium botulinum* est une bactérie anaérobie stricte, ce qui signifie qu'elle meurt rapidement en présence d'oxygène. Elle vit dans des enclaves du sol dépourvues d'oxygène. Elle peut entrer dans un état de dormance en formant des spores: son métabolisme est alors inactif. Or, ces spores peuvent se retrouver à la surface des légumes. Quand les légumes cueillis sont mis en conserve, les spores doivent absolument être détruites, sans quoi *C. botulinum* peut croître et produire une toxine, la toxine botulinique. Dans les conserves mal préparées ou contaminées, la toxine est active et peut causer un empoisonnement alimentaire appelé *botulisme*.

Cette bactérie ne peut pas produire de superoxyde dismutase ni de catalase. Élaborez une hypothèse qui explique en quoi l'absence de ces enzymes est liée à son mode de vie anaérobie.

Vocabulaire

ADP *6.2*
ATP *6.2*
Bioluminescence *6.9*
Chaîne de transport d'électrons *6.4*
Chaleur (énergie thermique) *6.1*
Coenzyme *6.6*
Cofacteur *6.3*
Cycle ATP/ADP *6.2*
Deuxième principe de la thermo-dynamique *6.1*
Énergie chimique *6.1*
Énergie cinétique *6.1*
Énergie d'activation *6.5*
Énergie de liaison *6.6*
Énergie potentielle *6.1*
Entropie *6.1*
Enzyme *6.5*
Équilibre chimique *6.3*
État de transition *6.6*

Loi de la conservation de la masse *6.3*
Métabolisme *6*
Modèle de la complémentarité induite *6.6*
Phosphorylation *6.2*
Premier principe de la thermo-dynamique *6.1*
Produit *6.3*
Produit intermédiaire *6.3*
Protéine de transport *6.3*
Radical libre *6*
Réactif *6.3*
Réaction d'oxydoréduction *6.2*
Rétro-inhibition *6.7*
Site actif *6.6*
Substrat (réactif) *6.6*
Transporteur d'énergie *6.3*
Voie métabolique *6.3*

Lectures complémentaires

Adams, S. (22 oct. 1994). «No Way Back.», *New Scientist*.

Bonneau, C. (nov. 2002). «E = tM 3/4: une nouvelle loi pour le vivant?», *Science & vie*, 1022: 106-111.

7

COMMENT LES CELLULES SE PROCURENT L'ÉNERGIE

La lumière solaire et la survie

Lorsque nous ressentons la faim, nous éprouvons le besoin de manger. Nous calmons alors notre faim en consommant des aliments de toutes sortes : des fruits, des légumes, de la viande ou des pâtes, par exemple. Cela dit, d'où viennent donc tous ces aliments ? Pour trouver la réponse, nous devons regarder au-delà du réfrigérateur, du supermarché, du restaurant ou même de la ferme. Les végétaux sont à l'origine de presque tous les aliments que nous mangeons. Ils utilisent les sources d'énergie et les matériaux bruts de leur milieu pour fabriquer le glucose et d'autres composés organiques, constitués, rappelons-le, d'un squelette d'atomes de carbone. On est dès lors en droit de se demander :

1. D'où viennent ces atomes de carbone ?

2. D'où vient l'énergie qui alimente la synthèse des composés carbonés ?

Les réponses à ces questions varient selon le mode nutritionnel de l'organisme concerné.

Certains groupes d'organismes, incluant les végétaux, produisent eux-mêmes les composés organiques qui les constituent à partir de matière inorganique : ce sont des organismes **autotrophes**. Le carbone utilisé est alors extrait du dioxyde de carbone (CO_2), un composé gazeux retrouvé dans l'atmosphère et dans l'eau. Les végétaux, certaines bactéries et de nombreux protistes sont **photoautotrophes**, c'est-à-dire qu'ils extraient l'énergie du rayonnement solaire pour réaliser la **photosynthèse**. Au cours de ce processus, l'énergie solaire déclenche la production d'ATP et de la coenzyme NADPH : l'ATP apporte de l'énergie aux sites de la cellule photosynthétique où le glucose et les autres glucides sont fabriqués, tandis que le NADPH les ravitaille en électrons et en hydrogène, les éléments constitutifs des glucides en formation.

De nombreux autres organismes sont **hétérotrophes** : contrairement aux végétaux, ils sont incapables de produire leur nourriture eux-mêmes à partir d'énergie et de matériaux bruts tirés de leur environnement. Ils doivent donc se nourrir d'organismes autotrophes, d'autres hétérotrophes ou même de déchets organiques. C'est de cette façon que la plupart des bactéries et de nombreux protistes survivent, de même que les mycètes et les animaux.

Ces différents modes d'alimentation ne sont connus que depuis le milieu du XVIIᵉ siècle. Il y a longtemps, on croyait que les végétaux se nourrissaient exclusivement des matériaux bruts extraits du sol. Vers la fin du XIXᵉ siècle, les chercheurs savaient déjà que les végétaux prélevaient de l'eau et du dioxyde de carbone pour les convertir, en présence de lumière, en glucides et en oxygène. En 1883, le botaniste T. Englemann voulut déterminer les longueurs d'onde de la lumière solaire préférentiellement utilisées par les plantes.

Sachant que la photosynthèse libère de l'oxygène et que certaines bactéries, comme la plupart des organismes, ont besoin de cette molécule pour effectuer la respiration aérobie, Engelmann eut l'idée d'éclairer différentes régions d'un organisme photosynthétique avec tout le spectre de la lumière visible. Son hypothèse était que des bactéries aérobies disposées le long d'une algue filamenteuse se déplaceraient là où la production d'oxygène serait plus élevée, donc là où l'activité photosynthétique serait la plus intense.

Il réalisa son expérience en déposant sur une lame microscopique une goutte d'eau contenant des bactéries et y ajouta un filament d'algue verte (*Spirogyra*). À l'aide d'un prisme de cristal, il sépara un faisceau de lumière solaire et projeta la lumière décomposée sur la lame. Les bactéries se multiplièrent principalement aux endroits où les algues vertes étaient baignées de lumière violette et rouge, ce qui révéla l'efficacité de ces longueurs d'onde pour stimuler la photosynthèse (voir la figure 7.1).

Non seulement ces observations illustrèrent-elles bien le fonctionnement de la photosynthèse, mais aussi contribuèrent-elles à élucider l'une des pierres angulaires de l'organisation du vivant : la photosynthèse est la principale voie par laquelle le carbone et l'énergie pénètrent dans le réseau alimentaire des êtres vivants. Que les composés organiques soient fabriqués par un autotrophe ou absorbés par un hétérotrophe, les cellules de cet organisme peuvent les utiliser directement ou bien les emmagasiner. En effet, tous les organismes, qu'ils soient autotrophes ou hétérotrophes, emmagasinent l'énergie dans des composés organiques, pour ensuite la libérer au besoin par des mécanismes tels que la respiration aérobie. La figure 7.2 présente un aperçu des interactions chimiques qui existent entre la photosynthèse et la respiration aérobie, deux processus fondamentaux qui font l'objet du présent chapitre et du suivant.

Ces processus peuvent sembler éloignés de nos préoccupations quotidiennes. Cependant, il faut prendre conscience du fait que, sans eux, les aliments de la plupart des organismes vivants, y compris les humains, ne pourraient pas être produits et encore moins utilisés. D'ailleurs, nous abordons ce point ultérieurement. L'étude de la photosynthèse et de la respiration aérobie ouvre des perspectives sur de nombreux enjeux d'importance tels que la nutrition, les régimes alimentaires, l'agriculture, la croissance démographique, le génie génétique, les impacts de la pollution sur les ressources agroalimentaires et, par extension, la survie de l'humanité.

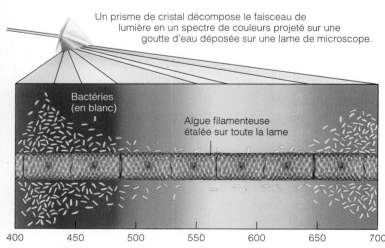

Un prisme de cristal décompose le faisceau de lumière en un spectre de couleurs projeté sur une goutte d'eau déposée sur une lame de microscope.

Bactéries (en blanc)

Algue filamenteuse étalée sur toute la lame

400   450   500   550   600   650   700
Couleurs associées aux longueurs d'onde de la lumière (en nm)

Figure 7.1 Les résultats de l'expérience de T. Engelmann établissent une corrélation entre certaines longueurs d'onde de la lumière incidente et l'efficacité de la photosynthèse chez *Spirogyra*, une algue verte filamenteuse. Un grand nombre de bactéries aérobies se sont déplacées vers les régions où les algues avaient libéré le plus d'oxygène, ce dernier se voulant un sous-produit de la photosynthèse.

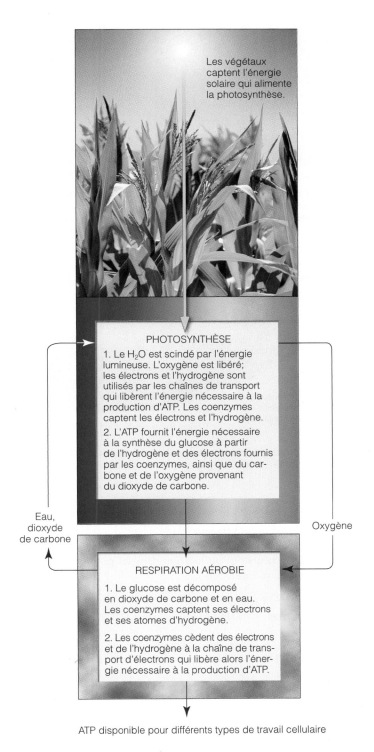

Les végétaux captent l'énergie solaire qui alimente la photosynthèse.

PHOTOSYNTHÈSE

1. Le H_2O est scindé par l'énergie lumineuse. L'oxygène est libéré; les électrons et l'hydrogène sont utilisés par les chaînes de transport qui libèrent l'énergie nécessaire à la production d'ATP. Les coenzymes captent les électrons et l'hydrogène.

2. L'ATP fournit l'énergie nécessaire à la synthèse du glucose à partir de l'hydrogène et des électrons fournis par les coenzymes, ainsi que du carbone et de l'oxygène provenant du dioxyde de carbone.

Eau, dioxyde de carbone

Oxygène

RESPIRATION AÉROBIE

1. Le glucose est décomposé en dioxyde de carbone et en eau. Les coenzymes captent ses électrons et ses atomes d'hydrogène.

2. Les coenzymes cèdent des électrons et de l'hydrogène à la chaîne de transport d'électrons qui libère alors l'énergie nécessaire à la production d'ATP.

ATP disponible pour différents types de travail cellulaire

Figure 7.2 La relation entre la photosynthèse, le principal processus biologique nécessitant de l'énergie, et la respiration aérobie, le principal processus libérant de l'énergie.

Concepts-clés

1. Les végétaux, certaines bactéries et beaucoup de protistes tirent profit de l'énergie solaire, du dioxyde de carbone et de l'eau pour fabriquer du glucose et d'autres glucides, qui sont tous des molécules constituées d'un squelette carboné. Ce processus métabolique est appelé *photosynthèse*.

2. La photosynthèse représente le principal processus par lequel le carbone et l'énergie pénètrent dans la chaîne alimentaire.

3. Au cours de la première phase de la photosynthèse, la lumière solaire est absorbée et convertie en énergie chimique emmagasinée dans les molécules d'ATP. Des molécules d'eau sont scindées, leurs électrons et leurs atomes d'hydrogène sont captés par la coenzyme $NADP^+$ qui devient alors du NADPH; l'oxygène, qui constitue le sous-produit de ce processus, est libéré.

4. Lors de la seconde phase de la photosynthèse, l'ATP apporte l'énergie aux sites de la biosynthèse. Les électrons et les atomes d'hydrogène fournis par le NADPH se combinent au carbone et à l'oxygène pour former du glucose. La source de carbone et d'oxygène pour les réactions de synthèse se veut le dioxyde de carbone du milieu environnant.

5. Chez les cellules végétales et chez les protistes photosynthétiques, ces deux phases ont lieu au sein d'organites appelés *chloroplastes*.

6. L'équation suivante résume la photosynthèse:

$$12H_2O + 6CO_2 \xrightarrow{\text{ÉNERGIE LUMINEUSE}} 6O_2 + C_6H_{12}O_6 + 6H_2O$$

EAU DIOXYDE DE CARBONE   OXYGÈNE GLUCOSE EAU

UNE VUE D'ENSEMBLE DE LA PHOTOSYNTHÈSE

Même par une journée chaude et ensoleillée, un humain n'arrivera jamais à fabriquer lui-même la matière organique qui le compose. Alors comment les végétaux y parviennent-ils? Ils doivent d'abord absorber l'énergie du soleil pour ensuite effectuer une série d'opérations complexes qui transforment l'énergie solaire en énergie chimique qui sera, dans un premier temps, emmagasinée dans les liaisons de l'ATP. Enfin, ils doivent se procurer du carbone, de l'oxygène et de l'hydrogène, puis les combiner correctement pour en faire des glucides grâce à l'ATP. Il va sans dire que ces tâches multiples ne peuvent être exécutées au même site: chacune d'entre elles relève d'une structure particulière.

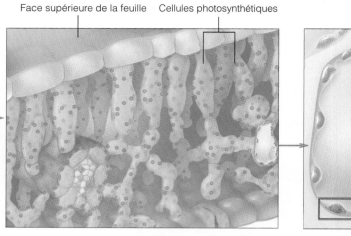

a Feuille de laiteron (*Sonchus*)

Face supérieure de la feuille   Cellules photosynthétiques

b Coupe transversale d'un segment de feuille. Les régions supérieure et inférieure contiennent un grand nombre de cellules photosynthétiques.

c Chloroplastes dans une cellule photosynthétique (en vert)

Le site des réactions

Chez les végétaux et les algues (des protistes), ces différentes tâches sont exécutées dans le **chloroplaste**, un organite spécialisé dans la photosynthèse (voir la section 4.7). La figure 7.3 illustre la structure typique d'un chloroplaste. Chacun est limité par une double membrane qui entoure un liquide dense, le **stroma**. Une autre membrane, souvent très repliée, baigne dans le stroma et forme des empilements de sacs reliés par des canaux (voir la figure 7.3*d* et *e*). Ces sacs, appelés *thylakoïdes*, s'empilent pour former les grana. En fait, la **membrane des thylakoïdes** ne constitue qu'un seul compartiment fonctionnel, peu importe le nombre de replis qu'elle forme.

C'est dans les thylakoïdes que l'absorption de l'énergie solaire et sa conversion en énergie chimique ont lieu. Grâce à des réactions dépendantes de la lumière, appelées **réactions photochimiques**, les végétaux obtiennent les électrons et les atomes d'hydrogène nécessaires à la fabrication de leur nourriture. Lorsque la lumière solaire atteint les chloroplastes, des molécules d'eau se scindent. L'oxygène de l'eau diffuse dans l'atmosphère, tandis que ses électrons sont transférés à des chaînes de transport d'électrons enchâssées dans la membrane des thylakoïdes (voir la section 6.4). À mesure que les électrons traversent la chaîne de transport, l'hydrogène est propulsé à l'intérieur des thylakoïdes et, quand il en ressort, des molécules d'ATP sont produites. Finalement, les électrons libres et l'hydrogène sont captés par la coenzyme NADP$^+$, un accepteur d'électrons qui devient alors du NADPH.

La synthèse du glucose, pour sa part, ne requiert pas de lumière; elle se produit dans le stroma lors d'un cycle de réactions chimiques utilisant l'énergie de l'ATP produit au cours des réactions photochimiques. Cet ensemble de réactions indépendantes de la lumière, appelé **cycle de Calvin-Benson**, incorpore les électrons et l'hydrogène fournis par la coenzyme NADPH ainsi que le carbone et l'oxygène du CO_2.

Une équation simple peut servir à présenter globalement les réactifs et les produits en jeu au cours de la photosynthèse:

$$12H_2O + 6CO_2 \xrightarrow{\text{ÉNERGIE LUMINEUSE}} 6O_2 + C_6H_{12}O_6 + 6H_2O$$

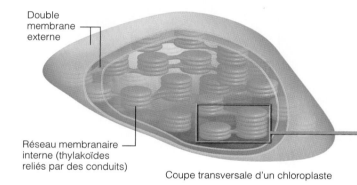

Double membrane externe

Réseau membranaire interne (thylakoïdes reliés par des conduits)

Coupe transversale d'un chloroplaste

Figure 7.3 Un agrandissement des sites de la photosynthèse à l'intérieur d'une feuille de plante typique.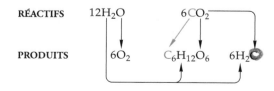

Comment a-t-on découvert tout cela? En liant des radio-isotopes aux atomes des réactifs illustrés dans l'équation globale (voir la section 2.2), les chercheurs ont pu localiser dans les produits chacun des atomes provenant des réactifs:

RÉACTIFS $12H_2O$ $6CO_2$

PRODUITS $6O_2$ $C_6H_{12}O_6$ $6H_2O$

La photosynthèse ne se termine pas avec la synthèse du glucose

On présente le glucose comme étant le produit final de toutes ces réactions. Cela résulte d'un choix arbitraire, qui sert à simplifier l'explication de la séquence des réactions. En réalité, il y a peu de

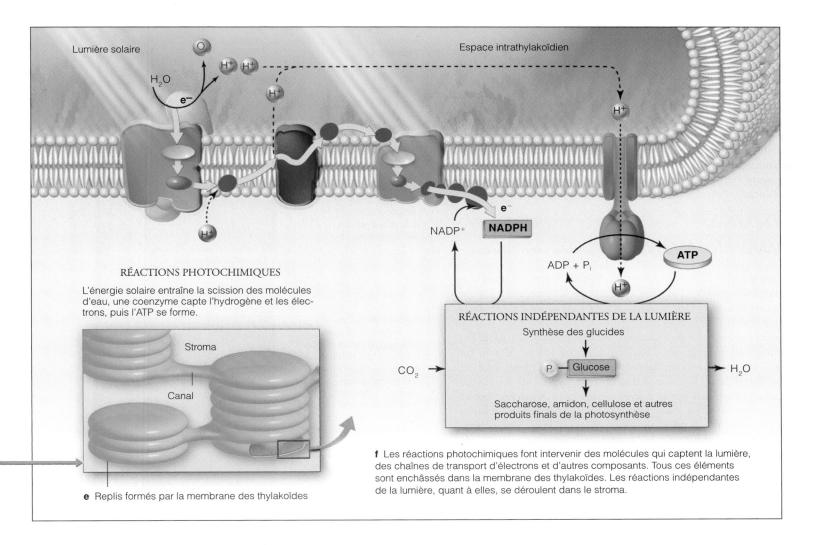

Lumière solaire

Espace intrathylakoïdien

H_2O

e^-

O

H^+ H^+

H^+

H^+

H^+

e^-

$NADP^+$ **NADPH**

$ADP + P_i$

ATP

H^+

RÉACTIONS PHOTOCHIMIQUES

L'énergie solaire entraîne la scission des molécules d'eau, une coenzyme capte l'hydrogène et les électrons, puis l'ATP se forme.

Stroma

Canal

e Replis formés par la membrane des thylakoïdes

RÉACTIONS INDÉPENDANTES DE LA LUMIÈRE

Synthèse des glucides

CO_2

P — Glucose

H_2O

Saccharose, amidon, cellulose et autres produits finals de la photosynthèse

f Les réactions photochimiques font intervenir des molécules qui captent la lumière, des chaînes de transport d'électrons et d'autres composants. Tous ces éléments sont enchâssés dans la membrane des thylakoïdes. Les réactions indépendantes de la lumière, quant à elles, se déroulent dans le stroma.

glucose dans les chloroplastes, car chaque nouvelle molécule de glucose est rattachée à un groupement phosphate, ce qui la rend très réactive. En général, elle se transforme rapidement en saccharose, en amidon ou en cellulose, les principaux produits finals de la photosynthèse.

Le schéma ci-dessous se veut une version simplifiée de la figure 7.3. Il sera utilisé dans d'autres sections de ce chapitre afin d'intégrer plus facilement, au fur et à mesure, chaque détail du processus.

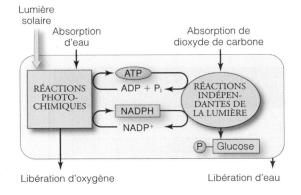

Lumière solaire

Absorption d'eau

Absorption de dioxyde de carbone

RÉACTIONS PHOTO-CHIMIQUES

ATP

$ADP + P_i$

NADPH

$NADP^+$

RÉACTIONS INDÉPEN-DANTES DE LA LUMIÈRE

P — Glucose

Libération d'oxygène

Libération d'eau

Avant d'aborder plus en détail certains aspects de la photosynthèse, il est intéressant de noter que chaque chloroplaste est l'équivalent d'une minuscule usine de production de sucres simples et d'amidon. En effet, 2000 chloroplastes placés bout à bout ne mesurent que l'épaisseur d'une pièce de 10 ¢. Il existe donc un nombre phénoménal de chloroplastes dans un plant de maïs ou de riz. Cela révèle l'ampleur des processus métaboliques requis pour jouer le rôle de producteur et constituer la base des réseaux alimentaires (voir la section 48.1).

Les chloroplastes, les organites de la photosynthèse chez les végétaux et les protistes photosynthétiques, sont spécialisés dans la production de nourriture.

Au cours de la première phase de la photosynthèse, l'énergie solaire alimente la production d'ATP et de NADPH. De l'oxygène est alors libéré. Cette phase se déroule dans les chloroplastes, plus précisément dans la membrane des thylakoïdes qui forme un réseau parcourant le stroma.

La seconde phase de la photosynthèse se déroule dans le stroma. En plus de l'énergie fournie par l'ATP, la synthèse du glucose nécessite des atomes de carbone et d'oxygène (qui proviennent du dioxyde de carbone), de même que des électrons et des atomes d'hydrogène (fournis par le NADPH).

LA LUMIÈRE SOLAIRE COMME SOURCE D'ÉNERGIE

Les propriétés de la lumière

Le soleil est le point de départ d'un flux unidirectionnel d'énergie qui se propage dans presque tous les écosystèmes (voir la figure 7.4). Chaque mètre carré de surface terrestre reçoit en moyenne 7000 kcal, et les photoautotrophes en interceptent environ 1 %.

L'énergie du soleil voyage dans l'espace sous forme d'ondes électromagnétiques. La distance entre la crête de deux ondes successives correspond à la **longueur d'onde**. La figure 7.5*a* illustre le **spectre électromagnétique**, soit la gamme de toutes les longueurs d'onde composant l'énergie rayonnante. Plus la longueur d'onde est courte, plus l'énergie d'un rayonnement est élevée.

Rayonnement de faible énergie

Rayonnement de haute énergie

Pour un grand nombre d'organismes, chaque longueur d'onde correspond à une couleur. De plus, la lumière blanche que nous voyons résulte de la combinaison de toutes les longueurs d'onde de la lumière visible.

Collectivement, les photoautotrophes absorbent l'ensemble des rayonnements de longueurs d'onde situées entre 380 et 750 nm. Par ailleurs, les rayonnements de courtes longueurs d'onde, dont les rayons ultraviolets (UV), sont suffisamment énergétiques pour briser les liaisons chimiques des composés organiques ; ils peuvent même tuer les cellules. C'est pourquoi, il y a des centaines de millions d'années, avant que la couche d'ozone se forme dans l'atmosphère, le bombardement mortel des UV contraignait les organismes photoautotrophes à la vie sous-marine.

Nous savons que, lorsqu'un faisceau de lumière blanche traverse un prisme de cristal (comme lors de l'expérience d'Engelmann), celui-ci est décomposé en rayons de différentes longueurs d'onde déviés à divers degrés, ce qui les fait diverger les uns des autres, formant ainsi un spectre. Les arcs-en-ciel se forment de la même manière : les rayons parallèles de la lumière solaire divergent les uns des autres au cours de leur passage à travers les gouttelettes d'eau en suspension qui agissent à la manière d'un prisme. En fait, un rayon lumineux se trouve d'autant plus dévié par les gouttelettes qu'il possède une longueur d'onde longue. C'est pourquoi les rayons de longueurs d'onde longues (de jaune à rouge) divergent plus fortement de leur trajectoire d'origine que ceux de longueurs d'onde courtes (de violette à bleu). Les couleurs se séparent ainsi les unes des autres et forment un ensemble de cercles concentriques présentant dans l'ordre les couleurs du spectre, le violet étant à l'intérieur et le rouge à l'extérieur (voir la figure 7.5*b*).

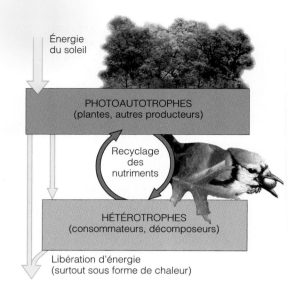

Figure 7.4
Les photoautotrophes constituent le point d'entrée dans la biosphère du flux unidirectionnel d'énergie qui se propage dans presque tous les écosystèmes et les réseaux d'êtres vivants et dont la source première se veut le soleil.

Énergie du soleil

PHOTOAUTOTROPHES
(plantes, autres producteurs)

Recyclage des nutriments

HÉTÉROTROPHES
(consommateurs, décomposeurs)

Libération d'énergie
(surtout sous forme de chaleur)

Figure 7.5
a) Le spectre électromagnétique. La lumière visible fait partie des nombreuses formes de rayonnement électromagnétique du spectre. **b)** Un étudiant, B. Mantoni, a créé un « arc-en-ciel » en dirigeant l'objectif de son appareil photo vers un miroir. La lumière du flash a été réfléchie par le miroir vers la lentille de son appareil, qui a réfracté à différents degrés, à la manière d'un prisme, les rayons des diverses longueurs d'onde pour former cet arc-en-ciel circulaire imprimé sur la pellicule photo.

b

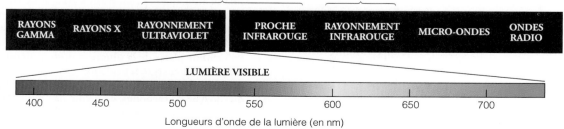

| Rayonnement de longueur d'onde courte (les plus énergétiques) | Intervalle où se situent la plupart des rayons atteignant la surface terrestre | Intervalle où se situe la chaleur libérée à la surface de la Terre | Rayonnement de longueur d'onde longue (les moins énergétiques) |

| RAYONS GAMMA | RAYONS X | RAYONNEMENT ULTRAVIOLET | PROCHE INFRAROUGE | RAYONNEMENT INFRAROUGE | MICRO-ONDES | ONDES RADIO |

LUMIÈRE VISIBLE

400   450   500   550   600   650   700

a

Longueurs d'onde de la lumière (en nm)

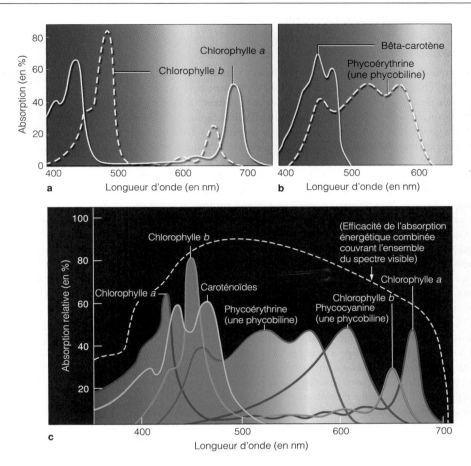

Figure 7.6 a) Le spectre d'absorption montrant l'efficacité avec laquelle deux chlorophylles (*a* et *b*) sont excitées par le rayonnement des différentes longueurs d'onde. **b)** Le spectre d'absorption du bêta-carotène, un caroténoïde, et de la phycoérythrine, une phycobiline. **c)** L'efficacité de l'absorption énergétique combinée des chlorophylles *a* et *b*, des caroténoïdes et des phycobilines illustrée par la ligne pointillée. La couleur de l'arrière-plan représente les longueurs d'onde absorbées. Les courbes illustrent le niveau d'absorption de chacune d'entre elles par un pigment donné. La couleur de la courbe représente la principale couleur réfléchie par le pigment. Par conséquent, la courbe est verte pour les chlorophylles, jaune-orangé pour les caroténoïdes, et violette et bleue pour les phycobilines.

Même si la lumière se propage comme une onde, son énergie se comporte comme une particule. Une fois absorbée, l'énergie de la lumière visible peut être mesurée sous la forme de « paquets d'énergie » appelés **photons**. Chaque photon possède une quantité fixe d'énergie. Les photons les plus énergétiques se propagent sous la forme d'un rayonnement de longueurs d'onde courtes, soit la lumière bleu-violet ; ceux ayant le moins d'énergie se propagent avec de grandes longueurs d'onde, ce qui correspond à la lumière rouge.

Les pigments, les liens entre la lumière solaire et la photosynthèse

Bien qu'Engelmann soit arrivé à déterminer, à l'aide d'un prisme, l'aptitude des différentes longueurs d'onde à stimuler la photosynthèse chez une algue verte (voir la figure 7.1), ses expériences ne lui ont pas permis de déterminer la nature exacte du lien qui existe entre la lumière solaire et la photosynthèse. C'est l'avènement de la biologie moléculaire, qui n'a pris son essor que bien plus tard, qui nous a permis de percer ce mystère.

Nous connaissons aujourd'hui l'existence d'une catégorie de molécules capables d'absorber les rayons lumineux et dont les organismes tirent largement profit : les **pigments**. Il s'agit en quelque sorte de ponts moléculaires qui, pour la plupart, n'absorbent que les rayons de certaines longueurs d'onde, les autres étant réfléchis. Il existe cependant certains pigments capables d'absorber un tel éventail de rayons de diverses longueurs d'onde qu'ils nous semblent foncés ou noirs : certaines phycobilines algales ainsi que les mélanines des animaux en sont des exemples. Chaque pigment se caractérise donc par sa capacité plus ou moins grande à absorber ou à réfléchir les rayonnements selon leur longueur d'onde.

L'efficacité d'absorption d'un pigment donné pour les différentes longueurs d'onde de la lumière visible peut être représentée graphiquement par un **spectre d'absorption**. Étudions la chlorophylle, le principal pigment de la photosynthèse. La figure 7.6*a* montre que la chlorophylle absorbe le rayonnement de toutes les longueurs d'onde, à l'exception des couleurs jaune-vert et verte, qui sont principalement réfléchies. Cela explique que les organes végétaux qui contiennent de la chlorophylle en abondance nous apparaissent verts.

Chez les photoautotrophes, on retrouve également d'autres pigments de couleurs variées, appelés *pigments accessoires* (voir la figure 7.6*b*, *c*). Le type et la quantité de pigments accessoires emmagasinés dans les chloroplastes varient selon l'espèce. La ligne pointillée de la figure 7.6*c* montre clairement que la présence de pigments accessoires accompagnant la chlorophylle augmente l'efficacité du système d'acquisition d'énergie de l'organisme photosynthétique et accélère la photosynthèse en élargissant la gamme de rayonnements pouvant être absorbés.

Le rayonnement du soleil se propage sous la forme d'ondes dont la longueur et le contenu en énergie varient. Plus leur longueur d'onde est courte, plus les rayons sont énergétiques.

Nous percevons chaque longueur d'onde de la lumière visible comme une couleur différente. L'énergie d'un rayonnement est quantifiable, et l'unité utilisée est le photon. Ce dernier représente un « paquet » (ou quanta) d'énergie, c'est-à-dire une quantité discrète d'énergie.

La chlorophylle et d'autres pigments absorbent des rayonnements de longueur d'onde précise de la lumière visible. Ils constituent un pont moléculaire entre l'énergie solaire et les activités photosynthétiques.

DES CAPTEURS DE LUMIÈRE

La chimie des couleurs

De quelle manière les pigments colorent-ils les végétaux et les animaux ? En fait, chaque type de pigment contient un groupement d'atomes capable de capter la lumière. Ces atomes sont souvent attachés par des liaisons simples et doubles en alternance (voir la figure 7.7). Dans de tels groupements, les électrons absorbent les photons d'une énergie précise, correspondant à une certaine couleur de la lumière visible.

Quand un électron absorbe de l'énergie, on dit qu'il est excité : il passe à un niveau énergétique supérieur (voir la section 2.3). Au sein d'un pigment, l'apport d'énergie déstabilise provisoirement la répartition des électrons dans les groupements captant la lumière. Immédiatement après, les électrons excités reprennent leur niveau énergétique d'origine (un niveau énergétique moins élevé) en libérant une certaine quantité d'énergie sous forme de lumière. Cette émission de lumière par le retour d'une molécule d'un état instable vers un état plus stable est appelée **fluorescence**. Il faut noter que l'excitation ne survient que si la quantité d'énergie du photon est suffisante pour faire passer un électron à un niveau énergétique supérieur.

Considérons par exemple un pigment bleu-violet. Lorsqu'un rayon de soleil frappe ce pigment, celui-ci n'absorbe que les photons dont la longueur d'onde (rouge à orange, par exemple) correspond à la quantité d'énergie nécessaire pour déplacer ses électrons. Les photons autres que bleu-violet sont absorbés par le pigment. D'un autre côté, les photons de longueur d'onde correspondant au bleu et au violet, qui n'arriveront pas à exciter les électrons de ces pigments, seront réfléchis ; l'objet apparaîtra bleu-violet !

Une panoplie de pigments photosynthétiques

La plupart des pigments ne sont sensibles qu'à une partie du spectre de la lumière visible. Si le fait d'acquérir de l'énergie est si primordial, pourquoi chaque pigment photosynthétique n'est-il pas excité par toute la gamme des longueurs d'onde ? En d'autres termes, pourquoi les pigments ne sont-ils pas tous noirs ?

Afin de comprendre l'origine de cet apparent gaspillage, il faut savoir que les premiers photoautotrophes vivaient sous l'eau. Or, la lumière rouge ou ultraviolette ne pénètre pas dans l'eau aussi profondément que la lumière verte ou bleue. Il est donc possible que la sélection naturelle ait favorisé la conservation de pigments permettant aux espèces d'extraire l'énergie de la lumière qui parvenait jusqu'à eux. D'ailleurs, de nombreux organismes apparentés aux algues rouges (voir la figure 7.8a) vivent dans les mers profondes, et certains d'entre eux sont presque noirs.

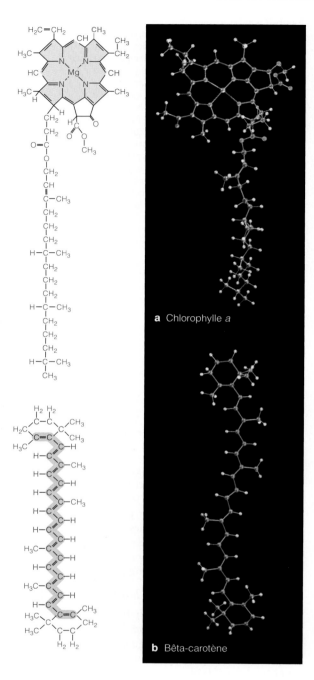

a Chlorophylle a

b Bêta-carotène

Figure 7.7 Des représentations de la structure moléculaire **a)** de la chlorophylle a et **b)** du bêta-carotène. Le groupement capteur de lumière de ces deux pigments a été coloré afin de représenter la couleur qu'il réfléchit. La longue chaîne hydrocarbonée des deux pigments s'intègre dans la bicouche lipidique des membranes plasmiques des organismes photosynthétiques. Il est à noter que les chlorophylles a et b ne diffèrent que par un groupement fonctionnel dont la position est indiquée en rouge ($-CH_3$ pour la chlorophylle a et $-COO^-$ pour la chlorophylle b).

Figure 7.8 a) Une algue rouge dans un récif tropical. **b)** Une algue verte (Codium) proliférant dans des eaux côtières peu profondes.

Figure 7.9 Les coloris d'automne. Dans les feuilles vertes foncées, les cellules photosynthétiques fabriquent continuellement de la chlorophylle, qui masque les pigments accessoires. En automne, chez de nombreuses espèces, la vitesse de synthèse de la chlorophylle se veut plus faible que celle de sa dégradation. La présence des autres pigments se révèle par l'apparition de nouvelles couleurs. Les anthocyanines, hydrosolubles, s'accumulent dans les cellules des feuilles. Elles apparaissent rouges quand la sève est légèrement acide, bleues quand elle est alcaline, ou présentent des couleurs intermédiaires selon le pH, qui dépend lui-même des conditions du sol.

Figure 7.10 La disposition des photosystèmes II et I dans les membranes des thylakoïdes, situés dans les chloroplastes. Les chaînes de transport d'électrons avoisinantes sont représentées en vert foncé. L'une de ces chaînes relie le photosystème II au photosystème I ; la seconde cède ses électrons à la coenzyme NADP⁺.

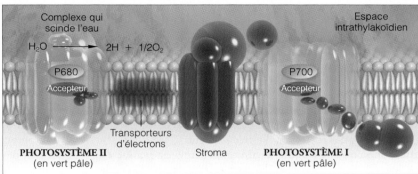

Les algues vertes, dont celle que l'on peut voir sur la figure 7.8*b*, vivent dans les eaux peu profondes. Leur chlorophylle absorbe la lumière rouge, et leurs pigments accessoires sont sensibles au rayonnement de différentes couleurs. Certains de leurs pigments accessoires jouent aussi un rôle de protection contre le rayonnement ultraviolet.

Les **chlorophylles** constituent les pigments principaux de presque tous les photoautotrophes. Rappelons que ces pigments photosynthétiques sont plus excités par la lumière rouge ou bleu-violet. La chlorophylle *a* peut absorber ces deux couleurs (voir la figure 7.7*a*). La chlorophylle *b*, l'un des pigments accessoires des chloroplastes, absorbe quant à elle le bleu et le rouge-orangé. On retrouve ce pigment chez les végétaux, les algues vertes et quelques bactéries photoautotrophes.

Les photoautotrophes renferment également des **caroténoïdes**, des pigments accessoires qui, à la différence de la chlorophylle, absorbent le bleu-violet et le bleu-vert. Ils réfléchissent donc le rouge, l'orangé et le jaune. Ces molécules possèdent un cycle de carbone à chacune de leurs extrémités. Un grand nombre de ces pigments, dont le bêta-carotène, constituent de véritables hydrocarbures, solubles dans les lipides (voir la figure 7.7*b*). Cependant, les xanthophylles possèdent de l'oxygène ; d'autres sont associés à des protéines et apparaissent pourpres, violets, bleus, bruns ou noirs. Les fleurs, les fruits et les légumes colorés renferment de grandes quantités de caroténoïdes.

Bien que les caroténoïdes soient moins abondants que les chlorophylles dans les feuilles vertes, leur présence se révèle en automne, alors que le froid dégrade la chlorophylle et laisse apparaître les autres pigments chez de nombreuses plantes (voir la figure 7.9). Chaque année, les caroténoïdes des arbres de la forêt décidue du Québec offrent aux admirateurs un spectacle haut en couleur.

Les **anthocyanines** et les **phycobilines** font aussi partie des pigments accessoires. Beaucoup d'espèces eucaryotes fabriquent en grande quantité des anthocyanines de couleur pourpre à rouge foncé. Les algues rouges, le carpophore violet de certains champignons et les bleuets (ou myrtilles) doivent à ce groupe de pigments leur coloration intense. Les phycobilines bleues, quant à elles, se veulent des pigments propres aux algues rouges et aux cyanobactéries.

La localisation des pigments photosynthétiques

Il existe une grande variété de pigments et leur localisation varie grandement selon l'espèce étudiée. Par exemple, certaines bactéries très anciennes possèdent des pigments photocapteurs enchâssés dans leur membrane plasmique. C'est le cas de l'archéobactérie *Halobacterium halobium* qui renferme un pigment pourpre unique, la bactériorhodopsine, et qui est dépourvue de chlorophylle. Quant aux cyanobactéries, elles renferment de la chlorophylle *a*, tandis que les autres procaryotes photoautotrophes possèdent des bactériochlorophylles qui assurent la même fonction, mais qui diffèrent légèrement par leur structure. Par ailleurs, divers pigments accessoires s'intègrent dans la membrane plasmique de certaines cyanobactéries. Le présent chapitre est consacré à l'étude détaillée des mécanismes en jeu dans les thylakoïdes des végétaux.

Les cellules végétales possèdent des chloroplastes remplis de thylakoïdes dont les membranes sont truffées de pigments regroupés formant des **photosystèmes**. La membrane thylakoïdienne de certaines espèces végétales contient plusieurs milliers de ces photosystèmes, dont chacun est constitué de 200 à 300 pigments et de protéines. La figure 7.10 montre qu'un photosystème se situe près de son partenaire, la chaîne de transport d'électrons. L'interaction entre ces deux éléments fait l'objet des deux prochaines sections.

Les chlorophylles constituent les principaux pigments photosynthétiques des organismes photoautotrophes. Les caroténoïdes et les autres pigments accessoires améliorent l'efficacité photosynthétique de l'organisme qui les possède.

Les photosystèmes (des groupes de pigments et de protéines) se veulent les partenaires des chaînes de transport d'électrons ; toutes ces molécules sont enchâssées dans la membrane des thylakoïdes.

LES RÉACTIONS PHOTOCHIMIQUES

La présente section porte sur les événements-clés des réactions photochimiques, qui constituent la première phase de la photosynthèse. D'abord, de nombreux photosystèmes extraient l'énergie solaire, puis les molécules d'eau sont scindées et décomposées en oxygène, en hydrogène et en électrons. Ensuite, l'énergie lumineuse est convertie en énergie chimique emmagasinée dans des liaisons chimiques de l'ATP. Enfin, la coenzyme $NADP^+$ capte les électrons et l'hydrogène.

L'utilisation de l'énergie

L'absorption de photons par les pigments photosynthétiques excite les électrons, qui accèdent alors à un niveau énergétique supérieur. Ensuite, le retour des électrons à l'état fondamental libère un surplus d'énergie sous la forme de chaleur et de fluorescence.

Si elle n'est pas captée, l'énergie émise se dissipe entièrement. Toutefois, la présence de pigments dans les photosystèmes empêche la perte de cette énergie, puisque la plupart des pigments sont en mesure de la capter. Au lieu que l'énergie se perde entièrement sous la forme de fluorescence et de chaleur, un capteur la transfère aléatoirement à un pigment voisin, qui la transfère à un autre pigment, et ainsi de suite. Cette migration aléatoire de l'énergie est illustrée à la figure 7.11.

Étant donné qu'une certaine quantité d'énergie est perdue en chaleur lors de chaque transfert, il arrive un moment où l'énergie résiduelle devient équivalente à la longueur d'onde que le **centre réactionnel** du photosystème peut capter. Il s'agit d'un type de chlorophylle *a* particulier qui transfère alors ses électrons excités à une molécule réceptrice juxtaposée à une chaîne de transport d'électrons.

Une **chaîne de transport d'électrons** se veut un groupement structuré d'enzymes, de coenzymes et d'autres protéines enchâssées dans une membrane ou ancrées sur elle (voir la section 6.4). Dans cette chaîne, les électrons sont transférés d'une protéine à l'autre et une petite quantité d'énergie est libérée lors de chaque transfert. Dans le chloroplaste, la plus grande part de l'énergie ainsi libérée sert à alimenter la production d'ATP.

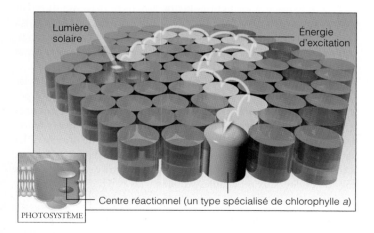

Figure 7.11 Un échantillon de pigments d'un photosystème captant l'énergie des photons. Le chemin emprunté par l'énergie est aléatoire. L'énergie dérivée de l'excitation des électrons atteint rapidement le centre réactionnel qui, une fois activé, libère les électrons nécessaires à la photosynthèse.

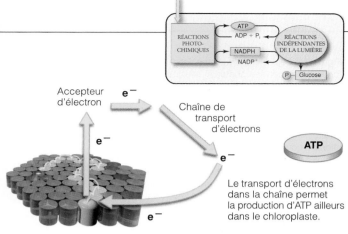

Figure 7.12 La voie cyclique de formation d'ATP.

Le transport cyclique et non cyclique des électrons

Chez les bactéries primitives, la photosynthèse représentait le moyen de produire de l'ATP et non de fabriquer des composés organiques. Les composés inorganiques fournissaient l'hydrogène et les électrons nécessaires aux réactions de synthèse, et l'énergie solaire alimentait le transport des électrons qui passaient du photosystème I à une chaîne de transport d'électrons pour ensuite revenir au photosystème I. Il s'agissait donc d'une voie cyclique (voir la figure 7.12) faisant intervenir un centre réactionnel appelé P700. Cette voie est toujours active aujourd'hui chez tous les photoautotrophes.

Le transport cyclique dans un photosystème, tel que celui présenté ci-dessus, n'est cependant pas suffisant pour produire du NADPH. Toutefois, il y a plus de deux milliards d'années, le photosystème II fit son apparition. Deux génératrices s'associèrent pour produire une plus grande quantité d'énergie. Dès lors, la collaboration entre les photosystèmes I et II permit une captation d'énergie suffisante pour arracher les électrons des molécules d'eau et produire du NADPH.

La voie de transport d'électrons la plus récente se veut non cyclique. D'abord, les électrons se déplacent de l'eau au photosystème II. Ils circulent ensuite dans une chaîne de transport d'électrons pour atteindre le photosystème I, puis ils dévalent une autre chaîne de transport d'électrons avant de se joindre au $NADP^+$ qui deviendra alors du NADPH en se liant à un proton (H^+) (voir la figure 7.13*a*).

Examinons de plus près le transport des électrons. Nous savons que la stimulation du photosystème II par la lumière solaire déclenche la scission de l'eau : c'est la **photolyse**. Cette réaction produit de l'oxygène, des ions H^+ et des électrons. L'oxygène est libéré dans l'environnement, les ions H^+ se lient au $NADP^+$, et de nouveaux électrons remplacent les électrons perdus par le centre réactionnel du photosystème (P680). De l'ATP se forme alors par un processus complexe qui fait l'objet de la section 7.5. Pour le moment, suivons le chemin emprunté par les électrons une fois qu'ils ont quitté la première chaîne de transport. Ces électrons, qui renferment une petite quantité d'énergie résiduelle, sont de nouveau excités au niveau du photosystème I grâce à l'énergie solaire. Cet apport d'énergie les fait passer à un niveau énergétique supérieur ; ils dévalent alors la deuxième chaîne de transport. Ils ne perdent qu'une petite quantité d'énergie avant d'être captés par le $NADP^+$, auquel les ions H^+ peuvent maintenant se lier.

Aujourd'hui, les voies de transport cyclique et non cyclique d'électrons interviennent chez tous les organismes photosynthétiques. En fonction de la demande métabolique en ATP et en NADPH d'un organisme à un moment donné, l'une ou l'autre de ces voies sera préférentiellement utilisée.

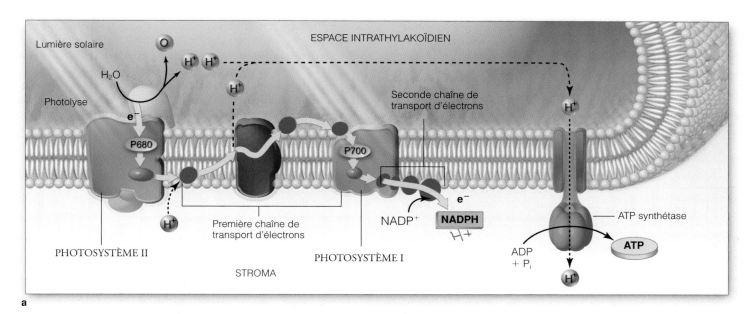

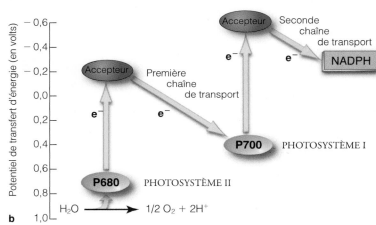

Figure 7.13 a) Un schéma plus détaillé que celui de la figure 7.3, illustrant la production d'ATP et de NADPH par la voie non cyclique de la photosynthèse. Les flèches en jaune illustrent le transport des électrons : les électrons libérés par la photolyse des molécules d'eau sont acheminés à travers deux photosystèmes (en vert pâle) et deux chaînes de transport d'électrons (en vert foncé). Le fonctionnement combiné des deux photosystèmes contribue à exciter les électrons et à les faire passer à un niveau énergétique assez élevé pour alimenter la formation de NADPH.

Les protons libérés lors de la photolyse, et ceux que les protéines de la chaîne de transport d'électrons ont poussés à entrer dans l'espace intrathylakoïdien, traversent la membrane des thylakoïdes par l'intermédiaire de protéines appelées *ATP synthétases*, qui produisent alors de l'ATP.

b) Un diagramme des transformations énergétiques ayant lieu dans la voie non cyclique.

L'héritage des premiers organismes photosynthétiques : une nouvelle atmosphère

Par temps ensoleillé, on peut voir des bulles d'oxygène s'échapper des végétaux aquatiques (voir la figure 7.14). Ce phénomène n'est pas récent! Dès l'apparition de la voie non cyclique, l'oxygène libéré se dissolvait dans l'eau de la mer, dans la boue et dans d'autres habitats semblables où vivaient des procaryotes. Il y a environ 1,5 milliard d'années, d'énormes quantités d'oxygène dissous dans l'eau s'échappaient vers l'atmosphère. Celle-ci, alors dépourvue d'oxygène, s'en trouva définitivement modifiée; par conséquent, les êtres vivants furent forcés de s'adapter à ce changement important. L'augmentation de la concentration d'oxygène libre favorisa l'évolution de la respiration aérobie, qui s'avéra extrêmement efficace pour

Figure 7.14 Une manifestation de la photosynthèse : des bulles d'oxygène s'échappent des feuilles d'*Elodea*, une plante aquatique.

extraire l'énergie emmagasinée dans les composés organiques. Du point de vue de l'évolution, on peut affirmer que l'émergence de la voie non cyclique a permis de mettre en place les conditions essentielles à la vie telle qu'on la connaît aujourd'hui, incluant la vie animale et celle de l'être humain. C'est l'oxygène dégagé par cette voie non cyclique qui permet à nos cellules de vivre.

Lors des réactions photochimiques, sous l'action de l'énergie solaire, les photosystèmes de la membrane des thylakoïdes libèrent des électrons. Le flux d'électrons acheminés par les chaînes de transport avoisinantes contribue à produire de l'ATP, du NADPH ou les deux.

La voie cyclique, qui fait intervenir un seul type de photosystème, ne permet que la production d'ATP. La voie non cyclique, dans laquelle les électrons sont transportés de l'eau au NADP⁺ par l'intermédiaire de deux photosystèmes différents, produit du NADPH en plus de l'ATP.

Tous les organismes photosynthétiques font appel à l'une des voies (ou aux deux) pour combler leurs besoins en ATP et en NADPH.

La présence d'oxygène, un sous-produit de la voie non cyclique, a modifié l'atmosphère primitive et a rendu possible la respiration aérobie.

UNE ÉTUDE DE CAS : LA LIBÉRATION CONTRÔLÉE D'ÉNERGIE

Si on jette une poignée de sucre sur un feu, toute l'énergie contenue dans les glucides sera subitement libérée sous une forme inutilisable. En revanche, dans les chloroplastes, des réactions régissent la libération de l'énergie fournie initialement par la lumière du soleil et la canalisent pour la réalisation d'un travail cellulaire utile.

Nous savons que, sous l'effet de l'énergie lumineuse, des enzymes scindent continuellement des molécules d'eau pour donner des atomes d'oxygène, des électrons et des ions H^+. Les atomes d'oxygène se combinent pour produire du dioxygène (O_2), qui diffuse hors du chloroplaste et de la cellule. Quant aux ions H^+ libérés, ils s'accumulent dans l'espace intrathylakoïdien (voir la figure 7.15a).

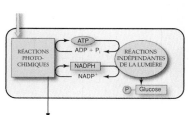

dans le stroma. Cette différence de concentration crée un gradient de concentration, et la charge des ions H^+ génère, quant à elle, un gradient électrochimique entre l'intérieur et l'extérieur des thylakoïdes.

Sous l'effet combiné de ces deux gradients, les protons tendent à sortir des thylakoïdes. Puisque la membrane leur est imperméable, ils doivent, pour atteindre le stroma, traverser les ATP synthétases disséminées dans la membrane des thylakoïdes (voir la section 5.2). L'ATP synthétase met à profit l'énergie du flux des ions en catalysant la fixation d'un groupement phosphate (P_i) à une molécule d'ADP présente dans le stroma. C'est ainsi que se forme l'ATP (voir la figure 7.15c).

Cette séquence de réactions menant à la formation d'ATP est appelée *chimiosmose*. Le prochain chapitre explique comment la mitochondrie exploite le même mécanisme pour former de l'ATP.

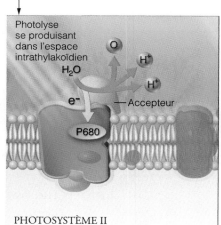

PHOTOSYSTÈME II

a Les protons libérés par la photolyse (scission des molécules d'eau) s'accumulent dans l'espace intrathylakoïdien. (Du dioxygène se forme par liaison de deux atomes d'oxygène. Ce gaz diffuse hors du chloroplaste et de la cellule.)

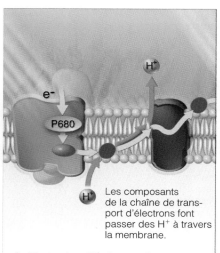

Les composants de la chaîne de transport d'électrons font passer des H^+ à travers la membrane.

b D'autres ions H^+ s'accumulent dans l'espace intrathylakoïdien lorsque les composants des chaînes de transport d'électrons acceptent les électrons excités issus de la photolyse. Les composants de la chaîne captent également des ions H^+ du stroma et les acheminent vers l'espace intrathylakoïdien.

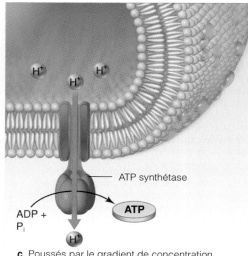

ATP synthétase

ADP + P_i

ATP

c Poussés par le gradient de concentration et le gradient électrochimique, les ions H^+ se dirigent vers le stroma en traversant les ATP synthétases disséminées dans la membrane des thylakoïdes. Ce flux alimente la production d'ATP par l'ATP synthétase à partir des réserves cellulaires d'ADP et de P_i.

Figure 7.15 La photosynthèse, un exemple de mode de production d'énergie au service du travail cellulaire. L'énergie solaire active le photosystème II, amorçant les réactions qui conduiront à la formation d'un gradient de concentration et d'un gradient électrochimique, qui sont ensuite utilisés pour produire l'ATP. Le NADPH se forme simultanément.

Simultanément, un accepteur capte les électrons et les transfère à l'une des nombreuses chaînes de transport situées dans la membrane des thylakoïdes. À mesure qu'elles acceptent les électrons, ces chaînes captent aussi des ions H^+ du stroma, attirés par la charge négative des électrons. Certains composants de la chaîne dirigent les ions H^+ vers l'espace intrathylakoïdien (voir la figure 7.15b).

Suite à la photolyse et au transport d'électrons, la concentration des ions H^+ devient plus élevée dans l'espace intrathylakoïdien que

Dans les chloroplastes, la photolyse et le transport des électrons se veulent responsables de la formation d'un gradient de concentration d'ions H^1 et d'un gradient électrochimique de part et d'autre de la membrane des thylakoïdes. Les ions qui diffusent de l'espace intrathylakoïdien vers le stroma alimentent la production d'ATP par l'ATP synthétase.

LES RÉACTIONS INDÉPENDANTES DE LA LUMIÈRE OU LE CYCLE DE CALVIN-BENSON

Les réactions indépendantes de la lumière portent le nom de *cycle de Calvin-Benson*. C'est au cours de cette voie cyclique que sont synthétisés les composés organiques. L'ATP constitue la source d'énergie de ces réactions. Les atomes nécessaires à la synthèse des glucides proviennent du NADPH, qui fournit l'hydrogène et les électrons, tandis que le CO_2 présent dans l'eau ou dans l'air entourant les cellules photosynthétiques constitue la source de carbone. On dit de ce cycle qu'il est indépendant de la lumière parce qu'il n'utilise pas directement la lumière du soleil. Rien n'empêche qu'il se déroule en absence de lumière pour autant que le CO_2, l'ATP et le NADPH soient présents.

La fixation du carbone par les végétaux

Voici un aperçu de ce mécanisme, qui est présenté plus en détail à la section suivante. Supposons qu'une molécule de CO_2 diffuse de l'atmosphère au stroma des chloroplastes en passant par les lacunes d'une feuille. Une fois dans le stroma, son atome de carbone est fixé au **RuDP** (ribulose diphosphate), un composé à cinq atomes de carbone, par la RuDP carboxylase, une enzyme aussi appelée **rubisco**. La réaction engendre un produit intermédiaire instable à six atomes de carbone, qui se scinde rapidement en deux molécules de **PGA** (phosphoglycérate), chacune étant constituée de trois atomes de carbone. Le PGA se veut un composé organique stable.

Des atomes de carbone de l'atmosphère sont donc incorporés à des composés organiques stables qui se transformeront éventuellement, à l'aide d'énergie et d'ions H^+, en glucose phosphorylé (voir la section 6.3). Cette **fixation du carbone**, qui se produit lors du cycle de Calvin-Benson, constitue l'élément-clé de la synthèse de nourriture par les végétaux.

La synthèse du glucose par les végétaux

Afin de simplifier l'explication des étapes de la formation du glucose, on ne présente pas ici la structure moléculaire précise des substrats, des intermédiaires et des produits finals. Seuls les atomes de carbone sont considérés, comme on le voit à la figure 7.16.

La formation d'un glucose phosphate à six atomes de carbone requiert la fixation de six CO_2. Chaque CO_2 fixé se lie d'abord à un RuDP, ce qui produit 6 molécules instables à 6 atomes de carbone. Chacune d'elles se scinde immédiatement en 2, ce qui produit 12 PGA. Une fois les PGA formés, chacun accepte un groupement phosphate cédé par l'ATP, ainsi que de l'hydrogène et des électrons fournis par le NADPH. Cette réaction produit 12 **PGAL** (un phosphoglycéraldéhyde) dont 10 sont réarrangés pour former 6 molécules à 5 atomes de carbone appelées *RuDP*. Chaque RuDP fixera un nouveau CO_2 de l'atmosphère, ce qui nous ramène au début du cycle. Les deux PGAL restants se combinent et forment une molécule de glucose munie d'un groupement phosphate lié à son squelette de six atomes de carbone. Qu'advient-il de l'ADP, du $NADP^+$ et du phosphate libérés lors de ce cycle? Ils diffusent dans le stroma et redeviennent disponibles pour les réactions photochimiques qui les convertissent de nouveau en NADPH et en ATP.

Une fois phosphorylé, le glucose est activé et prêt à s'associer à une ou plusieurs molécules de glucose phosphorylées pour former du saccharose, de la cellulose ou de l'amidon, qui constituent les principaux glucides utiles aux végétaux. Le cycle de Calvin-Benson se termine au moment où débute la synthèse de ces composés organiques par d'autres voies métaboliques.

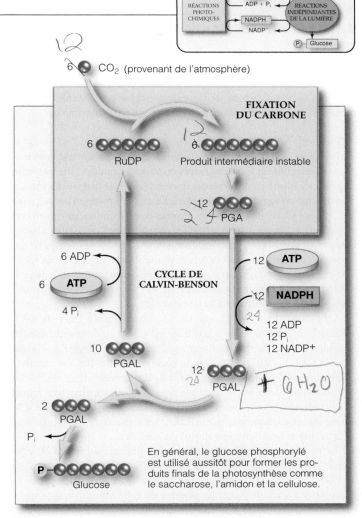

Figure 7.16 Le cycle de Calvin-Benson. Les sphères en brun représentent les atomes de carbone des molécules-clés. Bien que tous les produits intermédiaires soient munis d'un ou de deux groupements phosphate, seul le groupement phosphate du glucose est illustré pour faciliter la lecture du schéma. De nombreuses molécules d'eau formées au cours des réactions photochimiques vont suivre cette voie métabolique, mais seulement six subsisteront à la fin. La figure C de l'annexe V présente les détails de ces réactions.

Pendant le jour, les cellules photosynthétiques transforment le glucose phosphorylé en saccharose ou en amidon. Chez les végétaux, les glucides produits circulent sous forme de saccharose, tandis qu'ils sont emmagasinés sous forme d'amidon. Les cellules convertissent aussi le PGAL excédentaire en amidon qui est provisoirement entreposé sous la forme de grains dans le stroma. Après le coucher du soleil, l'amidon est converti en saccharose, une substance qui sera par la suite acheminée vers les cellules des feuilles, des tiges et des racines.

Il est intéressant de noter que les produits finals et les produits intermédiaires de la photosynthèse peuvent également servir de source d'énergie et d'éléments constitutifs pour la production de lipides, d'acides aminés et d'autres composés organiques dont les végétaux ont besoin pour leur croissance, leur survie et leur reproduction.

Lors du cycle de Calvin-Benson, le glucose se forme à partir d'atomes d'hydrogène du NADPH et d'atomes de carbone et d'oxygène fournis par le CO_2. Les réactions du cycle génèrent du RuDP, qui incorpore le carbone de l'air, et libèrent de l'ADP et du $NADP^+$.

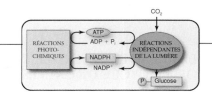

LA FIXATION DU CARBONE : DES CAS PARTICULIERS

Si l'intensité de la lumière solaire, la température de l'atmosphère, les précipitations et la composition du sol ne variaient jamais, la photosynthèse serait probablement identique chez tous les végétaux. Or, les milieux diffèrent, et la photosynthèse présente des adaptations s'expliquant par des conditions de vie parfois difficiles.

Les plantes de type C4 et C3

La croissance végétale requiert du carbone, mais le CO_2 n'est pas toujours disponible en quantité suffisante dans les feuilles. Par exemple, la présence d'une couche cireuse imperméable à la surface des feuilles permet une conservation optimale de l'eau, mais force en contrepartie le CO_2 et l'O_2 à circuler par les **stomates**, de minuscules ouvertures disséminées à la surface de la feuille (voir la figure 7.17). Afin d'éviter des pertes excessives d'eau, les stomates se ferment par temps chaud et sec ; la plante se voit alors privée d'une source extérieure de CO_2. Les cellules photosynthétiques sont donc contraintes d'utiliser le CO_2 présent à l'intérieur des feuilles, et l'O_2 dégagé s'y accumule, puisqu'il ne peut diffuser à l'extérieur.

Une concentration élevée en O_2 et un faible taux de CO_2 déclenchent un processus qui diminue l'efficacité de la synthèse des glucides, à savoir la photorespiration. La rubisco, l'enzyme qui incorpore le CO_2 au RuDP pendant le cycle de Calvin-Benson, catalyse la fixation de l'oxygène plutôt que celle du carbone. Il en résulte un produit intermédiaire qui se scinde en un PGA et un glycolate, lequel se dégrade en libérant le carbone qu'il contient sous la forme de CO_2. La moitié du carbone fixé par le RuDP retourne alors à l'atmosphère, et la plante forme deux fois moins de glucides.

Le premier produit intermédiaire des **plantes de type C3** telles que le tilleul, le pâturin et les doliques (voir la figure 7.18*a*) se veut le PGA. Le terme C3 renvoie aux trois atomes de carbone constituant cette molécule. Chez les **plantes de type C4**, comme le maïs, la première substance à se former est l'oxaloacétate, une molécule contenant quatre atomes de carbone. Les plantes de type C4 ferment leurs stomates par temps chaud et sec ; toutefois, la concentration de CO_2 ne diminue pas tellement, car ces végétaux fixent deux fois le carbone, dans deux types de cellules photosynthétiques.

Chez les plantes de type C4, les cellules du mésophylle fixent le CO_2 au phosphoénolpyruvate, plus communément appelé *PEP*, un produit composé de trois atomes de carbone. L'enzyme catalysant cette réaction n'a pas d'affinité avec l'oxygène, quelles que soient les concentrations de CO_2 et d'O_2. Cette fixation produit de l'oxaloacétate qui devient du malate et celui-ci diffuse vers les cellules de la gaine fasciculaire (voir la figure 7.18*b*). Ces cellules transforment l'oxaloacétate en pyruvate, qui libère du CO_2 pouvant entrer dans le cycle de Calvin-Benson. Avec l'aide de l'ATP, le pyruvate est transformé en PEP qui retourne dans le mésophylle.

Les plantes de type C4 possèdent de petits stomates qui favorisent la conservation de l'eau, mais nuisent aux échanges gazeux. Par temps chaud, sec et ensoleillé, elles fabriquent, grâce à cette voie métabolique, davantage de glucose que les plantes de type C3.

Des expériences ont prouvé que la photorespiration diminue l'efficacité de la photosynthèse d'un grand nombre de plantes de type C3. Ainsi, la culture de plants de tomates de serre dans un environnement suffisamment riche en CO_2 pour bloquer la photorespiration augmente significativement la vitesse de croissance. Pourquoi alors la sélection naturelle n'a-t-elle pas éliminé un processus si désavantageux ? Il est possible que l'existence de la rubisco soit une partie de la réponse. On sait

a Feuilles de tilleul (*Tilia*), une plante de type C3

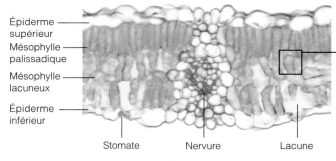

Épiderme supérieur
Mésophylle palissadique
Mésophylle lacuneux
Épiderme inférieur

Stomate   Nervure   Lacune

b Feuilles de maïs (*Zea mays*), une plante de type C4

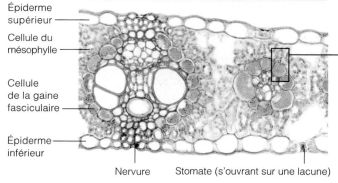

Épiderme supérieur
Cellule du mésophylle
Cellule de la gaine fasciculaire
Épiderme inférieur

Nervure   Stomate (s'ouvrant sur une lacune)

Figure 7.17 Une comparaison de la structure foliaire interne d'une plante de type C3 et d'une plante de type C4, en coupe transversale.

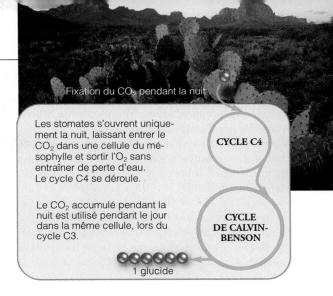

Figure 7.19 Le figuier de Barbarie (*Opuntia*), une plante de type CAM. Ces plantes ouvrent leurs stomates et fixent le carbone pendant la nuit. Les orchidées, l'ananas et de nombreuses plantes succulentes autres que les cactus font partie de cette catégorie.

Fixation du CO₂ pendant la nuit

Les stomates s'ouvrent uniquement la nuit, laissant entrer le CO₂ dans une cellule du mésophylle et sortir l'O₂ sans entraîner de perte d'eau. Le cycle C4 se déroule.

CYCLE C4

Le CO₂ accumulé pendant la nuit est utilisé pendant le jour dans la même cellule, lors du cycle C3.

CYCLE DE CALVIN-BENSON

1 glucide

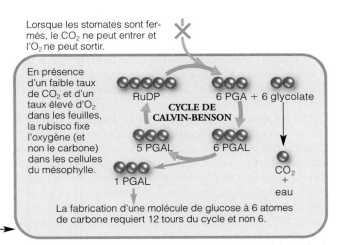

Lorsque les stomates sont fermés, le CO₂ ne peut entrer et l'O₂ ne peut sortir.

En présence d'un faible taux de CO₂ et d'un taux élevé d'O₂ dans les feuilles, la rubisco fixe l'oxygène (et non le carbone) dans les cellules du mésophylle.

RuDP   6 PGA + 6 glycolate

CYCLE DE CALVIN-BENSON

5 PGAL   6 PGAL

1 PGAL   CO₂ + eau

La fabrication d'une molécule de glucose à 6 atomes de carbone requiert 12 tours du cycle et non 6.

a Fixation du carbone par le cycle C3, lorsque le taux de CO₂ est faible et que celui de l'O₂ est élevé dans la feuille

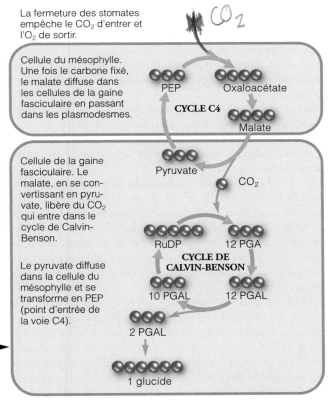

La fermeture des stomates empêche le CO₂ d'entrer et l'O₂ de sortir.

CO₂

Cellule du mésophylle. Une fois le carbone fixé, le malate diffuse dans les cellules de la gaine fasciculaire en passant dans les plasmodesmes.

PEP   Oxaloacétate

CYCLE C4

Malate

Pyruvate

Cellule de la gaine fasciculaire. Le malate, en se convertissant en pyruvate, libère du CO₂ qui entre dans le cycle de Calvin-Benson.

CO₂

Le pyruvate diffuse dans la cellule du mésophylle et se transforme en PEP (point d'entrée de la voie C4).

RuDP   12 PGA

CYCLE DE CALVIN-BENSON

10 PGAL   12 PGAL

2 PGAL

1 glucide

b Fixation du carbone par le cycle C4 en présence d'un faible taux de CO₂ et d'un taux élevé d'O₂ dans les feuilles

Figure 7.18 Deux façons de fixer le carbone par temps chaud et sec, quand la concentration de CO₂ est trop faible et que celle d'O₂ est trop élevée dans les feuilles. **a)** Le cycle de Calvin-Benson (C3) est répandu chez les plantes sempervirentes et chez beaucoup de végétaux non ligneux des zones tempérées, comme le pâturin. **b)** Le cycle C4 est courant chez les plantes herbacées, le maïs et d'autres végétaux qui croissent sous les tropiques et qui fixent deux fois le CO₂.

que cette enzyme est apparue il y a très longtemps, à l'époque où l'atmosphère contenait peu d'O₂ et une grande quantité de CO₂. On pense que les mutations des gènes codant la structure de cette enzyme ne peuvent être conservées sans nuire à son rôle premier, soit la fixation du carbone.

Au cours des derniers 50 à 60 millions d'années, le cycle C4 a évolué indépendamment au sein de nombreux groupes de plantes. Avant cela, le taux de CO₂ de l'atmosphère se voulait très élevé, ce qui procurait un avantage évolutif aux plantes de type C3 sous les climats chauds. Quel cycle sera le plus approprié dans l'avenir ? La concentration de CO₂ s'accroît depuis des décennies et pourrait doubler au cours des prochaines 50 années, inhibant du même coup la photorespiration. Un grand nombre de plantes cultivées pourraient tirer profit de cette situation.

Les plantes de type CAM

L'adaptation à la fixation du carbone en milieu chaud et sec est manifeste chez le cactus, une plante dite *succulente*, capable de mettre en réserve de grandes quantités d'eau. Chez le cactus, les pertes d'eau sont limitées par un épiderme épais et par le fait que les stomates ne s'ouvrent que la nuit. C'est donc à ce moment que la fixation du carbone doit se réaliser.

On dit des végétaux qui présentent une telle adaptation que ce sont des **plantes de type CAM** (pour *Crassulacean Acid Metabolism*), du nom de la famille de plantes chez qui on a découvert cette adaptation. La nuit, dans les cellules de leur mésophylle, un cycle C4 très semblable à celui de la figure 7.19 se déroule. Ces cellules emmagasinent le malate et d'autres produits carbonés jusqu'au moment de la fermeture des stomates, le lendemain matin. Le malate emmagasiné dans les cellules du mésophylle libère du CO₂, qui entre dans le cycle de Calvin-Benson (C3). Ainsi, la photosynthèse se produit sans perte d'eau.

Une période prolongée de sécheresse peut causer la mort de nombreux végétaux, mais certaines plantes de type CAM y survivent grâce à la fermeture de leurs stomates, qui peuvent même demeurer fermées la nuit si les réserves d'eau s'épuisent. Elles continuent alors à fixer le CO₂ dégagé lors de la respiration aérobie. Bien que faible, ce dégagement suffit à maintenir un taux métabolique minimal permettant une lente croissance. Des cactus que l'on voudrait faire pousser à Vancouver, où le climat est doux, seraient de piètres rivaux pour les plantes de type C3 et C4.

Comparativement aux plantes de type C3, les plantes de type C4 et celles de type CAM ont modifié leur façon de fixer le carbone lors de la photosynthèse. Ces modifications contrent les effets du stress imposé par les conditions chaudes et sèches de leur environnement.

LES AUTOTROPHES, LES HUMAINS ET LA BIOSPHÈRE

Le sujet qui clôt ce chapitre démontre une fois de plus l'importance de la position qu'occupent les organismes photosynthétiques et les autres autotrophes dans le monde des êtres vivants.

Au printemps, la nature renaît : les autotrophes terrestres recommencent à croître, leurs feuilles se déploient, les pelouses et les champs reverdissent. Toutefois, on ne soupçonne pas que les océans comptent d'innombrables autotrophes unicellulaires qui dérivent à la surface de l'eau. Ces organismes se veulent microscopiques : 7 millions de cellules d'une espèce aquatique disposées bout à bout ne dépassent pas 1 cm, de sorte qu'un verre d'eau de mer peut renfermer jusqu'à 24 millions d'organismes unicellulaires d'une seule espèce.

La plupart de ces organismes sont des procaryotes et des protistes photoautotrophes. Ensemble, ils constituent les pâturages des mers, dont le rôle écologique est de nourrir la plupart des autres organismes marins. Au printemps, l'eau se réchauffe et des courants marins remontent à la surface chargée de nutriments. Ces conditions idéales sont à l'origine d'une période de reproduction très rapide de ces organismes.

Des données recueillies par les satellites de la NASA ont permis aux scientifiques d'estimer la taille et la distribution de ces populations. La figure 7.20*a* montre le niveau d'activité des organismes vivants près de la surface en hiver dans l'océan Atlantique, tandis qu'on peut voir sur la figure 7.20*b* la présence d'une zone de prolifération printanière s'étendant de la Caroline du Nord jusqu'en Espagne!

Collectivement, ces cellules contribuent à la régulation du climat terrestre, puisqu'elles réagissent avec un grand nombre de molécules. Elles absorbent, par exemple, presque la moitié du dioxyde de carbone émis annuellement par les humains dans l'atmosphère, à la suite de la combustion des combustibles fossiles et de la destruction des forêts qui sont brûlées dans le but d'en faire des terres agricoles notamment. Sans les photoautotrophes aquatiques, le dioxyde de carbone atmosphérique s'accumulerait rapidement, ce qui accélérerait le réchauffement de la planète (voir l'introduction du chapitre 3). Si la température de l'atmosphère s'élevait ne serait-ce que de quelques degrés, le niveau de la mer monterait et les basses terres littorales des continents et des îles seraient submergées.

Bien que ces perturbations soient déjà amorcées, des tonnes de déchets industriels, d'eaux usées et d'eaux de ruissellement chargées d'engrais agricoles continuent d'être déversées tous les jours dans l'océan. Sachant que ces polluants modifient considérablement la composition chimique de l'eau de mer, il est légitime de se demander combien de temps les photoautotrophes marins pourront survivre dans cette soupe chimique. On peut s'attendre à de nombreuses répercussions.

D'autres autotrophes influencent nos vies d'une manière insoupçonnée. Les fonds océaniques, les sources thermales et les déchets des mines de charbon abritent des procaryotes dits **chimioautotrophes**. Le dioxyde forme leur source de carbone, mais ils tirent leur énergie des composés inorganiques.

Prenons l'exemple des **cheminées hydrothermales**, des fissures marbrant le fond océanique où des roches en fusion réchauffent considérablement l'eau environnante. Certaines archéobactéries exploitent le sulfure d'hydrogène, abondant dans ces eaux riches en minéraux, pour obtenir l'hydrogène et les électrons dont elles ont besoin. Voici un autre exemple : certains chimioautotrophes vivant dans le sol extraient leur énergie des déchets azotés et des organismes morts.

Bien que les chimioautotrophes soient microscopiques, leur nombre est phénoménal et ils influent sur le cycle de l'azote, du phosphore et d'autres éléments de la biosphère. Leurs effets sur l'environnement sont présentés ultérieurement, dans d'autres chapitres. Le chapitre 8 s'intéresse aux voies par lesquelles les cellules extraient l'énergie des liaisons du glucose et d'autres molécules biologiques léguées par les divers autotrophes qui peuplent la Terre.

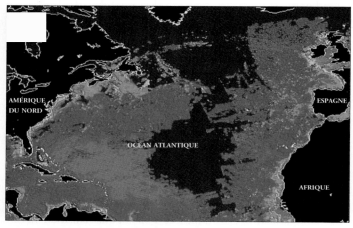

a Activité photosynthétique en hiver

b Activité photosynthétique au printemps

Figure 7.20 Ces deux images satellites nous aident à prendre conscience de l'amplitude de l'activité photosynthétique printanière dans la partie septentrionale de l'Atlantique. Le rouge-orangé indique les régions où la chlorophylle est la plus concentrée.

Divers photoautotrophes et chimioautotrophes produisent les aliments qui nourrissent les humains et les autres hétérotrophes. Ces producteurs, dont la population est prodigieuse, vivent tant dans les eaux ensoleillées des océans que sur la terre ferme.

𝓡𝓔́𝓢𝓤𝓜𝓔́   Le chiffre en **brun** renvoie à la section du chapitre.

1. La structure et les fonctions de la cellule reposent sur des composés organiques dont la synthèse dépend des sources de carbone et d'énergie. Les végétaux et les autres autotrophes tirent leur carbone du dioxyde de carbone, et leur énergie, de la lumière solaire ou de composés inorganiques. Les animaux et les autres hétérotrophes sont incapables de fabriquer leur propre matière organique : ils obtiennent leur carbone et tirent leur énergie des composés organiques synthétisés par les autotrophes. **7**

2. La photosynthèse constitue le principal mécanisme par lequel le carbone et l'énergie entrent dans le réseau des êtres vivants. Elle se déroule en deux phases : les réactions photochimiques et le cycle de Calvin-Benson. L'équation suivante et la figure 7.21 résument la photosynthèse : **7.1**

$$12H_2O + 6CO_2 \xrightarrow{\text{ÉNERGIE LUMINEUSE}} 6O_2 + C_6H_{12}O_6 + 6H_2O$$

EAU   DIOXYDE DE CARBONE   OXYGÈNE   GLUCOSE   EAU

3. Les chloroplastes représentent le siège de la photosynthèse chez les algues et les végétaux. Deux membranes externes enveloppent un liquide gélatineux appelé *stroma*. Une troisième membrane, située dans le stroma, se replie sur elle-même pour former un compartiment prenant la forme d'empilements de disques appelés *thylakoïdes*. Les réactions photochimiques ont lieu dans cette membrane. En revanche, les réactions indépendantes de la lumière se produisent dans le stroma. **7.1**

4. Les réactions photochimiques s'amorcent dans des photosystèmes qui contiennent de 200 à 300 pigments. **7.2 à 7.5**

a) La chlorophylle *a*, le principal pigment photosynthétique, absorbe les rayonnements de toutes les longueurs d'onde de la lumière visible, à l'exception du vert-jaunâtre et du vert qui sont très peu absorbés. Les pigments accessoires, notamment les caroténoïdes, absorbent la lumière des autres longueurs d'onde.

b) La voie cyclique produit uniquement de l'ATP. Le photosystème I cède des électrons excités à une chaîne de transport d'électrons, qui retourne ces électrons au photosystème.

c) La voie non cyclique produit de l'ATP et du NADPH. Les molécules d'eau se scindent et se décomposent en hydrogène, en électrons et en oxygène. Les électrons excités franchissent successivement le photosystème II, une première chaîne de transport d'électrons, le photosystème I, puis une deuxième chaîne de transport d'électrons. Le NADP$^+$ capte les électrons et l'hydrogène pour produire du NADPH. Il y a environ 1,5 milliard d'années, l'oxygène libéré par cette voie s'est accumulé dans l'atmosphère, rendant ainsi possible l'émergence de la respiration aérobie.

5. L'énergie fournie par l'ATP alimente le cycle de Calvin-Benson par des transferts de groupements phosphate. L'hydrogène et les électrons du NADPH, de même que le carbone et l'oxygène du dioxyde de carbone sont employés comme éléments constitutifs du glucose. Une grande partie du glucose ainsi produit est aussitôt utilisée pour synthétiser de l'amidon, de la cellulose et d'autres produits finals de la photosynthèse. **7.6**

a) L'enzyme rubisco catalyse la fixation du carbone du CO$_2$ au glucide RuDP ; ce qui constitue le point de départ du cycle de Calvin-Benson. Deux molécules de PGA sont formées, puis converties en deux PGAL à l'aide de l'ATP, de l'hydrogène et des électrons du NADPH.

b) Pour 6 atomes de carbone qui entrent dans le cycle, 12 molécules de PGAL sont formées. Deux d'entre elles contribuent à former un glucose phosphate à six atomes de carbone. Les autres molécules vont servir à reconstituer le RuDP.

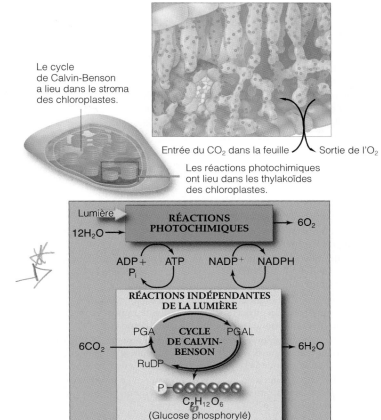

Le cycle de Calvin-Benson a lieu dans le stroma des chloroplastes.

Entrée du CO$_2$ dans la feuille — Sortie de l'O$_2$

Les réactions photochimiques ont lieu dans les thylakoïdes des chloroplastes.

Lumière → **RÉACTIONS PHOTOCHIMIQUES** → 6O$_2$

12H$_2$O →

ADP + P$_i$ → ATP   NADP$^+$ → NADPH

RÉACTIONS INDÉPENDANTES DE LA LUMIÈRE

PGA   **CYCLE DE CALVIN-BENSON**   PGAL

6CO$_2$ →   → 6H$_2$O

RuDP

P — C$_6$H$_{12}$O$_6$ (Glucose phosphorylé)

Produit final (par exemple, le saccharose, l'amidon, la cellulose)

Figure 7.21 Un résumé de la photosynthèse. Lors des réactions photochimiques, l'énergie solaire est convertie en énergie chimique emmagasinée dans l'ATP. Dans la voie non cyclique, les molécules d'eau sont scindées par photolyse. Le NADP$^+$ capte les électrons et les ions H$^+$ libérés et devient du NADPH. De l'oxygène, un sous-produit de la réaction, se dégage.

L'énergie de l'ATP alimente le cycle de Calvin-Benson. Les ions H$^+$ et les électrons du NADPH, de même que le carbone et l'oxygène du dioxyde de carbone, sont utilisés pour fabriquer le glucose. Dans le cycle de Calvin-Benson (C3), le RuDP, sur lequel repose le cycle, est régénéré et de nouvelles molécules d'eau sont formées. Chaque tour du cycle requiert un CO$_2$, trois ATP et deux NADPH. Chaque glucose étant constitué d'un squelette à six atomes de carbone, sa synthèse nécessite six tours du cycle.

6. La rubisco, une enzyme fixant le carbone, est apparue quand l'atmosphère contenait beaucoup plus de CO$_2$ et moins d'O$_2$. Aujourd'hui, quand le CO$_2$ disponible est épuisé et que l'O$_2$ s'accumule dans les feuilles, la rubisco incorpore de l'oxygène (et non du carbone) au RuDP. Ce processus, appelé *photorespiration*, génère un gaspillage : un PGA et un glycolate sont formés. Toutefois, comme le glycolate ne peut servir à produire des glucides, il est dégradé. **7.6**

7. Par temps chaud et sec, c'est la photorespiration qui domine chez les plantes de type C3 telles que le tournesol. En effet, les stomates se ferment, si bien que l'O$_2$ produit par la photosynthèse s'accumule dans les feuilles et atteint une concentration supérieure à celle du CO$_2$. Le maïs et d'autres plantes de type C4 augmentent leur taux de CO$_2$ en fixant le carbone deux fois, dans deux types de cellules différentes. Chez les plantes de type CAM, le CO$_2$ est fixé par le cycle C4 au cours de la nuit, quand les stomates sont ouverts. Le cycle C3 a lieu le jour et utilise le carbone précédemment fixé au cours de la nuit, ce qui permet à la plante de garder ses stomates fermés. **7.7**

Exercices

1. Un chat mange un oiseau qui a avalé une chenille, laquelle s'était nourrie d'une feuille. Parmi ces organismes, lesquels sont autotrophes? Lesquels sont hétérotrophes? *7*

2. Résumez les réactions de la photosynthèse en une équation. Dans quelle structure du chloroplaste chaque stade se déroule-t-il? *7.1*

3. Quelle est la fonction de l'ATP dans le processus de la photosynthèse? Quelle est celle du NADPH? *7.1*

4. Quel groupe de pigments parmi les suivants se veut le plus manifeste sur une feuille d'érable en été? Lequel devient le plus visible à l'automne? *7.3*
   a) Les chlorophylles   c) Les anthocyanines
   b) Les phycobilines   d) Les caroténoïdes

5. Pendant les réactions photochimiques, en quoi la fonction de la chlorophylle *a* diffère-t-elle de celle des pigments accessoires? *7.3, 7.4*

6. Dans les réactions photochimiques, en quoi les voies cycliques et non cycliques du transport d'électrons diffèrent-elles? *7.4*

7. Quelle substance, parmi les suivantes, ne participe pas au cycle de Calvin-Benson : l'ATP, le NADPH, le RuDP, les caroténoïdes, l'O_2, le CO_2 ou les enzymes? *7.6*

8. Complétez le diagramme ci-contre avec les éléments manquants. Quelles substances représentent les premières sources d'atomes de carbone et d'hydrogène pour la synthèse du glucose dans le cycle de Calvin-Benson? *7, 7.6*

9. Expliquez pourquoi l'oxygène produit au cours de la photosynthèse s'accumule dans les feuilles par temps chaud et sec. Comment ce phénomène se produit-il chez les plantes de type C3? Chez les plantes de type C4? *7.7*

10. Les photoautotrophes sont-ils les seuls organismes à fabriquer eux-mêmes leur nourriture? Sinon, énoncez d'autres exemples d'organismes et dites où vivent ces derniers. *7, 7.8*

Autoévaluation   <small>RÉPONSES À L'ANNEXE III</small>

1. Les autotrophes photosynthétiques emploient _____ de l'atmosphère comme source de carbone et _____ comme source d'énergie.

2. Chez les végétaux, les réactions photochimiques ont lieu dans _____.
   a) le cytoplasme   c) le stroma
   b) la membrane plasmique   d) la membrane des thylakoïdes

3. Lors des réactions photochimiques, _____.
   a) le dioxyde de carbone se fixe
   b) l'ATP et le NADPH se forment
   c) le CO_2 accepte les électrons
   d) des glucides phosphate sont produits

4. Les réactions indépendantes de la lumière ont lieu dans _____.
   a) le cytoplasme   c) le stroma
   b) la membrane plasmique

5. Quand le photosystème absorbe de la lumière, _____.
   a) des glucides phosphate sont synthétisés
   b) les électrons sont transférés à l'ATP
   c) le RuDP accepte les électrons
   d) les réactions photochimiques s'amorcent

6. Quelle substance, parmi les suivantes, s'accumule dans l'espace intrathylakoïdien des chloroplastes au cours des réactions photochimiques?
   a) Le glucose   d) Les acides gras
   b) Les caroténoïdes   e) Les ions H^+
   c) La chlorophylle

7. Le cycle de Calvin-Benson commence quand _____.
   a) la lumière est présente
   b) la lumière est absente
   c) le RuDP a incorporé un atome de carbone du dioxyde de carbone
   d) les électrons quittent le photosystème

8. L'ATP phosphoryle le _____ au cours des réactions indépendantes de la lumière.
   a) RuDP   c) PGA
   b) $NADP^+$ d) PGAL

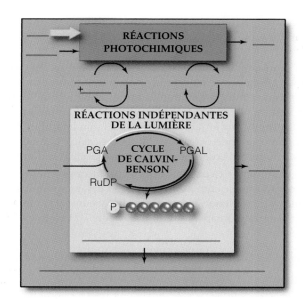

9. Associez chacun des termes suivants à la description appropriée.

_____ Absorption d'ions H^+ a) Nécessite la rubisco
_____ Formation de NADPH   b) Nécessite de l'ATP et du NADPH
_____ Fixation du CO_2 c) Les électrons retournent
_____ Formation de PGAL   au photosystème I.
_____ Production d'ATP   d) L'énergie équivaut à la quantité
     uniquement   nécessaire pour exciter les électrons
                      e) Nécessite la photolyse

Questions à développement

1. Supposons que le jardin de votre voisin soit garni de pétunias bleus, blancs et rouges. Pour chacune de ces couleurs, indiquez quelles longueurs d'onde de lumière sont absorbées et lesquelles sont réfléchies. Expliquez votre réponse.

2. Il y a environ 200 ans, Jan Baptista van Helmont réalisa une expérience portant sur la photosynthèse. Il voulait savoir où les végétaux puisaient les matériaux bruts nécessaires à leur croissance. Pour les besoins de son expérience, il planta un jeune arbre de 2,3 kg dans un pot rempli de 90,8 kg de terreau. Puis, il arrosa son arbre régulièrement.
    Cinq années plus tard, van Helmont pesa de nouveau son arbre et la terre. L'arbre pesait à présent 76,8 kg, tandis que le terreau avait perdu 56 g. Puisque l'arbre avait gagné un poids considérable alors que la terre n'en avait perdu que très peu, il conclut que l'arbre avait augmenté son poids en absorbant l'eau d'arrosage.
    En vous basant sur vos connaissances de la composition des molécules organiques, expliquez pourquoi la conclusion de van Helmont est erronée. Formulez une explication plus plausible en vous référant à la théorie actuelle de la photosynthèse.

3. Vers la fin des années 1980, une étudiante de troisième cycle, Cindy Lee Van Dover, s'intéressa à un spécimen de crevette dépourvue d'yeux (voir la figure 7.22) que des plongeurs avaient découvert dans les profondeurs de l'océan Atlantique, à la base d'une cheminée hydrothermale. On sait que de la roche en fusion sort de ces fissures qui marbrent le fond marin et se mélange à l'eau de mer froide. C'est en absence totale de lumière que jaillit de ces cheminées une eau riche en minéraux et chauffée à 300 °C.

    Les bactéries chimioautotrophes constituent la base des écosystèmes prospérant à proximité de ces cheminées (voir les sections 7.9 et 49.11).

Figure 7.22 Une crevette sans yeux découverte près d'une cheminée hydrothermale.

En visionnant des bandes vidéo montrant des crevettes vivant dans cet habitat, Van Dover remarqua une paire de bandes lumineuses sur le dos de ces dernières. Elle en étudia quelques spécimens en laboratoire et découvrit que ces bandes étaient reliées à un nerf. Ces crevettes sans yeux avaient-elles un organe sensoriel jusque-là inconnu?

Steven Chamberlain, un spécialiste en neurologie, confirma que ces bandes constituaient bel et bien un organe sensoriel composé de cellules dotées d'un pigment absorbant la lumière (des photorécepteurs). Plus tard, Ete Szuts, un spécialiste des pigments, isola le pigment en question: le spectre d'absorption du pigment se voulait le même que celui de la rhodopsine, un pigment constitutif des yeux semblable à celui des yeux humains.

Van Dover eut alors une intuition: si ces bandes étaient photosensibles, il devait y avoir de la lumière dans le fond océanique. Lors de plongées ultérieures, des caméras spéciales confirmèrent son hypothèse. À l'instar des éléments d'un grille-pain, les cheminées hydrothermales émettent de la chaleur (des rayons infrarouges). De plus, elles libèrent une faible quantité de lumière correspondant aux longueurs d'onde du spectre visible.

En général, chaque surface de 6 cm^2 d'un arbre éclairé par le soleil absorbe 1 milliard de milliards de photons par seconde. On sait que chaque surface équivalente à 6 cm^2 de bactéries autotrophes vivant à 72 m de profondeur dans la mer Noire est illuminée par 1000 milliards de photons par seconde. Cette quantité de photons correspond justement à celle qui éclaire les organismes proliférant à proximité des cheminées hydrothermales.

Van Dover posa alors spontanément cette question à un collègue: «Et s'il y avait assez de lumière pour que la photosynthèse se déroule?» Le collègue en question répondit: «C'est une idée stupide!»

Cependant, Euan Nisbet, qui étudiait les milieux anciens, examina cette possibilité. On sait que les premières cellules sont apparues il y a environ 3,8 milliards d'années. Nisbet et Van Dover pensent qu'elles pourraient être apparues près des cheminées hydrothermales. Cela est-il possible? Ces cellules auraient-elles utilisé les composés inorganiques, comme le sulfure d'hydrogène, comme source d'hydrogène et d'électrons, et le dioxyde de carbone comme source de carbone?

Si c'est le cas, la survie de ces organismes dépendait probablement de leur faculté à s'éloigner de la lumière émise par les cheminées, pour éviter d'être tués par la chaleur. Des millions d'années plus tard, des bactéries qui pourraient être leurs descendantes seraient apparues à la surface des océans. Il est possible que les structures leur permettant alors d'absorber la lumière solaire aient tiré leur origine des anciennes structures photosensibles qui leur permettaient de fuir la lumière des évents hydrothermaux. Devant la nécessité d'extraire l'énergie du soleil, elles seraient devenues photosynthétiques.

Certaines des structures des bactéries vivant au fond des mers et leur permettant de déceler la lumière se seraient-elles modifiées pour assurer la photosynthèse en eau peu profonde? Des observations semblent confirmer cette hypothèse étonnante. En voici quelques-unes: le spectre d'absorption de la chlorophylle des bactéries photosynthétiques primitives correspond aux longueurs d'onde de la lumière émise par les cheminées. De plus, les molécules associées à la photosynthèse comprennent notamment du fer, du soufre et du manganèse, des minéraux présents en abondance près des cheminées hydrothermales.

Si les premiers photoautotrophes sont apparus dans les profondeurs océaniques, leurs pigments auraient subi le même sort. Émettez une hypothèse expliquant comment la sélection naturelle pourrait avoir favorisé l'apparition des différents pigments à diverses profondeurs, en commençant par les abords des cheminées hydrothermales.

4. Il existe seulement huit catégories de pigments retrouvés partout dans le monde. Par exemple, les animaux synthétisent la mélanine (un pigment brun-noir) et d'autres pigments, mais pas de caroténoïdes. Ces derniers se trouvent chez les photoautotrophes et se propagent dans la chaîne alimentaire, par exemple lorsque des algues vertes sont mangées par des escargots aquatiques, qui sont par la suite dévorés par les flamants roses.

Les flamants roses métabolisent ces caroténoïdes de plusieurs façons. Par exemple, leurs cellules scindent le bêta-carotène en deux molécules de vitamine A. Cette vitamine est le précurseur du rétinol, un pigment visuel qui transforme

Figure 7.23 D'où proviennent les couleurs du beurre, des poissons-papillons masqués, des morphos, des aras macaos et des pythons verts?

la lumière en un signal électrique dans les yeux de l'animal. Les molécules de bêta-carotène s'intègrent aussi aux réserves de graisse situées sous l'épiderme, d'où elles sont puisées pour la fabrication des plumes rose vif de ce flamant.

Choisissez un des quatre animaux (ou celui qui donne du beurre) de la figure 7.23. Effectuez des recherches à propos de son cycle biologique et de son alimentation. Utilisez ensuite les résultats de vos recherches pour répertorier les sources possibles de pigments qui procurent à l'animal en question (ou au beurre) les couleurs illustrées.

5. Paul réalise une expérience à l'aide d'atomes de carbone radioactifs ($^{14}CO_2$) absorbés par les plantes photosynthétiques qu'il étudie. Selon vous, quel composé ayant incorporé le carbone marqué sera d'abord synthétisé: le NADPH, le PGAL, le pyruvate ou le PGA?

Vocabulaire

Anthocyanine *7.3*	Fluorescence *7.3*	Pigment *7.2*
Autotrophe *7*	Hétérotrophe *7*	Plante de type C3 *7.7*
Caroténoïde *7.3*	Longueur d'onde *7.2*	Plante de type C4 *7.7*
Centre réactionnel *7.4*	Membrane	Plante de type CAM *7.7*
Chaîne de transport	des thylakoïdes *7.1*	Réaction
d'électrons *7.4*	PGA (phospho-	photochimique *7.1*
Cheminée	glycérate) *7.6*	Rubisco *7.6*
hydrothermale *7.8*	PGAL (phospho-	RuDP (ribulose
Chimioautotrophe *7.8*	glycéraldéhyde) *7.6*	diphosphate) *7.6*
Chlorophylle *7.3*	Photoautotrophe *7*	Spectre d'absorption *7.2*
Chloroplaste *7.1*	Photolyse *7.4*	Spectre
Cycle de	Photon *7.2*	électromagnétique *7.2*
Calvin-Benson *7.1*	Photosynthèse *7*	Stomate *7.7*
Fixation	Photosystème *7.3*	Stroma *7.1*
du carbone *7.6*	Phycobiline *7.3*	

Lectures complémentaires

Bazzaz, F. et E. Jajer (janv. 1992). «Plant Life in a CO$_2$-Rich World». *Scientific American*, 266: 68-74.

Tréguer, P. (nov. 2004 - janv. 2005). «La discrète alliance des algues et des vents». *Dossiers de La Recherche*, 17: 30-32.

Westall, F. (avr. 2004). «Aux origines de la photosynthèse». *La Recherche*, hors série, 15: 82-84.

Zimmer, C. (nov.1996). «The Light at the Bottom of the Sea». *Discover*, 63-73.

COMMENT LES CELLULES LIBÈRENT L'ÉNERGIE

Attention aux abeilles tueuses !

Au milieu des années 1950, à cause d'une erreur survenue lors d'expériences d'amélioration génétique, des abeilles tueuses se sont propagées de l'Amérique du Sud jusqu'à la frontière qui sépare le Mexique du Texas. En 1995, elles occupaient une surface d'environ 13 300 km^2 en Californie du Sud et elles s'activaient à y fonder des colonies. En 1998, après les précipitations abondantes déclenchées par El Niño et l'éclosion consécutive dans les déserts d'une abondance de fleurs riches en nectar, ces abeilles se sont déplacées davantage vers l'ouest et vers le nord, déjouant ainsi les prédictions des biologistes.

Si on les provoque, ces abeilles peuvent être dangereuses. On raconte qu'un travailleur de la construction, ayant démarré son tracteur à quelques centaines de mètres d'une ruche, s'est vu attaqué par des milliers d'abeilles agitées. Les abeilles sont ensuite entrées dans une station de métro avoisinante et ont piqué des individus sur le quai et dans les wagons, tuant une personne et en blessant une centaine d'autres.

D'où viennent ces abeilles ? Dans les années 1950, des reines ont été expédiées de l'Afrique au Brésil en vue de réaliser des expériences d'amélioration génétique. En effet, les abeilles domestiques ont une grande importance commerciale, puisqu'elles sont une source de miel, un aliment nutritif. Par ailleurs, les agriculteurs louent les ruches pour polliniser leurs vergers, car l'activité pollinisatrice des abeilles peut considérablement accroître la production. On estime que si un arbre fruitier était tenu complètement à l'écart des pollinisateurs, moins de 1 % de ses fleurs produiraient des fruits. En revanche, si ce même arbre était soumis à l'action des insectes pollinisateurs, la proportion de fleurs fécondées augmenterait jusqu'à 40 %.

Toutefois, contrairement à leurs consœurs africaines, les abeilles du Brésil étaient de mauvaises pollinisatrices et de pauvres productrices de miel. En croisant les deux souches, les chercheurs croyaient pouvoir obtenir des abeilles moins agressives et meilleures pollinisatrices. C'est pourquoi ils ont fait cohabiter des abeilles locales avec des abeilles importées, dans une enceinte délimitée par un filet, et avec des ruches artificielles. Ils ont ensuite laissé la nature agir.

Malheureusement, 26 reines africaines se sont échappées, et cet accident a inquiété les chercheurs. Les apiculteurs de la région ont toutefois eu vent des premiers résultats expérimentaux : les premières générations issues du croisement étaient plus actives, mais pas exagérément agressives. Ils ont donc importé des centaines de reines africaines et les ont

Figure 8.1 Une abeille domestique relativement paisible se préparant à atterrir sur une fleur et battant des ailes grâce à l'énergie fournie par l'ATP. S'il s'agissait de l'une de ses congénères africanisées protégeant sa ruche, l'atterrissage ne pourrait pas être ainsi observé en toute quiétude. Étant donné que ces deux souches d'abeilles se ressemblent beaucoup, comment les différencier ? D'un point de vue bien subjectif, on pourrait dire que les abeilles africanisées semblent plus agressives.

encouragées à se reproduire avec les abeilles locales. C'est ainsi qu'ils ont amorcé une véritable bombe à retardement biologique.

Les abeilles africaines n'ont pas tardé à s'établir dans les ruches commerciales et au sein des populations d'abeilles sauvages. Leurs caractéristiques sont peu à peu devenues dominantes. Certes, les abeilles africanisées se comportent comme les autres abeilles, mais elles sont plus rapides et efficaces dans toutes leurs activités. Les adultes se forment plus rapidement à partir des œufs, elles volent plus rapidement et récoltent le nectar avant les autres abeilles, mais elles meurent aussi plus précocement.

Si leur ruche ou leur essaim est perturbé, les abeilles africanisées s'agitent considérablement, et cette activité frénétique peut durer jusqu'à huit heures d'affilée. Alors qu'une abeille domestique paisible chasse parfois un intrus sur une cinquantaine de mètres, un essaim de ses congénères africanisées le poursuivra sur environ 0,5 km. Si elles le rattrapent, elles risquent de le piquer à mort.

La rapidité des abeilles africanisées s'explique par un approvisionnement régulier en énergie et par une utilisation efficace de celle-ci. Une abeille africanisée est doté d'un estomac pouvant contenir contenir 30 mg de nectar riche en glucides, ce qui correspond à assez de combustible pour alimenter son vol sur 60 km. Par ailleurs, ses cellules musculaires sont pourvues de mitochondries plus volumineuses : ces organites spécialisés libèrent une grande quantité d'énergie emmagasinée dans les glucides et d'autres composés organiques, et la transforment en ATP (adénosine triphosphate). Chaque fois qu'elles puisent de l'énergie dans leurs réserves de composés organiques, les abeilles africanisées montrent bien le lien biochimique qu'elles partagent avec les autres organismes. Que ce soit une primevère ou un pavot, une moisissure se développant sur du pain rassis, une amibe nageant dans un étang ou une bactérie vivant sur l'épiderme des humains, tous les organismes possèdent des voies génératrices d'énergie, bien que ces dernières puissent différer légèrement d'un groupe à l'autre. Si toutes requièrent des réactifs de départ particuliers, elles aboutissent toujours à des produits et des sous-produits prévisibles. De plus, elles produisent toutes la devise énergétique universelle de la vie, soit l'ATP.

Tous les êtres vivants utilisent l'énergie et les matériaux bruts de manière similaire. Sur le plan biochimique, il existe une constance indéniable chez toutes les formes de vie. Nous reviendrons sur cette notion à la fin du chapitre.

Concepts-clés

1. Chez tous les organismes, les cellules libèrent l'énergie emmagasinée dans le glucose et d'autres composés organiques, puis l'utilisent pour produire de l'ATP. Les voies métaboliques génératrices d'énergie diffèrent les unes des autres, mais la plupart s'amorcent avec la dégradation du glucose en pyruvate.

2. La glycolyse, soit la première des réactions de dégradation, peut se dérouler en présence ou en absence d'oxygène. En d'autres mots, il s'agit du premier stade des voies génératrices d'énergie aérobies et anaérobies.

3. Dans la fermentation et la respiration anaérobie, qui constituent d'autres voies métaboliques, l'accepteur final d'électrons n'est pas l'oxygène. Ces voies se déroulent uniquement dans le cytoplasme et, pour chaque molécule de glucose métabolisée, leur rendement énergétique ne représente qu'une petite quantité d'ATP.

4. La respiration aérobie, une autre voie, commence aussi dans le cytoplasme. Toutefois, elle se termine dans les mitochondries. Contrairement aux autres voies, elle libère beaucoup plus d'énergie du glucose.

5. La respiration aérobie se fait en trois étapes. Premièrement, pendant la glycolyse, du pyruvate se forme à partir du glucose. Ensuite, le pyruvate est décomposé en dioxyde de carbone, et des coenzymes capturent les électrons et les protons libérés pour les transférer aux chaînes de transport d'électrons. Enfin, les chaînes de transport d'électrons contribuent à établir des conditions qui favorisent la production d'ATP. L'oxygène libre, l'accepteur final des électrons, se combine à l'hydrogène pour produire de l'eau.

6. Au cours de l'évolution, les mécanismes de la photosynthèse et de la respiration aérobie se sont liés. Avec le temps, l'activité photosynthétique a peu à peu enrichi l'atmosphère d'oxygène, ce qui a permis l'émergence de la respiration aérobie ; en retour, les sous-produits de la respiration aérobie, soit le dioxyde de carbone et l'eau, ont servi de matériaux bruts aux organismes effectuant la photosynthèse, pour la synthèse des composés organiques.

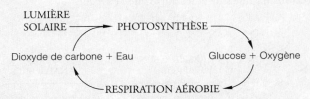

LA PRODUCTION D'ATP PAR LES CELLULES

Les organismes se maintiennent en vie en utilisant de l'énergie. Les végétaux et tous les autres organismes photosynthétiques puisent leur énergie du soleil. Les animaux obtiennent leur énergie indirectement, en se nourrissant de végétaux et en se mangeant les uns les autres. Peu importe sa source, l'énergie doit prendre une forme capable d'alimenter des milliers de réactions génératrices de vie : l'énergie des liaisons chimiques de l'adénosine triphosphate, ou l'ATP, remplit cette fonction.

Les végétaux produisent de l'ATP pendant la photosynthèse et s'en servent pour fabriquer du glucose et d'autres glucides. Ces organismes, comme tous les autres, produisent également de l'ATP en dégradant du glucose et d'autres glucides, ainsi que des lipides et des protéines. Ces réactions libèrent des électrons et des protons (H⁺), qui sont par la suite transférés aux chaînes de transport d'électrons, comme l'explique la section 6.4. L'aboutissement de ces réactions est capital pour les voies génératrices d'énergie.

La comparaison des principales voies génératrices d'énergie

Les voies génératrices d'énergie sont apparues bien avant l'émergence de l'atmosphère riche en oxygène, il y a un milliard d'années, alors que les conditions terrestres étaient très différentes. On croit qu'à cette époque les voies métaboliques devaient être anaérobies, c'est-à-dire qu'elles n'utilisaient pas d'oxygène. De nos jours, de nombreux procaryotes et protistes vivent toujours dans des habitats dépourvus d'oxygène ou ne recevant de l'oxygène que par intermittence. Pour fabriquer l'ATP, ils font appel aux voies anaérobies (la fermentation ou la respiration anaérobie). D'ailleurs, certaines cellules humaines utilisent des voies anaérobies pendant de courtes périodes, quand l'oxygène est insuffisant. Toutefois, la **respiration aérobie**, dépendante de l'oxygène, est la voie productrice d'ATP la plus répandue. À chaque inspiration, nos cellules respirent grâce à l'oxygène qu'elles reçoivent.

Il est surtout important de retenir que les principales voies génératrices d'énergie s'amorcent toutes dans le cytoplasme et que les réactions sont toujours les mêmes. Au cours du premier stade, la **glycolyse**, les enzymes scindent une molécule de glucose pour former deux molécules de **pyruvate**, un composé organique constitué d'un squelette de trois atomes de carbone. Une fois la glycolyse terminée, les voies génératrices d'énergie diffèrent. Cependant, seule la voie aérobie se poursuit dans les mitochondries (voir la figure 8.2) ; c'est là que l'oxygène devient l'accepteur final des électrons libérés au cours des différentes réactions. Les voies anaérobies, pour leur part, commencent et se terminent dans le cytoplasme ; leur accepteur final d'électrons est une substance autre que l'oxygène.

a

se fera par déshydrogénations et de carboxylations du glucose/glucatalation (annotation manuscrite)

Figure 8.2
La localisation des voies anaérobies et aérobies de production d'ATP.

RESPIRATION AÉROBIE	VOIES ANAÉROBIES
Amorcée dans le cytoplasme (glycolyse)	Amorcées dans le cytoplasme (glycolyse)
Se termine dans la mitochondrie	Se terminent dans le cytoplasme

Lorsqu'on étudie les voies génératrices d'énergie, il est bon de se souvenir que les étapes successives des réactions ne se déroulent pas d'elles-mêmes. En fait, des enzymes catalysent chacune d'entre elles, puis les produits intermédiaires formés au cours d'une réaction servent de substrat à l'enzyme de la réaction suivante.

Une vue d'ensemble de la respiration aérobie

De toutes les voies génératrices d'énergie, c'est la respiration aérobie qui extrait le plus d'ATP de chaque molécule de glucose. Alors que les voies anaérobies ont un rendement net de deux ATP pour chaque molécule de glucose métabolisée, la respiration aérobie produit généralement 36 ATP. Évidemment, les organismes comme les bactéries ne requièrent pas beaucoup d'ATP. En revanche, l'être humain, qui est plus gros, plus complexe et très actif, dépend du rendement élevé de la voie aérobie. Quand une molécule de glucose constitue le réactif de départ de la respiration aérobie, celle-ci peut se résumer à l'équation suivante :

$$C_6H_{12}O_6 \ + \ 6O_2 \ \longrightarrow \ 6CO_2 \ + \ 6H_2O$$

GLUCOSE　　OXYGÈNE　　　DIOXYDE　　EAU
　　　　　　　　　　　　DE CARBONE

Cette équation globale n'indique que les réactifs de départ et les produits finals. Or, entre le début et la fin de la voie aérobie, il existe trois stades, qui englobent beaucoup de réactions.

La figure 8.3 résume l'ensemble des réactions qui entrent en jeu lors de la respiration aérobie. Rappelons que la glycolyse en constitue

Production d'énergie sous forme d'ATP à partir du glucose et dioxygène (annotation manuscrite)

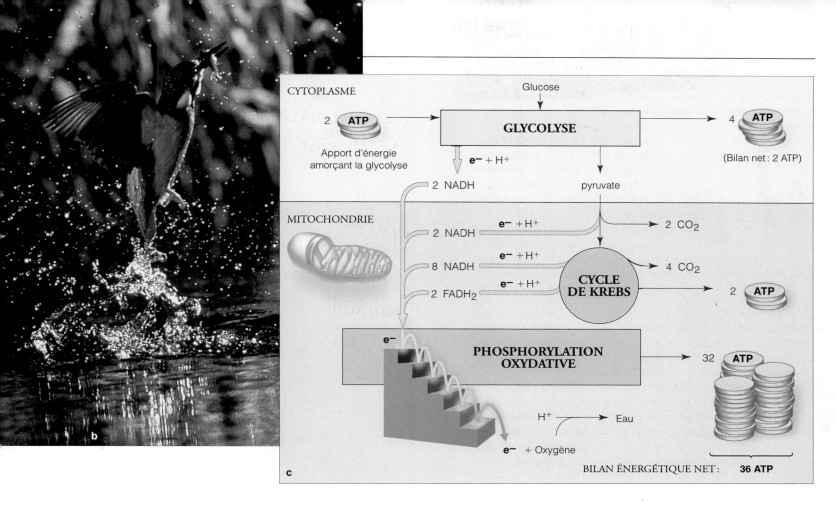

CYTOPLASME

Glucose

2 **ATP**

Apport d'énergie
amorçant la glycolyse

GLYCOLYSE

4 **ATP**

(Bilan net : 2 ATP)

e⁻ + H⁺

2 NADH

pyruvate

MITOCHONDRIE

e⁻ + H⁺

2 NADH → 2 CO_2

e⁻ + H⁺

8 NADH → 4 CO_2

e⁻ + H⁺

2 $FADH_2$

CYCLE DE KREBS

2 **ATP**

e⁻

PHOSPHORYLATION OXYDATIVE

32 **ATP**

H^+ → Eau

e⁻ + Oxygène

BILAN ÉNERGÉTIQUE NET : **36 ATP**

Figure 8.3 Une vue d'ensemble des trois stades de la respiration aérobie. Du début à la fin, à partir d'une molécule de glucose, le bilan énergétique net est de 36 ATP. **a)** et **b)** Seule cette voie fournit assez d'ATP pour le développement et la survie des organismes pluricellulaires de bonne taille.

c) Au cours du premier stade de la respiration aérobie (la glycolyse), des enzymes dégradent partiellement le glucose en pyruvate. Pendant le deuxième stade, principalement le cycle de Krebs, les enzymes décomposent le pyruvate en dioxyde de carbone. Les coenzymes NAD⁺ et FAD acceptent chacune deux électrons et deux protons arrachés des produits intermédiaires formés pendant les deux premiers stades. Durant le troisième stade, soit la phosphorylation oxydative, les coenzymes réduites (NADH et $FADH_2$) cèdent les électrons et les protons à des chaînes de transport d'électrons. L'énergie libérée par le flux d'électrons acheminés dans les chaînes déclenche la production d'ATP. À la fin du troisième stade, l'oxygène constitue l'accepteur final d'électrons.

le premier stade. Le deuxième stade représente principalement une voie cyclique, appelée **cycle de Krebs**, au cours de laquelle des enzymes dégradent le pyruvate en dioxyde de carbone et en eau, en même temps que des électrons et des protons sont captés par des coenzymes. C'est le troisième stade, appelé *phosphorylation oxydative*, qui produit la plus grande quantité d'ATP.

Le **NAD⁺** (nicotinamide adénine dinucléotide) et la **FAD** (flavine adénine dinucléotide) participent à la glycolyse et au cycle de Krebs. Ces coenzymes assistent les enzymes en transportant les électrons et les protons libérés au cours des réactions.

Quelques ATP sont produites pendant la glycolyse et le cycle de Krebs. Toutefois, la plus grande production d'ATP a lieu au cours du troisième stade, après que les coenzymes ont transféré les électrons et les protons aux chaînes de transporteurs d'électrons. Ces chaînes constituent la machinerie métabolique de la **phosphorylation oxydative**, soit une série de réactions d'oxydoréduction au cours desquelles les électrons perdent graduellement de l'énergie avant d'aller se lier à l'oxygène. Elles établissent, de part et d'autre de la membrane mitochondriale interne (voir la figure 8.5), un gradient de concentration de protons et un gradient électrochimique qui, ensemble, alimentent la production d'ATP grâce à des complexes d'ATP synthétases membranaires. C'est alors qu'un grand nombre de molécules d'ATP est

fabriqué. À la fin des réactions, l'oxygène situé à l'intérieur des mitochondries accepte deux électrons libérés par le dernier élément de la chaîne de transport d'électrons. Deux protons s'attachent ensuite à l'oxygène pour former une molécule d'eau.

Presque toutes les réactions métaboliques sont alimentées par de l'énergie libérée du glucose et d'autres composés organiques, puis convertie en énergie de liaison de l'ATP. Les principales voies génératrices d'énergie s'amorcent dans le cytoplasme avec la glycolyse, qui comprend de nombreuses réactions décomposant le glucose en pyruvate.

Les voies anaérobies les plus répandues, notamment la fermentation, s'effectuent uniquement dans le cytoplasme. Leur rendement énergétique est de deux ATP.

La respiration aérobie, qui dépend de l'oxygène, se termine dans les mitochondries. Du début (la glycolyse) à la fin, elle produit habituellement 36 ATP.

Handwritten notes at top:

Glycolyse : 2NADH + 2ATP$_{sub}$ + 2 pyruvates (molécules à 3 atomes de C)

Cycle de Krebs : étape préalable 2CO$_2$ + 2NADH + 2 acétyl-CoA

Krebs : 4CO$_2$ + 6 NADH + 2 FADH$_2$ + 2 ATP$_{substrat}$

Phosphorylation oxydation à partir de 2FADH$_2$ + 16 NADH donne 36 ATP + 6O$_2$

LA GLYCOLYSE : LE PREMIER STADE DES VOIES GÉNÉRATRICES D'ÉNERGIE

Étudions les réactions qui transforment une molécule de glucose au cours du premier stade de la respiration aérobie, tout en nous souvenant que les mêmes réactions se déroulent également dans les voies anaérobies.

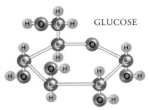

GLUCOSE

Rappelons que le glucose est un sucre simple (voir la section 3.4). Chaque molécule de glucose est constituée de 6 atomes de carbone, de 6 atomes d'oxygène et de 12 atomes d'hydrogène, tous liés par covalence. Les atomes de carbone forment le squelette de la molécule. Dans le cytoplasme, pendant la glycolyse, le glucose ou d'autres sucres simples sont partiellement dégradés en deux molécules de pyruvate, un composé à trois atomes de carbone :

$$\text{Glucose} \longrightarrow \text{Glucose–6–phosphate} \longrightarrow \text{2 pyruvates}$$

La première étape de la glycolyse requiert de l'énergie. Comme l'indique la figure 8.4, elle ne se déroule que si chacune des deux molécules d'ATP transfère son groupement phosphate au glucose. Un tel transfert d'un groupement phosphate à une molécule est appelé *phosphorylation*. Dans le cas présent, les phosphorylations augmentent le contenu énergétique dans le glucose de façon suffisante pour amorcer les réactions génératrices d'énergie de la glycolyse.

La première réaction génératrice d'énergie scinde le glucose activé en deux molécules de PGAL (phosphoglycéraldéhyde). Chaque PGAL se transforme ensuite en un produit intermédiaire instable qui cède son groupement phosphate à l'ADP (adénosine diphosphate), si bien que de l'ATP se forme. Un autre intermédiaire, le PEP (phosphoénolpyruvate), cède lui aussi un groupement phosphate à l'ADP.

Au total, quatre ATP se forment par une **phosphorylation au niveau du substrat**. Ce processus métabolique se définit comme un transfert direct d'un groupement phosphate d'une molécule à une autre molécule – dans le cas présent, à l'ADP. Cependant, il existe un déficit de deux ATP qui ont servi à démarrer les réactions ; le rendement énergétique net est donc de deux ATP.

Pendant ce temps, la coenzyme NAD^+ accepte deux électrons et deux protons libérés de chacune des molécules de PGAL, pour produire du $NADH + H^+$. (En recevant deux électrons, le NAD^+ acquiert une charge négative ; un proton s'y lie et donne du NADH, tandis que l'autre proton demeure en solution. Pour abréger, le terme NADH est aussi employé pour désigner le $NADH + H^+$.) Au cours d'une étape du deuxième stade, le NADH cède son chargement à un autre site de réaction et redevient du NAD^+. C'est ainsi que, comme les autres coenzymes, le NAD^+ est régénéré.

En résumé, lors de la glycolyse, l'énergie chimique emmagasinée dans le glucose est convertie en ATP, qui se veut une forme d'énergie rapidement utilisable. Le NAD^+ arrache au glucose deux électrons et deux protons, qui jouent un rôle dans le prochain stade des réactions, tout comme les produits finals de la glycolyse, soit les deux molécules de pyruvate.

La glycolyse constitue le stade au cours duquel le glucose et d'autres sucres simples sont partiellement dégradés en deux molécules de pyruvate pour libérer de l'énergie.

À la fin de la glycolyse, deux NADH et quatre ATP sont produits. Toutefois, deux ATP ont été requises pour amorcer les réactions ; le bilan énergétique net de la glycolyse est donc de deux ATP par molécule de glucose métabolisée.

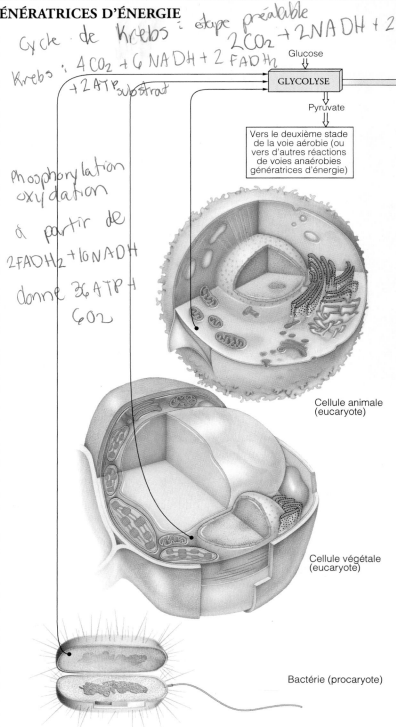

Glucose

GLYCOLYSE

Pyruvate

Vers le deuxième stade de la voie aérobie (ou vers d'autres réactions de voies anaérobies génératrices d'énergie)

Cellule animale (eucaryote)

Cellule végétale (eucaryote)

Bactérie (procaryote)

Figure 8.4 La glycolyse, le premier stade des principales voies génératrices d'énergie. La glycolyse a lieu dans le cytoplasme de toutes les cellules procaryotes et eucaryotes. Dans cet exemple, le glucose est le réactif de départ. À la fin, deux pyruvates, deux NADH et quatre ATP sont formés. Étant donné que les cellules dépensent deux ATP pour amorcer la glycolyse, le rendement énergétique net est de deux ATP. La figure A de l'annexe V fournit de plus amples détails.

Selon le type de cellule et les conditions du milieu, le pyruvate peut amorcer le deuxième stade de la voie aérobie ou il peut être utilisé dans d'autres réactions, comme celles de la fermentation.

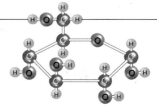

Handwritten notes at top:
1 NADH = 3 ATP
1 FADH₂ = 2 ATP

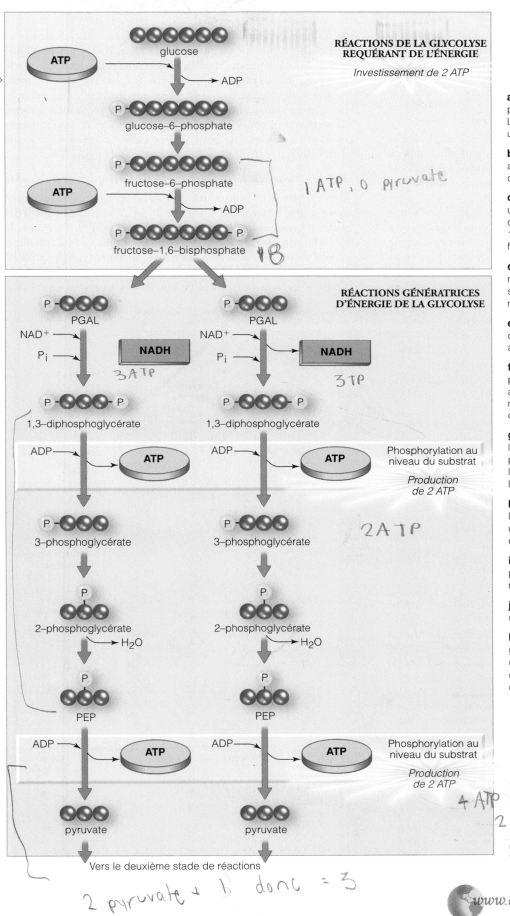

RÉACTIONS DE LA GLYCOLYSE REQUÉRANT DE L'ÉNERGIE

Investissement de 2 ATP

ATP → ADP

glucose

P — glucose–6–phosphate

P — fructose–6–phosphate

ATP → ADP

P — fructose–1,6–bisphosphate — P

Handwritten: 1 ATP, 0 pyruvate
Handwritten: 18

RÉACTIONS GÉNÉRATRICES D'ÉNERGIE DE LA GLYCOLYSE

P — PGAL   P — PGAL

NAD⁺ →   NAD⁺ →
Pᵢ → **NADH**   Pᵢ → **NADH**

Handwritten: 3 ATP   *Handwritten: 3 TP*

P — 1,3–diphosphoglycérate — P   P — 1,3–diphosphoglycérate — P

ADP → ATP   ADP → ATP   Phosphorylation au niveau du substrat

Production de 2 ATP

P — 3–phosphoglycérate   P — 3–phosphoglycérate   *Handwritten: 2 ATP*

P — 2–phosphoglycérate   P — 2–phosphoglycérate
→ H₂O   → H₂O

P — PEP   P — PEP

ADP → ATP   ADP → ATP   Phosphorylation au niveau du substrat

Production de 2 ATP

pyruvate   pyruvate

Vers le deuxième stade de réactions

Handwritten at bottom: 2 pyruvate + 1 donc = 3

Handwritten at right: 4 ATP mais comme 2 on été investie glycolyse 2 ATP

---

a Ce schéma illustre les transformations subies par une molécule de glucose (illustrée ci-dessus). La première étape de la glycolyse nécessite un investissement d'énergie de deux ATP.

b Une ATP cède son groupement phosphate au glucose; en conséquence, certains atomes du glucose doivent subir un réarrangement.

c Le transfert d'un groupement phosphate par une deuxième ATP provoque des réarrangements qui aboutissent à la formation du fructose-1,6–diphosphate. Ce produit intermédiaire peut facilement être scindé en deux.

d Une enzyme scinde aussitôt ce produit intermédiaire en deux molécules ayant chacune un squelette de trois atomes de carbone. Ces deux molécules sont du PGAL.

e Deux NADH se forment à mesure que chacun des PGAL cède deux électrons et deux protons au NAD⁺.

f Chaque PGAL accepte un groupement phosphate inorganique (Pᵢ) pour donner une molécule avec deux groupements phosphates. Un groupement phosphate de cette molécule est ensuite cédé à l'ADP.

g Par conséquent, deux ATP se forment par le transfert direct d'un groupement phosphate provenant des deux produits intermédiaires de la réaction. Le déficit de deux ATP, causé par l'investissement de départ, est maintenant comblé.

h Au cours des deux réactions suivantes, les deux produits intermédiaires libèrent chacun un atome d'hydrogène et un groupement –OH, qui se combinent pour former de l'eau.

i Il en résulte deux molécules de 3–phosphoénolpyruvate (PEP), dont chacune donne un groupement phosphate à l'ADP.

j Une fois encore, deux ATP sont produites par une phosphorylation au niveau du substrat.

k Au total, le rendement énergétique net de la glycolyse est de deux ATP pour chaque molécule de glucose qui entre en réaction. Deux molécules de pyruvate, le produit final, peuvent alors participer à une autre voie génératrice d'énergie.

LE DEUXIÈME STADE DE LA RESPIRATION AÉROBIE

Les deux pyruvates formés pendant la glycolyse quittent le cytoplasme et pénètrent dans une **mitochondrie**. C'est dans cet organite que le deuxième et le troisième stades de la respiration aérobie ont lieu. La figure 8.5 illustre la structure de la mitochondrie et la localisation des réactions.

Le cycle de Krebs et ses étapes préliminaires

C'est au cours du deuxième stade que le glucose est complètement dégradé en dioxyde de carbone et en eau, tout en produisant deux ATP. Cependant, la réaction la plus impressionnante du deuxième stade se veut le transfert, à des coenzymes, de paires d'électrons et de protons provenant de produits intermédiaires.

Au cours des quelques réactions préalables au cycle de Krebs, une enzyme arrache un atome de carbone et deux atomes d'oxygène à chaque pyruvate, libérant ainsi une première molécule de dioxyde de carbone. Le fragment restant à deux atomes de carbone se combine à la coenzyme A pour former l'**acétyl–CoA**. Une enzyme lie ensuite ce fragment à l'**oxaloacétate**, une molécule à quatre atomes de carbone, laquelle constitue le réactif de départ du cycle de Krebs. (Ce cycle fut nommé en l'honneur de Hans Krebs, le scientifique qui en élucida bon nombre d'éléments dans les années 1930. Cette voie métabolique est aussi appelée *cycle de l'acide citrique*.) Au total, six atomes de carbone, dont deux provenant de chacune des molécules de pyruvate, amorcent le deuxième stade de la respiration aérobie. Cependant, au cours des étapes préliminaires et du cycle proprement dit, six atomes de carbone sont aussi éliminés sous la forme de six molécules de dioxyde de carbone (voir la figure 8.6).

Les fonctions du deuxième stade de la respiration aérobie

On peut considérer le deuxième stade de la respiration aérobie comme ayant trois fonctions. Premièrement, le NAD^+ et la FAD captent des paires d'électrons et de protons et deviennent du NADH et de la $FADH_2$, puis il y a formation de trois molécules de CO_2. La première est libérée au cours de la formation du groupement acétyle qui se lie à la coenzyme A, et les deux autres durant chaque tour du cycle de Krebs. Deuxièmement, les phosphorylations au niveau du substrat

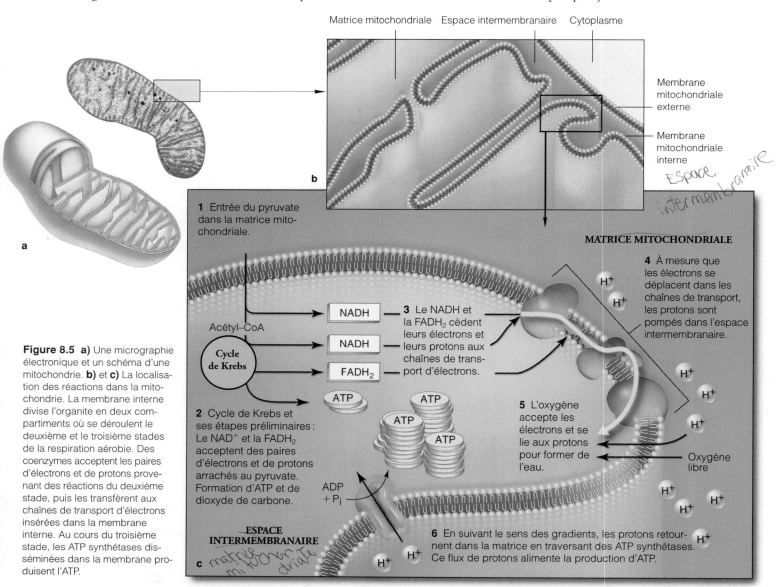

Matrice mitochondriale   Espace intermembranaire   Cytoplasme

Membrane mitochondriale externe

Membrane mitochondriale interne

b

a

1 Entrée du pyruvate dans la matrice mitochondriale.

MATRICE MITOCHONDRIALE

Acétyl–CoA

NADH

3 Le NADH et la $FADH_2$ cèdent leurs électrons et leurs protons aux chaînes de transport d'électrons.

NADH

Cycle de Krebs

FADH₂

ATP

4 À mesure que les électrons se déplacent dans les chaînes de transport, les protons sont pompés dans l'espace intermembranaire.

ATP

ATP

ATP

5 L'oxygène accepte les électrons et se lie aux protons pour former de l'eau.

ATP

2 Cycle de Krebs et ses étapes préliminaires : Le NAD^+ et la $FADH_2$ acceptent des paires d'électrons et de protons arrachés au pyruvate. Formation d'ATP et de dioxyde de carbone.

ADP + P$_i$

Oxygène libre

ESPACE INTERMEMBRANAIRE

c

6 En suivant le sens des gradients, les protons retournent dans la matrice en traversant des ATP synthétases. Ce flux de protons alimente la production d'ATP.

Figure 8.5 a) Une micrographie électronique et un schéma d'une mitochondrie. **b)** et **c)** La localisation des réactions dans la mitochondrie. La membrane interne divise l'organite en deux compartiments où se déroulent le deuxième et le troisième stades de la respiration aérobie. Des coenzymes acceptent les paires d'électrons et de protons provenant des réactions du deuxième stade, puis les transfèrent aux chaînes de transport d'électrons insérées dans la membrane interne. Au cours du troisième stade, les ATP synthétases disséminées dans la membrane produisent l'ATP.

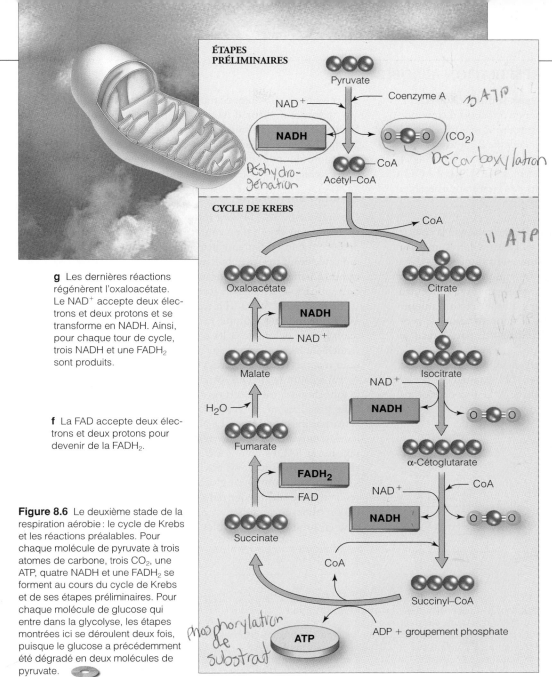

ÉTAPES PRÉLIMINAIRES

Pyruvate

NAD⁺ — Coenzyme A

NADH

O≡C≡O (CO₂)

CoA — Acétyl–CoA

Déshydrogénation

Décarboxylation

CYCLE DE KREBS

CoA

Oxaloacétate

Citrate

NADH

NAD⁺

Malate

Isocitrate

H₂O →

NAD⁺

NADH

O≡C≡O

Fumarate

α-Cétoglutarate

FADH₂

FAD

NAD⁺ — CoA

NADH

O≡C≡O

Succinate

Succinyl–CoA

CoA

Phosphorylation de substrat

ATP

ADP + groupement phosphate

g Les dernières réactions régénèrent l'oxaloacétate. Le NAD⁺ accepte deux électrons et deux protons et se transforme en NADH. Ainsi, pour chaque tour de cycle, trois NADH et une FADH₂ sont produits.

f La FAD accepte deux électrons et deux protons pour devenir de la FADH₂.

Figure 8.6 Le deuxième stade de la respiration aérobie : le cycle de Krebs et les réactions préalables. Pour chaque molécule de pyruvate à trois atomes de carbone, trois CO₂, une ATP, quatre NADH et une FADH₂ se forment au cours du cycle de Krebs et de ses étapes préliminaires. Pour chaque molécule de glucose qui entre dans la glycolyse, les étapes montrées ici se déroulent deux fois, puisque le glucose a précédemment été dégradé en deux molécules de pyruvate.

a Le pyruvate résultant de la glycolyse entre dans la mitochondrie. Un atome de carbone et deux atomes d'oxygène sont libérés sous la forme de CO₂. La coenzyme A se lie au fragment de deux atomes de carbone pour former l'acétyl-CoA. Du NADH se forme quand le NAD⁺ accepte une paire d'électrons et de protons. Bilan : un NADH est produit au cours des étapes préalables au cycle de Krebs.

b L'oxaloacétate, une molécule à quatre atomes de carbone, constitue le point de départ du cycle de Krebs. L'acétyl–CoA lui transfère deux atomes de carbone, ce qui donne du citrate, un composé à six atomes de carbone. Le citrate subit ensuite un réarrangement qui le transforme en un autre produit intermédiaire.

c Un autre CO₂ est libéré. Du NADH est produit quand le NAD⁺ accepte une paire d'électrons et de protons.

d Un autre CO₂ est libéré, un autre NADH est produit et une coenzyme A se lie au produit intermédiaire. À ce stade, pour chaque tour du cycle de Krebs, deux atomes de carbone sont libérés. Cette perte compense le gain de deux atomes de carbone engendré par l'entrée de l'acétyl–CoA dans le cycle de Krebs. Le troisième atome de carbone du pyruvate a été perdu lors de la transformation du pyruvate en groupement acétyle.

e Un groupement phosphate remplace la coenzyme A et se lie à l'ADP pour produire de l'ATP. Donc, pour chaque tour de cycle, une ATP se forme par phosphorylation au niveau du substrat.

contribuent à former deux ATP. Troisièmement, les produits intermédiaires du cycle de Krebs subissent un réarrangement qui les transforme en oxaloacétate. Cette étape est importante, car les cellules disposent de peu d'oxaloacétate ; cette molécule doit donc être régénérée pour assurer le déroulement continu du cycle de Krebs.

Les deux ATP produites au cours du cycle de Krebs contribuent peu au rendement déjà faible de la glycolyse. Toutefois, les réactions ont chargé 10 coenzymes de paires d'électrons et de protons. Ces coenzymes céderont leurs électrons et leurs protons au cours du troisième stade de la respiration aérobie :

Glycolyse	2 NADH
Transformation du pyruvate préalable au cycle de Krebs	2 NADH
Cycle de Krebs	2 FADH₂ + 6 NADH
Coenzymes contribuant au troisième stade	2 FADH₂ + 10 NADH

Au cours du deuxième stade de la respiration aérobie, deux molécules de pyruvate dérivées de la glycolyse pénètrent dans une mitochondrie.

Tous les atomes de carbone du pyruvate (provenant à l'origine du glucose) sont libérés sous la forme de dioxyde de carbone. Deux ATP se forment. L'oxaloacétate, qui constitue le point de départ des réactions du cycle du deuxième stade, est régénéré.

Les paires d'électrons et de protons libérées au cours de la dégradation du pyruvate réduisent 10 coenzymes. Ces dernières, de même que les deux autres coenzymes produites durant la glycolyse, cèdent leurs électrons et leurs protons aux molécules impliquées dans le dernier stade de la respiration aérobie.

LE TROISIÈME STADE DE LA RESPIRATION AÉROBIE

Au cours du troisième stade de la voie aérobie, la production d'ATP s'intensifie. Ce stade fait appel aux chaînes de transport d'électrons et aux ATP synthétases, deux acteurs métaboliques situés dans la membrane mitochondriale interne (voir la figure 8.7). Ces chaînes et ces enzymes entrent en réaction avec les paires d'électrons et de protons qui sont cédées par les coenzymes NADH et FADH$_2$ produites au cours des deux premiers stades de la respiration aérobie.

La phosphorylation oxydative

Les coenzymes NADH et FADH$_2$ cèdent leurs électrons à la chaîne de transport des électrons, et les protons sont libérés dans la matrice mitochondriale. À mesure que les électrons sont transportés dans les chaînes, ils perdent graduellement de l'énergie. Ceci permet aux protons d'être pompés dans l'espace intermembranaire, à l'encontre de leur gradient de concentration et de leur gradient électrochimique. Grâce à ce flux de protons, un gradient de concentration de protons et un gradient électrochimique s'établissent de part et d'autre de la membrane.

Pour circuler dans le sens de leur gradient et retourner dans la matrice mitochondriale, les protons doivent obligatoirement passer à travers une ATP synthétase (voir la figure 8.7). Le flux de protons qui traverse ces protéines de transport alimente la production d'ATP, qui se forme à partir d'ADP et de phosphate inorganique (P$_i$). L'oxygène libre contribue à désencombrer les chaînes de transport, puisqu'il accepte les électrons à la dernière étape des chaînes et se lie à deux protons pour produire de l'eau, un sous-produit de la respiration aérobie.

Le bilan énergétique

Généralement, 32 ATP sont formées durant le troisième stade de la respiration aérobie. Si l'on compte les ATP produites dans les stades précédents, le rendement net est donc de 36 ATP pour chaque molécule de glucose métabolisée (voir la figure 8.8), ce qui est appréciable. En effet, pour obtenir un tel rendement, les voies anaérobies doivent parfois métaboliser jusqu'à 18 molécules de glucose.

Le rendement de 36 ATP représente une quantité moyenne donnée à titre indicatif, puisque la quantité réelle d'énergie libérée varie selon le type de cellule et les conditions du milieu. Par exemple, le rendement est plus faible quand un produit intermédiaire est employé pour d'autres réactions ailleurs dans la cellule.

Par ailleurs, le NADH issu de la glycolyse ne peut pas entrer dans la mitochondrie; il ne sert qu'à fournir des électrons et des protons à des protéines membranaires qui se chargent de les transférer dans la matrice mitochondriale. Le NAD$^+$ ou la FAD les captent et cèdent les électrons aux chaînes de transport. Il est cependant à noter que, puisque la FADH$_2$ livre ses électrons à une étape éloignée dans la chaîne, elle produit moins d'ATP.

Enfin, rappelons que le glucose contient davantage d'énergie dans ses liaisons covalentes que dans l'ensemble de ses produits de dégradation (dioxyde de carbone, eau). La dégradation de 1 mole de glucose en produits finals stables libère environ 2870 kJ (686 kcal).

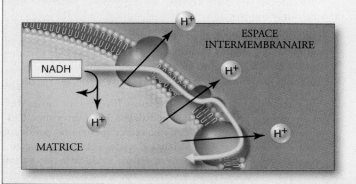

Figure 8.7 La phosphorylation oxydative, le troisième et dernier stade de la respiration aérobie. Les réactions mettent en jeu des chaînes de transport d'électrons et des ATP synthétases, soit des protéines de transport enchâssées dans la membrane mitochondriale interne. Chaque chaîne de transport d'électrons comprend des enzymes, des cytochromes et d'autres protéines particulières. La membrane interne divise la mitochondrie en deux compartiments.

Le NADH et la FADH$_2$ cèdent leurs électrons et leurs protons aux chaînes de transport d'électrons. À mesure que les électrons sont acheminés dans les chaînes, les protons sont transportés dans l'espace intermembranaire.

La concentration de protons augmente dans l'espace intermembranaire jusqu'à l'établissement d'un gradient de concentration et d'un gradient électrochimique de part et d'autre de la membrane interne. Les protons diffusent ensuite dans le sens des gradients en traversant les ATP synthétases. L'énergie libérée par le flux de protons alimente la production d'ATP à partir d'ADP et de phosphate inorganique (P$_i$). Cette phosphorylation est dite *oxydative*, puisqu'elle fait intervenir des réactions d'oxydoréduction.

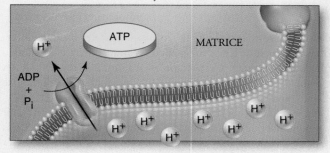

Ces réactions sont semblables à celles qui produisent l'ATP dans les chloroplastes. Lors de la chimiosmose, le gradient de protons et le gradient électrochimique établis de part et d'autre de la membrane alimentent la fabrication d'ATP, mais le flux de protons va dans le sens opposé à celui qui se déroule dans les chloroplastes.

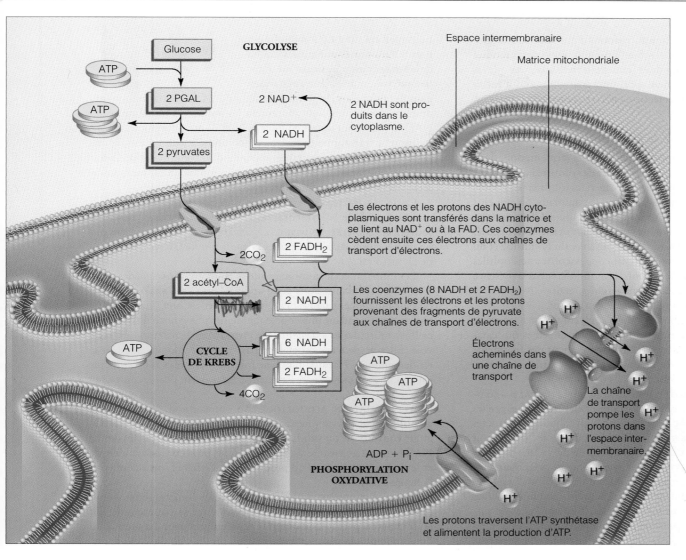

a Au cours de la glycolyse, 2 ATP sont utilisées et 4 ATP sont produites par phosphorylation au niveau du substrat. Le rendement net est donc de 2 ATP.

b Dans le cycle de Krebs, soit au deuxième stade, 2 ATP se forment par phosphorylation au niveau du substrat.

c Au cours du troisième stade, le NADH issu de la glycolyse produit 4 ATP par phosphorylation oxydative.

d Au cours du troisième stade, le NADH et la FADH$_2$ dérivés du deuxième stade contribuent à la production de 28 ATP par phosphorylation oxydative.

RENDEMENT ÉNERGÉTIQUE NET TYPIQUE : **36 ATP**

Figure 8.8 Un résumé du rendement énergétique net de la respiration aérobie. Un rendement de 36 ATP par molécule de glucose est courant. Toutefois, ce rendement varie, notamment si la concentration des réactifs, des produits intermédiaires ou des produits finals fluctue. Le mode de transport à travers la membrane dépend du type de cellule, ce qui peut aussi avoir des effets sur le rendement.

Les cellules n'utilisent pas toutes de la même façon le NADH dérivé de la glycolyse. Puisque cette molécule ne peut pas pénétrer dans la mitochondrie, elle cède ses électrons et ses protons à des navettes qui se chargent de les transporter dans la matrice mitochondriale. Le NAD$^+$ et la FAD qui y sont présents captent ces électrons et ces protons et deviennent du NADH et de la FADH$_2$.

Tout NADH produit dans la mitochondrie cède ses électrons au début de la chaîne de transport d'électrons. À mesure que les électrons sont acheminés dans la chaîne, les protons sont pompés dans l'espace intermembranaire pour ensuite revenir dans la matrice par les ATP synthétases et produire ultérieurement trois ATP. La FADH$_2$ apporte ses électrons à un niveau éloigné de la chaîne : moins de protons sont alors pompés, et deux ATP seulement sont produites.

Dans les cellules hépatiques, cardiaques et rénales, par exemple, les électrons et les protons de la glycolyse sont captés au tout début de la chaîne de transport, de sorte que le rendement énergétique est de 38 ATP. Or, généralement, dans les autres cellules de l'organisme, les électrons et les protons issus de la glycolyse sont transférés à la FAD, ce qui donne un rendement de 36 ATP.

(Voir le numéro 7 de la rubrique *Questions à développement*, à la section 2.7 ; on y trouve une définition simple de la masse molaire.) Une grande quantité de l'énergie libérée se dissipe en chaleur, mais environ 39 % est emmagasinée sous forme d'ATP.

Dans le dernier stade de la respiration aérobie, plusieurs coenzymes fournissent des électrons aux chaînes de transport d'électrons situées dans la membrane mitochondriale interne.

Les coenzymes cèdent des électrons et des protons aux chaînes de transport d'électrons. L'énergie libérée par les électrons, au cours de leur transport dans ces chaînes, permet d'envoyer des protons dans l'espace intermembranaire. La concentration de protons et le gradient électrochimique qui en résultent alimentent la production d'ATP lorsque les protons traversent à nouveau la membrane par des ATP synthétases. L'oxygène constitue l'accepteur final d'électrons.

Du début à la fin – c'est-à-dire de la glycolyse, qui a lieu dans le cytoplasme, jusqu'aux réactions survenant dans la mitochondrie –, la voie aérobie donne habituellement un rendement net de 36 ATP pour chaque molécule de glucose métabolisée.

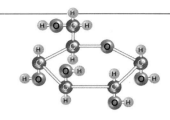

LES VOIES ANAÉROBIES GÉNÉRATRICES D'ATP

Jusqu'ici, nous avons suivi les transformations d'une molécule de glucose au cours de la respiration aérobie. À présent, nous allons étudier le glucose en tant que substrat de la fermentation. Rappelons que les voies métaboliques de la fermentation sont anaérobies ; en d'autres termes, l'accepteur final des électrons n'est pas l'oxygène, mais un composé organique.

Les voies métaboliques de la fermentation

Différents organismes font appel aux voies de la fermentation, dont bon nombre sont des cellules procaryotes et des protistes vivant dans des milieux anaérobies, comme les marécages, les tourbières, la boue, les sédiments des mers profondes, l'intestin des animaux, les aliments en conserve ou les étangs de traitement des eaux usées. Certains organismes fermentatifs, dits *anaérobies stricts*, meurent s'ils sont exposés à l'oxygène ; c'est le cas des bactéries responsables du botulisme et du tétanos, par exemple. D'autres, comme les bactéries acidophiles employées par les fabricants de yogourt, sont indifférents à la présence d'oxygène. Enfin, d'autres encore sont aérobies, mais peuvent activer les voies fermentatives si l'oxygène est rare ou absent.

Comme pour la respiration aérobie, la glycolyse est le premier stade des voies fermentatives. Elle nécessite des enzymes qui catalysent la dégradation du glucose et le réarrangement des fragments en deux molécules de pyruvate. Deux NADH sont formés, et le rendement énergétique est de deux ATP.

Cependant, les réactions de la fermentation ne dégradent pas complètement le glucose en dioxyde de carbone et en eau. En outre, elles ne produisent plus d'ATP après le stade de la glycolyse. Les dernières étapes de la fermentation servent surtout à régénérer le NAD$^+$, soit la coenzyme qui intervient dans les réactions de dégradation.

La fermentation fournit cependant assez d'énergie pour maintenir en vie beaucoup d'organismes anaérobies unicellulaires. Les voies de la fermentation contribuent même à soutenir certaines cellules aérobies quand les conditions sont difficiles. Toutefois, elles ne suffisent pas à alimenter les organismes pluricellulaires volumineux ; c'est d'ailleurs la raison pour laquelle les éléphants anaérobies n'existent pas !

LA FERMENTATION LACTIQUE La figure 8.9 expose les principales étapes de la **fermentation lactique**. Au cours de cette voie anaérobie, les pyruvates issus de la glycolyse, le premier stade de cette voie métabolique, acceptent les protons et les électrons du NADH, régénérant du même coup du NAD$^+$. Simultanément, chaque pyruvate se transforme en lactate, un composé à trois atomes de carbone. Dans la langue courante, on entend souvent parler de l'acide lactique, qui constitue la forme non ionisée du lactate ; la forme ionisée, le lactate, est beaucoup plus répandue dans les cellules.

Certaines bactéries, les *Lactobacillus* notamment, dépendent exclusivement de la fermentation lactique ; leur activité détériore souvent les aliments. Pourtant, certains organismes fermentatifs ont un intérêt commercial, notamment dans la production de fromage ou de choucroute.

Les humains et de nombreux autres animaux, ainsi que des organismes unicellulaires, font aussi appel à cette voie anaérobie pour obtenir rapidement de l'ATP. Quand l'effort est bref, mais intense, par exemple pendant une course rapide sur une courte distance, les cellules musculaires extraient leur énergie par l'entremise de cette voie. Elles ne peuvent cependant pas la solliciter longtemps, car le rendement en ATP est faible. Une fois que leurs réserves de glucose sont épuisées, les muscles se fatiguent et ne peuvent plus se contracter.

LA FERMENTATION ALCOOLIQUE Au cours de la **fermentation alcoolique**, une autre voie anaérobie, chaque pyruvate perd un CO_2 et est converti en un produit intermédiaire, soit l'acétaldéhyde. Le NADH transfère ensuite ses électrons et ses protons à l'acétaldéhyde et le transforme ainsi en un produit final, l'éthanol, un alcool (voir la figure 8.10).

Certains eumycètes unicellulaires, soit les levures, sont connus pour emprunter cette voie. *Saccharomyces cerevisiæ*, par exemple, fait lever la pâte à pain : les boulangers la mélangent avec du sucre, puis l'incorporent à la pâte. La fermentation produit du dioxyde de carbone, et ce sont les bulles de ce gaz qui font lever le pain. La chaleur du four fait évaporer l'éthanol, en même temps qu'elle chasse le dioxyde de carbone, d'où les trous dans la mie.

Les brasseurs de bière et les viticulteurs emploient aussi les levures à grande échelle. Les producteurs de vin utilisent tant des levures sauvages que des souches cultivées de *Saccharomyces ellipsoideus*. Ces deux types de levures sont actifs aussi longtemps que la concentration d'alcool dans les cuves ne dépasse pas 14 %. (Les levures sauvages meurent quand la concentration dépasse 4 %.) La fermentation alcoolique se déroule naturellement dans certains fruits mûrs, encore attachés au plant, ce qui explique que certains oiseaux s'enivrent en mangeant de petits fruits fermentés. On comprend dès lors pourquoi les architectes paysagers ne plantent jamais d'arbustes producteurs de baies près des autoroutes : les oiseaux ivres pourraient s'écraser sur les pare-brise et causer des accidents (voir la figure 8.11). De la même manière, les dindons sauvages peuvent devenir ivres en mangeant des pommes fermentées dans des vergers.

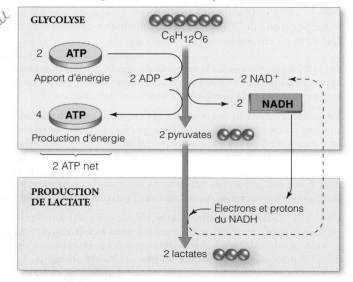

Figure 8.9 La fermentation lactique. Dans cette voie anaérobie, les électrons finissent leur parcours dans le lactate, qui en constitue le produit final.

Perte CO₂

↑ Pyruvate est transformé en acetaldehyde avant de devenir de l'éthanol

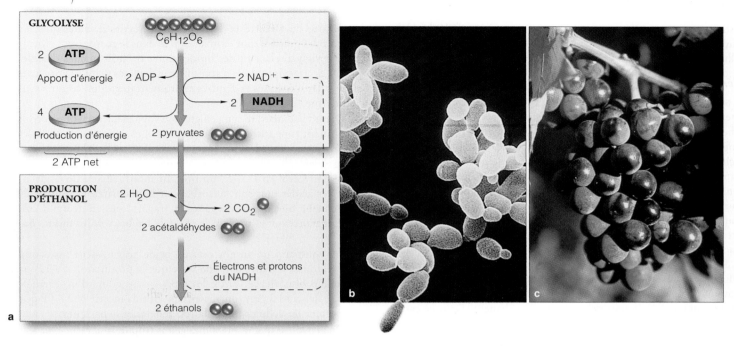

GLYCOLYSE

$C_6H_{12}O_6$

2 **ATP**

Apport d'énergie

2 ADP

2 NAD^+

2 **NADH**

4 **ATP**

Production d'énergie

2 pyruvates

2 ATP net

PRODUCTION D'ÉTHANOL

2 H_2O

2 CO_2

2 acétaldéhydes

Électrons et protons du NADH

2 éthanols

a

b

c

Figure 8.10 a) La fermentation alcoolique, l'une des voies anaérobies. L'acétaldéhyde, l'un des produits intermédiaires, constitue l'accepteur final des électrons, et l'éthanol, le produit final. Les levures, des organismes unicellulaires, font appel à cette voie. **b)** L'activité d'une espèce de *Saccharomyces* fait lever la pâte à pain. **c)** D'autres espèces de levures vivent sur les tissus riches en glucides de raisins mûrs.

La respiration anaérobie

En particulier chez les procaryotes, on observe des voies génératrices d'énergie peu courantes. Certaines d'entre elles font d'ailleurs l'objet des derniers chapitres de ce manuel. Beaucoup d'espèces jouent un rôle de premier plan dans le cycle du soufre, de l'azote et d'autres éléments cruciaux. L'activité métabolique de toutes ces espèces réunies a une incidence majeure sur la disponibilité des nutriments pour les organismes de tous les écosystèmes.

Figure 8.11 Un merle d'Amérique se délectant des baies fermentées d'un pyracanthe.

Certaines archéobactéries et eubactéries font appel à la **respiration anaérobie**. On trouve dans cette voie des chaînes de transport d'électrons et des ATP synthétases membranaires que les protons traversent pour produire de l'ATP. Cependant, les accepteurs finals d'électrons se veulent des composées inorganiques autres que l'oxygène. Par comparaison à la respiration aérobie, le rendement énergétique de la respiration anaérobie est plus faible.

Par exemple, certaines espèces anaérobies habitant des sols détrempés arrachent des électrons à une variété de composés, avant de les transférer au sulfate ; du sulfure d'hydrogène, un gaz fétide, est alors libéré. Les espèces réduisant les sulfates prospèrent aussi dans des habitats d'eau douce enrichis par des matériaux organiques en décomposition. D'autres vivent même au fond des mers, à proximité des cheminées hydrothermales. Les communautés qu'elles forment sont uniques (voir la section 49.11).

Au cours des réactions de fermentation, c'est un composé organique qui constitue l'accepteur final des électrons produits par la glycolyse. Ces réactions régénèrent aussi du NAD^+, une coenzyme nécessaire à la poursuite des processus fermentatifs.

Dans le cas de la respiration anaérobie, c'est une substance inorganique autre que l'oxygène qui sert d'accepteur final d'électrons.

La fermentation aboutit généralement à un rendement énergétique de deux ATP pour chaque molécule de glucose métabolisée. La respiration anaérobie donne un rendement net aussi faible.

LES SOURCES D'ÉNERGIE DU CORPS HUMAIN

Jusqu'ici, nous avons examiné la dégradation d'une molécule de glucose dans une voie génératrice d'énergie ; mais qu'arrive-t-il aux cellules lorsqu'il y a trop ou pas assez de glucose ?

L'énergie des glucides

LE SORT DU GLUCOSE APRÈS UN REPAS Après un repas, l'épithélium intestinal absorbe le glucose et les autres nutriments, puis le sang les achemine dans tout l'organisme. L'augmentation du taux de glucose sanguin pousse le pancréas à sécréter de l'insuline, une hormone qui incite les cellules à absorber le glucose plus rapidement. Les cellules transforment le glucose absorbé en glucose–6–phosphate et le conservent sous cette forme dans le cytoplasme. (Une fois phosphorylé, en effet, le glucose ne peut pas traverser la membrane plasmique et sortir de la cellule.) À l'examen de la figure 8.4, on constate que la première étape de la glycolyse consiste en la formation de glucose–6–phosphate.

Si la quantité de glucose ingéré excède les besoins énergétiques cellulaires, les mécanismes métaboliques producteurs d'ATP s'activent. À moins qu'une cellule épuise rapidement son ATP, la concentration cytoplasmique d'ATP peut s'élever considérablement. Dans ce cas, le glucose–6–phosphate entre dans une voie de biosynthèse qui assemble les monomères de glucose pour en faire du glycogène, un polysaccharide de réserve (voir la section 3.4). Cette voie est particulièrement active dans les cellules musculaires et hépatiques, où se trouvent les plus grandes réserves de glycogène.

LE SORT DU GLUCOSE ENTRE LES REPAS Entre les repas, le glucose n'entre pas dans la circulation sanguine et, par conséquent, sa concentration dans le sang s'abaisse. Toutefois, si cette diminution n'est pas neutralisée, le cerveau, vorace en glucose, risque de se trouver en difficulté. En effet, il consomme à lui seul plus des deux tiers du glucose libre en circulation, car ce glucide constitue la source d'énergie exclusive de ses cellules.

Le pancréas répond à cette baisse du glucose dans le sang en sécrétant du glucagon. Grâce à cette hormone, les cellules hépatiques reconvertissent le glycogène en glucose et l'envoient dans le sang. Seules les cellules du foie peuvent libérer du glucose ; les cellules musculaires, pour leur part, le conservent dans leur cytoplasme. La concentration du glucose dans le sang augmente alors, ce qui permet aux cellules du cerveau de continuer à fonctionner. Par conséquent, ce sont les hormones qui régulent l'utilisation du glucose par les cellules ou sa mise en réserve.

Il ne faudrait pourtant pas croire, à la lumière des exemples précédents, que les cellules peuvent emmagasiner de grandes quantités de glycogène. Chez l'adulte, le glycogène compte pour à peine 1 % de toutes les réserves énergétiques de l'organisme, soit l'équivalent de l'énergie procurée par environ 500 ml de pâtes cuites. À moins qu'une personne ne prenne des repas réguliers, les réserves de glycogène de son foie s'épuisent en deçà de 12 h.

Les graisses corporelles comptent pour 78 % (environ 42 kJ ou 10 000 kcal) des réserves énergétiques d'un adulte de taille moyenne qui mange correctement, alors que les protéines ne comptent que pour 21 %.

L'énergie tirée des graisses

Comment l'organisme a-t-il accès à cette énorme réserve de graisses ? Rappelons qu'une molécule de graisse est munie d'une tête constituée de glycérol et de une à trois queues d'acides gras. La plupart des graisses sont emmagasinées dans le corps sous la forme de triacylglycérols, soit des lipides dotés de trois queues d'acides gras. Les triacylglycérols s'accumulent dans les cellules adipeuses situées dans les fesses et d'autres endroits stratégiques, comme sous l'épiderme.

Quand la teneur du sang en glucose s'abaisse, les triacylglycérols deviennent une autre source d'énergie. Les enzymes des cellules adipeuses scindent les liaisons entre le glycérol et les acides gras, qui gagnent alors le sang. Les enzymes hépatiques transforment alors le glycérol en PGAL, un produit intermédiaire de la glycolyse. Les acides gras sont absorbés par la majorité des cellules de l'organisme où ils sont dégradés et transformés en acétyl–CoA, une substance qui entre dans le cycle de Krebs (voir les figures 8.6 et 8.12).

Par comparaison au glucose, un acide gras possède beaucoup plus d'atomes d'hydrogène, de sorte que la production d'ATP est beaucoup plus élevée. Entre les repas ou au cours d'un exercice intense, les acides gras fournissent environ la moitié de l'ATP que nécessitent les cellules musculaires, rénales et hépatiques.

Qu'arrive-t-il quand nous mangeons trop de glucides ? Une fois que les cellules hépatiques et musculaires ont atteint la limite de leur capacité de stockage de glycogène, le surplus de glucose se transforme en graisses. Un surplus de glucose entraîne donc un excédent de graisse. Aux États-Unis, on estime que 25 % des individus bénéficient de gènes qui leur permettent de manger autant qu'ils le désirent sans prendre de poids. En revanche, une alimentation trop riche en glucides cause une surcharge pondérale pour le reste de la population. La concentration d'insuline restant élevée, elle commande à l'organisme d'emmagasiner des graisses au lieu de les utiliser immédiatement pour produire de l'énergie. La section 36.7 et le chapitre 41 abordent ce sujet.

L'énergie tirée des protéines

Même si l'apport en protéines excède les besoins de l'organisme pour la croissance et la survie, les cellules ne les entreposent pas. Dans le foie, des enzymes catalysent plutôt la dégradation des acides aminés en leur retirant le groupement amine ($-NH_3^+$), libérant ainsi de l'ammoniac (NH_3). Ce qu'il advient ensuite des fragments de squelette carboné varie selon les conditions. Parfois, ils sont convertis en graisses ou en glucides ; d'autres fois, ils entrent dans le cycle de Krebs (voir la figure 8.12). Quant à l'ammoniac, il subit quelques transformations qui aboutissent à la formation d'urée. Ce déchet azoté serait toxique s'il s'accumulait en fortes concentrations, ce qui est évité par son évacuation dans l'urine.

On voit que les processus de stockage et d'utilisation de l'énergie sont complexes. La régulation hormonale du taux de glucose est particulièrement importante, puisque le glucose est le combustible de choix pour le cerveau, un organe crucial. Cependant, comme l'indiquent des chapitres ultérieurs, l'approvisionnement en énergie des cellules, des organes et des systèmes dépend de la nature et de la quantité de l'aliment ingéré.

Ainsi se termine notre étude de la respiration aérobie et des autres voies génératrices d'énergie. La section suivante permet de situer ces voies dans le contexte de l'évolution et de la biosphère.

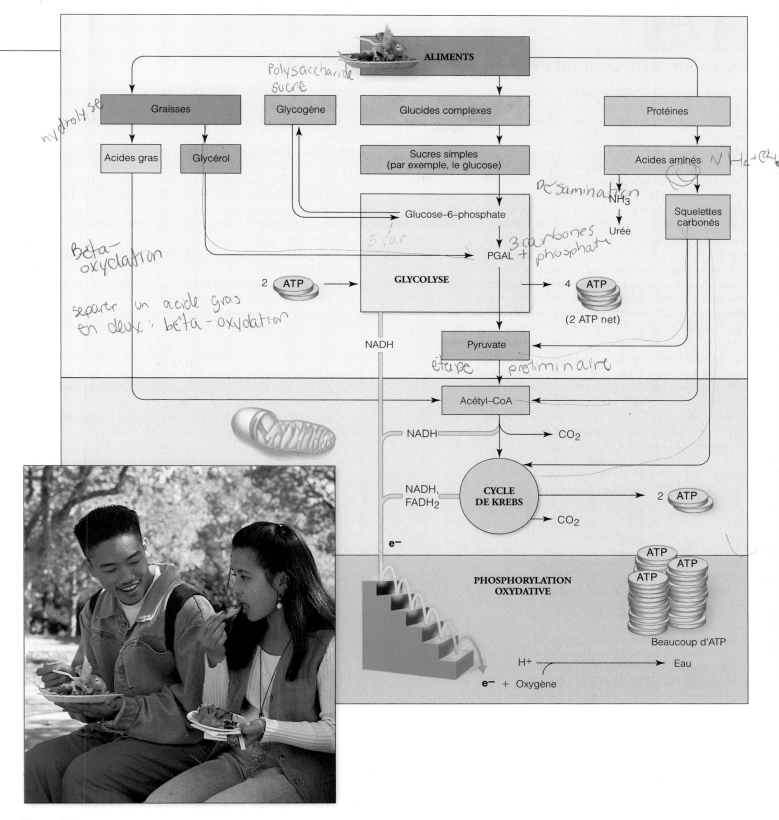

Figure 8.12 Les sources d'énergie de l'organisme humain. Ce diagramme montre les étapes par lesquelles les composés organiques peuvent entrer dans les différents stades de la respiration aérobie.

Les glucides complexes, les graisses et les protéines ne peuvent pas emprunter directement la voie aérobie. Ils doivent d'abord être dégradés dans le tube digestif pour produire des nutriments qui sont absorbés et qui gagnent la circulation sanguine.

Chez les humains et les autres mammifères, l'entrée du glucose ou d'autres composés organiques dans une voie génératrice d'énergie dépend de la nature et de la quantité des glucides, des graisses et des protéines ingérés, de même que du type de cellule où se déroulent les réactions métaboliques.

L'HOMOGÉNÉITÉ DES ÊTRES VIVANTS À L'ÉCHELLE MOLÉCULAIRE

Le chapitre 7 et celui-ci présentent la photosynthèse et la respiration aérobie, soit les deux principales voies métaboliques par lesquelles les cellules extraient, emmagasinent et libèrent l'énergie. Il est intéressant de noter que ces deux voies se sont associées à une plus grande échelle au cours de l'évolution.

Il y a très longtemps, au moment où la vie est apparue sur terre, l'atmosphère contenait très peu d'oxygène libre. Les premiers organismes unicellulaires fabriquaient probablement leur ATP à l'aide de réactions semblables à celles de la glycolyse. On pense que la fermentation devait dominer. Ce n'est qu'un milliard d'années plus tard que la photosynthèse, la voie métabolique générant de l'oxygène, apparut.

Graduellement, l'oxygène s'accumula dans l'atmosphère. Certaines cellules l'utilisèrent comme accepteur d'électrons, peut-être par hasard, à cause d'une mutation des protéines de leurs chaînes de transport d'électrons. Avec le temps, certains descendants de ces premières cellules aérobies abandonnèrent complètement la photosynthèse. Parmi eux se trouvaient les organismes précurseurs des animaux et de tous les organismes qui effectuent maintenant la respiration aérobie.

Grâce à la respiration aérobie, le flux de carbone, d'hydrogène et d'oxygène se déplaçant dans les voies métaboliques de tous les êtres vivants devint un cycle. En effet, les produits finals de la respiration aérobie, soit le dioxyde de carbone et l'eau, s'engagent dans la photosynthèse à titre d'éléments constitutifs pour les composés organiques de cette voie:

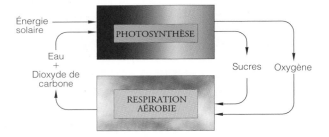

toutes les cellules. Or, depuis l'apparition de la vie, la cellule est l'unité fondamentale du vivant.

L'essence de la vie ne réside pas dans une force mystérieuse quelconque, mais dans la structure moléculaire et la régulation métabolique. Si elles sont isolées par une membrane, les réactions sont plus facilement contrôlables. Par l'intermédiaire de certains mécanismes membranaires, les cellules répondent aux variations d'énergie et de concentration des solutés de leur milieu. Ces mécanismes fonctionnent en dictant aux protéines, plus précisément aux enzymes, quoi synthétiser ou dégrader et à quel moment.

Aucune force mystérieuse n'est à l'origine des protéines. C'est l'ADN, la molécule à deux brins gardienne de l'hérédité, qui en constitue la base. Il renferme un message chimique codant des molécules qui en produisent d'autres, et ce, d'une génération à l'autre. Les brins d'ADN contenus dans les milliards de cellules de notre organisme décident quelles innombrables molécules doivent être dégradées ou synthétisées pour produire l'énergie nécessaire à la vie.

Certes, le carbone, l'hydrogène, l'oxygène et les autres molécules organiques sont des constituants des humains et de tous les êtres vivants. Or, la vie ne se résume pas à des molécules. Tant qu'un flux d'énergie régulier alimente l'ordre global, la vie est préservée. Les molécules sont assemblées en cellules, les cellules en organismes, les organismes en communautés, et ainsi de suite, partout dans la biosphère. Cependant, l'énergie solaire est nécessaire pour maintenir tous ces niveaux de structure. Au fil du temps, l'énergie se déplace dans une direction, soit des formes ordonnées aux formes moins ordonnées. Tant que l'énergie continue de circuler dans le réseau de la vie, celle-ci peut se perpétuer sous de multiples formes.

Ainsi, la vie n'est ni plus ni moins qu'un merveilleux système complexe qui perpétue l'ordre. Soutenue par l'énergie solaire, elle se maintient par sa capacité d'autoreproduction. Grâce aux instructions contenues dans l'ADN, l'énergie et les matériaux se structurent de génération en génération. Même la mort contribue à prolonger la vie ailleurs: quand un organisme meurt, ses molécules sont libérées et peuvent être recyclées à nouveau, pour servir de matériaux bruts à de nouvelles générations.

Le lien entre les humains, des êtres intelligents, et des processus aussi éloignés que le flux de l'énergie et le cycle du carbone, de l'hydrogène et de l'oxygène peut sembler abstrait. Ces processus font-ils vraiment partie intégrante de ce que nous sommes?

Pour établir une comparaison, prenons la structure d'une molécule d'eau. Évidemment, le partage d'électrons entre deux atomes d'hydrogène et un atome d'oxygène nous préoccupe peu dans notre vie quotidienne. Pourtant, c'est sur ce partage d'électrons que repose la polarité des molécules d'eau et des liaisons hydrogène qu'elles établissent entre elles. Or, c'est grâce à ces caractéristiques chimiques que la matière inerte se structure et participe à la composition de tous les êtres vivants.

Il faut maintenant imaginer qu'une panoplie d'autres molécules de différente nature sont dispersées dans l'eau. Les molécules non polaires n'interagissent pas avec l'eau, alors que celles qui sont polaires s'y dissolvent. Les phosphoglycérolipides s'assemblent spontanément et forment une bicouche. Rappelons que ce sont de telles bicouches lipidiques qui constituent toutes les membranes cellulaires, et donc

Au fil du temps, grâce au flux d'énergie et au recyclage des matériaux, chaque naissance est une expression de notre disposition pour l'ordre, et chaque mort, un renouveau.

La diversité de la vie et sa perpétuation reposent sur une grande homogénéité à l'échelle moléculaire.

RÉSUMÉ   Le chiffre en **brun** renvoie à la section du chapitre.

1. Les transferts de groupements phosphate à partir de l'ATP sont fondamentaux pour le métabolisme. Seules les cellules autotrophes puisent l'énergie dans leur milieu pour fabriquer l'ATP qui alimente la production de glucides, puis des autres composés organiques. Toutes les cellules produisent de l'ATP par des voies métaboliques qui libèrent l'énergie chimique stockée dans les composés organiques comme le glucose. *8.1*

2. Après l'entrée du glucose dans une voie génératrice d'énergie, les enzymes retirent les électrons et les protons des produits intermédiaires formés pendant les réactions. Ensuite, les coenzymes captent ces électrons et ces protons, puis les acheminent aux molécules situées à la fin de la voie. Le NAD^+ est la principale coenzyme ; la FAD joue aussi un rôle dans les voies aérobies. Les formes réduites de ces coenzymes sont respectivement le NADH et la $FADH_2$. *8.1, 8.2*

3. Toutes les principales voies génératrices d'énergie commencent avec la glycolyse, qui se déroule dans le cytoplasme, en présence ou en absence d'oxygène. *8.2*

a) Au cours de la glycolyse, les enzymes dégradent le glucose en deux molécules de pyruvate. Deux NADH et quatre ATP sont alors formés.

b) Le rendement énergétique net est de deux ATP, car deux ATP ont servi à amorcer les réactions.

4. La respiration aérobie se poursuit par deux autres stades : 1) le cycle de Krebs et ses étapes préliminaires et 2) la phosphorylation oxydative. Ces stades se déroulent uniquement dans les mitochondries des cellules eucaryotes. *8.2, 8.3*

5. Le deuxième stade de la voie aérobie s'amorce avec l'élimination d'un atome de carbone de chaque molécule de pyruvate. La coenzyme A se lie au fragment à deux atomes de carbone, pour devenir l'acétyl–CoA ; ce fragment est ensuite transféré à l'oxaloacétate, qui se veut le point de départ du cycle de Krebs. Les réactions de ce cycle et les réactions préalables fournissent un total de 10 coenzymes avec des électrons et des protons (8 NADH et 2 $FADH_2$). Deux ATP sont produites. Trois molécules de dioxyde de carbone sont libérées pour chaque pyruvate amorçant le deuxième stade. *8.3*

6. Le troisième stade de la voie aérobie se déroule dans la membrane séparant la mitochondrie en deux compartiments. Dans cette membrane interne sont enchâssées des chaînes de transport d'électrons et des ATP synthétases. *8.4*

a) Les chaînes acceptent les électrons et les protons transportés par les coenzymes provenant des deux premiers stades, puis elles établissent un gradient de concentration de protons et un gradient électrochimique de part et d'autre de la membrane.

b) Les protons se déplacent dans le sens de ces gradients et diffusent vers la matrice mitochondriale en passant à travers les ATP synthétases. L'énergie libérée par ce flux ionique alimente la production d'ATP, qui se forme à partir d'ADP et de phosphate inorganique.

c) L'oxygène accepte les électrons qui ont dévalé les chaînes de transport et il se combine à des protons pour produire de l'eau. Il constitue l'accepteur final des électrons, qui provenaient à l'origine du glucose.

7. La respiration aérobie produit habituellement un rendement énergétique net de 36 ATP pour chaque molécule de glucose métabolisée. Ce rendement peut cependant varier selon la cellule et les conditions du milieu. *8.4*

8. La fermentation et la respiration anaérobie s'amorcent avec la glycolyse, mais se déroulent en conditions anaérobies du début à la fin. *8.5*

a) La fermentation lactique fournit un rendement énergétique net de deux ATP, formées pendant la glycolyse. La réaction qui suit ne produit pas d'ATP, mais régénère le NAD^+. Les deux NADH provenant de la glycolyse transfèrent deux électrons et deux protons aux deux pyruvates de la glycolyse ; il en résulte deux molécules de lactate.

b) Le rendement énergétique net de la fermentation alcoolique est de deux ATP, qui proviennent de la glycolyse ; les réactions subséquentes servent à régénérer le NAD^+. Le pyruvate perd d'abord un CO_2 et se transforme en acétaldéhyde. Le NADH issu de la glycolyse transfère des électrons et des protons à deux molécules d'acétaldéhyde, ce qui forme comme produit final deux molécules d'éthanol.

c) Certaines bactéries font appel à la respiration anaérobie. Les électrons arrachés à un composé organique se déplacent le long de chaînes de transport situées dans la membrane plasmique, et des protons traversent des ATP synthétases pour produire de l'ATP. L'accepteur final d'électrons se veut un composé inorganique autre que l'oxygène.

9. Chez les humains et les autres mammifères, les sucres simples (comme le glucose), le glycérol, les acides gras et les squelettes carbonés des acides aminés constituant les protéines peuvent entrer dans des voies productrices d'ATP. *8.6*

10. La vie présente une grande homogénéité à l'échelle moléculaire. *8.7*

Exercices

1. Est-il vrai que la respiration aérobie a lieu chez les animaux, mais pas chez les végétaux, qui fabriquent leur ATP uniquement par photosynthèse ? *8.1*

2. À l'aide du schéma de la voie aérobie présenté ci-dessous, remplissez les espaces avec le bon nombre de molécules de pyruvate, de coenzymes et de produits finals. Calculez le nombre d'ATP formé à chaque stade, et le rendement net (de la glycolyse à la fin). *8.1*

3. La glycolyse libère-t-elle ou nécessite-t-elle de l'énergie, ou fait-elle intervenir ces deux processus ? *8.2*

4. En quoi la phosphorylation oxydative diffère-t-elle de la phosphorylation au niveau du substrat ? *8.1, 8.2*

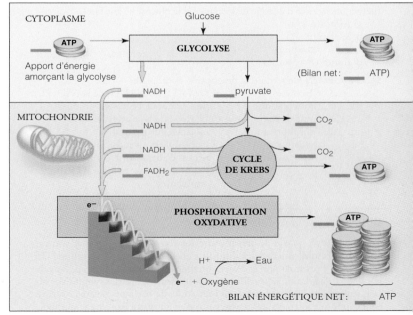

5. Esquissez le schéma d'une mitochondrie avec toutes ses membranes et situez les chaînes de transport d'électrons et les ATP synthétases. *8.3*

6. Nommez le composé qui amorce le cycle de Krebs. Cette molécule accepte-t-elle directement le pyruvate dérivé de la glycolyse? Pour chaque molécule de glucose, combien d'atomes de carbone entrent dans le cycle de Krebs? Combien le quittent et sous quelle forme? *8.3*

7. Est-il vrai que les cellules musculaires ne peuvent se contracter quand elles sont privées d'oxygène? Si oui, dites pourquoi. Sinon, énumérez les possibilités qui s'offrent à elles. *8.5*

Autoévaluation RÉPONSES À L'ANNEXE III

1. La glycolyse se déroule entièrement dans _____.
a) le noyau c) la membrane plasmique
b) la mitochondrie d) le cytoplasme

2. Quelle molécule ne se forme pas pendant la glycolyse?
a) Le NADH c) La $FADH_2$
b) Le pyruvate d) L'ATP

3. La respiration aérobie s'achève dans _____.
a) le noyau c) la membrane plasmique
b) la mitochondrie d) le cytoplasme

4. Lors du dernier stade de la respiration aérobie, _____ constitue l'accepteur final des électrons qui proviennent du glucose.
a) l'eau c) l'oxygène
b) l'hydrogène d) le NADH

5. _____ font appel à la fermentation lactique.
a) Les bactéries *Lactobacillus* c) Les bactéries réduisant le sulfate
b) Les cellules musculaires d) Les réponses a) et b)

6. Dans la fermentation alcoolique, _____ se veut l'accepteur final des électrons précédemment arrachés au glucose.
a) l'oxygène c) l'acétaldéhyde
b) le pyruvate d) le sulfate

7. La fermentation ne produit plus d'ATP après le stade de la glycolyse, toutefois les réactions suivantes _____.
a) régénèrent l'ADP
b) régénèrent le NAD^+
c) cèdent les électrons à une substance inorganique autre que l'oxygène

8. Chez certains organismes et dans certaines conditions, _____ constitue(nt) une source d'énergie de rechange si le glucose se fait rare.
a) les acides gras
b) le glycérol
c) les acides aminés
d) toutes ces réponses

9. Associez chaque terme à la description appropriée.
_____ Glycolyse a) De l'ATP, du NADH, de la FADH2, du CO2 et de l'eau sont produits.
_____ Fermentation
_____ Cycle de Krebs b) Le glucose est converti en deux molécules de pyruvate.
_____ Phosphorylation oxydative
c) Le NAD^+ est régénéré, le rendement net est de deux ATP.
d) Les protons traversent les ATP synthétases.

Questions à développement

1. Diane croit qu'elle devrait prendre rendez-vous avec son médecin de famille. Lorsqu'elle mange des aliments riches en glucides, elle a toujours la sensation d'être intoxiquée et devient presque impotente, comme si elle avait abusé de l'alcool. Elle se réveille même le lendemain avec les symptômes de la gueule de bois. Après avoir suivi un cours de biologie générale, Diane soupçonne que son métabolisme du glucose est anormal. Expliquez pourquoi.

2. Les cellules de notre corps n'utilisent pas les acides nucléiques comme source d'énergie. Pourquoi?

3. Les besoins énergétiques du corps humain, entre autres pour sa croissance, dépendent d'un équilibre entre la concentration des acides aminés dans le sang et celle des protéines dans les cellules. Les cellules du foie, du rein et de l'épithélium intestinal jouent un rôle particulièrement important dans cet équilibre. Quand la concentration des acides aminés diminue dans le sang, les lysozymes cellulaires dégradent rapidement certaines protéines (les protéines structurales et celles de la contraction sont épargnées, sauf en cas de malnutrition ou de jeûne prolongé). Les acides aminés ainsi libérés gagnent le sang et, par le fait même, ajustent la concentration.

Supposons que vous voulez faire du culturisme. Pour vous préparer, vous avez déjà mangé beaucoup de glucides. Cependant, une nutritionniste vous recommande une alimentation riche en protéines et des suppléments de protéines. Selon vous, comment les protéines excédentaires seront-elles mises à contribution? Dans quels tissus serviront-elles?

4. Chaque année, les bernaches du Canada (voir ci-dessus) quittent leurs lieux de reproduction septentrionaux en adoptant une formation de vol en forme de V. Elles se dirigent vers le sud pour hiverner dans des régions au climat plus doux, puis elles retournent vers le nord au printemps. Comme chez les autres oiseaux migrateurs, les cellules musculaires de leurs ailes utilisent efficacement les acides gras comme source d'énergie. (Rappelons que le squelette carboné des acides gras peut être scindé en petits fragments pouvant être convertis en acétyl–CoA, une molécule qui entre dans le cycle de Krebs.)

Supposons qu'une bernache a quitté Point Barrow en Alaska, a parcouru 3000 km et s'approche de Kamath Falls, en Oregon. Elle regarde vers le bas et observe un lapin filant comme une flèche, pourchassé par un coyote affamé. En accélérant sa course, le lapin réussit à se réfugier dans son terrier.

Quelle voie génératrice d'énergie domine dans les cellules musculaires des pattes du lapin? Pourquoi la bernache du Canada doit-elle compter sur une autre voie métabolique pendant son long trajet? Pourquoi la voie métabolique des cellules musculaires de la bernache ne peut-elle pas servir au lapin poursuivi par son prédateur?

5. Réfléchissez à l'introduction de ce chapitre et à la question précédente. Quelle voie génératrice d'énergie est utilisée par les abeilles africanisées qui attaquent un agriculteur dans son champ de maïs?

Vocabulaire

Acétyl–CoA *8.3*
Cycle de Krebs *8.1*
FAD *8.1*
Fermentation alcoolique *8.5*
Fermentation lactique *8.5*
Glycolyse *8.1*
Mitochondrie *8.3*
NAD^+ *8.1*

Oxaloacétate *8.3*
Phosphorylation au niveau du substrat *8.2*
Phosphorylation oxydative *8.1*
Pyruvate *8.1*
Respiration aérobie *8.1*
Respiration anaérobie *8.5*

Lectures complémentaires

DeMauro, S. (oct. 1998). «Hooked on Mitochondria». *Quest*, vol. 5, n° 5.

Pol, D. (mai 1996). «L'énergie des cellules vivantes». *Science & vie*, 944: 138-139.

Wolfe, S. (1995). *An Introduction to Molecular and Cellular Biology*. Belmont, Californie: Wadsworth.

Lectures complémentaires en ligne: consultez l'infoTrac à l'adresse Web www.brookscole.com/biology

II Les principes de l'hérédité

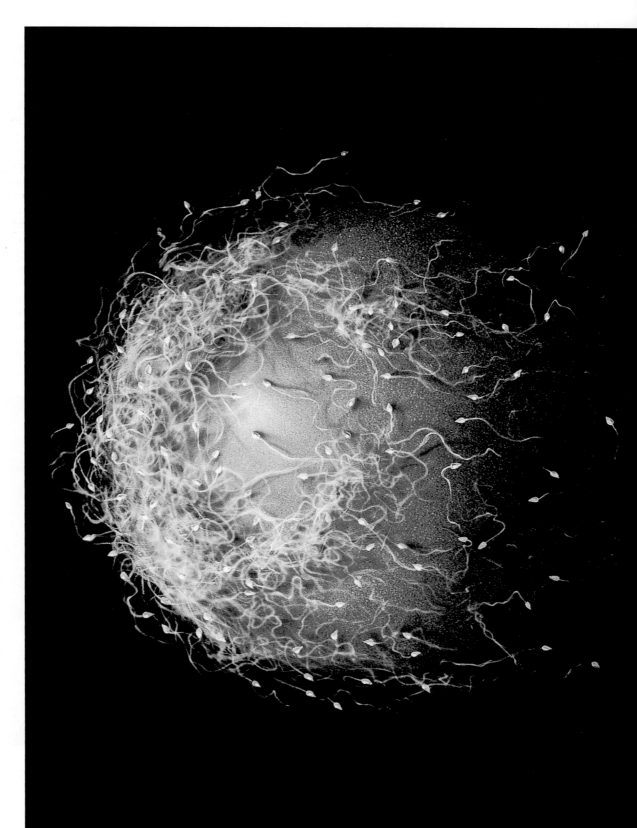

Un des spermatozoïdes humains visibles ici va pénétrer dans cet ovule arrivé à maturité, ce qui va déclencher le développement d'un nouvel individu à l'image de ses parents. Cette illustration remarquable provient d'une micrographie obtenue au microscope électronique à balayage.

LA DIVISION CELLULAIRE : LA MITOSE ET LA CYTOCINÈSE

De la cellule au saumon coho

À cinq heures le matin, les premiers rayons du soleil de septembre réchauffent à peine les eaux froides du fleuve Alagnak, dans la toundra de l'Alaska, au sein desquelles la vie commence pour certains et se termine pour d'autres. Des milliers de saumons cohos adultes reviennent de leur périple océanique pour aller frayer dans les eaux peu profondes où ils sont nés il y a quelques années. Les femelles arborent des teintes rouges, la couleur des reproductrices, et vont bientôt mourir.

Une femelle pond ses œufs translucides dans la petite dépression qu'elle a aménagée en battant des nageoires dans le gravier du fond de la rivière (figure 9.1). Un mâle libère ensuite un nuage de spermatozoïdes pour féconder les œufs. Les truites et d'autres prédateurs vont manger la plupart des œufs, mais ceux qui survivront seront suffisamment nombreux pour donner naissance à la prochaine génération de saumons.

Pas plus gros qu'un petit pois, ces œufs deviendront trois ans plus tard des saumons adultes faits de milliards de cellules. Puis, un matin de septembre, quelques-unes de ces cellules rempliront leur fonction de spermatozoïdes ou d'ovules et ajouteront un nouveau chapitre à cette longue histoire de la naissance, de la croissance, de la mort et de la renaissance des saumons.

À l'instar du saumon et de toutes les autres espèces pluricellulaires, le corps humain est issu de divisions cellulaires. Dans l'utérus d'une future mère, un ovule fécondé se divise en deux, puis en quatre et ainsi de suite, jusqu'à ce que des milliards de cellules croissent, se différencient et se divisent à des moments précis pour former les différentes parties du corps. À l'âge adulte, le corps humain comprend plus de 65 000 milliards de cellules, dont un grand nombre continuent encore de se diviser.

Avant de pouvoir comprendre le phénomène de la division cellulaire et, plus généralement, la façon dont les descendants se constituent à l'image de leurs parents, il faut connaître la réponse à trois questions. D'abord, quelle information est-il nécessaire de transmettre pour que soit assurée l'hérédité ? Ensuite, comment cette information est-elle dupliquée en vue de sa transmission aux cellules filles ? Enfin, quels mécanismes président à la répartition de l'information répliquée entre les cellules filles ? Même s'il faudra consacrer plus d'un chapitre à l'examen détaillé de la reproduction cellulaire et des autres mécanismes de l'hérédité, les explications données au début du présent chapitre en offriront déjà un bon aperçu.

Commençons par la notion de **reproduction** qui, en biologie, désigne le fait que des parents produisent une nouvelle génération de cellules ou d'individus pluricellulaires à leur image. Le processus s'amorce dans des cellules programmées pour se diviser. La division cellulaire repose sur le principe fondamental suivant : les cellules mères doivent transmettre à leurs filles une information héréditaire spécifique, codée dans l'ADN, ainsi que l'outillage métabolique nécessaire pour assurer leur propre fonctionnement.

Saumon femelle adulte

Figure 9.1 Les derniers membres d'une génération et les premiers de la génération suivante cohabitent brièvement dans le fleuve Alagnak en Alaska : un saumon coho reproducteur (*Onchorhynchus kisutch*), des œufs et des alevins.

L'ADN, rappelons-le, contient l'information permettant la synthèse de protéines. Certaines protéines constituent des matériaux structuraux, tandis que de nombreuses autres sont des enzymes qui catalysent l'assemblage de composés organiques spécifiques, comme les lipides servant d'éléments constitutifs et de source d'énergie pour les cellules. Toute cellule fille qui ne reçoit pas l'information indispensable pour synthétiser ses protéines ne sera tout simplement pas en mesure de croître ou de fonctionner adéquatement.

En outre, le cytoplasme d'une cellule mère contient déjà des enzymes, des organites et d'autres éléments fonctionnels. Une cellule fille recevant ce qui semble être un amas informe de cytoplasme hérite en fait d'un outillage de départ, qui maintiendra le fonctionnement de cette cellule jusqu'à ce qu'elle puisse mettre à contribution l'ADN qui lui a été transmis et ainsi assurer elle-même sa croissance et son développement.

Un saumon femelle en train de déposer ses œufs

La croissance des alevins, issus d'œufs fécondés, résulte de divisions cellulaires mitotiques.

Concepts-clés

1. La continuité de la vie est fondée sur la reproduction, processus en vertu duquel des parents engendrent une nouvelle génération de cellules ou d'individus pluricellulaires à leur image. La division cellulaire fait office de pont entre les générations.

2. Lorsqu'une cellule se divise, ses deux cellules filles doivent recevoir chacune un nombre précis de molécules d'ADN ainsi que du cytoplasme. Dans le cas des cellules eucaryotes, c'est par un mécanisme de division nommé *mitose* que l'ADN est réparti dans deux nouveaux noyaux, alors qu'un mécanisme distinct, la cytocinèse, régit la division du cytoplasme.

3. Le cycle cellulaire s'amorce lors de la formation d'une cellule fille et s'achève à la fin de sa propre division. Un cycle complet comprend l'interphase, la mitose et la cytocinèse. La plus grande partie de la vie d'une cellule se déroule en interphase, pendant laquelle sa masse et le nombre de ses composants augmentent; c'est aussi au cours de cette phase que l'ADN se réplique.

4. Des protéines structurales et fonctionnelles s'attachent aux molécules d'ADN eucaryotes. Chaque molécule d'ADN et les protéines qui lui sont rattachées forment ensemble un chromosome.

5. Les membres d'une espèce possèdent dans leurs cellules un nombre déterminé de chromosomes. Ces derniers diffèrent les uns des autres par leur taille et leur forme, et ils contiennent des parties différentes de l'information héréditaire.

6. Les cellules somatiques de nombreux organismes ont un nombre diploïde de chromosomes, c'est-à-dire qu'elles contiennent une paire de chacun des types de chromosomes caractéristiques de leur espèce.

7. C'est grâce à la mitose que le nombre de chromosomes demeure constant d'une génération à la suivante. Ainsi, lorsqu'une cellule mère est diploïde, ses cellules filles sont également diploïdes.

8. La division cellulaire mitotique est à la base de la croissance et de la réparation des tissus chez les eucaryotes pluricellulaires. Elle assure aussi la reproduction asexuée des eucaryotes unicellulaires et d'un grand nombre d'eucaryotes pluricellulaires.

LA DIVISION CELLULAIRE FAIT LE PONT ENTRE LES GÉNÉRATIONS

Un aperçu des mécanismes de la division cellulaire

L'information héréditaire des végétaux, des animaux et de tous les autres organismes eucaryotes est répartie dans un certain nombre de molécules d'ADN. Avant que les cellules de ces organismes ne se reproduisent, il faut d'abord que leurs noyaux se divisent. La **mitose** et la **méiose** sont deux mécanismes de division des noyaux, grâce auxquels l'ADN d'une cellule mère est isolé puis réparti dans de nouveaux noyaux destinés aux futures cellules filles. Celles-ci acquerront par ailleurs leur cytoplasme grâce à un mécanisme de division distinct appelé cytocinèse.

Chez les organismes pluricellulaires, la croissance des cellules, le remplacement des cellules usées ou mortes et la réparation des tissus sont assurés par la mitose et la cytocinèse des cellules du corps, qu'on appelle **cellules somatiques**. D'autre part, la reproduction asexuée d'un grand nombre de protistes, d'eumycètes et de végétaux et celle de certains animaux s'effectue par division cellulaire mitotique (voir le tableau 9.1).

En revanche, la méiose se produit uniquement dans les **cellules germinales**, c'est-à-dire une lignée de cellules vouées à la formation des gamètes (les spermatozoïdes et les ovules) et à la reproduction sexuée. La méiose et la mitose ont beaucoup en commun, mais elles donnent des résultats différents, comme le montre le prochain chapitre.

Qu'en est-il des cellules procaryotes, soit les archéobactéries et les eubactéries ? Leur reproduction est asexuée et repose sur un mécanisme complètement différent nommé *scissiparité*, que nous examinons en détail à la section 21.2.

Tableau 9.1	*Mécanismes de la division cellulaire*
Mécanismes	**Fonctions**
MITOSE, CYTOCINÈSE	Chez tous les eucaryotes pluricellulaires, ces mécanismes régissent la croissance des cellules, le remplacement des cellules âgées ou mortes et la réparation des tissus endommagés. Ils président aussi à la reproduction asexuée des eucaryotes unicellulaires et de nombreux eucaryotes pluricellulaires.
MÉIOSE, CYTOCINÈSE	Chez les eucaryotes unicellulaires et pluricellulaires, ces mécanismes déterminent la formation des gamètes et la reproduction sexuée.
SCISSIPARITÉ	Ce mécanisme régit la reproduction asexuée des procaryotes.

Quelques données essentielles au sujet des chromosomes

Comme on le souligne à la section 4.6, l'ensemble formé par une molécule d'ADN eucaryote et les protéines qui lui sont rattachées constitue un **chromosome**. Avant la division de son noyau, la cellule procède à la duplication de tous ses chromosomes. Chaque chromosome et sa copie demeurent liés jusqu'aux derniers moments de la mitose en tant que **chromatides sœurs**, qui constituent alors un chromosome double. La figure 9.2 offre une représentation simple de deux chromosomes, l'un simple (non dupliqué) et l'autre double (dupliqué).

Sauf en laboratoire, une molécule d'ADN eucaryote et ses protéines chromosomiques demeurent toujours étroitement liées, même lorsque les chromosomes sont étirés comme des filaments dans une cellule qui n'est pas en voie de division. Dénommées **histones**, ces protéines chromosomiques ressemblent aux perles d'un collier lorsqu'on les observe au microscope électronique (voir la figure 9.3). Certaines histones jouent le rôle d'une bobine vide pour la molécule d'ADN, car des parties de celle-ci s'enroulent deux fois autour de celle-là, comme l'illustre la figure 9.3*d*. Chaque bobine d'ADN et d'histone forme une unité organisationnelle dénommée **nucléosome**. La structure d'un nucléosome peut être rendue un peu moins rigide afin que des enzymes puissent avoir accès à certaines régions de l'ADN (section 15.1).

Au début de la mitose (et de la méiose), les protéines et l'ADN interagissent de façon telle que le chromosome se replie sur lui-même à plusieurs reprises et acquiert une structure beaucoup plus dense. Pourquoi cela ? Sans doute parce que cette forme condensée contribue à prévenir un enchevêtrement désordonné des chromosomes lorsqu'ils se déplaceront pour se répartir dans les cellules filles.

Avec la condensation des chromosomes dupliqués, une constriction prononcée apparaît dans une région précise et constante pour chaque type de chromosomes. On donne le nom de **centromère** à cette région (figure 9.3*a*). Apparaissent également au niveau du centromère des structures en forme de disque qui servent de sites d'arrimage pour les microtubules ayant divers rôles à jouer lors de la division du noyau.

La mitose et le nombre chromosomique

Chaque espèce possède un **nombre chromosomique** caractéristique, qui représente le nombre total de chromosomes dans les cellules d'un type donné. Chez l'être humain, le gorille et le pois, une cellule somatique en possède respectivement 46, 48 et 14.

En fait, les 46 chromosomes de chaque personne sont analogues à deux collections de livres qui seraient toutes deux numérotées de 1 à 23. Chaque personne possède ainsi deux exemplaires du chromosome 22, par exemple, et donc une paire de chacun des 23 types de chromosomes humains. À l'exception de certaines paires de chromosomes sexuels, les deux chromosomes d'une même paire ont la

a Un chromosome simple (non dupliqué)

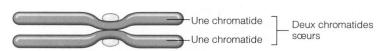

Une chromatide
Une chromatide
Deux chromatides sœurs

b Un chromosome double (dupliqué)

Figure 9.2 Voici une façon simple de représenter un chromosome simple (non dupliqué) et un chromosome double (dupliqué). La duplication des chromosomes se produit avant la division du noyau.

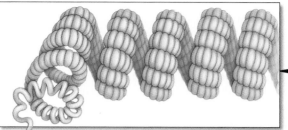

b Ce sont les protéines chromosomiques qui interagissent pour donner à un chromosome sa forme la plus condensée : les boucles de l'ADN déjà enroulé forment un fil qui se « surenroule » sur lui-même. À un niveau d'organisation structurelle plus profond, les protéines chromosomiques et l'ADN sont associés en une fibre cylindrique.

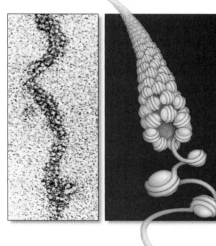

c À un niveau d'organisation structurelle plus profond, les protéines chromosomiques et l'ADN sont associés en une fibre cylindrique.

d Un chromosome baignant dans l'eau salée se détend et acquiert une forme analogue à celle d'un collier de perles, dans lequel la chaîne du collier est une molécule d'ADN et chaque perle est un nucléosome.

— ADN

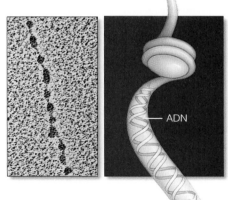

e Un nucléosome comprend une partie d'une molécule d'ADN enroulée deux fois autour d'un groupe d'histones.

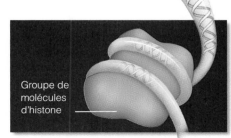

Groupe de molécules d'histone

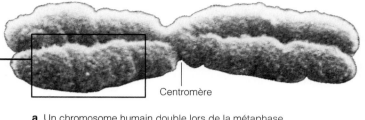

Centromère

a Un chromosome humain double lors de la métaphase, lorsque sa condensation est maximale.

Figure 9.3 Niveaux d'organisation caractérisant un chromosome humain dans sa forme la plus dense.

même longueur et la même forme, et ils contiennent l'information héréditaire déterminant les mêmes traits. C'est un peu comme si un enfant recevait deux ensembles de livres portant sur la construction d'une maison : son père lui donnerait un ensemble, alors que sa mère, qui aurait ses propres préférences en matière d'électricité, de plomberie et d'espaces de rangement, lui offrirait un autre ensemble traitant des mêmes questions, mais contenant une information légèrement différente sur beaucoup d'entre elles.

On dit qu'une cellule est **diploïde** ou qu'elle a un **nombre diploïde de chromosomes** lorsqu'elle possède deux exemplaires de chacun des types de chromosomes caractéristiques de son espèce, comme c'est le cas pour les cellules somatiques des êtres humains, des gorilles, des pois et d'un très grand nombre d'autres organismes. Par contre, comme on l'expose dans le chapitre 10, les ovules et les spermatozoïdes de ces organismes ont un **nombre haploïde de chromosomes** (n), c'est-à-dire qu'ils ne comprennent qu'un seul exemplaire de chacun des chromosomes caractéristiques de leur espèce.

Lors de la mitose, une cellule mère diploïde engendre deux cellules filles diploïdes, ce qui ne signifie toutefois pas qu'une cellule fille hérite simplement de 46, de 48 ou de 14 chromosomes, selon l'espèce qu'on considère. Si seul le nombre total était important, une cellule pourrait très bien recevoir deux paires du chromosome 22 et aucune paire du chromosome 9, par exemple. Mais aucune cellule ne pourrait fonctionner comme la cellule mère si elle ne recevait pas deux exemplaires de chacun des types de chromosomes.

Un chromosome eucaryote comprend une molécule d'ADN et de nombreuses protéines qui assurent l'organisation structurelle de l'ADN.

Le nombre chromosomique correspond au nombre total de chromosomes présents dans les cellules somatiques ou les cellules germinales d'un organisme spécifique. Les cellules dont le nombre de chromosomes est diploïde possèdent deux exemplaires de chaque type des chromosomes de l'espèce, qui proviennent généralement de deux parents.

La mitose est le mécanisme de division du noyau grâce auquel chaque cellule fille reçoit le nombre et le type de chromosomes requis. Le cytoplasme, lui, se divise en vertu d'un mécanisme distinct appelé cytocinèse.

La mitose maintient constant le nombre de chromosomes d'une génération de cellules à la suivante. Ainsi, lorsqu'une cellule mère est diploïde, ses cellules filles sont aussi diploïdes.

LE CYCLE CELLULAIRE

La reproduction d'une cellule peut être envisagée comme une suite d'événements ordonnée portant le nom de **cycle cellulaire**. Ce cycle s'amorce dès qu'une cellule fille est formée par mitose et cytocinèse et il s'achève lorsque cette cellule fille accomplit sa propre division (figure 9.4). Ainsi, la mitose, la cytocinèse et l'interphase constituent ensemble un cycle cellulaire complet.

L'étonnante interphase

L'**interphase** est la partie du cycle cellulaire pendant laquelle la masse de la cellule augmente, alors que celle-ci double approximativement le nombre de ses composants cytoplasmiques et qu'elle réplique son ADN. Chez la plupart des cellules, l'interphase constitue la plus longue portion du cycle. Les biologistes subdivisent l'interphase en trois phases :

Phase G_1 (G pour «gap»: intervalle) Période de fonctionnement et de croissance cellulaires précédant la réplication de l'ADN.

Phase S   (S pour synthèse) Moment de la réplication de l'ADN, soit la duplication des chromosomes.

Phase G_2 Période succédant à la réplication de l'ADN, lorsque la cellule s'apprête à se diviser.

G_1, S et G_2 sont de simples abréviations servant à désigner des événements assez étonnants, comme ceux qui mettent en scène l'ADN des cellules. Ainsi, si on pouvait placer sur une seule ligne toutes les molécules d'ADN d'une seule cellule somatique humaine, cette ligne serait plus longue que la distance séparant les extrémités des deux bras étendus d'une personne. Dans le cas de l'ADN d'une salamandre, cette ligne mesurerait dix mètres! Tout aussi remarquable est le fait que des enzymes et d'autres protéines cellulaires peuvent accéder à des parties spécifiques de l'information que contient l'ADN pour les activer ou les inhiber, par exemple. Elles peuvent également faire des copies, base par base, de molécules d'ADN, tout cela surtout durant l'interphase.

Les phases G_1, S et G_2 de l'interphase présentent des modes de biosynthèse distincts. La plupart des cellules du corps humain restent dans la phase G_1 pendant qu'elles fabriquent presque la totalité des protéines, glucides et lipides qu'elles utilisent ou sécrètent. Les cellules vouées à la division passent en phase S et copient leur ADN ainsi que les histones et les autres protéines qui lui sont associées. Durant la phase G_2, ces cellules produisent les protéines nécessaires pour mener la mitose à son terme.

Dès que s'amorce la phase S, la suite des événements se déroule à peu près au même rythme dans toutes les cellules d'une espèce donnée, et ce, jusqu'à la fin de la mitose. On peut alors se demander s'il existe des freins moléculaires pouvant être appliqués durant le cycle cellulaire. Eh oui! Si les freins prévus pour la phase G_2 sont appliqués, le cycle s'arrête à cette période. S'ils sont relâchés, le cycle peut s'achever. En d'autres termes, des mécanismes de contrôle régissent le rythme de la division cellulaire.

Il est facile d'imaginer ce qui arriverait à une voiture si ses freins cessaient de fonctionner au moment même où elle s'engage dans une forte pente. Comme on l'aborde plus loin dans ce manuel, c'est précisément ainsi que débute un cancer. Les mécanismes de contrôle de la division des cellules étant perturbés, les cycles cellulaires se suivent sans interruption.

Le cycle cellulaire a une durée semblable chez toutes les cellules d'un même type, mais il varie d'un type cellulaire à l'autre. Ainsi, tous les neurones (les cellules nerveuses) du cerveau s'arrêtent à la phase G_1 de l'interphase et ne se divisent généralement plus. Par contre, de deux à trois millions de précurseurs des globules rouges se forment chaque seconde pour remplacer leurs homologues vieillis qui circulent dans le corps humain. Quant à l'oursin, le nombre de ses cellules double toutes les deux heures durant les premières phases de son développement.

Des conditions défavorables peuvent toutefois perturber le cycle cellulaire. Par exemple, lorsqu'elles sont privées d'un élément nutritif vital, les amibes en milieu naturel demeurent en interphase. Néanmoins, si une cellule franchit un certain moment de l'interphase, le cycle se poursuit habituellement sans égard aux conditions extérieures, grâce aux mécanismes de contrôle intégrés qui en régissent la durée.

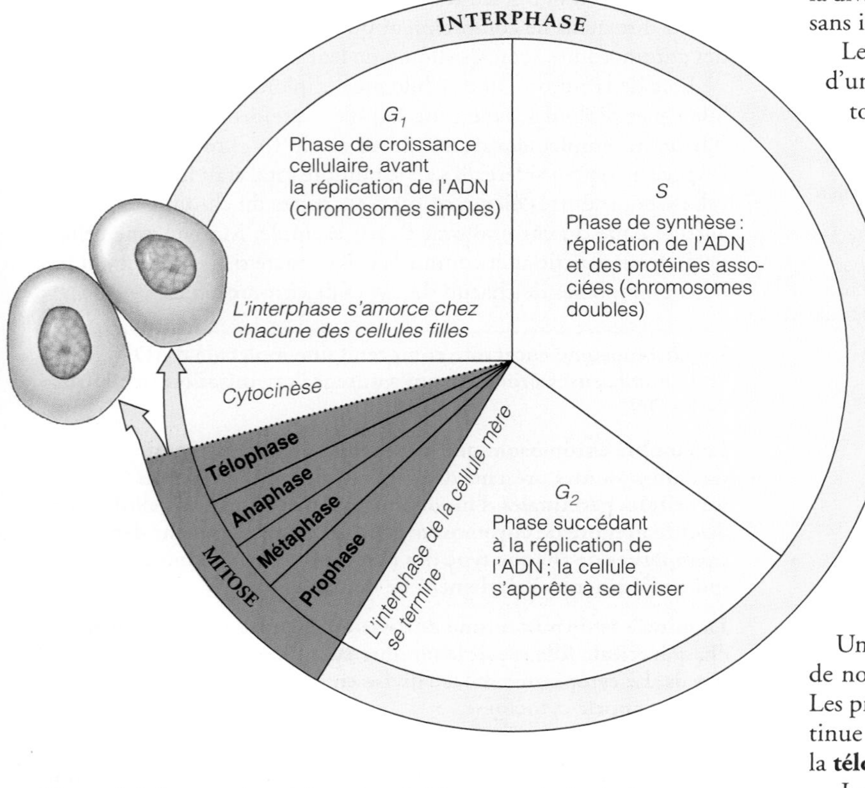

Les quatre étapes de la mitose

Une cellule qui passe de l'interphase à la mitose ne fabrique plus de nouvelles structures et la réplication de son ADN est terminée. Les principaux changements à venir se dérouleront de manière continue en quatre étapes : la **prophase**, la **métaphase**, l'**anaphase** et la **télophase**.

La figure 9.5 illustre ces étapes chez une cellule végétale. On remarque que tous les chromosomes changent de position. Ils ne le font

Figure 9.4 Aperçu général du cycle cellulaire eucaryote. La durée de chaque phase varie selon les différents types de cellules.

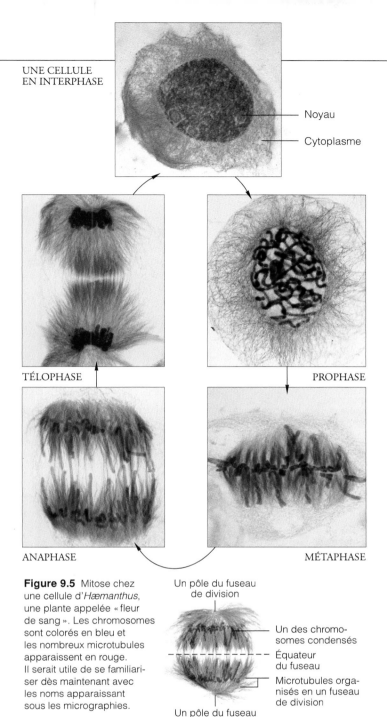

UNE CELLULE
EN INTERPHASE

Noyau

Cytoplasme

TÉLOPHASE

PROPHASE

ANAPHASE

MÉTAPHASE

Figure 9.5 Mitose chez une cellule d'*Hæmanthus*, une plante appelée « fleur de sang ». Les chromosomes sont colorés en bleu et les nombreux microtubules apparaissent en rouge. Il serait utile de se familiariser dès maintenant avec les noms apparaissant sous les micrographies.

Un pôle du fuseau de division

Un des chromosomes condensés

Équateur du fuseau

Microtubules organisés en un fuseau de division

Un pôle du fuseau de division

pas de leur propre initiative, mais bien grâce à un **fuseau de division**, fait de deux ensembles de microtubules. Chaque ensemble s'étend de l'un des deux pôles (les extrémités) du fuseau et chevauche l'autre à son équateur (la partie médiane du fuseau). Ce fuseau « bipolaire » détermine la destination finale des chromosomes avant la fin de la mitose et de la cytocinèse.

Quelle est l'importance des microtubules du fuseau ? Des plantes du genre *Colchicum* apportent une partie de la réponse à cette question. Elles synthétisent la colchicine, une substance toxique qu'elles ont développée pour se protéger des animaux brouteurs. La colchicine agit en bloquant l'assemblage des microtubules et en les dispersant, ce qui inhibe la mitose. La colchicine est très utile aux chercheurs qui étudient le cancer et d'autres aspects de la division cellulaire.

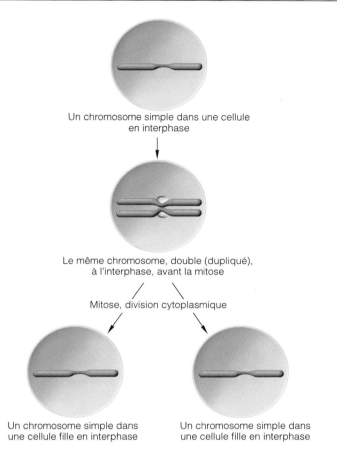

Un chromosome simple dans une cellule en interphase

Le même chromosome, double (dupliqué), à l'interphase, avant la mitose

Mitose, division cytoplasmique

Un chromosome simple dans une cellule fille en interphase

Un chromosome simple dans une cellule fille en interphase

Figure 9.6 Illustration simple (ne montrant qu'un seul chromosome) de la façon dont la mitose maintient le nombre chromosomique d'une génération à la suivante.

Le numéro 3 de la rubrique *Questions à développement*, à la section 9.6, évoque une autre substance toxique pour les microtubules : les fuseaux des cellules se défont à peine quelques secondes ou quelques minutes après y avoir été exposés.

Avant d'examiner le mécanisme détaillé de la mitose, rappelons quelques faits importants : la duplication des chromosomes se produit avant la mitose ; un fuseau de division dirige le mouvement des chromosomes durant la mitose. Comme le montre la figure 9.6, c'est ainsi que la mitose conserve le même nombre de chromosomes au fil des cycles cellulaires successifs.

L'interphase, la mitose et la division cytoplasmique ou cytocinèse constituent ensemble un cycle cellulaire complet.

C'est durant l'interphase qu'augmente la masse d'une nouvelle cellule, que se dédoublent ses composants cytoplasmiques et que se produit la duplication de ses chromosomes. Le cycle se termine après la mitose et la division de la cellule. Des mécanismes moléculaires déterminent le rythme de la division cellulaire.

La mitose se déroule en quatre étapes successives : la prophase, la métaphase, l'anaphase et la télophase. Un fuseau microtubulaire entraîne le déplacement des chromosomes qui s'étaient dupliqués lors de l'interphase.

LA MITOSE

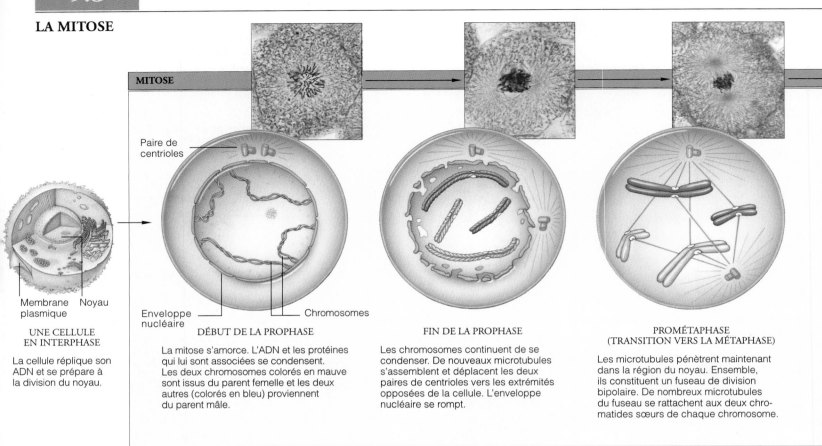

MITOSE

UNE CELLULE
EN INTERPHASE

La cellule réplique son
ADN et se prépare à
la division du noyau.

Membrane | Noyau
plasmique

Paire de
centrioles

Enveloppe
nucléaire

Chromosomes

DÉBUT DE LA PROPHASE

La mitose s'amorce. L'ADN et les protéines
qui lui sont associées se condensent.
Les deux chromosomes colorés en mauve
sont issus du parent femelle et les deux
autres (colorés en bleu) proviennent
du parent mâle.

FIN DE LA PROPHASE

Les chromosomes continuent de se
condenser. De nouveaux microtubules
s'assemblent et déplacent les deux
paires de centrioles vers les extrémités
opposées de la cellule. L'enveloppe
nucléaire se rompt.

PROMÉTAPHASE
(TRANSITION VERS LA MÉTAPHASE)

Les microtubules pénètrent maintenant
dans la région du noyau. Ensemble,
ils constituent un fuseau de division
bipolaire. De nombreux microtubules
du fuseau se rattachent aux deux chromatides sœurs de chaque chromosome.

La prophase : début de la mitose

Une cellule a atteint la prophase, c'est-à-dire la première étape de la mitose, lorsque ses chromosomes prennent la forme, visible au microscope optique, de filaments. Chaque chromosome s'est dupliqué auparavant, lors de l'interphase, et se compose de deux chromatides sœurs liées au niveau du centromère. Toutes les chromatides se replient au début de la prophase, puis se condensent pour prendre la forme, à la fin de la prophase, de tiges épaisses et compactes.

Entre-temps, dans le cytoplasme, la plupart des microtubules du cytosquelette se défont en sous-unités de tubuline (section 4.9), qui se regroupent ensuite près du noyau pour former les microtubules du fuseau de division. Lors de l'assemblage de ces microtubules, l'enveloppe nucléaire les empêche d'interagir avec les chromosomes qui y sont présents. Celle-ci se rompt toutefois à la fin de la prophase (figure 9.7).

De nombreuses cellules sont dotées d'une paire de **centrioles**; chaque centriole est un arrangement cylindrique de microtubules. Puisque chaque paire de centrioles s'est dupliquée durant l'interphase, il y en a donc deux paires qui sont présentes lors de la prophase. Des microtubules déplacent alors les paires de centrioles vers les pôles opposés du fuseau en formation. Rappelons que les centrioles sont les centres organisateurs des microtubules des flagelles et des cils et que, lorsqu'on les observe dans les cellules d'un organisme, cela signifie que des cellules flagellées (comme des spermatozoïdes) ou des cellules ciliées se forment à un moment ou l'autre du cycle biologique de cet organisme.

La transition vers la métaphase

Il se produit tellement d'événements entre la prophase et la métaphase que cette période de transition a reçu le nom de prométaphase.

Figure 9.7 La mitose dans une cellule animale. Grâce à ce mécanisme de division du noyau, chaque cellule fille hérite du même nombre de chromosomes que celui de la cellule mère. Pour plus de clarté, nous n'illustrons ici que deux paires de chromosomes d'une cellule diploïde (2n). La situation est presque toujours plus complexe, comme le montrent les micrographies de la mitose dans une cellule de poisson.

L'enveloppe du noyau se rompt complètement pour former de nombreuses petites vésicules aplaties, de sorte que les chromosomes peuvent maintenant interagir librement avec les microtubules. Des microtubules qui se sont allongés à partir des deux pôles du fuseau s'agrippent aux chromosomes et exercent une traction sur chacun d'eux. Cette traction bidirectionnelle oriente les chromosomes par rapport aux pôles. Par ailleurs, d'autres microtubules partent des pôles et forment deux ensembles qui se chevauchent dans la partie médiane du fuseau. Ils éloignent les pôles en glissant à rebours les uns sur les autres. Les forces de poussée et de traction finissent par s'équilibrer lorsque les chromosomes parviennent à l'équateur du fuseau.

La métaphase désigne le moment où tous les chromosomes doubles se sont alignés au milieu d'un fuseau complet, formant un ensemble qu'on appelle la **plaque équatoriale**. Cet alignement joue un rôle crucial dans l'étape suivante de la mitose.

De l'anaphase à la télophase

Lors de l'anaphase, les chromatides sœurs de chaque chromosome se séparent et se déplacent vers les pôles opposés du fuseau, sous l'action de deux mécanismes distincts.

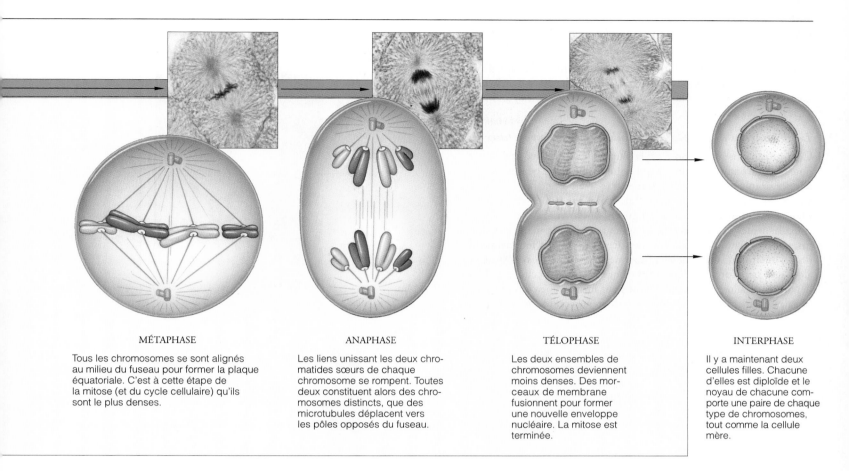

MÉTAPHASE

Tous les chromosomes se sont alignés au milieu du fuseau pour former la plaque équatoriale. C'est à cette étape de la mitose (et du cycle cellulaire) qu'ils sont le plus denses.

ANAPHASE

Les liens unissant les deux chromatides sœurs de chaque chromosome se rompent. Toutes deux constituent alors des chromosomes distincts, que des microtubules déplacent vers les pôles opposés du fuseau.

TÉLOPHASE

Les deux ensembles de chromosomes deviennent moins denses. Des morceaux de membrane fusionnent pour former une nouvelle enveloppe nucléaire. La mitose est terminée.

INTERPHASE

Il y a maintenant deux cellules filles. Chacune d'elles est diploïde et le noyau de chacune comporte une paire de chaque type de chromosomes, tout comme la cellule mère.

D'abord, les microtubules attachés au centromère des chromosomes se rétractent et entraînent ainsi chaque chromatide, qui est maintenant un chromosome distinct, vers un pôle du fuseau. En fait, chaque chromatide migre le long d'un tubule grâce à des protéines motrices, comprises dans le centromère. Celles-ci se projettent en faisceaux ordonnés vers les microtubules et font glisser le chromosome. Après le passage de la chromatide, le microtubule se désassemble. C'est un peu comme si l'ancien centromère de cette chromatide était un train avançant sur des rails qui se défont après son passage. Les protéines motrices activées correspondent à la locomotive de ce train (section 4.10).

Ensuite, le fuseau lui-même s'allonge à mesure que les microtubules qui se chevauchent continuent de pousser à contresens l'un de l'autre et écartent davantage les deux pôles du fuseau. Ces microtubules aussi comportent des protéines motrices et glissent les uns au-delà des autres là où ils se chevauchent.

À partir du moment où une chromatide se sépare de sa sœur, elle constitue un chromosome distinct.

La télophase s'amorce dès que les deux groupes de chromosomes parviennent à l'un et l'autre pôles du fuseau. Les chromosomes, qui ne sont plus liés aux microtubules, prennent de nouveau la forme de filaments. Les vésicules issues de l'ancienne enveloppe nucléaire fusionnent et forment des morceaux de membrane autour des chromosomes. Ces morceaux s'assemblent les uns aux autres, et les deux groupes de chromosomes se retrouvent peu après séparés du cytoplasme par une nouvelle enveloppe nucléaire. Si la cellule mère était diploïde, chaque groupe de chromosomes en contient deux de chaque

type. Rappelons que la mitose se caractérise par le fait que chaque nouveau noyau possède le même nombre de chromosomes que le noyau parent. La présence de deux noyaux distincts signale la fin de la télophase, ainsi que de la mitose elle-même.

Avant la mitose, chaque chromosome du noyau d'une cellule se duplique et consiste alors en deux chromatides sœurs retenues ensemble au niveau du centromère.

Lors de la prophase, des microtubules s'assemblent à l'extérieur du noyau et commencent à former un fuseau bipolaire. L'enveloppe nucléaire se rompt, de sorte que les microtubules peuvent s'agripper aux chromosomes doubles et les déplacer.

Lors de la métaphase, tous les chromosomes sont alignés et orientés par rapport aux pôles formant, dans la partie médiane du fuseau, la plaque équatoriale.

Lors de l'anaphase, certains microtubules exercent sur les chromatides sœurs de chaque chromosome une traction qui les sépare l'une de l'autre et les déplace vers les pôles opposés du fuseau, tandis que d'autres microtubules éloignent l'un de l'autre les pôles du fuseau et font ainsi augmenter la distance entre les chromatides sœurs.

Lors de la télophase, une nouvelle enveloppe nucléaire se forme autour de chacun des deux groupes de chromosomes présents.

À la fin de la mitose, chacun des deux noyaux possède le même nombre de chromosomes que le noyau parent.

LA DIVISION DU CYTOPLASME : LA CYTOCINÈSE

Le cytoplasme se divise habituellement entre la fin de l'anaphase et la fin de la télophase. Comme le montrent les figures 9.8 et 9.9, le mécanisme déterminant la **division cytoplasmique** ou **cytocinèse** varie selon les organismes.

La formation d'une plaque cellulaire chez les végétaux

Comme le précise la section 4.11, la plupart des cellules végétales sont dotées d'une paroi cellulaire, ce qui signifie qu'elles ne peuvent pas se scinder simplement en deux comme on le ferait d'une boule de pâte à modeler. La cytocinèse de ces cellules passe par la formation d'une **plaque cellulaire**, illustrée à la figure 9.8. Par ce mécanisme, des vésicules issues de l'appareil de Golgi et remplies de matériaux destinés à la formation des parois se déplacent grâce à des fragments du fuseau microtubulaire pour aller fusionner ensemble. Elles constituent alors une structure analogue à un disque, la plaque cellulaire. Des dépôts de cellulose s'y accumuleront pour former une cloison transversale qui enjambera le cytoplasme et divisera la cellule mère en deux

Micrographie optique d'une plaque cellulaire en formation lors de la cytocinèse chez une cellule végétale

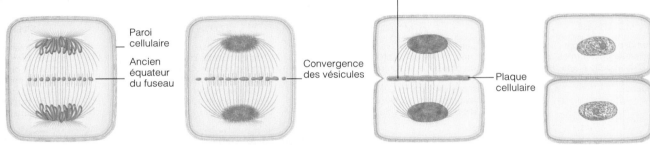

a À la fin de la mitose, des vésicules convergent à l'équateur du fuseau. Elles contiennent des matériaux liants et des matériaux structurants destinés à une nouvelle paroi cellulaire primaire.

b La formation d'une plaque cellulaire s'amorce quand les membranes des vésicules fusionnent. Les matériaux contenus dans les vésicules se retrouvent enfermés entre deux nouvelles membranes qui s'allongent dans le plan de la plaque cellulaire.

c De la cellulose se dépose entre ces membranes. Plus tard, ces dépôts de cellulose formeront deux parois cellulaires, alors que d'autres dépôts constitueront une lamelle médiane qui cimentera les parois des deux cellules filles ; d'autres détails à ce sujet sont donnés à la section 4.11.

d La plaque cellulaire croît à ses marges, avant de fusionner avec la paroi de la cellule mère. Les membranes qui l'enclosent fusionnent avec celles des nouvelles cellules filles. Les nouvelles cellules grossissent pour permettre la croissance de la plante ; leur paroi primaire est encore mince et de nouveaux matériaux viendront s'y déposer.

Figure 9.8 Cytocinèse chez une cellule végétale.

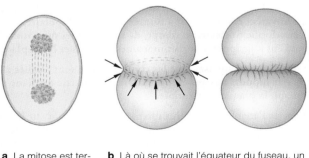

a La mitose est terminée et le fuseau se désagrège.

b Là où se trouvait l'équateur du fuseau, un anneau de microfilaments (actine et myosine) liés à la membrane plasmique se contracte et attire la surface de la cellule vers l'intérieur.

c La contraction se poursuit jusqu'à ce que l'anneau sépare la cellule en deux.

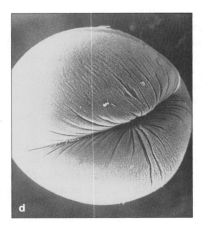

Figure 9.9 a), **b)** et **c)** Cytocinèse chez une cellule animale. **d)** Micrographie électronique à balayage du sillon de division situé dans le plan équatorial de l'ancien fuseau, au-dessous duquel une bande de microfilaments liés à la membrane plasmique se contracte et tire la surface vers l'intérieur. Le sillon s'approfondit jusqu'à ce que la cellule se sépare en deux.

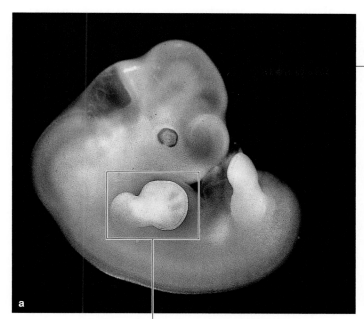

Le bras et la main d'un embryon de cinq semaines commencent à se former.

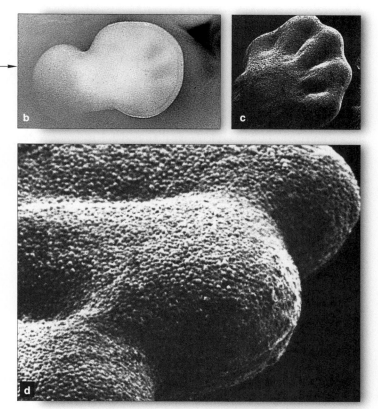

cellules filles. Les membranes des vésicules fusionnées forment une partie de la membrane plasmique de chacune des cellules filles.

La cytocinèse chez les cellules animales

Contrairement à une cellule végétale, une cellule animale n'est pas confinée par une paroi cellulaire et son cytoplasme se sépare simplement en deux par un étranglement de la membrane plasmique. La figure 9.9 présente une vue de la surface d'un ovule animal qui vient d'être fécondé. Une dépression, dénommée **sillon de division**, apparaît dans la membrane plasmique de l'ovule, à mi-chemin de ses deux pôles. C'est le premier signe visible de la division du cytoplasme d'une cellule animale. Le sillon s'étend à tout le tour de la cellule et s'approfondit dans le plan de l'équateur de l'ancien fuseau jusqu'à ce que la cellule se sépare en deux.

Une bande de microfilaments (actine et myosine) sous la membrane plasmique de la cellule produit la force nécessaire à cette segmentation. Ces microfilaments sont des éléments cytosquelettiques structurés de façon à pouvoir interagir et glisser les uns sur les autres (voir la section 4.10) ; ce faisant, ils tirent la membrane plasmique vers l'intérieur jusqu'à ce que se constituent ainsi deux cellules filles, dotées chacune d'un noyau, d'un cytoplasme et d'une membrane plasmique.

Un regard sur la division cellulaire mitotique

Ainsi s'achève la présente introduction à la division cellulaire par mitose. Chacun peut maintenant s'amuser à regarder ses propres mains, à visualiser les cellules constituant les paumes, les pouces et les autres doigts et à imaginer les divisions ayant donné lieu à toutes les générations de cellules qui les ont précédées au cours du développement embryonnaire (voir la figure 9.10). On peut aussi s'émerveiller devant l'extraordinaire précision des mécanismes ayant régi la formation des cellules, en des moments bien déterminés et en nombre défini, sous peine de malformations parfois sévères. N'oublions pas qu'une bonne santé – sans parler de la survie elle-même – repose

Figure 9.10 a), b), c), d) et **e)**
Transformation progressive d'une structure rudimentaire en forme de nageoire en une main humaine avec ses doigts, grâce à la mitose, aux divisions cytoplasmiques et aux autres processus nécessaires au développement de l'embryon. Le fort grossissement de l'image en **d)** rend distinctement visibles les nombreuses cellules individuelles.

entièrement sur la succession ordonnée et l'achèvement des différentes étapes du cycle cellulaire, dont la mitose. Certains troubles génétiques résultent parfois de la duplication ou de la répartition incorrectes d'un seul chromosome. De même, en cas de dysfonctionnement des mécanismes de contrôle qui empêchent des cellules de se diviser, des divisions cellulaires anarchiques peuvent détruire les tissus environnants et, en fin de compte, l'organisme au complet. La section 9.5 décrit une telle suite d'événements, qu'on examine plus en détail à la section 15.6.

Après la mitose, un mécanisme distinct, la cytocinèse, préside à la séparation du cytoplasme en deux cellules filles, dont chacune est dotée de son propre noyau.

Chez les végétaux, la division cytoplasmique comporte souvent la formation d'une plaque cellulaire et d'une paroi transversale entre les nouvelles membranes plasmiques adjacentes des cellules filles.

Un sillon de division permet la cytocinèse chez les animaux. Des microfilaments formant un anneau autour de la partie médiane d'une cellule mère glissent les uns sur les autres de façon à séparer le cytoplasme en deux.

Les cellules immortelles d'Henrietta

La vie de tout être humain commence sous la forme d'un ovule fécondé. Les divisions cellulaires mitotiques et d'autres processus engendrent ensuite la formation d'un corps humain qui se compose d'environ mille milliards de cellules au moment de la naissance. Même à l'âge adulte, des milliards de cellules continuent à se diviser, telles les cellules de la muqueuse de l'estomac qui se divisent chaque jour. Les cellules du foie ne se divisent généralement pas mais, lorsqu'une partie du foie est lésée ou atteinte d'une pathologie, des divisions cellulaires répétées vont produire de nouvelles cellules jusqu'à ce que la partie atteinte soit guérie ou remplacée.

En 1951, George et Margaret Gey, de l'université Johns Hopkins, ont tenté de mettre au point une méthode permettant à des cellules humaines de se diviser à l'extérieur du corps. Ils espéraient, à l'aide de cellules ainsi isolées, pouvoir examiner de plus près les processus fondamentaux de la vie. Ils voulaient également procéder à des études sur le cancer et d'autres maladies sans devoir effectuer des expérimentations directes sur des malades et risquer des vies humaines. Les deux chercheurs se sont servis, de cellules normales et de cellules malades que des médecins leur avaient envoyées. Mais, ils ne parvenaient pas à garder en vie plus de quelques semaines les descendantes de ces précieuses cellules.

Mary Kubicek, une assistante de George et Margaret Gey, s'est jointe à eux pour tenter de produire une lignée autoreproductrice de cellules humaines en milieu de culture. Sur le point d'abandonner après des dizaines de tentatives infructueuses, elle prépara tout de même, en 1951, un dernier échantillon de cellules cancéreuses en milieu de culture, auxquelles elle donna le nom de **cellules HeLa**, correspondant aux deux premières lettres du prénom et du nom de la patiente chez laquelle ces cellules avaient été prélevées.

Quatre jours plus tard, les descendantes des cellules HeLa étaient devenues si nombreuses que Kubicek dut les répartir dans d'autres éprouvettes. Malheureusement, les cellules cancéreuses de la patiente se divisaient tout aussi rapidement, de sorte que, six mois après que son cancer eut été diagnostiqué, les cellules tumorales avaient envahi tous les tissus de son organisme et que, deux autres mois plus tard, Henrietta Lacks, une jeune femme de Baltimore, mourut.

Toutefois, quelques-unes des cellules de la patiente vivaient toujours dans les éprouvettes des deux chercheurs, grâce à la première culture de cellules humaines réalisée en laboratoire. Des cellules HeLa ont ensuite été envoyées dans d'autres laboratoires un peu partout dans le monde et certaines ont même fait l'objet d'expériences menées dans l'espace à bord du satellite *Discoverer XVII*. Des centaines de projets de recherche utilisant ces cellules sont aujourd'hui en cours dans différents pays. Henrietta Lacks n'avait que 31 ans lorsqu'elle a succombé aux divisions cellulaires incontrôlées dans son organisme. Un demi-siècle plus tard, sa contribution demeure une source d'espoir pour de nombreux malades, grâce aux descendantes de ses cellules qui continuent à se multiplier jour après jour.

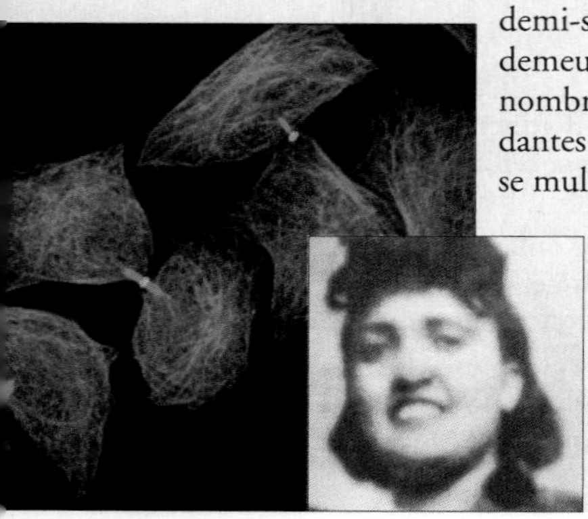

Figure 9.11 Division de cellules HeLa. La contribution d'Henrietta Lacks, victime du cancer, à la recherche scientifique bénéficie encore aujourd'hui à de nombreux malades.

RÉSUMÉ   Le chiffre en **brun** renvoie à la section du chapitre.

1. Grâce à des mécanismes de division spécifiques, une cellule mère procure à chacune de ses filles l'information héréditaire (ADN) et l'appareil cytoplasmique nécessaire à leur propre fonctionnement. *9, 9.1*

a) Chez les cellules eucaryotes, la division du noyau résulte de la mitose ou de la méiose et est généralement suivie de la division du cytoplasme.

b) Les cellules procaryotes se divisent par scissiparité.

2. Chaque chromosome eucaryote comprend une molécule d'ADN et les nombreuses protéines qui lui sont rattachées. Les chromosomes d'une cellule diffèrent les uns des autres par leur longueur, leur forme et la partie de l'information héréditaire qu'ils portent. *9.1*

a) Le nombre chromosomique correspond à la quantité totale des chromosomes présents dans les cellules d'un type donné. Les cellules ayant un nombre de chromosomes diploïde ($2n$) renferment une paire de chaque type de chromosome.

b) Durant la mitose, un noyau initial se divise en deux noyaux identiques dont chacun possède le même nombre de chromosomes que la cellule mère, nombre qui se maintient d'une génération de cellules à la suivante.

c) La mitose est à la base de la croissance, de la réparation des tissus et du remplacement des cellules chez les eucaryotes pluricellulaires, ainsi que de la reproduction asexuée chez de multiples eucaryotes unicellulaires. La méiose ne se produit que dans les cellules germinales.

3. Un chromosome double se compose de deux molécules d'ADN, rattachées par le centromère, qui sont dites chromatides sœurs tant qu'elles demeurent liées ensemble. *9.1*

4. Un cycle cellulaire s'amorce lors de la formation d'une nouvelle cellule. Il passe par l'interphase et s'achève avec la reproduction de la cellule par mitose et cytocinèse. Au cours de l'interphase, la cellule remplit ses fonctions. Peu avant de se diviser, sa masse augmente, elle double approximativement le nombre de ses composants cytoplasmiques et tous ses chromosomes se dupliquent. *9.2*

5. La mitose se déroule en quatre étapes. *9.3*

a) La prophase. Les chromosomes dupliqués, semblables à des filaments, se condensent peu à peu, et la formation d'un fuseau s'amorce. L'enveloppe nucléaire se rompt graduellement en petites vésicules durant la métaphase (ou prométaphase). Certains microtubules issus des deux pôles du fuseau en formation écartent les pôles l'un de l'autre, tandis que d'autres se lient directement au centromère des chromatides sœurs de chaque chromosome.

b) La métaphase. À la métaphase, tous les chromosomes alignés forment la plaque équatoriale au centre du fuseau.

c) L'anaphase. Des microtubules tirent sur les chromatides sœurs de chaque chromosome et les entraînent vers les pôles opposés du fuseau. Chaque chromosome de la cellule mère est maintenant représenté par un chromosome simple à chacun des deux pôles.

d) La télophase. Les chromosomes redeviennent moins denses et reprennent une apparence de filaments, puis une nouvelle enveloppe nucléaire se forme autour d'eux. Chaque noyau possède le même nombre de chromosomes que son ascendant.

6. Des mécanismes distincts régissent la cytocinèse peu avant la fin de la division nucléaire ou après celle-ci (par formation d'une plaque cellulaire chez les végétaux, grâce à un sillon de division chez les animaux). *9.4*

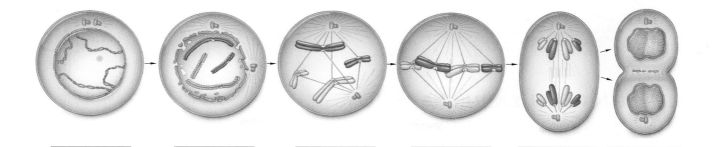

_____   _____   _____

Exercices

1. Définissez la mitose et la méiose, les deux mécanismes à l'œuvre dans les cellules eucaryotes. L'un ou l'autre de ces mécanismes préside-t-il à la division du cytoplasme ? *9.1*

2. Expliquez ce qu'on entend par cellule somatique et cellule germinale. *9.1*

3. Que sont les protéines chromosomiques ? Que sont les histones et comment interagissent-elles avec une molécule d'ADN ? *9.1*

4. Quel nom donne-t-on au chromosome avant sa duplication ? après sa duplication (avec deux chromatides sœurs) ? *9.1*

5. Décrivez le fuseau de division et ses fonctions. Quel est le rôle des protéines motrices dans son fonctionnement ? *9.2, 9.3*

6. À l'aide des illustrations ci-dessus, donnez le nom des étapes de la mitose et décrivez-en les principales caractéristiques. *9.3*

7. Expliquez brièvement en quoi la cytocinèse d'une cellule végétale diffère de celle d'une cellule animale. *9.4*

Autoévaluation   RÉPONSES À L'ANNEXE III

1. La mitose et la cytocinèse sont à l'œuvre dans _____ .
   a) la reproduction asexuée des eucaryotes unicellulaires
   b) la croissance, la réparation des tissus et parfois la reproduction asexuée chez de nombreux eucaryotes pluricellulaires
   c) la formation des gamètes chez les procaryotes
   d) les réponses a) et b)

2. Un chromosome dupliqué comprend _____ chromatide(s).
   a) un   b) deux   c) trois   d) quatre

3. Dans un chromosome, _____ est une partie étroite munie de sites d'attachement pour les microtubules.
   a) la chromatide   c) le centromère
   b) la plaque cellulaire   d) la segmentation

4. Une cellule somatique possédant une paire de chaque type de chromosomes a un nombre de chromosomes _____ .
   a) diploïde   b) haploïde   c) tétraploïde   d) anormal

5. L'interphase est la partie du cycle cellulaire pendant laquelle _____ .
   a) une cellule cesse de fonctionner
   b) le fuseau de division d'une cellule germinale se forme
   c) une cellule croît et son ADN se réplique
   d) la mitose se déroule

6. Après la mitose, le nombre de chromosomes d'une cellule fille est _____ celui de la cellule mère.
   a) le même que   c) réarrangé par rapport à
   b) deux fois moins élevé que   d) deux fois plus élevé que

7. Seule _____ n'est pas une étape de la mitose.
   a) la prophase   c) la métaphase
   b) l'interphase   d) l'anaphase

8. Associez chaque étape à l'événement qui s'y déroule.
   _____ métaphase   _____ prophase
   _____ télophase   _____ anaphase
   a) Les chromatides sœurs s'éloignent l'une de l'autre.
   b) Les chromosomes se condensent.
   c) Les chromosomes redeviennent moins denses et les noyaux fils se forment.
   d) Tous les chromosomes dupliqués sont alignés dans la partie médiane du fuseau.

Questions à développement

1. Imaginez que vous pouvez mesurer la quantité d'ADN présent dans une seule cellule lors du cycle cellulaire et que vous le faites pendant la phase G_1. À quels moments, après cette période, croyez-vous que se modifiera la quantité d'ADN dans la cellule ?

2. Le col est une partie de l'utérus, organe où se développe l'embryon. Le test de Papanicolaou est utilisé pour dépister le cancer du col de l'utérus dès son apparition. Les traitements possibles consistent à tuer les cellules précancéreuses en les congelant ou à l'aide d'un rayon laser ou encore à pratiquer l'ablation de l'utérus (hystérectomie). La probabilité de succès des traitements est de 90 % lorsque le cancer est détecté précocement, alors qu'elle tombe à moins de 9 % si le cancer a commencé à se répandre.

La plupart des cancers du col se développent lentement, mais des relations sexuelles non protégées font augmenter leur risque d'apparition. Parmi les principaux facteurs de risque figure une infection par le virus du papillome, à l'origine de condylomes acuminés (section 44.15). Dans 93 % de tous les cas, des gènes viraux qui codent des protéines suscitant la formation d'une tumeur s'étaient intégrés à l'ADN de cellules du col auparavant normales.

Ce ne sont pas toutes les femmes qui passent un test de Papanicolaou. Nombreuses sont celles qui croient, à tort, que ce test coûte cher ou qui ne reconnaissent pas l'importance de pratiquer l'abstinence ou d'avoir des relations sexuelles protégées. D'autres ne veulent tout simplement pas songer à la possibilité d'avoir un cancer. Compte tenu de ce que vous avez appris au sujet du cycle cellulaire et du cancer, que diriez-vous alors à ces femmes ?

3. L'if de l'Ouest (*Taxus brevifolia*) est menacé d'extinction. Beaucoup de personnes ont commencé à prélever son écorce et à abattre cet arbre lorsqu'elles ont entendu dire que le taxol, un composé chimique extrait de l'écorce, pourrait être efficace contre le cancer du sein et le cancer des ovaires (la synthèse du taxol en laboratoire pourrait préserver l'espèce). Le taxol est une substance toxique qui empêche le désassemblage des microtubules. Que pouvez-vous en déduire à propos de son utilisation potentielle en tant que médicament anticancéreux ?

4. Les rayons X et les rayons gamma émis par certains radio-isotopes peuvent causer des dommages de nature chimique à l'ADN, notamment dans les cellules où celui-ci a amorcé sa réplication. Une exposition à de fortes doses peut engendrer une intoxication par radiations, dont les premiers symptômes sont la perte de cheveux et une altération de la muqueuse de l'estomac et des intestins. Formulez des hypothèses qui en expliqueraient les raisons. Tentez également d'expliquer pourquoi des traitements par radiations très précisément focalisées sont employés contre certains cancers.

Vocabulaire

Anaphase *9.2*	Diploïde (nombre de chromosomes) *9.1*	Mitose *9.1*
Cellule germinale *9.1*		Nombre chromosomique *9.1*
Cellule HeLa *9.5*	Division cytoplasmique *9.4*	
Cellule somatique *9.1*	Fuseau de division *9.2*	Nucléosome *9.1*
Centriole *9.3*	Haploïde (nombre de chromosomes) *9.1*	Plaque cellulaire *9.4*
Centromère *9.1*		Plaque équatoriale *9.3*
Chromatide sœur *9.1*	Histone *9.1*	Prophase *9.2*
Chromosome *9.1*	Interphase *9.2*	Reproduction *9*
Cycle cellulaire *9.2*	Méiose *9.1*	Sillon de division *9.4*
Cytocinèse *9.4*	Métaphase *9.2*	Télophase *9.2*

Lectures complémentaires

Murray, A. et M. Kirschner. (Mars 1991). « What Controls the Cell Cycle ? » *Scientific American* 264(3) : 56-63.

Valette, A. et Ducommun, B. (Juin 1998). « De nouvelles cibles pour traiter le cancer ». La Recherche 310 : 32-34.

Lectures complémentaires en ligne : consultez l'infoTrac à l'adresse Web
www.brookscole.com/biology

LA DIVISION CELLULAIRE: LA MÉIOSE

L'activité sexuelle chez la pieuvre et d'autres espèces

Chez les pieuvres, le mâle et la femelle sont clairement attirés l'un par l'autre. Il la caresse d'abord avec un tentacule, puis avec un autre et encore un autre. Elle réagit en se blottissant contre lui, puis en l'enserrant contre elle. Ces activités se poursuivent pendant des heures et des heures. Enfin, à l'aide d'un tentacule, le mâle fouille sous son manteau, c'est-à-dire un repli de tissu qui recouvre la plus grande partie de son corps; il extrait un amas de spermatozoïdes de son or-gane reproducteur et les insère dans une cavité ovulaire sous le manteau de la femelle. Chaque ovule fécondé par un spermatozoïde peut donner naissance à une petite pieuvre.

Contrairement à l'accouplement monogame d'une pieuvre mâle et d'une pieuvre femelle, l'activité sexuelle de la crépidule est collective. Animal marin apparenté à l'escargot commun, la crépidule, avant de devenir un adulte apte à se reproduire, doit passer par un stade de développement dénommé *larve*. Lorsqu'une larve de crépidule est sur le point de se métamorphoser en adulte, elle se fixe sur un fragment de roche, un galet ou un coquillage. Si elle se fixe seule, elle deviendra un adulte femelle. Si une deuxième larve se fixe sur la première et poursuit son développement, elle deviendra alors un adulte mâle, mais si une troisième larve vient se fixer sur elle et se méta-morphose en adulte mâle, alors la deuxième larve se transformera en adulte femelle. Puis, la troisième larve deviendra elle-même un adulte femelle si une quatrième larve se fixe sur elle pour se méta-morphoser en adulte mâle, et ainsi de suite si d'autres larves de crépidule viennent s'ajouter au groupe, qui peut compter une dizaine de larves ou plus.

Les crépidules vivent généralement ainsi empilées les unes sur les autres, de sorte que celle du dessous est toujours la femelle la plus âgée et que celle du dessus est le mâle le plus jeune (voir la figure 10.1*a*). Jusqu'à ce qu'elle change de sexe, la crépidule mâle libère des spermatozoïdes qui fécondent les œufs d'une femelle. Les œufs fécondés se transforment en larves immatures, qui se métamorphosent ensuite en femelles ou en mâles pouvant eux-mêmes devenir des femelles, et ainsi de suite d'une génération sexuellement polyvalente à la suivante.

Figure 10.1 Deux exemples de variations du mode de reproduction chez les organismes eucaryotes. **a)** Des crépidules s'affairent à per-pétuer leur espèce par une participation collec-tive à la reproduction sexuée. Le petit crabe visible à l'avant-plan ne faisait que passer. **b)** La naissance d'un puceron. Cet insecte se caractérise par une reproduction sexuée en automne, mais il peut adopter une reproduction asexuée en été.

La crépidule n'est pas la seule espèce à présenter des variations inhabituelles de son mode de reproduction. Ainsi, la reproduction sexuée est courante dans de nombreux cycles biologiques en même temps que des épisodes asexués fondés sur des divisions cellulaires mitotiques. Par exemple, l'orchidée, le pissenlit et de nombreuses autres plantes se reproduisent tout aussi bien selon un mode sexué ou asexué. Les vers plats, ou plathelminthes, sont des animaux généralement aquatiques qui peuvent soit exercer une activité sexuelle, soit diviser leur corps en deux parties à peu près égales dont chacune est apte à régénérer un individu complet.

Mais les pucerons font encore mieux ! En été, presque tous les pucerons sont des femelles, qui donnent naissance à d'autres femelles à partir d'œufs non fécondés (voir la figure 10.1 *b*). Ce n'est qu'à l'approche de l'automne que les pucerons mâles se développent et jouent leur rôle dans la phase sexuée du cycle biologique de l'espèce. Même là, les femelles qui réussissent à survivre à l'hiver peuvent se passer des mâles et, au début de l'été suivant, commencer à engendrer toutes seules leur progéniture.

Ces exemples ne donnent qu'un aperçu de l'immense variation des modes de reproduction chez les organismes eucaryotes. Pourtant, malgré cette variation, la reproduction sexuée domine presque tous les cycles biologiques et comprend toujours les mêmes événements. En bref, les cellules vouées à la reproduction sexuée dupliquent leurs chromosomes avant de se diviser. Chez les animaux par exemple, c'est ce que font les **cellules germinales**, qui sont des cellules reproductrices immatures se développant chez le mâle et la femelle. Les descendants cellulaires des cellules germinales se divisent par méiose pour donner des **gamètes**, c'est-à-dire des cellules sexuelles. Lorsqu'un gamète mâle et un gamète femelle s'unissent, ils constituent alors la première cellule d'un nouvel individu grâce à la fécondation.

Le présent chapitre porte sur les types de cellules qui établissent un pont entre les générations successives d'organismes. Des étapes spécialisées de reproduction et de développement, y compris des épisodes asexués, s'ajoutent au cycle biologique de base de nombreuses espèces eucaryotes. Au-delà de ces étapes spécialisées, tous les cycles biologiques sont fondés sur les trois mécanismes interreliés suivants : la méiose, la gamétogenèse et la fécondation. Il s'agit là des faits marquants de la reproduction sexuée, qui, comme l'illustrent maints chapitres du présent ouvrage, ont beaucoup contribué à la diversité de la vie.

Concepts-clés

1. La reproduction sexuée se caractérise par trois mécanismes fondamentaux : la méiose, la gamétogenèse et la fécondation. Les spermatozoïdes et les ovules sont les gamètes familiers.

2. La méiose est un mécanisme de division du noyau qui se déroule à partir des seules cellules destinées à la reproduction sexuée, soit les cellules germinales des animaux mâles et femelles. Durant la méiose, les chromosomes d'une cellule germinale se répartissent entre quatre nouveaux noyaux. À l'issue de la méiose, les gamètes matures se forment par suite de la cytocinèse et d'autres événements.

3. Les cellules ayant un nombre diploïde de chromosomes renferment une paire de chaque type des chromosomes caractéristiques de l'espèce. En général, un des chromosomes d'une paire est maternel, c'est-à-dire qu'il contient l'information héréditaire provenant du parent femelle, et l'autre est paternel, comprenant les mêmes catégories d'information héréditaire provenant du parent mâle.

4. C'est au cours de la méiose que le nombre de chromosomes est divisé en deux moitiés destinées à chacun des futurs gamètes. Donc, si les deux parents ont un nombre diploïde de chromosomes ($2n$), les gamètes seront haploïdes (n). L'union subséquente de deux gamètes lors de la fécondation rétablira le nombre diploïde de chromosomes chez le nouvel individu ($n + n = 2n$).

5. Durant la méiose, les chromosomes de chaque paire s'échangent des segments d'information héréditaire relative à certains caractères. C'est aussi pendant la méiose qu'un chromosome de chaque paire est inséré dans un futur gamète, mais c'est le hasard qui détermine lequel des chromosomes de la paire se retrouve dans un gamète donné. L'information héréditaire est à nouveau mélangée lors de la fécondation. Les trois mécanismes de la reproduction (la méiose, la gamétogenèse et la fécondation) produisent des variations de caractères chez les descendants.

6. Chez la plupart des végétaux, la formation de spores et d'autres événements se déroulent entre la méiose et la formation des gamètes.

DES COMPARAISONS ENTRE LA REPRODUCTION SEXUÉE ET LA REPRODUCTION ASEXUÉE

Lorsqu'une orchidée, un ver plat ou un puceron se reproduit seul, quel type de progéniture en est issu? Dans la **reproduction asexuée**, un seul parent engendre des descendants dont chacun hérite le même nombre et les mêmes gènes que son parent. Les **gènes** sont des segments spécifiques de chromosomes, c'est-à-dire de molécules d'ADN. Ensemble, les gènes propres à une espèce contiennent tous les éléments de l'information héréditaire qui sont nécessaires pour produire de nouveaux individus. Sauf dans les cas de mutations, qui sont des événements rares, cela signifie que les individus issus de la reproduction asexuée ne peuvent être que des clones, soit des copies génétiquement identiques du parent qui les a engendrés.

L'hérédité est un phénomène beaucoup plus intéressant dans le cas de la **reproduction sexuée**, processus comportant la méiose, la gamétogenèse et la fécondation (union des noyaux de deux gamètes). Chez la plupart des espèces à reproduction sexuée, y compris l'être humain, la première cellule du nouvel individu contient des paires de gènes dans des paires de chromosomes homologues. En général, un gène de chaque paire est d'origine maternelle et l'autre est d'origine paternelle.

Si l'information codée dans les deux gènes de chaque paire était absolument identique, la reproduction sexuée aussi donnerait des clones. Conséquemment, l'ensemble de la population humaine pourrait être composée d'individus ayant exactement la même apparence! Mais les deux gènes d'une paire peuvent très bien ne pas être identiques. Pourquoi? Tout simplement parce que la structure moléculaire d'un gène peut changer: c'est précisément ce que signifie la notion de mutation. Selon leur structure respective, deux formes d'un même gène dans les cellules d'une personne peuvent donner lieu à des expressions légèrement différentes d'un caractère donné. Chacune des formes moléculaires d'un même gène est un **allèle**.

Ces légères différences affectent des milliers de caractères. Par exemple, la présence ou l'absence d'une fossette au menton s'explique par l'action de la paire d'allèles hérités qui se trouvent sur un segment précis de chromosome. Un type d'allèle à cet endroit entraîne la formation d'une fossette, alors que l'autre type la prévient. Cet exemple met en évidence l'une des raisons fondamentales pour lesquelles les membres d'une espèce à reproduction sexuée n'ont pas tous la même apparence. En effet, grâce à la reproduction sexuée, les descendants héritent de nouvelles associations d'allèles qui entraînent des variations de leurs caractères.

Le présent chapitre expose les fondements cellulaires de la reproduction sexuée et, surtout, donne un aperçu des effets à long terme que produit le brassage des gènes à différents moments de la reproduction sexuée. Celle-ci entraîne, chez les descendants, des variations de caractères sur lesquelles s'exerce l'action des agents de la sélection naturelle. Les variations de caractères sont ainsi au fondement des changements évolutifs.

La reproduction asexuée produit des copies génétiquement identiques du parent, tandis que la reproduction sexuée suscite des variations de la configuration des caractères chez les descendants.

La reproduction sexuée, qui domine les cycles biologiques des espèces eucaryotes, comprend trois étapes principales : la méiose, la gamétogenèse et la fécondation.

LA MÉIOSE DIVISE PAR DEUX LE NOMBRE DE CHROMOSOMES

Les homologues

Contrairement à la mitose, abordée au chapitre précédent, la **méiose** a pour effet de diviser les chromosomes en paquets distincts non pas à une reprise, mais bien à deux reprises avant la division cellulaire proprement dite. De surcroît, à la différence de la mitose, la méiose est la première phase du processus menant à la formation des gamètes, qui sont, rappelons-le, des cellules sexuelles comme les spermatozoïdes ou les ovules. Chez la plupart des organismes eucaryotes pluricellulaires, les gamètes se forment à partir de cellules présentes dans des structures ou des organes reproducteurs spécialisés. La figure 10.2 montre quelques exemples d'organes où se forment les gamètes.

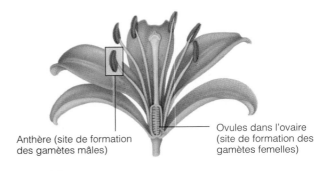

Anthère (site de formation des gamètes mâles)

Ovules dans l'ovaire (site de formation des gamètes femelles)

a Plante à fleurs

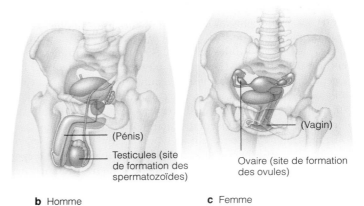

(Pénis)

Testicules (site de formation des spermatozoïdes)

(Vagin)

Ovaire (site de formation des ovules)

b Homme

c Femme

Figure 10.2 Quelques exemples d'organes produisant des gamètes.

Comme il est mentionné à la section 9.1, le **nombre chromosomique** est la quantité totale de chromosomes présents dans les cellules d'une espèce donnée. Une cellule germinale possède initialement le même nombre de chromosomes qu'une cellule somatique. On dit qu'une cellule a un **nombre diploïde** de chromosomes ($2n$) lorsqu'elle possède une paire de chromosomes de chaque type, provenant souvent de deux parents. À l'exception de la paire de chromosomes sexuels mâles non identiques, les chromosomes de chaque paire ont la même longueur, la même forme et le même assortiment de gènes et ils s'alignent l'un vis-à-vis de l'autre lors de la méiose. Ce sont des **chromosomes homologues**.

Comme le montre la figure 10.3, les cellules germinales humaines possèdent 23 + 23 chromosomes. Après la méiose, 23 chromosomes,

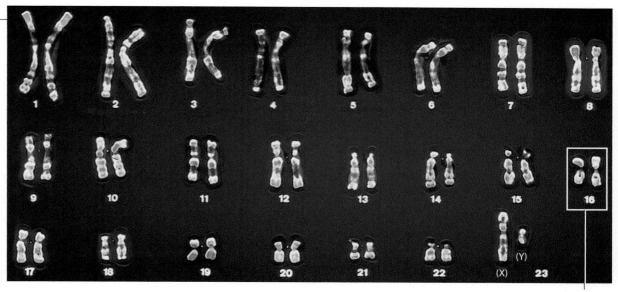

Figure 10.3 Voici à quoi ressemblent les 23 paires de chromosomes homologues d'une cellule diploïde humaine mâle. La 23ᵉ paire contient les chromosomes sexuels X et Y. Chez la femme, on observe deux chromosomes semblables (XX). Les chromosomes X et Y n'ont ni la même longueur, ni la même forme, ni tout à fait le même assortiment de gènes, mais ils s'apparient tout de même comme des chromosomes homologues lors de la méiose.

Une paire de chromosomes homologues

soit un de chaque type, se retrouvent dans chacun des gamètes. Ainsi, la méiose a pour effet de diviser par deux le nombre de chromosomes, de sorte que les gamètes ont un **nombre haploïde** de chromosomes (*n*).

Deux divisions et non une seule

Par certains aspects, la méiose est analogue à la mitose, mais son résultat est différent. Comme dans la mitose, chacun des chromosomes d'une cellule germinale est dupliqué durant l'interphase. La molécule d'ADN de chaque chromosome, ainsi que les protéines qui y sont associées, demeurent attachées au centromère, qui constitue leur partie la plus étroite. Chacun des brins d'ADN-protéines rattaché au centromère s'appelle une **chromatide** et les deux ensemble, dites chromatides sœurs, forment un chromosome double.

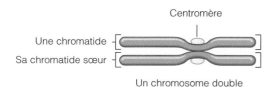

Centromère
Une chromatide
Sa chromatide sœur
Un chromosome double

Comme dans la mitose, les microtubules d'un fuseau de division déplacent les chromosomes dans des directions prédéterminées.

Mais, contrairement à ce qui se produit durant la mitose, les chromosomes passent par deux divisions consécutives qui donnent lieu à la formation de quatre noyaux haploïdes. Les deux divisions de noyau, dénommées *méiose I* et *méiose II*, ne sont pas séparées par une interphase.

Interphase (réplication de l'ADN avant la méiose I)	MÉIOSE I	Pas d'interphase (pas de réplication de l'ADN avant la méiose II)	MÉIOSE II
	PROPHASE I		PROPHASE II
	MÉTAPHASE I		MÉTAPHASE II
	ANAPHASE I		ANAPHASE II
	TÉLOPHASE I		TÉLOPHASE II

Durant la méiose I, chaque chromosome double s'aligne vis-à-vis de son partenaire – homologue à homologue. Après que les deux

chromosomes doubles de chaque paire se sont alignés l'un vis-à-vis de l'autre, ils se séparent.

Chaque chromosome double s'apparie à son homologue,

puis s'en sépare

La cytocinèse débute généralement après que tous les chromosomes homologues se sont séparés de leur partenaire respectif. Les deux cellules sœurs ainsi formées sont haploïdes : chacune possède un chromosome de chaque type. Il faut se rappeler ici que les chromosomes sont encore à l'état double.

Ensuite, durant la méiose II, les deux chromatides sœurs de chaque chromosome double se séparent l'une de l'autre.

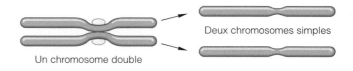

Un chromosome double
Deux chromosomes simples

Chaque chromatide sœur constitue alors un chromosome à part entière. Quatre noyaux se forment maintenant et souvent le cytoplasme se divise de nouveau. Il y a désormais quatre cellules haploïdes.

La figure 10.4, sur les deux pages suivantes, illustre de façon plus précise les principaux événements de la méiose, ainsi que leurs conséquences.

La méiose est un mécanisme de division du noyau. Elle réduit de moitié dans les cellules filles le nombre de chromosomes d'une cellule mère. Les cellules filles sont haploïdes (*n*).

La méiose, la première étape menant à la formation des gamètes, se produit seulement à partir de cellules vouées spécifiquement à la reproduction sexuée.

LES ÉTAPES DE LA MÉIOSE

MÉIOSE I

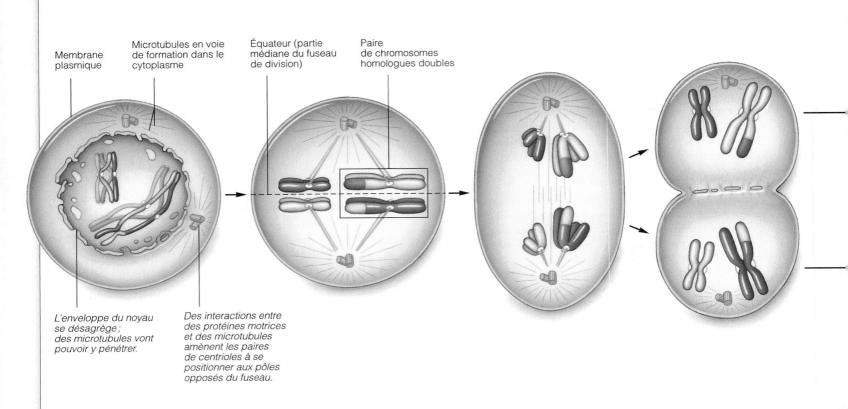

Membrane plasmique

Microtubules en voie de formation dans le cytoplasme

Équateur (partie médiane du fuseau de division)

Paire de chromosomes homologues doubles

L'enveloppe du noyau se désagrège; des microtubules vont pouvoir y pénétrer.

Des interactions entre des protéines motrices et des microtubules amènent les paires de centrioles à se positionner aux pôles opposés du fuseau.

PROPHASE I

Les chromatides filiformes de chaque chromosome double commencent à se condenser. Chaque chromosome double s'apparie à son homologue, puis les deux s'échangent généralement des segments. Cet échange, dénommé enjambement, est représenté par le changement de couleur sur la plus longue paire de chromosomes. Des microtubules du fuseau en voie de formation s'attachent au centromère de chaque chromosome double.

MÉTAPHASE I

Comme dans la mitose, des protéines motrices rattachées à des microtubules déplacent les chromosomes et écartent les pôles l'un de l'autre. Ils tirent les chromosomes jusqu'à l'équateur du fuseau et y constituent la plaque équatoriale. Celui-ci est alors entièrement formé, grâce aux interactions dynamiques entre les protéines motrices, les microtubules et les chromosomes eux-mêmes.

ANAPHASE I

Des microtubules s'étendant à partir des pôles et se chevauchant à l'équateur du fuseau s'allongent et écartent les pôles l'un de l'autre. D'autres microtubules s'étendant des pôles aux chromosomes raccourcissent et éloignent ainsi chaque chromosome double de son homologue. Ces déplacements amènent chacun des homologues vers des pôles opposés.

TÉLOPHASE I

Le cytoplasme de la cellule germinale se divise en un certain point et deux cellules haploïdes (*n*) se forment : c'est la cytocinèse. Chaque cellule possède un chromosome de chaque type de ceux qui étaient présents dans la cellule mère (2*n*). Toutefois, tous les chromosomes sont encore à l'état double.

Figure 10.4 Les étapes de la méiose chez une cellule animale type. Grâce au mécanisme de division du noyau, le nombre de chromosomes dans les cellules germinales est réduit de moitié (nombre maintenant haploïde), en vue de la formation des gamètes. Pour rendre le processus plus clair, le schéma ne représente que deux paires de chromosomes homologues ; les chromosomes maternels sont en mauve et les chromosomes paternels sont en bleu. Les micrographies visibles plus haut indiquent les phases correspondantes de la formation de grains de pollen chez un lis (*Lilium regale*).

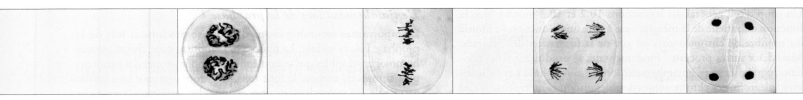

MÉIOSE II

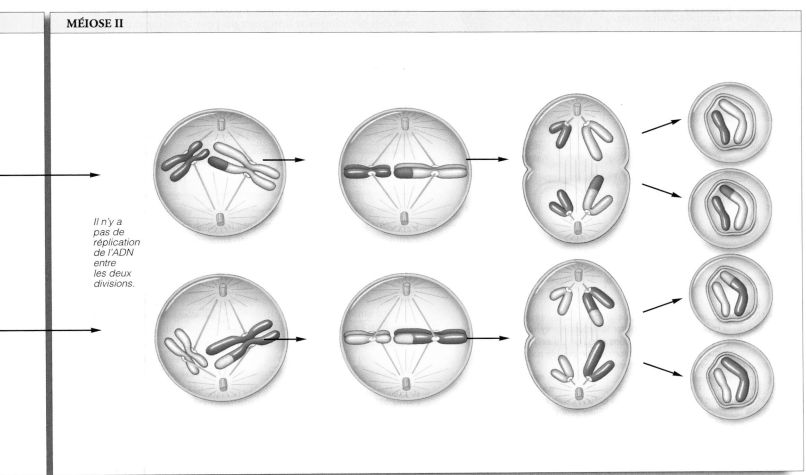

Il n'y a pas de réplication de l'ADN entre les deux divisions.

PROPHASE II

(Les centrioles sont déjà disposés aux pôles opposés.) Puis des microtubules se lient aux chromosomes qui se déplacent vers l'équateur du fuseau, grâce à des protéines motrices.

MÉTAPHASE II

Dans chaque cellule fille, grâce aux interactions entre les protéines motrices, les microtubules du fuseau et chaque chromosome double, tous les chromosomes se placent sur l'équateur du fuseau.

ANAPHASE II

Le lien entre les deux chromatides de chaque chromosome se rompt et chacune des chromatides sœurs devient un chromosome à part entière. Des protéines motrices dirigent chacun des chromosomes vers les pôles opposés.

TÉLOPHASE II

Lorsque la télophase II se termine, il y a quatre noyaux fils. À la fin de la cytocinèse, chaque nouvelle cellule fille a un nombre haploïde de chromosomes (*n*) et tous les chromosomes sont maintenant à l'état simple.

Chacune des quatre cellules haploïdes formées à l'issue de la méiose et de la cytocinèse peut devenir un gamète et participer à la reproduction sexuée. Chez les végétaux, les cellules formées à la suite de la méiose peuvent devenir des spores : ces dernières jouent un rôle durant une partie du cycle biologique qui précède la formation des gamètes. La micrographie illustrant la télophase II montre des spores qui deviendront des grains de pollen. (On n'y voit pas de centrioles, car ceux-ci sont absents chez la majorité des végétaux.)

L'ASSORTIMENT INDÉPENDANT

La prévision des résultats de croisements dihybrides

Dans une autre série d'expériences, Mendel procéda à des **croisements dihybrides**, soit des croisements où on étudie la transmission de deux caractères à la fois. Son but était de comprendre comment deux paires de gènes s'assortissent dans les gamètes. Dans de tels croisements, les individus de lignée pure pour différentes versions de deux caractères ont des descendants de F₁ qui sont tous identiquement hétérozygotes pour ces deux caractères. L'expérience en question ici consiste en un croisement de deux «dihybrides» de la F₁, c'est-à-dire deux hétérozygotes identiques pour deux locus de gènes.

Le schéma ci-dessous illustre un des croisements dihybrides que Mendel effectua. *A* et *B* désignent respectivement les allèles dominants pour la couleur de la fleur et la taille du plant, tandis que *a* et *b* renvoient aux allèles récessifs.

Mendel le prévoyait sans doute, tous les plants de la F₁ issus de ce croisement avaient des fleurs roses et étaient de grande taille (*AaBb*).

Au moment de la reproduction de ces plants de F₁, de quelle façon les deux paires d'allèles vont-elles s'assortir dans les gamètes? La réponse à cette question est en partie fonction des chromosomes qui portent ces allèles. Partons de l'hypothèse qu'une paire de chromosomes homologues porte les allèles *A* et *a* et qu'une autre paire porte les allèles *B* et *b*. Rappelons également que tous les chromosomes se placent à l'équateur du fuseau de division lors de la métaphase I de la méiose (voir les figures 10.6 et 11.8). Le chromosome portant l'allèle *A* peut être disposé de manière à se déplacer vers l'un ou l'autre des pôles du fuseau (puis dans un des quatre gamètes). Son homologue portant l'allèle *a* se déplacera vers le pôle opposé. La situation est la même pour les chromosomes homologues qui portent les allèles *B* et *b*. Ainsi, après la méiose et la formation des gamètes, quatre combinaisons d'allèles peuvent être présentes dans les gamètes mâles et les ovules: 1/4 *AB*, 1/4 *Ab*, 1/4 *aB* et 1/4 *ab*.

Lors de la fécondation, ces gamètes pourront s'unir de toutes les façons possibles pour générer plusieurs combinaisons différentes d'allèles. Une multiplication simple (4 types de gamète mâle × 4 types d'ovule) révèle que 16 combinaisons d'allèles sont possibles chez les plants de la F₂ issus d'un croisement dihybride. L'échiquier de croisement facilite la représentation des probabilités (voir la figure 11.9). Si on additionne les individus de chaque phénotype, on constate que 9/16 des plants ont des fleurs roses et sont de grande taille, que 3/16 ont des fleurs roses et sont de taille naine, que 3/16 ont des fleurs blanches et sont de grande taille et qu'enfin 1/16 ont des fleurs blanches et sont de taille naine. Il s'agit donc d'un rapport phénotypique de 9:3:3:1. Les résultats des croisements dihybrides de Mendel se rapprochaient beaucoup de ce rapport.

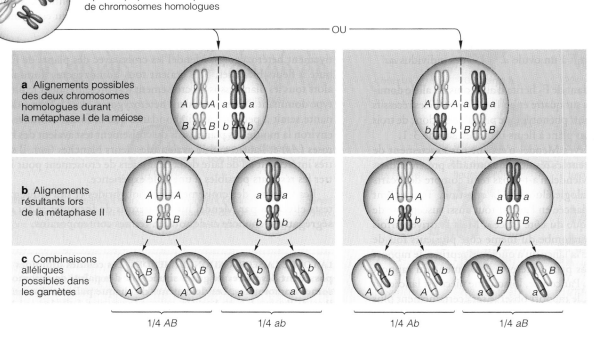

PARENTS DE LIGNÉE PURE — Fleurs roses, grande taille **AABB** × Fleurs blanches, taille naine **aabb**

GAMÈTES — (AB) (AB) (ab) (ab)

HYBRIDES DE F₁ — **AaBb**

Noyau d'une cellule germinale diploïde (2*n*) avec deux paires de chromosomes homologues

OU

a Alignements possibles des deux chromosomes homologues durant la métaphase I de la méiose

b Alignements résultants lors de la métaphase II

c Combinaisons alléliques possibles dans les gamètes

1/4 *AB*   1/4 *ab*   1/4 *Ab*   1/4 *aB*

Figure 11.8 Un assortiment indépendant portant sur deux paires de chromosomes homologues. L'allèle situé à un locus donné d'un chromosome peut être identique ou non à son partenaire du chromosome homologue. L'un ou l'autre des deux chromosomes d'une paire peut se déplacer vers l'un ou l'autre des deux pôles du fuseau durant la méiose. Comme le montre le schéma, deux alignements distincts sont possibles lors de la métaphase I, lorsqu'on considère seulement deux paires de chromosomes.

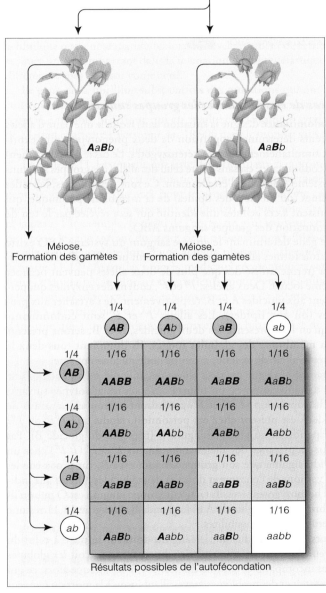

AABB
Parent de
grande taille
à fleurs roses
(homozygote
dominant)

AB × **ab**

aabb
Parent nain à
fleurs blanches
(homozygote
récessif)

RÉSULTAT DE LA F₁ : ce sont tous des plants
de grande taille à fleurs roses (**AaBb** hétérozygotes).

AaBb   AaBb

Méiose,   Méiose,
Formation des gamètes   Formation des gamètes

	1/4 **AB**	1/4 **Ab**	1/4 **aB**	1/4 **ab**
1/4 **AB**	1/16 **AABB**	1/16 **AABb**	1/16 **AaBB**	1/16 **AaBb**
1/4 **Ab**	1/16 **AABb**	1/16 **AAbb**	1/16 **AaBb**	1/16 **Aabb**
1/4 **aB**	1/16 **AaBB**	1/16 **AaBb**	1/16 aa**BB**	1/16 aa**Bb**
1/4 **ab**	1/16 **AaBb**	1/16 **Aabb**	1/16 aa**Bb**	1/16 aabb

Résultats possibles de l'autofécondation

TOTAL DES COMBINAISONS POSSIBLES POUR LA F₂

- 9/16 ou 9 plants de grande taille à fleurs roses
- 3/16 ou 3 plants nains à fleurs roses
- 3/16 ou 3 plants de grande taille à fleurs blanches
- 1/16 ou 1 plant nain à fleurs blanches

Figure 11.9 Les résultats de l'expérience de Mendel portant sur le croisement dihybride de plants parents de lignée pure pour différentes versions de deux caractères : la couleur de la fleur et la taille du plant. *A* et *a* désignent respectivement les allèles dominant et récessif pour la couleur de la fleur, alors que *B* et *b* correspondent aux allèles dominant et récessif pour la taille du plant. Comme le montre l'échiquier de croisement ci-contre, les probabilités de certaines combinaisons de phénotypes chez les plantes de la F₂ sont de 9 : 3 : 3 : 1, en moyenne.

La formulation moderne de la théorie de Mendel

Mendel n'a pu faire davantage qu'analyser les résultats numériques de ses croisements dihybrides parce qu'il ne savait pas qu'il y a sept paires de chromosomes homologues chez le pois. Il croyait simplement que l'assortiment dans les gamètes des deux unités correspondant au premier caractère qu'il observait était indépendant de l'assortiment des deux unités correspondant à l'autre caractère observé. Son interprétation a ultérieurement été qualifiée de loi de l'**assortiment indépendant** (ou disjonction indépendante), et sa formulation moderne est la suivante : à la fin de la méiose, la répartition des chromosomes de chacune des paires de chromosomes homologues (et des gènes qu'ils portent) dans les gamètes est indépendante de la répartition des chromosomes des autres paires.

L'assortiment indépendant des paires d'allèles et les croisements hybrides génèrent une grande variation génétique. Dans un croisement monohybride (portant sur une seule paire d'allèles, c'est-à-dire un seul gène), trois génotypes sont possibles : *AA*, *Aa* et *aa*, ce qui peut être représenté par 3^n, où *n* est le nombre de gènes. Plus il y a de gènes, plus le nombre des combinaisons possibles s'élève rapidement. Lorsque les différences entre les parents touchent 10 gènes, près de 60 000 génotypes sont possibles. Lorsqu'elles atteignent 20 gènes, le nombre de génotypes possibles est d'environ 3,5 milliards !

En 1865, Mendel présenta ses résultats à la Société d'histoire naturelle de Brno, mais sans beaucoup de succès. Il publia un article à ce sujet l'année suivante, mais il semble que peu de gens l'aient lu et que moins encore y aient compris quelque chose. Il assuma les fonctions d'abbé du monastère à compter de 1871, et les tâches administratives qui lui incombèrent alors se substituèrent peu à peu à ses expériences de biologie. Il mourut en 1884, sans s'être douté que ses expériences allaient constituer le fondement de la génétique moderne.

La loi de la ségrégation de Mendel est toujours valide. Le matériel héréditaire est effectivement structuré en unités (les gènes) qui conservent leur identité et qui font l'objet d'une ségrégation en vue de leur répartition au sein des gamètes. Mais la loi de l'assortiment indépendant ne s'applique pas à toutes les combinaisons de gènes, comme le montre le prochain chapitre.

LA LOI DE L'ASSORTIMENT INDÉPENDANT DE MENDEL À la fin de la méiose, les gènes des paires de chromosomes homologues s'assortissent dans les gamètes d'une manière indépendante de l'assortiment des gènes des autres chromosomes.

LES INTERACTIONS ENTRE LES PAIRES DE GÈNES

Un caractère résulte souvent des interactions entre les produits de plusieurs gènes. Par exemple, les deux allèles d'un gène peuvent masquer l'expression des allèles d'un autre gène, de sorte que certains phénotypes attendus peuvent ne pas apparaître du tout. De telles interactions entre les produits de paires de gènes sont dénommées **épistasies**.

La couleur du pelage chez les mammifères

L'épistasie est courante chez les gènes qui déterminent la couleur de la peau ou de la fourrure chez les mammifères. C'est le cas pour les labradors, qui peuvent être noirs, bruns ou blonds (voir la figure 11.13). La couleur de ces chiens varie selon la quantité et la répartition de la mélanine, un pigment allant du brun au noir. Une gamme d'enzymes ainsi que d'autres produits codés par de nombreux gènes influent sur les différentes étapes de la synthèse de mélanine et sur son accumulation dans certaines parties du corps.

Les allèles d'un gène codent une enzyme nécessaire à la synthèse de mélanine. L'allèle B (noir) a un effet plus prononcé et domine l'allèle b (brun). Les allèles d'un autre gène déterminent l'intensité avec laquelle les molécules de mélanine s'accumuleront dans les poils du labrador. L'allèle E provoque une accumulation complète, tandis que la présence de deux allèles récessifs (ee) atténue cette accumulation, et les poils du labrador seront alors blonds.

Chez certains individus, ces deux gènes ne peuvent se manifester à cause d'un troisième gène, C, existant sous deux formes alléliques. L'allèle C entraîne la formation de tyrosinase, la première d'une série d'enzymes nécessaires pour la synthèse de mélanine. Un individu ayant un ou deux allèles dominants (CC ou Cc) peut synthétiser l'enzyme fonctionnelle, mais pas celui qui a deux allèles récessifs (cc). Dans ce dernier cas, le mécanisme de biosynthèse de la mélanine est bloqué et apparaît un phénotype dénommé albinisme (voir la figure 11.14).

a LABRADOR NOIR **b** LABRADOR BLOND **c** LABRADOR BRUN

Figure 11.13 La base héréditaire de la couleur du pelage chez les labradors. Ce caractère résulte des interactions entre les allèles de deux gènes.

Un gène influence la production de mélanine : l'allèle B (noir) de ce gène domine l'allèle b (brun). Un autre gène influe sur l'accumulation de mélanine dans les poils : l'allèle E de ce gène favorise cette accumulation, mais la présence d'une paire d'allèles récessifs (ee) de ce gène l'empêche et les poils du chien seront alors blonds.

Les chiens noirs dihybrides de la F₁, issus de parents homozygotes, engendrent en F₂ des chiots présentant trois phénotypes dans un rapport de 9:3:4, comme le montre l'échiquier de croisement ci-contre.

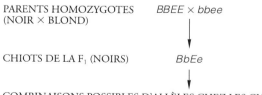

PARENTS HOMOZYGOTES (NOIR × BLOND) $BBEE \times bbee$

CHIOTS DE LA F₁ (NOIRS) $BbEe$

COMBINAISONS POSSIBLES D'ALLÈLES CHEZ LES CHIOTS DE LA F₂

	BE	Be	bE	be
BE	BBEE	BBEe	BbEE	BbEe
Be	BBEe	BBee	BbEe	Bbee
bE	BbEE	BbEe	bbEE	bbEe
be	BbEe	Bbee	bbEe	bbee

PHÉNOTYPES RÉSULTANTS

☐ 9/16, soit 9 noirs
☐ 3/16, soit 3 bruns
☐ 4/16, soit 4 blonds

Figure 11.14 Voici un spécimen rare de serpent à sonnettes albinos. À l'instar des autres animaux ne produisant pas de mélanine, la surface de son corps est pâle et ses yeux sont rougeâtres. Chez les oiseaux et les mammifères, la coloration superficielle découle surtout de la présence de pigments dans les plumes et les poils. Chez les poissons, les amphibiens et les reptiles, elle est plutôt due à des cellules pigmentées. Certaines renferment de la mélanine ou d'autres pigments allant du jaune au rouge. D'autres cellules contiennent des cristaux qui reflètent la lumière et qui modifient ainsi la coloration superficielle.

La mutation ayant altéré la production de mélanine chez le serpent ci-contre n'a eu aucun effet sur la production des autres pigments et des cristaux qui réfléchissent la lumière ; c'est pourquoi sa peau semble être jaune irisé et blanche. Ses yeux paraissent rougeâtres en raison de l'absence de mélanine dans ses globes oculaires. Sans mélanine pour l'absorber, la lumière rouge se réfléchit sur les vaisseaux sanguins des yeux.

P: *RRpp*   ×   *rrPP*   →   F₁: *RrPp*

    (Crête frisée)   (Crête triple)   (Crête en coussin chez tous les individus)

RrPp   ×   *RrPp*

F₂: 9 sur 16 en coussin   3 sur 16 frisée   3 sur 16 triple   1 sur 16 simple

    (*RRPP*, *RRPp*, *RrPP* ou *RrPp*)   (*RRpp* ou *Rrpp*)   (*rrPP* ou *rrPp*)   (*rrpp*)

Crête

a CRÊTE EN COUSSIN   **b** CRÊTE FRISÉE   **c** CRÊTE TRIPLE   **d** CRÊTE SIMPLE

Figure 11.15 Une interaction entre deux gènes affectant le même caractère (la crête) chez des races de poules domestiques. On a réalisé le croisement initial avec une poule Wyandotte (dotée d'une crête frisée, en **b**) et une poule Brahma (pourvue d'une crête triple, en **c**). Diverses combinaisons alléliques, caractérisées par la présence d'au moins un allèle dominant dans chacune des deux paires, se manifestent par une crête en coussin **a**). Les individus homozygotes récessifs pour les deux gènes ont une crête simple **d**).

La forme de la crête chez les poules

Dans certains cas, l'interaction entre deux gènes fait apparaître un phénotype qu'aucun des deux ne pourrait produire à lui seul. Deux généticiens, W. Bateson et R. Punnett, ont identifié deux paires d'allèles en interaction (*R* et *P*) qui influent sur la forme de la crête chez les poules. Des génotypes *rr* au locus d'un gène et *pp* au locus de l'autre gène engendrent le phénotype le moins fréquent, qui est la crête simple, alors que la présence d'allèles dominants (*R*, *P* ou les deux) donne lieu à des phénotypes variés.

La figure 11.15 présente des types de crêtes observés chez certaines races de poules, ainsi que les génotypes correspondants.

Les interactions entre les gènes peuvent modifier les phénotypes, comme lorsque les allèles d'un gène masquent l'expression d'un autre gène et que des phénotypes attendus n'apparaissent pas du tout.

COMMENT EXPLIQUER LES VARIATIONS MOINS PRÉVISIBLES?

Au sujet du phénotype inattendu

Comme Mendel l'a démontré, les effets phénotypiques d'un ou de plusieurs gènes existant sous différentes formes alléliques apparaissent dans des proportions prévisibles lorsqu'on les observe sur plusieurs générations successives. En outre, les interactions entre deux ou plusieurs gènes engendrent également des phénotypes selon des proportions prévisibles, comme dans le cas de la couleur du pelage des labradors examiné dans la section 11.6.

Toutefois, même si on observait l'action d'un seul gène sur plusieurs générations, on constaterait parfois que les phénotypes résultants ne sont pas ceux auxquels on s'attendait.

Prenons le cas de la camptodactylie, une anomalie génétique rare qui affecte la forme et le mouvement des doigts. Chez certains porteurs de l'allèle mutant correspondant à ce caractère héréditaire, un ou plusieurs doigts des deux mains sont pliés de façon permanente. Chez d'autres porteurs, seuls les doigts de la main gauche ou de la main droite sont affectés. Certains autres porteurs ont même les doigts tout à fait normaux.

Quelles sont les causes d'une si curieuse variation? Il faut se rappeler ici que la plupart des composés organiques sont synthétisés grâce à une série d'étapes métaboliques et que différentes enzymes, dont chacune est l'expression d'un gène, régissent ces différentes étapes. Il se peut qu'un gène ait subi l'une ou l'autre des mutations pouvant l'affecter, que le produit d'un gène ait entravé la voie métabolique, en ait maintenu le fonctionnement sans interruption ou l'ait empêchée de parvenir à son terme. Il se peut aussi qu'une mauvaise alimentation ou qu'un autre facteur variable dans le milieu de l'individu ait eu un effet sur une enzyme jouant un rôle crucial dans ce mécanisme. Ce ne sont là que quelques-uns des facteurs qui entraînent souvent des variations beaucoup moins prévisibles dans les phénotypes résultant de l'expression des gènes.

La variation continue dans les populations

En général, les individus d'une population présentent un éventail de légères différences pour la plupart des caractères : c'est ce qu'on appelle la **variation continue**. Celle-ci s'explique à la fois par le nombre de gènes qui déterminent un caractère et par le nombre de facteurs du milieu qui agissent sur l'expression de ces gènes. Plus le nombre de gènes et le nombre de facteurs du milieu sont élevés, plus le caractère continu de la répartition attendue de toutes les versions de ce caractère est prononcé.

Examinons le cas de la couleur des yeux. L'iris est la structure circulaire pigmentée qui se trouve tout juste derrière la cornée. Sa couleur résulte de l'effet cumulatif d'un certain nombre de gènes. Quelques-uns de ces gènes agissent sur la production et la répartition de la mélanine, le même pigment absorbant la lumière qui procure la couleur au pelage des mammifères. Des yeux paraissant presque complètement noirs sont dotés d'un iris contenant des dépôts concentrés de molécules de mélanine, qui absorbent la plus grande partie de la lumière incidente. Les dépôts de mélanine sont moins importants dans des yeux bruns, de sorte qu'une partie de la lumière incidente est réfléchie, et ils le sont encore moins dans des yeux brun pâle ou noisette (voir la figure 11.16).

Les yeux verts, gris ou bleus ne sont pas dotés de pigments verts, gris ou bleus. Étant donné que leur iris contient assez peu de mélanine, il réfléchit une bonne partie des ondes lumineuses de la partie bleue du spectre. Examinons maintenant la variation continue d'un caractère au sein du groupe d'étudiants que montre la figure 11.17*a*. Quelques étudiants sont très petits, d'autres sont très grands, mais les étudiants de taille moyenne sont clairement beaucoup plus nombreux. On peut commencer par répartir l'ensemble des différents phénotypes en catégories mesurables, puis compter le nombre d'étudiants de chaque catégorie. On obtient ainsi les fréquences relatives de tous les phénotypes, réparties dans l'éventail des valeurs mesurables.

Le diagramme en bâtons de la figure 11.17*c* compile la proportion d'étudiants dans chaque catégorie en fonction de l'éventail des phénotypes mesurés. Les bâtons les plus courts correspondent aux catégories comportant les plus petits nombres d'étudiants, alors que le bâton le plus long reflète la catégorie comprenant le plus grand nombre d'étudiants. Si on trace une ligne contournant tous les bâtons, on obtient une courbe en cloche.

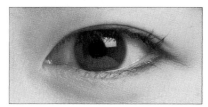

Figure 11.16 Quelques exemples de la variation continue de la couleur des yeux humains. Les produits des allèles de gènes différents inter-agissent pour synthétiser et répartir la mélanine, dont une des fonctions consiste à participer à la coloration de l'iris des yeux. Différentes combinaisons alléliques donnent lieu à de légères différences dans la couleur des yeux, si bien que la répartition de fréquences des couleurs des yeux est continue et couvre un éventail allant du noir au bleu pâle.

1,60 1,63 1,65 1,68 1,70 1,73 1,75 1,78 1,80 1,83 1,85 1,88 1,91 1,93 1,96
Taille (en mètres)

a Voici deux exemples de variation continue : des étudiants et des étudiantes en biologie ont été répartis selon leur taille.

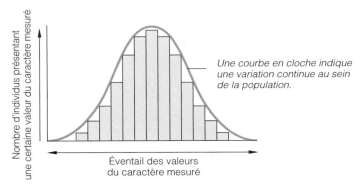

Une courbe en cloche indique une variation continue au sein de la population.

Nombre d'individus présentant une certaine valeur du caractère mesuré

Éventail des valeurs du caractère mesuré

b Une courbe en cloche hypothétique parfaite, dans le cas d'une population présentant une variation continue d'un caractère.

1,50 1,52 1,55 1,57 1,60 1,63 1,65 1,68 1,70 1,73 1,75 1,78 1,80
Taille (en mètres)

Figure 11.17 Une illustration de la variation continue de la taille, un des traits caractérisant la population humaine.

a) Jon Reiskind et Greg Pryor ont voulu montrer la répartition de fréquences des tailles chez les étudiants et les étudiantes en biologie de l'université de la Floride. Pour chacun des deux groupes, ils ont établi l'éventail des tailles possibles, ont mesuré les étudiants et les étudiantes et ont placé chacun et chacune dans la catégorie appropriée.

b) Un diagramme en bâtons est très utile pour illustrer une variation continue au sein d'une population. On y représente le nombre d'individus dans chaque catégorie en fonction de l'éventail des phénotypes mesurés. La ligne courbe contournant l'ensemble des bâtons figurant en **b)** offre un exemple hypothétique parfait du type de courbe en cloche qui apparaît dans le cas de populations présentant une variation continue d'un caractère. La courbe en cloche en **c)** donne un exemple concret d'un tel diagramme.

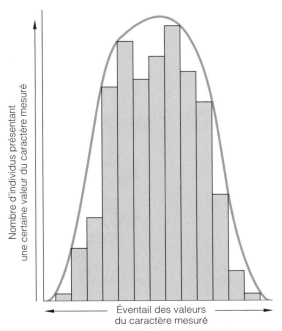

Nombre d'individus présentant une certaine valeur du caractère mesuré

Éventail des valeurs du caractère mesuré

c Une courbe en cloche effective représentant la répartition d'un caractère (la taille) chez les étudiantes en biologie que montre la photo de droite, ci-dessus.

De telles courbes en cloche sont typiques dans une population présentant une variation continue d'un caractère.

Des enzymes et d'autres produits des gènes régissent toutes les étapes de la plupart des voies métaboliques, mais des mutations, des interactions entre les gènes ainsi que les conditions du milieu peuvent influer sur le déroulement d'une ou de plusieurs étapes. Il en résulte alors une variation des phénotypes.

Les individus d'une population présentent une variation continue – c'est-à-dire un éventail de légères différences – pour la plupart des caractères.

Plus le nombre de gènes déterminant un caractère et le nombre de facteurs du milieu pouvant influer sur lui sont élevés, plus le caractère continu de la répartition attendue de toutes les versions de ce trait est prononcé.

11.8

LES EFFETS DU MILIEU SUR LE PHÉNOTYPE

Il a été brièvement mentionné que le milieu contribue souvent à modifier l'expression des gènes parmi les individus d'une population. Examinons maintenant, pour conclure le présent chapitre, quelques cas de variations phénotypiques qui découlent des effets du milieu sur un génotype.

Le lapin himalayen et le chat siamois sont des mammifères dont la fourrure est foncée sur certaines parties du corps et pâle sur d'autres parties. Le lapin himalayen est homozygote pour l'allèle c^b du gène de la tyrosinase, qui est l'une des enzymes nécessaires à la synthèse de la mélanine. L'allèle c^b se manifeste par la production d'une forme thermosensible de la tyrosinase qui n'agit que lorsque la température ambiante est inférieure à environ 33 °C.

Lorsque les cellules produisant les poils de ce lapin se développent à une température plus élevée, elles ne synthétisent pas de mélanine. Les poils sont donc pâles sur les parties du corps qui sont suffisamment massives pour conserver une bonne quantité de chaleur métabolique. Les oreilles et les autres extrémités fines sont plus froides parce qu'elles perdent plus rapidement leur chaleur métabolique. La figure 11.18 présente une expérience qui révèle l'effet du milieu sur cet allèle.

Chez les végétaux, le milieu exerce aussi certains effets sur des gènes qui déterminent des phénotypes. L'achillée millefeuille est une plante qui peut croître à partir d'une bouture et qui se prête donc bien à diverses expériences. En effet, les boutures d'une même plante sont toutes du même génotype, de sorte que leurs gènes ne peuvent être la cause des différences qui apparaissent entre elles.

Dans le cadre de cette expérience, on a planté trois boutures d'achillée à des altitudes différentes. Les deux achillées situées aux altitudes la moins élevée et la plus élevée ont eu une croissance beaucoup plus forte que celle qui se trouvait à une altitude moyenne, comme le montre la figure 11.19.

Mais il ne faut pas oublier le problème de l'erreur d'échantillonnage (voir le chapitre 1). Les chercheurs ont répété la même expérience avec de nombreuses achillées et n'ont pu observer aucune tendance ferme dans les très nombreuses variations phénotypiques. Par exemple, une certaine bouture eut une croissance optimale à une altitude moyenne. La conclusion est que différents génotypes d'achillée réagissent différemment dans des milieux différents.

Voici un autre exemple : une hydrangée (ou hortensia) plantée dans un jardin peut produire des fleurs roses plutôt que bleues,

On attache un sac de glace sur une partie rasée du dos.

Le poil qui pousse sur la partie du dos exposée au froid est noir.

Figure 11.18 Un effet visible exercé par des milieux différents sur l'expression des gènes chez un animal. Un lapin himalayen ne présente généralement des poils noirs que sur ses oreilles, son museau, sa queue et la partie inférieure de ses pattes. Dans le cadre d'une expérience, on a rasé la fourrure blanche du lapin sur une partie de son dos, puis on y a attaché un sac de glace. On a ensuite pu constater que les poils qui ont repoussé sur la partie du dos maintenue au froid étaient noirs.

Le lapin himalayen est homozygote pour un allèle du gène qui produit la tyrosinase, une enzyme nécessaire à la synthèse de la mélanine. Cet allèle détermine la production d'une forme thermosensible de la tyrosinase qui n'agit que lorsque la température ambiante est inférieure à environ 33 °C.

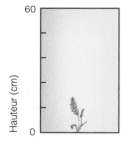

a Bouture mature en haute altitude (3050 m)

b Bouture mature en altitude moyenne (1400 m)

c Bouture mature en basse altitude (30 m)

Figure 11.19 Une expérience démontrant l'effet du milieu sur l'expression d'un gène d'achillée millefeuille (*Achillea millefolium*). Des boutures d'une même achillée ont été plantées dans le même type de sol, mais à trois altitudes différentes.

Figure 11.20 L'effet du milieu sur l'expression des gènes de *Hydrangea macrophylla*, une plante de jardin commune. La couleur des fleurs de différents plants portant les mêmes allèles peut aller du rose au bleu. Une telle variation de couleur s'explique par les différents degrés d'acidité du sol où croît l'arbuste.

Figure 11.21 Un étudiant de l'université d'État de San Diego montre à une étudiante comment enrouler sa langue. Si on croyait autrefois que la capacité d'enrouler sa langue était d'origine génétique, on sait aujourd'hui qu'elle s'apprend surtout dans le milieu de l'individu.

selon la nature de son milieu, puisque l'action des gènes de la couleur de la fleur peut être modifiée par le degré d'acidité du sol (voir la figure 11.20).

Encore un autre exemple : pendant des années, on a cru que la capacité d'enrouler sa langue était héréditaire (voir la figure 11.21). Il semble maintenant qu'elle soit surtout le fruit de l'apprentissage.

C'est ainsi que s'achève le présent chapitre, dans lequel il a été question des facteurs héréditaires et des facteurs liés au milieu qui entraînent des variations de phénotypes. Que faut-il en retenir ? Tout simplement le fait que le phénotype d'un individu est le produit d'interactions complexes entre ses gènes (les enzymes et les autres produits des gènes) et le milieu.

Les individus de la plupart des populations ou des espèces se caractérisent par la variation complexe d'un grand nombre de leurs caractères. Cette variation résulte non seulement des mutations et des interactions cumulatives des gènes, mais aussi des conditions environnementales.

RÉSUMÉ   Le chiffre en **brun** renvoie à la section du chapitre.

1. Un gène est une unité d'information au sujet d'un caractère héréditaire. Les allèles d'un gène constituent différentes versions moléculaires de cette information. Grâce à ses expériences de croisements effectuées avec des plants de pois, Mendel a rassemblé des preuves indirectes que les organismes diploïdes sont dotés de paires de gènes et que les gènes conservent leur identité lorsqu'ils sont transmis aux descendants. *11, 11.2*

2. En ce qui concerne tout caractère spécifique, un individu est dit homozygote dominant lorsqu'il a hérité de deux allèles dominants (*AA*), homozygote récessif lorsqu'il a hérité de deux allèles récessifs (*aa*) et hétérozygote lorsqu'il a hérité de deux allèles différents (*Aa*). *11.1*

3. La combinaison spécifique d'allèles que possède un individu est son génotype, tandis que ses caractères observables constituent son phénotype. *11.1*

4. Un hybride est un descendant issu de tout croisement entre des parents de génotypes différents. Dans le cas d'un croisement monohybride, deux individus de lignée pure pour différentes versions d'un même caractère n'engendrent en F_1 que des hétérozygotes pour cette paire de gènes. *11.1, 11.2*

5. Les croisements monohybrides de plants de pois effectués par Mendel ont apporté des preuves indirectes que certains allèles d'un gène peuvent exercer une dominance sur d'autres allèles, qu'on dit récessifs. *11.2*

6. Tous les plants de la F_1 d'un croisement parental de *AA* et *aa* étaient de type *Aa*. Des croisements des monohybrides de la F_1 ont donné les combinaisons alléliques suivantes chez des descendants F_2 : *11.2*

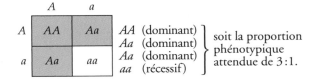

	A	*a*
A	*AA*	*Aa*
a	*Aa*	*aa*

AA (dominant)
Aa (dominant)
Aa (dominant)
aa (récessif)

soit la proportion phénotypique attendue de 3:1.

7. Les résultats des croisements monohybrides effectués par Mendel ont donné lieu à la formulation d'une loi de la ségrégation, qu'on énonce comme suit de nos jours : les organismes diploïdes possèdent des paires de gènes situés sur des paires de chromosomes homologues ; les gènes de chaque paire se séparent l'un de l'autre lors de la méiose, de sorte que chaque gamète formé se retrouve avec l'un ou l'autre de ces gènes. *11.2*

8. Dans le cas de croisements dihybrides, les individus de lignée pure pour différentes versions de deux caractères engendrent des descendants de F_1 qui sont tous pareillement hétérozygotes pour les deux gènes. Après un croisement de deux dihybrides de F_1 qu'effectua Mendel, les phénotypes observés chez les descendants de F_2 se rapprochaient beaucoup du rapport de 9:3:3:1, soit : *11.3*

9 dominants pour les deux caractères
3 dominants pour *A* et récessifs pour *b*
3 dominants pour *B* et récessifs pour *a*
1 récessif pour les deux caractères

9. Les résultats de ses croisements dihybrides ont conduit Mendel à formuler sa loi de l'assortiment indépendant, qu'on énonce comme suit de nos jours : à la fin de la méiose, la répartition des gènes de deux chromosomes homologues dans les différents gamètes est indépendante de la répartition des gènes des autres chromosomes homologues. *11.3*

10. Certains facteurs influent sur l'expression des gènes. *11.4 à 11.8*

a) Dans certains cas, un allèle d'un gène est incomplètement dominant ou codominant. *11.4*

b) Les produits de gènes différents interagissent souvent en ayant des effets sur le même caractère. *11.5 à 11.8*

c) La pléiotropie désigne le fait qu'un gène peut avoir des effets sur plus d'un caractère. *11.5*

d) Le milieu peut influer sur l'expression des gènes d'un individu. *11.8*

Exercices

1. Faites la distinction entre les termes suivants : *11.1*
   a) gène et allèle
   b) allèle dominant et allèle récessif
   c) homozygote et hétérozygote
   d) génotype et phénotype

2. Qu'est-ce qu'une lignée pure ? Qu'est-ce qu'un hybride ? *11.1*

3. Faites la distinction entre un croisement monohybride, un croisement dihybride et un croisement test. *11.2, 11.3*

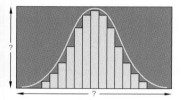

4. La ségrégation et l'assortiment indépendant se produisent-ils pendant la mitose, la méiose ou les deux ? *11.2, 11.3*

5. Dans la courbe en cloche ci-contre, qui illustre une variation continue au sein d'une population, que représentent respectivement les bâtons et la ligne courbe ? *11.7*

Autoévaluation   <small>RÉPONSES À L'ANNEXE III</small>

1. Les allèles sont _____.
   a) différentes formes moléculaires d'un gène
   b) différents phénotypes
   c) des homozygotes de lignée pure qui s'autofécondent

2. Un hétérozygote a _____ correspondant au caractère étudié.
   a) une paire d'allèles identiques
   b) une paire d'allèles différents
   c) un caractère haploïde, en termes génétiques
   d) les réponses a) et c)

3. Les caractères observables d'un organisme constituent _____.
   a) son phénotype   c) son génotype
   b) sa sociobiologie   d) sa généalogie

4. Les descendants de deuxième génération issus d'un croisement forment _____.
   a) la génération F_1 c) la génération hybride
   b) la génération F_2 d) aucune de ces réponses

5. Les descendants de la F_1 du croisement monohybride de *AA* et *aa* sont _____.
   a) tous *AA*   c) tous *Aa*
   b) tous *aa*   d) 1/2 *AA* et 1/2 *aa*

6. À partir de la question 5 et dans l'hypothèse d'une dominance complète, la génération F_2 présentera une proportion phénotypique de _____.
   a) 3 : 1   b) 9 : 1   c) 1 : 2 : 1   d) 9 : 3 : 3 : 1

7. Des croisements de plants de pois de F_1 résultant du croisement de *AABB* et *aabb* donnent des proportions phénotypiques en F_2 se rapprochant de _____.
   a) 1 : 2 : 1   b) 3 : 1   c) 1 : 1 : 1 : 1   d) 9 : 3 : 3 : 1

8. Associez chaque exemple à l'expression la plus appropriée.
   _____ Croisement dihybride   a) *bb*
   _____ Croisement monohybride   b) AABB 3aabb
   _____ Condition homozygote   c) *Aa*
   _____ Condition hétérozygote   d) *Aa* X *Aa*

Questions à développement – Problèmes de génétique

<small>RÉPONSES À L'ANNEXE IV</small>

1. Un gène a les allèles *A* et *a*, un autre gène a les allèles *B* et *b*. Quel(s) type(s) de gamètes sera(seront) produit(s) pour chacun des génotypes indiqués ? On présume qu'il y a un assortiment indépendant au cours de la formation des gamètes.
   a) *AABB*   c) *Aabb*
   b) *AaBB*   d) *AaBb*

2. À partir des données du problème 1, quels seront les rapports génotypiques chez les descendants issus des croisements ci-dessous ?
   a) *AABB* × *aaBB*   c) *AaBb* × *aabb*
   b) *AaBB* × *AABb*   d) *AaBb* × *AaBb*

3. Dans une de ses expériences, Mendel a croisé un plant de pois de lignée pure à cosses vertes avec un plant de pois de lignée pure à cosses jaunes. Tous les plants de la F_1 ont eu des cosses vertes. Quelle forme de ce caractère (cosses vertes ou jaunes) est récessive ? Expliquez le raisonnement qui sous-tend votre réponse.

4. En reprenant le problème 1, on étudie également un troisième gène ayant les allèles *C* et *c*. Quel(s) type(s) de gamètes sera(seront) produit(s) pour chacun des génotypes indiqués ?
   a) *AABB CC*   c) *Aa BB Cc*
   b) *Aa BB cc*   d) *Aa Bb Cc*

5. Mendel a croisé un plant de pois de lignée pure à fleurs roses et de grande taille avec un plant de lignée pure à fleurs blanches et de taille naine. Tous les plants de la F_1 ont produit des fleurs roses et étaient de grande taille. Si un plant de F_1 s'autofécondait, quelle serait la probabilité qu'un descendant de F_2 choisi au hasard soit hétérozygote pour les gènes déterminant la taille et la couleur de la fleur ?

6. L'identification génétique est une méthode permettant d'identifier les individus en localisant des séquences uniques de bases dans leurs molécules d'ADN (voir la section 16.3). Avant que la méthode ait été bien mise au point, les avocats s'appuyaient souvent sur le système ABO de groupes sanguins pour régler des litiges de paternité. On vous demande, en tant que généticien, de témoigner à un procès portant sur un litige de paternité : le groupe sanguin de la mère est A, celui de l'enfant est O et celui du père est B. Que répondriez-vous aux déclarations suivantes ?
   a) L'avocat du père présumé : « Puisque le groupe sanguin de la mère est A, le groupe O de l'enfant doit donc venir de son père. Or, le groupe sanguin de mon client est B ; il ne peut donc pas être le père de cet enfant. »
   b) L'avocat de la mère : « Puisque d'autres tests ont démontré que cet homme est hétérozygote, il doit être le père de l'enfant. »

7. Vous avez identifié un nouveau gène chez la souris. Un de ses allèles détermine la production de poils blancs et l'autre allèle entraîne la production de poils bruns. Vous voulez savoir si les deux allèles ont entre eux une relation de dominance simple ou de dominance incomplète. Quels types de croisements génétiques vous donneraient l'information recherchée ? Sur quels types d'observations fonderiez-vous vos conclusions ?

8. Votre sœur déménage et vous confie son labrador de race pure, une femelle appelée Cabotine. Vous aimeriez que Cabotine ait une portée afin de vendre les chiots pour faciliter le financement de vos études. Vous apprenez toutefois que deux des quatre frères et sœurs de Cabotine souffrent de dysplasie de la hanche, un trouble héréditaire résultant de diverses interactions entre des gènes. Si Cabotine s'accouplait avec un labrador ne possédant aucun de ces allèles nuisibles, pourriez-vous garantir à un acheteur que les chiots ne souffriront pas de ce trouble ? Motivez votre réponse.

9. Un allèle dominant *W* donne des poils noirs aux cobayes. Un cobaye homozygote récessif (*ww*) a les poils blancs. Sébastien aimerait savoir si son cobaye à poils noirs est homozygote dominant (*WW*) ou hétérozygote (*Ww*). Comment pourrait-il déterminer le génotype de son cobaye?

10. Les mufliers à fleurs rouges sont homozygotes pour l'allèle R^1, tandis que les mufliers à fleurs blanches sont homozygotes pour l'allèle R^2. Les mufliers hétérozygotes (R^1R^2) portent des fleurs roses.

Quel rapport phénotypique devrait-on observer chez les descendants de première génération issus des croisements indiqués ci-dessous?

a) $R^1R^1 \times R^1R^2$ c) $R^1R^2 \times R^1R^2$
b) $R^1R^1 \times R^2R^2$ d) $R^1R^2 \times R^2R^2$

Il faut noter que, dans les cas de dominance incomplète et de codominance, il est incorrect de qualifier de dominant ou de récessif l'un ou l'autre allèle d'une paire. De tels allèles sont habituellement désignés par des chiffres ou des lettres en exposant, comme dans le problème 10, plutôt que par des lettres majuscules pour les allèles dominants et par des lettres minuscules pour les allèles récessifs.

11. Deux paires d'allèles déterminent le type de crête chez les poules (voir la figure 11.15). Lorsque les allèles des deux paires sont tous récessifs, la poule a une crête simple. Un allèle dominant du gène *P* se manifeste par une crête triple. Un allèle dominant de l'autre gène, *R*, donne lieu à une crête frisée. Une interaction épistatique se produit lorsqu'une poule a au moins un allèle dominant dans chacune des deux paires, *P__R__*, ce qui lui donnera une crête en coussin. Tentez de prédire les résultats d'un croisement de poules à crête en coussin qui sont hétérozygotes pour les deux gènes (*PpRr*).

12. Comme l'indique la section 3.8, un seul allèle mutant résulte en une forme anormale d'hémoglobine (Hb^S au lieu de Hb^A). Les homozygotes ($Hb^S Hb^S$) développent l'anémie à hématies falciformes, mais les hétérozygotes ($Hb^A Hb^S$) présentent peu de symptômes visibles.

Une femme dont la mère est homozygote pour l'allèle Hb^A se marie avec un homme qui est hétérozygote pour ces allèles, et le couple souhaite avoir des enfants. Déterminez la probabilité, à chaque grossesse, d'avoir un enfant:

a) homozygote pour l'allèle Hb^S;
b) homozygote pour l'allèle Hb^A;
c) hétérozygote $Hb^A Hb^S$.

13. Certains allèles dominants jouent un rôle si important pour favoriser un développement normal qu'un individu homozygote pour une forme récessive mutante de l'allèle ne pourrait survivre. De tels allèles létaux récessifs peuvent être transmis par des hétérozygotes.

Examinons le cas de l'allèle de Man (M^L) chez les chats. Les chats homozygotes ($M^L M^L$) meurent à l'état embryonnaire. Quant aux hétérozygotes ($M^L M$), leur colonne vertébrale ne se développe pas normalement, de sorte que ces chats sont dépourvus de queue (voir la figure 11.22).

Deux chats $M^L M$ s'accouplent. Quelle est la probabilité qu'un des chatons survivants soit hétérozygote?

14. Un allèle récessif *c* provoque l'albinisme, qui se traduit par l'incapacité de produire ou d'accumuler de la mélanine dans les tissus. Les êtres humains et certains autres organismes présentent parfois ce phénotype (voir la fi-

Figure 11.22 Un chat de l'île de Man, dépourvu de queue.

Figure 11.23 Un homme atteint d'albinisme en Inde.

gure 11.23). Dans chacun des cas suivants, quels sont les génotypes possibles du père, de la mère et de leurs enfants?

a) Les deux parents ont des phénotypes normaux; certains de leurs enfants sont albinos et d'autres ne le sont pas.
b) Les deux parents sont albinos et n'ont que des enfants albinos.
c) La mère n'est pas albinos, le père est albinos et un seul de leurs quatre enfants est albinos.

15. La couleur des grains de blé est déterminée par deux gènes dont les allèles présentent une dominance incomplète et qui ont des effets cumulatifs.

Dans l'une des deux paires, l'allèle A^1 procure une dose de couleur rouge au grain, mais pas l'allèle A^2. Sur le deuxième locus, l'allèle B^1 procure aussi une dose de couleur rouge au grain, mais pas l'allèle B^2. Un grain de génotype $A^1A^1B^1B^1$ est rouge foncé, tandis qu'un grain de génotype $A^2A^2B^2B^2$ est blanc. La couleur des grains de tous les autres génotypes se situe entre ces extrêmes.

a) On croise un plant issu d'un grain rouge foncé avec un plant issu d'un grain blanc. Quels rapports génotypique et phénotypique faut-il s'attendre à obtenir chez les descendants?
b) Si un plant de génotype $A^1A^2B^1B^2$ s'autofécondait, à quels rapports génotypique et phénotypique faudrait-il s'attendre chez les descendants?

Vocabulaire

Allèle *11.1*
Assortiment indépendant *11.3*
Caractère *11.1*
Codominance *11.4*
Croisement dihybride *11.3*
Croisement monohybride *11.2*
Croisement test *11.2*
Dominance incomplète *11.4*
Dominant *11.1*
Échiquier de croisement *11.2*
Épistasie *11.6*
F_1 (première génération filiale) *11.1*
F_2 (deuxième génération filiale) *11.1*
Gène *11.1*
Génotype *11.1*
Hétérozygote *11.1*

Homozygote *11.1*
Homozygote dominant *11.1*
Homozygote récessif *11.1*
Hybride *11.1*
Lignée pure *11.1*
Locus *11.1*
P (génération des parents) *11.1*
Phénotype *11.1*
Pléiotropie *11.5*
Probabilité *11.2*
Rapport génotypique *11.1*
Rapport phénotypique *11.1*
Récessif *11.1*
Ségrégation *11.2*
Série d'allèles multiples *11.4*
Variation continue *11.7*

Lectures complémentaires

Fairbanks, D. J., et W. R. Andersen (1999). *Genetics: The Continuity of Life*. Monterey, California: Brooks-Cole.

Orel, V. (1996). *Gregor Mendel: The First Geneticist*. New York: Oxford University Press.

Chevassus-au-Louis, N. Ting, W. et Morris, J. (déc. 2001). «Qu'est-ce qu'un gène?». *La Recherche*, 348: 50-60.

Lectures complémentaires en ligne: consultez l'infoTrac à l'adresse Web www.brookscole.com/biology

LA GÉNÉTIQUE HUMAINE

Le chromosome de Philadelphie

C'est à des endroits stratégiques des chromosomes que se situent les gènes responsables du cycle cellulaire, c'est-à-dire de la croissance des cellules et de leur division. Certains de ces gènes codent des enzymes et d'autres protéines qui accomplissent les tâches liées à ce cycle, tandis que d'autres déterminent l'achèvement ou non de ces tâches, ainsi que la durée et la rapidité de leur exécution. Lorsque l'un ou l'autre de ces processus de contrôle est perturbé, la croissance et la division des cellules peuvent s'emballer et entraîner un cancer.

Le premier chromosome anormal associé au cancer a reçu le nom de chromosome de Philadelphie parce que c'est dans cette ville qu'il fut découvert. Ce chromosome se retrouve dans les cellules des personnes atteintes d'un certain type de leucémie.

Le dysfonctionnement s'amorce dans les cellules souches de la moelle osseuse. Les cellules souches sont des cellules non spécialisées qui conservent la capacité de se diviser par mitose. Une partie de leurs descendants se divisent à leur tour et deviennent spécialisés. La leucémie a pour effet de produire beaucoup trop de descendants d'un type, soit les globules blancs, responsables de la défense de l'organisme.

Les cellules leucémiques finissent par ne plus laisser d'espace aux cellules souches qui sont aussi à l'origine des globules rouges et des plaquettes, provoquant de l'anémie et des hémorragies internes. Elles s'infiltrent également dans le sang, le foie, les ganglions lymphatiques, la rate et d'autres organes, dont elles altèrent les fonctions essentielles. En l'absence de traitement, la transformation cancéreuse finit par tuer la personne atteinte.

Personne ne connaissait le chromosome de Philadelphie avant que des spécialistes en microscopie n'apprennent à le reconnaître. Rappelons ici que les chromosomes atteignent leur densité maximale au moment de la métaphase de la mitose, lorsque leur taille, leur longueur et l'emplacement de leur centromère sont faciles à observer. Un **caryotype** est la représentation des chromosomes métaphasiques disposés selon leurs caractéristiques spécifiques. On verra dans ce chapitre comment on établit un caryotype à partir de photographies des chromosomes en métaphase. Les caryotypes apportent des données utiles lorsqu'on les compare au caryotype normal d'une espèce.

Le chromosome de Philadelphie est facilement repérable par caryotypage spectral. Ce nouvel outil de recherche et de diagnostic confère aux chromosomes une coloration artificielle qui révèle les détails de leur structure (voir la figure 12.1).

On a ainsi pu constater que le chromosome de Philadelphie est plus long que son homologue normal, le chromosome 9, et que la partie excédentaire provient en fait du chromosome 22! L'explication est la suivante : les deux chromosomes se sont brisés par hasard à l'intérieur d'une cellule souche, puis la partie brisée de chacun s'est rattachée à l'autre chromosome. Ainsi, à l'extrémité brisée du chromosome 9, un gène jouant un rôle dans la division cellulaire a fusionné avec un gène remplissant des fonctions de contrôle à l'extrémité brisée du chromosome 22. Dans sa forme fusionnée mutante, ce gène s'exprime beaucoup plus qu'il ne le devrait et il s'ensuit des divisions incontrôlées des globules blancs (voir la figure 12.2).

L'histoire du chromosome de Philadelphie offre un petit aperçu de l'état de la recherche contemporaine en génétique. Sa lecture permet d'apprécier le chemin parcouru dans le cadre du présent ouvrage. On a d'abord examiné la division cellulaire, qui est la première étape du mécanisme de l'hérédité, puis la façon dont les chromosomes et les gènes qu'ils portent se distribuent lors de la méiose et de la fécondation. On s'est ensuite arrêté aux découvertes de Mendel sur la transmission des caractères héréditaires et à certaines exceptions par rapport à ses conclusions, pour aboutir à un exemple, décrit ici, des connaissances actuelles sur les fondements chromosomiques de l'hérédité.

Comment a-t-on acquis toutes ces connaissances? La réponse nécessite un retour dans le passé, au moment où Mendel nous a laissés.

Lorsque Mendel mourut, en 1884, la poussière d'une centaine de bibliothèques s'accumulait depuis déjà une vingtaine d'années sur son rapport relatif aux pois. Toutefois, à cette époque, l'augmentation du pouvoir de résolution des microscopes ranima l'intérêt pour le matériel héréditaire. Walther Flemming avait observé des unités filiformes, les chromosomes, dans des cellules en division. Les chromosomes constituaient-ils le matériel héréditaire?

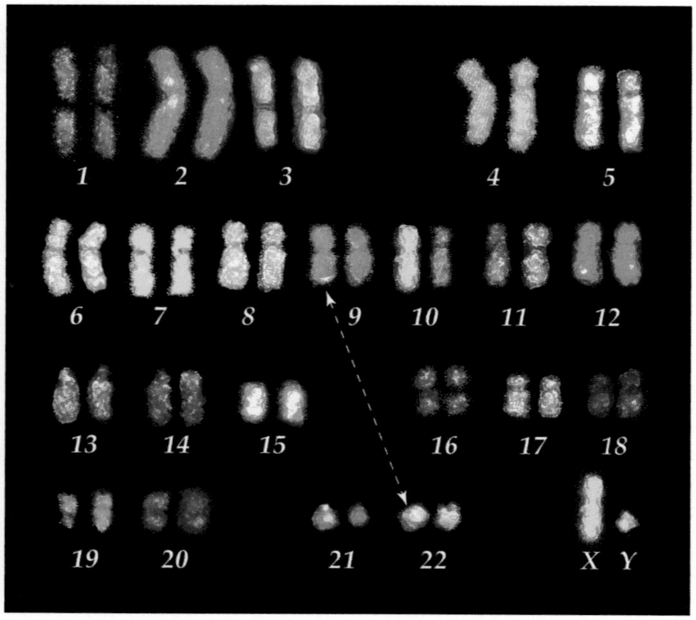

Figure 12.1 Une nouvelle technique d'imagerie, le caryotypage spectral, révèle l'origine d'un tueur : une translocation entre les chromosomes humains 9 et 22. Cette translocation forme le chromosome de Philadelphie qui produit une anomalie génétique entraînant la leucémie myéloïde chronique, un type de cancer. Un nouveau médicament à prise orale, le Gleevec^MD, rend inactive la protéine anormale produite par le gène et fait ainsi cesser la dangereuse prolifération des cellules. Lors d'essais préliminaires, ce médicament a suscité une rémission de la maladie chez 50 patients sur 53, tout en produisant des effets secondaires beaucoup plus faibles que ceux de la chimiothérapie.

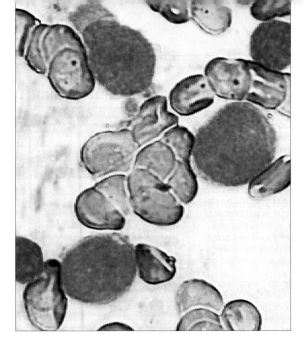

Figure 12.2 Un effet de la leucémie myéloïde chronique sur le sang : des globules blancs immatures et anormaux commencent à surpasser en nombre les cellules sanguines normales.

Les spécialistes en microscopie constatèrent rapidement que chaque gamète contient la moitié moins de chromosomes qu'un ovule fécondé. En 1887, August Weismann formula l'hypothèse selon laquelle une division spéciale réduirait de moitié le nombre des chromosomes avant la formation des gamètes, hypothèse confirmée la même année grâce à la découverte de la méiose. Weismann avança également l'idée que, puisque le nombre des chromosomes initialement réduit de moitié est rétabli lors de la fécondation, les chromosomes dans les cellules d'une personne doivent provenir du père pour une moitié et de la mère pour l'autre moitié. Cette hypothèse suscita de vives controverses et entraîna la réalisation de nombreux croisements expérimentaux analogues à ceux que Mendel avait lui-même effectués.

En 1900, des chercheurs examinant les publications relatives à leurs propres croisements génétiques redécouvrirent finalement le rapport de Mendel et eurent la surprise de constater que leurs résultats expérimentaux confirmaient ce que Mendel avait déjà suggéré : les cellules diploïdes possèdent généralement deux copies de chaque gène, copies qui se séparent l'une de l'autre lors de la formation des gamètes.

Les décennies suivantes permirent aux chercheurs d'en apprendre davantage au sujet des chromosomes. Quelques faits marquants de leurs travaux seront mis en lumière à mesure que se poursuivra notre étude de l'hérédité. Comme le montre l'histoire du chromosome de Philadelphie, les méthodes d'analyse sont loin d'être dénuées d'intérêt. L'information héréditaire que contient l'ADN des chromosomes donne forme à des caractères qui, pour le meilleur ou pour le pire, définissent tous les organismes, jeunes ou vieux.

Concepts-clés

1. Les cellules de l'être humain et des autres espèces à reproduction sexuée renferment des paires de chromosomes homologues qui interagissent lors de la méiose. En général, un chromosome de chaque paire est d'origine maternelle et son homologue est d'origine paternelle.

2. Chaque gène occupe un emplacement qui lui est propre, soit un locus, sur un chromosome particulier.

3. La forme moléculaire d'un gène occupant un locus donné peut être légèrement différente d'un chromosome homologue à l'autre. Toutes les diverses formes moléculaires d'un gène portent le nom d'allèles.

4. La combinaison des allèles le long d'un chromosome ne demeure pas toujours intacte au cours de la méiose et de la formation des gamètes. L'enjambement est un mécanisme par lequel certains allèles d'un chromosome permutent avec leur partenaire situé sur le chromosome homologue. Les allèles qui permutent ainsi peuvent être identiques ou non.

5. Les recombinaisons d'allèles contribuent à la variabilité des phénotypes des descendants.

6. Un chromosome peut subir une modification structurale s'il se produit une délétion, une duplication, une inversion ou une translocation d'un de ses segments. De même, le nombre de chromosomes présents dans les cellules d'une personne peut être altéré par suite d'une séparation anormale des chromosomes doubles survenant au cours de la méiose ou de la mitose.

7. La structure des chromosomes et leur nombre s'altèrent rarement mais, lorsqu'une telle modification se produit, il peut en résulter des anomalies ou des troubles génétiques.

aux descendants.

QUELQUES MODES DE TRANSMISSION HÉRÉDITAIRE

La transmission autosomique récessive

Le mode de transmission de certains caractères fournit deux indices qui signalent la présence d'un allèle récessif sur un autosome. D'abord, si les deux parents sont hétérozygotes, leurs enfants risquent d'être hétérozygotes dans 50 % des cas et homozygotes récessifs dans 25 % des cas (voir la figure 12.10*a*). Ensuite, si les deux parents sont homozygotes récessifs, tous leurs enfants le seront également.

En moyenne, 1 nouveau-né sur 100 000 est homozygote pour un allèle récessif causant la galactosémie, c'est-à-dire que son organisme ne peut synthétiser une enzyme qui empêche normalement un produit de la dégradation du lactose de s'accumuler jusqu'à atteindre des concentrations toxiques. Le lactose est normalement transformé en glucose et en galactose, et ce galactose en glucose-1-phosphate (qui est décomposé au cours de la glycolyse ou converti en glycogène). La pleine conversion est bloquée chez les personnes atteintes de galactosémie :

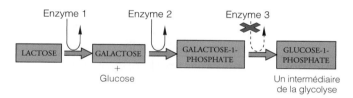

Le galactose atteint des concentrations sanguines telles qu'on peut le détecter dans l'urine. Cet excès de galactose endommage les yeux, le foie et le cerveau, et cause des diarrhées et des vomissements. La galactosémie non traitée entraîne souvent le décès dès l'enfance. Par contre, l'adoption rapide d'un régime alimentaire excluant les produits laitiers peut mettre les personnes atteintes à l'abri de tout symptôme.

La transmission autosomique dominante

Deux indices révèlent la présence d'un allèle dominant autosomique déterminant un caractère donné. D'abord, ce caractère apparaît de manière typique à chaque génération puisque l'allèle s'exprime habituellement, même chez les hétérozygotes. Ensuite, si un parent est hétérozygote et que l'autre est homozygote récessif, leurs enfants risqueront d'être hétérozygotes dans 50 % des cas (voir la figure 12.10*b*).

Quelques allèles dominants se maintiennent au sein des populations même s'ils causent de graves troubles génétiques. Certains persistent en raison de mutations spontanées, alors que d'autres s'expriment sans nuire à la reproduction ou ne suscitent l'apparition de symptômes graves chez les personnes atteintes qu'après qu'elles aient eu des enfants.

Par exemple, la chorée de Huntington se caractérise par l'apparition graduelle de mouvements involontaires et la détérioration du système nerveux, menant inévitablement à la mort (voir la figure 12.9). Les symptômes ne se manifestent parfois qu'après la trentaine, âge auquel beaucoup de personnes ont déjà eu des enfants. Les personnes atteintes meurent généralement dans la quarantaine ou la cinquantaine, parfois avant même de savoir si elles ont transmis l'allèle mutant à leurs enfants.

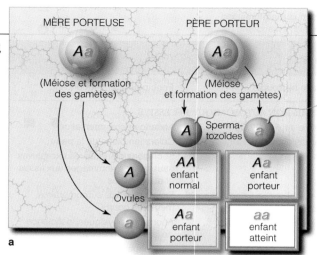

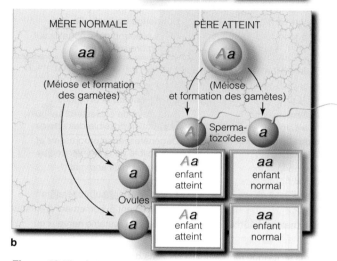

Figure 12.10 a) La transmission autosomique récessive. Dans ce cas, les deux parents sont des porteurs hétérozygotes de l'allèle récessif (en rouge). **b)** La transmission autosomique dominante. L'allèle dominant (en rouge) s'exprime pleinement chez les porteurs.

Figure 12.11 L'infante Marie-Thérèse de la cour royale espagnole, accompagnée de suivantes, dont une atteinte d'achondroplasie (à droite).

Un autre exemple : l'achondroplasie frappe 1 personne sur 10 000, environ. Les bébés homozygotes dominants sont ordinairement mort-nés, mais les hétérozygotes vivent et peuvent avoir des enfants. En bas âge, le cartilage du squelette des personnes atteintes se forme incorrectement, de sorte qu'à l'âge adulte elles ont les bras et les jambes anormalement courts par rapport aux autres parties de leur corps (voir la figure 12.11). Les nains achondroplasiques adultes mesurent moins de 1,32 m. Souvent, l'allèle ne produit aucun autre effet phénotypique.

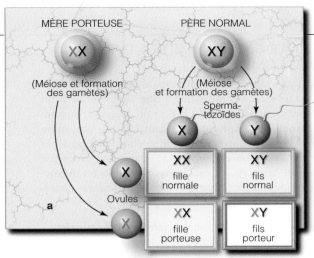

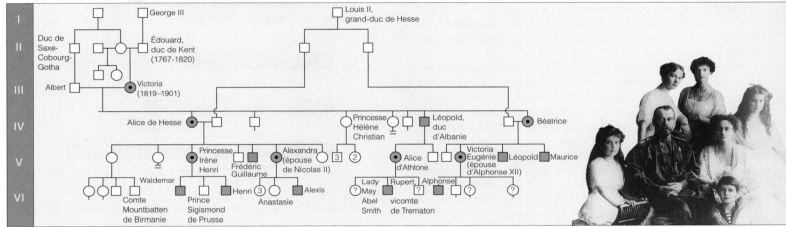

Figure 12.12 a) La transmission d'un gène lié au chromosome X. Dans cet exemple, on suppose que la mère porte l'allèle récessif sur l'un de ses chromosomes X (en rouge).

b) La partie de l'arbre généalogique des descendants de la reine Victoria, sur lequel les hommes portant l'allèle responsable de l'hémophilie A, et donc atteints de ce trouble, sont identifiés par la couleur rouge ; les femmes porteuses sont identifiées en vert. Parmi les membres de la famille royale russe visibles sur la photographie, la mère était porteuse et le prince héritier Alexis était hémophile.

Figure 12.13 Un chromosome X fragile d'une cellule en milieu de culture. La flèche indique le site fragile.

La transmission récessive liée au chromosome X

Des indices précis apparaissent souvent lorsqu'un allèle récessif situé sur un chromosome X cause un trouble génétique. D'abord, le phénotype récessif se manifeste plus souvent chez les hommes que chez les femmes. Chez celles-ci, un allèle dominant situé sur l'autre chromosome X peut masquer l'allèle récessif, ce qui n'est pas le cas chez les hommes, puisqu'ils n'ont qu'un chromosome X (voir la figure 12.12a). Ensuite, un fils ne peut hériter l'allèle récessif de son père, alors qu'une fille peut en hériter. Si elle est hétérozygote, la probabilité que chacun de ses fils hérite de l'allèle est de 50 %.

Le daltonisme, soit l'incapacité de distinguer certaines couleurs ou toutes, constitue un caractère récessif lié au chromosome X qui est assez courant. Ainsi, le daltonisme rouge-vert se caractérise par l'absence d'une partie ou de la totalité des récepteurs sensoriels qui réagissent normalement aux longueurs d'onde rouges et vertes de la lumière visible.

L'hémophilie A, qui est un trouble de la coagulation du sang, est aussi due à un allèle récessif lié au chromosome X. Dans des conditions normales, un mécanisme de coagulation sanguine interrompt rapidement tout saignement causé par une blessure légère. La coagulation nécessite la participation de plusieurs substances codées par des gènes, dont certains se trouvent sur le chromosome X. Lorsque le chromosome X d'un homme porte l'un de ces gènes mutants, le temps de saignement se prolonge anormalement. Environ 1 homme sur 7 000 est atteint par l'hémophilie A. Le temps de coagulation est à peu près normal chez les femmes hétérozygotes.

L'incidence de l'hémophilie A était élevée au sein des familles royales européennes au XIXᵉ siècle, parmi lesquelles les mariages consanguins étaient assez fréquents. La reine Victoria d'Angleterre en était porteuse elle-même (voir la figure 12.12b), si bien qu'à un certain moment l'allèle récessif était présent chez 18 de ses 69 descendants.

Le syndrome du X fragile, un trouble récessif lié au chromosome X qui cause une déficience mentale, affecte 1 homme sur 1500 aux États-Unis. Dans des cellules en culture, un chromosome X porteur de l'allèle mutant présente une constriction à l'extrémité de son bras long (voir la figure 12.13). Cette constriction est qualifiée de site fragile parce que l'extrémité du chromosome tend à se rompre. Il faut toutefois préciser ici que la rupture se produit uniquement dans des cellules cultivées et non dans les cellules de l'organisme.

C'est un gène mutant, et non une telle rupture, qui cause le syndrome. Ce gène code une protéine nécessaire au développement normal des neurones de l'encéphale. Dans ce gène, un segment d'ADN se répète plusieurs fois, mais certaines mutations par réplication ont pour effet d'ajouter de nombreuses autres répétitions de ce segment dans l'ADN. Il en résulte un allèle mutant dont les fonctions sont altérées. Puisque cet allèle est récessif, les hommes qui en héritent et les femmes homozygotes pour cet allèle présentent le syndrome du X fragile. On sait maintenant que les mutations par réplication sont responsables de la chorée de Huntington et d'autres troubles génétiques.

Les analyses génétiques d'arbres généalogiques familiaux ont révélé l'existence de modes mendéliens simples pour la transmission de certains caractères, ainsi que pour de nombreux troubles génétiques qui résultent de l'expression d'allèles spécifiques sur un autosome ou un chromosome X.

La progérie : trop jeune pour être si vieux

Imaginons un enfant âgé de 10 ans dont l'esprit est prisonnier d'un corps qui se flétrit rapidement, qui devient plus fragile – plus vieux – chaque jour. Il est juste assez grand pour atteindre le dessus du comptoir de la cuisine et il pèse moins de 16 kg. Il est déjà chauve et a le nez tout ridé. Il lui reste peut-être quelques années à vivre. Serait-il capable, comme Mickey Hayes et Fransie Geringer (voir la figure 12.14), de s'amuser encore avec des amis ?

Un nouveau-né sur huit millions est destiné à vieillir beaucoup trop rapidement, car un de ses autosomes porte un allèle mutant qui cause la progérie (ou syndrome de Hutchinson-Gilford). Par suite de centaines, de milliers, puis de nombreux milliards de réplications d'ADN et de mitoses, la terrible information codée par ce gène a été systématiquement distribuée dans toutes les cellules de l'embryon en développement, puis du nouveau-né. Il en résulte un vieillissement accéléré et une espérance de vie très réduite. La photographie de Mickey et de Fransie montre quelques-uns des symptômes que manifestent les enfants atteints.

La mutation perturbe fortement les interactions entre les gènes responsables de la croissance et du développement de l'organisme. Les premiers symptômes visibles apparaissent avant l'âge de deux ans. La peau, normalement charnue et résistante, commence à s'amincir, les muscles squelettiques s'affaiblissent, le tissu osseux des membres, censés s'allonger et se renforcer, commence à s'amollir ; la perte des cheveux s'accentue, rendant inévitable une calvitie extrêmement prématurée. Il n'existe pas de familles chez lesquelles on ait pu suivre des cas de progérie, ce qui signifie que le gène doit subir une mutation spontanée aléatoire. Il s'agit sans doute d'un gène dominant son partenaire normal sur le chromosome homologue.

La plupart des enfants atteints de progérie meurent au début de l'adolescence des suites d'un accident vasculaire cérébral ou d'une crise cardiaque, résultant tous deux d'un durcissement de la paroi des artères, phénomène ne survenant généralement qu'à un âge assez avancé. À 18 ans, Mickey est la victime de la progérie qui a atteint l'âge le plus avancé. Quant à Fransie, il est décédé à l'âge de 17 ans.

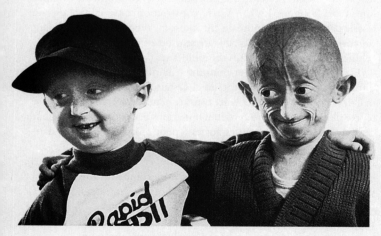

Figure 12.14 Mickey et Fransie se sont rencontrés lors d'un rassemblement d'enfants atteints de progérie qui s'est déroulé à Disneyland (Californie), lorsqu'ils n'avaient pas encore 10 ans.

LES MODIFICATIONS DE LA STRUCTURE DES CHROMOSOMES

En de rares occasions, la structure physique d'un ou de plusieurs chromosomes se modifie et donne lieu à une anomalie ou à un trouble génétique. De telles modifications se produisent spontanément dans la nature. Elles peuvent également être provoquées en laboratoire par une exposition à des produits chimiques ou à des radiations. On peut les détecter au moyen d'un examen microscopique et d'une analyse du caryotype de cellules en mitose ou en méiose. Quatre types de modification structurale, ayant parfois des conséquences graves ou même fatales, sont examinés ici.

Les principales catégories de modifications structurales

LA DUPLICATION Même des chromosomes normaux contiennent des séquences de gènes qui se répètent de quelques dizaines à plusieurs milliers de fois. Il s'agit de **duplications**.

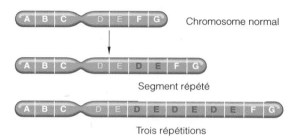

L'INVERSION Dans le cas d'une **inversion**, un segment linéaire d'ADN au sein du chromosome s'oriente dans la direction inverse, sans perte moléculaire.

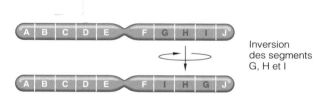

LA TRANSLOCATION Comme l'a signalé l'introduction du présent chapitre, le chromosome de Philadelphie qu'on a associé à une forme de leucémie résulte d'une **translocation**, lors de laquelle la partie rompue d'un chromosome s'attache à un chromosome non homologue. La plupart des translocations sont réciproques, c'est-à-dire que les deux chromosomes échangent leurs segments rompus.

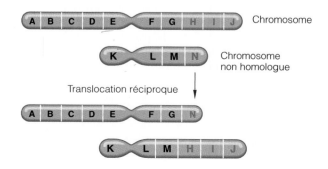

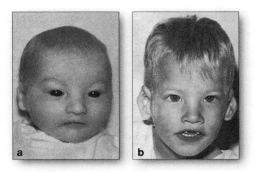

Figure 12.15 a) Un nourrisson ayant ultérieurement manifesté le syndrome du cri du chat. Les oreilles occupent une position basse sur le côté de la tête par rapport aux yeux. **b)** Le même garçon, quatre ans plus tard. À cet âge, les enfants atteints cessent d'émettre les miaulements qui caractérisent ce syndrome.

LA DÉLÉTION Des attaques virales ou chimiques, une irradiation (surtout par un rayonnement ionisant) et divers autres agents du milieu peuvent entraîner une **délétion**, soit la perte d'un segment de chromosome.

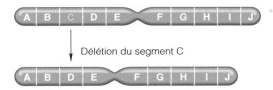

Délétion du segment C

La plupart des délétions sont létales ou engendrent de graves troubles chez les mammifères, puisqu'elles perturbent les interactions normales des gènes responsables de la croissance et du développement entre autres. Par exemple, une délétion dans le chromosome 5 provoque une déficience intellectuelle et une malformation du larynx. Un bébé affecté par cette délétion produit, lorsqu'il pleure, des sons semblables au miaulement d'un chat ; c'est pourquoi ce trouble a été nommé *syndrome du cri du chat*. La figure 12.15 montre la photo d'un enfant atteint de ce syndrome.

L'évolution de la structure des chromosomes

Certaines modifications de la structure des chromosomes ne sont pas permanentes et sont éliminées par la sélection naturelle au fil de l'évolution. On peut néanmoins constater chez de nombreuses espèces les traces de modifications antérieures. Ainsi, les duplications sont courantes et beaucoup n'ont eu aucun effet nuisible pour leurs porteurs. Des duplications neutres se sont accumulées depuis quelques milliards d'années et font maintenant partie de l'ADN de toutes les espèces.

Une duplication de séquences de gènes ayant des effets neutres pourrait procurer un avantage adaptatif à son porteur. En effet, la présence de deux gènes identiques pourrait permettre à l'un de subir une mutation pouvant être bénéfique, alors que l'autre continuerait à synthétiser le produit nécessaire. La séquence comprenant les gènes dupliqués pourrait se modifier légèrement, de sorte que les produits des deux gènes pourraient exercer une action un peu différente ou inédite.

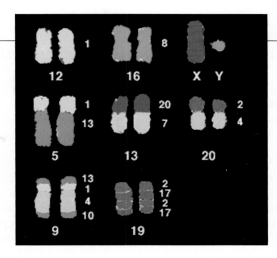

Figure 12.16 Une partie du caryotype spectral du gibbon, l'une des espèces de grands singes. Les couleurs correspondent à des parties des chromosomes du gibbon dont la structure est identique à celle des chromosomes humains (voir la figure 12.1).

Rangée du haut : les chromosomes 12, 16, X et Y sont les mêmes chez les deux primates.

Deuxième rangée : des translocations présentes dans les chromosomes 5, 13 et 20 du gibbon correspondent à des parties des chromosomes humains 1, 13, 20, 7, 2 et 4.

Troisième rangée : le chromosome 9 du gibbon correspond à des parties de plusieurs chromosomes humains. Des duplications dans le chromosome 19 du gibbon se produisent dans les chromosomes humains 2 et 17.

Il appert que plusieurs types de gènes dupliqués et modifiés auraient joué un rôle crucial dans l'évolution. Un bon exemple est celui des groupes de gènes codant les chaînes polypeptidiques de l'hémoglobine (voir la section 3.8). Chez l'être humain et d'autres primates, ces groupes comportent de multiples séquences de nucléotides qui sont remarquablement similaires. Ces séquences codent des familles entières de chaînes ayant chacune une structure un peu différente. Les différences structurales se traduisent par de légères variations de l'efficacité avec laquelle l'hémoglobine peut lier et transporter l'oxygène dans diverses conditions cellulaires.

Il semble également que certaines duplications, inversions et translocations aient contribué à orienter les ancêtres primates de l'être humain sur une voie évolutive distinctive en favorisant des divergences qui ont mené à l'apparition des singes récents et de l'espèce humaine. Ainsi, 18 des 23 paires de chromosomes humains sont presque identiques à leurs homologues chez les chimpanzés et les gorilles, tandis que les cinq autres paires diffèrent par l'inversion et la translocation de séquences de gènes. La figure 12.16 donne un aperçu de la similarité frappante entre les chromosomes d'un être humain et ceux d'un gibbon.

En de rares occasions, un segment de chromosome peut subir une duplication, une inversion, une translocation ou une délétion.

La plupart des modifications des chromosomes ont des effets nuisibles ou fatals lorsqu'elles altèrent les interactions géniques responsables de la croissance, du développement et des activités liés à l'alimentation.

L'évolution a favorisé la conservation de nombreuses modifications ayant procuré à leurs porteurs une meilleure adaptabilité ou ayant eu des effets neutres.

LES MODIFICATIONS DU NOMBRE DE CHROMOSOMES

Il se produit quelquefois des événements anormaux avant ou pendant la division cellulaire, si bien que des gamètes et des nouveau-nés se retrouvent avec un nombre anormal de chromosomes. Il en résulte des modifications physiques de tout ordre, parfois fatales.

Les catégories de modifications et leurs mécanismes

L'**aneuploïdie** se caractérise généralement par l'absence d'un chromosome ou la présence d'un chromosome surnuméraire. Elle est une des principales causes des échecs de reproduction humaine. Elle pourrait affecter la moitié de tous les ovules fécondés. Les autopsies pratiquées ont montré que la plupart des embryons et des fœtus perdus lors d'une fausse couche (avortement spontané avant la fin de la grossesse) sont aneuploïdes.

La **polyploïdie** désigne le fait qu'un individu possède au moins trois chromosomes de chaque type. La moitié environ de toutes les espèces de plantes à fleurs sont polyploïdes (voir la section 18.3). Les chercheurs parviennent souvent à susciter la polyploïdie dans des cellules végétales indifférenciées en les exposant à la colchicine (voir la section 12.2). Certaines espèces d'insectes, de poissons et d'autres animaux sont polyploïdes. Cependant, la polyploïdie est fatale chez l'être humain. Quelque 99 % des embryons humains atteints de polyploïdie meurent avant la naissance et les autres décèdent peu après.

Le nombre de chromosomes peut se modifier au cours de la division cellulaire mitotique ou méiotique. Prenons le cas d'une cellule dont la réplication de l'ADN et la mitose se sont effectuées, mais dont le cycle s'interrompt avant la cytocinèse. Cette cellule est maintenant tétraploïde, c'est-à-dire qu'elle a quatre chromosomes de chaque type. Si une ou plusieurs paires de chromosomes ne se séparent pas lors de la mitose ou de la méiose, un événement nommé **non-disjonction**, une partie ou la totalité des futures cellules auront trop ou trop peu de chromosomes, comme le montre la figure 12.17.

Le nombre de chromosomes peut aussi se modifier pendant la fécondation. Par exemple, si un gamète normal s'unit à un gamète $n + 1$ (un chromosome surnuméraire), le nouveau-né sera «trisomique» $(2n + 1)$, c'est-à-dire qu'il aura trois chromosomes d'un type et deux chromosomes de tous les autres types. Si un gamète $n - 1$ s'unit à un gamète normal, le nouveau-né sera «monosomique» $(2n - 1)$.

Presque toutes les modifications héréditaires du nombre de chromosomes résultent d'une non-disjonction survenue lors de la méiose et de la formation des gamètes. Les divisions cellulaires mitotiques perpétuent l'erreur pendant le développement de l'embryon. Examinons d'abord une modification du nombre d'autosomes, puis, dans la section suivante, abordons quelques modifications du nombre de chromosomes sexuels.

La trisomie 21

Un nouveau-né ayant 3 chromosomes 21 développera la trisomie 21, qui constitue la modification la plus fréquente du nombre de chromosomes chez l'être humain. Ce trouble autosomique frappe 1 nouveau-né sur 800 à 1000 et affecte plus de 350 000 personnes aux États-Unis seulement. La figure 12.18 montre un caryotype représentatif de la trisomie 21 et quelques individus affectés.

Une non-disjonction pendant la méiose est à l'origine de quelque 95 % de tous les cas de trisomie 21, alors qu'une translocation ou un mosaïcisme sont responsables des autres cas. Il y a **mosaïcisme** lorsqu'une non-disjonction survient dans une des cellules de l'embryon qui se forment après la fécondation. Toutefois, seules les cellules filles de la cellule altérée héritent de 3 chromosomes 21, alors que les autres cellules du corps comportent le nombre normal de chromosomes. Quant à la translocation, elle se produit pendant la gamétogenèse ou après la fécondation ; une partie du chromosome 21 se rompt alors et va se lier à un autre chromosome dans le gamète ou dans une cellule de l'embryon.

À l'heure actuelle, la ou les causes de la non-disjonction demeurent encore inconnues. Son incidence augmente avec l'âge de la mère (voir la figure 12.19). Le père également peut être à l'origine de la

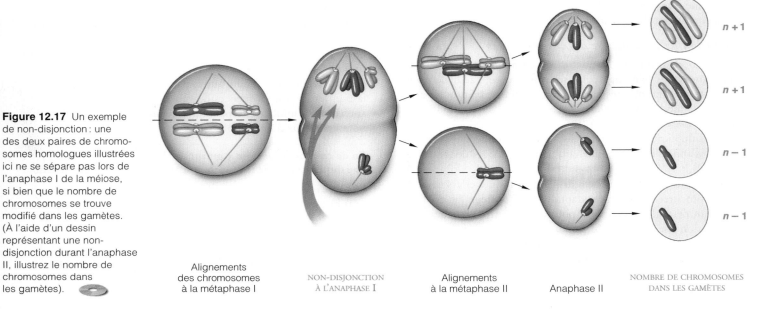

Figure 12.17 Un exemple de non-disjonction : une des deux paires de chromosomes homologues illustrées ici ne se sépare pas lors de l'anaphase I de la méiose, si bien que le nombre de chromosomes se trouve modifié dans les gamètes. (À l'aide d'un dessin représentant une non-disjonction durant l'anaphase II, illustrez le nombre de chromosomes dans les gamètes).

Alignements des chromosomes à la métaphase I

NON-DISJONCTION À L'ANAPHASE I

Alignements à la métaphase II

Anaphase II

NOMBRE DE CHROMOSOMES DANS LES GAMÈTES

$n + 1$

$n + 1$

$n - 1$

$n - 1$

Figure 12.18 Un caryotype révélant la trisomie 21 chez un jeune garçon. La petite fille (au centre) et l'adolescente (à droite) ont été photographiées pendant leur participation aux Jeux paralympiques organisés chaque année à San Mateo (Californie).

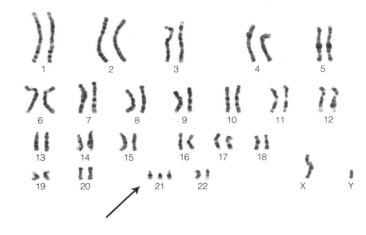

non-disjonction, mais beaucoup moins fréquemment. Quelles que soient les causes de la non-disjonction, les conséquences sont les mêmes : pendant le développement de l'embryon, les divisions cellulaires mitotiques ajoutent une partie ou la totalité d'un chromosome 21 à un certain nombre de ses cellules ou à toutes.

Parmi les caractéristiques propres à ce trouble figurent les yeux bridés et obliques, un repli cutané qui couvre l'angle interne de l'œil, un profond sillon traversant la paume des mains et la plante des pieds, un (et non deux) sillon traversant l'auriculaire, une langue volumineuse par rapport à la cavité buccale, un visage quelque peu aplati et un faible tonus musculaire. Les enfants atteints souffrent souvent de malformations cardiaques et de troubles digestifs et respiratoires, dont la plupart peuvent désormais être traités. Pour leur part, les adultes développent fréquemment la maladie d'Alzheimer. Avec les soins médicaux appropriés, les personnes atteintes de trisomie 21 ont maintenant une espérance de vie moyenne de 55 ans.

Ce ne sont pas toutes les personnes atteintes de trisomie 21 qui en manifestent la totalité des symptômes. Certains nouveau-nés n'en

présentent que quelques-uns. Par ailleurs, certaines des caractéristiques présumément propres à ce trouble apparaissent également au sein de l'ensemble de la population.

La plupart des personnes atteintes de trisomie 21 présentent une déficience intellectuelle de degré variable et héritent souvent d'une malformation cardiaque. Le squelette se développe de façon anormale, de sorte que, chez les enfants plus vieux, les parties du corps sont plus courtes, les articulations sont lâches et les os des hanches, des doigts et des orteils sont mal alignés. De même, les muscles et les réflexes musculaires sont plus faibles, alors que la parole et d'autres capacités motrices se développent plus lentement.

La trisomie 21 est un des nombreux troubles qui peuvent être détectés au moyen d'un diagnostic prénatal (voir la section 12.11). Grâce à une intervention médicale appropriée et à un entraînement spécial commençant en bas âge, les personnes atteintes de trisomie 21 peuvent prendre part à toutes sortes d'activités normales. Dans l'ensemble, elles sont souvent joyeuses et affectueuses, et aiment beaucoup socialiser (voir la figure 12.18).

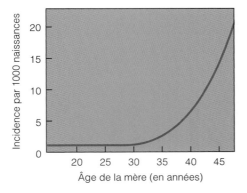

Figure 12.19 Une courbe du rapport entre la fréquence de la trisomie 21 et l'âge de la mère au moment de la naissance du bébé. Les résultats utilisés ici proviennent d'une étude effectuée auprès de 1119 enfants trisomiques nés à Victoria, en Australie, de 1942 à 1957. Le risque de donner naissance à un bébé atteint de trisomie 21 augmente avec l'âge de la mère. Cela peut sembler surprenant, car environ 80 % des bébés atteints de trisomie 21 sont nés de mères âgées de moins de 35 ans. Toutefois, ces mères se trouvent dans la catégorie d'âge où le taux de fécondité est le plus élevé, ce qui signifie simplement qu'elles ont plus de bébés.

Lorsqu'elle survient avant la division cellulaire dans les cellules reproductrices ou les premières cellules de l'embryon, la non-disjonction modifie le nombre d'autosomes ou de chromosomes sexuels. Une telle modification exerce ses effets sur le développement et sur les phénotypes qui en résultent.

LES MODIFICATIONS DU NOMBRE DE CHROMOSOMES SEXUELS

La non-disjonction est responsable de la plupart des modifications numériques non seulement des autosomes, mais aussi des chromosomes X et Y. Affectant 1 naissance sur 400, ces dernières modifications sont souvent la cause de difficultés d'apprentissage et de motricité, dont la parole, mais les problèmes sont parfois si peu apparents que leur cause n'est même pas identifiée.

Les modifications numériques des chromosomes sexuels sont légèrement moins fréquentes que celles des autosomes, en partie parce que souvent le phénotype des personnes atteintes n'est pas gravement altéré. La plupart de ces modifications peuvent être diagnostiquées avant la naissance par les moyens décrits dans la prochaine section.

Les anomalies touchant les femmes

LE SYNDROME DE TURNER Hériter d'un chromosome X sans hériter d'un chromosome X ou Y correspondant donne lieu au syndrome de Turner, qui affecte 1 bébé de sexe féminin sur 2500 à 10 000 environ. La figure 12.20 montre un caryotype XO. Une non-disjonction d'origine paternelle est responsable de 75 % de tous les cas. Les cas de syndrome de Turner sont moins nombreux que ceux d'autres anomalies des chromosomes sexuels, sans doute parce qu'au moins 98 % de tous les embryons XO sont perdus lors d'avortements spontanés au début de la grossesse. Une étude a révélé qu'environ 20 % de tous les embryons porteurs d'une anomalie chromosomique perdus lors d'un avortement spontané étaient XO.

Malgré cette létalité très élevée, les survivants XO ne sont pas éprouvés aussi durement que d'autres aneuploïdes. Ils croissent de façon bien proportionnée mais conservent une petite taille, 1,42 mètre en moyenne, et ils affichent un comportement normal durant l'enfance.

La plupart des filles atteintes de ce syndrome ont des ovaires non fonctionnels, ne produisent pas les quantités normales d'hormones sexuelles et sont stériles. L'hyposécrétion d'hormones sexuelles a une incidence négative sur le développement des caractères sexuels secondaires, comme le développement des seins. Ces filles produisent bien quelques ovocytes primaires, mais ceux-ci sont détruits avant qu'elles n'atteignent l'âge de deux ans. Peut-être à cause de leur développement sexuel interrompu et de leur petite taille, les adolescentes XO

sont souvent passives et facilement intimidées par leurs pairs. Une hormonothérapie substitutive, une chirurgie corrective ou une combinaison des deux peuvent atténuer certains des symptômes les plus lourds chez ces personnes.

LE SYNDROME XXX Quelques filles héritent de trois, quatre ou cinq chromosomes X. Le syndrome XXX affecte environ 1 naissance sur 1000. La plupart des femmes atteintes mesurent quelques centimètres de plus que la moyenne et sont aussi plus minces, et elles sont stériles. N'éprouvant que de légères difficultés d'apprentissage, elles présentent une apparence normale et peuvent généralement mener une vie sociale satisfaisante.

Les anomalies du chromosome sexuel masculin

LE SYNDROME DE KLINEFELTER Un homme sur 500 à 2000 hérite de 1 chromosome Y et d'au moins 2 chromosomes X, habituellement en conséquence d'une non-disjonction. Les hommes atteints ont un caryotype XXY ou, plus rarement, XXXY, XXXXY ou une mosaïque XY/XXY ; environ 67 % d'entre eux ont hérité le chromosome surnuméraire de leur mère.

Les symptômes du syndrome de Klinefelter qui en résulte se manifestent après le début de la puberté. Ainsi, les hommes XXY ont tendance à être plus grands que la moyenne et ont souvent un excès de poids, mais la plupart présentent une apparence générale normale. Toutefois, les testicules et la prostate sont habituellement beaucoup plus petits que la moyenne, mais pas le pénis et le scrotum.

Chez les hommes atteints, la production de testostérone est inférieure à la normale, alors que la production d'œstrogènes est plus élevée, ce qui produit des effets féminisants : la numération des spermatozoïdes est basse, la pilosité est ténue sur tout le corps, la voix est aiguë et les seins augmentent quelque peu de volume. Des injections de testostérone faites à partir de la puberté peuvent inverser la féminisation des traits, sans toutefois améliorer la fertilité. Même sans un tel traitement, les phénotypes XXY ne sont pas si différents des autres. De nombreux hommes atteints ne sont même pas conscients de leur anomalie chromosomique avant de subir des tests de fertilité.

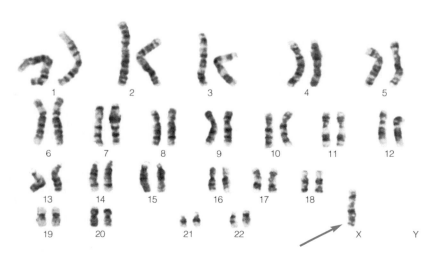

Figure 12.20
Un caryotype XO chez une fille atteinte du syndrome de Turner.

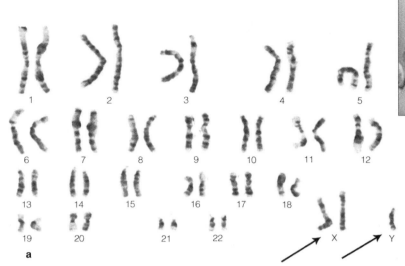

Si beaucoup d'hommes XXY possèdent une intelligence pouvant être qualifiée de normale, certains souffrent de troubles affectant la parole et la mémoire à court terme. Ceux qui ne bénéficient pas d'un diagnostic et d'un encadrement précoces éprouvent souvent des difficultés analogues à celles que décrit la légende de la figure 12.21.

LE SYNDROME DU DOUBLE Y Environ 1 homme sur 500 à 1000 hérite d'un chromosome X et de deux chromosomes Y. Les hommes atteints du syndrome du double Y sont généralement plus grands que la moyenne. Certains d'entre eux ont une légère déficience intellectuelle, mais la plupart présentent un phénotype normal. On croyait autrefois que les hommes XYY avaient une prédisposition génétique à la criminalité, mais il s'agissait d'une conclusion erronée, fondée sur l'examen d'un faible nombre de cas faisant partie de groupes très restreints, y compris des détenus. Les chercheurs savaient souvent lesquels de ces hommes étaient XYY, ce qui peut avoir biaisé les résultats de leurs études.

En outre, ils n'avaient procédé à aucune **étude à double insu**, c'est-à-dire une étude dans le cadre de laquelle plusieurs chercheurs rassemblent des données chacun de son côté et ne les apparient qu'après l'obtention complète de tous les ensembles de données. Dans le cas présent, ce sont les mêmes chercheurs qui avaient recueilli les caryotypes et les antécédents personnels. De plus, un rapport sensationnaliste publié en 1968 affirmait qu'un tueur en série de jeunes infirmières était XYY, ce qui était faux.

En 1976, un généticien danois a publié les résultats d'une vaste étude ayant porté sur les dossiers de 4139 hommes de grande taille et âgés de 26 ans qui s'étaient présentés à leur bureau national du service militaire. En plus de donner les résultats des examens médicaux et des tests d'intelligence, les dossiers comprenaient des renseignements sur leur situation sociale et économique, leur scolarisation et les condamnations pénales prononcées contre eux. Seulement 12 de ces hommes étaient XYY, ce qui signifie que plus de 4000 hommes faisaient partie du groupe témoin. La seule conclusion utile était que les hommes de grande taille ayant une déficience intellectuelle qui pratiquent une activité criminelle sont simplement plus susceptibles de se faire arrêter par la police, peu importe le caryotype.

Des travaux récents semblent indiquer que de 64 % à 85 % de tous les enfants XXY, XXX ou XYY n'ont même pas été correctement

Figure 12.21 a) Le caryotype d'un homme atteint du syndrome de Klinefelter. **b)** Voici l'histoire de Stefan. Avant l'adolescence, il était timide et réservé, mais avait parfois des accès de colère sans raison apparente. Ses parents ont compris qu'il devait y avoir un problème, mais les psychologues et les médecins n'arrivaient pas à le cerner. Ils supposaient qu'il éprouvait des difficultés d'apprentissage affectant la compréhension, le traitement des sons, la mémoire et la pensée abstraite. Un psychologue lui dit même qu'il était stupide et paresseux, et qu'il ne terminerait probablement pas ses études secondaires.

Stefan obtint pourtant son diplôme d'études secondaires et fit ensuite des études universitaires, décrochant un baccalauréat en gestion des affaires et en gestion des sports. Il n'a jamais nié avoir des difficultés d'apprentissage et s'est même fait un point d'honneur de faire ses travaux lui-même et d'être traité comme les autres.

Ce n'est qu'à l'âge de 25 ans que Stefan a su qu'il était atteint du syndrome de Klinefelter, lorsqu'un médecin pratiquant un simple examen de routine remarqua que les testicules de Stefan étaient plus petits que la normale. Par la suite, des tests effectués en laboratoire et l'établissement d'un caryotype ont révélé qu'il avait une mosaïque 46XY/47XXY.

La même année, Stefan a décroché un emploi d'informaticien. La tâche était difficile, mais il était convaincu qu'il n'aurait jamais connu autant de succès s'il n'avait pas appris à travailler de façon autonome. C'est d'ailleurs grâce à son emploi à temps plein qu'il a découvert la possibilité de faire du bénévolat au sein du réseau d'aide aux personnes atteintes du même syndrome, où il a ensuite rencontré sa future épouse, dont le fils était également atteint de ce syndrome.

diagnostiqués. Certaines personnes les qualifient injustement de sous-performants, sans même se douter de la cause génétique des difficultés d'apprentissage de ces enfants.

Les anomalies des chromosomes sexuels découlent le plus souvent d'une non-disjonction survenue lors de la méiose. Elles sont généralement à l'origine de difficultés d'apprentissage, de langage et de motricité qui sont parfois difficiles à déceler.

Elles sont un peu moins répandues que les anomalies autosomiques, en partie parce qu'elles sont rarement létales et que leurs effets sont habituellement beaucoup moins graves.

Les perspectives en génétique humaine

À la naissance de leur bébé, les parents s'empressent de demander au médecin: «Notre bébé est-il normal?» Il est assez naturel de souhaiter que son bébé n'ait pas de troubles génétiques, et la plupart des bébés n'en ont d'ailleurs pas. Mais que faire si un tel trouble est diagnostiqué?

Les troubles héréditaires et les maladies ne sont pas traités de la même façon. On combat les maladies à l'aide d'antibiotiques, d'opérations chirurgicales et d'autres moyens médicaux. Toutefois, comment combattre un «ennemi» héréditaire qui peut être transmis aux enfants? Faut-il mettre sur pied des programmes régionaux, nationaux ou mondiaux en vue de dépister les éventuels porteurs d'allèles nuisibles? Faut-il dire aux parents qu'ils ont un «problème» et qu'ils risquent de transmettre un trouble à leurs enfants? Qui va décider que certains allèles sont nuisibles? La société dans son ensemble devrait-elle assumer les coûts qu'impose le traitement des troubles génétiques avant et après la naissance? Dans l'affirmative, devrait-elle prendre part à la décision consistant soit à laisser naître l'embryon atteint, soit à effectuer un avortement? Un **avortement** désigne l'expulsion avant terme d'un embryon ou d'un fœtus hors de l'utérus.

Toutes ces questions ne représentent que la partie visible d'un iceberg éthique et elles n'ont pas encore reçu de réponses acceptables pour tous.

LES TRAITEMENTS PHÉNOTYPIQUES Il est souvent possible d'atténuer ou d'éliminer les symptômes d'un trouble génétique par des moyens diététiques, une adaptation au milieu environnant, une intervention chirurgicale ou une hormonothérapie substitutive.

Ainsi, le recours à des moyens diététiques est efficace dans le cas de la phénylcétonurie. Un gène code une enzyme qui transforme un acide aminé, la phénylalanine, en un autre, la tyrosine. Chez une personne homozygote récessive pour la forme mutante de ce gène, la

phénylalanine s'accumule dans l'organisme. Lorsque l'excédent de cet acide aminé est dirigé vers d'autres voies métaboliques, il peut se former du phénylpyruvate et d'autres composés, mais une concentration élevée de phénylpyruvate dans le sang peut altérer le fonctionnement du cerveau. Lorsque les personnes atteintes réduisent leur apport de phénylalanine, elles n'ont pas d'excédent à éliminer et peuvent donc mener une vie normale. Entre autres moyens à leur disposition, elles peuvent s'abstenir de consommer des boissons gazeuses et des aliments comprenant de l'aspartame, un composé qui contient de la phénylalanine.

L'adaptation au milieu extérieur peut atténuer ou supprimer les symptômes de certains troubles, à l'exemple des albinos qui évitent l'exposition directe au soleil. Une intervention chirurgicale peut remédier à des malformations comme un bec-de-lièvre, c'est-à-dire une fissure de la lèvre supérieure qui ne s'est pas refermée pendant le développement de l'embryon. Cette malformation résulte habituellement d'interactions entre de nombreux gènes provenant des deux parents et de facteurs propres au milieu.

LE DÉPISTAGE GÉNÉTIQUE Grâce à des programmes de dépistage à grande échelle visant la population dans son ensemble, les personnes atteintes d'un trouble et les porteurs d'un allèle nuisible peuvent souvent être repérés assez rapidement pour que des mesures préventives à leur intention soient appliquées avant l'apparition des premiers symptômes. Par exemple, la plupart des hôpitaux aux États-Unis procèdent à un dépistage de la phénylcétonurie chez les nouveaunés, de sorte que les personnes manifestant les symptômes de ce trouble sont aujourd'hui moins nombreuses qu'auparavant.

LE CONSEIL GÉNÉTIQUE Des parents qui apprennent que leur premier enfant ou un parent proche est atteint d'un trouble héréditaire grave se feront certainement du souci pour leurs enfants subséquents. Ils peuvent alors faire appel à un conseiller professionnel dûment qualifié pour les aider à évaluer les possibilités qui s'offrent à eux. Une consultation en génétique comprend souvent l'identification des génotypes parentaux et l'établissement d'arbres généalogiques détaillés, ainsi que la réalisation de tests génétiques pour détecter l'un ou l'autre des centaines de troubles métaboliques connus. Un généticien peut aussi contribuer à évaluer les risques d'apparition d'un trouble génétique. Tout conseiller doit toujours rappeler aux futurs parents qu'un risque donné est généralement présent pour chaque grossesse successive.

LE DIAGNOSTIC PRÉNATAL Les méthodes employées pour le diagnostic prénatal servent à déterminer le sexe de l'embryon ou du fœtus et à détecter plus d'une centaine de problèmes génétiques (le terme «embryon» s'emploie pour les huit premières semaines après la fécondation, après quoi il s'agit d'un «fœtus»).

Prenons le cas d'une femme qui devient enceinte à l'âge de 45 ans et qui nourrit des craintes au sujet de la trisomie 21. Entre la 12e et la 16e semaine de sa grossesse, elle peut demander un diagnostic prénatal par amniocentèse (voir la figure 12.22). Dans un tel cas, un clinicien prélève un petit échantillon du liquide se trouvant dans l'amnios, qui est l'enveloppe membraneuse entourant le fœtus. Les cellules perdues par le fœtus qui sont en suspension dans l'échantillon sont ensuite placées en milieu de culture et analysées.

Le prélèvement des villosités choriales est une autre méthode de diagnostic, lors de laquelle un clinicien prélève des cellules du

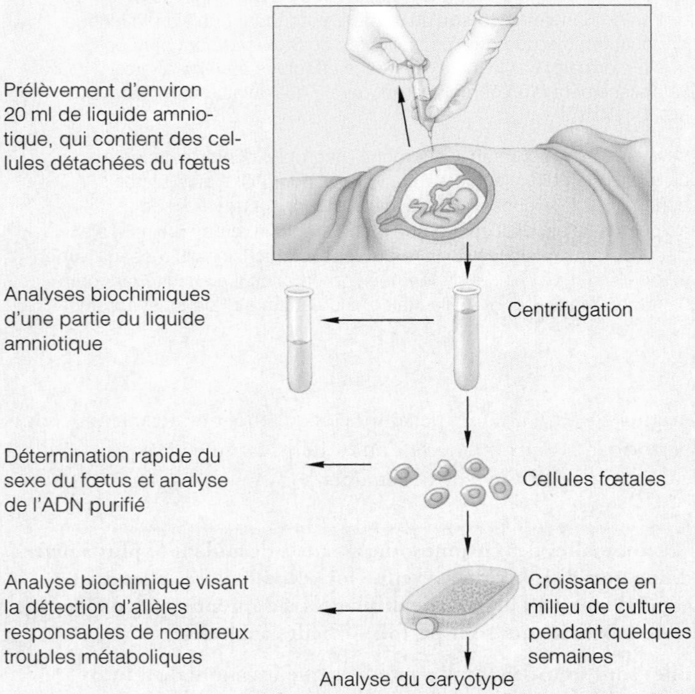

Prélèvement d'environ 20 ml de liquide amniotique, qui contient des cellules détachées du fœtus

Analyses biochimiques d'une partie du liquide amniotique

Centrifugation

Détermination rapide du sexe du fœtus et analyse de l'ADN purifié

Cellules fœtales

Analyse biochimique visant la détection d'allèles responsables de nombreux troubles métaboliques

Croissance en milieu de culture pendant quelques semaines

Analyse du caryotype

Figure 12.22 L'amniocentèse, une méthode de diagnostic prénatal.

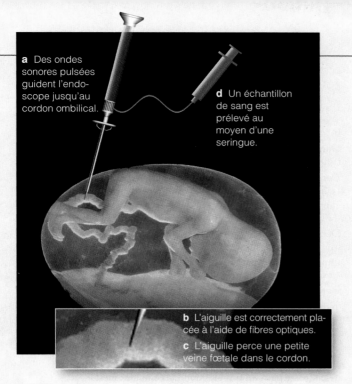

a Des ondes sonores pulsées guident l'endo-scope jusqu'au cordon ombilical.

d Un échantillon de sang est prélevé au moyen d'une seringue.

b L'aiguille est correctement pla-cée à l'aide de fibres optiques.

c L'aiguille perce une petite veine fœtale dans le cordon.

Figure 12.23 La fœtoscopie est pratiquée à des fins de diagnostic prénatal. Elle s'accompagne ici d'une cordocentèse afin de prélever du sang du fœtus.

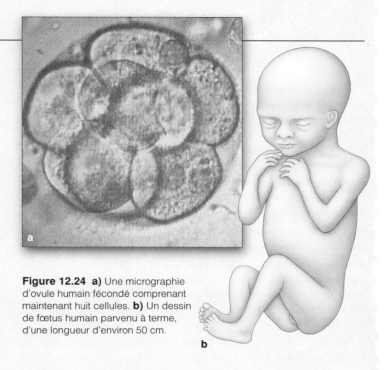

Figure 12.24 a) Une micrographie d'ovule humain fécondé comprenant maintenant huit cellules. **b)** Un dessin de fœtus humain parvenu à terme, d'une longueur d'environ 50 cm.

chorion, la membrane extra-embryonnaire à l'origine de la portion fœtale du placenta. Pouvant être effectué quelques semaines avant l'amniocentèse, le prélèvement des villosités choriales peut donner des résultats dès la huitième semaine de grossesse.

La visualisation directe d'un fœtus en développement est possible grâce à la fœtoscopie. Un appareil à fibres optiques nommé *endoscope* envoie des ondes sonores pulsées qui procèdent au balayage de l'utérus et au repérage visuel de certaines parties du fœtus, du cordon ombilical ou du placenta (voir la figure 12.23). La fœtoscopie facilite le diagnostic de troubles affectant les cellules sanguines tels que la drépanocytose et l'hémophilie.

Ces trois méthodes de diagnostic prénatal peuvent causer une infection ou blesser le fœtus. Un amnios percé qui ne se referme pas rapidement peut laisser écouler une quantité excessive de liquide amniotique, ce qui est nuisible pour le fœtus. Une amniocentèse fait augmenter de 1 % à 2 % le risque d'une fausse couche, un prélève-ment des villosités choriales engendre un risque (évalué à 0,3 %) que l'enfant naisse avec des doigts ou des orteils manquants ou sous-développés, tandis qu'une fœtoscopie entraîne une hausse, allant de 2 % à 10 %, du risque de fausse couche.

Les futurs parents seraient bien avisés de consulter un médecin afin qu'il les aide à évaluer les avantages et les inconvénients du recours à ces méthodes dans leur cas. Ils pourraient désirer s'informer au sujet du faible risque (3 % en tout) qu'un enfant naisse avec une quel-conque anomalie congénitale et s'enquérir de la gravité de tout trouble génétique susceptible d'affecter leur enfant. Ils devraient également considérer l'âge de la mère au moment de la grossesse.

L'AVORTEMENT Que faire lorsqu'un diagnostic prénatal révèle effec-tivement un grave problème? Les futurs parents devraient-ils opter pour un avortement provoqué? Tout ce que nous pouvons dire ici, c'est qu'ils auront alors à évaluer, à l'aune de leurs convictions morales ou religieuses, la gravité que représente pour eux le trouble génétique diagnostiqué. Cette question délicate est également abordée dans les sections 44.14 et 44.16.

LE DIAGNOSTIC PRÉIMPLANTATOIRE Le diagnostic préimplantatoire est une méthode liée à la **fécondation *in vitro***. Des spermatozoïdes et des ovules provenant des futurs parents sont placés dans un milieu de cul-ture enrichi. Un ou plusieurs ovules peuvent alors être fécondés. En deux jours, les divisions cellulaires mitotiques peuvent transformer un de ces ovules en une petite masse de huit cellules (voir la figure 12.24*a*).

Certains qualifient de stade de « prégrossesse » l'état où se trouve alors cette petite masse libre qui, comme l'ovule non fécondé qu'une femme expulse chaque mois, n'est pas rattachée à l'utérus. Toutes ses cellules ont les mêmes gènes et n'ont pas encore commencé à se dif-férencier pour devenir des cellules cardiaques, pulmonaires ou autres. Un médecin prélève ensuite une de ces cellules indifférenciées et en analyse les gènes. Si cette cellule ne présente aucune anomalie géné-tique détectable, la petite masse sera insérée dans l'utérus.

Certains couples qui risquent de transmettre la dystrophie mus-culaire, la fibrose kystique ou d'autres anomalies choisissent parfois cette méthode. Un grand nombre de bébés « éprouvettes » sont ainsi nés en bonne santé, exempts des allèles mutants.

En 2000, le dépistage génétique de 12 ovules fécondés a révélé qu'un embryon était exempt d'un certain gène mutant. Les deux futurs parents étaient porteurs de ce gène et leur premier enfant, une petite fille nommée Molly, était atteint de l'anémie de Fanconi, qui se caractérise par l'absence de pouces, une déformation des bras, le développement incomplet de l'encéphale et le décès rapide des suites d'une leucémie. À la naissance de son frère, on a prélevé des cellules souches sanguines de son cordon ombilical afin de les transfuser à Molly. L'opération a été un succès, de sorte que la moelle osseuse de Molly produit maintenant des globules rouges et des plaquettes san-guines qui combattent son anémie. Le premier embryon génétique-ment sélectionné pour sauver une vie a donc accompli sa mission.

RÉSUMÉ
Le chiffre en **brun** renvoie à la section du chapitre.

1. Les gènes sont des unités d'information sur les caractères héréditaires qui sont disposés successivement le long des chromosomes. Chaque gène occupe son propre emplacement, nommé *locus*, sur un type de chromosome. Différentes formes moléculaires d'un même gène, soit les allèles, peuvent occuper ce locus. *12.1*

2. Les cellules somatiques humaines sont diploïdes ($2n$) et renferment 23 paires de chromosomes homologues qui interagissent lors de la méiose. Les deux chromosomes de toutes les paires (sauf XY) ont la même longueur, la même forme et les mêmes gènes. *12.1*

3. Un allèle sur un chromosome peut être identique ou non à l'allèle situé sur le locus équivalent du chromosome homologue. *12.1*

4. Chez l'être humain, les femmes ont deux chromosomes X, tandis que les hommes ont un chromosome X apparié à un chromosome Y. Tous les autres chromosomes sont des autosomes (les mêmes chez la femme et l'homme). C'est un gène du chromosome Y qui détermine le sexe. *12.1, 12.3*

5. Les caryotypes sont établis à des fins d'analyse génétique pour que les chromosomes d'un individu puissent être comparés (selon leurs caractéristiques structurales propres) à des préparations normales de chromosomes métaphasiques. *12, 12.2*

6. Les gènes d'un même chromosome constituent un groupe de liaison, mais cette liaison peut toutefois être perturbée par un enjambement (rupture et échange de segments de chromosomes homologues). Plus grande est la distance entre deux locus le long d'un chromosome donné, plus élevée est la fréquence des enjambements entre leurs gènes. *12.4*

7. Un arbre généalogique est un schéma illustrant les liens génétiques qui unissent des lignées de descendants. Il procure des informations utiles au sujet de la transmission de certains caractères. *12.5*

8. Des modes mendéliens d'hérédité caractérisent certains allèles dominants ou récessifs situés sur des autosomes ou sur le chromosome X. *12.5, 12.6*

9. Il peut parfois se produire une modification structurale d'un chromosome. Le cas échéant, un segment peut faire l'objet d'une délétion, d'une inversion, d'une translocation ou d'une duplication. *12.8*

10. Le nombre de chromosomes peut être altéré. Les gamètes et les enfants peuvent hériter d'un chromosome de plus ou de moins que les parents (aneuploïdie) ou encore de trois chromosomes ou plus de chaque type (polyploïdie). Une non-disjonction survenant durant la méiose est responsable de la plupart des modifications numériques des chromosomes. *12.9*

11. Les modifications de la structure ou du nombre des chromosomes entraînent souvent des anomalies ou des troubles génétiques. Des traitements phénotypiques, le dépistage génétique, le conseil génétique et le diagnostic prénatal constituent autant de moyens destinés à contrer ces problèmes. *12.8 à 12.10*

12. Les enjambements augmentent la variation des caractères au sein d'une population, variation pouvant représenter un avantage adaptatif. Presque toutes les modifications structurales ou numériques des chromosomes sont nuisibles ou létales. Au fil de l'évolution, certaines modifications se sont pérennisées dans les chromosomes de toutes les espèces. *12.8*

Exercices

1. Qu'est-ce qu'un gène? Qu'est-ce qu'un allèle? *12.1*

2. Expliquez ce qui différencie: *12.1, 12.2*
a) un chromosome homologue d'un chromosome non homologue;
b) un chromosome sexuel d'un autosome.

3. Donnez la définition d'une recombinaison génétique et décrivez la façon dont elle peut se produire par suite d'un enjambement. *12.4*

4. Donnez la définition d'un arbre généalogique, puis illustrez au moyen d'exemples la différence entre une anomalie génétique et un trouble génétique. *12.5*

5. Comparez le mode de transmission d'un caractère autosomique récessif avec celui d'un caractère autosomique dominant. *12.6*

6. Décrivez deux effets qui se manifestent fréquemment lorsqu'un allèle récessif porté par le chromosome X est la cause d'un trouble génétique. *12.6*

7. Énoncez les différences entre une délétion, une duplication, une inversion et une translocation chromosomiques. *12.8*

8. Donnez les définitions de l'aneuploïdie et de la polyploïdie, puis faites un schéma simple illustrant un cas de non-disjonction. *12.9*

Autoévaluation   RÉPONSES À L'ANNEXE III

1. _____ s'alignent puis se séparent durant la _____.
a) Les chromosomes homologues; mitose
b) Les gènes de chromosomes non homologues; méiose
c) Les chromosomes homologues; méiose
d) Les gènes d'un chromosome; mitose

2. La probabilité que se produise un enjambement de deux gènes du même chromosome _____.
a) est indépendante de la distance les séparant
b) est plus élevée lorsque la distance les séparant sur le chromosome est faible
c) est plus élevée lorsque la distance les séparant sur le chromosome est grande

3. Les troubles génétiques sont causés par _____.
a) une modification du nombre de chromosomes
b) une modification de la structure des chromosomes
c) une mutation
d) toutes ces réponses

4. Un ensemble de symptômes reconnus qui caractérisent un trouble spécifique est _____.
a) un syndrome   b) une maladie   c) un arbre généalogique

5. La structure d'un chromosome peut être modifiée par suite d'une _____.
a) délétion   c) inversion   e) toutes ces réponses
b) duplication   d) translocation

6. La non-disjonction correspond à _____.
a) un enjambement lors de la mitose
b) une ségrégation lors de la méiose
c) l'absence de séparation des chromosomes lors de la méiose
d) de multiples assortiments indépendants

7. Un gamète affecté par une non-disjonction _____.
a) subirait une modification du nombre normal de chromosomes
b) se retrouverait avec un chromosome manquant ou surnuméraire
c) serait susceptible de causer un trouble génétique
d) toutes ces réponses

8. Appariez chaque terme à la définition appropriée.
_____ Enjambement
_____ Délétion
_____ Non-disjonction
_____ Translocation
_____ Caryotype
_____ Groupe de liaison

a) Nombre et caractéristiques des chromosomes métaphasiques d'un individu
b) Déplacement d'un segment de chromosome jusqu'à un chromosome non homologue
c) Perturbation de la liaison entre les gènes lors de la méiose
d) Événement à l'origine d'un nombre anormal de chromosome dans un gamète
e) Perte d'un segment de chromosome
f) Ensemble des gènes d'un chromosome donné

Figure 12.25 Une drosophile mutante aux ailes vestigiales.

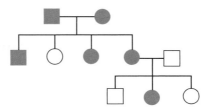

Figure 12.26 Il s'agit ici d'identifier le mode de transmission du caractère étudié.

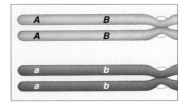

Figure 12.27 Voici deux gènes liés sur une paire de chromosomes homologues.

Questions à développement : problèmes de génétique
RÉPONSES À L'ANNEXE IV

1. Chez l'être humain, les femmes sont XX et les hommes sont XY.

a) Un homme hérite-t-il le chromosome X de sa mère ou de son père ?

b) En ce qui concerne les gènes liés au chromosome X, combien de types distincts de gamètes un homme peut-il produire ?

c) Si une femme est homozygote pour un gène lié au chromosome X, combien de types de gamètes peut-elle produire en ce qui concerne ce gène ?

d) Si une femme est hétérozygote pour un gène lié au chromosome X, combien de types de gamètes peut-elle produire en ce qui concerne ce gène ?

2. L'allèle de type sauvage d'un gène responsable de la longueur des ailes de *Drosophila melanogaster* produit des ailes de longueur normale. La figure 12.25 montre que l'homozygotie pour un allèle récessif mutant donne lieu à la formation d'ailes vestigiales. On suppose maintenant que vous exposez à des rayons X une mouche homozygote dominante à ailes normales, puis que vous la croisez avec une mouche homozygote récessive aux ailes vestigiales. Les œufs donnent naissance à des drosophiles adultes : la plupart sont hétérozygotes et ont des ailes normales, mais quelques-unes ont des ailes vestigiales. Comment expliquer de tels résultats ?

3. Le syndrome de Marfan est un trouble génétique ayant des effets pléiotropiques (voir la section 11.15). Les personnes atteintes sont souvent très grandes et minces ; la courbure de leur colonne vertébrale est anormale ; leurs bras, leurs doigts et leurs membres inférieurs sont d'une longueur disproportionnée ; et le cristallin de leurs yeux se déplace facilement. Les valves cardiaques, qui permettent de diriger le flux sanguin, peuvent battre dans la mauvaise direction lorsque le cœur se contracte. Les battements du cœur sont irréguliers. La principale artère à la sortie du cœur est fragile, son diamètre s'accroît et ses parois peuvent se déchirer.

L'analyse génétique montre que le trouble relève d'un mode de transmission autosomique dominante. Quelle est la probabilité qu'un enfant hérite de l'allèle si l'un de ses parents est hétérozygote pour ce gène ?

4. Dans l'arbre généalogique illustré à la figure 12.26, le phénotype indiqué par les carrés et les cercles rouges correspond-il à un mode de transmission autosomique dominante, autosomique récessive ou liée au chromosome X ?

5. Un type de dystrophie musculaire (trouble génétique) est causé par un allèle récessif porté par le chromosome X dont les symptômes se manifestent généralement dès l'enfance. La perte graduelle des fonctions musculaires entraîne la mort, souvent au début de la vingtaine. À la différence du daltonisme, ce trouble ne frappe presque jamais les femmes. Formulez une explication.

6. On suppose que vous êtes porteur de deux gènes liés présentant les allèles *Aa* et *Bb*, comme le montre la figure 12.27. Si la fréquence des enjambements entre ces deux gènes est nulle, quels génotypes devraient apparaître chez les gamètes que vous produisez et à quelles fréquences apparaîtraient-ils ?

7. Les individus atteints de trisomie 21 ont habituellement un chromosome 21 surnuméraire, de sorte que les cellules de leur organisme contiennent 47 chromosomes.

a) À quels stades de la méiose I et II pourrait se produire une erreur entraînant cette modification du nombre de chromosomes ?

b) Quelques individus atteints possèdent 46 chromosomes, dont 2 chromosomes 21 ayant une apparence normale et 1 chromosome 14

anormalement long. Expliquez les causes possibles d'une telle anomalie chromosomique.

8. Dans la population humaine, une mutation de deux gènes du chromosome X donne lieu à deux types d'hémophilie liée au chromosome X (types A et B). Dans quelques cas connus, une femme est hétérozygote pour les deux gènes (avec un allèle mutant sur chacun de ses deux chromosomes X). Tous ses fils devraient être atteints d'hémophilie A ou B. Pourtant, il y a eu quelques très rares cas où une telle femme a donné naissance à un garçon qui n'est pas hémophile et dont le chromosome X ne porte aucun des deux allèles mutants. Expliquez les causes possibles de la présence d'un tel chromosome X.

9. Revoyez les définitions d'un trouble génétique et d'une anomalie génétique qui figurent dans le présent chapitre. Réfléchissez ensuite à la subjectivité qui caractérise l'acceptation ou non par chacun d'un trait hors de l'ordinaire. Par exemple, une fissure labiale vous semblerait-elle être un trait acceptable, voire séduisant, chez quelqu'un qui serait moins beau que Joaquin Phoenix (photo ci-contre) ? Vous ne trouverez pas de réponse à cette question à l'annexe IV. Nous la formulons simplement pour vous inciter à mener une réflexion critique au sujet de ce que notre société qualifie de phénotypes « idéaux ».

Vocabulaire

Allèle *12.1*	Enjambement *12.1*
Aneuploïdie *12.9*	Étude à double insu *12.10*
Anomalie génétique *12.5*	Fécondation *in vitro* *12.11*
Arbre généalogique *12.5*	Gène *12.1*
Assortiment indépendant *12.1*	Groupe de liaison *12.4*
Autosome *12.1*	Inversion *12.8*
Avortement *12.11*	Maladie *12.5*
Caryotype *12*	Mosaïcisme *12.9*
Chromosome homologue *12.1*	Non-disjonction *12.9*
Chromosome sexuel *12.1*	Polyploïdie *12.9*
Chromosome X *12.1*	Recombinaison génétique *12.1*
Chromosome Y *12.1*	Syndrome *12.5*
Croisement réciproque *12.4*	Translocation *12.8*
Délétion *12.8*	Trouble génétique *12.5*
Duplication *12.8*	Type sauvage *12.1*

Lectures complémentaires

Schalchli, L. (nov. 2005). « La course aux génomes ». *La Recherche*, 391 : 56-59.

Postel-Vinay, O. (avr. 2005). « Avantage X au double ? ». *La Recherche*, 385 : 30-32.

Lectures complémentaires en ligne : consultez l'info Trac à l'adresse Web
www.brookscole.com/biology

LA STRUCTURE ET LES FONCTIONS DE L'ADN

Des molécules en carton et des liaisons en fil métallique

Certains se demandèrent sans doute, au printemps de 1868, pourquoi Johann Friedrich Miescher prélevait des cellules dans le pus de plaies ouvertes et, plus tard, dans le sperme d'un poisson. Miescher, un médecin, voulait déterminer la composition chimique du noyau des cellules. Il préleva donc de telles cellules parce qu'elles ont très peu de cytoplasme et qu'il est plus facile d'en isoler les éléments du noyau à des fins d'analyse.

Miescher parvint finalement à isoler un composé organique ayant les propriétés d'un acide et qui, contrairement à la plupart des substances d'une cellule, comprenait une quantité appréciable de phosphore. Il donna à ce composé le nom de *nucléine*. Il venait en fait de découvrir ce qui, beaucoup plus tard, allait être appelé **acide désoxyribonucléique** ou **ADN**.

Sa découverte passa toutefois inaperçue auprès des scientifiques de l'époque, car personne n'en savait beaucoup au sujet des fondements physiques de l'hérédité, c'est-à-dire la nature de la substance chimique qui code l'information assurant la reproduction des caractères parentaux chez les descendants. Tout aussi peu nombreux étaient ceux qui supposaient que l'explication pouvait être trouvée dans le noyau de la cellule. Les chercheurs croyaient surtout alors que l'information héréditaire devait être codée dans la structure de protéines appartenant à une classe inconnue. Après tout, les caractères héréditaires sont remarquablement diversifiés et les molécules codant l'information relative à ces caractères devaient sûrement avoir des structures tout aussi diversifiées. L'assemblage des protéines relève de

combinaisons presque illimitées de 20 acides aminés, de sorte qu'on se représentait ces protéines comme les phrases (les gènes) du livre de l'hérédité présent dans chaque cellule.

Au début des années 1950 toutefois, les résultats de quelques expériences ingénieuses démontrèrent clairement que l'ADN constituait le substrat de l'hérédité. En outre, grâce à sa formation en biochimie, à son talent pour la construction de modèles et à sa capacité de formuler des hypothèses judicieuses, Linus Pauling découvrit en 1951 la structure tridimensionnelle du collagène, une protéine. Sa découverte produisit un véritable effet d'entraînement : puisque quelqu'un avait réussi à percer les secrets des protéines, on devait pouvoir en faire autant dans le cas de l'ADN. De plus, si on parvenait à déterminer la structure d'une molécule d'ADN, on finirait bien par élucider ses fonctions biologiques. Qui donc passerait à l'histoire pour avoir résolu l'énigme de l'hérédité ?

Des scientifiques du monde entier s'attelèrent alors à cette tâche. Parmi ceux-ci se trouvaient James Watson, un jeune étudiant au postdoctorat à l'université de l'Indiana, et Francis Crick, un chercheur au caractère particulièrement exubérant en poste à l'université de Cambridge. Comment l'ADN, une molécule formée à partir de seulement quatre types d'éléments constitutifs, pouvait-il contenir l'information génétique ? Watson et Crick passèrent de longues heures à discuter de tout ce qu'ils avaient lu au sujet de la taille et de la forme des éléments constitutifs de l'ADN, ainsi que de la nature de leurs liaisons. Ils assemblèrent et réassemblèrent des morceaux de carton représentant ces éléments constitutifs. Ils talonnèrent des chimistes pour que ceux-ci les aident à déterminer toutes les liaisons possibles qu'ils auraient pu avoir négligées. Puis ils construisirent des modèles faits de morceaux de métal unis par des « liaisons » en fil métallique plié selon des angles leur paraissant appropriés.

En 1953, Watson et Crick purent mettre au point un modèle qui respectait toutes les règles biochimiques pertinentes et tous les faits relatifs à l'ADN qu'ils avaient établis à partir d'autres sources. Ils venaient de découvrir la structure de l'ADN (voir les figures 13.1 et 13.2) et, grâce à la simplicité stupéfiante de cette structure, de résoudre un vieux paradoxe : comment la vie peut manifester à la fois une telle unité à l'échelle moléculaire et une diversité si extraordinaire à l'échelle des organismes.

Le présent chapitre examine l'évolution des travaux de recherche qui ont mené à la compréhension actuelle de la nature de l'ADN. Les événements relatés ne font pas qu'indiquer les découvertes

Figure 13.1 James Watson et Francis Crick montrent, en 1953, le modèle de la structure de l'ADN qu'ils viennent de mettre au point.

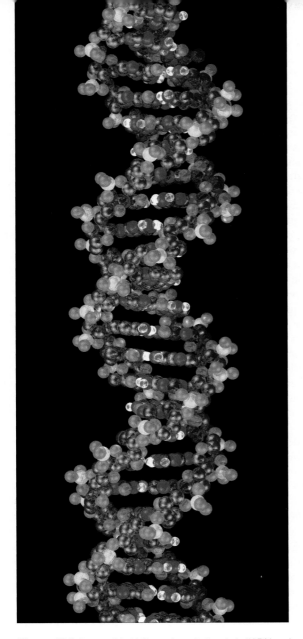

Figure 13.2 Le modèle tridimensionnel récent de l'ADN, qui correspond au prototype assemblé par Watson et Crick il y a une cinquantaine d'années.

Concepts-clés

1. Dans toutes les cellules vivantes, les molécules d'ADN constituent les réceptacles de l'information sur les caractères héréditaires.

2. Une molécule d'ADN est faite de deux brins de nucléotides qui s'enroulent l'un autour de l'autre et prennent un peu la forme d'un escalier en colimaçon. Chacun de ces brins se compose de quatre types de nucléotides qui ne diffèrent que par un seul élément constitutif, à savoir une base azotée. Les quatre bases sont appelées *adénine*, *guanine*, *thymine* et *cytosine*.

3. De nombreux nucléotides sont disposés l'un à la suite de l'autre dans chaque brin de la molécule d'ADN. Dans certaines parties des brins, l'ordre de succession des nucléotides distingue chaque espèce vivante de toutes les autres. L'information héréditaire est codée dans la séquence particulière de bases de nucléotides.

4. Les bases azotées d'un brin de l'ADN sont retenues aux bases de l'autre brin par des liaisons hydrogène. L'adénine est reliée à la thymine, et la guanine à la cytosine.

5. Avant toute division cellulaire, l'ADN se réplique avec l'aide d'enzymes et d'autres protéines. D'abord, les deux brins de chaque molécule d'ADN se détachent l'un de l'autre. Puis un nouveau brin complémentaire s'assemble peu à peu sur les bases exposées de chaque brin initial, selon les appariements adénine-thymine et guanine-cytosine.

successives au sujet de la structure et des fonctions de l'ADN, mais ils dévoilent aussi la façon dont naissent les connaissances scientifiques. D'une part, l'espoir d'acquérir la fortune et la célébrité est un puissant stimulant dans toute profession, et les scientifiques ne font pas exception à cette règle. D'autre part, la science avance grâce à un effort collectif : les chercheurs partagent tout autant ce qu'ils parviennent à expliquer que ce qui échappe à leur compréhension. Même lorsqu'une expérience ne donne pas les résultats escomptés par ses auteurs, elle peut apporter une information utile à d'autres chercheurs ou susciter des questions que d'autres pourront résoudre. Des résultats inattendus peuvent également laisser entrevoir des faits importants sur le monde de la nature.

LA DÉCOUVERTE DES FONCTIONS DE L'ADN

Des indices initiaux surprenants

En 1928, Frederick Griffith, un médecin militaire, s'efforçait d'élaborer un vaccin contre la bactérie *Streptococcus pneumoniæ*, une des causes de la pneumonie. Il prépara de nombreux vaccins à partir de bactéries affaiblies ou mortes, mais sans parvenir à ses fins. Toutefois, ses efforts ouvrirent une voie imprévue sur l'univers moléculaire de l'hérédité.

Griffith isola et cultiva deux souches distinctes de cette bactérie. Il constata ensuite que les colonies issues d'une souche présentaient une surface rugueuse, mais que les colonies de l'autre souche avaient un aspect lisse. Les nommant respectivement *R* et *L*, il procéda alors à quatre expériences sur ces deux souches.

1. Il injecta des bactéries R vivantes à des souris de laboratoire ; celles-ci n'eurent pas la pneumonie, comme le montre la figure 13.3. La souche R était inoffensive.

2. Il injecta des bactéries L vivantes à d'autres souris qui moururent peu après. Des échantillons de sang prélevés sur ces souris fourmillaient de bactéries L vivantes. La souche L était pathogène.

3. Il tua des bactéries L en les exposant à la chaleur. Les souris inoculées avec ces bactéries survécurent.

4. Il injecta à des souris un mélange de bactéries R vivantes et de bactéries L tuées par exposition à la chaleur. Les souris moururent, et les échantillons de sang prélevés sur ces souris fourmillaient de bactéries L vivantes.

Comment expliquer le résultat de la quatrième expérience ? Les bactéries L mortes du mélange, tuées par exposition à la chaleur, n'étaient peut-être pas complètement mortes. Toutefois, dans ce cas, les souris ayant reçu uniquement des bactéries L mortes (la troisième expérience) seraient mortes elles aussi. Une mutation avait peut-être rendu pathogènes les bactéries R inoffensives du mélange. Cependant, dans ce cas, les souris ayant reçu uniquement des bactéries R (la première expérience) seraient mortes elles aussi.

L'explication la plus simple était la suivante : l'exposition à la chaleur avait tué les bactéries L, mais sans affecter leur information héréditaire, y compris la partie qui correspond au mécanisme causant une infection. D'une façon ou d'une autre, cette information s'était transmise des bactéries L mortes aux bactéries R vivantes, qui l'avaient ensuite mise en application.

D'autres expériences révélèrent que les bactéries inoffensives avaient effectivement acquis de l'information sur la façon de causer des infections et avaient ainsi été transformées en agents pathogènes permanents. Quelques centaines de générations plus tard, les descendants de ces bactéries transformées étaient toujours infectieux.

Les résultats inattendus des expériences de Griffith avaient laissé perplexes Oswald Avery et ses collègues biochimistes. Par la suite, ces derniers réussirent également à transformer des bactéries inoffensives à l'aide d'extraits de bactéries pathogènes mortes. Puis, en 1944, après des analyses chimiques rigoureuses, ils purent annoncer en toute confiance que la substance héréditaire présente dans leurs extraits était probablement de l'ADN, et non des protéines, comme on le croyait largement à cette époque. Pour mieux étayer leur conclusion, ils indiquèrent qu'ils avaient ajouté dans certains extraits des enzymes digérant les protéines, mais que des bactéries exposées à ces extraits avaient néanmoins été transformées. Ils avaient ajouté dans d'autres extraits une enzyme digérant l'ADN mais pas les protéines, ce qui avait bloqué toute transformation héréditaire.

Malgré des résultats expérimentaux aussi impressionnants, de nombreux biochimistes persistaient à croire qu'il s'agissait de protéines plutôt que d'ADN et affirmaient que les résultats d'Avery ne valaient sans doute que pour les bactéries.

La confirmation des fonctions de l'ADN

Au début des années 1950, des chercheurs comme Max Delbrück, Alfred Hershey, Martha Chase et Salvador Luria menèrent diverses expériences sur des virus qui infectent des bactéries, y compris *Escherichia coli*. On appelle ces virus des **bactériophages**, ou plus simplement des *phages*.

Les virus sont des agents infectieux simples d'un point de vue biochimique. Ils ne sont pas vivants, mais ils possèdent l'information héréditaire nécessaire pour constituer de nouveaux virus. Après qu'un virus a infecté une cellule hôte, des enzymes virales prennent possession de sa machinerie métabolique, qui amorce alors la production de nouveaux virus.

En 1952, les chercheurs savaient que certains phages n'étaient constitués que d'ADN et d'une capside protéique. En outre, des

Matériel génétique

Capside

Gaine

Plaque basale

Fibre caudale

a

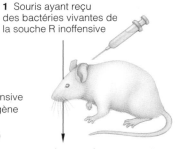
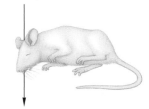
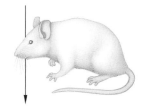

1 Souris ayant reçu des bactéries vivantes de la souche R inoffensive

2 Souris ayant reçu des bactéries vivantes de la source L pathogène

3 Souris ayant reçu des bactéries L tuées par exposition à la chaleur

4 Souris ayant reçu un mélange de bactéries R vivantes et de bactéries L tuées par exposition à la chaleur

Figure 13.3
Les résultats des expériences menées par Griffith sur une souche inoffensive et une souche pathogène de *Streptococcus pneumoniæ*.

Les souris ne meurent pas et leur sang ne contient pas de bactéries R vivantes.

Les souris meurent et leur sang contient des bactéries L vivantes.

Les souris ne meurent pas et leur sang ne contient pas de bactéries L vivantes.

Les souris meurent et leur sang contient des bactéries L vivantes.

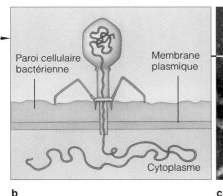

b

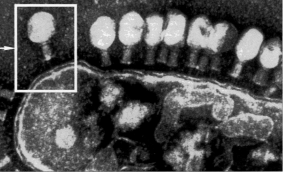

c

Figure 13.4 a), b) Un phage T4 en train d'injecter de l'ADN (le brin filiforme bleu) dans le cytoplasme d'une bactérie hôte, par un mécanisme propre aux phages. **c)** Une micrographie de phages T4 ayant infecté une bactérie *Escherichia coli*, qui devient ainsi leur hôte involontaire.

Paroi cellulaire bactérienne

Membrane plasmique

Cytoplasme

Figure 13.5 Quelques exemples des expériences décisives montrant que l'ADN était sans doute la substance héréditaire. Dans les années 1940, Alfred Hershey et Martha Chase étudiaient les bases biochimiques de l'hérédité. Ils savaient déjà que certains phages se composent de protéines et d'ADN ; mais est-ce que ce sont les protéines, l'ADN ou les deux qui contiennent l'information génétique virale ?

Pour le savoir, Hershey et Chase mirent au point deux expériences fondées sur deux faits biochimiques connus : premièrement, les protéines phagiques comprennent du soufre (S), mais pas de phosphore (P) ; deuxièmement, l'ADN phagique contient du phosphore, mais pas de soufre.

a) Dans la première expérience, des bactéries furent placées dans un milieu de culture comprenant du ^{35}S, un radio-isotope du soufre. Lorsqu'elles synthétisaient des protéines, elles ne pouvaient éviter d'y intégrer le radio-isotope, qui servit alors de traceur pour les chercheurs (voir la section 2.2).

Après leur marquage par le traceur, les bactéries furent infectées par des phages. À mesure que progressait l'infection, les bactéries synthétisaient de plus en plus de protéines virales, marquées elles aussi au ^{35}S, tout comme la nouvelle génération de virus.

Des phages marqués au ^{35}S infectèrent ensuite des bactéries non marquées qui étaient en suspension dans un milieu de culture liquide. Hershey et Chase agitèrent ensuite ce milieu dans un simple mélangeur, délogeant ainsi les capsides virales des cellules, de sorte que les virus se retrouvèrent en suspension dans le milieu liquide. Une analyse chimique révéla la présence de protéines marquées dans le milieu liquide, alors qu'il y en avait très peu dans les bactéries.

b) Dans la seconde expérience, Hershey et Chase cultivèrent d'autres bactéries. Le phosphore dont disposaient ces dernières pour synthétiser l'ADN comprenait le radio-isotope ^{32}P. Par la suite, ces bactéries furent infectées par des phages.

Comme prévu, l'ADN viral synthétisé dans les bactéries infectées était marqué, de même que la nouvelle génération de phages. Les phages marqués infectèrent ensuite des bactéries en suspension dans un milieu liquide, avant d'être délogés des cellules hôtes.

L'analyse subséquente montra que la quasi-totalité de l'ADN viral marqué était demeuré à l'intérieur des bactéries, où son information héréditaire devait être utilisée pour constituer de nouveaux phages. Les deux chercheurs démontrèrent ainsi que l'ADN était bien le matériel génétique de ce type de virus.

Virus marqué au ^{35}S

Virus marqué au ^{32}P

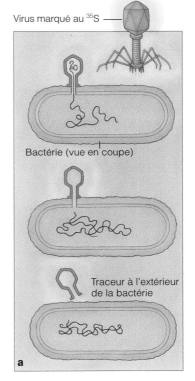

Bactérie (vue en coupe)

Traceur à l'extérieur de la bactérie

Traceur à l'intérieur de la bactérie

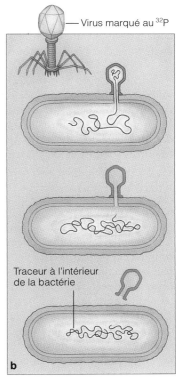

a

b

micrographies électroniques avaient révélé que la plus grande partie du phage demeure à l'extérieur des bactéries qu'il infecte (voir la figure 13.4). Il était donc possible qu'un tel virus n'injecte que du matériel génétique dans les cellules hôtes. Il restait alors à déterminer si ce matériel était de l'ADN, des protéines ou les deux. À l'issue de nombreuses autres expériences, des chercheurs démontrèrent clairement que c'est l'ADN, et non les protéines, qui joue le rôle de molécule de l'hérédité. La figure 13.5 illustre deux de ces expériences décisives.

L'information déterminant la formation des caractères héréditaires chez les organismes unicellulaires et pluricellulaires est codée dans l'ADN.

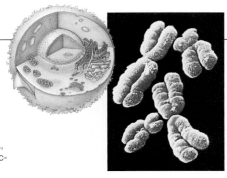

Tous les chromosomes d'une cellule contiennent de l'ADN, qui comprend lui-même quatre types de nucléotides, soit A, G, T et C, dont la structure est illustrée ici.

LA STRUCTURE DE L'ADN

Les composants de l'ADN

Bien avant que les études sur les phages aient été entamées, les biochimistes savaient que l'ADN ne contient que quatre types de nucléotides, qui sont les éléments constitutifs des acides nucléiques. Chaque **nucléotide** comprend un sucre à cinq atomes de carbone (le désoxyribose, dans le cas de l'ADN), un groupement phosphate et l'une des bases azotées suivantes :

adénine	guanine	thymine	cytosine
A	G	T	C

La structure des éléments constitutifs est la même chez les quatre types de nucléotides (voir la figure 13.6), mais T et C sont des pyrimidines (des molécules à anneau simple), alors que A et G sont des purines (de grosses molécules à anneau double).

En 1949, Erwin Chargaff, un biochimiste, partagea avec la communauté scientifique deux découvertes décisives au sujet de la composition de l'ADN. D'abord, le rapport entre la quantité d'adénine et la quantité de guanine diffère d'une espèce à l'autre. Ensuite, il y autant de thymine que d'adénine et autant de cytosine que de guanine, soit :

$$A = T \text{ et } G = C$$

Les proportions relatives des quatre types de nucléotides démontraient qu'elles étaient presque certainement liées à la configuration des nucléotides dans la molécule d'ADN.

La première démonstration convaincante de la configuration des nucléotides fut effectuée dans le laboratoire de recherche de Maurice Wilkins, en Angleterre. Rosalind Franklin, une collègue de Wilkins, avait déjà obtenu de très bonnes **images par diffraction des rayons X** de fibres d'ADN (sa contribution en la matière n'a toutefois été reconnue que très récemment, peut-être pour les raisons évoquées à la section 13.3). De telles images résultent de la projection d'un faisceau de rayons X sur une molécule, qui disperse le faisceau en formant un schéma saisi sur une pellicule. Constitué simplement de points et de lignes, un tel schéma ne révèle pas à lui seul la structure de la molécule observée. Toutefois, les chercheurs peuvent utiliser les photographies de nombreux schémas pour calculer les positions des atomes d'une molécule.

L'ADN ne se prête pas bien à la diffraction des rayons X. Les chercheurs peuvent toutefois agiter vivement des molécules d'ADN en suspension, les enrouler sur une tige et les étirer doucement pour former un amas très fin faisant penser à de la barbe à papa. Si les atomes de l'ADN sont disposés selon un ordre régulier, les rayons X projetés sur un tel amas se disperseront en formant un schéma régulier qui peut être saisi sur une pellicule. Les calculs effectués à partir des images obtenues par Franklin montraient clairement qu'une molécule d'ADN est longue et mince et que son diamètre est de 2 nm.

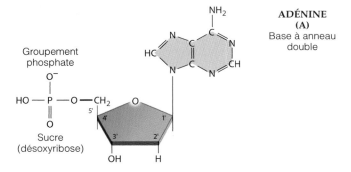

ADÉNINE (A)
Base à anneau double

Groupement phosphate

Sucre (désoxyribose)

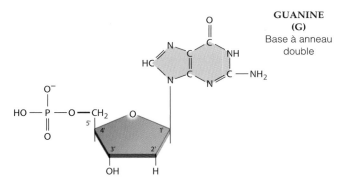

GUANINE (G)
Base à anneau double

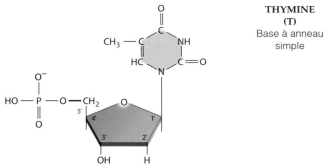

THYMINE (T)
Base à anneau simple

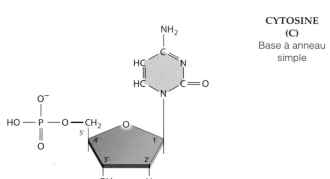

CYTOSINE (C)
Base à anneau simple

Figure 13.6 L'ADN est constitué de quatre types de nucléotides. Les petits chiffres apparaissant sur les désoxyriboses (en orange) ci-contre désignent les atomes de carbone auxquels sont liés un groupement phosphate et une base azotée.

Chaque nucléotide d'une molécule d'ADN comprend un sucre à cinq atomes de carbone (en orange), un groupement phosphate lié au cinquième atome de carbone de la structure cyclique, ainsi qu'une base azotée (en bleu) liée au premier atome de carbone. Les quatre types de nucléotides ne diffèrent entre eux que par la base qu'ils contiennent : l'adénine, la guanine, la thymine ou la cytosine.

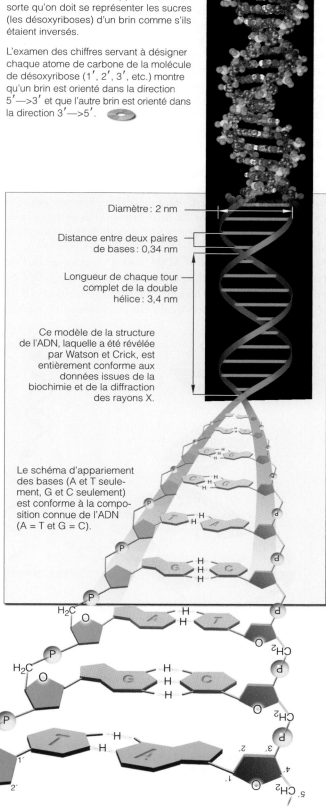

Figure 13.7 Différentes représentations de la double hélice de l'ADN. Les deux squelettes (sucre-phosphate) sont orientés dans des directions opposées, de sorte qu'on doit se représenter les sucres (les désoxyriboses) d'un brin comme s'ils étaient inversés.

L'examen des chiffres servant à désigner chaque atome de carbone de la molécule de désoxyribose (1', 2', 3', etc.) montre qu'un brin est orienté dans la direction 5'—>3' et que l'autre brin est orienté dans la direction 3'—>5'.

Diamètre : 2 nm

Distance entre deux paires de bases : 0,34 nm

Longueur de chaque tour complet de la double hélice : 3,4 nm

Ce modèle de la structure de l'ADN, laquelle a été révélée par Watson et Crick, est entièrement conforme aux données issues de la biochimie et de la diffraction des rayons X.

Le schéma d'appariement des bases (A et T seulement, G et C seulement) est conforme à la composition connue de l'ADN (A = T et G = C).

De plus, une certaine configuration moléculaire se répète tous les 0,34 nm, et une autre configuration tous les 3,4 nm.

La séquence des bases des nucléotides pouvait-elle adopter la forme d'une spirale, un peu comme un escalier en colimaçon ? Pauling en était persuadé, surtout après avoir découvert la forme hélicoïdale du collagène. Lui et tous les chercheurs concernés, parmi lesquels se trouvaient Wilkins, Watson et Crick, y voyaient une hélice. Plus tard, Watson a d'ailleurs écrit ceci : « Nous nous étions dit : "Pourquoi ne pas appliquer cette forme à l'ADN ?" Notre préoccupation était que Pauling songerait à le faire, lui. C'était certainement un homme très intelligent, une sorte d'idole pour moi. Cependant, nous l'avons battu sur son propre terrain, et je ne comprends toujours pas pourquoi. »

Il s'est avéré que Pauling avait commis une grave erreur sur le plan chimique. Dans son modèle, c'étaient des liaisons hydrogène entre les groupements phosphate qui assuraient le maintien de la structure de l'ADN. Or, un tel modèle s'applique aux solutions fortement acides et non aux cellules.

Le mode d'appariement des bases

Comme l'avaient bien compris Watson et Crick, l'ADN est fait de deux brins de nucléotides retenus ensemble par des liaisons hydrogène entre les bases azotées (voir la figure 13.7). Ces liaisons se forment lorsque les deux brins s'orientent dans des directions opposées et s'enroulent en double hélice. Sur toute la longueur de l'ADN, les bases sont toujours appariées de la même façon, soit **A – T** et **G – C**. De telles liaisons rendent possibles des variations de l'ordre des bases. Ainsi, un minuscule fragment d'ADN provenant d'une rose, d'un gorille, d'un être humain ou de tout autre organisme pourrait être constitué ainsi :

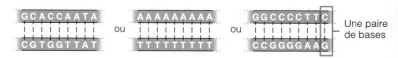

Une paire de bases

On retrouve toujours les mêmes types de liaisons dans toutes les molécules d'ADN, mais chaque espèce se caractérise par une séquence de bases azotées qui lui est propre. La stabilité moléculaire et les variations entre les espèces sont à la base du caractère à la fois unitaire et diversifié de la vie.

Par ailleurs, de récentes simulations informatiques ont révélé qu'une ficelle occupe le plus faible volume possible lorsqu'elle est enroulée en forme d'hélice. Est-ce pour l'avantage issu d'une telle économie d'espace que cette forme se retrouve également dans la nature ? La sélection naturelle a-t-elle favorisé cet avantage au cours de l'évolution moléculaire de la double hélice de l'ADN ? C'est bien possible.

Le mode d'appariement des bases entre les deux brins de l'ADN est le même chez toutes les espèces : A avec T, G avec C. D'autre part, chaque espèce se distingue de toutes les autres par la séquence des paires de bases dans son ADN.

L'histoire de Rosalind

En 1951, Rosalind Franklin se présenta au laboratoire King de l'université de Cambridge avec un dossier impressionnant. Lors de ses études antérieures sur la structure du charbon, à Paris, elle avait amélioré le procédé employé pour la diffraction des rayons X. Elle avait également mis au point une nouvelle démarche mathématique pour l'interprétation des images obtenues par diffraction des rayons X et, comme Pauling, elle avait construit des modèles tridimensionnels de molécules. Elle était maintenant chargée de mettre sur pied et de diriger un laboratoire de cristallographie des rayons X doté du meilleur équipement disponible. Ses travaux devaient porter sur la structure de l'ADN.

Personne – pas même son assistant de recherche – ne s'était donné la peine de lui dire que, quelques portés plus loin, Maurice Wilkins menait déjà ses propres travaux sur la même question. Par ailleurs, puisque personne ne s'était soucié non plus d'informer Wilkins au sujet de la tâche confiée à Franklin, Wilkins supposa que celle-ci était une technicienne embauchée pour effectuer le travail de cristallographie des rayons X, étant donné que lui-même ignorait comment le faire. Ainsi se créa un climat de travail empoisonné... Wilkins paraissait étrangement irritable aux yeux de Franklin, tandis que celle-ci, selon Wilkins, ne manifestait absolument pas le respect dont les techniciens font généralement preuve envers les chercheurs.

Wilkins disposait d'une réserve secrète de fibres cristallines d'ADN (comprenant des centaines de millions de molécules disposées en parallèle) qu'il donna à sa «technicienne».

Cinq mois plus tard, Franklin donna une conférence portant sur les résultats de ses travaux. Selon elle, l'ADN pouvait comporter deux, trois ou quatre chaînes parallèles enroulées en hélice et dotées de groupements phosphate orientés vers l'extérieur. Elle avait mesuré la densité de l'ADN et avait attribué aux fibres d'ADN l'une des 230 catégories de cristal connues, selon le degré de symétrie de leurs chaînes parallèles.

Avec ses connaissances en cristallographie, Crick aurait pu saisir l'importance d'une telle symétrie s'il avait alors été présent (précisons ici que des chaînes appariées orientées dans des directions opposées garderaient la même apparence si elles étaient retournées à 180°. Deux paires de chaînes? Non, car la valeur de la densité de l'ADN excluait cette hypothèse. Mais une paire de chaînes? Certainement!). Watson, lui, était présent, mais il ne comprenait pas ce que Franklin expliquait.

Par la suite, Franklin obtint une extraordinaire image par diffraction des rayons X de fibres d'ADN humides qui suggérait clairement une structure hélicoïdale. Elle parvint à déterminer la longueur et le diamètre de l'ADN. Or, elle travaillait avec des fibres sèches depuis si longtemps qu'elle ne s'était pas attardée à analyser davantage ses plus récents résultats. Wilkins le fit, lui. En 1953, il invita Watson à venir voir l'exceptionnelle image par diffraction des rayons X qu'avait obtenue Franklin et il l'informa de la teneur de la conférence que celle-ci avait donnée 14 mois auparavant. Lorsque Watson et Crick finirent par examiner attentivement les données de Franklin, ils purent en tirer les derniers éléments nécessaires pour construire leur modèle d'ADN, composé de deux chaînes enroulées en hélice et orientées dans des directions opposées.

Figure 13.8 Rosalind Franklin.

LA RÉPLICATION ET LA RÉPARATION DE L'ADN

Le processus de réplication de l'ADN

La découverte de la structure de l'ADN constitua un point tournant dans l'étude des mécanismes de l'hérédité. Jusque-là, personne ne comprenait comment se faisait la **réplication de l'ADN** avant la division de la cellule. Cependant, dès que Watson et Crick eurent assemblé leur modèle, Crick comprit immédiatement que le problème pouvait être résolu.

Crick savait déjà que des enzymes peuvent facilement rompre les liaisons hydrogène retenant les deux brins de nucléotides de l'ADN. Grâce à l'action de ces enzymes et d'autres protéines sur cette molécule, un brin peut se détacher de l'autre et ainsi exposer des segments de bases azotées. Les cellules disposent d'un très grand nombre de nucléotides libres qui peuvent s'apparier aux bases exposées.

Chaque brin parental demeure intact et un brin complémentaire s'assemble sur lui selon la règle d'appariement des bases suivante : **A** avec **T**, **G** avec **C**. Dès qu'un fragment du nouveau brin s'associe à un fragment du brin parental, les deux s'enroulent l'un sur l'autre pour former une double hélice, comme le montre la figure 13.9.

Puisque le brin parental d'ADN demeure inchangé lors du processus de réplication, chaque nouvelle molécule d'ADN est faite d'un brin parental et d'un nouveau brin (voir la figure 13.9). C'est pourquoi les biologistes qualifient ce processus de *réplication semi-conservative*.

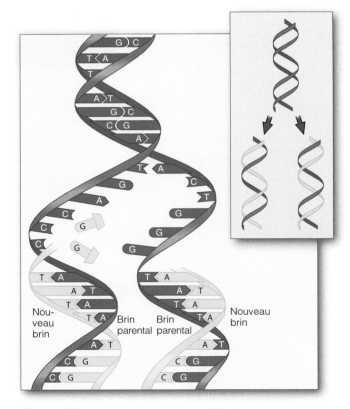

Figure 13.9 Le caractère semi-conservatif de la réplication de l'ADN. Les deux brins parentaux (en bleu) de la molécule d'ADN demeurent intacts. Un nouveau brin (en jaune) s'assemble sur chacun d'eux.

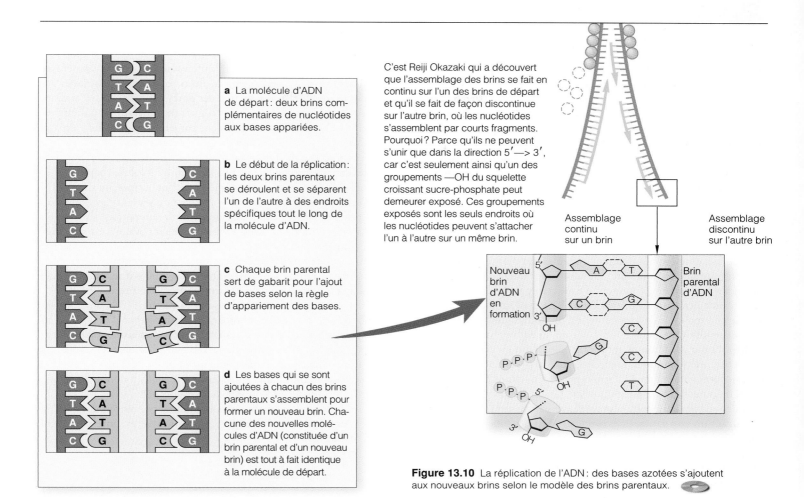

a La molécule d'ADN de départ : deux brins complémentaires de nucléotides aux bases appariées.

b Le début de la réplication : les deux brins parentaux se déroulent et se séparent l'un de l'autre à des endroits spécifiques tout le long de la molécule d'ADN.

c Chaque brin parental sert de gabarit pour l'ajout de bases selon la règle d'appariement des bases.

d Les bases qui se sont ajoutées à chacun des brins parentaux s'assemblent pour former un nouveau brin. Chacune des nouvelles molécules d'ADN (constituée d'un brin parental et d'un nouveau brin) est tout à fait identique à la molécule de départ.

C'est Reiji Okazaki qui a découvert que l'assemblage des brins se fait en continu sur l'un des brins de départ et qu'il se fait de façon discontinue sur l'autre brin, où les nucléotides s'assemblent par courts fragments. Pourquoi ? Parce qu'ils ne peuvent s'unir que dans la direction 5′ —> 3′, car c'est seulement ainsi qu'un des groupements —OH du squelette croissant sucre-phosphate peut demeurer exposé. Ces groupements exposés sont les seuls endroits où les nucléotides peuvent s'attacher l'un à l'autre sur un même brin.

Assemblage continu sur un brin

Assemblage discontinu sur l'autre brin

Nouveau brin d'ADN en formation

Brin parental d'ADN

Figure 13.10 La réplication de l'ADN : des bases azotées s'ajoutent aux nouveaux brins selon le modèle des brins parentaux.

La réplication de l'ADN mobilise un ensemble de protéines et d'enzymes. En réponse à des signaux cellulaires, des enzymes de réplication s'activent tout le long de la molécule d'ADN. Avec l'aide d'autres protéines, certaines enzymes déroulent les brins dans les deux directions et les empêchent de se réenrouler. Une enzyme amorce le déroulement des brins, mais elle n'est pas nécessaire à la rupture des liaisons hydrogène unissant les brins, car celles-ci sont plutôt faibles.

Des enzymes nommées **ADN polymérases** attachent ensuite de courts fragments de nucléotides libres aux parties déroulées du brin parental (voir la figure 13.10). Ce sont les nucléotides libres eux-mêmes qui fournissent l'énergie pour l'assemblage des brins : l'ADN polymérase détache deux des trois groupements phosphate que comporte chaque nucléotide, libérant ainsi l'énergie nécessaire à la formation des liaisons entre les nucléotides.

Des **ADN ligases** comblent ensuite les petits vides entre les courts fragments nouveaux pour que se constitue un brin continu. Enfin, des enzymes catalysent l'union du brin initial et du nouveau brin l'un sur l'autre afin que se forme la double hélice d'ADN.

Comme l'indique la section 15.1, certaines enzymes de réplication sont mises à contribution dans la technologie de l'ADN recombiné.

La réparation de l'ADN

Les cellules éprouvent de la difficulté à répliquer l'ADN lorsqu'un des brins s'est rompu ou a été altéré. Des processus de **réparation** de l'ADN qui atténuent ces dommages sont apparus au cours de l'évolution. Des ADN ligases peuvent rattacher un brin rompu, tandis que des ADN polymérases spécialisés peuvent corriger les mauvais appariements de bases ou remplacer des bases endommagées par des bases intactes, comme l'explique la section 14.4. Lors de la réplication, ces polymérases peuvent même amener un brin croissant à contourner une région endommagée, ce qui procure une meilleure aptitude de survie à la cellule ; en effet, celle-ci se suicide (par l'émission de signaux suscitant sa propre mort) si les dommages enrayent la réplication. Ces mêmes polymérases appliquent aussi leurs mécanismes de contournement à de l'ADN non endommagé. À la longue, de tels contournements favorisent l'accumulation de mutations spontanées et engendrent parfois des troubles génétiques lorsque les autres mécanismes de réparation ne fonctionnent pas.

La réplication de l'ADN se produit avant la division de la cellule. Des enzymes déroulent les deux brins de la molécule d'ADN. Chaque brin demeure intact tout au long de la réplication et des enzymes sont responsables de l'assemblage d'un nouveau brin complémentaire sur le brin parental.

Les enzymes participant à la réplication peuvent également réparer l'ADN lorsque de mauvais appariements de bases sont détectés dans la séquence des nucléotides.

Le clonage des mammifères : une reprogrammation de l'ADN

La possibilité de procéder au **clonage** de soi-même, c'est-à-dire produire une copie génétique de soi, relève-t-elle encore de la science-fiction ? Après tout, des chercheurs clonent des animaux depuis plus d'une dizaine d'années. Ainsi, grâce aux méthodes de fécondation *in vitro*, certains biologistes ont fait croître des embryons de vache dans des boîtes de Petri. Dès qu'un ovule fécondé commence à se diviser, ils séparent en deux l'amas cellulaire initial. Les deux nouveaux amas constituent bientôt des embryons jumeaux identiques de vache ; ils sont implantés dans des vaches porteuses et se développent pour devenir des veaux clonés (voir la figure 13.11*a*).

Un chercheur qui clone des animaux domestiques à partir de cellules embryonnaires doit attendre que les clones atteignent un certain âge pour voir s'ils présentent ou non un caractère souhaité. L'utilisation d'une cellule différenciée provenant d'un adulte lui éviterait une attente aussi longue, car la présence du génotype recherché serait déjà connue. Toutefois, il a longtemps semblé impossible de pouvoir amener une cellule différenciée à reprogrammer son ADN afin de déclencher le développement d'un nouvel embryon.

Que signifie « différenciée » ici ? Lorsqu'un embryon se développe à partir d'un ovule fécondé, toutes ses cellules ont le même ADN et sont à peu près identiques. Puis, différentes cellules de cet embryon commencent à mobiliser différentes parties de leur ADN. C'est par un tel mécanisme sélectif que ces cellules deviennent des cellules du foie, des cellules du cœur, des cellules du cerveau ou d'autres cellules ayant une structure, une composition et des fonctions spécialisées (voir les sections 15.3 et 43.4).

En 1997, Ian Wilmut, un chercheur écossais, et ses collègues sont parvenus à transformer une cellule différenciée de brebis en une cellule indifférenciée à l'origine d'un embryon. Ils ont extrait les noyaux de cellules différenciées et les ont insérés dans des ovules non fécondés qui avaient préalablement été énucléés (voir la figure 13.12). Parmi les centaines d'ovules ainsi modifiés, un seul a mené son développement à terme. L'agneau ainsi cloné, appelé Dolly, est devenu une brebis en bonne santé qui a elle-même engendré un descendant (voir la figure 13.11*b*).

En science, des affirmations extraordinaires doivent être suivies de démonstrations tout aussi extraordinaires. Dans un tel cas, il s'agissait de répéter maintes fois l'expérience avec succès, à une époque où tous croyaient que des mammifères ne pourraient jamais être clonés. Depuis, des chercheurs de divers pays ont réussi à cloner des moutons, des souris, des vaches, des porcs et des chèvres. Certaines de ces souris ont même été clonées sur six générations successives. D'autres chercheurs sont également parvenus à cloner des animaux appartenant à des espèces en danger d'extinction.

Les processus de clonage peuvent toutefois susciter des erreurs aléatoires dans l'expression des gènes. Comme le signale le chapitre 43, le cytoplasme d'un ovule de mammifère contient des protéines, de l'ARN messager et d'autres composants qui jouent un rôle dans l'expression des gènes dès la formation de l'embryon. Il faut parfois des mois ou des années pour qu'un ovule croissant dans un ovaire accumule tous les composants requis dans des parties spécifiques du cytoplasme. Par contraste, les procédés de clonage font appel à des ovules différenciés qui doivent reprogrammer l'ADN de la cellule donneuse à peine quelques minutes ou quelques heures après l'avoir reçu.

C'est peut-être pour cette raison que moins de 3 % de toutes les tentatives de clonage se terminent par la naissance d'un animal en bonne santé, encore que certains des clones « réussis » manifestent ensuite des troubles pathologiques tels que des anomalies cardiaques et pulmonaires, une obésité soudaine et prononcée ou une atteinte du système immunitaire. Ainsi, en 2002, Dolly a donné des signes d'arthrite à un âge exceptionnellement précoce.

Les êtres humains étant des mammifères, peuvent-ils devenir eux aussi des candidats au clonage ? La question est examinée en détail à la section 16.10.

Figure 13.11 a) Une étudiante pose ici avec deux vaches Holstein (d'excellentes productrices de lait) génétiquement identiques, issues d'embryons obtenus à la suite d'une fécondation *in vitro*. **b)** Dolly, une brebis clonée. Elle a été conçue à partir d'une cellule différenciée extraite d'une brebis adulte et stimulée à se diviser à de nombreuses reprises. On la voit ici avec son premier agneau. À l'instar de ses congénères « normales », Dolly peut s'accoupler et se reproduire de manière naturelle.

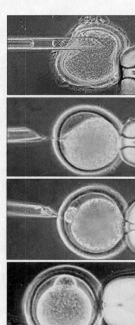

a Une pipette immobilise un ovule pendant que son noyau est extrait par succion au moyen d'une fine aiguille creuse.

b Seul le cytoplasme demeure à l'intérieur de la membrane plasmique de l'ovule.

c Une cellule de la peau de l'animal à cloner est insérée dans l'ovule.

d Une décharge électrique déclenche la fusion de la cellule insérée avec le cytoplasme de l'ovule.

e L'ovule récepteur commence à se diviser en quelques heures. Une semaine plus tard, les premières cellules clonées de l'embryon sont implantées dans une mère porteuse.

Figure 13.12 Le processus de transfert d'un noyau.

RÉSUMÉ

Le chiffre en **brun** renvoie à la section du chapitre.

1. Chez toutes les cellules vivantes, l'information héréditaire est codée dans l'ADN (acide désoxyribonucléique). *13*

2. L'ADN est constitué de nucléotides comprenant chacun un sucre à cinq atomes de carbone (désoxyribose), un groupement phosphate et l'une des quatre bases azotées suivantes : adénine, thymine, guanine et cytosine. *13.2*

3. Une molécule d'ADN est faite de deux brins de nucléotides enroulés ensemble en forme de double hélice. Les bases azotées d'un brin s'apparient (par des liaisons hydrogène) aux bases de l'autre brin. *13.2*

4. Les bases des deux brins de la double hélice d'ADN s'apparient selon une règle précise : l'adénine avec la thymine (**A** avec **T**), la guanine avec la cytosine (**G** avec **C**). L'ordre de succession de deux paires de bases (**A**–**T**, **T**–**A**, **G**–**C** ou **C**–**G**) varie tout le long des brins. *13.2*

5. Dans l'ensemble, l'ADN d'une espèce comporte un certain nombre de fragments uniques de paires de bases qui le distinguent de l'ADN de toutes les autres espèces. *13.2*

6. Lors de la réplication de l'ADN, des enzymes déroulent les deux brins de la double hélice et assemblent un nouveau brin complémentaire sur chacun des brins parentaux. Il en résulte deux molécules consistant chacune en un brin parental (maintenu intact) et un nouveau brin. *13.4*

7. Pendant la réplication, des mécanismes de réparation assurent la remise en bon état des brins d'ADN endommagés. Des ADN polymérases spécifiques contournent les lésions, ce qui entraîne l'accumulation de mutations dans l'ADN. *13.4*

Exercices

1. Nommez les trois parties moléculaires d'un nucléotide d'ADN. Énumérez également les quatre bases présentes dans les nucléotides. *13.2*

2. Quel type de liaison unit les deux brins de la double hélice de l'ADN ? Quel nucléotide s'apparie à l'adénine ? à la guanine ? *13.2*

3. Expliquez comment les molécules d'ADN des différentes espèces d'êtres vivants montrent à la fois constance et variabilité. *13.2*

Autoévaluation   RÉPONSES À L'ANNEXE III

1. Quel élément ci-dessous ne constitue pas une base des nucléotides de l'ADN ?
a) L'adénine   c) L'uracile   e) La cytosine
b) La guanine   d) La thymine   f) Tous sont présents dans l'ADN.

2. Quelles sont les règles d'appariement des bases dans l'ADN ?
a) A–G, T–C   c) A–U, C–G
b) A–C, T–G   d) A–T, C–G

3. L'ADN d'une espèce se distingue de l'ADN des autres espèces par _____.
a) ses sucres   c) sa séquence de bases
b) ses phosphates   d) toutes ces réponses

4. Lorsque la réplication de l'ADN commence, _____.
a) les deux brins d'ADN se déroulent et se séparent l'un de l'autre
b) les deux brins d'ADN se condensent en vue des transferts de bases
c) deux molécules d'ADN se lient ensemble
d) les brins initiaux se déplacent pour se lier à de nouveaux brins

5. La réplication de l'ADN exige _____.
a) des nucléotides libres   c) de nombreuses enzymes
b) de nouvelles liaisons hydrogène   d) toutes ces réponses

6. La différenciation cellulaire comporte _____.
a) un clonage   c) l'expression sélective des gènes
b) des transferts de noyaux   d) les réponses b) et c)

7. Associez les expressions aux descriptions correspondantes.
_____ ADN polymérase   a) Deux brins de nucléotides enroulés
_____ Complémentarité   l'un sur l'autre
des bases   b) A avec T, G avec C
_____ Réplication   c) Réplication du matériel héréditaire
_____ Double hélice d'ADN   d) Enzyme de réplication

Questions à développement

1. Les données de Chargaff indiquaient que l'adénine s'apparie à la thymine et que la guanine se lie à la cytosine. Quelles autres données à la disposition de Watson et Crick laissaient croire que les appariements adénine-guanine et cytosine-thymine ne se forment généralement pas ?

2. Matthew Meselson et Frank Stahl ont effectué une expérience qui a confirmé le modèle semi-variable de la réplication de l'ADN. Ils ont mis au point de l'ADN « lourd » en faisant croître une certaine quantité d'*Escherichia coli* dans un milieu de culture enrichi au ^{15}N, un isotope lourd de l'azote, puis de l'ADN « léger » en faisant croître une certaine quantité d'*E. coli* en présence de ^{14}N, l'isotope le plus courant de l'azote. Un procédé technique leur a permis de distinguer les unes des autres les molécules répliquées lourdes, légères et hybrides (un brin lourd et un brin léger). À l'aide de deux crayons de couleur différente (un pour les brins lourds et l'autre pour les brins légers), dessinez les molécules filles qui se formeraient à la suite de la réplication dans un milieu de culture contenant du ^{14}N à partir d'une molécule d'ADN à deux brins lourds. Dessinez ensuite les quatre molécules d'ADN qui se formeraient si les molécules filles se répliquaient à leur tour dans le milieu de culture contenant du ^{14}N.

3. Les mutations sont des changements permanents des séquences de bases des gènes qui constituent la première source de variation génétique, soit la matière première de l'évolution. Toutefois, puisque les cellules disposent de mécanismes de réparation qui, lors de la réplication, peuvent rapidement remettre en bon état des brins d'ADN ayant subi une altération ou une rupture, comment expliquer que les mutations peuvent néanmoins s'accumuler ?

4. Comme l'indique la section 4.12, une souche pathogène d'*Escherichia coli* a acquis la capacité de produire une toxine susceptible de causer des problèmes de santé et même la mort, notamment chez les jeunes enfants ayant mangé de la viande de bœuf contaminée et insuffisamment cuite. Formulez des hypothèses expliquant qu'une bactérie normalement inoffensive comme *E. coli* puisse devenir un agent pathogène.

5. En 1999, des scientifiques ont découvert le corps d'un mammouth entièrement conservé dans la glace depuis 20 000 ans. Ils l'ont décongelé très lentement dans l'espoir de récupérer son ADN afin de produire un mammouth par clonage, mais il s'est avéré que l'ADN n'était pas disponible en quantité suffisante à cette fin. Ils sont cependant prêts à tenter l'expérience à nouveau après la découverte du prochain mammouth congelé. Passez en revue la section 13.5, puis examinez les avantages et les inconvénients que comporte le clonage d'une espèce animale éteinte.

Vocabulaire

Acide désoxyribonucléique (ADN) *13*	Cytosine (C) *13.2*
	Guanine (G) *13.2*
Adénine (A) *13.2*	Image par diffraction des rayons X *13.2*
ADN ligase *13.4*	Nucléotide *13.2*
ADN polymérase *13.4*	Réparation de l'ADN *13.4*
Bactériophage *13.1*	Réplication de l'ADN *13.4*
Clonage *13.5*	Thymine (T) *13.2*

Lectures complémentaires

Morange, M. (avr.-mai 2005). « La double hélice de Crick et Watson ». *Sciences & avenir*, Hors série 142 : 16-20.

Hayes, B. (janv.-mars 2005). « L'invention du code génétique ». *Pour la science*, Dossier 46 : 10-15.

14

DE L'ADN AUX PROTÉINES

Au-delà du byssus

Pourvue d'une coquille dure, mais d'un corps mou, la moule (voir la figure 14.1) se sert de son pied musculeux pour tâter une roche balayée par les flots. À tout moment, elle peut être emportée dans le reflux d'une vague et être violemment projetée à répétition sur les roches, avant de finir ses jours dans l'estomac d'un goéland.

Or, la moule a la chance de poser son pied sur une anfractuosité de la roche où elle se trouve. Elle procède alors au nettoyage de l'anfractuosité en la balayant avec son pied ; puis elle expulse tout l'air qui demeurait sous son pied, qui se cambre ensuite. Elle forme ainsi un petit espace sous vide qui lui fournit une bonne adhérence à la roche. La moule injecte ensuite dans ce petit espace un liquide renfermant de la kératine et d'autres protéines, lequel se transforme alors en une mousse collante. Elle donne à son pied une forme tubulaire, y aspire la mousse et produit ainsi des filaments gluants de la largeur d'un poil. Enfin, elle recouvre ces filaments d'un enduit, fait d'un autre type de protéine, pour qu'ils se transforment en une structure adhésive, le *byssus*, grâce auquel elle est maintenant solidement ancrée sur la roche.

Le byssus constitue le meilleur adhésif à usage aquatique qui soit connu dans le monde, car l'eau finit toujours par altérer ou déformer les adhésifs synthétiques. Le byssus demeure un objet d'émerveillement pour les biochimistes, les dentistes et les chirurgiens cherchant à améliorer les procédés employés pour les greffes de tissus et la réparation de nerfs sectionnés. Pour leur part, des spécialistes du génie génétique insèrent de l'ADN de moule dans des cellules de levures qui, grâce à leur reproduction rapide, deviennent autant de petites « usines » où des gènes de moule sont traduits en des quantités appréciables de protéines. De tels procédés, tout comme la fabrication du byssus par les moules, s'appuient sur un des mécanismes fondamentaux de la vie : toute protéine est synthétisée conformément aux consignes fournies par l'ADN.

Figure 14.1 Des moules (*Mytilus californianus*) démontrent activement l'importance des protéines pour la survie. Lorsqu'une moule détecte un point d'ancrage adéquat, elle se sert de son pied musculeux comme d'une ventouse pour y former un petit espace sous vide, dans lequel elle fabrique, à l'aide de diverses protéines, le meilleur adhésif à usage aquatique qui soit connu dans le monde. Cet adhésif permet à la moule de se fixer solidement sur une roche constamment balayée par les vagues.

Le présent chapitre décrit le chemin menant de l'ADN aux protéines. De nombreuses enzymes interviennent tout au long de ce chemin, de même qu'un type d'acide nucléique autre que l'ADN. Les mêmes étapes doivent être franchies pour la production de toutes les protéines, qu'il s'agisse d'un adhésif analogue à celui des moules, de la kératine présente dans les cheveux et les ongles humains ou des enzymes digestives d'une dionée attrape-mouches.

On peut se représenter l'ADN de toute cellule comme un livre contenant l'information nécessaire pour l'assemblage de protéines. L'alphabet utilisé dans ce livre très particulier est plutôt simple, car il ne comporte que quatre lettres : A, T, G et C (qui désignent respectivement l'*adénine*, la *thymine*, la *guanine* et la *cytosine*, soit les bases azotées des nucléotides). Comment obtenir une protéine à partir de cet alphabet ? La réponse découle de la structure de l'ADN.

Si l'ADN est toujours constitué d'une molécule à deux brins, l'ordre spécifique des bases des nucléotides de chaque brin, c'est-à-dire la **séquence des nucléotides**, diffère d'un type d'organisme à l'autre. Alors que les deux brins se séparent complètement l'un de l'autre lors de la réplication de l'ADN, une telle séparation ne se produit, à d'autres moments de la vie d'une cellule, que dans certaines portions des brins et expose des séquences nucléotidiques bien précises, les gènes, dont la plupart contiennent l'information nécessaire à la synthèse des protéines.

Il faut deux étapes, la **transcription** et la **traduction**, pour exécuter les instructions d'un gène concernant la fabrication d'une protéine. Dans le cas d'une cellule eucaryote, la transcription s'effectue au sein du noyau, où une séquence de nucléotides d'ADN nouvellement exposée sert de matrice pour l'assemblage d'un brin d'**acide ribonucléique (ARN)** à partir des nucléotides libres présents dans le noyau. Par la suite, l'ARN parvient au cytoplasme pour que s'y effectue la traduction. C'est au cours de cette seconde étape que l'ARN dirige l'assemblage des acides aminés en vue de la formation de chaînes polypeptidiques, après quoi ces chaînes se replient et adoptent la configuration tridimensionnelle des protéines.

En résumé, l'ADN dirige la synthèse de l'ARN, qui dirige à son tour la synthèse des protéines.

$$\text{ADN} \xrightarrow{\textit{Transcription}} \text{ARN} \xrightarrow{\textit{Traduction}} \text{PROTÉINE}$$

Les protéines nouvellement synthétisées sont appelées à jouer des rôles structuraux et fonctionnels dans les cellules ; certaines d'entre elles participeront même à la synthèse de nouvelles molécules d'ADN, d'ARN et de protéines.

Concepts-clés

1. Les organismes ne pourraient demeurer vivants sans l'existence des enzymes et d'autres protéines. Les protéines sont formées d'une ou de plusieurs chaînes polypeptidiques, qui sont elles-mêmes constituées d'acides aminés. La séquence des acides aminés d'une chaîne polypeptidique correspond à un gène, qui est une séquence de nucléotides dans une molécule d'ADN.

2. La synthèse des protéines à partir de l'information contenue dans les gènes comprend deux étapes : la transcription et la traduction.

3. Lors de la transcription, la molécule d'ADN à deux brins se déroule sur la longueur d'un gène, puis une molécule d'ARN s'assemble à partir des bases exposées de l'un des brins.

4. La traduction fait appel à trois types de molécule d'ARN : l'ARN messager, l'ARN de transfert et l'ARN ribosomique.

5. Au cours de la traduction, les acides aminés s'assemblent pour former une chaîne polypeptidique selon une séquence déterminée par l'ARN messager. Pour sa part, l'ARN de transfert apporte les acides aminés un par un vers leur lieu d'assemblage, tandis que l'ARN ribosomique catalyse la formation de la chaîne polypeptidique.

6. À quelques exceptions près, les « mots » du code génétique présidant à la formation des protéines à partir de l'information contenue dans l'ADN sont les mêmes chez toutes les espèces.

7. Une mutation désigne la modification permanente de la séquence des nucléotides d'un gène. Les mutations représentent la source première de variation génétique au sein des populations.

8. Une mutation peut modifier tant la structure que la fonction d'une protéine et engendrer des variations ténues ou prononcées des caractères chez les individus d'une population.

LA TRANSCRIPTION DE L'ADN EN ARN

Les trois types d'ARN

Avant d'examiner en détail la synthèse des protéines, il importe de clarifier une question à son sujet : l'introduction du présent chapitre peut avoir donné au lecteur l'impression qu'un seul type de molécule d'ARN participe à une telle synthèse, mais celle-ci requiert en fait la présence de trois types d'ARN. La transcription de la plupart des gènes produit de l'**ARN messager (ARNm)**, soit le seul type d'ARN renfermant l'information destinée à la synthèse des protéines. La transcription de certains autres gènes donne lieu à la formation d'**ARN ribosomique (ARNr)** un élément constitutif essentiel du ribosome (rappelons ici que le ribosome est l'unité structurale dans laquelle s'assemble une chaîne polypeptidique). Enfin, la transcription d'autres gènes produit de l'**ARN de transfert (ARNt)**, dont les molécules apportent un par un les acides aminés vers un ribosome, selon l'ordre indiqué par l'ARNm.

La transcription

Constituée elle aussi de seulement quatre types de nucléotides, une molécule d'ARN est très semblable à un brin d'ADN. Chaque nucléotide d'ARN comprend un sucre à cinq atomes de carbone, le ribose (différent du désoxyribose de l'ADN), un groupement phosphate et une base azotée. Alors que trois types de base – l'adénine, la cytosine et la guanine – se retrouvent tant dans l'ADN que dans l'ARN, celui-ci comprend un quatrième type distinctif : l'**uracile** (voir la figure 14.2). À l'instar de la thymine, l'uracile s'apparie à l'adénine, ce qui signifie qu'un nouveau brin d'ARN peut être assemblé sur une région d'ADN selon des règles d'appariement des bases (voir la figure 14.3).

La transcription et la réplication de l'ADN ont en commun un autre aspect : des enzymes ajoutent des nucléotides un par un à un brin d'ARN en formation, dans la direction 5′ ⟶ 3′ comme l'explique la section 13.4.

Toutefois, la transcription se distingue de la réplication de l'ADN par trois caractéristiques majeures. D'abord, seul un segment spécifique d'un brin d'ADN sert de matrice, plutôt que toute la molécule. Ensuite, c'est l'enzyme **ARN polymérase**, et non l'ADN polymérase, qui catalyse l'ajout de nucléotides au brin d'ARN en formation. Enfin, la transcription s'achève par la constitution d'un brin libre et simple de nucléotides d'ARN, plutôt que d'une double hélice.

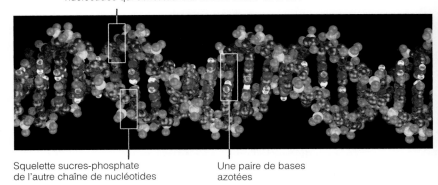

Squelette sucres-phosphate formant un des deux brins de nucléotides qui constituent la double hélice de l'ADN

Squelette sucres-phosphate de l'autre chaîne de nucléotides

Une paire de bases azotées

a L'emplacement des bases des nucléotides de l'ADN.

La transcription d'un gène s'amorce au niveau d'un **promoteur**, c'est-à-dire une séquence de bases de l'ADN qui indique le début du gène. Des protéines placent une ARN polymérase sur l'ADN et déclenchent la transcription à partir du promoteur. L'enzyme se déplace ensuite le long du brin d'ADN pour unir les nucléotides l'un après l'autre (voir la figure 14.4), jusqu'à ce qu'elle parvienne à un certain point du gène, d'où la nouvelle molécule d'ARN est libérée en tant que transcrit libre.

Le parachèvement des transcrits d'ARNm

Chez les cellules eucaryotes, la nouvelle molécule d'ARN n'a pas encore acquis sa forme finale et cet «ARN prémessager» doit être modifié avant que son information destinée à la synthèse d'une protéine puisse être utilisée. Une cellule eucaryote taille ainsi sur mesure son ARN prémessager, un peu à l'image d'un couturier qui apporte les dernières retouches à une nouvelle robe avant sa sortie de l'atelier.

Par exemple, des enzymes ajoutent une coiffe à l'extrémité 5′ d'un ARN prémessager, soit un nucléotide comportant un groupement méthyle et des groupements phosphate, ainsi que, à l'extrémité 3′, une queue faite de 100 à 300 nucléotides d'adénine, sur laquelle vont se fixer des protéines. La coiffe facilitera la fixation de l'ARNm à un ribosome dans le cytoplasme. La queue poly-A rythme l'accès des

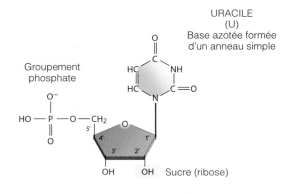

Figure 14.2 La formule structurale d'un des quatre types de nucléotides de l'ARN. Les trois autres nucléotides se distinguent de celui-ci par leur base azotée, qui peut être l'adénine, la guanine et la cytosine, plutôt que l'uracile illustré ci-contre. Une comparaison avec la figure 13.6, où sont représentés les quatre nucléotides de l'ADN, permet de constater que le sucre de l'ADN et celui de l'ARN ne diffèrent que par un seul groupement (en jaune).

URACILE (U)
Base azotée formée d'un anneau simple

Groupement phosphate

Sucre (ribose)

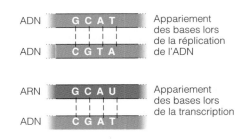

Figure 14.3 L'appariement des bases de l'ARN et de l'ADN lors de la transcription, comparativement à l'appariement des bases pendant la réplication de l'ADN.

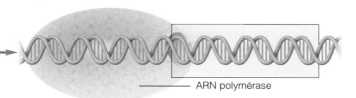

ARN polymérase

b L'ARN polymérase amorce la transcription dans la partie de l'ADN où se trouve un promoteur. Elle se sert de la séquence de bases située en aval de cette partie comme d'une matrice pour lier entre eux les nucléotides (adénine, cytosine, guanine et uracile) et former un brin d'ARN.

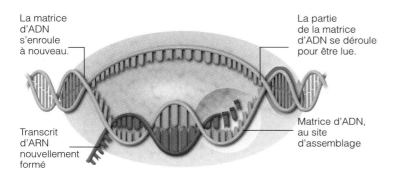

La matrice d'ADN s'enroule à nouveau.

La partie de la matrice d'ADN se déroule pour être lue.

Transcrit d'ARN nouvellement formé

Matrice d'ADN, au site d'assemblage

c Tout au long de la transcription, la double hélice de l'ADN se déroule sous l'effet de l'ARN polymérase. De courts segments du brin d'ARN en formation s'enroulent brièvement autour de la matrice d'ADN, après quoi les nouveaux segments d'ARN se détachent de la matrice et les deux brins d'ADN s'enroulent à nouveau.

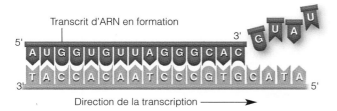

Transcrit d'ARN en formation

Direction de la transcription ⟶

d Au site d'assemblage, l'ARN polymérase catalyse l'appariement successif des bases des nucléotides d'ARN et des bases du brin exposé de la matrice d'ADN.

A U G G U G U U A G G G C A C G U A U

e À l'extrémité du gène, le dernier segment du nouveau transcrit d'ARNm se détache et se libère de l'ADN.

Figure 14.4 La transcription d'un gène, au cours de laquelle une molécule d'ARN est assemblée sur une matrice d'ADN. Le schéma en **a)** montre un segment de la double hélice d'ADN; la séquence des nucléotides d'un des deux brins (mais pas des deux) servira bientôt de matrice pour l'élaboration d'une molécule d'ARN, comme l'illustrent les schémas **b)** à **e)**.

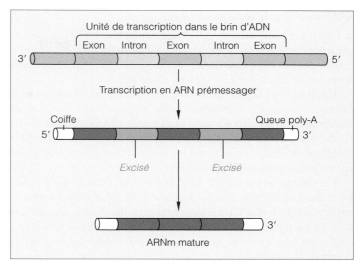

Figure 14.5 La transcription d'un gène et la maturation de l'ARNm résultant dans le noyau d'une cellule eucaryote. La coiffe est un nucléotide auquel sont liés des groupements fonctionnels, alors que la queue poly-A est une suite de nucléotides d'adénine.

enzymes à l'ARNm ; elle détermine ainsi la durée de vie d'une molécule d'ARNm et contribue à maintenir intact son message tant et aussi longtemps que la cellule en a besoin. Des enzymes détruiront plus tard la queue à partir de son extrémité.

Outre ces modifications, l'ARN prémessager lui-même subit des changements. En effet, la plupart des gènes eucaryotes comprennent un ou plusieurs **introns**, c'est-à-dire des séquences de bases devant être enlevées avant la traduction d'une molécule d'ARN. Ces introns s'insèrent entre des **exons**, soit les parties qui demeurent présentes dans l'ARNm au moment de sa traduction en protéines. Comme le montre la figure 14.5, les introns sont transcrits en même temps que les exons, mais ils sont excisés avant que l'ARNm quitte le noyau de la cellule sous sa forme mature. (Retenons en guise d'aide-mémoire que les *ex*ons sont *ex*pulsés du noyau, alors que les *in*trons demeurent à l'*in*térieur du noyau, où ils sont dégradés).

Beaucoup d'introns fournissent des sites où l'information destinée à la synthèse d'une protéine peut être découpée et épissée de diverses façons. Grâce à ces épissages, différentes cellules d'un organisme peuvent utiliser un même gène pour synthétiser des versions différentes d'ARN prémessager, si bien que les protéines qui en résultent n'ont pas exactement la même forme ni les mêmes fonctions. Cette question est à nouveau examinée à la section 15.3.

Lors de la transcription d'un gène, la séquence des bases exposées de l'un des deux brins d'une molécule d'ADN constitue la matrice à partir de laquelle l'ARN polymérase assemble un brin simple d'ARN. Dans ce cas, l'adénine s'apparie à l'uracile, et la cytosine à la guanine.

Chaque transcrit d'ARN messager (ou ARN prémessager) acquiert sa forme finale avant de quitter le noyau de la cellule.

LE DÉCODAGE DE L'ARN MESSAGER

Qu'est-ce que le code génétique?

À l'exemple d'un brin d'ADN, une molécule d'ARNm est une séquence linéaire de nucléotides. Cette séquence renferme des «mots», formés chacun d'un certain nombre de nucléotides, qui codent un acide aminé nécessaire à la synthèse d'une protéine.

Un ribosome «lit» les nucléotides de l'ARMm par triplets (groupe de trois). On donne le nom de **codon** à chacun de ces triplets de nucléotides, caractérisés par leurs bases azotées. La figure 14.6 illustre la correspondance entre l'ordre des différents codons d'un brin d'ARNm et l'ordre dans lequel les acides aminés s'ajoutent à une chaîne polypeptidique en formation.

Le tableau apparaissant à la figure 14.7 révèle qu'il existe 64 codons distincts et que la plupart des 20 types d'acides aminés correspondent à plus d'un codon (par exemple, l'acide glutamique correspond aux codons GAA et GAG). On peut aussi y voir que AUG, qui code un acide aminé nommé *méthionine*, est le point de départ de la traduction de l'ARNm, ce qui signifie que la lecture des triplets débute par une séquence AUG située dans la suite des nucléotides de l'ARNm et que la méthionine constitue le premier acide aminé d'une nouvelle chaîne polypeptidique. Par ailleurs, les codons UAA, UAG et UGA ne correspondent à aucun acide aminé et agissent plutôt comme un signal d'arrêt pour faire cesser toute nouvelle addition d'acides aminés à la chaîne polypeptidique.

Ensemble, les 64 codons forment le **code génétique** et servent de base à la synthèse des protéines chez tous les organismes.

La structure et les fonctions de l'ARN de transfert et de l'ARN ribosomique

Le cytoplasme d'une cellule contient une réserve d'acides aminés libres et de molécules d'ARNt libres. Ces dernières sont toutes munies d'un «crochet» moléculaire, site auquel peut s'attacher un acide aminé, et elles comprennent également un triplet de nucléotides, nommé **anticodon**, qui peut s'apparier à un codon de l'ARNm (voir la figure 14.8). Lorsque les molécules d'ARNt se lient aux codons, elles placent automatiquement les acides aminés qui leur sont rattachés dans l'ordre indiqué par l'ARNm.

Si une cellule peut compter sur la présence de 64 types de codons dans son ARNm, les types de molécules d'ARNt disponibles sont toutefois moins nombreux. Comment les molécules d'ARNt peuvent-elles

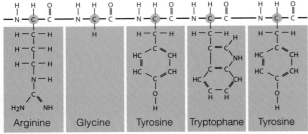

a Une partie de la séquence d'acides aminés assemblée lors de la traduction de l'ARNm en une chaîne polypeptidique.

b Une partie du brin d'ARNm formé à partir de l'ADN.

c La séquence des bases d'un gène de l'ADN.

Figure 14.6 La correspondance entre un gène et une protéine, telle que l'ont déduite Marshall Nirenberg, Philip Leder, Severo Ochoa et Gobind Korana. **a)** La séquence des acides aminés d'une chaîne polypeptidique. **b)** L'ARNm. Chaque groupe de trois nucléotides est un codon et positionne un des acides aminés de la chaîne. **c)** Les bases exposées de l'un des brins d'une double hélice d'ADN qui se déroule au cours de la transcription et qui sert de matrice pour l'assemblage d'un brin d'ARNm. À l'aide de la figure 14.7, pourriez-vous indiquer le codon manquant qui correspond au tryptophane, dans l'ARNm apparaissant en **b)**?

Première base	Deuxième base				Troisième base
	U	C	A	G	
U	Phénylalanine	Sérine	Tyrosine	Cystéine	U
	Phénylalanine	Sérine	Tyrosine	Cystéine	C
	Leucine	Sérine	ARRÊT	ARRÊT	A
	Leucine	Sérine	ARRÊT	Tryptophane	G
C	Leucine	Proline	Histidine	Arginine	U
	Leucine	Proline	Histidine	Arginine	C
	Leucine	Proline	Glutamine	Arginine	A
	Leucine	Proline	Glutamine	Arginine	G
A	Isoleucine	Thréonine	Asparagine	Sérine	U
	Isoleucine	Thréonine	Asparagine	Sérine	C
	Isoleucine	Thréonine	Lysine	Arginine	A
	Méthionine (ou DÉPART)	Thréonine	Lysine	Arginine	G
G	Valine	Alanine	Acide aspartique	Glycine	U
	Valine	Alanine	Acide aspartique	Glycine	C
	Valine	Alanine	Acide glutamique	Glycine	A
	Valine	Alanine	Acide glutamique	Glycine	G

Figure 14.7 Le code génétique. Les codons de l'ARNm sont les nucléotides lus par groupe de trois. Soixante et un des codons correspondent à des acides aminés spécifiques, alors que les trois autres sont des signaux faisant cesser la traduction. La colonne de gauche indique l'identité possible du premier nucléotide d'un codon d'ARNm, la rangée du haut donne l'identité du deuxième, et la colonne de droite celle du troisième. Par exemple, le triplet UGG lu de gauche à droite correspond au tryptophane et les triplets UUU et UUC correspondent tous deux à la phénylalanine.

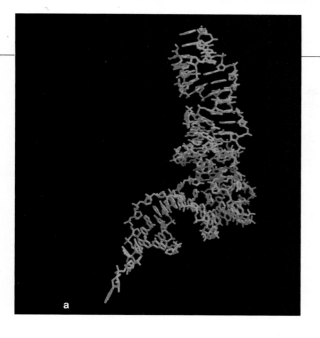

a

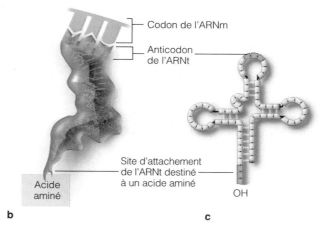

Codon de l'ARNm

Anticodon de l'ARNt

Acide aminé

Site d'attachement de l'ARNt destiné à un acide aminé

OH

b

c

Figure 14.8 a) Une molécule d'ARNt. **b)** Une représentation de molécule d'ARNt, qui sera reprise dans de nombreuses autres figures. Le « crochet » visible dans la partie inférieure de ce dessin représente le site de liaison destiné à un acide aminé spécifique. **c)** Les caractéristiques structurales propres à toutes les molécules d'ARNt.

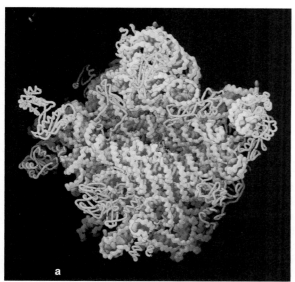

a

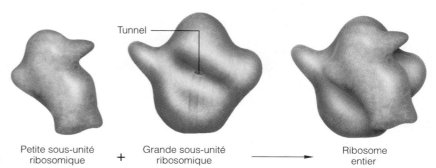

Tunnel

Petite sous-unité ribosomique + Grande sous-unité ribosomique → Ribosome entier

b

Figure 14.9 a) Ce modèle représentant la grande sous-unité d'un ribosome bactérien comprend 2 molécules d'ARNr (en gris) et 31 protéines structurales (en jaune) qui stabilisent l'ensemble. À une des extrémités d'un tunnel traversant cette sous-unité se trouve l'ARNr qui catalyse l'assemblage d'une chaîne polypeptidique. Il s'agit d'une ancienne structure moléculaire qui a peu changé au fil de l'évolution et dont le rôle est si essentiel que la sous-unité correspondante du ribosome eucaryote, bien que plus volumineuse, a probablement une structure et des fonctions similaires. **b)** Les sous-unités d'un ribosome.

s'assortir à plus d'un type de codon ? Selon les règles d'appariement des bases, l'adénine doit s'apparier à l'uracile, et la cytosine à la guanine. Dans le cas des interactions entre codon et anticodon, les règles sont cependant moins strictes en ce qui concerne la troisième base du codon. Ainsi, AUU, AUC et AUA codent l'isoleucine et ces trois codons peuvent s'apparier à un type unique d'ARNt portant l'isoleucine. Un tel degré de liberté dans l'appariement de l'une des bases d'un codon et d'un anticodon porte le nom d'*oscillation*.

Pour que des anticodons puissent interagir avec les codons d'un brin d'ARNm, celui-ci doit auparavant se lier à un ribosome. Comme le montre la figure 14.9, tout ribosome comprend deux sous-unités élaborées dans le noyau à partir d'ARNr et de protéines structurales qui stabilisent l'ensemble du ribosome. C'est l'action enzymatique de l'ARNr qui actionne la synthèse des protéines.

Les sous-unités ribosomiques, synthétisées dans le noyau, sont expédiées dans le cytoplasme. Elles y sont assemblées en ribosomes fonctionnels lorsque l'ARNm doit être traduit en protéines.

La séquence des nucléotides de l'ADN et de l'ARNm contient l'information nécessaire à la synthèse des protéines. Le code génétique est un ensemble de 64 triplets de nucléotides, c'est-à-dire des groupes de 3 nucléotides se caractérisant par leur base azotée. Tout triplet de bases de l'ARNm porte le nom de codon.

Les différentes combinaisons de codons déterminent la séquence des acides aminés des différentes chaînes polypeptidiques.

Les molécules d'ARNm sont les seules qui apportent au cytoplasme l'information de l'ADN servant à la synthèse de protéines.

Des molécules d'ARNt, qui apportent les acides aminés aux ribosomes, s'apparient aux codons de l'ARNm.

Composés d'ARNr et de protéines, les ribosomes sont les structures dans lesquelles les acides aminés s'assemblent, grâce à l'action catalytique de l'ARNr, pour former une chaîne polypeptidique.

LA TRADUCTION DE L'ARNm

Les phases de la traduction

Le code inscrit dans l'ARNm formé à partir de l'ADN est traduit par les ribosomes du cytoplasme. Cette traduction s'effectue en trois phases : l'initiation, l'élongation et la terminaison.

Lors de l'initiation, une molécule d'ARNt initiatrice (la seule pouvant amorcer la transcription) et un ARNm se placent sur un ribosome. D'abord, la molécule d'ARNt d'initiation se lie à la petite sous-unité ribosomique, puis le codon DÉPART (AUG) s'associe à l'anticodon de cette molécule d'ARNt. Ensuite, une grosse sous-

Site de liaison de l'ARNm

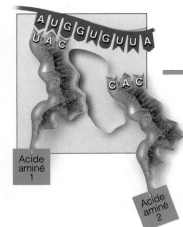

ÉLONGATION

c La phase d'initiation se termine lorsqu'une grosse sous-unité ribosomique se lie à la petite sous-unité pour former avec elle un complexe d'initiation. Dès lors, l'élongation de la chaîne, soit la deuxième phase de la traduction, peut commencer.

P (premier site de liaison pour l'ARNt)   A (deuxième site de liaison pour l'ARNt)

d Des sites de liaison situés à une extrémité du tunnel traversant le grosse sous-unité ribosomique indiquée à la figure 14.9. L'un des sites reçoit l'ARNm et les deux autres retiennent les ARNt qui apportent des acides aminés au ribosome.

e L'ARNt d'initiation s'est placé sur le site P et son anticodon s'apparie au codon d'initiation (AUG) de l'ARNm, qui est déjà en place sur son site de liaison. Un ARNt s'apprête à gagner le deuxième site (A) où il se liera au codon qui suit le codon d'initiation.

Acide aminé 1

Acide aminé 2

Ribosome complet

INITIATION

b L'initiation, soit la première phase de la traduction de l'ARNm, va bientôt commencer. Un ARNt d'initiation (qui peut amorcer cette phase) portant l'anticodon UAC se place sur une petite sous-unité ribosomique et constitue avec celle-ci un complexe qui se lie à l'extrémité 5′ de la molécule d'ARNm et qui se déplace le long de cette dernière pour détecter un codon d'initiation (AUG).

unité ribosomique se lie à la petite sous-unité. Ainsi réunis, le ribosome, l'ARNm et l'ARNt forment un complexe d'initiation (voir la figure 14.10*b*). La deuxième phase peut alors commencer.

Lors de l'élongation, une chaîne polypeptidique s'assemble à mesure que l'ARNm passe entre les deux sous-unités ribosomiques, un peu comme un fil entrant dans le chas d'une aiguille. Une partie de la molécule d'ARNm située au centre de la grosse sous-unité ribosomique présente un taux d'acidité inhabituel, si bien qu'elle agit comme une enzyme et catalyse la liaison des acides aminés, selon l'ordre dicté par la séquence des codons de la molécule d'ARNm.

Les figures 14.10*f* à 14.10*i* montrent la formation d'une liaison peptidique entre l'acide aminé le plus récemment rattaché et l'acide aminé suivant qui parvient au ribosome, pendant la croissance de la chaîne polypeptidique. Il peut être utile de se reporter à la figure 3.18 de la section 3.6, où un schéma et une description illustrent la formation d'une liaison peptidique.

Lors de la terminaison, un codon ARRÊT de la molécule d'ARNm parvient au ribosome. Aucune molécule d'ARNt n'est dotée d'un anticodon correspondant. Des protéines nommées *facteurs de terminaison* s'attachent au ribosome et déclenchent une activité enzymatique qui a pour effet de détacher du ribosome tant l'ARNm que la chaîne polypeptidique terminée (voir les figures 14.10*j* à 14.10*l*).

Le sort réservé aux nouveaux polypeptides

Les ovules non fécondés et les autres cellules qui sont appelés à synthétiser rapidement de nombreuses copies de protéines diverses

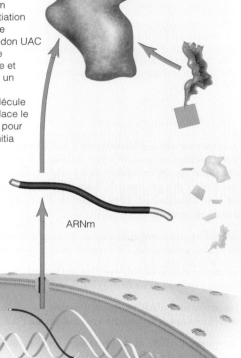

a Un ARNm mature sort du noyau en passant par un pore de l'enveloppe nucléaire. Il se retrouve alors dans le cytoplasme, qui contient un grand nombre d'acides aminés libres, de molécules d'ARNt et de sous-unités ribosomiques.

ARNm

Figure 14.10 La traduction est la deuxième étape de la synthèse des protéines.

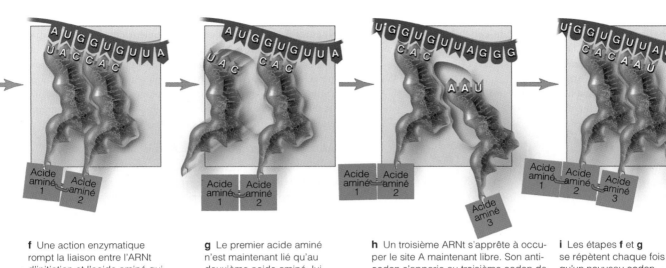

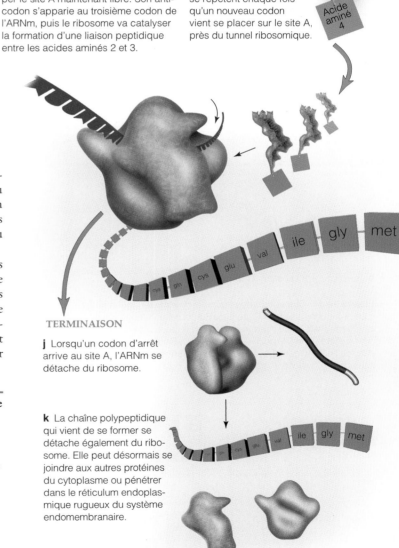

f Une action enzymatique rompt la liaison entre l'ARNt d'initiation et l'acide aminé qui lui est attaché, en même temps qu'une autre action enzymatique catalyse la formation d'une liaison peptidique entre cet acide aminé et l'acide aminé lié au deuxième ARNt. L'ARNt d'initiation est ensuite libéré du ribosome.

g Le premier acide aminé n'est maintenant lié qu'au deuxième acide aminé, lui-même encore rattaché au deuxième ARNt. Le ribosome va bientôt déplacer celui-ci jusqu'au site P et faire glisser l'ARNm de façon à placer le troisième codon au niveau du site A.

h Un troisième ARNt s'apprête à occuper le site A maintenant libre. Son anticodon s'apparie au troisième codon de l'ARNm, puis le ribosome va catalyser la formation d'une liaison peptidique entre les acides aminés 2 et 3.

i Les étapes **f** et **g** se répètent chaque fois qu'un nouveau codon vient se placer sur le site A, près du tunnel ribosomique.

accumulent généralement des molécules d'ARNm dans leur cytoplasme. Dans les cellules qui utilisent rapidement des protéines ou qui en sécrètent, on observe souvent la présence de polysomes. Un polysome est un amas de ribosomes qui traduisent en même temps le même ARNm, qui passe successivement à travers eux, un peu comme le fil d'un collier de perles.

Après avoir été synthétisées, beaucoup de nouvelles chaînes polypeptidiques se joignent aux protéines libres présentes dans le cytoplasme, tandis que de nombreuses autres pénètrent dans les petits sacs aplatis couverts de ribosomes du réticulum endoplasmique rugueux, qui fait partie du système endomembranaire (voir la section 4.5). C'est là qu'elles acquièrent leur forme définitive, avant d'être expédiées vers leur destination finale respective, à l'intérieur ou à l'extérieur de la cellule.

La traduction s'amorce lorsqu'une petite sous-unité ribosomique et un ARNt d'initiation atteignent le codon d'initiation d'une molécule d'ARNm et qu'une grosse sous-unité ribosomique s'attache à eux.

Des ARNt apportent des acides aminés au ribosome selon l'ordre déterminé par la séquence des codons de l'ARNm, auxquels s'apparient les anticodons de l'ARNt. La chaîne polypeptidique s'allonge à mesure que se forment des liaisons peptidiques entre les acides aminés.

La traduction se termine lorsqu'un codon d'arrêt déclenche la libération de la chaîne polypeptidique et de l'ARNm du ribosome.

TERMINAISON

j Lorsqu'un codon d'arrêt arrive au site A, l'ARNm se détache du ribosome.

k La chaîne polypeptidique qui vient de se former se détache également du ribosome. Elle peut désormais se joindre aux autres protéines du cytoplasme ou pénétrer dans le réticulum endoplasmique rugueux du système endomembranaire.

l Les deux sous-unités ribosomiques se séparent.

14.4

L'EFFET DES MUTATIONS SUR LA SYNTHÈSE DES PROTÉINES

Lorsqu'une cellule active son code génétique, elle synthétise les protéines mêmes qui en forment la structure et en accomplissent les fonctions. Tout changement affectant la teneur du code d'un gène peut entraîner une modification de la protéine qui en résulte. Si cette protéine joue un rôle vital dans la structure ou le métabolisme de la cellule, celle-ci sera sans doute anormale.

Les séquences des gènes subissent parfois des modifications : la substitution d'une base par une autre dans la séquence nucléotidique et l'insertion ou la suppression d'une base dans cette séquence constituent autant de **mutations ponctuelles**, c'est-à-dire des modifications mineures touchant la séquence de nucléotides des gènes d'une molécule d'ADN. Nous savons toutefois qu'une certaine marge de manœuvre est permise ici, car plus d'un codon peut correspondre à un même acide aminé. Ainsi, la transformation du codon UCC en UCU n'aurait probablement aucun effet parce que ces deux codons codent la sérine. Beaucoup d'autres mutations entraînent cependant une altération ou la suppression de la fonction des protéines.

Les mutations ponctuelles courantes et leurs sources

La figure 14.11 illustre une mutation ponctuelle courante, dans laquelle une base (l'adénine) a été erronément appariée à une autre (la cytosine) pendant la réplication de l'ADN. Des molécules spécialisées d'ADN polymérase corrigent de telles erreurs lors de l'assemblage de brins d'ADN (voir la section 13.4), mais il arrive que certaines poursuivent l'assemblage d'un nouveau brin au-delà du site de l'erreur et conservent ainsi une mutation de la molécule d'ADN. Cette mutation par **substitution d'une paire de bases** peut avoir pour conséquence qu'un acide aminé en remplace un autre lors de la synthèse d'une protéine. C'est précisément ce qui s'est produit chez les personnes porteuses de l'allèle *Hb*ˢ, l'allèle mutant à l'origine de la drépanocytose (voir la section 3.8).

La figure 14.12 décrit une autre mutation, dans laquelle une base surnuméraire s'est insérée dans un gène. Comme les molécules d'ADN polymérase lisent les séquences de nucléotides par groupe de trois, une telle insertion a pour effet de déplacer d'une base la lecture des groupes de nucléotides et d'engendrer une mutation par décalage du cadre de lecture. Le gène modifié contient alors un message différent, de sorte que c'est une version modifiée de la protéine qui sera synthétisée. Les mutations par décalage du cadre de lecture font partie de catégories plus larges de mutations nommées **insertions** et **délétions**, dans lesquelles une ou plusieurs paires de bases sont insérées dans l'ADN ou en sont supprimées.

Voici un autre exemple, celui des **transposons** (des éléments transposables) pouvant susciter des mutations en se déplaçant au sein du génome. C'est Barbara McClintock qui a découvert que ces segments d'ADN se déplacent spontanément d'un emplacement à un autre au sein d'une même molécule d'ADN ou d'une molécule d'ADN à une autre. Les transposons inhibent souvent l'action du gène dans lequel ils s'insèrent. Le caractère imprévisible des transposons peut donner lieu à d'intéressantes variations des caractères, comme le montre l'exemple de la figure 14.13 et celui du numéro 3 de la rubrique *Questions à développement* à la fin du présent chapitre.

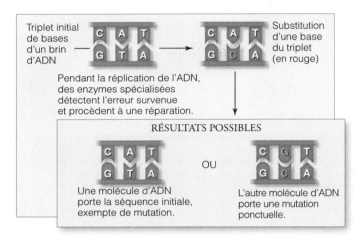

a Substitution d'une paire de bases.

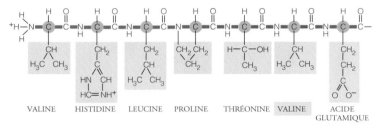

VALINE HISTIDINE LEUCINE PROLINE THRÉONINE VALINE ACIDE GLUTAMIQUE

b Résultat de la substitution d'une paire de bases.

Figure 14.11 Quelques types courants de mutation. **a)** La substitution d'une paire de bases. **b)** Cette substitution constitue un type de modification moléculaire qui entraîne ici le remplacement d'un seul acide aminé par un autre (la valine au lieu de l'acide glutamique) au sein des chaînes bêta de l'hémoglobine, avec pour conséquence l'apparition de la drépanocytose.

ARNm transcrit à partir de l'ADN

PARTIE DE LA MATRICE D'ADN PARENTAL

Séquence résultante d'acides aminés

ARGININE GLYCINE TYROSINE TRYPTOPHANE ASPARAGINE

Message modifié dans l'ARNm

INSERTION D'UNE BASE (EN ROUGE) DANS L'ADN

Séquence modifiée d'acides aminés

ARGININE GLYCINE LEUCINE LEUCINE ACIDE GLUTAMIQUE

Figure 14.12 L'insertion d'une mutation se produisant lorsqu'une base surnuméraire s'insère dans un gène de l'ADN. Cette insertion a suscité un décalage du cadre de lecture des triplets de bases de l'ADN et de l'ARNm dans cette région, de sorte que ce ne sont pas les bons acides aminés qui seront placés lorsque l'ARNm sera traduit en protéine.

Figure 14.13 Barbara McClintock a reçu un prix Nobel pour avoir démontré, grâce à ses travaux de recherche, que des segments d'ADN, nommés *transposons*, peuvent s'insérer dans différentes parties des molécules d'ADN ou s'en détacher. Sur la photo, elle tient un épi de maïs (*Zea mays*), dont l'étrange coloration non uniforme des grains a été l'élément déclencheur de ses travaux.

Chaque grain de maïs est en fait une graine pouvant donner naissance à un nouveau plant de maïs. Bien que toutes les cellules d'un grain soient dotées des mêmes gènes codant les pigments, certains grains sont tachetés ou simplement incolores. L'ancêtre de l'épi de maïs visible sur la photo était porteur d'un gène qui a quitté son emplacement initial sur une molécule d'ADN, s'est inséré dans une autre molécule d'ADN et a inhibé l'action d'un gène codant les pigments.

Le plant a hérité de la mutation qui s'était ainsi produite, si bien que, au cours des divisions cellulaires rythmant la croissance du plant, aucun des descendants de la cellule mutante n'a été en mesure de synthétiser des molécules de pigment et que, partout où ils se trouvaient, le tissu des grains était incolore. Par la suite, la partie mobile de l'ADN dans certaines cellules a quitté le gène codant les pigments, et tous les descendants de ces cellules-là ont alors pu produire des pigments et colorer le tissu des grains.

Les causes des mutations ponctuelles

De nombreuses mutations se produisent spontanément lors de la réplication de l'ADN. Le phénomène est assez prévisible en raison de la rapidité du processus de réplication et du très grand nombre de nucléotides libres situés près d'un brin d'ADN en croissance. Des molécules spécialisées d'ADN polymérase corrigent la plupart des erreurs qui surviennent, mais elles en laissent passer quelques-unes à une fréquence prévisible.

Chaque gène se caractérise par un **taux de mutation** spécifique, soit la probabilité qu'une mutation spontanée de ce gène se produise sur une période donnée, comme un cycle de réplication de l'ADN. Ce taux n'équivaut pas à la fréquence de la mutation, car celle-ci renvoie plutôt au nombre de cas de cette mutation qui sont détectés au sein d'une population, telle que les 500 000 personnes issues d'un million de gamètes.

Les mutations n'on pas toutes un caractère spontané et résultent plutôt d'une exposition à des agents mutagènes présents dans l'environnement. Ainsi, deux types de rayonnement ont des effets mutagènes. Un **rayonnement ionisant** à longueur d'onde de haute énergie, comme les rayons X, peut infliger à l'ADN des dommages directs, de même que des dommages indirects résultant de l'action des radicaux libres qui se forment lorsque ce rayonnement ionise l'eau et d'autres molécules. Les enzymes de réparation ne sont pas toujours en mesure de rétablir les séquences de bases modifiées. Un rayonnement ionisant qui pénètre en profondeur un tissu vivant engendre toute une série de radicaux libres, et c'est pourquoi les doses de rayons X utilisées en dentisterie et en médecine interne sont extrêmement faibles. Il faut cependant préciser que l'effet des rayons X est cumulatif et qu'une exposition répétée à de faibles doses sur plusieurs années peut causer divers problèmes.

Si tout **rayonnement non ionisant** a simplement pour effet que les électrons atteignent un niveau d'énergie plus élevé, celui qu'émet la lumière ultraviolette est toutefois facilement absorbé par l'ADN. Deux de ses nucléotides, ceux contenant la cytosine et la thymine, deviennent ainsi très vulnérables lorsque l'excitation résultant d'un tel rayonnement vient altérer leur mécanisme d'appariement des bases. L'introduction du chapitre 15 décrit une mutation possible dans un tel cas.

Par ailleurs, des produits chimiques naturels et artificiels font accroître les taux de mutations spontanées. Ainsi, des **agents alcoylants** déplacent des groupes méthyle et éthyle jusqu'à des sites réactifs situés sur des bases ou des groupements phosphate de l'ADN. Après l'alcoylation de ces sites, l'ADN devient plus exposé aux altérations de paires de bases qui ouvrent la porte aux mutations. De nombreuses **substances carcinogènes** (des agents causant le cancer) agissent en provoquant l'alcoylation de l'ADN.

La protéine mise à l'épreuve

Les mutations spontanées sont rares à l'échelle de la vie humaine: leur taux, chez les eucaryotes, varie de 10^{-4} à 10^{-6} par gène et par génération. Une mutation survenant dans une cellule somatique ne produit pas d'effets durables, qu'ils soient bénéfiques ou nuisibles, parce qu'elle ne peut être transmise aux descendants. Cependant, une mutation se produisant dans une cellule germinale peut très bien laisser sa marque dans l'évolution, tout comme une mutation touchant une cellule ou un organisme à reproduction asexuée.

Dans tous ces cas, la règle observée dans la nature est la suivante: une protéine codée par un gène mutant peut exercer des effets nuisibles, neutres ou bénéfiques sur l'adaptation de l'individu concerné à son milieu. Des mutations ponctuelles ont d'ailleurs eu de profondes répercussions au cours de l'évolution, comme le montre plus en détail la prochaine partie du présent ouvrage.

Une mutation ponctuelle désigne une modification affectant une ou plusieurs bases de la séquence de nucléotides de l'ADN. La substitution d'une paire de bases et l'insertion ou la délétion d'une base constituent les mutations les plus courantes.

Chaque gène se caractérise par un taux spécifique de mutations spontanées. Ce taux peut être accru si le gène est exposé à un rayonnement nocif ou à certains produits chimiques présents dans l'environnement.

Une protéine codée par un gène mutant peut avoir des effets bénéfiques, neutres ou nuisibles sur l'adaptation d'un individu à son milieu.

1. Les organismes unicellulaires et pluricellulaires ne peuvent rester en vie que s'ils synthétisent des enzymes et d'autres protéines. Une protéine est constituée d'une ou de plusieurs chaînes polypeptidiques, dont chacune est une séquence linéaire d'acides aminés. *14*

a) La séquence d'acides aminés d'une chaîne polypeptidique est codée par un gène situé sur un brin de la double hélice de l'ADN. Cette région est une suite de nucléotides caractérisés par leur base azotée, soit l'adénine, la thymine, la guanine ou la cytosine (A, T, G ou C).

b) La transcription et la traduction sont les deux étapes du mécanisme de synthèse des protéines à partir des gènes (voir la figure 14.14).

$$\text{ADN} \xrightarrow{\text{Transcription}} \text{ARN} \xrightarrow{\text{Traduction}} \text{PROTÉINE}$$

2. Ce mécanisme fait appel à trois types de molécules d'acide ribonucléique, dit ARN.

a) L'ARN messager (ARNm) est le seul type d'ARN qui porte l'information régissant la synthèse de protéines. *14.1, 14.2*

b) L'ARN ribosomique (ARNr) et les protéines structurales qui le stabilisent sont les éléments constitutifs des ribosomes. Toutes les chaînes polypeptidiques sont assemblées sur des ribosomes. *14.2*

c) L'ARN de transfert (ARNt) se lie à des acides aminés libres dans le cytoplasme et les apporte aux ribosomes, selon l'ordre déterminé par le message de l'ARNm. Chaque ARNt peut se lier à un acide aminé spécifique. *14.2, 14.3*

3. Lors de la transcription, l'ADN se déroule au niveau d'un gène. Les bases exposées de l'un des brins font office de matrice pour l'assemblage d'un brin d'ARN à partir de la réserve de nucléotides libres de la cellule. Les règles d'appariement des bases entre l'ARN et l'ADN sont les suivantes : la guanine se lie à la cytosine, alors que l'uracile, et non la thymine, se lie à l'adénine. *14.1*

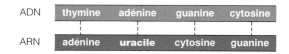

a) Différentes molécules d'ARN s'assemblent sur différents gènes.

b) Chez les cellules eucaryotes, les transcrits d'ARNm acquièrent leur forme finale avant de quitter le noyau selon un processus qu'on appelle *maturation de l'ARN*.

4. Lors de la traduction, l'ARNm, des molécules d'ARNt et l'ARNr interagissent afin d'assembler les chaînes polypeptidiques, puis ces chaînes s'enroulent, se replient et peuvent être davantage modifiées avant de prendre la forme tridimensionnelle finale d'une protéine. *14, 14.3*

a) La traduction procède d'un code génétique inscrit dans un ensemble de 64 triplets de nucléotides, caractérisés par leur base azotée. La notion de triplet renvoie au fait que les bases sont « lues » par groupe de trois au cours de la traduction effectuée sur un ribosome.

b) Un triplet de bases de l'ARNm porte le nom de *codon*, alors qu'un triplet complémentaire dans une molécule d'ARNt se nomme *anticodon*. La combinaison des codons détermine la séquence des acides aminés d'une chaîne polypeptidique.

5. La traduction comprend trois phases : *14.3*

a) Lors de l'initiation, une petite sous-unité ribosomique et un ARNt d'initiation se lient à une molécule d'ARNm et se déplacent le long de celle-ci jusqu'à ce qu'ils atteignent un codon d'initiation (AUG). La petite sous-unité se lie alors à une grosse sous-unité ribosomique.

b) Lors de l'élongation, des molécules d'ARNt apportent des acides aminés à un ribosome, où leurs anticodons s'apparient aux codons de l'ARNm. Une partie de l'ARNr de la grosse sous-unité ribosomique catalyse la formation de liaisons peptidiques entre les acides aminés, ce qui donne lieu à une nouvelle chaîne polypeptidique.

c) Lors de la terminaison, le codon ARRÊT de l'ARNm se place au site A du ribosome, ce qui libère à la fois la chaîne polypeptidique et l'ARNm.

6. Les mutations ponctuelles sont des modifications héréditaires à petite échelle touchant la séquence de bases de l'ADN. Beaucoup d'entre elles se produisent spontanément pendant la réplication de l'ADN ou après son exposition à un rayonnement ultraviolet ou ionisant, à des agents alcoylants ou à d'autres agents mutagènes présents dans l'environnement. *14.4*

TRANSCRIPTION   *Assemblage de l'ARN sur un gène déroulé d'une molécule d'ADN*

ARNm   **ARNr**   **ARNt**

Maturation de l'ARN prémessager

Sous-unités protéiques

ARNm mature   Sous-unités ribosomiques   ARNt mature

TRADUCTION

Convergence de molécules d'ARN et assemblage des sous-unités ribosomiques

Acides aminés et molécules d'ARNt présents dans le cytoplasme

A U G G U G

Synthèse d'une chaîne polypeptidique sur un ribosome, aux sites de liaison prévus pour la molécule d'ARNm et les molécules d'ARNt

met   gly   ile   val   glu   cys   gln   cys

PROTÉINE FINALE

Utilisée dans la cellule ou exportée

Figure 14.14 La circulation de l'information génétique de l'ADN aux protéines dans une cellule eucaryote. L'ADN est transcrit en ARN dans le noyau, puis l'ARN est traduit dans le cytoplasme. Une cellule procaryote étant dénuée de noyau, tant la transcription que la traduction ont lieu dans son cytoplasme.

Exercices

1. Les chaînes polypeptidiques des protéines s'assemblent-elles sur l'ADN ? Dans l'affirmative, décrivez le processus. Dans la négative, décrivez leur mode d'assemblage et indiquez sur quelles molécules a lieu l'assemblage. *14, 14.3*

2. Énumérez les trois types d'ARN et décrivez-en la fonction respective pour la synthèse des protéines. *14.1, 14.2*

3. Les ARN prémessagers d'une cellule eucaryote comprennent des introns et des exons. Est-ce que ce sont les introns ou les exons qui sont excisés avant que l'ARNm quitte le noyau ? *14.1*

4. Expliquez les différences entre un codon et un anticodon. *14.2*

5. Énumérez les trois phases de la traduction et décrivez brièvement les principaux événements propres à chaque phase. *14.3*

6. Donnez la définition d'une mutation ponctuelle et nommez trois agents responsables de mutations. *14.4*

7. Est-ce que toutes les mutations se produisent spontanément ? Est-ce que ce sont toujours des agents présents dans l'environnement qui sont à l'origine d'une mutation ? *14.4*

8. Définissez les types de mutation suivants et décrivez-en les résultats possibles : substitution d'une paire de bases, insertion d'une base et insertion d'un transposon à un nouvel emplacement dans l'ADN. *14.4*

Autoévaluation   RÉPONSES À L'ANNEXE III

1. L'ADN comprend un grand nombre de gènes différents qui sont transcrits en _____.
a) différentes protéines   c) différents ARNm, ARNt et ARNr
b) différents ARNm seulement   d) toutes ces réponses

2. Une molécule d'ARN _____.
a) est une double hélice   c) comprend toujours deux brins
b) comprend généralement un seul brin   d) comprend généralement deux brins

3. Une molécule d'ARN messager est issue d'une _____.
a) réplication   c) transcription
b) duplication   d) traduction

4. Chaque codon correspond à _____ spécifique.
a) une protéine   c) un acide aminé
b) un polypeptide   d) un glucide

5. Servez-vous du code génétique apparaissant à la figure 14.7 pour traduire cette séquence d'ARNm : UAUCGCACCUCAGGAGACUAG. Vous pouvez noter que le premier codon est UAU. Quelle séquence d'acides aminés est ici codée ? (Voir l'annexe VI pour les abréviations des acides aminés.)

a) TYR — ARG — THR — SER — GLY — ASP —

b) TYR — ARG — THR — SER — GLY

c) TYR — ARG — TYR — SER — GLY — ASP —

6. Les anticodons s'apparient à _____.
a) des codons d'ARNm   c) des anticodons d'ARNt
b) des codons d'ADN   d) des acides aminés

7. Associez chaque terme à la description la plus appropriée.
_____ Alcoylant   a) Parties d'un ARNm mature
_____ Élongation   b) Triplet de bases codant un acide aminé
_____ Exons   c) Deuxième phase de la traduction
_____ Code génétique   d) Triplet de bases qui s'apparie à un codon
_____ Anticodon   e) Agent de l'environnement qui suscite une mutation de l'ADN
_____ Intron   f) Ensemble des 64 codons de l'ARNm
_____ Codon   g) Éléments excisés d'un transcrit d'ARNm

Figure 14.15
Des tumeurs cutanées chez une personne atteinte de neurofibromatose, une maladie héréditaire à transmission autosomique dominante.

Questions à développement

1. On a découvert une molécule d'ARNt provenant d'une mutation de l'ADN telle qu'elle code l'anticodon 3'-AUU au lieu de 3'-AAU. Quelle en sera l'incidence sur la synthèse des protéines dans les cellules contenant cet ARNt mutant ?

2. Une molécule d'ADN polymérase a fait une erreur lors de la réplication d'un gène important et aucune des enzymes de réparation de l'ADN n'a corrigé ni même détecté cette erreur. Voici une partie du brin d'ADN où se situe l'erreur :

.. A A T T C C G A C T C C T A T G G
.. T T A A G G T T G A G G A T A C C

Après la réplication de la molécule d'ADN et la formation de deux cellules filles, l'une d'elles porte la mutation et l'autre cellule est normale. Formulez une hypothèse qui rendrait compte de cette observation.

3. La neurofibromatose est une maladie héréditaire autosomique dominante causée par des mutations du gène *NF1*. Elle se caractérise par des tumeurs molles et fibreuses présentes sur la peau et dans le système nerveux périphérique, ainsi que par des anomalies touchant les muscles, les os et les organes internes (voir la figure 14.15).

Puisqu'il s'agit d'un gène dominant, l'un des deux parents d'un enfant atteint de la maladie est généralement lui-même atteint. Toutefois, en 1991, des scientifiques ont signalé le cas d'un garçon atteint de neurofibromatose dont les parents étaient sains. Ils ont alors examiné les deux copies de son gène *NF1* et ont découvert que la copie héritée du père comprenait un transposon. Pourtant, ni le père ni la mère ne portaient un transposon dans l'une ou l'autre copies de leurs propres gènes *NF1*. Indiquez la cause de la neurofibromatose chez le garçon et expliquez de quelle façon la maladie est apparue.

Vocabulaire

Acide ribonucléique (ARN) *14*
Agent alcoylant *14.4*
Anticodon *14.2*
ARN de transfert (ARNt) *14.1*
ARN messager (ARNm) *14.1*
ARN polymérase *14.1*
ARN ribosomique (ARNr) *14.1*
Code génétique *14.2*
Codon *14.2*
Délétion (d'une base) *14.4*
Exon *14.1*
Insertion (d'une base) *14.4*
Intron *14.1*

Mutation ponctuelle *14.4*
Promoteur *14.1*
Rayonnement ionisant *14.4*
Rayonnement non ionisant *14.4*
Séquence des nucléotides *14*
Substance carcinogène *14.4*
Substitution d'une paire de bases *14.4*
Taux de mutation *14.4*
Traduction *14*
Transcription *14*
Transposon *14.4*
Uracile *14.1*

Lectures complémentaires

Crick, F. (1988). *What Mad Pursuit: A Personal View of Scientific Discovery.* New York : Harper Collins.

Friedberg, E., R. Wagner et M. Radman (31 mai 2002). « Specialized DNA Polymerases, Cellular Survival, and the Genesis of Mutations ». *Science.* 96 : 1627-1630.

Fourmy, D., Grosjean, H. et Yoshizawa, S. (Nov. 2003). « Le ribosome : l'usine à protéines ». *Pour la science*, 313 : 82-87.

Lectures complémentaires en ligne : consultez l'infoTrac à l'adresse Web www.brookscole.com/biology

15

LES MÉCANISMES DE RÉGULATION DES GÈNES

Les dommages irréparables causés à l'ADN

Peu après avoir célébré ses 18 ans, Laurie Campbell remarqua sur sa peau la présence d'un nouveau grain de beauté noirâtre qui formait une petite bosse au contour irrégulier. Elle alla tout de suite consulter son médecin, qui lui prescrivit alors une biopsie. Le grain de beauté se révéla être un mélanome malin, soit la forme la plus grave de cancer de la peau.

Ce type de grain de beauté et les autres tumeurs sont des **néoplasmes**, c'est-à-dire des amas de cellules anormales qui échappent aux mécanismes de contrôle de la croissance et de la division cellulaires. Les néoplasmes bénins demeurent stables, tandis que les néoplasmes malins sont des **cancers**. Les cellules de ces derniers se détachent, envahissent d'autres tissus et suscitent la formation d'autres amas de cellules anormales. Laurie fut bien avisée de consulter son médecin, car celui-ci put détecter le cancer à sa phase initiale et ainsi l'empêcher de se propager dans d'autres parties de son corps. Désormais, elle surveille attentivement l'apparition de tout nouveau grain de beauté, d'autant plus qu'elle a appris que, en 2001, plus d'un million de cas de cancer de la peau ont été recensés aux États-Unis, et que 7700 personnes sont décédées des suites d'un mélanome malin.

Laurie a alors entrepris de repérer tous les grains de beauté visibles sur sa peau et de consigner leur position sur un schéma, qui lui sert de guide de référence lorsqu'elle effectue chaque mois un autoexamen détaillé de sa peau et qu'elle subit son examen médical bisannuel. La figure 15.1 montre quelques exemples de grains de beauté à surveiller.

La lumière ultraviolette issue des rayons solaires, des lampes de bronzage et d'autres sources de rayonnement non ionisant peut causer un cancer de la peau, car elle favorise l'établissement d'une liaison covalente entre deux molécules de thymine voisines faisant partie d'un brin d'ADN. Il en résulte la formation d'une structure volumineuse anormale, dénommée *dimère de thymine*, dans une molécule d'ADN.

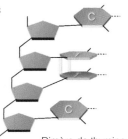

Dimère de thymine

En général, le mécanisme de réparation de l'ADN, qui repose sur l'interaction d'au moins sept gènes, réussit à éliminer de tels dimères. Toutefois, les dimères de thymine peuvent s'accumuler dans les cellules de la peau lorsque ce mécanisme est altéré par suite d'une mutation affectant un ou plusieurs des gènes concernés, puis déclencher un cancer en enrayant les systèmes de régulation des gènes qui régissent normalement la croissance et la division cellulaires.

S'expose à un cancer de la peau quiconque provoque fréquemment une irritation de ses grains de beauté en se rasant ou en portant des vêtements rugueux, souffre de gerçures, de fissures ou d'irritations chroniques de la peau, a des antécédents familiaux de cancer ou a subi une radiothérapie. Comme Laurie, quelqu'un qui attrape facilement des coups de soleil court plus de risques de cancer de la peau. Se faire bronzer ou demeurer au soleil sans protection

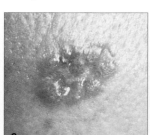
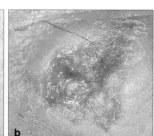
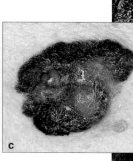

Figure 15.1 Des exemples de ce qui se produit lorsque les enzymes de réparation ne parviennent pas à remettre en bon état l'ADN endommagé. **a)** L'épithéliome cutané basocellulaire est la forme de cancer de la peau la plus courante et engendre des grains de beauté proéminents et à croissance lente qui sont incolores, bruns roux ou noirs. **b)** Un peu moins courant, l'épithéliome cutané spinocellulaire produit des excroissances rosées et fermes qui se propagent rapidement sous la surface de la peau exposée au soleil. **c)** Le mélanome malin se répand plus rapidement que les épithéliomes décrits ici et ses cellules forment des protubérances séchées et noires qui irritent autant qu'une piqûre d'insecte ou qui saignent facilement. À droite, Laurie Campbell se protège maintenant contre les rayons du soleil et l'apparition d'un mélanome.

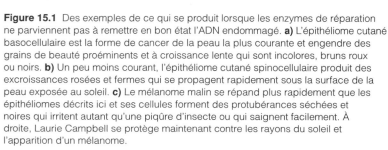

n'est certainement pas indiqué, car personne n'est à l'abri des dommages que peut ainsi subir l'ADN.

Pourquoi amorcer un chapitre sur une note aussi sombre ? Tout simplement pour mettre en relief le bien-être que nous retirons tous lorsque les **mécanismes de régulation des gènes** fonctionnent normalement. Ces mécanismes régissent, à l'échelle moléculaire, le moment et la vitesse de la transcription et de la traduction de certains gènes et ils déterminent le déclenchement ou l'arrêt d'activités métaboliques.

Dans toutes les cellules procaryotes et eucaryotes, de nombreux mécanismes de régulation accélèrent ou ralentissent le taux de transcription de l'ADN en fonction des concentrations d'éléments nutritifs ou d'autres substances. Par exemple, les gènes qui codent les enzymes nécessaires au métabolisme des sucres sont transcrits de manière contrôlée. Certains mécanismes modifient le taux de transcription selon la quantité de sucres disponible, alors que d'autres activent, désactivent ou décomposent les protéines codées par les gènes, y compris les enzymes qui ont terminé la digestion des sucres.

Dans les cellules eucaryotes, d'autres mécanismes de régulation dirigent la transcription de l'ADN en ARN messager, le transport des molécules d'ARN matures hors du noyau, la vitesse de traduction de l'ARN messager dans le cytoplasme ainsi que la modification, dans le système endomembranaire, des chaînes polypeptidiques nouvellement synthétisées.

Ce sont aussi des mécanismes de régulation qui orientent la contribution des cellules eucaryotes au programme à long terme de croissance et de développement cellulaires, notamment chez les espèces pluricellulaires complexes de grande taille. En vertu de ce programme, différentes lignées de cellules activent ou inhibent leurs gènes de diverses façons, de sorte que certains sont exprimés une seule fois, d'autres pendant un certain temps ou d'autres encore ne le sont pas du tout. Il s'ensuit que la plupart des cellules acquièrent une structure, une composition et des fonctions spécialisées, à l'issue d'un processus dénommé *différenciation cellulaire*.

Expliquer les mécanismes de régulation de l'activité des gènes équivaut à tenter de décrire un orchestre symphonique à une personne qui n'en a jamais vu ou entendu en concert. Il faut donc en reconnaître d'abord les nombreux éléments avant que leurs interactions ne puissent devenir intelligibles ! Les mécanismes de régulation des gènes sont évoqués dans un grand nombre de chapitres du présent ouvrage, et c'est pourquoi il importe d'examiner maintenant quelques-uns des acteurs moléculaires en cause et leurs fonctions parfois étonnantes.

Concepts-clés

1. Dans les cellules, divers mécanismes de régulation régissent le moment de l'expression des gènes, son déroulement et son ampleur. Ils s'activent en fonction de programmes de développement préétablis, en réponse à la modification des conditions chimiques et à la réception de signaux extérieurs.

2. La régulation nécessaire s'exerce par l'intermédiaire de protéines régulatrices et d'autres molécules qui agissent avant, pendant ou après la transcription des gènes. Les éléments de régulation interagissent avec l'ADN, avec l'ARN transcrit à partir de l'ADN, avec les chaînes polypeptidiques résultantes ou avec les protéines finales.

3. La survie des cellules procaryotes dépend de leurs réactions rapides aux modifications à court terme qui touchent la disponibilité de leurs sources alimentaires et d'autres éléments de leur milieu ambiant. Ces cellules font généralement appel à des protéines régulatrices pour faciliter un ajustement rapide des taux de transcription des gènes, en réponse à de telles modifications.

4. Les cellules eucaryotes recourent également à des mécanismes de régulation lorsque surviennent des variations rapides de leur régime alimentaire et de leur degré d'activité. Chez les espèces pluricellulaires complexes, elles s'appuient aussi sur des mécanismes de régulation à long terme s'appliquant à un programme détaillé de croissance et de développement.

5. Les mécanismes de régulation des cellules eucaryotes entrent en action lorsque de nouvelles cellules se côtoient dans les tissus en formation et qu'elles commencent à interagir avec les autres cellules par l'intermédiaire des hormones et des autres molécules de communication.

6. Toutes les cellules d'un organisme pluricellulaire héritent des mêmes gènes, mais les différents types de cellule activent ou suppriment à leur façon l'expression d'un grand nombre de ces gènes. L'utilisation sélective et contrôlée des gènes par les cellules donne lieu à la synthèse des protéines qui confère à chaque type de cellule sa structure, ses fonctions et ses produits spécifiques.

LES MÉCANISMES DE RÉGULATION

Différents mécanismes règlent l'expression des gènes grâce à des interactions avec l'ADN, l'ARN et les nouvelles chaînes polypeptidiques ou les protéines finales. Certains mécanismes réagissent à une hausse ou à une baisse de la concentration d'un nutriment ou d'une autre substance, alors que d'autres sont déclenchés par des molécules de communication extérieures qui induisent un changement.

Les agents de régulation comprennent des **protéines régulatrices**, qui interviennent avant, pendant ou après la transcription ou la traduction des gènes, ainsi que des molécules de communication telles que des hormones, qui amorcent une modification de l'activité cellulaire lorsqu'elles s'arriment aux récepteurs appropriés.

Les protéines régulatrices exercent une **régulation négative** lorsqu'elles ralentissent ou enrayent l'activité d'un gène, tandis qu'elles appliquent une **régulation positive** lorsqu'elles favorisent ou accentuent cette activité. Pour leur part, les mécanismes de régulation de la transcription mobilisent des séquences de bases de l'ADN qui ne codent pas de protéines, comme les **promoteurs** (les séquences de bases qui indiquent le début d'un gène) et les **amplificateurs** (les sites de liaison de certains inducteurs).

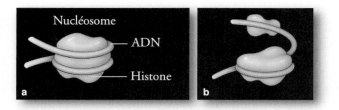

Figure 15.2 Le relâchement de l'assemblage de l'ADN et des histones dans un nucléosome afin de rendre disponibles des gènes pour la transcription. L'attachement d'un groupement acétyle à une histone amène celle-ci à relâcher son emprise sur l'ADN qui l'entoure. Les enzymes qui attachent ou détachent les groupements acétyles sont associées à la transcription.

Une régulation peut aussi s'exercer au moyen d'une modification chimique. Ainsi, des régions d'ADN récemment répliqué peuvent être inactivées par la **méthylation**, soit l'ajout d'un groupement méthyle ($-CH_3$) à des nucléotides. Les gènes inactivés sont souvent fortement méthylés, tandis que certains gènes sont activés par une déméthylation. En outre, l'accès aux gènes est partiellement régi par l'**acétylation**, c'est-à-dire l'ajout de groupements acétyles des histones qui assurent la structuration de l'ADN (voir la section 9.1 et la figure 15.2).

Le moment de l'expression d'un gène, son déroulement et son ampleur varient selon le type de cellule et ses fonctions, le milieu chimique de la cellule et la présence de signaux régulateurs.

L'expression des gènes est régie par des protéines régulatrices qui interagissent les unes avec les autres, ainsi qu'avec des facteurs de régulation présents dans l'ADN, avec l'ARN et avec les protéines nouvellement synthétisées.

Une certaine régulation s'exerce également par l'intermédiaire de modifications chimiques qui activent ou inactivent des gènes spécifiques ou les histones qui structurent l'ADN.

LA RÉGULATION DE LA TRANSCRIPTION CHEZ LES BACTÉRIES

On se représente mieux la taille d'une cellule bactérienne lorsqu'on sait qu'un millier de ces cellules pourraient se placer côte à côte dans le petit point qui surmonte la lettre « i » ! De plus, chacune de ces cellules dépend autant des mécanismes de régulation des gènes que tout être humain. Lorsque les nutriments abondent et que le milieu ambiant favorise aussi leur développement, les cellules croissent et se divisent rapidement. Les mécanismes de régulation des gènes favorisent alors la synthèse rapide des enzymes qui catalysent la digestion des aliments et d'autres activités liées à la croissance. La traduction commence avant même que ne s'achève la production complète de tous les ARN. Rappelons ici que les bactéries ne disposent pas d'une enveloppe nucléaire pour maintenir l'ADN à l'écart des ribosomes dans le cytoplasme.

Les gènes procaryotes codant les enzymes d'une voie métabolique sont souvent étroitement regroupés selon la même séquence que les étapes de la réaction. Tous les gènes d'une telle séquence peuvent être transcrits en un seul ARN messager.

À la lumière de ces données, nous allons maintenant examiner la façon dont une cellule procaryote modifie à la hausse ou à la baisse les taux de transcription, en fonction de la disponibilité des nutriments.

La régulation négative de l'opéron lactose

Escherichia coli, une bactérie entérique, se nourrit des sucres et d'autres nutriments présents dans l'intestin des mammifères. En bas âge, les mammifères se nourrissent exclusivement de lait, qui ne contient pas de glucose – le sucre de prédilection d'*E. coli* – mais plutôt du lactose, un autre sucre. Après le sevrage, la consommation de lait des mammifères diminue ou cesse complètement.

Mais *Escherichia coli* tire néanmoins parti du lactose lorsqu'il est disponible en activant un groupe de trois gènes adjacents qui codent des enzymes capables de métaboliser le lactose. Un promoteur, flanqué de deux opérateurs, précède ces gènes dans l'ADN bactérien.

Un **opérateur** est un site de liaison prévu pour une protéine, dénommée **répresseur**, qui peut empêcher la transcription des gènes. On appelle **opéron** un ensemble formé par un promoteur et un groupe d'opérateurs qui contrôle plus d'un gène bactérien (voir la figure 15.3).

En absence de lactose, le répresseur se lie à un groupe d'opérateurs, ce qui amène la partie de l'ADN comportant le promoteur à former une boucle orientée vers l'extérieur, comme le montre la figure 15.3c. Après la formation d'une telle boucle, le promoteur devient inaccessible à l'ARN polymérase, si bien que les gènes de l'opéron ne peuvent être transcrits lorsqu'ils ne sont pas requis.

En présence de lactose, *Escherichia coli* en transforme une partie en allolactose, un sucre qui se lie ensuite au répresseur et en modifie la forme de façon telle que celui-ci ne peut plus se lier aux opérateurs. Puis, l'ADN en forme de boucle se déroule, l'ARN polymérase peut débuter la transcription et les enzymes qui décomposent le lactose peuvent ainsi être produites selon les besoins.

La régulation positive de l'opéron lactose

Escherichia coli réagit beaucoup plus au glucose qu'au lactose : elle transcrit plus rapidement et sans interruption les gènes nécessaires à sa dégradation. Même lorsque du lactose est présent dans l'intestin,

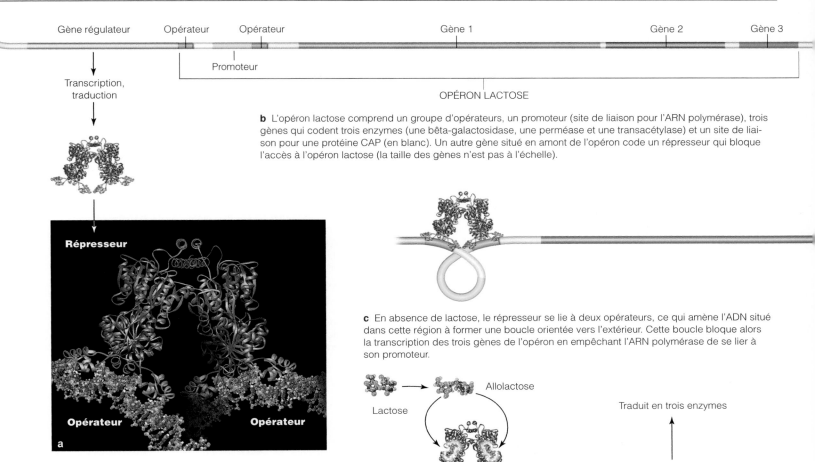

Gène régulateur   Opérateur   Opérateur   Gène 1   Gène 2   Gène 3

Promoteur

Transcription,
traduction

OPÉRON LACTOSE

b L'opéron lactose comprend un groupe d'opérateurs, un promoteur (site de liaison pour l'ARN polymérase), trois gènes qui codent trois enzymes (une bêta-galactosidase, une perméase et une transacétylase) et un site de liaison pour une protéine CAP (en blanc). Un autre gène situé en amont de l'opéron code un répresseur qui bloque l'accès à l'opéron lactose (la taille des gènes n'est pas à l'échelle).

Répresseur

Opérateur   **Opérateur**

a

c En absence de lactose, le répresseur se lie à deux opérateurs, ce qui amène l'ADN situé dans cette région à former une boucle orientée vers l'extérieur. Cette boucle bloque alors la transcription des trois gènes de l'opéron en empêchant l'ARN polymérase de se lier à son promoteur.

Allolactose

Lactose

Traduit en trois enzymes

ARNm

ARN
polymérase

Opérateur   Promoteur   Opérateur   Gène 1

Figure 15.3 a) Un modèle informatique montrant le répresseur lac lié à deux opérateurs d'une molécule d'ADN procaryote. **b)** à **d)** La régulation négative de l'opéron lactose (lac). Le premier gène de l'opéron code une enzyme qui décompose le lactose, un disaccharide, en glucose et en galactose, le deuxième gène code une enzyme qui facilite le transport du lactose jusqu'aux cellules, alors que le troisième gène code une enzyme qui contribue à métaboliser certains sucres.

d Une partie du lactose présent est transformée de manière à pouvoir se lier au répresseur et à en modifier la forme. Le répresseur modifié ne peut plus se lier aux opérateurs et l'ARN polymérase peut alors transcrire les gènes de l'opéron.

son opéron est assez peu mis à contribution, sauf s'il n'y a pas de glucose. C'est dans de telles conditions qu'intervient un **inducteur** dénommé *protéine CAP*. Cet inducteur exerce une régulation positive sur l'opéron lactose en rendant un promoteur plus invitant pour l'ARN polymérase, mais il ne peut le faire avant de se lier à l'AMPc (adénosine monophosphate cyclique), un messager chimique. En s'associant et en se liant tous deux au promoteur, l'AMPc et l'inducteur rendent ainsi l'ARN polymérase beaucoup plus susceptible d'amorcer la transcription des gènes.

Lorsque le glucose est abondant, l'ATP se forme par glycolyse, mais une enzyme nécessaire à la synthèse de l'AMPc est alors inhibée. Par contre, cette inhibition cesse si le glucose devient plus rare et que du lactose est disponible, auquel cas l'AMPc s'accumule, il se forme des complexes AMPc-protéines et les gènes de l'opéron lactose sont rapidement traduits en enzymes qui ouvrent la voie à l'utilisation du lactose en tant que source d'énergie de rechange.

À la naissance, les êtres humains ont un gène codant la lactase, une enzyme de l'intestin grêle qui digère le lactose. Avant l'âge de

trois ans, le taux de lactase commence à diminuer chez les presonnes ayant une prédisposition génétique à cet égard, de sorte qu'elles manifestent une intolérance au lactose puisque celui-ci ne peut plus être dégradé. Le lactose parvient au côlon et stimule la croissance des populations bactériennes qui y vivent, puis un sous-produit gazeux de leur métabolisme s'y accumule, fait gonfler le côlon et le rend douloureux. Des petites chaînes d'acide gras libérées par ces réactions provoquent alors une diarrhée, souvent violente. On peut éviter tous ces symptômes à condition de boire du lait contenant du lactose prédigéré ou de ne consommer des produits laitiers qu'après avoir ingéré au préalable des enzymes digérant le lactose.

Le taux de transcription des gènes bactériens codant les enzymes nécessaires à la digestion des aliments est rapidement modifié par des mécanismes de régulation qui réagissent au degré de disponibilité des nutriments.

LA RÉGULATION DES GÈNES CHEZ LES CELLULES EUCARYOTES

À l'instar d'une bactérie, une cellule eucaryote exerce une régulation sur les changements à court terme touchant son alimentation et son degré d'activité. Lorsque cette cellule cohabite avec des centaines ou des milliards d'autres au sein d'un organisme pluricellulaire, des mécanismes de régulation à long terme entrent également en jeu, car l'activité des gènes se modifie au cours du développement.

La différenciation cellulaire et l'expression sélective des gènes

La question des mécanismes de régulation du développement est traitée en détail dans d'autres parties du présent ouvrage, notamment aux chapitres 32, 43 et 44. Il suffit pour le moment de s'appuyer sur la prémisse suivante : au début de leur existence, toutes les cellules du corps humain possèdent les mêmes gènes, puisque chacune résulte des divisions cellulaires mitotiques d'un même ovule fécondé. Bon nombre de gènes codent des protéines essentielles au maintien de la structure et du fonctionnement quotidien de chaque cellule, et c'est pourquoi les mécanismes de régulation de ces gènes favorisent des taux de transcription peu élevés mais constants.

Il n'en demeure pas moins que presque toutes les cellules du corps humain ont acquis une composition, une structure et des fonctions spécialisées. Une telle **différenciation cellulaire** s'effectue chez toutes les espèces pluricellulaires pendant leur développement et résulte du fait que les cellules de l'embryon et les lignées de cellules qui en sont issues activent une partie de leurs gènes de manière sélective.

Par exemple, presque toutes les cellules du corps humain sollicitent sans interruption des gènes qui codent les enzymes de la glycolyse, tandis que seuls les globules rouges immatures activent les gènes de l'hémoglobine. De même, les cellules du foie activent les gènes chargés de synthétiser des enzymes pouvant neutraliser certaines toxines, mais elles sont les seules à le faire. Lors de la formation de nos yeux, seules certaines cellules ont pu activer les gènes nécessaires à la synthèse de la cristalline, soit la protéine qui contribue à la constitution des fibres transparentes du cristallin de chaque œil.

La régulation exercée avant et après la transcription

Chez tous les organismes eucaryotes complexes de grande taille, une grande partie des gènes qui régissent les fonctions quotidiennes sont transcrits de façon constante et à des taux peu élevés, alors que le taux de transcription des autres gènes fluctue. Pourquoi ? Le liquide baignant les tissus de ces organismes forme le milieu intérieur du corps, dans lequel les cellules déversent, sécrètent ou prélèvent diverses substances de façon continue. De telles entrées et sorties récurrentes de substances font légèrement varier les concentrations de nutriments, de molécules de communication, de produits métaboliques et d'autres solutés dans le milieu intérieur. Très souvent, les taux de transcription des gènes touchés par ces modifications du milieu vont s'élever ou s'abaisser en conséquence.

Comme le montrent les exemples exposés à la figure 15.4a, certaines séquences géniques sont dupliquées ou réarrangées à répétition, d'une façon génétiquement préétablie, avant la transcription. De plus, des modifications chimiques programmées inactivent souvent de nombreux gènes, tout comme le font les histones et d'autres

---

a Les mécanismes de régulation associés à la transcription

À tout moment, la plupart des gènes d'un organisme pluricellulaire sont inactivés de façon temporaire ou permanente. Les gènes nécessaires à l'accomplissement des fonctions quotidiennes d'une cellule relèvent de mécanismes de régulation positive qui favorisent des taux de transcription constants et peu élevés, de sorte que la cellule ait suffisamment d'enzymes et d'autres protéines pour assurer ses fonctions essentielles. Par contre, dans le cas des nombreux gènes dont le taux de transcription varie davantage, les mécanismes de régulation maintiennent la réactivité chimique de la cellule élevée, même lorsque la concentration de substances spécifiques ne fluctue que légèrement.

Par ailleurs, des parties de certains gènes, avant même leur transcription, sont amplifiées, réarrangées ou chimiquement modifiées d'une façon réversible ou permanente. Il ne s'agit pas ici de mutations, mais bien d'événements programmés qui influent sur l'éventuelle expression des gènes concernés.

1. *L'amplification de gènes* Les ovules d'amphibien immatures et les cellules glandulaires de certaines larves d'insectes produisent d'innombrables copies des mêmes gènes lorsqu'ils ont besoin de très grandes quantités des protéines qu'ils codent. Des cycles répétés de réplication de l'ADN donnent parfois des centaines ou des milliers de copies avant la transcription (voir les sections 15.4 et 15.5).

2. *Les réarrangements de l'ADN* Certains gènes de l'ADN comportent de nombreuses séquences de bases qui peuvent être assemblées de différentes façons pour donner diverses protéines. C'est précisément ce qui se produit lors de la formation des lymphocytes B, une catégorie particulière de globules blancs (voir la section 39.5). Différentes cellules transcrivent et traduisent les séquences spécifiques en différentes versions d'anticorps, qui s'attaquent ensuite à des agents pathogènes spécifiques.

3. *Les modifications chimiques* Les histones et d'autres protéines interagissent avec l'ADN eucaryote selon divers modes bien structurés. Outre les modifications chimiques de séquences particulières, l'assemblage de l'ADN et des protéines influence également l'expression des gènes. En général, seule une petite partie des gènes d'une cellule est disponible pour la transcription, mais une inhibition spectaculaire, dénommée *inactivation du chromosome X* (voir la section 15.4), se produit chez les mammifères femelles.

Figure 15.4 Quelques exemples de régulation génique chez les eucaryotes.

protéines chromosomiques responsables de l'assemblage ordonné de l'ADN, ainsi que le révèle l'examen de l'organisation des chromosomes eucaryotes (voir la section 9.1).

Des mécanismes de régulation entrent également en jeu après la transcription des gènes. Comme le montre la figure 15.4, *b* à *d*, de nombreux mécanismes régissent la transcription de l'ADN en ARNm, le transport des ARNm matures hors du noyau et leur taux de traduction dans le cytoplasme. D'autres mécanismes président à la modification des nouvelles chaînes polypeptidiques et d'autres encore assurent l'activation, l'inhibition ou la dégradation des protéines existantes.

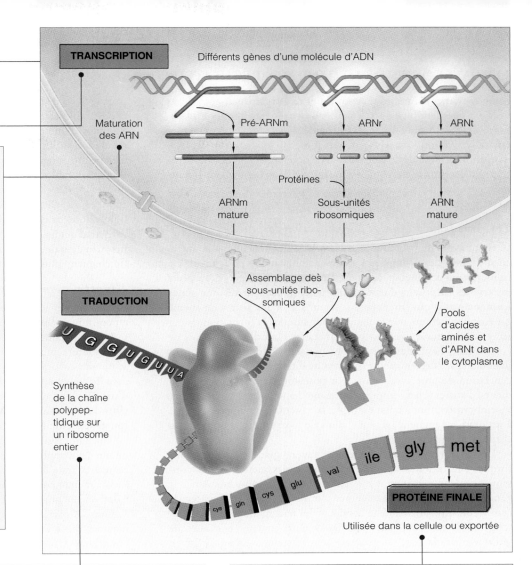

TRANSCRIPTION

Différents gènes d'une molécule d'ADN

Maturation des ARN

Pré-ARNm — ARNr — ARNt

Protéines

ARNm mature — Sous-unités ribosomiques — ARNt mature

Assemblage des sous-unités ribosomiques

Pools d'acides aminés et d'ARNt dans le cytoplasme

TRADUCTION

Synthèse de la chaîne polypeptidique sur un ribosome entier

U G G U G U U A

cys gln cys glu val ile gly met

PROTÉINE FINALE

Utilisée dans la cellule ou exportée

b La régulation de la transcription
Comme le souligne la section 14.1, les pré-ARN messagers sont modifiés avant de quitter le noyau.

Ainsi, des introns peuvent être supprimés et les exons peuvent être épissés de plus d'une façon, ce qui signifie qu'un même pré-ARN messager peut faire l'objet d'un épissure alternative.

Les pré-ARN messagers transcrits à partir d'un gène codant une protéine contractile, la troponine-1, subissent le traitement suivant : des enzymes en suppriment différents introns, si bien que, après l'épissure des exons, la protéine qui sera synthétisée varie légèrement d'un type de cellule à l'autre. Les nouvelles protéines sont toutes très similaires, mais chacune se distingue des autres par une petite modification de sa séquence d'acides aminés. Ces protéines remplissent des fonctions quelque peu différentes les unes des autres, ce qui expliquerait les légères variations caractérisant l'action des différents types de muscles du corps humain.

c La régulation de la traduction Des mécanismes de régulation déterminent le moment, la vitesse et la fréquence de la traduction de l'ARN messager (voir les exemples donnés aux sections 36.2 et 43.4).

La stabilité d'un ARNm influe sur le nombre de molécules de protéines traduites à partir de lui. Des enzymes dégradent les ARNm depuis la séquence poly-A en remontant vers le promoteur (voir la section 14.1), la vitesse de cette dégradation étant fonction de la longueur de la queue poly-A et de la nature des protéines qui lui sont rattachées. En outre, après avoir quitté le noyau, certains ARNm deviennent inactifs, de façon permanente ou non. Ainsi, dans un ovule non fécondé, de nombreux ARNm sont inactivés et stockés dans le cytoplasme. Ces « messagers masqués » ne seront disponibles pour la traduction qu'après la fécondation de l'ovule, lorsque de grandes quantités de protéines seront mises à contribution pour les premières divisions cellulaires du nouvel individu.

d La régulation post-traduction De nombreux polypeptides nouvellement formés entrent dans le système endomembranaire (voir la section 4.5) et y subissent des modifications, par exemple par l'addition d'oligosaccharides spécifiques ou de groupements phosphate.

Divers mécanismes de régulation régissent l'activation, l'inhibition et la stabilité des enzymes et d'autres molécules servant à la synthèse des protéines. La régulation allostérique de la synthèse du tryptophane en est un exemple (voir la section 6.7).

Prenons le cas des enzymes, soit les protéines qui catalysent presque toutes les réactions métaboliques : en plus d'assurer la transcription et la traduction sélectives des gènes codant les enzymes, divers mécanismes de régulation activent et inhibent les enzymes déjà synthétisées.

La coordination nécessaire pour que seuls les types d'enzyme appropriés, parmi les milliers qui sont produits dans une cellule, soient stockés, déployés ou dégradés à un moment précis atteint une ampleur tout à fait remarquable, d'autant plus qu'elle contribue à la régulation de tous les facteurs à court et à long terme relatifs à la structure et aux fonctions de la cellule.

Chez les espèces pluricellulaires, un ensemble de mécanismes de régulation des gènes orientent les activités ponctuelles qui assurent l'entretien de la cellule, alors que d'autres mécanismes dirigent les processus complexes à long terme qui déterminent la croissance et le développement de l'organisme.

Les cellules des organismes complexes héritent toutes des mêmes gènes, mais la plupart d'entre elles acquièrent ensuite une composition, une structure et des fonctions spécialisées résultant du processus de différenciation cellulaire, en vertu duquel différentes populations de cellules activent et suppriment leurs gènes de différentes manières spécifiques et très sélectives.

LES CATÉGORIES DE MÉCANISMES RÉGULATEURS

Selon certaines estimations, les cellules des organismes complexes utilisent rarement plus de 5 % à 10 % de leurs gènes à tout moment, car divers mécanismes de régulation gardent inactifs la plupart d'entre eux. L'activité ou l'inactivité de chaque gène est fonction du type d'organisme, du stade de croissance et de développement qu'il a atteint et des mécanismes de régulation exerçant leur action à différents moments. Les deux exemples décrits ci-après serviront d'illustration à cet égard.

Les gènes homéotiques et l'organisation corporelle

Certains types de protéines régulatrices se lient les unes aux autres ainsi qu'avec des promoteurs et des amplificateurs pour réguler la transcription de gènes spécifiques. Par exemple, la plupart des espèces eucaryotes disposent d'une catégorie de gènes maîtres, les **gènes homéotiques**, qui interagissent les uns avec les autres de même qu'avec des facteurs de régulation pour susciter la formation de tissus et d'organes qui soient conformes au plan d'organisation de l'organisme. Les gènes maîtres sont transcrits selon un ordre précis dans des tissus déterminés et il en résulte différents gradients de concentration de protéines. Selon leur position par rapport à ces gradients, d'autres gènes seront transcrits ou demeureront inactifs. Chez les embryons animaux, par exemple, les réactions de différents gènes à un gradient mènent à la formation de l'axe antéro-postérieur du corps (voir la section 43.5).

Les gènes homéotiques furent découverts grâce à des mutations simples chez des drosophiles, mutations qui avaient eu pour conséquence de transformer une partie du corps en une autre. Ainsi, le gène *antennapedia* est activement transcrit dans les parties de l'embryon qui formeront le thorax et les pattes, alors que la transcription de ce même gène situé dans d'autres parties, comme celle qui deviendra la tête, est généralement restreinte. La figure 15.5*a* montre le résultat de l'activation erronée de ce gène dans les cellules de la tête d'un embryon. De même, c'est un gène homéotique du maïs qui régit la formation des nervures des feuilles, mais sa mutation a pour effet que les nervures sont tordues plutôt que structurées selon un plan uniforme.

Les gènes homéotiques codent des protéines régulatrices, dénommées *homéodomaines*, qui contiennent une séquence d'une soixantaine d'acides aminés. Cette séquence, appelée boîte homéotique,

peut se lier à de courtes séquences régulatrices dans des promoteurs et des amplificateurs (voir la figure 15.5*b*). À l'heure actuelle, on sait que plus d'une centaine de types d'homéodomaines exercent une régulation sur la transcription grâce à des mécanismes communs, et ce, chez tous les eucaryotes. Bon nombre d'entre eux sont même interchangeables parmi des organismes aussi faiblement apparentés que les levures et les humains, ce qui laisse croire qu'ils sont apparus et ont évolué chez les plus anciennes cellules eucaryotes. Souvent, les boîtes homéotiques ne diffèrent que par des substitutions conservatrices d'acides aminés ; même lorsqu'un acide aminé en remplace un autre, les deux présentent des propriétés chimiques analogues (le chapitre 43 donne plus de détails à ce sujet).

L'inactivation du chromosome X

Les femmes et les chattes tricolores ont, à l'échelle cellulaire, ceci en commun : l'un de leurs deux chromosomes X est filamenteux, tandis que l'autre demeure condensé même durant l'interphase. Le caractère plutôt informe de ce dernier ne résulte pas d'une anomalie chromosomique, mais bien de l'inactivation programmée de tous les gènes (sauf moins d'une quarantaine d'entre eux) d'un des deux chromosomes X homologues. Une telle **inactivation du chromosome X** se produit dans les cellules diploïdes de toutes les femelles placentaires.

Un chromosome X est inactivé lorsqu'une femelle est au début de son développement, alors qu'elle ne constitue qu'un petit amas de cellules en train de se diviser. L'un ou l'autre des deux chromosomes X peut être inactivé, de façon tout à fait aléatoire. Une cellule pourrait inactiver le chromosome X maternel, la cellule adjacente, le chromosome X paternel ou maternel, et ainsi de suite. Le chromosome inactivé, qui a l'apparence d'un point dense dans le noyau lors de l'interphase (voir la figure 15.6*a*), porte le nom de **corps de Barr**, en l'honneur de Murray Barr, qui l'a découvert.

Après cette première sélection aléatoire effectuée dans une cellule, toutes les cellules filles procèdent exactement à la même sélection à mesure qu'elles se divisent pour former des tissus. Il s'ensuit que, à la fin de son plein développement, chaque mammifère femelle a des parties de tissu où les gènes du chromosome X maternel s'expriment et d'autres parties où les gènes du chromosome X paternel s'expriment. Elle représente une « mosaïque » de l'expression des gènes des

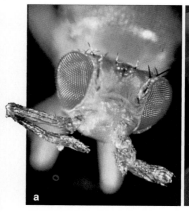
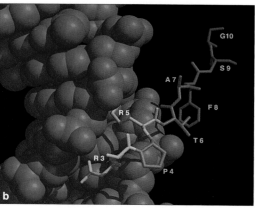

Figure 15.5 a) Le résultat de l'expérience réalisée sur cette mouche démontre que des gènes contrôlent le développement des diverses parties du corps. Chez une larve de drosophile normale, l'activation des gènes d'un certain groupe de cellules suscite la formation des antennes sur la tête, tandis qu'une larve présentant une forme mutante du gène *antennapedia* devient une mouche adulte dont la tête est munie de pattes plutôt que d'antennes. Le gène antennapedia fait partie de ceux qui sont régis par des homéodomaines, des protéines régulatrices. **b)** Un modèle d'homéodomaine se liant à une séquence régulatrice de la transcription dans l'ADN.

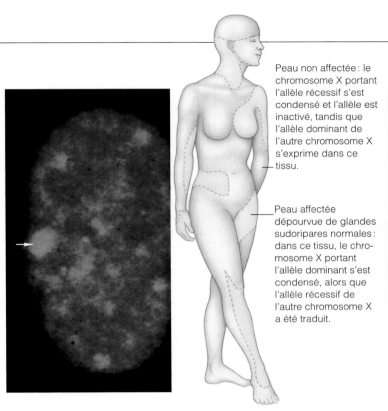

Peau non affectée : le chromosome X portant l'allèle récessif s'est condensé et l'allèle est inactivé, tandis que l'allèle dominant de l'autre chromosome X s'exprime dans ce tissu.

Peau affectée dépourvue de glandes sudoripares normales : dans ce tissu, le chromosome X portant l'allèle dominant s'est condensé, alors que l'allèle récessif de l'autre chromosome X a été traduit.

a Corps de Barr (indiqué par la flèche)

Figure 15.6 a) La micrographie d'un chromosome X inactivé, dénommé corps de Barr, présent dans une cellule somatique de femme durant l'interphase. Le chromosome X n'est pas condensé ainsi dans les cellules d'un homme. **b)** La dysplasie ectodermique anhidrotique, une conséquence rare de l'inactivation aléatoire du chromosome X.

Figure 15.7 Dans les cellules de cette chatte tricolore, dite aussi *calico* ou *écaille de tortue*, un chromosome X porte un allèle dominant correspondant au pigment brun-noir, tandis que l'allèle de l'autre chromosome X donne lieu à une coloration beige des poils. Au début du développement embryonnaire, l'un des deux chromosomes X a été aléatoirement inactivé dans toutes les cellules qui s'étaient alors formées.

Le même chromosome a également été inactivé dans toutes les cellules filles, qui ne renfermaient donc plus qu'un seul allèle fonctionnel déterminant la couleur du pelage. La couleur visible du pelage varie en fonction de l'allèle inactivé dans les cellules à l'origine de chacune des régions tissulaires. Les parties blanches du pelage résultent d'une interaction de plusieurs gènes, dont un gène mutant qui bloque complètement la synthèse de mélanine.

chromosomes X ! On sait que les deux allèles d'une paire situés sur des chromosomes homologues peuvent être identiques ou non. Lorsqu'ils ne le sont pas, la peau ou d'autres tissus des mammifères femelles peuvent arborer des traits qui diffèrent d'une région tissulaire à l'autre. C'est une généticienne, Mary Lyon, qui a découvert l'**effet mosaïque** de l'inactivation aléatoire du chromosome X.

L'effet mosaïque est visible chez les femmes hétérozygotes pour un allèle récessif rare qui bloque la formation des glandes sudoripares. La peau de ces femmes est une mosaïque de tissus munis ou démunis de glandes sudoripares, ce qui constitue un des symptômes de la dysplasie ectodermique anhidrotique. Là où les glandes sudoripares sont absentes, le chromosome X actif est celui qui porte l'allèle mutant (voir la figure 15.6*b*). Le même effet est observable chez les chattes tricolores, qui sont hétérozygotes pour un allèle déterminant la couleur du pelage situé sur le chromosome X (voir la figure 15.7).

Quelle est la raison d'être du blocage ? Rappelons que les mammifères mâles et femelles ne sont pas dotés des mêmes chromosomes sexuels (XY et XX, respectivement). Toutefois, un sous-ensemble de gènes, surtout situés sur le long bras du chromosome X, doit être exprimé au même niveau chez les mâles et les femelles, sans quoi l'individu ne se développera pas correctement. L'inactivation d'un des chromosomes X d'un embryon XX, appelée **compensation du dosage**, constitue un mécanisme de régulation équilibrant l'expres-

sion des gènes chez les sexes, qui s'active dès les premiers stades de développement.

C'est le gène XIST qui régit l'inactivation du chromosome X. Dès le début du développement d'un embryon de sexe femelle, le gène XIST de chaque chromosome X est transcrit en ARNm qui s'accumule comme de la peinture sur chaque chromosome et inactive presque tous les autres gènes. Ensuite, la transcription du gène XIST cesse sur le chromosome X faisant l'objet d'une méthylation. L'ajout de groupements méthyles à l'ADN a généralement pour effet de bloquer l'accès aux gènes. La plus grande partie de cet ajout survient là où se trouvent deux paires adjacentes de cytosine et de guanine. De telles paires sont regroupées dans des éléments de régulation de l'ADN.

Les gènes spécifiques transcrits à un moment précis varient en fonction du type d'organisme, du stade de croissance et de développement atteint et des types de mécanismes de régulation actifs à des étapes différentes.

On en reconnaît des exemples dans l'expression d'un gène homéotique pendant le développement, un gène dont les produits élaborent le plan d'organisation corporelle, ainsi que dans l'inactivation du chromosome X, qui est un mécanisme de régulation équilibrant l'expression des gènes chez les sexes.

QUELQUES EXEMPLES DE SIGNAUX RÉGULATEURS

L'histoire de Laurie Campbell narrée au début du présent chapitre illustre bien le fait qu'un large éventail de signaux influent sur l'activité des gènes. Quelques exemples tirés des règnes animal et végétal préciseront davantage les effets de ces signaux à l'échelle moléculaire.

Les signaux hormonaux

Les **hormones** constituent une importante catégorie de molécules de communication qui stimulent ou inhibent l'activité des gènes dans leurs cellules cibles. Toute cellule dotée de récepteurs pour une hormone donnée est une cellule cible. Les cellules animales sécrètent des hormones dans le liquide interstitiel, et la plupart des molécules hormonales sont ensuite dirigées, grâce à la circulation sanguine, vers l'ensemble des cellules de l'organisme.

Certaines hormones se lient à des récepteurs membranaires à la surface de la cellule cible, alors que d'autres pénètrent dans la cellule et favorisent la transcription des gènes en se liant à des inducteurs particuliers. Par ailleurs, des séquences de bases dans la molécule d'ADN, portant le nom d'*amplificateurs*, peuvent aussi se lier aux inducteurs. Dans les deux cas, un complexe résultant de l'union d'un inducteur et d'un amplificateur se retrouve aux côtés du promoteur du gène cible, où, parce que l'ARN polymérase peut se lier immédiatement à lui, il facilite la transcription rapide du gène.

Examinons maintenant l'effet que produit l'**ecdysone**, une hormone jouant un rôle-clé dans le cycle biologique de nombreux insectes. Des larves d'insectes croissent rapidement durant une partie de leur cycle biologique et se nourrissent constamment de matière organique (des feuilles, par exemple). Comme elles ont besoin d'une grande quantité de salive pour traiter la nourriture en vue de sa digestion, l'ADN des cellules de leurs glandes salivaires s'est répliqué à maintes reprises. Les multiples copies des molécules d'ADN demeurent regroupées en un réseau parallèle formant un **chromosome polytène**. Dès que l'ecdysone se lie à son récepteur sur les cellules des glandes salivaires, son signal déclenche la transcription rapide des nombreuses copies des gènes de l'ADN. Les gènes qui réagissent à ce signal hormonal forment un « puff »

chromosomique pendant leur transcription, comme le montre la figure 15.8. Par la suite, la traduction des ARNm produit les composants protéiques de la salive.

Chez les vertébrés, certaines hormones exercent des effets généralisés sur l'expression des gènes, parce que de nombreux types de cellule sont dotés de récepteurs pour ces hormones. Ainsi, l'hypophyse sécrète la GH, soit l'hormone de croissance, qui stimule la synthèse de toutes les protéines nécessaires à la division cellulaire et, en fin de compte, à la croissance de l'organisme. La plupart des cellules disposent de récepteurs pour la GH.

D'autres hormones présentes chez les vertébrés, telle la prolactine (sécrétée elle aussi par l'hypophyse), ne représentent un signal que pour des cellules spécifiques et à des moments bien précis. La prolactine peut être détectée dans le sang d'un mammifère femelle quelques jours après la naissance de son petit. Elle active, dans les cellules des glandes mammaires munies de récepteurs appropriés, des gènes qui participent à la production de lait. Les cellules du foie et du cœur contiennent les mêmes gènes, mais pas les récepteurs qui rendent possible une réponse aux signaux issus de la prolactine.

Cette question est abordée dans d'autres parties du présent ouvrage, notamment aux chapitres 32, 36, 43 et 44, qui présentent de bons exemples de régulation hormonale tirés d'études sur la reproduction et le développement des végétaux et des animaux.

Un autre signal : la lumière solaire

Voici une petite expérience intéressante et facile à réaliser. On sème quelques graines de maïs ou de haricot dans un terreau humide et riche en nutriments, puis on les laisse germer dans l'obscurité totale. Huit jours plus tard, les plants qui ont poussé sont plutôt étiolés et pâles, en raison de l'absence de chlorophylle (voir la figure 15.9). Si on expose ensuite ces plants au faible éclairage d'une lampe de poche pendant quelques instants, il ne leur faudra qu'une dizaine de minutes pour commencer à transformer certaines molécules en chlorophylle, le pigment capteur de lumière qui fournit des électrons en vue des réactions de la photosynthèse.

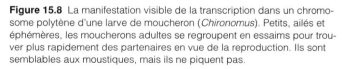

Un des gros puffs chromosomiques

Figure 15.8 La manifestation visible de la transcription dans un chromosome polytène d'une larve de moucheron (*Chironomus*). Petits, ailés et éphémères, les moucherons adultes se regroupent en essaims pour trouver plus rapidement des partenaires en vue de la reproduction. Ils sont semblables aux moustiques, mais ils ne piquent pas.

La plupart des larves de moucheron se développent en milieu aquatique et se nourrissent sans arrêt (surtout de matière organique en décomposition) pour assurer leur croissance rapide. Pour disposer de toute la salive nécessaire, elles doivent constamment traduire des gènes, déjà amplifiés, afin d'obtenir des protéines salivaires.

L'ecdysone est une hormone qui agit en tant que protéine régulatrice pour favoriser la transcription de ces gènes. Les chromosomes des larves s'élargissent et forment des puffs chromosomiques dans les régions où les gènes sont transcrits en ARNm, en réponse au signal hormonal reçu. Les puffs ont leur plus grand volume là où la transcription est la plus intense. Des colorants particuliers révèlent la présence de bandes chromosomiques, comme le montre la micrographie.

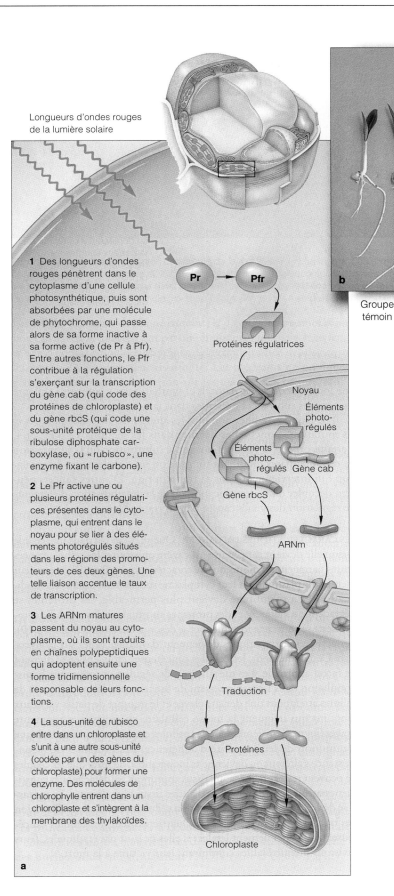

Longueurs d'ondes rouges de la lumière solaire

1 Des longueurs d'ondes rouges pénètrent dans le cytoplasme d'une cellule photosynthétique, puis sont absorbées par une molécule de phytochrome, qui passe alors de sa forme inactive à sa forme active (de Pr à Pfr). Entre autres fonctions, le Pfr contribue à la régulation s'exerçant sur la transcription du gène cab (qui code des protéines de chloroplaste) et du gène rbcS (qui code une sous-unité protéique de la ribulose diphosphate carboxylase, ou « rubisco », une enzyme fixant le carbone).

2 Le Pfr active une ou plusieurs protéines régulatrices présentes dans le cytoplasme, qui entrent dans le noyau pour se lier à des éléments photorégulés situés dans les régions des promoteurs de ces deux gènes. Une telle liaison accentue le taux de transcription.

3 Les ARNm matures passent du noyau au cytoplasme, où ils sont traduits en chaînes polypeptidiques qui adoptent ensuite une forme tridimensionnelle responsable de leurs fonctions.

4 La sous-unité de rubisco entre dans un chloroplaste et s'unit à une autre sous-unité (codée par un des gènes du chloroplaste) pour former une enzyme. Des molécules de chlorophylle entrent dans un chloroplaste et s'intègrent à la membrane des thylakoïdes.

Pr → Pfr

Protéines régulatrices

Noyau

Éléments photo-régulés

Éléments photo-régulés

Gène cab

Gène rbcS

ARNm

Traduction

Protéines

Chloroplaste

a

Figure 15.9 a) La lumière solaire constitue un signal pour l'expression des gènes. Voici un modèle illustrant le mécanisme grâce auquel le phytochrome pourrait faciliter la régulation de la transcription des gènes chez les plantes. La lumière rouge parvenant à une molécule de phytochrome amène celle-ci à passer de sa forme inactive (Pr) à sa forme active (Pfr) et à contribuer ainsi à la régulation de la transcription.

b) Une expérience simple révèle les répercussions de l'absence de lumière sur de jeunes plants de maïs. Les deux plants situés à gauche sur la photo (le groupe témoin) ont poussé dans une serre bien éclairée, alors que les deux plants à droite (le groupe expérimental) ont poussé dans l'obscurité totale pendant huit jours. Ces derniers n'ont pu faire passer de leur forme inactive à leur forme active les multiples précurseurs des molécules de chlorophylle et n'ont donc jamais acquis leur coloration verte normale.

b

Groupe témoin   Groupe expérimental

Le **phytochrome** (un pigment bleu-vert) est une molécule de communication qui facilite l'adaptation à court terme des plantes aux fluctuations d'éclairage. Il alterne constamment entre sa forme inactive et sa forme active (la section 32.4 présente un examen détaillé de cette molécule). Au coucher du soleil, la nuit et à l'ombre, les ondes situées dans le rouge lointain prédominent et le phytochrome est alors inactif. C'est au lever du soleil que celui-ci s'active, lorsque les ondes de lumière rouge envahissent le ciel. En outre, la quantité de lumière située dans le rouge ou le rouge lointain qu'une plante capte varie selon le moment de la journée et au fil des saisons.

De telles variations de lumière exercent une certaine régulation sur l'activité du phytochrome, qui influe lui-même sur la transcription de certains gènes à certains moments de la journée et à certaines périodes de l'année. Ces gènes codent diverses enzymes et protéines qui favorisent la germination des graines, la pousse des tiges, la formation des branches, la croissance des feuilles et l'apparition des fleurs, des fruits et des graines subséquentes.

Elaine Tobin et ses collègues de l'université de la Californie à Los Angeles ont procédé à des expériences dont les résultats ont appuyé l'hypothèse relative à l'effet de la lumière sur le phytochrome. Après avoir fait pousser dans l'obscurité des graines de lentille d'eau (*Lemna*), ils ont constaté une augmentation notable de la quantité d'ARN messager après une exposition d'une minute à la lumière rouge. Une telle exposition avait stimulé la transcription des gènes qui codent des protéines se liant à la chlorophylle et des gènes qui codent le rubisco, une enzyme contribuant à la fixation du carbone (voir les sections 7.6 et 7.7). En l'absence de ces protéines, les chloroplastes ne se développent pas correctement et n'acquièrent pas leur coloration verte.

Des hormones et d'autres molécules de communication, dont certains types réagissent aux stimulus du milieu, exercent une forte influence sur l'expression des gènes.

L'ADN RECOMBINÉ ET LE GÉNIE GÉNÉTIQUE

L'âge et l'obstruction des artères

Du beurre! Du bacon! Des œufs! De la crème glacée! De la tarte au sucre! Voilà autant d'aliments tentants, mais à éviter. Après tout, qui n'a pas entendu parler des lipides d'origine animale et du redoutable cholestérol?

Peu après l'ingestion d'aliments gras, le cholestérol entre dans la circulation sanguine. Chez les animaux, le cholestérol est un important élément constitutif des membranes plasmiques sans lequel aucune cellule ne pourrait d'ailleurs se former. Nos cellules transforment le cholestérol en diverses molécules telles que la vitamine D, essentielle à la constitution d'os solides et de dents saines. Normalement, le foie synthétise lui-même tout le cholestérol nécessaire aux cellules du corps humain.

Certaines protéines présentes dans la circulation sanguine s'associent au cholestérol et à d'autres substances pour former des particules de lipoprotéine. Les lipoprotéines de haute densité, ou HDL (*high density lipoproteins*), transportent le cholestérol jusqu'au foie pour qu'il y soit métabolisé, alors que les lipoprotéines de faible densité, ou LDL (*low density lipoproteins*), aboutissent généralement à l'intérieur des cellules qui utilisent ou stockent le cholestérol. Cependant, les LDL deviennent parfois surabondantes, et un certain nombre d'entre elles s'infiltrent alors dans les parois élastiques des artères et contribuent à la formation de plaques athéromateuses (voir la figure 16.1). Ces plaques entravent ensuite la circulation sanguine. Si elles finissent par obstruer l'une des petites artères coronariennes qui irriguent le cœur, elles peuvent provoquer une crise cardiaque.

La façon dont un organisme traite le cholestérol alimentaire varie en fonction des allèles hérités des parents. Ainsi, étant donné qu'un gène code un récepteur protéique pour les LDL, la concentration de cholestérol sanguin d'une personne ayant hérité de deux « bons » allèles et n'abusant pas d'aliments riches en lipides demeurera probablement faible ou modérée, et les artères pourraient bien ne jamais s'obstruer. Toutefois, une personne qui aurait hérité des deux copies d'un certain allèle mutant sera un jour atteinte d'hypercholestérolémie familiale, un trouble génétique rare entraînant un taux de cholestérol sanguin si élevé qu'un grand nombre des personnes affectées meurent d'une crise cardiaque à l'enfance ou à l'adolescence.

En 1992, une Québécoise âgée de 30 ans créa un précédent dans l'histoire de la génétique. À l'instar de ses deux frères décédés des suites d'une crise cardiaque au début de la vingtaine, elle avait hérité de l'allèle mutant correspondant au récepteur des LDL. Elle-même avait survécu à une crise cardiaque à l'âge de 16 ans, mais elle dut être opérée pour un pontage coronarien 10 ans plus tard.

À cette époque, un débat faisait rage au sujet des risques et des mérites de la **thérapie génique**, par laquelle un ou plusieurs gènes normaux ou modifiés sont transférés dans les cellules somatiques d'une personne pour corriger un dysfonctionnement génétique ou stimuler la résistance à une maladie. Cette Québécoise avait alors opté pour une opération inédite consistant à lui implanter des copies fonctionnelles du bon gène.

Les chirurgiens prélevèrent d'abord environ 15 % de son foie, puis des chercheurs en placèrent quelques cellules dans un milieu de culture favorisant la croissance et la division cellulaires. Ils épissèrent ensuite l'allèle fonctionnel correspondant au récepteur des LDL dans le matériel génétique d'un virus inoffensif. Le virus modifié infecta les cellules du foie en milieu de culture. Ce faisant, il introduisit des copies du bon gène dans celles-ci. En se reproduisant, ces cellules synthétisèrent de nouvelles copies du bon gène.

Enfin, on injecta dans la veine porte hépatique (un vaisseau sanguin qui mène directement au foie) de la jeune femme près de un milliard de cellules modifiées, dont quelques-unes se fixèrent dans le foie et commencèrent à synthétiser le récepteur de cholestérol qui faisait défaut. Deux ans plus tard, une partie des cellules hépatiques absorbaient normalement le cholestérol sanguin. Le taux de LDL avait baissé de près de 20 %, et les symptômes de l'obstruction des artères qui avait été presque fatale ne se manifestaient plus. Bien que la cholestérolémie fût encore supérieure à la normale, l'intervention chirurgicale avait démontré que la thérapie génique offrait un recours sûr et efficace pour certains patients.

Comme on peut le constater à la lumière de ce travail clinique novateur, les techniques de recombinaison génétique ouvrent des possibilités prometteuses pour la médecine, l'agriculture et l'industrie. Il faut se rappeler que les êtres humains modifient depuis déjà

Figure 16.1 La présence de plaques athéromateuses (en jaune vif et en blanc) dans une des artères coronariennes qui irriguent le cœur. L'hypercholestérolémie contribue à la formation de plaques pouvant obstruer ces artères. Les thérapies géniques fondées sur des techniques de recombinaison génétique sont susceptibles de parer à un tel problème de santé ainsi qu'à de nombreux autres dangers analogues.

Figure 16.2 Le résultat visible d'une manipulation génétique effectuée par sélection artificielle : le gros grain à gauche provient d'une souche de maïs contemporaine, tandis que les tout petits grains appartiennent à une espèce ancienne dont un spécimen a été trouvé dans une cave préhistorique au Mexique.

quelques milliers d'années des caractères d'origine génétique. Grâce à la sélection artificielle, ils ont produit de nouvelles plantes et de nouvelles lignées de bovins, de chats, de chiens et d'oiseaux à partir de souches sauvages anciennes. Ils ont également pratiqué une sélection en vue d'obtenir des dindons plus gros, des oranges plus sucrées, des melons d'eau sans pépins, des roses ornementales flamboyantes et du maïs à gros grains juteux (voir la figure 16.2). Enfin, ils ont même produit des hybrides comme le mulet (un hybride mâle issu de l'âne et de la jument ou du cheval et de l'ânesse) ainsi que des plantes produisant des tangelos (des agrumes issus d'un croisement entre une tangerine et un pamplemousse).

Bien sûr, il ne faut pas oublier que l'être humain est un nouveauné à l'échelle des temps géologiques. Pendant les 3,8 milliards d'années qui se sont écoulées avant son arrivée, la nature a procédé à d'innombrables expériences génétiques en recourant à des mutations, à des enjambements et à d'autres procédés qui modifient la teneur des messages génétiques. Les multiples modifications successives ont donné lieu à la grande diversité de la vie.

Les changements d'origine humaine se distinguent toutefois de tous les autres par leur rythme accéléré. Des chercheurs analysent les gènes grâce à diverses techniques de **recombinaison génétique *in vitro*** : ils sectionnent et recombinent de l'ADN provenant de différentes espèces et l'insèrent dans des cellules de bactéries, de levures ou de mammifères. Quand elles se divisent, ces cellules procèdent à la réplication de leur ADN et copient l'ADN inséré comme s'il s'agissait du leur. Elles produisent ainsi de grandes quantités de molécules d'ADN recombiné. C'est sur ces mêmes techniques de recombinaison que s'appuie le **génie génétique** : des gènes d'un organisme sont isolés, modifiés et réinsérés dans celui-ci ou implantés dans un autre. Les protéines codées par des gènes modifiés peuvent alors remplir la fonction de leurs homologues manquants ou dysfonctionnels.

Les nouvelles techniques ne sont pas exemptes de risques. Le présent chapitre passe en revue leurs principales caractéristiques et, pour finir, traite de quelques questions écologiques, sociales et éthiques liées à leurs applications.

Concepts-clés

1. Des expériences génétiques se déroulent depuis des milliards d'années, par le biais de mutations géniques, d'enjambements, de recombinaisons génétiques et d'autres moyens naturels.

2. Les êtres humains provoquent délibérément de multiples changements génétiques en recourant à diverses techniques de recombinaison génétique *in vitro*. L'ensemble des manipulations qu'ils pratiquent relève du génie génétique.

3. En vertu de ces techniques, des chercheurs isolent, sectionnent et épissent des régions de gènes chez différentes espèces, puis ils augmentent considérablement le nombre de copies des gènes qui les intéressent plus particulièrement. Les gènes, et parfois les protéines qu'ils codent, sont produits en grandes quantités dans le cadre de travaux de recherche et en vue d'applications pratiques.

4. Trois activités principales sont au cœur des diverses techniques de recombinaison génétique. D'abord, des procédés faisant appel à des types d'enzymes spécifiques permettent de fragmenter des molécules d'ADN. Ensuite, les fragments obtenus sont insérés dans des vecteurs de clonage, tels les plasmides. Enfin, les fragments contenant les gènes utiles sont détectés et rapidement copiés en très grand nombre.

5. Le travail des chercheurs en génie génétique consiste, entre autres, à isoler des gènes d'un organisme, à les modifier, puis à le lui réinsérer ou à les implanter dans un autre organisme. L'objectif visé réside dans la modification bénéfique de caractères sur lesquels les gènes exercent leur influence. La thérapie génique humaine, axée sur la maîtrise ou la prévention des troubles génétiques, constitue un exemple d'application de la recherche en génie génétique.

6. L'emploi de ces nouvelles techniques suscite des questions d'ordre social, juridique, écologique et éthique en ce qui concerne leurs avantages et leurs inconvénients.

LES MOYENS D'OBTENIR DE L'ADN RECOMBINÉ

Les enzymes de restriction

Dans les années 1950, les milieux scientifiques trépignaient de joie après la découverte de la structure de l'ADN. Toutefois, leur joie fit bientôt place à la frustration, car personne ne parvint ensuite à déterminer ni la séquence des nucléotides ni l'ordre des gènes et des régions de gènes le long d'un chromosome. Robert Holley et ses collègues réussirent toutefois à séquencer une petite molécule d'ARN de transfert, à l'aide d'enzymes digestives qui sectionnaient la molécule en fragments suffisamment petits pour déterminer la séquence de nucléotides. Cependant, une molécule d'ADN est beaucoup plus volumineuse qu'une molécule d'ARN. Personne ne savait alors comment découper une molécule d'ADN en fragments assez longs pour en tirer des séquences uniques et donc analysables. On pouvait certes découper l'ADN grâce à des enzymes digestives, mais pas selon un ordre établi. Il n'y avait alors aucun moyen de déterminer l'arrangement des fragments d'une molécule d'ADN.

Hamilton Smith découvrit par hasard que *Hæmophilus influenzæ* pouvait découper de l'ADN viral qui lui avait été injecté par un bactériophage. Des extraits cellulaires de *H. influenzæ* renfermaient en effet une enzyme, dite **enzyme de restriction**, qui exerçait son activité au niveau d'un site précis de l'ADN viral.

C'est ainsi que se sont peu à peu accumulées plusieurs centaines de souches bactériennes offrant un éventail d'enzymes de restriction qui reconnaissent et sectionnent des séquences spécifiques de quatre à huit bases d'ADN. Le tableau 16.1 énumère quelques enzymes de restriction faisant partie de celles qui effectuent des coupures décalées sur chacun des brins d'ADN. Elles laissent ainsi des portions monocaténaires libres, dites *cohésives*. L'enzyme *Taq*I produit des queues comprenant deux bases (CG), alors que l'enzyme *Eco*RI laisse des queues de quatre bases (AATT).

Le nombre des coupures qu'effectue une enzyme de restriction varie selon la molécule concernée. Ainsi, l'enzyme *Not*I ne reconnaît qu'une rare séquence de huit bases dans l'ADN des mammifères, de sorte que la plupart des fragments comprennent des dizaines de milliers de paires de bases. Un tel nombre est suffisamment élevé pour rendre possible l'étude du **génome**, soit la totalité de l'ADN présent dans le nombre de chromosomes haploïde d'une espèce donnée. Chez l'espèce humaine, le génome regroupe quelque 3,2 milliards de paires de bases.

Tableau 16.1	*Quelques enzymes de restriction*	
Source bactérienne	Nom abrégé de l'enzyme	Type de sectionnement
Thermus aquaticus	*Taq*I	5′ T C G A 3′ 3′ A G C T 5′
Escherichia coli	*Eco*RI	5′ G A A T T C 3′ 3′ C T T A A G 5′
Nocardia otitidus-cariarum	*Not*I	5′ G C G G C C G C 3′ 3′ C G C C G G C G 5′

Les enzymes de modification

Les fragments d'ADN ayant fait l'objet d'une coupure décalée se caractérisent par leurs extrémités cohésives, ce qui signifie que l'extrémité monocaténaire libre d'un fragment peut s'apparier à l'extrémité complémentaire libre de tout autre fragment ou molécule d'ADN sectionné par la même enzyme de restriction. En d'autres termes, lorsque des fragments d'ADN sectionnés par une même enzyme de restriction sont réunis, les extrémités cohésives de deux fragments quelconques ayant des séquences de bases complémentaires s'apparient et forment une molécule d'ADN recombiné comme suit :

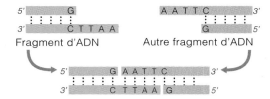

Les petites coupures apparaissant aux points d'appariement des fragments sont éliminées grâce à l'**ADN ligase**, une enzyme de modification :

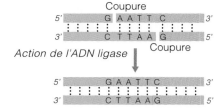

Les vecteurs de clonage pour l'amplification de l'ADN

Les enzymes de restriction et les enzymes de modification permettent d'insérer de l'ADN dans une cellule bactérienne qui, rappelons-le, ne possède qu'un seul chromosome sous la forme d'une molécule d'ADN circulaire. De nombreuses cellules bactériennes contiennent également des plasmides. Un **plasmide** est un petit segment d'ADN supplémentaire qui ne renferme que quelques gènes et qui ne peut se répliquer de façon autonome (voir la figure 16.3). Ce ne sont pas toutes les bactéries qui sont pourvues de plasmides ; toutefois, celles qui en possèdent peuvent être favorisées, car certains gènes d'un plasmide peuvent leur procurer des avantages non négligeables, telle une résistance aux antibiotiques.

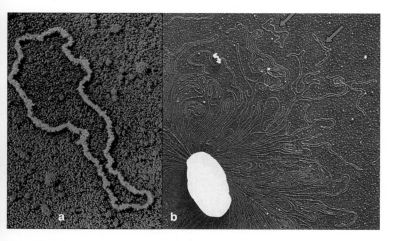

Figure 16.3 a) Un plasmide. **b)** Des plasmides (les flèches) libérés à la suite du bris d'une cellule d'*Escherichia coli*.

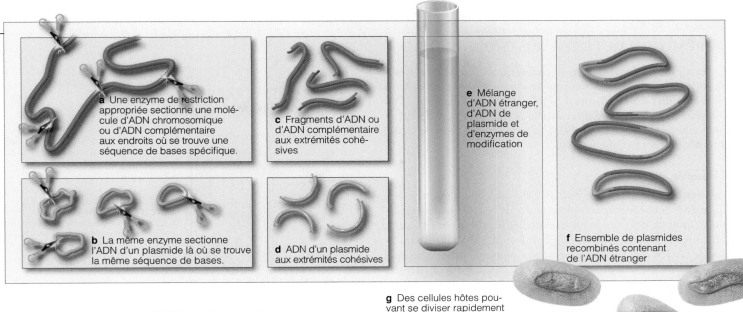

a Une enzyme de restriction appropriée sectionne une molécule d'ADN chromosomique ou d'ADN complémentaire aux endroits où se trouve une séquence de bases spécifique.

c Fragments d'ADN ou d'ADN complémentaire aux extrémités cohésives

b La même enzyme sectionne l'ADN d'un plasmide là où se trouve la même séquence de bases.

d ADN d'un plasmide aux extrémités cohésives

e Mélange d'ADN étranger, d'ADN de plasmide et d'enzymes de modification

f Ensemble de plasmides recombinés contenant de l'ADN étranger

g Des cellules hôtes pouvant se diviser rapidement acceptent les plasmides recombinés.

Figure 16.4 a) à **f)** La formation d'ADN recombiné, lorsque des fragments d'ADN chromosomique ou des fragments d'ADN complémentaire sont intégrés dans des plasmides bactériens. **g)** Des plasmides recombinés sont insérés dans des cellules hôtes qui peuvent rapidement amplifier l'ADN reçu.

Lorsque les conditions sont favorables, une bactérie se divise rapidement – toutes les 30 min chez certaines espèces – et elle engendre ainsi d'énormes populations de cellules génétiquement identiques. Avant le début de la division cellulaire, des enzymes procèdent à la duplication du chromosome bactérien ainsi qu'à la réplication des plasmides, de façon parfois répétée, si bien qu'une cellule peut comporter de nombreuses copies identiques d'ADN étranger inséré dans les plasmides. En laboratoire, on insère habituellement de l'ADN dans un plasmide à des fins de réplication pour obtenir un **clone d'ADN**, ainsi nommé parce que les cellules bactériennes ont produit un grand nombre de copies «clonées» (identiques) de cet ADN.

Un plasmide modifié qui reçoit et accepte de l'ADN est qualifié de **vecteur de clonage**, puisqu'il peut insérer cet ADN dans une bactérie, une cellule de levure ou toute autre cellule hôte qui peut répliquer cet ADN au moment de la division cellulaire. On peut obtenir ainsi des cellules filles qui se divisent rapidement et qui comprennent toutes des copies identiques de l'ADN reçu (voir la figure 16.4).

La rétrotranscriptase, une source d'ADN complémentaire

En analysant des gènes pour mieux en connaître les produits et leurs fonctions, des chercheurs ont pu observer qu'une cellule hôte recevant un gène ne parvient pas toujours à synthétiser la protéine correspondante. Ainsi, le pré-ARN messager des cellules eucaryotes renferme des introns (des séquences de bases non codantes) et il ne peut être traduit à moins que les introns soient supprimés, et les exons (l'ADN codant), épissés (voir la figure 14.5). Comme les cellules bactériennes ne peuvent éliminer les introns, elles ne sont souvent pas en mesure de traduire des gènes humains en protéines.

Les chercheurs contournent ce problème en recourant à de l'**ADN complémentaire**, soit un brin d'ADN «copié» à partir d'un ARN messager. La **rétrotranscriptase**, une enzyme issue d'un virus à ARN, catalyse la transcription en sens inverse en assemblant un brin d'ADN complémentaire sur le modèle d'un ARN messager mature (voir la figure 16.5). D'autres enzymes enlèvent ensuite l'ARN et

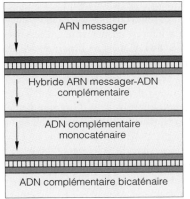

ARN messager

Hybride ARN messager-ADN complémentaire

ADN complémentaire monocaténaire

ADN complémentaire bicaténaire

a Une rétrotranscriptase catalyse la synthèse d'un brin d'ADN à partir d'un ARN messager mature. Il en résulte une molécule hybride faite d'ARN messager et d'ADN complémentaire.

b Des enzymes suppriment l'ARN messager et se servent du brin d'ADN complémentaire comme modèle pour la synthèse du brin complémentaire d'ADN. Il en résulte une molécule d'ADN complémentaire bicaténaire, «copiée» à partir d'un modèle d'ARN messager.

Figure 16.5 La formation d'une molécule d'ADN complémentaire bicaténaire à partir d'un ARN messager.

ajoutent un brin d'ADN complémentaire au premier pour former une molécule d'ADN complémentaire bicaténaire. Cette dernière peut elle-même être modifiée, au moyen de signaux de transcription et de traduction qui lui sont rattachés, puis insérée dans un plasmide à des fins d'amplification. Une cellule bactérienne exposée à un plasmide recombiné l'accepte souvent et se sert ensuite de l'information contenue dans l'ADN complémentaire pour synthétiser la protéine codée par cet ADN.

Des enzymes de restriction et des enzymes de modification sectionnent de l'ADN chromosomique ou de l'ADN complémentaire pour ensuite en épisser les fragments avec des plasmides ou d'autres vecteurs de clonage. Une bactérie ou une autre cellule qui se divise rapidement peut accepter un plasmide recombiné et synthétiser alors de nombreuses copies identiques de l'ADN reçu.

LA RÉACTION DE POLYMÉRISATION EN CHAÎNE

La **réaction de polymérisation en chaîne** ou technique PCR (*polymerase chain reaction*) est un autre moyen dont disposent les chercheurs pour amplifier des fragments d'ADN chromosomique ou d'ADN complémentaire. Il s'agit d'un ensemble de réactions qui se déroulent à très grande vitesse *in vitro*, plutôt qu'au sein d'une bactérie, et qui sont déclenchées par une amorce.

L'amorce

Une **amorce** est une séquence de 10 à 30 nucléotides qui peut être appariée à une séquence complémentaire de l'ADN. La reconnaissance chimique des amorces en tant que signaux de départ est assurée par les ADN polymérases, les principaux responsables de la réplication de l'ADN. À partir d'un programme informatique, des appareils synthétisent une amorce en plusieurs étapes. Pour leur part, les chercheurs déterminent la séquence des nucléotides de l'amorce en identifiant les courtes séquences de nucléotides situées immédiatement en amont et en aval de la région de l'ADN qui les intéresse, puis ils synthétisent les amorces complémentaires.

Les étapes de réaction

Dans le cas de la réaction de polymérisation en chaîne, l'enzyme privilégiée est un ADN polymérase extrait de *Thermus aquaticus*, une bactérie qui vit dans l'eau extrêmement chaude des sources thermales et qui se retrouve parfois également dans les chauffe-eau domestiques. Cette enzyme résiste très bien aux hautes températures nécessaires pour que se déroule la double hélice de l'ADN. La plupart des ADN polymérases se dénaturent et s'inactivent irréversiblement à de telles températures.

Les chercheurs mélangent d'abord des amorces, les molécules d'ADN polymérase et d'ADN cellulaire provenant d'un organisme, de même que des nucléotides libres, puis ils exposent le mélange à des cycles de température bien précis. Ainsi, les deux brins de chacune des molécules d'ADN présentes dans le mélange se détachent l'un de l'autre au début de chacun des cycles de température.

Les amorces se retrouvent alors sur des nucléotides exposés aux sites visés, conformément aux règles d'appariement des bases (voir la figure 16.6). Chaque suite de réactions fait doubler le nombre de molécules d'ADN amplifiées à partir d'un site visé, ce qui signifie qu'une éprouvette contenant initialement 10 molécules en renfermera bientôt 20, puis 40, 80, 160, 320, 640, 1280, et ainsi de suite. Toute région visée faisant partie d'une seule molécule d'ADN peut être rapidement amplifiée en des milliards de molécules.

En résumé, la réaction de polymérisation en chaîne permet d'obtenir un très grand nombre de molécules d'ADN identiques à partir d'une très faible quantité initiale d'ADN. Il s'agit aujourd'hui du premier procédé d'amplification utilisé par des milliers de laboratoires dans le monde. Comme le montre la prochaine section, ce procédé donne d'excellents résultats, même lorsqu'on ne dispose au départ que d'un seul cheveu ou d'une simple goutte de sang.

La réaction de polymérisation en chaîne est un procédé permettant une multiplication accélérée, *in vitro*, d'ADN chromosomique ou d'ADN complémentaire. Elle est beaucoup plus rapide que toutes les méthodes de clonage actuelles.

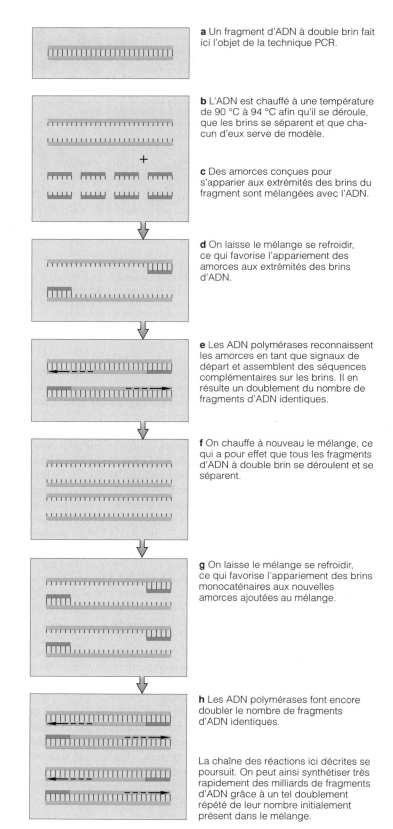

a Un fragment d'ADN à double brin fait ici l'objet de la technique PCR.

b L'ADN est chauffé à une température de 90 °C à 94 °C afin qu'il se déroule, que les brins se séparent et que chacun d'eux serve de modèle.

c Des amorces conçues pour s'apparier aux extrémités des brins du fragment sont mélangées avec l'ADN.

d On laisse le mélange se refroidir, ce qui favorise l'appariement des amorces aux extrémités des brins d'ADN.

e Les ADN polymérases reconnaissent les amorces en tant que signaux de départ et assemblent des séquences complémentaires sur les brins. Il en résulte un doublement du nombre de fragments d'ADN identiques.

f On chauffe à nouveau le mélange, ce qui a pour effet que tous les fragments d'ADN à double brin se déroulent et se séparent.

g On laisse le mélange se refroidir, ce qui favorise l'appariement des brins monocaténaires aux nouvelles amorces ajoutées au mélange.

h Les ADN polymérases font encore doubler le nombre de fragments d'ADN identiques.

La chaîne des réactions ici décrites se poursuit. On peut ainsi synthétiser très rapidement des milliards de fragments d'ADN grâce à un tel doublement répété de leur nombre initialement présent dans le mélange.

Figure 16.6 La réaction de polymérisation en chaîne (PCR).

Les empreintes génétiques

À l'exception des vrais jumeaux, deux personnes ne peuvent présenter exactement la même séquence de bases dans leur ADN, si bien que la détection des différences entre leurs séquences permet aux scientifiques de bien les distinguer l'une de l'autre. On sait que chaque être humain a un ensemble d'empreintes digitales qui lui est propre et qui l'identifie clairement. À l'instar des membres de toutes les autres espèces à reproduction sexuée, chaque être humain possède également une **empreinte génétique**, c'est-à-dire un ensemble unique de séquences d'ADN qu'il a hérité de ses parents selon le modèle mendélien. Les empreintes génétiques se distinguent tellement bien les unes des autres que leur étude révèle même les différences entre de proches parents.

Puisque plus de 99 % de l'ADN est exactement le même chez tous les êtres humains, les efforts déployés pour l'établissement des empreintes génétiques individuelles ne portent que sur la partie de l'ADN qui varie fortement d'une personne à une autre. On retrouve dans le génome humain en entier des **séquences répétées en tandem**, soit de courtes séquences d'ADN présentes en maintes copies successives dans un chromosome.

Par exemple, le groupe des 5 bases TTTTC peut se répéter 4 fois en un endroit dans l'ADN d'une personne, mais 15 fois chez une autre personne, tout comme le groupe de bases CGG peut se répéter 5 fois chez l'une et 50 fois chez l'autre.

Le nombre de séquences répétées d'ADN a augmenté ou diminué au fil des générations successives par suite des modifications spontanées qui surviennent, lors de la réplication de l'ADN, dans certaines régions où le taux de mutation est relativement élevé (voir la section 14.4).

Les chercheurs détectent de telles différences aux sites des séquences répétées en tandem à l'aide de l'**électrophorèse en gel**, une technique fondée sur l'application d'un champ électrique amenant des molécules à se déplacer dans un gel visqueux. Il s'ensuit que les fragments d'ADN se séparent les uns des autres selon leur taille respective. Dans le cas présent, étant donné que seul cet aspect détermine la distance parcourue par chaque fragment dans le gel, l'ampleur du déplacement des séquences répétées en tandem varie selon leur taille.

On plonge d'abord un gel dans une solution tampon, puis on y ajoute des fragments d'ADN provenant de différentes personnes. L'application d'un courant électrique à la solution a pour effet qu'une extrémité du gel acquiert une charge négative, et l'autre extrémité, une charge positive. Ayant des groupements phosphate chargés négativement, les fragments d'ADN se déplacent dans le gel en direction du pôle positif, et ce, à des vitesses variables. Ils se séparent alors en bandes selon leur taille : plus un fragment est petit, plus il se déplace rapidement. Après un certain temps, les chercheurs peuvent distinguer les fragments de différentes longueurs en colorant le gel ou en mettant en relief les fragments qui contiennent des séquences répétées en tandem.

La détermination des empreintes génétiques permet aux experts en criminalistique d'identifier des criminels et des victimes ou d'innocenter des suspects. Quelques gouttes de sang ou de sperme ou quelques cellules d'un follicule pileux trouvées sur les lieux d'un crime ou sur les vêtements d'un suspect procurent souvent assez de données à ces experts pour établir les faits. La figure 16.7 illustre, après une électrophorèse en gel, des séquences répétées en tandem provenant de fragments d'ADN. On y voit les empreintes génétiques de sept personnes et d'un échantillon de sang prélevé sur les lieux d'un crime. On peut constater les grandes différences entre toutes ces empreintes génétiques, qui permettent ainsi d'identifier laquelle

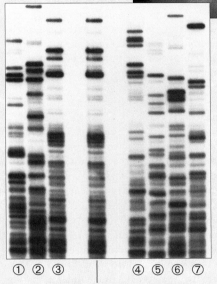

① ② ③ | ④ ⑤ ⑥ ⑦

EMPREINTE GÉNÉTIQUE D'UNE TACHE DE SANG TROUVÉE SUR LES LIEUX D'UN CRIME

Figure 16.7 Ci-contre : la comparaison entre l'empreinte génétique d'une tache de sang découverte sur les lieux d'un crime et les empreintes génétiques d'échantillons de sang prélevés chez sept suspects (les chiffres encerclés). Grâce à l'électrophorèse en gel, il est assez facile de repérer la correspondance exacte. Ci-dessus : le gel visible sur la photo avait précédemment été coloré par une substance qui rend fluorescents les fragments d'ADN éclairés par une lumière ultra-violette.

des sept personnes avait laissé du sang sur les lieux du crime. Ici, c'est l'empreinte génétique du suspect n° 3 qui correspond à celle obtenue à partir de la tache de sang.

L'analyse des empreintes génétiques a même confirmé que les os humains exhumés d'une fosse peu profonde en Sibérie étaient ceux de cinq membres de la famille impériale russe qui avaient été fusillés en 1918.

Les premières fois que des empreintes génétiques ont été présentées en cour comme éléments de preuve, les avocats présents ont immédiatement contesté les conclusions qui en avaient été tirées. Cependant, l'établissement des empreintes génétiques est maintenant devenu une pratique fiable et sans équivoque. Ces empreintes servent fréquemment d'éléments de preuve pour le règlement de conflits de paternité. Elles servent également à confirmer la culpabilité d'un suspect ou, à l'inverse, à l'innocenter. En voici un exemple. En 1998, suite au viol et au meurtre d'une fillette âgée de 11 ans, la police d'Elisabethfehn, en Allemagne, a procédé au plus vaste dépistage jamais entrepris en exigeant le prélèvement d'un échantillon de sang chez 16 400 hommes habitant la région. Il s'est avéré que l'empreinte génétique d'un mécanicien âgé de 30 ans correspondait exactement à celle du sang trouvé sur les lieux du meurtre, et l'homme a alors avoué son crime.

La variation entre des séquences répétées en tandem peut également être détectée sous forme de polymorphisme de taille des fragments de restriction, qui renvoie aux différentes tailles des fragments d'ADN sectionnés par des enzymes de restriction. Dans le cas de séquences répétées en tandem, une enzyme de restriction sectionne la partie de l'ADN adjacente à ces séquences. Par ailleurs, les chercheurs peuvent aussi soumettre à la technique PCR la région comportant les séquences répétées en tandem. Dans les deux cas, les variations de taille des fragments, qui révèlent des différences génétiques, peuvent être détectées au moyen de l'électrophorèse.

LE SÉQUENÇAGE DE L'ADN

En 1995, des chercheurs ont réalisé ce qui n'était qu'un rêve il y a à peine quelques dizaines d'années : ils ont établi la séquence complète de l'ADN d'une espèce, *Hæmophilus influenzæ*, une bactérie responsable d'infections respiratoires chez l'être humain. Depuis lors, le génome d'autres espèces a aussi été entièrement séquencé, et une ébauche de la séquence du génome humain a été achevée.

Les « détectives » moléculaires ont recours à une méthode dénommée **séquençage d'ADN automatisé** pour obtenir en quelques heures la séquence d'une molécule d'ADN cloné ou amplifié par la réaction de polymérisation en chaîne.

Dans le cadre de cette méthode, les chercheurs se servent des quatre nucléotides de l'ADN (T, C, A et G) et de quatre versions modifiées de ces mêmes nucléotides (T*, C*, A* et G*). Marqué à l'aide d'une molécule qui émet une certaine couleur lorsqu'elle croise la trajectoire d'un rayon laser, chacun des nucléotides modifiés interrompt la synthèse de l'ADN dès qu'il est intégré dans un brin d'ADN en croissance.

Les chercheurs mélangent d'abord les huit types de nucléotide ; ils ajoutent ensuite des millions de copies de l'ADN à séquencer, un certain type d'amorce et des molécules d'ADN polymérase, puis ils défont l'ADN en brins simples, et les réactions débutent.

L'amorce se lie à sa séquence complémentaire située sur l'un des brins, puis l'ADN polymérase synthétise un nouveau brin d'ADN à partir d'une extrémité de l'amorce et ajoute des nucléotides un par un dans l'ordre correspondant à la séquence exposée du brin modèle. Chaque fois, il peut s'agir soit d'un nucléotide standard, soit d'un nucléotide modifié.

Lorsque l'ADN polymérase croise un T sur un brin d'ADN modèle, il catalyse l'appariement d'un A ou d'un A* à ce T. Si c'est un A qui est ajouté au nouveau brin, la réplication se poursuit, tandis que l'ajout d'un A* fait cesser la réplication et empêche l'addition de tout autre nucléotide à ce brin. Le même processus se déroule pour chaque nucléotide d'un brin modèle.

Étant donné que le mélange initial contenait des millions de copies identiques de la séquence d'ADN et que soit un nucléotide standard, soit un nucléotide modifié, peut s'ajouter à chaque base exposée, il s'ensuit que les nouveaux brins se terminent à différents endroits de la séquence. Le mélange comprend désormais des millions de copies de fragments marqués dont la longueur varie. Tous ces fragments peuvent maintenant être regroupés en ensembles qui se distinguent les uns des autres par leur longueur, de sorte que chaque ensemble correspond à un seul des nucléotides de toute la séquence de bases.

Un séquenceur d'ADN automatisé est un appareil qui sépare les ensembles de fragments au moyen de l'électrophorèse en gel. L'ensemble regroupant les plus courts fragments se déplace le plus rapidement dans le gel et parvient le premier à son extrémité, tandis que le dernier à y parvenir contient les fragments les plus longs. Puisque les fragments ont un nucléotide modifié à l'extrémité 3', chaque ensemble émet une certaine couleur en croisant la trajectoire d'un rayon laser (voir la figure 16.8a). Le séquenceur automatisé détecte la couleur émise et identifie le nucléotide situé à l'extrémité des fragments de chaque ensemble. Il assemble ensuite l'information relative à tous les nucléotides de l'échantillon et révèle alors la composition de toute la séquence d'ADN.

La figure 16.8b illustre les données obtenues d'un séquenceur d'ADN automatisé. Chaque crête du tracé représente la détection

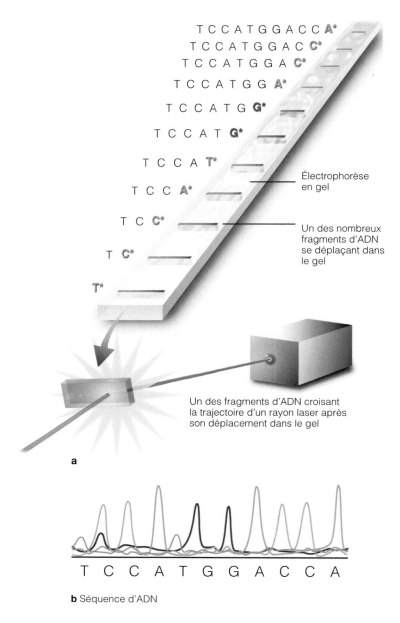

a

T C C A T G G A C C A

b Séquence d'ADN

Figure 16.8 Le squençage d'ADN automatisé. **a)** Des fragments d'ADN provenant du génome d'un organisme sont marqués à leur extrémité par un nucléotide modifié qui émet une certaine couleur. **b)** La séquence d'ADN utilisée dans le présent exemple. Chaque crête indique l'absorbance d'un nucléotide marqué spécifique.

d'une couleur particulière à mesure que les ensembles de fragments atteignent l'extrémité du gel.

Grâce au séquençage d'ADN automatisé, on peut déterminer l'ordre des nucléotides d'un fragment d'ADN cloné ou amplifié.

COMMENT ISOLER CERTAINS GÈNES

Tout génome comprend des milliers de gènes. *Escherichia coli* en contient 4279 et un être humain en aurait quelque 30 000. Pour en savoir davantage au sujet de la structure d'un seul de ces gènes, *a fortiori* pour la modifier, il faudrait d'abord l'isoler de tous les autres gènes composant le génome.

Les chercheurs disposent de plusieurs moyens à cette fin. Si une partie de la séquence du gène est déjà connue, ils peuvent utiliser des amorces pour procéder à la réaction de polymérisation en chaîne d'une partie ou de la totalité du gène. Plus souvent, ils doivent toutefois isoler et cloner ce gène. Ils établissent d'abord une **génothèque**, soit une collection de fragments d'ADN chromosomique cloné provenant de diverses bactéries et comprenant le gène à étudier. Une collection génomique comprend des fragments d'ADN clonés tirés d'un génome entier, alors qu'une collection d'ADN complémentaire comprend de l'ADN provenant d'ARN messager, qui est souvent le plus utile parce qu'il est exempt d'introns. Cependant, le gène y est encore enfoui, à la manière de la proverbiale aiguille dans une botte de foin. L'emploi d'une sonde nucléique constitue un des moyens permettant de l'isoler.

La sonde ADN

Une **sonde ADN** est un très court fragment d'ADN qui a été marqué avec un radio-isotope afin d'être facile à distinguer des autres molécules d'ADN présentes dans un échantillon donné. Une partie de la sonde doit être en mesure de s'apparier à une partie quelconque du gène à étudier. Tout appariement de bases unissant des séquences d'ADN (ou d'ARN) tirées de différentes sources porte le nom d'**hybridation moléculaire**.

Lorsqu'une partie du gène à étudier ou un gène étroitement apparenté ont déjà été clonés, ils peuvent constituer la sonde la plus adéquate. Si la structure du gène n'a pas encore été élucidée, on peut procéder en sens inverse à partir de la séquence d'acides aminés de la protéine codée par le gène, à condition bien sûr que cette protéine soit déjà disponible. En se servant du code génétique comme guide (voir la section 14.2), on peut produire une sonde qui soit assez semblable au gène à étudier.

Le repérage des gènes

Dès qu'on dispose d'une collection de fragments d'ADN chromosomique et d'une sonde adéquate, on peut partir à la recherche du gène à étudier. La figure 16.9 illustre les étapes propres à une méthode d'isolement d'un gène. On doit d'abord extraire des cellules bactériennes de la collection et les étaler à la surface d'un milieu de culture en gel dans une boîte de Petri. Bien étalées, les cellules commencent à se diviser, et chacune d'elles constituera peu à peu une colonie de cellules génétiquement identiques. À la longue, les colonies bactériennes vont prendre l'apparence de centaines de points blancs minuscules sur la surface du milieu de culture.

Après la formation des colonies, on les recouvre d'un filtre de nylon. Certaines cellules adhèrent alors aux parties du filtre qui correspondent aux emplacements des colonies initiales. Les cellules sont chimiquement rompues de façon que leur ADN demeure sur le filtre. On défait ensuite l'ADN en brins simples et on ajoute la sonde, qui s'hybridera seulement avec l'ADN de la colonie ayant intégré le gène à étudier. L'exposition à un film radiographique de l'ADN ainsi hybridé produira une configuration qui permettra le repérage exact de cette colonie. On peut enfin procéder à la culture de cellules

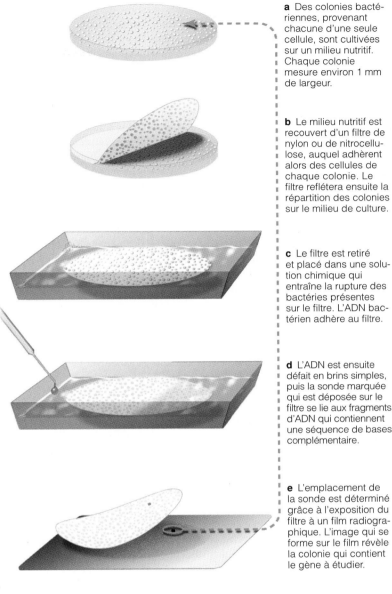

a Des colonies bactériennes, provenant chacune d'une seule cellule, sont cultivées sur un milieu nutritif. Chaque colonie mesure environ 1 mm de largeur.

b Le milieu nutritif est recouvert d'un filtre de nylon ou de nitrocellulose, auquel adhèrent alors des cellules de chaque colonie. Le filtre reflétera ensuite la répartition des colonies sur le milieu de culture.

c Le filtre est retiré et placé dans une solution chimique qui entraîne la rupture des bactéries présentes sur le filtre. L'ADN bactérien adhère au filtre.

d L'ADN est ensuite défait en brins simples, puis la sonde marquée qui est déposée sur le filtre se lie aux fragments d'ADN qui contiennent une séquence de bases complémentaire.

e L'emplacement de la sonde est déterminé grâce à l'exposition du filtre à un film radiographique. L'image qui se forme sur le film révèle la colonie qui contient le gène à étudier.

Figure 16.9 Au moyen d'une sonde, on peut repérer les colonies bactériennes ayant intégré une collection de fragments d'ADN chromosomique.

provenant uniquement de cette colonie, qui est la seule à pouvoir répliquer le gène cloné.

L'emploi d'une sonde permet d'isoler un gène spécifique parmi tous ceux qui se trouvent dans une génothèque. Des colonies bactériennes ayant intégré un fragment d'ADN chromosomique donné peuvent être mises en culture afin d'isoler le gène.

L'UTILISATION DE SCÉNARIOS GÉNÉTIQUES

À mesure qu'ils décodent les séquences d'ADN des espèces, les chercheurs ouvrent la voie à des possibilités extraordinaires. Ainsi, des bactéries issues du génie génétique synthétisent aujourd'hui des protéines à usage médical, pendant que d'énormes populations bactériennes produisent de grandes quantités de produits utiles dans des cuves en acier inoxydable. Les diabétiques qui doivent recevoir des injections quotidiennes d'insuline font partie de ceux qui bénéficient de telles avancées. Par le passé, cette hormone ne pouvait être extraite que de pancréas d'origine porcine ou bovine. Par la suite, des gènes synthétiques codant l'insuline humaine ont pu être transférés à des cellules d'*Escherichia coli*, qui ont donné naissance à des populations qui sont devenues les premières usines bactériennes rentables de production à grande échelle de protéines. En plus de produire de l'insuline, des bactéries issues du génie génétique synthétisent maintenant des hormones de croissance, des facteurs de coagulation, de l'hémoglobine, de l'interféron et une foule de médicaments et de vaccins.

D'autres bactéries modifiées ont un avenir prometteur à des fins tant industrielles qu'écologiques. Par exemple, de nombreux microorganismes décomposent les déchets organiques et favorisent la circulation des nutriments au sein des écosystèmes. De même, certaines bactéries modifiées décomposent le pétrole brut en éléments moins nocifs, si bien que leur épandage consécutif à une marée noire (causée par le naufrage d'un superpétrolier, par exemple) peut contribuer à prévenir une catastrophe écologique. D'autres bactéries issues du génie génétique peuvent absorber les quantités excessives de phosphates ou de métaux lourds présents dans l'environnement.

En outre, des espèces bactériennes contenant des plasmides peuvent s'avérer utiles en recherche fondamentale, en agriculture et en thérapie génique. Ainsi, le déchiffrage des messages codés dans des gènes bactériens facilite beaucoup la reconstitution des phases d'évolution de la vie sur la Terre. Les sections 19.6 et 19.7 montrent bien en quoi des comparaisons entre l'ADN ou l'ARN de différents organismes révèlent certains secrets de l'évolution. Les deux prochaines sections offrent quelques autres exemples des avantages tirés du génie génétique.

Cependant, qu'en est-il des eumycètes, des bactéries et des virus pathogènes ? La sélection naturelle favorise les gènes mutants qui rendent un agent pathogène plus susceptible d'échapper à l'action des défenses naturelles de l'organisme hôte. Étant donné que les mutations sont fréquentes chez les agents pathogènes qui se reproduisent rapidement, la mise au point d'antibiotiques et d'autres moyens de défense inédits contre les microbes constitue un défi permanent à relever. C'est pourquoi une meilleure connaissance des gènes peut apporter de précieux indices sur les stratégies possibles des agents pathogènes. L'histoire du VIH, le virus à mutation rapide qui cause le sida, donne un aperçu de l'ampleur du problème (voir la section 39.10).

La connaissance des gènes rend possible la production, grâce au génie génétique, de microorganismes utiles à des fins médicales, industrielles, agricoles et écologiques.

Elle permet aussi une reconstitution de l'évolution des espèces.

Elle ouvre également la porte à la mise au point opportune et efficace de moyens de lutte contre des agents pathogènes à mutation rapide.

DES PLANTES FAITES SUR MESURE

La régénération de plantes à partir de cellules en milieu de culture

Il y a de nombreuses années, Frederick Steward et ses collègues placèrent des cellules de plants de carottes en milieu de culture. Ils amenèrent ensuite quelques-unes de ces cellules à se développer en petits embryons et, comme le montre la section 31.7, certains de ces embryons devinrent des plants matures. Aujourd'hui, des chercheurs régénèrent facilement des plantes cultivées et de nombreuses autres espèces végétales à partir de cellules cultivées *in vitro*. Grâce à des méthodes ingénieuses, ils peuvent repérer un gène dans un milieu de culture qui contient parfois des millions de cellules. Si des chercheurs plaçaient la toxine d'un agent pathogène dans un milieu de culture et que quelques cellules portaient un gène procurant une résistance à cette toxine, ces cellules seraient les seules à survivre.

Des plantes entières produites à partir de cellules présélectionnées et cultivées en laboratoire peuvent être hybridées avec d'autres variétés de plantes. Il serait ainsi possible que des gènes spécifiques soient transférés à une lignée de plantes afin d'en améliorer tant la résistance aux herbicides et aux parasites que d'autres propriétés utiles aux plantes cultivées et potagères.

La recherche en ce domaine a toutefois une portée plus vaste. On sait maintenant que les sources alimentaires de la plus grande partie de la population humaine sont vulnérables. En général, les agriculteurs préfèrent utiliser des variétés génétiquement similaires de plantes à haut rendement et ont abandonné les anciennes variétés plus diversifiées. Cependant, une telle uniformisation génétique a pour effet de rendre plus vulnérables les cultures vivrières exposées aux nombreux eumycètes, bactéries et virus pathogènes. C'est pourquoi les botanistes parcourent la planète à la recherche de semences provenant des ancêtres sauvages de la pomme de terre, du maïs et d'autres plantes cultivées. Ils envoient ensuite leurs trouvailles, soit des graines ayant les gènes d'une lignée de plante, à des **banques de semences**, qui contribuent ainsi à préserver la diversité génétique.

Il s'agit là d'un problème de grande ampleur. En 1970, une nouvelle souche fongique pathogène de la céphalosporiose du maïs a détruit la plus grande partie de la récolte de maïs aux États-Unis, car tous les plants portaient le gène qui les rend vulnérables à cette maladie. Depuis l'épidémie dévastatrice qui a alors sévi, les entreprises productrices de semences se sont employées à offrir des graines de maïs présentant une plus grande diversité génétique, une diversité maintenant accrue précisément grâce à l'action des banques de semences.

Le transfert de gènes dans des plantes

Le plasmide Ti (*tumor inducing*) provenant d'*Agrobacterium tumefaciens* constitue un vecteur d'insertion de gènes nouveaux ou modifiés dans des plantes. *A. tumefaciens* infecte de nombreux types de

Tumeur bactérienne du collet

Figure 16.10 Une tumeur bactérienne du collet, qui résulte d'une croissance tissulaire anormale déclenchée par un gène du plasmide Ti.

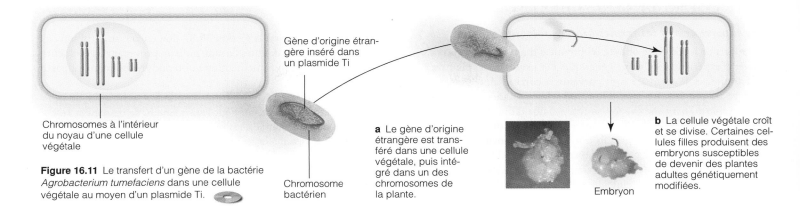

Chromosomes à l'intérieur du noyau d'une cellule végétale

Gène d'origine étrangère inséré dans un plasmide Ti

a Le gène d'origine étrangère est transféré dans une cellule végétale, puis intégré dans un des chromosomes de la plante.

Chromosome bactérien

b La cellule végétale croît et se divise. Certaines cellules filles produisent des embryons susceptibles de devenir des plantes adultes génétiquement modifiées.

Embryon

Figure 16.11 Le transfert d'un gène de la bactérie *Agrobacterium tumefaciens* dans une cellule végétale au moyen d'un plasmide Ti.

plantes à fleurs (voir la figure 16.10). Certains gènes de plasmide Ti envahissent l'ADN d'une plante et entraînent la formation d'un amas tissulaire anormal, dénommé *tumeur bactérienne du collet*. Avant d'insérer des gènes d'un plasmide dans des cellules végétales, les chercheurs enlèvent les gènes responsables de la tumeur et y insèrent le gène désiré, puis ils placent les cellules végétales dans un milieu de culture de bactéries modifiées. Certaines cellules peuvent intégrer le gène, et des plantes peuvent ainsi être régénérées à partir des descendants cellulaires, comme l'illustre la figure 16.11. L'expression de gènes d'origine étrangère dans une plante donne parfois des résultats spectaculaires, comme le montre la figure 16.12.

Dans la nature, *Agrobacterium tumefaciens* infecte des plantes de la classe des dicotylédones, parmi lesquelles on trouve le haricot, le pois, la pomme de terre et d'autres plantes cultivées. Des généticiens ont modifié cette bactérie de façon qu'elle introduise des gènes dans des monocotylédones employées pour d'importantes cultures vivrières, comme le blé, le maïs et le riz. Certains chercheurs ont recours à des chocs électriques ou à des produits chimiques pour introduire des gènes modifiés dans des cellules végétales, tandis que d'autres leur projettent des particules microscopiques enrobées d'ADN.

Malgré les nombreux obstacles, des variétés améliorées de plantes agricoles ont été mises au point et d'autres le seront bientôt. Par exemple, des plants de coton génétiquement modifiés manifestent une résistance à un herbicide (voir la figure 16.13) que les agriculteurs épandent dans les champs de coton pour éliminer les mauvaises herbes, si bien que ces plants croissent normalement.

Se profilent également à l'horizon des plantes génétiquement modifiées qui produiront des médicaments. Il y a quelques années déjà, en Caroline du Nord, on a consacré un champ expérimental à la culture de plants de tabac modifiés pour synthétiser de l'hémoglobine et d'autres protéines. Par la suite, des écologistes

Figure 16.12 Cette plante génétiquement modifiée est fluorescente par suite de l'expression du gène de luciole qui a été inséré dans son ADN (voir la section 6.9). Le produit de ce gène, la luciférase, est une enzyme qui contribue à la bioluminescence.

Figure 16.13 a) Un plant témoin (à gauche) a été placé à côté de trois jeunes plants de tremble génétiquement modifiés. Vincent Chiang et ses collègues ont éliminé un gène régulateur participant à un mécanisme de synthèse de la lignine. Les plants modifiés produisent de la lignine normale, mais en quantité moindre. La baisse de la production de lignine a parfois atteint 45 %, alors que la production de cellulose a augmenté de 15 %. La croissance des racines, des tiges et des feuilles a été beaucoup plus forte, tandis que la structure des plants est demeurée intacte. À l'âge adulte, ces arbres donnent un bois qui facilite sensiblement la production de papier et de certains combustibles non polluants comme l'éthanol. (La lignine est un polymère rigide qui renforce les parois cellulaires secondaires des végétaux. Avant la fabrication du papier, la lignine doit être extraite du bois par des procédés chimiques.)

b) À gauche : un plant de coton témoin. À droite : un plant de coton génétiquement modifié a reçu un gène lui procurant une résistance aux herbicides. Les deux plants ont ensuite été arrosés avec un désherbant largement utilisé dans les champs de coton.

n'ont détecté aucune trace de gènes ni de protéines d'origine étrangère dans le sol ou chez les autres plantes et les animaux des environs. De même, des plants de moutarde cultivés dans un laboratoire de l'université Stanford ont synthétisé de petites billes de plastique biodégradables servant à la fabrication de divers plastiques.

Le maintien de la diversité génétique des espèces végétales est essentiel à la protection des ressources alimentaires vulnérables. Les spécialistes du génie génétique conçoivent des plantes possédant de nouvelles propriétés bénéfiques.

LE TRANSFERT DE GÈNES CHEZ LES ANIMAUX

Les supersouris et les fermes biotechnologiques

Les souris de laboratoire ont été les premiers mammifères ayant fait l'objet d'expériences en génie génétique. Par exemple, R. Hammer, R. Palmiter et R. Brinster sont parvenus à corriger une déficience hormonale (en fait, un taux d'hormone de croissance insuffisant) responsable du nanisme chez les souris. À l'aide d'une microaiguille, ils ont injecté le gène de l'hormone de croissance du rat dans des ovules de souris fécondés, puis ils ont implanté ces ovules dans une souris femelle adulte. Le gène s'est bien intégré à l'ADN des ovules. Ceux-ci se sont développés normalement, et les souris abritant le gène d'origine étrangère ont atteint une taille 50 % supérieure à celle de leurs congénères naines. Dans le cadre d'autres expériences, des chercheurs ont transféré à un embryon de souris le gène de l'hormone de croissance humaine. Ce gène s'est intégré à l'ADN de la souris, et l'embryon modifié s'est développé, puis a produit une « supersouris » (voir la figure 16.14).

À l'heure actuelle, on procède à des transferts de gènes humains afin de mieux comprendre les fondements moléculaires des troubles génétiques. Des « fermes biotechnologiques » regroupent des animaux génétiquement modifiés qui rivalisent avec des bactéries pour synthétiser diverses protéines : des chèvres produisent des protéines CFTR (pour le traitement de la mucoviscidose) et TPA (pour contrer les effets d'une crise cardiaque), et des bovins pourraient bientôt synthétiser du collagène humain employé pour la réparation du cartilage, des os et de la peau.

Dans le cas du premier clonage d'un mammifère à partir d'une cellule d'adulte, un noyau extrait d'une cellule mammaire d'une brebis a été inséré dans un ovule énucléé. Après quoi des signaux émis par le cytoplasme de l'ovule ont déclenché le développement d'un embryon et celui-ci a été implanté dans une autre brebis. C'est ainsi que Dolly est née (voir la section 13.5).

Depuis longtemps, des chercheurs clonaient des animaux à partir de tissu embryonnaire, mais pas des adultes qui présentaient déjà un caractère souhaité. Les progrès ont été tellement rapides que, après quelques améliorations à apporter au processus de clonage, les chercheurs seront bientôt en mesure de préserver indéfiniment certains génotypes.

Peu après la naissance de Dolly, des clones de souris, de bovins et d'autres animaux ont été produits par génie génétique. Ainsi, Steve Stice et ses collègues ont placé en milieu de culture des cellules bovines et provoqué le développement de six veaux génétiquement identiques. Ils ont également introduit des caractères modifiés bien définis dans la lignée cellulaire des clones.

Stice aimerait bien produire, par génie génétique, des bovins dotés d'une résistance à l'encéphalopathie spongiforme bovine (la maladie de la vache folle ; voir la section 21.8). Sa méthode a aussi rendu possible l'insertion du gène de l'albumine sérique humaine dans les chromosomes de vaches laitières. L'albumine, qui sert entre autres à la régularisation de la pression osmotique dans les capillaires (voir la section 38.8), doit encore aujourd'hui être extraite de grandes quantités de sang humain provenant de donneurs, alors qu'elle pourrait facilement être obtenue en abondance à partir du lait de vache.

Compte tenu de l'évolution très rapide des techniques de génie génétique et de clonage, on peut légitimement se demander si leur application à l'être humain est pour bientôt. Cette question est examinée plus en détail à la section 16.10.

Le séquençage du génome humain

À la fin des années 1980, les biologistes se sont lancés dans un vif débat au sujet d'un coûteux projet émanant de l'Institut national de la santé aux États-Unis : le séquençage du génome humain dans sa totalité. Beaucoup affirmaient que la médecine et la recherche fondamentale en tireraient des avantages extraordinaires, alors que d'autres estimaient que le projet était irréalisable et priverait de ressources financières des travaux de recherche plus « utiles ». Cependant, Leroy Hood, un spécialiste en biologie moléculaire, a fait pencher la balance en faveur du projet lorsqu'il a mis au point le séquençage d'ADN automatisé.

Le Projet génome humain a été lancé en 1990, et le coût de l'effort international a alors été estimé à quelque 4 milliards de dollars, soit 1,23 $ la paire de bases. Si moins de 2000 gènes avaient été séquencés en 1991, le rythme s'est notablement accéléré lorsque Craig Venter a découvert qu'une toute petite quantité d'ADN complémentaire pouvait servir de crochet moléculaire pour extraire la séquence entière d'un gène parental, conservé dans une collection de fragments d'ADN complémentaire. Venter donna à ces crochets moléculaires le nom d'*étiquettes de séquences exprimées*.

Par la suite, Venter et Hamilton Smith sont parvenus, à l'aide d'un logiciel dénommé *TIGR Assembler*, à séquencer le premier génome complet d'un organisme, celui de la bactérie *Hæmophilus influenzæ*. En 2000, l'équipe de Venter et des chercheurs rattachés au Projet génome humain ont conjointement annoncé qu'ils avaient terminé l'ébauche du séquençage des parties codantes du génome humain ; les très nombreuses parties non codantes sont maintenant analysées.

Figure 16.14 Un transfert de gène ayant donné les résultats attendus. La souris de gauche pèse 29 g, et celle de droite, 44 g. Cette dernière est issue d'un ovule fécondé dans lequel avait été inséré un gène de l'hormone de croissance humaine.

L'étude du génome de l'espèce humaine et des autres organismes porte aujourd'hui le nom de **génomique**. La génomique structurale consiste à séquencer et à cartographier les génomes d'individus, tandis que la génomique comparative s'applique à déterminer les liens évolutifs possibles entre des groupes d'organismes et à analyser les similarités et les différences observées dans différents génomes.

La génomique comparative ouvre la voie à des applications pratiques ainsi qu'à des travaux de recherche fondamentale. L'hypothèse de départ est la suivante : les génomes de tous les organismes actuels sont issus de génomes ancestraux communs. Par exemple, des agents pathogènes et leurs hôtes humains ont conservé certains gènes communs, bien que les ancêtres de ces agents aient divergé il y a très longtemps de la lignée ayant mené à l'espèce humaine. Grâce à l'analyse comparée des séquences de gènes communs et de leur organisation et à l'étude des causes de leur divergence, on pourrait mieux comprendre où se situent les points forts et les points faibles des défenses immunitaires contre les agents pathogènes. Dans une telle optique, on peut se représenter les génomes comme les clés d'anciennes serrures moléculaires qui se sont complexifiées au fil de l'évolution.

La génomique offre certainement des possibilités prometteuses pour la thérapie génique humaine. Toutefois, si le génome humain est maintenant entièrement séquencé, il demeure difficile à manipuler. Les généticiens doivent insérer un gène modifié dans une cellule hôte d'un tissu spécifique, veiller à ce que ce gène se place au bon endroit sur un chromosome donné, puis s'assurer que la cellule visée synthétise ensuite la protéine voulue aux moments opportuns et en quantités appropriées.

La plupart des chercheurs recourent aujourd'hui à des virus évidés pour introduire des gènes dans des cellules humaines en milieu de culture, car ils savent que ces cellules peuvent intégrer des gènes d'origine étrangère dans leur ADN. Des réarrangements, des suppressions et d'autres changements susceptibles de bloquer ou d'altérer l'expression des gènes peuvent toutefois se produire au sein du matériel génétique viral. On pourrait alors envisager la mise au point de versions synthétiques affinées de chromosomes humains, auxquels s'appliqueraient peut-être correctement les mécanismes de réplication de l'ADN et de synthèse des protéines.

Certaines thérapies géniques consistent simplement à insérer des cellules modifiées dans un tissu, ce qui peut s'avérer utile même si les cellules ne synthétisent que 10 % à 15 % de la protéine requise. Personne cependant ne peut encore prévoir où se retrouveront les gènes. Une telle insertion risque d'altérer la fonction d'autres gènes, y compris ceux qui régissent la croissance et la division cellulaires. Des permutations biunivoques de gènes par recombinaison homologue sont possibles : Oliver Smithies, un expert en la matière, parvient à placer des gènes exactement à l'endroit prévu, mais seulement 1 fois tous les 100 000 essais environ.

Bien que tous les aspects techniques du procédé ne soient pas encore parfaitement au point, on réussit déjà à transférer des gènes modifiés dans des cellules d'êtres humains et d'autres mammifères, dans le cadre d'essais expérimentaux et cliniques.

16.9

LES QUESTIONS DE SÉCURITÉ

De nombreuses années se sont écoulées depuis que de l'ADN d'origine étrangère a été transféré pour la première fois dans un plasmide. Ce transfert de gène a lancé un débat qui se poursuivra sans doute tout au long du XXIe siècle : les bienfaits possibles des modifications et des transferts de gènes l'emportent-ils sur les risques éventuels ?

Les bactéries génétiquement modifiées sont conçues de façon à ne pas survivre hors du laboratoire. Pour plus de sécurité, des gènes de protection sont intégrés à l'ADN d'origine étrangère. Ils ne s'activent que si les bactéries s'échappent dans l'environnement. Voici un exemple : une bactérie contient un gène *hok* jouxtant un promoteur de l'opéron du lactose (voir la section 15.2). Si des sucres, abondants dans l'environnement, devaient activer le gène *hok*, le produit protéique de ce gène s'attaquerait aux fonctions membranaires et détruirait rapidement la cellule égarée.

Il pourrait y avoir pire. On sait que des rétrovirus servent à l'insertion de gènes dans des cellules en milieu de culture. Que se passerait-il s'ils échappaient à leur confinement en laboratoire ? La section 47.9 donne un aperçu des conséquences.

Qu'en est-il des plantes et des animaux génétiquement modifiés qui sont libérés dans l'environnement ? Steven Lindlow se préoccupait des dommages que le gel inflige à de nombreuses récoltes. Sachant qu'une protéine de surface d'une bactérie favorise la formation de cristaux de glace, il a extrait le gène codant cette protéine des cellules bactériennes. Son hypothèse était la suivante : l'épandage, avant un gel, de bactéries exemptes de ce gène sur une fraisière située dans un champ isolé aiderait les fraisiers à résister au froid. Même si son intervention a eu pour effet la suppression d'un gène nuisible chez une espèce, elle a néanmoins donné lieu à une longue bataille judiciaire, que les tribunaux ont fini par trancher en sa faveur. Ses collègues ont finalement pu arroser une fraisière, sans conséquence négative.

Il y a aussi eu le cas du plant de pomme de terre modifié de façon à pouvoir tuer les insectes qui l'attaquent : malheureusement, il est aussi devenu toxique pour l'être humain et donc impropre à la consommation. On peut également songer aux plantes cultivées qui rivalisent difficilement avec des mauvaises herbes pour puiser les nutriments disponibles dans le sol. Bon nombre de ces plantes ont été conçues pour résister aux herbicides que les agriculteurs épandent sur leurs champs afin de protéger leurs futures récoltes. Les effets toxiques de certains herbicides ne se limitent toutefois pas aux mauvaises herbes visées. Si des plantes cultivées offrent une résistance aux herbicides, les agriculteurs seront-ils plus enclins à les utiliser ?

Il est également possible que des plantes ou des animaux issus du génie génétique transfèrent des gènes modifiés à des organismes sauvages, auquel cas les avantages tirés des modifications apportées seraient aussi exploités par des mauvaises herbes vigoureuses ayant hérité de gènes de résistance aux herbicides. Toutes ces possibilités expliquent que des normes de sécurité et une batterie de tests rigoureux sont mis au point avant que les organismes modifiés ne se répandent dans l'environnement.

Le numéro 1 de la rubrique *Questions à développement*, à la fin du présent chapitre, aborde un problème lié à la sécurité.

De rigoureux tests de sécurité sont effectués avant que des organismes génétiquement modifiés soient libérés dans l'environnement.

Pour leur part, des biotechnologues prédisent l'avènement d'une nouvelle révolution verte. Ils affirment que la culture de plants modifiés empêche la hausse des coûts de production, diminue la dépendance envers les pesticides et les herbicides, accroît le rendement agricole et apporte une amélioration des saveurs, une augmentation de la valeur nutritive des aliments, une tolérance au sel et même une tolérance à la sécheresse.

Cependant, le chœur des critiques qui s'expriment en Europe pourrait susciter une guerre commerciale entre ce continent et les États-Unis, alors que la valeur des exportations agricoles a atteint quelque 50 milliards de dollars en 1998. Les flatteries, les menaces et l'agressivité se manifestent tour à tour des deux côtés de l'Atlantique. Les restrictions imposées au génie génétique auront de profondes répercussions sur l'agriculture aux États-Unis et donc sur les produits agricoles offerts aux consommateurs et leurs prix.

Dans une telle situation, chacun est alors bien avisé de prendre connaissance des publications scientifiques traitant de ces questions et de se former une opinion personnelle en la matière, sous peine d'être indûment influencé par le sensationnalisme médiatique (le « Frankenfood », par exemple) ou par les rapports biaisés provenant de groupes (comme les fabricants de produits chimiques) qui défendent leurs propres intérêts.

L'article intitulé « Politics, Misinformation, and Biotechnology » de Christopher Bond, paru dans *Science* (vol. 287, 18 février 2000, p. 1201), constitue un bon point de départ. Bond y affirme que la biotechnologie vise à régler les problèmes bien réels que sont la maladie, la faim et la diminution des ressources disponibles. Il ajoute que « les hauts cris et les propositions inapplicables de ceux qui n'ont pas à se soucier de leur prochain repas laissent complètement indifférents ceux qui sont affamés ». Il suffit de comparer la masse corporelle des personnes apparaissant sur les photographies de la figure 16.15.

2. On peut voir au marché une boîte remplie de tomates offrant une texture, une saveur et une couleur rouge des plus appétissantes. Le panneau placé au-dessus de la boîte indique qu'il s'agit de tomates génétiquement modifiées. La plupart des acheteurs préfèrent toutefois les tomates non modifiées situées dans la boîte adjacente, même si elles sont rose pâle, pâteuses et fades. Lesquelles choisiriez-vous ? Pourquoi ?

3. Maryse, une experte en criminalistique, a prélevé un très petit échantillon d'ADN sur les lieux d'un crime. Afin d'examiner l'échantillon, puis d'en établir l'empreinte génétique, elle doit recourir à la réaction de polymérisation en chaîne. Elle estime que son échantillon renferme 50 000 copies de l'ADN. Calculez le nombre de copies que Maryse obtiendra après 15 cycles d'amplification en chaîne par polymérisation.

4. Un garde forestier en Afrique a confisqué huit défenses d'éléphant auxquelles sont encore rattachés des tissus organiques. Il doit maintenant déterminer si ces défenses ont été prélevées illégalement sur des populations d'éléphants en danger d'extinction qui vivent dans le nord du pays, ou prélevées légalement sur des populations d'éléphants pouvant être chassés qui vivent dans le sud du pays. Comment peut-il se servir de l'établissement des empreintes génétiques à cette fin ?

5. Le Projet génome humain sera mené à terme sous peu, et les connaissances acquises sur quelques gènes récemment découverts sont déjà mises à contribution pour le dépistage de troubles génétiques. À votre avis, que fera-t-on de l'information génétique obtenue au sujet des personnes concernées ? Les compagnies d'assurances et les employeurs l'exigeront-ils ? De nombreuses femmes ont déjà refusé de tirer parti des techniques de dépistage d'un gène associé au développement du cancer du sein. Les dossiers médicaux des personnes participant à des travaux de recherche génétique et à des services cliniques génétiques devraient-ils être mis à la disposition d'autres personnes ? Dans la négative, comment peut-on assurer la confidentialité de ces dossiers ?

6. Les défenseurs des droits des animaux s'opposent à l'élevage de porcs destinés à servir de sources d'organes en vue de xénotransplantations. Êtes-vous favorable à un tel élevage ? Pourquoi ?

7. Est-il possible de créer de la vie en éprouvette ? C'est la question à laquelle veulent répondre ceux qui tentent de produire un modèle en vue de créer des organismes minimaux, c'est-à-dire des cellules vivantes ayant le plus petit ensemble de gènes possible pour assurer leur survie et leur reproduction.

Des expériences récemment menées par Craig Venter et Claire Fraser ont révélé que *Mycoplasma genitalium*, une bactérie dotée de 517 gènes et de 2209 transposons, pourrait être un bon candidat. En inactivant les gènes un à un en laboratoire, les deux chercheurs ont découvert que cette bactérie ne contient peut-être pas plus de 265 à 350 gènes essentiels qui codent des protéines.

Qu'adviendrait-il si les gènes étaient synthétisés un à un et insérés dans une cellule modifiée ne comprenant qu'une membrane plasmique et un cytoplasme ? La cellule deviendrait-elle vivante ?

Estimant que c'était possible, Venter et Fraser ont sollicité l'avis d'un groupe de bioéthiciens et de théologiens. Comme l'a fait remarquer Arthur Caplan, un bioéthicien de l'université de la Pennsylvanie, aucun membre du groupe ne s'est opposé aux travaux de recherche sur la vie artificielle. Le groupe a souligné que ces travaux pourraient donner des résultats utiles, à condition que les scientifiques ne prétendent pas avoir élucidé « le secret de la vie ».

Le numéro de la revue *Science* publié le 10 décembre 1999 comprend un essai rédigé par ce groupe ainsi qu'un article portant sur les travaux menés au sujet de *Mycoplasma genitalium*. Après les avoir lus, rédigez un texte exprimant votre opinion sur la création de la vie en éprouvette.

Vocabulaire

ADN complémentaire *16.1*	Puce à ADN *16.10*
Amorce *16.2*	Réaction de polymérisation en
Banque de semences *16.7*	chaîne (PCR) *16.2*
Clone d'ADN *16.1*	Recombinaison génétique
Électrophorèse en gel *16.3*	*in vitro 16*
Empreinte génétique *16.3*	Rétrotranscriptase *16.1*
Enzyme de restriction *16.1*	Séquençage d'ADN automatisé *16.4*
Génie génétique *16*	Séquences répétées en tandem *16.3*
Génome *16.1*	Sonde ADN *16.5*
Génomique *16.8*	Thérapie génique *16*
Génothèque *16.5*	Vecteur de clonage *16.1*
Hybridation moléculaire *16.5*	Xénotransplantation *16.10*
Plasmide *16.1*	

Lectures complémentaires

Cho, M., *et al.* (10 déc. 1999). « Ethical considerations in synthesizing a minimal genome ». *Science*, 286 : 2087-2090.

Cuchet, I. et, I. Masingue (juill. 2005). « OGM : le coup de tonnerre chinois ! ». *Science & vie*, 1054 : 126-137.

« The human henome » (16 févr. 2001). *Science*, 291 : 5507.

Lai, L., *et al.* (3 janv. 2002). « Production of 1,3-galactosyltransferase knockout pigs by nuclear transfer cloning », *Science*.

Pennisi, E. (juin 2000). « Finally, the book of life and instructions for navigating it ». *Science*, 288 : 5475.

Watson, J. D., *et al.* (1992). *Recombinant DNA*, 2ᵉ éd. New York : Scientific American Books.

Lectures complémentaires en ligne : consultez l'infoTrac à l'adresse Web www.brookscole.com/biology

III Les principes de l'évolution

Il y a des millions d'années, un poisson osseux mourut, puis les sédiments l'ensevelirent petit à petit. Ses restes fossilisés représentent aujourd'hui une pièce du grand casse-tête de l'évolution.

LA MICROÉVOLUTION

Des chiens sur mesure

Nous, les humains, avons bricolé sans vergogne les descendants modernes d'une très longue et excellente lignée apparue il y a une quarantaine de millions d'années. Cette lignée était représentée à l'époque par de petits carnivores arboricoles ressemblant aux belettes actuelles. Ses descendants ont emprunté des branches séparées de l'évolution qui ont abouti aux blaireaux, aux belettes, aux loutres, aux mouffettes, aux ours, aux pandas, aux ratons laveurs et… aux chiens.

Nous avons commencé à domestiquer les chiens sauvages il y a environ 50 000 ans. Les bénéfices de cette pratique étaient assurément importants. Les temps étaient difficiles à cette époque où n'existaient ni les supermarchés ni la protection des policiers. Les chiens accueillis dans un foyer pouvaient protéger ses habitants ainsi que leurs biens. Ils pouvaient aussi débarrasser le foyer des gros rats et de toute vermine importune en les chassant, en les tuant et en les dévorant.

Il y a 14 000 ans, on commença à développer différentes variétés (ou races) de chiens par sélection artificielle. Dans chaque nouvelle portée, on choisissait les chiots présentant certaines caractéristiques désirables et on ne permettait qu'à ceux-là de s'accoupler, éliminant de la sorte les traits indésirables des autres.

Après avoir favorisé ainsi le meilleur de chaque portée pendant des centaines ou des milliers de générations, on obtint, entre autres, le

border colley, un chien de berger, le teckel, capable de chasser le blaireau, les astucieux retrievers, ainsi que le chien de traîneau husky. On en vint aussi à rechercher le chien singulier, extraordinaire. En un temps incroyablement court en termes évolutifs, on réussit à manipuler le pool d'allèles des chiens pour obtenir des extrêmes comme le grand danois et le chihuahua (voir la figure 17.1).

Nos créations canines ont parfois outrepassé les limites du bon sens biologique. Par exemple, combien de temps survivrait le minuscule chihuahua, avec ses caprices alimentaires, son rare pelage et ses maigres défenses, dans un milieu naturel ? Sans doute bien peu de temps. Et le bouledogue anglais, sélectionné pour son museau très court et sa face aplatie ? Les éleveurs d'autrefois ont cru que ces caractéristiques permettraient à ce chien d'avoir une meilleure prise sur le mufle des taureaux. (Quant à savoir pourquoi ils désiraient que les chiens mordent les taureaux, c'est une autre histoire.) Maintenant, le palais du bouledogue est d'une largeur excessive et il est souvent si flasque que le chien éprouve de la difficulté à respirer. Parfois, l'air peut lui faire tellement défaut qu'il en meurt.

Notre fascination séculaire pour la sélection artificielle nous a amenés à produire des milliers de variétés de plantes cultivées et ornementales et autant de races de chats, de bestiaux et d'oiseaux, sans compter les chiens. Les techniques actuelles de génie génétique nous permettent maintenant de mélanger les gènes d'espèces différentes et de produire de nouvelles variétés étonnantes, comme des plants de tabac capables de synthétiser de l'hémoglobine en quantité, ou encore des plants de moutarde pouvant fabriquer du plastique.

Par conséquent, si jamais on rencontre une personne qui doute de la réalité de l'évolution, il faut se rappeler que l'**évolution** n'est rien d'autre qu'un changement de gènes dans une lignée de descendants. Les pratiques d'élevage sélectif fournissent des preuves abondantes et tangibles qu'il se produit effectivement des changements héréditaires. Le présent chapitre porte sur les mécanismes qui permettent ces changements. Les chapitres suivants expliquent le rôle de ces mécanismes dans l'évolution de nouvelles espèces à partir d'espèces plus anciennes.

Figure 17.1 Deux chiens sur mesure. Il y a environ 50 000 ans, les humains ont commencé à domestiquer des chiens sauvages. À partir de ce groupe ancestral, la sélection artificielle a créé une étonnante diversité parmi des races assez étroitement apparentées, comme le grand danois, dont on voit les pattes à gauche, et le chihuahua de droite, qui redoute peut-être d'être piétiné.

Concepts-clés

1. À compter du XVIe siècle, les explorateurs ont constaté des différences intrigantes dans la répartition mondiale des espèces. Les anatomistes identifièrent des ressemblances et des différences dans l'organisation structurale des formes embryonnaires et adultes des principaux groupes d'animaux. Les géologues, pour leur part, observèrent des séquences fossiles dans les roches sédimentaires. Ces découvertes firent germer l'idée d'une évolution biologique, c'est-à-dire de l'apparition de changements héréditaires chez les descendants au cours des générations.

2. À l'époque de Darwin, de nombreux savants tentaient de réconcilier les étonnantes découvertes suscitées par les grandes explorations, l'anatomie comparée et la géologie avec les convictions culturelles alors prédominantes. Alfred Wallace et lui développèrent une théorie de l'évolution par le moyen de la sélection naturelle pour expliquer ces découvertes. Leur théorie évolutionniste et les théories d'autres savants se fondaient sur la variation des caractères.

3. Tous les individus d'une population possèdent en général le même nombre et les mêmes types de gènes. Ces gènes sont la source de la variété des caractères propres à une population.

4. Par suite de mutations, il peut apparaître deux ou plusieurs formes légèrement différentes d'un gène, des allèles, pouvant modifier l'expression d'un caractère. Les caractères des individus d'une population diffèrent dans leurs détails s'ils héritent de combinaisons différentes d'allèles.

5. À l'intérieur d'une population, un allèle peut devenir plus ou moins abondant que les autres allèles occupant le même locus ou il peut même disparaître. La microévolution est un changement dans les fréquences alléliques d'une population au cours du temps.

6. Les fréquences alléliques peuvent changer en raison de mutations, du flux génétique, de la dérive génétique et de la sélection naturelle. Seule la mutation peut faire apparaître de nouveaux allèles. Le flux génétique, la dérive génétique et la sélection naturelle brassent les allèles existants, les faisant apparaître ou disparaître d'une population ou, encore, y modifiant leur fréquence.

LES ANCIENNES CROYANCES ET LES DÉCOUVERTES DÉROUTANTES

La grande chaîne des êtres

Cette histoire a débuté il y a plus de 2000 ans, quand les semences de la recherche biologique commencèrent à germer chez les Grecs de l'Antiquité. À cette époque, la croyance populaire voulait que des êtres surnaturels interviennent couramment dans les affaires humaines. Les gens « savaient » par exemple que la colère des dieux pouvait provoquer l'épilepsie, une maladie qu'on nommait alors « maladie sacrée ». Cela n'a pas empêché Hippocrate, le plus célèbre médecin de l'Antiquité, de formuler ces pensées, parvenues jusqu'à nous :

Il m'apparaît que la maladie qu'on appelle sacrée… a une cause naturelle, tout comme les autres maladies. Les hommes la croient d'origine divine simplement parce qu'ils ne la comprennent pas. Mais s'ils devaient qualifier de divin tout ce qu'ils ne comprennent pas, il n'y aurait pas de fin à la liste des choses divines ! Si vous observez les médecins qui traitent cette maladie, vous les verrez utiliser toutes sortes d'incantations et de formules magiques — mais ils ont aussi bien soin d'ajuster le régime du patient. Si la nourriture exerce quelque action, bonne ou mauvaise, sur la maladie, comment peuvent-ils soutenir que cette action est imputable aux dieux ? Il n'importe pas vraiment de qualifier ou non ces choses de divines. Dans la nature, toutes les choses sont semblables en ceci qu'on peut leur attribuer des causes premières.

— LA MALADIE SACRÉE (v. 400 av. J.-C.)

Hippocrate avait pris conscience de l'existence du lien de cause à effet dans la nature – l'un des fondements de la science moderne (voir la section 1.5).

Aristote, le premier de tous les naturalistes, décrivit avec force détails le monde qui l'entourait. Il ne disposait pas d'ouvrages de référence ou d'instruments pour le guider puisque ce sont les grands penseurs de son époque qui ont jeté les bases de la science biologique dans le monde occidental. Néanmoins, il ne s'est pas contenté de recueillir au hasard des informations de choix. Ses descriptions pénétrantes de la nature sont l'indice d'un esprit capable de saisir les relations entre ses observations et d'en dégager une interprétation pour expliquer l'ordre des choses.

Aristote croyait comme d'autres que chaque sorte d'organisme différait de tous les autres. Il s'interrogeait toutefois sur ceux qui présentaient des traits qui semblaient estomper ces différences. Certaines éponges par exemple ressemblent beaucoup aux végétaux, mais ne fabriquent pas comme ces derniers leur propre nourriture. Elles la capturent plutôt et la digèrent, comme le font les animaux. Aristote en vint à considérer la nature comme un continuum d'organisation, qui s'étend de la matière inanimée jusqu'aux formes complexes de la vie végétale et animale.

Au XIVᵉ siècle, les idées d'Aristote s'étaient transformées en une conception rigide de la vie. On voyait une « chaîne d'êtres » s'étendant des organismes « inférieurs » jusqu'à l'être humain et, de là, jusqu'aux êtres surnaturels. Chaque type d'organisme, ou espèce, comme on les appelait, représentait un maillon distinct de cette grande chaîne. Tous ces maillons avaient été conçus et forgés au même moment, dans le même centre de la création, et n'avaient pas changé depuis lors. Les savants croyaient qu'une fois qu'ils auraient découvert, nommé et décrit tous les maillons, le sens de la vie leur serait révélé.

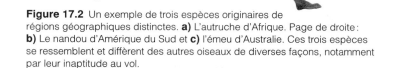

Figure 17.2 Un exemple de trois espèces originaires de régions géographiques distinctes. **a)** L'autruche d'Afrique. Page de droite : **b)** Le nandou d'Amérique du Sud et **c)** l'émeu d'Australie. Ces trois espèces se ressemblent et diffèrent des autres oiseaux de diverses façons, notamment par leur inaptitude au vol.

Les questions soulevées par la biogéographie

Jusqu'au XVᵉ siècle, les naturalistes ne savaient pas que le Monde est considérablement plus vaste que l'Europe ; aussi la tâche consistant à localiser et décrire toutes les espèces leur semblait-elle réalisable. Puis vinrent les grandes explorations à travers le monde. Les naturalistes furent vite submergés par les descriptions de dizaines de milliers de plantes et d'animaux que les explorateurs découvrirent en Asie, en Afrique, dans les îles du Pacifique et dans le Nouveau Monde.

En 1590, le naturaliste Thomas Moufet fit une tentative pour mettre un peu d'ordre dans cette collection déroutante. Il abandonna bientôt, après avoir écrit des perles comme sa description des criquets et sauterelles : « Certains d'entre eux sont verts, d'autres noirs, d'autres bleus. Certains volent grâce à une paire d'ailes ; d'autres avec plus ; ceux qui ne sont pas dotés d'ailes sautent ; ceux qui ne peuvent voler ni sauter marchent… Il y en a qui chantent, d'autres qui sont silencieux. » Ce ne sont pas là des distinctions très subtiles.

Quelques hommes de science commencèrent néanmoins à étudier la répartition des organismes sur la Terre et fondèrent ainsi une discipline qu'on connaît maintenant sous le nom de **biogéographie** (voir la section 19.3 et le chapitre 49). Ils constatèrent bien vite que nombre de végétaux et d'animaux ne sont présents que dans certaines régions isolées, par exemple de lointaines îles océaniques. Ils avaient aussi conscience des ressemblances existant entre des espèces séparées par de grandes distances (voir la figure 17.2).

Comment autant d'espèces avaient-elles pu, à partir d'un centre unique de création, se retrouver sur des îles en plein océan ou en d'autres lieux isolés et lointains ? Et que signifiaient les similitudes et les différences qu'elles présentaient ?

Les questions soulevées par l'anatomie comparée

Au XVIIIᵉ siècle, beaucoup de savants se consacraient à l'**anatomie comparée**, soit l'étude systématique des similitudes et des différences de la structure morphologique des grands groupes, par exemple les vertébrés.

Considérons ainsi les os qui forment le bras de l'être humain, la nageoire de la baleine et l'aile de la chauve-souris. Ils sont différents quant à leur taille, leur forme ainsi que par la fonction qu'ils

remplissent. Ils occupent toutefois un emplacement similaire dans l'organisme, sont constitués des mêmes tissus et présentent la même disposition générale. Ils se développent de façon semblable chez l'embryon. À la suite de telles observations, les anatomistes se demandaient comment des animaux pouvaient être à la fois si différents par certains traits et si semblables par d'autres.

Une hypothèse suggérait que la morphologie de base était si parfaite qu'il n'était pas nécessaire d'en inventer une nouvelle pour chaque organisme au moment de sa création. Mais s'il en était ainsi, pourquoi existait-il des structures dépourvues de fonction apparente? Certains serpents possèdent par exemple des os correspondant à la ceinture pelvienne – un ensemble d'os auxquels s'attachent les membres postérieurs (voir la figure 17.3). Les serpents n'ayant pas de pattes, pourquoi ces os sont-ils présents? L'être humain possède des os qui sont l'équivalent des vertèbres caudales de nombre d'autres mammifères, mais il est dépourvu de queue. Pourquoi alors a-t-il ces os? (Les chapitres 19 et 26 fournissent des éléments de réponse à ces questions.)

Les questions soulevées par la géologie

À partir de la fin du XVIIᵉ, les géologues vinrent ajouter à la confusion. Ils commençaient alors à cartographier les strates rocheuses mises à jour par l'érosion ou par l'exploitation de carrières et découvrirent des strates similaires partout dans le monde. Ces strates correspondent à des couches distinctes superposées de roche sédimentaire comme celles dont il est question dans la section 19.3. La plupart s'accordèrent pour dire que du sable et d'autres sédiments s'étaient déposés au fil des âges et avaient fini par former des couches compactes, dont les plus profondes étaient les plus vieilles. Il leur vint à l'idée qu'ils pourraient associer certains **fossiles**, les traces pétrifiées de la vie de temps anciens, à des strates spécifiques.

Par exemple, les strates profondes contenaient les fossiles d'organismes marins simples. Certains fossiles des strates moins profondes étaient du même type, mais présentaient une structure plus complexe. Les fossiles des couches les plus superficielles ressemblaient aux organismes marins actuels. Que signifiait l'augmentation de la complexité structurale des fossiles d'un type déterminé? Ces séquences de fossiles étaient-elles séparées dans le temps? Une autre énigme: certains fossiles, bien que présentant des caractéristiques uniques, ressemblaient par d'autres traits à des espèces actuelles! Se pouvait-il que des espèces aussi semblables, mais tellement éloignées dans le temps, présentent un quelconque lien de parenté?

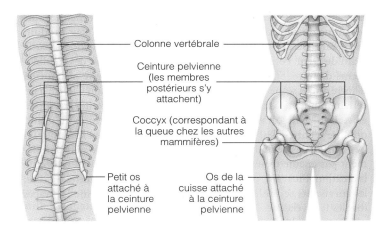

Figure 17.3 Les os du python (à gauche) qui correspondent à la ceinture pelvienne des autres vertébrés, y compris l'être humain (à droite). Des petits « membres postérieurs » font saillie à travers la peau sur la face ventrale du serpent.

Colonne vertébrale

Ceinture pelvienne (les membres postérieurs s'y attachent)

Coccyx (correspondant à la queue chez les autres mammifères)

Petit os attaché à la ceinture pelvienne

Os de la cuisse attaché à la ceinture pelvienne

Les découvertes de la biogéographie, de l'anatomie comparée et de la géologie, considérées dans leur ensemble, ne s'accordaient pas avec les convictions répandues à cette époque. Georges-Louis Leclerc de Buffon et certains autres savants entreprirent de formuler de nouvelles hypothèses. S'il était impossible que les espèces se soient dispersées à partir du centre unique de la création, à cause des vastes océans ou d'autres barrières, peut-être avaient-elles pris naissance en plus d'un endroit? Et si elles n'avaient pas été créées sous une forme déjà parfaite – ce que suggéraient les séquences fossiles et la présence de structures corporelles « inutiles » –, peut-être les espèces s'étaient-elles modifiées avec le temps. L'idée que des changements se produisaient dans les lignées de descendants – l'évolution – était dans l'air.

La prise de conscience d'une évolution biologique s'est opérée au cours des siècles grâce aux observations cumulées de nombreux naturalistes, biogéographes, anatomistes et géologues.

LES POPULATIONS ÉVOLUENT, PAS LES INDIVIDUS

Des exemples de variation dans les populations

Comme Charles Darwin l'avait perçu, les individus n'évoluent pas ; ce sont les populations qui évoluent. Une **population** est un groupe d'individus de la même espèce qui occupent un territoire donné. Afin de comprendre comment une population évolue, exposons d'abord quelques exemples de variations des caractères chez ses individus.

Toute population présente certains traits caractéristiques. Tous ses membres ont la même organisation structurale. Les geais par exemple ont tous deux ailes, des plumes, trois doigts dirigés vers l'avant et un vers l'arrière, etc. Il s'agit là de caractères morphologiques. En outre, les cellules et les organes de tous les membres de la population travaillent de la même manière au cours du métabolisme, de la croissance et de la reproduction. Il s'agit de caractères physiologiques, reliés au fonctionnement de l'organisme dans son environnement. Les membres d'une population partagent également des traits comportementaux : ils réagissent de la même façon à des stimulus fondamentaux ; les bébés, par exemple, imitent instinctivement les expressions faciales des adultes.

Les caractères peuvent toutefois présenter des particularités individuelles, surtout chez les espèces à reproduction sexuée. À l'intérieur d'une population de pigeons ou d'escargots, les plumes ou les coquilles présentent des variations de motifs ou de couleur (voir la section 1.4 et la figure 17.8). Certains individus d'une population de grenouilles peuvent être plus sensibles au froid de l'hiver ou plus adroits pour attirer un partenaire sexuel. Chez les humains, les cheveux présentent des variations quant à leur distribution, leur couleur, leur texture et leur abondance. Ces exemples ne représentent qu'un aperçu de l'extraordinaire variabilité des populations ; presque tous les caractères de toutes les espèces présentent des variations.

De nombreux caractères, comme ceux que Gregor Mendel étudia chez les pois, présentent des variations qualitatives. Ils existent sous deux ou plusieurs formes distinctes dans une population, par exemple des plumes pouvant être jaunes ou blanches. On donne le nom de **polymorphisme** à une telle variation qualitative. D'autres caractères, telles la couleur des yeux ou la taille, montrent plutôt une variation continue, quantitative. Les individus présentent alors des petites différences les uns par rapport aux autres, des différences pouvant être mesurées, comme l'indique la section 11.7.

Le pool génique

L'information concernant les caractères héréditaires s'inscrit dans les gènes, qui sont des portions spécifiques des molécules d'ADN. Tous les individus d'une population possèdent en général le même nombre et les mêmes types de gènes, en général seulement parce que les chromosomes sexuels du mâle et de la femelle des populations à reproduction sexuée n'ont pas le même nombre de gènes.

Le **pool génique** est l'ensemble de tous les gènes de la population entière – un patrimoine de ressources génétiques qui, en théorie

Figure 17.8 Page suivante : Les variations de la couleur et du motif des bandes de la coquille d'une espèce d'escargots dans des populations occupant différentes îles des Caraïbes. La plupart des caractères d'un organisme sont déterminés par des gènes qui existent sous différentes formes alléliques. Ces coquilles diffèrent l'une de l'autre parce que leurs propriétaires présentent des combinaisons alléliques différentes, à des locus particuliers de leurs chromosomes.

du moins, est partagé par tous les membres d'une population et, à la génération suivante, par leur progéniture. La plupart des gènes du pool génique existent sous deux ou plusieurs formes moléculaires légèrement différentes appelées **allèles**.

Étant donné que les individus possèdent des combinaisons alléliques différentes, ils présentent des différences phénotypiques, c'est-à-dire des variations de leurs caractères. Ainsi, la couleur des cheveux d'une personne, noirs, bruns, roux ou blonds, dépend des allèles de certains gènes qu'elle a hérités de ses parents. Il est important de souligner qu'une personne hérite de gènes et non pas de phénotypes. Il arrive souvent que les conditions du milieu modifient l'expression d'un gène (voir la section 11.8), mais cette variation phénotypique disparaîtra en même temps que son porteur.

Quels allèles se retrouveront dans un gamète donné et, par la suite, dans le nouvel individu ? Cinq événements, décrits dans les chapitres précédents et résumés ici, vont déterminer le résultat :

1. La mutation, qui produit de nouveaux allèles.

2. L'enjambement, au cours de la première division méiotique, qui génère de nouvelles combinaisons alléliques dans les chromosomes.

3. L'assortiment indépendant des chromosomes à la méiose I, qui mélange dans les gamètes les chromosomes d'origines maternelle et paternelle.

4. La fécondation, qui combine les allèles des deux parents.

5. Les modifications structurales ou numériques des chromosomes, qui entraînent la perte, la duplication ou le déplacement de gènes.

La stabilité et les changements des fréquences alléliques

Imaginons un grand jardin ensoleillé en été, empli de papillons. Ceux-ci se ressemblent tous, sauf en ce qui a trait à la couleur de leurs ailes. Quelques-uns ont des ailes blanches, mais beaucoup ont des ailes bleues. On serait porté à penser que l'allèle bleu est plus fréquent que l'allèle blanc. Une analyse génétique nous permettrait de calculer la **fréquence de ces allèles**, c'est-à-dire l'abondance de chacun dans la population. Elle nous permettrait également de suivre le taux de changement génétique au cours des générations.

Recourons à la **loi de Hardy-Weinberg**, telle que décrite dans la section 17.5, comme base théorique pour mesurer les modalités de changement. Quand une population est en **équilibre génétique**, la fréquence des allèles d'un gène donné reste stable d'une génération à la suivante.

La population n'évolue donc pas par rapport à ce gène, car cinq conditions sont satisfaites : d'abord, il n'y a pas de mutations du gène. Ensuite, la population est très grande et elle est de plus isolée des autres populations de la même espèce. Puis, le gène n'affecte

type conduit en général à la mort; on parle alors de **mutation létale**.

Une **mutation neutre**, en comparaison, n'aide ni ne nuit à un individu. La sélection naturelle ne peut influencer la fréquence des mutations neutres dans la population, puisqu'elles n'ont aucun effet perceptible sur les chances de survie et de reproduction des individus. Si par exemple vous êtes porteur d'un allèle mutant qui se manifeste par des lobes d'oreille attachés plutôt que détachés, il est peu probable que ce trait vous empêche de survivre ou de vous reproduire aussi bien que n'importe qui.

Il arrive parfois qu'une mutation procure un avantage. Par exemple, un gène mutant qui affecte la croissance permettrait peut-être à un plant de maïs de devenir plus haut ou de croître plus vite, lui donnant ainsi un meilleur accès à la lumière ou aux nutriments. Il peut également arriver qu'une mutation neutre devienne bénéfique si les conditions du milieu changent. Même si cet avantage est minime, des événements fortuits ou la sélection naturelle peuvent conserver l'allèle mutant et favoriser sa représentation au sein de la génération suivante.

Les mutations sont si rares qu'en général elles n'ont pratiquement pas d'effet immédiat sur les fréquences alléliques de la population. Mais des mutations avantageuses et neutres se sont accumulées dans les lignées au cours de milliards d'années. Elles ont formé pendant tout ce temps la matière première des changements évolutifs qui sont à la base de l'incroyable diversité biologique passée et présente.

D'un point de vue évolutif, ce sont donc les mutations survenues à divers moments du passé et dans différentes lignées qui expliquent pourquoi un être humain ne ressemble pas à une bactérie, à une mangue, à un ver de terre ou même à son voisin.

aucunement la survie ou la reproduction de ses porteurs et, finalement, les accouplements se font au hasard.

Il est rare, voire impossible, que ces cinq conditions soient satisfaites simultanément dans la nature. Les mutations, quoique rares, sont inévitables. Trois autres mécanismes – la sélection naturelle, le flux génétique et la dérive génétique – peuvent aussi écarter une population de l'équilibre génétique, même en une seule génération. Le terme **microévolution** désigne des modifications à petite échelle des fréquences alléliques dues aux mutations, à la sélection naturelle, au flux génétique et à la dérive génétique.

Un rappel sur les mutations

On se rappelle que les mutations sont des modifications héréditaires de l'ADN qui altèrent habituellement le produit des gènes. Elles sont la source de nouveaux allèles. On ne peut prédire avec exactitude ni quand elles se produiront ni chez quels individus. Chaque gène a néanmoins son propre **taux de mutation**, qui correspond à la probabilité qu'une mutation se produise pendant les réplications de son ADN ou entre celles-ci. Le taux de mutation se situe en moyenne entre 10^{-5} et 10^{-6} par locus et par gamète à chaque génération. Lors d'un seul épisode reproductif, environ 1 gamète sur 100 000 à 1 000 000 présente donc une mutation à un locus donné.

Les mutations peuvent être la cause d'altérations structurales, fonctionnelles ou comportementales qui risquent de diminuer les chances d'un individu de survivre et de se reproduire. Même un changement biochimique minime peut avoir des effets dévastateurs.

Par exemple, la peau, les os, les tendons, ainsi que beaucoup d'autres organes des vertébrés ont besoin de collagène, une protéine structurale, pour se développer. Si le gène qui code la forme moléculaire du collagène subit une mutation, il peut en résulter des modifications très importantes au niveau des poumons, des artères, du squelette ou d'autres parties du corps. On sait que ce sont les interactions entre les gènes qui produisent les phénotypes des organismes complexes. Une mutation qui produit des effets graves sur le phéno-

Certaines particularités morphologiques, physiologiques et comportementales caractérisent une population. Les individus d'une population présentent des variations de ces caractères.

Les combinaisons alléliques différentes des individus sont la source des variations phénotypiques qu'ils présentent. On entend par là des différences dans les caractères structuraux, fonctionnels ou comportementaux que les individus d'une population ont en commun.

Chez les espèces à reproduction sexuée, les individus d'une population partagent un patrimoine de ressources génétiques, soit le pool génique.

Seule la mutation peut faire apparaître de nouveaux allèles. La sélection naturelle, le flux génétique et la dérive génétique peuvent modifier la fréquence des allèles du pool génique. L'histoire de l'évolution commence avec ces changements.

LA SÉLECTION FAVORISANT OU DÉFAVORISANT LES PHÉNOTYPES EXTRÊMES

La sélection naturelle, comme nous venons de le voir, peut susciter un déplacement de la distribution des phénotypes au sein d'une population. Mais selon les conditions environnementales présentes, il se peut que ce soit plutôt le phénotype moyen qui soit avantagé ou encore les phénotypes extrêmes.

La sélection stabilisante

La **sélection stabilisante** favorise les formes intermédiaires d'un caractère dans la population, de sorte que les phénotypes extrêmes se trouvent éliminés (voir la figure 17.12). Ce mode de sélection, dont les effets s'opposent à ceux de la mutation, du flux génétique et de la dérive génétique, conserve les phénotypes les plus courants.

La mouche gallicole *Eurosta solidaginis* nous offre un exemple de sélection stabilisante. Sa larve perce la tige d'un plant de verge d'or très élevée (*Solidago altissima*) et se nourrit des tissus de la plante jusqu'à sa métamorphose en adulte. La plante réagit en multipliant rapidement ses cellules et en enfermant l'intruse dans une galle, une excroissance de la tige. L'analyse génétique a maintenant révélé que des mouches présentant des phénotypes différents provoquaient la formation de galles de tailles différentes – grosses, petites ou moyennes.

Les larves ont divers ennemis. Une guêpe qui les parasite (voir la figure 17.13) peut pénétrer dans les petites galles, de sorte que les mouches qui en entraînent la formation courent plus de risques. Certains oiseaux, dont le pic mineur, se nourrissent des larves. Ils peuvent percer les grosses galles, menaçant les mouches qu'elles contiennent. Les mouches qui provoquent la formation de galles de taille intermédiaire se trouvent ici avantagées, puisque leurs larves sont à l'abri des guêpes et des oiseaux.

C'est ainsi que les guêpes parasites agissent comme agents de la sélection contre un phénotype extrême, et les oiseaux prédateurs contre l'autre phénotype extrême et que, dans cette population de mouches, le phénotype intermédiaire a le taux de survie le plus élevé et présente la meilleure valeur d'adaptation.

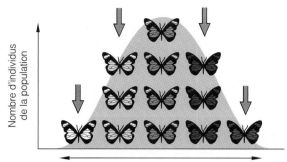

Distribution des phénotypes au temps 1

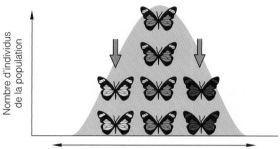

Distribution des phénotypes au temps 2

Distribution des phénotypes au temps 3

Figure 17.12 La sélection stabilisante, illustrée par la variation des phénotypes dans une population de papillons.

c Cette guêpe parasite est un agent de la sélection.

a La mouche responsable de la formation de la la galle ; ses larves sont prisées.

b Cette galle sur la tige d'une verge d'or abrite une larve de mouche.

d Le pic mineur est un agent de la sélection.

Figure 17.13 Un exemple de sélection stabilisante. La larve de la mouche *Eurosta solidaginis* **a)** induit la formation d'une sorte de tumeur portant le nom de galle **b)** dans les tiges de verge d'or. **c)** L'ovipositeur d'une guêpe parasite (*Eurytoma gigantea*) ne peut percer que la paroi mince des petites galles. Ses œufs donnent des larves qui se nourrissent des larves de la mouche. **d)** Les pics mineurs (*Dendrocopus pubescens*), ainsi que d'autres oiseaux, utilisent leur bec pour percer la paroi des grosses galles et atteindre ainsi les larves, qu'ils mangent eux aussi.

Warren Abrahamson et ses collègues ont étudié 20 populations d'*Eurosta* en Pennsylvanie et ont découvert que les larves occupant les petites et les grosses galles présentaient un degré d'adaptation relativement faible aux conditions du milieu et que celles qui occupent des galles de taille intermédiaire ont un meilleur degré d'adaptation. Les ennemis naturels de la mouche ciblent les larves des petites et des grosses galles, et stabilisent la gamme des variations phénotypiques en éliminant les phénotypes extrêmes.

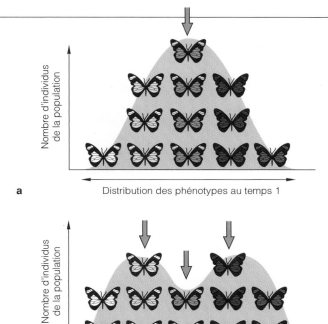

a

Distribution des phénotypes au temps 1

b

Distribution des phénotypes au temps 2

c

Distribution des phénotypes au temps 3

Figure 17.14 La sélection diversifiante, illustrée par la variation des phéno-types dans une population de papillons.

La sélection diversifiante

Dans le cas de la **sélection diversifiante**, ce sont les phénotypes se trouvant aux extrémités de l'éventail des variations qui sont avantagés, alors que la sélection s'exerce contre les formes intermédiaires (voir la figure 17.14). Thomas Smith découvrit un exemple de ce mode de sélection dans une forêt dense du Cameroun, en Afrique de l'Ouest. Smith s'était documenté sur une variation inhabituelle dans les populations de pyrénestes ponceau (*Pyrenestes ostrinus*). Ces oiseaux africains sont dotés de gros ou de petits becs, mais pas de becs de taille intermédiaire, une caractéristique qui s'applique aussi bien aux mâles qu'aux femelles, et ce, à travers toute leur aire de distribution. (C'est une caractéristique assez remarquable : imaginons en effet une population humaine composée uniquement de personnes mesurant 1,80 m ou 1,50 m, sans individu de taille intermédiaire.) Si la taille du bec n'est reliée ni au sexe ni à la distribution géographique, qu'est-ce qui peut l'expliquer ?

Smith émit l'hypothèse que l'efficacité avec laquelle les oiseaux pouvaient casser des graines affectait de manière directe leur survie

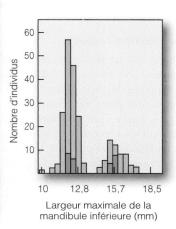

a

b

Figure 17.15 La sélection diversifiante chez des pyrénestes africains. En observant des oiseaux en train de s'alimenter, on a constaté que les oiseaux ayant un gros bec faisaient une meilleure utilisation des graines dures et que ceux qui ont des petits becs étaient meilleurs pour utiliser les graines tendres. **a)** et **b)** Un oiseau pourvu d'un petit bec et un muni d'un gros bec.

c) Un diagramme illustrant la survie des oiseaux juvéniles durant la saison sèche, alors que la compétition pour les ressources est la plus intense. Les individus présentant un bec très petit, très gros ou de taille intermédiaire ne peuvent se nourrir efficacement d'aucune des deux sortes de graines et ont un faible taux de survie. Les bâtons beiges du diagramme représentent le nombre d'oisillons, et les bâtons orange, les survivants. Ces résultats se fondent sur les mesures effectuées sur 2700 individus capturés au filet.

et que, si le bec ne présentait que deux tailles, c'est qu'une sélection diversifiante devait éliminer les oiseaux qui avaient un bec de taille intermédiaire. Quelle pression de sélection pouvait bien agir sur le succès de l'alimentation ? Les forêts marécageuses du Cameroun sont inondées durant la saison des pluies, alors que des incendies déclenchés par la foudre sévissent durant la saison sèche. Deux espèces de carex, une plante herbacée résistante au feu, dominent ces forêts. L'une de ces espèces produit des graines dures, alors que celles de l'autre sont plus tendres. Les graines des deux types sont abondantes au moment de la reproduction du pyréneste.

Tous les oiseaux préfèrent les graines moins dures, tant qu'elles sont disponibles, mais ce sont les oiseaux dont le bec est petit qui sont les plus efficaces pour ouvrir les graines tendres, alors que les oiseaux à gros bec sont les meilleurs pour ouvrir les graines dures. Au cœur de la saison sèche, les graines tendres et les autres ressources alimentaires se font rares. À ce moment, les jeunes et les oiseaux dont le bec est petit sont désavantagés dans la compétition et beaucoup d'entre eux périssent (voir la figure 17.15).

Smith réalisa en outre des croisements expérimentaux entre des oiseaux à gros bec et des oiseaux à petit bec, pour constater que toute la progéniture présentait soit un gros bec, soit un petit bec. Associés à d'autres données, ces résultats suggèrent que deux allèles d'un gène autosomique contrôlent la taille du bec et la performance alimentaire.

Avec la sélection stabilisante, les phénotypes intermédiaires sont favorisés et les phénotypes extrêmes sont éliminés.

Dans la sélection diversifiante, une sélection s'exerce contre les formes intermédiaires, alors que les formes extrêmes des phéno-types sont favorisées.

LE MAINTIEN DE LA VARIABILITÉ DANS UNE POPULATION

La sélection sexuelle

On observe un dimorphisme sexuel chez la majorité des espèces à reproduction sexuée, les mâles et les femelles présentant alors des phénotypes distincts. Qu'est-ce qui est à l'origine de cette situation et comment peut-elle se maintenir ? La sélection naturelle prend dans ce cas la forme d'une **sélection sexuelle**, au cours de laquelle les caractères qui sont favorisés ne sont avantageux que parce que les mâles ou les femelles les préfèrent. Étant donné que les accouplements ne se font pas au hasard, les allèles qui déterminent les caractères qui sont préférés deviennent plus répandus au fil des générations.

Le dimorphisme sexuel est particulièrement remarquable parmi les oiseaux et les mammifères, comme l'illustre la figure 17.16. Les mâles de nombreuses espèces sont plus grands et arborent des couleurs et des motifs plus éclatants. Ils sont souvent plus agressifs que les

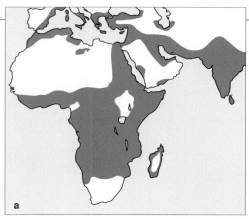

Figure 17.17 a) La répartition des cas de paludisme en Afrique, en Asie et au Moyen-Orient au cours des années 1920, avant la mise en place de mesures de lutte contre des moustiques. **b)** La répartition et la fréquence des cas de drépanocytose. Remarquer la correspondance étroite des deux cartes.

Figure 17.16 Un résultat de la sélection sexuelle. Ce paradisier mâle (*Paradisea reggiana*), engagé dans une parade nuptiale flamboyante, a attiré l'attention (et peut-être l'intérêt) de la femelle, plus petite et moins colorée. Les mâles de cette espèce pratiquent une compétition féroce pour les femelles, qui sont les agents de l'évolution. (Quelle pression de sélection peut avoir favorisé les femelles aux couleurs ternes ?)

femelles, comme le montrent les mouflons qui se livrent parfois des combats violents au cours desquels ils foncent l'un sur l'autre, front contre front. Les combats gaspillent du temps et de l'énergie, en plus d'être la cause possible de blessures graves. Pourquoi alors les allèles responsables des comportements agressifs persistent-ils dans une population ? Une chance accrue d'accéder à la reproduction compense sans doute les coûts reliés à ce comportement. Les mouflons mâles ne se battent que pour contrôler les secteurs où les femelles réceptives se rassemblent durant la saison de reproduction hivernale. Les vainqueurs s'accouplent souvent et avec plusieurs femelles. Les perdants n'iront pas provoquer un mâle plus gros et plus fort.

Les femelles sont souvent les agents de la sélection puisqu'elles exercent un contrôle direct sur le succès reproductif en choisissant leur partenaire. Ce sujet est également abordé au chapitre 46.

Le maintien de deux ou plusieurs allèles

Le terme « sélection équilibrée » fait référence à toutes les formes de sélection qui maintiennent deux ou plusieurs allèles d'un gène dans une population. Le maintien de ce type de variation génétique dans le temps amène un **polymorphisme équilibré** dans la population. Une population présente un polymorphisme équilibré quand les allèles différents d'un gène se maintiennent à une fréquence supérieure à 1 %. Les fréquences alléliques peuvent se déplacer légèrement, mais elles finissent souvent par revenir aux mêmes valeurs. Les pyrénestes africains de Smith constituent un bon exemple des effets de la sélection équilibrée au cours des générations.

La drépanocytose – le moindre de deux maux ?

Le polymorphisme équilibré peut apparaître lorsque les conditions du milieu favorisent les hétérozygotes, qui possèdent des allèles différents pour un caractère donné, parce qu'ils présentent une meilleure adaptation à ces conditions que les homozygotes, qui ont deux allèles identiques du gène.

Considérons les pressions environnementales qui favorisent la combinaison Hb^A/Hb^S chez l'être humain. L'allèle Hb^S code une forme mutante de l'hémoglobine, la protéine responsable du transport de l'oxygène dans le sang. Les homozygotes (Hb^SHb^S) développent la drépanocytose, un trouble génétique ayant de graves effets pléiotropes sur le phénotype (voir la section 3.8). La fréquence de l'allèle Hb^S est élevée dans les régions tropicales et subtropicales d'Asie et d'Afrique, où les homozygotes Hb^SHb^S meurent souvent au cours de l'adolescence ou au début de la vingtaine. Malgré cela, les hétérozygotes Hb^AHb^S comptent pour presque le tiers de la population

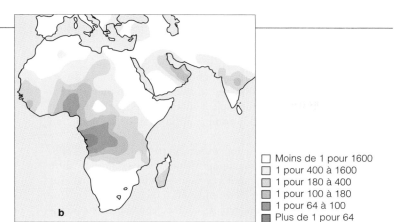

☐ Moins de 1 pour 1600
☐ 1 pour 400 à 1600
☐ 1 pour 180 à 400
☐ 1 pour 100 à 180
☐ 1 pour 64 à 100
■ Plus de 1 pour 64

humaine dans ces régions! Pourquoi cette combinaison allélique se maintient-elle à une telle fréquence?

Cet avantage de l'hétérozygote, un résultat de la sélection naturelle, est plus prononcé dans les régions qui montrent une incidence élevée de paludisme (voir la figure 17.17 et la section 22.6). Un moustique y est responsable de la transmission de *Plasmodium*, l'agent parasitaire de la maladie, aux humains. Ce parasite se multiplie dans le foie, puis plus tard dans les globules rouges, qui finissent par se briser et libérer de nouveaux parasites au cours d'accès graves et récurrents de l'infection.

Ce sont les hétérozygotes $Hb^A Hb^S$ qui ont le plus de chances de survivre à ces infections récurrentes. La combinaison allélique qui leur fournit deux formes d'hémoglobine a des effets intéressants. Ils produisent suffisamment de molécules normales pour répondre aux besoins de l'organisme, mais leurs molécules altérées déforment les globules rouges d'une façon qui provoque un ralentissement de la circulation sanguine. Ce ralentissement permet d'éviter le retour des accès paludéens parce qu'il nuit au déplacement du parasite et à sa capacité d'infecter rapidement de nouvelles cellules. En outre, la rate détruit par la suite les globules déformés qui la traversent.

La persistance de l'allèle « nuisible » Hb^S constitue donc un moindre mal. La sélection naturelle a favorisé une combinaison allélique, Hb^A/Hb^S, parce qu'elle permet à ses porteurs de mieux s'adapter dans les régions où le paludisme est plus répandu. Dans ces régions en effet, elle a une meilleure valeur d'adaptation que les génotypes $Hb^A Hb^A$ et $Hb^S Hb^S$.

Le paludisme constitue une force sélective qui s'exerce depuis plus de 2000 ans dans les habitats tropicaux et subtropicaux d'Asie et du Moyen-Orient. Bien que la drépanocytose ait une fréquence élevée dans ces régions, ses symptômes y sont beaucoup moins sévères qu'ils ne le sont en Afrique Centrale – où l'allèle Hb^S s'est installé beaucoup plus tard. Il semble probable que d'autres gènes, produits d'une coévolution en Asie et au Moyen-Orient, tempèrent les effets pléiotropes de l'allèle Hb^S et diminuent d'une façon ou d'une autre les symptômes de la maladie. En Afrique, cette coévolution n'a pas eu le temps de se développer.

Quand la sélection sexuelle s'exerce, certaines versions d'un caractère améliorent simplement le succès reproductif d'un individu. Le dimorphisme sexuel est un résultat de la sélection sexuelle.

Le polymorphisme équilibré s'observe quand la sélection naturelle maintient deux ou plusieurs allèles à travers les générations à une fréquence supérieure à 1 %.

LE FLUX GÉNÉTIQUE

Les individus d'une même espèce ne restent pas nécessairement toujours au même endroit. Une population perd des allèles chaque fois qu'un individu la quitte de façon définitive, un mouvement qu'on appelle *émigration*. Elle gagne toutefois des allèles quand de nouveaux individus s'y installent de façon permanente, un mouvement nommé *immigration*. Ce **flux génétique** est un mouvement physique d'allèles entre les populations et il va à l'encontre des différences génétiques que l'on s'attend à voir apparaître par mutation, sélection naturelle et dérive génétique. Il contribue également à maintenir les ressemblances entre des populations séparées.

Prenons par exemple les glands que le geai bleu disperse lorsqu'il entrepose des provisions en vue de l'hiver. Chaque automne, les geais font des centaines d'allers et retours entre les chênes bien chargés de glands et leur territoire, dans le sol duquel ils enterrent les glands. Ils couvrent à chaque aller une distance pouvant atteindre 1,5 km (voir la figure 17.18). Les allèles transportés avec ces glands « migrateurs » contribuent à réduire les différences génétiques qui apparaîtraient sinon entre peuplements voisins de chênes. Il semble que le flux génétique soit également à l'œuvre chez la phalène du bouleau, car la forme non camouflée par rapport à la couleur de l'arrière-plan se maintient à des fréquences supérieures à celles prévues.

Figure 17.18 Le flux génétique entre des populations de chênes. Les geais bleus accumulent sur leur territoire des glands qu'ils recueillent dans des arbres parfois situés à plus de 1,5 km de distance. Certains glands enrichissent le pool génique d'une population de chênes éloignée de l'arbre dont ils proviennent.

Pensons également aux millions de personnes qui partent à la recherche d'une terre d'accueil plus stable, fuyant des pays où la situation politique est explosive ou qui subissent une véritable faillite économique. Leurs mouvements atteignent des taux records, mais ne sont pas sans précédent. Au cours de l'histoire humaine, les migrations peuvent avoir réduit considérablement les différences génétiques qui autrement se seraient développées dans des groupes géographiquement séparés.

Le flux génétique est le mouvement physique d'allèles qui entrent dans une population ou qui en sortent, par l'immigration ou l'émigration.

LA DÉRIVE GÉNÉTIQUE

Les événements aléatoires et la taille des populations

La **dérive génétique** est un changement des fréquences alléliques au cours des générations, lequel est imputable au seul hasard. L'importance de ses effets sur la diversité génétique et sur la gamme des phénotypes est reliée à la taille de la population, son impact étant mineur ou insignifiant dans les très grandes populations, mais pouvant être significatif dans les plus petites.

Une **erreur d'échantillonnage**, c'est-à-dire la non-représentativité de l'échantillon, peut expliquer cette différence. Selon une règle en probabilités, moins un événement aléatoire se produit fréquemment, plus on risque d'observer un écart entre sa fréquence et sa probabilité d'apparition. La section 1.5 présente une démonstration simple de cette règle.

Reprenons l'exemple du jeu de pile ou face exposé à la section 11.2. Chaque fois qu'on lance une pièce, il y a 50 % des chances qu'elle retombe du côté pile et de même pour le côté face. Il y a peu de chances qu'après seulement 10 essais on obtienne un résultat de 5 piles et 5 faces. Après 1000 essais toutefois, il est beaucoup plus probable d'obtenir un résultat se rapprochant de 500 piles et 500 faces. L'équivalent d'une erreur d'échantillonnage peut exister de la même façon chaque fois que les accouplements et la fécondation s'effectuent au hasard dans une population.

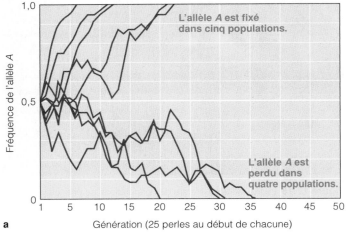

a Génération (25 perles au début de chacune)

L'allèle *A* est fixé dans cinq populations.

L'allèle *A* est perdu dans quatre populations.

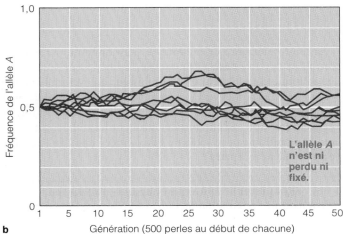

b Génération (500 perles au début de chacune)

L'allèle *A* n'est ni perdu ni fixé.

Gardons en tête que la dérive génétique n'a rien à voir avec la raison pour laquelle la population s'est trouvée réduite en premier lieu. La dérive génétique augmente simplement les chances que la fréquence d'un allèle se modifie quand le nombre d'individus de la population est petit.

La figure 17.19 représente une simulation par ordinateur de l'effet de la dérive génétique dans deux populations, l'une grande et l'autre petite. Les résultats se comparent à ceux obtenus lors d'une étude sur des coléoptères (*Tribolium*), chez qui les accouplements s'effectuent au hasard. Les chercheurs ont réparti 1320 coléoptères en 12 populations de 10 insectes et 12 populations de 100 insectes. Cette répartition s'est effectuée de façon aléatoire. Les chercheurs ont étudié la fréquence d'un allèle de type sauvage (appelons-le *A*) durant 20 générations. Au début de l'étude, la fréquence de cet allèle était de 0,5. À chaque génération, ils retiraient des individus, choisis au hasard, afin de maintenir constante la taille de la population. Au terme de l'étude, *A* n'était pas le seul allèle présent dans les grandes populations, mais il s'était fixé dans sept des petites populations. La **fixation** signifie qu'il n'y a plus qu'un seul allèle pour occuper un locus particulier dans la population et que, par conséquent, tous les individus sont homozygotes pour cet allèle.

Donc, en l'absence d'autres forces, les changements aléatoires des fréquences des allèles conduisent à l'état homozygote et à la perte de diversité génétique au long des générations. Ceci se produit dans toutes les populations. Toutefois, cela survient plus rapidement dans les petites populations. Une fois que les allèles hérités de la population initiale sont fixés, leur fréquence ne change plus à moins que la mutation ou le flux génétique n'introduisent de nouveaux allèles.

Le goulot d'étranglement et l'effet fondateur

Des modifications importantes des fréquences alléliques peuvent survenir lorsqu'un très petit nombre d'individus sont à l'origine d'une nouvelle population ou de la reconstitution d'une population. Ceci peut se produire à la suite d'un **goulot d'étranglement**, c'est-à-dire une réduction importante de la taille de la population consécutive à une pression de sélection intense ou à une catastrophe. Imaginons qu'une maladie contagieuse, la destruction d'un habitat, la chasse excessive ou une éruption volcanique élimine presque complètement une population. Même si un certain nombre d'individus survivent au goulot d'étranglement, des modifications aléatoires des fréquences

Figure 17.19 Une simulation par ordinateur de l'effet de la dérive génétique sur la fréquence d'un allèle dans des petites et des grosses populations. On présume que l'adaptation aux conditions du milieu est la même dans les trois situations (*AA* = 1, *Aa* = 1 et *aa* = 1).

a) Dans 9 populations de perles (un insecte de l'ordre des plécoptères), on maintint à 25 le nombre d'individus reproducteurs à chaque génération, et ce, au cours de 50 générations. Les 5 courbes qui rejoignent le sommet du graphique signifient que l'allèle *A* s'est fixé dans 5 des petites populations. Les 4 courbes qui atteignent la base du graphique indiquent que 4 des petites populations ont perdu l'allèle *A*. On constate ainsi qu'un allèle peut se fixer ou être perdu même en l'absence de sélection.

b) On maintint à 500 le nombre d'individus reproducteurs dans 9 autres populations pendant 50 générations. Il n'y eut ni fixation ni perte de l'allèle *A* dans aucune de ces grosses populations. L'ampleur de la dérive génétique était beaucoup moins importante à chaque génération que dans les petites populations.

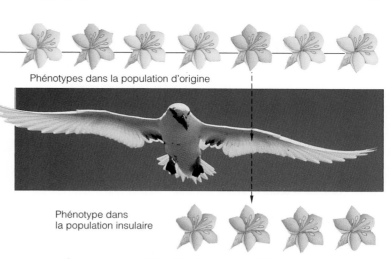

Phénotypes dans la population d'origine

Figure 17.20 Un exemple d'effet fondateur. Un oiseau de mer transporte quelques graines, prises dans ses plumes, du continent jusqu'à une île isolée de l'océan. Le hasard fait que la plupart des graines possèdent un allèle qui détermine la couleur orange des fleurs, allèle peu commun dans la population d'origine. La fréquence de cet allèle sera donc beaucoup plus élevée dans la nouvelle population que dans la population d'origine. Par la suite, en l'absence d'autre flux génétique ou de sélection s'exerçant sur la couleur de la fleur, la dérive génétique fixera l'allèle dans la population insulaire.

Phénotype dans la population insulaire

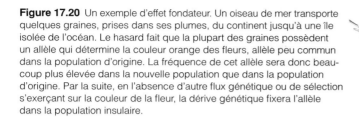

alléliques pourront se manifester parmi eux, par rapport à la population initiale.

En 1890 par exemple, les chasseurs tuèrent tous les éléphants de mer d'une grande population, sauf 20 de ces phoques. La population finit par se rétablir et une analyse par électrophorèse de 24 de ses gènes, effectuée lorsque sa taille atteignit 30 000 individus, révéla que ces gènes ne présentaient pas de variation génétique, ce qui signifie qu'un certain nombre d'allèles avaient été perdus à cause du goulot d'étranglement.

Le résultat génétique peut être tout aussi hasardeux quand quelques individus quittent une population pour en fonder une nouvelle ailleurs, comme l'ont fait les ancêtres des pinsons de Darwin aux Galápagos. Ce type de goulot d'étranglement porte le nom d'**effet fondateur**. Le hasard peut faire que les fréquences alléliques des fondateurs ne soient pas les mêmes que celles de la population d'origine et que la population qui en sera issue soit considérablement différente. Par la suite, en l'absence de flux génétique entre les deux populations, la dérive génétique s'exercera dans la petite population et risquera d'amplifier les changements génétiques. On peut facilement comprendre que l'effet fondateur est prononcé sur des îles isolées (voir la figure 17.20).

La dérive génétique et l'endogamie

L'**endogamie** est une situation dans laquelle les accouplements ne se font pas au hasard, mais plutôt entre individus étroitement apparentés, qui ont en commun de nombreux allèles. L'endogamie peut amener une forme de dérive génétique dans une petite population – c'est-à-dire dans le groupe d'individus apparentés qui se reproduisent entre eux de façon préférentielle. L'endogamie tend, comme la dérive génétique, vers l'homozygotie. Elle peut aussi avoir pour conséquence une diminution de la valeur d'adaptation quand les allèles qui deviennent plus abondants sont récessifs et ont des effets nocifs.

La plupart des sociétés humaines interdisent ou réprouvent l'inceste, soit la relation consanguine entre parents et enfants ou

Figure 17.21 Quelques-uns des rares guépards survivants. Ils ont hérité d'allèles néfastes qui ont traversé le goulot d'étranglement subi par leur population.

entre frères et sœurs. Mais l'endogamie est fréquente entre parents un peu plus éloignés dans des petites communautés isolées géographiquement ou culturellement d'une plus grande population. La communauté amish de Pennsylvanie, par exemple, est fortement consanguine et présente des génotypes spécifiques. L'un des résultats de leur endogamie est la fréquence élevée de l'allèle récessif responsable de la dysplasie chondro-ectodermique (ou syndrome d'Ellis-Van Creveld). Les personnes atteintes ont des doigts ou des orteils surnuméraires et des membres courts. La figure 12.9 montre la photo d'un enfant atteint. Cet allèle était probablement rare chez le petit nombre de fondateurs qui émigrèrent en Pennsylvanie mais, maintenant, une personne sur 8 est hétérozygote pour cet allèle et une sur 200 est homozygote.

Les goulots d'étranglement et l'endogamie forment une mauvaise combinaison pour les espèces menacées, dont les populations, devenues plus petites, sont vulnérables. Les guépards, par exemple, ont apparemment traversé un important goulot d'étranglement au cours du XIXᵉ siècle.

L'endogamie de leurs survivants et de leurs descendants a résulté en une similitude remarquable des allèles des quelque 20 000 guépards vivants (voir la figure 17.21). L'un de ces allèles est un allèle mutant qui affecte la fertilité: la plupart des guépards mâles ont une faible numération de spermatozoïdes et 70 % de ces spermatozoïdes sont anormaux. D'autres allèles entraînent une résistance moindre aux maladies, de sorte que des infections qui mettent rarement en danger la vie des autres félins peuvent être dévastatrices pour les guépards. Lors d'une épidémie de péritonite féline infectieuse – contre laquelle il n'existe pas de vaccin – qui sévissait dans un parc pour animaux sauvages, l'agent viral eut très peu d'effets sur les lions captifs, mais tua de nombreux guépards en déclenchant chez eux une réaction inflammatoire incontrôlable, causant une accumulation de liquides dans la cavité péricardique et les autres cavités corporelles. La panthère de Floride, dont il ne reste actuellement que 70 individus, est aussi fortement endogame. La pression exercée par la chasse et l'étalement urbain a contribué à inscrire ce félidé sur la liste des espèces menacées.

La dérive génétique est un changement aléatoire des fréquences alléliques au cours des générations, lequel est imputable au seul hasard. Elle occasionne des effets plus importants dans les petites populations, par exemple celles qui ont traversé un goulot d'étranglement.

Sans les effets de la mutation, de la sélection naturelle et du flux génétique, la diminution ou l'augmentation des divers allèles d'un locus donné mène à l'état homozygote et à la perte de diversité génétique.

RÉSUMÉ   Le chiffre en **brun** renvoie à la section du chapitre.

1. On prit conscience de l'existence de l'évolution – les modifications des lignées de descendants au cours du temps – grâce à des comparaisons de la structure et de l'organisation (la morphologie) des principaux groupes d'animaux, à des questionnements relatifs à la répartition géographique des végétaux et des animaux (la biogéographie) ainsi que par des observations des fossiles présents dans les strates de roches sédimentaires. Comme Charles Darwin et Alfred Wallace le proposèrent les premiers, l'évolution se réalise par la sélection naturelle. *17, 17.1 à 17.3*

2. Les individus d'une population ont en général le même nombre et le même type de gènes, qui peuvent toutefois se présenter sous des formes alléliques différentes responsables de variations des caractères héréditaires. *17.4*

3. Une population est en évolution lorsque certaines formes d'un caractère (ainsi que les allèles qui les déterminent) deviennent plus ou moins fréquentes que les autres au cours des générations. Ceci peut se produire par des mutations, un flux génétique, de la dérive génétique et la sélection naturelle (voir le tableau 17.2). *17.4*

4. Les mutations des gènes (des modifications héréditaires de l'ADN) sont la seule source de nouveaux allèles. De nouvelles combinaisons d'allèles apparaissent conséquemment à l'enjambement, à l'assortiment indépendant des chromosomes lors de la méiose et au mélange des allèles à la fécondation. *17.4*

5. L'équilibre génétique, soit un état dans lequel une population n'est pas en évolution, sert de référence pour mesurer les changements. La loi de Hardy-Weinberg stipule que l'équilibre génétique ne se réalise que dans les cas où il n'y a pas de mutations, où la population est très grande et isolée des autres populations de la même espèce, où les accouplements se font au hasard et où les chances de survie et de reproduction sont les mêmes pour tous ses membres. *17.4, 17.5*

6. La sélection naturelle est la survie et la reproduction différentielles des individus d'une population dont certains des caractères héréditaires montrent une variabilité. Elle entraîne une meilleure valeur d'adaptation, c'est-à-dire une amélioration de l'adaptation aux conditions du milieu. *17.6 à 17.9*

a) Les pressions sélectives peuvent déplacer la gamme des variations d'un caractère dans une direction (sélection directionnelle), favoriser les phénotypes extrêmes (sélection diversifiante) ou éliminer les extrêmes en faveur des formes intermédiaires (sélection stabilisante).

b) La sélection peut conduire à un polymorphisme équilibré quand les différents allèles agissant sur un caractère donné se maintiennent au long des générations à des fréquences supérieures à 1 %.

c) La sélection sexuelle, exercée par les femelles ou par les mâles, peut conduire à des formes de caractères qui favorisent le succès reproductif et a comme résultat le dimorphisme sexuel, c'est-à-dire la persistance de différences phénotypiques entre les mâles et les femelles.

7. Le flux génétique est une modification de la fréquence des allèles due à l'introduction ou la perte d'allèles dans la population comme suite à l'immigration ou à l'émigration. *17.10*

8. La dérive génétique est une modification des fréquences alléliques au cours des générations due au seul hasard et elle exerce des effets plus marqués dans une petite population que dans une plus grande. *17.11*

9. Deux conséquences peuvent s'observer chez les populations ayant traversé un goulot d'étranglement (quand une population s'accroît

Tableau 17.2	*Un résumé des mécanismes microévolutifs*
MUTATION	Modification héréditaire de l'ADN
SÉLECTION NATURELLE	Changement ou stabilisation des fréquences alléliques attribuable à la survie ou la reproduction différentielles des individus d'une population
DÉRIVE GÉNÉTIQUE	Fluctuation aléatoire des fréquences alléliques due au seul hasard
FLUX GÉNÉTIQUE	Changement des fréquences alléliques dû à l'arrivée ou au départ d'individus

après avoir subi une réduction sévère) : leurs fréquences alléliques peuvent différer considérablement de la population d'origine et, en raison de leur faible effectif, la dérive génétique risque d'y avoir un impact plus grand. L'effet fondateur est un type de goulot d'étranglement, dans lequel une population se développe dans un nouvel environnement à partir d'un nombre restreint de colonisateurs. *17.11*

Exercices

1. Donnez une définition de la biogéographie et de l'anatomie comparée. Comment les études menées dans ces deux disciplines viennent-elles à l'encontre de l'idée selon laquelle les espèces sont demeurées inchangées depuis le moment de leur création ? *17.1*

2. Définissez l'évolution et la sélection naturelle. Un individu peut-il évoluer ? *17, 17.3, 17.4*

3. Nommez trois grandes catégories de caractères héréditaires qui aident à caractériser une population. *17.4*

4. Expliquez les différences entre une variation continue et le polymorphisme. *17.4*

5. Établissez les différences entre une mutation létale et une mutation neutre. *17.4*

6. Définissez l'équilibre génétique. Quels événements peuvent éloigner les fréquences alléliques de l'équilibre génétique ? *17.4*

7. Qu'entend-on par valeur d'adaptation ? *17.6*

8. Identifiez le mode de sélection (stabilisante, directionnelle ou diversifiante) à l'œuvre dans les diagrammes de la page suivante. *17.7, 17.8*

9. Donnez une définition de goulot d'étranglement et de l'effet fondateur. S'agit-il de cas de dérive génétique ou simplement d'étapes la favorisant ? *17.11*

Autoévaluation   RÉPONSES À L'ANNEXE III

1. Les biologistes définissent l'évolution comme _____.
a) l'origine d'une espèce
b) un changement héréditaire dans une lignée de descendants au cours des générations
c) la transmission héréditaire des caractéristiques acquises par l'individu

2. Darwin constata que les populations de pinsons des Galápagos _____.
a) montraient une variation de leurs caractères
b) ressemblaient aux oiseaux de l'Amérique du Sud
c) étaient adaptés aux différents habitats des îles
d) toutes ces réponses

3. Ce ne sont pas les individus qui évoluent, ce sont les _____.

4. La variation génétique est à la source de variations des caractères _____.
a) morphologiques   c) comportementaux
b) physiologiques   d) toutes ces réponses

5. La drépanocytose apparut d'abord en Asie, au Moyen-Orient et en Afrique. L'allèle qui en est responsable fut introduit dans la population des

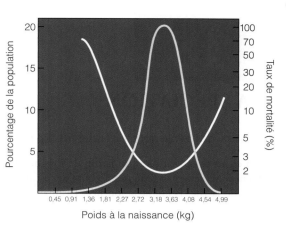

Figure 17.22
La distribution du poids de 13 730 nouveau-nés (en jaune) mise en relation avec le taux de mortalité (en blanc).

Poids à la naissance (kg)

États-Unis, quand on y amena de force des Africains avant la guerre de Sécession. Il s'agit là, en termes de microévolution, de _____.

    a) mutation   c) flux génétique
    b) dérive génétique   d) sélection naturelle

6. La sélection naturelle peut se produire quand _____.
    a) les différentes formes d'un caractère apportent une différence dans l'adaptation aux conditions du milieu
    b) les individus qui diffèrent par un ou plusieurs caractères n'ont pas les même chances de survie et de reproduction
    c) les réponses a) et b)

7. La sélection directionnelle _____.
    a) élimine les formes alléliques les plus rares
    b) déplace la distribution des phénotypes dans une direction
    c) favorise les formes intermédiaires d'un caractère
    d) agit contre les caractères adaptatifs

8. La sélection diversifiante _____.
    a) élimine les allèles les plus rares
    b) déplace la distribution des phénotypes dans une direction constante et régulière
    c) ne favorise pas les formes intermédiaires d'un caractère
    d) les réponses b) et c)

9. Associez les concepts évolutifs à leur définition

_____ Flux génétique	a)	Source de nouveaux allèles.
_____ Sélection naturelle	b)	Changement des fréquences alléliques d'une population attribuable au hasard.
_____ Mutation	c)	Les fréquences alléliques changent en raison de l'immigration, de l'émigration ou des deux.
_____ Dérive génétique	d)	Différences dans la survie et la reproduction des individus selon leurs différences.

Questions à développement

1. Le pronostic pour les nouveau-nés de très faible poids ou de poids très élevé n'est pas très bon. Un faible poids à la naissance augmente le risque de mortalité du nourrisson (voir la figure 17.22). La prématurité augmente aussi ces risques. S'agit-il ici d'un cas de sélection directionnelle, diversifiante ou stabilisante ?

2. La tuberculose a tué des gens à travers le monde pendant des siècles. C'est une bactérie, *Mycobacterium tuberculosis*, qui cause cette maladie pulmonaire contagieuse. La maladie a décliné régulièrement aux États-Unis au cours des années mais, actuellement, le nombre de cas est en augmentation. L'épidémie de SIDA, un afflux d'immigrants en provenance de régions où l'incidence de la maladie est encore élevée, de même que le surpeuplement de certains appartements et de refuges pour sans-abri sont en partie responsables de cette recrudescence. Il fut un temps où les antibiotiques venaient à bout de la tuberculose en six à neuf mois, mais des souches de *M. tuberculosis* résistantes aux antibiotiques sont apparues. On doit maintenant utiliser deux ou même trois antibiotiques différents pour bloquer différentes voies métaboliques de la bactérie. Comment cette approche plus agressive peut-elle contourner le problème de la résistance aux antibiotiques ?

3. On observe chez quelques familles d'une région retirée du Kentucky une incidence élevée de méthémoglobinémie, un trouble génétique autosomique récessif. La peau des individus atteints est d'un bleu profond. Chez les personnes homozygotes récessives, l'enzyme diaphorase, qui catalyse des réactions permettant de maintenir la forme moléculaire normale de l'hémoglobine, est absente, de sorte qu'une hémoglobine bleue, la méthémoglobine, s'accumule dans le sang. À cause de la translucidité des capillaires sanguins et de la peau, la couleur des pigments du sang transparaît à la surface du corps et colore la peau. C'est pour cela que les personnes de race blanche ont le teint rosé et que la peau des gens porteurs de la mutation est bleuâtre. Formulez une hypothèse pouvant expliquer pourquoi la méthémoglobinémie apparaît de façon récurrente dans un petit groupe de familles, mais reste rare dans la population humaine en général.

4. En 1996, après avoir considéré les preuves de l'évolution accumulées depuis plus d'une centaine d'années, le pape Jean-Paul II a reconnu que la théorie de l'évolution « a été progressivement admise par les scientifiques, par suite de séries de découvertes dans divers champs de connaissance. La convergence, ni cherchée ni fabriquée, des résultats de travaux menés de façon indépendante représente en soi un argument de poids en faveur de cette théorie ». Cette déclaration a rendu furieux les tenants d'une interprétation littérale et stricte de la Bible au sujet de la création. Certaines de ces personnes ont exigé que les professeurs de biologie présentent l'évolution comme une simple théorie et consacrent un temps d'enseignement égal à l'interprétation biblique, c'est-à-dire au créationnisme.

    Consultez la section 1.5 qui traite de la nature de la recherche scientifique. Considérez-vous que les explications scientifiques et religieuses de l'origine et de l'histoire de la vie représentent des théories équivalentes ? Pourquoi ?

Vocabulaire

Allèle *17.4*	Flux génétique *17.10*	Pool génique *17.4*
Anatomie comparée *17.1*	Fossile *17.1*	Population *17.4*
Antibiotique *17.7*	Fréquence des allèles *17.4*	Sélection directionnelle *17.7*
Biogéographie *17.1*	Goulot d'étranglement *17.11*	Sélection diversifiante *17.8*
Catastrophisme *17.2*		
Dérive génétique *17.11*	Loi de Hardy-Weinberg *17.4*	Sélection naturelle *17.6*
Effet fondateur *17.11*	Microévolution *17.4*	Sélection sexuelle *17.9*
Endogamie *17.11*	Mutation létale *17.4*	Sélection stabilisante *17.8*
Équilibre génétique *17.4*	Mutation neutre *17.4*	Taux de mutation *17.4*
Erreur d'échantillonnage *17.11*	Polymorphisme *17.4*	Uniformitarisme *17.2*
Évolution *17*	Polymorphisme équilibré *17.9*	Valeur d'adaptation *17.6*
Fixation *17.11*		

Lectures complémentaires

Darwin, C. (1957). *Voyage of the Beagle.* New York : Dutton.

Grant, P., et R. Grant (26 avril 2002). « Unpredictable evolution in a 30-year study of Darwin's finches ». *Science*, 707-711.

Combes, C. (juin 1998). « Les formes du vivant ». *Pour la science*, 248 : 38-39.

Lectures complémentaires en ligne : consultez l'infoTrac à l'adresse Web www.brookscole.com/biology

LA SPÉCIATION CHEZ LES POPULATIONS ISOLÉES GÉOGRAPHIQUEMENT

Une définition de la spéciation allopatrique

Si les changements génétiques nécessaires pour qu'une espèce se forme peuvent résulter d'une séparation physique entre les populations, l'allopatrie pourrait être la voie principale de spéciation. Selon le mode de **spéciation allopatrique**, une barrière physique s'élève entre des populations ou des sous-populations d'une espèce et interrompt le flux génétique entre elles. Des mécanismes d'isolement reproductif se développent par la suite dans ces populations. La spéciation est complétée lorsque les croisements sont devenus impossibles entre elles, même si des circonstances les remettent en contact dans la même région.

L'efficacité d'une barrière géographique pour bloquer le flux génétique dépend des moyens et de la vitesse de déplacement de l'organisme, de même que de sa propension à se disperser ou de sa dispersion sous l'effet d'une migration forcée. On comprendra bien cela en comparant l'escargot petit-gris et l'albatros, dont il était question au début du chapitre.

Le rythme de l'isolement géographique

Une certaine distance sépare souvent les populations d'une espèce, de sorte que le flux génétique entre elles prend davantage l'aspect d'un filet intermittent que celui d'un courant régulier. Il peut arriver qu'une barrière s'élève rapidement et bloque tout échange entre les populations. Dans les années 1800 par exemple, un fort tremblement de terre isola une partie du Midwest américain et modifia le cours du fleuve Mississipi. Celui-ci traversa l'habitat d'insectes incapables de voler ou de nager, ce qui eut pour conséquence d'interrompre le flux génétique entre les insectes des deux rives.

Les archives fossiles indiquent que l'isolement géographique peut aussi demander de très longues périodes de temps avant de s'établir. C'est ce qui s'est passé en Amérique du Nord et en Europe au cours des glaciations, quand d'immenses glaciers se sont déplacés vers le sud, isolant les unes des autres des populations de végétaux et d'animaux. Quand les glaciers finirent par se retirer, les descendants des populations ainsi séparées se retrouvèrent en contact. Bien que partageant la même origine, certaines d'entre elles n'étaient plus compatibles du point de vue reproductif : elles étaient devenues des espèces distinctes. La divergence génétique n'était pas aussi importante entre certaines autres populations et, pour cette raison, leurs descendants sont encore capables de se croiser. Dans leur cas, l'isolement reproductif était incomplet, de sorte que la spéciation ne s'est pas réalisée.

Voici un autre exemple. Comme on le sait, la croûte terrestre est fracturée en immenses plaques. Les mouvements lents mais colossaux de ces plaques ont transformé la configuration des masses continentales(voir la section 19.3). Lors de la formation de l'Amérique centrale, une portion de l'ancien bassin océanique s'éleva pour devenir l'isthme de Panama, qui sépara dès lors les populations marines et créa des conditions favorables pour la spéciation allopatrique.

Au cours des années 1980, John Graves compara quatre enzymes provenant de cellules musculaires de deux espèces apparentées de poissons de l'isthme de Panama, dont les individus sont d'excellents nageurs (voir la figure 18.5). Ainsi que Graves le savait, la température a une influence sur les activités enzymatiques. Les eaux du Pacifique, à l'ouest de l'isthme, sont de 2 °C à 3 °C plus fraîches que celles de l'Atlantique et elles présentent des variations saisonnières. Graves découvrit que les quatre enzymes « Pacifique » qu'il étudiait étaient plus efficaces à de basses températures que leurs homologues de l'Atlantique. Il soumit ensuite les quatre paires d'enzymes à une électrophorèse sur gel (voir la section 16.3). Cette expérience révéla de légères différences de charges électriques dans deux des paires, ce qui démontrait que la séquence des acides aminés des enzymes de ces paires était légèrement différente.

Graves tira de ces résultats deux conclusions préliminaires : premièrement, les pressions de sélection imposées par des différences mineures en ce qui a trait aux conditions environnementales peuvent être à la source de divergences dans la structure moléculaire de certaines enzymes. Deuxièmement, les différences décelables de l'activité catalytique des enzymes étudiées pourraient indiquer que des populations très apparentées de poissons de part et d'autre de l'isthme sont en train de diverger l'une de l'autre.

Quelle interprétation donner aux résultats de cette étude de populations isolées géographiquement ? Dans les populations situées de part et d'autre de l'isthme de Panama, une accumulation graduelle de mutations neutres ou adaptatives pourrait être le point de départ d'un processus microévolutif. Les divergences génétiques entre les populations apparentées de poissons pourraient être l'indice que la spéciation géographique est à l'œuvre.

ISTHME DE PANAMA

Figure 18.5 a) Le labre à tête bleue (*Thalassoma bifasciatum*) de l'océan Atlantique, près de l'isthme de Panama. **b)** La girelle de Cortez (*Thalassoma lucasanum*) de l'océan Pacifique, près de l'isthme. Les deux espèces peuvent être issues de la même population ancestrale qui se trouva scindée lorsque des forces géologiques créèrent l'isthme de Panama. On peut observer des colorations et des motifs différents entre les individus, comme cela est fréquent parmi les poissons de récifs.

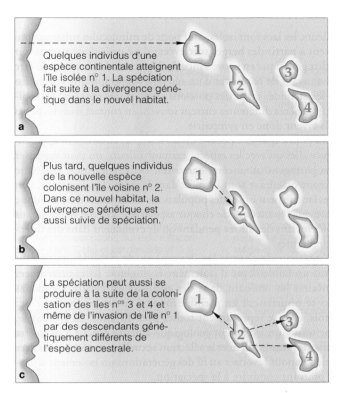

Figure 18.6 La spéciation allopatrique dans un archipel isolé. (Pouvez-vous entrevoir d'autres possibilités?)

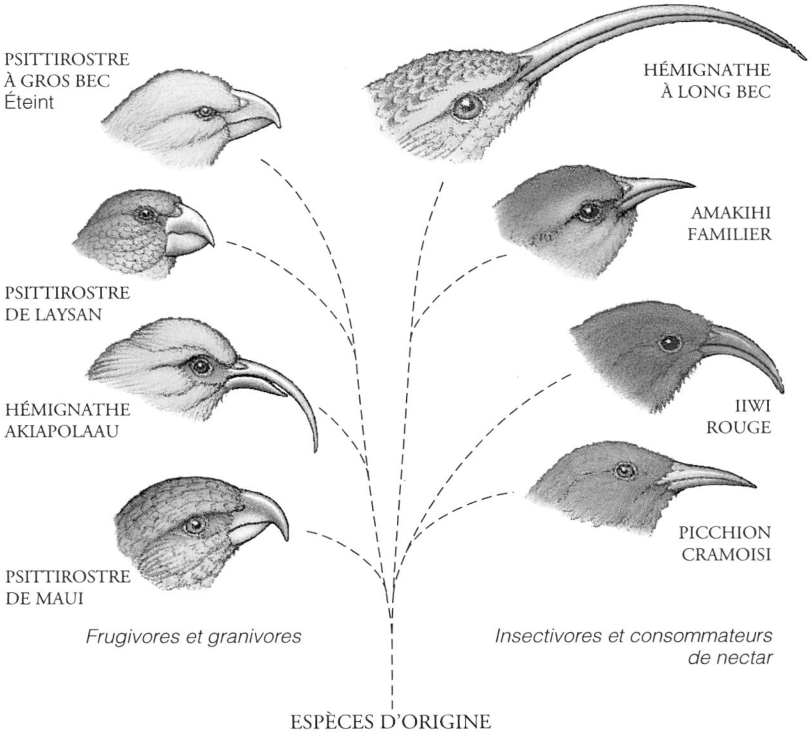

Panneau a : Quelques individus d'une espèce continentale atteignent l'île isolée n° 1. La spéciation fait suite à la divergence génétique dans le nouvel habitat.

Panneau b : Plus tard, quelques individus de la nouvelle espèce colonisent l'île voisine n° 2. Dans ce nouvel habitat, la divergence génétique est aussi suivie de spéciation.

Panneau c : La spéciation peut aussi se produire à la suite de la colonisation des îles n°s 3 et 4 et même de l'invasion de l'île n° 1 par des descendants génétiquement différents de l'espèce ancestrale.

PSITTIROSTRE À GROS BEC Éteint

HÉMIGNATHE À LONG BEC

PSITTIROSTRE DE LAYSAN

AMAKIHI FAMILIER

HÉMIGNATHE AKIAPOLAAU

IIWI ROUGE

PSITTIROSTRE DE MAUI

PICCHION CRAMOISI

Frugivores et granivores   *Insectivores et consommateurs de nectar*

ESPÈCES D'ORIGINE

Figure 18.7 Quelques-uns des drépanidés hawaïens qui montrent bien comment la colonisation d'habitats pauvres en espèces d'un archipel isolé peut être le point de départ d'une vague de spéciation allopatrique.

La spéciation allopatrique dans les archipels

Un **archipel** est un groupe d'îles situées à une certaine distance d'un continent. Certains archipels, comme les Keys de Floride, sont situés si près de la terre ferme que le flux génétique se poursuit plus ou moins sans entraves et qu'il y a peu ou pas de spéciation. D'autres archipels sont suffisamment isolés pour servir de laboratoires à l'étude de l'évolution (voir la figure 18.6). Les plus éminents de ceux-là sont l'archipel d'Hawaï, situé à près de 4000 km de la côte californienne, et les îles Galápagos, qui se trouvent à environ 900 km de la côte de l'Équateur. Les îles des deux groupes sont simplement le sommet de hauts volcans, dont certains sont encore en activité, qui se sont élevés du fond de la mer. Lorsque chacun de ces volcans s'est élevé pour la première fois au-dessus de la mer, sa surface était dénuée de toute vie.

Au chapitre précédent (voir la section 17.3), il a été question des pinsons des Galápagos. Ces oiseaux tirent vraisemblablement leur origine de quelques pinsons provenant du continent, lesquels ont évolué dans l'isolement sur l'une des îles de cet archipel. Plus tard, certains de leurs descendants ont atteint d'autres îles de l'archipel. Dans ces nouveaux habitats inoccupés, et même dans des parties différentes des mêmes habitats, les conditions étaient différentes et les pinsons se trouvèrent soumis à diverses pressions de sélection. Les divergences génétiques qui s'accumulèrent ainsi à l'intérieur des îles et entre elles finirent par baliser la route pour de nouveaux épisodes de spéciation allopatrique. Plus tard, les nouvelles espèces issues de ces pinsons envahirent même l'île de leurs ancêtres. Les distances entre les îles sont en effet assez grandes pour encourager les divergences, mais pas assez pour empêcher des colonisations occasionnelles.

Des vagues de spéciation dans l'archipel hawaïen ont été plutôt spectaculaires et constituent un bon exemple de la radiation adaptative qui survient dans un environnement pauvre en espèces, comme le décrit la section 18.4. La plus jeune de ces îles, Hawaï, s'est formée il y a moins de un million d'années. Elle présente des habitats variés, allant de champs de lave à des forêts pluviales, en passant par des prairies alpines et des sommets volcaniques couverts de neige. Les ancêtres des drépanidés hawaïens trouvèrent à leur arrivée un véritable festin de fruits, de graines, de nectar et d'insectes succulents – et peu de compétiteurs pour se les disputer. L'absence presque complète de compétition de la part d'autres espèces d'oiseaux attisa la formation de nouvelles espèces par voie allopatrique dans des zones adaptatives vacantes. La figure 18.7 illustre la gamme des variations chez les drépanidés hawaïens. Actuellement, ces oiseaux, de même que des milliers d'autres espèces d'animaux et de plantes qui se sont développées dans l'archipel, ne se trouvent nulle part ailleurs. En guise d'exemple supplémentaire du potentiel de spéciation, mentionnons que les îles de l'archipel hawaïen, qui représentent moins de 2 % de toutes les masses terrestres, abritent 40 % de toutes les espèces de drosophiles (*Drosophila*), de petites mouches.

LA SPÉCIATION ALLOPATRIQUE. **Une barrière physique s'élève entre des populations ou des sous-populations d'une espèce et entrave le flux génétique entre elles, ce qui favorise la divergence génétique et la spéciation.**

LES MODÈLES DE CHANGEMENTS ÉVOLUTIFS

Une évolution arborescente ou linéaire ?

Toutes les espèces, anciennes ou actuelles, sont reliées par leur origine. Elles partagent des liens génétiques à travers des lignées qui remontent jusqu'à l'origine moléculaire des premières ébauches cellulaires, il y a 3,8 milliards d'années. Les chapitres suivants portent sur les preuves qui supportent cette théorie. Avant de les aborder, considérons les façons d'interpréter, sur une grande échelle, l'histoire des espèces.

Les archives fossiles fournissent des indices de deux modèles de changements évolutifs dans les lignées. L'un, auquel on donne le nom de **cladogenèse**, est ramifié alors que l'autre est linéaire. Les modes de spéciation que nous avons décrits précédemment relèvent de la cladogenèse : une lignée se scinde et ses populations deviennent génétiquement isolées, puis elles divergent dans des directions évolutives différentes.

Selon le second modèle de changements évolutifs, l'**anagenèse**, les changements des fréquences alléliques et de la morphologie s'accumulent dans une lignée non ramifiée de descendants. Les changements directionnels sont confinés à l'intérieur de la lignée et le flux génétique ne cesse jamais entre toutes ses populations. À un certain moment, les fréquences alléliques et la morphologie ont tellement changé qu'on assigne un nom différent aux descendants. Des changements de ce type se produisent dans les populations de papillons de nuit dont il est entre autres question au chapitre 17.

Les arbres évolutifs et les taux de changement

Les **arbres évolutifs** résument les informations disponibles au sujet de la continuité des relations existant entre les espèces. La figure 18.11 est une façon simple d'expliquer l'élaboration des arbres évolutifs. Chaque branche représente une lignée unique de descendants à partir d'un ancêtre commun. Chaque bifurcation correspond au moment d'une divergence et d'une spéciation résultant de mécanismes microévolutifs. Ces arbres permettent également de voir si le processus de spéciation a été graduel ou rapide.

Si l'angle d'une bifurcation est aigu, cela signifie que l'espèce est apparue à l'issue de nombreux petits changements morphologiques, qui se sont accumulés sur une longue période (voir la figure 18.11a). Des changements de ce type sont à la base de l'un des deux modèles de spéciation, le **gradualisme**, qui concorde bien avec de nombreuses séries fossiles. En voici un exemple : on trouve dans beaucoup de strates de roches sédimentaires des séries verticales de foraminifères, des protistes communs dont la coque est finement perforée. Les caractéristiques observables des fossiles de ces séries présentent des indices d'un changement graduel.

On peut aussi construire les arbres évolutifs à l'aide de diagrammes présentant de courtes branches horizontales qui tournent subitement à 90° (voir la figure 18.11b). Ces diagrammes sont compatibles avec le **modèle de l'équilibre ponctué**, selon lequel la plupart des changements morphologiques se produisent pendant la brève période au cours de laquelle les populations commencent à diverger – soit quelques centaines ou quelques milliers d'années. Les goulots d'étranglement, l'effet fondateur, une forte sélection directionnelle ou une combinaison de ces facteurs favoriseraient une spéciation rapide. La population fille se remet vite de ce bouleversement adaptatif, puis se modifie peu durant les deux à six millions d'années suivantes. Les tenants de ce modèle soutiennent qu'une cohésion reproductive s'observe effectivement dans environ 99 % de l'histoire de la plupart des lignées ; ils font valoir des preuves solides de changements brusques dans de nombreuses parties des archives fossiles.

Dans les lignées, les modifications semblent être apparues tantôt graduellement, tantôt brusquement. Les espèces se sont formées à des moments différents et ont persisté de manières plus ou moins durable. Certaines lignées ont survécu, presque inchangées, durant des millions d'années, alors que d'autres se sont ramifiées, de façon parfois spectaculaire, au cours d'épisodes de radiation adaptative.

Les radiations adaptatives

Une **radiation adaptative** est une vague de divergences qui apparaissent dans une lignée et qui donnent naissance à un grand nombre de nouvelles espèces, adaptées chacune à un habitat inoccupé ou à un nouvel habitat, ou encore à l'utilisation de nouvelles ressources. La figure 18.12 illustre l'exemple de l'une de ces radiations adaptatives. Dans le passé, la radiation d'une lignée se produisait souvent dans une **zone adaptative** vacante. L'expression « zone adaptative » désigne ici un mode de vie dans une portion de niche écologique. Ils peut s'agir, par exemple, d'exploiter les sédiments marins pour s'y enfouir ou d'attraper des insectes au vol durant la nuit. Les espèces doivent avoir un accès physique, évolutif ou écologique à ces zones.

PRÉSENT

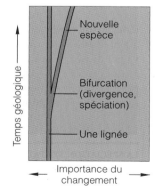

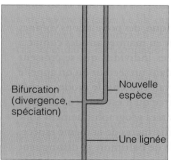

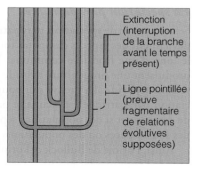

Figure 18.11 Comment lire un arbre évolutif.

a Une bifurcation à angle aigu : la spéciation se fait à la suite de changements graduels des caractères au cours des temps géologiques.

b Une bifurcation horizontale : des changements rapides surviennent au moment de la spéciation ; une longue branche verticale signifie que peu de changements suivent la spéciation.

c Une lignée se ramifie beaucoup en peu de temps : il s'est produit une radiation adaptative.

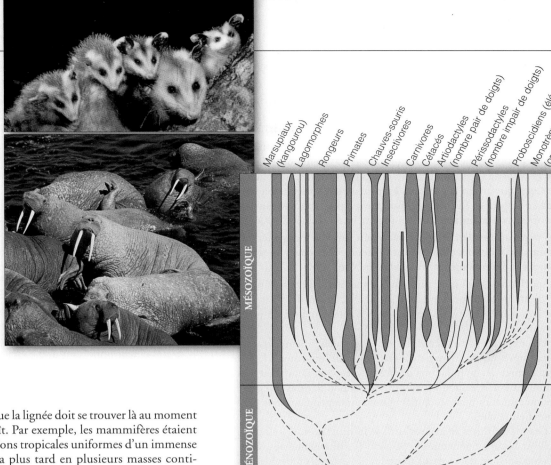

Figure 18.12 Un exemple de radiation adaptative, illustré par un arbre évolutif. Celui-ci commence il y a environ 65 millions d'années, au début du cénozoïque, l'une des ères géologiques, et il conduit à des mammifères aussi différents que l'opossum et le morse. La largeur de chaque branche correspond au nombre de groupes de la lignée à différents moments : plus la branche est large, plus la diversité des espèces est grande.

L'accès physique signifie que la lignée doit se trouver là au moment où la zone adaptative apparaît. Par exemple, les mammifères étaient autrefois répartis dans les régions tropicales uniformes d'un immense continent. Celui-ci se scinda plus tard en plusieurs masses continentales s'éloignant les unes des autres (voir la section 19.3). Chacune de ces masses se caractérisait par des habitats et des ressources différentes et pouvait ainsi être le site d'une radiation indépendante.

L'accès évolutif signifie qu'une modification subie par une structure existante permettra à la lignée d'exploiter le milieu d'une manière nouvelle ou plus efficace, faisant de cette modification une **innovation majeure**. Par exemple, le membre antérieur à cinq doigts de certains vertébrés s'est transformé en aile, une innovation qui a permis aux ancêtres des oiseaux et des chauves-souris d'accéder à une nouvelle zone adaptative (voir la section 19.4).

L'accès écologique signifie que la lignée peut occuper de nouvelles zones adaptatives ou déplacer des espèces occupant des zones existantes. Les chapitres 20 et 47 offrent des exemples de ces situations.

Les extinctions – la fin de la lignée

Une **extinction** est la perte irrévocable d'une espèce. Les archives fossiles indiquent une vingtaine ou plus d'**extinctions massives**, soit la perte catastrophique de familles entières ou d'autres groupes majeurs. Ainsi, il y a 250 millions d'années, 95 % de toutes les espèces connues s'éteignirent brusquement. À d'autres moments, seuls de petits groupes disparurent. David Raup a étudié la distribution statistique des extinctions et a découvert que la plupart d'entre elles étaient regroupées dans le temps, même si elles étaient d'importance inégale. Il comprit, comme George Simpson avant lui, qu'une période de faible diversité suit une extinction, puis que de nouvelles espèces apparaissent et occupent les zones adaptatives laissées libres.

Il semble que la chance ait aussi beaucoup à y voir. Lorsqu'un astéroïde frappa la Terre et anéantit les dinosaures, par exemple, les mammifères faisaient partie des survivants qui se sont répandus dans les zones adaptatives désertes. Les changements à long terme du climat global ont aussi frappé durement des espèces, surtout celles adaptées à des conditions chaudes, tropicales, parce que, à la différence des espèces adaptées au froid, elles n'avaient nulle part où se réfugier. Astéroïdes, continents à la dérive, changements climatiques, voilà certains des facteurs les plus importants qui ont modelé le schème général des extinctions, comme l'exposent des chapitres subséquents. Le chapitre 27 traite d'une extinction massive qui se produit actuellement et dont les humains sont largement responsables.

Des lignées se sont modifiées graduellement, d'autres brusquement, et certaines des deux façons. Les espèces qui font partie d'une lignée sont apparues à des moments différents et ont subsisté plus ou moins longtemps.

Les radiations adaptatives sont des vagues de divergences apparaissant dans une lignée et donnant naissance à de nombreuses espèces nouvelles, chacune adaptée à un habitat vacant, à un nouvel habitat ou à l'utilisation d'une nouvelle ressource.

Des extinctions répétées et souvent importantes sont survenues dans le passé. Un certain temps de diversité réduite a suivi ces événements, puis de nouvelles espèces se sont formées et ont occupé de nouvelles zones adaptatives ou des zones laissées libres.

La persistance des espèces, leurs radiations et les extinctions sont conjointement responsables de l'étendue de la biodiversité à toutes les périodes du temps géologique.

1. Une espèce est une sorte d'organisme, qu'on définit en partie en fonction de sa morphologie. *18.1*

2. Selon le concept biologique d'espèce, une espèce est formée d'une ou de plusieurs populations d'individus qui se croisent et produisent une progéniture fertile dans des conditions naturelles et qui sont isolées du point de vue reproductif des autres populations. Ce concept, qui ne s'applique qu'aux organismes à reproduction sexuée et il définit d'abord une espèce en fonction de l'isolement reproductif de ses allèles qui favorisent ou maintiennent son isolement reproductif. *18.1*

3. Les populations d'une espèce partagent une histoire génétique commune, maintiennent des contacts génétiques au cours du temps et évoluent indépendamment des autres espèces. *18.1*

4. La spéciation est un mécanisme par lequel une espèce se forme à partir d'une population ou d'une sous-population d'une espèce parentale, un mécanisme déclenché par l'établissement d'un isolement reproductif. *18, 18.1*

a) Un exemple de spéciation : une divergence génétique se développe après qu'une barrière géographique ait interrompu le flux génétique entre des populations de la même espèce. Les différences s'accumulent entre les pools géniques de ces populations à mesure que les mécanismes microévolutifs agissent indépendamment dans chacune d'entre elles.

b) Les mécanismes microévolutifs – la mutation, la sélection naturelle et la dérive génétique – peuvent fortuitement être à l'origine de mécanismes d'isolement reproductif. Ceux-ci empêchent les croisements entre les populations et favorisent le développement de différences génétiques irréversibles entre elles.

c) La spéciation peut aussi se produire de façon instantanée par polyploïdie ou par un autre changement du nombre de chromosomes.

5. Les mécanismes d'isolement prézygotiques préviennent l'accouplement ou la pollinisation entre les individus de populations distinctes. Ils correspondent à des différences du comportement reproducteur ou du moment des activités reproductrices, à des incompatibilités des structures reproductrices ou des gamètes, ou encore à l'occupation de microenvironnements différents du même habitat.

Les mécanismes postzygotiques, qui interviennent après la fécondation, provoquent la mort prématurée de l'embryon, la stérilité ou la déchéance de la descendance hybride. *18.1*

6. Les trois modes courants de spéciation sont les suivants :

a) La spéciation allopatrique. Des barrières géographiques empêchent le flux génétique entre des populations d'une espèce ; celles-ci divergent de sorte qu'elles ne peuvent plus se croiser dans des conditions naturelles, même si leurs individus se retrouvent en contact plus tard. La spéciation allopatrique serait la voie de spéciation la plus courante. *18.2*

b) La spéciation sympatrique. L'isolement reproductif des individus occupant la même aire de répartition conduit à la spéciation. La spéciation par polyploïdie est un exemple de ce mode. *18.3*

c) La spéciation parapatrique. Des populations adjacentes deviennent des espèces différentes tout en maintenant des contacts le long d'une frontière commune de leurs aires de répartition. *18.3*

7. La durée nécessaire pour qu'une spéciation se complète, la fréquence des spéciations et les directions qu'elles prennent varient selon les lignées. Les spéciations d'une lignée peuvent se produire graduellement, brusquement ou des deux façons. Une radiation adaptative est le rayonnement important d'une lignée (une vague de divergences y apparaissant) en un temps bref en termes géologiques. Une lignée peut accéder à une zone adaptative de diverses façons : elle peut être déjà en place lorsque de nouvelles zones adaptatives (des modes de vie) s'ouvrent, elle peut accéder à une zone adaptative existante grâce à une innovation majeure, ou elle peut prendre possession d'une zone vacante ou encore d'une zone occupée en déplaçant une espèce résidante. *18.4*

8. Les arbres évolutifs indiquent les relations entre des groupes d'espèces. Chaque branche correspond à une lignée de descendants. Les bifurcations marquent une spéciation apportée par la sélection naturelle, la dérive génétique ou d'autres mécanismes microévolutifs. *18.4*

9. Un extinction est la perte irrévocable d'une espèce. Les archives fossiles indiquent une vingtaine ou plus d'extinctions massives : d'importants événements catastrophiques au cours desquels des familles entières ou d'autres groupes majeurs disparaissent. *18.4*

10. L'étendue de la biodiversité est due à la persistance des espèces, à leurs radiations et aux extinctions (voir le tableau 18.1). *18.4*

Tableau 18.1	*Un résumé des mécanismes et des modalités de l'évolution*	
MÉCANISMES MICROÉVOLUTIFS		
Mutation	Source de nouveaux allèles	La stabilité ou le changement d'une espèce est le résultat de l'équilibre ou du déséquilibre entre ces mécanismes, dont les effets sont influencés par la taille de la population et par les conditions environnementales prédominantes.
Flux génétique	Maintient la cohésion d'une espèce	
Dérive génétique	Diminue la cohésion d'une espèce	
Sélection naturelle	Maintient ou diminue la cohésion d'une espèce, selon les pressions de l'environnement	
MÉCANISMES MACROÉVOLUTIFS		
Persistance génétique	Fondement de l'unité de la vie. Les bases biochimiques et moléculaires de l'hérédité s'étendent de l'origine des premières cellules à travers toutes les lignées subséquentes de descendants.	
Divergence génétique	Fondement de la diversité de la vie, amené par des changements adaptatifs, des bifurcations et des radiations. Les lignées présentent des taux et des vitesses de changement différents.	
Extinction	Fin de la lignée pour une espèce. Les extinctions massives sont des événements catastrophiques au cours desquels des groupes majeurs disparaissent brusquement et simultanément.	

Exercices

1. Quelle est la différence entre le concept biologique d'espèce et une définition de l'espèce reposant uniquement sur des critères morphologiques ? *18.1*

2. Définissez la spéciation et décrivez-en l'un des modes. *18, 18.1 à 18.3*

3. Donnez des exemples de mécanismes d'isolement reproductif. *18.1*

4. Dans un arbre évolutif, à quoi correspond chacun des éléments suivants ? *18.4*
   a) Une ligne simple
   b) Une bifurcation à angle aigu
   c) Une bifurcation horizontale
   d) La suite verticale d'une ramification
   e) De nombreuses ramifications d'une ligne
   f) Une ligne pointillée
   g) Une ligne s'arrêtant avant le temps présent

5. Définissez la radiation adaptative et donnez-en un exemple. *18.4*

6. Définissez l'extinction et dites quels types d'événements peuvent provoquer une extinction. *18.4*

Autoévaluation   réponses à l'annexe III

1. Les individus d'une espèce à reproduction sexuée _____.
a) peuvent se croiser dans des conditions naturelles
b) peuvent produire une progéniture fertile
c) partagent une histoire génétique commune
d) toutes ces réponses

2. Les mécanismes d'isolement reproductif _____.
a) empêchent les croisements entre les populations
b) empêchent le flux génétique
c) renforcent la divergence génétique
d) toutes ces réponses

3. On observe un isolement _____ quand des partenaires potentiels occupent des aires qui se chevauchent, mais se reproduisent à des moments différents.
a) postzygotique   c) temporel
b) mécanique   d) gamétique

4. Dans un arbre évolutif, une bifurcation représente _____ et une branche qui s'interrompt représente _____.
a) une seule espèce; des données incomplètes sur la lignée
b) une seule espèce; une extinction
c) un temps de divergence; une extinction
d) un temps de divergence; une spéciation complétée

5. Un arbre évolutif comportant des branches horizontales qui tournent brusquement à la verticale est compatible avec _____.
a) le gradualisme
b) le modèle de l'équilibre ponctué
c) l'idée que des changements mineurs se sont accumulés sur de longues périodes de temps
d) les réponses a) et c)

6. Associez chaque terme avec la description qui lui convient le mieux.

____ Cladogenèse	a)	Vague de divergences génétiques à partir d'une seule lignée
____ Anagenèse	b)	Disparition catastrophique de groupes majeurs d'organismes
____ Radiation adaptative	c)	Lignées ramifiées
____ Extinction	d)	Perte d'une espèce de la lignée
____ Extinction massive	e)	Changements génétiques et morphologiques dans une lignée non ramifiée

Questions à développement

1. Vous avez reconnu plusieurs espèces de canard dans un lac. Toutes les femelles des diverses espèces se ressemblent assez, mais les plumes des mâles présentent des colorations et des motifs différents. Proposez une hypothèse sur le type d'isolement reproductif qui peut maintenir distincte chacune des espèces. Pourquoi l'apparence des canards mâles fournit-elle un indice pour la réponse?

2. Une famille de mammifères comprend le cheval (*Equus*), les zèbres (*Hippotrigris* et *Dolichohippus*) et l'âne (*Asinus*). Les zébrules sont des hybrides entre des zèbres sauvages et des chevaux domestiqués qui ont été confinés dans le même pâturage (voir la figure 18.13). Ce confinement artificiel a percé les barrières reproductives entre les deux lignées, des barrières mises en place depuis la divergence génétique survenue il y a plus de trois millions d'années. Qu'est-ce que cette brèche dans les barrières suggère quant aux changements génétiques nécessaires pour atteindre un isolement reproductif irréversible dans la nature?

3. Supposons qu'une petite population fondée par quelques individus soit privée d'échanges génétiques avec le gros de la population de son espèce.

Figure 18.13 Une troupe de zébrules et de chevaux.

Selon le concept de l'effet fondateur de Mayr, les fréquences alléliques de quelques gènes vont se trouver modifiées à cause de la dérive génétique et ces modifications pourront entraîner un certain nombre de changements chez d'autres gènes qui sont affectés par ces allèles. Si tel est le cas, il est possible que les changements soient si importants dans la population nouvellement fondée que la spéciation y soit rapide. Elle pourrait même être trop rapide pour s'enregistrer dans les archives fossiles. Cette description correspond-elle au modèle gradualiste de la spéciation ou au modèle de l'équilibre ponctué?

4. On se rappelle qu'une innovation majeure est une modification structurale ou fonctionnelle qui permet à une espèce d'exploiter un milieu plus efficacement ou d'une nouvelle façon par rapport à l'espèce ancestrale. Identifiez une innovation majeure chez une espèce existante, l'espèce humaine par exemple, puis expliquez comment cette innovation pourrait être à la base d'une radiation adaptative dans des environnements d'un avenir lointain.

5. Richard Lenski utilise des cultures bactériennes pour développer des modèles afin d'étudier l'évolution. Il se plaît à dire que de telles populations sont l'équivalent de l'ensemble de la population humaine, sauf qu'il peut reproduire ses expériences à plusieurs reprises, sans compter que ses bactéries produisent plusieurs générations chaque jour, qu'il peut les congeler puis les ramener inchangées à leur forme active pour les comparer à leurs ancêtres ou à leurs descendants. Les modèles bactériens sont-ils applicables à l'étude évolutive des organismes à reproduction sexuée? Il serait profitable, avant de répondre à cette question, de lire le court article de P. Raine et M. Travisano intitulé «Adaptive Radiation in a Heterogenous Environment» (*Nature*, 2 juillet 1998, p. 69-72).

Vocabulaire

Anagenèse *18.4*
Arbre évolutif *18.4*
Archipel *18.2*
Cladogenèse *18.4*
Compensation du dosage *18.3*
Concept biologique d'espèce *18.1*
Divergence génétique *18.1*
Espèce *18.1*
Extinction *18.4*
Extinction massive *18.4*
Flux génétique *18.1*
Gradualisme *18.4*

Innovation majeure *18.4*
Mécanisme d'isolement reproductif *18.1*
Modèle de l'équilibre ponctué *18.4*
Polyploïdie *18.3*
Radiation adaptative *18.4*
Spéciation *18*
Spéciation allopatrique *18.2*
Spéciation parapatrique *18.3*
Spéciation sympatrique *18.3*
Zone adaptative *18.4*
Zone hybride *18.3*

Lectures complémentaires

Futuyma, D. (1998). *Evolutionary Biology*, 3ᵉ éd. Sunderland, Massachusetts: Sinauer.
Janvier, P. (mai-juill. 2005). «D'une extinction à l'autre». Dossiers de *La Recherche*, 19: 67-72.
Mayr, E. (1976). *Evolution and the Diversity of Life*. Cambridge, Massachusetts: Belknap Press of Harvard University Press.
Ricqlès, A. de (mai-juill. 2005). «Les vertébrés à la conquête du ciel». Dossiers de *La Recherche*, 19: 76-83.

19

LE CASSE-TÊTE DE LA MACROÉVOLUTION

Mesurer le temps

Chacun mesure le temps à sa façon. Pour certains, il se limite à leur seule génération. D'autres seront à l'aise avec un passé remontant de quelques siècles dans l'histoire humaine. Mais le temps à l'échelle géologique? Saisir pleinement le passé très lointain réclame à la pensée un formidable bond du monde familier vers l'inconnu.

En science, la nécessité de ce bond à travers le temps découle de la prémisse que tout aspect du monde naturel, passé aussi bien que présent, est la conséquence d'une ou de plusieurs causes sous-jacentes. Ce voyage dans le temps représente une tentative pour identifier ces causes par l'étude des aspects physiques et chimiques de la Terre, par l'analyse des fossiles et par la comparaison morphologique et biochimique des organismes. Il représente également la volonté de vérifier des hypothèses grâce à l'expérimentation et l'utilisation de modèles et de nouvelles technologies. Ce déplacement de l'expérience vers l'inférence – de ce qui est connu vers ce qui ne peut être que présumé – nous a fourni des aperçus stupéfiants du passé, comme en témoigne l'exemple suivant.

Les **astéroïdes** sont des corps célestes rocheux ou métalliques, d'un diamètre allant de quelques mètres à 1000 km, qui filent dans l'espace à toute vitesse (voir la figure 19.1). Quand les planètes de notre système solaire se sont formées, leur attraction gravitationnelle a débarrassé l'espace de presque tous les astéroïdes. Il en reste toutefois plus de 6000 qui orbitent autour du Soleil en formant une ceinture entre Mars et Jupiter et des dizaines d'autres qui coupent l'orbite de la Terre. Les risques d'impact avec l'un d'entre eux sont comme un jeu de roulette russe à l'échelle cosmique.

Beaucoup de collisions catastrophiques survenues dans le passé ont changé le cours de l'évolution. L'une d'entre elles a anéanti les derniers dinosaures, comme l'indique en partie une couche d'iridium répartie sur toute la planète. L'iridium est rare sur la Terre, mais pas dans les astéroïdes, et cette mince couche remonte précisément à ce que l'on dénomme la limite KT (entre le crétacé et le tertiaire, voir la figure 19.1). Après la brusque transition survenue entre le mésozoïque et le cénozoïque, il n'y a plus de fossiles de dinosaures, nulle part.

Considérons maintenant qu'il n'y a qu'environ 10 000 ans que les premiers humains modernes (*Homo sapiens*) ont arpenté la Terre, précédés par des dizaines d'espèces humanoïdes ayant évolué en Afrique depuis les 5 derniers millions d'années. Toutes ces formes sont, comme nous, des hominidés. Pourquoi alors sommes-nous les seuls survivants?

Il y a lieu de penser qu'il s'est produit 20 collisions avec des astéroïdes au cours de cette période. À la différence des grandes populations humaines actuelles, dispersées partout à travers le monde, les premiers hominidés vivaient en petits groupes en Afrique. Est-il possible que des accidents cosmiques soient la cause de la disparition des autres hominidés et que nos ancêtres aient tout simplement eu beaucoup de chance?

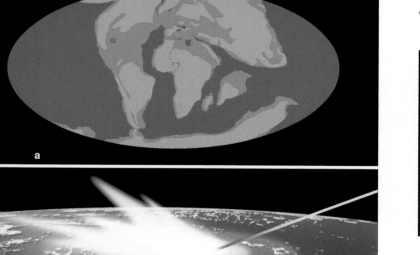

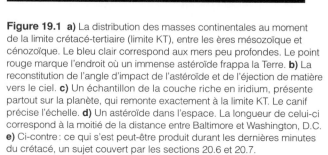

Figure 19.1 a) La distribution des masses continentales au moment de la limite crétacé-tertiaire (limite KT), entre les ères mésozoïque et cénozoïque. Le bleu clair correspond aux mers peu profondes. Le point rouge marque l'endroit où un immense astéroïde frappa la Terre. **b)** La reconstitution de l'angle d'impact de l'astéroïde et de l'éjection de matière vers le ciel. **c)** Un échantillon de la couche riche en iridium, présente partout sur la planète, qui remonte exactement à la limite KT. Le canif précise l'échelle. **d)** Un astéroïde dans l'espace. La longueur de celui-ci correspond à la moitié de la distance entre Baltimore et Washington, D.C. **e)** Ci-contre: ce qui s'est peut-être produit durant les dernières minutes du crétacé, un sujet couvert par les sections 20.6 et 20.7.

On sait qu'un objet de l'espace d'environ 2 km de diamètre a frappé le sud de l'océan Pacifique, à l'ouest du Chili actuel, il y a environ 2,3 millions d'années. Que se serait-il passé s'il avait percuté la Terre quelques heures plus tôt seulement ? Compte tenu de la rotation terrestre, c'est le sud de l'Afrique qui aurait été atteint ; auquel cas, nos lointains ancêtres auraient été anéantis et nous ne serions probablement pas là à nous interroger sur nos origines.

Maintenant que l'on sait ce qu'il faut rechercher, on découvre de plus en plus de cratères sur les images satellites de la Terre. L'un d'eux, en Iraq, a un diamètre de 3,2 km. L'énergie libérée lors de son impact, qui s'est produit il y a moins de 4000 ans, équivaudrait à la détonation de centaines d'armes nucléaires.

Ce qui nous ramène au présent. En 1908, au cours d'une pluie annuelle de météorites, une traînée apparut dans le ciel de la Sibérie, suivie par une explosion dans une région retirée nommée Toungouska. L'objet qui s'était écrasé n'avait pas plus de 30 à 60 m de diamètre, et ce n'était donc pas un impact très violent. L'énergie libérée surpassait pourtant celle de l'explosion d'Hiroshima. Dans un rayon de 30 km, les arbres étaient brûlés d'un côté et avaient été couchés comme des allumettes. Un témoin oculaire se trouvant à 100 km du lieu de l'impact déclara que vers le nord, le ciel semblait embrasé et qu'il avait lui-même senti une grande chaleur, comme si sa chemise était en feu. Des perturbations de la pression atmosphérique furent enregistrées jusqu'en Angleterre.

Plus récemment, au début des années 1990, l'orbite de quatre astéroïdes les amena à mi-chemin entre la Terre et la Lune. En octobre 2028, un gros astéroïde passera à toute vitesse, à une distance inquiétante de la Terre ou de la Lune.

Nous avons exposé ici des exemples de relations de cause à effet dans la nature. Si nous sommes en mesure d'imaginer les conséquences qu'aura pour nous l'impact d'un astéroïde, nous pouvons également imaginer comment ces impacts ont affecté la vie dans le passé. Il est possible de comprendre la vie passée, pas seulement la nôtre. Le présent chapitre expose certains des outils et des observations utilisés pour interpréter les modes de changements à l'intérieur des lignées, de même que leurs tendances et leur fréquence. On abordera en cours de route leurs causes sous-jacentes, y compris les aléas cosmiques qui sont intervenus avant même le temps lointain de l'origine de la vie.

Concepts-clés

1. D'un point de vue évolutif, toutes les espèces ayant jamais vécu sont reliées par leur origine, de façon plus ou moins rapprochée.

2. La macroévolution désigne les principaux modes de changement dans les lignées de descendants au cours de l'histoire de la vie, les tendances qu'ils ont adoptées et le rythme auquel ils sont survenus. Les archives fossiles et géologiques, la datation radiométrique des roches, de même que l'anatomie comparée des espèces vivantes témoignent de la macroévolution.

3. Les archives fossiles sont assez riches pour révéler les modes majeurs de modification de la descendance. Ces archives ne seront jamais complètes et il est normal d'y observer des lacunes. Comme on le sait maintenant, des parties en ont été perdues à cause de mouvements majeurs de la croûte terrestre et d'autres événements géologiques. En outre, la probabilité qu'un organisme soit fossilisé est faible, de même que celle de trouver son fossile, le cas échéant.

4. La biogéographie consiste en l'étude de la répartition des espèces dans le temps et dans l'espace. Une théorie sur les mouvements de la croûte terrestre contribue à expliquer certains aspects énigmatiques de la répartition globale de la vie sur la Terre.

5. La comparaison de la structure corporelle des principaux groupes peut révéler des parentés évolutives. Les similitudes d'une ou de plusieurs structures chez les adultes et les embryons de différentes espèces indiquent souvent la présence d'un ancêtre commun.

6. Les comparaisons biochimiques à l'intérieur des principales lignées et entre elles fournissent des preuves solides de la macroévolution.

7. La taxinomie, la phylogenèse et la systématique révèlent les modes d'apparition de la diversité des êtres vivants. La taxinomie s'applique à identifier et à nommer les espèces. La phylogenèse déduit les parentés évolutives à l'aide de certaines méthodes analytiques. La systématique s'occupe d'organiser l'information concernant les espèces dans des systèmes de classification.

19.1

LES FOSSILES : DES TÉMOINS DE LA VIE PASSÉE

Il y a environ 500 ans, Léonard de Vinci s'interrogeait sur les coquillages ensevelis dans des roches provenant des montagnes du nord de l'Italie, à des centaines de kilomètres de la mer. Comment étaient-ils parvenus jusque-là ? Selon l'explication traditionnelle, une inondation extraordinaire, le déluge, était survenue dans le passé, et les eaux de crue avaient déposé les coquillages dans les montagnes (voir la figure 19.2). Mais beaucoup de ces coquilles étaient minces, fragiles et pourtant intactes. Elles auraient sûrement été réduites en pièces si elles avaient été balayées sur de si grandes distances jusqu'en haut des montagnes.

Léonard de Vinci s'interrogeait aussi au sujet des roches. Empilées comme les couches d'un gâteau, certaines contenaient des coquillages et d'autres non. Il se rappela alors comment les fleuves gonflent avec la crue des eaux au printemps et vont déposer du limon dans la mer. Les couches des roches avaient-elles été déposées il y a longtemps, à intervalles séparés ? Dans l'affirmative, ces coquillages pouvaient être les vestiges de communautés superposées d'organismes ayant déjà vécu dans les mers ! Léonard ne communiqua pas sa nouvelle idée qui, à l'époque, aurait pu être considérée comme une hérésie.

Au cours des années 1700, on admettait que les **fossiles** étaient les restes enfouis ou les traces d'organismes ayant vécu dans le passé. On interprétait toujours leur présence à travers le prisme des croyances alors répandues, comme lorsqu'un naturaliste suisse, excité par la découverte des restes d'une salamandre géante, déclara qu'il s'agissait du squelette d'un homme qui avait péri au cours du déluge. Au milieu de ce siècle, les savants commencèrent toutefois à mettre en doute de telles interprétations.

On s'adonnait à cette époque à une importante exploitation de mines et de carrières, ainsi qu'à l'excavation de canaux. Les mineurs et les terrassiers trouvaient des couches similaires de roches à différents endroits éloignés, comme dans les falaises de part et d'autre de la Manche. Les couches semblaient décrire le passage du temps géologique. Par conséquent, la disposition ordonnée des fossiles dans les couches rocheuses pouvait possiblement être un compte-rendu historique de la vie, de véritables archives fossiles.

La fossilisation

La figure 19.3 montre quelques fossiles. La plupart des fossiles découverts jusqu'à maintenant sont des os, des dents, des coquilles, des graines, des spores et d'autres parties dures. À moins qu'elles soient ensevelies rapidement, les parties molles des organismes se décomposent ou les nécrophages n'en font qu'une bouchée. Les fèces fossilisées (les coprolithes) contiennent les restes d'espèces dévorées dans des environnements anciens. De même, des empreintes de feuilles, de tiges, de pistes, de terriers et d'autres traces fossiles fournissent des témoignages indirects sur la vie dans le passé.

La **fossilisation** est un mécanisme très lent qui débute lorsqu'un organisme, ou ses traces, est enseveli sous de la cendre volcanique ou des sédiments. L'eau infiltre tôt ou tard les restes organiques, qui deviennent imprégnés d'ions de minéraux dissous et d'autres composés inorganiques. Les sédiments qui continuent de s'accumuler graduellement par-dessus le site d'enfouissement exercent une pression de plus en plus importante sur les restes. Sur de longues périodes de temps, la pression et les transformations chimiques rendent ces restes durs comme de la pierre.

La préservation est favorisée lorsque les organismes sont recouverts rapidement en l'absence d'oxygène. L'idéal est un ensevelissement en douceur par de la cendre volcanique ou par de la boue anaérobie. La préservation est aussi meilleure si le site n'est pas perturbé. La plupart du temps toutefois, l'érosion et d'autres événements géologiques écrasent, déforment, cassent ou éparpillent les fossiles. C'est l'une des raisons pour lesquelles les fossiles sont relativement rares.

Les fossiles des couches de roches sédimentaires

Les couches stratifiées des roches sédimentaires représentent une riche source de fossiles. Elles se sont formées il y a longtemps par le dépôt graduel de cendre volcanique, de limon et d'autres matériaux. Ainsi, le sable et le limon se sont amoncelés quand les fleuves les transportaient de la terre vers la mer, tout comme le pensait Léonard de Vinci. Le sable fut comprimé en grès et le limon, en schiste argileux. Les dépôts de substances n'étaient pas réguliers. Par exemple, le niveau des mers changea lorsqu'un refroidissement provoqua les âges glaciaires. Des quantités considérables d'eau se trouvèrent alors emprisonnées dans les glaciers, des rivières s'asséchèrent et la sédimentation s'interrompit à certains endroits. Plus tard, les dépôts sédimentaires recommencèrent à s'accumuler avec le réchauffement du climat et la fonte des glaciers.

On donne le nom de **stratification** à la formation des couches de roches sédimentaires. On peut s'attendre à ce que les couches les plus profondes aient été les premières à se former et les couches situées plus près de la surface, les dernières. On peut également croire que la plupart des couches se sont formées horizontalement, puisque les particules se déposent en réponse à la gravité. Les couches inclinées ou fracturées qu'on voit parfois (par exemple en empruntant une route taillée

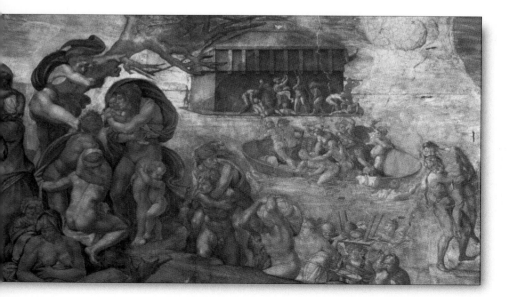

Figure 19.2 Une représentation du déluge par Michel-Ange, décorant la chapelle Sixtine du Vatican.

Figure 19.3 a) Le rêve d'un chasseur de fossiles : le squelette entier d'une chauve-souris ayant vécu il y a 50 millions d'années. Les fossiles intacts sont rares, car peu de sites n'ont pas été perturbés par l'érosion ou d'autres forces. **b)** Même les parties pêle-mêle d'un oiseau constituent une bonne trouvaille, qui demandera toutefois des heures de préparation et d'analyse avant d'en identifier l'espèce.
c) Les parties fossilisées de la plus vieille plante terrestre connue (*Cooksonia*) dont les tiges n'atteignaient même pas 7 cm de hauteur.
d) Les restes du squelette d'un ichtyosaure, un reptile marin qui vivait il y a 200 millions d'années. Une représentation artistique de la figure 20.15 montre à quoi ce reptile pouvait ressembler.

à travers une montagne) sont pour la plupart l'indice d'une perturbation géologique survenue après le dépôt des couches.

Quand on comprend comment les couches rocheuses se forment, on se rend compte que les fossiles se trouvant dans une couche particulière proviennent de la même époque de l'histoire de la Terre. Plus précisément, plus la strate est ancienne, plus le fossile l'est aussi. Étant donné que les strates rocheuses se sont formées successivement, l'ensemble des fossiles de chacune correspond à une époque spécifique. C'est pourquoi on peut utiliser les fossiles pour assigner un âge relatif aux roches dans lesquelles on les trouve. On verra dans la prochaine section comment on a utilisé les couches de fossiles comme points de référence pour construire l'échelle des temps géologiques.

L'interprétation des archives fossiles

Nous possédons des fossiles de plus de 250 000 espèces. Si on en juge par l'étendue de la biodiversité actuelle, des millions et des millions d'autres espèces doivent avoir existé. Mais nous ne retrouverons sans doute jamais les fossiles de la plupart d'entre elles, de sorte que les archives de la vie passée resteront incomplètes. Pourquoi en est-il ainsi ?

Les chances sont faibles de trouver des traces d'une espèce ancienne, aujourd'hui disparue. Il faut pour cela qu'au moins l'un de ses individus soit mort et ait été doucement enseveli avant d'être mangé ou décomposé. Le site d'enfouissement doit en outre avoir échappé à la destruction pouvant être provoquée par l'érosion, les coulées de lave ou d'autres événements géologiques. Finalement, le fossile doit se trouver dans un endroit où quelqu'un peut effectivement le trouver, par exemple dans une couche sédimentaire mise à jour par une rivière ayant creusé un canyon. Ajoutons à cela que certains habitats, comme le sommet des hautes montagnes, ne se prêtent pas à la fossilisation.

Par ailleurs, la plupart des espèces des anciennes communautés ne se prêtaient pas à la préservation. Par exemple, à la différence des poissons osseux et des mollusques munis de coquilles dures, les méduses et les vers au corps mou ne sont pas très présents dans les archives fossiles, bien qu'ils aient sans doute été tout aussi communs, sinon plus, que ceux-là.

Il faut aussi prendre en compte la densité des populations et la taille des organismes. Une population de plantes peut libérer des millions de spores au cours d'une seule saison de reproduction, alors que les premiers humains vivaient en petits groupes et ne produisaient que peu d'enfants. Quelle est alors la probabilité de trouver même un seul os humain par rapport à celle de trouver les spores d'une plante qui vivait au même moment ?

Imaginons finalement une espèce ayant occupé une île volcanique qui s'est enfoncée dans l'océan. Ou comparons une espèce n'ayant persisté que pendant un court laps de temps et une autre qui s'est maintenue pendant des milliards d'années. Laquelle a le plus de chance de figurer dans les archives fossiles ?

Les fossiles sont la trace physique d'organismes ayant vécu dans un passé lointain. Les couches stratifiées des roches sédimentaires riches en fossiles forment les archives historiques de la vie. Les strates les plus profondes contiennent en général les fossiles les plus anciens.

Les archives fossiles fournissent un compte rendu incomplet de la vie du passé. Des bouleversements géologiques majeurs en ont détruit une bonne partie. De plus, les espèces représentées sont surtout des espèces présentant l'une ou l'autre des caractéristiques suivantes : une grande taille, la présence de parties dures ; avoir formé des populations denses, avoir eu une vaste répartition ou avoir persisté durant de longues périodes.

En dépit de cela, les archives fossiles sont maintenant suffisamment importantes pour permettre de reconstituer la séquence des changements survenus au cours de l'histoire de la vie.

LE TÉMOIGNAGE DE LA BIOGÉOGRAPHIE

Pendant que les premiers géologues étaient occupés à découvrir des fossiles et à cartographier les informations enregistrées dans les roches, une de leurs théories concernant l'histoire de la Terre enchantait tellement Charles Darwin qu'elle lui servit à modeler sa propre vision de la vie. Selon la théorie de l'**uniformisme**, la formation des montagnes et l'érosion avaient sans cesse modelé la surface de la Terre, exactement de la même façon à travers toutes les époques (voir la section 17.2). Selon les tenants de cette théorie, les grands empilements de couches sédimentaires, tels ceux de la figure 19.7, en fournissaient les preuves. Mais plus les géologues faisaient tinter les roches avec leurs marteaux, plus ils se rendaient compte que les changements répétitifs n'étaient qu'une partie du tableau. Tout comme la vie, la Terre s'était transformée de façon irréversible : elle avait évolué.

Une hypothèse scandaleuse

Le découpage des côtes de l'Amérique du Sud et de l'Afrique semblait s'ajuster aussi précisément que les pièces d'un casse-tête. Tous les continents avaient-ils déjà été réunis en un « supercontinent » qui s'était par la suite disloqué ? Les fragments avaient-ils dérivé loin les uns des autres ? Cette idée se répandit sous le nom de « dérive des continents ». Les géologues se demandèrent également si les chaînes de montagnes qui longent de nombreuses côtes avaient pu se former lors de la collision de certains de ces énormes fragments.

On proposa une abondance de modèles de ce supercontinent. Alfred Wegener donna le nom de **Pangée** à sa propre version. Pour construire son modèle, il utilisa les dépôts glaciaires en guise d'indices

pour déduire les zones climatiques du passé. D'autres indices lui furent fournis par la répartition mondiale des fossiles et des espèces vivantes.

La plupart des savants ne pouvaient accepter cette théorie. Ils savaient que les continents sont plus minces et moins denses que le manteau, la partie rocheuse située sous eux. La vision des continents naviguant de leur propre chef sur le manteau leur semblait aussi improbable que celle d'une serviette de papier se frayant un chemin sur l'eau d'une baignoire. Ils préféraient la théorie de l'uniformisme.

Les scientifiques firent alors une découverte étonnante. Lorsque des roches riches en fer se forment, leur structure interne adopte une orientation nord-sud en réaction au magnétisme terrestre. Pourtant, l'orientation des roches anciennes n'était pas alignée avec les pôles magnétiques. En utilisant comme guide magnétique des roches d'Amérique du Nord et d'Europe âgées de 200 millions d'années, les scientifiques tracèrent des esquisses dans lesquelles ils faisaient tourner les roches pour les placer dans l'alignement nord-sud d'origine qu'ils leur supposaient. Les alignements ne concordaient que lorsqu'ils plaçaient côte à côte l'Amérique du Nord et l'Europe.

D'autres faits surprenants ! Des investigations en eaux profondes révélèrent les signes d'une expansion du fond océanique : des roches en fusion font éruption au niveau des dorsales océaniques, s'écoulent latéralement dans les deux directions à partir de la dorsale, puis durcissent pour former une nouvelle croûte. Cette nouvelle croûte en expansion pousse la croûte plus vieille à s'enfoncer dans des fosses profondes situées ailleurs dans les fonds océaniques. Les dorsales et les fosses sont les bords de plaques immenses et relativement minces, ressemblant un peu aux morceaux d'une coquille d'œuf fêlée (voir la figure 19.8). Ces plaques de la croûte terrestre se déplacent extrêmement lentement et leur mouvement amène les continents dans de nouvelles positions.

On pouvait déduire de ces découvertes que la dérive des continents ne représentait qu'une partie d'une explication plus générale des mouvements de la croûte terrestre, énoncée dans la **théorie de la tectonique des plaques**. Les chercheurs découvrirent vite des façons de démontrer le pouvoir prédictif de cette nouvelle théorie. En Afrique, en Inde, en Australie et en Amérique du Sud par exemple, la même succession de couches de charbon, de dépôts glaciaires et de basalte renfermait des fossiles d'une fougère produisant des graines (*Glossopteris*, voir la figure 19.9) et d'un reptile ressemblant à un mammifère (le thérapside *Lystrosaurus*, voir la section 20.6). Les graines de la plante étaient trop lourdes et l'animal trop petit pour avoir été dispersés sur d'aussi longues distances à travers les océans. Mais qu'en serait-il s'ils avaient tous deux pris naissance sur le **Gondwana** – un autre supercontinent présumé – qui était encore plus vieux que la Pangée ?

Un géologue fit la prédiction qu'on découvrirait aussi des fossiles de *Glossopteris* et de *Lystrosaurus* en Antarctique, dans des dépôts glaciaires et des couches de charbon et de basalte similaires à ceux des continents austraux. De fait, les explorateurs de l'Antarctique trouvèrent la même série et les mêmes fossiles – autant de preuves à l'appui de la prédiction et de la théorie de la tectonique des plaques.

Des continents à la dérive et des mers changeantes

Analysons attentivement la figure 19.9. Dans un lointain passé, les mouvements de la croûte terrestre ont placé des masses continentales immenses sur des routes de collision et ces masses ont fini

Figure 19.7 Une splendide tranche de temps : le Grand Canyon, dans le sud-ouest des États-Unis, faisait autrefois partie d'un bassin océanique. Ses couches de roches sédimentaires se sont formées lentement, au cours de centaines de millions d'années. Plus tard, des forces géologiques ont soulevé les anciens empilements de couches au-dessus du niveau de la mer. Plus tard encore, la force d'érosion des rivières a sculpté les parois du canyon et a mis à jour ses strates rocheuses.

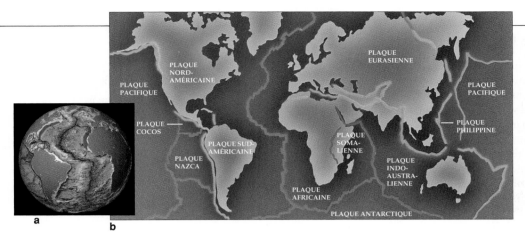

a

b

Figure 19.8 Certaines forces de changement géologique. **a)**, **b)** La configuration actuelle des plaques de la croûte terrestre. Ces plaques rigides s'éloignent lentement les unes des autres, dérivent ou entrent en collision. Le globe **a)** montre la croûte la plus jeune (en rouge, moins de 10 millions d'années) et la plus vieille (en bleu, 180 millions d'années).

b) Il arrive souvent que le bord d'attaque d'une plaque se glisse sous une plaque adjacente et la soulève. Les lignes bleues indiquent où cela se produit actuellement. La chaîne des Cascades, les Andes et d'autres chaînes de montagnes parallèles à la côte des continents se sont formées de cette façon.

Il y a longtemps, des superpanaches ont rompu avec violence la croûte terrestre au niveau de « points chauds » dans le manteau. C'est ainsi que l'archipel hawaiien s'est formé. Les continents aussi se rompent. Des distensions et des délitements profonds de roches se produisent actuellement au Missouri, dans le lac Baïkal, en Russie, et dans l'est de l'Afrique.

c) D'immenses panaches de matériaux en fusion sont responsables du mouvement des plaques. Ces panaches sourdent de l'intérieur, s'étendent latéralement sous la croûte et la rompent au niveau des profondes dorsales océaniques. À cet endroit, le matériel en fusion s'écoule, se refroidit et écarte graduellement le fond océanique du site de la rupture. L'expansion du fond océanique écarte les plaques des dorsales.

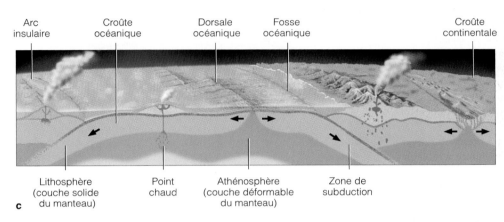

Arc insulaire | Croûte océanique | Dorsale océanique | Fosse océanique | Croûte continentale

Lithosphère (couche solide du manteau) | Point chaud | Athénosphère (couche déformable du manteau) | Zone de subduction

c

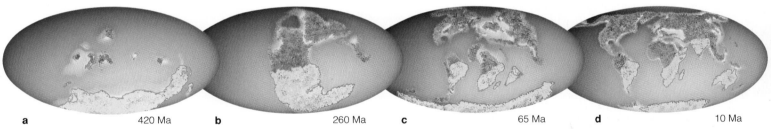

a   420 Ma   b   260 Ma   c   65 Ma   d   10 Ma

Figure 19.9 La reconstitution des continents à la dérive. **a)** Le Gondwana (en jaune), il y a 420 millions d'années. **b)** Toutes les masses continentales entrent en collision et forment la Pangée. Il y a environ 260 millions d'années, les fougères à graines (*Glossopteris*) et d'autres plantes vivaient sur la portion Gondwana de ce supercontinent et nulle part ailleurs. **c)** La position des fragments de la Pangée, il y a 65 millions d'années. **d)** Leur position, il y a 10 millions d'années.

Fossile de *Glossopteris*

par converger pour former des supercontinents. Ceux-ci se séparèrent ensuite au niveau de failles profondes, puis ils constituèrent de nouveaux bassins océaniques. Gondwana est le nom donné au premier supercontinent. Il dériva vers le sud à partir des tropiques, traversant la région polaire australe. Il se déplaça ensuite vers le nord, jusqu'à ce qu'il entre en collision avec d'autres masses continentales pour former un continent planétaire unique – la Pangée. Ce supercontinent s'étendait d'un pôle à l'autre et un unique océan léchait ses côtes. Pendant ce temps, les lentes forces d'érosion de l'eau et du vent resculptaient la surface de la Terre, aidées, comme si elles n'étaient pas suffisantes, par les météorites qui bombardaient la croûte terrestre. Les impacts de ces derniers et leurs conséquences eurent des effets à long terme sur la température et le climat global.

Tous ces changements sur la terre ferme, dans les océans et dans l'atmosphère eurent une influence profonde sur l'évolution de la vie. Imaginons les premières formes de vie prospérant dans les eaux chaudes et peu profondes des côtes continentales. Ces côtes disparurent quand les continents entrèrent en collision, un événement dévastateur pour de nombreuses espèces. Mais, en même temps que d'anciens habitats disparaissaient, d'autres s'ouvraient pour les survivants – et l'évolution s'engageait dans de nouvelles directions. Les prochaines parties de ce manuel montrent que l'histoire de la vie est indissociable de celle de la Terre.

Au cours des derniers 3,8 milliards d'années, des changements de la croûte terrestre, de l'atmosphère et des océans ont exercé une influence profonde sur l'évolution de la vie.

LE TÉMOIGNAGE DE L'ANATOMIE COMPARÉE

L'évolution, rappelons-le, signifie simplement l'apparition de changements héréditaires dans les lignées de descendants. L'**anatomie comparée** fournit de bonnes preuves de la modification de la descendance. Son champ d'études se concentre sur l'organisation corporelle et les structures de groupes d'organismes, comme les vertébrés ou les plantes à fleurs. Elle révèle souvent une similitude d'une ou de plusieurs structures corporelles ayant un fondement génétique et reflétant l'existence d'un ancêtre commun. De telles structures portent le nom de **structures homologues** et leur similitude est évidente, même quand des organismes différents les utilisent à des fins différentes.

La divergence morphologique

Comme l'expose le chapitre 18, les populations d'une même espèce divergent du point de vue génétique lorsque le flux génétique est interrompu entre elles. Avec le temps, elles finissent par présenter des divergences de caractères morphologiques qui permettent de caractériser leur espèce. Une telle modification de l'organisation corporelle d'un ancêtre commun est un motif récurrent de la macroévolution et on lui donne le nom de **divergence morphologique**.

Même quand deux espèces apparentées présentent une divergence considérable de leur morphologie, elles demeurent semblables par d'autres aspects. Elles ont commencé leur existence avec la même forme corporelle et les mêmes structures, puis elles ont évolué dans des directions différentes à la suite de modifications successives du programme génétique qu'elles partageaient. En y regardant de plus près, il devrait être possible d'identifier leurs ressemblances profondes.

À titre d'exemple, les vertébrés terrestres proviennent tous des mêmes amphibiens primitifs, à partir desquels des divergences ont mené aux reptiles, puis aux oiseaux et aux mammifères. On connaît certaines choses du reptile « souche », l'ancêtre de tous les autres reptiles et des oiseaux et mammifères. On possède en effet les os fossilisés du membre à cinq doigts d'une espèce courte sur pattes (voir la figure 19.10a). Ses descendants se sont répandus dans de nombreux habitats terrestres et quelques-uns d'entre eux sont même retournés dans la mer quand l'environnement a changé.

Ce membre à cinq doigts a représenté une innovation majeure pour les ptérosaures, les oiseaux et les chauves-souris. On peut le comparer à de l'argile que l'évolution a modelée en des membres différents dotés de fonctions différentes. Dans les lignées menant aux manchots et aux marsouins, ce membre s'est transformé en nageoire.

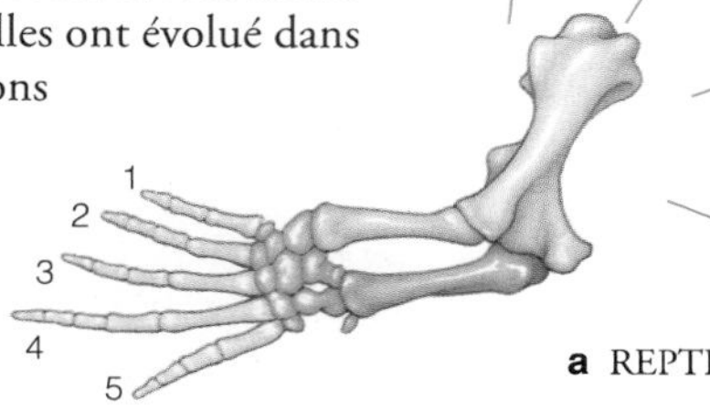

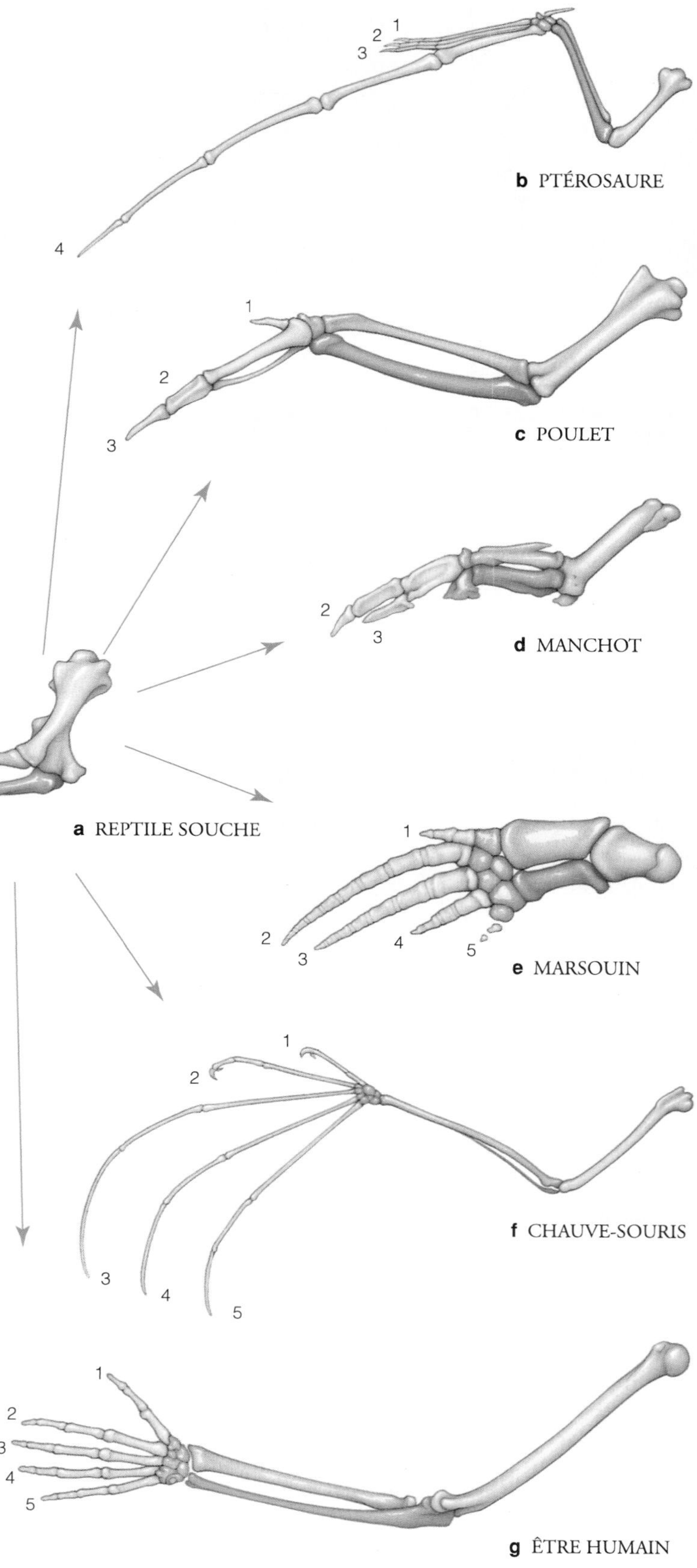

b PTÉROSAURE

c POULET

d MANCHOT

a REPTILE SOUCHE

e MARSOUIN

f CHAUVE-SOURIS

g ÊTRE HUMAIN

Figure 19.10 La divergence morphologique du membre antérieur des vertébrés, à partir du reptile souche. Des ressemblances relatives au nombre et à la position des éléments squelettiques se sont maintenues à travers l'évolution des différentes formes. Certaines pièces osseuses ont disparu au cours de l'évolution (comparez par exemple le nombre de doigts, de 1 à 5). Les illustrations ne sont pas à la même échelle.

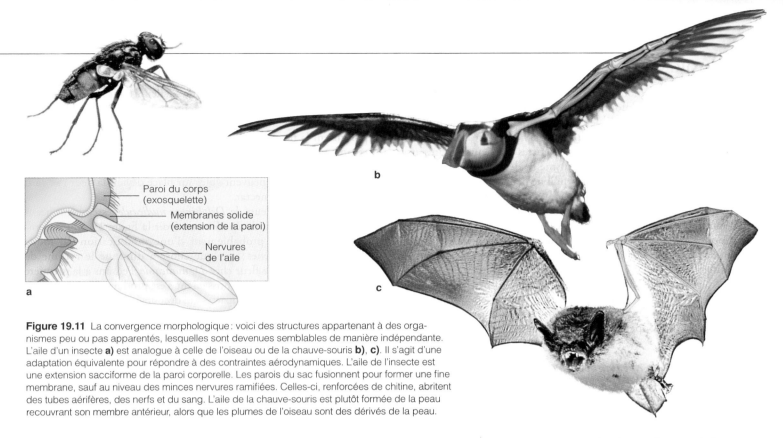

Figure 19.11 La convergence morphologique : voici des structures appartenant à des organismes peu ou pas apparentés, lesquelles sont devenues semblables de manière indépendante. L'aile d'un insecte **a)** est analogue à celle de l'oiseau ou de la chauve-souris **b)**, **c)**. Il s'agit d'une adaptation équivalente pour répondre à des contraintes aérodynamiques. L'aile de l'insecte est une extension sacciforme de la paroi corporelle. Les parois du sac fusionnent pour former une fine membrane, sauf au niveau des minces nervures ramifiées. Celles-ci, renforcées de chitine, abritent des tubes aérifères, des nerfs et du sang. L'aile de la chauve-souris est plutôt formée de la peau recouvrant son membre antérieur, alors que les plumes de l'oiseau sont des dérivés de la peau.

Dans la lignée menant au cheval actuel, il s'est modifié en un membre allongé, doté d'un seul doigt, permettant la course rapide. Chez les taupes, il a adopté une forme courte et ramassée efficace pour creuser la terre. Chez les éléphants, il est devenu robuste et a adopté la forme d'une colonne capable de supporter un poids important. Le membre à cinq doigts s'est modifié et a produit le bras et la main de l'humain. Cette dernière est munie d'un pouce opposable aux quatre autres doigts, une caractéristique fondamentale permettant d'effectuer des mouvements précis et de saisir des objets.

Même si le membre antérieur des divers groupes de vertébrés diffère par sa taille, sa forme ou sa fonction, il y a une ressemblance manifeste dans sa structure et dans la position de ses pièces osseuses. Il y a également une ressemblance dans les nerfs, les vaisseaux sanguins et les muscles qu'on y observe. La comparaison des embryons des vertébrés révèle aussi une similitude dans le développement de ces structures (voir le chapitre 43). De telles ressemblances indiquent une origine commune.

La convergence morphologique

Les structures corporelles adoptant des formes ou des fonctions semblables chez des espèces différentes ne sont pas toujours des structures homologues et peuvent s'être développées indépendamment dans des lignées qui ne sont pas étroitement apparentées. Si des parties du corps ont été soumises à des pressions environnementales comparables, la sélection peut y avoir favorisé des modifications similaires et elles peuvent finir par se ressembler. La **convergence morphologique** désigne l'évolution indépendante de structures corporelles qui sont devenues semblables chez des organismes peu apparentés.

On vient par exemple de voir que les membres antérieurs des oiseaux et des chauves-souris sont des structures homologues, qui permettent ici l'accomplissement d'une fonction commune, le vol. Leurs ailes sont-elles pour autant homologues ? Non. L'aile de l'oiseau est constituée par un drapé de plumes dérivées de la peau, et le membre antérieur en assure le support structural. Chez la chauve-souris, l'aile est formée d'une membrane mince qui est une extension de la peau elle-même, attachée aux éléments osseux du membre antérieur et renforcée par eux (voir la figure 19.11).

L'aile de l'insecte ressemble aussi par sa fonction à celle de l'oiseau ou de la chauve-souris, mais elle ne présente pas d'homologie avec elles. L'aile de l'insecte s'est développée comme une extension d'une paroi corporelle externe renforcée par de la chitine et aucun élément osseux ne la soutient, comme le montre la figure 19.11.

La ressemblance convergente est une preuve que les chauves-souris, les oiseaux et les insectes – trois lignées différentes – se sont adaptés indépendamment aux contraintes aérodynamiques imposées par le vol. Leurs ailes sont des **structures analogues**, qui ne dérivent pas de parties comparables du corps et leur convergence morphologique n'indique qu'une similarité de leur fonction.

La divergence morphologique signifie que des structures comparables se sont transformées de façon différente chez des espèces issues d'un même ancêtre.

Ces divergences produisent des structures homologues qui, même si elles diffèrent par leur taille, leur forme ou leur fonction, présentent une similitude fondamentale à cause de leur origine commune.

Dans la convergence morphologique, des structures corporelles dissemblables se sont développées indépendamment chez des espèces qui ne sont pas étroitement apparentées, mais qui se sont adaptées à des pressions environnementales similaires.

Les structures analogues, qui sont le résultat de la convergence morphologique, se ressemblent parce qu'elles représentent des adaptations à des contraintes environnementales similaires et non en raison d'une origine commune.

LE TÉMOIGNAGE DE LA BIOCHIMIE COMPARÉE

Toute espèce est un mélange de caractères ancestraux et originaux. Le nombre et le type de caractères que deux espèces partagent sont un indice de la proximité de leur parenté. Cela comprend également les caractères biochimiques. On se rappelle que chaque espèce hérite d'une séquence de nucléotides d'ADN qui code les instructions pour la synthèse de ses ARN et de ses protéines. Mais des mutations se sont accumulées dans les lignées divergentes qui ont conduit à de nouvelles espèces. Par conséquent, on peut s'attendre à ce que l'ADN, l'ARN et les protéines d'espèces étroitement apparentées présentent plus de ressemblances que ceux d'espèces peu apparentées.

Les études morphologiques suggèrent déjà des liens de parenté entre les singes, l'être humain et les grands singes comme le chimpanzé. La comparaison de la séquence des acides aminés d'une protéine telle l'hémoglobine, que tous ces primates produisent, peut apporter des preuves supplémentaires de ces liens de parenté, tout comme le ferait la comparaison des séquences de bases de leur ADN. Ces comparaisons donnent des mesures quantitatives de la parenté de deux espèces qu'on ne peut distinguer par l'étude de leur seule morphologie. Les techniques de séquençage automatique de l'ADN permettent maintenant d'obtenir des résultats en quelques heures (voir la section 16.4). La séquence des bases de l'ADN et celle des acides aminés d'un certain nombre de protéines ont déjà été déchiffrées chez plusieurs espèces et elles sont disponibles sur Internet.

La comparaison des protéines

Supposons que les séquences des acides aminés codées par un gène soient les mêmes, ou presque, chez deux espèces. Cette absence de mutations suggère que ces espèces sont proches parentes. Si, par contre, les séquences diffèrent de façon importante, c'est l'indice que beaucoup de mutations se sont accumulées chez elles et qu'il s'est sans doute écoulé beaucoup de temps depuis le moment où elles partageaient un ancêtre commun.

Un gène fortement conservé code le cytochrome *c*, un composant protéique de la chaîne de transport d'électrons chez des espèces allant de bactéries aérobies à l'être humain. La structure primaire de cette protéine chez l'humain consiste en 104 acides aminés. La figure 19.15 permet de constater la similitude frappante de la séquence des acides aminés du cytochrome *c* chez un eumycète, une plante et un animal. Mais, fait plus étonnant encore, la séquence complète des acides aminés du cytochrome *c* du chimpanzé est identique à celle de l'humain. Celle du singe rhésus diffère par un acide aminé, celle du poulet, par 19 et celle des levures,

par 56 acides aminés. En s'appuyant sur cette information biochimique, dirions-nous que l'être humain est plus apparenté à un chimpanzé ou à un singe rhésus ? À un poulet ou à une tortue ?

La comparaison des acides nucléiques

Des altérations structurales résultant de mutations ponctuelles sont, de façon typique, dispersées dans les séquences nucléotidiques des molécules d'ADN, et un certain nombre d'altérations uniques se sont accumulées chez chaque espèce d'êtres vivants.

L'**hybridation des acides nucléiques** renvoie à un appariement de bases entre des séquences d'ADN ou d'ARN provenant de sources différentes. La section 16.5 décrit de quelle façon les chercheurs provoquent la déspiralisation de molécules d'ADN d'espèces différentes et leur recombinaison pour former des molécules hybrides. La quantité de chaleur nécessaire pour scinder ensuite la molécule hybride est une mesure de la complémentarité de ses deux brins : il faut en effet plus d'énergie thermique pour séparer l'ADN hybridé d'espèces étroitement apparentées. L'hybridation de l'ADN fut l'un des premiers outils utilisés pour mesurer la distance évolutive existant entre deux groupes d'organismes. On s'en servit par exemple pour construire l'arbre évolutif des pandas et des ours (voir la figure 19.16).

De nos jours, le séquençage automatique de l'ADN fournit des résultats plus rapides et plus précis (voir la section 16.4) et on utilise cette méthode pour comparer l'ADN nucléaire, l'ADN mitochondrial (ADNm) et l'ARN ribosomique (ARNr). On compare des séquences d'ADN de différents poids moléculaires après les avoir séparés par électrophorèse sur gel. L'ADNm est particulièrement utile dans le cas des espèces eucaryotes, car ses séquences de bases sont plutôt courtes et il mute 10 fois plus rapidement que l'ADN nucléaire. L'ARNr se prête aux comparaisons des espèces procaryotes, car il est tellement essentiel pour toutes les cellules qu'il renferme peu de mutations, même chez des espèces dont la parenté est lointaine. On verra qu'on l'a utilisé pour identifier les premières divergences survenues dans l'histoire de la vie.

On utilise des programmes informatiques pour analyser les séquences d'ADN et construire des arbres évolutifs qu'on étaye souvent à l'aide d'études morphologiques et d'analyse des fossiles. Mais les transferts de gènes entre les espèces peuvent fausser les résultats. Il semble par exemple que l'échange de gènes était fréquent chez les premiers procaryotes. Certains caractères des espèces procaryotes en particulier pourraient être le résultat de recombinaisons de l'ADN, de sorte qu'il est nécessaire d'en faire une analyse soignée.

Figure 19.15 La structure primaire du cytochrome *c*, une protéine du système de transport d'électrons des cellules. Les trois séquences d'acides aminés sont celles d'une levure (rangée du haut), du blé (rangée du milieu) et d'un primate (rangée du bas). Ces séquences sont fortement conservées, même chez des lignées éloignées du point de vue évolutif. Leurs portions identiques sont indiquées en jaune. La probabilité que cette ressemblance moléculaire marquée soit due au seul hasard est extrêmement faible.

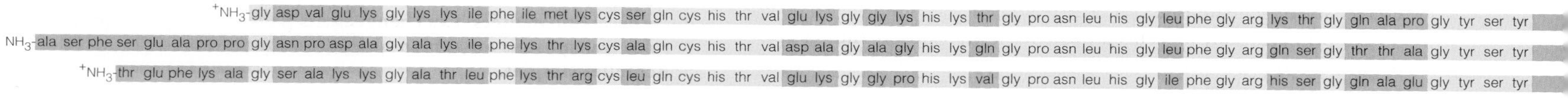

$^{+}NH_3$-gly asp val glu lys gly lys lys ile phe ile met lys cys ser gln cys his thr val glu lys gly gly lys his lys thr gly pro asn leu his gly leu phe gly arg lys thr gly gln ala pro gly tyr ser tyr

NH_3^{-}-ala ser phe ser glu ala pro pro gly asn pro asp ala gly ala lys ile phe lys thr lys cys ala gln cys his thr val asp ala gly ala gly his lys gln gly pro asn leu his gly leu phe gly arg gln ser gly thr thr ala gly tyr ser tyr

$^{+}NH_3$-thr glu phe lys ala gly ser ala lys lys gly ala thr leu phe lys thr arg cys leu gln cys his thr val glu lys gly gly pro his lys val gly pro asn leu his gly ile phe gly arg his ser gly gln ala glu gly tyr ser tyr

RATON LAVEUR | PETIT PANDA

PANDA GÉANT

OURS À LUNETTES | OURS DE L'INDE | OURS MALAIS | OURS NOIR | OURS BLANC | OURS BRUN

DIVERGENCE
Il y a 15 à 20 Ma.

DIVERGENCE
Il y a environ 40 Ma.

Figure 19.16 Des études d'hybridation de l'ADN chez le petit panda, le panda géant et les ours.

Les horloges moléculaires

Lorsqu'on s'interroge sur la constance des changements évolutifs, les comparaisons moléculaires peuvent nous renseigner sur le moment où des divergences se sont produites.

Pensons par exemple à notre propre espèce qui, comparée aux primates qui nous sont le plus étroitement apparentés, présente des caractères uniques résultant des mutations qui se sont accumulées après notre divergence de la souche ancestrale de primates. Mais nous partageons tout de même beaucoup de gènes avec d'autres espèces. Par exemple, le dernier ancêtre partagé par certaines levures et l'être humain vivait il y a des centaines de millions d'années. Moins de 10 % des protéines connues des levures ont vu leur structure globale modifiée de façon significative ; tout le reste est fortement conservé.

Même alors, des mutations neutres ont introduit de légères différences structurales dans les gènes fortement conservés des différentes espèces. On se rappelle que les **mutations neutres** ont peu ou pas d'effets sur la survie et la reproduction. Elles peuvent ainsi se faufiler entre les agents de la sélection et s'accumuler dans l'ADN.

Certains calculs indiquent que les mutations neutres présentes dans les gènes fortement conservés se sont accumulées à un taux régulier et que leur accumulation dans une lignée peut se comparer au tic-tac d'une **horloge moléculaire**. En reculant les aiguilles de cette horloge, de façon à ce que le nombre total de tic-tac se déroule en remontant les grands intervalles géologiques du passé, on pourra atteindre le temps du premier tic-tac, qui correspond en gros à l'origine de la lignée.

Comment calibre-t-on les horloges moléculaires dans le temps ? En compilant le nombre de différences dans les séquences des bases azotées ou des acides aminés d'espèces différentes, puis en mettant

Le panda géant est un mammifère herbivore doté d'un tube digestif de carnivore. Il ne peut digérer les fibres dures de la cellulose des plantes aussi efficacement que les mammifères ruminants qui ont un estomac compartimenté capable de contenir d'immenses populations de bactéries sécrétant des enzymes qui digèrent la cellulose (voir la section 41.1). Les pandas ne mangent que du bambou qui, à poids égal, contient moins de nutriments que la viande. Ils doivent donc trouver et manger des quantités importantes de bambou pour obtenir suffisamment de protéines, de lipides et de glucides. Leurs pattes arrondies aux doigts courts peuvent arracher les feuilles de bambou. Un doigt osseux opposable aux cinq autres doigts agit comme un pouce pour saisir les feuilles.

Le panda géant a l'aspect d'un ours, mais il présente des ressemblances avec le petit panda, qui vit à peu près dans la même région de la Chine et qui se nourrit aussi de bambou. Les ours et le petit panda n'ont pas de sixième doigt opposable. Quel est le lien de parenté entre ces trois animaux ? Des études d'hybridation de leur ADN ont fourni la réponse. L'identification des bases nucléotidiques mal assorties a révélé la distance évolutive qui existe entre eux et est venue appuyer une hypothèse qui avait déjà été formulée. Le dernier ancêtre que ces animaux ont partagé vivait il y a plus de 40 millions d'années. Une divergence génétique est apparue parmi ses descendants. L'une des branches a mené au raton laveur actuel et au petit panda, alors qu'une autre conduisait aux ours. Il y a entre 15 et 20 millions d'années, une bifurcation de la lignée des ours donna naissance à l'ancêtre du panda géant, qui serait ainsi apparenté plus étroitement aux ours qu'au petit panda.

ce nombre en relation avec une série de points de bifurcation déduits des documents fossiles. Le graphique obtenu reflète les moments relatifs de la divergence entre des espèces et même entre des embranchements et des règnes.

La ressemblance biochimique la plus grande s'observe entre les espèces les plus étroitement apparentées, et la plus faible, entre les plus éloignées.

thr ala ala asn lys asn lys gly ile ile trp gly glu asp thr leu met glu tyr leu glu asn pro lys lys tyr ile pro gly thr lys met ile phe val gly ile lys lys glu glu arg ala asp leu ile ala tyr leu lys lys ala thr asn glu-COO⁻

ser ala ala asn lys asn lys ala val glu trp glu glu asn thr leu tyr asp tyr leu leu asn pro lys lys tyr ile pro gly thr lys met val phe pro gly leu lys lys pro gln asp arg ala asp leu ile ala tyr leu lys lys ala thr ser ser-COO⁻

thr asp ala asn ile lys lys asn val leu trp asp glu asn asn met ser glu tyr leu thr asn pro lys lys tyr ile pro gly thr lys met ala phe gly gly leu lys lys glu lys asp arg asn asp leu ile thr tyr leu lys lys ala cys glu-COO⁻

COMMENT INTERPRÉTER LES TÉMOIGNAGES ?

Identifier, nommer et classifier les espèces

La **taxinomie** est le domaine de la biologie qui tente d'identifier, de nommer et de classifier les espèces. Les taxinomistes ont à faire face à divers obstacles, les informations disponibles sur les espèces pouvant être interprétées et organisées de différentes façons.

Abordons d'abord un système de nomenclature, admis par presque tous les biologistes. Les plants de maïs et de vanille, la mouche domestique et l'être humain, de même que toutes les autres espèces ont un nom scientifique qui permet à tous de savoir qu'ils parlent du même organisme (voir la figure 19.17). Les taxinomistes assignent les noms sur la base d'un système élaboré par Carl von Linné, un éminent naturaliste de la première heure. Son **système binominal** de nomenclature attribue à chaque espèce un nom latin ou latinisé composé de deux termes.

Le premier terme du nom d'une espèce est générique ; il est descriptif d'espèces semblables qu'on pense être un même type d'organisme et qu'on groupe ensemble pour former un **genre**. Le second terme est une **épithète spécifique** qui, avec le nom du genre, désigne un type unique d'organisme.

Il n'existe qu'un unique *Ursus maritimus* (l'ours blanc ou polaire). *Ursus arctos* est l'ours brun et *Ursus americanus* est l'ours noir. On doit mettre en capitale la première lettre du nom du genre, mais pas celle de l'épithète spécifique. On n'utilise pas cette dernière sans le nom du genre, complet ou abrégé, qui la précède, car elle peut former le deuxième nom d'une espèce appartenant à un autre groupe. Par exemple, *U. americanus* désigne l'ours noir, *Homarus americanus*, le homard américain et *Bufo americanus*, le crapaud d'Amérique.

Le regroupement des espèces – les taxons supérieurs

La **systématique** est la science de la classification des êtres vivants. Elle regroupe ceux-ci dans des **systèmes de classification**, qui sont des outils qui permettent de rechercher et d'extraire de l'information au sujet d'une espèce. Il fut un temps où tout ce qui existait dans la nature était classé soit parmi les animaux, les végétaux ou les minéraux. Linné conçut un système comprenant deux règnes dans lequel tous les organismes vivants étaient répartis en animaux ou en végétaux d'après leurs ressemblances et leurs différences. Son système a été en vigueur durant plus de deux siècles, mais il ne comportait pas de place pour tous les organismes invisibles à l'œil nu.

Plus tard, les biologistes utilisèrent des regroupements intermédiaires pour refléter les parentés. Les regroupements d'espèces, comme la famille, l'ordre, la classe, l'embranchement et le règne sont des exemples de **taxons supérieurs**. Les taxinomistes utilisent maintenant la **phylogenèse** pour classer les organismes. La phylogenèse se rapporte à l'étude des parentés évolutives entre les espèces, à partir des formes les plus anciennes et à travers les divergences génétiques qui ont conduit à toutes les espèces qui en descendent.

On trouve des indices de parentés phylogénétiques dans les archives fossiles et géologiques, dans la morphologie et la biochimie. Mais comment interpréter ces indices ? La taxinomie classique utilise les degrés de divergence morphologique pour construire des arbres évolutifs. Dans la taxinomie **cladistique**, fondée sur la phylogenèse, ce sont les points de bifurcation dans les arbres évolutifs qui servent de mesure. Seules les espèces qui partagent des caractères dérivés sont regroupées au-delà de la bifurcation qui représente leur dernier ancêtre commun. Un **caractère dérivé** est une nouvelle caractéristique apparue une fois et partagée seulement par les descendants de l'ancêtre chez lequel elle est d'abord apparue.

Les **cladogrammes** sont des arbres évolutifs qui regroupent les taxons sur la base des caractères dérivés. Tous les descendants de l'espèce ancestrale chez qui le caractère est d'abord apparu forment un **groupe monophylétique**.

Par exemple, les requins, les crocodiles, les oiseaux et les mammifères ont tous un cœur. Les requins n'ont pas de poumons, mais les crocodiles, les oiseaux et les mammifères en sont pourvus. Les oiseaux et les crocodiles ont un gésier, mais pas les mammifères. Seuls les mammifères ont de la fourrure et seuls les oiseaux ont des plumes.

On peut utiliser ces caractères pour construire le cladogramme ci-dessous :

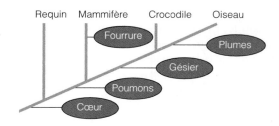

RÈGNE	Végétaux	Végétaux	Animaux	Animaux
EMBRANCHEMENT	Anthophytes	Anthophytes	Arthropodes	Cordés
CLASSE	Monocotylédones	Monocotylédones	Insectes	Mammifères
ORDRE	Poales	Asparagales	Diptères	Primates
FAMILLE	Poacées	Orchidacées	Muscidés	Hominidés
GENRE	*Zea*	*Vanilla*	*Musca*	*Homo*
ESPÈCE	*Z. mays*	*V. planifolia*	*M. domestica*	*H. sapiens*

| NOM COMMUN | Maïs | Vanille | Mouche domestique | Être humain |

Figure 19.17 La classification taxinomique de quatre organismes. On place chacun dans des catégories plus générales, les taxons supérieurs, allant de l'espèce au règne.

La section 19.8 explique comment construire ces arbres évolutifs qui ne précisent pas directement « qui vient de qui ». Ils indiquent simplement des distances entre les groupes, selon la position des bifurcations entre eux, et le dernier ancêtre qu'ils ont partagé.

Figure 19.18 La classification en trois domaines, spécialement en faveur auprès des microbiologistes.

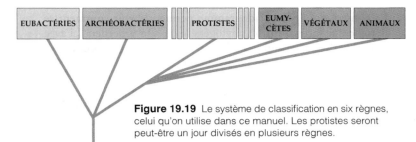

Figure 19.19 Le système de classification en six règnes, celui qu'on utilise dans ce manuel. Les protistes seront peut-être un jour divisés en plusieurs règnes.

Les systèmes de classification

Robert Whittaker proposa l'un des premiers systèmes phylogénétiques, dans lequel il répartissait les espèces en cinq règnes. En guise d'indices des parentés évolutives, il utilisait les différences et les ressemblances morphologiques, ainsi que des caractéristiques se rapportant au mode de nutrition, à la structure cellulaire et au développement.

Le système de Whittaker regroupe toutes les cellules procaryotes dans le règne des **monères**. Ces organismes unicellulaires présentent collectivement plus de diversité métabolique que les eucaryotes. Ils comprennent plusieurs milliers de producteurs (photoautotrophes et chimioautotrophes), ainsi que des agents pathogènes et des décomposeurs (hétérotrophes). Le règne des **protistes** renferme des eucaryotes unicellulaires et pluricellulaires, présentant une complexité interne supérieure à celle des procaryotes, mais moindre que celle des eumycètes, des végétaux et des animaux. On y trouve des organismes photoautotrophes et hétérotrophes, tels que des agents pathogènes et des parasites.

Le règne des **eumycètes** comprend les eucaryotes pluricellulaires hétérotrophes qui se nourrissent grâce à la digestion extracellulaire et à l'absorption. On y trouve des décomposeurs (qui recyclent les nutriments), des agents pathogènes et des parasites. Le règne des **végétaux** comprend les producteurs pluricellulaires (photoautotrophes) dotés de tissus vasculaires ; on en connaît plus de 295 000 espèces. Le règne des **animaux** contient les espèces eucaryotes, pluricellulaires et hétérotrophes. On en connaît plus d'un million d'espèces, comprenant des herbivores, des carnivores et des parasites, certaines de taille microscopique et d'autres gigantesques.

Le système de Whittaker jouissait d'une vaste acceptation jusqu'à récemment. Les biologistes savaient depuis des années que la composition chimique, la membrane plasmique et la paroi des unicellulaires procaryotes appelés archéobactéries présentent des caractéristiques uniques, mais les différences ne semblaient pas être assez significatives pour les exclure du règne des monères. Puis le microbiologiste Carl Woese et d'autres chercheurs de l'université de l'Illinois utilisèrent de nouvelles techniques de séquençage des gènes (voir le chapitre 16) et, après avoir comparé les séquences de bases de l'ARN ribosomique d'une variété d'organismes, ils proposèrent de séparer les cellules procaryotes en deux taxons majeurs. Comme ils le soulignaient, les archéobactéries sont aussi différentes des eubactéries qu'elles le sont des eucaryotes.

Des arguments solides en faveur de leur conclusion apparurent en 1996. Carol Bult et ses collègues séquencèrent les 1,7 million de bases de l'ADN de l'archéobactérie *Methanococcus jannaschii*, puis Woese et Bult entreprirent d'en déchiffrer la séquence. Plus de la moitié des gènes n'avaient jamais été observés auparavant. Certains d'entre eux sont plus près de gènes d'humains ou d'autres

eucaryotes que des gènes eubactériens. Cet indice biochimique indique-t-il la formation de trois branches très tôt dans l'histoire de la vie ? Probablement.

LE SYSTÈME DE CLASSIFICATION EN TROIS DOMAINES La mise en évidence de cette ramification primordiale a donné naissance à un **système de classification en trois domaines** : les eubactéries, les archéobactéries et les eucaryotes, ceux-ci comprenant les protistes, les végétaux, les eumycètes et les animaux (voir la figure 19.18). La plupart des systématiciens sont favorables à ce système. Ceux qui sont plus réticents à l'adopter trouvent qu'il ne fait pas une place suffisante à la diversité des eucaryotes, qui est de beaucoup supérieure à celle des procaryotes. En outre, des études récentes de séquençage impliquent que les premiers procaryotes doivent avoir échangé beaucoup de gènes et qu'ils formaient donc une « communauté ancestrale ». On tente toujours de découvrir quelles lignées proviennent de cette communauté.

UN SYSTÈME DE CLASSIFICATION EN SIX RÈGNES Même s'il n'y a pas actuellement de modèle universellement accepté, un consensus se dessine entre les biologistes pour remplacer le système de classification en cinq règnes par un système qui reflète mieux l'histoire évolutive de la vie. Selon ce **système de classification en six règnes**, la première grande divergence après l'origine de la vie a donné naissance aux précurseurs des eubactéries et des archéobactéries. Une autre divergence a conduit à tous les eucaryotes unicellulaires, dont certains ont donné naissance à toutes les formes pluricellulaires. Dans ce système, les **archéobactéries** et les **eubactéries** sont des règnes, tout comme les protistes, les eumycètes, les végétaux et les animaux (voir la figure 19.19). L'arbre évolutif de la section 19.8 met ce système en relation avec le modèle des trois domaines.

Chaque espèce est désignée par un nom scientifique formé de deux termes (genre et épithète spécifique) et est classée dans des regroupements plus généraux d'espèces, les taxons supérieurs.

Les systèmes de classification organisent et simplifient la recherche d'informations au sujet des espèces. Les systèmes phylogénétiques tentent de refléter les parentés évolutives des espèces.

La reconstitution de l'histoire évolutive d'une lignée donnée doit se fonder sur une compréhension détaillée des documents fossiles, de la morphologie, des modes de vie et des habitats de ses représentants, de même que sur des comparaisons biochimiques avec les autres groupes.

Des données récentes provenant spécialement de la biochimie comparée viennent à l'appui d'un système de classification en six règnes : les archéobactéries, les eubactéries, les protistes, les eumycètes, les végétaux et les animaux.

LES CARACTÉRISTIQUES DES PROCARYOTES

De tous les organismes, les **procaryotes** sont les plus répandus et les plus abondants. Des milliers d'espèces vivent dans des environnements tels que les déserts, les sources thermales, les glaciers et les océans. Certains se sont perpétués depuis des millions d'années à 2780 m sous terre ! On en trouve des milliards dans une poignée de sol fertile. Ceux qui vivent dans notre intestin et sur notre peau dépassent en nombre les cellules du corps humain. L'histoire de l'évolution des procaryotes est la plus ancienne. En reculant assez loin dans l'histoire des êtres vivants, on se rend compte qu'ils tirent tous leur origine d'un ancêtre procaryote. Qu'il s'agisse d'*Escherichia coli*, des amibes, des éléphants, des palourdes ou des séquoias, tous les êtres vivants sont apparentés, peu importe leur taille, leur nombre et leur histoire évolutive. Le tableau 21.1 et la figure 21.3 présentent les caractères distinctifs des procaryotes, ces remarquables organismes.

Une diversité métabolique extraordinaire

Pour leur nutrition, tous les êtres vivants ont besoin d'énergie et de carbone. Comparativement aux autres espèces toutefois, c'est chez les procaryotes que l'on trouve la plus grande diversité de modes nutritionnels.

Comme les végétaux, les espèces photoautotrophes élaborent leurs composés organiques grâce à la photosynthèse. Ce sont des organismes qui «s'autonourrissent» en utilisant la lumière. En effet, ils puisent leur énergie de la lumière solaire et utilisent le dioxyde de carbone comme source de carbone. L'appareil photosynthétique des bactéries est intégré à leur membrane plasmique. Certaines de ces bactéries utilisent les électrons et l'hydrogène de l'eau pour alimenter leurs réactions de synthèse ; ce faisant, elles libèrent un déchet, l'oxygène. D'autres sont strictement anaérobies et meurent en présence d'oxygène. Les électrons et l'hydrogène nécessaires à leur alimentation proviennent de composés inorganiques tels que l'hydrogène gazeux et le sulfure d'hydrogène.

Les chimioautotrophes fabriquent leur propre nourriture en utilisant le dioxyde de carbone comme source de carbone. Certains d'entre eux oxydent des composés organiques pour en tirer l'énergie qui sert ensuite aux réactions de synthèse, tandis que d'autres oxydent des substances inorganiques telles que le fer, l'hydrogène gazeux, le soufre et des composés azotés.

Les photohétérotrophes ne peuvent pas produire leur propre nourriture. Ils exploitent l'énergie solaire pour alimenter la photosynthèse. Divers composés organiques, tels des acides gras et des glucides produits par d'autres organismes, constituent la source de carbone dont ils ont besoin.

Les chimiohétérotrophes sont des parasites ou des décomposeurs incapables d'élaborer leur nourriture. Les parasites se procurent le glucose et d'autres nutriments chez un hôte vivant, alors que les décomposeurs obtiennent leurs nutriments en digérant des substances organiques, des déchets ou des restes d'organismes morts.

La forme et les dimensions des procaryotes

Nous avons maintenant une bonne idée des dimensions microscopiques des procaryotes. Ils mesurent en moyenne entre 0,5 et 1 μm de diamètre et de longueur. Certaines espèces peuvent même atteindre 10 μm de long. Trois formes principales caractérisent les

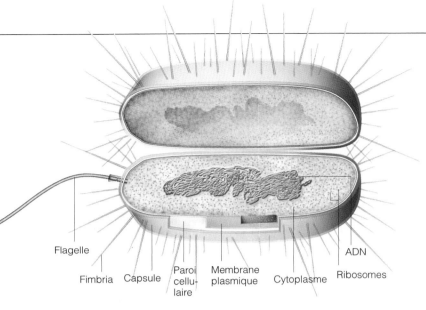

Flagelle ADN

Fimbria Capsule Paroi cellulaire Membrane plasmique Cytoplasme Ribosomes

Figure 21.3 Une cellule procaryote type.

Tableau 21.1	*Les caractéristiques des procaryotes*

1. Le matériel nucléaire n'est pas limité par une membrane.
2. En général, un seul chromosome (une molécule d'ADN circulaire) ; de nombreuses espèces renferment aussi des plasmides.
3. Une paroi cellulaire est présente chez la majorité des espèces.
4. Mode de reproduction : généralement par scissiparité.
5. Une grande diversité métabolique parmi les espèces.

procaryotes : ceux qui adoptent une forme sphérique sont des **cocci** (coccus au singulier) ; les **bacilles** sont en forme de bâtonnets et les **spirilles** sont hélicoïdaux.

Coccus Bacille Spirille

On observe des variations dans ces catégories de forme. En effet, les cocci peuvent aussi être ovales ou aplatis, les bacilles, effilés ou tubulaires. Certains sont pourvus de prolongements qui leur donnent l'apparence d'une étoile. On a même découvert des bactéries de forme carrée dans des étangs salins en Égypte. De plus, après la division cellulaire, les procaryotes peuvent s'accoler et former des chaînes, des feuillets ou d'autres types de groupements, comme l'illustre la figure 21.4a. Certaines espèces hélicoïdales sont recourbées en forme de virgule, alors que d'autres sont flexibles ou bien rigides comme un tire-bouchon.

Les éléments structuraux des procaryotes

Littéralement, le terme *procaryote* signifie que ces cellules ont un noyau primitif. Très peu de bactéries ont des organites qu'on peut qualifier de membraneux. Les réactions métaboliques se déroulent dans le cytoplasme ou sur la face interne de la membrane plasmique. Par exemple, la synthèse des protéines s'effectue au niveau des ribosomes qui sont dispersés dans le cytoplasme ou attachés à la face interne de la membrane plasmique. Cette simplicité structurale ne

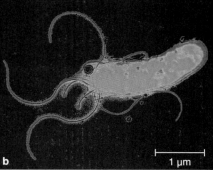
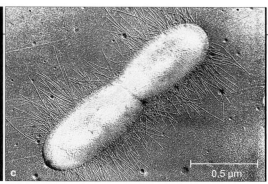

Figure 21.4 a) Des bacilles et des cocci fixés en grand nombre sur une dent humaine. **b)** *Helicobacter pylori* et ses flagelles. Cette bactérie pathogène colonise parfois la paroi de l'estomac et provoque une inflammation. En l'absence de traitement, cette infection peut provoquer une gastrite, des ulcères gastroduodénaux et parfois même un cancer de l'estomac. *H. pylori* peut contaminer l'eau et les aliments, particulièrement le lait non pasteurisé. Habituellement, les ulcères sont traités par une combinaison d'antibiotiques et d'antiacides. **c)** Des fimbriæ. Bon nombre de bactéries possèdent ces prolongements filamenteux externes. La bactérie *Escherichia coli* observée ici a pratiquement fini de se diviser.

Figure 21.5 Une micrographie électronique à balayage de parois cellulaires procaryotes. **a)** *Bacillus subtilis* en division. La paroi cellulaire est lisse. **b)** *Escherichia coli* en division. La préparation de ces bactéries Gram moins pour l'observation au microscope électronique a ridé la paroi cellulaire.

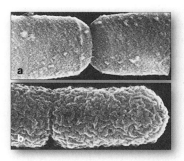

signifie toutefois pas que les procaryotes sont des êtres inférieurs aux eucaryotes. En effet, ils n'ont pas besoin d'organes internes complexes parce qu'ils sont très petits et qu'ils se reproduisent rapidement.

Habituellement, la membrane plasmique est entourée d'une **paroi cellulaire**. Il s'agit d'une structure semi-rigide et perméable qui permet à la cellule de garder sa forme et de résister à l'éclatement quand la pression hydrostatique interne augmente en raison de l'osmose (voir la figure 21.5 et la section 5.7). La paroi des eubactéries se compose de peptidoglycane, une molécule complexe constituée de fibres de polysaccharide reliées transversalement les unes aux autres par des groupements peptidiques.

Lorsqu'ils doivent diagnostiquer une maladie infectieuse, les médecins ont recours à une coloration appelée **coloration de Gram**, qui permet d'identifier de nombreuses espèces bactériennes. On commence d'abord par colorer un échantillon de bactéries avec un colorant violet, puis avec de l'iode. On lave par la suite avec de l'alcool et on applique finalement un contre-colorant, la safranine ou la fuchsine. La paroi cellulaire des espèces *Gram plus* demeure violette tandis que celle des espèces *Gram moins* perd sa couleur après le lavage à l'alcool et prend la couleur du contre-colorant (rose) (voir la figure 21.6).

Un réseau de fibres visqueuses appelé **glycocalyx** recouvre la plupart du temps la paroi cellulaire. Ces fibres sont des polysaccharides ou des polypeptides, ou un mélange des deux. Quand les fibres sont très ordonnées et qu'elles sont fermement attachées à la paroi, le glycocalyx prend le nom de *capsule*. En revanche, quand les fibres sont peu ordonnées et qu'elles ne sont pas fermement fixées à la paroi, le glycocalyx a l'aspect d'une couche visqueuse et gluante. Le glycocalyx favorise l'adhérence des procaryotes aux dents, aux muqueuses, aux roches des cours d'eau et à d'autres surfaces. De plus, il évite à certaines espèces encapsulées d'être phagocytées par les cellules du système immunitaire de leur hôte.

Certaines espèces possèdent une ou plusieurs structures de locomotion appelées **flagelles** (voir la figure 21.4*b*). Ces flagelles se différencient de celles des eucaryotes par leur structure et leur

Figure 21.6 La coloration de Gram. On applique un colorant violet (comme le violet de cristal) à des cocci et à des bâtonnets déposés sur une lame. On rince ensuite la lame avec de l'eau et on la colore avec de l'iode. Toutes les cellules sont alors violettes. Par la suite, on rince la lame à l'alcool, ce qui décolore les bactéries Gram moins. On applique un contre-colorant (comme la safranine), puis on lave la lame et on la sèche. Les bactéries Gram plus (*Staphylococcus aureus* dans le cas présent) demeurent violettes. Le contre-colorant, par contre, a coloré les bactéries Gram moins (*Escherichia coli*) en rose.

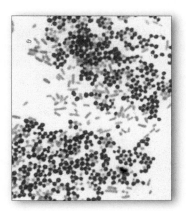

■ Coloration au colorant violet
□ Traitement à l'iode
□ Lavage à l'alcool
■ Contre-coloration à la safranine

fonctionnement. Leur mouvement de rotation rappelle plutôt celui d'une hélice. Bon nombre d'espèces sont aussi munies de **fimbriæ** (fimbria au singulier). Ces protéines courtes et filamenteuses se prolongent à l'extérieur de la paroi cellulaire, comme le montre la figure 21.4*c*, et permettent aux bactéries d'adhérer à des surfaces. D'autres filaments plus longs et beaucoup moins nombreux, les **pili** (pilus au singulier), sont présents chez certaines espèces bactériennes. Ils permettent à ces bactéries d'adhérer à d'autres bactéries et jouent ainsi un rôle dans la conjugaison, un mécanisme décrit à la section suivante.

Les procaryotes sont généralement microscopiques. Presque tous possèdent une paroi qui recouvre leur membrane plasmique. La paroi est généralement recouverte d'une couche visqueuse. Celle-ci prend le nom de *capsule* lorsqu'elle est plus dense.

LA CROISSANCE ET LA REPRODUCTION DES PROCARYOTES

La prolifération des procaryotes

Entre chacune des divisions, les procaryotes croissent en augmentant la taille de leurs parties constitutives. La croissance d'un organisme pluricellulaire se mesure par l'augmentation de sa taille, mais il est inutile de procéder ainsi avec des cellules microscopiques. C'est pourquoi on mesure la croissance des procaryotes par l'augmentation du nombre de cellules dans une population donnée. Dans des conditions idéales, chaque cellule se divise en deux, puis les deux cellules filles donnent naissance à quatre cellules, les quatre cellules, à huit, et ainsi de suite. De nombreux types de bactéries se divisent toutes les demi-heures, quelques-unes toutes les 10 ou 20 min. Des cycles de multiplication aussi rapides conduisent à la formation de très grandes populations en très peu de temps.

Dans la nature, quelques espèces de procaryotes vivent dans des habitats qui seraient inhospitaliers pour d'autres espèces. Par exemple, certaines vivent dans des environnements extrêmes tels que l'Antarctique, le désert du Negev et les profondeurs de la Terre (voir la section 20.2). On les trouve dans les roches ou à leur surface et elles arrivent à se reproduire. Certaines survivent dans les eaux résiduaires très acides des opérations minières.

La souche *Escherichia coli* K-12, isolée à l'origine du côlon humain, a été mise en culture depuis si longtemps en laboratoire qu'elle n'est plus capable de croître dans son habitat naturel. Un processus de microévolution lui a permis de s'adapter aux conditions artificielles qui existent dans les laboratoires.

La scissiparité

Une cellule procaryote se divise en deux quand sa taille a presque doublé. Chaque cellule fille hérite d'un **chromosome bactérien** unique, soit une molécule d'ADN à deux brins sur laquelle quelques protéines sont fixées. Chez certaines espèces, la cellule fille se forme tout simplement par bourgeonnement à partir de la cellule mère. Or, la plupart du temps, la cellule se reproduit par un mécanisme de division appelé **scissiparité**.

La scissiparité débute par la réplication de l'ADN de la cellule mère (voir la figure 21.7). Il en résulte deux molécules d'ADN attachées côte à côte à la membrane plasmique. La cellule synthétise aussi des lipides et des protéines qui sont enchâssés dans la membrane entre les points d'attache des deux molécules d'ADN. À mesure que la membrane croît, les deux molécules d'ADN s'éloignent l'une de l'autre. La paroi cellulaire s'agrandit en même temps que la membrane. La membrane et la paroi forment ensuite un repli, divisant le cytoplasme en deux. Il en résulte deux cellules filles génétiquement identiques.

En microbiologie, ce mécanisme de division cellulaire est parfois appelé *fission binaire*. Cependant, cette dénomination peut engendrer la confusion puisqu'elle s'applique également à un mode de reproduction asexué chez les vers plats et certains autres animaux pluricellulaires. Elle fait référence à la croissance par mitoses répétées, puis à la division d'un organisme entier en deux parties de même taille ou de tailles différentes.

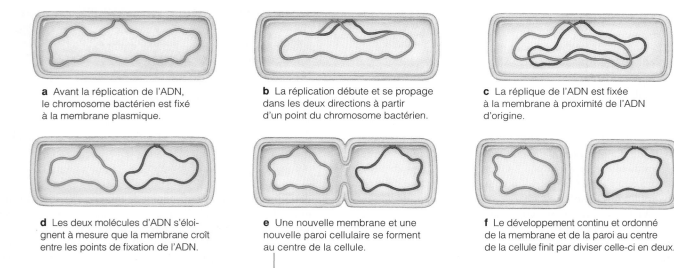

a Avant la réplication de l'ADN, le chromosome bactérien est fixé à la membrane plasmique.

b La réplication débute et se propage dans les deux directions à partir d'un point du chromosome bactérien.

c La réplique de l'ADN est fixée à la membrane à proximité de l'ADN d'origine.

d Les deux molécules d'ADN s'éloignent à mesure que la membrane croît entre les points de fixation de l'ADN.

e Une nouvelle membrane et une nouvelle paroi cellulaire se forment au centre de la cellule.

f Le développement continu et ordonné de la membrane et de la paroi au centre de la cellule finit par diviser celle-ci en deux.

Figure 21.7 La reproduction par scissiparité, le mécanisme de division cellulaire chez les procaryotes. Cette micrographie illustre la division cytoplasmique de *Bacillus cereus* telle qu'elle se produit lorsque la membrane et la paroi s'accroissent. Cette cellule a été agrandie 13 000 fois.

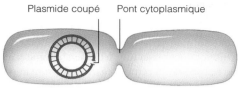

Plasmide coupé   Pont cytoplasmique

a Un pont cytoplasmique se forme entre la cellule donneuse et la cellule receveuse. Une enzyme coupe le plasmide du donneur.

b La réplication de l'ADN commence sur le plasmide qui a été coupé. Le brin d'ADN qui se déroule pénètre dans la cellule receveuse en traversant le pont cytoplasmique.

c Dans la cellule receveuse, la réplication de l'ADN transféré débute.

d Les cellules se séparent ; les plasmides adoptent une forme circulaire.

Figure 21.8 La conjugaison bactérienne. Pour des raisons de clarté, la taille du plasmide a été agrandie considérablement et le chromosome n'a pas été illustré.

La conjugaison bactérienne

Un procaryote nouvellement formé peut aussi hériter de un ou de plusieurs plasmides. Un **plasmide** est une molécule d'ADN extra-chromosomique de forme circulaire contenant quelques gènes (voir la section 16.1). Le plasmide F (*F* pour « fertilité ») comprend des gènes qui permettent à la cellule de procéder à une forme de **conjugaison**. Dans ce cas particulier, une cellule donneuse transfère le plasmide d'ADN à une cellule receveuse. Ce transfert se produit chez de nombreux groupes bactériens tels que *Salmonella*, *Streptococcus* et *Escherichia coli*, et même entre *E. coli* et des levures en laboratoire. Le plasmide F contient les instructions génétiques qui commandent la synthèse d'une structure, le pilus sexuel. Les pili sexuels situés à la surface des cellules donneuses se fixent à une cellule receveuse et la rapprochent de la cellule donneuse. Peu après leur contact, un tube de conjugaison se forme entre les deux cellules, puis le plasmide est transféré dans l'autre cellule (voir figure 21.8).

Les eubactéries et les archéobactéries se reproduisent par un mécanisme de division cellulaire, la scissiparité, qui se déroule à la suite de la réplication de l'ADN. Chaque cellule fille hérite d'un chromosome, celui-ci étant constitué d'une seule molécule d'ADN. De nombreuses espèces transfèrent aussi un plasmide.

LA CLASSIFICATION DES PROCARYOTES

Il y a quelques dizaines d'années, on croyait qu'il était impossible de reconstituer l'histoire évolutive des procaryotes. Hormis les stromatolithes (voir la section 20.3), les traces fossiles nous renseignent très peu sur les groupes de procaryotes les plus anciens. En fait, pour la plupart d'entre eux, il ne subsiste aucune trace.

À cause de leur histoire obscure, les milliers d'espèces connues ont été traditionnellement classifiées par **taxinomie numérique**. Cette classification repose sur la comparaison des caractéristiques d'une cellule inconnue avec les groupes procaryotes connus. Ces caractéristiques comprennent la forme cellulaire, le mode de locomotion, la réaction de la paroi cellulaire à la coloration, les besoins nutritionnels, les mécanismes métaboliques et la présence ou l'absence d'endospores. Plus une cellule partage de caractéristiques avec un groupe connu, plus elle lui est apparentée.

Depuis les années 1970 cependant, les études d'hybridation d'acides nucléiques, le séquençage de gènes et d'autres méthodes de biochimie comparée ont fourni des indices irréfutables de la phylogenèse des bactéries (voir la section 19.7). Les comparaisons effectuées entre les différents ARN ribosomiques, qui jouent un rôle essentiel dans la synthèse des protéines, ont été particulièrement utiles. La séquence des bases de l'ARNr peut varier passablement sans que sa fonction soit touchée. Or, on peut mesurer directement beaucoup de petites modifications qui se sont produites dans les ARNr de différentes lignées.

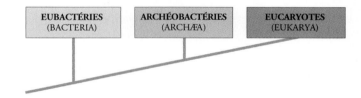

EUBACTÉRIES (BACTERIA)   ARCHÉOBACTÉRIES (ARCHÆA)   EUCARYOTES (EUKARYA)

Figure 21.9 Les trois domaines du vivant. Cet arbre de l'évolution est fondé sur les preuves fournies par la biochimie comparée.

Certaines analyses biochimiques ont donné des résultats étonnants en liant des groupes que d'autres types d'analyse avaient jugés non apparentés. Il est important ici de comprendre que la lignée des procaryotes a divergé très tôt. À partir d'un ancêtre commun, un embranchement a donné naissance aux **eubactéries**, les procaryotes les plus communs ; un autre embranchement a été à l'origine des **archéobactéries** et des premières cellules eucaryotes. Même si ces liens de parenté ont déjà été étudiés dans les chapitres précédents, il est conseillé d'examiner la figure 21.9 avant de lire les prochaines sections.

Les procaryotes sont classifiés selon les méthodes de la taxinomie numérique, qui consiste à mesurer le pourcentage total des caractéristiques observables qu'ils partagent avec un groupe de procaryotes connu. Ils sont aussi classifiés de manière plus directe au moyen de comparaisons biochimiques.

Tous les procaryotes font partie de l'une ou l'autre des lignées suivantes : les eubactéries et les archéobactéries.

21.4

LES PRINCIPAUX GROUPES DE PROCARYOTES

L'espèce est l'unité de base de la classification des procaryotes. Toutefois, la définition qui s'applique aux espèces capables de se reproduire sexuellement ne convient pas aux procaryotes, qui ne forment pas de populations isolées d'individus se reproduisant entre eux. Chaque cellule procaryote est généralement indépendante. En outre, on n'observe pas, chez ces cellules microscopiques, de grandes variations morphologiques et celles qui apparaissent sont déterminées par un faible nombre de gènes. Si l'étude de deux cellules révèle des différences mineures entre elles, l'une d'elles peut être classée comme une **souche** et non comme une nouvelle espèce.

Cette difficulté n'est qu'une de celles que l'on rencontre dans la classification des procaryotes. Tant que les liens évolutifs n'auront pas été élucidés, la classification des procaryotes restera fondée sur la taxinomie numérique, telle que nous l'avons décrite précédemment. Le tableau 21.2 dresse la liste des grands groupes de procaryotes que nous examinons dans ce manuel. Leurs habitats et leurs caractéristiques sont énumérés à l'annexe I.

Tableau 21.2	*Les archéobactéries et les eubactéries*
Quelques groupes importants	Exemples
ARCHÉOBACTÉRIES	
Thermophiles extrêmes	*Sulfolobus, Thermoplasma*
Méthanogènes	*Methanobacterium*
Halophiles extrêmes	*Halobacterium, Halococcus*
EUBACTÉRIES	
Photoautotrophes Cyanobactéries, bactéries sulfureuses vertes et pourpres	*Anabæna, Nostoc, Rhodopseudomonas Chloroflexus*
Photohétérotrophes Bactéries non sulfureuses vertes et pourpres	*Rhodospirillum, Chlorobium*
Chimioautotrophes Bactéries oxydant le fer, le soufre et bactéries nitrifiantes	*Nitrosomonas, Nitrobacter, Thiobacillus*
Chimiohétérotrophes	
Spirochètes	*Spirochæta, Treponema*
Cocci et bâtonnets aérobies Gram moins	*Pseudomonas, Neisseria, Rhizobium, Agrobacterium*
Bâtonnets anaérobies facultatifs Gram moins	*Salmonella, Escherichia, Proteus, Photobacterium*
Rickettsies et chlamydies	*Rickettsia, Chlamydia*
Myxobactéries	*Myxococcus*
Cocci Gram plus	*Staphylococcus, Streptococcus, Deinococcus*
Cocci et bâtonnets formant des endospores	*Bacillus, Clostridium*
Bâtonnets non sporulants Gram plus	*Lactobacillus, Listeria*
Actinomycètes	*Actinomyces, Streptomyces*

21.5

LES ARCHÉOBACTÉRIES

Le domaine des archéobactéries est divisé en trois grands groupes : les thermophiles extrêmes, les méthanogènes et les halophiles extrêmes. Les archéobactéries sont uniques par certains aspects de leur composition biochimique, leur structure, leur métabolisme et les séquences de leurs acides nucléiques. À certains égards, elles sont aussi différentes des eubactéries que des eucaryotes. Beaucoup de chercheurs croient que les archéobactéries, qui peuvent résister à des conditions aussi hostiles que celles qui existaient sur la Terre primitive, ressemblent aux premières cellules.

LES BACTÉRIES THERMOPHILES EXTRÊMES Les sols géothermiques, les sources thermales riches en soufre et les déchets des mines de charbon sont les habitats des bactéries qui aiment la chaleur ou **thermophiles extrêmes** (voir la figure 21.10). Ces archéobactéries sont les procaryotes les plus résistants à la chaleur que l'on connaît. Certaines populations vivent à des températures supérieures au point d'ébullition. Cependant, toutes préfèrent les températures au-dessus de 80 °C! Presque toutes ces bactéries sont anaérobies strictes et ont besoin de soufre comme accepteur ou donneur d'électrons.

Sulfolobus, la première bactérie thermophile extrême découverte, vit dans des sources thermales acides. C'est également le cas de *Thermus aquaticus,* qui est employée en biotechnologie comme une source d'ADN polymérase extrêmement stable à la chaleur (voir la section 16.2).

Certaines bactéries thermophiles extrêmes vivent dans les eaux peu profondes situées à proximité des volcans. On trouve certaines espèces au large de la côte italienne, à l'endroit où l'eau de mer chauffée par géothermie est expulsée à travers les sédiments. D'autres espèces représentent le premier maillon des chaînes alimentaires qui existent dans les sédiments entourant les cheminées hydrothermales. La température de l'eau de mer y dépasse parfois 110 °C. Ces bactéries utilisent le sulfure d'hydrogène qui s'échappe de ces cheminées comme source d'électrons. L'existence de ces bactéries dans ce milieu indique que la vie aurait pu débuter sur les fonds océaniques.

Figure 21.10 Un habitat de bactéries thermophiles extrêmes : l'Emerald Pool, une source chaude riche en soufre, du parc de Yellowstone aux États-Unis. La couleur orangée qui borde cette source thermale est imputable à des bactéries riches en caroténoïdes.

Figure 21.11 Quelques bactéries méthanogènes. **a)** *Méthanococcus jannaschii*, une bactérie méthanogène thermophile. **b)** Une population dense de *Methanosarcina*. Chaque cellule possède une paroi épaisse composée de polysaccharides. **c)** Un habitat typique de bactéries méthanogènes. On trouve de telles bactéries dans l'estomac des vaches et des autres ruminants. Les ruminants éructent beaucoup et libèrent de grandes quantités de méthane, un gaz inodore.

Figure 21.12 Des habitats de bactéries halophiles extrêmes. **a)** Le Grand Lac Salé, en Utah aux États-Unis. Lorsque la lumière est intense, que la salinité est élevée, que le taux de nutriments et le pH sont bas, les bactéries halophiles fabriquent des pigments pourpres, et l'algue verte *Dunaliella salina* produit des pigments de bêta-carotène. La combinaison de ces pigments donne à l'eau une couleur rouge violacé. **b)** Un marais salant près de la baie de San Francisco. Les bactéries halophiles *Halobacterium* et *D. salina* se développent bien dans ces conditions d'hypersalinité, où la teneur en sel dépasse celle de l'eau de mer (par exemple, 300 g/l au lieu de 35 g/l).

LES BACTÉRIES MÉTHANOGÈNES Les **bactéries méthanogènes** vivent dans des habitats dépourvus d'oxygène tels que les marais, l'intestin des termites et des mammifères de même que l'estomac des ruminants (voir la figure 21.11). Ce sont des bactéries anaérobies strictes qui meurent en présence d'oxygène.

Les méthanogènes produisent de l'ATP par un transfert d'électrons en conditions anaérobies, une voie métabolique décrite à la section 8.5. Habituellement, l'hydrogène (H_2) constitue leur source d'électrons mais, chez certaines espèces, cette source provient de l'éthanol ou d'autres alcools. Presque toutes ces bactéries recourent au dioxyde de carbone comme source de carbone et comme accepteur final d'électrons dans les réactions qui aboutissent à la formation de méthane (CH_4).

En tant que groupe, les bactéries méthanogènes produisent environ deux milliards de tonnes de méthane par an. La majeure partie de ce méthane provient des marécages, des termites, des ruminants, des sites d'enfouissement et des rizières. Globalement, ce déchet métabolique a des effets sur le taux de dioxyde de carbone de l'atmosphère et sur le cycle du carbone dans les écosystèmes.

Au cours de l'histoire de la planète, le méthane accumulé a formé d'immenses réserves au fond des océans. Les géologues ont récemment mis au jour une réserve de 35 milliards de t à 400 km au large de la Caroline du Sud. Si la direction des courants marins changeait, comme c'est arrivé dans le passé, ce gaz pourrait remonter à la surface de façon explosive. La libération soudaine d'une telle quantité de méthane provoquerait des perturbations climatiques très marquées et, par le fait même, modifierait la biosphère (voir la section 48.9).

LES BACTÉRIES HALOPHILES EXTRÊMES Il existe de nombreux milieux salins sur la planète, mais les bactéries **halophiles extrêmes** se développent particulièrement bien dans les habitats hypersalins tels le Grand Lac Salé, la mer Morte et les marais salants (voir la figure 21.12).

Les bactéries halophiles extrêmes rendent le sel extrait de la mer et les poissons salés impropres à la consommation et elles abîment le cuir. La plupart d'entre elles produisent de l'ATP de façon aérobie. Quand le taux d'oxygène est faible, elles recourent à la photosynthèse pour fabriquer l'ATP. Elles possèdent un pigment unique qui absorbe la lumière, la bactériorhodopsine, situé dans la membrane plasmique. L'absorption de l'énergie lumineuse déclenche un processus métabolique qui conduit à une augmentation du gradient d'ions H^+ à l'extérieur de la cellule. L'ATP est formée lorsque ces ions suivent leur gradient de concentration et entrent à l'intérieur de la cellule à l'aide de nombreux transporteurs protéiques disséminés dans la membrane (voir la section 7.5).

Tout comme les premières cellules apparues sur Terre, les archéobactéries vivent aujourd'hui dans des milieux extrêmement inhospitaliers. À certains égards, elles sont aussi différentes des eubactéries que des eucaryotes.

LES EUBACTÉRIES

On connaît plus de 400 genres de procaryotes. Les bactéries vraies ou eubactéries forment la majeure partie des espèces. À la différence des archéobactéries, leur membrane plasmique contient des acides gras. Chez presque toutes ces bactéries, on observe une paroi cellulaire composée de peptidoglycane. Leur histoire évolutive reste encore à élucider ; c'est pourquoi, jusqu'à ce jour, leur classification repose principalement sur la taxinomie. Dans cette section du chapitre, nous examinons leurs modes de nutrition afin d'avoir un aperçu de leur biodiversité.

Un échantillon de la biodiversité

LES BACTÉRIES PHOTOAUTOTROPHES Les cyanobactéries, autrefois appelées algues bleues, représentent un exemple classique d'eubactéries photoautotrophes. Elles figurent aussi parmi les photoautotrophes les plus communs. Toutes les cyanobactéries sont des cellules aérobies qui recourent à la photosynthèse. La plupart des cyanobactéries vivent dans les étangs et les autres habitats d'eau douce. Elles se présentent parfois sous l'aspect de chaînes de cellules recouvertes de mucus, lesquelles forment un tapis dense et gluant à la surface des plans d'eau riches en nutriments (voir la figure 21.13*a*).

Anabæna et les autres cyanobactéries transforment également l'azote (N$_2$) en ammoniac pour leurs besoins de synthèse. Quand les composés azotés diminuent dans le milieu, certaines des cellules filamenteuses d'*Anabæna* deviennent des **hétérocystes** qui produisent une enzyme fixant l'azote (voir la figure 21.13*b*, *c*). Ces hétérocystes synthétisent des composés azotés et les partagent avec les autres cellules photosynthétiques du même filament. En retour, elles reçoivent des glucides. Les substances qui sont partagées circulent librement d'une cellule à l'autre par des jonctions cytoplasmiques.

Les bactéries photoautotrophes anaérobies telles que les bactéries vertes obtiennent leurs électrons du sulfure d'hydrogène et de l'hydrogène, et non de l'eau. Elles pourraient tirer leur origine des bactéries anaérobies chez lesquelles la voie cyclique de la photosynthèse est apparue.

LES BACTÉRIES CHIMIOAUTOTROPHES La plupart des espèces de ce groupe agissent sur le cycle planétaire de l'azote, du soufre et d'autres nutriments. L'azote est un élément essentiel des acides aminés et des protéines : sans azote, il n'y aurait pas de vie. La source d'électrons des bactéries nitrifiantes du sol est l'ammoniac. Les végétaux, quant à eux, utilisent le produit final du cycle, le nitrate, comme source d'azote (voir la figure 48.21).

LES BACTÉRIES CHIMIOHÉTÉROTROPHES Presque toutes les espèces bactériennes connues entrent dans cette catégorie. Beaucoup d'entre elles, comme les *Pseudomonas*, sont des décomposeurs : leurs enzymes dégradent les composés organiques et même les pesticides présents dans le sol. Parmi les autres espèces dites bénéfiques, on trouve les *Lactobacillus* (qui servent à fabriquer les marinades, la choucroute, le babeurre et le yogourt) et divers actinomycètes (des sources d'antibiotiques). *Escherichia coli*, qui produit de la vitamine K et des composés favorisant la digestion des graisses, aide les nouveau-nés mammifères à digérer le lait et empêche les agents pathogènes d'origine alimentaire de coloniser l'intestin. La canne à sucre et le maïs tirent avantage d'un symbiote, soit *Azospirillum*, un spirochète fixant l'azote. Les végétaux utilisent l'azote originellement fixé par la bactérie en échange de quelques glucides. *Rhizobium* vit en symbiose avec

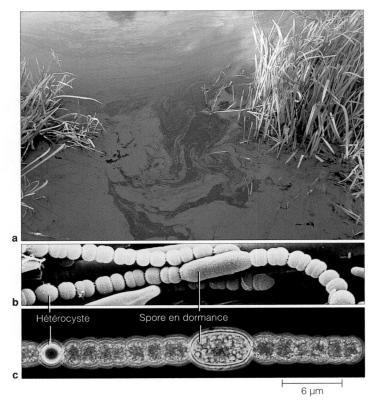

Figure 21.13 *Anabæna*, une bactérie photoautotrophe filamenteuse courante. **a)** Des populations denses de cette cyanobactérie forment une couche épaisse à la surface de cet étang riche en nutriments. **b)**, **c)** Certaines cellules produisent des spores en dormance quand les conditions empêchent leur prolifération. Un hétérocyste fixant l'azote est aussi illustré. D'autres exemples d'eubactéries sont présentés à la section 4.12.

les racines des pois, des haricots et des autres légumineuses. Contrairement à d'autres bactéries, *Deinococcus radiodurans* résiste aux doses élevées de radiation capables de tuer les autres organismes. Une souche de *E. coli* génétiquement modifiée semble prometteuse pour la bioremédiation. En effet, c'est en soumettant ces bactéries à des manipulations génétiques qu'on a obtenu cette souche capable de dégrader les déchets toxiques tels que les composés de mercure, qui sont extrêmement dangereux.

La plupart des bactéries pathogènes sont également des chimiohétérotrophes. Les *Pseudomonas* sont des décomposeurs hors pair, mais ils ne sont pas appréciés dans les savons, les antiseptiques et les autres biens de consommation riches en carbone. *P. æruginosa*, un germe pathogène, cause parfois bien des problèmes parce qu'il peut transférer à d'autres bactéries des plasmides contenant des gènes de résistance aux antibiotiques.

Certaines souches d'*Escherichia coli* provoquent une forme de diarrhée qui est la principale cause de mortalité infantile dans les pays en voie de développement. *Clostridium botulinum* peut contaminer des céréales fermentées, de même que des aliments mal stérilisés et des conserves. La toxine de cette bactérie est responsable du botulisme, une forme d'empoisonnement pouvant entraver la respiration et conduire à la mort. *C. tetani*, qui lui est apparenté, provoque le tétanos (voir la section 37.11).

Comme bien des bactéries vivant dans le sol, *Clostridium tetani* forme parfois une **endospore**. Il s'agit d'une structure extrêmement

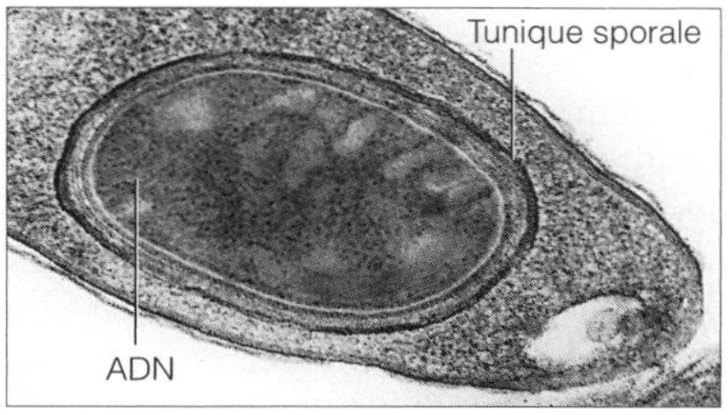

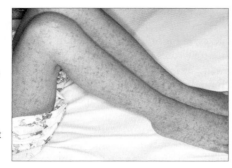

Figure 21.14 Une endospore se développant à l'intérieur de *Clostridium tetani*, l'une des bactéries pathogènes les plus dangereuses.

Tunique sporale

ADN

Figure 21.16 Une bactérie magnéto-tactique. Une chaîne de particules magné-tiques située dans le cytoplasme tient lieu de boussole et permet à la bactérie de s'orienter.

0,25 μm

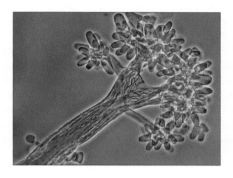

Figure 21.15 Une éruption cutanée typique de la fièvre pourprée des mon-tagnes Rocheuses, une maladie causée par *Rickettsia rickettsii*. C'est par des piqûres de tiques que cette bactérie se transmet aux humains.

Figure 21.17 Des myxobactéries (*Chondromyces crocatus*) en déplacement. Ces bactéries s'assem-blent en amas et se déplacent en groupe. Certaines cellules se différen-cient en sporophores.

résistante qui se forme à l'intérieur de la bactérie et qui enferme le chromosome bactérien et une partie du cytoplasme (voir la figure 21.14). Cette structure est formée lorsque les conditions de l'environnement sont défavorables par suite d'un manque d'azote ou d'un autre nutriment essentiel par exemple. Elle est libérée hors de la cellule quand la membrane plasmique se rompt. Les endospores sont très résistantes à la chaleur, à la sécheresse, aux radiations, aux acides, aux désinfectants et à l'eau bouillante. De surcroît, elles peu-vent demeurer dormantes durant des dizaines d'années. Lorsque les conditions redeviennent favorables, le métabolisme de chaque spore s'active et celle-ci peut se transformer en une bactérie.

Beaucoup d'eubactéries chimioautotrophes passent d'un hôte à l'autre en transitant par le tube digestif des insectes et autres arthro-podes. Par exemple, les piqûres de tiques infectées transmettent le spirochète *Borrelia burgdorferi* des chevreuils ou d'autres animaux sauvages aux humains, qui développent alors la maladie de Lyme (voir la section 25.18). Souvent, une éruption cutanée circulaire se développe autour de la piqûre. Des maux de têtes sévères, des douleurs dorsales, des frissons et de la fatigue s'ensuivent. Les symptômes s'aggravent en l'absence de traitement. *Rickettsia rickettsii*, une autre bactérie pathogène véhiculée par les tiques, cause la fièvre pourprée des mon-tagnes Rocheuses. Après avoir pénétré dans l'hôte à l'occasion d'une piqûre de tique, la bactérie s'introduit dans le cytoplasme et le noyau des cellules de l'hôte. Entre 3 et 12 jours plus tard, une forte fièvre et des maux de tête sévères font leur apparition. Après trois à cinq jours, des éruptions cutanées se manifestent sur les membres (voir la figure 21.15). Les diarrhées et les crampes gastro-intestinales sont courantes. En l'absence de traitement, les symptômes peuvent per-sister pendant plus de deux semaines.

La bactérie : un être pas si simple

Les bactéries sont très petites et ne sont pas très élaborées. Cependant, elles ne sont pas aussi simples qu'on le pense. On s'en aperçoit rapi-dement quand on commence à étudier leur comportement. Les bac-téries se déplacent vers les milieux riches en nutriments. Les bactéries aérobies se déplacent vers l'oxygène et les bactéries anaérobies l'évitent.

Les bactéries photosynthétiques recherchent la lumière, mais s'en éloignent quand elle est trop intense. Beaucoup d'espèces fuient les toxines. De tels comportements sont déclenchés lorsqu'une mo-dification des conditions chimiques ou de l'intensité lumineuse active certains récepteurs membranaires. Ces changements provoquent une modification des activités métaboliques intracellulaires, ce qui peut entraîner un tropisme positif ou négatif.

Les bactéries magnétotactiques renferment une chaîne d'inclu-sions de magnétite (Fe_3O_4) qui tient lieu de boussole microscopique (voir la figure 21.16). Cette boussole leur permet de déterminer la position du nord et du fond, et de se déplacer en conséquence. Par exemple, les bactéries qui vivent dans les eaux saumâtres vont nager vers le fond des plans d'eau, là où la concentration d'oxygène est plus faible, donc à l'endroit qui convient le mieux à leur croissance.

Certaines espèces bactériennes sont même capables d'adopter un comportement collectif. Par exemple, des millions de *Myxococcus xanthus* peuvent former une colonie prédatrice. Ces cellules sécrè-tent des enzymes qui digèrent des « proies » telles que les cyanobac-téries qui se sont accolées à la colonie. Par la suite, les *Myxococcus* absorbent les produits de dégradation. Qui plus est, ces bactéries migrent, changent de direction et se déplacent en groupe vers un ali-ment potentiel !

De nombreuses colonies de myxobactéries forment des **sporophores**, soit des structures portant des spores. Quand les conditions sont favorables, certaines cellules de la colonie se dif-férencient et forment un pédoncule visqueux, d'autres des ramifi-cations, d'autres encore des amas de spores (voir la figure 21.17). Ces spores sont disséminées au moment où l'amas éclate. Chaque spore peut donner naissance à une nouvelle colonie. Le prochain chapitre nous apprend que certaines espèces eucaryotes forment également des sporophores.

Les eubactéries sont les cellules procaryotes les plus communes et les plus diversifiées. Elles s'adaptent pratiquement à tous les types d'environnement.

LES VIRUS

Les caractéristiques des virus

Dans la Rome antique, le mot *virus* signifiait « poison » ou « sécrétion vénéneuse ». À la fin des années 1800, ce terme plutôt péjoratif fut utilisé pour désigner des agents pathogènes qui venaient tout juste d'être découverts, lesquels étaient plus petits que les bactéries étudiées par Louis Pasteur et d'autres chercheurs de l'époque. Un grand nombre de virus méritent en effet cette désignation, car ils infectent les humains, les chats, le bétail, les oiseaux, les insectes, les plantes, les champignons, les protistes et les bactéries. Les virus s'attaquent à tous les êtres vivants, sans exception.

Aujourd'hui, nous définissons le **virus** comme un agent infectieux acellulaire possédant deux caractéristiques : d'une part, il est constitué d'une coque protéique, la capside, entourant un acide nucléique, son matériel génétique. D'autre part, il ne peut pas se reproduire par lui-même. En effet, il ne se reproduit que si son matériel génétique pénètre dans une cellule hôte et qu'il commande à l'appareil de biosynthèse de celle-ci de fabriquer des copies de lui-même.

Le matériel génétique d'un virus est constitué d'ADN ou d'ARN. Sa capside est formée de un ou de plusieurs types de sous-unités protéiques organisées de manière à former une structure de forme hélicoïdale ou polyédrique comme l'illustre la figure 21.18. La capside protège le matériel génétique en attendant son transfert dans une cellule hôte. Elle est également recouverte de protéines qui se lient à des récepteurs spécifiques d'une cellule hôte. Chez certains virus, la capside est recouverte d'une enveloppe, principalement composée des parties membranaires provenant de la cellule infectée. Elle est recouverte de spicules constitués de glycoprotéines. Chez les virus complexes, la capside se complète d'une gaine, de fibres caudales et d'autres structures accessoires.

Le système immunitaire des vertébrés peut reconnaître la présence de certaines protéines virales. Cependant, les gènes codant les protéines virales subissent régulièrement des mutations. C'est pour cette raison que les virus échappent souvent aux cellules du système immunitaire. Ainsi, les personnes sensibles aux infections pulmonaires doivent se faire vacciner chaque année contre la grippe, parce que les spicules situés sur l'enveloppe du virus de la grippe changent constamment.

Des exemples de virus

Chaque type de virus n'infecte que certains hôtes. L'étude des virus n'est pas toujours aisée, car elle nécessite des cellules ou des tissus vivants. C'est la raison pour laquelle nos connaissances sur les virus dérivent des **bactériophages** (ou plus simplement phages), un groupe de virus qui infectent les bactéries. Contrairement aux cellules humaines et à celles d'autres organismes pluricellulaires, les bactéries peuvent aisément être mises en culture et prolifèrent rapidement. C'est la raison pour laquelle on a surtout utilisé des bactéries et des phages pour mener des expériences qui ont permis de déterminer le rôle de l'ADN (voir la section 13.1). On recourt d'ailleurs encore beaucoup à eux en génie génétique.

Le tableau 21.3 présente quelques grands groupes de virus animaux. Ces virus contiennent un ADN ou un ARN mono- ou bicaténaires (à simple ou à double brin), qui se répliquent de différentes façons. La taille des virus va de 18 nm pour les parvovirus à 350 nm pour les poxvirus de forme rectangulaire. Un grand nombre de virus sont à l'origine de maladies telles que le rhume, certains cancers, les verrues, l'herpès et la grippe (voir la figure 21.19*a*, *b*). L'un d'entre eux, le VIH (le virus de l'immunodéficience humaine), est responsable du sida. Quand le VIH attaque un certain type de globules blancs, le système immunitaire s'affaiblit et sa capacité de combattre les infections s'amenuise au point que l'organisme ne peut plus se défendre contre des infections ordinairement bénignes. Les scientifiques qui cherchent à développer des médicaments contre le VIH et d'autres maladies font d'abord leurs expériences avec des cellules HeLa et d'autres lignées cellulaires (voir la section 9.5). Pour tester

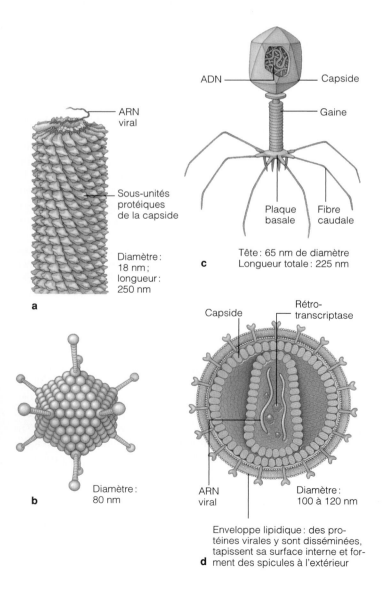

ARN viral

Sous-unités protéiques de la capside

Diamètre : 18 nm ; longueur : 250 nm

a

ADN — **Capside**

— **Gaine**

Plaque basale — **Fibre caudale**

Tête : 65 nm de diamètre
Longueur totale : 225 nm

c

Diamètre : 80 nm

b

Capside — **Rétro-transcriptase**

ARN viral

Diamètre : 100 à 120 nm

Enveloppe lipidique : des protéines virales y sont disséminées, tapissent sa surface interne et forment des spicules à l'extérieur

d

Figure 21.18 Les structures virales. **a)** Les virus hélicoïdaux, comme ce virus de la mosaïque du tabac, possèdent une capside de forme hélicoïdale composée de sous-unités protéiques qui s'enroulent en hélice autour de l'acide nucléique. **b)** Cet adénovirus et d'autres virus polyédriques présentent une capside à plusieurs faces. **c)** La capside des bactériophages T-pairs et d'autres virus complexes comprend d'autres structures accessoires. **d)** Une membrane entoure la capside des virus enveloppés. Le VIH, qui est illustré ici, en est un exemple.

Tableau 21.3	*La classification des plus importants virus animaux*
VIRUS À ADN	Quelques maladies et séquelles
Parvovirus	Gastroentérite ; roséole (fièvre, éruptions cutanées) chez les enfants ; aggravation des symptômes de l'anémie falciforme
Adénovirus	Infections respiratoires (fièvre, toux, mal de gorge, éruptions cutanées), diarrhée chez les bébés, conjonctivite (membranes enflammées tapissées de petits nodules) ; certains provoquent l'apparition de tumeurs
Papovavirus	Verrues bénignes et malignes
Orthopoxvirus	Variole, vaccine, variole simienne
Herpèsvirus	
H. simplex de type I	Herpès labial, boutons de fièvre
H. simplex de type II	Herpès génital (voir la section 44.15)
Varicelle-zona	Varicelle, zona
Epstein-Barr	Mononucléose infectieuse ; cancer de la peau, du foie, du col utérin, du pharynx ; lymphome de Burkitt (tumeur maligne de la mâchoire et du visage)
Cytomégalovirus	Perte de l'ouïe, retard mental
Hépadnavirus	Hépatite B (infection grave du foie)
VIRUS À ARN	Quelques maladies et séquelles
Picornavirus	
Entérovirus	Poliomyélite, conjonctivite hémorragique, hépatite A (hépatite infectieuse)
Rhinovirus	Rhume commun
Virus de l'hépatite A	Inflammation du foie, des reins et de la rate
Togavirus	Formes d'encéphalite, rubéole
Flavivirus	Fièvre jaune (fièvre, frissons, ictère), dengue (fièvre, douleurs musculaires intenses), encéphalite de Saint-Louis
Coronavirus	Infections des voies respiratoires supérieures, rhumes
Rhabdovirus	Rage et autres maladies animales
Filovirus	Fièvres hémorragiques telle Ebola (voir la section 21.9)
Paramyxovirus	Rougeole, oreillons, maladies respiratoires
Orthomyxovirus	Grippe
Bunyavirus	
Virus Bunyamwera	Encéphalite californienne
Phlébovirus	Fièvre hémorragique, encéphalite
Hantavirus	Fièvre hémorragique, défaillance rénale
Arénavirus	Fièvres hémorragiques
Rétrovirus	
HTLV-1, HTLV-II*	Leucémie à lymphocytes T de l'adulte
VIH	Sida
Réovirus	Infections respiratoires et intestinales

Human T-cell leukemia/lymphoma virus (virus du lymphome à lymphocyte T)

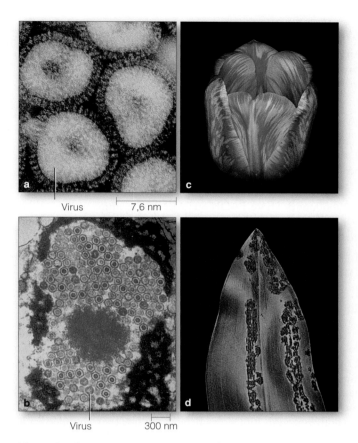

Virus   7,6 nm

Virus   300 nm

Figure 21.19 Certains virus et leurs effets. **a)** Le virus à ADN responsable de l'herpès chez l'être humain. **b)** Le virus à ARN responsable de la grippe chez l'être humain. Des spicules se projettent hors de l'enveloppe lipidique. **c)** Des marbrures sur la corolle d'une tulipe. Dans les parties blanches, un virus inoffensif a infecté les cellules qui synthétisent le pigment. **d)** Une feuille d'orchidée attaquée par un rhabdovirus.

l'efficacité d'un nouveau médicament et sa toxicité, ils utilisent ensuite des animaux, puis des volontaires humains. Pourquoi ? Parce qu'un système immunitaire fonctionnel est essentiel si l'on souhaite analyser la réponse de l'organisme à un médicament.

Une brèche doit être présente dans la paroi des cellules végétales pour que les virus puissent y pénétrer et les infecter. Ce sont généralement des insectes, capables de transpercer la paroi des cellules végétales pour en sucer le contenu, qui servent de vecteurs pour y introduire en même temps des virus. Certains virus végétaux à ARN infectent les plants de tabac (le virus de la mosaïque du tabac), d'orge, de pomme de terre et d'autres plantes agricoles. Certains virus à ADN s'attaquent également aux produits agricoles comme le maïs et le chou-fleur. La figure 21.19*c, d* présente les effets visibles découlant de deux infections virales chez des plantes.

Un virus est une particule infectieuse acellulaire constituée d'un acide nucléique entouré d'une capside protéique qui est elle-même parfois recouverte d'une enveloppe. Le virus se réplique en utilisant l'appareil métabolique d'une cellule hôte spécifique.

Les virus infectent toutes les catégories d'êtres vivants.

21.8

LA MULTIPLICATION VIRALE

L'infection virale

Après avoir infecté une cellule hôte, les virus s'y multiplient de plusieurs façons. La majorité des cycles de multiplication virale comprennent les cinq étapes fondamentales suivantes:

1. **La fixation.** Le virus s'ancre sur la cellule hôte par le biais de groupements moléculaires capables de reconnaître des groupements moléculaires spécifiques sur la surface de la cellule cible et de s'y fixer.

2. **La pénétration.** Le virus entier ou son matériel génétique seul pénètre dans le cytoplasme de la cellule.

3. **La réplication et la synthèse.** Par un détournement de l'appareil métabolique de l'hôte, l'ADN ou l'ARN viral commande la synthèse de nombreuses copies d'acide nucléique et de protéines viraux, notamment des enzymes.

4. **L'assemblage.** L'acide nucléique viral et les protéines de la capside s'assemblent pour former de nouvelles particules infectieuses.

5. **La libération.** Les nouveaux virus s'échappent de la cellule selon différents modes.

Examinons les cycles lytique et lysogène qui sont les modes courants de réplication des phages. Au cours du **cycle lytique**, les étapes 1 à 4 surviennent en peu de temps, et les nouveaux virus sont libérés au moment de la **lyse** de la cellule hôte. Le mot *lyse* désigne l'éclatement de la membrane plasmique ou de la paroi ou encore par des deux, entraînant ainsi une fuite du cytoplasme et la mort de la cellule lysée. Les nouveaux virus sont alors libérés. C'est une enzyme codée par le virus et synthétisée par la cellule hôte durant les dernières étapes de la plupart des cycles lytiques qui déclenche la lyse de la cellule et cause sa mort (voir la figure 21.20).

Au cours du **cycle lysogène**, une période de latence prolonge la durée du cycle de multiplication. En effet, le virus ne tue pas immédiatement son hôte. Une enzyme virale coupe le chromosome de l'hôte et y intègre ses gènes. Chaque fois que la cellule hôte se divise, elle réplique en même temps cet ADN viral recombinant. Celui-ci, appelé *provirus*, est en quelque sorte une petite bombe à retardement qui est transmise à tous les descendants de la cellule. Plus tard, un signal moléculaire ou un autre stimulus peut réactiver le provirus: celui-ci se réplique alors et déclenche un cycle lytique.

La période de latence fait partie du cycle de multiplication de nombreux virus, non seulement de celui des phages. Le virus *Herpes simplex* de type I qui cause l'herpès labial (les «boutons de fièvre») en est un bon exemple. Presque tous les humains sont porteurs de ce virus. Toutefois, celui-ci demeure latent dans les ganglions nerveux des tissus de la face jusqu'à ce qu'un coup de soleil ou un autre facteur de stress le réactive. Le virus se déplace alors vers l'extrémité des neurones, près de la peau. De là, il infecte les cellules épithéliales et cause des éruptions cutanées douloureuses.

Le cycle de réplication des virus à ARN comporte un aspect inusité. En effet, dans le cytoplasme de la cellule hôte, l'ARN viral sert de gabarit pour la synthèse de l'ADN ou de l'ARNm. Par exemple, le VIH, un rétrovirus, infecte son hôte en lui incorporant aussi des enzymes. Celles-ci assemblent l'ADN à partir de l'ARN viral par le mécanisme de la rétrotranscription (voir les sections 16.1 et 39.10).

Les virus animaux enveloppés, comme les virus herpétiques, sont emmenés à l'intérieur de la cellule par endocytose et en sortent par

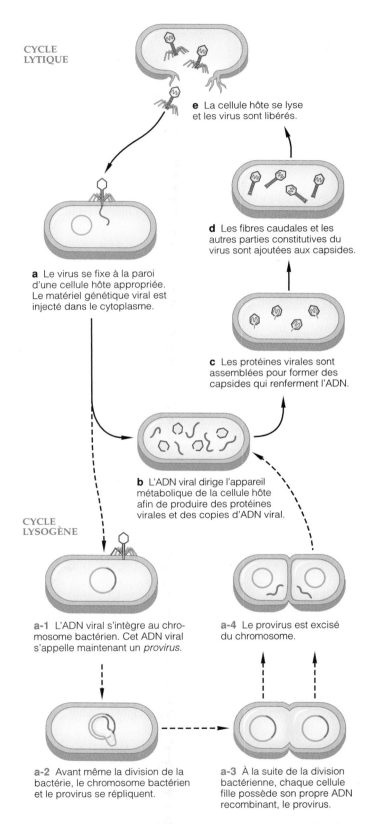

CYCLE LYTIQUE

e La cellule hôte se lyse et les virus sont libérés.

d Les fibres caudales et les autres parties constitutives du virus sont ajoutées aux capsides.

a Le virus se fixe à la paroi d'une cellule hôte appropriée. Le matériel génétique viral est injecté dans le cytoplasme.

c Les protéines virales sont assemblées pour former des capsides qui renferment l'ADN.

b L'ADN viral dirige l'appareil métabolique de la cellule hôte afin de produire des protéines virales et des copies d'ADN viral.

CYCLE LYSOGÈNE

a-1 L'ADN viral s'intègre au chromosome bactérien. Cet ADN viral s'appelle maintenant un *provirus*.

a-4 Le provirus est excisé du chromosome.

a-2 Avant même la division de la bactérie, le chromosome bactérien et le provirus se répliquent.

a-3 À la suite de la division bactérienne, chaque cellule fille possède son propre ADN recombinant, le *provirus*.

Figure 21.20 Les cycles de multiplication de certains phages. Les virus peuvent être synthétisés et libérés grâce à un mécanisme lytique. Chez certains virus, un cycle lysogène peut se substituer au cycle lytique pendant un certain temps.

Figure 21.21 La réplication d'un virus à ADN enveloppé.

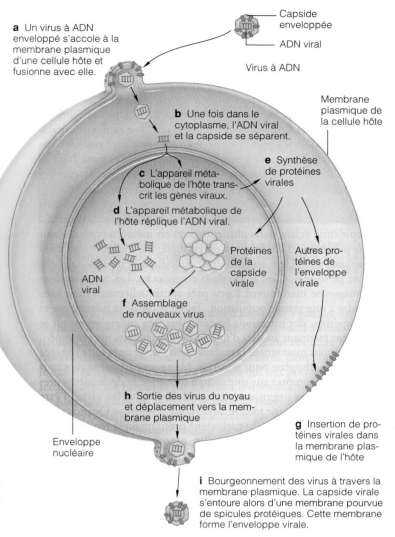

a Un virus à ADN enveloppé s'accole à la membrane plasmique d'une cellule hôte et fusionne avec elle.

Capside enveloppée

ADN viral

Virus à ADN

Membrane plasmique de la cellule hôte

b Une fois dans le cytoplasme, l'ADN viral et la capside se séparent.

c L'appareil métabolique de l'hôte transcrit les gènes viraux.

d L'appareil métabolique de l'hôte réplique l'ADN viral.

e Synthèse de protéines virales

ADN viral

Protéines de la capside virale

Autres protéines de l'enveloppe virale

f Assemblage de nouveaux virus

h Sortie des virus du noyau et déplacement vers la membrane plasmique

Enveloppe nucléaire

g Insertion de protéines virales dans la membrane plasmique de l'hôte

i Bourgeonnement des virus à travers la membrane plasmique. La capside virale s'entoure alors d'une membrane pourvue de spicules protéiques. Cette membrane forme l'enveloppe virale.

j Le virus complet est prêt à infecter une nouvelle cellule hôte.

bourgeonnement à travers la membrane plasmique. La figure 21.21 illustre ce processus.

Les viroïdes et les prions

LES VIROÏDES Les **viroïdes** sont de petits fragments d'ARN circulaires ou filamenteux beaucoup plus petits que les virus. Même s'ils n'ont pas de gènes codant des protéines, ils peuvent causer des infections. Ils sont dépourvus de capside, mais ils sont protégés des enzymes de l'hôte grâce à leur conformation densément repliée sur elle-même. Ces particules d'ARN nu sont responsables de nombreuses maladies chez les végétaux. Chaque année, ils détruisent notamment des cultures de pommes de terre et d'agrumes, et causent des dommages évalués à des millions de dollars.

Les viroïdes ressemblent en fait aux introns, les portions non codantes de l'ADN eucaryote (voir la section 14.1). Il est possible qu'ils dérivent d'introns qui se seraient excisés de molécules d'ADN ou qu'ils soient des vestiges d'un ARN très ancien (voir la section 20.2).

LES PRIONS La plupart des **prions** sont des formes peu solubles et anormales de protéines qui jouent un rôle dans le fonctionnement des neurones, qui sont les cellules de communication du système nerveux. Les prions transforment des protéines normales en prions. Ils s'agglomèrent en énormes agrégats dans le cerveau et causent des maladies dégénératives fatales comme le kuru ou la maladie de Creutzfeldt-Jakob chez les humains. Ces deux maladies causent une dégradation progressive du fonctionnement du cerveau et de la coordination musculaire. Chaque année, une personne sur un million contracte la maladie de Creutzfeldt-Jakob. Les symptômes comprennent la perte de la vision et de la parole, la détérioration rapide des fonctions intellectuelles et une paralysie spasmodique. La mort est inévitable, car il n'existe aucun traitement contre cette maladie. La tremblante, une maladie induite par un prion chez le mouton, est appelée *scrapie* en anglais – du verbe anglais *to scrape* signifiant « gratter » –, car les animaux infectés se frottent contre les troncs d'arbres et les poteaux jusqu'à ce qu'il ne leur reste plus de laine.

Les prions causent aussi la maladie de la vache folle, ou encéphalopathie spongiforme bovine (ESB), mortelle elle aussi. Les animaux atteints présentent notamment les symptômes suivants : ils titubent et salivent abondamment ; leur cerveau se crible de trous telle une éponge, et des agrégats amyloïdes s'y accumulent. L'ESB cause une variante de la maladie de Creutzfeldt-Jakob chez l'humain. Avant l'an 2000, environ 750 000 vaches infectées sont entrées dans la chaîne alimentaire qui mène aux humains. On avait incorporé, dans l'alimentation des bovins, des farines carnées provenant de cadavres de moutons morts de la tremblante. Or, un tissu contaminé aussi petit qu'un grain de poivre peut déclencher l'infection.

La tremblante existe en Grande-Bretagne depuis 200 ans et n'avait jamais posé de problèmes aux humains. L'ESB proviendrait-elle d'une mutation qui aurait franchi la barrière des espèces ? Peut-être. On a

mis en place des mesures de protection systématiques, mais la confiance du consommateur a considérablement baissé. Les marchés d'exportation ont été ébranlés et le secteur de l'élevage bovin en Grande-Bretagne ne s'en est pas encore remis. Selon les différentes hypothèses relatives aux périodes d'incubation et à d'autres variables, le nombre de morts causées par cette épidémie pourrait se chiffrer entre une centaine de victimes et quelques centaines de milliers de têtes de bétail.

Les cycles de réplication virale comprennent cinq étapes : la fixation à une cellule hôte appropriée, la pénétration dans l'hôte, la réplication de l'ADN ou de l'ARN et la synthèse de protéines virales, l'assemblage des nouveaux virus et la libération à l'extérieur de la cellule infectée.

Certains cycles de réplication des phages comprennent un cycle lytique rapide et un cycle lysogène prolongé. Les cycles de réplication des virus à ARN font intervenir un ARN viral qui sert de gabarit à la synthèse d'ADN ou d'ARNm.

LES GYMNOSPERMES : DES VÉGÉTAUX AUX GRAINES NUES

Examinons à présent certaines gymnospermes actuelles. À la différence des graines des plantes à fleurs, qui sont situées à l'intérieur d'une structure appelée *ovaire*, les graines des gymnospermes sont exposées au bout d'une structure productrice de spores.

Les conifères

Les **conifères**, qui appartiennent à la classe des **coniférophytes**, sont des arbres et des arbustes ligneux dont les feuilles ressemblent à des aiguilles ou à des écailles. Ce sont les seuls végétaux à produire des **cônes**. Ces structures reproductrices sont des amas d'écailles dont la texture ressemble à du papier ou à du bois et qui portent des ovules exposés sur leur surface supérieure. Les conifères comprennent l'arbre le plus répandu dans l'hémisphère nord (le pin, montré à la figure 23.1*c*) et les plus grands arbres du monde (les séquoias géants). Les plus vieux arbres du monde sont également des conifères ; il s'agit des pins aristés (voir la figure 23.13). Un de ces arbres est âgé de 4725 ans, c'est-à-dire qu'il a germé à l'époque où les Égyptiens construisaient le grand Sphinx de Gizeh. Parmi d'autres conifères connus, citons le sapin, l'if, l'épinette, le genévrier, le mélèze, le cyprès, le cyprès chauve, le podocarpe et le séquoia.

La plupart des conifères perdent quelques feuilles tout au long de l'année, mais demeurent constamment feuillus : on dit que ce sont des *végétaux à feuilles persistantes*. Certains, par contre, sont à *feuilles caduques*, c'est-à-dire qu'ils perdent toutes leurs feuilles à l'automne. Les conifères portent des cônes, soit des groupes de feuilles modifiées et regroupées autour de structures productrices de spores (voir la figure 23.14).

Des gymnospermes moins connues

LES CYCAS Environ 100 espèces de **cycas** appartenant à la classe des **cycadophytes** ont survécu jusqu'à aujourd'hui. La figure 23.14 montre des exemples de leurs cônes : les cônes mâles renferment le pollen, les cônes femelles, les graines, et ils sont portés par des individus différents. Le transfert du pollen des cônes « mâles » aux cônes « femelles » peut se faire par des insectes ou encore par le vent. À première vue, on peut prendre les feuilles des cycadophytes pour celles d'un palmier. Cependant, ce dernier fait partie des plantes à fleurs.

Figure 23.13 Des pins aristés (*Pinus longæva*), à croissance très lente, vivant près de la limite de la végétation arborescente dans la Sierra Nevada.

La plupart des cycadophytes peuplent aujourd'hui les régions tropicales et subtropicales. Une espèce en particulier (*Zamia*) pousse de façon sauvage en Floride, mais elle est également cultivée comme plante ornementale. Ailleurs, on broie les graines et les troncs de cycadophytes pour en faire une farine, qui est toxique avant que ses alcaloïdes en soient extraits. De nombreuses espèces de cycadophytes sont aujourd'hui menacées d'extinction.

Figure 23.14 Des structures reproductrices de gymnospermes. **a)** Un cône de pin mâle libérant du pollen. **b)** Une pomme de pin femelle au moment de la pollinisation. **c)** Un genévrier (*Juniperus*), dont les cônes ressemblent à des baies. Ces cônes sont faits d'écailles charnues fusionnées. **d)** Un cône porteur de pollen d'une cycadophyte (*Zamia*) « mâle ». **e)** Un cône porteur de graines d'un cycadophyte « femelle ». De toutes les gymnospermes existantes, les cycadophytes ont le plus grand cône porteur de graines. Certains font 1 m de haut et pèsent plus de 15 kg.

Figure 23.15 *Ginkgo biloba.* **a)** Cet arbre présente des graines charnues et des feuilles aux formes caractéristiques. **b)** Un cône porteur de pollen. **c)** Un fossile d'une feuille de ginkgo, formé à la limite crétacé — tertiaire. Aujourd'hui, 65 millions d'années plus tard, la structure de la feuille n'a presque pas changé. **d)** Un sporophyte de ginkgo en automne.

Figure 23.16 a) Un sporophyte de l'espèce *Ephedra viridins*. **b)** Un cône mâle (porteur de pollen) de *Ephedra*. **c)** Un cône porteur de graines de *Ephedra*. **d)** Un sporophyte de *Welwitschia mirabilis* et **e)** certains de ses cônes femelles.

LES GINKGOS Les **ginkgos** font partie de la classe des **ginkgophytes**. À l'époque des dinosaures, ces derniers constituaient un groupe diversifié. Cependant, la seule espèce à avoir survécu jusqu'à nos jours est l'arbre «aux quarante écus», le *Ginkgo biloba*. Comme certains mélèzes et d'autres gymnospermes, il s'agit d'un végétal à feuilles caduques. En Chine, il y a plusieurs milliers d'années, on plantait souvent des ginkgos autour des temples. Bien qu'ils semblent plus robustes que bien d'autres arbres, leurs populations naturelles ont presque entièrement disparu; il est possible qu'elles aient été utilisées comme source de bois de chauffage.

Aujourd'hui, on plante de nombreux ginkgos mâles: leurs feuilles en éventail sont belles et résistent aux insectes, aux maladies et à la pollution de l'air. La figure 23.15 montre les grosses graines épaisses et charnues, de la taille d'une prune, des ginkgos femelles. En général, ces arbres femelles ne sont pas prisés des jardiniers, car leurs graines dégagent une odeur nauséabonde lorsqu'on les écrase en marchant dessus.

LES GNÉTOPHYTES Actuellement, il existe trois genres de plantes ligneuses appelées **gnétophytes**: ce sont les genres *Ephedra*, *Gnetum* et *Welwitschia mirabilis*. Les arbres et les vignes aux feuilles coriaces

des *Gnetum* prospèrent dans les régions tropicales humides. Les *Ephedra*, en forme d'arbrisseaux, vivent dans les déserts de Californie et dans d'autres régions arides (voir la figure 23.16*a* à *c*); la photosynthèse s'effectue dans leurs tiges vertes. L'espèce *W. mirabilis* pousse dans les déserts chauds de l'Afrique du Sud et de l'Ouest. Des racines pivotantes profondes constituent la partie la plus importante de ses sporophytes. La partie exposée est une courte tige ligneuse en forme de disque, sur laquelle se trouvent des cônes et une ou deux feuilles en forme de courroie qui se fendent dans le sens de la longueur à mesure que la plante vieillit (voir la figure 23.16*d* et *e*).

Les coniférophytes, les cycadophytes, les ginkgophytes et les gnétophytes sont les principaux groupes de gymnospermes actuelles.

Comme leurs ancêtres du permien, les gymnospermes sont adaptées aux climats secs. Elles portent des graines sur les surfaces exposées de leurs cônes et sur d'autres structures productrices de spores.

LES CONIFÈRES

Prenons l'exemple des conifères pour étudier les stratégies de reproduction des gymnospermes. Le cycle biologique des conifères dure un an ou plus, selon l'espèce.

Le cycle biologique du pin

La plupart des gens savent reconnaître un sporophyte de pin (voir les figures 23.1 et 23.17). Ses cônes femelles renferment des mégaspores qui vont devenir des gamétophytes femelles. Dans les cônes mâles se forment des microspores, qui se développent ensuite en grains de pollen ; chaque printemps, des millions de ces grains dérivent loin des cônes mâles. La pollinisation s'effectue lorsqu'ils arrivent sur les ovules des cônes femelles. Après leur germination, une structure tubulaire, le tube pollinique, se forme à partir de chacun d'eux. Par la suite, chaque grain de pollen (le gamétophyte mâle porteur de spermatozoïdes) en germination se dirige vers l'oosphère du gamétophyte femelle pour le féconder. Chez les pins, la fécondation s'effectue dans l'année qui suit la pollinisation.

Voici ce qui se produit à l'intérieur d'un ovule : une fois fécondé, le zygote donne naissance à un sporophyte embryonnaire. Les

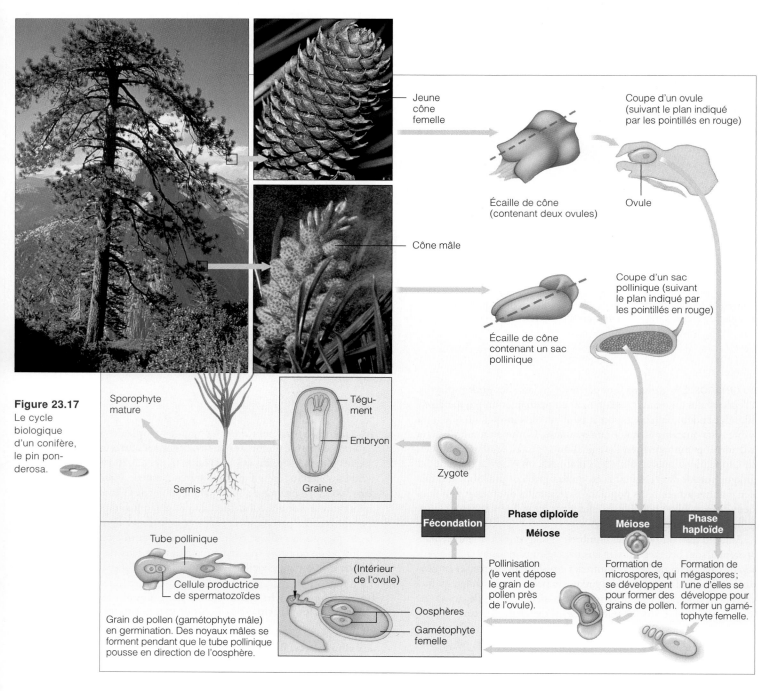

Figure 23.17 Le cycle biologique d'un conifère, le pin ponderosa.

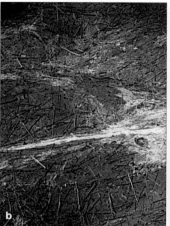

Figure 23.18 Des exemples de déboisement à outrance ayant cours actuellement en Amérique du Nord ; la section 50.4 examine pour sa part les zones de déboisement des forêts tropicales humides, qui disparaissent rapidement.

a) Un terrain déboisé par les compagnies forestières en Arkansas, dans le sud des États-Unis. **b)** Un terrain dénudé de la Caroline du Nord, sur le littoral est des États-Unis. **c)** Des sommets ayant subi une coupe à blanc dans l'État de Washington et **d)** en Alaska.

Ces cas ne sont que quelques exemples parmi plusieurs. Au début des années 1980, environ 400 millions de pieds-planche de bois d'œuvre étaient débités annuellement dans la péninsule Olympique de l'État de Washington. En Arkansas, près d'un tiers de la forêt nationale d'Ouachita a été coupée à blanc ; sa population d'arbres, jadis diversifiée, a été remplacée par des fermes forestières où il ne pousse qu'une seule espèce de pin. Dans le monde entier, de vastes étendues déboisées il y a des années ne montrent encore aucun signe de rétablissement.

couches extérieures qui entourent l'embryon et le gamétophyte femelle forment une couche dure, le tégument, qui protégera le sporophyte embryonnaire après sa dispersion. Les nutriments contenus dans l'ovule l'aideront à survivre durant la période critique de la germination, avant que ses racines et ses pousses ne deviennent complètement fonctionnelles.

Le déboisement et les conifères

Pendant le mésozoïque, les conifères dominaient dans de nombreux habitats terrestres ; toutefois, leur lente reproduction les a désavantagés par rapport aux plantes à fleurs, dont la radiation adaptative a été fulgurante (voir la section 20.6). Les forêts de conifères prédominent toujours dans le Grand Nord, dans les régions en altitude et dans certaines régions de l'hémisphère Sud.

Aujourd'hui, non seulement les conifères doivent-ils lutter contre les plantes à fleurs pour obtenir leur part de ressources, mais aussi sont-ils soumis au **déboisement**. On appelle *déboisement* la coupe de tous les arbres sur une grande étendue – la coupe à blanc, par exemple –, pour en utiliser le bois comme matière première dans diverses industries (voir la figure 23.18). Or, les conifères sont la principale source de bois de charpentes et ils entrent dans la fabrication du papier et d'autres produits dérivés dont les sociétés modernes font une grande consommation. Ce sujet est abordé plus en détail au chapitre 50.

Les conifères ont un désavantage compétitif dans les habitats où les plantes à fleurs prospèrent, en partie à cause de leur lente reproduction. Le déboisement menace également leur survie.

LES ANGIOSPERMES : DES PLANTES À FLEURS ET À GRAINES

Les caractéristiques des plantes à fleurs

Les angiospermes sont les seules plantes à produire des structures reproductrices spécialisées appelées **fleurs** (voir la figure 23.19). Les parties reproductrices femelles sont situées au centre de la fleur. La base évasée du « récipient » est l'ovaire : c'est là où se développent les ovules et les graines.

Le chapitre 31 explique que presque toutes les plantes à fleurs ont coévolué avec des **pollinisateurs**, notamment des insectes, des chauves-souris, des oiseaux et d'autres animaux qui puisent le nectar ou le pollen d'une fleur et le transportent aux parties reproductrices femelles d'une autre fleur. La participation de ces animaux à leur processus de reproduction a grandement contribué au succès des plantes à fleurs, qui dominent dans la plupart des habitats terrestres depuis 100 millions d'années.

Au moins 260 000 espèces de plantes à fleurs prospèrent dans des habitats divers. Leur taille varie entre celle des lentilles d'eau (environ 4 à 5 mm) et celle des eucalyptus (certains font plus de 100 m de haut). Certaines espèces rares, dont le gui et le monotrope uniflore, ne sont même pas photosynthétiques : elles puisent leurs nutriments directement chez d'autres plantes ou à l'aide de mycorhizes.

Les **magnoliidæ**, les **monocotylédones** et les **eudicotélydones** (de vraies dicotylédones) sont les trois principaux groupes de plantes à fleurs. Les lis d'eau font partie d'un groupe plus ancien (voir la figure 23.19).

Les magnoliidæ comprennent les magnolias, les avocatiers, les muscadiers, les sassafras et les poivriers. Parmi les 170 000 dicotylédones, on compte la plupart des herbacées (non ligneuses), comme les choux et les pâquerettes, la plupart des arbrisseaux et des feuillus, comme l'érable, le chêne et le pommier, et les cactus. Quant aux quelque 80 000 monocotylédones, elles incluent les orchidées, les palmiers, les lis et les graminées comme le seigle, la canne à sucre, le maïs, le riz et le blé. D'ailleurs, beaucoup d'autres céréales cultivées se veulent des monocotylédones. L'annexe I en donne d'autres exemples.

Le cycle biologique d'une monocotylédone

La prochaine partie examine l'anatomie et la physiologie des plantes à fleurs. Pour le moment, rappelons que le sporophyte domine les cycles biologiques : il garde et nourrit les gamétophytes, et il disperse les grains de pollen porteurs de spermatozoïdes. À l'intérieur des graines des plantes à fleurs, l'endosperme, un tissu nutritif, enveloppe les sporophytes embryonnaires. Pendant que les graines se développent, les ovaires (de même que d'autres structures) se transforment en fruits. Ces derniers protègent les embryons et en

Figure 23.19 a) Un arbre évolutif des différents groupes de plantes à fleurs. Les structures reproductrices (les fleurs) jouent un rôle dans la pollinisation et dans la formation des graines. **b)** Un colibri retirant du nectar d'une passiflore (*Passiflora*) et jouant ainsi son rôle de pollinisateur. **c)** Le lotus sacré (*Nelumbo nucifera*), une espèce aquatique. La disposition radiale de ses pétales est typique des lignées anciennes. **d)** Les lignées plus récentes, comme les pensées (*Viola*), présentent une disposition bilatérale, les parties de chaque côté étant presque semblables. **e)** Un monotrope uniflore (*Monotropa uniflora*), une espèce non photosynthétique qui puise les nutriments des mycorhizes de certaines plantes photosynthétiques. **f)** Le faux gui (*Arceuthobium*) parasite directement les autres végétaux et entrave la croissance des arbres des forêts de l'ouest des États-Unis.

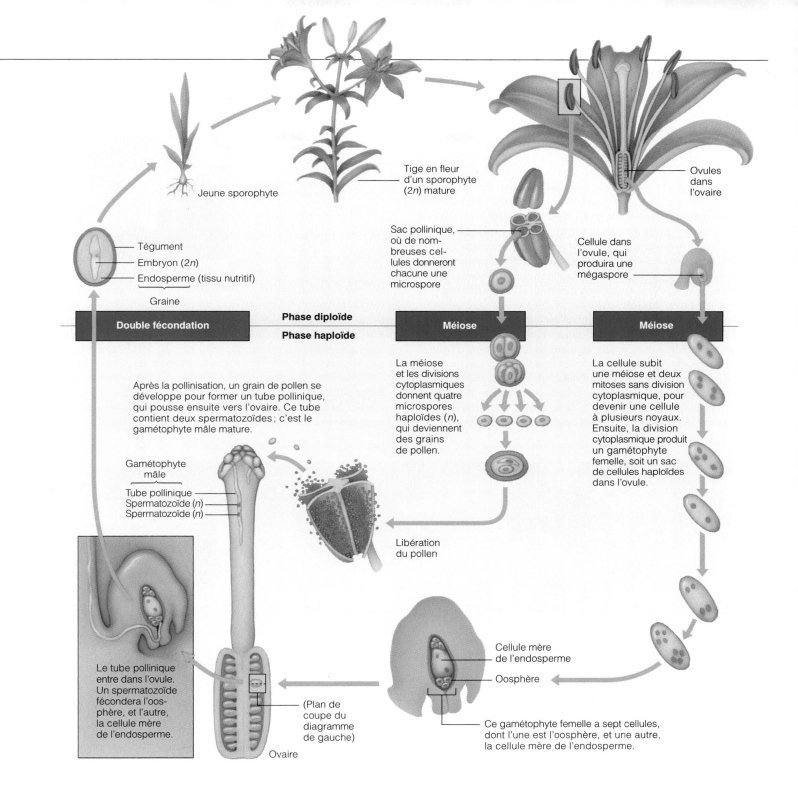

Figure 23.20 Le cycle biologique typique des plantes à fleurs. Ici, le cycle d'un lis (*Lilium*), une monocotylédone.

La double fécondation est une particularité du cycle biologique des plantes à fleurs. Dans ce processus, le gamétophyte mâle livre deux spermatozoïdes à un ovule : l'un féconde l'oosphère, l'autre, une cellule qui donne naissance à l'endosperme, soit le tissu qui nourrira l'embryon. Chez la plupart des plantes à fleurs, les cellules de l'endosperme ont trois noyaux ; chez les lis, elles en ont cinq. Les sections 31.1 et 31.3 expliquent plus en détail le cycle biologique des plantes à fleurs, en prenant comme exemple une eudicotylédone.

favorisent la dissémination. La figure 23.20 illustre le cycle biologique typique d'une monocotylédone. On trouve à la section 31.3 le schéma du cycle biologique d'une eudicotélydone.

Du point de vue de la diversité, du nombre et de la distribution, les angiospermes sont les végétaux les plus prospères. Ce sont les seules plantes à produire des fleurs. La plupart d'entre elles ont coévolué avec des animaux pollinisateurs.

LES PLANTES À GRAINES ET LES HUMAINS

Quelles sont les plantes qui donnent du goût ? Lesquelles sont mortelles ? Grâce aux essais et aux erreurs des humains qui nous ont précédés, nous avons acquis une connaissance approfondie des végétaux. Il y a 500 000 ans, en Chine, notre ancêtre *Homo erectus* entreposait déjà des pignons, des noix, des noisettes et des fruits d'églantier dans des cavernes et faisait rôtir des graines. À cette époque, les adultes apprenaient aux enfants à reconnaître quelles plantes étaient comestibles et lesquelles étaient toxiques. Ainsi, par le langage, les jeunes apprenaient à reconnaître les différentes plantes qui poussaient dans leur région.

Il y a environ 11 000 ans, les humains ont commencé à cultiver le blé, l'orge et d'autres végétaux pour s'assurer d'avoir accès à des quantités suffisantes de nourriture. Des quelque 3000 espèces végétales que les différentes populations humaines ont utilisées comme nourriture, seules 200 environ sont devenues des cultures importantes (voir la figure 23.21).

La connaissance et l'usage traditionnel des plantes ont toujours été, et sont encore, très présents. Ainsi, nous avons appris à utiliser les conifères, dont le bois mou pousse rapidement, comme bois d'œuvre et pour la fabrication du papier. Le cerisier, l'érable et l'acajou, des bois durs qui poussent lentement, entrent dans la fabrication des meubles de qualité. Nous tressons de la ficelle et de la corde à partir de feuilles d'agave d'Amérique ; nous fabriquons de la corde et des textiles à partir du chanvre de Manille, et des toits de chaume avec des frondes de

Figure 23.22 Une jeune mariée lançant son bouquet de fleurs aux femmes célibataires qui ont assisté au mariage ; ce rituel est censé révéler qui parmi elles sera la prochaine mariée. (Ce bouquet a été attrapé par une optimiste de 68 ans.)

palmier et des graminées. Les insecticides dérivés de *Haplophyton crooksii* tuent les cafards, les puces, les poux et les mouches. Les extraits de feuilles du margousier éliminent les nématodes, les insectes et les mites, sans toutefois affecter les prédateurs naturels de ces parasites courants.

Par ailleurs, nous décorons nos maisons de fleurs et nous les utilisons pour agrémenter nos cérémonies (voir la figure 23.22). Les huiles florales donnent aux parfums leur odeur ; les huiles d'eucalyptus et de camphre servent à des fins médicinales. En outre, la digitaline, extraite

Figure 23.21 Des trésors comestibles provenant de plantes à fleurs. **a)** Quelques fruits, dont certains sont appelés *légumes*. Tous les fruits jouent un rôle dans la dispersion des graines. **b)** La récolte mécanisée d'un champ de blé (*Triticum*), dans le Midwest américain. **c)** Du triticale, un grain hybride populaire. Ses parents génétiques sont le blé et le seigle (*Secale*). Il combine les avantages du haut rendement du blé et de la tolérance aux climats difficiles du seigle.

d) Des indonésiens récoltant des pousses de plants de thé, un arbuste à feuilles persistantes de la même famille que les camélias. Les plants qui poussent sur les terrains pentus des régions humides et fraîches produisent les feuilles ayant le plus de saveur. Les meilleurs thés sont fait uniquement à partir des bourgeons apicaux et de quelques jeunes feuilles.

e) Un champ de cannes à sucre (*Saccharum officinarum*), à Hawaii. Les ancêtres sauvages de cette espèce végétale maintenant cultivée ont d'abord évolué en Nouvelle-Guinée. À partir du jus extrait de ses tiges, on produit des cristaux de saccharose (le sucre de table) et différents sirops.

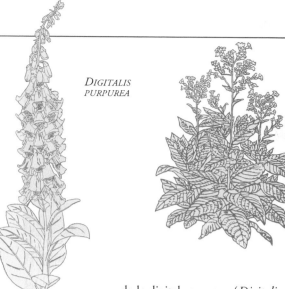

DIGITALIS
PURPUREA

NICOTIANA
RUSTICUM

HYOSCYAMUS

CANNABIS
SATIVA

de la digitale pourpre (*Digitalis purpurea*), régule la circulation sanguine et les battements du cœur.

Le jus des feuilles d'aloès calme la douleur de la peau brûlée par le soleil. Les alcaloïdes des feuilles de la pervenche peuvent même ralentir la croissance de certaines cellules cancéreuses.

L'histoire de l'humanité montre que, de tout temps, les humains ont utilisé les feuilles de différentes espèces végétales de façon abusive. Les anciens Mayas cultivaient le tabac (*Nicotiana tabacum* et *N. rusticum*) et ont initié les explorateurs européens à l'usage de cette plante. Les prêtres mayas croyaient que la fumée qui s'élevait de leurs pipes emportait leurs prières vers les dieux. Beaucoup de personnes continuent d'ailleurs à fumer et à mâcher les feuilles de tabac ; des centaines de milliers de victimes meurent d'ailleurs chaque année du cancer du poumon, de la bouche ou de la gorge, directement attribuable à l'usage de la nicotine.

On a par ailleurs établi un lien entre la consommation importante de *Cannabis sativa* (une source de marijuana et d'autres psychotropes) et la faible concentration de spermatozoïdes dans le sperme. La cocaïne, fabriquée à partir de feuilles de coca, a certes des utilisations médicinales, mais des millions de gens qui en sont devenus dépendants en abusent dans le monde entier. Ces abus ont des conséquences sociales et économiques dévastatrices.

ATROPA
BELLADONNA

Pensons également à la jusquiame noire (*Hyoscyamus niger*) et à la belladone. Leurs alcaloïdes toxiques ont servi tantôt à des fins meurtrières, tantôt à des fins médicales. Le père de Hamlet, dans la pièce de Shakespeare, est sournoisement empoisonné par un rival qui lui verse une solution de jusquiame noire dans l'oreille. Quant à Roméo, l'amoureux éploré et suicidaire de Juliette, il expire sitôt après avoir bu quelques gorgées d'une solution de morelle douce-amère.

Dans leurs rituels, les « sorcières » du Moyen Âge utilisaient de la jusquiame noire et de l'atropine de solanacée. Elles s'appliquaient aussi sur le corps des solutions d'atropine, à l'aide de bâtons ; elles provoquaient ainsi la sensation d'être en apesanteur, pensant à tort qu'elles s'envolaient réellement pour retrouver les démons – d'où, sans doute, les représentations populaires montrant des sorcières volant sur un manche à balai.

d.

e.

Dans toute l'histoire de l'humanité, les humains ont utilisé les plantes à fleurs de façon diversifiée et parfois abusive.

LES EUMYCÈTES

Un hommage aux eumycètes vivant parmi nous

Lorsque le besoin s'en fait sentir, les végétaux requièrent l'aide de certains eumycètes davantage que celle des humains (en fait, ils n'ont pas besoin de notre aide du tout). Les eumycètes étaient déjà présents en tant que symbiotes quand les végétaux ont colonisé les milieux terrestres. Rappelons que le terme **symbiose** renvoie à l'interaction étroite liant des espèces qui cohabitent. Le **mutualisme**, quant à lui, est un type de symbiose qui est bénéfique aux deux partenaires ou du moins qui n'est pas nuisible à l'un d'entre eux. Les lichens et les mycorhizes sont de bons exemples de mutualisme.

Un **lichen** est une association formée d'un eumycète et d'un ou plusieurs organismes photosynthétiques, soit deux catégories d'organismes appartenant à des règnes différents, constituant une entité reconnaissable et capable de croître. De l'Antarctique à l'Arctique, les lichens colonisent des habitats qui seraient trop hostiles pour un grand nombre d'êtres vivants.

Non seulement les lichens absorbent-ils les minéraux de leur substrat, mais ils fabriquent en outre des antibiotiques contre les bactéries susceptibles de les décomposer, de même que des toxines contre les larves d'invertébrés qui se nourrissent d'eux. En même temps, leurs produits métaboliques enrichissent le sol ou favorisent la formation de nouveaux sols à partir du substrat rocheux, comme lorsqu'ils colonisent des surfaces infertiles, tel le roc laissé à nu par suite du retrait des glaciers. Quand les conditions s'améliorent, d'autres espèces s'installent et remplacent ces espèces pionnières. C'est sans doute ainsi que les végétaux ont colonisé la terre ferme. Les lichens associés à des cyanobactéries favorisent également le maintien des écosystèmes en absorbant l'azote et en rendant celui-ci assimilable pour les végétaux. À lui seul, *Lobaria* fournit 20 % de l'azote absorbé par les arbres des forêts matures de la côte nord-ouest de l'Amérique du Nord (voir la figure 24.1).

Les lichens donnent également des signes avant-coureurs de la dégradation de l'environnement en absorbant des toxines dont ils sont incapables de se débarrasser. En effet, des études réalisées dans la ville de New York et en Angleterre ont montré que la mort des lichens croissant à proximité des habitats humains résulte d'une aggravation de la pollution atmosphérique.

Figure 24.1 *Lobaria oregana*, l'un des plus importants lichens.

a Polypore soufré (*Lætiporus sulfureus*)

Figure 24.2 Différentes espèces d'eumycètes du sud-est de la Virginie, aux États-Unis. Celles-ci illustrent la grande diversité qui caractérise le règne des eumycètes.

Certains eumycètes et les racines de jeunes arbres vivent en association mutualiste sous forme de **mycorhizes**. Grâce à sa partie souterraine, l'eumycète s'étend dans le sol et procure une vaste surface d'absorption. Il peut ainsi prélever rapidement les ions phosphate et d'autres sels minéraux présents en période d'abondance, puis les céder aux racines lorsqu'ils se font plus rares. En retour, la plante lui donne des glucides. L'échange est mutuellement bénéfique, et beaucoup de plantes croissent mal en l'absence de mycorhizes.

Bon nombre d'eumycètes aident aussi les végétaux en assumant un rôle de **décomposeurs**. La figure 24.2 illustre quelques-unes des espèces utiles à cet égard. Comme les autres décomposeurs, ces espèces dégradent les composés organiques présents dans leur environnement. Hormis les eumycètes, peu d'organismes sont capables de digérer la nourriture à l'extérieur de leur corps. Durant leur croissance en effet, les eumycètes libèrent dans la matière organique où ils vivent des enzymes extracellulaires qui décomposent cette matière en éléments assimilables par ses cellules. Appelé **digestion extracellulaire**, ce mode de nutrition avantage les végétaux qui peuvent ainsi puiser dans le sol certains éléments utiles laissés par ces décomposeurs. Gardons à l'esprit que les végétaux sont les principaux producteurs de presque tous les écosystèmes.

Il est bon de considérer les eumycètes dans une perspective globale. En effet, si certains sont pathogènes pour l'être humain, les

b Clavaire pourprée (*Clavaria*)

c *Sarcosoma*

d Pholiote remarquable (*Gymnopilus*)

e Trompette de la mort (*Craterellus*)

f Hygrocybe écarlate (*Hygrocybe*)

animaux domestiques, les plantes ornementales, les récoltes et que certains sont responsables d'avaries alimentaires, d'autres, en revanche, contribuent à la fabrication de produits comme les antibiotiques et les fromages. Les humains sont enclins à attribuer une valeur aux eumycètes et aux autres organismes en fonction des conséquences directes qu'ils ont sur leur existence. Bien que la lutte contre les espèces dangereuses et la culture d'espèces bénéfiques soient justifiées, il ne faut cependant pas perdre de vue le rôle plus vaste que jouent les eumycètes et les autres organismes dans la nature.

Concepts-clés

1. Les eumycètes sont des hétérotrophes. Avec les bactéries hétérotrophes, ils sont les décomposeurs de la biosphère. Les types saprophytes obtiennent leurs nutriments à partir de la matière organique morte, alors que les types parasites les obtiennent à partir des tissus d'hôtes vivants.

2. Les eumycètes sécrètent des enzymes extracellulaires qui digèrent les composés organiques à l'extérieur de leur corps pour ensuite les absorber. Au cours de leurs activités métaboliques, les eumycètes libèrent du dioxyde de carbone dans l'atmosphère et produisent beaucoup de nutriments qui retournent au sol et qui sont disponibles pour les végétaux et les autres producteurs.

3. La plupart des eumycètes sont pluricellulaires. Pendant leur cycle biologique, ils forment un mycélium, c'est-à-dire la partie de leur organisme qui absorbe les nutriments. Chaque mycélium est constitué d'un réseau d'hyphes, soit des filaments cellulaires dont les noyaux se divisent par mitose.

4. Chez beaucoup d'espèces, certains hyphes modifiés s'entrelacent pour former un sporophore, soit une structure reproductrice à l'intérieur ou à la surface de laquelle les spores se développent. Après la germination, la spore croît et devient un nouveau mycélium.

5. Beaucoup d'eumycètes sont des symbiotes. Les lichens sont constitués d'eumycètes vivant en association avec des algues vertes ou des cyanobactéries. Les mycorhizes sont un exemple de mutualisme entre des eumycètes et les jeunes racines de plantes terrestres. Ce sont les hyphes qui, par leurs activités métaboliques, fournissent des nutriments à ces plantes qui, en retour, procurent des glucides aux eumycètes.

6. Les êtres humains attribuent souvent une valeur aux végétaux et aux eumycètes en fonction des effets directs que ceux-ci exercent sur leur existence. La lutte contre ceux qui sont nuisibles et le recours à ceux qui sont bénéfiques devraient toutefois reposer sur une solide compréhension de leur rôle naturel depuis longtemps établi.

LES CARACTÉRISTIQUES DES EUMYCÈTES

Les modes de nutrition

Les **eumycètes** sont des hétérotrophes, ce qui signifie qu'ils se nourrissent de composés organiques élaborés par d'autres organismes. La plupart sont des **saprophytes**, c'est-à-dire qu'ils extraient leurs nutriments de la matière organique morte et en assurent la décomposition, tandis que d'autres sont des **parasites** qui se procurent leurs nutriments à partir des tissus d'un hôte vivant. Les eumycètes sécrètent des enzymes digestives extracellulaires pour ensuite absorber les produits de dégradation qui en sont issus. Ce mode de digestion extracellulaire est bénéfique aux végétaux, car ils peuvent facilement absorber une partie des nutriments et des sous-produits métaboliques ainsi libérés. Sans eumycètes ni bactéries hétérotrophes, les communautés seraient graduellement submergées par leurs propres déchets, il n'y aurait pas de recyclage des nutriments et la vie finirait par disparaître.

Les principaux groupes

Pour la majorité des gens, les eumycètes sont les champignons vendus au supermarché. Mais les champignons commercialisés ne sont que les fructifications de quelques espèces faisant partie d'un groupe extrêmement diversifié. La figure 24.2 présente quelques-unes des 56 000 espèces connues d'eumycètes. On estime que plus d'un million d'espèces resteraient encore à découvrir. Les traces fossiles suggèrent que les eumycètes seraient apparus il y a 900 millions d'années, puis certains auraient accompagné les plantes primitives sur la terre ferme il y a 435 millions d'années. C'est au cours des quelque 100 millions d'années suivantes que se sont constituées trois grandes lignées distinctes : les **zygomycètes** (*Zygomycota*), les **ascomycètes** (*Ascomycota*) et les **basidiomycètes** (*Basidiomycota*). Les autres eumycètes sont des chytridiomycètes (voir la section 47.6). Les espèces insolites connues sous le nom d'« eumycètes imparfaits » sont regroupées ensemble, mais elles ne forment pas un véritable groupe taxinomique. La vaste majorité des espèces appartenant à ces groupes sont pluricellulaires.

Les caractéristiques importantes du cycle biologique des eumycètes

La reproduction asexuée s'observe assez souvent chez les eumycètes, mais, quand les conditions s'y prêtent, ils se reproduisent de façon sexuée en produisant une quantité phénoménale de spores non mobiles. Les **spores**, qui servent à la reproduction, sont des structures généralement pluricellulaires souvent pourvues d'une paroi et qui germent après s'être séparées de leur parent. Chez les espèces pluricellulaires, une spore donne naissance à un **mycélium**. Ce réseau de filaments ramifiés présente un bon rapport surface-volume et croît rapidement dans la matière organique. Chaque filament du mycélium est appelé **hyphe**. Les cellules d'un hyphe sont habituellement dotées d'une paroi solidifiée par de la chitine ; leurs cytoplasmes sont fusionnés, de sorte que les nutriments circulent librement dans l'ensemble du mycélium.

> Les eumycètes sont d'importants décomposeurs qui procèdent à la digestion extracellulaire et à l'absorption de la matière organique. Si la plupart des espèces sont des saprophytes, certaines sont des parasites. Les espèces pluricellulaires produisent des structures sporifères et un mycélium remplissant des fonctions d'absorption.

LES BASIDIOMYCÈTES

Un échantillon de leur spectaculaire diversité

Les cycles biologiques et les modes de vie des eumycètes sont remarquables par leur très grande diversité. Notre étude se limitera donc à quelques groupes, particulièrement les basidiomycètes. Les quelque 25 000 basi-diomycètes connus comprennent les champignons proprement dits, les polypores, les clavaires, les lycoperdons et les satyres voilés entre autres (voir les figures 24.2 à 24.4). Certaines espèces saprophytes sont d'importants décomposeurs de la litière organique qui recouvre le sol. D'autres espèces sont les symbiotes de jeunes racines d'arbres. Les rouilles et les charbons détruisent souvent des champs entiers de blé, de maïs et d'autres plantes utiles. La culture du champignon de couche, appelé aussi champignon de Paris (*Agaricus brunnescens* ou *A. bisporus*), très présent sur les étals des marchés et comme garniture de pizza, représente un chiffre d'affaires annuel de plusieurs millions de dollars. Pourtant, certaines des espèces qui lui sont apparentées produisent des toxines capables de tuer tout animal qui en mangerait une petite bouchée.

Figure 24.3 Les basidiomycètes. **a)** La clavaire chou-fleur (*Ramaria*). **b)** L'amanite tue-mouches (*Amanita muscaria*). Cette espèce provoque des hallucinations. Chez les peuples anciens de l'Amérique centrale, de la Russie et de l'Inde, elle était utilisée dans les cérémonies rituelles afin de provoquer des transes. **c)** *Amanita ocreata*, une espèce californienne. Cette espèce vénéneuse et mortelle ressemble à l'espèce apparentée *A. phalloides*, également vénéneuse. L'absorption d'à peine 5 mg de ses toxines suffit à déclencher des vomissements et des diarrhées 8 à 24 h plus tard. Le foie et les reins sont touchés et la mort survient en quelques jours.

(À l'exception de *Sarcosoma*, toutes les espèces présentées dans la figure 24.2 sont aussi des basidiomycètes.)

Figure 24.4 Le cycle biologique caractéristique de nombreux basidiomycètes. La rencontre de deux cellules d'hyphes de types sexuels compatibles à des fins de reproduction amène leurs cytoplasmes à fusionner, mais pas leurs noyaux. Les divisions cellulaires successives aboutissent à la formation d'un mycélium dicaryote, dans lequel chaque cellule possède deux noyaux, puis au développement de **basidiocarpes**, lorsque les conditions sont favorables. Des basides en forme de massue se constituent sur les lamelles qui tapissent l'intérieur du chapeau. À l'intérieur de chaque baside, les deux noyaux fusionnent. Il en résulte un zygote diploïde, à partir duquel le cycle biologique recommence.

Ci-dessous : une micrographie électronique à balayage illustrant une portion de mycélium, soit la partie souterraine du basidiomycète qui absorbe l'eau et les nutriments dissous.

À la suite de la fusion des noyaux, la baside (maintenant 2n) produit quatre noyaux haploïdes qui migrent et se logent à l'extrémité d'un prolongement sur sa surface libre.

Fusion nucléaire   Stade diploïde   **Méiose**
              Stade haploïde

Formation d'une baside dicaryote (n + n) sur la bordure d'une lamelle

Bordure d'une lamelle

Spore (n)

Lamelle

Libération des spores

Chaque spore en germination donne naissance à un hyphe qui croît et forme un mycélium ramifié.

Chapeau

Pied

À la suite de la fusion cytoplasmique de deux hyphes (1 n), il se forme un mycélium dicaryote (n + n) qui donne naissance à des basidiocarpes.

Fusion cytoplasmique

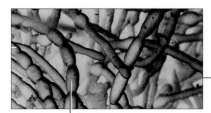

Cellule d'un des nombreux hyphes formant le mycélium

L'être vivant le plus volumineux et le plus ancien de la planète est probablement l'armillaire commun (*Armillaria ostoyæ*). En Orégon, un tel organisme âgé de 2400 ans couvre 890 ha de sol forestier jusqu'à une profondeur moyenne de 1 m, soit la superficie de 1665 terrains de football réunis. Jusqu'à maintenant, les scientifiques n'ont décelé aucun autre organisme de cette envergure. *A. ostoyæ* n'est certes pas un symbiote mutualiste, car ses hyphes envahissent et engorgent les racines des arbres hôtes et finissent par les tuer.

Un exemple de cycle biologique

Le champignon de couche (*Agaricus brunnescens*) se prête bien à l'étude du cycle biologique d'un eumycète. Comme beaucoup de basidiomycètes, il produit des **sporophores**, soit la structure communément appelée « champignon ». Cette structure reproductrice, à la vie éphémère, émerge du sol. Le mycélium, quant à lui, est enseveli dans la terre ou dans le bois en décomposition. Le sporophore des basidiomycètes, appelé basidiocarpe, est constitué d'un pied et d'un chapeau sous lequel sont suspendues des lamelles tapissées de structures en forme de massue, les basides, qui produisent des spores. Libérées par le basidiomycète, ces spores, plus précisément les **basidiospores**, germent et donnent naissance à un mycélium haploïde lorsqu'elles se retrouvent dans un milieu favorable.

Lorsqu'une cellule d'hyphe d'une souche donnée rencontre une cellule de type sexuel différent, leurs cytoplasmes peuvent fusionner, mais leurs noyaux ne s'unissent pas immédiatement. La cellule résultant de la fusion produit un mycélium dicaryote dans lequel les cellules d'hyphe possèdent un noyau de chacun des types sexuels (voir la figure 24.4). Le mycélium peut croître considérablement et former des sporophores si les nutriments nécessaires sont disponibles et que l'humidité est favorable. Chaque baside (la cellule terminale du basidiocarpe) qui se forme est d'abord dicaryote. Ensuite, ses deux noyaux fusionnent et elle se transforme en zygote. La méiose s'amorce peu après et des spores haploïdes se développent à l'extrémité de petites protubérances. Les spores sont ensuite disséminées par les vents.

Contrairement au champignon de couche, beaucoup d'eumycètes en milieu naturel sont vénéneux (voir la figure 24.3). C'est pourquoi il faut établir avec certitude le caractère comestible d'un eumycète récolté dans les bois avant de s'aventurer à le manger. Il est donc préférable de s'en remettre à un spécialiste en la matière.

La majorité des champignons couramment consommés sont en fait les parties reproductrices de basidiomycètes. Les lamelles des basidiocarpes sont tapissées de basides (les structures portant des spores) en forme de massue. Certains eumycètes sont comestibles, d'autres sont vénéneux, voire mortels.

DES SPORES ET ENCORE DES SPORES

Les eumycètes produisent des spores sexuées, asexuées ou les deux, selon la disponibilité des nutriments et les conditions de température et d'humidité. La formation de spores sexuées exige également la présence de deux hyphes compatibles. Les spores, habituellement petites et déshydratées, sont dispersées par le vent. Chaque spore qui a germé peut être à l'origine d'un hyphe et d'un mycélium. Des structures reproductrices appelées sporanges, portées sur des sporangiophores, sont susceptibles de se développer sur de nombreux hyphes et de produire des spores asexuées. Après avoir germé, chaque spore peut donner naissance à un autre mycélium. En très peu de temps, cet eumycète et ses innombrables descendants vont décomposer activement la matière organique ou priver un hôte de ses nutriments. Voici l'aspect microscopique de la moisissure du pain :

Chaque grand groupe d'eumycètes produit des spores sexuées dont les caractéristiques sont uniques : les basidiomycètes forment des basidiospores, les zygomycètes donnent des zygospores et les ascomycètes, des ascospores.

Les zygomycètes

Parmi les zygomycètes, des espèces parasites infectent des insectes tandis que la majorité des autres espèces sont des saprophytes qui vivent dans le sol et qui y décomposent les débris végétaux et animaux. D'autres se développent sur des aliments, comme le montrent les dégâts causés par la moisissure noire du pain (*Rhizopus stolonifer*) ci-contre. Lors de la reproduction sexuée des zygomycètes, il se forme un zygote diploïde, nommé **zygospore**, qui est une spore sexuée munie d'une paroi épaisse et recouverte d'une mince enveloppe transparente (voir la figure 24.5). Pendant la méiose, elle produit des hyphes spécialisés qui portent un sporange, soit un sac de spores situé à l'extrémité d'un sporangiophore. Chaque spore asexuée libérée par le sporange peut produire un nouveau mycélium, répétant ainsi une série de reproductions asexuées.

Les ascomycètes

On connaît plus de 30 000 espèces d'ascomycètes, dont la vaste majorité sont pluricellulaires. La plupart produisent des spores sexuées, les **ascospores**, dans des cellules sacciformes appelées asques. Les structures reproductrices sont formées d'hyphes étroitement entrelacés qui renferment les asques. La morphologie des différentes espèces d'ascomycètes s'apparente à une bouteille, à une sphère ou à une coupelle (voir les figures 24.2*c* et 24.6).

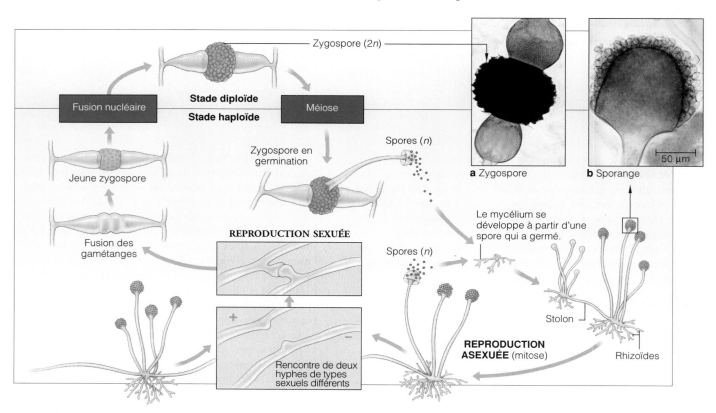

Figure 24.5 Le cycle biologique de la moisissure noire du pain (*Rhizopus stolonifer*). Chez cette moisissure la reproduction asexuée est courante, mais on observe aussi la reproduction sexuée entre des hyphes de types différents (+ et −). Que la reproduction soit sexuée ou asexuée, il en résulte toujours des spores qui produisent un mycélium. L'attraction chimique entre l'hyphe + et l'hyphe − favorise leur fusion. Chacun des deux gamétanges (des structures productrices de gamètes) qui se forment alors possède plusieurs noyaux haploïdes. Les noyaux s'apparient, puis chaque paire fusionne et forme un zygote. Si certains zygotes se désintègrent, d'autres deviennent des zygospores pourvues d'une paroi épaisse capables de demeurer en dormance plusieurs mois. La méiose survient au moment où la zygospore germe et qu'elle produit des spores asexuées.

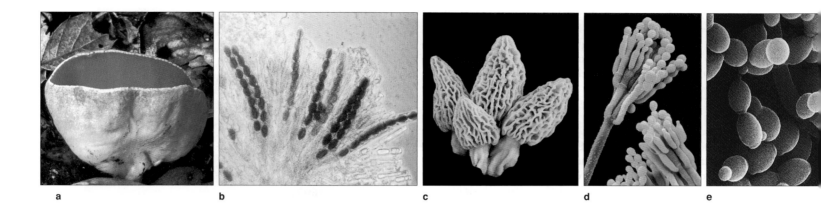

a   b   c   d   e

Figure 24.6 Des ascomycètes. **a)** *Sarcoscypha coccinia*, ou pézize coccinée. **b)** Des asques situés à l'intérieur de la coupelle produisent des spores sexuées (des ascospores) par méiose. **c)** Une variété de morille (*Morchella esculenta*). **d)** *Eupenicillium*. Ces chaînes de spores asexuées sont appelées conidies. À la moindre brise, ces spores se dispersent comme de la poussière. **e)** *Candida albicans*, responsable d'infections vaginales, buccales, intestinales et épidermiques. La cellule située dans le coin inférieur gauche est train de bourgeonner.

Ce groupe renferme les truffes et les morilles (voir la figure 24.6*c*). Les truffes vivent en symbiose avec les racines des chênes et des noisetiers. Des porcs et des chiens sont entraînés à repérer les truffes dans les bois. En France, on cultive maintenant ces ascomycètes sur les racines de jeunes plants inoculés.

L'ascomycète *Aspergillus* est une source d'acide citrique qui entre dans la composition des bonbons et des boissons gazeuses et qui assure également la fermentation des fèves de soja pour la production de sauce soja. Certaines espèces de *Penicillium* sont responsables du goût distinctif du camembert et du roquefort, alors que d'autres servent à la fabrication de la pénicilline, un antibiotique. La couleur rouge, bleu-vert et brune de la plupart des moisissures alimentaires est attribuable à des conidies d'ascomycètes pluricellulaires (voir la figure 24.6*d*). L'espèce *Neurospora sitophila*, de couleur saumon, produit beaucoup de spores et s'avère extrêmement difficile à éliminer dans les boulangeries et les laboratoires de recherche. Un organisme apparenté, *N. crassa*, est très utile pour les recherches en génétique.

Les ascomycètes comprennent aussi quelque 500 espèces de levures unicellulaires (d'autres sont toutefois classées parmi les basidiomycètes). Lors de la reproduction sexuée des levures, deux cellules fusionnent et produisent un asque. Certaines levures sont présentes dans le nectar des fleurs et sur la surface des feuilles et des fruits. Les boulangers et les vignerons utilisent des levures pour la fabrication du pain et du vin.

C'est ainsi que *Saccharomyces cerevisia*, en produisant du dioxyde de carbone, fait lever la pâte à pain et que la production commerciale de vin et de bière est tributaire de l'éthanol produit par cette levure. De nombreuses souches de levures utiles ont été développées en industrie ou sont issues du génie génétique. Enfin, un parent notoire des levures bénéfiques, *Candida albicans*, cause pour sa part des infections gênantes chez l'humain (voir la figure 24.6*e*).

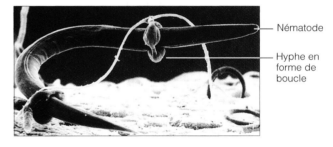

Nématode

Hyphe en forme de boucle

Figure 24.7 *Arthrobotrys anchonia*, un eumycète imparfait. Cette espèce prédatrice prend la forme d'une boucle semblable à un lasso, qui se gonfle rapidement par un phénomène de turgescence. C'est ainsi qu'elle se contracte et enserre sa proie. Des hyphes pénètrent ensuite à l'intérieur du nématode.

Les deutéromycètes et leurs spores indécelables

Les deutéromycètes, ou eumycètes imparfaits, constituent une catégorie taxinomique distincte, non pas parce que leur forme ou leur fonction est imparfaite, mais bien parce que personne n'a encore pu déceler s'ils produisent ou non des spores sexuées. La figure 24.7 illustre l'une de ces espèces, un eumycète prédateur étonnant qui n'a pas encore été classé. Par ailleurs, des chercheurs ont récemment regroupé *Aspergillus*, *Candida* et *Penicillium* (auparavant orphelins) avec leurs semblables, les ascomycètes.

Par la production rapide et abondante de spores sexuées et asexuées, les eumycètes exploitent très vite la matière organique mise à leur disposition, qu'il s'agisse de déchets ou d'organismes morts ou vivants. Leur propension à produire des spores est un élément essentiel de leur activité de décomposeurs et de parasites.

LES CNIDAIRES ET L'APPARITION DES TISSUS

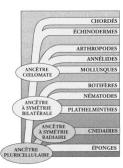

Les **cnidaires** sont des animaux à symétrie radiaire dotés de tentacules dont la plupart vivent dans la mer. Les méduses font partie d'un groupe appelé *scyphozoaires*. Les anthozoaires (les anémones de mer et les organismes apparentés) et les hydrozoaires (notamment l'hydre) sont aussi des membres de cet embranchement. Des quelque 11 000 espèces de cnidaires, moins d'une cinquantaine sont dulcicoles. L'organisation anatomique de toutes les espèces se limite niveau tissulaire. Ce sont les seuls organismes à porter des **nématocystes**, soit des capsules contenant des filaments tubulaires qui peuvent se projeter vers l'extérieur. À leur extrémité, ces filaments sécrètent des substances collantes qui engluent les proies. Ils arborent également des aiguillons qui les transpercent ou ils dégagent des toxines urticantes (voir la figure 25.8). D'ailleurs, le mot « cnidaire » vient d'un mot grec signifiant « ortie ».

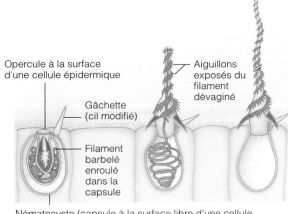

Figure 25.8 Le nématocyste avant et après le moment où une proie (non illustrée) a touché la gâchette et déclenché l'entrée d'eau dans la capsule. L'eau qui entre dans la capsule fait augmenter la pression de turgescence et force le filament à se dévaginer. Les aiguillons situés à son extrémité transpercent ensuite la proie.

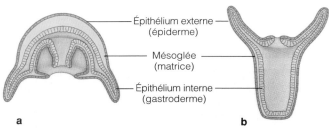

a   b

L'organisation anatomique et le cycle biologique des cnidaires

Les organisations corporelles les plus répandues chez les cnidaires sont celles de la **méduse** et du **polype**. Elles se caractérisent par une cavité digestive en forme de sac, comme le montre la figure 25.9. Les méduses flottent librement et ressemblent à des ombrelles ou à des soucoupes. La bouche, centrée sous l'ombrelle, est souvent bordée de tentacules et d'autres prolongements servant à la capture des proies et à l'alimentation. Les polypes adoptent une forme tubulaire et possèdent une bouche entourée de tentacules à une de leurs extrémités, alors que l'autre extrémité est ancrée à un substrat.

Le placozoaire *T. adhærens*, qui s'enroule autour de sa nourriture et la digère, ressemble à un tube digestif ambulant. Le tube digestif des cnidaires est plutôt une structure digestive permanente dont le gastroderme, son revêtement interne, renferme des cellules glandulaires qui sécrètent des enzymes digestives. L'épiderme recouvre sa surface externe (voir la figure 25.9*a*) et chacun de ses feuillets est un **épithélium**, soit un tissu dont une face libre est exposée au milieu extérieur ou à un liquide corporel. Tous les animaux plus complexes que les éponges possèdent ce type de tissu. Chez les cnidaires, ce tissu comporte un réseau de **cellules nerveuses** qui communiquent entre elles, qui reçoivent des signaux envoyés par des récepteurs et qui commandent ensuite une réponse à des **cellules contractiles**. Ces dernières se contractent, puis reprennent leur longueur d'origine. Le réseau nerveux, qui est un système nerveux simple, ne régule que le mouvement et le changement de forme de l'organisme.

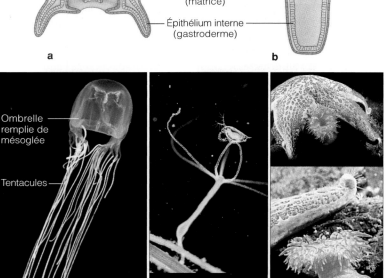

Figure 25.9 L'organisation anatomique de divers cnidaires : coupes **a)** d'une méduse et **b)** d'un polype. Les sections 27.3, 34.5 et 37.3 fournissent d'autres exemples. **c)** La guêpe de mer (*Chironix*) est une méduse dont les tentacules atteignent une longueur de 15 m. La toxine qu'elle sécrète peut tuer une personne en quelques minutes. **d)** Un polype hydrozoaire (*Hydra*) capture et digère sa proie. **e)** Une anémone de mer tire parti de son squelette hydrostatique pour échapper à une étoile de mer. Elle ferme d'abord sa bouche, puis ses cellules contractiles génèrent une poussée contre l'eau enfermée dans sa cavité digestive. Le corps de l'anémone change ainsi de forme et ce mouvement l'éloigne en général du prédateur.

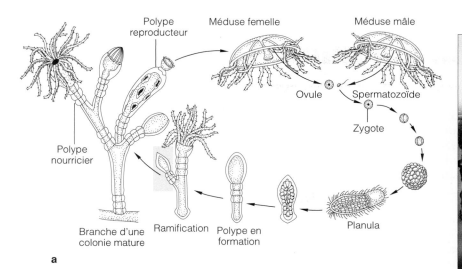

Polype
reproducteur

Méduse femelle

Méduse mâle

Polype
nourricier

Ovule

Spermatozoïde

Zygote

Branche d'une
colonie mature

Ramification

Polype en
formation

Planula

a

Méduse remplie de gaz

Tentacule d'un polype

b

c

Colonie composée d'individus
accomplissant des fonctions variées : alimentation, reproduction,
capture de proies.

Squelettes interreliés
de polypes de corail
vivant en colonie

Figure 25.10 a) Le cycle biologique d'un hydrozoaire (*Obelia*) présentant des formes méduse et polype. Les colonies établies sont constituées de milliers de polypes nourriciers. **b)** La physalie (*Physalia*). **c)** Le corail en colonie.

Entre l'épiderme et le gastroderme se trouve une substance gélatineuse appelée *mésoglée*. Chez les méduses, la mésoglée assure la flottabilité et sert de squelette à la fois ferme et déformable, contre lequel les cellules contractiles prennent appui. La contraction de ces nombreuses cellules fait diminuer le volume de l'ombrelle, ce qui a pour effet d'en chasser l'eau. L'ombrelle revient à un état de repos, puis les cellules se contractent à nouveau. C'est ce changement de forme qui a pour effet de propulser la méduse. Quant aux polypes, dont la mésoglée est peu abondante, leurs cellules contractiles prennent appui contre l'eau contenue dans leur cavité gastrique. Toute cavité remplie de liquide ou toute masse de cellules contre laquelle des cellules contractiles peuvent prendre appui agit comme un **squelette hydrostatique**. Le volume ou la masse de la cavité ne se modifie pas : celle-ci sert simplement d'appui pour les changements de forme de l'organisme (voir la figure 25.9*e*). Comme le montre le chapitre 37, presque tous les animaux possèdent une structure squelettique contre laquelle une force de contraction peut être appliquée.

Le cycle biologique des cnidaires comprend une forme méduse, une forme polype ou les deux. *Obelia* constitue un bon exemple de ce dernier cas (voir la figure 25.10*a*). La forme méduse est un stade sexué. Les **gonades**, soit les organes reproducteurs primaires qui produisent les gamètes, sont encastrées dans son épithélium. Les gonades d'*Obelia* libèrent leurs gamètes tout simplement en se rompant. Après sa formation, le zygote se développe en une forme larvaire appelée **planula**, qui peut nager ou ramper et qui est généralement recouverte de cellules épidermiques ciliées. Avec le temps, une bouche se creuse à une extrémité de la planula et cette dernière devient un polype ou une méduse, puis le cycle recommence.

Quelques exemples de la diversité des cnidaires

Certains cnidaires forment des colonies et représentent bien la diversité de cet embranchement. Un des hydrozoaires coloniaux les plus connus est la physalie (*Physalia* ou galère portugaise). La toxine de ses nématocystes est dangereuse pour les baigneurs et les pêcheurs de même que pour les poissons dont elle se nourrit. La physalie vit principalement dans les eaux chaudes, mais les courants la déplacent aussi dans les eaux plus froides de l'Atlantique, près des côtes de l'Amérique du Nord et de l'Europe. Un flotteur bleu rempli de gaz se développe dans le corps de la planula et maintient la colonie à la surface de l'eau, où elle se déplace au gré du vent (voir la figure 25.10*b*). Sous ce flotteur, des groupes de polypes et de méduses coopèrent pour assurer l'alimentation, la défense et la reproduction de l'animal, ainsi que l'exécution d'autres tâches spécialisées. Les anthozoaires coloniaux tels que les coraux des récifs, dont les squelettes externes se lient entre eux, constituent un autre exemple (voir la figure 25.10*c*). Les récifs sont surtout composés de squelettes entassés. Les coraux qui forment les récifs prospèrent surtout dans les mers chaudes et claires, où ils ont accès aux nutriments que la marée remet en suspension. Les dinophytes (des protistes photosynthétiques) qui vivent en mutualisme avec les coraux et leur fournissent l'oxygène nécessaire, recyclent les déchets minéraux et ajustent le pH de l'eau de mer de façon à favoriser les dépôts de calcium dans le squelette de leurs hôtes. En retour, les coraux offrent à ces organismes photosynthétiques un habitat sécuritaire, bien exposé au soleil et riche en gaz carbonique et en minéraux. Cette association permet un recyclage rapide, direct et efficace des nutriments rares.

On ne trouve pas de récifs de corail dans des eaux peu profondes et calmes, car leur température risque de s'élever assez pour les tuer. Par ailleurs, ces derniers entrent en choc osmotique après de fortes pluies. C'est la raison pour laquelle on ne trouve jamais de récifs à l'embouchure d'un fleuve ou près des terres submergées par les eaux de pluie.

Les cnidaires sont des animaux à symétrie radiaire munis de tentacules, d'une cavité digestive en forme de sac, d'épithéliums, d'un réseau nerveux simple et d'un squelette hydrostatique. Ce sont les seuls organismes dotés de nématocystes.

L'organisation corporelle des cnidaires atteint le niveau tissulaire. Comparativement aux éponges, leurs feuillets cellulaires agissent de façon plus coordonnée afin d'exécuter des tâches spécifiques.

LES ACŒLOMATES : LES SYSTÈMES D'ORGANES LES PLUS SIMPLES

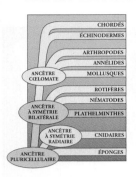

Selon notre arbre phylogénique, on trouve après les cnidaires toute la gamme des animaux qui s'étend des plathelminthes aux humains. La plupart d'entre eux présentent une symétrie bilatérale et tous possèdent des organes. Chaque **organe** est une unité structurale formée d'au moins deux tissus ayant une configuration spécifique et exécutant une tâche commune. La plupart des organes interagissent avec d'autres organes. Par définition, un **système** se compose de plusieurs organes dont les interactions chimiques ou physiques favorisent la survie de l'organisme.

Les **plathelminthes (vers plats)** sont les animaux les plus simples dont l'organisation atteint le niveau du système. Quelques-uns d'entre eux sont des parasites qui s'attaquent à l'être humain. Rappelons qu'un parasite vit sur ou dans son hôte et se nourrit de ses tissus. La plupart des parasites ne causent pas la mort de leur hôte, du moins pas avant de s'être reproduits. Un hôte définitif héberge le stade mature du cycle biologique d'un parasite, tandis que les formes immatures se logent dans un ou plusieurs hôtes dits *intermédiaires*.

Les caractéristiques des plathelminthes

Parmi les quelque 15 000 espèces connues de plathelminthes, on rencontre les turbellariés, les trématodes et les cestodes. La plupart de ces animaux à symétrie bilatérale sont céphalisés et abritent des systèmes simples dans leur corps aplati, comme l'illustre la figure 25.11. Leur système digestif est constitué d'un pharynx et d'une cavité digestive en forme de sac, souvent ramifiée. Le **pharynx** est tout simplement un tube musculeux que les plathelminthes utilisent pour se nourrir.

Les espèces se distinguent par leur système reproducteur. La plupart des individus sont **hermaphrodites** et possèdent des gonades mâles et femelles, de même qu'un pénis (une structure permettant de déposer les spermatozoïdes). Les vers plats recourent à la fécondation réciproque ou à l'autofécondation. Ils peuvent aussi se reproduire de manière asexuée et engendrer des clones, génétiquement identiques à eux-mêmes.

Les principaux groupes de plathelminthes

LES TURBELLARIÉS La plupart des turbellariés vivent dans la mer, et seules les planaires et quelques autres espèces sont dulcicoles. Ils se nourrissent d'animaux minuscules ou extraient les liquides d'animaux morts ou blessés. La planaire peut se reproduire de manière asexuée par fission transverse et régénération : elle se divise en deux par le centre et chaque moitié régénère la partie manquante. Tout comme les mammifères, la planaire régule la composition et le volume de ses liquides corporels. Son système de régulation osmotique comprend des tubes plus ou moins ramifiés appelés *protonéphridies*. Ces tubes s'étendent des pores situés à la surface du corps jusqu'aux cellules-flammes en forme d'ampoule dans les tissus. Lorsqu'une quantité excessive d'eau parvient à l'intérieur des cellules-flammes, une touffe de cils agglutinés s'agite dans l'ampoule et expulse cette eau vers l'extérieur des tubes (voir la figure 25.11 *b*).

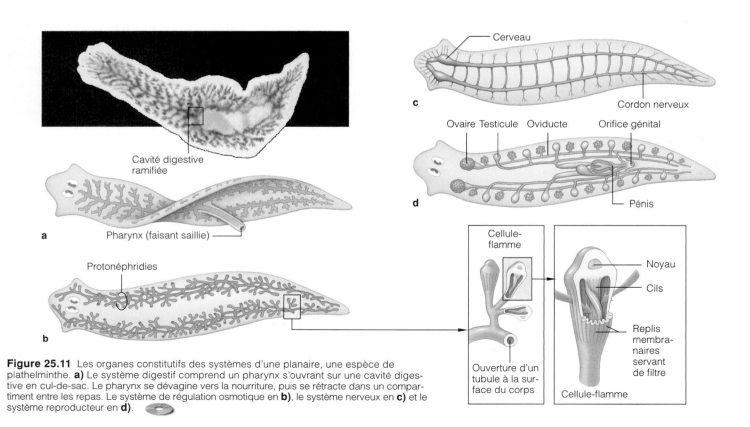

Figure 25.11 Les organes constitutifs des systèmes d'une planaire, une espèce de plathelminthe. **a)** Le système digestif comprend un pharynx s'ouvrant sur une cavité digestive en cul-de-sac. Le pharynx se dévagine vers la nourriture, puis se rétracte dans un compartiment entre les repas. Le système de régulation osmotique en **b)**, le système nerveux en **c)** et le système reproducteur en **d)**.

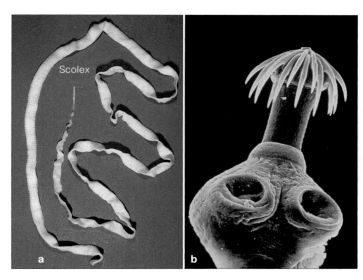

Figure 25.12 a) Le ténia du mouton. **b)** Le scolex d'un ténia dont l'hôte primaire est un oiseau de rivage.

LES TRÉMATODES Les trématodes (douves et schistosomes) sont des plathelminthes parasites. Leur cycle biologique comporte des stades sexués et plusieurs stades asexués et il fait intervenir de un à quatre hôtes. Le premier hôte des stades larvaires est toujours un escargot ou un mollusque aquatique, et l'hôte définitif, un vertébré. La section 25.7 offre un examen détaillé d'une douve du sang (*Schistosoma*). Chaque année, les schistosomes parasitent 200 millions d'humains.

LES CESTODES Les cestodes (ténias ou vers solitaires) sont des parasites vivant dans l'intestin des vertébrés. Les premiers ténias étaient probablement pourvus d'un tube digestif, mais ils l'ont perdu au cours de leur évolution dans les intestins de leurs hôtes, un habitat riche en nourriture prédigérée. Les espèces actuelles se fixent à la paroi intestinale grâce à leur scolex, une sorte de tête munie de ventouses, de crochets ou de ces deux structures (voir la figure 25.12). Les **proglottis**, qui sont les segments constituant le corps du ténia, se forment par bourgeonnement derrière le scolex. Chacun de ces segments est hermaphrodite, de sorte que les proglottis peuvent s'accoupler et s'échanger des spermatozoïdes. Les proglottis plus âgés, qui sont les plus éloignés du scolex, servent d'abri pour les ovules fécondés. Ils se détachent des plus jeunes et sont expulsés de l'organisme hôte avec ses excréments. Par la suite, les œufs fécondés peuvent trouver un hôte intermédiaire. La section 25.7 explique la formation des proglottis dans le cycle biologique d'un ténia typique.

À certains égards, les turbellariés les plus simples, ainsi que les trématodes et les cestodes au stade larvaire ressemblent à la planula des cnidaires. Cette ressemblance laisse croire que les animaux à symétrie bilatérale seraient issus d'ancêtres semblables à des planulas. Leur évolution aurait découlé d'une accentuation de la céphalisation et du développement de tissus dérivés du mésoderme.

Les plathelminthes comptent parmi les animaux acœlomates les plus simples : ils présentent une symétrie bilatérale et une céphalisation, et leurs organes forment des systèmes.

LES NÉMATODES

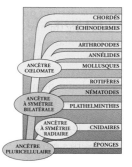

Les **nématodes (vers ronds)** prospèrent à peu près partout, si bien que ce sont peut-être les animaux actuels les plus abondants. Les sédiments en eau de mer ou en eau douce peu profondes contiennent souvent un million de nématodes par mètre carré. Dans une poignée de terre de jardin, des milliers de ces vers décomposent rapidement les débris végétaux et les lombrics morts. Quelque 20 000 espèces de nématodes sont actuellement connues, mais il en existerait au moins cent fois plus.

Le corps cylindrique d'un nématode est habituellement fuselé aux extrémités, présente une symétrie bilatérale et est recouvert d'une **cuticule**. Les cuticules sont des revêtements corporels résistants, protecteurs et souvent flexibles. Le nématode est le plus simple animal muni d'un système digestif complet. Entre la cavité digestive et la paroi corporelle se trouve un pseudocœlome qui contient principalement les organes reproducteurs. Les cellules de tous les tissus absorbent les nutriments du liquide cœlomique et y rejettent leurs déchets.

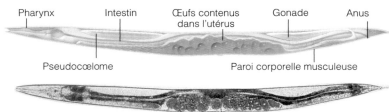

Figure 25.13 L'organisation anatomique et micrographie du nématode *Cænorhabditis elegans*.

Les espèces parasites s'attaquent aux humains, aux chats, aux chiens, aux vaches, aux moutons, au soya, à la pomme de terre et à d'autres hôtes. Toutefois, la plupart des espèces vivent à l'état libre et sont inoffensives, voire bénéfiques, comme celles qui recyclent les nutriments utiles pour diverses communautés. Une espèce, le *Cænorhabditis elegans*, est précieuse pour les chercheurs qui étudient la génétique, le développement et le vieillissement (voir la figure 25.13). Pourquoi donc ? Tout simplement parce que ce nématode possède le même plan d'organisation corporelle et les mêmes tissus que les animaux complexes (céphalisés, à symétrie bilatérale et dotés d'un système digestif complet). Il est transparent et petit (environ 1 mm de longueur), de sorte que son développement peut être étudié au microscope grâce à de fines coupes successives pratiquées le long de son corps. En outre, son temps de génération est court et les individus hermaphrodites produisent des clones.

C. elegans a été le premier organisme pluricellulaire dont le génome a été séquencé en entier. Nous avons alors découvert que seuls 3000 des 19 000 gènes qu'il contient sont essentiels à sa structure et à son fonctionnement normal.

Les nématodes sont des animaux cylindriques qui présentent une symétrie bilatérale et une céphalisation et qui sont munis d'un pseudocœlome et d'un système digestif complet. Beaucoup sont des parasites, mais la plupart recyclent les nutriments dans diverses communautés.

RÉSUMÉ

Le chiffre en **brun** renvoie à la section du chapitre.

1. Les animaux sont des hétérotrophes aérobies et pluricellulaires qui ingèrent ou parasitent d'autres organismes. La plupart des animaux sont constitués de cellules somatiques diploïdes organisées en tissus, organes et systèmes. Ils se reproduisent par voie sexuée et, souvent, par voie asexuée et ils passent par un développement embryonnaire. La grande majorité d'entre eux sont mobiles pendant au moins une partie de leur cycle biologique. *25.1*

2. Les animaux vont des placozoaires et des éponges, simples sur le plan structural, aux vertébrés. *25.1*

a) En comparant les principaux embranchements animaux et en associant cette information aux archives fossiles, les biologistes ont identifié leurs principales tendances évolutives.

b) Le type de symétrie et de cavité digestive, la présence d'une cavité entre la cavité digestive et l'enveloppe corporelle, de même que la présence d'une tête et de segments sont des éléments révélateurs de l'organisation corporelle (voir la figure 25.41).

3. Le placozoaire *Trichoplax* serait l'animal le plus simple qui existe. Il se compose simplement de deux couches cellulaires séparées par un liquide. *25.2*

4. Le corps de l'éponge n'a pas de symétrie et son organisation corporelle ne dépasse pas le niveau cellulaire. Bien qu'il soit constitué de plusieurs types de cellules, ces dernières ne sont pas organisées à la manière de l'épithélium ou des autres tissus que l'on trouve chez les animaux plus complexes. *25.3*

5. Les cnidaires comprennent les méduses, les anémones de mer et les hydres. Leur symétrie est radiaire et leur organisation corporelle atteint le niveau tissulaire. Ce sont les seuls animaux à produire des nématocystes, soit des capsules qui projettent un filament principalement utilisé pour la capture des proies. *25.4*

6. La plupart des animaux plus complexes que les cnidaires présentent une symétrie bilatérale et comprennent des tissus, des organes et des systèmes. Leur cavité digestive ressemble à un sac, comme dans le cas des plathelminthes (vers plats), ou comporte une bouche et un anus (un tube digestif complet). Les animaux plus complexes que les vers plats possèdent une cavité entre la cavité digestive et l'enveloppe corporelle (un cœlome, avec son péritoine, ou un pseudocœlome). *25.5, 25.6*

7. Après l'apparition des plathelminthes, deux lignées principales se sont formées. L'une, les protostomiens, a donné naissance aux mollusques, aux annélides et aux arthropodes ; l'autre, les deutérostomiens, a mené aux échinodermes et aux chordés. *25.9*

8. Tous les mollusques ont un corps mou et charnu et sont pourvus d'un manteau. La plupart possèdent une coquille ou un vestige de celle-ci. Ils diffèrent par leur taille, leurs éléments anatomiques et leur mode de vie. *25.10, 25.11*

9. Les annélides (les lombrics, les polychètes et les sangsues) sont pourvus d'organes complexes logés dans de nombreux sacs cœlomiques successifs. Leur corps segmenté est soutenu par un squelette hydrostatique. *25.12*

10. Les arthropodes représentent le groupe qui a connu le plus grand succès évolutif en ce qui concerne leur diversité, leur abondance, leur distribution et leur capacité de se défendre et d'exploiter des ressources alimentaires variées. *25.13 à 25.18*

a) Tous les arthropodes (arachnides, crustacés et insectes compris) sont recouverts d'un exosquelette rigide et articulé. Ils ont aussi des segments modifiés, des appendices spécialisés, des organes sensoriels, nerveux et respiratoires spécialisés et, dans le cas des insectes, des ailes.

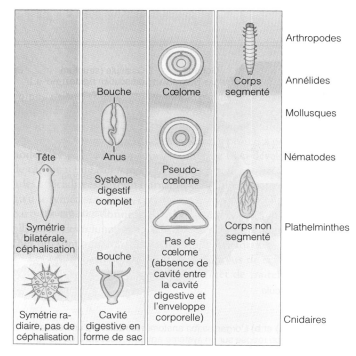

Figure 25.41 Un résumé des grandes tendances apparues au cours de l'évolution des animaux, établies par une comparaison entre les plans d'organisation corporelle des principaux embranchements. Toutes les caractéristiques ne sont pas apparues dans tous les groupes.

b) Les arthropodes se développent soit en croissant et en muant, soit en passant par plusieurs stades immatures comme la larve et la nymphe. Beaucoup subissent une métamorphose, c'est-à-dire que les tissus de la forme immature se réorganisent complètement et que leurs parties anatomiques sont remodelées avant l'émergence de la forme adulte.

11. Les échinodermes sont recouverts d'épines, de spicules ou de plaques. Du point de vue de l'évolution, ils forment un embranchement déroutant. Les larves de la plupart des espèces ont des caractéristiques bilatérales, mais elles se développent en adultes à symétrie fondamentalement radiaire. *25.19*

Exercices

1. Énumérez les six caractéristiques principales des animaux. *25.1*

2. Lorsque vous tentez de déterminer les liens évolutif entre les principaux groupes d'animaux, quels éléments de leur anatomie fournissent les indices les plus importants ? *25.1*

3. Qu'est-ce qu'un cœlome ? Quel rôle a-t-il joué dans l'évolution de certaines lignées ? *25.1*

4. Nommez quelques animaux pourvus d'une cavité digestive en forme de sac. Du point de vue de l'évolution, quels sont les avantages d'un tube digestif complet ? *25.1, 25.4 à 25.6*

5. Choisissez une espèce d'insecte qui vit dans votre environnement et décrivez quelques adaptations observables qui ont favorisé la survie des insectes au cours de l'évolution. *25.13, 25.14, 25.16 à 25.18*.

Autoévaluation   RÉPONSES À L'ANNEXE III

1. Laquelle de ces caractéristiques ne s'applique pas de façon générale au règne des animaux ?
   a) La pluricellularité ; la plupart ont des tissus, beaucoup ont des organes.
   b) Le recours exclusif à la reproduction sexuée.
   c) La mobilité pendant certains stades du cycle biologique.
   d) Le développement embryonnaire pendant le cycle biologique.

Figure 25.42 Un corail arborescent mou.

2. Entre la cavité digestive et la paroi corporelle de la plupart des animaux se trouve
    a) un pharynx   c) un cœlome
    b) un pseudocœlome   d) un archentéron

3. Les méduses, les anémones de mer et les espèces apparentées ont une symétrie _____, et leurs cellules sont organisées en _____.
    a) radiaire ; mésoderme   c) radiaire ; tissus
    b) bilatérale ; tissus   d) bilatérale ; mésoderme

4. La plupart des animaux plus complexes que les cnidaires ont une symétrie _____, et un _____ se forme dans leur embryon.
    a) radiaire ; mésoderme   c) bilatérale ; mésoderme
    b) bilatérale ; endoderme   d) radiaire ; endoderme

5. Quel embranchement comprend des espèces connues pour les maladies humaines qu'elles provoquent ?
    a) Les cnidaires   c) Les annélides
    b) Les plathelminthes   d) Les chordés

6. _____ ont un cœlome et une segmentation marquée, et leurs segments présentent une vaste gamme de modifications.
    a) Les arthropodes   d) Les escargots et les myes
    b) Les annélides   e) Les étoiles de mer
    c) Les éponges   f) Les vertébrés

7. _____ sont les animaux ayant connu le plus grand succès évolutionniste.
    a) Les arthropodes   d) Les escargots et les myes
    b) Les annélides   e) Les étoiles de mer
    c) Les éponges   f) Les vertébrés

8. Associez le terme de gauche à la description qui lui correspond.
    _____ Éponges   a) Couverts d'épines
    _____ Cnidaires   b) Vertébrés et leurs cousins
    _____ Plathelminthes   c) Douves et ténias
    _____ Nématodes   d) Absence de tissus
    _____ Rotifères   e) Certaines espèces n'ont pas de mâles
    _____ Mollusques   f) Nématocystes, symétrie radiaire
    _____ Annélides   g) Ankylostomes, éléphantiasis
    _____ Arthropodes   h) Exosquelette articulé
    _____ Échinodermes   i) Gastéropodes et leurs cousins
    _____ Chordés   j) Vers segmentés

Questions à développement

1. Une éponge carnivore a été trouvée dans une grotte sous-marine de la Méditerranée. Contrairement aux autres éponges, elle n'a pas de pores ou de canaux. Les spicules en forme de crochets situés sur ses ramifications externes piègent les crevettes et d'autres animaux. Ces ramifications enveloppent la proie, puis leurs cellules la digèrent. Quelles parties anatomiques ont évolué afin que puisse être favorisée une telle stratégie de nutrition ?

2. Les ténias sont hermaphrodites. Quels pourraient être les avantages sélectifs de cette particularité, et dans quels genres de milieu peuvent-ils se manifester ?

3. Les personnes qui mangent des huîtres ou des myes crues récoltées dans des milieux pollués par des eaux usées souffrent de troubles gastro-intestinaux légers ou sévères. Réfléchissez aux modes d'alimentation de ces

Figure 25.43
Identifiez ces animaux.

mollusques et élaborez une hypothèse qui explique que ces personnes deviennent malades.

4. Vous faites de la plongée dans les eaux calmes et tièdes situées derrière un important récif tropical. Vous voyez un organisme qui ressemble à une plante ramifiée (voir la figure 25.42). Il s'agit d'un corail mou arborescent avec ses nombreux polypes. On ne le rencontre pas sur le côté du récif exposé à la pleine mer. Élaborez deux hypothèses qui expliquent sa répartition.

5. Le ver marin de la figure 25.43*a* possède un corps segmenté. La plupart de ses segments sont similaires et sont pourvus de poils qui servent à creuser un terrier dans les sédiments. Le minuscule animal de la figure 25.43*b* est rempli d'organes, sa tête porte une couronne de cils et les femelles de presque toutes les espèces se reproduisent sans l'aide d'un mâle. À quels groupes ces animaux appartiennent-ils ?

Vocabulaire

Animal *25.1*	Ectoderme *25.1*	Organe *25.5*
Annélide *25.12*	Endoderme *25.1*	Pharynx *25.5*
Arthropode *25.13*	Épithélium *25.4*	Placozoaire *25.2*
Cavité digestive *25.1*	Éponge *25.3*	Planula *25.4*
Cellule contractile *25.4*	Exosquelette *25.13*	Plathelminthe (ver plat) *25.5*
Cellule nerveuse *25.4*	Gonade *25.4*	Polype *25.4*
Céphalisation *25.1*	Hermaphrodite *25.5*	Proglottis *25.5*
Cerveau *25.12*	Invertébré *25.1*	Protostomien *25.9*
Chilopode (centipède) *25.16*	Larve *25.3*	Rotifère *25.8*
Choanocyte (cellule à collerette) *25.3*	Manteau *25.10*	Squelette hydrostatique *25.4*
	Méduse *25.4*	Symétrie bilatérale *25.1*
Cnidaire *25.4*	Mésoderme *25.1*	
Cœlome *25.1*	Métamorphose *25.13*	Symétrie radiaire *25.1*
Cordon nerveux *25.12*	Mollusque *25.10*	Système *25.5*
	Mue *25.13*	Système aquifère *25.19*
Cuticule *25.6*	Nématocyste *25.4*	Torsion *25.11*
Deutérostomien *25.9*	Nématode (ver rond) *25.6*	Tube de Malpighi *25.17*
Diplopode (millipède) *25.16*	Néphridie *25.12*	
	Niveau tissulaire *25.4*	Vertébré *25.1*
Échinoderme *25.19*	Nymphe *25.17*	

Lectures complémentaires

Pearse, V., *et al.* (1987). *Living Invertebrates*, Palo Alto (Californie) Blackwell.

Pechenik, J. (1995). *Biology of Invertebrates*, 3ᵉ éd., Dubuque : W. C. Brown.

Rouat, S. (sept. 2003). « Pêche miraculeuse dans les abysses », *Sciences et avenir*, 679 : 26-29.

L'ORIGINE DES AMPHIBIENS

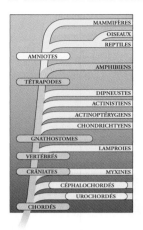

Les **amphibiens** sont des vertébrés pourvus d'un endosquelette constitué principalement de tissus osseux. Ils possèdent quatre pattes ou sont issus d'un ancêtre aquatique à quatre pattes (voir la figure 26.10). Leur organisation anatomique et leur mode de reproduction se situent entre ceux des poissons et des reptiles.

Quel événement a permis à certains tétrapodes aquatiques de coloniser les habitats terrestres ? Nous savons maintenant que des astéroïdes ont percuté la Terre à cinq reprises pendant le dévonien. L'un des derniers impacts coïncide avec une extinction massive de la vie marine, vraisemblablement survenue à cause de la déplétion de l'oxygène à la surface de la mer et dans les marais littoraux. Les tétrapodes dotés de poumons avaient alors un avantage puisqu'ils étaient aptes à puiser suffisamment d'oxygène en aspirant de l'air. À la fin du dévonien, certains d'entre eux étaient semi-aquatiques et passaient un certain temps sur la terre ferme.

La transformation de nageoires lobées en membres n'a probablement pas nécessité de profondes modifications génétiques. Rappelons que des gènes amplificateurs régulent la transcription des gènes (voir la section 15.5). L'un d'entre eux régule les gènes responsables de la formation des doigts. Comme le décrivent les sections 19.5 et 43.5, une seule mutation dans l'un de ces gènes maîtres suffit à engendrer des modifications morphologiques importantes.

La vie dans les nouveaux habitats terrestres, plus secs, se voulait à la fois dangereuse et prometteuse. Les variations de température étaient beaucoup plus importantes sur terre que dans l'eau, l'air ne supportait pas le poids du corps aussi bien que l'eau et cette dernière n'était pas toujours abondante. En revanche, l'air était plus riche en oxygène. Les poumons des amphibiens ont continué à évoluer de façon à faciliter le prélèvement de l'oxygène de l'air. En outre, les systèmes circulatoires ont pu assurer plus efficacement le transport de l'oxygène jusqu'aux cellules. Ces deux modifications ont permis d'augmenter l'efficacité de la respiration aérobie, la voie qui produit suffisamment d'ATP pour permettre des modes de vie plus actifs.

Les premiers amphibiens recevaient aussi de nouvelles informations sensorielles. Les forêts marécageuses abritaient un très grand nombre d'insectes et d'autres invertébrés comestibles. Les animaux dotés d'une vision perçante, d'une ouïe fine et d'un bon sens de l'équilibre, les facultés les plus utiles sur la terre ferme, se voyaient avantagés. Les régions du cerveau responsables d'interpréter les stimuli sensoriels et d'y réagir se sont alors développées.

Les crapauds, les grenouilles, les salamandres et les cécilies actuels descendent tous de ces premiers amphibiens. Cependant, aucun d'eux n'est devenu complètement indépendant de l'eau. Même s'ils utilisent des branchies ou des poumons pour respirer, les amphibiens absorbent l'oxygène et se débarrassent du dioxyde de carbone à travers leur épiderme. Les surfaces respiratoires doivent toutefois demeurer humides, et la peau exposée à l'air se dessèche rapidement.

Certains amphibiens actuels passent toute leur vie dans l'eau. D'autres espèces pondent dans l'eau ou produisent des larves aquatiques. Les espèces adaptées à la vie terrestre pondent leurs œufs dans des endroits humides ou, dans quelques cas, elles protègent leurs embryons en développement à l'intérieur de leur corps.

À l'intérieur des nageoires lobées, des structures cartilagineuses ou osseuses (en orange) subissent des modifications.

Os des membres d'un tétrapode primitif

Figure 26.10 a) Des tétrapodes du dévonien. *Acanthostega*, dans l'eau, et *Ichthyostega*, à l'arrière-plan. Leur crâne, leur queue et leurs nageoires s'apparentent à ceux des poissons. Contrairement aux poissons, ils possédaient quatre membres se terminant par des doigts, et un cou plutôt court. **b)** et **c)** L'évolution présumée des éléments squelettiques qui a permis la transformation des nageoires en pattes chez les tétrapodes aquatiques et les premiers amphibiens.

Les grenouilles et les crapauds

Les grenouilles et les crapauds se veulent les amphibiens les plus familiers et, avec leurs quelque 4000 espèces, ceux qui ont connu le plus grand succès évolutif (voir la figure 26.11 *a* et *b*). Ils se servent de leurs longues pattes postérieures et de leurs muscles puissants pour s'élancer dans les airs ou nager rapidement. La plupart des grenouilles capturent leurs proies en projetant sur elles leur langue gluante. Les adultes mangent à peu près n'importe quel animal pourvu que ce dernier puisse entrer dans leur bouche. Comme chez la plupart des autres amphibiens, les glandes de leur peau sécrètent du mucus, du venin ou des antibiotiques qui les protègent contre les agents pathogènes des milieux aquatiques. Les espèces venimeuses arborent souvent une coloration vive servant à prévenir leurs prédateurs. Nous abordons l'anatomie et la physiologie des grenouilles dans la sixième partie de ce manuel.

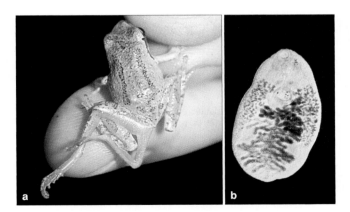

Figure 26.11 Les amphibiens. **a)** Une grenouille en train de bondir. **b)** Le crapaud américain. **c)** Un jeune triton vert à points rouges. **d)** La locomotion des poissons comparée à celle des salamandres. **e)** La cécilie. Comment d'après vous cet amphibien long et mince s'enfouit-il dans le sol? (voir la section 25.12).

Figure 26.12 a) Une grenouille déformée pourvue de pattes surnuméraires, séquelle d'une infection. Stanley Sessions, du collège de Hartwick, et Pieter Johnson, un diplômé de Stanford, ont identifié une infection parasitaire qui affecte les membres des grenouilles. **b)** Des trématodes (*Ribeiroia*) sont responsables de cette anomalie. Ils pénètrent dans les bourgeons des membres des têtards et altèrent chimiquement ou physiquement les cellules. Les têtards infectés ont alors des pattes surnuméraires ou n'en ont aucune. Une exposition importante à ce trématode diminue le nombre de têtards parvenant à compléter leur métamorphose avec succès. Des kystes de trématodes ont été trouvés dans des grenouilles et des salamandres déformées en Californie, en Oregon, en Arizona et dans l'État de New York.

Les populations actuelles de grenouilles diminuent rapidement. Les facteurs qui expliquent cette décroissance sont liés à l'augmentation des attaques venant de parasites, à la prédation, aux rayons ultraviolets, à la perte des habitats et à la pollution chimique (voir la figure 26.12 et les sections 36.8 et 47.6). Même des bottes de randonnée boueuses peuvent apporter des parasites dans des habitats reculés occupés par des grenouilles.

Les salamandres

Environ 380 espèces de salamandres et de leurs cousins, les tritons, vivent dans les régions septentrionales tempérées et les régions tropicales de l'Amérique centrale et de l'Amérique du Sud. La plupart mesurent moins de 15 cm. Leurs pattes antérieures et leurs pattes postérieures sont sensiblement de la même longueur et la plupart du temps elles sont perpendiculaires au corps. Les salamandres se déplacent en réalisant un mouvement ondulatoire latéral, comme les poissons et les premiers amphibiens (voir la figure 26.11*d*). Il est probable que les premiers tétrapodes terrestres se déplaçaient également de cette façon. Les salamandres larvaires et adultes sont carnivores. Les adultes de certaines espèces conservent quelques caractéristiques larvaires. Par exemple, l'axolotl adulte du Mexique conserve les branchies externes de sa forme larvaire. Ses dents et ses os cessent de se développer à partir d'un stade précoce. Par ailleurs, comme chez certaines autres espèces, les larves d'axolotl sont sexuellement précoces et peuvent se reproduire.

Les cécilies

Au cours de leur évolution, certains amphibiens ont perdu leurs membres et le sens de la vue, mais pas leurs mâchoires, utiles pour capturer les proies. Ces amphibiens ont donné naissance aux cécilies, dont la morphologie s'apparente à celle des vers (voir la figure 26.11*e*). La plupart des quelque 160 espèces de cécilies s'enfouissent dans le sol humide et font appel à leurs sens du toucher et de l'odorat pour chasser les insectes et les lombrics. Les quelques espèces aquatiques communiquent par des signaux électriques.

Par leur morphologie et leur comportement, les amphibiens présentent des ressemblances avec les poissons et les reptiles. La plupart des espèces ne se sont pas encore affranchies des habitats aquatiques ou humides pour compléter leur cycle biologique.

26.6

L'ORIGINE DES AMNIOTES

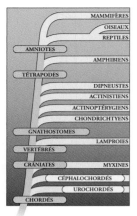

À la fin du carbonifère, des divergences apparues chez les amphibiens ont donné naissance aux **amniotes**. Ces animaux étaient les premiers vertébrés à pondre des œufs munis de quatre membranes internes favorisant la conservation de l'eau, l'amortissement des chocs et le support métabolique de l'embryon. Les premiers amniotes pondaient des œufs à coquille parcheminée ou calcifiée (voir la figure 26.13). Beaucoup de leurs descendants actuels se reproduisent encore de cette façon. Parmi ces derniers, on compte certains mammifères, les tortues, les lézards, les serpents, les sphénodons, les crocodiles et les oiseaux. Ce sont les seuls tétrapodes qui peuvent se reproduire loin des habitats aquatiques. Leurs embryons se développent jusqu'à un stade avancé avant d'éclore ou de naître dans un environnement sec. La structure et la formation des œufs amniotiques sont abordées à la section 44.7.

Trois autres adaptations ont aidé les amniotes à s'affranchir des habitats aquatiques. Tous les amniotes possèdent une peau résistante, sèche ou couverte d'écailles, qui limite les pertes d'eau (voir la figure 26.13c). À l'instar de certains amphibiens, leurs œufs sont fécondés à l'intérieur du corps de la femelle, après que l'organe copulateur mâle y a déposé du sperme. En outre, les amniotes possèdent deux reins qui régulent les pertes d'eau.

Les sauropsides et les synapsides représentent les principaux groupes d'amniotes. Les synapsides sont les mammifères ou les reptiles mammaliens primitifs (comme *Lystrosaurus* dont il est fait mention à la section 20.6).

Les sauropsides englobent ce que nous appelons les **reptiles**, mais les oiseaux font aussi partie de ce groupe. En comparaison avec les amphibiens, même les premiers reptiles faisaient preuve de plus d'habileté et de rapidité lorsqu'ils chassaient les insectes ou d'autres vertébrés. Leurs mâchoires musclées et leurs dents redoutables servaient à saisir, à immobiliser et à broyer leurs proies. Leurs membres étaient mieux adaptés que ceux des amphibiens pour soutenir leur corps sur la terre ferme.

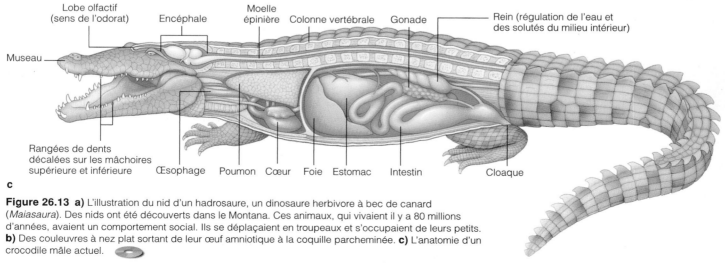

Figure 26.13 a) L'illustration du nid d'un hadrosaure, un dinosaure herbivore à bec de canard (*Maiasaura*). Des nids ont été découverts dans le Montana. Ces animaux, qui vivaient il y a 80 millions d'années, avaient un comportement social. Ils se déplaçaient en troupeaux et s'occupaient de leurs petits. **b)** Des couleuvres à nez plat sortant de leur œuf amniotique à la coquille parcheminée. **c)** L'anatomie d'un crocodile mâle actuel.

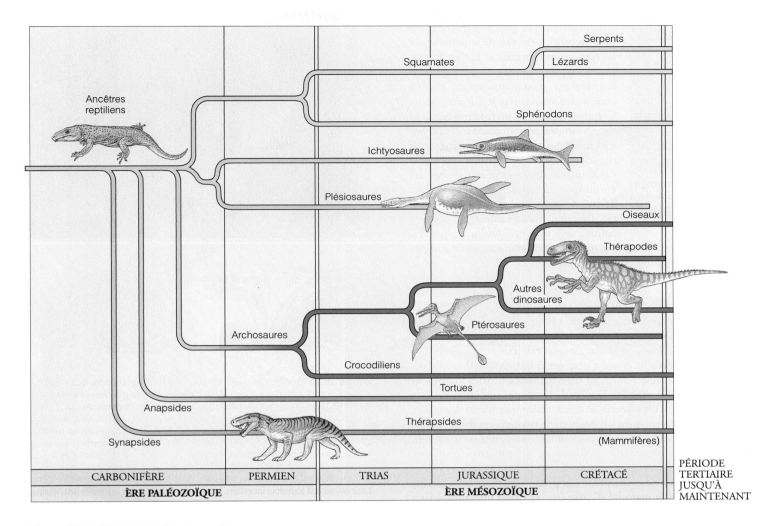

Figure 26.14 L'histoire évolutive des amniotes.

Le système nerveux de nombreuses espèces a gagné en complexité. Le cerveau d'un reptile est petit comparativement au reste du corps, mais il détermine des comportements inconnus chez les amphibiens. Le cortex cérébral, la partie la plus récente du cerveau, est apparu avec l'arrivée des reptiles.

Les crocodiliens (voir la figure 26.13c) furent les premiers animaux dotés d'un cœur musculeux séparé en deux moitiés et pourvu de quatre compartiments. Dans chaque moitié, le sang pénètre dans un premier compartiment et est expulsé hors du cœur par le deuxième compartiment. Ce cloisonnement longitudinal permet au sang d'emprunter deux circuits différents : le sang riche en oxygène est acheminé des poumons au reste du corps, alors que le sang appauvri en oxygène l'est du corps vers les poumons (voir la section 38.1). Les échanges gazeux réalisés à travers la peau, indispensables aux amphibiens, ont été abandonnés par les reptiles puisque ces derniers possèdent tous des poumons bien développés.

Les radiations adaptatives des premiers reptiles ont engendré une fabuleuse diversité. Le trias a vu l'évolution d'un groupe appelé *dinosaures*. Pendant les 125 millions d'années qui ont suivi, ceux-ci ont constitué les vertébrés terrestres dominants. Des nids fossilisés d'une espèce de dinosaures appelée *Maiasaura* ont été découverts. Ils contenaient des

œufs et des petits âgés d'au plus quelques mois (voir la figure 26.13a). Ces fossiles suggèrent que certains dinosaures avaient développé un comportement parental : ils prenaient soin de leurs petits pendant la période prolongée de la dépendance. La collision de l'astéroïde K-T avec la Terre a causé la disparition des derniers dinosaures, ou du moins de ce qu'on désigne généralement sous ce terme (voir la section 20.7). Nous savons aujourd'hui qu'un groupe spécialisé de dinosaures à plumes a survécu à cette extinction massive. Nous les appelons *oiseaux*. Comme l'indique la figure 26.14, les crocodiliens, les tortues, les sphénodons, les serpents, les lézards et les oiseaux représentent des groupes reptiliens qui sont parvenus jusqu'à nous, tout comme les mammifères.

Les amniotes ont été les premiers vertébrés à s'affranchir de l'eau grâce aux profondes modifications qu'ont subies leurs différents systèmes. Les amniotes produisent des œufs à coquille parcheminée ou calcifiée, dont les membranes internes assurent la conservation de l'eau, l'amortissement des chocs et le support métabolique de l'embryon.

Les amniotes sont divisés en deux groupes principaux : les synapsides, soit les mammifères et les reptiles mammaliens, et les sauropsides, qui comprennent les reptiles et les oiseaux.

LES OISEAUX

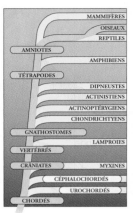

Quatre groupes d'animaux, soit les insectes, les ptérosaures (aujourd'hui disparus), les oiseaux et les chauves-souris, ont développé la capacité de voler. Les plumes sont toutefois une caractéristique unique aux **oiseaux** et à certains dinosaures éteints. Les plumes sont des structures légères dérivées de la peau servant, entre autres, au vol et à l'isolation. On dénombre environ 28 ordres d'oiseaux, comprenant près de 9000 espèces. Les oiseaux varient considérablement par leur taille, leurs dimensions, leur coloration et leur capacité à voler. L'un des plus petits oiseaux connus, le colibri, pèse à peine 2,25 g. Le plus grand des oiseaux actuels, l'autruche, peut pour sa part peser jusqu'à 150 kg. Cet oiseau est inapte au vol, mais peut courir à une vitesse impressionnante (voir la section 17.1). Beaucoup d'oiseaux, tels que les parulines, les perroquets et d'autres oiseaux percheurs, diffèrent considérablement par la coloration de leurs plumes et leur comportement territorial. Le chant des oiseaux et d'autres comportements sociaux sont abordés dans les prochains chapitres. Les figures 26.16 à 26.18 présentent quelques-unes des nombreuses caractéristiques fondamentales de ce groupe varié de vertébrés.

Les premiers oiseaux tireraient leur origine d'une radiation adaptative des reptiles qui aurait eu lieu pendant le mésozoïque. Ils proviendraient d'une lignée de petits théropodes, des dinosaures carnivores bipèdes. Les plumes se seraient développées à partir d'écailles de reptiles qui se seraient considérablement modifiées. Le dinosaure *Archæopteryx* proviendrait de cette lignée ou d'une lignée apparentée. Comme l'indique la section 19.9, ce dinosaure possédait à la fois les caractéristiques des reptiles et des oiseaux, les plumes y comprises. D'ailleurs, les oiseaux partagent toujours de nombreuses caractéristiques avec leurs cousins les plus proches, les dinosaures et les crocodiliens. Par exemple, leurs pattes sont toujours couvertes d'écailles, et certaines de leurs structures internes sont les mêmes. La plupart prennent soin de leurs petits et tous pondent des œufs amniotiques dans lesquels un amnios, un chorion, une allantoïde et un sac vitellin entourent l'embryon (voir la figure 26.16). Ces quatre membranes extra-embryonnaires jouent un rôle dans le développement de l'embryon. Les chapitres 43 et 44 présentent quelques spécimens d'œufs amniotiques.

Les plumes favorisent la conservation de la chaleur métabolique quand l'environnement refroidit. Des sacs élastiques (les sacs aériens) reliés aux poumons aident à dissiper l'excès de chaleur quand les oiseaux expulsent l'air chaud de leur corps.

Le vol des oiseaux met en jeu bien plus d'éléments que les plumes seules. Des os légers et creux, et des modes de respiration et de circulation efficaces interviennent également. Un taux métabolique élevé, soutenu par une bonne alimentation en oxygène dans le corps tout entier, est aussi indispensable au vol. Les sacs aériens reliés aux poumons augmentent considérablement l'absorption d'oxygène (voir la section 40.3). À l'instar des mammifères, les oiseaux sont munis d'un cœur volumineux et résistant divisé en quatre cavités. Le cœur pompe le sang vers les poumons et vers le reste du corps par des voies distinctes, un héritage présumé des ancêtres reptiliens des oiseaux.

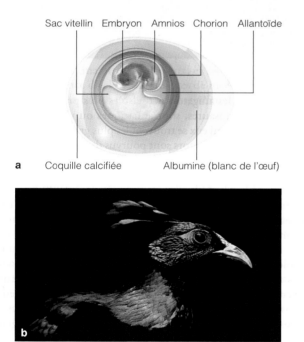

Figure 26.16 Deux caractéristiques essentielles des oiseaux : **a)** l'œuf amniotique et **b)** les plumes. Le plumage flamboyant de ce faisan lophophore mâle, un oiseau originaire de l'Inde, résulte d'une sélection sexuelle. Cet oiseau fait partie des espèces menacées. Comme c'est le cas pour de nombreuses espèces aviaires, son plumage resplendissant a servi à l'ornementation des humains, dans ce cas-ci à celle des coiffes d'indigènes.

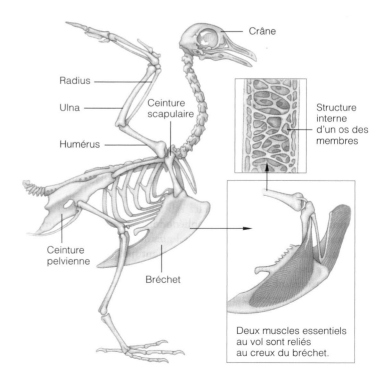

Figure 26.17 L'anatomie d'un oiseau. Les muscles du vol sont rattachés au sternum, un os large qui porte une carène verticale, le bréchet.

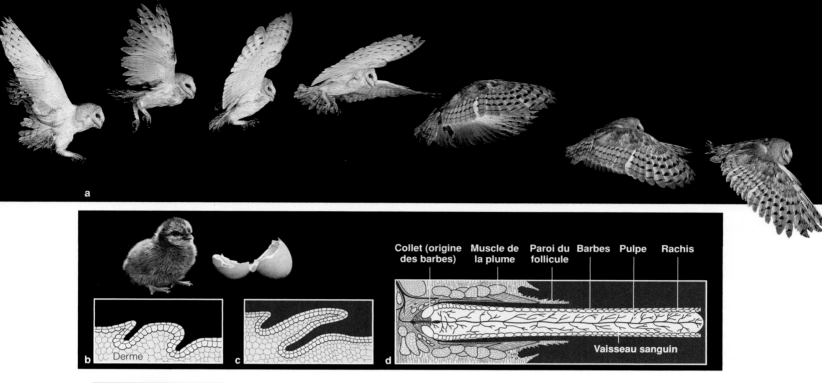

Barbules
Barbe

Barbules
Barbe

Rachis

Figure 26.18 Le vol d'un oiseau. **a)** De tous les animaux, seuls les oiseaux et les chauves-souris volent en battant des ailes. L'aile d'un oiseau se veut une structure anatomique complexe constituée d'os légers et de plumes. La section 19.4 aborde l'évolution du membre antérieur des oiseaux.

Le développement d'une plume à partir de cellules épidermiques en division active chez un embryon de poulet. **b)** Un des nombreux bourgeons à la surface du jeune embryon. **c)** La transformation du bourgeon en une structure conique, dont la base s'enfonce légèrement dans la peau. La dépression formée autour de la base deviendra le follicule de la plume. **d)** À la surface du cône, une couche de cellules cornées se différencie et forme une gaine. La couche de cellules épidermiques située juste en dessous de la gaine donnera naissance à la plume. Le derme sous-jacent contient beaucoup de vaisseaux sanguins. Il devient la pulpe qui nourrit la plume en développement, mais ne contribue pas à sa structure. **e)** Les plumes du duvet, un isolant. **f)** La structure d'une rémige, une plume servant au vol. La solidité des rémiges provient du rachis central, qui est creux, et d'un réseau de barbes et de barbules entrelacées.

Le vol requiert aussi une colonne d'air, une certaine légèreté et une puissante poussée vers le bas qui fournit la portance, une force perpendiculaire à la colonne d'air. L'aile de l'oiseau, un membre antérieur modifié, se compose de plumes et d'os légers auxquels s'attachent des muscles puissants. Les os sont très légers, car le tissu osseux est criblé de nombreuses cavités (voir les figures 26.17 et 26.18). Par exemple, la frégate, un oiseau d'une envergure de 2 m, est doté d'un squelette pesant à peine 120 g, un poids inférieur à celui de ses plumes !

Les muscles du vol s'attachent d'une part au sternum hypertrophié et à l'os coracoïde, et d'autre part, aux os du membre antérieur (voir la figure 26.17). La contraction musculaire crée une poussée vers le bas assez puissante pour assurer le vol. Les ailes, avec leurs longues plumes, servent de surface portante. Généralement, l'oiseau écarte ses plumes quand il abaisse ses ailes afin d'augmenter la surface sur laquelle s'exerce la poussée contre l'air. Quand il relève ses ailes, il resserre quelque peu ses plumes, de façon à ce que ces dernières offrent le moins de résistance possible à l'air.

Plusieurs espèces d'oiseaux migrateurs font preuve d'une étonnante capacité de vol. La **migration** se veut un déplacement périodique et récurrent entre deux ou plusieurs régions, en réponse à des rythmes de l'environnement. Les variations saisonnières de la longueur du jour constituent un signal qui influence les mécanismes internes de mesure du temps ou l'horloge biologique. Elles provoquent des changements comportementaux et physiologiques chez les individus. Ces changements incitent les oiseaux migrateurs à faire l'aller-retour entre des régions éloignées dont le climat diffère. Durant l'été, par exemple, les bernaches du Canada nichent dans les marécages et à proximité des lacs du Canada et du nord des États-Unis, alors que leurs quartiers d'hiver se trouvent au Nouveau-Mexique et dans certaines régions méridionales des États-Unis (voir le numéro 4 de la rubrique *Questions à développement*, à la section 8.8).

De tous les animaux actuels, seuls les oiseaux sont pourvus de plumes. Les plumes permettent le vol, aident à conserver la chaleur corporelle et jouent un rôle dans la communication.

L'ORIGINE DES MAMMIFÈRES

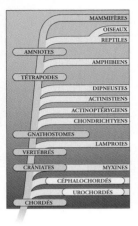

Les **mammifères** sont des vertébrés pourvus de poils et de glandes mammaires. Ils constituent les seuls animaux à posséder ces caractéristiques. Les femelles nourrissent leurs petits avec du lait, une sécrétion nutritive produite par des glandes mammaires dont les canaux s'ouvrent sur la face ventrale ou antérieure du corps (voir la figure 26.19*a*). Les mammifères aussi sont très variés. Par exemple, seulement en ce qui concerne la masse, les espèces actuelles vont de la chauve-souris de Kitti pesant 1,5 g aux baleines de 100 t. L'abondance des poils, leur distribution et le type de pelage varient beaucoup selon l'espèce.

Quelques mammifères aquatiques, dont les baleines, ont perdu presque tous leurs poils après que leurs ancêtres terrestres sont retournés à la mer. Toutefois, en les regardant de près, on peut observer quelques « moustaches », des poils modifiés situés sur leur museau, lesquels ont une fonction sensorielle comme chez les chats et les chiens. Plus généralement, les mammifères sont couverts d'un pelage composé d'une sous-couche isolante de poils denses et doux servant à retenir la chaleur, et de poils plus gros et plus longs, le poil de jarre, servant à protéger le sous-poil contre l'usure (voir la figure 26.19*b*). Lorsqu'il est mouillé, le poil de jarre des ornithorynques, des loutres et d'autres mammifères aquatiques s'enchevêtre et forme une couche protectrice permettant au sous-poil de rester au sec.

Les mammifères se distinguent aussi par les soins que beaucoup d'entre eux prodiguent à leurs petits durant une longue période et par l'apprentissage que les petits font en observant le comportement des adultes. Les petits de mammifères naissent avec la capacité d'apprendre et de répéter des comportements qui leur permettront de survivre. Nous retrouvons chez ces animaux les plus étonnantes démonstrations de flexibilité comportementale, soit la capacité à développer de nouveaux comportements à partir d'activités fondamentales, même si ce trait se veut beaucoup plus prononcé chez certaines espèces que chez d'autres. La flexibilité comportementale a évolué parallèlement à l'accroissement de la taille du cerveau, particulièrement du cortex cérébral. Cette couche externe du cerveau reçoit, analyse et entrepose l'information provenant des structures sensorielles et commande des réponses complexes. C'est chez les primates que le cortex cérébral atteint le plus haut degré de développement.

Contrairement aux autres amniotes, qui engouffrent généralement leur proie tout entière, la plupart des mammifères immobilisent, déchiquettent et mastiquent même parfois leur nourriture avant de l'avaler. Ils se distinguent aussi par leur **dentition**, c'est-à-dire par les types de dents, leur nombre et leur taille. Les deux mâchoires des mammifères portent quatre types particuliers de dents qui s'ajustent ensemble et qui servent à écraser, à broyer ou à couper la nourriture (voir la figure 26.19*c*). Leurs incisives, en forme de ciseau plat ou conique, servent à saisir ou à sectionner les aliments. Les chevaux et d'autres animaux herbivores possèdent de grandes incisives. Les canines, qui représentent les dents les plus longues chez les mammifères carnivores, ont une forme pointue qui permet de percer. Quant aux prémolaires et aux molaires, elles présentent une surface relativement plate parsemée de cuspides. Elles servent à écraser et à broyer les aliments. Quand un mammifère est pourvu de grosses molaires à la surface plane, on peut se douter que ses ancêtres ont vécu dans un environnement où les végétaux fibreux et coriaces constituaient une importante source de nourriture. On verra que les premiers primates et les espèces présumées appartenir à la lignée qui conduit aux humains présentent des dents et des mâchoires fossilisées qui fournissent des indices de leur mode de vie.

Molaires Prémolaires Canines Incisives

c

Figure 26.19 Trois traits distinctifs des mammifères. **a)** Un bébé humain dévoilant une caractéristique fondamentale des mammifères : il tire sa nourriture des glandes mammaires de sa mère. **b)** De jeunes ratons laveurs à la fourrure distinctive. **c)** Contrairement aux dents de leurs ancêtres amniotes, les rangées de dents des mâchoires supérieure et inférieure des mammifères sont assorties (comparer avec la figure 26.13).

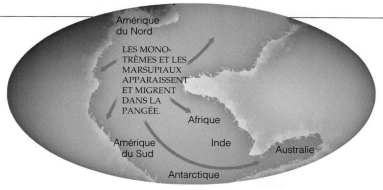

a Il y a environ 150 millions d'années, pendant le jurassique.

Amérique du Nord

LES MONO-TRÈMES ET LES MARSUPIAUX APPARAISSENT ET MIGRENT DANS LA PANGÉE.

Afrique

Amérique du Sud

Inde

Australie

Antarctique

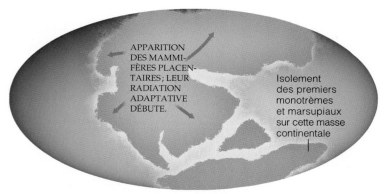

b Il y a entre 100 et 85 millions d'années, pendant le crétacé.

APPARITION DES MAMMI-FÈRES PLACEN-TAIRES; LEUR RADIATION ADAPTATIVE DÉBUTE.

Isolement des premiers monotrèmes et marsupiaux sur cette masse continentale

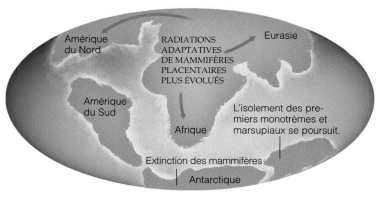

c Il y a environ 20 millions d'années, pendant le miocène.

Amérique du Nord

RADIATIONS ADAPTATIVES DE MAMMIFÈRES PLACENTAIRES PLUS ÉVOLUÉS

Eurasie

Amérique du Sud

L'isolement des premiers monotrèmes et marsupiaux se poursuit.

Afrique

Extinction des mammifères

Antarctique

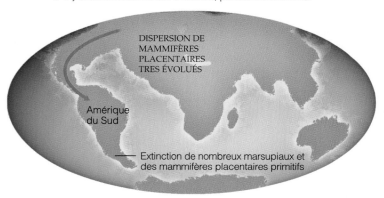

d Il y a environ 5 millions d'années, pendant le pliocène.

DISPERSION DE MAMMIFÈRES PLACENTAIRES TRES ÉVOLUÉS

Amérique du Sud

Extinction de nombreux marsupiaux et des mammifères placentaires primitifs

Figure 26.20 Des radiations adaptatives des mammifères.

L'origine des mammifères et leurs radiations adaptatives

Voici plus de 200 millions d'années, pendant le trias, une divergence génétique survenue parmi de petits synapsides dépourvus de poils a mené à l'apparition des thérapsides, les premiers ancêtres des mammifères (voir la figure 26.14). Au jurassique, divers mammifères herbivores et carnivores appelés *thériens* étaient apparus.

Les premiers thériens, de la taille d'une souris, étaient couverts de poils, et leur morphologie, leurs dents et leurs mâchoires avaient subi d'importantes modifications. Par exemple, leurs quatre pattes étaient positionnées à la verticale sous leur corps. Cette organisation du squelette facilitait la marche, mais l'éloignement du tronc du sol en diminuait la stabilité. À cette époque, le cervelet, une partie de l'encéphale responsable de l'équilibre et du positionnement dans l'espace, a commencé à se développer.

Les thériens ont coexisté avec les dinosaures durant le crétacé. À la disparition des derniers dinosaures, plusieurs zones adaptatives se sont libérées pour accueillir trois lignées de thériens, ces petits mammifères discrets que nous venons d'évoquer (voir les sections 18.4 et 20.8). De nouvelles opportunités, des caractéristiques différentes et des événements géologiques majeurs ont placé ces lignées – les **monotrèmes** (des mammifères ovipares), les **marsupiaux** (des mammifères munis d'une poche ventrale) et les **euthériens** (des mammifères placentaires) – sur des voies évolutives très différentes. Comparativement aux monotrèmes et aux marsupiaux, qui ont conservé de nombreux caractères ancestraux, les mammifères placentaires jouissaient de divers avantages évolutifs. Leur métabolisme était plus rapide, leurs mécanismes de thermorégulation, plus précis, et leur embryon en développement bénéficiait de nouveaux modes de nutrition. Les prochains chapitres développent davantage ces sujets. Pour l'instant, il suffit de savoir que les mammifères placentaires se sont diversifiés dans de nombreuses zones adaptatives nouvelles réparties partout dans le monde, au détriment de leurs cousins moins performants.

À la fin du jurassique, les ancêtres des monotrèmes et des marsupiaux occupaient la Pangée méridionale (voir la figure 26.20*a*). Après la dislocation de ce supercontinent, ces mammifères, présents sur l'énorme masse continentale à la dérive qui allait devenir l'Australie, ont été séparés des ancêtres des mammifères placentaires qui poursuivirent leur évolution sur d'autres continents (voir la figure 26.20*b* et *c*).

Sur le fragment qui allait devenir l'Amérique du Sud, les monotrèmes ont été remplacés par des marsupiaux et les mammifères placentaires primitifs. Au cours du pliocène, un pont terrestre a réuni l'Amérique du Nord et l'Amérique du Sud, ce qui a permis aux mammifères placentaires très évolués de gagner le sud du continent, où ils ont rapidement remplacé un bon nombre des espèces de mammifères qui s'y trouvaient (voir la figure 26.20*d*). Quant aux animaux qui vivaient au sud du continent, seuls les opossums et quelques autres espèces ont réussi à coloniser l'Amérique du Nord avec succès.

Les mammifères constituent les seuls animaux pourvus de poils et de glandes mammaires. Ils possèdent une dentition caractéristique, un système nerveux considérablement développé et une grande flexibilité comportementale.

L'évolution des mammifères repose en bonne partie sur le hasard : des espèces aux caractéristiques particulières se trouvaient au bon endroit, au bon moment, à une époque marquée par de grands bouleversements géologiques.

LES MAMMIFÈRES ACTUELS

Des lignées isolées géographiquement et dont le lien de parenté est éloigné évoluent souvent d'une manière similaire quand leur habitat est semblable. Elles en viennent à se ressembler sur le plan de la morphologie et de la physiologie. Ce phénomène est appelé **convergence évolutive** (voir la section 19.4). L'histoire passionnante des trois lignées de mammifères en offre un exemple classique, comme l'illustre le tableau 26.1.

Les monotrèmes actuels sont uniquement représentés par deux espèces d'échidnés et l'ornithorynque (voir la figure 26.21*a*). La figure 26.21*b* montre l'échidné d'Australie; l'autre échidné vit en Nouvelle-Guinée. Ces petits mammifères fouisseurs se nourrissent presque exclusivement de fourmis. Comme les porcs-épics, les échidnés sont couverts d'épines protectrices (des poils modifiés). La femelle pond des œufs, à l'instar de l'ornithorynque, mais, contrairement à lui, elle ne creuse pas de nid. Elle couve un seul œuf, et le petit tète le lait de sa mère et complète son développement dans une poche qui se forme temporairement (par des contractions musculaires) sur l'abdomen de sa mère.

La plupart des 260 espèces actuelles de marsupiaux habitent l'Australie et les îles environnantes. Quelques-uns vivent en Amérique (voir la figure 26.21*c* et *d*). Les minuscules petits, qui sont aveugles et glabres, tètent le lait de leur mère. Ils terminent leur développement dans une poche ventrale permanente, appelée *poche marsupiale*. Le diable de Tasmanie est le plus gros marsupial carnivore. Sa mauvaise réputation imméritée lui vient de l'air menaçant qu'il exhibe en découvrant ses grandes dents (voir la figure 26.21*d*), de même que des cris, des aboiements et des grondements terrifiants qu'il émet. Ces mammifères sont des nécrophages connus pour se bagarrer durant leurs repas collectifs.

Tableau 26.1	*Quelques exemples de convergence parmi les mammifères*	
Mode de vie	Répartition	Famille de mammifères
Mangeurs d'invertébrés aquatiques	Amérique du Nord Amérique centrale Australie	Musaraigne palustre (soricidés) Rat d'eau (cricétidés) Ornithorynque (ornithorynchidés)
Carnivores terrestres	Amérique du Nord Australie	Loup (canidés) Loup marsupial (thylacinidés)
Mangeurs terrestres de fourmis	Amérique du Sud Afrique Australie	Fourmilier géant (myrmécophagidés) Oryctérope (oryctéropidés) Échidné (tachyglossidés)
Fouisseurs, mangeurs de tubercules et de feuilles	Amérique du Nord Amérique du Sud Eurasie	Géomys (géomyidés) Tuco-tuco (cténomyidés) Rat-taupe (bathyergidés)
Mangeurs de feuilles arboricoles	Amérique du Sud Afrique Madagascar Australie	Singe hurleur (cébidés) Colobe (cercopithécidés) Avahi laineux (indriidés) Koala (phascolarctidés)
Mangeurs arboricoles de noix et de graines	Asie du Sud-Est Afrique Australie	Écureuil volant (sciuridés) Écureuil volant (anomaluridés) Phalanger (phalangéridés)

Figure 26.21 Des monotrèmes. **a)** Un ornithorynque accompagné de ses petits. **b)** L'échidné (*Tachyglossus*). Deux marsupiaux: **c)** le koala adulte (*Phascolarctos cinereus*). Son origine remonte à des millions d'années, quand le climat est devenu plus sec et que des végétaux résistants à la sécheresse sont apparus. Les koalas se nourrissent uniquement de feuilles d'eucalyptus. À leur arrivée, les Européens ont rasé les forêts d'eucalyptus pour obtenir des terres cultivables. Des millions de koalas, des animaux lents, ont également été tués pour leur fourrure. Dans les années 1930, ils sont devenus une espèce protégée, mais leur nombre a continué à décroître, car les forêts d'eucalyptus n'étaient pas protégées. C'est toujours le cas dans la plus grande partie de leur aire de répartition. **d)** Un jeune diable de Tasmanie.

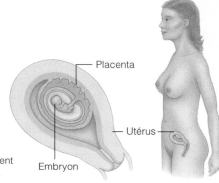

Figure 26.22 L'emplacement du placenta chez la femme.

Figure 26.23 Des mammifères placentaires ou euthériens. **a)** Un écureuil volant réalisant un vol plané. Les seuls mammifères qui volent réellement sont les chauves-souris. **b)** La chauve-souris de Kitti. **c)** Le dromadaire, un mammifère capable de traverser le désert. **d)** Le lamantin, un mammifère placentaire aquatique qui se nourrit d'algues. **e)** Le phoque du Groenland. Cet animal chasse ses proies dans les eaux glaciales et se chauffe au soleil sur la banquise. **f)** Le renard arctique. En hiver, sa fourrure épaisse et isolante se confond avec la neige. L'été, il se camoufle avec son pelage marron qui s'apparente à la couleur de la couverture végétale.

Tous les autres descendants actuels des thériens se veulent des mammifères placentaires ou euthériens. Le **placenta** est un tissu spongieux constitué de membranes provenant de la mère et du fœtus (voir la figure 26.22). Il se forme à l'intérieur de l'utérus de la femelle gravide, lequel est un organe creux où l'embryon se développe librement, à l'abri des conditions environnementales difficiles. L'embryon obtient l'oxygène et les nutriments dont il a besoin par le placenta, qui le débarrasse également de ses déchets métaboliques.

La section 44.9 décrit plus en détail la structure et les fonctions du placenta. Par rapport aux mammifères qui leur sont le plus apparentés, les mammifères placentaires bénéficient généralement d'un avantage sur le plan du développement. En effet, la croissance est plus rapide dans un utérus que dans une poche marsupiale. De nombreuses espèces sont complètement formées à la naissance et sont conséquemment moins vulnérables aux attaques des prédateurs. La figure 26.23 présente quelques mammifères placentaires, et l'annexe I dresse la liste de leurs principaux groupes.

Nous étudions plus en détail l'anatomie, la physiologie, le comportement et l'écologie des mammifères dans d'autres chapitres de ce manuel. Le chapitre 27, par exemple, explique pourquoi beaucoup d'espèces actuelles sont en danger d'extinction à cause des humains.

Une convergence évolutive est survenue entre les familles des trois lignées de mammifères qui occupaient des habitats similaires dans différentes régions du monde.

DES PREMIERS PRIMATES AUX HOMINIDÉS

Les origines et les premières divergences

Les mammifères appelés *primates* sont apparus voilà environ 60 millions d'années, dans les forêts tropicales du paléocène. Comme les petits rongeurs et les tupaïas auxquels ils ressemblaient (voir la figure 26.26), ils avaient un énorme appétit et passaient la nuit à chercher des œufs, des insectes, des graines et des bourgeons sous les arbres. Leur museau était long et leur odorat était développé, ce qui leur permettait de repérer la nourriture et les prédateurs. À l'aide de leurs griffes, ils arrivaient à grimper aux arbres, sans toutefois faire preuve d'une grande habileté. Pendant l'éocène, il y a entre 55 et 37 millions d'années, certains primates étaient devenus arboricoles. Leur museau était plus court, leur vision diurne était plus perçante, et leur cerveau, plus volumineux; ils étaient aussi plus habiles pour saisir les objets. Comment ces traits étaient-ils apparus?

Les arbres offraient une nourriture abondante et un abri sécuritaire contre les prédateurs terrestres. C'était aussi un habitat dans lequel s'exerçait une sélection sans complaisance. L'éocène était notamment marqué par un climat favorable ponctué de brises, des arbres luxuriants qui donnaient des fruits colorés et la présence d'oiseaux prédateurs. Par conséquent, un long museau sensible doté d'un odorat développé n'aurait été d'aucune utilité là où les vents dispersent les odeurs. Par contre, un cerveau capable de percevoir le mouvement, la profondeur, les formes et les couleurs était avantageux. Il en va de même pour un cerveau capable d'évaluer rapidement le poids corporel, les distances, la vitesse du vent et la qualité des points de chute. Les ajustements devaient être rapides. Des modifications du squelette favorisant l'adaptation ont aussi été avantageuses. Par exemple, les orbites dirigées vers l'avant plutôt que sur le côté de la tête amélioraient la perception de la profondeur.

Voici 36 millions d'années, les simiens arboricoles ont vu le jour. Ils faisaient partie de la lignée qui a mené aux singes anthropoïdes et aux autres singes ou constituaient une lignée apparentée. L'un d'eux avait les yeux dirigés vers l'avant, une face aplatie dépourvue de museau et une mâchoire supérieure garnie de dents antérieures aplaties et tranchantes. Il utilisait sans doute ses mains pour saisir la nourriture. Certains de ces premiers simiens vivaient dans des marais grouillant de reptiles prédateurs. Serait-ce la raison pour laquelle il était impératif de penser rapidement, de saisir fermement les objets et d'éviter les mésaventures au sol? C'est plausible.

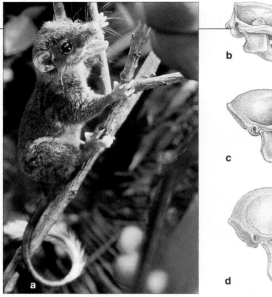
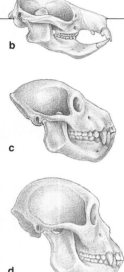

Figure 26.26 a) Un tupaïa d'Indonésie. La forme du crâne et des dents de quelques-uns des premiers primates. **b)** Du paléocène, *Plesiadapis* était aussi petit qu'un tupaïa et avait des dents semblables à celles des rongeurs. **c)** L'anthropoïde de l'oligocène *Ægyptopithecus*, de la taille d'un singe, précède une divergence qui a conduit à l'apparition des singes de l'Ancien Monde et des autres singes. **d)** Le dryopithèque, semblable aux singes anthropoïdes, vivait pendant le miocène et pouvait atteindre la taille d'un chimpanzé.

Pendant le miocène, il y a entre 23 et 5 millions d'années, les premiers hominoïdes, qui ressemblaient aux singes anthropoïdes actuels, sont apparus et se sont répandus partout en Afrique, en Asie et en Europe. À cette époque, le déplacement des masses continentales et les modifications des courants océaniques ont été responsables d'une modification à long terme du climat (voir la figure 26.27). Le climat de l'Afrique est devenu plus froid, plus sec et commença à présenter des variations à caractère saisonnier. Les forêts tropicales, avec leurs fruits tendres et comestibles, leurs feuilles et leurs insectes en abondance, se sont progressivement transformées en forêts claires, puis en prairies. La nourriture est alors devenue plus sèche, plus coriace et difficile à trouver. Les hominoïdes, qui n'avaient connu que les forêts luxuriantes, se trouvaient devant deux options: migrer vers de nouvelles zones adaptatives ou mourir. Peu se sont adaptés et la plupart ont disparu. Or, l'un de ces hominoïdes devint l'ancêtre commun de deux lignées tenaces apparues voilà 7 millions d'années. L'une d'elles donna naissance aux grands singes anthropoïdes, et l'autre, aux premiers hominidés.

Les premiers hominidés

Sahelanthropus tchadensis a vu le jour en Afrique centrale voilà environ 6 ou 7 millions d'années, à l'époque où les ancêtres des humains se différenciaient des singes anthropoïdes (voir la figure 26.28). Était-il un singe anthropoïde ou un hominidé? La boîte crânienne d'un fossile de cette espèce n'est pas plus grande que celle d'un chimpanzé. Pourtant, comme chez les hominidés au cerveau plus volumineux qui viendraient beaucoup plus tard, sa face plus courte était aplatie, son arcade sourcilière était proéminente et ses canines étaient plus courtes.

Il semble que ce fossile aurait vécu à proximité d'un lac, dans une région parsemée de forêts claires et de prairies. Lorsque d'autres fossiles seront découverts, nous saurons si *S. tchadensis* était un de nos plus vieux ancêtres.

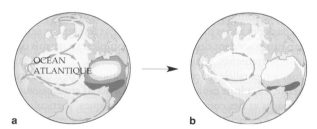

Figure 26.27 Une modélisation d'une modification à long terme du climat de la Terre. **a)** Avant la formation de l'isthme de Panama, la salinité des courants océaniques de surface était similaire partout dans le monde. Le mouvement de ces courants faisait en sorte que les eaux de l'Arctique restaient chaudes. **b)** Après la formation de l'isthme de Panama, les courants de surface du nord de l'océan Atlantique sont devenus plus salés et plus denses, et s'enfonçaient avant d'atteindre l'Arctique. Les eaux des zones polaires restaient alors plus froides. Une calotte glaciaire s'est formée en Arctique, ce qui a marqué le début d'une tendance prolongée entraînant un climat plus froid et plus sec en Afrique.

Figure 26.28 a) Des vestiges de Lucy (*Australopithecus afarensis*), qui a vécu il y a 3,2 millions d'années. **b)** À Laetoli, en Tanzanie, la paléontologue Mary Leakey a trouvé ces empreintes de pas creusées voici 3,7 millions d'années dans de la cendre volcanique malléable et humide. **c)** et **d)** Les traces laissées par l'arche du pied, le gros orteil et le talon indiquent qu'il s'agit bien d'un hominidé bipède. À la différence des singes anthropoïdes, les premiers hominidés n'avaient pas un gros orteil écarté des autres orteils comme ce chimpanzé nous le montre aimablement.

Sahelanthropus tchadensis
7 à 6 millions d'années

Australopithecus afarensis
3,6 à 2,9 millions d'années

A. africanus
3,2 à 2,3 millions d'années

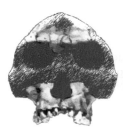
A. garhi
2,5 millions d'années
(premiers utilisateurs d'outils ?)

A. boisei
2,3 à 1,4 millions d'années
(énormes molaires)

A. robustus
1,9 à 1,5 millions d'années

Figure 26.29 Des fossiles typiques d'hominidés africains qui ont vécu il y a entre 7 et 1,4 million d'années.

La période comprise entre le miocène et le pliocène a été foisonnante pour l'évolution des hominidés de l'Afrique centrale, orientale et méridionale. Beaucoup de nouvelles espèces, dont nous ne connaissons toujours pas les liens de parenté, sont apparues pendant cet intervalle. La plupart d'entre elles sont officieusement appelées **australopithèques** ou « singes du Sud ». Les espèces *Australopithecus anamensis*, *A. afarensis* et *A. africanus* étaient graciles (voir la figure 26.29). Les espèces *A. boisei* et *A. robustus* étaient, quant à elles, plutôt robustes, solides et bien musclées. Comme les singes anthropoïdes, les australopithèques possédaient une face large, des mâchoires proéminentes, une petite boîte crânienne et un petit cerveau. Pourtant, ils se distinguaient des premiers hominoïdes par plusieurs caractéristiques. Par exemple, leurs molaires étaient recouvertes d'une bonne épaisseur d'émail, ce qui leur permettait de broyer des aliments plus coriaces. Par ailleurs, ces hominidés marchaient en station verticale. Nous le savons grâce à des os fossilisés du bassin et des membres ainsi qu'à des empreintes de pieds. Dans un cas particulier, il y a environ 3,7 millions d'années, un hominidé de l'espèce *A. afarensis* a marché sur des cendres volcaniques fraîchement déposées alors que tombait une pluie fine. L'eau a alors eu pour effet de transformer ces cendres en une espèce de ciment à prise rapide (voir la figure 26.28*b*).

Quand des hominidés bipèdes ont vu le jour à la fin du miocène, ils étaient encore adaptés à la vie en forêt. Dans les arbres, leurs mains sont devenues aptes à saisir les objets fermement et avec précision. Leurs descendants ont quitté le mode de vie arboricole pour vivre sur la terre ferme et ne se sont pas spécialisés pour courir rapidement à quatre pattes. Ils ont plutôt adopté peu à peu une station complètement verticale et ont mis à profit leurs habiletés manuelles. Ils gardaient leurs mains libres pour tenir leurs petits et possiblement aussi pour transporter leur précieuse nourriture pendant leurs expéditions.

Les primates ont évolué à partir de petits mammifères semblables à des rongeurs qui se déplaçaient dans les arbres il y a 60 millions d'années.

Les premiers hominoïdes (des espèces semblables aux singes anthropoïdes actuels) sont apparus en Afrique et se sont répandus partout en Afrique, en Europe et en Asie du Sud. Un refroidissement planétaire pourrait avoir engendré une pression de sélection qui a entraîné des adaptations anatomiques et comportementales.

Voici sept millions d'années, des divergences avaient donné naissance aux premiers hominidés. Beaucoup d'espèces différentes sont apparues à la fin du miocène et pendant le pliocène. Toutes ces espèces d'hominidés ressemblaient aux humains sur un point décisif: elles marchaient en adoptant une station verticale.

L'ÉMERGENCE DES HUMAINS MODERNES

Les ancêtres des humains modernes sont restés en Afrique jusqu'à il y a environ 2 millions d'années. C'est alors qu'une divergence a donné naissance à *Homo erectus*, une espèce apparentée aux humains modernes (voir les figures 26.34 et 26.35). Son nom signifie « homme dressé ». Bien que leurs précurseurs aussi aient été bipèdes, les populations d'*H. erectus* ont pleinement rendu justice à leur nom. Elles ont migré et, partant de l'Afrique, ont poursuivi leur route vers l'ouest en direction de l'Europe et vers l'est en direction de l'Asie. Certaines ont colonisé la Chine. Des fossiles trouvés dans la république de la Géorgie (en ex-URSS) et en Asie du Sud-Est sont âgés respectivement de 1,8 million et 1,6 million d'années. L'espèce *H. erectus* a survécu malgré plusieurs avancées de la calotte polaire dans le nord de l'Europe, le sud de l'Asie et l'Amérique du Nord.

Quelles que soient les pressions responsables du déclenchement de ces lointains déplacements, *H. erectus* était entré dans une ère de transformations physiques touchant par exemple la taille de sa boîte crânienne et la longueur de ses jambes. C'était aussi une période de foisonnement culturel pour la lignée humaine. Cet hominidé était doté d'un cerveau plus volumineux et faisait preuve de plus de créativité dans la fabrication d'outils. Son organisation sociale et ses habiletés de communication étaient vraisemblablement bien développées. Sinon comment

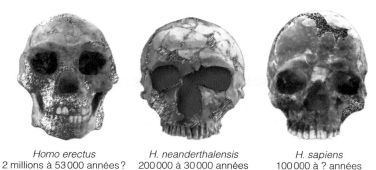

Homo erectus	H. neanderthalensis	H. sapiens
2 millions à 53 000 années?	200 000 à 30 000 années	100 000 à ? années

Figure 26.34 Des fossiles d'espèces humaines ancestrales.

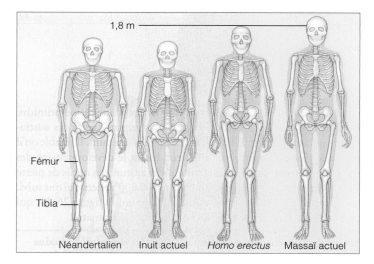

Figure 26.35 Une corrélation entre la stature et le climat. Contrairement aux humains des climats chauds, ceux des climats froids ont un corps conçu pour conserver la chaleur. Ils ont notamment des jambes plus courtes et plus massives.

Figure 26.36 Des peintures rupestres de Lascaux, en France.

expliquer qu'il ait réussi à s'étendre et à se disperser si efficacement? De l'Afrique du Sud à l'Angleterre, des populations différentes faisaient usage des mêmes types de racloirs et de différents outils, que ce soit pour broyer, racler, effilocher, couper ou tailler les matériaux. *H. erectus* a combattu les conditions climatiques difficiles en allumant des feux et en se couvrant de fourrure. Les preuves incontestables de l'utilisation du feu datent d'une période glaciaire du début du pléistocène.

Comme le révèlent des fossiles du Moyen-Orient, *Homo sapiens* est apparu voici 100 000 années. Les premiers *H. sapiens* étaient munis de mâchoires et de dents plus petites comparées à celles d'*H. erectus* (voir la figure 26.34). Plusieurs individus présentaient aussi une nouvelle caractéristique: un menton. Les os du visage étaient plus petits; la boîte crânienne, plus haute et plus arrondie; et le cerveau, plus volumineux. On croit que ces humains avaient peut-être développé un langage complexe. Toutefois, leur origine et les détails concernant leur dispersion géographique sont encore très controversés (voir la section 26.15).

Parmi les premiers humains, un groupe composé d'individus robustes et pourvus d'un gros cerveau, les Néanderthaliens, vivait en Europe et au Proche-Orient, il y a de cela entre 200 000 et 30 000 années. Certains d'entre eux figuraient parmi les premiers à s'adapter à des climats plus froids (voir la figure 26.35). Leur extinction coïncide avec l'arrivée dans ces régions des humains à la morphologie moderne, voilà 40 000 à 30 000 années. Il n'existe pas de preuves indiquant qu'ils aient fait la guerre aux nouveaux arrivants ou qu'ils se soient reproduits avec eux. Leur disparition demeure inexpliquée. En revanche, nous savons que l'ADN des Néanderthaliens comportait des séquences uniques qui ne semblent pas faire partie des pools géniques des populations européennes actuelles.

Depuis 40 000 années jusqu'à aujourd'hui, l'évolution des humains a été presque entièrement culturelle, et non biologique, et c'est sur cette conclusion que nous achevons ce chapitre. Il est cependant important de se rappeler que les humains ont réussi à se disperser rapidement dans le monde en concevant des moyens culturels qui ont favorisé leur adaptation à une gamme plus étendue d'habitats. Comparativement à leurs prédécesseurs, ils ont développé des cultures riches (voir la figure 26.36). Le mode de vie de chasseur et de cueilleur persiste toujours dans certaines régions du globe. Parallèlement, d'autres groupes humains sont passés de l'Âge de pierre à une ère de haute technologie. C'est dire la remarquable flexibilité du comportement humain et à quel point l'homme a réussi à s'adapter.

L'évolution culturelle a devancé l'évolution biologique chez la seule espèce humaine subsistante: *Homo sapiens*. Les humains actuels dépendent d'innovations culturelles pour s'adapter rapidement à une vaste gamme de défis environnementaux.

L'exode hors de l'Afrique

Si les chercheurs ont interprété correctement les archives fossiles, l'Afrique serait le berceau de l'humanité. Or, cette hypothèse est encore très controversée. À l'heure actuelle, nous avons au moins la certitude suivante: personne n'a trouvé de fossiles humains antérieurs à 2 millions d'années ailleurs qu'en Afrique. *Homo erectus* y aurait coexisté avec *Homo habilis* avant que certaines populations migrent vers les prairies, les forêts et les montagnes plus fraîches de l'Europe et de l'Asie. Il semble que la migration ait eu lieu par vagues successives, il y a entre 2 millions et 500 000 années. Selon les données fournies par quelques fossiles de Java, certaines populations isolées d'*H. erectus* pourraient avoir survécu jusqu'à il y a entre 53 000 et 37 000 années.

Mais quand l'espèce *Homo sapiens* serait-elle apparue? Nous trouvons ici un bon exemple d'interprétations différentes qui se fondent sur le même ensemble de données. Le **modèle polycentriste** ou **multirégional** et le **modèle monocentriste** expliquent tous deux la distribution géographique des premiers humains et des humains modernes. Ces deux modèles se fondent sur une mesure de la distance génétique entre les populations humaines actuelles. Les études biochimiques et immunologiques révèlent que la distance génétique la plus importante se situe entre les populations d'*H. sapiens* natives d'Afrique et toutes les autres populations humaines. La deuxième distance génétique la plus importante sépare les populations d'Asie du Sud-Est et d'Australie des autres humains (voir la figure 26.37). Les deux modèles assignent aussi aux fossiles d'*homo sapiens* des dates précises. Cette distance génétique est aussi corrélée par la datation de fossiles d'*H. sapiens* (voir la figure 26.38). Malgré cela, les deux modèles ne s'accordent pas.

Selon la théorie multirégionale, l'expansion d'*Homo erectus* dans plusieurs régions remonterait à environ un million d'années. Les différentes populations auraient évolué distinctement dans leur région géographique parce qu'elles étaient soumises à des pressions de sélection différentes. Elles auraient donné naissance à des sous-populations (des « races ») d'*Homo sapiens*, mais pas à des espèces distinctes parce qu'un courant génétique, qui se poursuit d'ailleurs, aujourd'hui, aurait existé entre ces sous-populations. Par exemple, quand les armées d'Alexandre le Grand se sont déplacées vers l'est, elles ont fourni par le fait même des gènes grecs codant les yeux bleus au pool allélique des sous-populations d'Afrique, du Proche-Orient et d'Asie, qui ont généralement les yeux bruns.

Les partisans de la théorie monocentriste, quant à eux, ne contestent pas les données fossiles selon lesquelles les populations d'*Homo erectus*

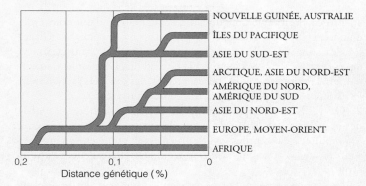

Figure 26.37 L'arbre de l'évolution présumée des populations d'humains modernes (*Homo sapiens*) provenant de différentes régions. L'arbre est fondé sur des études d'hybridation d'acides nucléiques effectuées sur de nombreux gènes (dont ceux de l'ADN mitochondrial et des groupes sanguins du système ABO) et des comparaisons immunologiques.

auraient évolué de diverses façons dans différentes régions. Cependant, selon cette théorie, l'humain moderne serait apparu en Afrique subsaharienne beaucoup plus tard, il y a entre 200 000 et 100 000 années. Par la suite, des populations auraient quitté l'Afrique et se seraient dirigées vers les régions montrées à la figure 26.38. Dans chaque région où elles se seraient installées, elles auraient remplacé les populations archaïques d'*H. erectus* qui les y avaient précédées. Ce n'est que par la suite que les différences phénotypiques particulières aux régions se seraient manifestées dans l'anatomie d'*Homo sapiens*.

Le fait que les plus anciens fossiles connus d'*Homo sapiens* proviennent d'Afrique corrobore ce modèle. En outre, au Zaïre, on a trouvé un harpon denté en os finement ciselé et d'autres outils ouvragés suggérant que les populations d'Afrique étaient aussi habiles pour confectionner des outils que les populations d'*Homo* européennes. Par ailleurs, en 1998, des chercheurs de l'université du Texas et des scientifiques chinois ont dévoilé des résultats du projet chinois sur la diversité génomique humaine. L'analyse détaillée des séquences génétiques de 43 groupes ethniques d'Asie suggère que les humains modernes auraient migré de l'Asie centrale, le long du littoral de l'Inde, vers l'Asie du Sud-Est et la Chine méridionale. Par la suite, les populations se seraient déplacées vers le nord et le nord-ouest en direction de la Chine, puis en Sibérie, et enfin vers les Amériques.

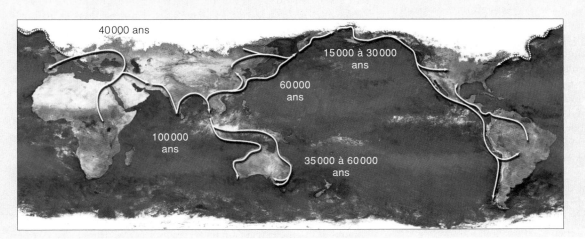

Figure 26.38 Une estimation des périodes de colonisation de différentes parties du monde par les premiers *Homo sapiens*, fondée sur la datation radiométrique de fossiles. Les routes présumées de dispersion (lignes blanches) semblent corroborer la théorie monocentriste.

1. En général, les embryons de chordés sont pourvus d'une notocorde, d'un tube neural dorsal creux, d'un pharynx percé de fentes branchiales (ou des vestiges de celles-ci), et d'une queue dépassant l'anus. Certains de ces caractères, ou tous, persistent chez l'adulte. Les chordés pourvus d'une colonne vertébrale sont des vertébrés. Les tuniciers (notamment les ascidies) et l'amphioxus sont des chordés invertébrés. *26.1*

2. On divise les vertébrés en groupes : les agnathes, les placodermes (disparus), les poissons cartilagineux, les poissons osseux, les amphibiens, les reptiles, les oiseaux et les mammifères. Ces groupes sont en voie d'être renommés pour mieux refléter leurs relations évolutives. *26.1*

3. Les ostracodermes font partie des premiers vertébrés, qui se voulaient des poissons sans mâchoires apparus pendant le cambrien. Les myxines et les lamproies sont leurs descendants modernes. Les poissons munis de mâchoires tirent aussi leur origine du cambrien. La lignée des placodermes, autrefois dominante, s'est éteinte. D'autres lignées ont donné naissance aux poissons gnathostomes (dotés de mâchoires) et d'un endosquelette cartilagineux ou osseux. Les actinoptérygiens, les actinistiens et les dipneustes font partie de ce groupe. *26.1 à 26.4*

4. Quatre tendances évolutives sont associées à certaines lignées de vertébrés : *26.2, 26.4*

a) La colonne vertébrale a remplacé la notocorde comme élément structural contre lequel les muscles peuvent exercer leur action. Cette adaptation a entraîné l'apparition d'animaux prédateurs plus rapides.

b) Les mâchoires se sont développées à partir de structures soutenant les branchies. Elles ont conduit à un combat évolutif entre les prédateurs et les proies, et ont favorisé l'apparition de systèmes nerveux et d'organes sensoriels plus efficaces.

c) Chez les premiers actinistiens, des nageoires paires se sont transformées en nageoires formant un lobe charnu soutenu par des éléments squelettiques internes. Ces nageoires furent les précurseurs des membres paires des tétrapodes.

d) Chez les premiers dipneustes, des sacs semblables à des poumons aidaient les branchies à assurer la respiration. Ces organes ont représenté une adaptation précieuse quand certains tétrapodes du dévonien se sont aventurés sur la terre ferme. L'amélioration de l'efficacité du système circulatoire, qui est devenu apte à assurer une bien meilleure distribution de l'oxygène dans le corps, est étroitement liée au développement des poumons.

5. Par leur organisation anatomique et leur mode de reproduction, les amphibiens se situent entre les poissons et les amniotes que sont les reptiles. Les amphibiens sont été les premiers tétrapodes à vivre sur la terre ferme. Cependant, le cycle biologique de la plupart d'entre eux comporte encore des stades aquatiques. *26.5*

6. Les amniotes ont été les premiers vertébrés à produire des œufs munis de quatre membranes internes qui conservent l'eau, protègent l'embryon contre les chocs et supportent ses besoins métaboliques. Les premiers amniotes pondaient des œufs à coquille calcifiée ou parcheminée ; beaucoup le font encore. Les amniotes comprennent les mammifères, les tortues, les lézards, les serpents, les sphénodons, les crocodiles et les oiseaux. Ils ne dépendent pas d'un habitat aquatique pour se reproduire. *26.6*

7. Tous les amniotes possèdent des systèmes respiratoire, circulatoire, nerveux et sensoriel bien développés. *26.6 à 26.11*

a) Les oiseaux sont couverts de plumes qu'ils utilisent pour voler, conserver la chaleur et communiquer. *26.8*

b) Les mammifères possèdent des glandes mammaires, des poils isolants ou une peau épaisse, une dentition caractéristique et un cortex cérébral extrêmement développé. La plupart des adultes prodiguent des soins à leurs petits jusqu'à ce que ces derniers acquièrent leur autonomie. *26.9, 26.10*

c) Les mammifères ont évolué à partir de petits animaux du trias, des synapsides dépourvus de poils. Après l'extinction des derniers dinosaures, et après l'isolement causé par la dislocation de la Pangée, trois lignées ont envahi de nouvelles zones adaptatives : les mammifères ovipares (les monotrèmes), les mammifères à poche (les marsupiaux) et les mammifères placentaires (les euthériens).

d) Les premiers mammifères placentaires avaient un métabolisme plus rapide, des mécanismes de thermorégulation plus précis et une façon plus efficace de nourrir leurs embryons. Beaucoup d'entre eux ont supplanté les monotrèmes et les marsupiaux. Certaines espèces de ces trois lignées ont développé des structures morphologiques convergentes.

8. Les prosimiens (lémurs et espèces apparentées), les tarsiiformes et les simiens (singes, singes anthropoïdes et humains) figurent parmi les primates. Seuls les singes anthropoïdes et les humains sont des hominoïdes. Les australopithèques et les humains modernes (*Homo sapiens*) ainsi que les autres membres de cette lignée, d'*Homo habilis* à *Homo erectus*, sont des hominidés. *26.11 à 26.13*

a) Les premiers primates, qui étaient des mammifères minuscules semblables à des rongeurs, sont apparus dans les forêts tropicales voici 60 millions d'années.

b) Les hominoïdes (les espèces semblables aux singes anthropoïdes actuels) ont vu le jour en Afrique pendant le miocène, il y a entre 23 et 7 millions d'années. Certains sont à l'origine de la lignée des hominidés, apparue voici 6 ou 7 millions d'années.

c) L'origine et les premières étapes de l'évolution des hominidés semblent liées au refroidissement prolongé causé par un déplacement des masses continentales et une modification des courants marins. Les forêts tropicales se sont alors transformées en forêts claires, puis en prairies.

9. Les humains modernes sont apparus à la suite d'une modification de caractères qui a débuté quand leurs ancêtres arboricoles sont devenus moins dépendants de leur odorat et qu'ils ont développé une meilleure vision diurne. La dextérité manuelle s'est améliorée lorsque les mains ont cessé d'être utilisées pour supporter le poids de l'animal. Les ancêtres du miocène sont devenus bipèdes et omnivores ; la complexité de leur cerveau et leur comportement se sont accrus. *26.11*

10. La plus ancienne espèce connue du genre *Homo*, *Homo habilis*, est apparue voilà 2,5 millions d'années. *H. habilis* a été un des premiers à fabriquer des outils. L'ancêtre des humains modernes, *Homo erectus*, a vu le jour il y a 2 millions d'années. Des populations d'*H. erectus* ont quitté l'Afrique pour peupler l'Asie et l'Europe. Il existe des fossiles d'humains modernes (*Homo sapiens*) vieux de 100 000 ans. Il y a environ 40 000 ans, l'évolution culturelle a supplanté l'évolution biologique chez l'humain. *26.13, 26.14*

Exercices

1. Quels sont les traits distinctifs des chordés ? *26.1*

2. Énumérez quatre tendances principales de l'évolution des vertébrés. Quels sont les vertébrés actuels les plus nombreux ? *26.2, 26.4*

3. Énumérez les trois grandes lignées de poissons osseux. Laquelle fait appel à des sacs semblables à des poumons pour assurer les échanges gazeux ? *26.4*

4. Classez ces groupes dans l'ordre de leur apparition pendant l'évolution, du plus ancien au plus récent : amniotes, céphalochordés, tétrapodes, vertébrés munis de mâchoires (gnathostomes), urochordés et vertébrés. *26 à 26.6*

5. Vrai ou faux : la peau, les branchies et les poumons servent aux échanges gazeux des amphibiens. *26.5*

6. Quels sont les caractères partagés par les oiseaux, les crocodiliens et les dinosaures ? *26.6 à 26.8*

7. Énumérez quelques caractéristiques qui distinguent les trois lignées de mammifères des autres amniotes. *26.9, 26.10*

8. Définissez les hominoïdes et les hominidés. *26.11*

9. Décrivez brièvement certains des caractères anatomiques qui relient les humains modernes à leurs ancêtres mammaliens et à leurs ancêtres primates. *26.9, 26.11, 26.13*

Autoévaluation   RÉPONSES À L'ANNEXE III

1. Seuls les _____ possèdent une notocorde, un tube neural dorsal, un pharynx percé de fentes branchiales et une queue dépassant l'anus.
a) échinodermes
d) les réponses b) et c)
c) vertébrés
e) aucune de ces réponses
b) tuniciers et l'amphioxus

2. Les branchies assurent _____.
a) la respiration
d) la régulation des pertes d'eau
b) la circulation
e) les réponses a) et c)
c) la capture des particules alimentaires

3. Le passage _____ à _____ a été déterminant dans l'évolution de tous les vertébrés.
a) de la notocorde ; la colonne vertébrale
b) de la filtration ; l'utilisation de mâchoires
c) des branchies ; des poumons
d) toutes ces réponses

4. Aujourd'hui, nous présumons que les premiers animaux à avoir marché sont _____.
a) des poissons du dévonien
c) des amphibiens du crétacé
b) des amphibiens du dévonien
d) des reptiles du silurien

5. La branche évolutive conduisant aux humains comprend _____.
a) les crâniates
d) les amniotes
b) les vertébrés munis de mâchoires
e) les réponses a), b) et d)
c) les tétrapodes
f) toutes ces réponses

6. De façon générale, les seuls groupes d'amphibiens qui se sont complètement affranchis de l'eau sont _____.
a) les salamandres
c) les cécilies
b) les crapauds
d) aucune de ces réponses

7. Les reptiles ont pu s'adapter complètement à la vie terrestre grâce _____.
a) à leur peau résistante
d) à leurs œufs amniotiques
b) à la fécondation interne
e) aucune de ces réponses
c) à leurs reins efficaces
f) toutes ces réponses

8. Le cœur divisé en quatre cavités est apparu en premier chez les _____.
a) poissons osseux
d) mammifères
b) amphibiens
e) crocodiliens
c) oiseaux
f) les réponses c) et d)

9. Les _____ sont dotés de systèmes circulatoire et respiratoire très efficaces, d'un système nerveux et d'organes sensoriels complexes.
a) reptiles
c) mammifères
b) oiseaux
d) toutes ces réponses

10. Divers mammifères _____.
a) éclosent à partir d'un œuf.
b) complètent leur développement embryonnaire dans une poche
c) complètent leur développement embryonnaire dans un utérus
d) les réponses b) et c)
e) toutes ces réponses

11. Associez les organismes aux caractéristiques appropriées.
_____ Poissons sans mâchoires   a) Cortex cérébral complexe,
_____ Poissons cartilagineux   peau épaisse ou poils
_____ Poissons osseux   b) Respiration pulmonée et cutanée
_____ Amphibiens   c) Comprennent les cœlacanthes

Figure 26.39
Un lézard à collerette se sentant menacé.

_____ Reptiles   d) Comprennent les myxines
_____ Oiseaux   e) Comprennent les requins et les raies
_____ Mammifères   f) Comportement social complexe, plumes
                          g) Les premiers à produire des œufs amniotiques

---

Questions à développement

1. Décrivez les facteurs qui pourraient contribuer à faire décliner la population de poissons indigènes d'un lac après l'introduction d'un nouveau prédateur comme la lamproie.

2. Le lézard à collerette de la figure 26.39 déploie le repli de peau entourant son cou. Faites des recherches dans la documentation scientifique, puis émettez des hypothèses pouvant expliquer la valeur adaptative de ce comportement.

3. Pensez aux muscles du vol des oiseaux et à leurs besoins en oxygène et en ATP. Quel type d'organites devrait vraisemblablement être abondant dans ces muscles ? Expliquez votre raisonnement.

4. Catherine et Marc, deux collectionneurs de fossiles amateurs, ont mis au jour le fossile complet d'un mammifère. Comment pourraient-ils déterminer s'il s'agit d'un herbivore, d'un carnivore ou d'un omnivore ?

5. En Australie, plusieurs espèces de marsupiaux entrent en compétition avec des mammifères placentaires nouvellement introduits sur le continent (les lapins, par exemple), car ils se disputent les mêmes ressources. Expliquez pourquoi ce sont les mammifères placentaires qui l'emportent alors qu'ils n'ont même pas évolué en Australie.

Vocabulaire

Vertébrés

Actinistien *26.4*
Actinoptérygien *26.4*
Amniote *26.6*
Amphibien *26.5*
Branchie *26.2*
Céphalochordé *26.1*
Chordé *26.1*
Convergence évolutive *26.10*
Crâniate *26.1*
Dentition *26.9*
Dipneuste *26.4*
Euthérien *26.9*
Fente branchiale *26.1*
Mâchoire *26.1*
Mammifère *26.9*
Marsupial *26.9*

Migration *26.8*
Monotrème *26.9*
Nageoire *26.2*
Notocorde *26.1*
Oiseau *26.8*
Organisme filtreur *26.1*
Ostracoderme *26.1*
Pharynx *26.1*
Placenta *26.10*
Placoderme *26.1*
Poisson cartilagineux *26.4*
Poisson osseux *26.4*
Poumon *26.2*
Reptile *26.6*
Tétrapode *26.4*
Tissu osseux *26.2*
Tube neural *26.1*

Urochordé *26.1*
Vertèbre *26.2*
Vertébré *26.1*
Vessie natatoire *26.4*

Évolution humaine

Australopithèque *26.12*
Bipédie *26.11*
Culture *26.11*
Hominidé *26.11*
Hominoïde *26.11*
Humain *26.13*
Modèle monocentriste *26.15*
Modèle polycentriste (ou modèle multirégional) *26.15*
Primate *26.11*
Simien *26.11*

Lectures complémentaires

Ponce de Leon, M. *et al.* (juin 2005). « Tout sur Toumaï, l'ancêtre des humains ». *La Recherche*, 387 : 29-49.

Tattersall, I. (1998). *Becoming Human : Human Evolution and Human Uniqueness*. Pennsylvanie : Harvest Books.

Lectures complémentaires en ligne : consultez l'infoTrac à l'adresse Web www.brookscole.com/biology

LA BIODIVERSITÉ EN PERSPECTIVE

La présence humaine

En 1722, le matin de Pâques, un explorateur européen accosta sur une petite île volcanique et y découvrit quelques centaines de Polynésiens méfiants et affamés qui s'étaient réfugiés dans des grottes. L'île était totalement dépourvue d'arbres. Seuls quelques arbustes desséchés et des herbes sèches et flétries s'y voyaient. Près du littoral se trouvaient quelque 200 énormes statues, et 700 autres, inachevées, avaient été abandonnées dans les carrières de l'île (voir la figure 27.1). Certaines de ces statues pesaient jusqu'à 50 t. Sans arbres pour fournir du bois et sans végétaux fibreux pour confectionner des cordages, comment avaient-elles pu être érigées ? Il n'y avait pas non plus de chariot à roues ni de bêtes de somme. Comment avait-on pu acheminer ces statues des carrières à la côte ?

Deux ans plus tard, James Cook visita l'île. Quand les insulaires vinrent à sa rencontre, il s'aperçut que leurs pirogues n'étaient pas imperméabilisées et qu'ils passaient la moitié de leur temps à écoper. Sur toute l'île, on ne comptait que quatre pirogues. Presque toutes les statues étaient renversées. Plusieurs d'entre elles avaient été poussées sur des objets pointus, et sous l'impact leur visage s'était fracassé.

Plus tard, des chercheurs résolurent le mystère entourant ces statues. L'île de Pâques, comme elle fut nommée, ne couvre que 165 km². Des voyageurs provenant des îles Marquises découvrirent cet avant-poste oriental de la Polynésie vers 350 ap. J.-C., probablement après qu'une tempête les eut déviés de leur trajectoire. L'endroit était un paradis. Un sol volcanique fertile alimentait des forêts denses de palmiers, des arbres hauhau, des buissons de toromiros (*Sophora toromiro*) et des graminées luxuriantes. Pour naviguer sur l'océan, les nouveaux arrivants construisirent de grosses pirogues avec le tronc des palmiers hauts et droits. Ils les solidifièrent avec des cordages constitués de fibres d'hauhau. Le bois des toromiros leur servait de combustible pour cuire les poissons et les dauphins. Ils défrichèrent la forêt pour cultiver le taro, la banane, la canne à sucre et la patate douce.

En 1400, les descendants de ces premiers habitants figuraient au nombre de 10 000 à 15 000. La société qu'ils formaient était devenue très structurée, compte tenu du besoin de cultiver, de récolter et de distribuer la nourriture pour un aussi grand nombre de personnes. Avec le temps, les récoltes avaient diminué, et les précieux éléments nutritifs du sol s'étaient épuisés à cause de la surexploitation et de l'érosion, dont on ne se préoccupait pas. Les espèces marines comestibles disparurent des eaux côtières. Conséquemment, les pêcheurs devaient construire de plus grosses pirogues pour pêcher en haute mer, bien que cela fût plus dangereux.

Figure 27.1 Sur l'île de Pâques, quelques-unes des statues de pierre géantes dédiées aux dieux. Il semble que les insulaires érigèrent ces statues pour implorer le secours des dieux après avoir détruit la biodiversité de cet ancien paradis tropical. Cette prière n'eut aucun effet sur les dommages causés aux terres et aux eaux environnantes. La population humaine, autrefois importante, ne retrouva pas sa vigueur elle non plus.

La survie était compromise. Ceux qui détenaient le pouvoir en appelèrent aux dieux. Ils ordonnèrent aux membres de la communauté de sculpter des représentations de dieux ayant une taille et un pouvoir jamais égalés et de les déplacer ensuite sur plusieurs kilomètres de terrain accidenté jusqu'à la côte. Comme Jo Anne Van Tilburg l'a récemment démontré, les habitants ont probablement chargé les statues sur des plates-formes en forme de pirogue qu'ils ont ensuite roulées sur une « échelle » horizontale faite de rondins de bois lubrifiés. Cette chercheuse a émis cette hypothèse en observant la façon dont les insulaires d'aujourd'hui hissent leurs pirogues hors de l'eau.

À ce moment-là, toutes les terres arables de l'île étaient cultivées. Les insulaires avaient mangé tous les oiseaux indigènes et aucun oiseau ne venait plus y nicher. Ils élevaient et mangeaient des rats, soit les descendants des rats accidentellement importés par les premiers habitants. Ils prisaient les graines de palme, qui étaient devenues un aliment délicat et rare.

La pénurie de nourriture et le manque d'espace déclenchèrent des guerres. Vers 1550, personne ne s'aventurait plus en mer pour pêcher les poissons ou les dauphins. Les habitants ne pouvaient plus construire de pirogues puisque les forêts autrefois denses avaient été détruites. Tous les palmiers avaient été abattus. Les arbres hauhau avaient aussi disparu, car les insulaires les avaient utilisés jusqu'au dernier pour cuire leur nourriture.

Les insulaires se tournèrent alors vers la seule source de protéines animales qui subsistait : ils se livrèrent au cannibalisme.

Le gouvernement central s'écroula, puis des clans le remplacèrent. Pendant que les guerres de clans faisaient rage, certains saccagèrent ce qui restait de graminées pour détruire les cachettes possibles. La population en rapide déclin se cacha dans les grottes et lança des attaques contre ses ennemis présumés. Les vainqueurs dévorèrent les perdants et renversèrent les statues. L'eussent-ils voulu, les survivants n'auraient eu aucun moyen de quitter l'île. À quoi avaient-ils donc pensé lorsqu'ils avaient abattu le dernier palmier ?

D'après les documents archéologiques et les sources historiques, nous savons que l'île de Pâques hébergeait à l'origine une société florissante qui vivait dans un milieu regorgeant de ressources et qui disparut soudainement. Dans la grande histoire de l'évolution de la vie, la perte de biodiversité survenue sur cette île ne mériterait même pas une mention dans une note infrapaginale. Après tout, cette perte est minime quand on la compare aux millions d'espèces qui sont apparues, puis ont disparu depuis le début des temps !

Néanmoins, nous pouvons tirer une leçon de cette histoire. La destruction presque totale de la biodiversité que provoquèrent autrefois 15 000 Polynésiens sur l'île de Pâques était confinée à cette petite parcelle de terre perdue dans l'immensité de l'océan Pacifique. Quelles sont, de nos jours, les répercussions des besoins et des désirs de 6,2 milliards de personnes sur la biodiversité de la planète tout entière ? Est-ce que la disparition des espèces de l'île de Pâques constitue un cas isolé ? Devrions-nous plutôt considérer cet événement comme un signal nous avertissant du danger d'une crise d'extinction à l'échelle mondiale, une extinction qui serait même déjà en cours et dont les humains sont les principaux responsables ? Examinons tout cela de plus près.

Concepts-clés

1. La diversité biologique actuelle de la planète est en très grande partie le fruit d'une combinaison d'extinctions soudaines et de lentes récupérations. Il faut des dizaines de millions d'années pour retrouver la diversité biologique qui existait avant une extinction massive.

2. La disparition d'une seule espèce, aussi bien que l'extinction de grands groupes, est souvent le résultat de causes complexes dont la compréhension requiert une analyse scientifique.

3. On dit qu'une espèce est menacée lorsqu'elle occupe une zone géographique limitée et qu'elle est extrêmement sujette à l'extinction. Le taux de disparition des espèces a augmenté au cours des quatre dernières décennies. Parmi les principales causes d'extinction, on compte la perte et la fragmentation des habitats, l'introduction d'espèces, la surexploitation des ressources et le commerce illégal des espèces sauvages.

4. On croit que la population humaine, dont le taux de croissance est très élevé, atteindra 9 milliards d'individus en 2050. La demande globale de nourriture, de matériaux et d'espace vital menace actuellement la biodiversité planétaire et est à l'origine d'une nouvelle crise d'extinction.

5. La biologie de la conservation, une discipline somme toute récente, tente de préserver la diversité biologique. Elle repose sur des études systématiques de la biodiversité globale, ainsi que sur une analyse de son origine du point de vue de l'évolution et de l'écologie. Elle vise l'établissement de méthodes de préservation et d'utilisation de la biodiversité pour le bénéfice de la population humaine.

6. Les études systématiques de la biodiversité se concentrent d'abord sur l'identification de points chauds, qui sont des régions restreintes dans lesquelles beaucoup d'espèces sont menacées d'extinction à cause de l'activité humaine. À l'étape suivante, on étudie des points chauds plus vastes ou multiples. Les données sont ensuite réunies afin que soit dressé un portrait global des écorégions où la biodiversité est la plus menacée.

LES EXTINCTIONS MASSIVES ET LES LENTES RÉCUPÉRATIONS

Sur la base de nombreuses preuves accumulées au cours des derniers siècles, on estime que 99 % de toutes les espèces qui ont vu le jour se sont éteintes. Malgré cela, la biodiversité actuelle est plus grande qu'elle ne l'a jamais été dans le passé.

L'histoire de l'évolution qu'ont relatée les précédents chapitres de cette partie du manuel révèle que, pendant au moins les deux premiers milliards d'années de l'histoire de la vie, des procaryotes unicellulaires ont dominé la scène de l'évolution. Cette domination dura jusqu'au cambrien, période durant laquelle le taux d'oxygène atmosphérique s'approcha de celui que nous connaissons aujourd'hui. À cette époque, certains eucaryotes unicellulaires s'engagèrent dans des divergences génétiques et des interactions complexes avec d'autres espèces, qui furent à l'origine de divers protistes, végétaux, eumycètes et animaux.

Les extinctions massives ont considérablement réduit la biodiversité terrestre et marine. Chaque épisode d'extinction à l'échelle planétaire a entraîné des modifications dans l'évolution des espèces et des radiations adaptatives dans des zones nouvellement laissées vacantes. Toutefois, la récupération a toujours été extrêmement lente, exigeant de 20 à 100 millions d'années avant l'instauration d'une diversité comparable à celle qui existait avant l'épisode d'extinction. La figure 27.2a résume les caractéristiques de cinq grands épisodes d'extinctions et des récupérations qui les ont suivis.

Ce tableau ne représente qu'une partie des événements qui ont touché les grands groupes. Rappelons que les lignées diffèrent par le moment de leur apparition, le degré de divergence des espèces qui les constituent et la durée de leur existence. Si la survie et la reproduction des espèces constituent les critères de leur succès, alors toute modification radicale ou inusitée de l'environnement représente pour chacune d'elles une victoire ou une défaite. Pour bien comprendre ce phénomène, observons la figure 27.2b, qui retrace l'évolution de quelques lignées typiques, alors que la figure 27.2a en présente une version plus globale.

Ère	Période	
CÉNOZOÏQUE	QUATERNAIRE — 1,8 Ma — TERTIAIRE	*EXTINCTION MASSIVE EN COURS* En raison de son fort taux de croissance démographique et de ses pratiques culturales (par exemple, l'agriculture et la déforestation), l'espèce humaine est devenue le principal agent d'extinction.
	— 65 —	*EXTINCTION MASSIVE*
MÉSOZOÏQUE	CRÉTACÉ — 145 — JURASSIQUE — 213 — TRIAS	Lente récupération après l'extinction du permien, suivie de l'expansion adaptative de certains groupes d'organismes marins, de végétaux et d'animaux terrestres. L'impact d'un astéroïde à la limite KT (crétacé-tertiaire) entraîne la disparition de 85 % de toutes les espèces terrestres et marines.
	— 248 —	*EXTINCTION MASSIVE*
PALÉOZOÏQUE	PERMIEN — 286 — CARBONIFÈRE	Formation de la Pangée ; pour la première fois, la surface terrestre excède la surface océanique. Impact d'un astéroïde ? Grande glaciation, éruptions de lave colossales, perte de 90 à 95 % de toutes les espèces.
	— 360 —	*EXTINCTION MASSIVE*
	DÉVONIEN — 410 — SILURIEN	Plus de 70 % des groupes d'organismes marins disparaissent. Les animaux qui édifient des récifs, les trilobites, les poissons sans mâchoires et les placodermes sont gravement touchés. Impact d'une météorite, baisse du niveau de la mer, refroidissement de la Terre ?
	— 440 —	*EXTINCTION MASSIVE*
	ORDOVICIEN — 505 — CAMBRIEN	Extinction dévastatrice dans les mers, la seconde en importance ; près de 100 familles d'invertébrés marins sont anéanties.
	— 544 —	*EXTINCTION MASSIVE*
	PRÉCAMBRIEN	Épisodes glaciaires majeurs ; 79 % de toutes les espèces disparaissent, dont la plupart des microorganismes marins.

a

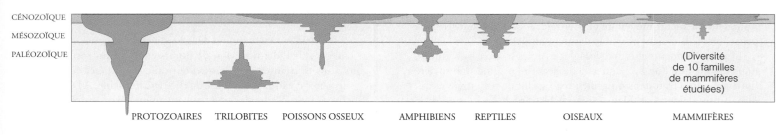

CÉNOZOÏQUE / MÉSOZOÏQUE / PALÉOZOÏQUE

PROTOZOAIRES   TRILOBITES   POISSONS OSSEUX   AMPHIBIENS   REPTILES   OISEAUX   MAMMIFÈRES

(Diversité de 10 familles de mammifères étudiées)

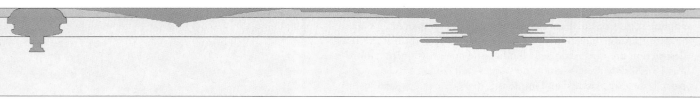

CÉNOZOÏQUE / MÉSOZOÏQUE / PALÉOZOÏQUE

GYMNOSPERMES   ANGIOSPERMES (plantes à fleurs)   INSECTES

b

Figure 27.2 a) Un aperçu des cinq grandes extinctions massives et des lentes récupérations qui les ont suivies. Certaines autres extinctions massives survenues ne sont pas répertoriées ici. Comparons ce tableau avec la figure 19.4 de la section 19.2. **b)** À l'intérieur de ce cadre simplifié, les modalités des extinctions et des récupérations ont différé grandement entre les principaux groupes, comme l'indiquent les exemples choisis.

a

Figure 27.3 Deux espèces éteintes. **a)** Cette magnifique peinture de Charles Knight représente le *Tylosaurus*, un reptile du groupe des mosasaures. Ce puissant lézard marin prospérait dans les eaux littorales peu profondes du crétacé. Le dragon de Komodo d'Indonésie, qui peut mesurer 3 m de long, est un parent actuel de ce lézard. À nos yeux, le dragon de Komodo est un géant, mais les mosasaures étaient encore plus grands : certains atteignaient 12 m de long.

b) Le dodo (*Raphus cucullatus*) était un gros oiseau inapte au vol qui vivait autrefois sur l'île Maurice et dont la disparition remonte à environ 300 ans. Un certain arbre (*Calvaria major*) a aussi vu le jour sur cette île. Cet arbre aurait-il coévolué avec le dodo ? Celui-ci se nourrissait peut-être des gros fruits de l'arbre. Il est possible que le dodo, grâce à son gésier volumineux, ait été en mesure de digérer partiellement l'enveloppe épaisse des graines du fruit, juste assez pour favoriser la germi-nation des graines une fois évacuées de son intestin. Quoi qu'il en soit, nous savons qu'après la disparition du dodo, les graines ont cessé de germer. Au milieu des années 1970, il ne restait plus que 13 arbres vivants, qui auraient, selon certaines estimations, plus de 300 ans. Chaque année, ils produisent des graines. Toutefois, sans une intervention extérieure, ces dernières semblent incapables de sortir de leur enveloppe et d'entreprendre leur germination. Afin de faciliter celle-ci, les botanistes font maintenant appel à des dindons ou utilisent des polissoirs de pierres précieuses.

b

Quelle est la cause des extinctions massives ? La réponse n'est pas simple. Par exemple, l'impact de l'astéroïde tombé à la limite KT (crétacé-tertiaire) a porté le coup de grâce à certaines lignées, notamment celles des dinosaures et des mosasaures (voir la figure 27.3*a*). Cependant, on croit que d'autres facteurs furent aussi à l'œuvre. Pourquoi ? Parce que beaucoup de dinosaures s'étaient déjà éteints au cours des 10 millions d'années qui ont précédé l'impact. Par ailleurs, des lignées d'insectes ont survécu à cette catastrophe.

Il est possible que des phénomènes tectoniques aient aussi été en cause. La Pangée a commencé à se disloquer bien avant la chute de l'astéroïde, et des courants profonds et froids provenant du sud s'étaient déplacés dans les mers équatoriales, plus chaudes. De nombreux groupes d'organismes marins ont alors péri. Les changements océaniques ont eu des répercussions sur l'atmosphère, le climat et, indirectement, sur la vie dans les habitats terrestres. Les archives fossiles et géologiques indiquent que l'astéroïde KT a effectivement provoqué la disparition soudaine de certaines lignées. Cependant, elles montrent aussi que certains événements ont entraîné des extinctions massives bien avant la collision avec l'astéroïde.

Maintenant, réfléchissons aux causes obscures entourant l'extinc-tion d'une espèce. Il y a longtemps, les marins hollandais ont massacré tous les dodos, des oiseaux inaptes au vol qui ne vivaient que sur l'île Maurice. Par suite de la disparition de ces oiseaux, un arbre indigène a cessé de se reproduire. Ce n'est pas avant les années 1970 qu'une première hypothèse a été émise pour expliquer ce phénomène : si cet arbre dépendait étroitement d'une espèce éteinte qui avait coévolué avec lui, alors l'arbre était également condamné à l'extinction. Cet arbre était-il dépendant du dodo ? C'est bien possible (voir la figure 27.3*b*).

La biodiversité est plus importante de nos jours qu'elle ne l'a jamais été dans le passé.

La biodiversité actuelle résulte d'une combinaison d'extinctions massives et de lentes récupérations qui se sont succédé dans l'histoire de la vie. Les lignées finissent ainsi par se différencier, car certaines de leurs espèces constitutives survivent ou disparaissent.

La disparition d'une espèce isolée aussi bien que les extinctions massives peuvent avoir des causes évidentes ou plus obscures.

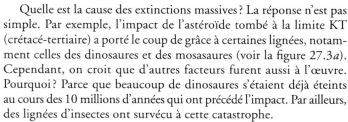

CONCILIER LE MAINTIEN DE LA BIODIVERSITÉ ET LES BESOINS HUMAINS

Il est facile d'imaginer ce que déciderait une population pauvre si on lui demandait de choisir entre la sauvegarde des espèces menacées et sa propre survie. Privés de la scolarisation et des ressources que les habitants des pays développés tiennent pour acquis, les habitants des pays en voie de développement détruisent les forêts tropicales. Ils chassent des animaux et cueillent des plantes dans des parcs et des réserves censément protégés. Ils tentent d'élever des animaux domestiques et de cultiver des champs sur des terres à faible rendement. Au lieu de les sommer de cesser ces pratiques, nous devrions les aider à instaurer des mesures leur permettant de vivre de leur richesse biologique, c'est-à-dire de la biodiversité des habitats menacés.

L'exploitation forestière par bandes

La section 50.4 fait état du rythme stupéfiant de déboisement des forêts tropicales humides autrefois très abondantes. Ces forêts constituent l'habitat abritant la plus grande biodiversité terrestre. Pour le moment, examinons une façon d'en atténuer la destruction.

En plus de fournir du bois pour les économies locales, les arbres des forêts tropicales humides sont une source de bois exotiques prisés par les pays développés. Est-il possible d'exploiter ces arbres de manière durable et rentable tout en préservant la biodiversité ? Gary Hartshorn a fait figure de pionnier lorsqu'il a proposé l'**exploitation forestière par bandes** des forêts en pente qui sont alimentées par plusieurs cours d'eau (voir la figure 27.11). Ce type d'exploitation consiste à dégager un étroit corridor parallèle aux courbes de niveau et à utiliser sa portion supérieure pour le transport des grumes. Après quelques années, de jeunes arbres poussent dans le corridor dénudé. Par la suite, juste au-dessus de la route, une autre bande d'arbres est exploitée. Les éléments nutritifs du sol nouvellement mis à nu qui sont alors lessivés ruissellent vers le premier corridor. Cet apport nutritif alimente les jeunes arbres, qui croissent alors plus rapidement. Ensuite, une troisième bande de forêt est exploitée au-dessus du deuxième corridor, et ainsi de suite. De cette manière, le cycle d'exploitation est rentable et est continuellement alimenté par l'habitat lui-même.

L'élevage dans les zones riveraines

La figure 27.10 montre que la menace planant sur la biodiversité n'est pas limitée aux pays en voie de développement. Pour sa part, la figure 27.12 montre une zone riveraine de l'ouest des États-Unis.

Forêt non exploitée

Coupe réalisée 1 an auparavant

Route de terre

Coupe réalisée de 3 à 5 ans auparavant

Coupe réalisée de 6 à 10 ans auparavant

Forêt non exploitée

Cours d'eau

Figure 27.11 L'exploitation forestière par bandes est une pratique qui pourrait préserver la biodiversité et même faire augmenter le taux de régénération des essences à valeur commerciale.

Figure 27.12
Une zone riveraine de la rivière San Pedro (Arizona), avant et après des interventions de restauration.

Chaque **zone riveraine** est une frange de végétation relativement étroite bordant un fleuve ou une rivière. Cette végétation forme une importante ligne de défense contre les dommages causés par les inondations, car elle absorbe les eaux de ruissellement printanières ou celles des tempêtes estivales. L'ombre que projettent les grands arbustes et les arbres favorise la conservation de l'eau durant les sécheresses. Les zones riveraines procurent aussi de la nourriture, un abri et de l'ombre aux animaux sauvages, particulièrement dans les régions arides et semi-arides. Par exemple, dans l'ouest des États-Unis, certains stades du cycle biologique ou le cycle entier de 67 à 75 % des espèces endémiques se déroulent dans une zone riveraine. Ces espèces comprennent plus de 136 espèces d'oiseaux chanteurs, dont certaines ne nichent que dans la végétation des zones riveraines.

Le bœuf consommé par la majorité des Américains provient des troupeaux élevés dans l'ouest des États-Unis. En comparaison avec les ongulés sauvages, les bovins boivent beaucoup d'eau, de sorte qu'ils ont tendance à se rassembler près des cours d'eau. Ils y piétinent l'herbe et les arbustes et les broutent jusqu'à ce qu'il ne reste plus rien. Quelques bovins suffisent pour détruire toute la végétation d'une zone riveraine. En Arizona et au Nouveau-Mexique, 90 % de toute la végétation de ces zones a disparu, principalement dans l'estomac des ruminants.

L'accès limité aux zones riveraines et la création de sites d'abreuvement situés loin des cours d'eau ont favorisé la conservation des zones riveraines. La rotation du bétail et un approvisionnement de fourrage dans les zones de pâturage ont également permis leur préservation. Toutefois, les éleveurs sont réticents à l'idée d'instaurer de telles mesures, en raison des coûts qu'elles entraînent, pour l'installation de clôtures, par exemple.

Jack Turnell est un éleveur qui en sait presque autant sur les espèces peuplant les zones riveraines que sur le bétail. Sa ferme couvre une superficie de 32 000 ha au sud de Cody (Wyoming). Il loue également une zone de pâturage de 16 000 ha appartenant au Service des forêts. Dix ans après l'acquisition de sa ferme, il a décidé d'élever son bétail d'une manière non traditionnelle en alternant systématiquement les lieux de pâturage pour ainsi préserver les zones riveraines. J. Turnell a également croisé les races Hereford et Angus avec une race française qui requiert moins d'eau. C'est après avoir consulté des spécialistes des grands pâturages et de la gestion de la faune qu'il en est venu à une telle pratique.

Les saules et certains autres végétaux favorisent la diversité dans les zones en régénération. Les mesures prises par J. Turnell sont rentables puisque les herbes fourragères des zones riveraines préservées favorisent l'engraissement de ses bovins. Ses efforts ne représentent peut-être qu'un petit pas vers l'élevage durable, mais c'est néanmoins un pas dans la bonne direction.

La croissance démographique sans précédent qui touche une grande partie du monde est à l'origine de la crise d'extinction actuelle.

La protection de la biodiversité repose sur les mesures mises en place pour aider les personnes à en tirer leur subsistance sans la détruire. Peut-on espérer atteindre cet objectif avec une population mondiale de plusieurs milliards d'individus?

RÉSUMÉ

Le chiffre en ***brun*** renvoie à la section du chapitre.

1. La biodiversité actuelle est la plus riche de tous les temps, mais le rythme d'extinction des espèces est assez élevé pour laisser croire qu'une crise d'extinction est en cours. *27.1*

2. Après les extinctions massives, il a fallu de 20 à 100 millions d'années pour que la biodiversité se renouvelle. Chaque groupe a sa propre histoire évolutionniste. Certains groupes ont disparu lors d'extinctions massives, alors que d'autres en sont sortis presque indemnes. La disparition d'une espèce isolée aussi bien que les extinctions massives reposent sur des causes évidentes ou obscures et complexes. *27.1*

3. La taille de la population mondiale, qui atteindra vraisemblablement 9 milliards d'habitants dans moins de 50 ans, cause la sixième grande crise d'extinction. Le taux de croissance démographique est le plus élevé dans les régions où la biodiversité est la plus riche et la plus vulnérable. *27.2*

4. La perte et la fragmentation des habitats, l'introduction d'espèces dans de nouveaux habitats, la surexploitation et le commerce illégal des espèces sauvages menacent les espèces endémiques. Une espèce est dite *endémique* quand elle provient d'une région spécifique et qu'elle y reste confinée. Une espèce menacée est une espèce endémique extrêmement sujette à l'extinction. *27.2*

5. La perte d'habitat désigne le rétrécissement du milieu propre à la vie d'une espèce, ou encore la dégradation du milieu attribuable à la pollution chimique. La fragmentation d'un habitat correspond à son morcellement en plusieurs parcelles isolées. Ce phénomène constitue une menace pour les espèces, car il scinde les populations en unités dont la taille est trop petite pour leur permettre de se reproduire avec succès. *27.2*

6. Les modèles de biogéographie insulaire facilitent la prévision du nombre d'extinctions actuelles et futures. Un habitat insulaire est un habitat très exposé à une activité humaine possiblement destructrice, comme l'exploitation forestière. En général, la destruction de 50 % d'un habitat insulaire (ou d'une île) conduit 10 % de ses espèces à la disparition. La destruction de 90 % de l'habitat mène à l'extinction de 50 % des espèces. *27.2*

7. Les espèces indicatrices, représentées par les oiseaux et d'autres animaux facilement repérables, fournissent des indices sur la modification des habitats et sur le caractère imminent et étendu d'une perte de biodiversité. *27.2*

8. Les humains détruisent directement les récifs coralliens et d'autres régions, par exemple en dynamitant les récifs pour capturer des poissons. Ils participent aussi indirectement à leur détérioration, notamment par le réchauffement de la planète (qui provoque une élévation du niveau de la mer et de la température des eaux de surface). *27.3*

9. La biologie de la conservation est un champ de recherche pure et appliquée. Son objectif est de protéger et d'exploiter la biodiversité de manière durable. Elle comprend a) une étude systématique de toute la biodiversité effectuée à trois niveaux, de plus en plus généraux, b) une analyse des origines de la biodiversité du point de vue de l'évolution et de l'écologie et c) l'établissement de méthodes de préservation et d'exploitation de la biodiversité pour le bénéfice de populations humaines qui risqueraient sinon de la détruire. *27.5*

10. En biologie de la conservation, les études systématiques se font à trois niveaux. D'abord, on identifie les points chauds locaux (par exemple, une vallée isolée) et on répertorie les espèces indicatrices. Les points chauds sont des habitats où beaucoup d'espèces sont en grand danger d'extinction à cause de l'activité humaine. En deuxième lieu, on étudie les points chauds de grande superficie ou plusieurs points

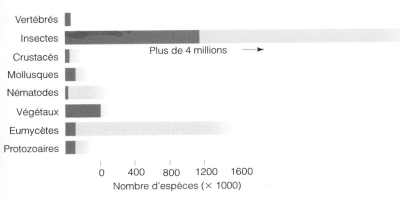

Figure 27.13 Le nombre actuel des espèces de quelques grands groupes. La couleur rouge indique le nombre d'espèces désignées ; le jaune, le nombre présumé d'espèces à découvrir.

chauds simultanément. On installe ensuite des stations de recherche dans les grandes zones afin de recueillir les données en fonction de la latitude et de l'altitude. Enfin, les données recueillies aux deux premières étapes sont combinées aux données sur les écorégions. Ces dernières sont les grandes zones terrestres et marines les plus vulnérables de la planète. Les données sur lesquelles reposent de telles cartes sont ensuite épurées afin que soit dressé un portrait toujours plus détaillé de la biodiversité globale. *27.5*

11. La protection de la biodiversité repose sur les mesures mises en place pour aider les personnes à l'utiliser afin de pourvoir à leurs besoins sans la détruire. Pour contrer les exigences économiques croissantes, la valeur économique future de la biodiversité doit être déterminée. Il faut développer des méthodes par lesquelles les économies locales peuvent exploiter la biodiversité de manière durable. *27.5*

Exercices

1. Combien d'extinctions massives majeures y a-t-il eu, y compris celle qui est en cours ? *27.1*

2. Définissez ce que sont une espèce menacée, une espèce endémique et une espèce indicatrice. *27.2*

3. Faites la distinction entre un habitat insulaire et une île. *27.2*

4. Énoncez l'objectif de la biologie de la conservation et décrivez brièvement les trois niveaux de l'approche qu'elle utilise pour atteindre ce but. *27.5*

5. Donnez la définition de « point chaud ». Pourquoi les biologistes de la conservation se concentrent-ils sur les points chauds au lieu d'achever rapidement une étude à l'échelle de la planète ? *27.5*

Autoévaluation RÉPONSES À L'ANNEXE III

1. Après les extinctions massives, le retour à une biodiversité aussi riche qu'auparavant a nécessité des _____ d'années.

   a) centaines   b) millions   c) milliards

2. L'extinction des espèces est attribuable à _____.

   a) des facteurs manifestes   c) l'activité humaine

   b) des facteurs obscurs et complexes   d) toutes ces réponses

3. La biologie de la conservation a pour objectif(s) _____.

   a) de réaliser une étude systématique de toute la biodiversité à trois niveaux

   b) d'analyser les origines de la biodiversité du point de vue de l'écologie et de l'évolution

   c) d'établir des mesures pour préserver et utiliser la biodiversité au bénéfice des humains

   d) toutes ces réponses

4. L'exploitation forestière par bandes _____.

   a) consiste à couper tous les arbres adultes au même moment

   b) est rentable

   c) peut contribuer à préserver les forêts sauvages

   d) les réponses b) et c)

Questions à développement

1. La figure 27.13 fait état de l'estimation actuelle du nombre des espèces qui composent certains grands groupes d'organismes. Sur la base de ce que vous avez appris sur ces groupes dans les chapitres de cette partie du manuel et compte tenu de la crise d'extinction actuelle, lesquels sont les plus vulnérables ? Lesquels sont susceptibles de survivre à la crise sans perdre trop d'individus ? Justifiez vos réponses (par exemple, comparez la distribution des espèces).

2. Étudiez une zone riveraine située près de chez vous. Qu'adviendra-t-il de cette zone dans 5 ans, puis dans 10 ans ? Étant donné sa localisation, quelles sortes de modifications pourrait-elle subir ?

3. Par la pensée, transportez-vous dans une forêt dense équatoriale de l'Amérique du Sud. Imaginez que vous êtes au chômage et qu'il n'y a aucune perspective d'emploi, pas même dans les grandes villes surpeuplées situées à une certaine distance. Vous n'avez ni argent ni relations pour vous tirer d'affaire. Or, vous être le seul pourvoyeur d'une grosse famille. Aujourd'hui, un étranger vous approche et vous promet beaucoup d'argent si vous réussissez à capturer un certain perroquet au plumage éclatant. Vous savez que ce perroquet est rare et qu'on ne l'aperçoit qu'exceptionnellement. Toutefois, vous avez une idée de l'endroit où vous pourriez le débusquer. Que feriez-vous dans une telle situation ?

4. Au lieu de l'inhumation habituelle, les cendres provenant d'une crémation peuvent être mélangées avec un ciment au pH neutre et servir à l'édification de récifs artificiels. Chaque sphère de ciment ajourée pèse de 180 à 1800 kg et est conçue pour durer 500 ans. Jusqu'à maintenant, 100 000 sphères réparties entre 1500 sites abritent une vie marine (voir la figure 27.14). Les tenants d'une telle pratique affirment que ce mode de sépulture est moins onéreux, ne requiert pas de parcelle de terrain et est écologique. Qu'en pensez-vous ?

Figure 27.14 Un nouveau mode de sépulture : les cendres d'un corps sont intégrées à un bloc de béton formant un récif artificiel.

5. À la lecture de ce chapitre, l'écologiste Robin Tyser a fait le commentaire suivant : les collégiens pourraient être si troublés par la crise d'extinction actuelle qu'ils préféreraient ne pas y réfléchir. Cependant, le public peut faire des gestes concrets en faveur de la biodiversité. Par exemple, des gens ont contribué à rétablir des populations de pygargues à tête blanche dans certains États américains et des populations de loups dans le Wisconsin septentrional. Au Costa Rica, Daniel Janzen tente de recréer un écosystème de forêt sèche. Dans le monde, on instaure de nombreuses mesures de protection de la biodiversité. Faites une recherche à la bibliothèque ou sur Internet, puis écrivez un compte rendu d'une ou deux mesures qui vous semblent encourageantes.

Vocabulaire

Biologie de la conservation *27.5*	Exploitation forestière par bandes *27.6*	Perte d'habitat *27.2*
Écorégion *27.5*	Fragmentation de l'habitat *27.2*	Point chaud *27.5*
Espèce indicatrice *27.2*		Récif corallien *27.3*
Espèce menacée *27.2*	Habitat insulaire *27.2*	Zone riveraine *27.6*

Lectures complémentaires

Blond, *et al.* (mai-juil. 2005). « D'inattendus mammifères ». Dossiers de *La Recherche*, 19 : 84-87.

Fléaux-Mulot, R. (sept. 2005). « Sprint pour sauver les guépards ». *Sciences et avenir*, 703 : 60-65.

Wilson, Edward O. (1992). *The Diversity of Life*, Cambridge (Massachussetts) : Belknap Press.

Lectures complémentaires en ligne : consultez l'infoTrac à l'adresse Web www.brookscole.com/biology

Les principes de l'anatomie et de la physiologie

Deux grands dauphins (Tursiops truncatus) *jaillissant hors de l'eau. Ces mammifères extra-ordinairement bien adaptés au milieu marin ont pourtant besoin de respirer l'air de l'atmosphère, mais ils ne peuvent y survivre longtemps. Cet exemple de mammifères capables de vivre dans deux milieux différents, l'eau et l'air, nous invite à nous poser les questions suivantes : y a-t-il des contraintes fondamentales qui s'exercent sur les structures et les fonctions de tout être vivant, sans égard à son milieu de vie ? Est-il possible d'identifier des configurations similaires parmi les différentes adaptations à des défis récurrents ?*

COMMENT LES VÉGÉTAUX ET LES ANIMAUX FONCTIONNENT

Les végétaux et les animaux vivant en haute altitude

Chaque année, le mont Everest attire irrésistiblement un bon nombre de personnes, tout simplement parce que c'est le plus haut sommet de la planète (voir la figure 28.1). Étant donné que l'air se raréfie avec l'altitude, c'est là que l'air est le plus rare. Donc, avant de tenter l'aventure, les alpinistes doivent s'acclimater un certain temps à l'altitude afin de modifier leur façon de respirer et d'augmenter leur production de globules rouges (qui transportent l'oxygène dans le sang). Même pour les athlètes bien entraînés, respirer à cette altitude est toujours difficile, voire dangereux. Certains alpinistes y perdent d'ailleurs la vie.

Si l'oxygène y est si rare, comment se fait-il que l'oie à tête barrée (*Anser indicus*) vole régulièrement par-dessus les plus hauts sommets de l'Himalaya? Comment expliquer que la bernache des Andes (*Chloephaga melanoptera*), une espèce cousine mais géographiquement éloignée, vit confortablement dans les montagnes de l'Amérique du Sud, à quelque 6000 m au-dessus du niveau de la mer? C'est que l'hémoglobine synthétisée par les globules rouges de ces oiseaux retient l'oxygène plus efficacement que l'hémoglobine humaine. Pourtant, à un acide aminé près, ces deux oiseaux ont la même hémoglobine que la nôtre.

Chez chacune de ces deux espèces d'oies cependant, ce n'est pas le même acide aminé qui diffère de celui de l'hémoglobine humaine. Mais parce que chacun de ces deux acides aminés déstabilise la même interaction faible dans deux des quatre chaînes polypeptidiques qui composent la molécule d'hémoglobine, il en résulte une plus grande capacité de fixation de l'oxygène, ce qui permet à ces deux oiseaux de voler à très haute altitude.

Certaines plantes peuvent également survivre dans des conditions difficiles à 4100 m au-dessus du niveau de la mer, soit plus haut encore que la limite des arbres dans l'Himalaya. L'edelweiss (*Leontopodium alpinum*) en est un exemple. Il s'agit d'une espèce très ancienne, en danger d'extinction, qui s'ancre dans de minuscules fissures dans les rochers, où ses racines sont protégées des phénomènes de contraction et de dilatation du sol causés par le gel hivernal et le dégel printanier. La partie visible de la plante présente de petits coussinets à peine surélevés au-dessus du sol et des tiges assez solides pour résister aux vents violents soufflant à ces altitudes. Ses fleurs sont couvertes de petits poils qui leur donnent un aspect laineux et dont le rôle est de protéger les structures reproductrices de la fleur des radiations ultra-violettes, particulièrement intenses en haute altitude. Ils aident aussi la plante à conserver son humidité par temps venteux.

Avec ces quelques exemples, nous amorçons une réflexion sur la structure des végétaux et des animaux et sur leur fonctionnement dans des environnements particuliers. Puisque les humains, les oies à tête barrée et les plantes alpines ont en commun les mêmes caractéristiques que les autres individus de leur espèce, on peut déduire que leurs caractéristiques anatomiques et physiologiques ont une base génétique et qu'ils sont sujets à des mutations.

Figure 28.1 Un alpiniste près du sommet du mont Everest, où le manque d'oxygène rend la respiration pénible. Pourtant, l'oie à tête barrée (voir la figure 28.2) survole chaque année la chaîne de l'Himalaya. Cette oie migre des lacs, des marais et des rivières des hautes vallées, où elle vit en été, vers des sites d'hivernage plus chauds en Inde, durant l'hiver.

Figure 28.2 a) Une oie à tête barrée (*Anser indicus*).
b) L'edelweiss (*Leontopodium alpinum*), une plante alpine
à croissance lente adaptée aux conditions régnant
au-dessus de la limite des arbres de l'Himalaya.

Dès lors, on peut en déduire que les adaptations anciennes sont le résultat de la sélection naturelle ayant permis aux espèces de mieux s'adapter à des conditions environnementales particulières. De surcroît, on observe que les individus de certaines espèces (dont l'être humain) peuvent s'adapter temporairement à des conditions extrêmes. D'ailleurs, des exemples confirment ce dont on se doute déjà : il y a une corrélation entre la structure d'une partie de l'organisme et sa fonction (passée ou présente).

De telles réflexions sont à la base de la compréhension de l'anatomie et de la physiologie.

L'**anatomie** est l'étude scientifique de la morphologie, c'est-à-dire de la forme et des structures des organismes vivants, depuis leur composition moléculaire jusqu'à leur organisation physique générale. Pour sa part, la **physiologie** est l'étude des processus grâce auxquels les organismes survivent et se reproduisent dans un environnement donné. Cette science étudie les relations entre la structure et les fonctions, de même que la nature des ajustements métaboliques et comportementaux qui surviennent lorsque les conditions environnementales se modifient. Elle cherche aussi à comprendre comment et dans quelle mesure les processus physiologiques peuvent être régulés.

Ce chapitre présente certains concepts importants qui reviennent fréquemment dans les parties V et VI du présent manuel. Ils aideront à comprendre le fonctionnement des végétaux et des animaux, dans des conditions environnementales favorables ou non.

Concepts-clés

1. L'anatomie est l'étude de la structure et de la morphologie des organismes pluricellulaires à différents niveaux d'organisation structurale : des molécules aux tissus et aux organes et, chez la plupart des animaux, aux systèmes.

2. La physiologie est l'étude du fonctionnement de l'organisme et de ses ajustements aux modifications des milieux intérieur et extérieur.

3. Il existe une corrélation entre la structure de la plupart des parties de l'organisme et les fonctions présentes ou passées. Citons par exemple les tissus qui recouvrent les structures externes des végétaux et des animaux ainsi que les surfaces internes chez les animaux, ou encore les troncs ligneux solides qui servent de support pour la croissance verticale, les os de jambes, épais et forts, qui permettent de porter de lourdes charges, etc.

4. La plupart des aspects anatomiques et physiologiques sont le résultat d'adaptations à long terme. Ce sont des caractères héréditaires apparus dans le passé et qui sont encore efficaces dans les conditions présentes. De plus, à court terme, les individus de nombreuses espèces s'adaptent relativement rapidement à des conditions difficiles.

5. Le liquide extracellulaire qui baigne les cellules constitue le milieu intérieur des organismes pluricellulaires. Les cellules, les tissus, les organes et les systèmes contribuent au maintien d'un milieu intérieur favorable à chacune des cellules de l'organisme. Ce concept aide à comprendre les fonctions des différentes parties d'un organisme et leurs interactions.

6. L'homéostasie est le maintien de la stabilité des conditions chimiques et physiques du milieu intérieur. Les mécanismes de rétroaction négative et positive comptent parmi les systèmes régulateurs qui assurent le maintien de conditions stables.

7. Les cellules des tissus et des organes communiquent entre elles en sécrétant dans le liquide extracellulaire diverses hormones et molécules de signalisation et en répondant de façon sélective aux signaux des autres cellules.

LES NIVEAUX D'ORGANISATION STRUCTURALE

Des cellules aux organismes pluricellulaires

Chez la plupart des végétaux et des animaux, les cellules, les tissus, les organes et les systèmes se partagent les tâches pour assurer la survie de l'organisme dans son ensemble. Une autre lignée cellulaire est à l'origine des organes reproducteurs. On est à même de constater ici que l'organisme applique les principes de la **division du travail**.

Un **tissu** est un ensemble de cellules et de substances intercellulaires qui interagissent pour remplir une ou plusieurs fonctions. Par exemple, le tissu osseux et le tissu ligneux ont tous les deux des fonctions de soutien. Un **organe** comprend deux tissus ou plus organisés dans une certaine proportion et selon une certaine disposition pour remplir une fonction particulière ou des fonctions connexes. Une feuille est un organe adapté à la photosynthèse, l'œil en est un autre, capable de réagir à la lumière. Un **système** est composé de différents organes qui interagissent physiquement et chimiquement dans un même but. Le système caulinaire de la plante, avec ses organes photosynthétiques et reproducteurs (voir la figure 28.3), en est un exemple. Le système digestif d'un animal en est un autre : il ingère les aliments, les décompose, absorbe les produits de la digestion et évacue les résidus et les déchets.

La croissance et le développement

L'organisation structurale d'un végétal ou d'un animal s'effectue pendant la croissance et le développement, deux processus différents. Généralement, la **croissance** d'un organisme pluricellulaire désigne l'augmentation du nombre, de la taille et du volume des cellules qui le composent, tandis que le **développement** fait référence aux étapes successives dans la formation des tissus spécialisés, des organes et des systèmes. Autrement dit, la croissance se mesure en termes quantitatifs, et le développement, en termes qualitatifs.

L'histoire de l'organisation structurale

L'évolution de l'organisation structurale de chaque tissu, organe et système d'un organisme a une histoire. Il suffit de penser à la manière dont les végétaux ont colonisé la terre pour avoir une idée de la relation entre leurs structures et leurs fonctions spécifiques. Les végétaux qui ont quitté leur habitat aquatique ont trouvé sur la terre une abondance de lumière et de dioxyde de carbone pour effectuer la photosynthèse, d'oxygène pour la respiration aérobie et d'ions minéraux. Cependant, en quittant leur berceau aquatique, ils ont fait face à un nouveau défi, celui de la déshydratation.

Il importe de garder cela en mémoire lorsqu'on examine des micrographies illustrant les conduits vasculaires dans les racines, les tiges et les feuilles d'une plante (voir la figure 28.3). Ces conduits acheminent de l'eau depuis le sol jusqu'aux feuilles. On observe également des stomates, soit de petites ouvertures dans l'épiderme des feuilles ;

Organe reproducteur
(fleur de tomate)

Tissus de tige en coupe
transversale : fonctions
de support, d'entreposage
et de circulation de sève

Tissus vasculaires de racine
en coupe longitudinale

SYSTÈME
CAULINAIRE
(parties au-dessus
du sol)

SYSTÈME
RACINAIRE
(parties
souterraines)

Figure 28.3 La morphologie d'un plant de tomate (*Lycopersicon*). Différents types de cellules composent les tissus vasculaires qui transportent soit une solution de minéraux et d'eau, soit des substances organiques. Ces tissus vasculaires traversent les autres tissus qui composent la majeure partie de la plante. Un autre type de tissu recouvre le système caulinaire et le système racinaire.

Figure 28.4 Certaines structures du système respiratoire de l'être humain. Les cellules y accomplissent des tâches spécialisées. Par exemple, les cellules ciliées poussent les bactéries et d'autres particules aéroportées hors des conduits aériens menant aux poumons. Divers tissus permettent les échanges gazeux : ceux des capillaires sanguins, qui transportent un tissu liquide, le sang, ainsi que le tissu épithélial des alvéoles pulmonaires. Des organes, dont les conduits aériens, sont les composants de ce système.

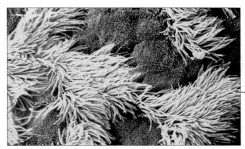

Des cellules ciliées sécrétant du mucus qui tapissent les parois des voies respiratoires.

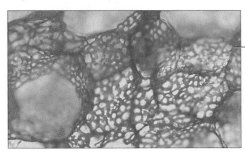

De minuscules sacs alvéolaires irrigués par des capillaires sanguins. Les capillaires sont de très petits vaisseaux sanguins dont la paroi est formée d'une seule épaisseur de cellule ; ils renferment du sang, un tissu conjonctif liquide.

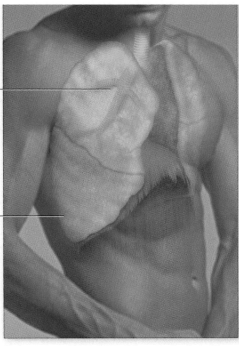

Des poumons, des organes faisant partie du système respiratoire de l'humain.

les stomates s'ouvrent et se ferment de façon à conserver l'eau de la plante (voir la section 7.7). La croissance des racines s'effectue vers les endroits du sol où l'eau et les minéraux se trouvent en plus grande abondance. À l'intérieur des tiges, des cellules aux parois lignifiées soutiennent collectivement la croissance verticale de la plante.

De la même façon, l'appareil respiratoire des animaux terrestres constitue une adaptation à la vie dans l'atmosphère. Les gaz entrent et sortent de l'organisme par diffusion à travers une surface humide. Si ce n'est pas un problème pour les organismes aquatiques, c'en est un cependant pour les animaux terrestres puisque les surfaces humides se dessèchent au contact de l'air. Les animaux terrestres sont donc munis de sacs humides à l'intérieur de leur organisme pour assurer ces échanges gazeux (voir la figure 28.4).

Le milieu intérieur

Pour rester en vie, les cellules végétales et animales doivent baigner dans un liquide qui contient des substances nutritives et dans lequel les déchets métaboliques peuvent être évacués. Il en va de même, d'ailleurs, pour les organismes unicellulaires. Toutefois, les végétaux et les animaux étant constitués pour certains de milliers ou de millions, pour d'autres de trillions de cellules, chacune d'elles doit pouvoir puiser dans ce liquide les substances nutritives dont elle a besoin et y décharger ses déchets.

Les liquides corporels qui se trouvent à l'extérieur des cellules — en d'autres termes, les liquides extracellulaires — constituent le **milieu intérieur**. Tout changement dans la composition chimique ou physique de ce milieu affecte le fonctionnement des cellules. Par exemple, les différents ions du milieu intérieur doivent être maintenus à des concentrations compatibles avec le métabolisme. Que la plante ou l'animal soit simple ou complexe, toutes les cellules ont besoin d'un environnement liquide stable. Ce concept est essentiel pour comprendre le fonctionnement des végétaux et des animaux.

De la partie au tout

Les deux prochaines parties de ce manuel décrivent comment chaque animal ou chaque plante accomplit ses fonctions essentielles : chacun fournit à ses cellules un environnement liquide stable qui produit ou prélève des substances nutritives et d'autres matières premières, qui les distribue dans tout l'organisme et qui capte les déchets. Chacun dispose aussi de moyens pour se protéger contre les blessures ou les agressions ; chacun a la capacité de se reproduire. De plus, certains animaux participent à l'alimentation et à la protection de leur progéniture pendant leurs premières phases de croissance et de développement.

En somme, chaque cellule végétale ou animale accomplit des activités métaboliques qui assurent sa propre survie. Mais c'est l'organisation structurale et les activités collectives de ces cellules dans des tissus, des organes et des systèmes qui font vivre l'organisme entier. Autrement dit, toutes les cellules travaillent ensemble pour maintenir un état d'**homéostasie**, c'est-à-dire un équilibre du milieu intérieur favorable à leur survie.

L'organisation structurale d'un organisme végétal ou animal prend forme lors de la croissance et du développement de l'organisme. Il y a une corrélation entre l'organisation structurale et les fonctions de base de l'organisme.

Les cellules, les tissus et les organes ont besoin d'un milieu intérieur favorable à leur bon fonctionnement, qu'ils aident collectivement à maintenir stable. Le milieu intérieur se compose de tous les liquides corporels extracellulaires.

Les fonctions de base comprennent le maintien d'un milieu intérieur stable, l'approvisionnement en substances nutritives et leur distribution partout dans l'organisme, l'évacuation des déchets, la protection et la reproduction de l'organisme et, souvent, l'alimentation et la protection de la progéniture.

LA NATURE DE L'ADAPTATION

Une définition de l'adaptation

La signification du terme « adaptation » dépend du contexte dans lequel on l'utilise. Souvent, une plante ou un animal adapte rapidement sa forme, sa fonction et son comportement en fonction du milieu. Par exemple, les genévriers dont les graines ont germé dans des endroits particulièrement venteux sont rabougris par comparaison avec ceux qui ont poussé dans des endroits plus abrités. Un coup de tonnerre peut effrayer la première fois qu'on l'entend, mais certains s'y habituent peu à peu et finissent par ne plus y porter attention. Ces deux cas particuliers illustrent des adaptations à court terme, c'est-à-dire qui ne durent que la vie de l'individu.

Une **adaptation à long terme** est un aspect héréditaire d'une structure, d'une fonction, d'un comportement ou du développement qui améliore les chances de survie et de reproduction d'un organisme dans son milieu. C'est un résultat de la microévolution – plus particulièrement de la sélection naturelle –, c'est-à-dire une amélioration de la capacité d'un individu de s'adapter aux conditions du milieu.

Des tomates tolérantes au sel

Pour expliquer l'adaptation à long terme, prenons l'exemple de la réaction de différentes espèces de tomates à l'eau salée. Les tomates sont originaires du Pérou, de l'Équateur et des îles Galápagos. La tomate commerciale (*Lycopersicon esculentum*), celle que l'on trouve en général à l'épicerie, a huit espèces sauvages voisines. Si on arrose un plant de *L. esculentum* avec une solution de 10 g de sel dans 60 l d'eau, il se fanera en 30 min (voir la figure 28.5*a*). Cette espèce pousse mal en présence de sel, même si le sol en contient aussi peu que 2500 ppm.

Pourtant, la tomate des Galápagos (*Lycopersicon cheesmanii*) survit et se reproduit dans des sols irrigués par l'eau de mer. Les chercheurs ont démontré que sa tolérance au sel est une adaptation à long terme, c'est-à-dire une adaptation héréditaire. Les transferts de gènes de l'espèce sauvage à l'espèce commerciale ont donné une petite tomate comestible qui tolère les sols irrigués par un mélange d'un tiers d'eau salé et de deux tiers d'eau douce. Bien entendu, cette

Figure 28.5 a) La fanaison rapide et grave d'un plant de tomate commerciale (*Lycopersicon esculentum*) arrosé d'eau salée. **b)** Un plant de tomate des Galápagos (*Lycopersicon cheesmanii*).

tomate hybride suscite un intérêt dans les régions où l'eau douce est rare et où les champs agricoles sont riches en sel.

On peut obtenir des plantes tolérantes au sel en modifiant seulement certains de leurs gènes. En effet, les chercheurs ont découvert qu'en retouchant un seul gène d'un transporteur d'ions sodium/hydrogène, les plants de tomate deviennent capables d'utiliser l'eau salée et de produire des fruits comestibles, quoique légèrement plus salés que la tomate commerciale. En fait, ce sont surtout les feuilles qui stockent la plus grande partie de l'excédent de sel.

Dans le désert, pas d'ours polaires

On peut dire sans risque de se tromper que si l'ours polaire, appelé aussi *ours blanc* (*Ursus maritimus*), est bien adapté à l'environnement arctique, il est au contraire très mal adapté au climat des déserts chauds en raison de sa morphologie et sa physiologie (voir la figure 28.6). Mais comment l'ours polaire conserve-t-il sa température interne constante lorsqu'il dort

Figure 28.6 Quelles structures adaptatives de l'ours polaire (*Ursus maritimus*) ne lui seraient d'aucune utilité dans un désert chaud ? Lesquelles sont utiles à l'oryx (*Oryx beisa*) ? Pour chaque animal, dressez une liste d'adaptations anatomiques et physiologiques propres à son environnement. Après avoir terminé l'étude de la partie VI, réfléchissez aux éléments que vous pouvez ajouter à votre liste.

sur la glace ? Comment ses muscles peuvent-ils être efficaces dans l'eau glaciale ? Doit-il manger souvent ? Comment trouve-t-il sa nourriture ? De la même façon, comment l'oryx, une antilope, peut-il marcher toute la journée dans la chaleur torride des déserts africains ? Comment s'abreuve-t-il alors qu'il n'y a pas d'eau ? Les deux prochaines parties proposent certaines réponses à ces questions ou, du moins, des éléments de réponse.

S'adapter, mais à quoi ?

À partir des exemples présentés précédemment, on pourrait croire qu'il est assez facile d'établir un lien direct entre une adaptation particulière et un quelconque aspect de l'environnement. Une remarque se pose toutefois : le milieu dans lequel un caractère a évolué peut être très différent de ce qu'il est aujourd'hui.

Prenons l'exemple du lama, originaire des hauts sommets des Andes, une chaîne de montagnes parallèle à la côte occidentale de l'Amérique du Sud (voir la figure 28.7). Cet animal peut très bien vivre à plus de 4800 m au-dessus du niveau de la mer. Ses poumons possèdent beaucoup plus de sacs alvéolaires et de vaisseaux sanguins que ceux des humains vivant à de plus basses altitudes. En outre, le cœur du lama a des cavités plus grandes ; il pompe donc des volumes de sang plus importants. De surcroît, le lama n'a pas à s'acclimater pour stimuler la production de globules rouges supplémentaires, comme le font les alpinistes. (Des globules rouges en plus grande quantité que la normale épaississent le sang, ce qui force le cœur à pomper plus fort.) L'hémoglobine du lama présente par contre une adaptation importante, à savoir une plus grande capacité que la nôtre à fixer l'oxygène : ses globules rouges peuvent donc capter l'oxygène avec plus d'efficacité.

Au premier abord, l'affinité de l'hémoglobine du lama pour l'oxygène semble être une adaptation à l'air raréfié des hautes altitudes. Mais est-ce vraiment le cas ? Il semblerait que non.

Les lamas appartiennent à la famille des camélidés, tout comme les dromadaires et les chameaux. Tous les camélidés ont des ancêtres communs qui vivaient dans les prairies et les déserts de l'Amérique du Nord durant l'éocène. Plus tard, une différenciation génétique s'est produite : les ancêtres des chameaux ont migré vers les prairies et les déserts asiatiques de basse altitude (en passant par des bras de terre aujourd'hui immergés), tandis que les ancêtres des lamas se sont déplacés vers l'Amérique du Sud, au-delà de l'isthme de Panama.

Comme celle du lama, l'hémoglobine du chameau et du dromadaire a aussi une grande capacité de fixation de l'oxygène. Ce caractère semble donc être apparu chez un ancêtre commun. On est dès lors en droit de se poser la question suivante : comment ce caractère peut-il représenter à la fois une adaptation aux basses et aux hautes altitudes ? Dans le cas présent, nous pouvons exclure la convergence évolutive, parce que ces animaux sont de proches parents et que leurs ancêtres les plus récents ont vécu dans des environnements ayant des concentrations d'oxygène différentes.

On ignore pourquoi, à l'origine, ce caractère favorable est apparu chez les camélidés. On sait que la capacité de fixation de l'oxygène à l'hémoglobine baisse lorsque la température augmente ; or, on sait que le climat de l'éocène était tour à tour chaud et frais. Ce caractère est-il une adaptation survenue pendant un changement à long terme de la température ? Était-il sans conséquence à l'origine ? En effet, le gène mutant responsable de la plus grande capacité de

Figure 28.7 Une adaptation est un ajustement à un environnement particulier. L'hémoglobine des lamas, qui vivent en altitude, a une grande capacité de fixation de l'oxygène. Toutefois, l'hémoglobine des chameaux, qui vivent à des altitudes bien inférieures, a la même capacité.

fixation de l'oxygène s'est peut-être fixé par pur hasard dans une population ancestrale. Qui sait ?

Et s'il y avait eu une interaction entre l'allèle non mutant et un autre gène essentiel ? Les mécanismes qui contrôlent certaines étapes du développement animal ne peuvent pas avoir subi des modifications importantes sans causer de perturbations importantes, voire mortelles. Comme le précise la section 43.5, les particularités moléculaires de la plupart des gènes qui codent ces mécanismes ont été conservées dans le temps.

Toutes ces questions nous portent à réfléchir de façon critique sur les rapports entre la forme d'un organisme et sa fonction. Afin de pouvoir déterminer avec exactitude ces rapports, il faut formuler beaucoup d'hypothèses et mener de nombreuses recherches et expériences.

Une adaptation à long terme est un caractère héréditaire qui détermine la forme, la fonction, le comportement ou le développement d'un organisme et qui contribue à l'ajustement de celui-ci à son milieu.

Un caractère adaptatif améliore les chances de survie et de reproduction d'un organisme, du moins dans les conditions qui régnaient lorsque les gènes codant ce caractère se sont transformés.

Il n'est pas toujours facile d'établir une corrélation entre les caractères visibles d'un organisme et les conditions particulières de son milieu de vie.

LES MÉCANISMES HOMÉOSTATIQUES CHEZ LES ANIMAUX

La notion d'homéostasie est essentielle pour la compréhension des deux prochaines parties du manuel. C'est pourquoi nous nous y intéressons plus en détail ici, de même qu'à son importance pour la survie de tout être vivant. Les spécialistes en physiologie animale ont été les premiers à identifier ce phénomène ainsi que ses mécanismes. En voici quelques exemples.

Le corps d'un adulte moyen contient des trillions de cellules vivantes. Toutes ces cellules doivent puiser des substances nutritives dans le liquide extracellulaire et y évacuer leurs déchets. Le liquide extracellulaire, dont le volume ne dépasse pas 15 l chez cet adulte, est aussi appelé *milieu intérieur*; il comprend le **liquide interstitiel**, c'est-à-dire le liquide dans lequel baignent toutes les cellules, ainsi que le **plasma**, soit la partie liquide du sang. Toutes les substances qui circulent entre les cellules et le sang passent par le liquide interstitiel.

L'homéostasie, rappelons-le, est le maintien de la stabilité chimique et physique du milieu intérieur, une condition essentielle à la survie de toute cellule. Chez la presque totalité des animaux, l'équilibre homéostatique est maintenu grâce à trois composantes

reliées entre elles : des récepteurs sensoriels, des centres d'intégration et des effecteurs.

Les **récepteurs sensoriels** sont des cellules spécialisées qui détectent des formes d'énergie comme la pression ou la température. Toute forme d'énergie particulière détectée par un récepteur est appelée **stimulus**. Quand un chimpanzé en embrasse un autre, la pression sur ses lèvres change. Les récepteurs dans les tissus des lèvres traduisent alors ce stimulus en signaux qui sont envoyés au cerveau (voir la figure 28.8).

Le cerveau est un exemple de **centre d'intégration**, c'est-à-dire un poste de commandement central qui recueille l'information relative aux stimulus et qui envoie des signaux aux muscles ou aux glandes. Ces derniers, qui sont les **effecteurs** de l'organisme, exécutent la réponse. Par exemple, une réponse possible à un baiser serait de rougir ou d'embrasser à son tour. Bien entendu, un baiser ne peut pas durer indéfiniment, puisque cela empêcherait l'individu de manger, de respirer et d'accomplir bien d'autres activités nécessaires à l'organisme.

Comment le cerveau inverse-t-il les changements physiologiques déclenchés par le stimulus (le baiser) ? Les récepteurs peuvent uniquement lui fournir de l'information sur l'état actuel des choses. Or, le cerveau évalue aussi l'information liée à l'état normal des choses par rapport à des constantes physiologiques. La valeur de la concentration sanguine de dioxyde de carbone est un exemple de constante physiologique. Lorsque la concentration du dioxyde de carbone s'écarte de sa valeur normale, le cerveau met en branle des actions qui rétabliront cette concentration normale. Pour ce faire, il envoie des signaux qui activent des effecteurs spécifiques; ceux-ci réagissent en augmentant ou en diminuant certaines activités dans différentes régions de l'organisme.

La rétroaction négative

Les mécanismes de rétroaction jouent un important rôle de régulation dans le maintien de conditions physiques et chimiques tolérables à l'intérieur de l'organisme. Un des principaux types de mécanisme de régulation est la **rétroaction négative**, c'est-à-dire une réponse au stimulus qui modifie ou annule celui-ci. La figure 28.9 illustre ce mécanisme de régulation.

On peut comparer ce mécanisme à un four muni d'un thermostat. Le thermostat « est sensible » à la température de l'air dans le four en fonction d'une température programmée dans le système de régulation. Lorsque la température tombe en dessous de la température définie, le thermostat envoie des signaux à un mécanisme de commutateur qui rallume le four. Au contraire, lorsque l'air devient trop chaud par rapport à un point défini, les signaux du thermostat déclenchent des mécanismes qui éteignent le four.

De la même façon, des mécanismes de rétroaction maintiennent à environ 37 °C la température interne des mammifères, par temps chaud comme par temps froid. Le chien husky qui court en plein été se réchauffe rapidement. Ses récepteurs déclenchent alors des mécanismes qui commandent au chien et à ses cellules de ralentir. Le husky va chercher de l'ombre en s'abritant par exemple sous un arbre. En haletant, la langue pendante, il perd graduellement de la chaleur corporelle avec la vapeur d'eau qui s'évapore de son appareil respiratoire, comme le montre la figure 28.9.

De tels mécanismes de régulation empêchent l'organisme de surchauffer en ralentissant d'abord les activités qui produisent

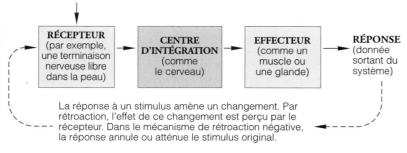

STIMULUS (donnée entrant dans le système)

| RÉCEPTEUR (par exemple, une terminaison nerveuse libre dans la peau) | → | CENTRE D'INTÉGRATION (comme le cerveau) | → | EFFECTEUR (comme un muscle ou une glande) | → | RÉPONSE (donnée sortant du système) |

La réponse à un stimulus amène un changement. Par rétroaction, l'effet de ce changement est perçu par le récepteur. Dans le mécanisme de rétroaction négative, la réponse annule ou atténue le stimulus original.

Figure 28.8 Un baiser ne peut pas durer indéfiniment sans perturber la respiration, l'alimentation et d'autres processus physiologiques qui maintiennent la stabilité du milieu intérieur. Des mécanismes de rétroaction négative vont faire cesser le contact entre les lèvres, inversant ainsi les changements provoqués par la pression sur les lèvres (le baiser).

STIMULUS

Par temps chaud et sec, si le husky est
actif, sa température corporelle augmente.

DES RÉCEPTEURS se trouvant dans la peau et ailleurs détectent le changement de température.	UN CENTRE INTÉGRATEUR (l'hypothalamus, une région du cerveau) compare les données des récepteurs à une constante physiologique.	CERTAINS EFFECTEURS (l'hypophyse et la thyroïde) déclenchent de très nombreux ajustements.

RÉPONSE

La température du sang commence
à baisser.

De nombreux EFFECTEURS *exécutent des réponses précises.*

MUSCLES SQUELET-TIQUES
Le husky se repose et se met à haleter (changement de comportement).

MUSCLES LISSES DES VAISSEAUX SANGUINS
Le sang transporte la chaleur métabolique vers la peau; il y a une certaine perte de chaleur par rayonnement.

GLANDES SALIVAIRES
On note une augmentation de la sécrétion des glandes salivaires et de l'évaporation par la langue. Ces deux phénomènes ont un effet rafraîchissant, surtout sur le cerveau.

GLANDES SURRÉNALES
Parce que la production d'hormones surrénales chute, le husky est moins stimulé.

L'activité générale du corps ralentit (changement de comportement).

Le ralentissement général des activités chez
le husky diminue la production métabolique
de chaleur.

Figure 28.9 Le contrôle homéostatique de la température interne d'un husky. Les flèches bleues indiquent les principales voies de régulation. Les lignes pointillées montrent la boucle de rétroaction.

naturellement de la chaleur métabolique, puis en libérant vers l'extérieur la chaleur corporelle en surplus.

La rétroaction positive

Dans certains cas, l'organisme déclenche plutôt des mécanismes de **rétroaction positive**. À l'inverse de la rétroaction négative, ce type de régulation amorce une chaîne d'événements qui intensifient le stimulus. Après un certain temps, cette amplification renverse le changement initial. Les rétroactions positives sont associées à l'instabilité des systèmes. Par exemple, pendant une relation sexuelle, des signaux chimiques du système nerveux de la femme provoquent d'intenses réactions physiologiques, qui à leur tour stimulent des changements chez son partenaire, ce qui stimule la femme encore davantage, et ainsi de suite, jusqu'à ce qu'elle atteigne l'orgasme. Ensuite, les parties de l'organisme concernées retournent à la normale et l'homéostasie est rétablie.

Prenons un autre exemple, celui de l'accouchement. Au moment de la naissance, le fœtus exerce une pression sur les parois de l'utérus, stimulant ainsi la production et la sécrétion de l'hormone ocytocine. Cette dernière provoque la contraction des cellules musculaires de la paroi utérine. Ces contractions exercent à leur tour une pression sur le fœtus, qui en exerce encore plus sur la paroi,

et ainsi de suite, jusqu'à ce que le fœtus soit expulsé de l'organisme de sa mère.

Ces exemples décrivent des modèles généraux de détection, d'évaluation et de réponse à un flux continuel d'informations sur les milieux intérieur et extérieur de l'animal. Pendant toute activité, l'ensemble des systèmes de l'organisme fonctionne de façon coordonnée. Tout en poursuivant notre étude de ces mécanismes, gardons à l'esprit les questions suivantes :

1. Quels aspects physiques ou chimiques du milieu intérieur les systèmes d'un organisme aident-ils à maintenir constants lorsque les conditions se modifient ?

2. Par quels moyens les systèmes sont-ils informés des changements de conditions ?

3. Par quels moyens traitent-ils l'information ?

4. Lors de la réponse, quels mécanismes sont activés ?

La partie VI nous apprend que les systèmes de la plupart des animaux sont régulés par le système nerveux et le système endocrinien.

Les mécanismes homéostatiques aident à maintenir des conditions physiques et chimiques favorables aux activités cellulaires dans le milieu intérieur de l'organisme.

L'HOMÉOSTASIE CHEZ LES VÉGÉTAUX

Des différences majeures distinguent les végétaux des animaux. Par exemple, chez les jeunes végétaux, les nouveaux tissus se développent seulement aux extrémités des pousses et des racines en croissance alors que, chez les embryons animaux, les tissus et les organes se forment partout dans l'organisme. De plus, les végétaux ne possèdent pas de centre d'intégration comme le cerveau pour répondre aux stimulus. Pour ces raisons entre autres, il n'est pas toujours possible de comparer directement le fonctionnement des végétaux et celui des animaux.

À l'instar des animaux toutefois, les végétaux doivent maintenir l'équilibre de leur milieu intérieur. Ce sont des mécanismes décentralisés qui jouent ce rôle et assurent la survie de l'organisme dans son ensemble. D'une certaine façon, le concept d'homéostasie peut donc aussi s'appliquer aux végétaux, comme l'illustrent les deux exemples suivants.

Parer aux menaces

À la différence des humains, les arbres sont en grande partie constitués de cellules mortes. De surcroît, ils sont incapables de fuir en cas d'attaque et de se défendre lorsqu'un agent pathogène les infecte. Certains arbres vivent dans des habitats trop rigoureux ou trop éloignés pour la plupart des agents pathogènes ; cela leur a permis de croître, bien que lentement, pendant des milliers d'années, comme le pin bristlecone (*Pinus longæva*) (voir la figure 23.13).

La plupart des arbres qui croissent dans des habitats plus cléments peuvent parer aux dangers qui menacent leur milieu intérieur en construisant une forteresse de cellules épaissies autour des blessures. En même temps, ils libèrent des phénols et d'autres composés toxiques contre les envahisseurs. Par exemple, certaines cellules des conifères et d'autres arbres sécrètent de la résine qui, en quantité suffisante, peut saturer et protéger l'écorce et le bois autour de la région touchée. La résine peut aussi dégoutter sur le sol et la litière au-dessus des racines. L'ensemble des réponses des végétaux aux agressions est appelé **compartimentage**.

Il arrive que les toxines libérées par l'arbre soient si toxiques qu'elles tuent aussi ses propres cellules. Il se forme alors un compartimentage des régions blessées, infectées ou empoisonnées, suivi par la synthèse de nouveaux tissus autour de ces régions. Cette réaction est efficace si l'arbre réagit très fortement ou si l'attaque n'est pas généralisée. Par exemple, chez les arbres qui réagissent fortement, un trou percé dans le tronc se cicatrise rapidement ; chez les espèces dont la réponse est plus lente, il y aura de la pourriture qui se développera longitudinalement et un peu moins latéralement. Chez les espèces qui ont une faible capacité de compartimentage, le trou entraîne une pourriture généralisée (voir la figure 28.10). Bien sûr, même les plantes qui compartimentent le mieux leurs blessures risquent de mourir. En effet, si elles forment trop de cloisons, elles risquent de couper la circulation vitale de l'eau et des solutés vers les cellules.

Bob Tiplady, un spécialiste de la santé des végétaux, a mené une étude concernant le compartimentage en réponse aux agressions des champignons du genre *Armillaria*, qui s'attaquent aux arbres et aux arbustes du monde entier, tant sauvages que cultivés. Ce sont des saprophytes, c'est-à-dire des organismes jouant un rôle utile en décomposant les substances organiques, qui deviennent ainsi utilisables par les végétaux. Cependant, chez les arbres blessés, vieux, asséchés ou détériorés par les insectes ou par la pollution de l'air, ces saprophytes sont des agents pathogènes opportunistes qui s'infiltrent dans les tissus en croissance des racines et qui y puisent des substances nutritives.

Dans les climats tempérés, les symptômes d'une mycose se caractérisent par un ralentissement graduel de la croissance de la plante et par des feuilles petites ou jaunies qui tombent souvent prématurément. En été, les plus jeunes branches peuvent perdre leurs feuilles ou dépérir rapidement et mourir.

Une forte capacité de compartimentage peut limiter le développement de l'infection, même si la zone affectée continue de pourrir, comme le montre la figure 28.10. Un arbre infecté peut mourir brusquement ou peu à peu, une branche à la fois. Par exemple, si le sol contient suffisamment d'eau, un arbre peut rester vert encore deux ans après qu'une infection d'*Armillaria* a attaqué la plupart de ses racines. Cependant, une période de sécheresse ajoute au stress et accélère la mort de l'arbre, ce qui explique pourquoi les arbres infectés par des champignons semblent mourir rapidement après une longue période de sécheresse.

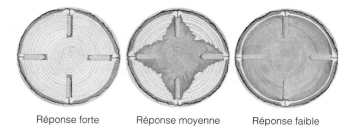

Réponse forte   Réponse moyenne   Réponse faible

a Compartimentage

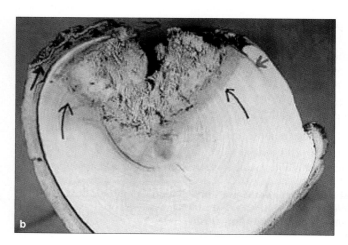

b

Figure 28.10 a) Des trous percés dans les troncs de trois espèces d'arbres afin de comparer leur capacité de compartimentage. De gauche à droite, trois types de dégénérescence (en vert) chez trois espèces qui effectue du compartimentage de façons différentes. **b)** De la pourriture compartimentée dans un tronc d'arbre. Les sécrétions toxiques du peuplier faux-tremble (*Populus tremuloides*) n'ont réagi que faiblement à une attaque d'*Armillaria*. La barrière créée par l'arbre (indiquée par la flèche rouge) n'a pas arrêté la propagation du champignon dans le bois.

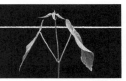
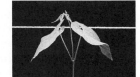
01h00

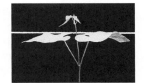
06h00

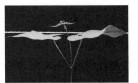
12h00

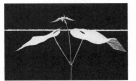
15h00

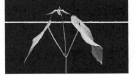
22h00

Le sable, le vent et le lupin arborescent

Quiconque a déjà marché pieds nus sur un sable chaud et sec comprend pourquoi peu de plantes y poussent. Le lupin arborescent (*Lupinus arboreus*) est l'une de ces exceptions (voir la figure 28.11*a*).

Le lupin arborescent est une légumineuse qui pousse dans des sols mis à nu par des feux ou laissés tels quels après avoir été défrichés. Il pousse aussi le long des rivages sablonneux et battus par les vents de l'océan Pacifique. Comme les autres légumineuses, ses racines renferment des symbiotes fixateurs d'azote, ce qui lui procure un net avantage dans les sols pauvres en azote (voir le chapitre 24 et la section 30.2).

Une difficulté majeure pour les végétaux qui vivent près des côtes est la rareté de l'eau douce. Cependant, chez le lupin arborescent, les feuilles présentent des structures adaptées pour conserver l'eau : leur cuticule est étonnamment mince, mais un revêtement dense de poils épidermiques la recouvre, surtout sur leur surface inférieure. Comme les poils de l'edelweiss, ceux du lupin retiennent la vapeur d'eau qui s'échappe des stomates, tout en réfléchissant la chaleur. La couche d'air moite ainsi créée ralentit l'évaporation et permet aux feuilles de retenir plus d'eau.

Ces feuilles répondent de façon homéostatique à leur environnement. En se repliant dans le sens de la longueur, comme les deux moitiés d'une coquille de palourde, elles résistent à la déshydratation causée par le vent. En raison de leur cuticule velue et de leur repliement dans le sens de la longueur, chacune des feuilles peut donc conserver efficacement la vapeur d'eau qui s'échappe par les stomates (voir la figure 28.11*b*).

Le repliement des feuilles du lupin arborescent est une réponse contrôlée au changement de conditions du milieu. Quand les vents sont forts et que le potentiel d'évaporation est élevé, les feuilles se replient fortement. Les feuilles qui se replient le moins se trouvent près du centre de la plante ou sur les côtés les mieux abrités du vent. Le repliement des feuilles est donc une réponse à la chaleur autant qu'au vent. En effet, lorsque la température de l'air est plus élevée, les feuilles se replient selon un certain angle, de façon à réfléchir les rayons du soleil loin de leur surface : cette réaction réduit au minimum l'absorption de chaleur par la plante.

Le mouvement rythmique des feuilles

Un exemple encore plus probant de réponse coordonnée chez les végétaux est présenté à la figure 28.11*c*. Comme les feuilles d'autres

Figure 28.11 a) et **b)** Le lupin arborescent (*Lupinus arboreus*) est une espèce exotique dans cet habitat marin sablonneux. Introduit dans le nord de la Californie au début des années 1900, il envahit les dunes de sable et chasse les espèces indigènes, à la consternation des écologistes.

c) Une expérience sur le mouvement rythmique des feuilles d'un jeune plant de haricot (*Phaseolus*). Le physiologiste Frank Salisbury a gardé cette plante dans l'obscurité totale pendant 24 h. Ses feuilles ont continué à bouger indépendamment du lever (6 h) et du coucher du soleil (18 h).

c   00h00

plantes, celles du haricot *Phaseolus* se maintiennent à l'horizontale le jour et se replient le long de la tige pendant la nuit. Si on laisse cette plante en pleine lumière ou dans l'obscurité totale pendant quelques jours, les mêmes activités se poursuivent, indépendamment du lever et du coucher du soleil. Ce type de réaction pourrait aider la plante à réduire la perte de chaleur la nuit, quand l'air se refroidit, et à maintenir une température interne tolérable.

Cette activité rythmique des feuilles est un exemple de **rythme circadien**, c'est-à-dire une activité biologique cyclique d'une durée d'environ 24 h. La section 32.4 expose comment une molécule pigmentaire appelée *phytochrome* pourrait être responsable de la réponse homéostatique de repliement des feuilles.

Les végétaux sont pourvus de mécanismes homéostatiques qui ne sont pas régulés par des centres de commande comme chez la plupart des animaux. Le compartimentage et le mouvement rythmique des feuilles sont deux exemples de réponses à des défis environnementaux particuliers.

LA COMMUNICATION ENTRE LES CELLULES, LES TISSUS ET LES ORGANES

La réception des signaux, la transduction et la réponse

La section 4.11 explique comment les cellules voisines communiquent entre elles, soit grâce à des plasmodesmes chez les végétaux, soit grâce à des jonctions communicantes chez les animaux. La section 22.12 montre comment les cellules de l'amibe *Dictyostelium*, quand elles sont libres, émettent des signaux pour se rassembler et se différencier pour former un sporophore. Il s'agit là d'une réponse au manque de nourriture. Chez les grands organismes pluricellulaires, les cellules d'un tissu ou d'un organe envoient aussi des signaux à d'autres cellules dans d'autres tissus ou organes, souvent éloignés, en réaction aux changements survenant dans le milieu intérieur ou extérieur. Ces signaux déclenchent immédiatement des modifications locales ou généralisées des activités métaboliques, de l'expression des gènes, de la croissance et du développement.

Les mécanismes moléculaires de communication intercellulaire se sont développés tôt au cours de l'évolution chez des procaryotes. D'ailleurs, beaucoup de ces mécanismes existent encore chez les organismes eucaryotes les plus complexes. Dans de nombreux cas, ces mécanismes impliquent trois étapes : l'activation d'un récepteur – comme la fixation temporaire d'une molécule de signalisation –, la transduction du signal en une forme moléculaire fonctionnelle à l'intérieur de la cellule et, finalement, la réponse.

La plupart des récepteurs sont des protéines membranaires comme celles qui sont présentées à la section 5.2. Lorsque les récepteurs sont activés, plusieurs changent de forme, ce qui cause la transduction du signal. Une enzyme active souvent d'autres enzymes, qui activent à leur tour encore d'autres enzymes, et ainsi de suite, dans une cascade de réactions qui amplifient le signal. Dans certains cas, de petites molécules qui diffusent facilement se trouvent déjà à l'intérieur du cytoplasme et aident à transmettre le message dans toute la cellule : ces molécules sont appelées *seconds messagers*.

Dans les parties V et VI du présent manuel, nous examinons différents exemples de réception, de transduction du signal et de réponse. Cependant, pour avoir une meilleure idée des types de phénomènes possibles déclenchés par les signaux, considérons dès maintenant deux exemples de mécanismes moléculaires de communication.

La communication chez les végétaux

Les petites pousses vertes le long des branches d'un jeune arbre contiennent chacune un ensemble de cellules méristématiques, analogues aux cellules souches de l'organisme humain. Ces cellules peuvent se diviser de très nombreuses fois et produire de nouveaux tissus et de nouveaux organes. Chez les végétaux, ce sont des gènes, des molécules de signalisation et des signaux de l'environnement (comme la lumière, la gravité, la longueur du jour et les changements de saison et de température) qui régulent la croissance et le développement des nouvelles structures.

Tout comme chez les animaux, la croissance, le développement et la survie d'une plante nécessitent une coordination considérable entre les cellules. Comme les cellules animales d'ailleurs, les cellules végétales communiquent avec des cellules relativement éloignées. Les **phytohormones**, libérées à la suite de divers stimulus, constituent les principaux signaux de communication intercellulaire chez les végétaux : ce sont elles qui, en se liant à des récepteurs appropriés, amorcent des changements dans l'activité cellulaire.

Les hormones ne travaillent pas dans le vide. C'est l'expression de gènes spécifiques de certaines cellules qui peut faire varier le niveau d'une phytohormone dans les tissus de la plante ou modifier la sensibilité des cellules à cette hormone. L'expression de nombreux gènes est activée ou inhibée en réponse aux signaux de l'environnement. Le chapitre 32 décrit les principaux mécanismes de régulation chez les végétaux. Considérons ici l'exemple de quelques gènes qui régulent la formation des organes floraux. Ces gènes impliqués dans l'identité des organes sont analogues aux gènes homéotiques, qui président à la structuration des organes chez les animaux (voir les sections 43.5 et 43.6).

Toutes les fleurs sont des variations sur un même modèle de croissance et de développement. Prenons par exemple les parois cellulaires de l'arabette des dames, *Arabidopsis thaliana*, illustrée à la figure 28.12. Les chercheurs en génétique travaillent souvent avec cette plante parce qu'elle est petite et qu'elle a un temps de génération très court : 42 jours après la germination, les nouvelles plantes produisent de nouveau des graines. L'analyse génétique des mutants

Pétale

Carpelle

Étamine

Sépale

Figure 28.12 Une preuve tangible que les cellules méristématiques à l'extrémité de la pousse d'*Arabidopsis thaliana* ont été reprogrammées pour produire une fleur plutôt que des feuilles supplémentaires. Dans la figure **a)**, on observe les cellules individuelles qui composent les tissus des structures florales encore rudimentaires.

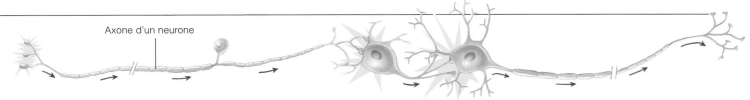

Axone d'un neurone

a Réception d'un signal (une pression, par exemple) par un neurone sensitif de l'orteil.

b Transduction du signal ; ouverture des canaux ioniques de la membrane. Le flux rapide d'ions inverse le gradient ionique et électrique de part et d'autre de la membrane. Une vague d'inversion de gradient se propage tout le long de la membrane.

c Nouvelle transduction du signal ; le flux d'ions déclenche dans le neurone, en réponse à l'arrivée du signal, la libération de molécules de signalisation. Celles-ci diffusent jusqu'à un autre neurone et se fixent sur des récepteurs. Ce contact déclenche la transduction du signal dans ce neurone, puis le suivant, et ainsi de suite dans l'ensemble du circuit neuronal, depuis les cellules réceptrices jusqu'aux effecteurs, en passant par l'encéphale et la moelle épinière.

Figure 28.13 **a)** à **c)** Un exemple de réception, de transduction et de réponse dans le système nerveux des vertébrés. Une gaine lipidique de myéline recouvre les longues extensions des trois neurones ci-dessus et permet une propagation plus rapide des signaux. **d)** Une interprétation artistique des dommages causés par une attaque auto-immune sur la gaine de myéline entourant des axones moteurs. De telles attaques causent toutes sortes de troubles, dont la sclérose en plaques.

d'*Arabidopsis thaliana* montre qu'elle suit un modèle appelé **modèle ABC** du développement floral. Autrement dit, trois groupes de gènes, désignés par les lettres *A*, *B* et *C*, sont des « commutateurs » du développement floral. Ces groupes codent les facteurs qui contrôlent la transcription des gènes pour les produits qui constituent les sépales, les pétales et d'autres structures chez la plante. Ils reprogramment la masse de cellules méristématiques, à reproduction rapide, qui donnaient jusqu'alors des feuilles. Les cellules de cette lignée forment des verticilles autour de l'extrémité de la pousse, constituant ainsi un patron génétique floral.

Les sépales se forment lorsque les cellules des verticilles externes du méristème floral se divisent et se différencient. Ces cellules sont les seules à exprimer le gène *A*. Les pétales se forment à partir des cellules du verticille interne, qui sont les seules à exprimer à la fois les gènes *A* et *B*. L'interaction des gènes *B* et *C* active la formation de structures reproductrices, soit les étamines, productrices de pollen. Les cellules du verticille le plus interne n'activent que les gènes *C* : ces cellules donnent un seul carpelle, structure reproductrice dans laquelle se forment les ovules, puis les graines.
Un autre gène maître, appelé *LEAFY*, bascule les commutateurs ABC. On croit aujourd'hui que ce gène est activé par une phytohormone stéroïde.

La communication chez les animaux

Les cellules du système nerveux des vertébrés offrent de nombreux exemples de réception, de transduction d'un signal et de réponse à ce signal. Les chapitres 34 et 35 décrivent comment les lignes de communication appelées *neurones* s'étendent partout dans l'organisme. Chaque neurone comprend un pôle récepteur, dont la membrane est riche en récepteurs, et un axone, une extension généralement longue dont l'extrémité se termine par un pôle effecteur. Ce dernier libère des signaux chimiques qui diffusent jusqu'aux récepteurs membranaires d'une cellule voisine (voir la figure 28.13).

Voyons plus en détail comment s'effectue la transduction d'un signal. Les récepteurs sont situés sur des canaux ioniques à ouverture contrôlée qui traversent la membrane cellulaire. Lorsqu'une molécule de signalisation se lie à ces récepteurs, les vannes de ces canaux s'ouvrent et laissent passer des ions à travers la membrane. La distribution de la charge électrique de part et d'autre de la membrane change brusquement, ce qui pousse des ions à ressortir de l'autre côté de la membrane en un point adjacent, puis le même phénomène se répète de

point en point et produit une vague de propagation. Lorsque cette vague de propagation atteint le pôle effecteur du neurone, elle déclenche la libération de molécules de signalisation qui agissent alors sur la cellule voisine.

De nombreux axones sont recouverts d'une gaine de **myéline**, soit une membrane riche en lipides. (Dans le système nerveux central, soit l'encéphale et la moelle épinière, la gaine de myéline se compose de cellules appelées *oligodendrocytes* qui s'organisent en une structure feuilletée enveloppant l'axone.) Cette gaine isole l'axone de façon à accélérer le passage des signaux vers le pôle effecteur. Une fois en place, elle empêche la génération d'autres axones par ce neurone ; elle influence donc la façon dont s'effectue la formation du réseau neuronal dans le système nerveux central. Il faut au moins 20 ans pour que le cerveau humain soit entièrement myélinisé.

Parfois, la gaine de myéline est endommagée. C'est le cas chez les personnes qui souffrent de sclérose en plaques, une maladie du système nerveux central qui provoque la démyélinisation de l'encéphale et de la moelle épinière. Il s'agit d'une réponse auto-immune effectuée contre un composant de la myéline qui pourrait avoir été modifié lors d'une infection virale (voir la figure 28.13*d*).

Les cellules végétales et animales communiquent entre elles en sécrétant des molécules de signalisation dans le liquide extracellulaire dans lequel elles baignent et en répondant sélectivement aux signaux des autres cellules.

La communication intercellulaire implique des mécanismes de réception et de transduction des signaux, et la capacité de provoquer un changement métabolique ou de modifier l'expression de gènes dans des cellules cibles.

La transduction des signaux implique généralement des changements de forme des récepteurs et d'autres protéines membranaires ainsi que l'activation d'enzymes et de seconds messagers à l'intérieur du cytoplasme.

LES DÉFIS INCESSANTS À LA SURVIE

Les végétaux et les animaux ont une structure si différente qu'on oublie parfois à quel point ils sont semblables. Certes, nous ne nous intéressons pas souvent aux similarités entre Tina Turner, par exemple, et une tulipe (voir la figure 28.14). Or, ces similarités existent. On les observe tout d'abord dans l'activité de chacune des cellules des organismes pluricellulaires. Presque toutes les cellules d'un organisme travaillent dans le meilleur intérêt de l'organisme tout entier et, réciproquement, l'organisme travaille dans le meilleur intérêt des cellules individuelles.

Les contraintes dues aux échanges gazeux

Les cellules de Tina Turner et de la tulipe dépendent des échanges gazeux à travers leurs membranes. Comme la plupart des organismes hétérotrophes pluricellulaires, Tina Turner possède un mécanisme extraordinaire qui apporte l'oxygène à toutes ses cellules et qui évacue le dioxyde de carbone rejeté par ces dernières. Pour sa part, comme pour la plupart des organismes autotrophes, la tulipe capte du dioxyde de carbone pour ses cellules photosynthétiques et évacue l'oxygène, un sous-produit de la photosynthèse ; elle fournit aussi de l'oxygène à toutes ses cellules, comme celles des racines. Ces deux organismes possèdent donc des structures corporelles particulières qui aident chacune de leurs cellules à acquérir, à transporter, à échanger et à évacuer des gaz.

Ces structures se sont développées en réponse à certains paramètres environnementaux. Rappelons le processus de **diffusion**, soit le mouvement de molécules ou d'ions d'une région de haute concentration vers une région de faible concentration. En somme, lorsque les gaz atteignent une cellule, ils diffusent à travers sa membrane dans le sens du gradient de concentration. Chez un bon nombre de végétaux, ce sont les stomates des feuilles (voir le chapitre 30) qui rendent possible la diffusion des gaz de l'extérieur vers l'intérieur de la feuille et inversement. Chez les animaux, les échanges de gaz par diffusion se déroulent entre autres au niveau des systèmes respiratoire et cardiovasculaire (voir les chapitres 38 et 40).

Figure 28.14 Qu'ont en commun ces deux organismes, leur belle apparence mise à part ?

Les besoins liés au transport interne

Les réactions métaboliques se produisent à une vitesse vertigineuse. En effet, si une substance prend trop de temps pour diffuser dans l'organisme ou à travers sa surface, celui-ci cesse ses activités. C'est d'ailleurs l'un des facteurs qui expliquent la taille et la forme des organismes unicellulaires et pluricellulaires. Pendant leur croissance, leur volume augmente dans les trois dimensions (en longueur, en largeur et en profondeur), mais leur surface, à travers laquelle s'effectuent tous les échanges, ne croît qu'en deux dimensions. D'où la grande importance du **rapport surface-volume**. On comprend bien que si un organisme devenait une énorme masse uniforme, sa surface ne serait pas assez grande pour permettre des échanges rapides et efficaces avec l'environnement.

Si un organisme ou une de ses parties est mince, comme la feuille de nénuphar et la planaire ci-contre, les substances peuvent facilement diffuser entre les cellules individuelles et l'environnement. Mais plus les cellules individuelles sont éloignées d'un point de contact avec l'environnement, plus elles dépendent des systèmes de transport interne.

Chez la plupart des végétaux et des animaux, des tissus vasculaires transportent les substances à destination ou en provenance des cellules. Chez les plantes vertes, l'eau et les ions du sol sont distribués aux parties aériennes de la plante par le xylème, tandis que les produits photosynthétiques des feuilles sont distribués par le phloème. Chaque nervure de la feuille montrée à la figure 28.15a contient de longs vaisseaux de xylème et de phloème.

Les grands animaux sont également dotés de tissus vasculaires qui s'étendent des points de contact avec l'environnement jusqu'aux cellules individuelles. Par exemple, quand Tina Turner chante, elle doit rapidement inspirer de l'oxygène dans ses poumons et expulser du dioxyde de carbone. Une partie de son système cardiovasculaire passe par les poumons, où s'effectue un échange de gaz. De là, de plus gros vaisseaux transportent l'oxygène aux différentes parties de l'organisme, pour se diviser ensuite en minuscules capillaires (voir la figure 28.15b). À ce niveau, le flux sanguin est ralenti, permettant ainsi aux gaz de diffuser entre le sang, le liquide interstitiel et les cellules. Les capillaires convergent ensuite vers des vaisseaux qui ramènent le dioxyde de carbone vers les poumons, où il est évacué et où l'organisme est de nouveau ravitaillé en oxygène (voir le chapitre 40).

Comme chez les végétaux, le système circulatoire des animaux transporte aussi des substances nutritives et de l'eau. Toutefois, à la différence de celui des végétaux, le système vasculaire des animaux est relié aux systèmes responsables du maintien de la stabilité du milieu intérieur. L'un de ces systèmes, le système immunitaire, utilise le système cardiovasculaire pour transporter des leucocytes et des armes chimiques vers les tissus attaqués par des agents pathogènes. Un autre système est spécialisé dans la régulation de la concentration et du volume du milieu intérieur.

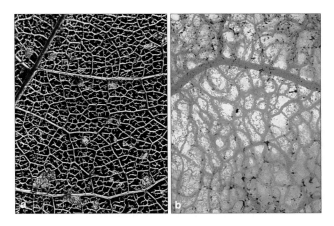

Figure 28.15 Les voies de transport allant aux cellules et en repartant. **a)** Les nervures visibles dans une feuille en décomposition. **b)** Les veines et les capillaires humains.

Figure 28.16 La protection des tissus corporels contre les prédateurs. **a)** Les épines de cactus. **b)** Les piquants du porc-épic d'Amérique (*Erethizon dorsatum*).

Le maintien de l'équilibre eau-solutés

Les végétaux et les animaux absorbent et perdent continuellement de l'eau et des solutés, et produisent des déchets métaboliques. Étant donné toutes ces entrées et ces sorties, comment le volume et la composition du milieu intérieur sont-ils maintenus à l'intérieur des limites de tolérance chez ces organismes ? Les végétaux et les animaux diffèrent beaucoup à cet égard. Cependant, au niveau moléculaire, certains de leurs processus sont analogues.

Lorsque les substances entrent et sortent d'un organisme ou de l'une de ses parties, elles tendent généralement à suivre leur gradient de concentration. Aux points de contact entre les compartiments se trouvent de minces tissus, dans lesquels les cellules peuvent aussi effectuer du **transport actif**, c'est-à-dire qu'elles pompent des substances particulières à l'encontre des gradients.

Dans les racines des plantes, des mécanismes de transport actif participent à la régulation de l'absorption des solutés par la plante ; dans les feuilles, ces mécanismes aident à limiter la perte d'eau et à contrôler les échanges gazeux en ouvrant les stomates à des moments précis. Chez les animaux, de tels mécanismes agissent dans les reins et dans beaucoup d'autres organes. Comme le montrent les deux prochaines sections, les mécanismes de transport actif et passif soutiennent les activités métaboliques et le milieu intérieur en ajustant continuellement le type, la quantité et le sens du déplacement des substances.

Les besoins d'intégration et de contrôle

De nombreuses autres ressemblances structurales et fonctionnelles existent entre les végétaux et les animaux. Nous terminons cette section en mentionnant les cellules de certains tissus, qui libèrent des molécules de signalisation coordonnant et intégrant les activités d'un organisme. Les sections 28.4 et 28.5 en donnent quelques exemples. Ces signaux, rappelons-le, répondent à des changements qui surviennent dans le milieu intérieur ou extérieur ; ils dirigent les mécanismes qui permettent la croissance, le développement et l'équilibre homéostatique de même que, bien souvent, la reproduction. Tous ces thèmes sont abordés dans différents chapitres du présent ouvrage.

Des ressources et des dangers

Outre les défis ordinaires de la survie, se posent également des problèmes de ressources et de dangers qui sont dus à l'habitat. On appelle **habitat** le milieu dans lequel vit un organisme.

Chaque habitat possède des caractéristiques physiques et chimiques qui lui sont propres. L'eau peut y être abondante ou absente et contenir ou non les bons solutés en proportions adéquates. L'habitat peut être riche ou pauvre en substances nutritives ; il peut être ensoleillé, ombragé ou sombre ; il peut être chaud ou frais, torride ou glacial, venteux ou calme ; il peut présenter des écarts de températures quotidiennes importants ou négligeables ; il peut connaître des changements saisonniers mineurs ou prononcés, etc.

L'habitat comprend aussi des composants biotiques : par exemple, plusieurs espèces de producteurs, de prédateurs, de proies, d'agents pathogènes et de parasites peuvent y vivre ; la compétition pour les ressources et les partenaires sexuels, parmi les membres d'une même espèce, peut être féroce. Toutes ces variables favorisent une grande diversité anatomique et physiologique chez les organismes d'un habitat donné.

Malgré cette diversité, il arrive souvent d'observer des réponses semblables à des défis environnementaux comparables. Pensons aux épines des cactus et aux piquants des porcs-épics (voir la figure 28.16) : ces structures de défense, toutes deux issues de cellules épidermiques spécialisées, dissuadent efficacement la plupart des prédateurs. Dans les deux cas, des tissus vasculaires et d'autres parties de l'organisme ont participé au développement de ces cellules. En contribuant ainsi à la formation de structures défensives à la surface du corps, les cellules épidermiques individuelles protègent l'organisme entier contre une menace provenant de l'environnement.

Les cellules végétales et animales fonctionnent de façon à assurer la survie de l'organisme dans son ensemble. De la même façon, les tissus et les organes d'un organisme fonctionnent de façon à assurer la survie des cellules.

Le lien entre chaque cellule et l'organisme se manifeste dans les systèmes d'échange gazeux, de nutrition, de transport interne, d'homéostasie et de défense.

RÉSUMÉ

Le chiffre en **brun** renvoie à la section du chapitre.

1. L'anatomie est l'étude de la morphologie d'un organisme. La physiologie est l'étude du fonctionnement d'un organisme dans son milieu. Il y a une corrélation entre l'organisation structurale de la plupart des parties d'un organisme et ses fonctions présentes ou passées. *28, 28.1*

2. L'organisation structurale d'un végétal ou d'un animal apparaît pendant sa croissance et son développement. Chaque cellule corporelle accomplit des activités métaboliques qui assurent la survie de l'organisme. Les cellules sont organisées en tissus, en organes et en systèmes qui travaillent de façon coordonnée pour assurer la survie de l'organisme dans son ensemble. *28.1, 28.6*

3. Les adaptations à long terme sont des caractéristiques héréditaires spécifiques qui se sont développées dans le passé et qui continuent à être efficaces (ou du moins ont un effet neutre) dans les conditions environnementales actuelles. Ces caractéristiques sont des aspects spécifiques de la forme, du fonctionnement, du comportement ou du développement de l'organisme. *28.2*

4. Les tissus, les organes et les systèmes fonctionnent de concert pour maintenir la stabilité du milieu intérieur (liquide extracellulaire), nécessaire à la survie des cellules individuelles. L'homéostasie est le maintien de conditions favorables aux activités cellulaires dans le milieu intérieur. *28.1, 28.3, 28.4*

5. Les mécanismes de rétroaction maintiennent la stabilité des conditions du milieu intérieur. Lors d'un changement de condition, comme de la température corporelle par exemple, une rétroaction négative déclenche une réponse qui renverse le changement initial. *28.3*

6. Les cellules des organismes pluricellulaires communiquent directement entre elles ou à distance, dans les différents tissus et organes. Pour ce faire, elles sécrètent des molécules de signalisation dans le liquide extracellulaire et répondent sélectivement aux signaux des autres cellules. *28.5*

7. La communication intercellulaire implique des mécanismes de réception et de transduction des signaux et la capacité de déclencher en réponse un changement dans le métabolisme, dans l'expression de certains gènes ou dans le développement. La transduction des signaux implique généralement des changements de forme dans les récepteurs et les autres protéines membranaires. Elle affecte l'activité des enzymes et souvent des seconds messagers à l'intérieur du cytoplasme des cellules cibles. *28.5*

Exercices

1. Définissez les termes « tissu », « organe » et « système ». *28.1*

2. Distinguez la croissance du développement. *28.1*

3. Que signifie le terme « milieu intérieur » ? *28.1*

4. Définissez l'adaptation à long terme. Est-ce un processus issu de l'évolution ou de la microévolution ? *28.2*

5. Définissez l'homéostasie et montrez par un exemple comment agissent certains mécanismes pour maintenir un état d'équilibre. *28.3, 28.4, 28.6*

6. Définissez brièvement les termes « récepteur », « centre d'intégration » et « effecteur » dans le contexte de l'organisme animal et dites comment ils interagissent. *28.3*

7. Les plantes ont-elles des mécanismes d'homéostasie décentralisés ? *28.4*

8. Décrivez une forme de communication entre deux tissus végétaux ou animaux. *28.5*

Autoévaluation   RÉPONSES À L'ANNEXE III

1. Une augmentation du nombre, de la taille et du volume des cellules végétales ou animales est appelée _____.
- a) croissance
- b) développement
- c) différenciation
- d) toutes ces réponses

2. Le milieu intérieur est constitué _____.
- a) de l'ensemble des liquides de l'organisme
- b) de l'ensemble des liquides intracellulaires
- c) de l'ensemble des liquides corporels extracellulaires
- d) du liquide interstitiel

3. Parmi ses fonctions de base, une plante ou un animal doit   .
- a) maintenir un environnement intérieur stable
- b) obtenir et distribuer de l'eau et des solutés dans son organisme
- c) évacuer les déchets
- d) se défendre
- e) toutes ces réponses

4. La communication intercellulaire implique toujours _____.
- a) la réception des signaux
- b) la transduction des signaux
- c) une réponse aux signaux
- d) toutes ces réponses

5. Trouvez la définition la plus appropriée pour chacun des termes suivants :

_____ Physiologie	a) Étude de la fonction des parties de l'organisme
_____ Rythme circadien	b) Molécule de signalisation
_____ Homéostasie	c) Activité cyclique d'environ 24 h
_____ Hormone	d) Maintien de la stabilité du milieu intérieur
_____ Rétroaction négative	e) Changement qui diminue l'intensité d'un stimulus ou le supprime

Questions à développement

1. Décrivez les conditions environnementales d'un désert comme celui du Sahara, du sol d'une forêt humide et ombragée ou de la toundra du Nouveau-Québec par exemple. Notez les espèces végétales et animales qui vivent dans ces environnements, puis imaginez une plante ou un animal qui survivrait de façon encore plus efficace dans chaque habitat. Assurez-vous de tenir compte des besoins fondamentaux des organismes, comme boire, respirer et se nourrir.

2. Référez-vous à la section 28.2. En classe, formez des équipes et comparez vos réponses aux questions de la figure 28.6.

Vocabulaire

Adaptation à long terme *28.2*	Myéline *28.5*
Anatomie *28*	Organe *28.1*
Centre d'intégration *28.3*	Physiologie *28*
Compartimentage *28.4*	Phytohormone *28.5*
Croissance *28.1*	Plasma *28.3*
Développement *28.1*	Rapport surface-volume *28.6*
Diffusion *28.6*	Récepteur sensoriel *28.3*
Division du travail *28.1*	Rétroaction négative *28.3*
Effecteur *28.3*	Rétroaction positive *28.3*
Habitat *28.6*	Rythme circadien *28.4*
Homéostasie *28.1*	Stimulus *28.3*
Liquide interstitiel *28.3*	Système *28.1*
Milieu intérieur *28.1*	Tissu *28.1*
Modèle ABC *28.5*	Transport actif *28.6*

Lectures complémentaires

Hochachka, P., et G. Somero (2002). *Biochemical Adaptation: Mechanism and Process in Physiological Evolution*. New York : Oxford University Press.

Lectures complémentaires en ligne : consultez l'infoTrac à l'adresse Web www.brookscole.com/biology

V L'anatomie et la physiologie végétales

Un lis du Nil, Nelumbo nucifera, *en fleurs pendant la phase de reproduction de son cycle biologique, comme l'ont été tous ses ancêtres pendant plus de 100 millions d'années.*

29

LES TISSUS VÉGÉTAUX

Des plantes et des volcans

Par une belle journée de printemps de l'année 1980, dans la région densément boisée des Cascades, dans la partie sud-ouest de l'État de Washington, l'éruption violente du mont Saint Helens a projeté dans l'atmosphère quelque 500 millions de tonnes de cendres. En quelques minutes, des centaines de milliers d'arbres matures croissant près du versant nord du volcan ont été rasés ou incinérés.

Des rivières de cendres volcaniques ont déferlé sur les pentes à plus de 44 m/s, avant de se transformer en rivières de boue épaisse lorsque la chaleur intense a fait fondre la neige et la glace présentes sur la montagne et a ainsi dégagé quelque 75 milliards de litres d'eau.

Il a suffi de quelque instants pour qu'environ 40 500 ha de forêts de pruches et de douglas taxifoliés soient transformés en terres arides (voir la figure 29.1*a* et *b*). Cet événement avait de quoi frapper l'imagination ; on ne pouvait s'empêcher de penser que le monde avait dû ressembler à ces espaces dévastés avant que les premières plantes ne colonisent la terre ferme.

Au mont Saint Helens, toutefois, les plantes ont rapidement reconquis leur habitat. En moins d'un an, des graines de diverses plantes à fleurs, dont l'épilobe à feuilles étroites et la mûre sauvage, ont germé à proximité des troncs d'arbres rasés par le volcan.

Dix ans après l'éruption, des saules et des aulnes avaient pris racine près des berges et de petits arbustes couvraient la région (voir la figure 29.1*c*). Cette végétation a procuré l'ombre nécessaire à la germination de graines d'espèces dont la croissance est plus lente, mais qui finiront certainement par dominer à nouveau le paysage : la pruche et le douglas taxifolié (voir la figure 29.1*d*). On prévoit qu'il faudra moins d'un siècle à la forêt pour reprendre la forme qu'elle revêtait avant l'éruption du volcan.

Cet exemple ouvre la partie du volume consacrée aux plantes vasculaires à graines et plus particulièrement aux plantes à fleurs, les angiospermes. Tant par leur répartition géographique que par leur diversité, ces dernières se montrent les plus prolifiques.

Figure 29.1 a) et **b)** Un sinistre rappel de ce que serait le monde en l'absence de végétaux. Ici, on peut voir les séquelles de l'éruption du mont Saint Helens, en 1980. La forêt qui entourait ce volcan de la chaîne des Cascades a été complètement rasée. **c)** En moins de dix ans, des plantes vasculaires poussaient de nouveau. **d)** Douze ans après l'éruption, les jeunes plants d'une espèce dominante, le douglas taxifolié (*Pseudotsuga menziesii*), commençaient à reconquérir le terrain.

Le présent chapitre donne un aperçu des tissus et des structures des végétaux. Ensuite, le chapitre 30 explique comment les plantes à graines absorbent et répartissent les minéraux et l'eau, conservent l'eau et distribuent les substances organiques entre les racines, les tiges et les feuilles. Les chapitres 31 et 32 traitent de la croissance, du développement et de la reproduction des végétaux. Soulignons que, grâce à leur anatomie et à leur physiologie, ces derniers peuvent survivre à des conditions parfois hostiles, voire à la force d'un volcan.

Concepts-clés

1. Les angiospermes (les plantes à fleurs) et, dans une moindre mesure, les gymnospermes dominent actuellement le règne végétal. Ces sous-embranchements des spermaphytes sont des plantes vasculaires à graines présentant un système caulinaire (hors terre) complexe, qui comprend des tiges, des feuilles et des organes reproducteurs. La plupart des espèces possèdent un système racinaire complexe qui se déploie dans le sol à la verticale et à l'horizontale.

2. Les plantes vasculaires à graines sont constituées de trois principaux types de tissus : les tissus fondamentaux, qui composent la majeure partie du corps des plantes, les tissus conducteurs, qui distribuent l'eau, les minéraux et les produits de la photosynthèse, et les tissus de revêtement, qui couvrent et protègent les surfaces des plantes.

3. Les tissus végétaux simples, soit le collenchyme, le sclérenchyme et le parenchyme, sont composés d'un seul type de cellules.

4. Les tissus végétaux complexes comptent plusieurs types de cellules. Le xylème et le phloème (des tissus conducteurs), de même que l'épiderme et le périderme (des tissus de revêtement), font partie des tissus complexes.

5. La croissance en longueur et en largeur des plantes s'effectue grâce à des méristèmes. Ces tissus se composent de cellules indifférenciées qui se divisent rapidement et qui engendrent toutes les cellules spécialisées des tissus végétaux matures.

6. Au cours de chaque période de végétation, les tiges et les racines s'allongent. Un tel allongement, appelé *croissance primaire*, se produit uniquement par l'apparition de nouvelles pousses et de nouvelles racines dans la zone des méristèmes apicaux.

7. Chez de nombreuses espèces de plantes, non seulement les tiges et les racines s'allongent-elles pendant les périodes de végétation, mais aussi s'épaississent-elles. En général, les méristèmes latéraux font augmenter le diamètre des tiges et des racines : on parle alors de croissance secondaire. Le bois résulte de ce dernier type de croissance.

UN APERÇU DE L'ORGANISME VÉGÉTAL

Le chapitre 23 examine certaines des 295 000 espèces végétales connues à ce jour. Devant une si grande diversité, on comprend qu'aucune espèce ne peut être prise comme modèle d'une plante type. Par le mot « plante », on entend généralement les espèces connues de plantes vasculaires à graines, soit les gymnospermes (comme les pins) et les angiospermes (des plantes produisant des fleurs, comme les rosiers, le maïs, les cactus et les ormes). Les angiospermes, qui englobent quelque 260 000 espèces, dominent le règne des végétaux et comprennent trois principaux groupes de plantes à fleurs : les **magnoliidæ**, les **eudicotylédones** (ou vraies dicotylédones) et les **monocotylédones** (voir la section 23.8). Le présent chapitre étudie particulièrement les eudicotylédones et les monocotylédones.

Les tiges et les racines

De nombreuses plantes à fleurs présentent une structure corporelle semblable à celle montrée à la figure 29.2. Les parties épigées (au-dessus du sol) forment le **système caulinaire** : elles comprennent les tiges, les feuilles, les fleurs (organes reproducteurs) ainsi que d'autres structures. Les tiges assurent le support structural nécessaire à la croissance verticale ; certains de leurs tissus transportent aussi l'eau et des solutés. La croissance verticale procure aux cellules photosynthétiques des jeunes tiges et des feuilles une exposition adéquate à la lumière du soleil. Les racines, ou **système racinaire**, sont des structures spécialisées, généralement souterraines, qui poussent en profondeur et latéralement. Elles absorbent l'eau et les minéraux dissous, et servent en général d'ancrage pour les parties épigées de la plante. De plus, elles stockent des nutriments qu'elles libèrent selon les besoins de leurs propres cellules et de celles des parties épigées.

Les trois tissus végétaux

Les tiges, les branches, les feuilles et les racines sont constituées de trois principaux tissus (voir la figure 29.2). Les **tissus fondamentaux** servent à l'exécution des fonctions de base, comme la photosynthèse et la mise en réserve de nutriments. Les **tissus conducteurs**, pour leur part, comprennent deux tissus différents qui distribuent l'eau et les solutés. Enfin, les **tissus de revêtement** couvrent et protègent les surfaces de la plante.

Chacune de ces trois catégories de tissus comprend d'une part des tissus dits *simples*, c'est-à-dire qui ne sont constitués que d'un seul type de cellules. Par exemple, le parenchyme, le collenchyme et le sclérenchyme, des tissus simples ; font partie du tissu fondamental. D'autre part, certains tissus végétaux, comme le xylème, le phloème et l'épiderme, sont dits *complexes* parce qu'ils se composent de plusieurs types de cellules.

Les sections suivantes décrivent l'organisation tissulaire des systèmes caulinaire et racinaire. La figure 29.3 mérite une étude attentive, car elle explique de façon schématique les principaux types de coupes de tissu végétal pratiquées par les botanistes.

L'origine des tissus végétaux

Chacun des différents tissus végétaux s'active à des moments précis de la **période de végétation**, c'est-à-dire la période de l'année

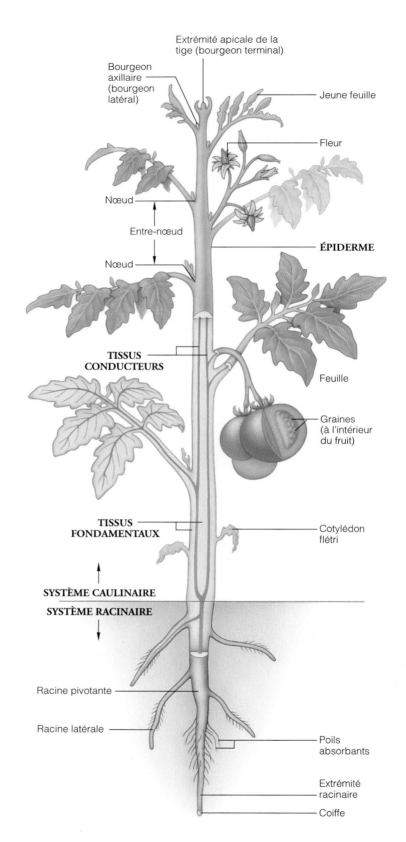

Figure 29.2 La morphologie d'un plant de tomate (*Lycopersicon*). Ses tissus conducteurs (en mauve) transportent l'eau, les minéraux dissous et les substances organiques ; ils irriguent aussi les tissus fondamentaux, qui composent la majeure partie de la plante. Les tissus de revêtement (l'épiderme, dans ce cas-ci) recouvrent la surface du système caulinaire et du système racinaire.

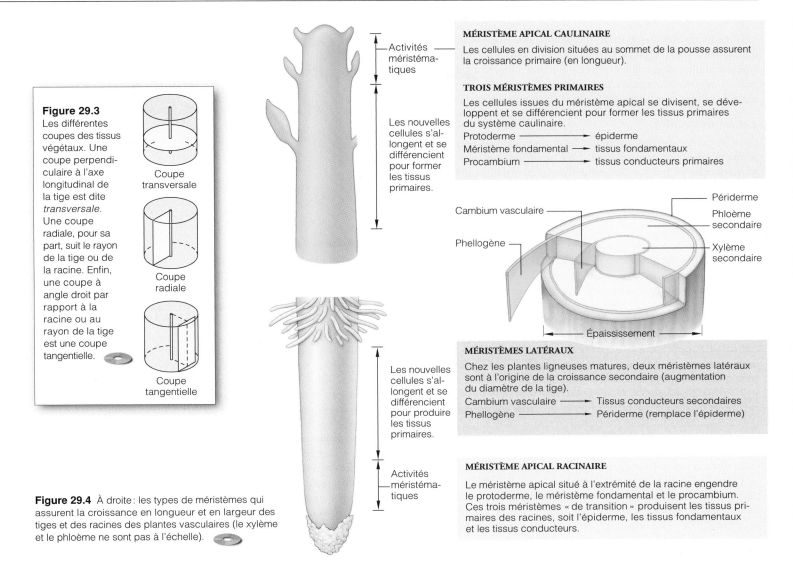

Figure 29.3
Les différentes coupes des tissus végétaux. Une coupe perpendiculaire à l'axe longitudinal de la tige est dite *transversale*. Une coupe radiale, pour sa part, suit le rayon de la tige ou de la racine. Enfin, une coupe à angle droit par rapport à la racine ou au rayon de la tige est une coupe tangentielle.

Coupe transversale

Coupe radiale

Coupe tangentielle

Figure 29.4 À droite : les types de méristèmes qui assurent la croissance en longueur et en largeur des tiges et des racines des plantes vasculaires (le xylème et le phloème ne sont pas à l'échelle).

Activités méristématiques

Les nouvelles cellules s'allongent et se différencient pour former les tissus primaires.

Les nouvelles cellules s'allongent et se différencient pour produire les tissus primaires.

Activités méristématiques

MÉRISTÈME APICAL CAULINAIRE

Les cellules en division situées au sommet de la pousse assurent la croissance primaire (en longueur).

TROIS MÉRISTÈMES PRIMAIRES

Les cellules issues du méristème apical se divisent, se développent et se différencient pour former les tissus primaires du système caulinaire.

Protoderme ——————→ épiderme
Méristème fondamental ——→ tissus fondamentaux
Procambium ——————→ tissus conducteurs primaires

Cambium vasculaire
Phellogène
Périderme
Phloème secondaire
Xylème secondaire
Épaississement

MÉRISTÈMES LATÉRAUX

Chez les plantes ligneuses matures, deux méristèmes latéraux sont à l'origine de la croissance secondaire (augmentation du diamètre de la tige).

Cambium vasculaire ——————→ Tissus conducteurs secondaires
Phellogène ——————→ Périderme (remplace l'épiderme)

MÉRISTÈME APICAL RACINAIRE

Le méristème apical situé à l'extrémité de la racine engendre le protoderme, le méristème fondamental et le procambium. Ces trois méristèmes « de transition » produisent les tissus primaires des racines, soit l'épiderme, les tissus fondamentaux et les tissus conducteurs.

où les végétaux se montrent en croissance active. La majeure partie de la croissance s'effectue à partir des **méristèmes**, une catégorie de tissu embryonnaire formé de cellules qui peuvent se différencier et produire les autres tissus végétaux (voir la figure 29.4). Ailleurs dans la plante, les cellules issues des méristèmes poursuivent ou ont achevé leur développement.

Chez la plante, la croissance en longueur s'effectue à partir des méristèmes apicaux, situés à l'extrémité des tiges et des racines. Les populations cellulaires qui s'y forment se développent en protoderme, en méristème fondamental et en procambium, soit les formes immatures des tissus primaires que constituent respectivement l'épiderme, les tissus fondamentaux et les tissus conducteurs. Considéré dans son ensemble, l'allongement des tiges et des racines représente la croissance primaire de la plante.

Il se produit également, pendant la période de végétation de nombreuses plantes, un épaississement des tiges et des racines plus âgées. L'augmentation du diamètre s'effectue à partir des méristèmes latéraux, les cylindres de cellules se formant dans les tiges et les racines. Un méristème latéral, le **cambium libéroligneux**, produit des tissus conducteurs secondaires, alors que l'autre, le **phellogène** ou cambium

subérophellodermique, engendre un revêtement robuste, le périderme, qui remplace l'épiderme. L'augmentation du diamètre des tiges et des racines constitue la croissance secondaire.

Les plantes vasculaires sont pourvues de tiges (qui soutiennent la croissance verticale et remplissent aussi des fonctions de transport), de feuilles (qui effectuent la photosynthèse), de pousses spécialisées dans la reproduction ainsi que d'autres structures. Elles sont aussi pourvues de racines, qui absorbent l'eau et les solutés, ancrent les parties épigées et stockent des substances nutritives.

Le corps des jeunes plantes se constitue essentiellement de tissus fondamentaux. Un système de tissus conducteurs distribue l'eau, les ions et les produits de la photosynthèse ; un système de tissus de revêtement recouvre et protège les surfaces de la plante.

Les tiges et les racines s'allongent (croissance primaire) lorsque leurs méristèmes apicaux deviennent actifs. Chez de nombreuses plantes, les tiges et les racines plus âgées s'épaississent aussi (croissance secondaire) lorsque les méristèmes latéraux, soit le cambium libéroligneux et le phellogène, s'activent.

LES TYPES DE TISSUS VÉGÉTAUX

Traçons maintenant un portrait d'ensemble de l'organisation et des fonctions des tissus végétaux. Les tissus simples sont composés d'un seul type de cellules, alors que les tissus conducteurs et les tissus de revêtement se montrent complexes, c'est-à-dire qu'ils comprennent plusieurs types de cellules. Les figures 29.5 à 29.9 illustrent ces types de tissus.

Les tissus simples

Dans les racines, les tiges, les feuilles, les fleurs et les fruits, la croissance primaire engendre principalement les tissus mous et humides du **parenchyme**. La plupart des cellules parenchymateuses sont polyédriques et présentent des parois minces et flexibles. À maturité, elles vivent toujours et peuvent encore se diviser (souvent pour guérir une blessure). Dans les feuilles, le mésophylle constitue un parenchyme chlorophyllien dont l'espace intercellulaire favorise les échanges gazeux. Le parenchyme joue aussi un rôle dans le stockage et la sécrétion, et il remplit d'autres fonctions spécialisées. Notons que les systèmes de tissus conducteurs contiennent également des cellules parenchymateuses.

Le **collenchyme**, un tissu vivant, sert à soutenir les tissus primaires. Formé d'amas ou de cylindres de cellules, généralement de forme allongée, il fait souvent office de support pour les tiges en croissance et constitue les nervures des feuilles. Les parois des cellules collenchymateuses présentent des épaisseurs inégales ; à l'intérieur de ces parois se trouve un polysaccharide adhésif et flexible, la pectine, qui colle ensemble les fibrilles de cellulose.

La plupart des cellules du **sclérenchyme** sont pourvues de parois épaisses et rigides imprégnées de lignine, qui leur donne leur rigidité et leur résistance à la compression. La lignine résiste aux attaques fongiques et imperméabilise les parois des cellules conductrices. Les plantes terrestres n'auraient pas pu se développer sans son soutien mécanique et son rôle dans le transport de l'eau (voir la section 23.1).

Les cellules sclérenchymateuses sont soit des fibres, soit des sclérites. Les fibres forment les longues cellules effilées présentes dans les systèmes de tissus conducteurs de certaines tiges et feuilles (voir la figure 29.7a). Flexibles, elles résistent cependant à l'étirement ; certaines servent d'ailleurs à la fabrication de tissus, de corde, de papier et d'autres produits de base. Les sclérites, par ailleurs, représentent des cellules plus courtes et de forme irrégulière. Elles sont à l'origine de la texture grumeleuse des épispermes durs, de la coquille des noix de coco ou des noyaux de pêche, par exemple, et de la texture graveleuse des poires (voir la figure 29.7b).

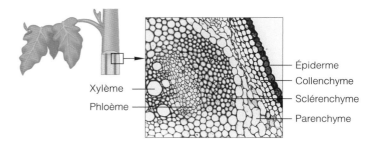

Figure 29.5 La localisation de tissus simples et de tissus complexes dans la coupe transversale d'une tige.

Les tissus complexes

LES TISSUS CONDUCTEURS Deux tissus conducteurs, le xylème et le phloème, distribuent l'eau et les solutés dans la plante. Leurs cellules sont souvent protégées par une gaine de fibres et de parenchyme.

Le xylème conduit la **sève brute**, soit l'eau et les minéraux puisés dans le sol, et participe aussi au soutien mécanique de la plante. La figure 29.8a et b illustre quelques-unes de ses cellules. À maturité, ces dernières meurent et forment les éléments de vaisseaux et les trachéides dont les parois lignifiées sont interreliées. Les parois cellulaires forment alors, ensemble, des vaisseaux qui transportent la sève brute et renforcent certaines parties de la plante. L'eau circule entre les cellules avoisinantes par de nombreuses ponctuations dans les parois cellulaires.

Le phloème conduit la **sève élaborée**, composée principalement d'eau et de substances organiques. Les cellules conductrices du phloème, appelées *tubes criblés*, s'alignent les unes à la suite des autres pour former de longs tubes (voir la figure 29.8c). Chacune de ces cellules communique avec les autres tubes criblés par des cloisons multiperforées situées dans leurs parois transversales et à leurs extrémités. Dépourvus de noyau et de vacuole centrale, entre autres, les tubes criblés se maintiennent en vie grâce à des cellules compagnes, non conductrices, disposées le long d'eux. Ces cellules déchargent dans les tubes criblés les sucres produits par les cellules photosynthétiques des feuilles. Les sucres sont alors transportés par le phloème jusqu'aux parties où les cellules sont actives ou stockent des substances nutritives. Ce processus est décrit plus en détail au chapitre suivant.

Figure 29.6 Trois exemples, en coupe transversale, de tissus simples dans la tige d'un tournesol (*Helianthus*). Le parenchyme constitue la majeure partie du corps de la plante. Le collenchyme et le sclérenchyme soutiennent et renforcent diverses parties de la plante.

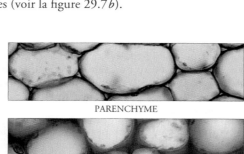

PARENCHYME

COLLENCHYME

SCLÉRENCHYME

FIBRES

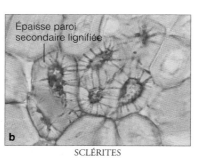

Épaisse paroi secondaire lignifiée

b

SCLÉRITES

Figure 29.7 Deux sortes de sclérenchyme. **a)** Les fibres solides d'une tige de lin, à comparer avec la figure 4.27a et c. **b)** Une coupe transversale des sclérites d'une poire. Les sclérites sont aussi appelées *cellules pierreuses*.

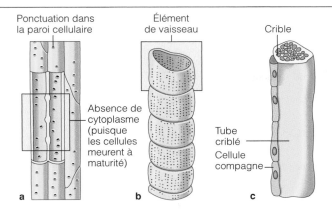

Figure 29.8 Le xylème et le phloème. **a)** Des trachéides et **b)** le vaisseau du xylème. Les conduits formés par ces cellules mortes transportent la sève brute, c'est-à-dire l'eau et les minéraux du sol. **c)** Un tube criblé du phloème transporte la sève élaborée, soit les sucres et d'autres composés organiques.

Figure 29.9 Une micrographie photonique d'une coupe de la surface supérieure d'une feuille de clivia vermillon. La cuticule est sécrétée par les cellules épidermiques. À l'intérieur de la feuille se trouvent de nombreuses cellules parenchymateuses photosynthétiques.

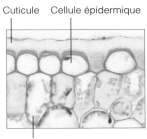

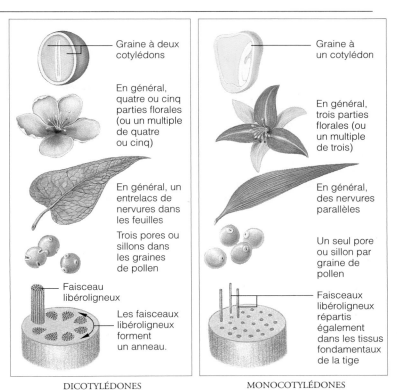

DICOTYLÉDONES　　　　　MONOCOTYLÉDONES

Figure 29.10 Une comparaison de certains traits caractéristiques des vraies dicotylédones (eudicotylédones) et des monocotylédones. Ces deux classes de plantes florales sont faites des mêmes tissus simples et complexes, mais certaines de leurs parties révèlent des différences d'organisation structurale.

LES TISSUS DE REVÊTEMENT Les tissus de revêtement comprennent l'**épiderme**, qui recouvre les structures primaires des plantes comme les feuilles et la tige, et le **périderme**, qui tapisse les structures secondaires des tiges et des racines. L'épiderme est généralement constitué d'une seule assise de cellules non spécialisées dont les parois externes sont recouvertes de cire ou de cutine, des substances hydrophobes. La couche superficielle ainsi formée ; soit la **cuticule**, aide la plante à conserver l'eau et, dans certains cas, à résister aux attaques des microorganismes (voir la figure 29.9).

L'épiderme des tiges et des feuilles contient beaucoup de cellules différenciées. On y trouve, par exemple, des **stomates**, soit des structures jouant un rôle dans les échanges gazeux. Chaque stomate se compose d'un orifice, l'ostiole, délimité par deux cellules dites *stomatiques*. Ces cellules changent de forme en réponse aux conditions ambiantes, ce qui a pour effet d'ouvrir ou de fermer l'ostiole. Le chapitre suivant explique la façon dont les stomates contribuent à régir les déplacements de la vapeur d'eau, de l'oxygène et du dioxyde de carbone à travers l'épiderme. Dans les tiges et les racines qui connaissent une croissance secondaire, l'épiderme est remplacé par le périderme ; ce dernier inclut des cellules mortes du liège, dont les parois sont fortement imprégnées de subérine, une substance s'apparentant à de la cire (voir la section 29.7).

Les dicotylédones et les monocotylédones : mêmes tissus, caractéristiques différentes

Les vraies dicotylédones (ou eudicotylédones) incluent la plupart des arbres et arbustes autres que les conifères, comme les érables, les rosiers, les cactus et les haricots, tandis que les palmiers, les lis, les orchidées, les ivraies, le blé, le maïs et la canne à sucre sont des monocotylédones courantes. Les dicotylédones et les monocotylédones se ressemblent par leur structure et leurs fonctions, mais diffèrent par leurs graines. En effet, comme leur nom l'indique, les graines des dicotylédones sont pourvues de deux cotylédons, alors que celles des monocotylédones n'en possèdent qu'un seul. Le cotylédon, parfois appelé *feuille primordiale*, est une structure semblable à une feuille : il se forme dans la graine et fait partie de l'embryon de la plante, pour lequel il stocke ou absorbe des nutriments. Après la germination, les cotylédons se fanent et laissent place aux nouvelles feuilles, qui commencent à produire des substances organiques à leur tour. La figure 29.10 présente d'autres différences entre les dicotylédones et les monocotylédones.

Le corps d'une plante est constitué en majeure partie du parenchyme, du collenchyme et du sclérenchyme (les tissus fondamentaux). Chacun de ces trois tissus simples se compose d'un seul type de cellules.

Le xylème et le phloème font partie des tissus conducteurs. Dans le xylème, des conduits composés de trachéides et d'éléments de vaisseaux transportent la sève brute, soit l'eau et les ions. Dans le phloème, les tubes criblés, dont la survie est assurée par des cellules compagnes, transportent la sève élaborée, riche en composés organiques.

Les deux tissus de revêtement sont l'épiderme et le périderme. L'épiderme constitue le tissu superficiel des jeunes plantes, tandis que le périderme remplace l'épiderme dans les parties des plantes à croissance secondaire.

Les dicotylédones et les monocotylédones sont faites des mêmes tissus, mais ces derniers sont organisés différemment les uns des autres.

LA STRUCTURE PRIMAIRE DES TIGES

La formation des tiges et des feuilles

Il est facile d'observer la structure des germes de soja ou des pousses de luzerne vendus en épicerie. À l'extrémité de chaque pousse, le méristème apical et les tissus qui en proviennent établissent l'organisation structurale de la structure primaire de la tige (voir la figure 29.11). Sous cette extrémité, les tissus se spécialisent à mesure que les cellules se divisent, chacune à sa propre vitesse et dans une direction prescrite, et qu'elles se différencient par la taille, la forme et la fonction. Ils composent des parties distinctes de tige, des feuilles et des bourgeons axillaires à partir desquels se développeront les tiges latérales, qui deviendront à leur tour des branches latérales et des structures reproductrices.

Lorsqu'une tige s'allonge, des renflements tissulaires se forment sur les côtés du méristème apical. Chaque renflement constitue une feuille immature (voir les figures 29.11 et 29.12). Pendant que la croissance se poursuit à l'extrémité, la tige continue de s'allonger entre chaque rangée de nouvelles feuilles. L'endroit sur la tige où s'attache chaque feuille forme un nœud, et la région entre deux nœuds successifs porte le nom d'*entre-nœud* (voir la figure 29.2). Un **bourgeon** représente une pousse non développée, principalement composée de tissu méristématique et souvent protégée par des écailles (des feuilles modifiées). Les bourgeons se développent à l'extrémité d'une tige ou à l'aisselle d'une feuille et ils peuvent donner des rameaux, des feuilles ou des fleurs.

La structure microscopique d'une tige

Pendant la croissance primaire d'une monocotylédone ou d'une dicotylédone, les tissus fondamentaux, les tissus conducteurs et les tissus de revêtement s'organisent d'une façon particulière. Le plus souvent, le xylème primaire et le phloème primaire s'assemblent à l'intérieur de la même gaine cellulaire pour former des **faisceaux libéroligneux**. Ces faisceaux, qu'on pourrait comparer à des cordes multibrins, s'étendent longitudinalement dans les tissus fondamentaux des pousses primaires et latérales. Ils suivent en général l'un ou l'autre des deux plans structuraux que dictent les gènes. Dans la plupart des tiges des dicotylédones, ils forment un anneau qui divise le tissu fondamental en cortex et une moelle (voir la figure 29.13a). Le **cortex** d'une tige représente

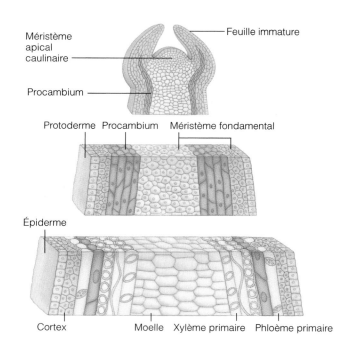

Figure 29.11 Les étapes successives de la croissance primaire. Les divisions cellulaires débutent au méristème apical caulinaire d'une dicotylédone typique et se poursuivent ensuite dans les tissus méristématiques primaires qui en sont issus. On peut observer ici la différenciation progressive de la plupart des zones tissulaires.

la région comprise entre les faisceaux libéroligneux et l'épiderme, tandis que la **moelle** constitue le centre de la tige et est limitée à sa périphérie par l'anneau des faisceaux libéroligneux. Chez les monocotylédones, les tissus fondamentaux des racines se divisent de la même façon, c'est-à-dire en cortex et en moelle racinaires, alors que les racines des dicotylédones présentent un cortex et une stèle (voir la figure 29.18).

Les tiges des monocotylédones et de quelques dicotylédones présentent une structure différente : les faisceaux libéroligneux y sont répartis un peu partout dans les tissus fondamentaux (voir la

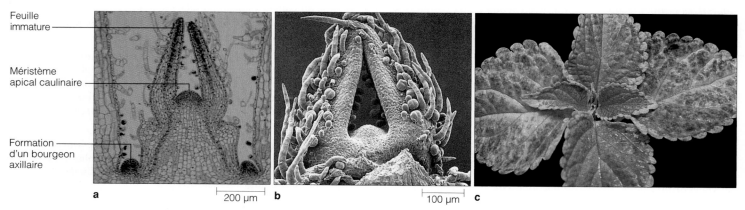

Figure 29.12 **a)** Une micrographie photonique d'une coupe frontale de l'extrémité apicale d'un coléus. **b)** Une micrographie électronique à balayage de l'extrémité apicale d'un coléus. **c)** De jeunes feuilles de coléus.

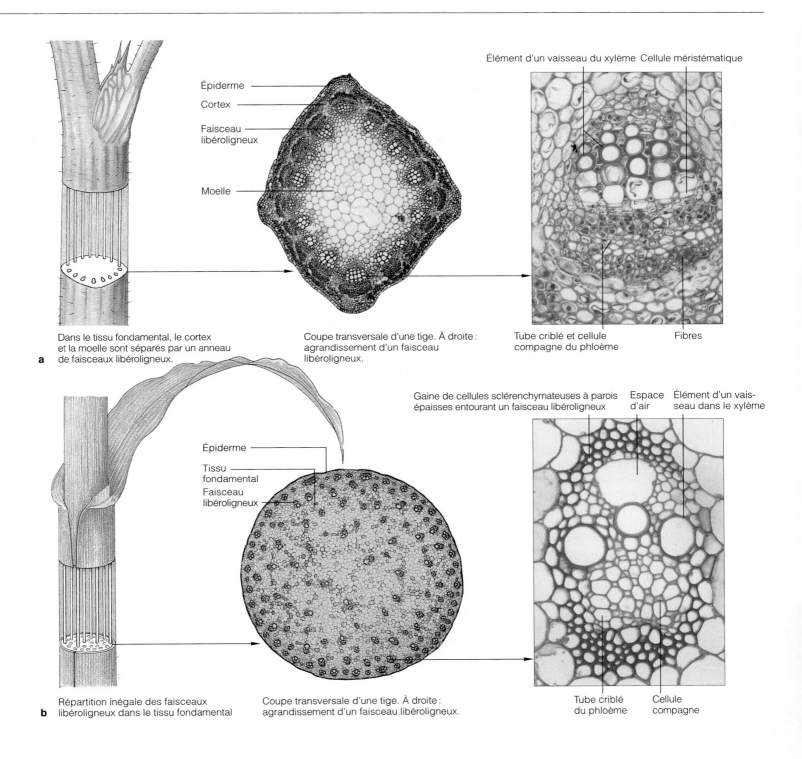

Élément d'un vaisseau du xylème   Cellule méristématique

Épiderme

Cortex

Faisceau libéroligneux

Moelle

Tube criblé et cellule compagne du phloème

Fibres

Dans le tissu fondamental, le cortex et la moelle sont séparés par un anneau de faisceaux libéroligneux.

a

Coupe transversale d'une tige. À droite : agrandissement d'un faisceau libéroligneux.

Gaine de cellules sclérenchymateuses à parois épaisses entourant un faisceau libéroligneux

Espace d'air

Élément d'un vaisseau dans le xylème

Épiderme

Tissu fondamental

Faisceau libéroligneux

Répartition inégale des faisceaux libéroligneux dans le tissu fondamental

b

Coupe transversale d'une tige. À droite : agrandissement d'un faisceau libéroligneux.

Tube criblé du phloème

Cellule compagne

Figure 29.13 L'organisation des cellules et des tissus à l'intérieur des tiges d'une dicotylédone et d'une monocotylédone. **a)** La coupe transversale d'une tige de luzerne (*Medicago*), une dicotylédone. Chez de nombreuses espèces de dicotylédones, les faisceaux libéroligneux sont disposés en anneau dans le tissu fondamental, dont la partie comprise entre l'anneau et la surface de la tige constitue le cortex, alors que la partie située dans l'anneau forme la moelle. **b)** La coupe transversale d'une tige de maïs (*Zea mays*), une monocotylédone. Chez la plupart des monocotylédones et certaines dicotylédones non ligneuses, les faisceaux libéroligneux sont inégalement répartis dans le tissu fondamental.

figure 29.13*b*). Le transport des substances par les systèmes conducteurs est abordé au chapitre 30.

Les méristèmes apicaux des pousses assurent la formation des tissus primaires d'une plante ; ceux-ci se développent selon une structure interne distinctive qui se caractérise par l'organisation spatiale des faisceaux libéroligneux dans la tige et dans la racine.

LES FEUILLES

Les similarités et les différences chez les feuilles

Chaque **feuille** constitue une usine métabolique équipée de nombreuses cellules photosynthétiques. Pourtant, les feuilles montrent une grande variété de tailles, de formes, de textures et de structures internes. Par exemple, la feuille de la lentille d'eau (*Lemna minor*) ne fait pas plus de 1 mm de diamètre, alors que la feuille du palmier à raphia (*Raphia rafinifera*) peut atteindre 20 m de longueur. Certaines feuilles prennent la forme d'une aiguille, d'une lame, d'une pointe, d'un bol, d'un tube ou d'une plume ; leur couleur, leur odeur et leur comestibilité varient énormément, et beaucoup produisent des toxines. Les feuilles des bouleaux et d'autres espèces caduques se fanent et tombent à l'approche de l'hiver, tandis que celles des camélias et d'autres plantes à feuilles persistantes tombent aussi, mais pas toutes en même temps.

Comme le montrent les figures 29.14*a* et 29.15, une feuille type est pourvue d'un limbe plat attaché à la tige par une partie étroite, le pétiole. Les feuilles simples ne sont pas divisées, mais bon nombre d'entre elles sont munies de lobes ; les feuilles composées, pour leur part, sont formées d'un limbe profondément divisé en folioles réparties sur un même plan. Les feuilles de la plupart des monocotylédones, comme les graminées et le maïs, possèdent un limbe plat comme une lame de couteau, dont la base encercle et engaine la tige (voir la figure 29.14*b*).

Les feuilles de la plupart des espèces sont minces et se caractérisent par un rapport surface-volume élevé. Leur surface plate s'oriente perpendiculairement à la lumière. Les feuilles se répartissent souvent autour des tiges de façon à minimiser l'ombre qu'elles projettent sur les autres feuilles ; par exemple, les pétioles des feuilles du trèfle attachées à la tige forment un angle droit avec ceux des feuilles voisines (voir la figure 29.15*c*).

De telles adaptations permettent aux feuilles de maximiser l'énergie lumineuse captée et les aident aussi à libérer, par diffusion, l'oxygène qu'elles contiennent et à

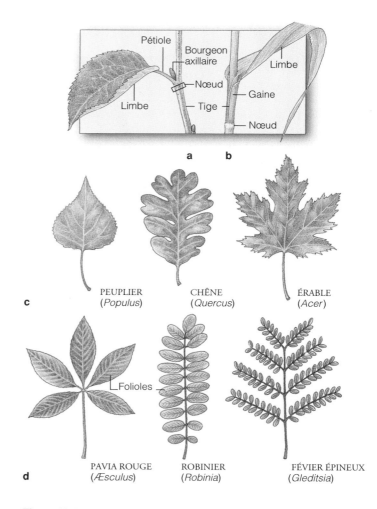

a   **b**

PEUPLIER (*Populus*)   CHÊNE (*Quercus*)   ÉRABLE (*Acer*)

c

Folioles

PAVIA ROUGE (*Æsculus*)   ROBINIER (*Robinia*)   FÉVIER ÉPINEUX (*Gleditsia*)

d

Figure 29.14 La forme typique d'une feuille **a)** de dicotylédone et **b)** de monocotylédone. Des exemples de feuilles **c)** simple et **d)** composée.

absorber, également par diffusion, le dioxyde de carbone. Les plantes qui poussent en milieu aride portent des feuilles plus épaisses, car, en plus d'effectuer la photosynthèse, celles-ci doivent stocker l'eau. Pour leur part, les feuilles de nombreuses plantes du désert s'orientent parallèlement aux rayons du soleil pour réduire l'absorption de chaleur.

Les structures microscopiques d'une feuille

Les structures microscopiques de chaque feuille sont bien adaptées pour capter l'énergie des rayons du soleil et favoriser les échanges gazeux. En outre, la surface de nombreuses feuilles présente des spécialisations caractéristiques.

Figure 29.15 a) Les nervures d'une feuille de dicotylédone en décomposition. **b)** Les nervures parallèles d'une feuille de monocotylédone (*Agapanthus*). **c)** L'orientation des feuilles d'un trèfle à quatre feuilles (*Trifolium*).

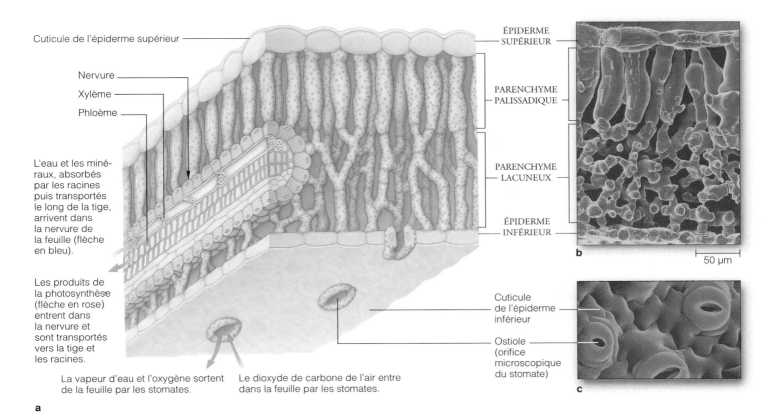

Cuticule de l'épiderme supérieur

Nervure

Xylème

Phloème

L'eau et les minéraux, absorbés par les racines puis transportés le long de la tige, arrivent dans la nervure de la feuille (flèche en bleu).

Les produits de la photosynthèse (flèche en rose) entrent dans la nervure et sont transportés vers la tige et les racines.

La vapeur d'eau et l'oxygène sortent de la feuille par les stomates.

Le dioxyde de carbone de l'air entre dans la feuille par les stomates.

ÉPIDERME SUPÉRIEUR

PARENCHYME PALISSADIQUE

PARENCHYME LACUNEUX

ÉPIDERME INFÉRIEUR

50 µm

Cuticule de l'épiderme inférieur

Ostiole (orifice microscopique du stomate)

a   b   c

Figure 29.16 a) La structure microscopique d'une feuille type. **b)** La micrographie électronique à balayage de l'organisation d'une feuille de haricot (*Phaseolus*). On remarque l'organisation compacte du mésophylle palissadique. **c)** L'ostiole d'un stomate (voir aussi la figure 7.17).

L'ÉPIDERME FOLIAIRE L'épiderme couvre la surface de toutes les feuilles exposées à l'air. Il peut se montrer lisse, collant, gluant, velu ou squameux, comporter des épines, des glandes ou des crochets et présenter d'autres particularités (voir le début du chapitre 30). Les cellules épidermiques, compactes et plates, sont recouvertes d'une cuticule qui limite les pertes d'eau (voir les figures 29.9 et 29.16). Les stomates de la plupart des feuilles se montrent beaucoup plus nombreux sur la surface inférieure que sur la surface supérieure. Dans les habitats arides ou froids, les stomates sont souvent couverts de poils épidermiques et situés dans des dépressions à la surface des feuilles : ces deux adaptations contribuent à réduire les pertes d'eau.

LE MÉSOPHYLLE Rappelons que le **mésophylle** constitue un type de parenchyme spécialisé dans la photosynthèse. À l'intérieur d'une feuille, la plupart des cellules du mésophylle entrent en contact avec de petites lacunes remplies d'air (voir la figure 29.16). Le gaz carbonique entre par les stomates et diffuse dans les lacunes ; l'oxygène suit la même voie, mais en sens inverse. Les cellules échangent rapidement des substances par leurs plasmodesmes, c'est-à-dire des pores intercellulaires qui permettent la diffusion de substances d'une cellule à l'autre (voir la section 4.11).

Les feuilles orientées perpendiculairement aux rayons du soleil comportent deux régions de mésophylle. Situé directement sous l'épiderme supérieur, le mésophylle palissadique est constitué d'une colonne de cellules parenchymateuses possédant plus de chloroplastes et un plus grand potentiel photosynthétique que les cellules du mésophylle lacuneux, situé sur la partie inférieure de la feuille (voir la figure 29.16). Chez les monocotylédones, le mésophylle présente un aspect homogène car les feuilles poussent verticalement et captent la lumière provenant de toutes les directions.

LES NERVURES Les **nervures** des feuilles sont des faisceaux libéroligneux souvent renforcés par des fibres. Les conduits du xylème transportent rapidement la sève brute jusqu'aux cellules du mésophylle, tandis que les tubes criblés du phloème acheminent la sève élaborée, riche en sucres, des feuilles vers les autres parties de la plante. Chez la plupart des dicotylédones, les nervures se ramifient pour former un réseau de fines nervures secondaires à l'intérieur du mésophylle. Chez la plupart des monocotylédones, au contraire, les nervures présentent toutes un diamètre similaire et s'étendent parallèlement au grand axe de la feuille (voir la figure 29.15).

La structure d'une feuille se montre bien adaptée pour capter la lumière du soleil, effectuer des échanges gazeux et répartir l'eau, les minéraux et les produits de la photosynthèse. Les feuilles de chaque espèce possèdent une taille et une forme caractéristiques et présentent souvent des spécialisations à leurs surfaces.

LES STRUCTURES PRIMAIRES DES RACINES

Les racines pivotantes et les racines fasciculées

Lors de la germination d'une graine, la première structure à apparaître est la **racine primaire** (voir la figure 29.17). Chez presque toutes les jeunes dicotylédones, le diamètre de la racine augmente à mesure que celle-ci s'enfonce dans le sol. Plus tard, des **racines latérales** se forment dans les tissus de la racine et sortent perpendiculairement de l'épiderme, les plus récentes se trouvant près de l'extrémité de la racine. Une **racine pivotante** est formée par l'ensemble d'une racine primaire et de racines latérales. Le pissenlit, la carotte et le chêne, par exemple, sont pourvus de racines pivotantes (voir la figure 29.17c).

Par comparaison, la racine primaire de la plupart des monocotylédones, comme les graminées, ne vit pas longtemps. En effet, des racines adventives se forment d'abord à partir de la tige, puis donnent naissance à des racines latérales (en botanique, le terme « adventif » qualifie une structure qui apparaît dans une position particulière, inhabituelle). Cela explique que, chez les monocotylédones, toutes les racines présentent à peu près le même diamètre et la même longueur : on parle alors de **racines fasciculées** (voir la figure 29.17*d*).

La structure microscopique des racines

Le méristème apical de la racine montrée à la figure 29.17*a* mérite d'être observé attentivement. On y constate en effet que de nombreuses cellules issues de ce méristème se divisent, s'allongent, grossissent et se spécialisent pour donner des tissus primaires. Le méristème apical sécrète la coiffe, une masse de cellules en forme de dôme, qui le recouvre et le protège.

Le protoderme produit l'épiderme des racines, c'est-à-dire la surface d'absorption de la plante enfouie dans le sol. Certaines cellules épidermiques présentent des prolongements appelés **poils absorbants**, qui font considérablement augmenter la surface d'absorption de l'eau et des minéraux dissous dans le sol. C'est d'ailleurs en raison de la présence de ces poils qu'il n'est pas souhaitable d'arracher une plante d'un coup sec si on veut la transplanter : une telle manœuvre réduirait beaucoup la délicate surface d'absorption de la plante.

Le méristème apical produit aussi les tissus fondamentaux, de même que la **stèle** (ou cylindre central). La stèle renferme du xylème et du phloème primaires ainsi qu'une ou plusieurs assises de cellules

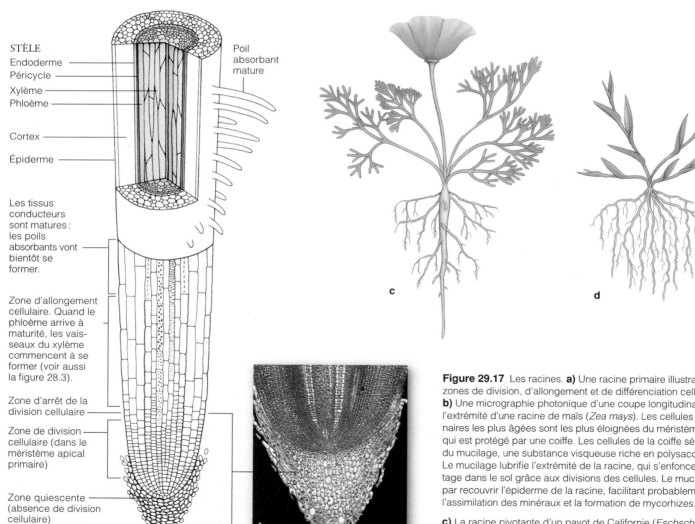

STÈLE
Endoderme
Péricycle
Xylème
Phloème

Cortex

Épiderme

Poil absorbant mature

Les tissus conducteurs sont matures : les poils absorbants vont bientôt se former.

Zone d'allongement cellulaire. Quand le phloème arrive à maturité, les vaisseaux du xylème commencent à se former (voir aussi la figure 28.3).

Zone d'arrêt de la division cellulaire

Zone de division cellulaire (dans le méristème apical primaire)

Zone quiescente (absence de division cellulaire)

a   Coiffe

b

c

d

Figure 29.17 Les racines. **a)** Une racine primaire illustrant les zones de division, d'allongement et de différenciation cellulaires. **b)** Une micrographie photonique d'une coupe longitudinale de l'extrémité d'une racine de maïs (*Zea mays*). Les cellules racinaires les plus âgées sont les plus éloignées du méristème apical, qui est protégé par une coiffe. Les cellules de la coiffe sécrètent du mucilage, une substance visqueuse riche en polysaccharides. Le mucilage lubrifie l'extrémité de la racine, qui s'enfonce davantage dans le sol grâce aux divisions des cellules. Le mucilage finit par recouvrir l'épiderme de la racine, facilitant probablement l'assimilation des minéraux et la formation de mycorhizes.

c) La racine pivotante d'un pavot de Californie (*Eschscholzia californica*). **d)** La racine fasciculée d'un plant d'herbe.

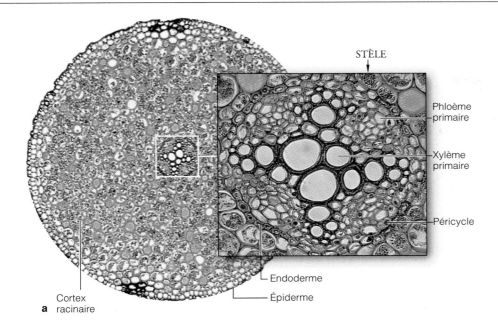

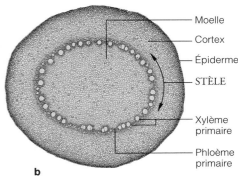

STÈLE

Phloème primaire

Xylème primaire

Péricycle

Endoderme

Épiderme

Cortex racinaire

a

Moelle

Cortex

Épiderme

STÈLE

Xylème primaire

Phloème primaire

b

Figure 29.18 a) Une coupe transversale d'une racine de bouton d'or (*Ranunculus*). Le médaillon montre un agrandissement de la stèle. **b)** Une coupe transversale d'une racine de maïs (*Zea mays*), dont la stèle divise le tissu fondamental en deux zones, le cortex et la moelle.

appelées *péricycle*. La figure 29.18*a* illustre la stèle au centre du cortex d'une racine de dicotylédone, tandis que la figure 29.18*b* montre bien que la stèle, chez une monocotylédone, divise les tissus fondamentaux en moelle et en cortex. Dans les deux cas, des lacunes entre les cellules des tissus fondamentaux facilitent la circulation de l'oxygène car, à l'instar des autres cellules de la plante, celles des racines ont besoin d'oxygène pour la respiration aérobie.

Lorsque de l'eau pénètre dans une racine, elle se déplace de cellule en cellule ou entre les cellules jusqu'à l'endoderme, c'est-à-dire la couche de cellules entourant la stèle. Les jonctions entre les cellules de l'endoderme étant imperméables, l'eau doit passer par le cytoplasme de ces cellules. La section 30.2 explique comment un tel mécanisme réagit, dans la stèle, les déplacements de l'eau et des substances dissoutes.

Situé juste à l'intérieur de l'endoderme, le péricycle comprend certaines cellules se divisant à plusieurs reprises pour former des racines latérales, qui sortent ensuite du cortex et de l'épiderme (voir la figure 29.19).

La grande force des racines

Sauf lorsque les racines d'un arbre commencent à soulever un trottoir ou à boucher un tuyau d'égout, on ne se préoccupe pas souvent des systèmes racinaires des plantes à fleurs. Les racines creusent le sol à la recherche d'eau et de minéraux ; la plupart atteignent une profondeur de 2 à 5 m. Dans un désert chaud, où l'eau se fait rare, on a trouvé à proximité d'un lit de rivière une prosopis dont les racines mesuraient 53,4 m. Certains cactus sont pourvus de racines peu profondes mais longues de 15 m. On a déjà mesuré les racines d'un jeune plant de seigle qui avait poussé pendant 4 mois dans un volume restreint de 6 l d'eau et de terre : une fois étalé, le système racinaire occupait plus de 600 m^2 !

Les racines procurent aux plantes une surface d'absorption considérable pour capter l'eau et les solutés présents dans le sol. Une racine pivotante est constituée d'une racine primaire et de racines latérales. Une racine fasciculée se compose pour sa part de nombreuses racines adventives qui remplacent la racine primaire.

Cortex racinaire

Une racine latérale commence à pousser lorsque les cellules du péricycle se divisent.

Épiderme racinaire

Nouvelle racine latérale

50 µm

Figure 29.19 Une coupe transversale d'une racine de saule (*Salix*), montrant la formation d'une racine latérale.

LA CROISSANCE SECONDAIRE CHEZ LES PLANTES LIGNEUSES

Le cycle biologique des plantes à fleurs s'étend depuis la germination d'une graine jusqu'à la formation de nouvelles graines. Certaines plantes meurent après une année de croissance ; d'autres vivent plus d'un an, voire très longtemps. Les **plantes annuelles**, comme le souci et la luzerne, complètent leur cycle biologique en une seule année ; elles sont en général non ligneuses ou herbacées. Les **plantes bisannuelles**, comme la carotte, bouclent leur cycle biologique en deux ans : leurs racines, leurs tiges et leurs feuilles se forment durant la première année, les fleurs et les graines durant la seconde, puis elles meurent. Les **plantes vivaces** poursuivent leur croissance végétative et produisent des graines chaque année. Chez beaucoup de vivaces, les racines et les tiges s'épaississent avec le temps.

Les plantes ligneuses et les plantes non ligneuses

À l'instar de toutes les gymnospermes, certaines monocotylédones et beaucoup d'eudicotylédones et de magnoliidæ connaissent une croissance secondaire après plusieurs périodes de végétation ; ces plantes sont dites *ligneuses*. Au début de leur existence, leurs tiges et leurs racines ressemblent à celles des plantes non ligneuses ; toutefois, des différences apparaissent après que leurs méristèmes latéraux sont devenus actifs et ont commencé à produire une grande quantité de tissus conducteurs secondaires, particulièrement du xylème secondaire. Le périderme remplace alors l'épiderme des racines et des tiges.

Les différences entre ces deux types de plantes sont particulièrement marquées chez certaines plantes vivaces dans lesquelles le cambium libéroligneux se réactive lors de chaque période de végétation, ce qui se produit souvent pendant des centaines ou même des milliers d'années. En effet, sur de longues périodes, il arrive que l'activité méristématique produise des géants. Par exemple, on a établi que le tronc massif d'un séquoia sempervirens (*Sequoia sempervirens*) mesurait plus de 110 m de hauteur et que la croissance secondaire accumulée de cet arbre représentait un poids d'une centaine de tonnes. Voici un autre exemple : l'arbre connu possédant le plus grand diamètre est un châtaigner (*Castanea*) de Sicile, dont la base fait 58 m de circonférence.

Le sort du cambium libéroligneux

Les tiges et les racines massives proviennent du cambium libéroligneux, une catégorie de méristème secondaire (voir la figure 29.20). Chaque printemps, la croissance primaire reprend dans les bourgeons de la tige, tandis que la croissance secondaire s'effectue à l'intérieur de la plante. Dans la tige, le cambium libéroligneux ayant achevé sa formation ressemble à un cylindre d'une ou de plusieurs cellules d'épaisseur. Des cellules cambiales, dites *cellules initiales fusiformes*, produisent du xylème et du phloème secondaires qui s'étendent en longueur dans la tige. D'autres cellules du cambium libéroligneux, soit les cellules initiales de rayon, produisent les rayons horizontaux de parenchyme qui séparent les tissus conducteurs secondaires et leur donnent l'aspect d'une pointe de tarte. L'eau et les solutés circulent dans ces tissus conducteurs, tant vers le haut et le bas que vers les côtés.

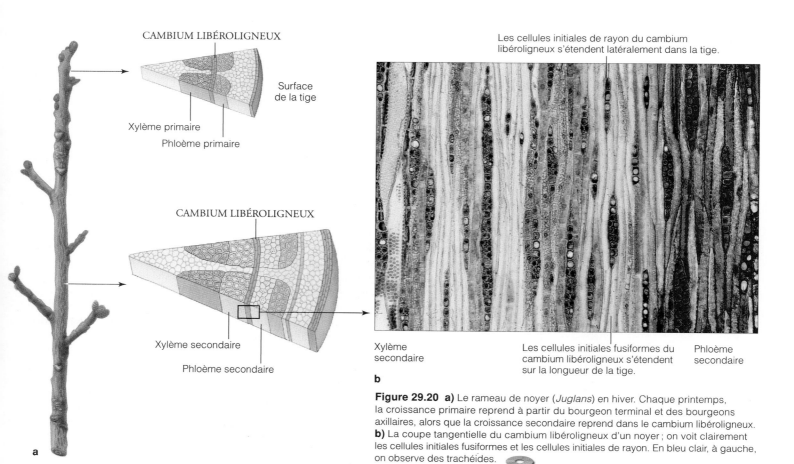

CAMBIUM LIBÉROLIGNEUX

Surface de la tige

Xylème primaire

Phloème primaire

CAMBIUM LIBÉROLIGNEUX

Xylème secondaire

Phloème secondaire

a

Les cellules initiales de rayon du cambium libéroligneux s'étendent latéralement dans la tige.

Xylème secondaire

Les cellules initiales fusiformes du cambium libéroligneux s'étendent sur la longueur de la tige.

Phloème secondaire

b

Figure 29.20 a) Le rameau de noyer (*Juglans*) en hiver. Chaque printemps, la croissance primaire reprend à partir du bourgeon terminal et des bourgeons axillaires, alors que la croissance secondaire reprend dans le cambium libéroligneux. **b)** La coupe tangentielle du cambium libéroligneux d'un noyer ; on voit clairement les cellules initiales fusiformes et les cellules initiales de rayon. En bleu clair, à gauche, on observe des trachéides.

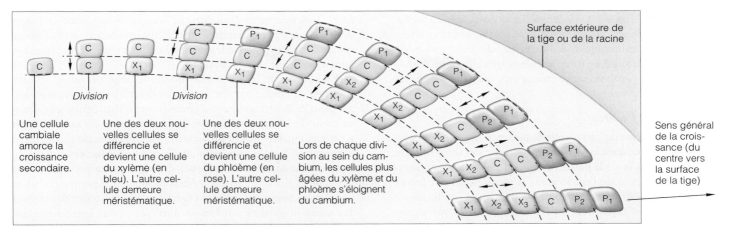

Figure 29.21 Une activité du cambium libéroligneux. De gauche à droite, le xylème secondaire croît vers l'extérieur et pousse le cambium libéroligneux vers la surface de la tige ou de la racine.

Dans la figure, de gauche à droite :

Une cellule cambiale amorce la croissance secondaire.

Division

Une des deux nouvelles cellules se différencie et devient une cellule du xylème (en bleu). L'autre cellule demeure méristématique.

Division

Une des deux nouvelles cellules se différencie et devient une cellule du phloème (en rose). L'autre cellule demeure méristématique.

Lors de chaque division au sein du cambium, les cellules plus âgées du xylème et du phloème s'éloignent du cambium.

Surface extérieure de la tige ou de la racine

Sens général de la croissance (du centre vers la surface de la tige)

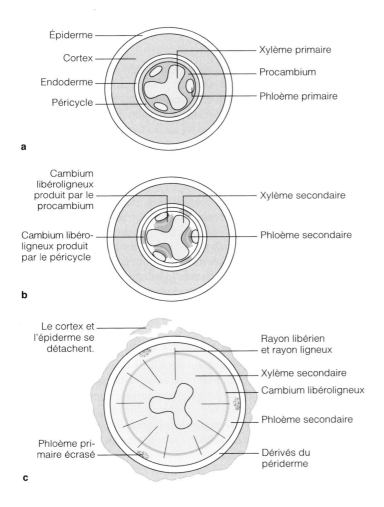

a)
- Épiderme
- Cortex
- Endoderme
- Péricycle
- Xylème primaire
- Procambium
- Phloème primaire

b)
- Cambium libéroligneux produit par le procambium
- Cambium libéroligneux produit par le péricycle
- Xylème secondaire
- Phloème secondaire

c)
- Le cortex et l'épiderme se détachent.
- Phloème primaire écrasé
- Rayon libérien et rayon ligneux
- Xylème secondaire
- Cambium libéroligneux
- Phloème secondaire
- Dérivés du périderme

Figure 29.22 La croissance secondaire dans un type de racine ligneuse.
a) L'organisation des tissus lorsque la croissance primaire est terminée.
b) et **c)** Un mince cylindre de cambium libéroligneux se forme et produit du xylème secondaire et du phloème secondaire. La division cellulaire se fait parallèlement au cambium libéroligneux. Le cortex se brise lorsque la racine s'épaissit.

La figure 29.21 illustre la croissance du cambium libéroligneux. On note que le xylème secondaire se forme sur la surface intérieure du cambium et que le phloème secondaire se forme quant à lui sur la surface extérieure. L'ajout de xylème secondaire repousse vers l'extérieur les cellules cambiales et le phloème secondaire, qui se trouvent en quelque sorte écrasés par la croissance du xylème. Cependant, les cellules cambiales se divisent et reconstituent l'anneau de cambium libéroligneux ainsi que du phloème secondaire. En même temps, des cellules cambiales s'ajoutent sur le plan latéral, de sorte qu'il ne se produit pas de rupture dans l'anneau de cambium.

Il a surtout été question jusqu'ici de l'épaississement des tiges, mais il ne faudrait pas oublier pour autant que le xylème secondaire et le phloème secondaire forment aussi du cambium libéroligneux dans les racines. La figure 29.22 illustre la croissance secondaire du cambium libéroligneux dans la racine d'une plante type.

Quels sont les avantages sélectifs des tiges et des racines ligneuses ? Comme tous les autres êtres vivants, les plantes luttent pour obtenir les ressources nécessaires à leur croissance et à leur survie. Celles qui présentent les plus hautes tiges ou le plus vaste couvert forestier et qui résistent le mieux à la pesanteur captent plus d'énergie solaire que les autres. Ce plus grand apport d'énergie pour la photosynthèse leur fournit les moyens métaboliques suffisants pour former de grands systèmes caulinaires et racinaires, grâce auxquels elles acquièrent davangate de ressources et peuvent ainsi prospérer et se reproduire dans leur habitat.

Chez les plantes ligneuses, les tissus conducteurs secondaires forment un anneau de cambium libéroligneux à l'intérieur des tiges et des racines plus âgées. Le bois constitue principalement une accumulation de xylème secondaire.

Grâce à leurs tissus robustes, les plantes ligneuses résistent bien à la pesanteur et deviennent ainsi plus grandes et plus larges. Dans les milieux où les plantes rivalisent fortement pour la lumière du soleil, celles qui captent le plus de lumière vont survivre et les autres vont mourir. Toutes choses étant égales par ailleurs, le fait de disposer d'une grande quantité d'énergie pour effectuer la photosynthèse favorise tant le métabolisme et la croissance que la reproduction.

LE BOIS ET L'ÉCORCE

Un arbre type se compose à 90 % de xylème secondaire, c'est-à-dire de bois. Le phloème secondaire, aussi appelé *liber*, se limite à une zone relativement mince, juste à l'extérieur du cambium libéroligneux ; il est constitué de tubes criblés et de cellules parenchymateuses vivantes à parois minces, souvent avec des bandes de fibres de soutien à paroi épaisse.

La formation de l'écorce

Avec le temps, le xylème de l'arbre croît de plus en plus vers l'extérieur, ce qui exerce une pression à la surface des racines et des tiges, et cause la rupture du cortex et de la partie externe du phloème secondaire. Une partie du cortex et de l'épiderme se détache alors pour laisser une nouvelle couverture superficielle, le périderme, se former à partir du phellogène. Ensemble, le périderme et le phloème secondaire constituent l'**écorce**. Autrement dit, l'écorce regroupe tous les tissus situés à l'extérieur du cambium libéroligneux (voir les figures 29.23 et 29.24).

Le périderme se compose de liège, de parenchyme et de phellogène, aussi appelé *cambium subérophellodermique*. Peu après la formation initiale du cambium libéroligneux, le phellogène résulte de l'activité des cellules parenchymateuses accompagnant le phloème secondaire racinaire ou caulinaire ; ces cellules peuvent se diviser et produire les cellules méristématiques du phellogène. Puis, au cours

de la croissance secondaire, lorsque l'écorce se fragmente en raison de la croissance vers l'extérieur du xylème secondaire, le phellogène qui est détruit se renouvelle grâce aux activités des cellules parenchymateuses du phloème secondaire.

En se divisant, le phellogène produit le **liège**, ou suber, un tissu composé de rangées serrées de cellules dont les parois s'épaississent par ajout de subérine, une substance imperméable. Seules les cellules au cœur du liège sont vivantes, puisqu'elles sont les seules à avoir accès aux nutriments qui proviennent du xylème et du phloème. Le liège protège, isole et imperméabilise la surface des racines et des tiges. Il se forme aussi sur les tissus blessés, de même qu'aux points d'attache des pétioles aux tiges, quand les feuilles sont sur le point de tomber.

Comme toutes les cellules végétales vivantes, celles des tiges et des racines ligneuses ont besoin d'oxygène pour leur respiration aérobie et rejettent des déchets de dioxyde de carbone. L'oxygène et le dioxyde de carbone traversent le liège subérisé en passant par les lenticelles, de petites ouvertures constituées de massifs cellulaires lâches. Les restes de lenticelles forment les taches sombres qui apparaissent sur les bouchons de liège.

Le duramen et l'aubier

L'aspect et les fonctions du bois varient selon l'âge de la tige ou de la racine. Le cœur du bois devient ce qu'on appelle le **duramen** (ou bois parfait), un tissu sec qui ne transporte plus d'eau ni de solutés. Son rôle consiste à offrir à l'arbre un soutien structural et à servir de site de stockage de toutes sortes de déchets métaboliques, dont des résines, des tanins, des gommes et des huiles. Or, ces déchets finissent par remplir et boucher les canaux plus âgés du xylème, assombrissant en général le duramen et le rendant plus aromatique et plus résistant.

L'**aubier** (ou bois imparfait), quant à lui, résulte de la croissance secondaire se produisant entre le cambium libéroligneux et le duramen (voir la figure 29.24*a*). À la différence du duramen, l'aubier humide et souvent blanchâtre et tendre. Prenons l'exemple de l'érable : chaque printemps, les travailleurs des érablières insèrent des chalumeaux métalliques dans l'aubier des érables à sucre. La sève, un liquide riche en sucres du xylème secondaire, est ainsi récoltée, goutte à goutte, dans un seau accroché au tronc. Cette sève, appelée *eau d'érable*, sert à produire le sirop d'érable.

Le bois de printemps, le bois d'été et les cernes

Dans les régions qui connaissent des hivers froids ou de longues périodes de sécheresse, le cambium libéroligneux des arbres devient périodiquement inactif. Le bois de printemps, formé au début de la période de végétation, est fait de xylème dont les cellules présentent un grand diamètre et des parois minces ; par contraste, le bois d'été, qui se forme plus tard dans la saison, est constitué de cellules

Figure 29.23 Grâce à son écorce épaisse et résistante aux incendies, le séquoia (*Sequoia sempervirens*) fait partie des champions de la croissance secondaire.

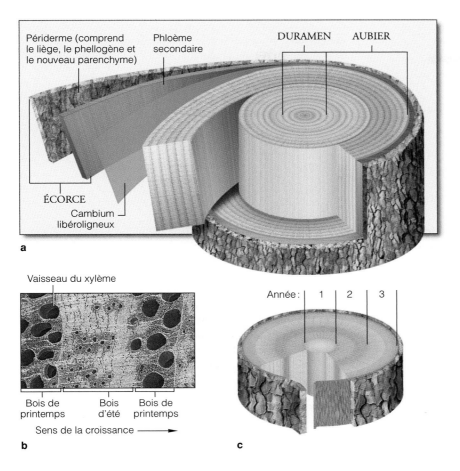

Figure 29.25 Des cernes, ou anneaux de croissance, **a)** du chêne et **b)** de l'orme, deux dicotylédones feuillues à bois dur. **c)** Des cernes du pin. Le pin, un conifère au bois mou et résistant au gauchissement, pousse plus rapidement que les feuillus. On pratique la culture commerciale (relativement peu coûteuse) du pin pour en faire du bois de charpente.

Chaque cerne correspond à une période de végétation (les cernes de l'orme ci-dessus se sont ajoutés de 1911 à 1950). Les différentes largeurs des cernes correspondent aux variations climatiques, dont la quantité d'eau disponible. Le nombre de cernes donne une idée de l'âge de l'arbre, de même que du climat et des conditions biotiques dans lesquels il a poussé.

Figure 29.24 a) Une tige à croissance secondaire considérable. **b)** Une micrographie électronique à balayage du bois de printemps et du bois d'été d'un chêne rouge (*Quercus rubra*). **c)** Une coupe radiale d'une tige à trois cernes. La première année, la tige s'élargit par croissance primaire et, dans une moindre mesure, par croissance secondaire ; les deux années suivantes, la croissance secondaire s'impose dans la vie de la tige.

à petit diamètre et à parois épaisses. La coupe transversale d'un tronc y révèle la présence de cercles concentriques : il s'agit des anneaux de croissance du bois de printemps et du bois d'été, qu'on appelle **cernes** (voir les figures 29.24 et 29.25).

Dans les régions tempérées, les changements de saison sont prévisibles et les arbres gagnent habituellement un cerne par année. Par contre, dans les régions désertiques, les cernes s'ajoutent en fonction du nombre d'orages qui se produisent dans l'année. Dans les tropiques, les changements saisonniers se montrent presque inexistants, ce qui explique pourquoi les arbres tropicaux n'ont pour ainsi dire pas d'anneaux de croissance.

Le chêne, le noyer d'Amérique et d'autres arbres dicotylédones des régions tempérées et tropicales constituent tous des feuillus à **bois dur** dont le xylème contient des éléments de vaisseaux, des trachéides et des fibres. Les pins, les séquoias et les autres conifères font partie des **bois mous**, dont le xylème renferme des trachéides et du parenchyme de rayon, mais pas d'éléments de vaisseaux ni de fibres. C'est pour cette raison que leur bois est moins solide et moins dense que celui des feuillus à bois dur (voir la figure 29.25).

Les limites de la croissance secondaire

Certains arbres, dont le pin aristé et le séquoia, connaissent une croissance secondaire graduelle qui peut s'étaler sur des siècles. Cependant, la plupart meurent de vieillesse ou des suites de diverses agressions externes bien avant d'atteindre un âge vénérable. Le compartimentage, qui constitue la réponse des végétaux aux attaques (voir la section 28.4), finit par interrompre l'écoulement de la sève dans les tissus conducteurs, ce qui cause une mort prématurée.

L'écorce est constituée de tous les tissus vivants ou morts situés à l'extérieur du cambium libéroligneux, soit le phloème secondaire et le périderme.

Le périderme est fait de liège (la couche externe des tiges et des racines ligneuses), de phellogène et de nouveau parenchyme.

Le bois peut être classifié selon sa localisation et ses fonctions dans l'arbre (le duramen et l'aubier) ou selon le type de plantes dont il provient (de nombreuses dicotylédones sont des bois durs, et les conifères, des bois mous).

Tableau 29.1   *Un aperçu des tissus des plantes à fleurs et de leurs composants*

TISSUS SIMPLES

Parenchyme	Cellules parenchymateuses
Collenchyme	Cellules collenchymateuses
Sclérenchyme	Fibres ou sclérites

TISSUS COMPLEXES

Xylème	Cellules conductrices (trachéides, éléments de vaisseau); cellules parenchymateuses; cellules sclérenchymateuses
Phloème	Cellules conductrices (tubes criblés); cellules parenchymateuses; cellules sclérenchymateuses
Épiderme	Cellules non différenciées; cellules stomatiques et autres cellules spécialisées
Périderme	Liège; phellogène; nouveau parenchyme

RÉSUMÉ   Le chiffre en **brun** renvoie à la section du chapitre.

1. Les plantes vasculaires qui produisent des graines comprennent les gymnospermes et les angiospermes (les plantes à fleurs). Leur système caulinaire (tiges, feuilles et autres structures) et leur système racinaire sont faits de tissus de revêtement, de tissus fondamentaux et de tissus conducteurs. *29.1*

2. La croissance des plantes s'effectue à partir des méristèmes, soit des tissus dont les cellules embryonnaires ont la capacité de se différencier pour donner les autres catégories de tissus. *29.1*

    a) La croissance primaire (l'allongement des tiges et des racines) se fait aux méristèmes apicaux des racines et des pousses.

    b) La croissance secondaire (l'augmentation du diamètre des tiges et des racines) s'effectue dans le cambium libéroligneux et dans le phellogène, des méristèmes latéraux.

3. Le parenchyme, le sclérenchyme et le collenchyme sont des tissus simples, c'est-à-dire ne comprenant qu'un seul type de cellules (voir le tableau 29.1). *29.2*

    a) Les cellules parenchymateuses, toujours vivantes et métaboliquement actives à maturité, composent la plus grande partie des systèmes de tissus fondamentaux. Elles remplissent une variété de fonctions: par exemple, celles qui composent le mésophylle sont photosynthétiques.

    b) Le collenchyme soutient les parties de la plante en croissance. Le sclérenchyme offre un soutien structural grâce à ses parois cellulaires épaisses et lignifiées.

4. Les tissus complexes comprennent les tissus conducteurs (le xylème et le phloème) et les tissus de revêtement (l'épiderme et le périderme). Ils sont faits de plusieurs types de cellules (voir le tableau 29.1). *29.2*

    a) Les tissus conducteurs transportent partout dans la plante l'eau et les substances dissoutes. Les faisceaux libéroligneux (du xylème et du phloème groupés à l'intérieur d'une gaine cellulaire) sont distribués dans les tissus fondamentaux.

    b) Les cellules du xylème, qui transportent la sève brute composée d'eau et de minéraux, meurent avant d'atteindre la maturité; leurs parois criblées et lignifiées, interreliées, servent de passage pour cette sève.

    c) Les cellules conductrices du phloème sont vivantes à maturité. Leurs extrémités présentent des cloisons criblées qui permettent le passage de la sève élaborée d'une cellule à l'autre. Dans les feuilles, les produits de la photosynthèse sont transférés aux cellules du phloème, souvent à l'aide des cellules compagnes. La sève élaborée est distribuée partout où les cellules sont actives.

    d) L'épiderme recouvre et protège les surfaces externes des parties primaires des plantes. Le périderme remplace l'épiderme chez des plantes qui connaissent une importante croissance secondaire. *29.2, 29.6*

5. Les tiges soutiennent la croissance verticale, et conduisent l'eau et les solutés dans leurs faisceaux libéroligneux. Chez les monocotylédones, les faisceaux libéroligneux des tiges sont dispersés dans le tissu fondamental. Dans la plupart des tiges des dicotylédones, un anneau de faisceaux libéroligneux divise le tissu fondamental en cortex et en moelle. *29.3*

6. Les feuilles présentent des nervures et du mésophylle (parenchyme photosynthétique) entre leurs épidermes supérieur et inférieur. Les espaces d'air autour des cellules photosynthétiques facilitent l'échange des gaz. La vapeur d'eau et les gaz entrent dans l'épiderme et en sortent par de minuscules structures appelées *stomates*. *29.4*

7. Les racines absorbent l'eau et les minéraux en vue de les distribuer aux autres parties de la plante. La plupart des racines ancrent les plantes et stockent de la nourriture. Certaines aident à soutenir les pousses. *29.1, 29.5*

8. Le bois peut être classifié selon sa localisation et ses fonctions dans l'arbre (le duramen et l'aubier) ou selon le type de plantes dont il provient (les dicotylédones sont généralement des bois durs, et les conifères, des bois mous). L'écorce est constituée du phloème secondaire et du périderme. *29.6, 29.7*

Exercices

1. Dressez la liste de certaines fonctions des racines et des tiges. *29.1*

2. Nommez et définissez les fonctions des trois principaux tissus d'une angiosperme. *29.1*

3. Décrivez les différences entre:
    a) méristèmes apical, transitoire et latéral *29.1*
    b) parenchyme et sclérenchyme *29.2*
    c) xylème et phloème *29.2*
    d) épiderme et périderme *29.2, 29.7*

4. Laquelle des deux tiges illustrées ci-dessus se retrouve dans la plupart des dicotylédones? Laquelle se retrouve dans la plupart des monocotylédones? Nommez les zones tissulaires visibles sur les deux coupes. *29.2*

5. Selon vous, à la figure 29.26, la plante qui produit la fleur jaune fait-elle partie des dicotylédones ou des monocotylédones? et celle qui produit la fleur mauve? *29.2*

Figure 29.26 Une fleur **a)** de millepertuis (*Hypericum*). **b)** Un iris (*Iris*).

Figure 29.27 À gauche : Des côtes de la Virginie baignées par des eaux de marée. À droite : les cernes d'un cyprès chauve qui vivait lorsque les premiers colons anglais sont arrivés en Amérique du Nord.

Autoévaluation   RÉPONSES À L'ANNEXE III

1. Les racines et les tiges s'allongent par l'activité _____.
a) des méristèmes apicaux   c) du cambium libéroligneux
b) des méristèmes latéraux   d) du phellogène

2. Les racines et les tiges plus âgées s'épaississent par l'activité _____.
a) des méristèmes apicaux   c) du cambium libéroligneux
b) du phellogène   d) les réponses b) et c)

3. Les parties tendres et humides des plantes sont surtout faites de cellules _____.
a) parenchymateuses   c) collenchymateuses
b) sclérenchymateuses   d) épidermiques

4. Le xylème et le phloème sont des tissus _____.
a) fondamentaux   c) de revêtement
b) conducteurs   d) les réponses b) et c)

5. _____ transporte la sève brute ; _____ transporte la sève élaborée.
a) Le phloème ; le xylème   c) Le xylème ; le phloème
b) Le cambium ; le phloème   d) Le xylème ; le cambium

6. Les bourgeons produisent _____.
a) des feuilles   c) des tiges
b) des fleurs   d) toutes ces réponses

7. Le mésophylle est fait de _____.
a) revêtements de cire et de cutine   c) cellules photosynthétiques
b) parois cellulaires lignifiées   d) liège, mais pas d'écorce

8. Dans le bois de printemps, les cellules présentent un _____ diamètre et des parois _____.
a) petit ; épaisses   c) grand ; épaisses
b) petit ; minces   d) grand ; minces

9. Associez chaque terme à la description appropriée.
_____ Méristème apical   a) Grande quantité de xylème
_____ Méristème latéral   b) Source de croissance primaire
_____ Xylème, phloème   c) Couverture de liège
_____ Périderme   d) Source de croissance secondaire
_____ Stèle   e) À l'origine de la distribution de
_____ Bois   la sève brute et de la sève élaborée
                           f) Partie centrale des racines

Questions à développement

1. Sylvie vit dans une région où l'eau se fait rare et où les sécheresses sont courantes. Elle a réduit la surface de sa pelouse et remplacé la plupart des plantes de son jardin par des plantes qui tolèrent bien la chaleur et le soleil. Au lieu d'asperger sa pelouse tous les jours, Sylvie l'arrose généreusement (pour que la terre soit trempée à plusieurs centimètres de profondeur) deux fois par semaine, en soirée, après le coucher du soleil. En quoi cette stratégie d'arrosage se montre-t-elle bénéfique pour la pelouse ?

2. La décortication annulaire consiste à pratiquer une incision continue dans le phloème d'un arbre tout autour du tronc. Sans le phloème, la nourriture produite dans les feuilles ne peut plus se rendre aux racines. Or, sans racines bien alimentées, l'arbre meurt. Certaines régions boisées constituent le théâtre d'affrontements entre des bûcherons et des activistes qui s'opposent à l'exploitation forestière. C'est le cas en Californie, où un séquoia nommé Luna est devenu un symbole pour les activistes. Une nuit, un bûcheron a donné un coup de scie mécanique autour du tronc de Luna. L'arbre vit toujours, mais il se meurt. Faites des recherches pour tenter d'expliquer les motivations du bûcheron.

3. Ricardo et Lucie, tous les deux en voyage, se rencontrent dans une forêt tropicale. C'est le coup de foudre. Dans l'excitation du moment, ils gravent leurs initiales dans l'écorce d'un petit arbre. Ils se quittent et ne se revoient plus jamais. Dix ans plus tard, Ricardo, le cœur meurtri, cherche l'arbre témoin de leur amour. En supposant que cet arbre ait grandi de 30 cm par année, à quelle hauteur les initiales se trouveront-elles par rapport à leur hauteur initiale ? Si Ricardo devient fou furieux et qu'il décide d'abattre l'arbre, quel genre de cernes trouvera-t-il à l'intérieur ?

4. Les conditions écologiques ont apparemment compliqué la conquête de l'Amérique du Nord par les immigrants anglais. En 1560, des colons se sont établis sur l'île de Roanoke, au large des côtes de la Virginie. La colonie a duré 27 ans, puis elle a disparu. Certains historiens ont cru que la colonie avait connu l'échec parce que ses habitants s'étaient mal organisés. Cependant, les cernes des arbres racontent une autre histoire.

Les scientifiques ont extrait du bois d'un cyprès chauve de la région (sans nuire à l'arbre). Les cernes ont révélé que les colons s'étaient installés là pendant la plus longue période de sécheresse qu'ait connue le littoral est américain en 800 ans. En effet, entre les années 1587 et 1589, la sécheresse s'est montrée particulièrement grave, et les colons de l'île de Roanoke ont disparu (voir la figure 29.27).

Les conditions climatiques rendaient sans doute difficile la culture de la terre. De plus, les colons de la région devaient boire de l'eau saumâtre puisque, pendant la sécheresse prolongée, l'eau des puits devait devenir de plus en plus salée. Deux hypothèses sont donc plausibles : soit les colons ont simplement quitté l'île, soit ils se sont tous empoisonnés.

Faites des recherches sur la dendroclimatologie. Par exemple, enquêtez sur ce que les cernes des arbres peuvent révéler à propos de l'histoire des changements climatiques dans votre région. Voyez aussi si vous pouvez établir une corrélation entre ces changements et l'activité humaine de l'époque concernée.

Vocabulaire

Aubier *29.7*	Liège *29.7*	Racine fasciculée *29.5*
Bois dur *29.7*	Magnoliidæ *29.1*	Racine latérale *29.5*
Bois mou *29.7*	Méristème *29.1*	Racine pivotante *29.5*
Bourgeon *29.3*	Mésophylle *29.4*	Racine primaire *29.5*
Cambium	Moelle *29.3*	Sclérenchyme *29.2*
libéroligneux *29.1*	Monocotylédone *29.1*	Sève brute *29.2*
Cerne *29.7*	Nervure *29.4*	Sève élaborée *29.2*
Collenchyme *29.2*	Parenchyme *29.2*	Stèle *29.5*
Cortex *29.3*	Périderme *29.2*	Stomate *29.2*
Cuticule *29.2*	Période de végétation	Système caulinaire *29.1*
Duramen *29.7*	*29.1*	Système racinaire *29.1*
Écorce *29.7*	Phellogène *29.1*	Tissu conducteur *29.1*
Épiderme *29.2*	Phloème *29.2*	Tissu de revêtement
Eudicotylédone *29.1*	Plante annuelle *29.6*	*29.1*
Faisceau libéroligneux	Plante bisannuelle *29.6*	Tissu fondamental
29.3	Plante vivace *29.6*	*29.1*
Feuille *29.4*	Poil absorbant *29.5*	Xylème *29.2*

Lectures complémentaires

Nissim Amzallag, G. (déc. 2003). «La complexité végétale».
Pour la science, 314 : 128-133.

Refrégier, G., H. Höfte et S. Vernhettes (juill. 2003). «La cellulose, un acier végétal». *Pour la science*, 309 : 64-71.

Lectures complémentaires en ligne : consultez l'infoTrac à l'adresse Web
www.brookscole.com/biology

30

LE TRANSPORT DES NUTRIMENTS CHEZ LES VÉGÉTAUX

Des mouches au menu

Les humains, qui sont doués de mobilité, d'intelligence et d'émotions, ont tendance à s'émerveiller davantage devant d'autres humains que devant les êtres immobiles et sans expression que sont les plantes. Pourtant, celles-ci ne se limitent pas à rester immobiles et à capter la lumière du soleil comme le démontre, par exemple, la dionée attrape-mouches (*Dionæa muscipula*), une plante à fleurs originaire des marais de la Caroline du Nord et de la Caroline du Sud. Ses feuilles bilobées, articulées et aux bords dentelés peuvent se refermer à la manière d'une mâchoire (voir la figure 30.1 *a* à *d*). Comme toutes les autres plantes, elle ne peut pas pousser normalement sans certaines substances nutritives, telles que l'azote, qui sont rares dans les marais. Cette lacune de son habitat est compensée par l'abondance d'insectes qui fourniront à la plante les nutriments dont elle a besoin.

Les glandes épidermiques situées sur la face interne des feuilles de la dionée sécrètent des sucs visqueux et sucrés qui attirent les insectes. Lorsque le leurre est efficace, les insectes se frottent contre les petits poils de la feuille, qui déclenchent le piège : quand un insecte effleure deux de ces poils simultanément – ou le même poil deux fois de suite –, les deux lobes de la feuille se referment et certaines cellules

commencent à sécréter des enzymes digestives. Celles-ci dissolvent alors l'insecte pris au piège et en libèrent les substances nutritives.

La dionée attrape-mouches ne constitue qu'un exemple de **plante carnivore** parmi tant d'autres. Les plantes de ce genre sont dites *carnivores* même si leur mode d'acquisition de nutriments, qui consiste en une forme de digestion extracellulaire, ne peut pas vraiment être classé dans la même catégorie que celui des lions, des chiens et d'autres carnivores. De plus, les plantes carnivores ne possèdent pas toutes un piège actif comme celui de la dionée. Par exemple, chez certaines espèces, les proies sont piégées dans une cavité remplie de liquide, où elles se noient pour être ensuite digérées (voir la figure 30.2).

Toutes les plantes carnivores ont évolué dans des habitats où l'azote et d'autres substances nutritives sont rares. On retrouve aussi dans les habitats où les minéraux dissous sont très faiblement concentrés, comme les lacs et les cours d'eau peu profonds, d'autres types de plantes munies d'étonnants systèmes d'acquisition de nutriments.

Étant donné le nombre et la variété d'insectes et d'animaux qui se nourrissent de végétaux, on peut facilement comprendre l'enthousiasme des botanistes pour les plantes carnivores. Le mode de nutrition particulier de ces plantes nous invite également à réfléchir à la **physiologie des végétaux** et à amorcer l'étude des adaptations qui permettent aux plantes de vivre dans leur environnement. Comme nous le savons, presque tous les végétaux sont des photoautotrophes qui utilisent l'énergie de la lumière du soleil pour effectuer la synthèse de composés organiques à partir d'eau, de dioxyde de carbone et de certains minéraux. Cependant, les végétaux ne disposent pas de provisions illimitées de nourriture. En effet, on ne compte que 350 unités de volume de dioxyde de carbone pour chaque million d'unités de volume d'air. En outre, à la différence des habitats où vivent les dionées

UNE DIONÉE ATTEND SA PROIE

Figure 30.1 a) La dionée attrape-mouches (*Dionæa muscipula*), une plante carnivore. La dionée compense la rareté des nutriments de son habitat en ingérant les insectes qui atterrissent sur ses feuilles. **b)** Une mouche collée dans la matière visqueuse et sucrée d'une feuille. **c)** La mouche s'est frottée contre les poils sensitifs, dont on voit ici la base. **d)** Les lobes de la feuille se referment en une demi-seconde. Quand la feuille est ouverte, les cellules du mésophylle au-dessous de l'épiderme sont comprimées. Lorsque le piège est activé, la turgescence décompresse brusquement les cellules, et les lobes se ferment.

Base d'un poil sensitif   Glande épidermique

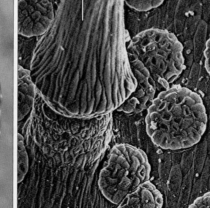

Figure 30.2 Le darlingtonia de Californie (*Darlingtonia californica*). Ses feuilles forment une cavité partiellement remplie de sucs digestifs. Les insectes attirés par l'odeur restent pris dans le piège. Désorientés par la lumière qui traverse la paroi et les motifs de la plante, ils n'arrivent plus à en sortir. En errant dans le piège, ils se butent à des poils recouverts de cire qui pointent vers le bas. Les proies glissent vers les sucs mortels au fond de la cuve où elles sont digérées.

attrape-mouches, la plupart des sols s'assèchent régulièrement. Sauf dans les jardins fréquemment fertilisés, on ne trouve nulle part des sols où l'eau est extrêmement riche en minéraux. Afin de comprendre le transport des nutriments chez les plantes, il faut donc bien saisir cette notion essentielle : de nombreuses caractéristiques structurales et fonctionnelles des végétaux se veulent des réponses aux faibles concentrations de ressources environnementales indispensables.

Concepts-clés

1. De nombreuses caractéristiques structurales et fonctionnelles des végétaux se veulent des réponses aux faibles concentrations d'eau, de minéraux et d'autres ressources environnementales.

2. Le système racinaire végétal s'étend dans le sol à la recherche d'eau et de substances nutritives qu'il absorbe. Beaucoup de végétaux terrestres sont assistés dans l'assimilation de nutriments par des mycorhizes ou par des bactéries symbiotiques. Dans un habitat donné, les propriétés du sol influencent l'approvisionnement des plantes en eau et en nutriments.

3. Les plantes sont dotées d'une cuticule et de nombreux stomates qui les aident à conserver l'eau, une ressource peu abondante dans la plupart des habitats terrestres. Les stomates sont des ouvertures à la surface de l'épiderme des feuilles et, dans une moindre mesure, des tiges. Lorsqu'ils sont ouverts, les stomates permettent les échanges gazeux ; lorsqu'ils sont fermés, ils contribuent à limiter les pertes d'eau.

4. Les stomates s'ouvrent le jour, pendant que la plante effectue la photosynthèse, pour que le dioxyde de carbone puisse entrer dans les feuilles et que l'oxygène et l'eau puissent en sortir. La plupart des espèces végétales conservent l'eau en fermant leurs stomates la nuit.

5. Chez les plantes à fleurs et les autres plantes vasculaires, la circulation d'eau et de solutés dans le xylème et le phloème lie physiologiquement toutes les cellules vivantes des racines, des tiges et des feuilles. Le xylème sert à l'assimilation et à la distribution de l'eau et des minéraux dissous (la sève brute), tandis que le phloème sert à la distribution des sucres et des autres composés organiques produits par la photosynthèse (la sève élaborée).

6. L'eau absorbée par les racines dans le sol monte par le xylème et aboutit dans les feuilles. L'air sec autour de ces dernières favorise l'évaporation de l'eau par les stomates ; ce mécanisme est appelé *transpiration*. L'évaporation tire vers le haut (depuis les racines jusqu'aux parties foliacées de la plante) les colonnes de molécules d'eau, dont la cohésion est assurée par les liaisons hydrogène.

7. Par le processus actif de translocation, le saccharose et les autres composés organiques constituant la sève élaborée sont distribués partout dans la plante. Les composés organiques produits par les cellules photosynthétiques des feuilles sont transportés par les cellules conductrices du phloème, qui vont ensuite les décharger dans les tissus de réserve ou en croissance active.

LES NUTRIMENTS DES VÉGÉTAUX ET LEUR DISPONIBILITÉ DANS LE SOL

Les besoins nutritifs des végétaux

Quand on parle de substances nutritives, de quoi s'agit-il exactement? Tout élément essentiel pour l'organisme est une substance nutritive, ou **nutriment**. Autrement dit, il s'agit de substances dont le rôle métabolique ne peut être accompli par aucune autre, ni directement ni indirectement. Les éléments essentiels pour les végétaux sont l'oxygène, le carbone et l'hydrogène, tous nécessaires à la photosynthèse. Les plantes ont aussi besoin de 13 autres éléments (voir le tableau 30.1) qui, en général, se trouvent sous forme d'ions dissous dans l'eau du sol et souvent retenus par des particules d'argile. Les ions calcium (Ca^{++}) et potassium (K^+) en représentent des exemples. Les plantes échangent facilement des ions hydrogène contre des cations retenus par les charges négatives de l'argile.

Neuf minéraux essentiels sont appelés *macronutriments*. Normalement, la plante en a besoin d'une quantité supérieure à 0,5 % de son poids sec (c'est-à-dire le poids de la plante après que toute l'eau en a été retirée). Les autres minéraux sont appelés *micronutriments* et ne composent qu'une infime partie (en général, quelques parties par million) du poids sec de la plante. Les micronutriments sont néanmoins essentiels à la croissance normale de la plante.

Les propriétés du sol

Le **sol** est constitué de particules minérales mélangées à des quantités variables de matière organique décomposée, ou **humus**. Les minéraux proviennent de l'érosion du substrat rocheux par l'eau. L'humus, quant à lui, est composé d'organismes morts et de détritus organiques (des feuilles mortes, des excréments, etc.). Les espaces entre les particules du sol sont comblés par de l'eau et de l'air.

Chaque sol se caractérise par la proportion et la densité des minéraux qu'il contient. Les sols sont composés de particules qui peuvent être de trois types, selon leur taille: le sable, le limon et l'argile. Les particules de sable, les moins fines, sont visibles à l'œil nu (leur diamètre varie de 5 µm à 2 mm). Les particules de limon, qui mesurent entre 50 µm et 2 mm de diamètre, sont impossibles à distinguer à l'œil nu. Enfin, les particules d'argile sont les plus fines de toutes, leur diamètre étant inférieur à 2 µm.

Comment savoir si un sol est bon pour la croissance des végétaux? S'il est collant quand il est mouillé, est-ce parce qu'il ne contient pas assez d'air? Pourquoi forme-t-il des mottes dures lorsqu'il est sec? Les réponses à ces questions dépendent en partie de la proportion de sable, de limon et d'argile présents dans ce sol. Plus le sol contient d'argile, plus sa texture est fine et plus il retient l'eau. En revanche, les particules de sable sont grosses et retiennent mal l'eau.

Chaque particule d'argile est faite de minces couches superposées d'aluminosilicates présentant à leur surface des ions négatifs. L'argile attire et lie les ions positifs dissous dans l'eau du sol. Des molécules d'eau s'y lient également. Les ions et l'eau s'accrochent donc à la particule d'argile, mais de façon réversible. En effet, les racines peuvent libérer des ions H^+ qui prennent la place des ions positifs liés à l'argile, ces derniers devenant disponibles pour la plante. Ce mécanisme chimique est vital pour tous les végétaux. Lors de fortes pluies, la grande capacité d'adsorption de l'argile contribue à prévenir le lessivage des nutriments du sol.

| Tableau 30.1 | *Le rôle des nutriments minéraux chez les végétaux* | | | | | |

MACRONUTRIMENTS	Fonctions	Symptômes de carence	MICRONUTRIMENTS	Fonctions	Symptômes de carence
Carbone Hydrogène Oxygène	Matières premières de la deuxième étape de la photosynthèse	Aucun; tous ces éléments se trouvent en abondance (sources: eau, dioxyde de carbone)	Chlore	Croissance des racines et des pousses; nécessaire à la photosynthèse	Les feuilles se fanent; chlorose; mort de certaines feuilles
Azote	Composant des protéines, des acides nucléiques, de la chlorophylle et des coenzymes	Croissance retardée; les feuilles âgées sont vert pâle, certaines sont jaunes et tombent (ces symptômes définissent une condition nommée *chlorose*)	Fer	Nécessaire à la production de chlorophylle et au transport d'électrons	Chlorose; rayures jaunes et vertes sur les feuilles des graminées
Potassium	Cofacteur enzymatique; participe à l'équilibre hydrique et des solutés, ce qui influence l'osmose*	Croissance diminuée; feuilles âgées recourbées et marbrées ou tachetées; bords des feuilles brunis; faiblesse générale de la plante	Bore	Joue un rôle dans la germination, dans la floraison, dans la production de fruits, dans la division cellulaire et dans la régulation du métabolisme de l'azote	Mort de l'apex végétatif (bourgeon terminal), mort des rameaux; épaississement et assèchement des feuilles; les feuilles se recourbent
Calcium	Joue un rôle dans de nombreuses fonctions cellulaires; cimentation des parois cellulaires	Mort de l'apex végétatif (bourgeon terminal); déformation des feuilles; racines faibles	Manganèse	Synthèse de la chlorophylle; activités coenzymatiques	Chlorose marbrée; nervures foncées, blanchissement des feuilles
Magnésium	Constituant de la chlorophylle; cofacteur enzymatique	Chlorose; les feuilles se fanent	Zinc	Précurseur de l'auxine; joue un rôle dans la formation de chloroplastes et de l'amidon; composant de certaines enzymes	Chlorose; feuilles marbrées ou de couleur bronze; malformation des racines
Phosphore	Composant des acides nucléiques, de l'ATP et des phospholipides	Nervures empourprées; croissance retardée; baisse de production de graines et de fruits	Cuivre	Composant de certaines enzymes	Chlorose; parties mortes sur les feuilles; croissance lente
Soufre	Composant de la plupart des protéines et de deux vitamines	Feuilles jaunies ou vert pâle; croissance retardée	Molybdène	Composant des enzymes qui sert au métabolisme de l'azote	Feuilles vert pâle et recourbées

* Tous les minéraux participent à la régulation hydrique et à celle de la concentration des solutés; la quantité de potassium dans les végétaux en fait cependant un élément plus important à cet égard.

Figure 30.3 a) Quelques horizons d'un sol africain. **b)** Le profil d'un sol fortement lessivé. Ces sols sont courants dans les forêts conifériennes fraîches et humides. La dégradation des aiguilles de pin rend l'eau du sol très acide, de sorte que les nutriments sont facilement lessivées des couches de surface. Les matières résistantes à l'acide, comme le quartz, ne sont pas lessivés et donnent aux couches de surface une couleur cendrée. Des oxydes de fer et d'aluminium colorent les couches plus profondes.

c) L'érosion forme des ravines qui récupèrent le sol lessivé. Plus les ravines deviennent profondes et s'élargissent, plus l'érosion se fait rapidement. Lorsque la couche de terre arable est partie, la productivité du sol décroît. En général, on ajoute de l'engrais pour remplacer les substances nutritives perdues.

HORIZON O
Litière : feuilles mortes et autres matières organiques à la surface du sol minéral.

HORIZON A
Couche de terre arable, qui contient un certain pourcentage de matière organique décomposée. L'horizon A varie en profondeur (de quelques centimètres, dans les déserts par exemple, à une trentaine de centimètres dans les endroits plus fertiles).

HORIZON B
Comparé à l'horizon A, l'horizon B contient de plus grosses particules de terre, peu de matière organique, mais beaucoup de minéraux ; il s'étend de 30 à 60 cm sous la surface du sol.

HORIZON C
Il ne contient aucune matière organique ; il renferme des fragments de pierres érodées et des particules à partir desquels se forme le sol ; il s'étend jusqu'au substratum rocheux.

SUBSTRATUM ROCHEUX

Toutefois, si l'argile est bénéfique pour les végétaux lorsqu'elle est en quantité adéquate, elle produit l'effet contraire lorsqu'il y en a trop. En effet, puisqu'elle est très compacte, il n'y a presque pas d'espaces d'air entre ses particules, ce qui donne moins d'oxygène aux racines pour la respiration aérobie. La densité de l'argile ralentit la pénétration de l'eau dans le sol, ce qui favorise le ruissellement et les pertes de nutriments.

Les sols les plus fertiles sont les **limons argilo-sableux**, qui sont composés de quantités plus ou moins égales de sable, de limon et d'argile.

La croissance des végétaux est aussi influencée par la présence d'humus dans le sol. En général, l'humus est riche en acides organiques de charge négative, ce qui lui permet de créer des liaisons faibles avec des ions positifs. De plus, il présente une grande capacité d'absorption de l'eau : il se gonfle quand il est gorgé d'eau, puis se comprime lorsqu'il y a moins d'eau, et l'alternance gonflement-compression a pour résultat d'aérer la terre. En outre, étant donné que les décomposeurs altèrent graduellement l'humus, ils libèrent peu à peu dans le sol les nutriments utilisables par les végétaux.

En général, les sols qui contiennent de 10 à 20 % d'humus sont les plus fertiles. Les sols les moins favorables à la croissance des plantes sont ceux qui contiennent soit moins de 10 % ou plus de 90 % d'humus (c'est le cas des marécages et des marais).

On classifie aussi les sols selon leur profil, c'est-à-dire selon les caractéristiques de leurs horizons. La figure 30.3 en donne deux exemples. La **terre arable**, la couche supérieure du sol, est l'horizon A, dont la profondeur est variable d'un habitat à l'autre : elle constitue la couche la plus importante pour la croissance des végétaux.

Le lessivage et l'érosion

Le **lessivage** se définit comme le déplacement de nutriments du sol par percolation : l'eau emporte des nutriments avec elle lorsqu'elle descend dans le sol. Le lessivage est considérable dans les sols sablonneux, qui ne retiennent pas l'eau aussi efficacement que l'argile. L'**érosion** se traduit par un déplacement du sol sous la force des vents, des glaces ou du ruissellement de l'eau (voir la figure 30.3*b* et *c*). Par exemple, l'érosion des terres agricoles du bassin versant du Mississippi entraîne le rejet d'environ 25 milliards de tonnes de terre arable dans le golfe du Mexique chaque année. Que ce soit par lessivage ou par érosion, la perte des nutriments du sol nuit aux végétaux et à tous les organismes qui dépendent d'eux pour leur survie.

Les nutriments constituent les éléments essentiels dont les végétaux ont besoin. Aucun élément ne peut remplir les rôles métaboliques ou de croissance d'un autre élément.

Parmi les composants minéraux du sol, on compte de grosses particules de sable, des particules de limon et de très fins grains d'argile. Ces particules, spécialement celles d'argile, se lient faiblement aux molécules d'eau et aux minéraux. De ce fait, ces derniers deviennent accessibles aux racines des plantes.

Le sol contient aussi de l'humus, qui se veut en quelque sorte un réservoir de matière organique. Riche en acides organiques, l'humus peut être plus ou moins décomposé selon l'habitat. La croissance de la plupart des végétaux est favorisée dans les sols ayant des quantités équivalentes de sable, de limon et d'argile, ainsi que de 10 à 20 % d'humus.

L'ABSORPTION DE L'EAU ET DES MINÉRAUX PAR LES RACINES

En termes de dépenses d'énergie, il est coûteux pour une plante de produire un système racinaire assez développé pour obtenir les minéraux et l'eau essentiels à sa survie et à sa croissance. Partout où la texture et la composition du sol changent, de nouvelles racines doivent se former pour remplacer les vieilles et pour s'infiltrer dans les nouvelles régions. La croissance et le développement d'une plante sont favorisés par un sol riche.

Les voies d'absorption

La section 29.5 étudie la structure d'une racine typique. On sait que les molécules d'eau dans le sol sont faiblement liées aux particules d'argile ; elles atteignent donc aisément l'épiderme racinaire et passent ensuite dans la **stèle**, un cylindre de tissu conducteur situé au centre de la racine. Autour de la stèle se trouve l'**endoderme,** une couche cylindrique de cellules imprégnées d'une substance cireuse, la subérine. Ces cellules ainsi que la subérine forment une barrière à l'eau et aux solutés appelée **bande de Caspary** (voir la figure 30.4). En raison de la présence de cette bande imperméable, les molécules sont contraintes de parcourir l'espace qui sépare l'épiderme de la racine en traversant les cellules ou en se faufilant entre ces dernières pour atteindre la stèle. Comme toutes les cellules, celles de l'endoderme bénéficient de nombreuses protéines de transport membranaire, ce qui leur permet d'empêcher le passage de certains solutés et d'autoriser celui d'autres (voir la section 5.6). En quelque sorte, les protéines de transport des cellules endodermiques sont des points de contrôle, où la quantité et le type de solutés absorbés par la plante sont ajustés.

Les parties des racines ayant perdu leurs poils absorbants sont recouvertes d'une assise subéreuse externe. Les cellules de cette couche sont enrichies de subérine, une substance imperméable.

Les structures absorbantes

LES POILS ABSORBANTS Les plantes vasculaires ont besoin de grandes quantités d'eau. Par exemple, les racines d'un plant de maïs mature absorbent quotidiennement plus de 3 l d'eau. Une telle absorption serait impossible sans les **poils absorbants**. Ces derniers, qui se veulent de minces extensions de cellules épidermiques spécialisées des racines, augmentent considérablement la surface d'absorption de celles-ci (voir la section 29.5 et la figure 30.5). Au cours de sa croissance en longueur, le système racinaire peut développer des millions, voire des milliards de poils absorbants.

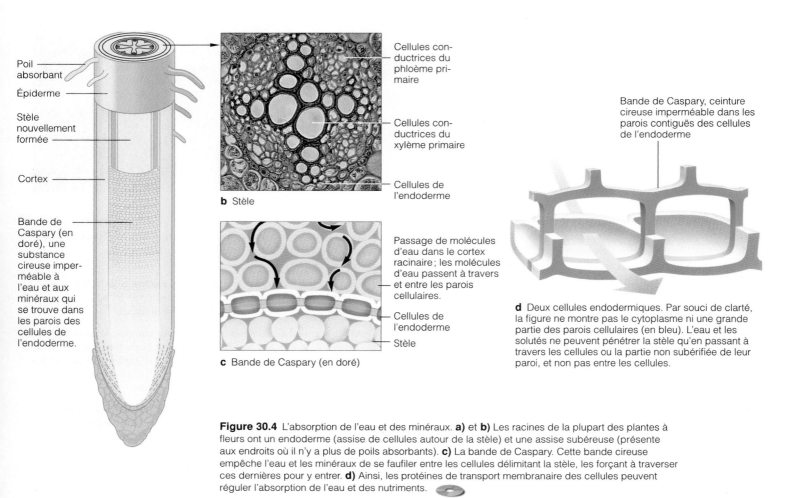

Poil absorbant

Épiderme

Stèle nouvellement formée

Cortex

Bande de Caspary (en doré), une substance cireuse imperméable à l'eau et aux minéraux qui se trouve dans les parois des cellules de l'endoderme.

Cellules conductrices du phloème primaire

Cellules conductrices du xylème primaire

Cellules de l'endoderme

b Stèle

Passage de molécules d'eau dans le cortex racinaire ; les molécules d'eau passent à travers et entre les parois cellulaires.

Cellules de l'endoderme

Stèle

c Bande de Caspary (en doré)

Bande de Caspary, ceinture cireuse imperméable dans les parois contiguës des cellules de l'endoderme

d Deux cellules endodermiques. Par souci de clarté, la figure ne montre pas le cytoplasme ni une grande partie des parois cellulaires (en bleu). L'eau et les solutés ne peuvent pénétrer la stèle qu'en passant à travers les cellules ou la partie non subérifiée de leur paroi, et non pas entre les cellules.

Figure 30.4 L'absorption de l'eau et des minéraux. **a)** et **b)** Les racines de la plupart des plantes à fleurs ont un endoderme (assise de cellules autour de la stèle) et une assise subéreuse (présente aux endroits où il n'y a plus de poils absorbants). **c)** La bande de Caspary. Cette bande cireuse empêche l'eau et les minéraux de se faufiler entre les cellules délimitant la stèle, les forçant à traverser ces dernières pour y entrer. **d)** Ainsi, les protéines de transport membranaire des cellules peuvent réguler l'absorption de l'eau et des nutriments.

Figure 30.5 Des poils absorbants. Ces minces extensions de cellules épidermiques d'une jeune racine sont spécialisées dans l'absorption de l'eau et des minéraux.

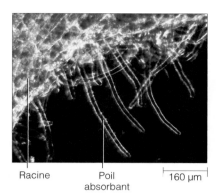

Racine   Poil absorbant |—— 160 μm ——|

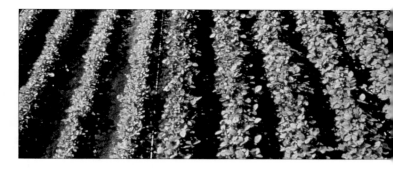

Figure 30.7 Un effet des nodosités racinaires sur la croissance végétale. À gauche, des plants de soja grandissant dans un sol pauvre en azote. À droite, des plants de soja grandissant dans le même sol ; ces plants ont cependant été inoculés avec des bactéries du genre *Rhizobium* et ont donc développé des nodosités.

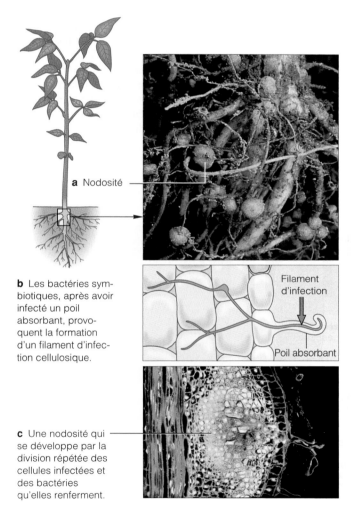

a Nodosité

b Les bactéries symbiotiques, après avoir infecté un poil absorbant, provoquent la formation d'un filament d'infection cellulosique.

Filament d'infection

Poil absorbant

c Une nodosité qui se développe par la division répétée des cellules infectées et des bactéries qu'elles renferment.

Figure 30.6 a) L'absorption des nutriments dans les nodosités des racines de légumineuses, des symbiotes associés avec des bactéries fixatrices d'azote (*Rhizobium* et *Bradyrhizobium*). Lorsque la plante est infectée par ces bactéries, les poils absorbants forment un filament de cellulose. Les bactéries suivent ce filament pour envahir les cellules du cortex racinaire.

b) et **c)** Les cellules végétales infectées et les cellules bactériennes qu'elles contiennent se divisent sans arrêt. Ensemble, elles forment une masse qui devient une nodosité. Les bactéries commencent la fixation de l'azote lorsqu'elles sont entourées de membranes cellulaires végétales. La plante absorbe une certaine partie de l'azote fixé, et les bactéries absorbent une partie des produits de la photosynthèse.

LES NODOSITÉS DES RACINES Certaines bactéries et certains eumycètes aident de nombreux végétaux à absorber les nutriments dissous, tout en obtenant quelque chose en retour. Ce type d'association, duquel deux symbiotes tirent profit, est appelé **mutualisme** (voir la section 24.4). Bien que l'air contienne beaucoup d'azote gazeux ($N \equiv N$ ou N_2), les végétaux ne possèdent pas d'appareil métabolique pour effectuer la **fixation de l'azote**, c'est-à-dire couper les liens covalents de tous les N_2 et attacher le produit de la réaction, soit deux atomes d'azote, aux composés organiques. Ce processus ne peut s'effectuer qu'à l'aide d'enzymes dont les plantes sont dépourvues. Or, une carence en azote peut limiter gravement la croissance végétale. C'est pour permettre aux plantes de survivre et augmenter le rendement des récoltes que les fermiers épandent sur leurs cultures des engrais riches en azote et encouragent la croissance dans le sol de bactéries fixatrices d'azote. Ces bactéries convertissent le N_2 en formes absorbables par les racines des végétaux et utilisables par ces derniers. À cet égard, les haricots verts, les pois, la luzerne, le trèfle et d'autres légumineuses bénéficient d'un avantage, puisque leurs racines présentent des **nodosités** contenant naturellement des bactéries symbiotiques (voir les figures 30.6 et 30.7). Celles-ci fixent l'azote et se nourrissent de certains des composés organiques produits par la photosynthèse. En contrepartie, les plantes absorbent une partie de l'azote fixé par les bactéries.

LES MYCORHIZES La section 24.4 explique qu'une **mycorhize** constitue une association symbiotique entre une jeune racine et un eumycète. Des filaments fongiques, ou hyphes, forment une couverture veloutée autour des racines ou pénètrent dans ces dernières. Collectivement, les hyphes offrent une très grande surface d'absorption et puisent les minéraux dans un volume de sol plus grand que les racines seules. Le partenaire fongique absorbe des sucres et des composés azotés présents dans les cellules racinaires et, en retour, ces dernières obtiennent certains minéraux rares que l'eumycète absorbe plus facilement.

Chez les gymnospermes et les angiospermes, le contrôle de l'assimilation de l'eau et des nutriments dissous se fait au niveau de l'endoderme, qui entoure la stèle.

Les poils absorbants, les nodosités des racines et les mycorhizes augmentent considérablement l'assimilation de l'eau et des minéraux.

LA CONSERVATION DE L'EAU DANS LES TIGES ET LES FEUILLES

Au moins 90 % de l'eau transportée des racines aux feuilles s'échappe directement de la plante par évaporation. Les cellules n'utilisent environ que 20 % du reste pour la photosynthèse, pour des fonctions membranaires et pour d'autres activités ; c'est peu, mais cette quantité doit cependant être maintenue. Les plantes « évaluent » la quantité d'eau qu'elles contiennent d'après la **pression de turgescence**, c'est-à-dire la pression exercée sur la paroi cellulaire par l'eau présente dans les cellules. Quand les parties tendres d'une plante sont dressées, c'est qu'il sort des cellules autant d'eau qu'il en entre. Quand les cellules perdent de l'eau, ces parties ramollissent et fanent, et les processus qui dépendent de l'eau sont perturbés (voir les sections 5.7 et 28.2). Pourtant, les plantes ne sont pas entièrement à la merci de leur alimentation en eau, puisqu'elles ont une cuticule et des stomates qui évitent les pertes excessives d'eau.

La cuticule

Sans **cuticule**, le maintien à l'intérieur d'une plante d'une quantité d'eau essentielle à sa survie serait difficile, même impossible (voir les figures 29.9 et 30.10). La cuticule est sécrétée par les cellules épidermiques ; c'est une couche translucide et imperméable à l'eau recouvrant les parties aériennes des végétaux. Elle se compose de différentes cires dont la **cutine**, un polymère lipidique insoluble. Juste en dessous de ces couches de cire se trouve un entrelacement de fibres de cellulose. Souvent, une couche de polysaccharides (pectine) aide à lier la cuticule aux parois cellulaires.

Dans les parties photosynthétiques de la plante, la cuticule laisse passer les rayons de lumière, tout en minimisant les pertes d'eau. Cependant, elle limite la diffusion vers l'intérieur du dioxyde de carbone nécessaire à la photosynthèse et la diffusion vers l'extérieur de l'oxygène. Cela pourrait entraver le métabolisme normal de la plante puisqu'une accumulation d'oxygène dans les lacunes de la feuille perturbe et ralentit la photosynthèse (voir la section 7.7).

La régulation de la transpiration par les stomates

Comment donc les gaz et l'eau peuvent-ils franchir la cuticule, qui est si étanche ? En fait, celle-ci n'est pas continue, puisqu'elle est interrompue par des stomates. Les **stomates** sont des structures qui peuvent s'ouvrir ou se fermer selon les besoins de la plante, permettant ou non la circulation des gaz et de l'eau entre la feuille et l'air qui l'entoure. C'est donc par les stomates que le dioxyde de carbone et l'oxygène traversent de façon contrôlée l'épiderme et la cuticule.

Normalement, les stomates restent ouverts le jour, pour permettre la photosynthèse. Ils laissent aussi sortir l'eau mais, si le sol est suffisamment humide, les racines la remplacent aussitôt. La nuit, les stomates sont généralement fermés ; ainsi, l'eau est conservée et le dioxyde de carbone s'accumule dans les feuilles pendant que les cellules effectuent la respiration aérobie. Tout comme les humains, les végétaux dépendent de cette voie libératrice d'énergie pour produire l'ATP nécessaire à un grand nombre de réactions métaboliques.

Les stomates se ferment principalement en réaction à la perte d'eau. Chaque stomate est composé d'une paire de cellules parenchymateuses spécialisées appelées **cellules stomatiques** (voir la figure 30.11). Lorsque les deux cellules stomatiques se gonflent d'eau, elles deviennent turgescentes et se bombent, créant une ouverture appelée *ostiole*. Quand les cellules stomatiques perdent de l'eau, la pression de turgescence diminue, les faisant s'affaisser l'une contre l'autre et entraînant du même coup la fermeture du stomate.

En fait, lorsque la plante subit un manque d'eau, ses stomates se ferment en réponse au signal d'une hormone appelée *acide abscissique* (ABA) (voir la section 28.5 à propos des signaux de réception, de transduction et de réponse). L'ABA se lie aux récepteurs membranaires de chaque cellule stomatique. Certaines expériences ont démontré que cette liaison provoque l'ouverture de certains canaux qui permettent l'entrée d'ions calcium (Ca^{++}) dans les cellules, où ils peuvent agir comme second messager. En fait, ils provoquent l'ouverture d'autres canaux, qui laissent sortir rapidement dans la matrice extracellulaire des ions chlorure (Cl^-), du malate (un composé organique de charge négative) ainsi que du potassium (K^+). Il en résulte un important gradient électrochimique de part et d'autre de la membrane.

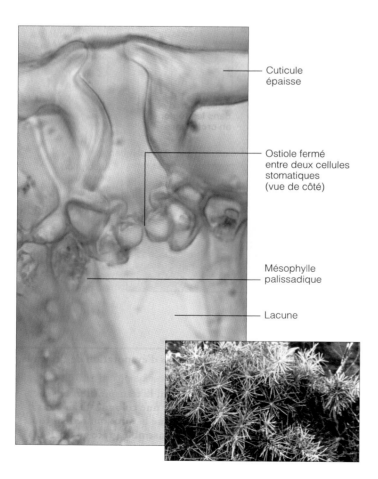

Cuticule épaisse

Ostiole fermé entre deux cellules stomatiques (vue de côté)

Mésophylle palissadique

Lacune

Figure 30.10 Une coupe longitudinale de la cuticule d'une feuille longue et mince d'*Hakea gibbosa*, une plante d'Australie. L'eau, le dioxyde de carbone et l'oxygène traversent la cuticule par les stomates. À l'instar d'autres plantes qui poussent dans des climats de sécheresses saisonnières, Hakea gibbosa possède une cuticule très épaisse, limitant ainsi la perte en eau. (Les plantes aquatiques n'ont que de minces cuticules ou n'en possèdent pas du tout.)

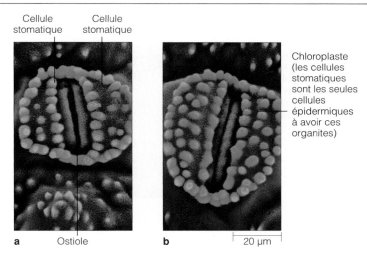

Figure 30.11 Un stomate. L'ouverture ou la fermeture de l'ostiole dépend de la forme des deux cellules stomatiques qui bordent cet orifice dans l'épiderme et la cuticule d'une feuille. **a)** Un stomate ouvert. Ses cellules sont devenues turgescentes par l'absorption d'eau. Ainsi gonflées, elles gardent le stomate ouvert. **b)** Un stomate fermé. Les cellules stomatiques ont perdu l'eau qu'elles contenaient et se sont aplaties, fermant l'ostiole.

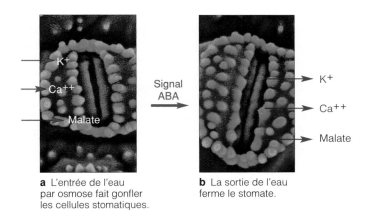

a L'entrée de l'eau par osmose fait gonfler les cellules stomatiques.

b La sortie de l'eau ferme le stomate.

Figure 30.12 Un contrôle hormonal de la fermeture des stomates. **a)** Lorsqu'un stomate est ouvert, la concentration de solutés dans le cytoplasme de chaque cellule stomatique favorise la turgescence. **b)** Si la plante manque d'eau, l'acide abscissique, une hormone, se lie aux récepteurs membranaires des cellules stomatiques, activant un signal de transduction qui fait diminuer la concentration de solutés à l'intérieur des cellules. Ce faisant, l'eau sort des cellules stomatiques et le stomate se ferme.

La perte de tous ces ions rend les cellules hypotoniques par rapport à l'extérieur (voir la section 5.7). L'eau suit alors son gradient de concentration et quitte les cellules. Par conséquent, la pression de turgescence diminue, ce qui cause la fermeture des stomates. Les expériences montrent que les stomates s'ouvrent lorsque le flux d'ions est inversé (voir la figure 30.12).

Les stomates s'ouvrent et se ferment aussi en fonction de certains signaux en provenance de l'environnement, comme la concentration de dioxyde de carbone à l'intérieur des feuilles, la luminosité et la température. Prenons le cas de la photosynthèse, qui débute au lever du soleil. Durant la matinée, la concentration de dioxyde de carbone diminue dans les cellules photosynthétiques ainsi que dans les cellules

Figure 30.13 a) Un stomate à la surface d'une feuille de houx commun, avec du smog de l'Europe de l'Est en arrière-plan. **b)** Des stomates de houx commun poussant dans une région industrialisée. La pollution aérienne bouche les stomates et empêche une partie des rayons du soleil d'atteindre les cellules photosynthétiques de la feuille.

stomatiques (voir la figure 30.12*a*), déclenchant le transport actif d'ions K^+ vers l'intérieur de ces dernières. De surcroît, les longueurs d'onde de la lumière bleue, qui pénètrent l'atmosphère mieux que les autres lorsque le soleil est haut dans le ciel, produisent le même effet. À la suite de ce transport d'ions K^+, l'eau se déplace par osmose vers l'intérieur des cellules, ce qui augmente la pression de turgescence et entraîne l'ouverture des stomates.

Lorsque le soleil se couche et que les activités photosynthétiques cessent, la concentration de dioxyde de carbone dans les cellules augmente. Le potassium, puis l'eau, sortent alors des cellules stomatiques, ce qui cause la fermeture des stomates.

Les **plantes de type CAM**, qui comprennent la plupart des cactus, conservent l'eau différemment : elles ouvrent leurs stomates la nuit, et fixent le carbone selon le cycle C4 décrit à la section 7.7. Le jour, elles peuvent éviter des pertes importantes d'eau en gardant fermés leurs stomates puisqu'elles sont en mesure d'utiliser, pour la photosynthèse, le dioxyde de carbone accumulé la nuit précédente.

La survie des plantes dépend donc du fonctionnement des stomates. Nous sommes en mesure d'imaginer les impacts des épisodes de smog sur la vie végétale quand on voit à quel point les plantes sont affectées par certains polluants atmosphériques (voir la figure 30.13).

Les mécanismes végétaux qui dépendent de l'eau sont considérablement perturbés lorsque les racines perdent plus d'eau qu'elles n'en absorbent pendant de longues périodes. La fanaison est l'une des conséquences observables du manque d'eau.

La transpiration et les échanges gazeux se produisent principalement par les stomates. Ces nombreuses petites ouvertures tapissent la cuticule cireuse qui recouvre les organes photosynthétiques des végétaux.

Les stomates s'ouvrent et se ferment à différents moments pour contrôler les pertes d'eau, l'assimilation de dioxyde de carbone et l'élimination de l'oxygène, trois éléments qui influent sur la photosynthèse et la croissance des végétaux.

LA DISTRIBUTION DES COMPOSÉS ORGANIQUES DANS LES VÉGÉTAUX

Tandis que le xylème distribue l'eau et les minéraux (la sève brute) dans la plante, le **phloème**, un autre tissu conducteur, répartit quant à lui les produits de la photosynthèse et du métabolisme (la sève élaborée). Tout comme le xylème, le phloème est constitué de nombreux tubes conducteurs, de fibres et de cellules parenchymateuses. Les sections 29.2, 29.3 et 29.6 décrivent la distribution du phloème chez les dicotylédones et les monocotylédones. Le phloème est composé également de cellules vivantes appelées **tubes criblés**, spécialisées dans le transport de la sève élaborée. Les parois des extrémités de ces tubes, nommées **cribles**, comptent de nombreux petits pores, et ces cellules sont disposées bout à bout, formant des vaisseaux dans lesquels circulent la sève élaborée (voir la figure 30.14*a*).

Le long de chaque tube criblé se trouvent des **cellules compagnes**, soit des cellules parenchymateuses différenciées, qui participent au chargement des composés organiques dans les tubes criblés.

Voyons ce qui arrive au saccharose et aux autres produits organiques de la photosynthèse dans le phloème. D'abord, il faut savoir que les cellules des feuilles utilisent une partie des sucres synthétisés pour leurs propres activités. Le reste circule ensuite jusqu'aux autres parties de la plante : racines, tiges, bourgeons, fleurs et fruits. Dans la plupart des cellules, les glucides sont stockés dans des plastes sous forme d'amidon. Pour leur part, les protéines et les lipides, formés de glucides et d'acides aminés, sont souvent stockés dans les graines. Les avocats et certains autres fruits accumulent aussi des lipides.

Les molécules d'amidon sont trop grosses pour franchir la membrane plasmique des cellules qui les fabriquent et, comme elles ne sont pas très solubles, elles ne peuvent être conduites aux autres

Figure 30.15 Une gouttelette de miellat sortant de l'anus d'un puceron. Le stylet de ce petit insecte a perforé un tube conducteur du phloème. Le liquide sucré qui circule dans le phloème est sous une telle pression qu'il sort de force à l'autre bout du tube digestif du puceron.

parties de la plante. En général, les protéines sont trop grosses et les lipides trop peu solubles pour être transportés jusqu'aux zones de stockage. Cependant, les cellules peuvent convertir les composés organiques stockés pour en faire des solutés plus petits et plus facilement transportables par le phloème. Par exemple, les cellules dégradent l'amidon en glucose, un monomère. La combinaison du glucose avec du fructose produit le saccharose, un sucre facile à transporter pour les plantes.

Des expériences simples menées sur des pucerons ont montré que le saccharose constitue le principal glucide présent à l'intérieur du phloème. Ces insectes se nourrissent de la sève élaborée transportée par le phloème. Après les avoir anesthésiés au dioxyde de carbone, on a détaché leur corps de leur stylet, en prenant soin de laisser ce dernier inséré dans les tubes criblés du phloème. On pouvait donc extraire directement de petites quantités de sève de la plante. Chez la plupart des plantes étudiées, le saccharose se voulait le glucide le plus abondant dans la sève élaborée.

La translocation

La **translocation** est le nom technique donné au transport de la sève élaborée dans le phloème d'une plante vasculaire. Ce processus est mû par la forte pression existant à l'intérieur des tissus conducteurs, qui est souvent cinq fois supérieure à celle que l'on maintient dans les pneus d'une automobile. Un phénomène particulier illustre bien cette force : lorsqu'un puceron enfonce son stylet dans un tube criblé d'un arbre pour y puiser des sucres, la pression pousse le liquide jusqu'à la sortie du tube digestif de l'insecte (voir la figure 30.15). D'ailleurs, une voiture laissée sous un arbre attaqué par des pucerons risque d'être recouverte de gouttelettes collantes, une preuve tangible de la pression du liquide circulant dans le phloème.

La théorie du courant de masse

La circulation de la sève élaborée dans le phloème découle des gradients de pression et de concentration caractérisant différentes parties de la plante. Le déplacement des substances se fait à partir d'un organe source, c'est-à-dire un endroit où des composés organiques sont chargés dans les tubes criblés, par exemple le tissu photosynthétique des feuilles (le mésophylle). Ensuite, la sève élaborée circule dans le phloème et atteint un organe cible, soit toute partie de la plante où les produits sont déchargés et utilisés ou stockés. Par exemple, pendant leur formation, les fleurs et les fruits sont considérés comme des organes cibles.

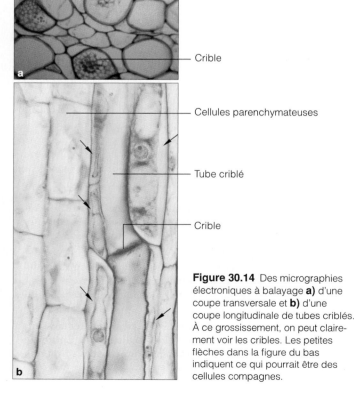

Crible

Cellules parenchymateuses

Tube criblé

Crible

Figure 30.14 Des micrographies électroniques à balayage **a)** d'une coupe transversale et **b)** d'une coupe longitudinale de tubes criblés. À ce grossissement, on peut clairement voir les cribles. Les petites flèches dans la figure du bas indiquent ce qui pourrait être des cellules compagnes.

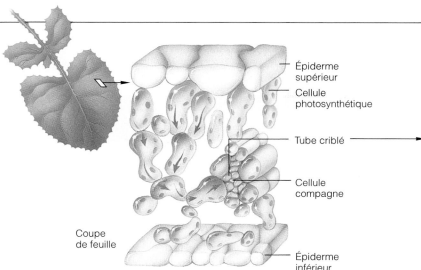

Épiderme supérieur

Cellule photosynthétique

Tube criblé

Cellule compagne

Coupe de feuille

Épiderme inférieur

a Organe source. Les cellules photosynthétiques des feuilles représentent une source de composés organiques qui doivent être distribués partout dans la plante. Ces composés, sous forme soluble, passent des cellules au phloème, dans les nervures de la feuille.

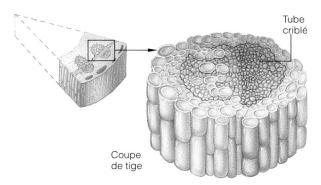

Tube criblé

Coupe de tige

b Translocation d'un tissu à un autre. La pression hydrostatique est plus grande dans les tubes criblés de l'organe source. Cette pression pousse la sève riche en solutés vers un organe cible, c'est-à-dire une zone de croissance active ou d'accumulation de réserves. La pression est plus basse aux organes cibles, parce que les cellules y prélèvent l'eau et les solutés du phloème.

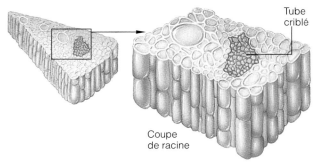

Tube criblé

Coupe de racine

c Organe cible. Les tubes criblés déchargent leurs solutés, qui sont consommés ou emmagasinés par les cellules de l'organe cible ; l'eau suit, par osmose. La translocation se poursuit tant qu'il y a un gradient de concentration de solutés et un gradient de pression entre l'organe source et l'organe cible.

Figure 30.16 La translocation de composés organiques chez un laiteron (*Sonchus*). La section 7.6 explique comment la translocation influence la photosynthèse chez les plantes vasculaires.

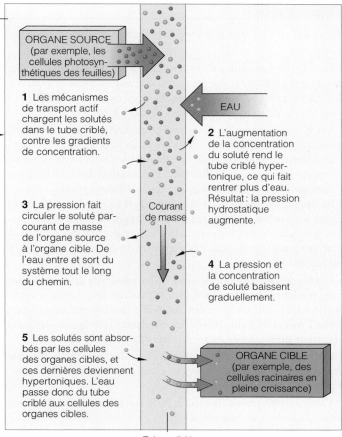

ORGANE SOURCE (par exemple, les cellules photosynthétiques des feuilles)

1 Les mécanismes de transport actif chargent les solutés dans le tube criblé, contre les gradients de concentration.

EAU

2 L'augmentation de la concentration du soluté rend le tube criblé hypertonique, ce qui fait rentrer plus d'eau. Résultat : la pression hydrostatique augmente.

3 La pression fait circuler le soluté par courant de masse de l'organe source à l'organe cible. De l'eau entre et sort du système tout le long du chemin.

Courant de masse

4 La pression et la concentration de soluté baissent graduellement.

5 Les solutés sont absorbés par les cellules des organes cibles, et ces dernières deviennent hypertoniques. L'eau passe donc du tube criblé aux cellules des organes cibles.

ORGANE CIBLE (par exemple, des cellules racinaires en pleine croissance)

Tube criblé

La **théorie du courant de masse** explique pourquoi les composés organiques circulent toujours des organes sources vers les organes cibles. Selon cette théorie, une pression interne s'accumule à l'origine du phloème, ce qui pousse la sève élaborée vers toutes les régions où la pression est plus faible, en l'occurrence les organes cibles.

Des études expérimentales ont été menées sur les laiterons (*Sonchus*) pour démontrer la théorie du courant de masse. La figure 30.16 illustre ce qui se produit quand le saccharose se déplace des cellules photosynthétiques jusqu'aux tubes criblés des nervures d'une feuille. Les cellules compagnes dépensent de l'énergie pour charger le saccharose dans les tubes criblés adjacents. Lorsque la concentration de saccharose augmente dans les tubes, l'eau se déplace, par osmose, dans la même direction, ce qui augmente la pression hydrostatique. Plus la pression est grande, plus elle s'exerce contre les parois des tubes criblés, et plus le liquide chargé de saccharose est poussé vers les organes cibles.

Les plantes stockent les composés organiques sous forme d'amidon, de lipides et de protéines. Elles convertissent ces composés en saccharose et en d'autres petites molécules solubles qu'elles peuvent transporter facilement.

La translocation se définit comme la distribution de composés organiques aux différentes parties de la plante. Elle dépend des gradients de concentration et de pression dans le phloème.

Les gradients nécessaires au courant de masse sont maintenus tant que les cellules compagnes chargent des composés dans les tubes criblés des organes sources (comme les feuilles matures) et que les composés sont déchargés aux organes cibles (comme les racines).

RÉSUMÉ

Le chiffre en **brun** renvoie à la section du chapitre.

1. Les plantes vasculaires survivent grâce à la distribution de l'eau, des minéraux dissous et des composés organiques à toutes leurs cellules. La figure 30.17 illustre l'importance de cette distribution pour la survie et la croissance des plantes. *30, 30.1 à 30.3*

2. Les systèmes racinaires absorbent efficacement l'eau et les nutriments, qui sont souvent rares dans le sol. *30.1, 30.2*

a) Collectivement, les poils absorbants (de minces extensions de cellules épidermiques spécialisées des racines) des plantes vasculaires en augmentent considérablement la surface d'absorption.

b) Des symbiotes bactériens et fongiques aident de nombreuses plantes à absorber les minéraux. En échange, ils profitent de certains produits de la photosynthèse. Les nodosités des racines et les mycorhizes constituent des exemples de ce type d'association mutualiste.

3. Les plantes distribuent de l'eau et des minéraux dissous (la sève brute) par les tubes du xylème, un tissu conducteur. Les tubes sont constitués de cellules appelées *trachéides* et *éléments de vaisseau*, mortes à maturité. Leurs parois imperméables sont interconnectées et forment un réseau de tubes étroits. *30.3*

4. Les plantes perdent de l'eau par la transpiration, c'est-à-dire par l'évaporation de l'eau des feuilles et d'autres parties exposées à l'air. *30.3*

5. Voici, en trois points, la théorie de la cohésion-tension du transport de l'eau dans les plantes : *30.3*

a) La transpiration cause une pression négative (une tension) à l'intérieur des cellules conductrices d'eau du xylème. Cette tension s'étend des feuilles aux racines.

b) Lorsque les molécules d'eau sortent des feuilles, la tension ainsi exercée tire d'autres molécules vers le haut, ce qui compense pour l'eau perdue.

c) La force collective des nombreuses liaisons hydrogène entre les molécules d'eau crée une cohésion et permet aux molécules d'eau, sous forme de colonnes liquides continues, d'être tirées vers le haut.

6. Les parties photosynthétiques de la plupart des plantes sont recouvertes d'une cuticule cireuse imperméable à l'eau. Les plantes perdent de l'eau et absorbent du dioxyde de carbone par les stomates. Une paire de cellules stomatiques et un ostiole forment chaque stomate. Les cellules stomatiques se veulent des cellules parenchymateuses spécialisées. *30.4*

7. Les stomates s'ouvrent et se ferment à différents moments de la journée. Le contrôle de leur ouverture permet de gérer la conservation de l'eau, l'entrée du dioxyde de carbone et la sortie de l'oxygène. *30.4*

a) De nombreuses plantes ouvrent leurs stomates le jour. Elles perdent alors de l'eau, mais peuvent puiser le dioxyde de carbone nécessaire à la photosynthèse. Chez ces plantes, les stomates se ferment la nuit. Ainsi, l'eau et le dioxyde de carbone, libérés par la respiration aérobie sont conservés pour le lendemain.

b) Les plantes de type CAM ouvrent leurs stomates la nuit et fixent le dioxyde de carbone selon le cycle C4. Pendant le jour, les stomates se ferment et les plantes utilisent pour la photosynthèse le dioxyde de carbone fixé pendant la nuit, ce qui leur permet d'éviter des pertes excessives d'eau.

8. Les composés organiques contenus dans la sève élaborée sont distribués dans les plantes par les tubes criblés du phloème, un tissu conducteur. Ce processus est appelé *translocation*. *30.5*

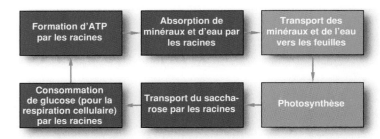

Figure 30.17 Un résumé des processus interdépendants qui participent à la croissance des plantes vasculaires. Toutes les cellules végétales ont besoin d'oxygène, de carbone, d'hydrogène et d'au moins 13 minéraux. Les plantes produisent toutes de l'ATP, qui constitue le carburant des activités métaboliques.

9. Selon la théorie du courant de masse, la translocation est mue par la différence de concentration des solutés et la différence de pression entre les organes sources et les organes cibles. Tout endroit dans la plante où des composés organiques sont chargés dans des tubes criblés constitue un organe source (par exemple, les feuilles matures). Tout endroit dans la plante où les composés sont déchargés des tubes criblés forme un organe cible (par exemple, les racines). Le gradient de concentration des solutés et le gradient de pression sont maintenus tant que les cellules compagnes dépensent de l'énergie pour charger les solutés dans les tubes criblés et tant que les solutés sont déchargés aux organes cibles. *30.5*

Exercices

1. Définissez la notion de sol et distinguez les termes suivants : *30.1*
a) humus et terre arable
b) lessivage et érosion
c) macronutriment et micronutriment (pour les végétaux)

2. Définissez le terme « nutriment ». Donnez les symptômes de carence d'un des nutriments énumérés au tableau 30.1. *30.1*

3. Quelle est la fonction de la bande de Caspary ? *30.2*

4. À partir du modèle de Dixon, expliquez pourquoi l'eau monte des racines jusqu'au sommet des grands arbres. *30.3*

5. Décrivez la structure et la fonction de la cuticule. *30.4*

6. Quel ion déclenche l'ouverture des stomates ? *30.4*

7. Expliquez la notion de translocation en fonction de la théorie du courant de masse décrite dans ce chapitre. *30.5*

Autoévaluation   RÉPONSES À L'ANNEXE III

1. Le carbone, l'hydrogène, l'oxygène, l'azote et le potassium sont des exemples _____ pour les plantes.
a) de macronutriments   d) d'éléments essentiels
b) de micronutriments   e) les réponses a) et d)
c) d'oligoéléments

2. Une bande de _____ dans les parois des cellules de l'endoderme force l'eau et les solutés à passer à travers les cellules des racines au lieu de les contourner.
a) cutine   c) Caspary
b) lignine   d) cellulose

3. La nutrition de certaines plantes dépend d'une association entre les racines et un eumycète. Cette association est connue sous le nom de _____.
a) nodosité   c) poil absorbant
b) mycorhize   d) hyphe

4. La nutrition de certaines plantes dépend d'une association entre des bactéries et des racines. Cette association est connue sous le nom de _____.
   a) nodosité
   b) mycorhize
   c) poil absorbant
   d) hyphe

5. L'eau peut monter dans une plante par la force cumulative des _____ entre les molécules d'eau.

6. L'évaporation de l'eau des parties exposées à l'air des plantes s'appelle _____.
   a) la translocation
   b) l'expiration
   c) la transpiration
   d) la tension

7. On explique le transport de l'eau des racines jusqu'aux feuilles par _____.
   a) la théorie du courant de masse
   b) la différence de concentration des solutés entre les organes sources et les organes cibles
   c) la force de pompage des vaisseaux du xylème
   d) la théorie de la transpiration-cohésion

8. Le jour, la plupart des plantes perdent _____ et absorbent _____.
   a) de l'eau ; du dioxyde de carbone
   b) de l'eau ; de l'oxygène
   c) de l'oxygène ; de l'eau
   d) du dioxyde de carbone ; de l'eau

9. La nuit, la plupart des plantes conservent _____ et accumulent _____.
   a) du dioxyde de carbone ; de l'oxygène
   b) de l'eau ; de l'oxygène
   c) de l'oxygène ; de l'eau
   d) de l'eau ; du dioxyde de carbone

10. Dans le phloème, la sève élaborée circule dans des _____.
   a) cellules collenchymateuses
   b) tubes criblés
   c) vaisseaux
   d) trachéides

11. Associez chaque terme à la description appropriée.
   _____ Stomate
   _____ Nutriment essentiel
   _____ Organe cible
   _____ Système racinaire
   _____ Liaison hydrogène
   _____ Transpiration
   _____ Translocation

   a) Évaporation de l'eau
   b) Réponse à un sol pauvre en nutriments
   c) Équilibre entre la perte d'eau et les besoins en dioxyde de carbone
   d) Explique la cohésion de l'eau
   e) Site d'arrivée de la sève élaborée
   f) Distribution de la sève élaborée de la plante
   g) Élément qui, dans un organisme, joue un rôle métabolique qu'aucun autre élément ne peut jouer à sa place

Questions à développement

1. Les fermiers et les jardiniers doivent s'assurer que leurs plantes reçoivent de l'azote, soit par l'intermédiaire des bactéries fixatrices d'azote, soit par des engrais. Une carence en azote retarde la croissance ; les feuilles jaunissent et tombent. Dans quelle classe de molécules biologiques classe-t-on l'azote ? Comment une carence en azote affecte-t-elle la biosynthèse de la plante et cause-t-elle des maladies ?

2. Lorsqu'on transplante un organisme végétal, il est conseillé de garder un peu de sol d'origine autour des racines. Expliquez pourquoi, en tenant compte du rôle des poils absorbants et des mycorhizes.

3. Indiquez où se trouve l'ostiole dans le dessin. Henry Dixon trouva une façon de garder les stomates d'une plante ouverts en tout temps. Il réussit, chez une autre plante, à les garder fermés en tout temps. Les deux plantes moururent. Expliquez pourquoi.

4. Allan étudie la transpiration des feuilles d'un plant de tomate. Il remarque que plusieurs facteurs exogènes, dont le vent et l'humidité de l'air, affectent la transpiration. Expliquez pourquoi.

5. Vous revenez à la maison après des vacances de trois jours. Vos plantes sont toutes fanées parce que vous avez oublié de les arroser avant de partir. En tenant compte de la théorie de la cohésion-tension du transport de l'eau, expliquez ce qui s'est passé.

Figure 30.18 Un confluent de la rivière Salmon, dans l'état d'Idaho, aux États-Unis.

6. Votre amie Stéphanie n'a pas le pouce vert. Elle décide de faire pousser des courgettes, qui demandent peu de soin et qui se développent même dans les sols pauvres. Stéphanie plante trop de graines ; elle se retrouve donc avec un surplus de plantes. En inspectant ces dernières, vous remarquez que l'une d'elles est rachitique et vous décidez de trouver ce qui lui est arrivé. Après quelques expériences, vous découvrez que ses feuilles produisent une enzyme mutante qui, sous sa forme normale, est nécessaire à la production de saccharose. À partir de vos connaissances à propos de la théorie du courant de masse, expliquez pourquoi la croissance de cette plante a été retardée.

7. Au confluent de la rivière Salmon River, dans l'État d'Idaho, de l'eau claire en provenance d'un milieu naturel (à droite, à la figure 30.18) rencontre de l'eau brunâtre (à gauche et au centre de la figure). L'eau brune s'est enrichie du limon qui s'est retrouvé dans le cours d'eau à cause d'activités humaines, notamment l'élevage de bétail. À partir de vos connaissances sur la terre arable, expliquez ce qui va probablement arriver à la croissance des végétaux dans l'habitat perturbé par les activités humaines. En tenant compte du fait que les poissons absorbent de l'oxygène (par la respiration aérobie), expliquez en quoi la présence de limon pourrait affecter leur survie.

Vocabulaire

Bande de Caspary 30.2	Limon	Sol 30.1
Cellule compagne 30.5	argilosableux 30.1	Stèle 30.2
Cellule	Mutualisme 30.2	Stomate 30.4
stomatique 30.4	Mycorhize 30.2	Terre arable 30.1
Crible 30.5	Nodosité 30.2	Théorie de la cohésion-
Cuticule 30.4	Nutriment 30.1	tension 30.3
Cutine 30.4	Phloème 30.5	Théorie du courant
Élément	Physiologie	de masse 30.5
de vaisseau 30.3	des végétaux 30	Trachéide 30.3
Endoderme 30.2	Plante carnivore 30	Translocation 30.5
Érosion 30.1	Plante de type	Transpiration 30.3
Fixation	CAM 30.4	Tube criblé 30.5
de l'azote 30.2	Poil absorbant 30.2	Xylème 30.3
Humus 30.1	Pression	
Lessivage 30.1	de turgescence 30.4	

Lectures complémentaires

Bettayeb, K. (avr. 2005). « Comment les plantes carnivores digèrent-elles leurs proies ? ». *Science & vie*, 1051 : 132.

Hausenbuiller, R. (1985). *Soil Science : Principles and Practices*, 3ᵉ éd. Dubuque, Iowa : W. C. Brown.

Hopkins. W. G. (1995). *Introduction to Plant Physiology*. New York : Wiley.

Raven, R., R. Evert et S. Eichhorn (1999). *Biology of Plants*, 6ᵉ éd. New York : Freeman.

Lectures complémentaires en ligne : consultez l'infoTrac à l'adresse Web
www.brookscole.com/biology

UNE NOUVELLE GÉNÉRATION

De la microspore au grain de pollen

Examinons maintenant la formation des grains de pollen. Pendant la croissance des anthères, quatre masses cellulaires productrices de spores se développent par mitose, puis des parois se forment autour d'elles. À maturité, chaque anthère possède quatre cavités appelées *sacs polliniques* (voir la figure 31.6*a*). Des **microspores** haploïdes s'y forment ensuite par méiose. Ces cellules poursuivent alors leur développement, jusqu'à la formation d'une paroi ornementée. Les microspores enveloppées par cette paroi se divisent une ou deux fois par mitose pour former ensuite des grains de pollen, après quoi s'amorce une période de dormance. Plus tard, les grains de pollen seront libérés par l'anthère et les composants de leurs parois les protégeront contre les décomposeurs.

Dès leur formation, de nombreux types de grains de pollen produisent des spermatozoïdes, qui sont les gamètes mâles des plantes à fleurs. D'autres types de grains de pollen ne produisent des spermatozoïdes qu'à partir du moment où ils sont en contact avec un carpelle et qu'ils commencent leur trajet vers l'ovule. En somme, selon l'espèce de plante, chaque grain de pollen est un gamétophyte mâle soit mature, soit immature.

De la macrospore à l'oosphère

Parallèlement à la production des gamétophytes mâles, un ou plusieurs amas de cellules se forment sur la paroi intérieure de l'ovaire de la fleur. Chacun de ces amas cellulaires se transforme ensuite en un **ovule**, une structure logeant le gamétophyte femelle susceptible de devenir une graine. À la fin de sa croissance, l'ovule est entouré d'une ou de deux couches protectrices appelées **téguments**. Puis, l'une des cellules de l'ovule se divise par méiose pour donner quatre spores haploïdes, nommées **macrospores** car elles sont généralement plus grosses que les microspores.

En général, toutes les macrospores se désintègrent, sauf une qui subit trois mitoses sans division cytoplasmique et qui comporte ainsi huit noyaux (voir la figure 31.6*b*). Chaque noyau migre ensuite à un endroit spécifique de l'ovule, puis le cytoplasme commence à se diviser. Il en résulte un sac embryonnaire de sept cellules qui constitue le gamétophyte femelle. L'une de ces cellules est dotée de deux noyaux; c'est la cellule mère de l'endosperme qui sera à l'origine de l'**endosperme**, un tissu nutritif pour l'embryon. L'une des six autres cellules deviendra l'oosphère.

De la pollinisation à la fécondation

Les plantes à fleurs libèrent souvent leur pollen au printemps, comme le savent ceux qui souffrent du rhume des foins, une réaction allergique aux protéines de la paroi des grains de pollen (voir la section 31.2).

La **pollinisation** désigne le transport des grains de pollen jusqu'au stigmate. Ce transport est assuré par le vent, l'eau, des oiseaux, des chauves-souris, des insectes et bien d'autres agents de pollinisation (voir la section 31).

La germination d'un grain de pollen s'amorce après son arrivée sur un stigmate. Le terme « germination » signifie ici la poursuite de la croissance du grain de pollen et son développement en une structure tubulaire. Le tube pollinique qui en résulte s'enfonce dans le style jusqu'à l'ovaire, en amenant avec lui les spermatozoïdes (voir la figure 31.6*b*). Des signaux chimiques guident sa croissance dans les

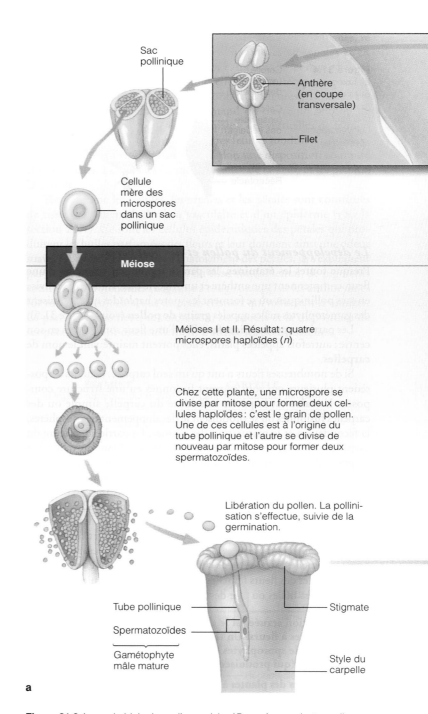

Figure 31.6 Le cycle biologique d'un cerisier (*Prunus*), une plante eudicotélydone. **a)** Le développement et la germination de grains de pollen. **b)** Les événements qui se déroulent dans l'ovule de l'ovaire.

tissus de l'ovaire vers l'oosphère, dans le sac embryonnaire, où il jouera son rôle dans la reproduction. Lorsque le tube pollinique atteint un ovule, il pénètre dans le sac embryonnaire et s'ouvre à son extrémité pour libérer deux spermatozoïdes.

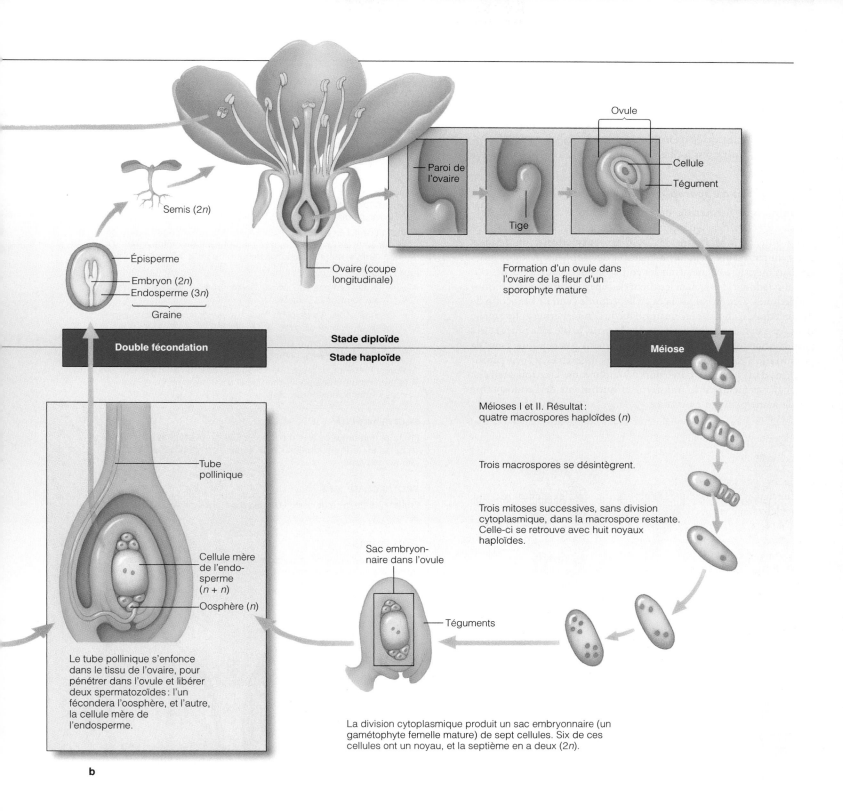

Ovule

Paroi de l'ovaire

Tige

Cellule

Tégument

Semis (2n)

Formation d'un ovule dans l'ovaire de la fleur d'un sporophyte mature

Épisperme

Embryon (2n)

Endosperme (3n)

Graine

Ovaire (coupe longitudinale)

Double fécondation | **Stade diploïde**

Stade haploïde | **Méiose**

Méioses I et II. Résultat : quatre macrospores haploïdes (n)

Trois macrospores se désintègrent.

Trois mitoses successives, sans division cytoplasmique, dans la macrospore restante. Celle-ci se retrouve avec huit noyaux haploïdes.

Tube pollinique

Cellule mère de l'endosperme (n + n)

Oosphère (n)

Sac embryonnaire dans l'ovule

Téguments

Le tube pollinique s'enfonce dans le tissu de l'ovaire, pour pénétrer dans l'ovule et libérer deux spermatozoïdes : l'un fécondera l'oosphère, et l'autre, la cellule mère de l'endosperme.

La division cytoplasmique produit un sac embryonnaire (un gamétophyte femelle mature) de sept cellules. Six de ces cellules ont un noyau, et la septième en a deux (2n).

b

Si la fécondation signifie généralement la fusion du noyau d'un gamète mâle avec celui d'un gamète femelle, les plantes à fleurs se distinguent toutefois par une **double fécondation**. Un spermatozoïde féconde l'oosphère pour former un zygote diploïde (2n), tandis que l'autre spermatozoïde fusionne avec les deux noyaux de la cellule mère de l'endosperme pour former une cellule triploïde (3n) qui produira du tissu nutritif.

Les spermatozoïdes des plantes à fleurs se forment dans les grains de pollen, qui sont les gamétophytes mâles. Les gamétophytes femelles (et les cellules de l'oosphère) se développent à l'intérieur des ovules, qui se forment dans les ovaires.

Après la pollinisation et la double fécondation, un embryon et du tissu nutritif qui lui est destiné se forment dans l'ovule, qui deviendra une graine.

DU ZYGOTE AUX GRAINES ET AUX FRUITS

Après la fécondation, le zygote nouvellement formé se divise par mitose pour devenir un sporophyte embryonnaire mature. Il se développe en tant qu'élément d'un ovule et parallèlement à la formation d'un **fruit**, c'est-à-dire un ovaire mature, avec ou sans tissus voisins.

La formation du sporophyte embryonnaire

Examinons la formation de l'embryon de la capselle bourse-à-pasteur (*Capsella*). Quand cette plante a atteint le stade de croissance illustré à la figure 31.7*e*, deux **cotylédons**, ou feuilles embryonnaires, ont déjà commencé à se développer à partir de lobes de tissu méristématique. Tous les embryons des plantes à fleurs ont des cotylédons : deux chez les dicotylédones et un chez les monocotylédones. L'embryon de la capselle, comme celui de beaucoup de dicotylédones, absorbe les nutriments de l'endosperme et les stocke dans ses cotylédons. Par contre, chez le maïs, le blé et la plupart des autres monocotylédones, l'endosperme n'est pas exploité avant la germination de la graine ; des enzymes digestives y sont plutôt stockées dans le mince cotylédon des embryons. Une fois activées, ces enzymes facilitent le transfert des nutriments de l'endosperme vers le jeune plant en croissance.

Tableau 31.1 *Des catégories de fruits*

FRUITS SIMPLES Fruits d'un ovaire d'une seule fleur.

Fruit sec

Déhiscent. Les parois du fruit s'ouvrent d'elles-mêmes le long d'un joint défini pour laisser échapper les graines. C'est le cas des légumineuses (pois, haricots, trèfles, etc.), du pavot, de l'asclépiade et de la moutarde.

Indéhiscent. Les parois du fruit ne s'ouvrent pas le long d'un joint pour laisser sortir les graines. Par exemple, les samares du frêne, de l'orme et de l'érable, les graines du tournesol et du maïs, les glands du chêne.

Fruit charnu

Baie. Ovaire composé ou simple, contenant beaucoup de graines, tels la tomate, le raisin et le bleuet.

Cucurbitacées. La paroi de l'ovaire a une écorce dure (concombre, melon, poivron et citrouille, par exemple).

Hespéridées. La paroi de l'ovaire a une écorce épaisse et spongieuse (orange, pamplemousse et citron, par exemple).

Drupe. Présence d'un ou de deux noyaux dans un tissu ovarien durci, le tout entouré d'une partie charnue et d'une peau mince (pêche, cerise, abricot, amande et olive).

FRUITS AGRÉGÉS

Fruits de nombreux ovaires d'une seule fleur, tous attachés au même réceptacle. Ces fruits contiennent beaucoup de graines (framboise et mûre sauvage).

FRUITS COMPOSÉS

Fruits issus de la combinaison d'ovaires de plusieurs fleurs (ananas et figue).

FAUX FRUITS

La plupart des tissus de la chair de ces fruits ne proviennent pas de l'ovaire, mais du réceptacle. Les fruits à pépins, comme la pomme et la poire, sont des faux fruits.

Paroi de l'ovaire

Ovule

b

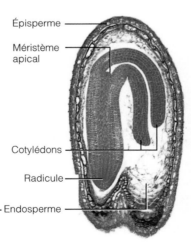

Épisperme

Méristème apical

Cotylédons

Radicule

Endosperme

Embryon

Embryon

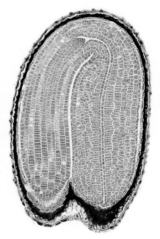

a

Suspenseur

c Embryon au stade globulaire

d Embryon au stade cordiforme

e Embryon au stade de torpille

f Sporophyte embryonnaire dans un ovule mature (la graine)

Figure 31.7 Le développement d'une graine de dicotylédone. **a)** Un sporophyte mature de la capselle bourse-à-pasteur (*Capsella*). **b)** Des graines dans un ovaire. **c)** et **d)** Des suspenseurs transfèrent des substances nutritives de la plante mère au sporophyte embryonnaire. **e)** Un embryon à un stade avancé. **f)** Un embryon mature. (À noter : les micrographies ne sont pas à la même échelle.)

Paroi du fruit

Figure 31.8 Des exemples de fleurs et de fruits.

a) à **c)**. La fraise (*Fragaria*) est un fruit dont la partie comestible provient du réceptacle de la fleur. Les véritables fruits sont sur la surface et sont des akènes, soit des fruits secs indéhiscents.

d) L'ananas (*Ananas*) est un fruit composé. Pour les Amérindiens qui le cultivaient, il symbolisait l'hospitalité. Son jus servait d'ingrédient de base à une boisson alcoolisée.

e) à **h)** La formation de fruits sur un pommier (*Malus*). La chute des pétales indique que la fécondation a eu lieu.

La formation des graines et des fruits

De la formation d'un zygote à l'intérieur d'un ovule jusqu'à sa transformation en un sporophyte embryonnaire mature, la plante mère transfère constamment des substances nutritives aux tissus de l'ovule. Des réserves de nourriture s'accumulent alors dans l'endosperme ou dans les cotylédons. L'ovule se sépare finalement de la paroi de l'ovaire, puis ses téguments s'épaississent et se durcissent pour former l'**épisperme**. L'embryon, les réserves de nourriture et l'épisperme constituent dès lors une entité autonome, une **graine**, qui est en fait un ovule mature.

Pendant la formation des graines, d'autres parties de la fleur se modifient pour donner lieu aux fruits. On reconnaît quatre catégories de fruits (voir le tableau 31.1) : les fruits simples (dérivés d'un seul ovaire ; ils sont secs ou charnus), les fruits agrégés (dérivés de plusieurs ovaires séparés d'une même fleur), les fruits composés (dérivés de plusieurs ovaires de plusieurs fleurs, mais tous attachés au même réceptacle) et les faux fruits (la plupart de leurs tissus ne proviennent pas de l'ovaire).

Chacune de ces catégories de fruits peut contenir différentes sortes de fruits. À maturité, le haricot et la samare de l'érable s'ouvrent pour laisser sortir les graines (fruits déhiscents), alors que d'autres, comme le gland du chêne, demeurent intacts (fruits indéhiscents). La pêche est un fruit charnu (voir la section 23.5), tandis que la fraise est un fruit agrégé, dont les nombreuses graines sont accrochées à un réceptacle gonflé et charnu (voir la figure 31.8*a* à *c*). L'ananas est un fruit composé, d'apparence conique et à écorce dure et cireuse (voir la figure 31.8*e*), qui se forme lorsque les ovaires de plusieurs fleurs séparées fusionnent en une même masse charnue pendant leur croissance. Enfin, la pomme est un faux fruit qui consiste principalement en un

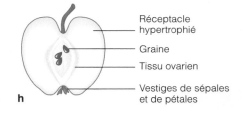

réceptacle et un calice qui se sont grandement développés (voir les figures 31.8*e* à *h*).

On observe chez les fruits charnus trois grandes régions, pas toujours faciles à distinguer. L'endocarpe, qui est la partie la plus intérieure, entoure le noyau ou les graines, alors que le mésocarpe constitue la partie charnue du fruit et que l'épicarpe en est la peau. L'ensemble de ces trois parties est appelé **péricarpe**.

Une graine est un ovule mature qui contient un sporophyte embryonnaire et des réserves de nourriture à l'intérieur d'une couche protectrice.

Un fruit est un ovaire mature, avec ou sans parties florales conservées.

On classifie les fruits selon qu'ils sont secs ou charnus, qu'ils viennent d'un seul ou de plusieurs ovaires et qu'ils contiennent ou non des tissus autres que ceux de l'ovaire.

On observe chez les fruits charnus trois régions. L'endocarpe entoure le noyau ou les graines ; le mésocarpe désigne la partie charnue et l'épicarpe en est la peau. L'ensemble de ces trois parties constitue le péricarpe.

LA DISSÉMINATION DES FRUITS ET DES GRAINES

Tous les fruits mentionnés dans la section précédente ont en commun de servir à la dissémination des graines. Pour comprendre la structure des fruits, il faut d'abord s'interroger sur leur coévolution avec leurs agents de dissémination, soit l'air, l'eau et les animaux.

Examinons un peu le fruit de l'érable (*Acer*), qui est disséminé par le vent (voir la figure 31.9*a*) grâce à son péricarpe semblable à une aile. Lorsqu'il se divise en deux et tombe, il est emporté par le vent et tourne sur lui-même. Grâce à son aile membraneuse, il tourbillonne et s'envole assez loin pour que le sporophyte embryonnaire à l'intérieur de la graine ne compétitionne pas avec la plante mère pour l'eau, les minéraux et la lumière nécessaires à sa croissance.

Il arrive que le vent transporte des fruits à une dizaine de kilomètres de l'arbre sur lequel ils ont poussé. D'ailleurs, de simples courants d'air peuvent facilement emporter au loin tant le minuscule fruit du pissenlit, grâce à son aigrette en forme de parachute, que des graines d'orchidée, pas plus grosses que des particules de poussière.

Certains fruits voyagent aussi sur des oiseaux, des mammifères et des insectes, voire dans leur corps. D'autres, comme les fruits de la lampourde, de la luzerne hérissée ou du gaillet, se disséminent en adhérant aux plumes, aux pattes ou à la fourrure des animaux au moyen de crochets, d'épines, de poils ou d'une surface gluante. Quant aux sporophytes embryonnaires des fruits charnus, protégés par l'épisperme, ils survivent à la mastication et aux enzymes digestives des animaux, lesquelles non seulement digèrent la chair du fruit, mais rongent aussi une partie de l'épisperme. Les brèches ainsi créées facilitent la sortie et la germination de l'embryon, après l'évacuation des graines dans les excréments. Les mécanismes de la germination sont décrits plus en détail au chapitre 32.

Certains fruits disséminés par l'eau sont enduits d'une épaisse couche cireuse, tandis que d'autres, notamment ceux du carex, ont des poches d'air qui leur permettent de flotter. À cet égard, le fruit du cocotier, pourvu d'un péricarpe épais et imperméable, est si bien adapté qu'il peut dériver sur des centaines de kilomètres en plein océan. Cependant, si la noix de coco tarde trop à s'échouer sur une plage, l'eau salée risque de pénétrer son péricarpe et de tuer l'embryon.

a   Aile   Graine   **b**
membraneuse (dans le carpelle)

Figure 31.9 a) Des samares de l'érable (*Acer*). **b)** Des étudiants dégustant de la crème glacée au chocolat participent indirectement au succès reproductif du cacao (*Theobroma cacao*). **c)** Le fruit du cacao, ou cabosse. Chaque fruit contient jusqu'à 40 graines (ou fèves), à partir desquelles on fabrique du beurre de cacao et des essences de chocolat. L'attrait irrésistible (au point parfois de créer une dépendance) du chocolat vient de l'interaction d'au moins un millier de composés. Alors qu'un Américain achète en moyenne de 3,5 à 4,5 kg de chocolat par année, un Suisse en consomme en moyenne 10 kg. Pour répondre à une telle demande, on ensemence (un autre mode de dissémination) des graines de *T. cacao* dans des plantations soigneusement entretenues.

Les humains aussi sont d'importants agents de dissémination. Ainsi, dans le passé, les explorateurs transportaient souvent des graines d'un continent à l'autre mais, aujourd'hui, la plupart des pays contrôlent l'importation de semences. Il arrive même que des plantes, comme le cacaoyer (voir la figure 31.9*c*), l'oranger et le maïs, importées et cultivées dans de nouveaux habitats, s'y reproduisent mieux que dans leur région d'origine. Après tout, du point de vue de l'évolution, la vie repose d'abord sur le succès de la reproduction.

Les graines et les fruits sont structuralement adaptés à leur dissémination par l'air, l'eau et de nombreuses espèces animales.

Tant de fleurs, si peu de fruits

Dans le désert de Sonora en Arizona (voir la figure 31.10*a*), le saguaro géant peut produire jusqu'à une centaine de fleurs, d'un blanc éclatant, au bout de ses immenses bras épineux (voir la figure 31.1). Chaque fleur demeure ouverte pendant 24 h seulement et reçoit la visite d'insectes le jour et de chauves-souris la nuit. Cette relation est avantageuse à la fois pour les animaux et pour la plante : ceux-là obtiennent du nectar et celle-ci bénéficie en retour du transport de ses grains de pollen vers d'autres saguaros géants.

Les fleurs ainsi fécondées grâce aux insectes ou aux chauves-souris commencent alors à produire des graines et des fruits. Lorsque les ovules à l'intérieur de l'ovaire sont fécondés, les pétales flétrissent. Chaque ovule contenant une oosphère se développe et forme une graine. Pendant ce temps, les ovaires se transforment en fruits (voir la figure 31.10). Quelques semaines plus tard, lorsque les fruits du saguaro géant ont approximativement la taille d'une prune, ils se fendent et exposent leur intérieur rouge vif et leurs graines de couleur foncée.

Les tourterelles à ailes blanches se régalent alors de ces fruits mûrs. Lorsqu'elles s'envolent, elles emportent des centaines de graines dans leur tube digestif, dont certaines échapperont à leurs enzymes digestives et se retrouveront intactes dans leurs matières fécales. Là, sur le sol, chaque graine n'a qu'une faible possibilité de croître en un saguaro géant.

désavantagé. Pourtant, le saguaro n'est pas un cas unique : comme lui, de nombreuses plantes produisent beaucoup plus de fleurs que de fruits matures et semblent ne pas exploiter toutes leurs possibilités de produire des graines et, par le fait même, des descendants. Un tel mécanisme de reproduction ne paraît pas conforme à la théorie de l'évolution de Darwin.

On pourrait supposer que certaines plantes n'ont tout simplement pas reçu suffisamment de pollen pour féconder tous leurs ovules. Toutefois, on sait que les fleurs non fécondées ne produisent pas de graines ni de fruits. Cette hypothèse a été vérifiée expérimentalement chez quelques espèces de plantes par des chercheurs qui ont soigneusement appliqué du pollen sur chaque fleur, pour découvrir que, dans bien des cas, les plantes n'arrivaient toujours pas à produire un fruit par fleur !

Figure 31.10 a) Un saguaro géant du désert de Sonora en Arizona. **b)** Deux fruits. La nouaison, c'est-à-dire la transformation de la fleur en fruit, s'est produite dans le fruit du dessus, mais pas dans celui du dessous. **c)** Un fruit rouge en maturation.

Une question laisse toutefois les chercheurs perplexes : comment expliquer le faible pourcentage de fleurs qui donnent des fruits (voir la figure 31.10*b*) ? Pourquoi le cactus consacre-t-il tant d'énergie à la production d'une centaine de fleurs, si seulement une trentaine d'entre elles produisent des fruits ? Si on compare une espèce qui produit beaucoup de fleurs et peu de fruits à une autre espèce qui produit beaucoup de fleurs et autant de fruits, laquelle de ces espèces aura, d'après vous, le plus grand nombre de descendants ?

Certes, on est porté à croire que, comparé à une espèce dont toutes les fleurs donnent des fruits, le saguaro devrait être nettement

Les fleurs surnuméraires ne serviraient-elles alors qu'à produire du pollen destiné à d'autres plantes ? Il faut se rappeler, en effet, que les grains de pollen sont petits et que leur production exige peu d'énergie par rapport à celle des fruits, qui sont gros et riches en calories. Ainsi, pour un effort relativement faible, une plante pourrait avoir un grand succès reproducteur.

Des chercheurs sont actuellement en train de vérifier cette hypothèse dans le cas des saguaros. Vous seriez peut-être tenté de concevoir et d'effectuer des expériences qui aideraient à éclaircir ce mystère.

LA REPRODUCTION ASEXUÉE CHEZ LES PLANTES À FLEURS

La reproduction asexuée dans la nature

La reproduction sexuée décrite dans les sections précédentes domine le cycle biologique des plantes à fleurs. Toutefois, beaucoup d'espèces se reproduisent aussi de façon asexuée, par **multiplication végétative** (voir le tableau 31.2). Essentiellement, la multiplication végétative désigne la croissance de nouvelles racines et de nouvelles pousses qui proviennent directement d'extensions ou de parties d'une plante mère. La reproduction asexuée s'effectue par mitose, ce qui signifie que les plantes de la nouvelle génération sont génétiquement identiques à la plante mère : ce sont des clones.

Le peuplier faux-tremble (*Populus tremuloides*) offre un bon exemple de multiplication végétative. La figure 31.11 montre les systèmes caulinaires d'un seul individu : les racines de la plante mère ont donné naissance à des tiges adventives, devenues ensuite des systèmes caulinaires séparés. À part quelques rares mutations, les individus d'une extrémité de cet énorme clone sont génétiquement identiques à ceux de l'autre extrémité. L'eau se déplace des racines implantées plus bas sur le terrain, près d'un lac, jusqu'aux systèmes caulinaires de sols plus secs, tandis que les ions dissous se déplacent dans la direction opposée.

Aussi longtemps que les conditions environnementales favorisent leur croissance et leur régénération, de tels clones sont pratiquement immortels. On ignore d'ailleurs quel âge ont ces clones de peuplier faux-tremble. Le plus vieux clone connu est le chaparral *Larrea divaricata*, un anneau d'arbustes qui pousse dans le désert de Mojave et qui est âgé d'environ 11 700 ans.

Les possibilités de la multiplication végétative sont étonnantes, comme le montrent les fraisiers qui se propagent en émettant des stolons, c'est-à-dire des tiges horizontales qui produisent de nouvelles racines et un nouveau plan lorsqu'elles s'enfoncent dans le sol. Il est possible que toutes les oranges proviennent, par **parthénogenèse**, d'un seul arbre du sud de la Californie. Dans ce type de reproduction, l'embryon se développe à partir d'une oosphère non fécondée.

La parthénogenèse est parfois stimulée lorsque du pollen entre en contact avec un stigmate, et ce, même en l'absence de tube pollinique dans le style. En effet, des grains de pollen ou certaines hormones du stigmate; peuvent gagner l'oosphère non fécondée et déclencher la formation d'un embryon diploïde qui résulte de la fusion de cellules produites par mitose dans l'oosphère. Une cellule diploïde à l'extérieur du gamétophyte peut aussi être stimulée et se développer pour former un embryon.

La multiplication végétative domestiquée

La plupart des plantes d'intérieur, des plantes ornementales ligneuses et des arbres fruitiers sont des clones puisque les jardiniers les multiplient à partir de boutures ou de fragments de système caulinaire. Par exemple, avec les soins appropriés, une feuille de violette africaine peut former un cal à partir duquel des racines adventives se développeront. Un cal est un type de méristème dont les cellules végétales indifférenciées peuvent se diviser par mitose pour former différents tissus.

La greffe d'un rameau ou d'un bourgeon d'une plante sur une variété différente d'une espèce cousine est un autre exemple de multiplication végétale, pratiquée jadis par certains viticulteurs français lorsqu'ils ont greffé des vignes convoitées sur les racines d'une espèce américaine plus résistante aux maladies.

Frederick Steward et ses collègues ont été des pionniers de la **culture tissulaire *in vitro*** pour les végétaux. Ils ont cultivé de petits morceaux de phloème tirés de racines différenciées de plants de carotte (*Daucus carota*) dans des flacons agités de façon continue sur des plateaux rotatifs. Les tissus trempaient dans un milieu de croissance liquide contenant du saccharose, des minéraux et des vitamines, de même que du lait de coco riche en substances, alors non identifiées, qui favorisent la croissance. À cause du mouvement des flacons, certaines cellules se sont séparées des tissus, se sont ensuite divisées et ont formé des amas pluricellulaires qui ont parfois développé de nouvelles racines (voir la figure 31.12*a*). Les expériences de Steward comptent parmi les premières à avoir démontré que certaines cellules tissulaires spécialisées renferment encore l'information génétique nécessaire à la constitution d'un organisme complet.

Tableau 31.2	*La reproduction asexuée chez les plantes à fleurs*	
Mécanisme	Exemples	Caractéristiques
MULTIPLICATION VÉGÉTATIVE		
1. Stolon	Fraise	Les stolons sont des tiges aériennes horizontales qui prennent racine et donnent une plante lorsqu'ils entrent en contact avec le sol.
2. Rhizome	Sanguinaire du Canada	De nouvelles plantes apparaissent aux nœuds des tiges horizontales souterraines appelées *rhizomes*.
3. Cormus	Glaïeul	De nouvelles plantes apparaissent au niveau des bourgeons axillaires de cormus, soit des tiges souterraines courtes, épaisses et verticales. (Un cormus est un rhizome ayant l'apparence d'un bulbe.)
4. Tubercule	Pomme de terre	De nouvelles pousses apparaissent au niveau des bourgeons axillaires. (Les tubercules sont les extrémités enflées de minces rhizomes souterrains.)
5. Bulbe	Oignon, lys	De nouveaux bulbes apparaissent au niveau des bourgeons axillaires de courtes tiges souterraines.
PARTHÉNOGENÈSE		
	Orange, rose	L'embryon se développe sans fusion cellulaire ou noyau (à partir d'une oosphère non fécondée, par exemple, ou en croissant de façon adventive à partir du tissu entourant le sac embryonnaire).
MULTIPLICATION VÉGÉTATIVE		
	Crassula, violette africaine	Une nouvelle plante se développe à partir d'un tissu ou d'une structure (une feuille, par exemple) qui se détache de la plante mère ou qui en tombe.
MULTIPLICATION VÉGÉTATIVE *IN VITRO*		
	Orchidée, lys, blé, riz, maïs, tulipe	On fait naître une nouvelle plante à partir d'une cellule de la plante mère qui ne s'est pas encore différenciée de façon irréversible.

Figure 31.11 Une parcelle de « forêt » de l'Utah. En réalité, il s'agit d'un seul organisme mâle qui s'est multiplié par reproduction asexuée. Le système racinaire de ce peuplier faux-tremble (*Populus tremuloides*) couvre environ 106 ha de terrain et subvient aux besoins des quelque 47 000 pousses génétiquement identiques qui en sont issues, c'est-à-dire 47 000 arbres. Selon une estimation, ce clone pèserait plus de 5 915 000 tonnes.

Figure 31.12 a) Des cellules de carotte en culture *in vitro*. Les pousses et les racines des plantes embryonnaires sont déjà apparentes. **b)** De jeunes orchidées développées *in vitro* à partir de méristèmes apicaux. L'orchidée est une des plantes cultivées les plus convoitées. Avant que le clonage des méristèmes ne soit mis au point, il était difficile de les hybrider, car il peut s'écouler sept ans ou plus entre la formation de graines et l'apparition de fleurs chez la nouvelle génération de plantes. Dans leur habitat naturel, les graines ne germent pas avant d'avoir été en contact avec un eumycète particulier.

Lorsqu'ils pratiquent la culture in vitro, les chercheurs utilisent aujourd'hui des méristèmes apicaux et d'autres parties de plantes. Ces techniques s'avèrent utiles lorsqu'un mutant présente des traits avantageux, telle une plus grande résistance à une maladie qui s'attaque aux plantes sauvages de son espèce. La culture *in vitro* permet aussi de produire des centaines, voire des milliers de plantes identiques à partir d'un seul spécimen mutant. On l'utilise déjà dans l'espoir d'améliorer les récoltes de nombreuses espèces, dont le maïs, le blé, le riz et le soja. Elle facilite aussi l'augmentation de la production d'orchidées hybrides, de lys et d'autres plantes ornementales (voir la figure 31.12*b*).

En plus de la reproduction sexuée, les plantes à fleurs recourent à la reproduction asexuée, par multiplication végétative.

1. La reproduction sexuée est le principal mode de reproduction chez les plantes à fleurs. Ce mode de reproduction se caractérise par le développement de sporophytes diploïdes (producteurs de spores) et de gamétophytes haploïdes (producteurs de gamètes). *31.1*

a) Le sporophyte est une structure végétative pluricellulaire ayant des racines, des tiges, des feuilles et, à un certain moment, des fleurs. Une coévolution a associé les fleurs de nombreuses espèces et les animaux qui se nourrissent de leur nectar ou de leur pollen et qui leur servent ainsi de pollinisateurs. Les gamétophytes se forment dans les parties florales mâles et femelles.

b) De nombreuses plantes à fleurs ont aussi recours à une reproduction asexuée. Elles peuvent le faire naturellement (par des stolons, des rhizomes et des bulbes) ou artificiellement (par bouture et par greffe).

2. En général, les fleurs ont des sépales, des pétales et une ou plusieurs étamines, les structures reproductrices mâles. Elles ont aussi des carpelles, les structures reproductrices femelles. La majorité ou la totalité des structures reproductrices sont attachées à un réceptacle, qui constitue la partie basale modifiée de la pousse florale. *31.1*

a) Les anthères des étamines contiennent des sacs polliniques dans lesquels les cellules se divisent par méiose. Une paroi se développe autour de chaque cellule haploïde (une microspore) résultante, qui devient ensuite un grain de pollen (soit un gamétophyte mâle) porteur de spermatozoïdes.

b) Un carpelle (ou un ensemble de plusieurs carpelles fusionnés) contient un ovaire, où se déroulent le développement des oosphères, la fécondation, ainsi que la maturation des graines. Le stigmate est un tissu superficiel gluant ou velu situé au-dessus de la partie inférieure de l'ovaire. Il capture les grains de pollen et favorise leur germination.

3. À l'intérieur des carpelles, des ovules se forment sur la paroi intérieure de l'ovaire. Chaque ovule est constitué d'un sac embryonnaire (soit un gamétophyte femelle) renfermant une oosphère, une cellule mère de l'endosperme et une ou deux couches protectrices appelées *téguments*. *31.3*

a) Une graine est un ovule mature; ses téguments forment l'épisperme.

b) L'ovaire et parfois d'autres tissus se développent pour produire un fruit, c'est-à-dire la structure qui contient les graines.

4. La formation du gamétophyte femelle se produit généralement de la façon suivante. *31.3*

a) Après la méiose, quatre macrospores haploïdes sont formées. En général, elles se désintègrent toutes, à l'exception d'une seule.

b) La macrospore restante subit trois mitoses sans division cytoplasmique. Ses multiples noyaux vont occuper des positions précises dans le cytoplasme.

c) Un gamétophyte femelle se développe par suite d'une division cytoplasmique (il s'agit d'un amas de sept cellules comprenant huit noyaux). Une des cellules est une oosphère. La cellule dotée de deux noyaux (la cellule mère de l'endosperme) favorisera la production de l'endosperme, qui est un tissu nutritif pour l'embryon à venir.

5. La pollinisation désigne l'arrivée de grains de pollen sur un stigmate. Une fois sur le stigmate, le grain de pollen germe et devient un tube pollinique s'enfonçant à travers les tissus de l'ovaire, amenant avec lui deux spermatozoïdes. *31.3*

6. Lors de la double fécondation, le noyau d'un spermatozoïde fusionne avec une oosphère, formant ainsi un zygote diploïde (2*n*).

Le noyau de l'autre spermatozoïde fusionne avec les deux noyaux de la cellule mère de l'endosperme pour former une cellule triploïde qui produira du tissu nutritif dans la graine. *31.3*

7. Après la double fécondation, l'endosperme se forme, l'ovule gagne en volume, puis la graine et le fruit mûrissent. *31.4*

8. Les fruits servent à protéger et à disséminer les graines, qui germent après la dissémination. Par exemple, certains fruits sont disséminés par des animaux alors que d'autres, plus légers, sont disséminés par le vent. Certains fruits sont pourvus de crochets qui leur permettent de s'attacher aux animaux. *31.5*

9. De nombreuses plantes à fleurs peuvent recourir à la reproduction asexuée par multiplication végétative ou par parthénogenèse. Par exemple, de nouveaux systèmes caulinaires peuvent se former par mitose à partir de nœuds ou de bourgeons des tiges modifiées d'une plante mère. *31.7*

Exercices

1. Définissez les termes « fleur » et « pollinisateur ». Quels types d'animaux sont attirés par les fleurs qui affichent les couleurs rouge et orange? Quels animaux sont attirés par les fleurs ayant une odeur de matière organique en décomposition? De quelle façon les animaux nocturnes trouvent-ils les fleurs dans l'obscurité? *31*

2. Identifiez les parties florales dans le schéma ci-dessous. Expliquez le rôle que joue chaque partie dans la reproduction d'une plante à fleurs. *31.1*

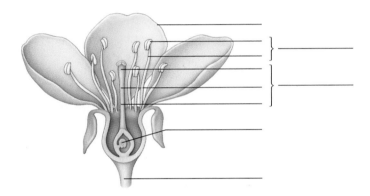

3. Faites la distinction entre les termes suivants:
a) Sporophyte et gamétophyte *31.1*
b) Étamine et carpelle *31.1*
c) Ovule et ovaire *31.1, 31.3*
d) Microspore et macrospore *31.3*
e) Pollinisation et fécondation *31, 31.3*
f) Grain de pollen et tube pollinique *31.1, 31.3*

4. Décrivez les étapes par lesquelles un sac embryonnaire, soit le gamétophyte femelle, se forme dans une dicotylédone comme le cerisier (*Prunus*), par exemple. *31.3*

5. Expliquez la différence entre une graine et un fruit. *31.4*

6. Les réserves de nourriture s'accumulent-elles dans l'endosperme, dans les cotylédons ou dans les deux? En quoi ces deux structures diffèrent-elles? *31.4*

7. Donnez un exemple de fruit simple et sec, de fruit simple et charnu, d'un faux fruit, d'un fruit agrégé et d'un fruit composé. *31.4*

8. Nommez les trois parties d'un fruit charnu. Comment nomme-t-on l'ensemble de ces parties? *31.4*

9. Définissez un mode de reproduction asexuée utilisé par certaines plantes à fleurs et donnez-en un exemple. *31.7*

1. Les fleurs de nombreuses espèces se distinguent par leur coévolution avec des insectes, des oiseaux ou d'autres agents qui jouent un rôle de(d') _____.
- a) prédateur
- b) agents de dispersion
- c) pollinisateur
- d) toutes ces réponses

2. Le _____ qui comprend des fleurs, des racines, des tiges et des feuilles, domine le cycle biologique des plantes à fleurs.
- a) sporophyte
- b) gamétophyte
- c) sac pollinique
- d) ovaire

3. Les gamétophytes mâles des plantes à fleurs produisent des _____ et les gamétophytes femelles produisent des _____.
- a) macrospores ; oosphères
- b) spermatozoïdes ; microspores
- c) oosphères ; spermatozoïdes
- d) spermatozoïdes ; oosphères

4. Un _____ est une cavité fermée qui contient un ovaire, dans lequel s'effectuent le développement des oosphères, la fécondation, ainsi que la maturation des graines.
- a) sac pollinique
- b) carpelle
- c) réceptacle
- d) sépale

5. Les graines sont des _____ matures ; les fruits sont des _____ matures.
- a) ovaires ; ovules
- b) ovules ; étamines
- c) ovules ; ovaires
- d) étamines ; ovaires

6. Des _____ haploïdes se forment après la méiose dans le sac pollinique.
- a) macrospores
- b) microspores
- c) étamines
- d) sporophytes

7. Après la méiose, il se forme _____ macrospores dans les ovules.
- a) deux
- b) quatre
- c) six
- d) huit

8. À partir de quelle(s) structure(s) l'épisperme de la graine se forme-t-il ?
- a) Les téguments de l'ovule
- b) L'ovaire
- c) L'endosperme
- d) Les résidus des sépales

9. On observe les cotylédons chez _____ des plantes à fleurs.
- a) toutes les graines
- b) tous les embryons
- c) tous les fruits
- d) tous les ovaires

10. La couche extérieure d'un fruit charnu se nomme _____.
- a) péricarpe
- b) endocarpe
- c) mésocarpe
- d) épicarpe

11. Le développement d'une nouvelle plante à partir d'un tissu ou d'une structure qui se détache de la plante mère s'appelle _____.
- a) parthénogenèse
- b) reproduction asexuée
- c) multiplication végétative
- d) germination

12. Associez chaque terme à la description appropriée.

_____ Double fécondation	a) Formation d'un zygote et de la première cellule de l'endosperme
_____ Ovule	b) Résultat de l'interaction étroite entre deux espèces sur une période de temps géologique
_____ Gamétophyte femelle mature	c) Contient un gamétophyte femelle et est susceptible de devenir une graine
_____ Reproduction asexuée	d) Sac embryonnaire qui contient en général sept cellules, dont l'une a deux noyaux
_____ Coévolution	e) Division cellulaire mitotique ayant lieu au niveau d'un bourgeon ou d'un nœud et produisant une nouvelle plante

Questions à développement

1. Pour impressionner certains de ses amis qui ont une solide culture botanique, Jean prépare un plat de fruits exotiques. C'est la première fois qu'il ouvre une papaye (*Carica papaya*). À l'intérieur, il voit un grand nombre

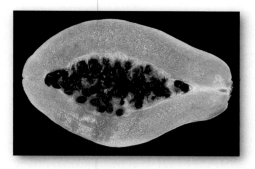

Figure 31.13 Des graines de papaye (*Carica papaya*).

de graines gluantes entourées de chair et de peaux tendres (voir la figure 31.13). Sachant que ses amis lui poseront des questions sur ce fruit et qu'ils lui demanderont notamment où se trouvent l'endocarpe, le mésocarpe et l'épicarpe, il va vérifier dans son livre de biologie, à la section 31.4. Que découvre-t-il ? Que dira-t-il à ses amis quand ils lui demanderont de nommer les agents de dissémination des graines de papaye ?

2. Observez les fleurs qui poussent dans votre quartier. Compte tenu des liens de coévolution entre les plantes à fleurs et leurs pollinisateurs, déterminez les types d'agents de pollinisation dont ces fleurs pourraient dépendre.

3. Hélène, une phytophysiologiste, a réussi à insérer dans des cellules de pétunia des gènes de résistance aux parasites obtenus par clonage. Comment fera-t-elle ensuite pour produire de nombreux pétunias porteurs de ces gènes ?

4. Avant que mûrissent les cerises, les pommes, les pêches, etc., et que les graines de ces fruits deviennent matures, leur chair est âpre ou acide. Ce n'est que plus tard qu'elle devient savoureuse pour les animaux qui participent à la dissémination des graines. Émettez une hypothèse à propos de cette particularité qui améliore le succès reproductif de la plante.

Vocabulaire

Carpelle *31.1*	Graine *31.4*
Coévolution *31*	Macrospore *31.3*
Cotylédon *31.4*	Microspore *31.3*
Culture tissulaire *in vitro 31.7*	Multiplication végétative *31.7*
Double fécondation *31.3*	Ovaire *31.1*
Endosperme *31.3*	Ovule *31.3*
Épisperme *31.4*	Parthénogenèse *31.7*
Étamine *31.1*	Péricarpe *31.4*
Fleur *31*	Pollinisateur *31*
Fruit *31.4*	Pollinisation *31.3*
Gamétophyte *31.1*	Sporophyte *31.1*
Grain de pollen *31.1*	Tégument *31.3*

Lectures complémentaires

Breton, F. (mai 1996). « La fleur ». *La Recherche*, 287 : 86-89.

Grant, M. (oct. 1993). « The Trembling Giant », *Discover* 14(10) : 82-89.

Proctor, M. et P. Yeo (1973). *The Pollination of Flowers*. New York : Taplinger.

Raven, P., R. Evert et S. Eichhorn (1999). *Biology of Plants*, 6e éd. New York : Freeman.

Rost, T., *et al.* (1998). *Plant Biology*. Belmont, Californie : Wadsworth.

Stern, K. (2000). *Introductory Plant Biology*, 8e éd. New York : McGraw-Hill.

LA CROISSANCE ET LE DÉVELOPPEMENT DES VÉGÉTAUX

Un semis à croissance débridée, des raisins étonnants

Dans les années 1920, un chercheur japonais découvrit par hasard une substance qui provoquait d'abord la croissance démesurée de plants de riz, puis leur flétrissement. Ewiti Kurosawa étudiait alors ce que les Japonais appellent *bakane*, soit une maladie causant la croissance effrénée des jeunes plants de riz. Les tiges des plants infectés par le champignon *Gibberella fujikuroi* grandissaient deux fois plus vite que celles des plants non infectés ; cependant, les tiges allongées étaient fines et chétives, tombaient, puis mouraient peu après. Kurosawa s'aperçut qu'il pouvait infecter des plantes saines en utilisant seulement des extraits de ce champignon. Plusieurs années plus tard, à partir d'extraits d'autres champignons, des chercheurs isolèrent la substance qui cause cette maladie : la gibbérelline.

Nous savons aujourd'hui que la **gibbérelline** constitue une hormone végétale de première importance. Rappelons que les **hormones** se définissent comme des messagers chimiques sécrétés par certaines cellules et envoyés à d'autres cellules, dites *cellules cibles*, dont elles stimulent ou inhibent l'expression génique (voir la section 15.5). Toute cellule qui comporte des récepteurs moléculaires pour une hormone donnée représente la cible de cette hormone. Les cibles peuvent se trouver dans le même tissu que les cellules sécrétrices, mais elles peuvent également prendre place dans un tissu plus éloigné.

Des chercheurs ont isolé plus de 80 gibbérellines différentes, tant à partir de graines de plantes à fleurs que de champignons. En provoquant l'allongement des jeunes cellules, les gibbérellines favorisent la croissance en longueur des tiges (voir la figure 32.1). Dans la nature, elles aident les graines et les bourgeons à sortir de leur dormance pour reprendre leur croissance au printemps.

En concentration suffisante, une gibbérelline suscite, chez le chou par exemple, une croissance démesurée (voir la figure 32.2). De plus, des applications de gibbérellines sur un pied de céleri en augmentent la longueur et la consistance croquante ; elles empêchent également le mûrissement trop rapide de l'orange navel dans les orangeraies. Les gros raisins sans pépins que l'on trouve à l'épicerie résultent aussi d'un traitement aux gibbérellines. Chez la vigne (*Vitis*), l'application de gibbérellines étire les jeunes cellules, ce qui fait allonger les entre-nœuds des tiges et laisse plus d'espace aux raisins, qui deviennent alors plus gros. De plus, puisque l'air circule mieux entre les fruits, les champignons pathogènes peuvent plus difficilement attaquer ces derniers.

La gibbérelline, ainsi que d'autres hormones végétales, régule la croissance et le développement des végétaux. Les hormones répondent aussi aux signaux qui marquent des changements rythmiques au fil des saisons, tels que l'allongement et le réchauffement des jours

Figure 32.1 Les effets des hormones sur la croissance et le développement des végétaux. **a)** Les raisins sans pépins constituent un produit attrayant sur le marché. La gibbérelline, qui agit sur les tiges en favorisant leur allongement, améliore ainsi la circulation d'air autour des grains de raisin et leur donne plus de place pour croître. Les cultivateurs préfèrent le raisin aux grains gros et lourds, puisque ce fruit se vend au poids. **b)** Un jeune pavot de Californie (*Eschscholzia californica*) ayant poussé sans traitement. **c)** Un jeune plant de pavot traité à la gibbérelline.

Figure 32.2 Des choux à la croissance débridée! À gauche, devant l'échelle, deux plants témoins, soit des choux non traités. À droite, trois choux traités aux gibbérellines.

au printemps, après les longues nuits froides de l'hiver. Les raisins, les choux et les céleris que nous mangeons résultent donc d'un programme de croissance et de développement extrêmement bien réglé.

Le présent chapitre poursuit la description, commencée au chapitre précédent, de la formation du zygote d'une plante à fleurs et de son développement en un embryon mature, logé dans un épisperme protecteur. Quelque temps après sa dissémination à partir de la plante mère, l'embryon se transforme en un jeune plant qui, à son tour, pousse et se développe en un sporophyte mature. Dans la plupart des cas, il donne ensuite des fleurs, puis des graines et des fruits. Selon l'espèce, il perd ses feuilles âgées durant toute l'année ou les perd toutes en même temps à l'automne.

Nous examinons dans ce chapitre les mécanismes héréditaires internes qui régulent le développement des végétaux. Nous nous intéressons également aux signaux environnementaux qui activent ou inactivent ces mécanismes à différents moments et selon les saisons.

Concepts-clés

1. À partir du moment où une graine entre en germination, diverses hormones influencent sa croissance et son développement.

2. Les hormones sont des messagers chimiques qui circulent entre les cellules. Un certain type de cellule produit et sécrète une hormone donnée, qui stimule ou inhibe l'expression génique de cellules cibles, c'est-à-dire celles qui captent cette hormone en particulier. Les changements ainsi exercés sur l'expression des gènes produisent des effets prévisibles, tels que le déclenchement de mitoses et d'autres processus qui font pousser les tiges.

3. Les auxines, les gibbérellines, les cytokinines, l'acide abscissique et l'éthylène constituent les hormones végétales connues. Certains indices laissent croire aux chercheurs qu'il en existe d'autres sortes, qui n'ont pas encore été identifiées.

4. Les hormones végétales régulent les modes de développement prévisibles, parmi lesquels on compte l'ampleur et l'orientation de la croissance cellulaire, ainsi que la différenciation de certaines parties de la plante.

5. Les hormones végétales modulent la croissance et le développement en fonction des conditions du milieu, compte tenu par exemple des variations de température et des changements saisonniers modifiant la durée des jours et des nuits. De plus, elles influent sur les modes de réaction d'une plante aux conditions environnementales dans lesquelles elle se trouve, comme la quantité de lumière, d'ombre ou d'humidité sur un terrain donné.

6. En général, plusieurs sortes d'hormones végétales doivent interagir pour produire des effets précis sur la croissance et le développement.

UN APERÇU DE LA CROISSANCE ET DU DÉVELOPPEMENT DES JEUNES PLANTS

La germination

Considérons tout d'abord, dans leur ensemble, les modes de croissance et de développement des dicotylédones et des monocotylédones, en commençant par ce qui se produit à l'intérieur d'une graine. La figure 32.3 montre le sporophyte embryonnaire à l'intérieur d'un grain de maïs, c'est-à-dire le fruit sec contenant une graine. La croissance de l'embryon s'arrête avant ou après la dissémination des graines. Par la suite, si tout se passe bien, la graine va germer. La **germination** se définit comme le processus par lequel un végétal, à un stade du cycle biologique de son espèce où il est immature, reprend sa croissance après une période d'arrêt.

La germination dépend de facteurs exogènes, comme la température du sol, la quantité d'eau et d'oxygène dans l'air et le nombre quotidien d'heures de clarté. Ces facteurs, évidemment, varient selon les saisons. Par exemple, dans de nombreux habitats, l'eau n'est disponible que de façon saisonnière. Or, les graines matures ne renferment pas assez d'eau pour permettre le développement ou le métabolisme des cellules; la germination des graines coïncide donc, dans ces habitats, avec les pluies printanières. Par le processus d'**imbibition**, les molécules d'eau entrent dans la graine, attirées surtout vers les protéines hydrophiles stockées dans l'endosperme ou les cotylédons. Puis la graine se gonfle à mesure qu'elle s'imbibe d'eau, jusqu'à la rupture de l'épisperme.

Figure 32.4 a) et **b)** Le mode de croissance et de développement d'une dicotylédone; ici, le haricot (*Phaseolus vulgaris*). Lorsque la graine germe, l'embryon à l'intérieur reprend sa croissance. Un hypocotyle (la partie d'une plantule en forme de crochet, située sous les cotylédons) se fraye un chemin dans le sol de manière à ce que les cotylédons, qui stockent la nourriture, soient tirés vers le haut sans être endommagés. À la lumière, l'hypocotyle se redresse. Les cellules photosynthétiques produisent de la nourriture pendant plusieurs jours à l'intérieur des cotylédons qui, ensuite, se fanent et tombent; dorénavant, les nouvelles feuilles assureront la photosynthèse. **c)** Des cotylédons sortant de l'épisperme de la graine.

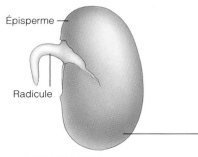

Épisperme

Radicule

a Plantule de haricot à la fin de la germination

Figure 32.5 Le mode de croissance et de développement d'une monocotylédone, ici un plant de maïs (*Zea mays*). **a)** et **b)** Un grain de maïs en germination. Une mince gaine, le coléoptile, protège les nouvelles feuilles pendant la sortie de terre de la plantule. Chez les jeunes plants de maïs, les racines adventives prennent naissance à la base du coléoptile. **c)** Le coléoptile et la racine primaire d'un jeune plant de maïs. **d)** Le coléoptile et la première feuille de deux jeunes plants sortant du sol.

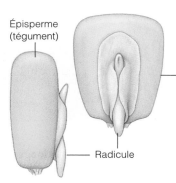

Épisperme (tégument)

Radicule

a Plantule de maïs à la fin de la germination

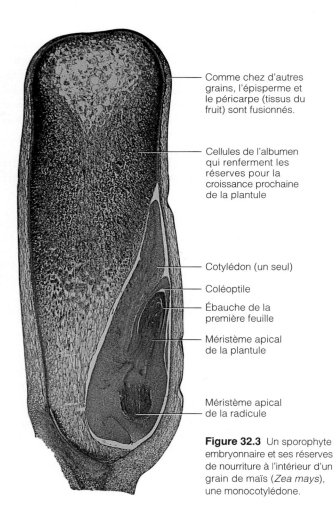

Comme chez d'autres grains, l'épisperme et le péricarpe (tissus du fruit) sont fusionnés.

Cellules de l'albumen qui renferment les réserves pour la croissance prochaine de la plantule

Cotylédon (un seul)

Coléoptile

Ébauche de la première feuille

Méristème apical de la plantule

Méristème apical de la radicule

Figure 32.3 Un sporophyte embryonnaire et ses réserves de nourriture à l'intérieur d'un grain de maïs (*Zea mays*), une monocotylédone.

Dès que l'épisperme se fend, une plus grande quantité d'oxygène peut atteindre l'embryon, de sorte que la respiration aérobie peut s'effectuer pleinement; les cellules méristématiques de l'embryon se divisent alors plus rapidement. Habituellement, le méristème racinaire est le premier à s'activer. Ses descendants se divisent, s'allongent et forment la radicule de la plantule. La germination se termine lorsque la radicule du jeune plant perce l'épisperme.

Les codes génétiques et les signaux de l'environnement

Les figures 32.4 et 32.5 illustrent les modes de germination, de croissance et de développement des dicotylédones et des monocotylédones. Ces modes, dictés par les gènes, sont héréditaires. Étant donné que toutes les cellules d'une plante viennent d'une même cellule initiale, le zygote, elles héritent généralement des mêmes gènes. Cependant, les divisions inégales entre des cellules filles, de même que l'emplacement de ces dernières dans la plante en développement, mènent à des différences de mécanismes et de produits métaboliques. Les cellules du jeune plant commencent à se différencier par suite de l'expression sélective de gènes (voir la section 15.3). Par exemple, les

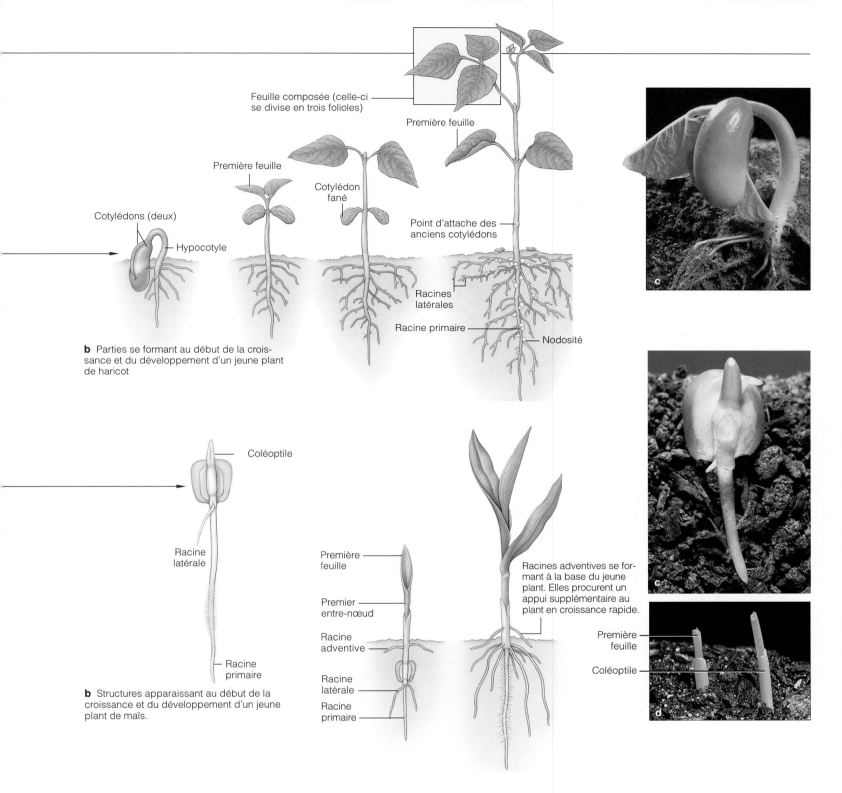

Feuille composée (celle-ci
se divise en trois folioles)

Première feuille

Première feuille

Cotylédon
fané

Cotylédons (deux)

Point d'attache des
anciens cotylédons

Hypocotyle

Racines
latérales

Racine primaire

Nodosité

b Parties se formant au début de la croissance et du développement d'un jeune plant
de haricot

Coléoptile

Racines adventives se formant à la base du jeune
plant. Elles procurent un
appui supplémentaire au
plant en croissance rapide.

Racine
latérale

Première
feuille

Premier
entre-nœud

Racine
adventive

Première
feuille

Racine
latérale

Coléoptile

Racine
primaire

Racine
primaire

b Structures apparaissant au début de la
croissance et du développement d'un jeune
plant de maïs.

gènes qui régulent la synthèse des hormones de croissance sont activés seulement dans certaines cellules. Comme nous le verrons bientôt, de tels mécanismes de différenciation déterminent le développement de différentes lignées cellulaires.

N'oublions pas que les végétaux ajustent souvent leurs modes de croissance déterminés en réaction à des pressions environnementales inhabituelles. Supposons qu'une graine germe dans un terrain vague et que, un jour, un objet tombe sur elle. Rapidement, le jeune plant se courbera et contournera cet objet pour s'orienter vers la lumière. Cette réaction à l'environnement résulte d'interactions entre les enzymes, les hormones et d'autres protéines contenues dans les cellules végétales.

La croissance des végétaux repose sur la division et la croissance cellulaires. Le développement nécessite une différenciation cellulaire qui dépend de l'expression sélective des gènes.

Les interactions entre les gènes, les hormones et l'environnement déterminent la croissance et le développement de chaque plante.

LES FONCTIONS DES PRINCIPALES HORMONES VÉGÉTALES

Pendant la **croissance** d'un végétal, le nombre, la taille et le volume des cellules augmentent; pendant son **développement**, les cellules forment, par étapes, des tissus, des organes et des systèmes spécialisés. Les cellules communiquent entre elles en sécrétant des messagers chimiques dans le liquide extracellulaire et en répondant sélectivement aux messages des autres cellules. Les hormones sont les messagers chimiques les plus importants. Lorsqu'une cellule cible reçoit un signal, ce dernier est converti de manière à provoquer un changement précis dans le métabolisme ou dans l'expression des gènes (voir le chapitre 15 et la section 28.5). La transduction d'un signal implique souvent des changements de forme du récepteur, puis l'activation d'enzymes et de seconds messagers dans le cytoplasme.

La croissance s'effectue par division et allongement des cellules au niveau des méristèmes (voir la section 29.1). Environ la moitié des cellules filles résultantes conservent à la fois leur taille initiale et leur capacité à se diviser. Leurs descendants se divisent selon un plan génétiquement déterminé et s'agrandissent pour produire des parties végétales dotées de formes et de fonctions précises. La figure 32.6 illustre la croissance végétale.

Les jeunes cellules grossissent en absorbant de l'eau, ce qui fait augmenter la pression hydrostatique, ou turgescence, qui s'exerce sur leur paroi primaire. Une cellule aux parois souples grossit, sous l'effet de la turgescence, aussi facilement que se gonfle un ballon. La paroi cellulaire s'épaissit par ajouts de polysaccharides, et davantage de cytoplasme se forme.

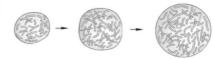

a La croissance s'effectue dans toutes les directions.

b La croissance s'effectue seulement dans le sens de la longueur.

Figure 32.6 L'élaboration de la forme des cellules chez les végétaux. Les microtubules du cytoplasme, qui proviennent d'une cellule mère, orientent les microfibrilles de cellulose dans la paroi cellulaire. **a)** Après une exposition à l'éthylène, leur orientation devient plus aléatoire. Puisque la paroi primaire est élastique sur toute sa surface, la cellule croît également dans toutes les directions et prend une forme sphérique. **b)** Après une exposition à des gibbérellines, les microtubules s'orientent transversalement et les microfibrilles de cellulose adoptent toutes une disposition analogue: la cellule ne peut alors que s'allonger.

Les hormones modifient d'une façon sélective l'expression des gènes, qui constitue la base de la croissance et du développement des végétaux, et ce, dès la germination. Le tableau 32.1 présente les cinq principales classes d'hormones: les gibbérellines, les auxines, les cytokinines, l'éthylène et l'acide abscissique.

Tableau 32.1	*Une vue d'ensemble des messagers chimiques et de leurs effets*	
Messager chimique	Site de synthèse et mode de transport	Effets stimulateurs ou inhibiteurs
HORMONES		
Gibbérellines	Synthétisées par le méristème apical des bourgeons, des feuilles, des racines et des graines. Transportées dans le xylème et le phloème.	Causent l'allongement des tiges en stimulant la division et l'allongement cellulaires; participent souvent à la floraison; aident à mettre fin à la dormance des bourgeons et des graines.
Auxines	Synthétisées principalement par le méristème apical de la tige, des bourgeons, des feuilles et des graines. Diffusent du site de production dans une seule direction.	Stimulent la dominance apicale, les tropismes, les divisions du cambium libéroligneux, le développement des tissus conducteurs et la formation des fruits. Inhibent l'abscission des feuilles et des fruits.
Cytokinines	Synthétisées principalement à l'apex des racines. Transportées par le xylème jusqu'aux feuilles et aux racines.	Stimulent la division cellulaire et l'expansion foliaire. Inhibent la sénescence des feuilles. L'application de cytokinines peut libérer les bourgeons de la dominance apicale.
Éthylène (gaz)	Synthétisé dans la plupart des parties qui mûrissent, vieillissent ou subissent un stress. Diffuse dans toutes les directions.	Stimule la maturation des fruits et l'abscission des feuilles, des fleurs et des fruits.
Acide abscissique (ABA)	Synthétisé dans les feuilles matures en réaction à un stress hydrique; également synthétisé dans les tiges et les fruits non mûrs.	Stimule la fermeture des stomates, le développement du sporophyte embryonnaire, la distribution des produits photosynthétiques aux graines, le stockage de produits et la synthèse de protéines dans les graines. Peut influencer la dormance chez certaines espèces.
RÉGULATEURS DE CROISSANCE	Type de composé	Mode d'action
Brassinostéroïdes	Stéroïdes.	Influencent la division et l'allongement cellulaires; essentiels pour la croissance normale; protègent contre les agents pathogènes et le stress.
Acide jasmonique	Composé volatil dérivé d'un acide gras.	Influence la germination, la croissance des racines, le stockage de protéines et les mécanismes de défense contre les agressions.
Acide salicylique	Composé phénolique dont la structure ressemble à celle de l'aspirine.	Influence les mécanismes de défense dans les tissus endommagés.
Systémine	Peptide synthétisé dans les tissus endommagés.	Influence les mécanismes de défense dans les tissus endommagés.

Figure 32.7 Quelques effets des auxines. **a)** À gauche : une bouture de gardénia, quatre semaines après l'application d'auxine à sa base. À droite : une bouture non traitée, utilisée comme témoin.

b) Une expérience démontrant comment l'AIA appliqué à l'extrémité d'un coléoptile cause l'allongement des cellules qui se trouvent en dessous. 1) On coupe l'apex d'un coléoptile d'avoine. La tige coupée ne s'allongera pas autant que celle 2) d'un coléoptile témoin. 3) On place un minuscule morceau d'agar sous le bout coupé et on le laisse reposer pendant plusieurs heures pour donner le temps à l'AIA de diffuser dans l'agar. 4) On place cet agar sur l'extrémité d'un autre coléoptile sectionné. L'allongement de ce coléoptile se montrera aussi rapide que celui d'un coléoptile voisin 5) intact.

Bouture traitée à l'auxine

Bouture non traitée

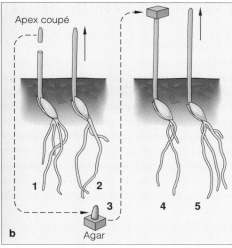

Apex coupé

1 2 3 4 5

Agar

Les gibbérellines stimulent la division et l'allongement cellulaires, ce qui entraîne la croissance en longueur de la tige (voir l'introduction de ce chapitre). Elles aident aussi les graines à sortir de leur dormance au printemps, en provoquant l'allongement des cellules de la racine primaire. Dans certains cas, les gibbérellines affectent la floraison et le développement des fruits.

Les **auxines** régulent l'allongement des cellules, qui fait lui-même grandir les pousses et les coléoptiles. Un **coléoptile** est une mince gaine qui, chez les monocotylédones, protège l'ébauche de la première feuille et la radicule pendant leur sortie de terre (voir la figure 32.7a). Les auxines favorisent aussi le développement des tissus conducteurs et du cambium libéroligneux, en plus d'empêcher la chute précoce des feuilles, des fleurs et des fruits. De surcroît, l'auxine produite par les graines stimule la croissance de la paroi ovarienne pendant la formation des fruits.

Les auxines sont produites dans les méristèmes apicaux et les coléoptiles. En diffusant à travers les cellules parenchymateuses des tissus conducteurs, elles parcourent une longue distance vers la base de la plante. Elles suscitent également la dominance apicale, c'est-à-dire l'inhibition de la croissance des bourgeons axillaires. D'ailleurs, les jardiniers pincent souvent le bourgeon apical des pousses principales pour empêcher l'auxine de se répandre dans les tiges, ce qui permet aux bourgeons axillaires de pousser et de produire plus de ramifications.

Dans la nature, l'acide indolacétique (AIA) constitue l'auxine la plus courante. Les propriétaires de vergers l'utilisent au printemps pour réduire le nombre de fleurs : les arbres produisent alors des fruits moins nombreux, mais plus gros. De plus, elle empêche la chute précoce des fruits, si bien que tous les fruits d'un verger peuvent être cueillis en même temps, ce qui fait diminuer le coût de la main-d'œuvre.

Le 2,4-D, une auxine synthétique, constitue un **herbicide** couramment employé (voir la section 32.6). Lorsqu'on l'utilise correctement, il ne semble pas nuire à la santé humaine. Par contre, mélangé à une quantité égale d'un composé apparenté, le 2,4,5-T, il donne l'agent orange, un herbicide ayant été utilisé pour la défoliation des zones de végétation dense pendant la guerre du Vietnam. Plus tard, certaines expériences ont révélé un lien entre la dioxine, un agent cancérigène et polluant présent à l'état de trace dans le 2,4,5-T, et l'occurrence d'anomalies congénitales, de fausses couches, de leucémies et de troubles du foie. Aujourd'hui, le 2,4,5-T est interdit aux États-Unis.

Les **cytokinines**, quant à elles, stimulent fortement la division cellulaire. Elles se montrent abondantes dans les méristèmes apicaux

des racines et des tiges ainsi que dans les fruits qui mûrissent. Elles contrent l'effet de l'auxine en favorisant la croissance des bourgeons axillaires. Les cytokinines et les auxines interagissent pour favoriser une division rapide des cellules ; du moins, c'est ce que l'on observe dans les cultures de tissus végétaux. De plus, les cytokinines empêchent le vieillissement précoce des feuilles et prolongent la durée de conservation des fleurs coupées et d'autres produits horticoles. Elles sont également utilisées en recherche fondamentale.

L'**acide abscissique** (ABA) aide les végétaux à s'adapter aux changements saisonniers, par exemple en provoquant la dormance des bourgeons et en inhibant la croissance cellulaire et la germination prématurée des graines. L'ABA contribue aussi à la fermeture des stomates lorsqu'une plante subit un stress hydrique (voir la section 30.4). Puisque les végétaux sont moins vulnérables aux blessures lorsqu'ils se trouvent en dormance, les fleuristes appliquent souvent de l'ABA sur leurs plantes avant de les transporter.

L'**éthylène**, la seule hormone végétale gazeuse, suscite la maturation des fruits, la chute des feuilles et d'autres réactions au vieillissement. D'ailleurs, dans la Chine ancienne, on faisait brûler de l'encens (dégageant de l'éthylène) pour que les fruits mûrissent plus rapidement. Au début des années 1900, les cultivateurs faisaient mûrir des agrumes en les stockant dans des abris contenant des poêles à kérosène. Aujourd'hui, les distributeurs de produits agricoles utilisent l'éthylène pour faire mûrir les tomates et d'autres fruits verts après leur distribution aux épiceries. L'avantage de ce procédé réside dans le fait que le fruit cueilli encore vert ne s'abîme pas et ne se détériore pas aussi vite qu'un fruit mûr. On expose aussi les agrumes à l'éthylène pour donner plus d'éclat à leur peau avant de les mettre en vente.

En plus des hormones décrites ci-dessus, les végétaux produisent des régulateurs de croissance (voir le tableau 32.1). D'autres régulateurs provoquent, entre autres, la floraison.

Les hormones végétales et les régulateurs de croissance sont nécessaires à la croissance et au développement normaux des végétaux.

Messagers chimiques sécrétés par certaines cellules, les hormones influencent l'expression génique de cellules cibles (qui peuvent être voisines ou situées à une certaine distance).

Les gibbérellines, les auxines, les cytokinines, l'acide abscissique et l'éthylène constituent les principales catégories d'hormones végétales.

LA RÉGULATION DE L'ORIENTATION ET DE LA VITESSE DE CROISSANCE

Les tropismes

Habituellement, les jeunes racines des végétaux terrestres croissent vers le bas, dans le sol, et les pousses se dirigent vers le haut, dans l'air. Toutefois, les racines et les pousses peuvent modifier l'orientation de leur croissance en réponse aux stimuli de leur milieu ; c'est ce qui se produit, par exemple, quand une nouvelle pousse se tourne vers la lumière. Lorsque l'orientation de la croissance d'une racine ou d'une pousse est affectée par un stimulus de l'environnement, on parle de tropisme. Comme l'illustrent les exemples suivants, ces réponses sont issues de changements, provoqués par des hormones, qui affectent la vitesse de croissance et d'allongement des cellules végétales.

LE GÉOTROPISME La radicule qui perce l'épisperme se courbe toujours vers le bas, tandis que le coléoptile et la pousse se redressent toujours vers le haut (voir la figure 32.8a). Ces mécanismes d'orientation, liés à la gravité terrestre, constituent des formes de **géotropisme**.

La figure 32.8b montre une expérience visant à étudier le géotropisme d'une jeune pousse qu'on a penchée sur le côté, dans une pièce sombre. On observe alors que la tige se redresse vers le haut, même en l'absence de lumière. En fait, l'allongement des cellules se voit considérablement ralenti sur la surface supérieure de la tige,

alors qu'il s'accélère sur la surface inférieure. La différence entre les vitesses d'allongement se montre suffisante pour que la tige se tourne vers le haut. Or, comment la tige fait-elle pour distinguer le haut du bas ? Il semble que les cellules de la surface inférieure des tiges couchées sur le côté soient plus sensibles à une certaine hormone que les cellules de la surface supérieure.

L'auxine, en association avec une hormone qui inhibe la croissance des racines, peut provoquer de telles réactions. Ainsi, si on tourne une jeune racine sur le côté et qu'on en coupe la coiffe, elle ne se courbera pas vers le bas. Par contre, si on lui remet sa coiffe, elle se courbera. L'allongement des cellules racinaires ne s'arrêtera pas si on coupe la coiffe ; au contraire, ces cellules deviendront même susceptibles de s'allonger encore plus rapidement. Supposons maintenant qu'un inhibiteur de croissance présent dans les cellules de la coiffe soit redistribué à l'intérieur d'une racine mise sur le côté. Si la gravité fait en sorte que l'inhibiteur quitte la coiffe et s'accumule dans les cellules de la surface inférieure de la racine, ces cellules ne s'allongeront pas autant que celles de la surface supérieure : la racine se courbera donc vers le bas.

Chez les végétaux, les mécanismes sensibles à la gravité fonctionnent grâce à des **statolithes**, généralement constitués d'amas de grains d'amidon libres se trouvant dans des plastes modifiés. Se voulant plus denses, ces plastes obéissent à la gravité. La figure 32.9 montre un exemple de statolithes. Ceux-ci s'accumulent dans la partie la plus basse du cytoplasme des cellules racinaires. La redistribution des statolithes peut causer une redistribution de l'auxine à l'intérieur des cellules, amorçant ainsi la réaction géotropique.

LE PHOTOTROPISME Le **phototropisme** désigne les modifications de la vitesse ou de l'orientation de la croissance des feuilles ou des tiges en réaction à la présence de lumière. Ces modifications favorisent les réactions photodépendantes de la photosynthèse, qui ne peuvent pas s'effectuer dans l'obscurité. Les végétaux pouvant orienter leurs feuilles ou leurs tiges afin de capter un maximum de lumière jouissent donc d'un avantage certain.

Charles Darwin s'était interrogé au sujet du phototropisme lorsqu'il avait constaté qu'un coléoptile poussait toujours en direction de la lumière lorsqu'il était éclairé d'un seul côté. Cependant, il fallut attendre les années 1920 pour qu'un certain Fritz Went, un étudiant

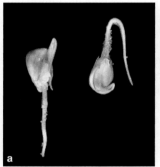
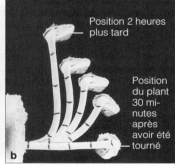

Figure 32.8 Une observation de la réaction géotropique des végétaux. **a)** La réaction de la racine primaire et de la tige primaire d'un plant de maïs poussant à l'endroit (à gauche) puis à l'envers (à droite). **b)** Une mesure du géotropisme. On fait pousser un jeune plant de tournesol dans l'obscurité pendant cinq jours. Ensuite, on le tourne sur le côté, on marque la tige tous les 0,5 cm et on note sa croissance à différents intervalles de temps.

Figure 32.9 Une observation de la réaction géotropique de jeunes racines. **a)** L'orientation normale des plastes dans les cellules de la coiffe d'une racine de maïs. Les statolithes s'accumulent dans la partie inférieure des cellules. **b)** De 5 à 10 minutes après que la plante a été tournée sur le côté, les statolithes se retrouvent de nouveau dans la partie inférieure des cellules de la coiffe. Un mécanisme de détection de la force de gravité peut s'avérer sensible à la redistribution d'auxine à l'extrémité de la racine. Une différence entre les concentrations de cette hormone pourrait alors inciter les cellules de la partie supérieure de la racine à s'allonger plus rapidement que celles de la partie inférieure. Une telle différence entre les vitesses d'allongement amènerait donc la racine à se courber vers le bas au début de la germination.

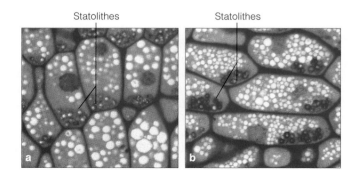

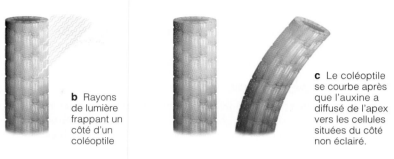

b Rayons de lumière frappant un côté d'un coléoptile

c Le coléoptile se courbe après que l'auxine a diffusé de l'apex vers les cellules situées du côté non éclairé.

Figure 32.10 a) Le phototropisme de jeunes plants de tomate. **b)** et **c)** La différence entre les vitesses d'allongement des cellules, un mécanisme régulé par des hormones, force les coléoptiles et les tiges à se courber vers la lumière.

néerlandais, découvre le lien entre le phototropisme et une certaine substance stimulant la croissance. C'est lui qui donna à cette substance le nom d'*auxine* (du grec *auxein*, qui signifie « faire croître »). Went démontra que l'auxine se déplace à partir du bout d'un coléoptile vers les cellules moins exposées à la lumière et y suscite un allongement plus rapide que chez les cellules du côté éclairé. La courbure vers la lumière résulte donc de la différence entre les vitesses de croissance des deux groupes de cellules.

Pour observer une réaction phototropique, il suffit de mettre de jeunes plantes ayant besoin de lumière (des plants de tomate, par exemple) dans une pièce sombre, à côté d'une fenêtre ne laissant passer que quelques rayons de soleil : elles s'orienteront alors immanquablement vers la lumière (voir la figure 32.10).

La plus forte réaction phototropique est provoquée par la lumière bleue, dont la longueur d'onde peut être absorbée par la **flavoprotéine** ; on pense que ce pigment jaune pourrait constituer le récepteur qui alimente en énergie lumineuse le mécanisme phototropique.

THIGMOTROPISME Les végétaux peuvent aussi changer l'orientation de leur croissance lorsqu'ils entrent en contact avec des objets solides. L'auxine et l'éthylène pourraient jouer un rôle dans cette réaction, appelée **thigmotropisme**. Les plantes grimpantes, dont les tiges sont trop minces ou trop molles pour se tenir droites sans appui, manifestent de telles réactions à la suite d'un contact, tout comme les vrilles, qui sont en fait constituées de feuilles et de tiges modifiées s'enroulant autour d'objets pour soutenir la plante (voir la figure 32.11). Lorsqu'une plante grimpante pousse contre la tige d'une autre plante, les cellules du côté du contact cessent en seulement quelques minutes de s'allonger, et la plante ou la vrille commence à s'enrouler autour de la tige, en faisant souvent plusieurs fois le tour de celle-ci. Les cellules reprennent ensuite leur croissance à une vitesse égale des deux côtés.

Les réactions au stress mécanique

Le stress mécanique, infligé par les vents dominants et les animaux par exemple, peut inhiber l'allongement des tiges et la croissance des végétaux. L'effet du stress mécanique s'observe notamment chez les arbres qui poussent près de la limite des neiges éternelles, sur les montagnes battues par les vents : ces arbres sont plus trapus que ceux de la même espèce qui poussent dans des régions de plus basse altitude. De même, les plantes cultivées à l'extérieur présentent généralement

Figure 32.11 Le thigmotropisme d'une vrille de passiflore (*Passiflora*).

Figure 32.12 L'effet d'un stress mécanique sur des plants de tomate. **a)** Ce plant témoin a poussé dans une serre. **b)** Tous les jours, pendant 28 jours, ce plant a été secoué mécaniquement durant 30 s. **c)** Ce plant a été secoué deux fois par jour.

des tiges plus courtes que celles des plantes cultivées en serre. Les effets du stress mécanique s'observent aussi lorsqu'on secoue chaque jour une plante pendant quelques secondes : la croissance de toute la plante finira par s'amoindrir (voir la figure 32.12).

Les végétaux modifient l'orientation et la vitesse de leur croissance en réaction aux stimuli de l'environnement.

LA RÉGULATION DE LA FLORAISON

Toutes les fleurs résultent de variations d'un même mode de croissance et de développement. À la section 28.5, il est question du contrôle exercé sur le développement floral de l'espèce *Arabidopsis thaliana* par l'expression des gènes activés à la réception d'un signal hormonal. Qu'est-ce qui déclenche donc la sécrétion de cette hormone ?

Un signal : le phytochrome

Tous les organismes possèdent des mécanismes internes qui prédéterminent le moment des changements biochimiques récurrents. Certains mécanismes rythmiques internes, appelés **horloges biologiques**, déclenchent des changements affectant les activités quotidiennes, comme le mouvement rythmique des feuilles d'un plant de haricot décrit à la section 28.4. Ce mouvement correspond à un rythme circadien, c'est-à-dire une activité biologique cyclique qui dure environ 24 h. Des expériences menées par Ruth Satter, Richard Crain et leurs collègues de l'université du Connecticut montrèrent que le phytochrome joue un rôle dans ce mouvement des feuilles. Satter, une pionnière dans l'étude de ce type de mécanisme, fut l'une des premières scientifiques à établir un lien entre les rythmes des végétaux et « les aiguilles » d'une horloge biologique.

Les horloges biologiques sont aussi partiellement à l'origine des changements saisonniers des modes de croissance, de développement et de reproduction, dont la formation de fleurs.

Certaines horloges biologiques sont munies d'un déclencheur appelé **phytochrome**. Ce pigment bleu-vert fait partie des mécanismes de commutation qui stimulent ou inhibent la croissance de nombreuses parties végétales. Le phytochrome se définit comme le récepteur des longueurs d'onde du rouge et du rouge lointain. Au lever du soleil, les longueurs d'onde du rouge, qui dominent dans le ciel, déclenchent le changement de la forme moléculaire du phytochrome en une forme active dite *Pfr* (de l'anglais *far red*) (voir la figure 32.13). Le signal se transforme alors selon l'une des deux façons suivantes : soit les cellules sont incitées à absorber des ions calcium (Ca^{++}), soit les organites sont incités à en libérer. La réponse s'amorce lorsque ces ions s'associent à des protéines cellulaires fixatrices de calcium. Au coucher du soleil, la nuit ou simplement à

l'ombre, la voie de transduction du signal s'inverse : les longueurs d'onde dominantes, celles du rouge lointain, causent le retour du phytochrome à sa forme moléculaire inactive Pr.

Le **photopériodisme** représente une réaction biologique au changement de durée de la période diurne par rapport à la période nocturne dans un cycle de 24 h. La forme active du phytochrome, Pfr, enclenche des événements qui causent l'expression de certains gènes. Parmi les protéines alors produites se trouvent des messagers chimiques influençant la germination, l'allongement et la ramification des pousses, l'expansion des feuilles, des fleurs et des fruits, de même que la formation et la dormance des graines (voir la figure 32.14).

La floraison, un exemple de photopériodisme

La période de l'année où les plantes à fleurs commencent à consacrer plus d'énergie à la formation des fleurs diffère selon l'espèce concernée. Les tulipes, par exemple, fleurissent au printemps, et les chrysanthèmes, en automne. La sécrétion d'une ou de plusieurs hormones inhibant ou stimulant la formation de fleurs relève probablement de réactions des phytochromes déclenchées par des signaux provenant du milieu. Malgré toutes les recherches, cependant, ces hormones n'ont pas encore été identifiées.

On ne comprend pas encore pourquoi les tulipes, les épinards et d'autres **plantes de jours longs** fleurissent au printemps, lorsque la période diurne dépasse une certaine durée critique, tandis que les chrysanthèmes, les poinsettias et les lampourdes, qui comptent parmi les **plantes de jours courts**, fleurissent vers la fin de l'été ou au début de l'automne, lorsque le jour est plus court que cette durée critique. Les **plantes indifférentes**, pour leur part, fleurissent simplement quand elles ont acquis suffisamment de maturité pour le faire.

En réalité, les termes « jours courts » et « jours longs » manquent quelque peu d'exactitude, puisque le signal issu de l'environnement découle plutôt de la durée de la nuit, et non celle du jour. Les figures 32.15 et 32.16 montrent les réactions de plantes de jours longs et de plantes de jours courts à une série de conditions lumineuses. Les plantes réagissent toutes aux longueurs d'onde qui prédominent à l'aube et au crépuscule. Lorsque les chercheurs interrompent une

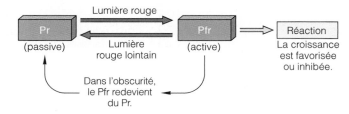

Figure 32.13 Une conversion du phytochrome le faisant passer de sa forme active (Pfr) à sa forme passive (Pr). Ce pigment bleu-vert fait partie d'un mécanisme de commutation qui favorise ou inhibe la croissance de plusieurs parties végétales.

Figure 32.14 Une corrélation entre la croissance et le développement des végétaux, d'une part, et le nombre d'heures d'ensoleillement, d'autre part, un nombre variant selon les saisons. Les données reflètent les réactions photopériodiques des végétaux poussant dans les régions tempérées de l'Amérique du Nord, où les changements de saison s'accompagnent de variations de température et de précipitations.

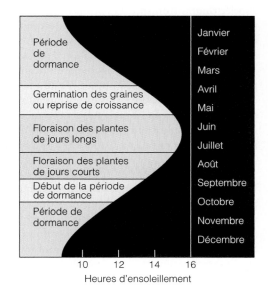

PLANTES DE
JOURS COURTS

PLANTES DE
JOURS LONGS

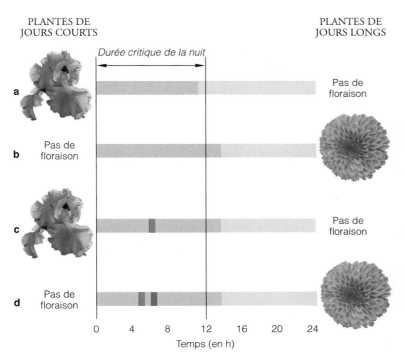

Durée critique de la nuit

a — Pas de floraison

b — Pas de floraison

c — Pas de floraison

d — Pas de floraison

Temps (en h)

Figure 32.15 Une expérience simple montre que les plantes de jours courts fleurissent si la nuit s'avère assez longue. Chaque barre horizontale correspond à une période de 24 h. Les sections en jaune représentent la lumière du jour et les parties en bleu représentent la nuit. **a)** Les plantes de jours longs fleurissent lorsque la nuit est plus courte que la durée critique. **b)** Les plantes de jours courts fleurissent lorsque la nuit se montre plus longue que la durée critique. **c)** Si une lueur rouge intense interrompt une longue nuit, les deux sortes de plantes réagissent comme si la nuit était courte. **d)** Si la lueur rouge est suivie d'un éclair de lumière rouge lointain, l'effet perturbateur de la lueur rouge s'annule.

Fleurs

Figure 32.16 Une expérience portant sur la floraison **a)** d'un plant d'épinard, une plante de jours longs, et **b)** d'un chrysanthème, une plante de jours courts. Sur les deux photographies, la plante de gauche a poussé dans des conditions de jours courts, et celle de droite, dans des conditions de jours longs.

période d'obscurité critique par un éclair de lumière rouge, les horloges biologiques se remettent à zéro. Les plantes de jours courts fleurissent seulement lorsque les nuits sont plus longues que la durée critique établie, et les plantes de jours longs font de même lorsque les nuits s'avèrent plus courtes que la durée critique déterminée.

Par exemple, les plants d'épinard ne fleurissent pas et ne produisent pas de graines à moins d'être exposés à 10 h d'obscurité par jour pendant 2 semaines. C'est pourquoi il ne serait pas judicieux de mettre sur pied une exploitation de plants d'épinard dans les tropiques, où de tels signaux du milieu se montrent inexistants. Les horticulteurs qui cultivent des chrysanthèmes, une plante de jours courts, exploitent d'ailleurs un tel mécanisme : ils retardent la floraison en exposant les plantes à un éclair de lumière en pleine nuit pour diviser les longues nuits en deux courtes nuits ; c'est pourquoi on trouve des chrysanthèmes sur le marché au printemps aussi bien qu'en automne. Prenons un autre exemple : les lampourdes fleurissent normalement après une seule nuit durant plus de 8 1/2 heures. Si on interrompt la période d'obscurité, ne serait-ce que pendant une minute, elles ne fleuriront pas. Les poinsettias qui poussent le long des routes de la Californie ne donnent pas de fleurs parce que la lumière des phares inhibe la réaction de floraison.

Des expériences suggèrent que la ou les hormones déclenchant la floraison pourraient être produites dans les cellules des feuilles et transportées ensuite aux nouveaux bourgeons floraux. En effet, si l'on coupe toutes les feuilles d'une lampourde, à l'exception d'une seule, et qu'on couvre ensuite cette feuille d'un papier noir pendant 8 1/2 heures, la plante continuera à produire des fleurs. Toutefois, si l'on coupe cette dernière feuille immédiatement après la période d'obscurité, la plante ne fleurira pas.

Comme d'autres organismes, les plantes à fleurs possèdent des horloges biologiques, qui jouent en quelque sorte le rôle de chronomètres internes.

Le phytochrome, un pigment bleu-vert, fait partie d'un mécanisme de commutation des réactions phototropiques à la lumière rouge et rouge lointain. Sa forme active, Pfr, pourrait déclencher la sécrétion d'une ou de plusieurs hormones qui stimulent ou inhibent la floraison à différentes périodes de l'année.

Le principal signal de la floraison se veut la durée de la nuit, c'est-à-dire le nombre d'heures d'obscurité, variable selon les saisons. Les différentes sortes de plantes à fleurs fleurissent à diverses périodes de l'année, selon leur propre mécanisme régi par le phytochrome.

LA FIN DU CYCLE BIOLOGIQUE : UN RENOUVEAU

La sénescence

Pendant leur croissance, les feuilles et les fruits produisent de l'auxine (AIA) ; celle-ci diffuse dans les tiges, où elle agit en association avec les cytokinines et les gibbérellines pour maintenir la croissance. À l'approche de l'automne, quand la durée du jour diminue, les végétaux commencent à retirer des substances nutritives aux feuilles, aux tiges et aux racines pour les distribuer aux fleurs, aux fruits et aux graines. Par exemple, avant de perdre leurs feuilles, les végétaux à feuilles caduques en récupèrent les nutriments et les dirigent vers des sites de stockage situés dans les rameaux, les tiges et les racines. On appelle **abscission** la chute des feuilles, des fleurs, des fruits et des autres parties végétales. Une zone d'abscission est constituée de cellules parenchymateuses aux parois minces se trouvant à la base d'un pétiole ou d'une autre partie végétale sur le point de tomber. La figure 32.17 illustre le mécanisme en question ici.

Le terme **sénescence** désigne l'ensemble des processus qui mènent à la mort d'un végétal ou de certaines de ses parties. L'élément déclencheur le plus courant est la diminution de la durée du jour, mais d'autres facteurs, comme la sécheresse, des blessures et une alimentation déficitaire, peuvent également provoquer la sénescence. Quel qu'il soit, ce signal provoque une baisse de la production d'AIA dans les feuilles et les fruits. Ensuite, un autre signal, que la plante peut elle-même produire, stimule la production d'éthylène par les cellules

de la zone d'abscission. Ces dernières grossissent alors, puis laissent un dépôt de subérine dans leurs parois et produisent des enzymes qui digèrent la cellulose et la pectine présentes dans les lamelles moyennes. Rappelons que les lamelles moyennes représentent les couches qui cimentent les parois entre les cellules végétales (voir la section 4.11). Pendant que les cellules continuent à croître et que leurs parois se dégradent, les lamelles se séparent les unes des autres, provoquant tôt ou tard la chute de la feuille ou de toute autre partie végétale située au-dessus du site d'abscission.

Si on interrompt la redistribution des nutriments aux fleurs, aux graines ou aux fruits, on arrête le vieillissement des feuilles, des tiges et des racines. Par exemple, si on enlève chaque nouvelle fleur ou cosse d'une plante, les feuilles et les tiges resteront vigoureuses et vertes beaucoup plus longtemps (voir la figure 32.18). D'ailleurs, les jardiniers enlèvent souvent les boutons floraux de nombreuses plantes afin d'en maintenir la croissance végétative.

La dormance

Lorsque l'automne approche et que les jours raccourcissent, de nombreuses plantes vivaces ou bisannuelles cessent leur croissance, et ce, même lorsque les températures sont toujours clémentes, que le ciel est clair, et l'eau, abondante. Lorsqu'une plante arrête de grandir dans des conditions qui semblent pourtant favorables à sa croissance, c'est qu'elle entre en **dormance**, une période pendant laquelle les activités métaboliques ralentissent. Habituellement, ses bourgeons ne reprendront pas leur croissance avant le printemps suivant, une saison où se manifestent de nombreux signaux issus du milieu.

Les journées plus courtes, les nuits longues et froides, un sol sec et déficient en azote constituent autant de signaux qui incitent fortement les végétaux à entrer en dormance. Pour le confirmer, des chercheurs ont effectué, sur des douglas taxifoliés, des expériences consistant à interrompre les longues périodes d'obscurité par une courte période de lumière rouge. Les arbres ont réagi comme si les nuits étaient devenues plus courtes, et les jours, plus longs : ils ont continué à pousser (voir la figure 32.19). En fait, la dormance a été

Tissus de la tige   Cellules de la zone d'abscission

Figure 32.17 Une micrographie photonique d'une coupe longitudinale de la zone d'abscission d'une feuille d'érable rouge (*Acer*). L'abscission se produit à la base des pétioles.

Plante témoin   Plante expérimentale
(avec cosses)   (sans cosses)

Figure 32.18 Les résultats d'une expérience dans laquelle les cosses de graines d'un plant de soja ont été enlevées. Le prélèvement des cosses a retardé la sénescence de la plante.

Figure 32.19 Une expérience visant à évaluer l'effet de la longueur du jour et de la nuit sur des douglas taxifoliés. Pendant un an, l'arbre de gauche a été exposé à un cycle de 12 h de clarté et de 12 h d'obscurité par jour. Ses bourgeons sont restés en dormance, car la durée du jour s'avérait trop courte. Le douglas de droite a été soumis à un cycle de 20 h de clarté et de 4 h d'obscurité : il a poussé de façon continue. L'arbre du milieu a subi un cycle de 12 h de clarté et de 11 h d'obscurité, avec une interruption de 1 h de lumière au milieu de la période d'obscurité. Cette interruption a empêché les bourgeons d'entrer en dormance et a causé la formation de Pfr à un moment sensible du cycle normal.

Un plant de lilas cultivé en pot à l'intérieur d'une serre : il n'a pas fleuri.

Une branche de lilas exposée à l'air froid extérieur : elle a fleuri.

Figure 32.20 L'effet des températures froides sur les bourgeons en dormance d'un lilas (*Syringa*).

Pour cette expérience, une branche de lilas a été placée de façon à se situer en dehors de la serre pendant l'hiver, alors que le reste de la plante est demeuré à l'intérieur, exposé à des températures plus chaudes. Au printemps, seuls les bourgeons de la branche exposée aux basses températures ont repris leur croissance pour donner des fleurs et des feuilles.

bloquée en raison de la conversion du Pr en Pfr induite par la lumière rouge pendant la période d'obscurité. Dans la nature, les bourgeons entrent en dormance parce que la formation de Pfr diminue au fur et à mesure que les journées s'écourtent, à la fin de l'été.

Le fait que plusieurs signaux doivent être émis par le milieu pour qu'une plante entre en dormance comporte une valeur d'adaptation. En effet, si la température constituait le seul signal, par exemple, des températures chaudes en automne pourraient provoquer la floraison et la germination ; cependant, le gel de l'hiver imminent ne manquerait pas de tuer rapidement les fleurs et les jeunes pousses. Toutefois, grâce à la sélection artificielle, les pépiniéristes et les horticulteurs ont réussi à développer des graines qui germent vite, en serre, à n'importe quel moment de l'année.

La fin de la dormance

Presque partout sur la planète, les températures et la durée du jour varient avec les saisons et, par conséquent, les mécanismes qui mettent fin à la dormance s'activent à une période déterminée entre l'automne et le printemps. En effet, lorsque les températures s'adoucissent, l'eau et les nutriments redeviennent disponibles. Le retour de conditions favorables s'accompagne d'un renouveau des cycles biologiques : les graines germent, les bourgeons reprennent leur croissance et produisent de nouvelles feuilles et de nouvelles fleurs.

Pour sortir de leur dormance, les végétaux ont probablement besoin de gibbérellines et d'acide abscissique. Souvent, la sortie de l'état de dormance doit être précédée d'une exposition à de basses températures, et ce, à des moments précis de l'année. Les températures nécessaires pour cette sortie varient selon les espèces végétales. Par exemple, les pommiers *Delicious* de l'Utah ont besoin de 1230 h

à une température d'environ 6 °C, tandis que les abricotiers cultivés n'en nécessitent que 720 h. En général, les arbres du sud des États-Unis se contentent d'une exposition au froid plus courte que ceux des États du nord ou du Canada. Si un agriculteur ontarien commandait un jeune pêcher chez une pépinière de Floride, l'arbre risquerait de commencer prématurément sa croissance et de mourir sous l'effet du gel ou sous le poids de la neige.

La vernalisation

La floraison est souvent une réaction aux changements de température saisonniers. Par exemple, si les bourgeons de certaines plantes bisannuelles ou vivaces ne sont pas exposés aux basses températures de l'hiver, ces plantes ne fleuriront pas au printemps. On appelle **vernalisation** la stimulation de la floraison par de basses températures. La figure 32.20 montre les résultats d'une expérience portant sur la vernalisation.

Dès 1915, le botaniste Gustav Gassner a étudié la floraison de certaines céréales après en avoir exposé les graines à des températures contrôlées. Il fit notamment germer des graines de seigle d'hiver (*Secale cereale*) à des températures qui approchaient 0 °C ; les plantes fleurirent l'été suivant, même si elles avaient été mises en terre à la fin du printemps. La vernalisation se pratique couramment en agriculture.

De nombreux signaux issus du milieu influencent les sécrétions hormonales qui stimulent ou inhibent la croissance et le développement des végétaux pendant leur cycle biologique. Les modifications de la durée du jour, de la température, du taux d'humidité et de la disponibilité des nutriments représentent les signaux les plus importants.

L'AGRICULTURE ET LA COURSE AUX ARMES CHIMIQUES

La présente partie de ce manuel donne un aperçu de l'anatomie et de la physiologie des végétaux. On mange des fraises, du maïs, des haricots et un grand nombre d'autres produits de la ferme. Mais comment ces plantes ont-elles produit tous ces nutriments? Comment ont-elles lutté contre les mauvaises herbes et échappé aux parasites qui abîment ou dévorent presque la moitié de ce qu'on essaie de faire pousser?

La plupart des végétaux ne se montrent pas entièrement vulnérables. Après tout, ils se sont développés en étant soumis à des pressions sélectives comme des attaques d'insectes et d'autres organismes et ils ont souvent réussi à repousser leurs agresseurs grâce à des toxines naturelles. Une **toxine**, un composé organique, représente un produit métabolique normal chez une espèce donnée, mais ses effets chimiques peuvent nuire à un autre organisme ou même le tuer. D'ailleurs, nous entrons souvent en contact avec des traces de toxines naturelles, par exemple dans des produits alimentaires courants comme les piments forts, les pommes de terre, les figues, le céleri, la rhubarbe et les germes de luzerne. Cependant, nous n'en mourons pas parce que nous avons développé un système de défense chimique contre ces toxines.

a Le 2,4-D (acide 2,4-dichlorophénoxyacétique), une auxine synthétique, est couramment utilisé comme herbicide. Les enzymes des mauvaises herbes et des microbes ne le dégradent pas aussi facilement que les auxines naturelles.

b L'atrazine est un herbicide très populaire. Elle tue les mauvaises herbes en quelques jours, tout comme le glyphosate (Roundup™), l'alachlor (Lasso™) et la daminozide (Alar™). Même en quantité minime, inférieure aux concentrations permises dans l'eau potable, l'atrazine semble causer des malformations sexuelles chez les grenouilles.

c Le dichlorodiphényltrichloréthane, ou DDT. Ce poison, toxique pour les cellules nerveuses, met de 2 à 15 ans à se dégrader. Le chlordane, un autre type d'insecticide, persiste également longtemps dans l'environnement.

d Le malathion. Comme d'autres organophosphates, il est peu coûteux, il se dégrade plus rapidement que les hydrocarbures chlorés et il se montre plus toxique. La moitié de tous les insecticides utilisés aux États-Unis sont des organophosphates. Certains sont aujourd'hui interdits et l'application d'autres composés du même genre doit cesser au moins trois semaines avant les récoltes. Aux États-Unis, les fermiers qui contestent cette politique voudraient que l'Agence de protection de l'environnement tienne compte non seulement de la santé, mais aussi des questions économiques et commerciales.

Figure 32.21 Quelques pesticides, dont certains présentent une plus grande toxicité que d'autres.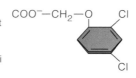

Figure 32.22 Un hélicoptère d'épandage intervenant pour favoriser les plantes cultivées dans leur rivalité contre les parasites (y compris les mauvaises herbes) pour obtenir les nutriments du sol.

Il y a quelques milliers d'années, les fermiers utilisaient déjà le soufre, le plomb, l'arsenic et le mercure pour protéger leurs cultures contre les insectes. Les fermiers ont épandu ces métaux très toxiques jusqu'à la fin des années 1920, soit jusqu'à ce qu'on découvre que ces pratiques empoisonnaient les gens. Des traces de métaux toxiques sont d'ailleurs encore présentes aujourd'hui dans les terrains contaminés.

Traditionnellement, les fermiers utilisaient aussi comme pesticides naturels des composés organiques extraits de feuilles, de fleurs et de racines. Puis, en 1945, des scientifiques ont commencé à produire des toxines synthétiques et à déterminer comment ces dernières attaquaient les parasites. Les herbicides, dont l'auxine synthétique mentionnée à la figure 32.21a, tuent les mauvaises herbes en perturbant leur métabolisme et leur croissance. Les insecticides, quant à eux, obstruent les voies respiratoires des insectes cibles, perturbent leurs systèmes nerveux et musculaire ou les empêchent de se reproduire. Les fongicides, enfin, sont utilisés contre les eumycètes nuisibles, par exemple la moisissure qui produit l'aflatoxine, un des poisons les plus mortels. En 1995, aux États-Unis, plus de 568 millions de kilogrammes de toxines ont été pulvérisés et épandus dans les champs, les jardins, les maisons et les sites industriels et commerciaux (voir la figure 32.22).

Cependant, certains pesticides tuent aussi les oiseaux et d'autres prédateurs qui endiguent la taille des populations de parasites. De plus, pour des raisons expliquées au chapitre 1, les parasites ont développé une résistance à l'arsenal chimique humain. En outre, les pesticides ne doivent pas être appliqués n'importe comment, car ils peuvent être inhalés, ingérés avec les aliments ou absorbés par la peau. Il faut savoir que certains pesticides restent actifs pendant des semaines, voire des années. Des millions de gens subissent des éruptions cutanées, des maux de tête, de l'urticaire, de l'asthme ou des douleurs à cause des pesticides, dont certains provoquent même des réactions allergiques mortelles chez les personnes hypersensibles.

Le DDT et d'autres pesticides durables sont actuellement interdits aux États-Unis. D'ailleurs, même ceux qui se dégradent rapidement sont assujettis à des règles d'application rigoureuses et à des tests d'innocuité.

Certes, la façon dont on protège les cultures revêt une importance considérable. Cependant, elle ne représente qu'un aspect des interventions nécessaires pour nourrir une population mondiale qui dépasse maintenant les six milliards d'habitants. Les cultures essentielles devraient-elles être génétiquement modifiées? Peut-on et doit-on essayer d'améliorer leur capacité à fixer l'azote ou de les rendre tolérantes au sel? Doit-on accentuer leur résistance aux meurtrissures? aux pesticides? Les sections 16.7 et 28.2 ainsi que la première question à développement de la section 16.11 fournissent à ce sujet d'intéressants points de départ pour la réflexion.

En fin de compte, la croissance et le développement des végétaux affectent la croissance et le développement de la population humaine.

RÉSUMÉ

*Le chiffre en **brun** renvoie à la section du chapitre.*

1. Le présent chapitre commence avec la dispersion des graines des plantes mères. À ce moment-là, à l'intérieur de chaque graine, le sporophyte embryonnaire se trouve en dormance. Il germe ensuite par imbibition: il absorbe de l'eau, reprend sa croissance et sort de l'épisperme. Des mécanismes de contrôle régulent dès lors la croissance et le développement du jeune plant, qui augmente en volume et en masse. Ses tissus et ses organes se développent. Plus tard, des fruits et de nouvelles graines se forment, puis les vieilles feuilles tombent. *32.1*

2. Le mode de croissance et de développement des végétaux repose sur les interactions entre leurs gènes, leurs hormones et les signaux du milieu. *32.2*

a) Les gènes d'un végétal régulent la synthèse d'enzymes et d'autres protéines nécessaires au métabolisme et donc à toutes les activités cellulaires. L'action des hormones détermine le mode de fonctionnement des enzymes et le moment où ces dernières entrent en activité.

b) Les hormones forment une catégorie de messagers chimiques. Après leur production et leur sécrétion par certaines cellules, elles se rendent aux cellules cibles dans différentes parties de l'organisme végétal pour y stimuler ou y inhiber l'expression des gènes. Comme chez d'autres types d'organismes vivants, toute cellule qui porte des récepteurs pour une hormone particulière constitue la cible de cette hormone.

c) Les signaux environnementaux influencent les modes de croissance prédéterminés, qui doivent souvent s'adapter à des pressions environnementales inhabituelles.

3. Les hormones végétales donnent lieu à des modes de croissance et de développement prévisibles. Elles déclenchent des réactions aux rythmes de l'environnement (comme les changements saisonniers de température et de durée du jour), aux variations d'ombre et de lumière et à d'autres facteurs. *32.1, 32.2*

4. Cinq grandes catégories d'hormones végétales ont été identifiées. Il en existe probablement d'autres. *32.2 à 32.5*

a) Les gibbérellines stimulent l'allongement des tiges, aident les graines et les bourgeons à sortir de leur dormance au printemps et peuvent amorcer le processus de floraison.

b) Les auxines stimulent l'allongement des tiges et des coléoptiles. Elles jouent également un rôle dans le phototropisme et dans le géotropisme.

c) Les cytokinines stimulent la division cellulaire et l'expansion foliaire, et retardent le vieillissement des feuilles.

d) L'acide abscissique favorise la dormance des bourgeons et des graines. Il limite aussi la perte d'eau en stimulant la fermeture des stomates.

e) L'éthylène stimule la fructification et l'abscission.

5. Les différentes parties végétales manifestent des réactions – des tropismes – à la lumière, à la gravité et à d'autres conditions environnementales. Les hormones induisent des vitesses et des directions de croissance distinctes chez les deux côtés de la partie végétale concernée, ce qui la pousse à se tourner ou à se déplacer. *32.3*

a) Les racines poussent vers le bas, et les tiges vers le haut, en réaction à la gravité terrestre: c'est ce qu'on appelle le *géotropisme*. Les végétaux sont dotés de mécanismes sensibles à la gravité, dont le fonctionnement repose sur la présence de statolithes (groupes de particules à l'intérieur des cellules).

b) Les tiges et les feuilles modifient la vitesse et l'orientation de leur croissance en fonction de la lumière: on parle alors de phototropisme. Un pigment jaune (la flavoprotéine) pourrait être associé à ce processus: il absorberait la partie bleue du rayonnement lumineux, celle qui provoque la réaction la plus forte chez les végétaux.

c) Les végétaux modifient la direction de leur croissance lorsqu'ils entrent en contact avec des objets solides. Cette réaction porte le nom de *thigmotropisme*.

6. Les végétaux réagissent au stress mécanique. Par exemple, l'exposition à des vents forts inhibe l'allongement des tiges et la croissance des végétaux. *32.3*

7. Une horloge biologique désigne tout mécanisme interne de mesure du temps qui présente une base biochimique. *32.4*

a) Les rythmes circadiens représentent les cycles d'environ 24 heures qui régissent diverses activités biologiques. Le mouvement rythmique des feuilles en constitue un exemple.

b) Le photopériodisme se définit comme une réaction biologique aux changements de la durée respective des périodes de clarté et d'obscurité dans un cycle de 24 h. Chez les végétaux, le photopériodisme est saisonnier. Le phytochrome, un pigment bleu-vert, fait partie d'un mécanisme de commutation de l'horloge biologique: il aide à stimuler ou à inhiber la germination, l'allongement des tiges, l'expansion foliaire, la ramification des branches et la formation de fleurs, de fruits et de graines.

c) Les végétaux de jours longs fleurissent au printemps ou en été, lorsque les journées comptent plus d'heures de clarté que d'obscurité. Les plantes de jours courts fleurissent lorsque les jours raccourcissent. Les plantes indifférentes fleurissent indépendamment de la durée du jour.

8. La sénescence se définit comme la somme des processus menant à la mort d'une structure végétale ou d'une plante. *32.5*

9. La dormance désigne l'état pendant lequel les plantes bisannuelles ou vivaces arrêtent de pousser même lorsque les conditions semblent favorables à leur croissance. Une diminution du niveau de Pfr pourrait déclencher la dormance. Pour sortir de la dormance, un végétal peut avoir besoin d'être préalablement exposé à certaines températures et à une action hormonale, dont celle des gibbérellines et de l'acide abscissique. *32.5*

Exercices

1. Expliquez le processus de germination. *32.1*

2. Décrivez brièvement comment les cellules d'une nouvelle plante croissent, prennent de l'expansion et adoptent des formes déterminées. *32.1*

3. Nommez cinq types d'hormones végétales connues et décrivez les fonctions de chacun. *32.2*

4. Nommez quelques régulateurs de croissance végétale et indiquez-en les fonctions. *32.2*

5. Définissez le tropisme des végétaux. Quelle est la différence entre le phototropisme et le photopériodisme? *32.3, 32.4*

6. Qu'est-ce que le phytochrome et quel rôle joue-t-il dans le processus de floraison? *32.4*

7. Expliquez les différences entre les plantes de jours longs, les plantes de jours courts et les plantes indifférentes. *32.4*

8. Définissez la dormance et la sénescence. Donnez des exemples pour chacun de ces termes. *32.5*

Autoévaluation   RÉPONSES À L'ANNEXE III

1. La germination se termine lorsque _____.
a) le sporophyte embryonnaire absorbe de l'eau
b) le sporophyte embryonnaire reprend sa croissance
c) la radicule sort de l'épisperme
d) les cotylédons se déploient

Figure 32.23 Un exemple de phototropisme : un champ de tournesols (*Helianthus*) suivant activement la course du Soleil.

2. Lequel des énoncés suivants est faux ?
   a) Les auxines et les gibbérellines stimulent l'allongement des tiges.
   b) Les cytokinines stimulent la division cellulaire, mais retardent le vieillissement des feuilles.
   c) L'acide abscissique favorise la perte d'eau et la dormance.
   d) L'éthylène stimule l'abscission et la maturation des fruits.

3. Les hormones végétales _____.
   a) interagissent mutuellement
   b) sont influencées par les signaux du milieu
   c) sont actives dans les embryons végétaux présents à l'intérieur des graines
   d) sont actives dans les plantes adultes
   e) toutes ces réponses

4. La croissance végétale dépend _____.
   a) de la division cellulaire   c) des hormones
   b) du grossissement des cellules   d) toutes ces réponses

5. La partie _____ du rayonnement lumineux représente le stimulus le plus fort en matière de phototropisme.
   a) rouge   c) verte
   b) rouge lointain   d) bleue

6. La partie _____ du rayonnement lumineux fait passer le phytochrome de sa forme inactive à sa forme active ; la partie _____ produit l'effet contraire.
   a) rouge ; rouge lointain   c) rouge lointain ; rouge
   b) rouge ; bleue   d) rouge lointain ; bleue

7. Le processus de floraison constitue une réaction _____.
   a) phototropique   c) photopériodique
   b) géotropique   d) thigmotropique

8. L'abscission se produit pendant _____.
   a) la germination   c) la sénescence
   b) la floraison   d) la dormance

9. La sénescence résulte d'une diminution _____ dans les feuilles et les fruits, et d'une augmentation _____ aux zones d'abscission.
   a) de l'AIA ; de l'éthylène   c) du Pfr ; de la gibbérelline
   b) de l'éthylène ; de l'AIA   d) de la gibbérelline ; de l'acide abscissique

10. Associez chaque terme à la description la plus appropriée.

   _____ Vernalisation   a) Influx d'eau dans les graines
   _____ Sénescence   b) Croissance inégale après un contact avec des objets solides
   _____ Imbibition
   _____ Thigmotropisme   c) Inhibition de la formation de bourgeons axillaires
   _____ Dominance apicale
          d) Stimulation à basse température du processus de floraison
          e) Tous les processus menant à la mort d'un végétal ou d'une de ses parties

Questions à développement

1. D'après ce que vous savez de la croissance des végétaux (voir le chapitre 29), auriez-vous tendance à croire que les hormones n'influencent que la croissance primaire ? Pourraient-elles influencer la croissance secondaire d'un chêne, par exemple ?

2. La croissance végétale dépend de la photosynthèse, qui elle-même dépend de l'énergie lumineuse du soleil. Comment expliquez-vous que de jeunes plants ayant germé dans une pièce sombre deviennent plus grands que d'autres ayant germé au soleil ?

3. Le phototropisme désigne la capacité qu'ont de nombreux végétaux de maintenir la surface plane de leurs feuilles à angle droit par rapport au soleil, pendant le jour. La figure 32.23 en montre un exemple. Cette réaction phototropique maximise la captation de la lumière par les feuilles. Nommez un type de molécule qui pourrait jouer un rôle dans cette réaction.

4. Des scientifiques belges ont isolé un gène mutant dans une arabette des dames (*Arabidopsis thaliana*), soit une plante qui produit de grandes quantités d'auxine. D'après vous, quels sont les traits phénotypiques de cette plante ?

5. On sait que toutes les fleurs constituent des variations d'un même mode de croissance et de développement (voir la section 28.5). Deux groupes de recherche, menés par Elliot Meyerowitze et Detlef Weigel, ont récemment isolé, chez l'espèce *Arabidopsis*, les gènes qui régissent ce mode de croissance. Le gène maître LEAFY active d'autres gènes qui contribuent à la formation des sépales (le gène A), des pétales (le gène B) et des structures reproductrices (le gène C). La découverte de ces gènes et de leurs interactions est l'équivalent botanique de l'isolement des gènes maîtres du développement de la drosophile (un insecte). Selon vous, quels signaux internes et externes activent le gène LEAFY ?

6. On donne souvent au bétail de la somatotrophine, une hormone de croissance animale (on comprend facilement que le poids supplémentaire des bêtes se traduit en plus gros profits pour les éleveurs). Toutefois, les effets secondaires possibles sur les consommateurs de bœuf suscitent de vives inquiétudes. D'après vous, les hormones végétales qu'on ajoute aux plantes cultivées peuvent-elles aussi affecter les humains ? Justifiez votre réponse.

Vocabulaire

Abscission *32.5*
Acide abscissique *32.2*
Auxine *32.2*
Coléoptile *32.2*
Croissance *32.2*
Cytokinine *32.2*
Développement *32.2*
Dormance *32.5*
Éthylène *32.2*
Flavoprotéine *32.3*
Géotropisme *32.3*
Germination *32.1*
Gibbérelline *32*
Herbicide *32.2*

Horloge biologique *32.4*
Hormone *32*
Imbibition *32.1*
Photopériodisme *32.4*
Phototropisme *32.3*
Phytochrome *32.4*
Plante de jours courts *32.4*
Plante de jours longs *32.4*
Plante indifférente *32.4*
Sénescence *32.5*
Statolithe *32.3*
Thigmotropisme *32.3*
Toxine *32.6*
Vernalisation *32.5*

Lectures complémentaires

Dobremez, J.-F., C. Gallet et F. Pellissier (sept. 1995). « Guerre chimique chez les végétaux ». *La Recherche*, 279 : 912-916.

Meyerowitz, E. M. (nov. 1994). « Genetics of Flower Development ». *Scientific American*, 271 : 56-65.

Moses, P. et N.-H. Chua (juin 1988). « La lumière et la croissance des plantes ». *Pour la science*, 128 : 84-89.

Raven, P. , R. Evert et S. Eichhorn (1999). *Biology of Plants*, 6ᵉ éd. New York : Freeman/Worth.

Rost, T., *et al.* (1998). *Plant Biology*. Belmont, Californie : Wadsworth.

Salisbury, F., et C. Ross (1992). *Plant Physiology*, 4ᵉ éd. Belmont, Californie : Wadsworth.

VI L'anatomie et la physiologie animales

De combien de structures corporelles un organisme comme un lézard a-t-il besoin pour fonctionner dans son habitat, la forêt tropicale ? La présente section du manuel permettra d'en dresser une liste étonnamment longue.

33

LES TISSUS ET LES SYSTÈMES DES ANIMAUX

Les suricates et les humains : du pareil au même

Au matin, après une nuit froide, les suricates du désert du Kalahari, en Afrique, sortent avec raideur de leur terrier. Pour se réchauffer, ces petites mangoustes se dressent sur leurs pattes arrière et font face à l'est, s'exposant ainsi aux chauds rayons du soleil levant (voir la figure 33.1). Ce faisant, ils aident inconsciemment leurs enzymes à fonctionner. En effet, si la température de leur organisme baissait en dessous d'un certain seuil, d'innombrables enzymes seraient inopérantes, et le métabolisme de ces mammifères en souffrirait.

Après s'être ainsi réchauffés, les suricates partent à la recherche de nourriture : des insectes surtout et parfois des lézards. Ils les mastiquent et les mêlent à leur salive, puis la digestion les transforme en glucose et en d'autres molécules nutritives suffisamment petites pour franchir la paroi intestinale et se retrouver dans le sang, qui les distribue alors aux cellules de leur corps. Des processus aérobies intracellulaires brisent ensuite les molécules de glucose et les autres composés organiques pour en libérer l'énergie. Le système respiratoire fournit l'oxygène nécessaire à ces réactions et évacue le dioxyde de carbone qui en résulte.

Toutes ces activités modifient la composition et le volume du **milieu intérieur**, soit le liquide extracellulaire, qui comprend le sang et le liquide interstitiel dans lequel baignent toutes les cellules de tous les animaux un tant soit peu complexes. Un changement trop radical des caractéristiques de ce milieu pourrait tuer les cellules, si le système urinaire n'intervenait pas. Le système nerveux et le système endocrinien

régulent l'activité du système urinaire ainsi que celle des autres systèmes de l'organisme animal. Ils agissent comme un centre de commande gouvernant l'ensemble des fonctions du corps, qu'il s'agisse de la simple élimination des déchets ou de la fuite éperdue pour échapper à un prédateur.

Le comportement des suricates nous amène à nous pencher sur l'organisme animal et ses parties constitutives (son anatomie) et à considérer comment celles-ci lui permettent de fonctionner dans son environnement (sa physiologie). Le présent chapitre est une introduction aux tissus animaux, ainsi qu'aux systèmes que nous étudions plus loin. Nous y abordons à nouveau la notion d'**homéostasie**, déjà définie à la section 28.3 comme étant la capacité d'un organisme à maintenir les caractéristiques de son milieu intérieur dans des limites que ses cellules peuvent supporter. Cet état d'équilibre se réalise grâce à l'activité coordonnée des cellules, des tissus, des organes et des systèmes de l'animal.

Étonnamment, presque tous les animaux ne sont constitués que de quatre grands types de tissus : le tissu épithélial, le tissu conjonctif, le tissu musculaire et le tissu nerveux. Rappelons qu'un **tissu** est un ensemble de cellules et de substance intercellulaire accomplissant une ou plusieurs fonctions spécialisées (la contraction musculaire, par exemple). Plusieurs tissus organisés dans une certaine proportion et selon une certaine disposition forment un **organe**, qui accomplit une fonction précise. Ainsi, le cœur des vertébrés est composé

de tissus épithélial, conjonctif, musculaire et nerveux dans une proportion précise et selon une disposition constante. Un **système** est constitué d'au moins deux organes qui interagissent, physiquement ou chimiquement, dans un même but. Le système cardiovasculaire, par exemple, consiste en un réseau d'artères et de veines qui transportent partout dans l'organisme le sang propulsé par les battements du cœur.

La présente section du manuel a pour objectif de démontrer l'importance de la division et de l'intégration du travail des cellules, des tissus, des organes et des systèmes d'un organisme. Il ne faut pas oublier que l'anatomie et la physiologie de tous les animaux, ver plat ou saumon, suricate ou humain, leur permettent d'abord et avant tout de réaliser quatre fonctions principales :

1. Maintenir les caractéristiques de leur milieu intérieur dans des limites acceptables pour leurs cellules ;

2. Se procurer l'eau, les nutriments et les autres matières premières, les distribuer dans tout l'organisme et évacuer les déchets ;

3. Se protéger contre les blessures, les virus, les bactéries et d'autres causes de maladies ;

4. Se reproduire et, souvent, nourrir et protéger les petits pendant leur croissance.

Concepts-clés

1. Chez la plupart des animaux, les cellules interagissent à trois niveaux : dans les tissus, dans les organes et dans les systèmes.

2. La plupart des animaux sont constitués de quatre grands types de tissus : le tissu épithélial, le tissu conjonctif, le tissu musculaire et le tissu nerveux.

3. Le tissu épithélial recouvre la surface du corps et tapisse certaines de ses cavités internes. Certains épithéliums peuvent remplir des fonctions de protection ou de sécrétion.

4. Le tissu conjonctif relie, soutient, renforce et protège les autres tissus. On distingue le tissu conjonctif proprement dit, le cartilage, le tissu osseux, le sang et le tissu adipeux.

5. Le tissu musculaire se contracte, puis reprend sa forme initiale au repos. En interagissant avec le squelette, les muscles permettent la locomotion et les mouvements des différentes parties du corps.

6. Le tissu nerveux est constitué de neurones, qui sont les unités de base du système nerveux, ainsi que de cellules gliales (formant la névroglie) qui servent de soutien à la fois à la structure et aux fonctionnement des neurones.

7. Tous les vertébrés ont essentiellement les mêmes systèmes. Ceux-ci se forment à partir de trois tissus embryonnaires : l'ectoderme, le mésoderme et l'endoderme, dont la formation commence tôt lors du développement de l'embryon.

8. Chaque tissu, chaque organe et chaque système accomplit une fonction particulière, que ce soit le maintien de la stabilité du milieu intérieur de l'organisme, l'acquisition et la distribution de diverses substances, le traitement des déchets, la protection de l'organisme ou la reproduction.

Figure 33.1 Tous les matins, dans le désert du Kalahari, les suricates (*Suricata suricatta*) se chauffent au soleil. Ce comportement simple les aide à maintenir leur température corporelle. La présente section examine le fonctionnement des animaux dans leur environnement.

LE TISSU CONJONCTIF

De tous les tissus qui composent les animaux complexes, le **tissu conjonctif** est le plus abondant et est celui qu'on observe dans les localisations les plus variées. On distingue le tissu conjonctif proprement dit et ses dérivés, soit le tissu cartilagineux, le tissu osseux, le tissu adipeux et le sang (voir le tableau 33.1). Dans toutes les variétés de tissu conjonctif, sauf le sang, des cellules fabriquent et exportent dans l'espace intercellulaire des protéines qui pourront y former des fibres de collagène (le même collagène que les chirurgiens esthétiques injectent dans les lèvres ou la peau ridée de leurs patients) ou des fibres élastiques. Ces cellules sécrètent aussi des polysaccharides modifiés, des éléments de la substance fondamentale dans laquelle baignent les cellules et les fibres.

Le tissu conjonctif proprement dit

Les diverses variétés de tissu conjonctif proprement dit comprennent toutes les mêmes composantes, mais dans des proportions différentes. Le **tissu conjonctif lâche** renferme des fibres et des fibroblastes (les cellules qui produisent et sécrètent ces fibres), baignant lâchement dans une substance fondamentale semi-liquide (voir la figure 33.5a). Ce tissu sert souvent de soutien aux épithéliums. Il contient aussi des globules blancs, qui forment une ligne de défense contre les agents pathogènes (par exemple, lorsque des bactéries tentent de pénétrer par une éraflure de la peau ou par une lésion dans la paroi des voies digestives, respiratoires ou urinaires).

Le **tissu conjonctif dense irrégulier** contient des fibroblastes et de nombreuses fibres (surtout des fibres de collagène) orientées dans toutes les directions. On l'observe dans la peau et il forme aussi l'enveloppe protectrice de certains organes (voir la figure 33.5b). Dans

Tableau 33.1 *Les variétés de tissu conjonctif*

PROPREMENT DIT	DÉRIVÉS
Tissu conjonctif lâche	Tissu adipeux
Tissu conjonctif dense irrégulier	Tissu cartilagineux
Tissu conjonctif dense régulier (ligaments, tendons)	Tissu osseux
	Tissu sanguin

le **tissu conjonctif dense régulier**, les fibroblastes sont disposés en rangées entre plusieurs faisceaux parallèles de fibres. Les tendons, qui attachent les muscles squelettiques aux os, contiennent ce type de tissu; les faisceaux de fibres de collagène les aident à résister aux déchirures (voir la figure 33.5c). On trouve aussi le tissu conjonctif dense régulier dans les ligaments qui attachent les os ensemble. Certains de ceux-ci contiennent une quantité appréciable de fibres élastiques qui leur confèrent une grande élasticité.

Les dérivés du tissu conjonctif

Le **tissu cartilagineux**, tout comme le caoutchouc, est une substance flexible, solide et résistante à la compression. Les cellules qui le composent, appelées *chondrocytes*, sécrètent la matrice extracellulaire dont elles finissent par se retrouver prisonnières à l'intérieur de petites cavités nommées *lacunes* (voir la figure 33.5d). Chez la grande majorité des vertébrés, le cartilage forme le squelette de l'embryon, avant d'être remplacé par du tissu osseux. Chez l'être humain adulte, il reste du cartilage au niveau du nez et du pavillon de l'oreille, entre autres. De plus, le cartilage offre une protection aux

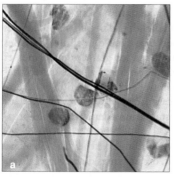
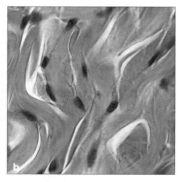
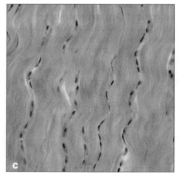

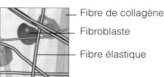
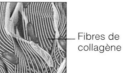
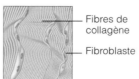

Fibre de collagène — **Fibroblaste** — **Fibre élastique**

TYPE : Tissu conjonctif lâche
DESCRIPTION : Les fibres, les fibroblastes et les autres cellules baignent lâchement dans une substance fondamentale.
EXEMPLES DE LOCALISATION : Sous la peau et la plupart des épithéliums
FONCTIONS : Élasticité, diffusion

Fibres de collagène

TYPE : Tissu conjonctif dense irrégulier
DESCRIPTION : Les fibroblastes et les fibres de collagène occupent presque tout l'espace
EXEMPLES DE LOCALISATION : Dans la peau et l'enveloppe de certains organes
FONCTION : Soutien

Fibres de collagène — **Fibroblaste**

TYPE : Tissu conjonctif dense régulier
DESCRIPTION : Faisceaux parallèles de fibres de collagène, longues rangées de fibroblastes, peu de substance fondamentale
EXEMPLES DE LOCALISATION : Tendons, ligaments
FONCTIONS : Résistance, élasticité

Substance fondamentale avec de fines fibres de collagène — **Cellule cartilagineuse (chondrocyte)**

TYPE : Cartilage
DESCRIPTION : Les chondrocytes logent dans une substance fondamentale ferme mais flexible
EXEMPLES DE LOCALISATION : Nez, extrémité des os longs, voies respiratoires, squelette des poissons cartilagineux, embryon des vertébrés
FONCTIONS : Soutien, flexibilité, diminution de la friction à la surface des articulations

Figure 33.5 Des exemples du tissu conjonctif proprement dit et de dérivés du tissu conjonctif.

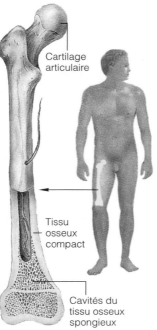

Cartilage articulaire

Tissu osseux compact

Cavités du tissu osseux spongieux

Figure 33.6 Les tissus cartilagineux et osseux. L'os spongieux est fait de travées osseuses séparées par des cavités. L'os compact est plus dense. L'os est un tissu porteur qui résiste à la compression. Au cours de l'évolution, il a permis à de nombreux vertébrés terrestres, dont la girafe, d'augmenter leur masse, leur procurant par le fait même un avantage sélectif. En effet, leur masse les protège de la plupart des prédateurs et leur permet de parcourir de plus grandes distances à la recherche de nourriture. De plus, puisque leur corps a un rapport surface-volume moins élevé que celui d'animaux plus petits, ces vertébrés accumulent et perdent de la chaleur plus lentement.

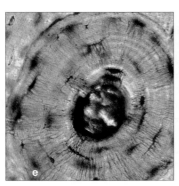

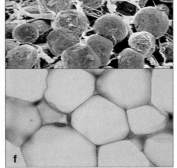

Tissu osseux compact

Vaisseau sanguin

Cellule osseuse (ostéocyte)

Noyau

Cellule gonflée de graisse

TYPE: Tissu osseux
DESCRIPTION: Les fibres de collagène et les ostéocytes occupent une substance fondamentale durcie par des sels de calcium.
EXEMPLES DE LOCALISATION: Os du squelette des vertébrés
FONCTIONS: Mouvement, soutien, protection

TYPE: Tissu adipeux
DESCRIPTION: Les grosses cellules adipeuses occupent presque toute la substance fondamentale.
EXEMPLES DE LOCALISATION: Sous la peau, autour du cœur et des reins
FONCTIONS: Stockage d'énergie, isolation, rembourrage

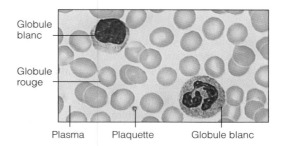

Globule blanc

Globule rouge

Plasma   Plaquette   Globule blanc

Figure 33.7 Certaines des composantes du sang humain. La matrice liquide (le plasma) jaunâtre est principalement constituée d'eau dans laquelle sont dissous des ions, des substances nutritives, des protéines, de l'oxygène, du dioxyde de carbone et d'autres substances.

extrémités articulaires des os, que ce soit dans les membres, dans la colonne vertébrale ou ailleurs dans l'organisme.

Le **tissu osseux**, qui est le principal tissu qu'on trouve dans les os, est dur et résistant parce que sa substance fondamentale est imprégnée de sels de calcium (voir les figures 33.5*e* et 33.6). Dans le squelette des vertébrés, les os protègent et soutiennent les tissus et les organes mous. Les os des membres, comme les os longs des jambes, ont pour fonction de supporter le poids du corps. L'interaction entre les muscles squelettiques et les os auxquels ils s'attachent permet le mouvement de différentes parties du corps. Enfin, des parties de certains os sont le site de la production des cellules sanguines.

Chez de nombreuses cellules, il se forme des gouttelettes de graisse dans le cytoplasme lorsqu'elles convertissent leurs glucides et leurs lipides excédentaires. Dans le **tissu adipeux**, qui est en fait une variété de tissu conjonctif lâche, les cellules sont pratiquement remplies de ces gouttelettes. Ce tissu représente une réserve d'énergie et il forme également une couche isolante, en particulier sous la peau (voir la figure 33.5*f*). Les lipides se déplacent facilement entre les cellules du tissu adipeux et les autres parties du corps grâce aux très nombreux capillaires sanguins qui sillonnent ce tissu.

Puisque le **sang** (ou tissu sanguin) se forme à partir de tissu conjonctif, plusieurs biologistes le considèrent comme un tissu conjonctif à part entière. Le sang est formé d'une fraction liquide, le plasma, dans lequel baignent les globules rouges, les globules blancs et les plaquettes (voir la figure 33.7). Le plasma sanguin est essentiellement composé d'eau, mais il contient aussi bon nombre de protéines, d'ions et d'autres substances dissoutes. Le sang remplit avant tout des fonctions de transport. Les globules rouges distribuent efficacement l'oxygène aux tissus actifs, et le plasma évacue le dioxyde de carbone et d'autres déchets produits par ces tissus. Ce tissu complexe est étudié plus en détail à la section 38.2.

Les divers types de tissus conjonctifs relient, soutiennent, renforcent, protègent et isolent les autres tissus de l'organisme.

Le tissu conjonctif proprement dit se compose de fibres protéiques et de cellules de types variés baignant dans une substance fondamentale.

Les tissus cartilagineux, osseux, sanguin et adipeux sont des tissus conjonctifs spécialisés. Le cartilage et l'os sont des matériaux structuraux. Le sang est un tissu conjonctif liquide qui remplit des fonctions de transport. Le tissu adipeux constitue une réserve d'énergie.

LE TISSU MUSCULAIRE

Les cellules du tissu musculaire peuvent se contracter, c'est-à-dire raccourcir avec force en réaction à un stimulus extérieur. Elles se relâchent ensuite et reprennent passivement leur forme initiale. Le tissu musculaire se compose de nombreuses cellules disposées parallèlement qui se contractent d'une façon coordonnée. Il y a trois types de tissu musculaire : squelettique, lisse et cardiaque.

Le **tissu musculaire squelettique** est le tissu principal des muscles qui se rattachent aux os. Il permet le maintien de la posture et le mouvement des diverses parties du corps. Les nombreuses stries transversales des longues cellules cylindriques des muscles squelettiques reflètent

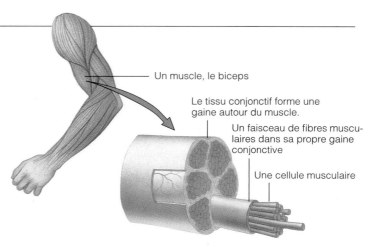

Un muscle, le biceps

Le tissu conjonctif forme une gaine autour du muscle.

Un faisceau de fibres musculaires dans sa propre gaine conjonctive

Une cellule musculaire

Figure 33.9 La disposition des cellules musculaires dans un muscle squelettique. Les cellules forment des faisceaux parallèles pour exercer sur l'os une contraction efficace.

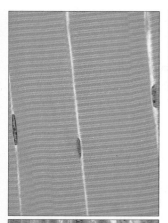

Noyau

TYPE : Tissu musculaire squelettique
DESCRIPTION : Les longues cellules contractiles cylindriques sont striées et se regroupent en faisceaux ; il renferme de nombreuses mitochondries ; même s'il est souvent activé de façon réflexe, ses contractions peuvent être volontaires.
LOCALISATION : Attaché aux os du squelette, sur lesquels il exerce une grande force
FONCTIONS : Locomotion, maintien de la posture ; mouvement de la tête et des membres

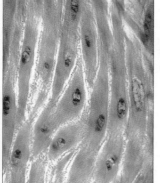

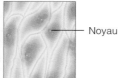

Noyau

TYPE : Tissu musculaire lisse
DESCRIPTION : Les cellules contractiles fusiformes ne sont pas striées.
LOCALISATION : Parois des artères, de l'estomac, de l'intestin, de la vessie et d'autres organes internes ; sphincters
FONCTIONS : Contraction soutenue, mouvement péristaltique des intestins, circulation artérielle

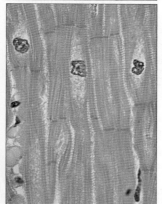

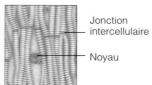

Jonction intercellulaire

Noyau

TYPE : Tissu musculaire cardiaque
DESCRIPTION : Les stries sont irrégulières ; les cellules cylindriques se contractent simultanément grâce aux jonctions communicantes à leurs extrémités.
LOCALISATION : Paroi du cœur
FONCTION : Pompage et propulsion du sang dans les vaisseaux sanguins

Figure 33.8 Les différents types de tissu musculaire : squelettique, lisse et cardiaque.

l'arrangement ordonné des protéines contractiles (l'actine et la myosine) de leurs unités constitutives (voir les figures 33.8*a* et 33.9). La contraction rapide de ces cellules nécessite une grande quantité d'énergie, que leur fournissent leurs nombreuses mitochondries et leurs enzymes glycolytiques. La structure et le fonctionnement de ce tissu sont étudiés plus en détail au chapitre 37.

Le **tissu musculaire lisse** est présent dans la paroi de l'estomac, des conduits aériens et d'autres organes internes des vertébrés. Ses cellules contractiles contiennent de nombreuses mitochondries. À la différence du tissu musculaire squelettique, les protéines contractiles des cellules fusiformes du muscle lisse ne forment pas d'arrangement régulier, de sorte que ce tissu n'est pas strié (voir la figure 33.8*b*). Les contractions des muscles lisses sont plus lentes que celles des muscles squelettiques, mais elles peuvent se maintenir plus longtemps. Les muscles lisses assurent la motilité du tube digestif, la contraction de la vessie lors de la miction, la fermeture des sphincters ; elles modulent la circulation du sang dans les artères et interviennent dans nombre d'autres activités de l'organisme. La contraction du muscle lisse est dite involontaire, par opposition à celle du muscle squelettique, que l'on peut contracter à volonté.

Le **tissu musculaire cardiaque** ne se trouve que dans la paroi du cœur (voir la figure 33.8*c*). Ses cellules peuvent se contracter simultanément, grâce aux jonctions communicantes au niveau desquelles leurs membranes plasmiques. Ainsi, quand une cellule reçoit une commande motrice, les autres sont aussi stimulées. Les cellules de ce tissu contiennent plus de mitochondries que celles du tissu musculaire squelettique. Aussi, bien que leurs protéines contractiles présentent un arrangement régulier, leurs stries ne sont pas aussi uniformes que celles du tissu musculaire squelettique. La structure et le fonctionnement de ce tissu sont exposés plus longuement à la section 38.6.

Le tissu musculaire, avec sa capacité de se contracter en réaction à une stimulation, permet la locomotion et les mouvements des diverses parties du corps.

Le muscle squelettique est le seul tissu musculaire qui s'attache aux os ; le tissu musculaire lisse se trouve dans la paroi de plusieurs organes internes ; les parois contractiles du cœur sont entièrement constituées de tissu musculaire cardiaque. Des gaines de tissu conjonctif enveloppent les cellules de ces trois types de tissus musculaires.

LE TISSU NERVEUX

De tous les tissus animaux, le **tissu nerveux** est celui qui exerce le plus grand contrôle sur la capacité de l'organisme à s'adapter aux changements. Les **neurones**, des cellules excitables, forment des voies de communication dans le système nerveux de la plupart des animaux. Les cellules gliales, ou gliocytes, forment ensemble la **névroglie**; elles soutiennent et protègent les neurones sur les plans structural et métabolique. Plus de la moitié de notre propre système nerveux est composé de cellules gliales.

Comme les autres cellules excitables, les neurones répondent d'une manière déterminée à une stimulation adéquate. Ils propagent des signaux électriques le long de leur membrane plasmique jusqu'à leurs terminaisons, où les signaux peuvent déclencher des mécanismes permettant de stimuler ou d'inhiber les neurones voisins ou d'autres cellules.

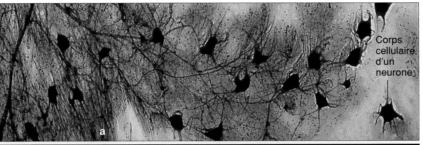

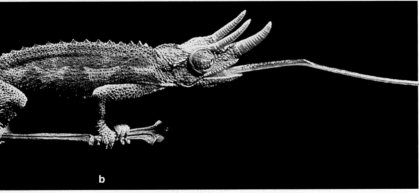

Figure 33.10 a) Des neurones moteurs, qui transmettent les commandes du cerveau ou de la moelle épinière vers les muscles ou les glandes. Divers neurones interagissent pour capter de l'information sur les conditions internes ou externes, la traiter et ensuite déclencher une réponse. **b)** Sans neurones, ce caméléon ne pourrait pas détecter la présence d'un insecte comestible, calculer la distance qui le sépare de lui, puis dérouler, avec rapidité et précision, sa longue langue collante pour capturer sa proie.

Le corps humain est parcouru par un réseau de plus de 100 milliards de neurones. Certains de ces neurones détectent des changements spécifiques du milieu, d'autres coordonnent des réponses immédiates ou retardées à ces changements. Les neurones de la figure 33.10*a* envoient un signal du cerveau aux muscles et aux glandes. Le fonctionnement des neurones est expliqué dans des chapitres ultérieurs.

Le neurone est l'unité fondamentale du tissu nerveux. Divers types de neurones captent des stimulus particuliers, intègrent l'information et émettent ou relaient des commandes.

Les avancées de la recherche sur les tissus

Un tissu est bien plus que la somme de ses cellules. Lors du développement et de la croissance d'un animal, les cellules interagissent et s'assemblent de manière déterminée pour former les divers tissus du corps. Les cellules de chaque tissu synthétisent aussi des produits spécifiques essentiels au fonctionnement normal de l'organisme.

Pendant des décennies, les laboratoires de recherche médicale ont tenté de cultiver des tissus en grande quantité. Aujourd'hui, la culture de l'épiderme en laboratoire est une réalité. Grâce à elle, la guérison de brûlures graves, d'ulcères, de lésions cancéreuses et de dermatoses est grandement accélérée. Une entreprise cultive par exemple de la peau à partir du prépuce d'enfants circoncis et de protéines extraites de tendons de bovins. Le mélange est placé dans des contenants peu profonds qui renferment un milieu de culture riche en nutriments et en facteurs de croissance. Les cellules du mélange se multiplient pour former un greffon circulaire très fin. Un morceau de prépuce aussi petit qu'un timbre contient suffisamment de cellules indifférenciées pour réaliser 200 000 greffons, ayant chacun une durée de conservation de 5 jours.

Les chirurgiens appliquent ces greffons sur une lésion, qu'ils bandent ensuite avec de la gaze. Pendant les semaines qui suivent l'intervention, les cellules du greffon interagissent structurellement et biochimiquement avec les cellules du patient, réparant ainsi les tissus abîmés ou remplaçant les tissus manquants. De telles greffes sont moins onéreuses et comportent moins de risques que celles qui utilisent un greffon prélevé sur la peau du patient.

On pense que d'ici quelques années, il sera possible de cultiver des organes artificiels, c'est-à-dire de cultiver dans des capsules des groupes de cellules vivantes présélectionnées qui synthétiseront des hormones, des enzymes, des facteurs de croissance et d'autres substances nécessaires. On prélèverait d'abord, chirurgicalement, un échantillon d'épithélium du patient qui servirait à contenir les cellules cultivées. Puisque cette capsule serait faite de tissus du patient lui-même, son système immunitaire ne la percevrait pas comme un corps étranger comme cela se produit lors du rejet d'un tissu ou d'un organe greffé. On sait que de tels rejets peuvent entraîner de graves conséquences médicales.

Les chercheurs en biotechnologie sont sur le point de comprendre comment synthétiser les signaux moléculaires qui aideront les organes artificiels à se fixer à des sites favorables dans l'organisme. Une fois en place, ces organes pourraient devenir des parties intégrantes du fonctionnement normal de l'organisme.

Le but ultime de ces recherches est de créer des amas cellulaires capables de synthétiser des substances essentielles qui sont absentes chez des gens souffrant de troubles génétiques ou de maladies chroniques. Ce type de recherche représente un espoir pour les personnes qui souffrent du diabète de type 1 (ou diabète insulinodépendant). Ce désordre métabolique se caractérise par un taux anormalement élevé de glucose dans le sang, conséquence d'une production insuffisante d'insuline, l'hormone qui permet aux cellules d'absorber le glucose sanguin. Les diabétiques de type 1 doivent donc s'injecter régulièrement de l'insuline, sous peine de mourir. Toutefois, si on pouvait leur greffer un organe artificiel sécrétant de l'insuline, ils n'auraient plus à s'administrer quotidiennement cette hormone par injection.

LES SYSTÈMES

Les principaux systèmes : un aperçu

La figure 33.11 montre les systèmes d'un vertébré type, ici un être humain. La figure 33.12 présente certains des termes utilisés pour décrire la localisation des divers organes. Elle montre aussi les principales cavités corporelles, dans lesquelles se trouvent plusieurs organes importants.

Tous les systèmes participent à la survie de toutes les cellules vivantes de l'organisme animal. Considérons par exemple la contribution du système musculaire et du système squelettique, qu'on pourrait croire négligeable à première vue. L'interaction entre ces deux systèmes est pourtant essentielle à la survie d'un animal, car elle lui permet entre autres de se déplacer vers une source de nourriture ou d'eau. Ces deux systèmes collaborent aussi à la fonction des autres systèmes de l'organisme. La fonction du système cardiovasculaire est de transporter rapidement l'oxygène vers les cellules ainsi que d'autres substances dissoutes dans le sang et d'en évacuer les produits métaboliques et les déchets. Le système musculaire participe à cette fonction : en effet, la contraction des muscles des jambes facilite le retour du sang veineux vers le cœur. Le système respiratoire, lui, transmet efficacement l'oxygène de l'air au sang et rejette le dioxyde de carbone de celui-ci. Les muscles squelettiques sont essentiels pour accomplir cette fonction, car ce sont eux qui permettent les mouvements respiratoires. D'interaction en interaction, tout l'organisme fonctionne ainsi de façon coordonnée.

Figure 33.12 a) Les principales cavités du corps humain.

b), c) Certains termes relatifs à l'orientation et aux plans corporels chez les vertébrés. Un plan sagittal médian divise le corps en deux parties égales, la droite et la gauche. Lorsque la plupart des vertébrés, comme les poissons ou les lapins, se déplacent, l'axe principal de leur corps est parallèle à la surface du sol. Pour eux, le terme dorsal se rapporte au dos ou à la surface supérieure du corps, et le terme ventral, à la surface opposée, c'est-à-dire inférieure.

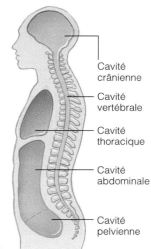
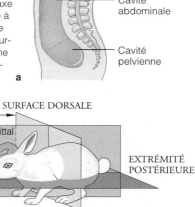

Cavité crânienne
Cavité vertébrale
Cavité thoracique
Cavité abdominale
Cavité pelvienne

a

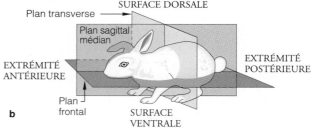
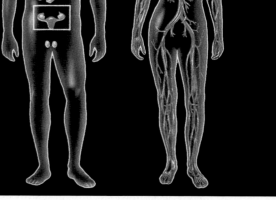

Plan transverse
SURFACE DORSALE
Plan sagittal médian
EXTRÉMITÉ ANTÉRIEURE
EXTRÉMITÉ POSTÉRIEURE
Plan frontal
SURFACE VENTRALE

b

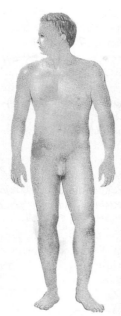

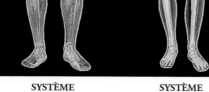

SYSTÈME TÉGUMENTAIRE	SYSTÈME MUSCULAIRE	SYSTÈME SQUELETTIQUE	SYSTÈME NERVEUX	SYSTÈME ENDOCRINIEN	SYSTÈME CARDIOVASCULAIRE
Protège le corps des blessures, de la déshydratation et de la majorité des agents pathogènes ; contrôle la température corporelle ; excrète certains déchets ; reçoit certains stimulus de l'extérieur.	Permet la locomotion et le mouvement des diverses parties du corps ; maintient la posture ; produit de la chaleur en augmentant son activité métabolique.	Soutient et protège des parties du corps ; sert de point d'attache pour certains muscles ; site de production des globules rouges ; entrepose le calcium et le phosphore.	Détecte les stimulus extérieurs et intérieurs ; contrôle et coordonne les réponses à ces stimulus ; intègre les activités des systèmes.	Contrôle les fonctions corporelles par l'intermédiaire des hormones ; en association avec le système nerveux, intègre les activités de l'organisme.	Transporte rapidement les substances destinées aux cellules et en provenance de ces dernières ; aide au maintien d'un pH et d'une température stables.

Figure 33.11 Les systèmes et leurs fonctions.

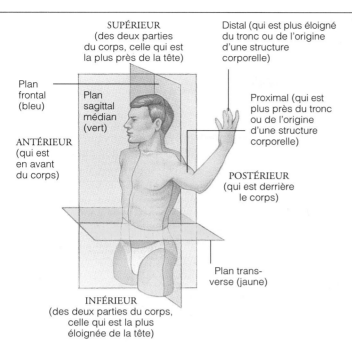

Plan frontal (bleu)

Plan sagittal médian (vert)

SUPÉRIEUR (des deux parties du corps, celle qui est la plus près de la tête)

Distal (qui est plus éloigné du tronc ou de l'origine d'une structure corporelle)

Proximal (qui est plus près du tronc ou de l'origine d'une structure corporelle)

ANTÉRIEUR (qui est en avant du corps)

POSTÉRIEUR (qui est derrière le corps)

Plan transverse (jaune)

INFÉRIEUR (des deux parties du corps, celle qui est la plus éloignée de la tête)

c) Contrairement aux quadrupèdes, les humains se tiennent à la verticale ; leur axe principal est donc perpendiculaire au sol. Le terme *antérieur* se rapporte à l'avant d'un bipède, comme en **b)**. Le terme *postérieur* se rapporte à l'arrière. L'adjectif *antérieur* correspond au terme *ventral* chez le quadrupède, tandis que l'adjectif *postérieur* correspond au terme *dorsal*.

La formation des tissus et des organes

À l'origine des tissus qui constituent les organes des différents systèmes se trouvent un spermatozoïde et un ovule provenant de cellules germinales. (Toutes les autres cellules de l'organisme sont dites *somatiques*.) La fécondation d'un ovule par un spermatozoïde produit un zygote qui se divise par mitoses successives pour former un embryon. Chez les vertébrés, les cellules de l'embryon se différencient pour former les trois tissus embryonnaires : l'ectoderme, le mésoderme et l'endoderme, à partir desquels se développent tous les tissus présents chez l'adulte. L'**ectoderme** est à l'origine de l'épiderme et du système nerveux ; le **mésoderme** forme les os, les muscles et la majeure partie du système cardiovasculaire, du système reproducteur et du système urinaire ; enfin, l'**endoderme** donne naissance au revêtement interne du tube digestif et de ses organes annexes (voir la section 43.2).

Tous les vertébrés possèdent à peu près les mêmes systèmes. Chaque système remplit des fonctions particulières, comme les échanges gazeux, la circulation sanguine ou la locomotion.

Trois tissus embryonnaires sont à l'origine des tissus qui forment les organes des différents systèmes des vertébrés : l'ectoderme, le mésoderme et l'endoderme.

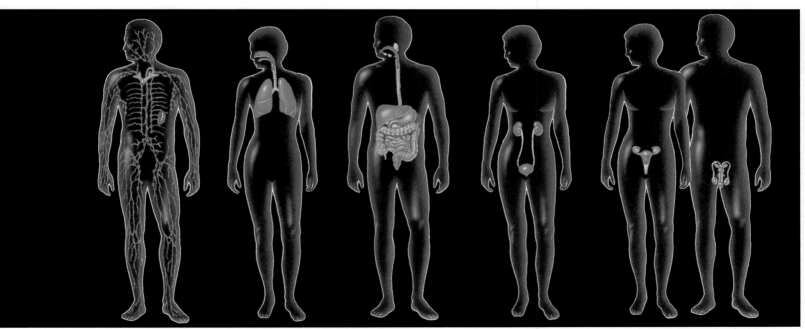

SYSTÈME LYMPHATIQUE

Recueille une partie du liquide interstitiel et le ramène au sang ; protège le corps contre les infections.

SYSTÈME RESPIRATOIRE

Diffuse rapidement l'oxygène au sang qui le distribue au liquide interstitiel ; évacue le dioxyde de carbone provenant des cellules ; participe à la régulation du pH.

SYSTÈME DIGESTIF

Ingère la nourriture et l'eau ; dégrade mécaniquement et chimiquement la nourriture ; absorbe les nutriments et les envoie dans le sang et la lymphe ; élimine les déchets alimentaires non digérés.

SYSTÈME URINAIRE

Maintient le volume et la composition du milieu intérieur ; excrète l'excès de liquide et les déchets du sang.

SYSTÈME REPRODUCTEUR

Femelle : produit des ovules ; après la fécondation, offre protection et nourriture pour le bon développement du fœtus. Mâle : produit des spermatozoïdes et les transfère à la femme. Les hormones produites par ce système influencent aussi d'autres systèmes.

RÉSUMÉ

Le chiffre en *brun* renvoie à la section du chapitre.

1. Les tissus, les organes et les systèmes travaillent de concert pour maintenir la stabilité du milieu intérieur (le liquide extracellulaire : le sang et le liquide interstitiel) nécessaire à la survie de chaque cellule. En état d'homéostasie, des conditions favorables aux activités cellulaires sont maintenues dans le milieu intérieur. *33*

2. Un tissu est un ensemble de cellules et de substance intercellulaire qui accomplissent une fonction commune. Un organe est une unité structurelle formée de différents tissus organisés dans une certaine proportion et selon une certaine disposition pour remplir une fonction déterminée. Un système comprend plusieurs organes qui interagissent physiquement ou chimiquement pour assurer la survie de l'organisme dans son ensemble. *33*

3. On trouve des jonctions cellulaires dans la plupart des tissus animaux. On reconnaît trois types de jonctions. Les jonctions serrées empêchent les substances de passer d'un tissu à l'autre. Les desmosomes, pour leur part, sont des jonctions d'ancrage qui cimentent les cellules. Finalement, les jonctions communicantes sont des canaux établis entre le cytoplasme de cellules adjacentes : elles facilitent le passage rapide d'ions et de petites molécules entre des cellules voisines. *33.1*

4. Le tissu épithélial recouvre la surface du corps et tapisse ses cavités internes. *33.1*

a) Un épithélium expose une surface libre au milieu extérieur ou à un liquide corporel. Du côté opposé à la surface, une membrane basale, sur laquelle reposent les cellules de l'épithélium, limite celui-ci et le sépare du tissu conjonctif sous-jacent.

b) Les cellules glandulaires sécrètent des substances qui ne sont pas nécessaires à leur propre métabolisme, mais qui servent ailleurs dans l'organisme. Ces cellules se rencontrent dans les épithéliums glandulaires et dans les glandes, qui sont des organes sécréteurs dérivés des épithéliums.

c) Les glandes exocrines sécrètent du mucus, de la salive, du cérumen, du sébum, du lait, des enzymes digestives et d'autres produits. La plupart des sécrétions exocrines sont libérées à la surface libre de l'épithélium par des conduits.

d) Les glandes endocrines sont dépourvues de canal. Leurs cellules produisent des hormones qu'elles libèrent dans le liquide interstitiel dans lequel elles baignent. Les molécules de ces hormones entrent ensuite dans le sang, qui les distribue à des cellules cibles situées ailleurs dans l'organisme.

5. Les divers types de tissus conjonctifs relient, soutiennent, renforcent, protègent et isolent les autres tissus de l'organisme. La plupart contiennent des protéines fibreuses (surtout du collagène), de même que des fibroblastes et d'autres cellules, le tout baignant dans une substance fondamentale. *33.2*

a) Le tissu conjonctif lâche, dont la substance fondamentale est semi-liquide, s'observe sous la peau et sous la plupart des épithéliums.

b) Le tissu conjonctif dense irrégulier contient surtout des fibres de collagène et des fibroblastes. Il est présent dans la peau et forme des enveloppes protectrices autour de certains organes.

c) Le tissu conjonctif dense régulier, comme celui des tendons, est composé de faisceaux parallèles de fibres de collagène. Il protège et soutient les organes.

d) La matrice du cartilage est un matériau flexible et solide qui joue un rôle de soutien et de protection. Les os, qui sont les tissus porteurs du squelette de la majorité des vertébrés, interagissent avec les muscles squelettiques qui leur sont rattachés de manière à permettre le mouvement.

e) Le sang, un tissu conjonctif spécialisé, est fait de plasma, de cellules et de substances dissoutes. Le tissu adipeux est un autre tissu conjonctif spécialisé qui sert de réserve d'énergie ; il est principalement constitué de cellules adipeuses.

6. Le tissu musculaire se contracte, puis revient au repos. Il permet la locomotion et les mouvements des diverses parties de l'organisme. Il y a trois types de tissu musculaire : le tissu musculaire squelettique, le tissu musculaire lisse et le tissu musculaire cardiaque. *33.3*

7. Le tissu nerveux capte et intègre l'information qu'il reçoit au sujet des conditions externes et internes de l'organisme, et détermine la réponse à apporter aux changements éventuels. Les neurones constituent les unités de base du système nerveux. *33.4*

Exercices

1. En quoi consiste le milieu intérieur des animaux ? Que signifie le terme « homéostasie » ? *33*

2. Quelles sont les quatre fonctions principales que l'organisme animal doit accomplir ? *33*

3. Définissez les termes suivants : tissu, organe et système. Dressez une liste des 11 systèmes de l'organisme humain et exposez leurs fonctions. *33, 33.6*

4. Décrivez les caractéristiques générales du tissu épithélial. Énumérez les divers types de tissu épithélial, en mentionnant leurs caractéristiques et leurs fonctions particulières. *33.1*

5. Dressez une liste des principaux types de tissus conjonctifs ; donnez les caractéristiques propres à chacun. *33.2*

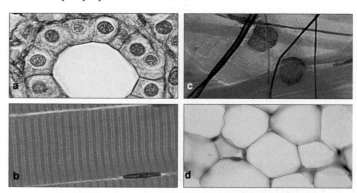

6. Nommez et décrivez les tissus ci-dessous : *33.1 à 33.3*

7. Nommez ce tissu et donnez-en les caractéristiques. *33.4*

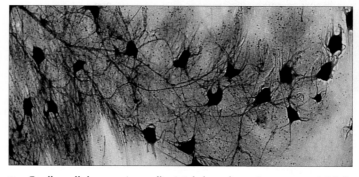

8. Quelles cellules constituent l'unité de base du système nerveux ? *33.4*

9. Nommez les trois tissus embryonnaires qui se forment tôt au cours du développement des vertébrés. *33.6*

1. Le tissu _____ a des cellules très rapprochées et présente une surface libre.
   a) épithélial   c) nerveux
   b) conjonctif   d) musculaire

2. Les _____ permettent la transmission de signaux entre les cellules.
   a) jonctions serrées   c) jonctions communicantes
   b) desmosomes   d) toutes ces réponses

3. Chez les animaux, les glandes se forment à partir du tissu _____.
   a) épithélial   c) musculaire
   b) conjonctif   d) nerveux

4. Dans le tissu _____, les cellules sécrètent des fibres de collagène et des fibres élastiques.
   a) épithélial   c) musculaire
   b) conjonctif   d) nerveux

5. Le tissu _____ enferme une substance fondamentale semi-liquide et se trouve sous la plupart des épithéliums.
   a) conjonctif dense irrégulier   c) conjonctif dense régulier
   b) conjonctif lâche   d) cartilagineux

6. Le _____ est un tissu conjonctif spécialisé composé de plasma, de cellules et de diverses substances dissoutes.
   a) tissu conjonctif dense irrégulier   c) cartilage
   b) sang   d) tissu osseux

7. Si l'alimentation comprend trop de glucides et de lipides, l'organisme convertit l'excès en graisses, qui s'accumulent dans le _____.
   a) tissu conjonctif dense régulier   c) tissu adipeux
   b) tissu conjonctif dense irrégulier   d) les réponses b) et c)

8. Le _____ peut se contracter.
   a) tissu épithélial   c) tissu musculaire
   b) tissu conjonctif   d) tissu nerveux

9. Le tissu musculaire _____ présente des stries.
   a) squelettique   c) cardiaque
   b) lisse   d) les réponses a) et c)

10. Des éléments du tissu _____ captent et coordonnent l'information au sujet des changements de conditions extérieures et intérieures et déclenchent une réponse à ces changements.
   a) épithélial   c) musculaire
   b) conjonctif   d) nerveux

11. Les cellules d'un animal complexe _____.
   a) survivent grâce à leurs propres activités métaboliques
   b) contribuent à la survie de l'animal
   c) maintiennent le liquide extracellulaire
   d) toutes ces réponses

12. Chez les vertébrés, _____ est à l'origine des tissus de l'adulte.
   a) l'ectoderme   c) le mésoderme
   b) l'endoderme   d) toutes ces réponses

13. Associez chaque terme à la description appropriée.
   _____ Glande exocrine   a) Résistant et flexible comme du caoutchouc
   _____ Glande endocrine   b) Possède un canal excréteur
   _____ Cartilage   c) Stabilité du milieu intérieur
   _____ Homéostasie   d) Capable de se contracter, non strié
   _____ Muscle lisse   e) Cimente des cellules voisines
   _____ Névroglie   f) Supporte les neurones
   _____ Desmosome   g) Ne possède pas de canal excréteur

Questions à développement

1. La dysplasie ectodermique anhidrotique est une affection congénitale liée à un allèle récessif porté par le chromosome X (voir la section 15.4). Elle se caractérise par l'absence de glandes sudoripares dans les tissus où l'allèle récessif s'exprime. De quel type de tissu s'agit-il?

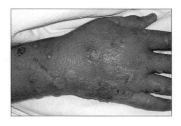

Figure 33.13 Chez les gens atteints de porphyrie, même une légère exposition au soleil peut provoquer ce genre d'ampoules et d'ulcères.

2. On dit parfois que le tissu adipeux et le sang sont des tissus conjonctifs atypiques. Selon vous, qu'ont-ils d'atypique par rapport aux autres tissus conjonctifs?

3. Revoyez la description de l'adaptation à la section 28.2. Prenez note de quelques idées à propos des différentes fonctions des poils des animaux, qui proviennent de cellules spécialisées de l'épiderme. Ensuite, pensez aux poils des végétaux, qui proviennent aussi de cellules spécialisées de l'épiderme. De nombreuses plantes, particulièrement dans les milieux désertiques, ont tellement de poils qu'elles semblent être velues. D'après vous, les poils des animaux sont-ils des adaptations aux mêmes conditions environnementales que ceux des plantes? (Quelques indices: relisez les sections 26.10, 28.4 et 30.)

4. La porphyrie est une maladie congénitale qui affecte une personne sur 25 000. Les gens qui en sont atteints présentent un déficit de certaines enzymes intervenant dans la synthèse de l'hème, la partie de l'hémoglobine qui contient du fer. Une accumulation de porphyrines (qui servent d'intermédiaires dans ces voies métaboliques) provoque des symptômes graves, surtout après une exposition au soleil. La maladie se manifeste par des lésions et des éruptions sur la peau (voir la figure 33.13). Elle s'accompagne d'une pilosité abondante sur le visage et sur les mains et d'un déchaussement des gencives (donnant aux canines des allures de crocs). Les symptômes s'aggravent en présence de certaines substances, dont l'ail et l'alcool. Les personnes atteintes de cette maladie doivent éviter toute exposition au soleil et aux substances irritantes. Elles ont parfois besoin qu'on leur injecte de l'hème de globules rouges normaux.

La porphyrie est peut-être à l'origine des histoires de vampires. Les biologistes moléculaires savent aujourd'hui ce qu'on ne connaissait pas autrefois: les causes possibles de ces symptômes. Quelles sont-elles?

Vocabulaire

Cellule glandulaire *33.1*	Milieu intérieur *33*	Tissu conjonctif dense régulier *33.2*
Desmosome *33.1*	Neurone *33.4*	
Ectoderme *33.6*	Névroglie *33.4*	Tissu conjonctif lâche *33.2*
Endoderme *33.6*	Organe *33*	
Épithélium *33.1*	Sang *33.2*	Tissu musculaire cardiaque *33.3*
Glande endocrine *33.1*	Système *33*	
Glande exocrine *33.1*	Tissu *33*	Tissu musculaire lisse *33.3*
Homéostasie *33*	Tissu adipeux *33.2*	
Jonction communicante *33.1*	Tissu cartilagineux *33.2*	Tissu musculaire squelettique *33.3*
Jonction d'ancrage *33.1*	Tissu conjonctif *33.2*	
Jonction serrée *33.1*	Tissu conjonctif dense irrégulier *33.2*	Tissu nerveux *33.4*
Mésoderme *33.6*		Tissu osseux *33.2*

Lectures complémentaires

Bloom, W. et D. W. Fawcett (1995). *A Textbook of Histology*, 12ᵉ éd. Philadelphie: Saunders.

Meredith, W. (3 nov. 2005). «Bientôt les plaies ne laisseront plus de cicatrices». *Courrier international*, 783: 54.

Telford, I. et C. Bridgman (1995). *Introduction to Functional Histology*, 2ᵉ éd. New York: HarperCollins.

Wright, C. (nov. 1999). «Ready-to-Wear Flesh». *Discover*.

(annotation manuscrite en haut) Homéostasie: Maintien d'un équilibre dynamique en interaction continue avec les milieux extérieur et l'intérieur de l'organisme

LE SYSTÈME NERVEUX : L'INTÉGRATION ET LA RÉGULATION

Pourquoi saboter le système ?

Imaginez qu'on vous demande de participer à une expérience : on vous implantera une puce informatique dans le cerveau, qui fera en sorte que vous vous sentiez très bien, mais qui aura un effet néfaste sur votre santé. La puce fera diminuer de 10 ans votre espérance de vie et détruira partiellement votre cerveau. Vous pourrez avoir de la difficulté à terminer vos études, à garder un emploi et à mener une vie normale, sans compter que votre comportement deviendra désagréable.

Plus vous garderez la puce, moins vous voudrez vous en départir. De plus, on ne vous paiera pas pour participer à cette expérience. Au contraire, c'est vous qui payerez le chercheur : très peu au début, mais un peu plus chaque semaine. Sachez également que le port de cette puce est illégal et que, si la police apprend votre participation à cette expérience, vous irez en prison.

Jim Kalat, un professeur à l'université de la Caroline du Nord, propose parfois cette expérience, hypothétique bien entendu, à ses étudiants. Évidemment, à peu près personne ne veut y participer. Toutefois, lorsqu'il remplace dans son histoire le mot puce par « drogue », et le mot chercheur par « revendeur », plusieurs étudiants se portent volontaires !

De tels comportements destructeurs se montrent très courants dans notre société, et on les observe parfois là où on s'y attend le moins. Par exemple, tous les ans, quelque 300 000 nouveau-nés naissent avec une dépendance au crack, victimes en cela de la consommation de leur mère. Le crack, dérivé de la cocaïne, stimule les centres de plaisir du cerveau, atténuant les besoins naturels de manger et de dormir. Il provoque l'euphorie et entraîne une augmentation de la pression artérielle et du désir sexuel. Avec le temps, les cellules cérébrales qui produisent les substances chimiques stimulantes ne peuvent plus fournir à la demande, ce qui cause un état de manque : les consommateurs deviennent alors affolés et déprimés. Seul le crack peut les soulager.

Les bébés nés dans ces conditions sont anormalement petits, parce qu'ils n'ont pas reçu l'oxygène et les substances nutritives dont ils avaient besoin pendant leur développement fœtal. En effet, le crack, un vasoconstricteur, fait diminuer la quantité de sang qui se rend au fœtus.

Les bébés dépendants du crack souffrent de tremblements et d'irritabilité chronique. Ils ne se calment pas lorsqu'on les caresse ou qu'on les berce. Il peut parfois s'écouler un an avant qu'ils reconnaissent leur mère. En absence de traitement, ils deviennent des enfants instables, sujets à des accès de rage ou à des périodes de silence obstiné. En fait, ils héritent d'un système nerveux endommagé qui accomplit avec difficulté certaines de ses fonctions.

Le **système nerveux** a évolué et acquis la capacité de sentir et de réagir avec précision aux changements qui surviennent à l'intérieur et à l'extérieur du corps. La conscience des sons, des images et des odeurs, la sensation de faim, la passion, la peur et la colère trouvent leur origine dans le flux d'informations qui circule le long des voies de communication du système nerveux. Contrairement au téléphone,

(annotations manuscrites)

③ Formation d'un influx nerveux (seuil d'excitation –55mv)

• membrane au repos = polarisée
① cannaux passifs toujours ouverts (Na⁺)(K⁺) selon le gradient de concentration
② Canaux actifs fermé (à vanne)
③ Pompe actif de Na⁺/K⁺

Pompe Na⁺/K⁺ toujours en marche crée gradient volontaire

*50 fois plus perméable au K⁺ (grande concentration à l'extérieur)

• Membrane dépolarisée : potentiels gradués locaux

Dépôt → potentiel gradué local

stimulus insuffissant pour avoir suffissement de canaux à vanne à Na⁺ ouverts

2-3 canaux

pot repos = fermé
pot action = ouvert

seuil d'excitation –60mv –70mv

arrêt de la pompe –75mv

Figure 34.1 Le cerveau complexe que nous a légué l'évolution est à l'origine de notre mémoire, de notre connaissance du monde et de notre avenir. Page opposée : les voies typiques de communication du système nerveux d'un vertébré.

30 mv

• Membrane dépolarisée : potentiel d'action
Tension dépendants
stimulus suffissant pour avoir beaucoup de canaux à vanne de Na⁺ ouvert

• Retour au repos = repolarisation en 2 temps
retour à la surface et de la pompe
retour à la surface et de la pompe

1. canaux à vanne à Na⁺ se fermant (≈0,001 sec)
2. canaux à vanne à K⁺ s'ouvrent (≈0,01 sec) reste ouvert plus temps

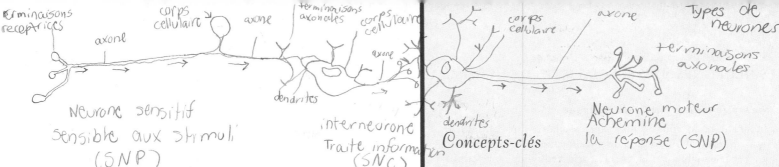

(Handwritten annotations around diagram top left:)
terminaisons réceptrices — axone — corps cellulaire — axone — terminaisons axonales — corps cellulaire — axone — dendrites

Neurone sensitif
sensible aux stimuli
(SNP)

interneurone
Traite l'information
(SNC)

(Handwritten annotations top right:)
corps cellulaire — axone — Types de neurones
terminaisons axonales
dendrites
Neurone moteur
Achemine
la réponse (SNP)

par exemple, ces voies ne demeurent pas passivement en attente d'un signal extérieur. En fait, même avant la naissance, des cellules excitables appelées *neurones* commencent à s'organiser en réseau dans les tissus en développement. Elles communiquent déjà et le font sans interruption tout au long de notre existence, que l'on soit paisible ou agité, endormi ou surexcité.

Chez tous les vertébrés, il existe trois types de neurones. Les **neurones sensitifs** répondent aux stimuli et transmettent l'information à la moelle épinière et au cerveau. Un **stimulus** constitue une forme d'énergie, comme la lumière, qui peut être détectée par des récepteurs sensoriels déterminés. Dans la moelle épinière et le cerveau, les **interneurones** reçoivent et traitent l'information des neurones sensitifs pour ensuite influencer les activités d'autres neurones. Enfin, les **neurones moteurs** conduisent l'influx nerveux jusqu'aux effecteurs, c'est-à-dire les muscles et les glandes, qui mettent en branle les réactions du corps aux stimuli (voir la figure 34.1). La moitié du volume du système nerveux humain est occupé par un tissu composé de cellules gliales appelé *névroglie*. Les cellules de ce tissu soutiennent les neurones sur le plan structural, les protègent et les assistent dans leurs activités.

Dans le présent chapitre, il est tout d'abord question de la structure et de la fonction des neurones. Ensuite, nous examinons comment les neurones interagissent dans le système nerveux.

(Handwritten notes bottom left:)
Potentiel gradués : déclenchés par un stimulus dans le milieu extracellulaire du neurone. La variation du voltage dépend de l'intensité du stimulus. Ils peuvent mener à un potentiel d'action.
• Hyperpolarisation : si les canaux à K s'ouvrent (sortie de K⁺)
• Dépolarisation : si les canaux à Na⁺ s'ouvrent (entrée de Na⁺)

Potentiel d'action : dépolarisation par une brève inversion du potentiel de membrane d'une amplitude totale (changement de voltage) 100 mV fonctionnant du Tout ou Rien d'environ selon la Loi

Lorsque le seuil minimal est atteint, l'onde de dépolarisation atteint +35mv d'une quelques millisec. et l'intensité du stimulus ne changera pas l'amplitude de la dépolarisation. Seuls les axones sont aptes à produire des potentiels d'actions.

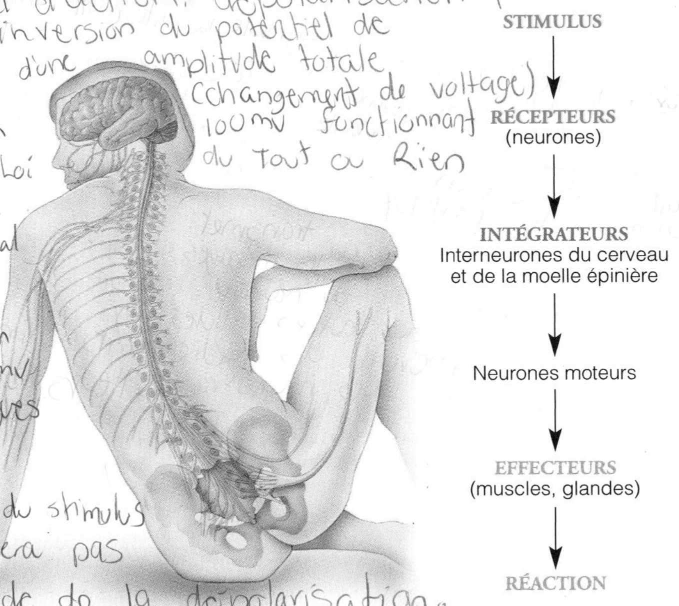

(Flowchart center:)
STIMULUS
↓
RÉCEPTEURS
(neurones)
↓
INTÉGRATEURS
Interneurones du cerveau et de la moelle épinière
↓
Neurones moteurs
↓
EFFECTEURS
(muscles, glandes)
↓
RÉACTION

Concepts-clés

1. Les neurones, les unités de base des systèmes nerveux, interagissent pour détecter et intégrer l'information provenant de l'intérieur et de l'extérieur de l'organisme, puis envoient des signaux aux muscles et aux glandes afin de provoquer une réaction appropriée.

2. Les neurones constituent des cellules excitables, c'est-à-dire qu'un stimulus peut perturber la distribution des charges électriques de part et d'autre de leur membrane plasmique. Si la perturbation se montre suffisamment forte, elle devient un message, qui voyage du pôle récepteur au pôle effecteur du neurone, pour ensuite passer au neurone suivant.

3. Le flux d'informations dans le système nerveux dépend de la continuité de l'intégration des signaux qui excitent ou inhibent chaque neurone sur une voie nerveuse donnée.

4. Les animaux à symétrie radiaire, comme l'hydre et l'anémone de mer, possèdent les systèmes nerveux les plus simples. Chez la plupart des animaux, le système nerveux présente une céphalisation marquée et une symétrie bilatérale.

5. Chez les vertébrés, le cerveau et la moelle épinière constituent le système nerveux central, tandis que le système nerveux périphérique est composé de paires de nerfs qui sillonnent l'organisme.

6. Le système nerveux périphérique possède deux divisions. Le système nerveux somatique contrôle les muscles squelettiques, tandis que le système nerveux autonome contrôle les muscles lisses, le muscle cardiaque et les glandes.

7. Le cerveau des vertébrés se divise en trois sections fonctionnelles : le cerveau antérieur, le cerveau moyen et le cerveau postérieur. Les plus anciens tissus du cerveau régulent les fonctions viscérales, comme la respiration, la circulation et d'autres fonctions essentielles à la vie.

[Annotation manuscrite en haut : Les dentrites : reçoivent des informations de l'environnement et du milieu interne, et des messages transmis par d'autres cellules nerveuses. Elles transmettent tout cela sous forme d'impulsions au corps du neurone]

LES NEURONES : DES SPÉCIALISTES DE LA COMMUNICATION

[Annotation : Propriété : 1) l'excitabilité 2) la propagation 3) transmission de l'influx nerveux crée]

L'anatomie fonctionnelle du neurone

Un neurone se compose d'un corps cellulaire, qui contient un noyau, et d'un certain nombre de prolongements cytoplasmiques de longueur variable. Ensemble, le corps cellulaire et ses ramifications, appelées **dendrites**, forment le pôle récepteur de l'influx nerveux. Dans une région appelée *cône d'implantation*, située juste après le corps cellulaire, l'influx nerveux entrant peut déclencher un signal qui se propagera le long de l'**axone**. Ce dernier, un prolongement mince et plus ou moins long, transporte l'information jusqu'aux terminaisons qui constituent le pôle effecteur, ou efférent, du neurone (voir la figure 34.2). *[Annotation : • Neurolemmocyte : couche cytoplasmique et nucléée qui entoure la gaine de myéline (gaine de Schwann)]*

Le neurone au repos

Dans les voies de communication de l'organisme, chaque neurone ne constitue qu'une unité qui reçoit et transmet de l'information grâce à une différence de potentiel de part et d'autre de sa membrane plasmique.

Quand un neurone se trouve au repos, c'est-à-dire qu'il n'est pas stimulé ou en train de transmettre une information, la partie du liquide cytoplasmique située contre sa membrane plasmique présente un potentiel électrique négatif – pouvant être mesuré en millivolts – par rapport au liquide interstitiel en contact avec la face externe de la membrane. La différence de potentiel de part et d'autre de la membrane d'une cellule non stimulée se nomme **potentiel de repos** ; dans la plupart des cellules, il est de –70 millivolts (mV).

Quand une partie de la membrane du cône d'implantation subit une stimulation très légère, la différence de potentiel ne change pratiquement pas. Par contre, une forte stimulation peut déclencher un **potentiel d'action**, c'est-à-dire une inversion momentanée du potentiel de part et d'autre de la membrane plasmique ; le liquide cytoplasmique à l'intérieur devient alors positif par rapport au liquide extérieur. Cette inversion initiale déclenche une série d'inversions transitoires identiques, qui se propagent du cône d'implantation jusqu'au pôle effecteur le long de l'axone.

Les gradients ioniques et le potentiel d'action

En tout temps, les neurones s'apprêtent à déclencher un potentiel d'action en modifiant la concentration des ions sodium (Na^+) et potassium (K^+) de part et d'autre de leur membrane plasmique. Ces ions et d'autres substances chargées ne peuvent pas traverser la bicouche lipidique de la membrane. Cependant, ils peuvent passer par des canaux ioniques, soit des protéines de transport percées d'un canal. Ces protéines sont dispersées dans la membrane. La fermeture de ces canaux permet aux neurones de contrôler le passage des ions à travers leur membrane.

Comme le montre la figure 34.3, le transport passif des ions s'effectue par des canaux ioniques ouverts en tout temps. (Toutefois, d'autres canaux ioniques de transport passif sont pourvus de vannes qui ne s'ouvrent que lorsque le pôle récepteur d'un neurone subit une stimulation suffisante.)

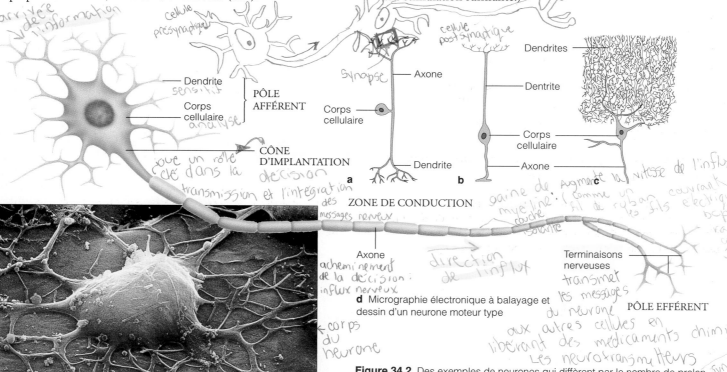

[Annotations manuscrites autour de la figure : arrivée de l'information ; cellule présynaptique ; cellule postsynaptique ; Synapse ; roue un rôle clé dans la décision transmission et l'intégration des messages nerveux ; gaine de myéline : (comme un fil de ruban courant les fils électrique) couche isolante ; Augmente la vitesse de l'influx nerveux (bcp + rapide avec gaine) ; Dendrite sensitif ; Corps cellulaire analyse ; achemine de la décision : influx nerveux ; direction de l'influx ; cellules gliales ; corps du neurone ; transmet les messages du neurone aux autres cellules en libérant des médicaments chimiques : les neurotransmetteurs ; Synapse : jonction entre un corpuscule nerveux terminal et une cellule cible (neurone, cellule effectrice). La cellule émettrice s'appelle cellule présynaptique et la cellule cible s'appelle cellule postsynaptique]

Dendrite
Corps cellulaire
PÔLE AFFÉRENT
CÔNE D'IMPLANTATION
ZONE DE CONDUCTION
Axone

a

Synapse
Axone
Corps cellulaire
Dendrite

b

Dendrites
Dentrite
Corps cellulaire
Axone

c

Axone
Terminaisons nerveuses
PÔLE EFFÉRENT

d Micrographie électronique à balayage et dessin d'un neurone moteur type

10 µm

Figure 34.2 Des exemples de neurones qui diffèrent par le nombre de prolongements cytoplasmiques de leur corps cellulaire. **a)** et **b)** L'axone de certains neurones comporte plusieurs ramifications dendritiques, alors que d'autres neurones ne présentent qu'un axone et une seule dendrite (c'est le cas de nombreux neurones sensitifs). **c)** D'autres types de neurones sont pourvus d'un axone et de nombreuses dendrites ; ce type de neurone abonde dans le cervelet des mammifères. **d)** Une micrographie et un schéma des zones fonctionnelles d'un neurone moteur.

[Annotations manuscrites en bas : L'axone : plus long que les dendrites. Transmet aux autres cellules les messages émis par le corps du neurone. Composantes possibles de l'axone : Gaine de myéline : enveloppe blanchâtre, lipidique et segmentée formée de plusieurs couche de cellules (système nerveux périphérique). - protège les axones et les isole électriquement les uns des autres - Augmente la vitesse de propagation de l'influx nerveux]

Figure 34.3 Les modes de transport des ions à travers la membrane plasmique d'un neurone. Des canaux à perméabilité sélective (voir la section 5.2) sont situés dans la bicouche lipidique. Des pompes à sodium et à potassium, également situées dans la bicouche, font active-ment passer les ions à travers la membrane.

Liquide interstitiel

Cytoplasme

Pompe à Na⁺ et à K⁺

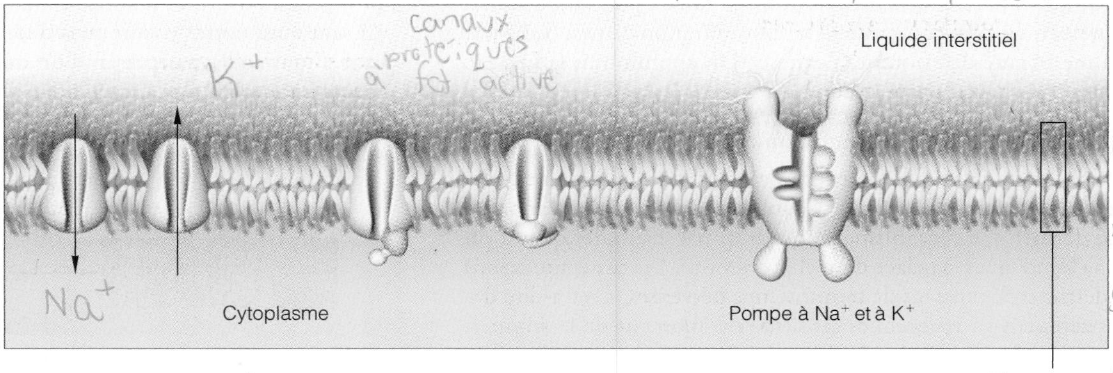

a Le transport passif des ions s'effectue continuellement par des canaux ioniques.

b D'autres canaux de transport passif sont pourvus de vannes tensiodépen-dantes, qui s'ouvrent ou se ferment pendant et entre les potentiels d'action. Ils permettent aux ions Na⁺ et K⁺ de diffuser à travers la membrane selon leurs gradients de concentration.

c Des pompes à Na⁺ et à K⁺ forcent le passage de ces ions à travers la membrane, contre leur gradient de concentration. Elles empêchent la disparition des gradients ioniques et restaurent les conditions membra-naires propres à un neurone au repos.

Bicouche lipidique de la membrane du neurone

Supposons que pour 150 ions sodium à l'extérieur d'un neurone moteur, 15 ions sodium sont présents à l'intérieur de la membrane. Supposons aussi que pour 5 ions potassium à l'extérieur, 150 prennent place à l'intérieur. On peut schématiser la concentration des ions sodium et potassium chez ce neurone comme ceci :

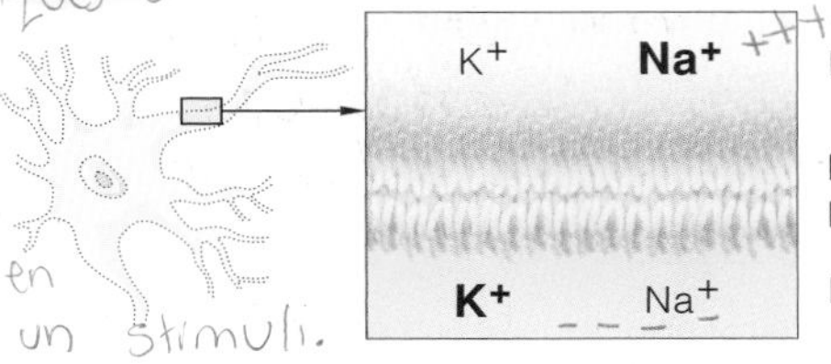

Liquide interstitiel

Le Na⁺ est pompé vers l'extérieur.

Le K⁺ diffuse à l'extérieur.

Membrane plasmique

Cytoplasme

Le Na⁺ diffuse à l'intérieur.

Le Na⁺ est pompé vers l'intérieur.

Le K⁺ diffuse à l'intérieur.

K⁺   **Na⁺**   Extérieur

Membrane plasmique

K⁺   Na⁺   Intérieur

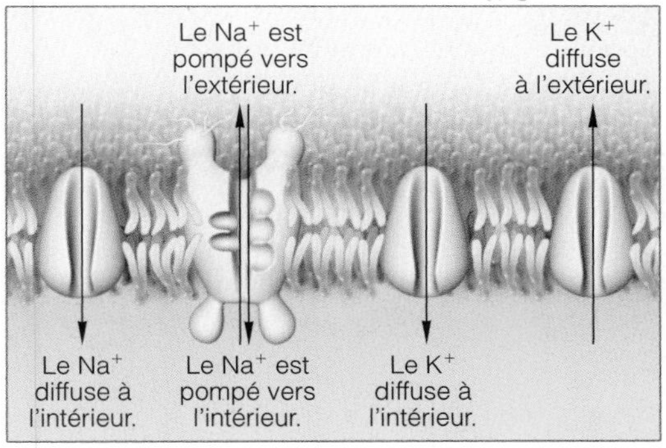

Figure 34.4 Des processus de transport actif et passif qui déterminent la distribution des ions sodium et potassium de part et d'autre de la membrane plasmique d'un neurone au repos.

Les caractères gras indiquent le côté de la membrane qui présente la concentration la plus élevée de chaque ion.

Dans un neurone au repos, les vannes des canaux ioniques sont fermées ; cependant, des canaux de transport passif ouverts en per-manence autorisent une certaine diffusion de Na⁺ et de K⁺ qui se fait, naturellement, dans le sens du gradient de concentration (fi-gure 34.4). Or, un tel gradient existe grâce au travail des **pompes à sodium et à potassium**. Ces pompes, qu'on trouve un peu partout dans la membrane plasmique, sont en fait des protéines de trans-port qui chassent les ions K⁺ vers l'intérieur de la cellule et les ions Na⁺ vers l'extérieur, ce qui contrebalance le mouvement spontané des ions selon leur gradient de concentration (voir les sections 5.4 et 5.6). Il s'agit de transport actif puisque le travail de ces pompes requiert de l'ATP. Ces dernières sont continuellement en fonction parce que la membrane des cellules nerveuses comporte aussi des canaux de transport passif qui permettent la diffusion des ions K⁺ et Na⁺. En fait, les ions K⁺ sortent de la cellule plus rapidement que n'entrent les ions Na⁺. Ces mouvements de charges découlant du travail de la pompe et de la diffusion des ions procurent au cyto-plasme avoisinant une polarité légèrement négative par rapport à l'extérieur. Le mouvement des ions ne cesse que lorsque les forces

d'attraction électriques et de diffusion s'annulent. À ce moment, la différence de potentiel de part et d'autre de la membrane du neu-rone équivaut au potentiel de repos.

Nous sommes maintenant en mesure de nous pencher sur l'ori-gine du potentiel d'action, qui prend naissance, on le sait, dans le cône d'implantation de l'axone, pour se propager ensuite jusqu'au pôle effecteur.

Un neurone au repos maintient la concentration en ions et, par le fait même, le potentiel électrique de part et d'autre de sa membrane plasmique. Le potentiel de repos représente la diffé-rence de potentiel chez un neurone non excité. Le potentiel d'action est l'inversion momentanée de la différence de potentiel de part et d'autre de la membrane plasmique qui se propage le long de l'axone.

Entre deux potentiels d'action, des pompes à sodium et à potas-sium maintiennent ou rétablissent le potentiel de repos.

Potentiels gradués locaux
seuil d'excitation
hyperpolarisation
ouverture des canaux à K+
-55
dépolarisation
ouverture des canaux à Na+

LE POTENTIEL D'ACTION : DU DÉCLENCHEMENT À LA PROPAGATION

On comprendra plus facilement la propagation du potentiel d'action si l'on sait qu'il existe un gradient de concentration de part et d'autre de la membrane du neurone. Cette section approfondit la matière abordée dans la section précédente.

À l'approche du seuil d'excitation

Une faible stimulation du pôle récepteur, ou afférent, d'un neurone ne fait que perturber légèrement l'équilibre ionique de la membrane de ce dernier. Ce mécanisme se produit, par exemple, quand on touche légèrement le pelage d'un chat endormi. Les tissus situés sous l'épiderme sont pourvus de terminaisons nerveuses, c'est-à-dire des pôles récepteurs de neurones sensitifs. Au moment de la stimulation, des régions de la membrane plasmique de ces récepteurs se déforment, ce qui laisse certains ions la traverser. La différence de potentiel de part et d'autre de la membrane se modifie alors légèrement. Dans notre exemple, la pression du toucher produit un potentiel local gradué.

provoque l'ouverture d'autres canaux à sodium tensiodépendants, laissant ainsi entrer encore plus d'ions sodium. Cet afflux grandissant d'ions sodium représente un exemple de **rétroactivation**, un mécanisme ayant tendance à intensifier le stimulus.

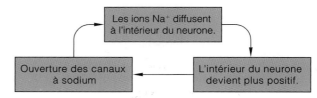

Les ions Na⁺ diffusent à l'intérieur du neurone. → L'intérieur du neurone devient plus positif. → Ouverture des canaux à sodium →

Conséquemment, une fois le seuil d'excitation atteint ou dépassé, l'ouverture des canaux ne dépend plus de la force du stimulus initial : le mouvement de rétroactivation est enclenché et l'afflux d'ions sodium est suffisant pour ouvrir les autres canaux à sodium.

Dépolarisation : stimulation suffisante provoque potentiel d'action qui fait ouvrir les canaux et abaisser la charge négative à l'intérieur de la cellule

STIMULUS

se produit au
Cône d'implantation
où il y a une plus grande quantité de canaux à Na+

Liquide interstitiel

Cytoplasme

a Membrane au repos (intérieur négatif par rapport à l'extérieur). Une faible perturbation électrique (flèche en jaune) se répand du pôle récepteur au cône d'implantation de la membrane, qui compte un grand nombre de canaux à sodium.

b Une forte stimulation provoque un potentiel d'action. Les canaux à sodium s'ouvrent. L'afflux d'ions sodium fait baisser la charge négative à l'intérieur du neurone. Cette différence de potentiel entraîne l'ouverture d'autres canaux, jusqu'à ce que le seuil d'excitation soit atteint et qu'il se produise une inversion du potentiel de membrane.

Propagation et vitesse du potentiel d'action :

Figure 34.5 La propagation d'un potentiel d'action le long de l'axone d'un neurone moteur.

L'influx nerveux se propage que dans un sens, le potentiel d'action initial ne voyage pas mais, il se reproduit le long de l'axone. Lorsque les ions Na+ dépolarisent la région voisine de la membrane. Voici les facteurs influençant la vitesse de propagation de l'influx nerveux : vitesse +++ plus le diamètre des axones sont gros. Aussi présence de myéline et noeuds de la fibre nerveuse. Les axones myélinisés sont constitués d'une couche isolante

Le terme *gradué* signifie que l'amplitude des signaux dans le pôle récepteur varie selon l'intensité et la durée du stimulus, et le terme *local* indique que cette perturbation du potentiel de la membrane ne se propage pas. Pour qu'un signal se propage, un certain type de canal ionique que les pôles récepteurs ne possèdent pas doit prendre place dans la membrane.

Quand un stimulus se montre intense ou d'une durée suffisante, les signaux gradués se propagent du pôle récepteur vers le cône d'implantation de l'axone, qui comprend de nombreux canaux à sodium sensibles à la tension (tensiodépendants). Si la stimulation est telle que la différence de potentiel atteint un niveau critique appelé *seuil d'excitation*, un potentiel d'action se déclenche.

En s'ouvrant, les canaux laissent passer les ions sodium dans le neurone, comme le montre la figure 34.5. Cet afflux d'ions fait diminuer la charge négative du côté cytoplasmique de la membrane, ce qui

La réponse de type tout ou rien

La figure 34.6 montre la différence de potentiel de part et d'autre de la membrane plasmique avant, pendant et après le potentiel d'action. On note que le potentiel membranaire atteint rapidement un sommet une fois le seuil d'excitation dépassé. Par contre, si le seuil n'est pas atteint, la perturbation membranaire cesse en même temps que la stimulation, et il n'existe pas de potentiel d'action. Tout potentiel d'action dans un neurone atteint toujours la même valeur maximale ; il s'agit d'une réponse de type tout ou rien.

Le pic du potentiel d'action est bref : il ne dure environ qu'une milliseconde, parce que, à l'endroit de la membrane où l'inversion de polarité a lieu, les canaux à sodium se ferment et bloquent l'entrée d'ions sodium. Lorsque l'inversion est à moitié complétée, les canaux à potassium s'ouvrent à leur tour et laissent sortir les ions potassium, ce qui rétablit la différence de potentiel à l'endroit de la stimulation.

de plusieurs épaisseurs de membrane résultant de l'enroulement des neurolemmocytes ou d'oligodendrocytes autour de l'axone. Sur ces axones, les canaux tensiodépendants qui génèrent le potentiel d'action sont dans les noeuds de Ranvier, petits intervalles dénudés entre les neurolemmocytes, le long de l'axone. Conduction saltatoire de l'influx nerveux, car celui-ci va d'un noeud à l'autre. Autre facteur : Nombre de synapses

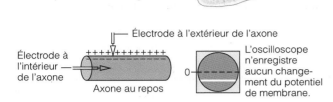

Nerf stellaire comprenant un axone géant

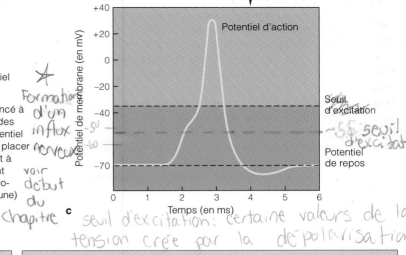

b **Axone stimulé**

0 — Enregistrement des variations du potentiel de membrane

Potentiel d'action

Potentiel de membrane (en mV)

+40 / +20 / 0 / −20 / −40 / −50 / −60 / −70

Seuil d'excitation

Potentiel de repos

Temps (en ms) : 0 1 2 3 4 5 6

c

Électrode à l'extérieur de l'axone

Électrode à l'intérieur de l'axone

++++++++++++

Axone au repos

L'oscilloscope n'enregistre aucun changement du potentiel de membrane.

0

a

Figure 34.6 Des potentiels d'action. **a)** Quand les chercheurs ont commencé à étudier la fonction neuronale, ils ont trouvé chez le calmar géant (*Loligo*) des preuves confirmant les modifications du potentiel de membrane lors du potentiel d'action. Le diamètre des axones géants du calmar se montre suffisant pour y placer deux électrodes. **b)** Les chercheurs ont fixé des électrodes à l'intérieur et à l'extérieur de l'axone, et ont ensuite stimulé ce dernier. Les électrodes ont détecté un changement du potentiel de membrane et, sur l'écran de l'oscilloscope, des déflexions lumineuses se sont produites. **c)** La courbe type (en jaune) d'un potentiel d'action mesuré à l'aide d'un oscilloscope.

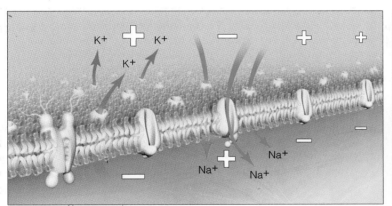

K+ / K+ / K+ / − / + / + / Na+ / Na+ / Na+ / −

c L'inversion du potentiel pousse les canaux à sodium à se fermer, et les canaux à potassium à s'ouvrir (flèches en rouge). Les ions potassium suivent le gradient de concentration et sortent du neurone, rétablissant ainsi le potentiel de membrane initial. Cette perturbation déclenche une inversion du potentiel de membrane de la région voisine, où le même mécanisme se produit, et ainsi de suite, en s'éloignant graduellement du point de stimulation.

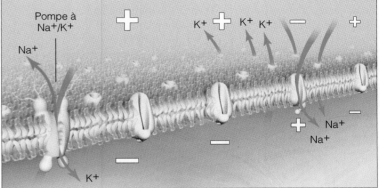

Pompe à Na+/K+ / Na+ / K+ / K+ / K+ / − / + / Na+ / Na+ / K+

d Dans le sillon de chaque potentiel d'action, l'intérieur de la membrane plasmique redevient négatif. Cependant, la concentration des ions sodium et potassium n'est pas complètement rétablie : les pompes à sodium et à potassium la rétabliront par transport actif.

Toutefois, à ce moment, les concentrations ioniques initiales ne sont pas rétablies. Pour ce faire, les pompes à sodium et à potassium transportent le sodium vers l'extérieur et le potassium vers l'intérieur. La plupart des canaux à potassium se ferment alors, et les canaux à sodium retrouvent leur état initial, c'est-à-dire qu'ils seront prêts à s'ouvrir de nouveau si un stimulus suffisant survient.

La direction de la propagation

Pendant le potentiel d'action, l'afflux d'ions sodium à l'intérieur du neurone affecte le potentiel de membrane des régions voisines du neurone, où s'ouvrent, en aval, un nombre équivalent de canaux ioniques. En fait, ce processus se fait graduellement : l'ouverture d'un canal ionique entraîne, par la dépolarisation qu'elle provoque, l'ouverture du canal voisin, et ainsi de suite. Il faut noter que la rétroactivation ne s'atténue pas en se propageant. De surcroît, le

potentiel d'action ne revient pas au cône d'implantation parce que, pendant une fraction de seconde après l'afflux d'ions sodium, les canaux ioniques en amont deviennent insensibles aux stimuli et se ferment. Le potentiel d'action ne revient pas à la partie de la membrane où s'est produite la stimulation et l'influx se propage en s'éloignant de son origine.

Les ions traversent la membrane du neurone par des protéines de transport qui peuvent s'ouvrir et se fermer. Une fois le seuil d'excitation atteint dans le cône d'implantation, les canaux à sodium s'ouvrent selon une réponse de type tout ou rien, et l'afflux d'ions sodium dans le neurone crée un potentiel d'action. Des pompes à sodium et à potassium rétablissent le gradient ionique initial.

Les canaux à sodium et à potassium, en amont du potentiel d'action, sont inactivés et empêchent le retour en arrière de celui-ci.

LES SYNAPSES

Le potentiel d'action ne dépasse pas l'extrémité axonale du neurone. Toutefois, son arrivée à l'extrémité peut provoquer la libération de **neurotransmetteurs.** Ces molécules diffusent ensuite à travers une fente qui sépare le pôle effecteur du neurone du pôle récepteur du neurone voisin (voir la figure 34.7). Les neurotransmetteurs peuvent donc assurer la communication entre deux neurones, mais ils peuvent également jouer ce rôle entre un neurone et une cellule glandulaire ou musculaire. Dans les trois cas, il s'agit d'une **synapse chimique**.

L'extrémité axonale d'un neurone présynaptique présente des vésicules remplies de neurotransmetteurs. Le neurone possède aussi des canaux à calcium. Or, la concentration des ions calcium est plus grande à l'extérieur de la membrane qu'à l'intérieur, quand cette dernière se trouve au repos. L'arrivée d'un potentiel d'action à une synapse déclenche l'ouverture des canaux à calcium. L'entrée des ions calcium entraîne la migration des vésicules synaptiques et leur fusion avec la membrane plasmique du neurone dans la région de la synapse, laissant sortir les neurotransmetteurs qui diffusent dans la fente synaptique.

De l'autre côté, sur la membrane du neurone postsynaptique, se trouvent des récepteurs associés à des protéines de transport. Les neurotransmetteurs se fixent à ces récepteurs. La forme du récepteur change alors et déclenche l'ouverture d'un canal à l'intérieur de la protéine de transport, ce qui permet aux ions de diffuser à travers la membrane plasmique (voir la figure 34.7c).

La réaction du neurone postsynaptique dépend du type et de la concentration des neurotransmetteurs, du genre de récepteurs, de même que du nombre et du type de canaux ioniques tensiodépendants présents dans la membrane. Tous ces facteurs déterminent si un neurotransmetteur donné entraînera un effet excitateur ou inhibiteur. Dans le premier cas, le neurotransmetteur tend à faire diminuer la différence de potentiel de la membrane postsynaptique: le neurone postsynaptique devient alors plus facilement excitable. Dans le second cas, le neurotransmetteur fait augmenter la différence de potentiel de la membrane postsynaptique et diminuer l'excitabilité.

Prenons l'exemple de l'**acétylcholine** (ACh), un neurotransmetteur produisant un effet excitateur et inhibiteur sur le cerveau, la moelle épinière, les glandes et les muscles. L'acétylcholine agit, par exemple, au niveau de la synapse chimique entre un neurone moteur et une cellule musculaire (voir la figure 34.8). Le neurone moteur libère l'ACh qui, par diffusion, traverse la fente synaptique et se fixe à des récepteurs déterminés sur les cellules musculaires. Puisque l'ACh produit un effet excitateur sur celles-ci, elle peut y déclencher des potentiels d'action susceptibles de provoquer une contraction musculaire (voir la section 37.8).

Une panoplie de signaux

L'acétylcholine ne constitue qu'un exemple parmi les nombreux médiateurs chimiques que les neurones envoient aux cellules cibles. Mentionnons, entre autres, la sérotonine, qui, dans le cerveau, agit sur les cellules qui participent à la régulation de la perception sensorielle, du sommeil, de la température corporelle et des émotions; la norépinéphrine, qui vise des cellules agissant sur les émotions, le rêve et l'éveil; la dopamine, qui agit elle aussi sur des parties du cerveau traitant les émotions; et l'acide gamma-aminobutyrique, ou GABA, qui est le plus courant des neurotransmetteurs inhibiteurs du cerveau. À ce propos, le Valium^MD et d'autres tranquillisants (des agents anxiolytiques) agissent en augmentant les effets du GABA.

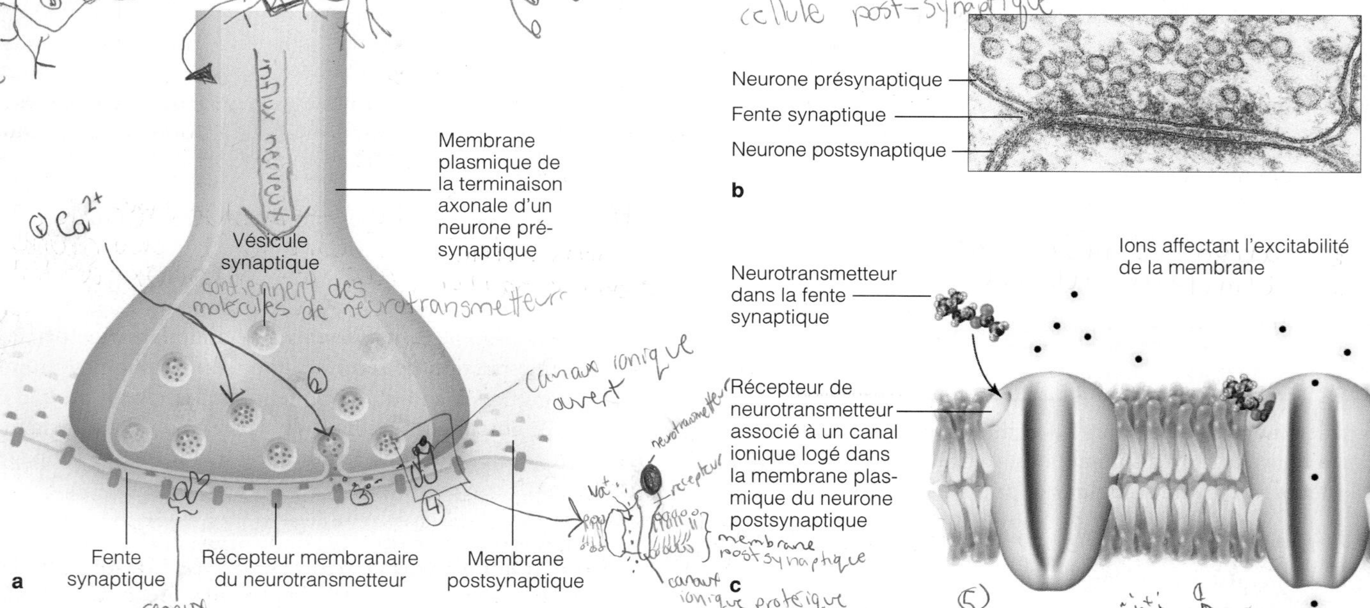

Figure 34.7 Une synapse chimique. **a)** et **b)** Une mince fente sépare le neurone présynaptique du neurone postsynaptique. Le potentiel d'action, une fois arrivé dans les terminaisons nerveuses du neurone présynaptique, déclenche la libération de neurotransmetteurs. **c)** Les neurotransmetteurs diffusent dans la fente synaptique et se fixent à des récepteurs associés à des canaux ioniques de la membrane postsynaptique. Les canaux ioniques s'ouvrent et laissent entrer les ions, ce qui déclenche un potentiel local dans la membrane.

Les neuromodulateurs, des substances chimiques, agissent au niveau de la synapse pour accroître ou réduire l'effet d'un neurotransmetteur sur les autres neurones, qu'ils soient voisins ou distants. Par exemple, la substance P stimule les nocicepteurs (responsables de la perception de la douleur), tandis que les endorphines (des analgésiques naturels) inhibent la libération de la substance P dans les nerfs sensoriels. En outre, les neuromodulateurs peuvent affecter la mémoire et l'apprentissage, l'activité sexuelle, la température corporelle et les émotions.

L'intégration synaptique

On dénombre au moins 100 milliards de neurones dans le cerveau, et chacun d'eux établit des synapses avec environ 1000 à 10 000 autres neurones. Ils transmettent ainsi l'information qui nous permet d'accomplir différentes activités. Chaque seconde, un grand nombre de signaux excitateurs et inhibiteurs sont susceptibles d'inonder le pôle récepteur d'une cellule postsynaptique : certains rapprochent la membrane du seuil d'excitation, alors que d'autres maintiennent le potentiel de repos ou tendent à empêcher le neurone d'atteindre le seuil d'excitation.

Toutes les perturbations de la membrane postsynaptique provoquées par des neurotransmetteurs constituent des potentiels gradués. Les potentiels postsynaptiques excitateurs (PPSE) produisent un effet de dépolarisation, c'est-à-dire qu'ils poussent le potentiel électrique de la membrane vers le seuil d'excitation. Au contraire, les potentiels postsynaptiques inhibiteurs (PPSI) produisent un effet d'hyperpolarisation : soit ils maintiennent le potentiel de repos, soit ils s'opposent à la dépolarisation de la membrane en augmentant la différence de potentiel. En d'autres termes, les signaux se disputent le contrôle de la membrane des neurones, et le résultat de cette compétition est appelé **intégration synaptique**.

Il arrive que des signaux concurrents en provenance de plus d'un neurone présynaptique s'additionnent en atteignant en même temps le pôle récepteur d'un neurone ; on parle alors de **sommation spatiale**. En s'additionnant ainsi, les signaux peuvent être diminués, supprimés

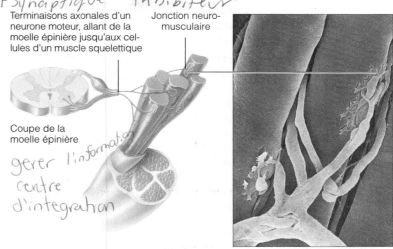

Terminaisons axonales d'un neurone moteur, allant de la moelle épinière jusqu'aux cellules d'un muscle squelettique

Jonction neuro-musculaire

Coupe de la moelle épinière

Figure 34.8 Une jonction neuromusculaire. Chaque jonction constitue une zone synaptique chimique permettant la transmission de l'influx moteur des terminaisons nerveuses à des cellules musculaires.

ou renforcés. La figure 34.9 montre, sur un oscilloscope, un PPSE, un PPSI et leur sommation. La sommation se produit également quand une cellule postsynaptique est bombardée par les neurotransmetteurs d'un seul neurone présynaptique réagissant à une série de potentiels d'action. Dans ce cas, on parle de sommation temporelle.

L'élimination des neurotransmetteurs de la fente synaptique

La transmission des signaux dépend en partie de la rapidité avec laquelle les neurotransmetteurs sont éliminés des fentes synaptiques. Un certain nombre en sort simplement par diffusion, alors que d'autres neurotransmetteurs sont dégradés par des enzymes présentes dans la fente synaptique, comme la dégradation de l'acétylcholine par l'acétylcholinestérase. Il arrive aussi que des protéines de transport de la membrane des neurones présynaptiques ou de cellules gliales avoisinantes recaptent les neurotransmetteurs.

Lorsque des neurotransmetteurs s'accumulent dans la fente synaptique (par exemple, quand la cocaïne bloque la recapture de la dopamine), les molécules s'y attardent et continuent à stimuler le neurone postsynaptique. Dans le cas de la cocaïne, cette stimulation anormale cause d'abord une certaine euphorie ; toutefois, ses effets à long terme sont parfois très graves (voir la section 34.13).

Les neurotransmetteurs, des messagers chimiques, traversent la fente synaptique, un interstice entre deux neurones ou entre un neurone et une cellule musculaire ou glandulaire.

Les neurotransmetteurs produisent un effet excitateur ou inhibiteur sur différentes cellules cibles. L'intégration synaptique se définit comme la combinaison constante des signaux excitateurs et inhibiteurs arrivant à la même cellule postsynaptique.

La sommation constitue le processus par lequel les messages dans le système nerveux s'atténuent, se renforcent, se bloquent ou se transmettent.

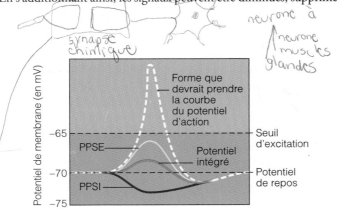

Figure 34.9 Un exemple d'intégration synaptique. La ligne en jaune montre comment un potentiel postsynaptique excitateur (PPSE) d'une certaine amplitude apparaîtrait, s'il était seul, sur l'écran d'un oscilloscope. La ligne en bleu indique l'effet d'un potentiel postsynaptique inhibiteur (PPSI), s'il était seul. La ligne en rouge montre ce qui se produit lorsque ces deux signaux arrivent simultanément à la membrane d'un neurone postsynaptique : ils s'intègrent alors l'un à l'autre, et le seuil d'excitation n'est pas atteint. Aucun potentiel d'action (la ligne pointillée en blanc) n'est déclenché dans le neurone.

[Légendes de la figure : Forme que devrait prendre la courbe du potentiel d'action ; Seuil d'excitation ; Potentiel intégré ; PPSE ; PPSI ; Potentiel de repos ; Potentiel de membrane (en mV) : −65, −70, −75]

LES VOIES DE L'INFORMATION

Les réseaux et les faisceaux de neurones

Par l'intégration synaptique, les messages arrivant à un neurone peuvent être renforcés et transmis aux neurones voisins. La direction dans laquelle se propage un message se détermine par l'organisation des neurones de l'organisme.

Par exemple, la myriade de neurones qui composent le cerveau est organisée en **réseaux nerveux**. Quand des signaux excitateurs et inhibiteurs arrivent dans un de ces réseaux, des centaines ou des milliers de neurones les reçoivent et les intègrent, puis y répondent en envoyant de nouveaux signaux. Dans les réseaux où les circuits sont organisés selon un mode divergent, un neurone présynaptique peut stimuler plusieurs neurones postsynaptiques, qui peuvent faire de même. Les neurones se déploient donc pour former des liens avec d'autres régions. Dans les régions où les circuits sont organisés selon un mode convergent, les signaux en provenance de nombreux neurones convergent pour en stimuler quelques-uns seulement. Enfin, dans les réseaux dits *réverbérants*, l'influx revient à son point de départ ; de tels réseaux participent, par exemple, aux spasmes réguliers qui agitent l'œil pendant le sommeil.

Les **nerfs** forment les réseaux de communication sur de longues distances entre le cerveau ou la moelle épinière et le reste du corps. Ils sont composés des axones de nombreux neurones sensitifs ou moteurs, et sont recouverts d'une gaine de tissu conjonctif appelée *épinèvre* (voir la figure 34.10). Chaque axone est doté d'une gaine de myéline, un isolant électrique qui augmente la vitesse de propagation des potentiels d'action. La gaine est constituée d'une série de cellules gliales (des neurolemnocytes ou cellules de Schwann) enroulées un grand nombre de fois autour de l'axone. En fait, la gaine entrave le mouvement des ions

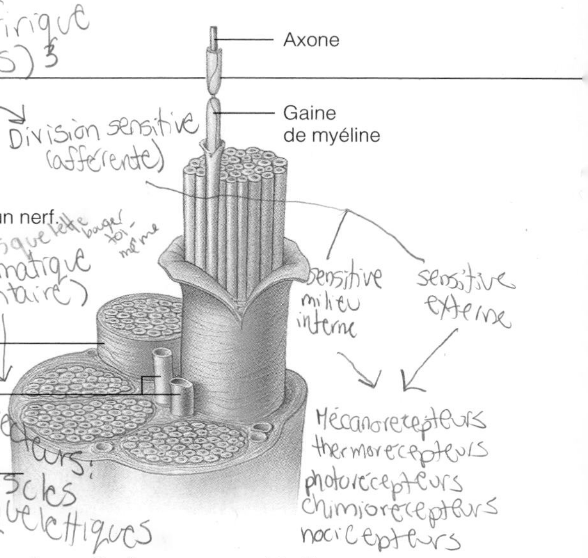

Figure 34.10 La structure d'un nerf.

Faisceau d'axones entourés d'une gaine de tissu conjonctif

Vaisseaux sanguins

Épinèvre

le long de la membrane. Cependant, elle s'interrompt périodiquement aux nœuds de la neurofibre (ou nœud de Ranvier), où se trouvent des canaux à sodium tensiodépendants (voir la figure 34.11). Un potentiel local, au niveau d'un nœud, se propage donc jusqu'au nœud suivant, où il provoque un nouveau potentiel d'action. En sautant ainsi de nœud en nœud, le potentiel d'action se propage à une vitesse qui peut atteindre 120 m/s dans un gros axone myélinisé.

On sait que la sclérose en plaques constitue une maladie auto-immune : chez les personnes touchées, les globules blancs attaquent les neurofibres du cerveau et de la moelle épinière (voir la section 28.5), causant une inflammation chronique des gaines de myéline et, par la suite, des axones. Certaines personnes sont génétiquement prédisposées à cette maladie, qui peut également être déclenchée par une infection virale. La perturbation des influx nerveux affaiblit les muscles et entraîne, entre autres, de la fatigue, des douleurs et une perte de motricité. Aux États-Unis, près de 500 000 personnes souffrent de cette maladie.

L'arc réflexe

L'arc réflexe illustre comment l'information est transmise dans le système nerveux. Un **réflexe** se définit comme un mouvement automatique exécuté en réponse à un stimulus. Dans un arc réflexe simple, l'influx part directement d'un neurone sensitif relié à un récepteur et va jusqu'à la moelle épinière pour faire synapse avec un neurone moteur qui part de la moelle épinière pour atteindre un muscle.

Prenons l'exemple du réflexe d'étirement, qui survient lorsqu'un muscle se contracte après avoir été étiré par la gravité ou par une quelconque autre force. Si l'on tient un bol et que quelqu'un y dépose des fruits, le poids de ces derniers entraînera l'abaissement de l'avant-bras. Le biceps s'étirera, ce qui activera les fuseaux neuromusculaires, soit des structures sensorielles disposées parallèlement aux cellules

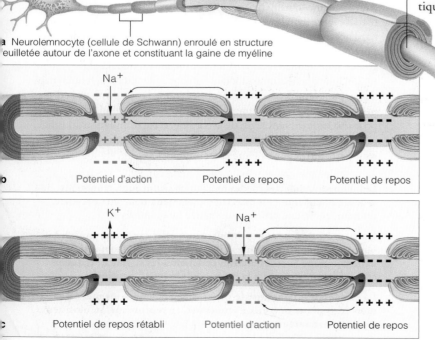

Nœud de la neurofibre (sans myéline)

Axone

a Neurolemnocyte (cellule de Schwann) enroulé en structure feuilletée autour de l'axone et constituant la gaine de myéline

Na⁺

++++ ++++

Potentiel d'action   Potentiel de repos   Potentiel de repos

K⁺   Na⁺

++++ ++++

Potentiel de repos rétabli   Potentiel d'action   Potentiel de repos

Figure 34.11 La propagation du potentiel d'action dans une neurofibre myélinisée. **a)** Une gaine de myéline empêche le flux d'ions. Ceux-ci passent seulement aux nœuds de la neurofibre, où se trouve une grande concentration de canaux à sodium. **b)** La propagation du potentiel d'action dans la neurofibre. Quand le potentiel arrive à un nœud de la neurofibre, les canaux à sodium s'ouvrent, ce qui propage le potentiel d'action. **c)** Le potentiel d'action se propage rapidement jusqu'au prochain nœud, où il déclenche un autre potentiel d'action, et ainsi de suite.

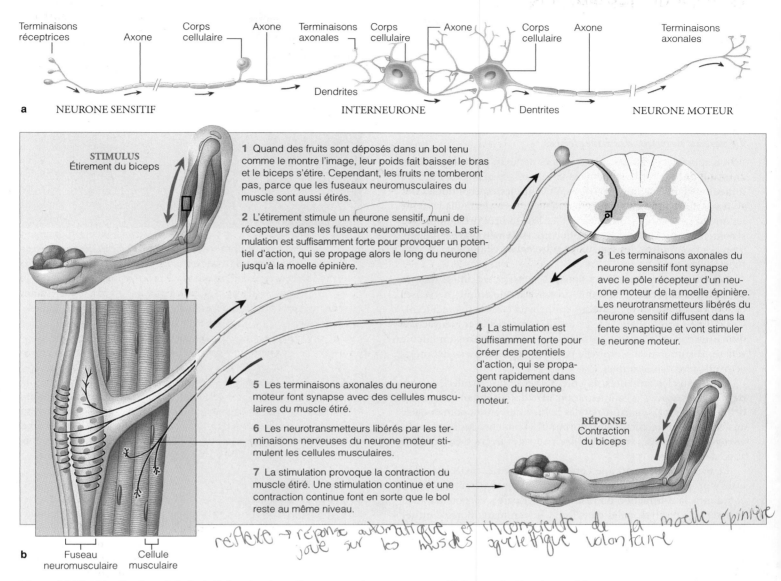

a NEURONE SENSITIF   INTERNEURONE   NEURONE MOTEUR

Terminaisons réceptrices — Axone — Corps cellulaire — Axone — Terminaisons axonales — Corps cellulaire — Axone — Corps cellulaire — Axone — Terminaisons axonales — Dendrites — Dentrites

STIMULUS
Étirement du biceps

1 Quand des fruits sont déposés dans un bol tenu comme le montre l'image, leur poids fait baisser le bras et le biceps s'étire. Cependant, les fruits ne tomberont pas, parce que les fuseaux neuromusculaires du muscle sont aussi étirés.

2 L'étirement stimule un neurone sensitif, muni de récepteurs dans les fuseaux neuromusculaires. La stimulation est suffisamment forte pour provoquer un potentiel d'action, qui se propage alors le long du neurone jusqu'à la moelle épinière.

3 Les terminaisons axonales du neurone sensitif font synapse avec le pôle récepteur d'un neurone moteur de la moelle épinière. Les neurotransmetteurs libérés du neurone sensitif diffusent dans la fente synaptique et vont stimuler le neurone moteur.

4 La stimulation est suffisamment forte pour créer des potentiels d'action, qui se propagent rapidement dans l'axone du neurone moteur.

5 Les terminaisons axonales du neurone moteur font synapse avec des cellules musculaires du muscle étiré.

6 Les neurotransmetteurs libérés par les terminaisons nerveuses du neurone moteur stimulent les cellules musculaires.

7 La stimulation provoque la contraction du muscle étiré. Une stimulation continue et une contraction continue font en sorte que le bol reste au même niveau.

RÉPONSE
Contraction du biceps

b Fuseau neuromusculaire   Cellule musculaire

réflexe → réponse automatique et inconsciente de la moelle épinière joue sur les muscles squelettique volontaire

Figure 34.12 a) La direction générale de l'influx dans le système nerveux. Les neurones sensitifs transmettent les signaux à la moelle épinière et au cerveau, où ils font synapse avec des interneurones. Ces derniers, situés dans la moelle épinière et dans le cerveau, intègrent les signaux. De nombreux interneurones, qui transmettent les signaux efférents du cerveau et de la moelle épinière, font synapse avec des neurones moteurs. **b)** Le réflexe d'étirement. Les neurones sensitifs (on peut en voir un sur l'illustration) des muscles squelettiques, situés dans le fuseau neuromusculaire, sont reliés à des récepteurs musculaires sensibles à l'étirement. L'étirement provoque des potentiels d'action qui se propagent jusqu'aux terminaisons nerveuses dans la moelle épinière, où ils font synapse avec des neurones moteurs, qui transmettent à leur tour le signal de la contraction.

musculaires (voir la figure 34.12). Des potentiels d'actions se déclenchent alors. Ils parcourent les neurones sensitifs depuis les pôles récepteurs, situés dans les fuseaux neuromusculaires, jusqu'à la moelle épinière. À cet endroit, les neurones sensitifs font synapse avec des neurones moteurs. Les potentiels d'action se propagent donc jusqu'au muscle étiré (voir la figure 34.12). Aux terminaisons nerveuses, les potentiels d'action activent la libération d'acétylcholine, provoquant la contraction des cellules musculaires (voir la section 37.8). Les muscles demeurent contractés aussi longtemps que de l'ACh est libérée par les neurones moteurs. Cette stimulation permet à la main de rester stable, contre la force gravitationnelle, et ce, malgré les fruits ajoutés dans le bol.

Dans presque tous les réflexes, les neurones sensitifs interagissent aussi avec des interneurones, qui activent ou inhibent tous les neurones moteurs nécessaires de manière à obtenir une réaction coordonnée.

Les interneurones des vertébrés sont organisés en réseaux pour traiter l'information. Les neurofibres, constituées entre autres des longs axones des neurones sensitifs ou moteurs, relient le cerveau et la moelle épinière au reste du corps.

Un arc réflexe représente le trajet suivi par un influx nerveux, depuis un récepteur jusqu'à un effecteur, en passant par un centre d'intégration dans le cerveau ou dans la moelle épinière.

LES SYSTÈMES NERVEUX DES INVERTÉBRÉS

Passons maintenant des influx nerveux aux systèmes nerveux comme tels. Tous les animaux, à l'exception des éponges, sont pourvus d'un système nerveux constitué de cellules nerveuses organisées en réseau servant à transmettre et à traiter l'information. Dans sa plus simple expression, ce réseau est composé de cellules qui reçoivent de l'information au sujet des modifications du milieu extérieur ou intérieur et qui, en réponse, provoquent une réaction musculaire ou glandulaire.

Le réseau nerveux des invertébrés

Afin d'apprécier la diversité des systèmes nerveux, rappelons que les animaux ont d'abord évolué dans la mer. C'est d'ailleurs dans les milieux marins que l'on trouve aujourd'hui les espèces dotées des systèmes nerveux les plus simples, notamment chez les cnidaires dont les anémones de mer font partie. Ces invertébrés présentent une symétrie radiaire, c'est-à-dire que leur corps est symétrique par rapport à un axe longitudinal, un peu comme les rayons d'une roue de vélo (voir la section 25.1).

Le système nerveux de ces animaux à symétrie radiaire se résume à un **plexus nerveux**, c'est-à-dire un entrelacs de cellules nerveuses très intimement associé aux tissus épithéliaux (voir la figure 34.13). Ces cellules interagissent avec les cellules sensorielles et contractiles des tissus épithéliaux, le long de circuits réflexes. Dans un circuit réflexe, la stimulation sensorielle provoque généralement des mouvements stéréotypés simples.

Chez tous les cnidaires, la voie nerveuse qui régule les comportements associés à l'alimentation part des récepteurs sensoriels des tentacules, passe ensuite par des cellules nerveuses, pour aboutir aux cellules contractiles situées autour de la bouche. Les lents mouvements des méduses et leurs changements de direction constituent aussi des réflexes.

Le plexus nerveux occupe l'organisme en entier, mais les influx qui s'y propagent ne convergent pas vers un point précis. Le plexus coordonne la contraction ou l'extension des parois corporelles ou le mouvement des tentacules dans l'eau. Les animaux dotés d'un tel système nerveux ne font jamais de mouvements brusques ni précis. Ils se veulent soit de mauvais nageurs, soit des animaux sessiles, c'est-à-dire vivant fixés à un substrat. Le plexus nerveux constitue néanmoins une bonne adaptation à la vie en milieu aquatique puisqu'il se montre sensible à la présence de nourriture et détecte les dangers provenant de toutes les directions.

L'importance de la céphalisation

D'autres organismes se caractérisent par un plan de symétrie bilatérale, c'est-à-dire que leur corps comporte deux côtés semblables et symétriques par rapport au plan sagittal. Les deux côtés se servent des mêmes muscles pour la locomotion, des mêmes nerfs pour le contrôle des muscles, etc. De tous les animaux possédant un système nerveux bilatéral, le plus simple est la planaire, un plathelminthe (voir la figure 34.14a).

Le système nerveux de la planaire est formé de deux cordons nerveux reliés entre eux, comme les deux montants d'une échelle, par des commissures transversales. Les cordons traversent l'organisme longitudinalement et comportent également des ramifications; le tout est relié à deux ganglions nerveux situés dans la tête de l'animal. Un ganglion nerveux, soit un amas de cellules nerveuses, agit comme centre d'intégration local. Les ganglions nerveux situés dans la tête de la planaire coordonnent les signaux provenant des

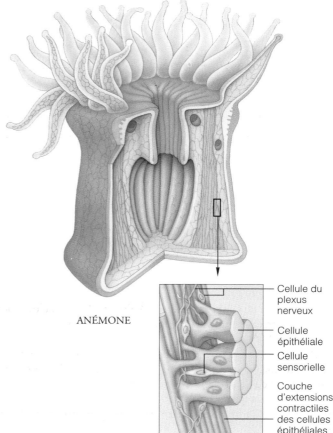

Figure 34.13 Le plexus nerveux de l'anémone, un cnidaire. Ses cellules nerveuses interagissent avec des cellules sensorielles et contractiles enchâssées dans l'épithélium, entre l'épiderme et la mésoglée.

ANÉMONE

Cellule du plexus nerveux

Cellule épithéliale

Cellule sensorielle

Couche d'extensions contractiles des cellules épithéliales

paires d'organes sensoriels (les deux taches oculaires, par exemple) et exercent un certain contrôle sur les réseaux nerveux.

Les systèmes nerveux à symétrie bilatérale ont peut-être évolué à partir des plexus nerveux. D'ailleurs, chez presque tous les animaux plus complexes que les plathelminthes, on trouve encore des plexus (par exemple, dans les parois du tube digestif des humains). Curieusement, dans le cycle biologique de certains cnidaires, une larve, la planula, se développe (le stade larvaire pendant lequel la

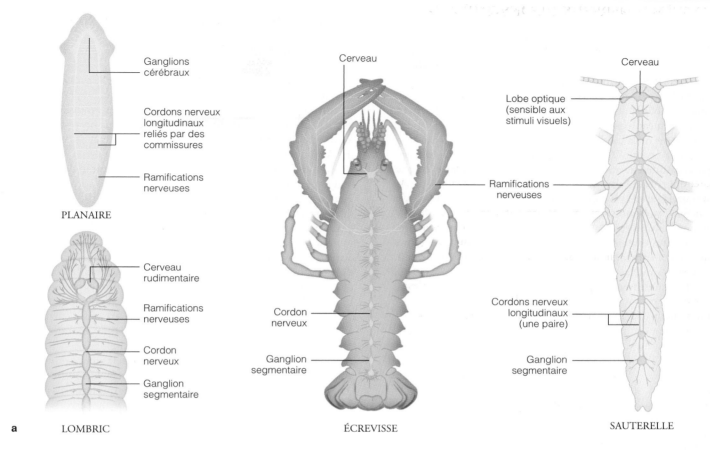

Ganglions
cérébraux

Cordons nerveux
longitudinaux
reliés par des
commissures

Ramifications
nerveuses

PLANAIRE

Cerveau
rudimentaire

Ramifications
nerveuses

Cordon
nerveux

Ganglion
segmentaire

a LOMBRIC

Cerveau

Ramifications
nerveuses

Cordon
nerveux

Ganglion
segmentaire

ÉCREVISSE

Cerveau

Lobe optique
(sensible aux
stimuli visuels)

Ramifications
nerveuses

Cordons nerveux
longitudinaux
(une paire)

Ganglion
segmentaire

SAUTERELLE

Figure 34.14 a) Des systèmes nerveux d'invertébrés ayant une symétrie bilatérale. Les figures ne sont pas à l'échelle. **b)** L'illustration et la micrographie d'une larve *planula* du cycle biologique d'*Aurelia*, une méduse.

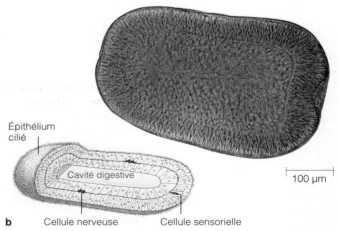

Épithélium
cilié

Cavité digestive

100 µm

b Cellule nerveuse   Cellule sensorielle

larve se nourrit de façon autonome). À l'instar des plathelminthes, la planula possède un corps aplati et se déplace à l'aide de cils (voir la figure 34.14*b*).

On peut imaginer une planula vivant au fond de l'océan à l'ère précambrienne. Une mutation aurait pu bloquer son développement avant qu'elle devienne adulte, mais sans empêcher la maturation de son système reproducteur, un phénomène qui se produit chez certaines larves (voir la section 26.5). Sa progéniture aurait hérité de la mutation et rampé pour atteindre de nouveaux habitats, plus ou moins riches en nourriture et plus ou moins dangereux. Cette mutation aurait eu une valeur adaptative, puisqu'elle aurait permis des réactions plus rapides et plus efficaces en réponse à des stimuli. Cette hypothèse pourrait expliquer l'origine évolutive d'une plus grande concentration de cellules sensorielles dans la tête – et non dans la queue – des organismes.

Quelle que soit la nature des détails de l'évolution de la céphalisation (le développement de la tête) et de la symétrie bilatérale, nous savons qu'elles se sont développées dans la plupart des lignées d'invertébrés (voir le chapitre 26). Ces adaptations se retrouvent également chez tous les vertébrés : les paires d'organes sensoriels, un cerveau présentant une symétrie, les paires de nerfs et les paires de muscles squelettiques en constituent quelques traces manifestes.

Tous les animaux, à l'exception des éponges, sont dotés d'un système nerveux, dans lequel les cellules nerveuses sont organisées en réseaux servant à transmettre et à traiter l'information.

Les animaux à symétrie radiale sont pourvus de plexus nerveux, soit des entrelacs de cellules nerveuses qui interagissent dans des circuits réflexes simples comprenant des cellules sensorielles et des cellules contractiles de tissus épithéliaux.

Les animaux à symétrie bilatérale qui présentent une région céphalique différenciée sont munis d'un système nerveux constitué d'un cerveau ou de ganglions nerveux, ainsi que de paires de nerfs et d'organes sensoriels.

LE SYSTÈME NERVEUX DES VERTÉBRÉS : UN SURVOL

L'évolution de la moelle épinière et du cerveau

Il y a des centaines de millions d'années apparaissaient les premiers vertébrés, qui ressemblaient plus ou moins à des poissons (voir la section 26.3). Une colonne de segments osseux remplaçait, dans ses fonctions, leur corde dorsale, une lamelle de tissu durcis attachée à des muscles segmentés qui permettait la propulsion. Le cordon nerveux creux, au-dessus de la corde dorsale, subissait lui aussi des transformations, pour devenir l'ébauche du cerveau et de la moelle épinière. Plus tard, la différenciation génétique de certaines lignées d'organismes filtreurs et détritivores a donné naissance à des prédateurs marins, rapides et munis d'une mâchoire.

Au début, leurs mouvements dépendaient des circuits réflexes. Les neurones sensitifs étaient reliés directement aux neurones moteurs, qui signalaient directement aux muscles de se contracter ; aucun autre neurone ne contribuait à rendre plus fine la réponse aux stimuli. Cependant, parmi les vertébrés, les prédateurs et les proies qui possédaient les meilleures capacités de traitement des informations,

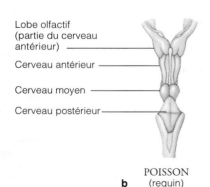

CERVEAU ANTÉRIEUR Il reçoit et intègre l'information sensorielle du nez, des yeux et des oreilles ; chez les vertébrés terrestres, il contient les centres d'intégration les plus complexes.

CERVEAU MOYEN Il coordonne les réflexes associés à la vue et à l'ouïe.

CERVEAU POSTÉRIEUR Il contrôle les réflexes de la respiration, de la circulation sanguine et d'autres fonctions vitales ; chez les vertébrés complexes, il coordonne la réception sensorielle, la dextérité motrice et probablement l'habileté mentale.

Début de la moelle épinière

a Développement du cordon nerveux dorsal en régions plus complexes et fonctionnellement distinctes dans certaines lignées de vertébrés.

de réponse au danger et de recherche de nourriture jouissaient d'un net avantage concurrentiel.

Les sens de l'odorat, de l'ouïe et de l'équilibre se sont développés lorsque les vertébrés ont migré vers la terre ferme. Dès lors, les os et les muscles ont évolué de façon à permettre des mouvements spécialisés. De plus, le cerveau s'est enrichi de tissus nerveux capables d'intégrer de nombreux renseignements sensoriels et de commander des réponses complexes.

Aujourd'hui, les plus anciennes parties du cerveau des vertébrés régulent encore les réflexes de la respiration et d'autres fonctions vitales. Toutefois, dans les parties plus récentes du cerveau, une quantité accrue d'interneurones forment des réseaux et établissent désormais des synapses avec des neurones sensitifs et des neurones moteurs. Chez les vertébrés les plus complexes, les neurones d'association reçoivent, conservent, récupèrent et comparent l'information relative aux diverses expériences vécues, avant d'évaluer les différentes réponses possibles. De plus, ces neurones procurent aux humains les facultés de réflexion, de mémoire et d'apprentissage.

Il faut toutefois noter que le cordon nerveux existe encore chez les embryons de tous les vertébrés ; on l'appelle **tube neural**. Pendant la croissance de l'embryon, le tube neural se développe en un cerveau et en une moelle épinière de taille variable, selon le groupe de vertébrés auquel appartient l'embryon (voir la figure 34.15). La moelle épinière est protégée par la colonne vertébrale, pendant que les tissus nerveux adjacents se développent en nerfs qui, à partir du cerveau et de la moelle épinière, innervent l'ensemble de l'organisme.

Les divisions fonctionnelles du système nerveux

La figure 34.16 illustre le développement du système nerveux bilatéral chez l'humain. On y observe les principales paires de nerfs, mais il est évidemment impossible de distinguer les quelque 100 milliards de neurones du cerveau. En effet, les humains possèdent le système nerveux le plus complexe du règne animal. Toutefois, les autres vertébrés sont dotés d'une organisation nerveuse semblable à celle de l'humain.

Pour mieux comprendre la complexité du système nerveux, les chercheurs le divisent en systèmes fonctionnels : le système nerveux

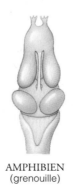

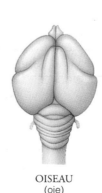
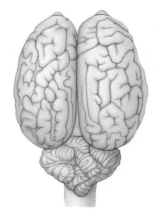

Lobe olfactif (partie du cerveau antérieur)

Cerveau antérieur

Cerveau moyen

Cerveau postérieur

b POISSON (requin) AMPHIBIEN (grenouille) REPTILE (alligator) OISEAU (oie)

MAMMIFÈRE (cheval)

Figure 34.15 La tendance évolutive vers des cerveaux plus développés et plus complexes. La tendance se révèle de façon évidente lorsqu'on compare la morphologie du cerveau de divers groupes de vertébrés. Les vues dorsales ci-dessus ne sont pas à l'échelle.

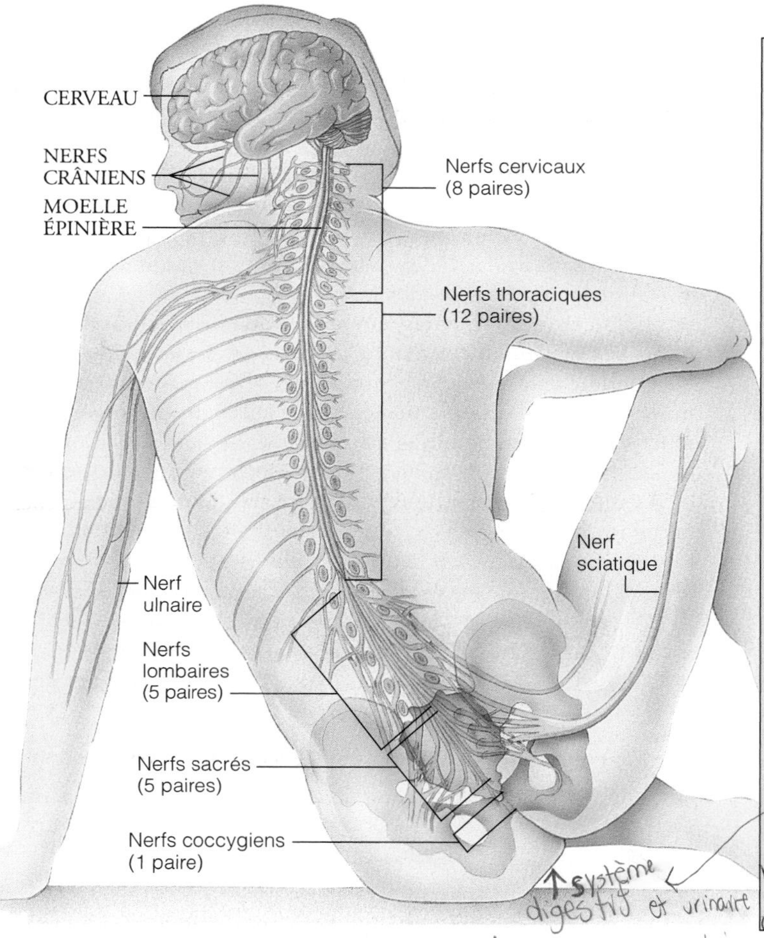

Figure 34.16 Le cerveau, la moelle épinière et certains des principaux nerfs du système nerveux humain. Le système compte aussi 12 paires de nerfs crâniens qui partent du cerveau. Les autres vertébrés sont dotés d'un système nerveux équivalent.

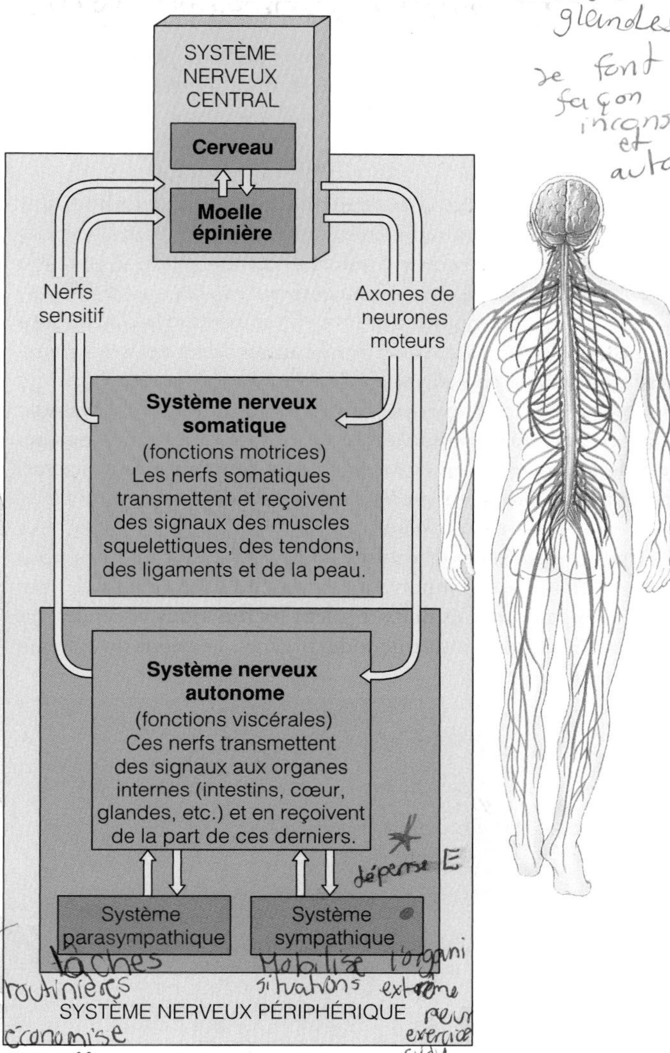

Figure 34.17 Les divisions fonctionnelles du système nerveux humain. Le système nerveux central est représenté en bleu ; le système somatique en vert ; le système autonome, en rouge. Les nerfs sensitifs qui mènent au système nerveux central sont dits *afférents*. Les neurones qui mènent les signaux du système nerveux central aux muscles et aux glandes sont dits *efférents*.

central et le système nerveux périphérique (voir la figure 34.17). Tous les interneurones se trouvent dans le **système nerveux central**, qui comprend la moelle épinière et le cerveau. Le **système nerveux périphérique**, pour sa part, est constitué essentiellement de nerfs qui s'étendent dans le reste du corps pour assurer la transmission des signaux efférents vers les effecteurs, et des signaux afférents vers le système nerveux central.

Les voies de communication du cerveau et de la moelle épinière sont des tractus nerveux, et non des nerfs. La substance blanche est faite des axones myélinisés des neurones, dont la gaine de myéline présente un aspect blanchâtre et luisant ; ces axones permettent la transmission rapide des signaux. La substance grise, quant à elle, est composée de corps cellulaires et de dendrites, de même que de cellules gliales qui, rappelons-le, protègent et supportent les neurones. Plus de la moitié du volume du système nerveux des vertébrés est composé de cellules gliales.

La coévolution des systèmes nerveux sensoriel et moteur a permis la complexification des modes de vie des vertébrés.

Le système nerveux des vertébrés est devenu si complexe qu'on le divise, tant structurellement que fonctionnellement, en système nerveux central et en système nerveux périphérique.

Le système nerveux central est composé du cerveau et de la moelle épinière, et le système nerveux périphérique, de nerfs qui innervent le reste de l'organisme. Ces derniers assurent la transmission des signaux efférents vers les effecteurs, et des signaux afférents vers le système nerveux central.

La substance blanche du cerveau et de la moelle épinière est faite d'axones myélinisés. La substance grise est composée de corps cellulaires de neurones, de dendrites et de cellules gliales.

Automatisme (acquis) = cervelet

SNA

LES GRANDES VOIES DE COMMUNICATION

Penchons-nous maintenant sur le système nerveux périphérique et la moelle épinière. La connexion entre les deux représente la principale voie de communication nerveuse de l'organisme.

Le système nerveux périphérique

LES SYSTÈMES NERVEUX SOMATIQUE ET AUTONOME Chez les humains, le système nerveux périphérique est composé de 31 paires de nerfs spinaux, tous reliés à la moelle épinière. Il compte aussi 12 paires de nerfs crâniens, directement reliés au cerveau.

On divise les nerfs crâniens et les nerfs spinaux selon leurs fonctions. **Le système nerveux somatique** comprend les nerfs qui transmettent les signaux contrôlant les mouvements de la tête, du tronc et des membres : leurs axones sensoriels transmettent au système nerveux central l'information des récepteurs de la peau, des muscles squelettiques, des tendons et des ligaments, tandis que leurs axones moteurs transmettent aux muscles squelettiques les commandes du cerveau et de la moelle épinière.

Le **système nerveux autonome** comprend quant à lui les nerfs spinaux et crâniens qui innervent les muscles lisses, le muscle cardiaque et les glandes. Ces nerfs régulent les fonctions viscérales, en d'autres termes le fonctionnement des organes. Les nerfs du système autonome ont pour fonction de transmettre les signaux afférents des organes au système nerveux central ainsi que les signaux efférents du système nerveux central aux organes.

LES SYSTÈMES PARASYMPATHIQUE ET SYMPATHIQUE La figure 34.18 illustre la division du système autonome, qui comprend le système sympathique et le système parasympathique. En général, ces systèmes fonctionnent de façon antagoniste, c'est-à-dire que les signaux de l'un s'opposent aux signaux de l'autre. Cependant, les deux transmettent des signaux excitateurs et inhibiteurs aux organes. Souvent, les signaux arrivent aux muscles et aux glandes simultanément et luttent pour les contrôler. Il s'effectue alors une intégration synaptique qui ajuste les réponses des organes.

Le **système nerveux parasympathique** domine quand l'organisme reçoit peu de stimuli extérieurs. Les nerfs de ce système tendent à ralentir différents organes de l'organisme, ce qui permet au corps de ne dépenser que le minimum d'énergie requis pour la réalisation des fonctions de base, comme la digestion.

Lorsque les sens sont en éveil, dans des moments de stress, d'excitation ou de danger, le **système nerveux sympathique** domine. Parmi les fonctions de base, celles qui ne sont pas temporairement

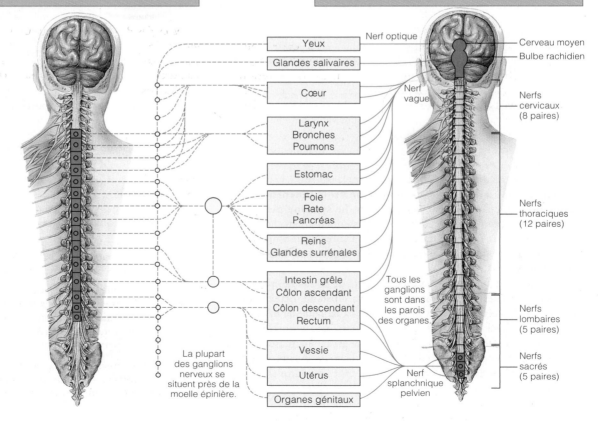

LES VOIES EFFÉRENTES THORACO-LOMBAIRES DU SYSTÈME SYMPATHIQUE

Exemples de réponses
Augmentation de la fréquence cardiaque
Dilatation des pupilles (pour laisser entrer plus de lumière)
Diminution des sécrétions muqueuses dans les voies respiratoires
Diminution des sécrétions salivaires
Ralentissement des mouvements de l'estomac et de l'intestin
Contraction des sphincters (muscles circulaires)

LES VOIES EFFÉRENTES CRÂNIO-SACRÉES DU SYSTÈME PARASYMPATHIQUE

Exemples de réponses
Ralentissement de la fréquence cardiaque
Constriction des pupilles (pour laisser entrer moins de lumière)
Augmentation des sécrétions muqueuses dans les voies respiratoires
Augmentation des sécrétions salivaires
Augmentation du mouvement de l'estomac et de l'intestin
Relâchement des sphincters

Figure 34.18 Le système nerveux autonome. La figure illustre les principaux nerfs sympathiques et parasympathiques qui partent du système nerveux central pour se rendre aux organes principaux. Les nerfs existent toujours en paires, chaque nerf d'une paire innervant de façon symétrique un côté de l'organisme. Les ganglions nerveux sont des amas de corps cellulaires de neurones dont les axones sont regroupés dans les nerfs.

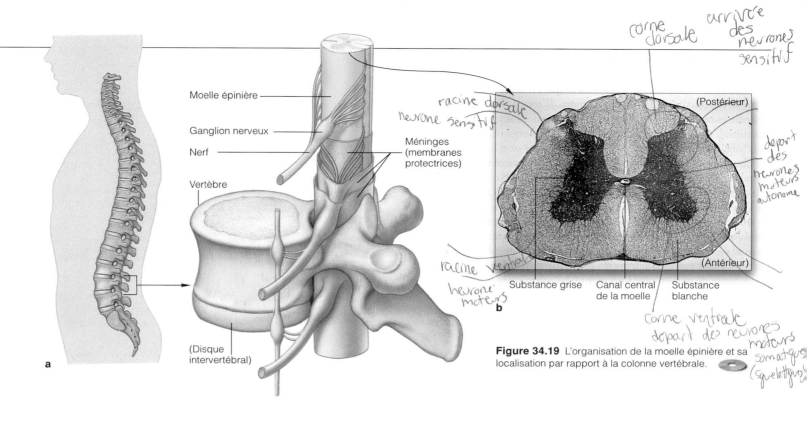

Figure 34.19 corne
dorsale arrivée des neurones sensitif

racine dorsale neurone sensitif

(Postérieur)

départ des neurones moteurs autonome

racine ventrale neurones moteurs

Substance grise   Canal central de la moelle   Substance blanche

(Antérieur)

b

corne ventrale départ des neurones moteurs somatique (squelettique)

Figure 34.19 L'organisation de la moelle épinière et sa localisation par rapport à la colonne vertébrale.

Moelle épinière
Ganglion nerveux
Nerf
Vertèbre
(Disque intervertébral)
Méninges (membranes protectrices)

a

indispensables ralentissent et d'autres fonctions plus urgentes s'amplifient. Le système nerveux prépare l'organisme à se défendre ou à fuir un danger.

Habituellement, les signaux des neurones sympathiques accélèrent l'activité cardiaque, tandis que les signaux des neurones parasympathiques la diminuent. La fréquence cardiaque dépend donc de l'intégration de ces signaux antagonistes. Par exemple, lorsqu'on a peur, les signaux du système parasympathique vers le cœur diminuent; en même temps, les signaux du système sympathique augmentent la fréquence cardiaque en stimulant la sécrétion d'adrénaline. Ils accélèrent aussi la respiration et stimulent la transpiration. Dès lors, l'organisme entier devient alerte et prêt au combat ou à la fuite.

Supposons maintenant que le stimulus ayant causé la peur prenne fin. Il se peut alors que l'activité du système sympathique diminue subitement et que celle du système parasympathique reprenne aussitôt. Ce phénomène « de rebond » se produit, par exemple, lorsqu'une personne se précipite pour sauver un enfant d'une situation dangereuse et qu'elle s'évanouit sitôt le danger écarté.

La moelle épinière Déclencher des réflexes

La **moelle épinière** constitue une autoroute vitale pour les signaux voyageant entre le cerveau et le système nerveux périphérique. De plus, les neurones sensitifs et moteurs impliqués dans un réflexe comme celui de l'étirement font synapse dans la moelle épinière. La moelle épinière se loge dans le canal formé par les os de la colonne vertébrale (voir la figure 34.19a). Ces vertèbres, de même que les ligaments qui y sont attachés et les méninges, protègent le contenu de la moelle épinière. Les méninges sont constituées de trois membranes protectrices et nourricières qui enveloppent le cerveau et la moelle épinière. La méningite, une pathologie souvent mortelle, est une infection virale ou bactérienne des méninges. Les symptômes se

Acheminer l'info sensitive provenant du SNP vers l'encéphale

Acheminer l'info motrice provenant de l'encéphale vers SNP

traduisent par des maux de tête violents, de la fièvre, des nausées et une raideur du cou.

Le long de la moelle épinière, les signaux voyagent rapidement dans des faisceaux d'axones myélinisés. Ces derniers, qui constituent la substance blanche, entourent la substance grise (voir la figure 34.19b). Celle-ci, rappelons-le, est composée des corps cellulaires et des dendrites d'interneurones, de même que de cellules gliales. La substance grise joue un rôle important dans le contrôle des réflexes des membres – comme dans la danse – ou dans l'activité des organes – comme dans la miction.

Des expériences simples nous ont appris beaucoup sur les circuits nerveux. Par exemple, on a découvert que la grenouille présente, entre sa moelle épinière et son cerveau, des circuits qui commandent le déploiement des pattes postérieures. Si on coupe ces circuits à la base du cerveau, les pattes sont paralysées, mais seulement pendant environ une minute. En effet, on a constaté que les circuits réflexes de l'extension, issus de la moelle épinière, se régénèrent très vite et que la grenouille peut rapidement sauter de nouveau. Toutefois, les vertébrés dont la céphalisation est la plus avancée, c'est-à-dire les humains et les autres primates, n'ont pas la capacité de se remettre de ce genre de blessure.

Les nerfs du système nerveux périphérique relient le cerveau et la moelle épinière au reste de l'organisme.

Les nerfs du système nerveux périphérique somatique s'occupent du mouvement des muscles squelettiques. Les nerfs du système nerveux périphérique autonome innervent les muscles lisses, le muscle cardiaque et les glandes.

La moelle épinière constitue une autoroute vitale pour les signaux voyageant entre les nerfs du système nerveux périphérique et le cerveau. Certains de ses interneurones interviennent dans le contrôle de circuits réflexes déterminés.

LE CERVEAU HUMAIN

Les divisions fonctionnelles du cortex cérébral

La figure 34.23 montre les parties du cerveau humain. Chez une personne de taille moyenne, le cerveau pèse environ 1300 g, et la moitié de son volume est occupé par des cellules gliales.

Une fissure longitudinale, la scissure inter-hémisphérique, divise le cerveau en deux hémisphères. Chaque moitié comprend une couche extérieure de substance grise appelée **cortex cérébral**, sous laquelle se trouvent de la substance blanche (constituée d'axones) et des masses de substance grise appelées *noyaux gris centraux*. L'hémisphère gauche du cerveau constitue le siège principal des habiletés analytiques, verbales et mathématiques ; il domine en général l'hémisphère droit, qui saisit et traite plutôt les relations spatiales et visuelles ainsi que la musique. Chaque hémisphère répond principalement aux influx sensoriels provenant du côté opposé du corps. Par exemple, un influx qui signale une pression exercée sur le bras droit aboutira dans l'hémisphère gauche. Les signaux afférents et efférents passent par le corps calleux : il s'agit d'une lame de substance blanche formée de neurofibres d'association transversales qui assure la coordination des activités des deux hémisphères.

Chaque hémisphère cérébral se divise en quatre lobes externes (le lobe frontal, le lobe occipital, le lobe temporal et le lobe pariétal), qui reçoivent et traitent chacun différents signaux. Pour connaître l'activité électrique de chaque lobe, on se sert d'électroencéphalographes et de tomographes par émission de positrons (TEP) (voir la section 2.2).

Dans l'ensemble, les humains sont exceptionnellement doués pour comprendre, communiquer, se souvenir et agir volontairement en fonction de divers renseignements. Ces capacités font d'ailleurs la distribution entre l'espèce humaine et les autres vertébrés. L'intelligence, qui gouverne les comportements conscients, prend naissance dans la substance grise du cortex cérébral, qui se divise en aires fonctionnelles : les aires motrices primaires (le contrôle de la motricité volontaire), les aires sensitives primaires (la perception des informations sensorielles) et les aires associatives (l'intégration de l'information avant que l'action consciente s'effectue). Les aires du cortex ne fonctionnent pas de façon isolée les unes par rapport aux autres ; la conscience résulte des interactions de toutes les activités du cortex (voir les figures 34.24 et 34.25).

LES AIRES MOTRICES PRIMAIRES L'aire motrice primaire, présente dans le lobe frontal, contrôle les mouvements des muscles squelettiques. Chaque région de l'aire motrice primaire correspond à une région du corps. Les doigts – notamment le pouce – et la langue y occupent une place prépondérante, ce qui montre à quel point la parole et les mouvements volontaires des mains nécessitent un contrôle précis (voir la figure 34.24).

Le lobe frontal comprend aussi le cortex prémoteur, l'aire motrice du langage, ou aire de Broca, et l'aire oculomotrice frontale. Le cortex prémoteur intervient dans les habiletés motrices apprises et de nature répétitive (par exemple, jouer d'un instrument de musique, taper à l'ordinateur ou faire rebondir un ballon), en coordonnant les mouvements simultanés et séquentiels d'une série de groupes musculaires. L'aire motrice du langage (souvent située dans l'hémisphère gauche) et

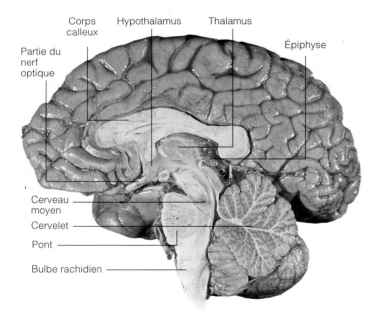

Figure 34.23 Un plan sagittal du côté droit de l'encéphale humain. La figure ne montre pas la formation réticulaire, qui s'étend entre le haut de la moelle épinière et le cerveau. Chaque hémisphère est recouvert d'une couche de substance grise, le cortex cérébral, épaisse d'environ 2 à 4 mm. La substance grise est composée des corps cellulaires et des dendrites d'interneurones ainsi que de cellules gliales.

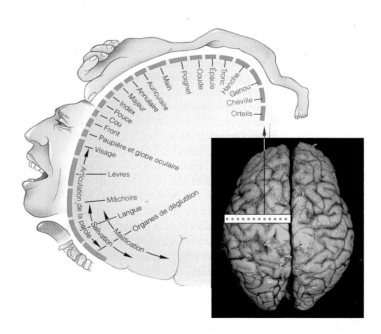

Figure 34.24 Une coupe du cortex moteur de l'hémisphère gauche du cerveau humain. La taille relative des différentes parties du corps représentées le long de la coupe est proportionnelle au contrôle moteur que le cerveau y exerce. La photographie représente un plan dorsal des deux hémisphères.

Lobe frontal (prévision des mouvements, certains aspects de la mémoire, inhibition de comportements malséants)

Aire motrice primaire

Aire somesthésique primaire

Lobe pariétal (intégration somesthésique)

Aire du langage

Lobe temporal (ouïe, olfaction)

Lobe occipital (vision)

a

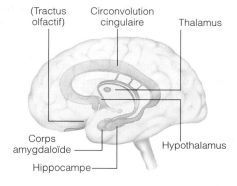

Activité de l'aire motrice pendant l'articulation de mots

Activité du cortex préfrontal pendant la recherche de mots

Activité de l'aire visuelle pendant la lecture de mots

b

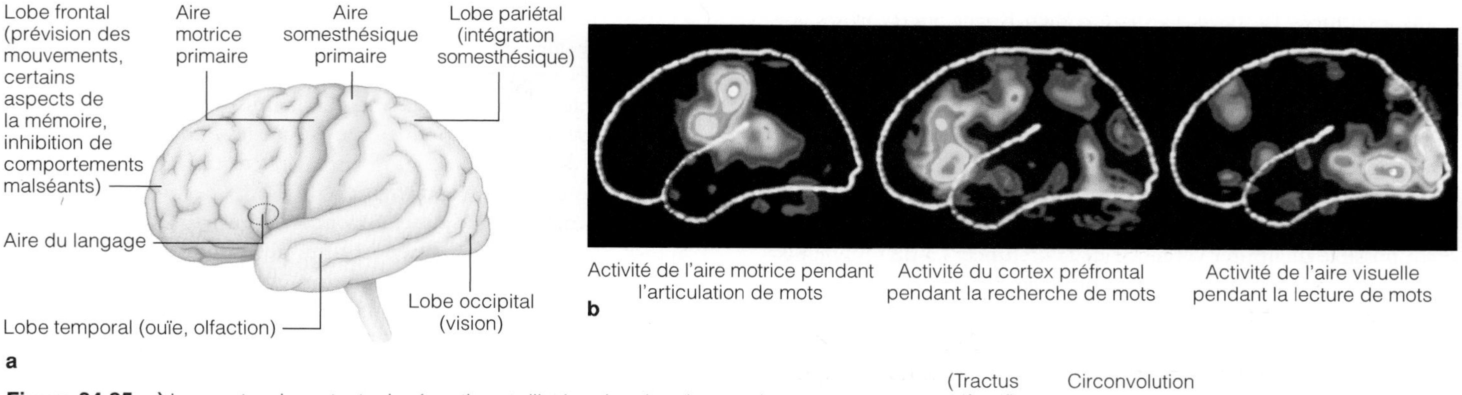

Figure 34.25 a) Les centres importants de réception et d'intégration des signaux du cortex cérébral humain. Les aires corticales primaires reçoivent les signaux de récepteurs situés à la périphérie de l'organisme. Des centres d'association coordonnent et traitent les influx sensoriels en provenance des différents récepteurs. **b)** Trois tomographies (TEP) montrant les régions du cerveau les plus actives d'un sujet qui accomplit trois activités : articuler des mots, chercher des mots et lire des mots.

(Tractus olfactif)

Circonvolution cingulaire

Thalamus

Corps amygdaloïde

Hippocampe

Hypothalamus

Figure 34.26 Les éléments du système limbique.

une région correspondante de l'hémisphère droit interviennent pour leur part dans le contrôle des muscles de la langue, de la gorge et des lèvres pendant l'articulation ; cette aire s'active lorsqu'on s'apprête à parler ou qu'on planifie une activité motrice volontaire autre que la parole. Enfin, l'aire oculomotrice frontale, située au-dessus de l'aire motrice du langage, commande le mouvement volontaire des yeux.

LES AIRES SENSITIVES Plusieurs parties du cortex comprennent des aires sensitives. L'aire somesthésique primaire du lobe pariétal comprend aussi une carte qui reproduit l'anatomie humaine (voir la section 35.2). Il s'agit du centre de réception des influx sensitifs provenant de la peau et des propriocepteurs ; on y trouve aussi une aire gustative. L'aire visuelle primaire est située à l'arrière du lobe occipital ; elle reçoit les signaux de la rétine des yeux. Enfin, la perception du son et des odeurs se fait dans les aires corticales primaires de chaque lobe temporal.

LES AIRES ASSOCIATIVES Ces aires se situent un peu partout dans le cortex, sauf dans les aires motrices primaires et sensitives. Elles intègrent de nombreux influx et y répondent. Par exemple, l'aire visuelle associative, qui entoure le cortex visuel primaire, nous aide à reconnaître un objet en le comparant à nos souvenirs d'autres objets. L'aire associative la plus complexe est située dans le cortex préfrontal ; soit le siège de l'apprentissage complexe, de l'intellect et de la personnalité. Sans cette aire, nous serions incapables de penser de façon abstraite, de juger, de planifier et même de nous préoccuper d'autrui.

La connexion au système limbique

L'hypothalamus, le corps amygdaloïde, la circonvolution cingulaire, l'hippocampe et une partie du thalamus forment autour du tronc cérébral un anneau appelé **système limbique** (voir la figure 34.26). L'olfaction, les émotions, les apprentissages et la mémoire constituent des fonctions qui y sont associées. L'hypothalamus représente le siège

des émotions et des activités viscérales. Le corps amygdaloïde est essentiel pour la stabilité émotionnelle et l'interprétation des comportements sociaux ; de plus, avec l'hippocampe, il gère le passage de la perception d'un stimulus dans la mémoire à long terme. Finalement, la circonvolution cingulaire joue un rôle dans la volonté d'action.

Au fil de l'évolution, le système limbique s'est lié aux lobes olfactifs ; il exerce encore une influence sur le sens de l'odorat. Ainsi, l'odeur d'une personne aimée peut immédiatement provoquer en nous un sentiment de bien-être.

Par ses connexions au cortex préfrontal et à d'autres centres cérébraux, le système limbique met en corrélation les activités des organes et les comportements primaires, comme l'alimentation et la sexualité. C'est pour cette raison qu'on l'appelle parfois *cerveau émotionnel et viscéral*. Par exemple, si on a des nausées, que ce soit par nervosité ou à cause d'une indigestion, le système limbique en est responsable. Cependant, la capacité de raisonnement du cortex cérébral peut parvenir à modérer ou à surmonter les réactions instinctives comme la rage ou la haine.

Le cerveau des humains et des autres vertébrés complexes se divise en deux hémisphères. Chacun reçoit et traite principalement les influx sensoriels provenant du côté opposé du corps, puis coordonne la réponse appropriée.

Le cortex cérébral (la couche de substance grise qui recouvre les hémisphères) contient des aires motrices, sensitives et associatives. L'interaction de ces aires détermine le comportement conscient. Le cortex cérébral interagit aussi avec le système limbique, qui produit les émotions et participe à la mémoire.

Les travaux de Sperry

Dans les années 1950, le neurochirurgien Roger Sperry et ses collègues ont démontré qu'il existait d'intrigantes différences de perception entre les deux hémisphères cérébraux en étudiant les réactions d'individus ayant subi une intervention chirurgicale visant à traiter l'épilepsie. Cette pathologie est caractérisée par des attaques convulsives qui peuvent, dans les cas graves, survenir toutes les demi-heures. Ces attaques sont comparables à des tempêtes électriques qui surviennent dans le cerveau. Les chercheurs se sont alors demandé s'il était possible de limiter l'étendue de la « tempête » à un seul hémisphère du cerveau en sectionnant le corps calleux (voir la figure 34.23) des patients, ce qui permettrait à l'autre hémisphère de continuer à fonctionner normalement. L'hypothèse était fondée ; en effet, des recherches antérieures sur des animaux de laboratoire et sur des patients qui avaient subi des lésions au corps calleux ont laissé croire que l'intervention présentait des chances d'être efficace.

Sperry tenta donc l'expérience sur certains patients. L'intensité et la fréquence des crises diminuèrent significativement. Le fait de couper les fibres nerveuses transversales avait bel et bien interrompu la rétroaction positive ayant cours entre les deux hémisphères, laquelle intensifiait les perturbations électriques. Les patients « aux hémisphères sectionnés » purent dès lors mener ce qui semblait, à première vue, une vie normale.

Sperry mit ensuite au point une expérience pour savoir si ces patients bénéficiaient réellement d'une d'expérience consciente normale. Puisque le corps calleux contient quelque 200 millions d'axones, il était fort probable que quelque chose avait changé, et

l'expérience le confirma. Dans son rapport, Sperry écrivit : « L'opération a créé chez les patients deux sphères de la conscience – deux consciences, en quelque sorte. L'expérience vécue dans l'hémisphère droit semble échapper entièrement à l'hémisphère gauche. »

Les chercheurs de l'époque savaient que les informations visuelles provenant d'un côté du champ visuel étaient dirigées dans l'hémisphère du côté opposé (voir la figure 34.27). Afin de mieux comprendre le fonctionnement des patients dont le cerveau avait été sectionné, Sperry présenta aux deux hémisphères de ces patients des éléments différents d'une même information visuelle. En fait, il projeta sur un écran un mot composé ; prenons par exemple le mot COW-BOY. Il le projeta de manière à ce que la première syllabe (COW) soit dans le champ visuel gauche et que la seconde syllabe (BOY) soit dans le champ visuel droit (voir la figure 34.28).

Oralement, les sujets de l'expérience affirmaient avoir vu le mot BOY, ce qui indiquait que l'hémisphère gauche, le centre du langage, ne percevait que les lettres B-O-Y. Toutefois, quand on a demandé aux sujets d'écrire le mot de la main gauche – sans qu'ils voient leur main –, ils ont écrit COW : l'hémisphère droit, qui « connaissait » l'autre moitié du mot (COW), avait dirigé la réponse motrice de la main gauche sans pouvoir en informer l'hémisphère gauche. En somme, les sujets savaient qu'ils avaient écrit un mot, mais ils ignoraient lequel !

Sperry démontra ainsi que les signaux qui traversent le corps calleux coordonnent le fonctionnement des deux hémisphères, chacun n'ayant réagi lors de l'expérience qu'aux signaux visuels provenant du côté opposé du corps.

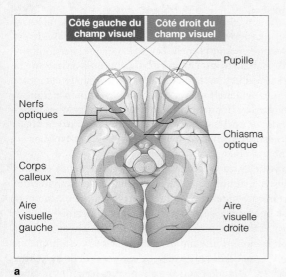

a

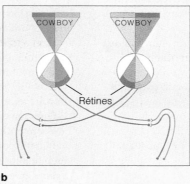

b

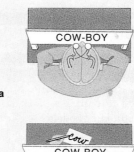

a

b

Figure 34.27 a) Les voie sensorielle des stimuli visuels jusqu'aux aires visuelles du cerveau humain. **b)** Chaque œil reçoit de l'information visuelle sur la rétine, une mince membrane du fond de l'œil qui comprend un grand nombre de photorécepteurs (voir la section 35.7). La lumière du côté gauche du champ visuel atteint le côté droit de la rétine de chaque œil. Une partie de chaque nerf optique transmet les influx sensoriels des récepteurs à l'hémisphère cérébral droit. Inversement, la lumière du côté droit du champ visuel atteint le côté gauche de la rétine de chaque œil. Une partie de chaque nerf optique transmet les influx sensoriels des récepteurs à l'hémisphère cérébral gauche.

Figure 34.28 L'exemple de réponse à un stimulus visuel chez un individu dont le corps calleux a été sectionné. L'expérience a démontré l'importance du corps calleux dans la coordination des activités des deux hémisphères cérébraux.

LE FONCTIONNEMENT DE LA MÉMOIRE

La **mémoire** se définit comme la capacité du cerveau à emmagasiner et à récupérer l'information acquise par une expérience sensorielle passée. Sans la mémoire, l'apprentissage et l'adaptation des comportements seraient impossibles. Le cerveau emmagasine l'information par étapes. Dans le cas de la mémorisation à court terme, l'excitation neuronale dure de quelques secondes à quelques heures. Ce type de mémorisation se limite à quelques informations sensorielles : des nombres, quelques mots, etc. En revanche, la mémorisation à long terme semble présenter une capacité illimitée d'enregistrement plus ou moins permanent, comme l'explique la figure 34.29.

Le cortex cérébral ne transmet qu'une partie de l'ensemble de l'information sensorielle qu'il reçoit dans la mémoire à court terme, où elle est filtrée selon sa pertinence. Toutes les informations jugées judicieuses sont consolidées dans la mémoire à long terme ; le reste est oublié. L'état émotionnel du sujet et la répétition de l'information influencent le transfert de l'information vers la mémoire à long terme.

Le cerveau mémorise les faits et les habiletés de façon différente. Les faits, qu'ils soient emmagasinés pour une courte période ou dans la mémoire à long terme, comprennent les visages, les noms, les dates, les mots, les odeurs et les autres informations explicites, ainsi que les circonstances dans lesquelles ils ont été appris. C'est pourquoi on peut associer, par exemple, l'odeur du melon à un pique-nique à la campagne qui a eu lieu il y a des années. Les habiletés, quant à elles, s'apprennent à force de répéter des activités motrices particulières. La mémoire des habiletés ou des processus se nomme *mémoire procédurale*. On se rappelle comment jouer du violon ou jouer au tennis, non pas en se remémorant les circonstances dans lesquelles on a acquis ces compétences, mais en s'y exerçant.

Dans le cerveau, les différents types d'informations sensorielles sont traités par divers circuits de mémoire qui servent au traitement et au stockage de l'information. Un circuit de la mémoire épisodique (voir la figure 34.30*a*) commence dans les aires sensitives par un influx, qui va ensuite au corps amygdaloïde et à l'hippocampe, deux structures du système limbique. Le corps amygdaloïde agit comme un portier, c'est-à-dire qu'il relie le cortex sensoriel aux parties du

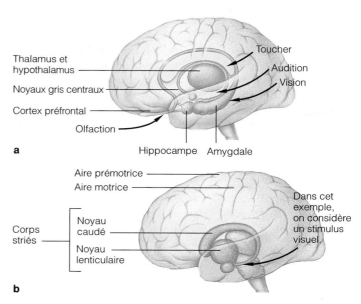

a

b

Figure 34.30 Les circuits pouvant être utilisés pour **a)** la mémoire des faits et **b)** la mémoire des processus (ou mémoire procédurale).

thalamus et de l'hypothalamus qui régulent les émotions. L'hippocampe, quant à lui, sert de médiateur dans l'apprentissage et les rapports spatiaux. L'information passe ensuite au cortex préfrontal, où différentes banques de souvenirs factuels sont appelées à stimuler ou à inhiber d'autres parties du cerveau. Le nouvel influx passe aussi par les noyaux gris centraux, qui à leur tour renvoient l'influx au cortex, créant ainsi une boucle qui consolide l'influx jusqu'à ce qu'il se fixe dans la mémoire à long terme.

La mémorisation d'une procédure débute, elle aussi, par la stimulation des aires sensitives, mais les influx passent par des structures appelées *corps striés*, qui stimulent des réponses motrices (voir la figure 34.30*b*). Puisque les habiletés motrices demandent du conditionnement musculaire, les circuits passent également par la région du cerveau qui coordonne l'activité motrice, soit le cervelet.

L'amnésie se définit comme la perte de la mémoire. Sa gravité varie selon que les lésions touchent l'hippocampe, le corps amygdaloïde ou les deux. Cependant, l'amnésie n'empêche pas l'apprentissage de nouvelles compétences. La maladie de Parkinson entraîne des conséquences inverses : elle détruit les noyaux gris centraux, ce qui empêche l'apprentissage, mais elle n'affecte pas la mémoire procédurale. La maladie d'Alzheimer, pour sa part, apparaît souvent à un âge avancé. Elle transforme certaines structures dans le cortex cérébral et l'hippocampe. Souvent, les personnes affectées se souviennent de choses apprises il y a longtemps, comme leur numéro d'assurance sociale, mais elles éprouvent de la difficulté à se rappeler ce qui vient tout juste de se produire. Avec le temps, elles deviennent confuses, déprimées et incohérentes.

La mémoire, c'est-à-dire la mémorisation et la récupération d'informations sensorielles, utilise les circuits nerveux reliant le cortex cérébral, le système limbique, le thalamus et l'hypothalamus. Les influx sensoriels sont traités pour se fixer soit dans la mémoire à court terme soit dans la mémoire à long terme, selon la situation.

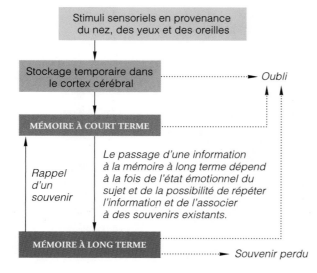

Figure 34.29 Les étapes de traitement des souvenirs, en commençant par le stockage temporaire des informations dans le cortex cérébral.

LE CERVEAU DES ADOLESCENTS

Cette section analyse plus en détail la structure et la fonction du cerveau. Certes, le fonctionnement du cortex préfrontal, du corps amygdaloïde et d'autres parties du cerveau peut parfois sembler abstrait. Pourtant, ces structures du cerveau sont indissociables des multiples décisions que prend tout être humain au quotidien.

Prenons l'exemple du cerveau d'un adolescent. En général, on le sait, l'adolescence est marquée par des sautes d'humeur, des crises de colère, des pertes de concentration, des comportements narcissiques, insolents ou rebelles, voire de l'automutilation (comme dans le cas du tatouage excessif ou de certains types de *piercing*). Ces comportements paraissent parfois étranges et, jusqu'à récemment, ils déconcertaient même les experts.

LE SYSTÈME LIMBIQUE Autrefois, il était communément admis que le cerveau, avec ses quelque 100 milliards de neurones, était entièrement développé avant la fin de la puberté. On sait maintenant que, en réalité, les connexions ne sont pas complètement établies avant le début de la vingtaine !

Tout comme les bras, les jambes et les autres parties du corps, les différentes régions du cerveau suivent leurs propres étapes de développement. Par exemple, le cortex préfrontal est l'une des dernières régions à atteindre la maturité. Cette région du cerveau « garde un œil », pour ainsi dire, sur les autres parties, dont le système limbique. Elle sert également de médiateur dans la prise de décisions, elle filtre et déchiffre les informations ambiguës et elle renforce ou réprime les émotions brutes produites par le système limbique. Puisque le cortex préfrontal ne se développe pas au même rythme que le système limbique, les adolescents sont un peu comme des voitures munies d'un puissant moteur, mais dépourvues d'un mécanisme de freinage.

La neuropsychologue Deborah Yurgelum-Todd et son assistante Abigail Baird ont vérifié l'hypothèse selon laquelle les adolescents ne seraient pas pourvus des circuits neuronaux nécessaires pour porter des jugements sains et pour bien contrôler leurs émotions. Pour ce faire, elles ont montré à 15 adolescents et à 15 adultes des photos de visages exprimant la peur, une émotion instinctive. Elles leur ont demandé de nommer l'émotion exprimée sur chacune des photos. Tous les adultes ont pu identifier la peur, tandis que 11 adolescents sur 15 ont donné au moins une mauvaise réponse : ils croyaient voir sur les visages l'expression de la haine ou d'un malaise.

Les chercheuses ont ensuite utilisé l'imagerie par résonance magnétique (IRM) pour comparer les cerveaux des adultes à ceux des adolescents. L'IRM constitue une façon de créer, toutes les secondes, des images montrant la structure ou l'activité de certains organes. Yurgelum-Todd et Baird voulaient savoir quelles parties du cerveau s'activaient à la vue des photographies. Dans le cerveau des adultes, une image représentant la peur suscitait l'activité du système limbique et du cortex préfrontal. Toutefois, si les IRM des adolescents révélaient aussi de l'activité dans le système limbique, elles montraient également que le cortex préfrontal se montrait très peu stimulé.

À partir de ces résultats, Yurgelum-Todd a émis l'hypothèse suivante : pendant l'adolescence, les jeunes sont encore en apprentissage sur le plan de l'interprétation de la gestualité, et leur cortex préfrontal participe insuffisamment à cette interprétation.

Pendant des années, Jay Giedd et ses collègues du National Institute of Health ont utilisé des IRM pour cartographier la structure cérébrale d'environ 1000 jeunes entre l'âge de 3 et 18 ans. Ils ont découvert que, vers l'âge de 9 ou 10 ans, les interneurones du cortex préfrontal se développent rapidement et commencent à former de nouvelles connexions. À l'âge de 12 ans environ, la plupart des connexions commencent à s'étioler, un peu comme si le cerveau éliminait ou émondait les synapses qui s'avèrent inutiles à long terme.

Entre-temps, il se peut que le cerveau adolescent s'embrouille dans un réseau de synapses qui n'a pas été « émondé », ce qui expliquerait

Figure 34.31 Des adolescents vivant sous l'emprise du système limbique, amplifiée par des poussées de neurotransmetteurs et d'hormones sexuelles.

pourquoi ils ont de la difficulté à accomplir plusieurs tâches à la fois ou à suivre plusieurs idées simultanément. En fait, il se pourrait qu'ils n'aient pas encore développé la capacité d'évoquer les souvenirs et les émotions nécessaires pour accomplir ces tâches et prendre certaines décisions.

LES HORMONES D'autres facteurs entrent aussi en jeu, notamment les neurotransmetteurs et les hormones sexuelles. En effet, pendant que le cortex préfrontal achève son développement, ces deux types de substance œuvrent déjà dans le cerveau de l'adolescent. L'équipe menée par Giedd a découvert que le corps amygdaloïde enfle durant la puberté, ce qui constitue la conséquence directe des poussées de testostérone. L'enflure se montre plus marquée chez les garçons, mais se produit aussi chez les filles. (Le corps de la femme utilise la testostérone comme précurseur pour la synthèse de l'œstrogène). Rappelons que le corps amygdaloïde participe au contrôle des émotions, particulièrement la colère et la peur ; sa croissance soudaine pourrait donc expliquer l'irritabilité et l'agressivité caractéristiques de l'adolescence.

Comme l'a fait remarquer la neurobiologiste Sara Leibowitz, à la puberté, la plupart des filles prennent du poids. Il n'y a rien d'étonnant à cela, puisque le corps féminin a besoin d'un certain pourcentage de gras pour atteindre la maturité sexuelle. À la puberté, l'hypothalamus augmente donc la production et la sécrétion d'une hormone qui stimule l'appétit.

En ce qui concerne le manque de concentration en classe, Mary Carskadon croit que les adolescents ont simplement besoin de plus de sommeil : 9 h 15 min, pour être plus précis. Un tel besoin s'explique par le fait que la somatotrophine et la plupart des autres hormones de croissance et de développement sexuel sont libérées pendant le sommeil. L'assoupissement et le réveil sont régulés par le rythme circadien, lui-même régulé par des sécrétions de mélatonine : on parle alors de l'horloge biologique du cerveau. Dans une étude, l'équipe de

Carskadon a demandé à des étudiants d'essayer de s'endormir en plein jour. On soupçonne que la plupart devaient manquer de sommeil, parce qu'ils se sont endormis en moins de 3 ou 4 min.

De plus, il faut savoir que le sommeil paradoxal stimule la mémoire et l'apprentissage. En effet, cette phase du sommeil permet aux niveaux chimiques des centres cérébraux de s'équilibrer et aux banques de mémoire à court terme de se vider en prévision de la nouvelle journée. Les étudiants privés de sommeil paradoxal sont déprimés et irritables. En outre, leur capacité mémorielle se montre lente, leur jugement devient altéré et leur temps de réaction s'avère en deçà de la moyenne, ce qui pourrait être lié à l'échec scolaire chez certains adolescents.

La concentration de sérotonine dans le sang diminue chez la plupart des adolescents, ce qui entraîne une certaine impulsivité. De plus, étant donné que le cortex frontal n'est pas entièrement développé et qu'il ne peut donc pas agir comme modérateur, les adolescents ont plus tendance que les adultes à solliciter outre mesure le centre de plaisir de leur cerveau. Les interneurones de ce centre libèrent de la dopamine, un neurotransmetteur qui régule l'excitation et la motivation. Les comportements nouveaux, particulièrement ceux qui comportent un certain risque, stimulent le centre de plaisir, tout comme le font la cocaïne et les autres drogues décrites à la section suivante. L'adolescent est donc souvent tenté d'adopter des comportements extrêmes.

Certains adolescents penseront – à tort – qu'ils n'ont pas à faire travailler leur cerveau (par la lecture, par exemple) ni à adopter une attitude responsable (en mesurant les conséquences de leurs actes au lieu de suivre leurs impulsions), étant donné que, de toute façon, leur cerveau n'a pas atteint sa maturité. Or, le travail cérébral participe à la formation des réseaux de neurones, qui influencent grandement le comportement et la réussite sociale.

On peut facilement expliquer pourquoi. On sait déjà que le corps humain est incroyablement complexe ; son architecture et son fonctionnement résultent de millions d'années d'évolution. Son système nerveux n'a pas d'égal. L'un de ses produits le plus éblouissant, le langage, constitue un système codé servant à exprimer des expériences partagées par un groupe d'individus. Le sens de l'histoire et la conscience de l'avenir sont nés avec l'évolution du système nerveux. L'indifférence face aux fonctions cérébrales représente un refus implicite de cet héritage – un déni de soi-même, en quelque sorte.

L'évolution du système nerveux a porté l'être humain à se demander d'où vient l'humanité et à se soucier de son avenir.

Même après l'âge de 20 ans, le système nerveux poursuit son développement. Ce que devient chaque individu dépend en grande partie de sa décision de cultiver son système nerveux, de le négliger ou d'en abuser pendant sa croissance.

LE SENS DE L'OUÏE

Les propriétés du son

De nombreux arthropodes et la plupart des vertébrés possèdent un sens de l'**ouïe**, c'est-à-dire qu'ils perçoivent les sons. En réalité, ces derniers ne sont que des ondes d'air comprimé ; ils constituent donc une forme d'énergie mécanique. Quand on tape dans les mains, par exemple, la collision des paumes chasse les molécules vers l'extérieur, créant une zone de basse pression là où elles se trouvaient auparavant. De telles variations de pression sont décrites comme des ondes, dans lesquelles l'amplitude correspond au volume du son, autrement dit, à son intensité.

Généralement, l'amplitude se mesure en décibels. À partir du seuil d'audibilité, chaque tranche de 10 décibels représente un décuplement de l'intensité du son. La fréquence d'un son, par ailleurs, est le nombre de cycles par seconde qu'effectue l'onde sonore. La mesure d'un cycle complet se fait habituellement de la crête d'une onde à la crête suivante. Plus il y a de cycles par seconde, plus la fréquence et la hauteur tonale sont élevées et plus les sons sont aigus (voir la figure 35.10).

Contrairement à la tonalité pure d'un diapason, la plupart des sons sont des combinaisons d'ondes de fréquences différentes. Leur timbre – ou qualité – résulte des diverses combinaisons de sons dominants. Cette propriété nous aide à reconnaître la voix d'un ami au téléphone, par exemple.

L'évolution de l'oreille des vertébrés

Après que les vertébrés eurent envahi la terre, leur sens de l'ouïe devint beaucoup plus important qu'il ne l'avait été dans le milieu aquatique. Si les parties de l'**oreille interne** qui servent au sens de l'équilibre n'ont pas beaucoup changé, d'autres se sont développées graduellement pour former des structures capables de capter et de traiter les sons propagés dans l'air.

C'est ainsi que l'**oreille moyenne** s'est développée ; ses structures amplifient les ondes sonores et les transmettent à l'oreille interne. Chez les reptiles, une dépression peu profonde s'est formée de chaque côté de la tête, pour ensuite devenir un tympan, soit une membrane mince qui vibre lorsqu'elle est frappée par des ondes sonores. Derrière le tympan des crocodiles, des oiseaux et des mammifères se trouve une cavité remplie d'air et de petits os, qui transmettent les vibrations à l'oreille interne. Chez les premiers poissons, les ancêtres de

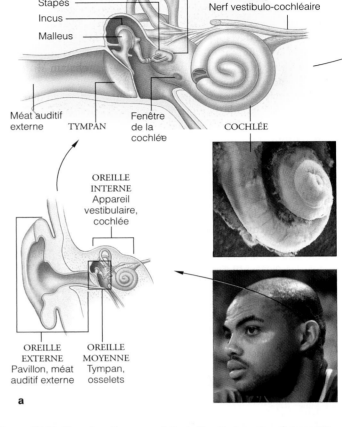

Figure 35.11 Une réception sensorielle de l'oreille humaine. Cet organe sensoriel capte, amplifie et trie les ondes sonores (des stimuli acoustiques). L'oreille externe capte les ondes sonores, qui se déplacent ensuite dans un conduit auditif pour se rendre jusqu'au tympan, aussi appelé *membrane tympanique*.

ces os ont d'abord soutenu structurellement les sacs branchiaux, avant de faire partie de l'articulation de la mâchoire. En somme, certains os, qui permettaient jadis les échanges gazeux, se sont modifiés pour améliorer les modes d'alimentation et, plus tard, pour favoriser l'audition chez les reptiles, les oiseaux et les mammifères.

De nombreuses espèces de mammifères ont aussi développé une paire d'**oreilles externes**. En général, chaque oreille externe comporte un pavillon, c'est-à-dire un cornet cartilagineux recouvert de peau, qui permet de capter les sons ; ces deux pavillons sont situés de part et d'autre de la tête, sur les côtés. Chaque oreille externe comporte aussi un méat acoustique menant à l'oreille moyenne.

La figure 35.11 illustre l'oreille externe, l'oreille moyenne et l'oreille interne des humains. Les sons captés par l'oreille externe se déplacent dans le méat acoustique jusqu'au tympan, une membrane qui vibre sous l'influence des ondes sonores qui lui parviennent. Les osselets de l'oreille moyenne transmettent ensuite ces vibrations à l'oreille interne. Pour ce faire, ils amplifient le stimulus en transmettant

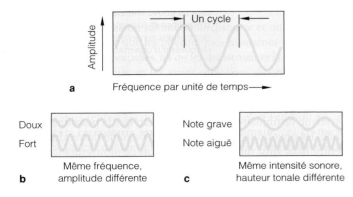

Figure 35.10 Les propriétés ondulatoires du son.

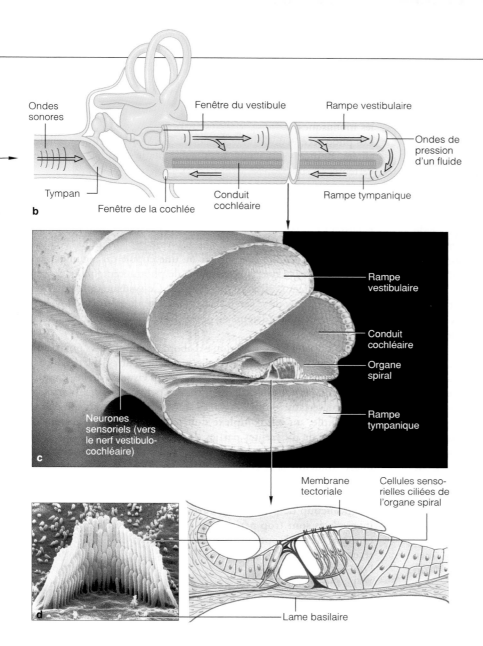

Ondes sonores

Fenêtre du vestibule

Rampe vestibulaire

Ondes de pression d'un fluide

Tympan

Fenêtre de la cochlée

Conduit cochléaire

Rampe tympanique

b

Rampe vestibulaire

Conduit cochléaire

Organe spiral

Rampe tympanique

Neurones sensoriels (vers le nerf vestibulo-cochléaire)

c

d

Membrane tectoriale

Cellules sensorielles ciliées de l'organe spiral

Lame basilaire

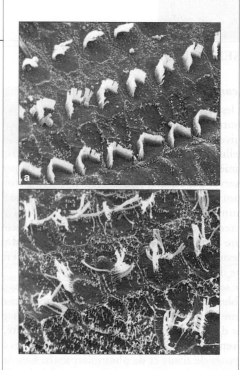

Figure 35.12 Les résultats d'une expérience portant sur l'effet d'un son intense sur l'oreille interne d'un cobaye. **a)** Trois rangées de cils de cellules sensorielles ciliées de l'organe spiral. **b)** Ces mêmes cils, après 24 h d'exposition à un bruit d'une intensité comparable à de la musique extrêmement forte.

Voici des exemples qui aident à mieux comprendre l'intensité du son : le tic-tac d'une montre fait 10 dB (100 fois plus que le seuil d'audibilité chez l'humain) ; une conversation normale fait approximativement 60 dB (environ 1 million de fois plus fort que la montre) ; un malaxeur tournant à haute vitesse fait environ 90 dB (1 milliard de fois plus fort que la montre) ; et un concert rock fait environ 120 dB (1000 milliards de fois plus fort que la montre, ou 1000 fois plus fort que le malaxeur).

la force des variations de pression sur une petite surface, appelée *fenêtre du vestibule*. Cette « fenêtre » est en fait une membrane élastique située devant la **cochlée**, une partie de l'oreille interne grosse comme un pois ayant pour fonction de trier les ondes de pression.

La figure 35.11 *b* donne un aperçu du fonctionnement de la cochlée (bien que cette dernière présente en réalité la forme d'une spirale, on la voit ici comme si elle était « déroulée »). Les ondes de pression font vibrer la fenêtre du vestibule, ce qui produit des ondes de pression dans le liquide de deux conduits, soit la rampe vestibulaire et la rampe tympanique. Par la suite, ces ondes atteignent une autre membrane, la fenêtre de la cochlée, qui, par un va-et-vient passif, compense les différences de pression.

Le conduit cochléaire, le troisième conduit de l'oreille interne, trie les ondes de pression. Il est pourvu d'une lame basilaire étroite et rigide, qui s'élargit et devient plus flexible au fur et à mesure qu'elle s'enfonce à l'extrémité distale de la cochlée. Ainsi, dans le sens de la longueur, la lame basilaire peut vibrer différemment selon les diverses fréquences sonores : les sons aigus font vibrer le début

de la spirale, tandis que les sons graves créent des vibrations plus profondément dans cette dernière.

L'organe spiral, ou organe de Corti, est attaché à la lame basilaire intérieure ; il comprend des **récepteurs auditifs** sensibles aux vibrations (voir la figure 35.11 *c*, *d*). Ces mécanorécepteurs sont des cellules ciliées spécialisées, dont les cils sont incorporés dans la membrane tectoriale qui les recouvre. Les cils fléchissent lorsque des ondes de pression déplacent la lame basilaire. La courbure des cils transforme alors l'énergie mécanique des ondes de pression en potentiels d'action, qui voyagent vers le cerveau le long d'un des nerfs vestibulo-cochléaires. On sait qu'une exposition prolongée à des sons intenses, comme de la musique forte ou des moteurs d'avion à réaction, finit par endommager ces structures délicates (voir la figure 35.12).

L'oreille des vertébrés terrestres comprend des structures qui captent, amplifient et trient les ondes sonores. À l'intérieur de l'oreille interne, les ondes sonores produisent des variations de pression dans des liquides, et les cellules sensorielles ciliées transforment ces ondes en potentiels d'action.

L'INTÉGRATION ET LA RÉGULATION : LE SYSTÈME ENDOCRINIEN

La valse des hormones

Dans les années 1960, la primatologue Jane Goodall campait dans la forêt, sur la rive du lac Tanganyika, et laissait savoir aux chimpanzés qu'il y avait des bananes disponibles. L'un des premiers chimpanzés attirés par cet aliment délicieux fut une femelle qui fut nommée Flo. Cette dernière avait emmené ses jeunes, un bébé femelle et un jeune mâle, et manifestait envers eux un comportement parental tout à fait louable.

Trois années s'écoulèrent, durant lesquelles Goodall observa que les premières préoccupations de Flo, liées à la maternité, se portaient maintenant sur le sexe. Elle observa également que des chimpanzés mâles suivaient Flo au camp et qu'ils portaient plus d'attention à Flo qu'aux bananes.

Le sexe, observa Goodall, constituait la première force de cohésion sociale chez les chimpanzés. En effet, ces primates ne se lient pas de façon permanente, comme le font les aigles ou les loups. Avant le début de la saison des pluies, les femelles matures qui entament leur période de fécondité deviennent sexuellement actives. Les changements de leurs taux hormonaux entraînent des modifications physiques et comportementales. Par exemple, les organes génitaux deviennent turgescents et d'un rose éclatant. Ces signes agissent comme des drapeaux pour stimuler les mâles et provoquer des rassemblements au cours desquels ceux-ci peuvent copuler chacun à leur tour avec la même femelle.

Ce rassemblement autour de femelles attirantes regroupe les chimpanzés qui, autrement, sont à l'année longue à la recherche de nourriture, seuls ou en petits groupes familiaux. Ces périodes d'activité sexuelle permettent de rétablir des liens au sein d'une communauté plutôt mouvante.

Les bébés et les adolescents jouent les uns avec les autres et avec les adultes. Les joutes d'agression et de soumission qui s'y déroulent vont établir les futures hiérarchies de dominance. Il se trouve que Flo était une femelle de haut rang dans la hiérarchie sociale. Grâce à son attraction sexuelle et à ses sollicitations directes, elle avait construit de solides alliances avec de nombreux mâles. Grâce aussi à son statut élevé et à son comportement agressif, elle aidait ses rejetons mâles à vaincre lors des confrontations avec d'autres jeunes mâles.

Figure 36.1 La primatologue Jane Goodall a mis en lumière le rôle fondamental du sexe — et des hormones impliquées — dans la vie sociale des chimpanzés, ces proches parents des humains.

[Notes manuscrites en haut]

Homéostasie = capacité de l'organisme à maintenir une stabilité relative du milieu interne malgré les fluctuations constantes de l'environnement; état d'équilibre dynamique dans lequel les conditions internes varient et changent, mais toujours dans les limites relativement étroites.

Système endocrinien

- système de communication et de régulation internes
- composé de glandes endocrines qui maintiennent l'homéostasie en libérant des substances chimiques appelées hormones

---

Chez les femelles chimpanzés, la période de fécondité se manifeste par une turgescence d'origine hormonale qui dure entre 10 et 16 jours. Cependant, les femelles ne sont vraiment fécondes que durant une période de 1 à 5 jours. Même après la fécondation, les organes génitaux demeurent turgescents. On peut supposer que la sélection sexuelle a favorisé cet état. En effet, les mâles épouillent plus longtemps une femelle sexuellement attrayante; ils la protègent, lui donnent plus de nourriture et lui permettent de les suivre dans de nouveaux sites d'alimentation. Plus une femelle est acceptée par un mâle, plus elle s'élève dans la hiérarchie sociale et, d'un point de vue évolutif, plus ses propres rejetons en profitent.

Par leurs effets, les hormones dirigent la croissance, le développement et les cycles de reproduction de presque tous les animaux, depuis les vers jusqu'aux chimpanzés et aux humains. Minute après minute, jour après jour, les hormones exercent une influence sur les fonctions métaboliques. Par leurs interactions les unes avec les autres et par leurs relations avec le système nerveux, elles influencent l'apparence physique, le bien-être et le comportement des individus. Le comportement a des conséquences sur la survie de chacun, qu'il soit solitaire ou qu'il vive en groupe.

Le présent chapitre se concentre principalement sur les hormones, sur leur provenance, leurs cibles, leurs interactions ainsi que sur les mécanismes impliqués dans leur sécrétion. Même si l'ensemble de l'étude touchant les hormones peut sembler vague, il faut se rappeler qu'il s'agit là de l'essence de la vie. Ce sont les hormones qui ont déterminé l'apparence et le comportement de Flo et qui lui ont permis de s'élever dans la hiérarchie sociale des chimpanzés. Tentons d'imaginer ce qu'elles ont pu faire pour nous.

Concepts-clés

1. Les hormones et d'autres messagers chimiques jouent des rôles essentiels dans l'intégration des activités cellulaires, de sorte qu'elles profitent à l'organisme tout entier.

2. Seules les cellules ayant des récepteurs pour une hormone donnée constituent leurs cibles. Les hormones sont des signaux chimiques qui modifient les activités de leurs cellules cibles.

3. De nombreux types d'hormones influencent la transcription des gènes et la synthèse des protéines dans les cellules cibles. D'autres types déterminent des changements chez des molécules ou des structures cellulaires.

4. Certaines hormones agissent en se liant à la membrane plasmique et en modifiant l'une ou l'autre de ses propriétés, comme la perméabilité à un soluté. D'autres agissent sur l'ADN, soit directement, soit indirectement en se liant d'abord à un récepteur dans le cytoplasme.

5. Certaines hormones permettent à l'organisme de s'ajuster à court terme à des changements de régime alimentaire ou à différents niveaux d'activité physique. D'autres rendent possibles des ajustements à long terme des activités cellulaires responsables de la croissance, du développement et de la reproduction.

6. Chez les vertébrés, l'hypothalamus et l'hypophyse inter-agissent de façon à coordonner les activités de certaines glandes endocrines. Ensemble, ils règlent de nombreux aspects des activités de l'organisme.

7. La sécrétion de telle ou telle hormone est le résultat d'un stimulus dû à d'autres hormones, à des signaux nerveux, à des modifications des conditions chimiques locales ou à des signaux de l'environnement.

[Schéma manuscrit — cycle hormonal]

Stimulus → Glandes:
Perception/Analyse pour
- Synthèse
- Entreposage
- Libération

→ hormone → sang → cellules cibles

Signal de rétroaction (+/−)

élimination / dégradation

[Tableau manuscrit]

Système nerveux	Système endocrinien
Réseau ramifié	Glandes dispersées
Info (message nerveux et synapse) directe	Info (message chimique) via le sang
Communication + rapide et + précise	Communication − rapide et − précise
Intégration + complexe (+sieurs infos)	Intégration − complexe (réponse spécifique)

Hormones : • messagers chimiques sécrétés par exocytose
Caractéristiques des hormones : 1) sont transmises par le sang à toutes les parties de l'organisme
2) provoquent une réponse seulement chez les cellules cibles
3) Efficaces seulement sur cellules cibles (recepteur proteique) specifique

LE SYSTÈME ENDOCRINIEN

Les hormones et les autres messagers chimiques

Tout au long de leur existence, les cellules doivent répondre à des conditions variables en captant et en libérant diverses substances chimiques. En raison des milliards de cellules présentes chez les vertébrés, les activités de toutes ces cellules doivent être intégrées de façon à permettre à l'organisme entier de vivre et de fonctionner.

Des messagers chimiques permettent l'intégration d'activités à l'intérieur des cellules, entre elles et entre les tissus. Ces messagers sont des hormones, des neurotransmetteurs, des messagers chimiques locaux et des phéromones. Chacun de ces messagers chimiques agit sur des cellules cibles. On appelle *cellule cible* toute cellule qui possède des récepteurs à un messager chimique et qui peut modifier ses activités en conséquence. Les cellules cibles peuvent être proches ou très éloignées des cellules qui sécrètent ces messagers.

Les **hormones animales** sont des sécrétions de glandes endocrines, de cellules endocrines et de certains neurones, que la circulation sanguine emporte vers des cellules cibles. Il s'agit là du sujet du présent chapitre.

Les **neurotransmetteurs** sont libérés par les terminaisons axonales des neurones et agissent rapidement sur leurs cellules cibles en diffusant dans une minuscule fente synaptique séparant les neurones de celles-ci (voir la section 34.3). Un bon nombre de **messagers chimiques locaux**, libérés par de nombreux types de cellules, modifient les conditions locales dans les tissus. Par exemple, certaines prostaglandines diminuent ou augmentent la quantité de sang circulant dans certains tissus en agissant sur les muscles lisses des vaisseaux sanguins qui se contractent ou se dilatent.

Les **phéromones** sont des sécrétions quasiment inodores produites par certaines glandes endocrines et qui diffusent dans l'eau ou dans l'air vers d'autres organismes. Ces sécrétions, semblables à des hormones, agissent sur les cellules d'autres individus d'une même espèce et permettent l'intégration du comportement social. Par exemple, les vers à soie femelles sécrètent du bombykol, un attractif sexuel, et les termites soldats libèrent des signaux chimiques d'alarme lorsque des fourmis attaquent leur colonie (voir le chapitre 46). Chez les vertébrés, un organe voméronasal permet de détecter les phéromones. Même les humains en ont un, mais sa fonction demeure à peu près inconnue. Les phéromones humaines ou d'autres signaux chimiques modifient le comportement sexuel. Pourraient-ils agir à un niveau subconscient en déclenchant par exemple des sensations inexplicables, comme celle de se sentir bien ou mal avec une personne qu'on vient tout juste de rencontrer ? Peut-être.

La découverte des hormones et de leur provenance

Le terme « hormone » date du début des années 1900. Deux chercheurs, W. Bayliss et E. Starling, tentaient de trouver ce qui déclenchait la sécrétion du suc pancréatique chez les chiens lorsque des aliments étaient présents dans leur tube digestif. Ils savaient déjà que de l'acide est mélangé aux aliments dans l'estomac et que le pancréas sécrète une solution alcaline lorsque le contenu gastrique est poussé dans l'intestin grêle. Ils se demandaient si c'était le système nerveux ou autre chose qui stimulait le pancréas.

Bayliss et Starling commencèrent par bloquer les nerfs, mais non les vaisseaux sanguins, qui desservent la première portion de l'intestin grêle chez un chien, ce qui n'empêcha pas le pancréas de sécréter sa solution alcaline à l'arrivée des aliments acides dans l'intestin. Plus

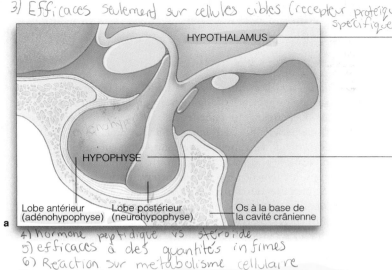

HYPOTHALAMUS

HYPOPHYSE

Lobe antérieur (adénohypophyse)   Lobe postérieur (neurohypophyse)   Os à la base de la cavité crânienne

a

4) hormone peptidique vs stéroïde
5) efficaces à des quantités infimes
6) Réaction sur métabolisme cellulaire

Figure 36.2 a) Un centre de régulation neuro-endocrinien de première importance. L'hypophyse interagit étroitement avec l'hypothalamus, une partie de l'encéphale qui sécrète aussi des hormones. **b)** Ci-contre : les principales composantes du système endocrinien chez l'humain et les principaux effets de leurs hormones. Ce système comprend également des cellules endocriniennes localisées dans de nombreux organes, comme le foie, les reins, le cœur, l'intestin grêle et la peau.

7) souvent antagonistes : très utiles pour l'homéostasie

encore, des extraits de cellules de la muqueuse intestinale, un épithélium glandulaire, déclenchaient également une sécrétion alcaline. Il semblait donc que les cellules glandulaires de l'intestin stimulaient le pancréas.

Cette substance fut plus tard nommée *sécrétine*. Les preuves de son existence et de son mode d'action confirmaient une idée vieille de plusieurs siècles, à savoir que la circulation sanguine transporte des sécrétions internes qui peuvent influencer les activités des organes dans l'organisme. C'est Starling qui attribua le terme « hormone » aux sécrétions glandulaires internes.

Dans les années suivantes, des chercheurs mirent en évidence d'autres types d'hormones ainsi que leur provenance. La figure 36.2 schématise la localisation des glandes endocrines suivantes chez l'être humain, des glandes que les autres vertébrés ont également.

L'hypophyse
Les glandes surrénales (2)
Les îlots pancréatiques (nombreux amas cellulaires)
La glande thyroïde
Les glandes parathyroïdes (4 chez l'humain)
Le corps pinéal
Le thymus
Les gonades (2)
Les cellules endocrines des organes suivants : hypothalamus, estomac, intestin grêle, foie, reins, cœur, placenta, peau, tissu adipeux, etc.

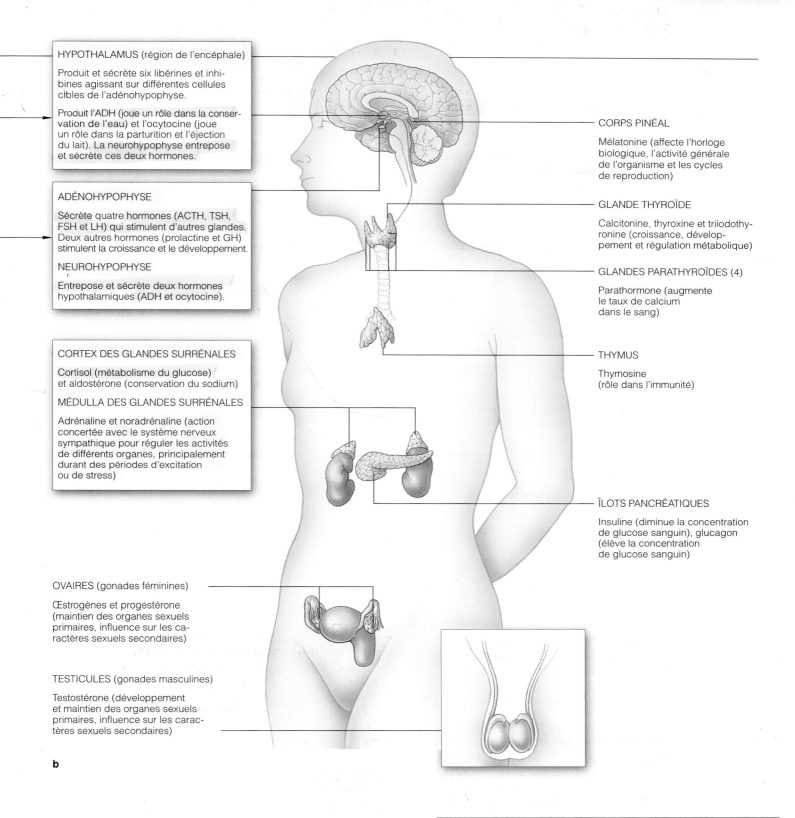

HYPOTHALAMUS (région de l'encéphale)

Produit et sécrète six libérines et inhibines agissant sur différentes cellules cibles de l'adénohypophyse.

Produit l'ADH (joue un rôle dans la conservation de l'eau) et l'ocytocine (joue un rôle dans la parturition et l'éjection du lait). La neurohypophyse entrepose et sécrète ces deux hormones.

ADÉNOHYPOPHYSE

Sécrète quatre hormones (ACTH, TSH, FSH et LH) qui stimulent d'autres glandes. Deux autres hormones (prolactine et GH) stimulent la croissance et le développement.

NEUROHYPOPHYSE

Entrepose et sécrète deux hormones hypothalamiques (ADH et ocytocine).

CORTEX DES GLANDES SURRÉNALES

Cortisol (métabolisme du glucose) et aldostérone (conservation du sodium)

MÉDULLA DES GLANDES SURRÉNALES

Adrénaline et noradrénaline (action concertée avec le système nerveux sympathique pour réguler les activités de différents organes, principalement durant des périodes d'excitation ou de stress)

OVAIRES (gonades féminines)

Œstrogènes et progestérone (maintien des organes sexuels primaires, influence sur les caractères sexuels secondaires)

TESTICULES (gonades masculines)

Testostérone (développement et maintien des organes sexuels primaires, influence sur les caractères sexuels secondaires)

b

CORPS PINÉAL

Mélatonine (affecte l'horloge biologique, l'activité générale de l'organisme et les cycles de reproduction)

GLANDE THYROÏDE

Calcitonine, thyroxine et triiodothyronine (croissance, développement et régulation métabolique)

GLANDES PARATHYROÏDES (4)

Parathormone (augmente le taux de calcium dans le sang)

THYMUS

Thymosine (rôle dans l'immunité)

ÎLOTS PANCRÉATIQUES

Insuline (diminue la concentration de glucose sanguin), glucagon (élève la concentration de glucose sanguin)

On appelle **système endocrinien** l'ensemble des glandes, tissus et cellules responsables de la sécrétion d'hormones. Ce système constitue un système de régulation différent du système nerveux. Toutefois, des recherches biochimiques et des études en microscopie électronique ont démontré que les composantes du système endocrinien et du système nerveux interagissent de façon très complexe, comme nous le verrons plus loin.

L'intégration des activités cellulaires dépend des hormones et d'autres messagers chimiques. Chaque hormone et chaque messager agissent sur des cellules cibles qui ont des récepteurs pour ces substances et dont les activités sont modifiées en réponse à ces substances.

Les composantes du système endocrinien ainsi que certains neurones produisent et sécrètent des hormones qui sont captées par le sang et distribuées à des cellules cibles distantes.

Hormones: • permettent la communication interne en transmettant des commandes régulatrices à tout l'organisme.

LES MÉCANISMES DE SIGNALISATION

• mode d'action; stimulus chimique extracellulaire récepteur protéique; (cell. ou nucléaire)

La nature de l'action hormonale

Comme d'autres messagers chimiques, les hormones interagissent avec des récepteurs protéiques de cellules cibles. Ces interactions produisent différents effets sur les processus physiologiques. Certaines provoquent l'entrée de glucose, de calcium ou d'autres substances dans les cellules cibles. D'autres stimulent ou inhibent la synthèse des protéines ou les activités métaboliques, ou modifient la cellulaire, la structure de protéines ou d'autres composantes du cytoplasme.

Comme l'explique la section 28.5, l'activité hormonale implique trois événements: 1) l'activation d'un récepteur lorsqu'une hormone s'y attache de façon réversible; 2) la transduction du signal hormonal en une forme moléculaire capable d'agir dans la cellule; 3) la réaction.

Les réactions aux hormones dépendent en grande partie de deux facteurs. Premièrement, des hormones différentes affectent des mécanismes différents dans les cellules cibles. Deuxièmement, les cellules ne répondent pas toutes à un signal donné. Par exemple, étant donné qu'un grand nombre de cellules ont des récepteurs pour le cortisol, cette hormone a des effets généralisés dans l'organisme. En revanche, il n'y a que certaines cellules des tubules rénaux qui ont des récepteurs pour l'ADH, une hormone libérée en réponse à une diminution du volume de liquide extracellulaire.

Ayant en tête ces remarques, analysons brièvement les effets des deux principales catégories d'hormones, à savoir les hormones stéroïdes et les hormones peptidiques (voir le tableau 36.1).

Les caractéristiques des hormones stéroïdes

Les **hormones stéroïdes** sont des molécules liposolubles synthétisées à partir du cholestérol dans les glandes surrénales et les gonades. La testostérone, une hormone sexuelle mâle, en est un exemple.

La testostérone est l'hormone responsable des caractères sexuels secondaires mâles. Ces caractères se développent uniquement si des cellules cibles ont des récepteurs pour la testostérone. Ces récepteurs sont anormaux chez les hommes atteints du syndrome d'insensibilité aux androgènes, un trouble génétique, de sorte qu'ils ne peuvent réagir à l'hormone même si les testicules de la personne touchée sécrètent de la testostérone. Cet homme présentera alors des caractères sexuels secondaires féminins.

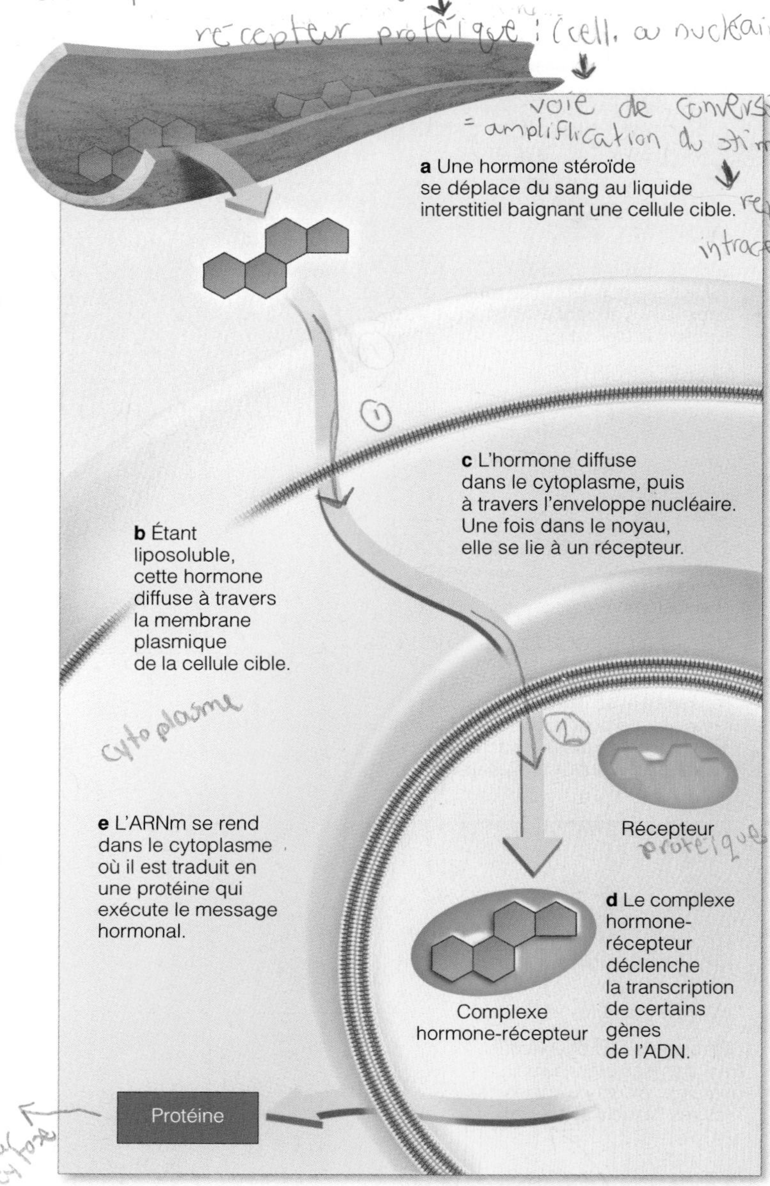

voie de conversion = amplification du stimulus

a Une hormone stéroïde se déplace du sang au liquide interstitiel baignant une cellule cible. *Réponse intracellulaire*

b Étant liposoluble, cette hormone diffuse à travers la membrane plasmique de la cellule cible.

c L'hormone diffuse dans le cytoplasme, puis à travers l'enveloppe nucléaire. Une fois dans le noyau, elle se lie à un récepteur.

cytoplasme

e L'ARNm se rend dans le cytoplasme où il est traduit en une protéine qui exécute le message hormonal.

Récepteur *protéique*

d Le complexe hormone-récepteur déclenche la transcription de certains gènes de l'ADN.

Complexe hormone-récepteur

Protéine

sort par exocytose

Figure 36.3 Le mécanisme par lequel une hormone stéroïde amorce des changements de l'activité d'une cellule cible.

hormone traverse la membrane plasmique
se lie à un récepteur dans le noyau
agit comme facteur de transcription → modifie l'expression génétique pour la synthèse de l'hormone

Tableau 36.1	*Les deux principales catégories d'hormones*
Type	Exemples
Hormones stéroïdes ou hormones semblables à des stéroïdes	Œstrogènes (effets féminisants), progestines (impliquées dans la grossesse), androgènes (par exemple la testostérone – effets masculinisants), cortisol, aldostérone. Les hormones de la thy-roïde et la vitamine D agissent comme des hormones stéroïdes.
Hormones peptidiques	
Peptides	Glucagon, ADH, ocytocine, TRH
Protéines	Insuline, GH, prolactine
Glycoprotéines	FSH, LH, TSH

Comment agit donc une hormone stéroïde? Étant liposoluble, une telle hormone peut diffuser directement à travers la bicouche lipidique de la membrane plasmique (voir la figure 36.3). Une fois à l'intérieur du cytoplasme, elle peut entrer dans le noyau et s'y lier à un récepteur ou former un complexe avec un récepteur cytoplasmique avant d'entrer dans le noyau. Le complexe hormone-récepteur agit alors sur une région spécifique de l'ADN. Selon l'hormone, il y aura inhibition ou stimulation de la transcription de gènes en ARNm. S'il y a

Résultat final: entraîne la synthèse de nouvelles protéines qui vont provoquer un changement. Ces nouvelles protéines peuvent être des enzymes qui régulent d'autres réactions cellulaires (ou même qui peuvent inactiver d'autres enzymes)

a Une molécule de glucagon diffuse du sang dans le liquide interstitiel baignant une cellule cible du foie.

Récepteur inoccupé du glucagon, sur la membrane plasmique de la cellule cible du foie

AMP cyclique + P$_i$

ATP

b Le glucagon se lie au récepteur, activant ainsi l'adénylate cyclase. Cette enzyme catalyse la formation d'AMPc dans la cellule cible.

c L'AMPc active la protéine kinase A.

d La protéine kinase A convertit la phosphorylase kinase en sa forme active. Cette enzyme active une autre enzyme qui dégrade le glycogène en glucose.

e La protéine kinase A inhibe aussi une enzyme nécessaire à la synthèse de glycogène.

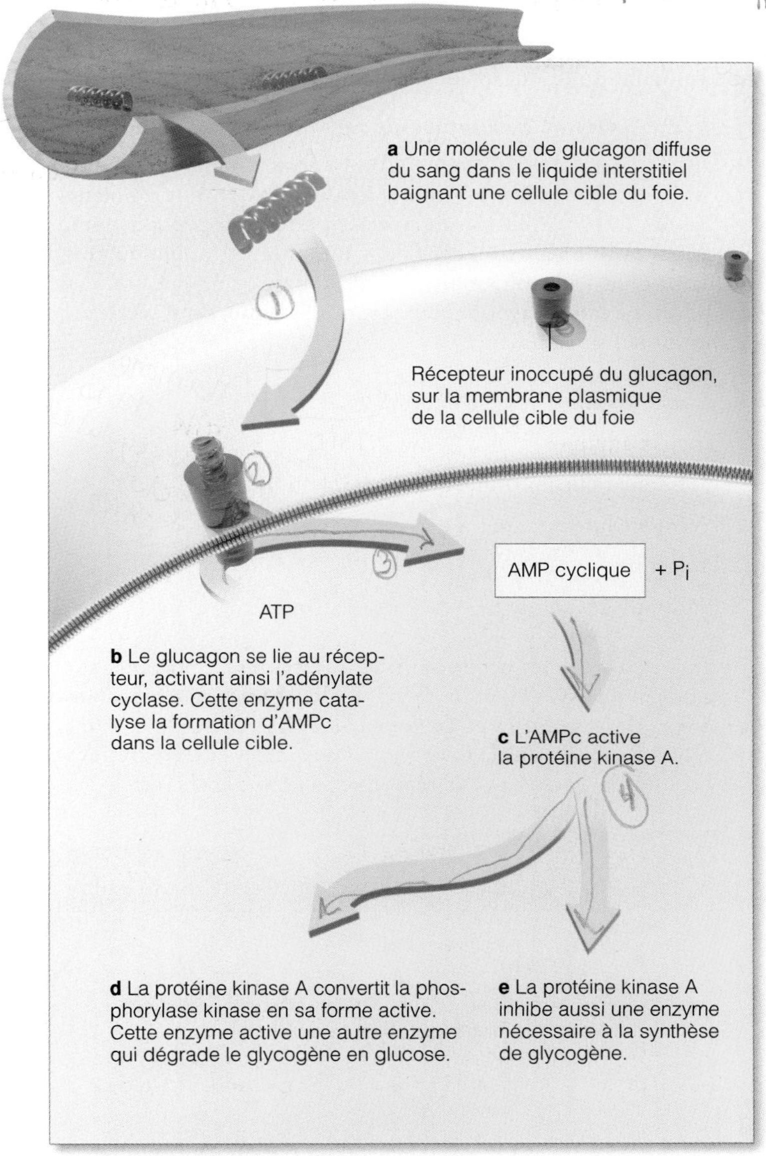

Figure 36.4 Le mécanisme par lequel une hormone peptidique modifie l'activité d'une cellule cible. Ici, le glucagon se lie à un récepteur et amorce des réactions intracellulaires par l'entremise de l'AMPc, un second messager, qui relaie l'information à l'intérieur de la cellule.

transcription, les ARNm seront traduits en enzymes ou en d'autres protéines qui produisent la réponse propre au signal hormonal.

D'autres hormones stéroïdes s'attachent à des récepteurs de la membrane plasmique et modifient alors les fonctions des cellules cibles en changeant les propriétés de la membrane.

Une partie du groupe de gènes codant les récepteurs aux hormones stéroïdes code également des récepteurs aux hormones thyroïdiennes et à la vitamine D qui, bien qu'elles ne soient pas des hormones stéroïdes, se comportent comme telles.

Les caractéristiques des hormones peptidiques

Les **hormones peptidiques** sont des messagers chimiques hydrosolubles composés de 3 à 180 acides aminés. De nombreux peptides, polypeptides et glycoprotéines entrent dans cette catégorie. Lorsque des hormones peptidiques s'attachent à un récepteur membranaire, des systèmes enzymatiques spécifiques liés à la membrane sont activés et déclenchent des réactions qui déterminent une réponse cellulaire.

Pensons à une cellule du foie. Le glucagon est une hormone peptidique qui apparaît quand le taux de glucose sanguin est faible. Il agit sur les cellules qui transforment le glycogène en glucose, qui gagne ensuite la circulation sanguine. Cette hormone se lie à un récepteur membranaire qui s'étend jusque dans le cytoplasme. Cette liaison hormone-récepteur entraîne la formation dans le cytoplasme d'un **second messager**, soit une petite molécule qui retransmet l'information hormonale dans la cellule. L'AMPc (adénosine monophosphate cyclique) est ce second messager.

Un système enzymatique membranaire amorce la réponse à la liaison du glucagon. L'adénylate cyclase, une enzyme, devient activée et entraîne une cascade de réactions en transformant l'ATP en de nombreuses molécules d'AMPc (voir la figure 36.4). L'AMPc sert de signal pour la transformation d'une protéine kinase, une enzyme, en sa forme active. La kinase active à son tour d'autres enzymes et ainsi de suite jusqu'à ce que s'opère la réaction finale qui consiste en la transformation du glycogène intracellulaire en glucose. Très rapidement, un grand nombre de molécules s'activent et exécutent la réaction hormonale.

Prenons un autre exemple, celui de la cellule musculaire. Celle-ci a des récepteurs qui se lient à l'insuline, une autre hormone peptidique. L'une des fonctions du complexe récepteur-insuline est d'amener les transporteurs intracytoplasmiques de glucose à s'insérer dans la membrane plasmique. Ces transporteurs, des protéines, permettent à la cellule musculaire de prélever du glucose plus rapidement. Le même signal active également les enzymes responsables de l'entreposage du glucose dans la cellule.

Outre les hormones stéroïdes et peptidiques, il existe d'autres catégories d'hormones, comme les catécholamines telle l'adrénaline. De la même façon que le glucagon, l'adrénaline se lie à des récepteurs membranaires et déclenche la formation d'AMPc, le second messager qui rend possible la réponse cellulaire.

Le mode d'action des hormones est le suivant : une hormone se lie de façon réversible aux récepteurs d'une cellule cible ; le signal est ensuite converti en une forme moléculaire qui déclenche une réponse cellulaire précise, comme le réglage de certaines réactions métaboliques et le taux de synthèse de protéines.

Les hormones stéroïdes agissent sur l'ADN d'une cellule après leur entrée dans le noyau ou après s'être liées à un récepteur cytoplasmique. Certaines de ces hormones modifient les propriétés de la membrane.

Les hormones peptidiques se lient à un récepteur membranaire ; ce faisant, un signal déclenche une série d'activités intracytoplasmiques accomplies grâce à des enzymes. Bien souvent, un second messager cytoplasmique relaie le signal hormonal à l'intérieur de la cellule.

36.3

L'HYPOTHALAMUS ET L'HYPOPHYSE

La section 34.8 nous apprend que l'**hypothalamus** est une partie du diencéphale responsable de la régulation homéostatique du milieu intérieur, des viscères et des états émotionnels. Depuis la base de l'hypothalamus s'étendent, à l'intérieur d'une mince tige, des neurones sécréteurs jusqu'à l'**hypophyse**, une petite glande lobée de la taille d'un pois. L'hypothalamus et l'hypophyse interagissent pour former un centre majeur de régulation nerveuse et endocrinienne.

Le lobe postérieur de l'hypophyse, appelé **neurohypophyse**, sécrète deux hormones produites par l'hypothalamus. Le lobe antérieur ou **adénohypophyse** produit et sécrète ses propres hormones, dont la plupart contrôlent la libération d'hormones d'autres glandes endocrines (voir le tableau 36.2). L'hypophyse de nombreux vertébrés, mais pas de l'humain, comprend également un lobe intermédiaire. Chez de nombreux animaux, ce troisième lobe sécrète une hormone responsable de changements réversibles de la couleur de la peau ou du pelage.

Les sécrétions de la neurohypophyse

La figure 36.5*a* montre comment des neurones de l'hypothalamus se prolongent dans la neurohypophyse et se terminent contre un lit capillaire. Ces neurones élaborent l'ocytocine et l'ADH, ou hormone antidiurétique, qui sont entreposées dans les terminaisons axonales. Au moment approprié, ces hormones sont sécrétées dans les capillaires sanguins pour ensuite être distribuées dans tout l'organisme. L'ADH agit sur les reins et règle le volume et la composition du liquide extracellulaire de façon à conserver l'eau quand c'est nécessaire. L'ocytocine joue un rôle dans la reproduction. Elle déclenche les contractions utérines durant l'accouchement ainsi que la libération de lait lorsque les jeunes sont allaités.

Les sécrétions de l'adénohypophyse

LES HORMONES DE L'ADÉNOHYPOPHYSE D'autres neurones hypothalamiques libèrent des hormones à proximité d'un lit capillaire à la base de l'infundibulum, soit la tige hypothalamo-hypophysaire. De là, les hormones se rendent dans un autre lit capillaire, puis diffusent dans l'adénohypophyse (voir la figure 36.6). Les cibles des hormones adénohypophysaires sont des cellules qui sécrètent les hormones suivantes :

Corticotrophine	ACTH
Thyréostimuline	TSH
Hormone folliculostimulante	FSH
Hormone lutéinisante	LH
Prolactine	PRL
Hormone de croissance	GH (ou STH)

Toutes ces hormones produisent des effets très importants sur l'organisme. L'ACTH et la TSH règlent respectivement les sécrétions des surrénales et de la thyroïde. La FSH et la LH ont des rôles essentiels dans la formation des gamètes et les sécrétions des hormones nécessaires à la reproduction (voir le chapitre 44).

Tableau 36.2	Les hormones hypophysaires				
Lobe hypophysaire	**Sécrétions**	**Nom**	**Cibles principales**		**Actions principales**
POSTÉRIEUR (neurohypophyse)	Hormone antidiurétique	ADH	Reins		Provoque la conservation de l'eau telle que nécessitée pour la régulation du volume de liquide extracellulaire et de la concentration des solutés.
Tissu nerveux (prolongement de l'hypothalamus)	Ocytocine	OCT	Glandes mammaires		Provoque le déplacement du lait dans les conduits sécréteurs des glandes mammaires.
			Utérus		Provoque les contractions utérines durant l'accouchement.
ANTÉRIEUR (adénohypophyse)	Corticotrophine	ACTH	Corticosurrénale		Stimule la libération de cortisol, une hormone stéroïde.
	Thyréotrophine	TSH	Glande thyroïde		Stimule la libération d'hormones thyroïdiennes.
(principalement du tissu glandulaire)	Hormone folliculostimulante	FSH	Ovaires, testicules		Chez la femelle, stimule la sécrétion d'œstrogènes et la maturation de l'ovule. Chez le mâle, stimule la formation des spermatozoïdes.
	Hormone lutéinisante	LH	Ovaires, testicules		Chez les femelles, stimule la sécrétion de progestérone, l'ovulation, la formation du corps jaune. Chez les mâles, stimule la sécrétion de testostérone.
	Prolactine	PRL	Glandes mammaires		Stimule et maintient la production de lait.
	Hormone de croissance (ou somatotrophine)	GH (STH)	La plupart des cellules		Favorise la croissance chez l'enfant ; provoque la synthèse des protéines et la division cellulaire ; chez l'adulte, joue un rôle dans le métabolisme des glucides et des protéines.
INTERMÉDIAIRE* (principalement tissu glandulaire)	Hormone mélanotrope	MSH	Cellules pigmentées de la peau (et autres téguments)		Provoque des changements de coloration en réponse à des stimulus externes ; influe sur certains comportements.

* Lobe présent chez la plupart des vertébrés, mais non chez l'humain. Chez celui-ci, la MSH est produite par l'adénohypophyse.

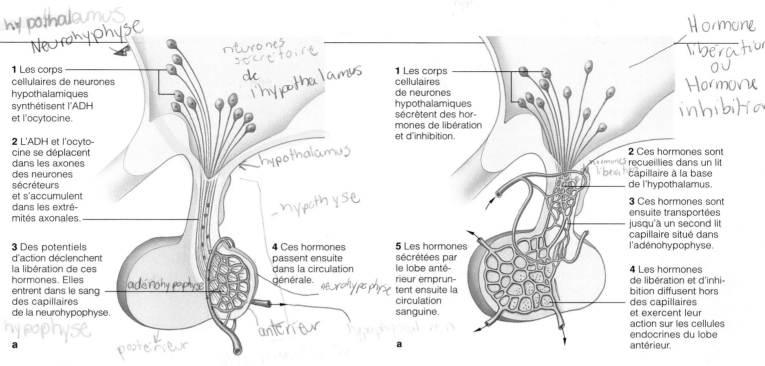

1 Les corps cellulaires de neurones hypothalamiques synthétisent l'ADH et l'ocytocine.

2 L'ADH et l'ocytocine se déplacent dans les axones des neurones sécréteurs et s'accumulent dans les extrémités axonales.

3 Des potentiels d'action déclenchent la libération de ces hormones. Elles entrent dans le sang des capillaires de la neurohypophyse.

4 Ces hormones passent ensuite dans la circulation générale.

a

1 Les corps cellulaires de neurones hypothalamiques sécrètent des hormones de libération et d'inhibition.

2 Ces hormones sont recueillies dans un lit capillaire à la base de l'hypothalamus.

3 Ces hormones sont ensuite transportées jusqu'à un second lit capillaire situé dans l'adénohypophyse.

4 Les hormones de libération et d'inhibition diffusent hors des capillaires et exercent leur action sur les cellules endocrines du lobe antérieur.

5 Les hormones sécrétées par le lobe antérieur empruntent ensuite la circulation sanguine.

a

(handwritten annotations: hypothalamus, Neurohypophyse, neurones sécrétoire de l'hypothalamus, hypothalamus, hypophyse, adénohypophyse, neurohypophyse, hypophyse, postérieur, antérieur, hypophyseal vein, Hormone libération ou Hormone inhibition, hormones libération)

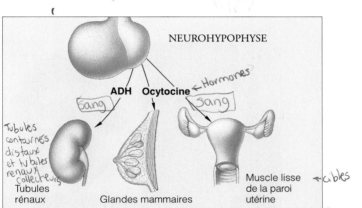

NEUROHYPOPHYSE

ADH — Ocytocine

Sang — Sang — Hormones

Tubules rénaux — Glandes mammaires — Muscle lisse de la paroi utérine

(handwritten: Tubules contournés distaux et tubules rénaux collecteurs — cibles)

b *(handwritten: La neurohypophyse ne synthétise pas d'hormones (c'est l'hypothalamus qui synthétisent l'ADH et l'ocytocine))*

Figure 36.5 a) Les liens fonctionnels entre l'hypothalamus et la neuro-hypophyse (le lobe postérieur). **b)** Les principales cibles des hormones neurohypophysaires.

(handwritten: En effet, la neurohypophyse n'est pas formée de tissu glandulaire, mais bien de tissu nerveux.)

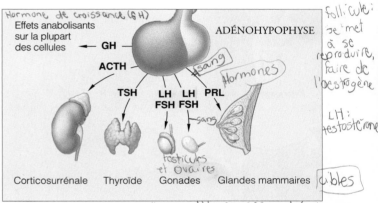

ADÉNOHYPOPHYSE

Effets anabolisants sur la plupart des cellules ← **GH**

ACTH

TSH **LH FSH** **LH FSH** **PRL**

Corticosurrénale — Thyroïde — Gonades — Glandes mammaires

(handwritten: Hormone de croissance (GH), sang, Hormones, cibles, follicule : se met à se reproduire, faire de l'œstrogène, LH : testostérone, testicules et ovaires, sang)

b *(handwritten: La sécrétion d'hormones adénohypophysaire est régulée par l'hypothalamus)*

Figure 36.6 a) Les liens fonctionnels entre l'hypothalamus et l'adénohypophyse (le lobe antérieur). **b)** Les principales cibles des sécrétions adénohypophysaires. Notons que la FSH et la LH agissent toutes deux sur les gonades.

(handwritten: L'hypothalamus est surnommé « glande maîtresse » puisqu'elle régule plusieurs fonctions de l'organisme. Hypothalamus régule l'adénohypophyse)

La GH a un effet sur le métabolisme de nombreux tissus et déclenche des sécrétions du foie qui influent sur la croissance des os et des tissus mous (voir le tableau 36.2 et la figure 36.6*b*). La prolactine agit sur de nombreux types de cellules. Elle est mieux connue pour stimuler et soutenir la production de lait par les glandes mammaires, après que d'autres hormones ont sensibilisé ces tissus. Elle touche également la production d'hormones dans les ovaires de certaines espèces.

LES DÉCLENCHEURS HYPOTHALAMIQUES La majorité des hormones hypothalamiques agissant sur l'adénohypophyse sont des **hormones de libération**, appelées aussi *libérines*, qui stimulent la sécrétion d'hormones par des cellules cibles. Par exemple, la GnRH (la gonadolibérine) déclenche la production de la FSH et de la LH, des gonadotrophines, de même que la TRH (la thyréolibérine)

provoque la synthèse de thyréotrophine. D'autres hormones hypothalamiques agissant sur l'adénohypophyse sont des **hormones d'inhibition**, comme la somatostatine qui ralentit les sécrétions de la GH et de la thyréotrophine.

L'hypothalamus et l'hypophyse produisent huit hormones différentes et s'associent pour en contrôler les sécrétions.

La neurohypophyse entrepose et sécrète deux hormones hypothalamiques, soit l'ADH et l'ocytocine, qui ont des effets sur des cellules cibles spécifiques.

L'adénohypophyse produit et sécrète les six hormones suivantes : l'ACTH, la TSH, la FSH, la LH, la PRL et la GH. À l'exception de la GH et de la prolactine, ces hormones déclenchent la libération d'hormones par d'autres glandes. Toutes produisent une grande variété d'effets sur l'ensemble de l'organisme.

Les productions anormales de l'hypophyse

L'organisme ne produit pas les hormones en grandes quantités. C'est ce que constatèrent deux chercheurs, Roger Guilleman et Andrew Schally, lorsqu'ils isolèrent la première hormone de libération connue. Pour mettre en évidence la TRH, il leur a fallu quatre années durant lesquelles ils disséquèrent 500 t de cerveau et 7 t de tissus hypothalamiques de mouton, pour n'en obtenir que 1 mg.

L'organisme dépend de ces quantités faibles, mais significatives, d'hormones, ainsi que de leur sécrétion au moment opportun. En l'absence de régulation, il peut y avoir surproduction ou sous-production d'une hormone. La forme de l'organisme ou l'une de ses fonctions en sera alors modifiée.

Pensons au gigantisme, dû à la surproduction de GH. Les adultes atteints ont généralement les proportions des gens normaux, mais sont considérablement plus grands (voir la figure 36.7*a* et *b*). Le nanisme hypophysaire résulte d'une sous-production de GH. Les individus atteints sont bien proportionnés également, mais beaucoup plus petits (voir la figure 36.7*b*).

Dans certains cas, la production de GH peut devenir excessive chez l'adulte, au moment où la croissance des os longs est terminée. On observe alors une acromégalie. Le cartilage, les os et d'autres tissus conjonctifs de la mâchoire, des pieds et des mains s'épaississent anormalement. La peau, le nez, les paupières, les lèvres et la langue sont également touchés. La figure 36.7*c* montre une femme acromégale.

Un autre exemple nous est donné avec l'hyposécrétion ou l'absence de sécrétion de l'ADH, ce qui peut arriver lorsque la neurohypophyse est endommagée, comme par un coup sur la tête. C'est l'une des causes du diabète insipide qui se caractérise par la production excessive d'urine diluée en même temps qu'une déshydratation extrêmement grave. Souvent, les gens touchés à qui on donne de l'ADH synthétique réagissent bien à ce type d'hormonothérapie.

Figure 36.7 Quelques conséquences de l'hypersécrétion et de l'hyposécrétion hormonales. **a)** Manute Bol, un joueur de basket-ball américain, mesure 2,30 m en raison d'une hypersécrétion de GH durant son enfance. **b)** D'autres exemples des effets de la GH sur la croissance. L'homme au centre de la photographie est atteint de gigantisme, à cause d'une sécrétion excessive de GH durant l'enfance. Celui de droite souffre de nanisme hypophysaire dû à une hyposécrétion de GH durant son enfance. L'homme de gauche a une taille normale. **c)** L'acromégalie due à une surproduction de GH à l'âge adulte. Avant d'arriver à maturité, cette femme ne présentait aucun symptôme.

LES AUTRES HORMONES : LEUR PROVENANCE ET LEURS EFFETS

Le tableau 36.3 dresse la liste des hormones autres que celles produites par l'hypophyse et la suite du chapitre donne des exemples de leurs effets et de leur régulation. Pour mieux comprendre leur étude, il est important de ne pas oublier les points suivants :

1) Les hormones ont souvent des effets multiples. Par exemple, une ou plusieurs hormones peuvent contrebalancer ou amplifier l'effet d'une autre hormone ou sensibiliser des cellules cibles à d'autres hormones. 2) Des mécanismes de rétroaction négative régulent souvent les sécrétions d'hormones. Quand la concentration d'une hormone augmente dans une région de l'organisme, un mécanisme réduit sa sécrétion et, si la concentration diminue, un mécanisme en augmente

la sécrétion. 3) Une cellule cible peut réagir de façons différentes en des moments différents. La réaction aux hormones peut dépendre de leur concentration et de l'état fonctionnel des récepteurs des cellules cibles. 4) Des signaux du milieu peuvent être d'importants médiateurs de la sécrétion hormonale.

La sécrétion des hormones et leurs effets dépendent des interactions entre les hormones, des mécanismes de rétroaction, de la condition des cellules cibles et parfois de signaux environnementaux.

Tableau 36.3	*Les hormones autres que celles de l'hypothalamus et de l'hypophyse*		
Origine	Sécrétion(s)	Cibles principales	Actions principales
CORTICOSURRÉNALE	Glucocorticoïdes (dont le cortisol)	La plupart des cellules	Dégradation du glycogène, des lipides et des protéines, comme source d'énergie, augmentant ainsi le taux de glucose sanguin.
	Minéralocorticoïdes (dont l'aldostérone)	Reins	Réabsorption du sodium et régulation de l'équilibre hydro-électrolytique de l'organisme.
MÉDULLOSURRÉNALE	Adrénaline	Foie, muscles, tissu adipeux	Augmente le taux sanguin de glucose et d'acides gras ; augmente la fréquence cardiaque et la force de contraction.
	Noradrénaline	Muscles lisses des vaisseaux sanguins	Favorise la vasoconstriction et la vasodilatation de certains vaisseaux sanguins, régulant ainsi le flux sanguin dans différentes parties du corps.
THYROÏDE	Triiodothyronine, thyroxine	La plupart des cellules	Régulation du métabolisme ; rôle dans la croissance et le développement.
	Calcitonine	Os	Diminution de la concentration sanguine de calcium.
PARATHYROÏDES GONADES	Parathormone	Os, reins	Augmentation de la concentration sanguine de calcium.
Testicules (chez le mâle)	Androgènes (dont la testostérone)	La plupart des cellules	Nécessaires pour la formation des spermatozoïdes, le développement des organes génitaux, le maintien des caractères sexuels secondaires ; croissance et développement.
Ovaires (chez la femelle)	Œstrogènes	La plupart des cellules	Nécessaires pour la maturation de l'ovule et l'ovulation, ainsi que la préparation de l'utérus pour la grossesse et sa poursuite ; développement des organes génitaux, maintien des caractères sexuels secondaires, croissance et développement.
	Progestérone	Utérus, glandes mammaires	Prépare la muqueuse utérine pour la grossesse et son maintien ; stimule le développement des glandes mammaires.
ÎLOTS PANCRÉATIQUES	Insuline	Foie, muscles, tissu adipeux	Favorise l'absorption du glucose par les cellules, diminuant ainsi la concentration de glucose dans le sang.
	Glucagon	Foie	Favorise la dégradation du glycogène ; augmente le taux de glucose sanguin.
THYMUS	Thymosine	Lymphocytes T	Effet régulateur faiblement compris sur les lymphocytes T.
CORPS PINÉAL	Mélatonine	Gonades (de façon indirecte)	Influence les biorythmes quotidiens, l'activité sexuelle saisonnière.
ESTOMAC INTESTIN GRÊLE	Gastrine, sécrétine, etc.	Estomac, pancréas, vésicule biliaire	Stimulent les activités de l'estomac, du pancréas, du foie et de la vésicule biliaire nécessaires pour la digestion des aliments et l'absorption.
FOIE REINS	Somatomédines	La plupart des cellules	Stimulent la croissance cellulaire et le développement.
	Érythropoïétine	Moelle osseuse	Stimule la production d'érythrocytes.
	Angiotensine	Cortex surrénalien, artérioles	Régule la sécrétion d'aldostérone (et donc la réabsorption du calcium et la pression artérielle).
	1,25-hydroxyvitamine D_6* (calcitriol)	Os, tube digestif	Augmente la réabsorption du calcium par les os et l'absorption du calcium par le tube digestif.
CŒUR	Hormone natriurétique atriale	Reins, vaisseaux sanguins	Augmente l'excrétion de sodium ; diminue la pression artérielle.

* Les reins produisent des enzymes qui transforment les précurseurs de cette vitamine en sa forme active, qui entre dans la circulation sanguine sous forme d'une vitamine ayant des fonctions hormonales.

[annotations manuscrites en marge supérieure : « stress et glandes surrénales », « moelle épinière », « facteur de stress », « ACTH », « long », « médullo-surrénale », « † = augmentation »]

LA RÉGULATION DES SÉCRÉTIONS HORMONALES PAR RÉTROACTION

Comment la régulation des sécrétions hormonales s'exerce-t-elle ? Un coup d'œil sur quelques glandes endocrines du tableau 36.3 donne une idée de certains de leurs rôles. En bref, l'hypothalamus, l'hypophyse ou les deux ensemble signalent à une glande endocrine d'augmenter ou de diminuer ses sécrétions, de telle sorte que la concentration d'une hormone change dans le sang ou ailleurs. À la suite de ce changement de concentration, un mécanisme rétroactif se met en route.

Dans la **rétroaction négative**, une augmentation de la sécrétion d'une hormone inhibe des sécrétions ultérieures alors que, dans une **rétroaction positive**, une augmentation de sécrétion stimule davantage les sécrétions.

La rétroaction négative provenant de la corticosurrénale

L'être humain possède deux glandes surrénales, chacune étant située au-dessus de chaque rein (voir la figure 36.2*b*). Certaines cellules de la **corticosurrénale**, soit la couche externe de la glande surrénale, sécrètent des glucocorticoïdes et d'autres hormones. Les glucocorticoïdes augmentent le taux de glucose sanguin. Un type de glucocorticoïde, le cortisol, se met en action quand l'organisme est stressé au point que le taux de glucose diminue sous un seuil si bas qu'un signal d'alarme est déclenché. Cela provoque une réaction d'alarme qui sera stoppée plus tard par un mécanisme de rétroaction négative.

La figure 36.8 décrit ces événements. Lorsque le taux de glucose sanguin est faible, l'hypothalamus sécrète la CRH, une hormone de libération qui fait sécréter l'ACTH (corticotrophine) par l'adénohypophyse. L'ACTH agit sur la corticosurrénale pour lui faire sécréter du cortisol. En présence de cortisol, les cellules du foie dégradent le glycogène qui y est entreposé, les adipocytes dégradent les graisses, et les muscles squelettiques dégradent des protéines. Tous les produits de dégradation – glucose, acides gras et acides aminés – entrent dans la circulation sanguine. À l'exception des cellules de l'encéphale, toutes les cellules peuvent utiliser ces trois types de composés comme sources d'énergie, et pas seulement du glucose comme le fait l'encéphale (voir la section 8.6). En conséquence, la concentration de glucose sanguin augmente au-dessus d'un point de consigne. C'est alors que l'hypothalamus et l'hypophyse émettent des signaux qui inhibent la sécrétion de CRH et d'ACTH, arrêtant ainsi la sécrétion de cortisol.

Le stress chronique, des blessures ou la maladie font en sorte que le système nerveux maintient cette réponse. La raison en est qu'une inflammation prolongée endommage les tissus et que le cortisol supprime l'inflammation. Voilà pourquoi on utilise des médicaments semblables à du cortisol pour traiter l'asthme et d'autres troubles inflammatoires chroniques.

La régulation locale dans la médullosurrénale

Certains neurones sont présents dans la **médullosurrénale**, soit la partie interne de la surrénale. Leurs sécrétions, l'adrénaline et la noradrénaline, agissent comme des neurotransmetteurs dans certaines situations et comme des hormones dans d'autres. Les nerfs du système sympathique apportent des messages de l'hypothalamus à la médullosurrénale. Lorsqu'il y a un besoin de noradrénaline par exemple, cette hormone s'accumule rapidement dans la fente synaptique séparant les terminaisons axonales des neurones des cellules cibles. Par la suite, un mécanisme local de rétroaction s'exerce sur des récepteurs des terminaisons axonales ; en se liant à ces récepteurs, la noradrénaline sécrétée en excès fait cesser toute sécrétion ultérieure.

Quand nous sommes excités ou stressés, l'adrénaline et la noradrénaline nous aident à ajuster notre circulation sanguine ainsi que le métabolisme des graisses et des glucides. Elles augmentent la fréquence cardiaque, elles ont un effet vasodilatateur ou vasoconstricteur sur les artérioles, selon les régions du corps, et elles causent une dilatation des voies respiratoires. Toutes ces activités, soumises à des mécanismes régulateurs stricts, dirigent une plus grande quantité de sang – et d'oxygène par conséquent – vers le cœur et les muscles squelettiques qui ont besoin de beaucoup d'énergie. Voilà les caractéristiques d'une réaction de lutte ou de fuite (voir la section 34.7).

Des exemples de rétroaction faussée venant de la glande thyroïde

Chez l'humain, la glande **thyroïde** est située à la base du cou, devant la trachée (voir les figures 36.2*b* et 36.9*a* à c). La thyroxine et la triiodothyronine, ses principales hormones, ont des effets sur la plupart des cellules. En leur absence, de nombreux tissus sont incapables de se développer normalement. De surcroît, les taux métaboliques des animaux homéothermes dépendent d'elles. La régulation des sécrétions thyroïdiennes par rétroaction révèle toute son importance lorsque cette glande fonctionne moins bien.

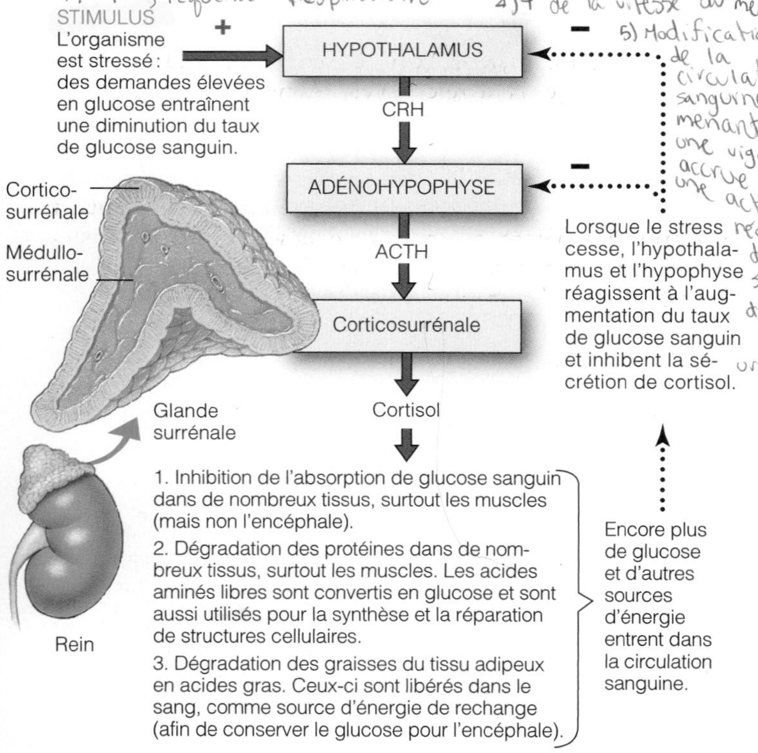

[annotations manuscrites : « Réponse au stress, à court terme (effets de l'adrénaline et de la noradrénaline) »]
1.) Dégradation du glycogène en glucose = ++ glycémie
2.) ↑ Fréquence cardiaque et de la pression artérielle
3.) ↑ Fréquence respiratoire
4.) ↑ de la vitesse du métabolisme
5.) Modification de la circulation sanguine, menant à une vigilance accrue et à une activité réduite des systèmes digestif et urinaire

STIMULUS
L'organisme est stressé : des demandes élevées en glucose entraînent une diminution du taux de glucose sanguin.

+ → HYPOTHALAMUS **−**

CRH

ADÉNOHYPOPHYSE **−**

ACTH

Corticosurrénale

Cortico-surrénale

Médullo-surrénale

Glande surrénale

Cortisol

Rein

Lorsque le stress cesse, l'hypothalamus et l'hypophyse réagissent à l'augmentation du taux de glucose sanguin et inhibent la sécrétion de cortisol.

1. Inhibition de l'absorption de glucose sanguin dans de nombreux tissus, surtout les muscles (mais non l'encéphale).

2. Dégradation des protéines dans de nombreux tissus, surtout les muscles. Les acides aminés libres sont convertis en glucose et sont aussi utilisés pour la synthèse et la réparation de structures cellulaires.

3. Dégradation des graisses du tissu adipeux en acides gras. Ceux-ci sont libérés dans le sang, comme source d'énergie de rechange (afin de conserver le glucose pour l'encéphale).

Encore plus de glucose et d'autres sources d'énergie entrent dans la circulation sanguine.

Figure 36.8 La structure de la glande surrénale. Chez l'humain, chacune loge au-dessus d'un rein. La figure illustre un mécanisme de régulation par rétroaction qui règle la sécrétion de cortisol par la corticosurrénale.

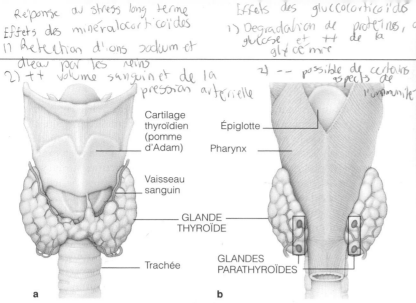

Figure 36.9 a) Une vue antérieure de la glande thyroïde. **b)** Une vue postérieure montrant la localisation des quatre glandes parathyroïdes. **c)** La position de la thyroïde dans le cou. **d)** Le goitre bénin chez Marie de Médicis en 1625. Vers la fin de la Renaissance, un cou bien arrondi était un signe de grande beauté. On en voyait régulièrement dans les régions où l'apport alimentaire en iode ne suffisait pas aux besoins normaux de la thyroïde.

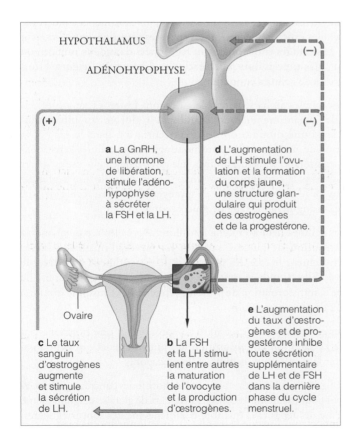

Figure 36.10 Les boucles de rétroaction vers l'hypothalamus et l'hypophyse en provenance des ovaires durant le cycle menstruel, un événement reproducteur récurrent. Un mécanisme de rétroaction négative déclenche l'ovulation. Après la libération de l'ovule, le même type de mécanisme inhibe la libération d'un autre ovule jusqu'à la fin du cycle menstruel.

Par exemple, les hormones thyroïdiennes ne peuvent être synthétisées sans iodure, soit un anion d'iode. Les régimes alimentaires pauvres en iode entraînent une hypertrophie d'un lobe de la thyroïde, ou des deux (voir la figure 36.9*d*). Cette hypertrophie, appelée *goitre*, se manifeste lorsque de faibles concentrations sanguines d'hormones thyroïdiennes stimulent l'adénohypophyse à sécréter la TSH (la thyréostimuline). La thyroïde croît, mais ne peut produire ses hormones, de sorte que la sécrétion de TSH se poursuit en raison du mécanisme de rétroaction défectueux vers l'hypophyse.

On donne le nom d'*hypothyroïdie* à une telle production insuffisante d'hormones thyroïdiennes. Les adultes touchés sont souvent léthargiques et intolérants au froid; ils ont une surcharge pondérale et la peau sèche, et ils sont confus et déprimés. Le goitre simple est rare dans les endroits où les gens utilisent du sel iodé.

La maladie de Graves et d'autres formes de goitre toxique sont dues à des taux sanguins excessifs d'hormones thyroïdiennes : c'est l'hyperthyroïdie. Les symptômes comprennent l'intolérance à la chaleur, l'irritabilité, l'anxiété, des tremblements, des insomnies, des yeux protubérants et un pouls irrégulier et fort. Certains cas sont dus à des maladies auto-immunes, alors que des anticorps stimulent à tort la thyroïde (voir la section 39.9). D'autres cas surviennent lorsque la thyroïde est enflammée ou qu'elle présente des nodules ou des tumeurs.

La régulation des gonades par rétroaction

Les **gonades** sont les organes reproducteurs primaires qui fabriquent les gamètes et sécrètent certaines hormones sexuelles. Les testicules chez les mâles et les ovaires chez les femelles sont des gonades. Les testicules sécrètent la testostérone, tandis que les ovaires sécrètent les œstrogènes et la progestérone. Ces hormones influencent l'apparition des caractères sexuels secondaires (comme il en a été question précédemment pour les chimpanzés), et des mécanismes de régulation en régissent les sécrétions. La figure 36.10 présente ces mécanismes en action, depuis les ovaires jusqu'à l'hypothalamus, puis à l'hypophyse, durant le cycle menstruel décrit au chapitre 44.

Les mécanismes de régulation contrôlent les sécrétions des glandes endocrines. Dans bien des cas, des boucles de rétroaction vers l'hypothalamus, l'hypophyse, ou les deux, règlent les activités de sécrétion.

Les mécanismes de rétroaction négative diminuent les sécrétions hormonales, tandis que les mécanismes de rétroaction positive les augmentent.

LES RÉPONSES DIRECTES AUX SIGNAUX CHIMIQUES

L'hypothalamus et l'hypophyse ne sont pas les principaux organes de régulation de certaines glandes ou cellules endocrines. En effet, des modifications chimiques du milieu intérieur peuvent parfois stimuler ou inhiber directement les sécrétions hormonales.

Les sécrétions des glandes parathyroïdes

Les humains ont quatre **glandes parathyroïdes** situées sur la surface postérieure de la glande thyroïde (voir la figure 36.9 b). Ces glandes sécrètent la parathormone (PTH), qui joue un rôle-clé dans la régulation du taux de calcium sanguin. Les ions calcium jouent un rôle important dans la contraction musculaire, l'activité enzymatique, la coagulation et bien d'autres activités. La PTH, dont l'action s'exerce sur le squelette et les reins, est sécrétée lorsque le taux de calcium sanguin est faible ; lorsqu'il augmente, sa sécrétion diminue.

La PTH stimule des cellules du tissu osseux à sécréter des enzymes qui dégradent le tissu osseux et qui, ce faisant, libèrent du calcium et d'autres minéraux dans le liquide interstitiel. Le calcium gagne la circulation sanguine, puis se rend aux tubules rénaux où la PTH va en augmenter la réabsorption. La PTH stimule également certaines cellules rénales à sécréter des enzymes qui agissent sur les précurseurs sanguins de la forme active de la vitamine D_3, qui agit comme une hormone (voir la section 37.2). Cette dernière stimule les cellules intestinales à absorber beaucoup plus de calcium. Chez les enfants souffrant d'une carence en vitamine D, l'absorption de calcium et de phosphore est insuffisante, de sorte que le squelette se développe mal. Il en résulte le rachitisme, qui se caractérise par des jambes arquées, un bassin mal formé et, dans de nombreux cas, par une malformation du crâne et de la cage thoracique (voir la figure 36.11).

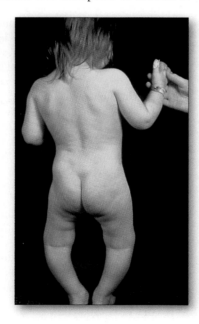

Figure 36.11 Un enfant atteint de rachitisme.

Les effets des messagers chimiques locaux

Un grand nombre de cellules détectent les changements chimiques dans leur milieu et modifient souvent leur activité de façon à les amplifier ou à les contrebalancer. Ces cellules sécrètent différents régulateurs locaux, la plupart dénommés *prostaglandines*, dont les effets se manifestent dans leur environnement immédiat. Les cellules cibles captent ces régulateurs si rapidement que très peu gagnent la circulation sanguine.

On connaît au moins 16 sortes de **prostaglandines**, chacune étant un lipide composé de 20 atomes de carbone formant 2 chaînes réunies à un cycle pentacarboné. La production et la sécrétion de prostaglandines, dont les effets sont puissants, augmentent en fonction des conditions chimiques environnantes. Certaines stimulent les muscles lisses des artérioles pour entraîner une vasoconstriction ou une vasodilatation, contribuant ainsi à diriger le sang vers certaines parties du corps. Les prostaglandines jouent également un rôle dans la réaction inflammatoire, la sécrétion d'acide gastrique, la motilité intestinale et l'accouchement. Elles exercent aussi une régulation générale sur les glandes endocrines. De surcroît, elles pourraient être utiles pour le traitement de l'asthme, des ulcères, de l'hypertension et des crises cardiaques.

Les facteurs de croissance, qui ont un effet sur la transcription des gènes requis au cours du développement, sont aussi de bons exemples de régulateurs locaux. Rita Levi-Montalcini a mis en évidence l'un de ces facteurs, soit le facteur de croissance des nerfs (NFG) qui permet la survie des neurones et qui dirige leur croissance chez l'embryon. Cultivés en présence de NFG, des neurones immatures peuvent vivre indéfiniment ; en son absence, ils meurent après quelques jours.

Les sécrétions des îlots pancréatiques

Le pancréas est une glande ayant des fonctions exocrines et endocrines. Les cellules exocrines sécrètent des enzymes digestives dans l'intestin grêle. Les cellules endocrines sont regroupées dans deux millions ou plus d'amas appelés **îlots pancréatiques**. Chaque îlot renferme trois catégories de cellules endocrines.

1. Les cellules alpha sécrètent le glucagon. Entre les repas, les cellules de l'organisme prélèvent et utilisent le glucose sanguin, entraînant ainsi une diminution de sa concentration dans le sang et la sécrétion de glucagon. Cette hormone agit sur les cellules hépatiques pour transformer les acides aminés et le glycogène en glucose et libérer celui-ci dans la circulation sanguine. (On se rappelle que le glucose est mis en réserve sous forme de glycogène, un polysaccharide.) Le glucagon augmente le taux de glucose sanguin.

2. Les cellules bêta sécrètent l'insuline. Après les repas, quand la concentration de glucose sanguin est élevée, l'insuline stimule principalement le foie, les muscles et le tissu adipeux à prélever le glucose. Elle stimule la synthèse de protéines et de graisses, et elle inhibe la transformation de protéines en glucose. L'insuline diminue le taux de glucose sanguin.

3. Les cellules delta sécrètent la somatostatine, une hormone qui régule la digestion et l'absorption des nutriments et qui peut aussi bloquer la sécrétion d'insuline et de glucagon.

La figure 36.12 montre comment les hormones pancréatiques interagissent pour maintenir la constance du taux de glucose sanguin, même si l'heure des repas et la quantité d'aliments ingérés sont irrégulières. L'insuline est la seule hormone qui permet aux cellules de prélever le glucose dans le sang et de l'entreposer sous des formes qui peuvent être rapidement utilisées selon les besoins. Son rôle capital dans le métabolisme des glucides, des protéines et des lipides devient évident lorsqu'on examine les cas de personnes qui ne peuvent produire suffisamment d'insuline ou dont les cellules cibles y sont insensibles.

Régulation de la glycémie par l'insuline et le glucagon *(handwritten title)*

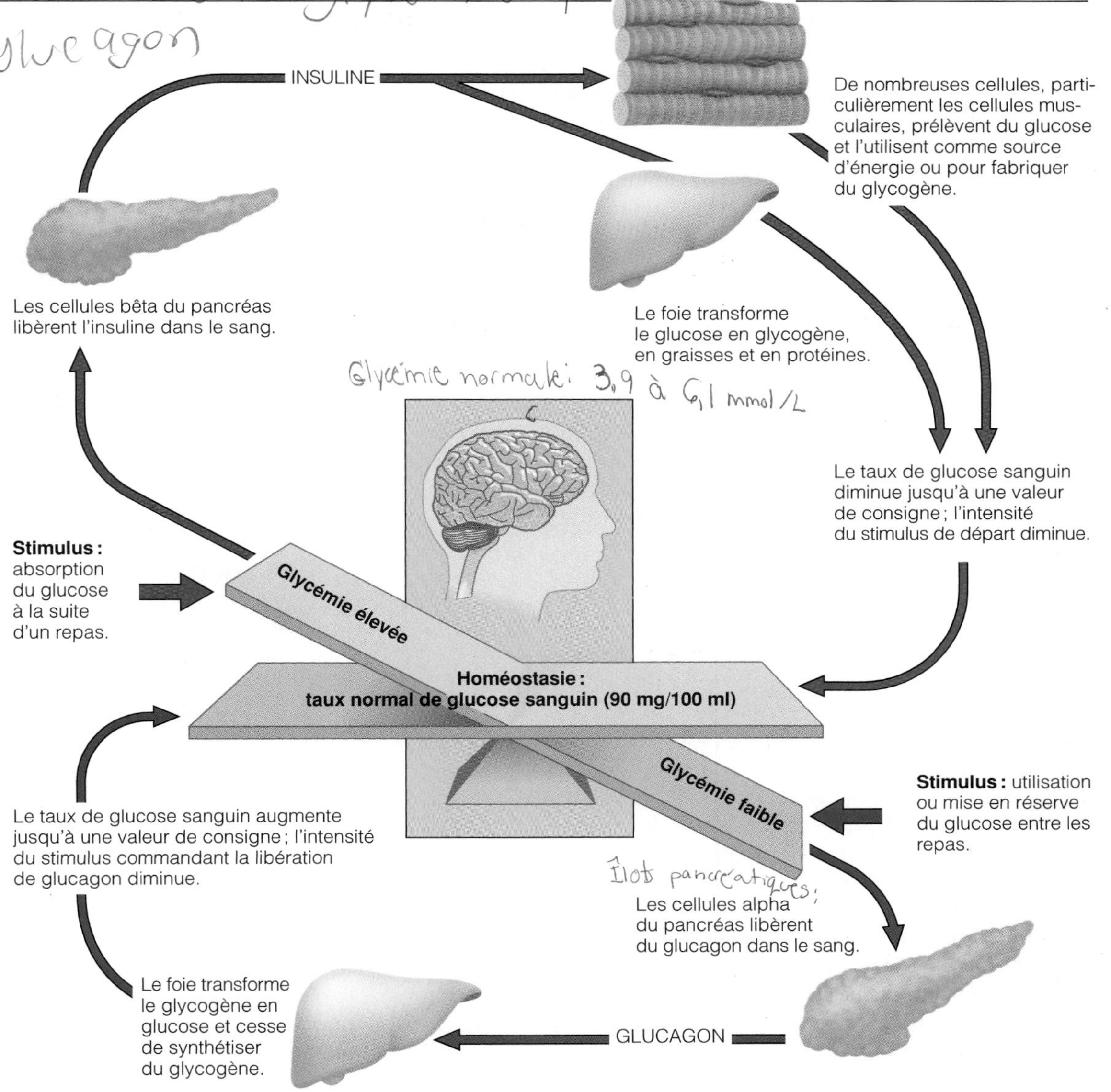

Figure 36.12 Quelques mécanismes de régulation du métabolisme du glucose.

Après un repas, le glucose entre dans le sang plus vite que les cellules ne peuvent l'absorber. Le taux de glucose sanguin (la glycémie) augmente, ce qui stimule les cellules bêta du pancréas à sécréter de l'insuline. Les cibles principales, le foie et les muscles utilisent le glucose immédiatement et l'entreposent sous forme de glycogène, ce qui contribue à diminuer la concentration de glucose dans le sang.

Entre les repas, la glycémie diminue, ce qui stimule les cellules alpha du pancréas à sécréter du glucagon. Les cellules cibles de cette hormone transforment le glycogène en glucose, qui entre dans le sang. C'est ainsi que le glucagon augmente la glycémie.

Le système nerveux joue aussi un rôle dans la régulation du glucose sanguin. Par exemple, comme on l'a vu précédemment, l'hypothalamus ordonne à la médullosurrénale de sécréter des glucocorticoïdes lorsque l'organisme est en état de stress. L'une des conséquences est que le glycogène est dégradé en glucose dans le foie et que la synthèse de glycogène diminue, particulièrement dans le foie et les muscles.

INSULINE

De nombreuses cellules, particulièrement les cellules musculaires, prélèvent du glucose et l'utilisent comme source d'énergie ou pour fabriquer du glycogène.

Les cellules bêta du pancréas libèrent l'insuline dans le sang.

Le foie transforme le glucose en glycogène, en graisses et en protéines.

Glycémie normale : 3,9 à 6,1 mmol/L *(handwritten)*

Le taux de glucose sanguin diminue jusqu'à une valeur de consigne ; l'intensité du stimulus de départ diminue.

Stimulus : absorption du glucose à la suite d'un repas.

Glycémie élevée

Homéostasie : taux normal de glucose sanguin (90 mg/100 ml)

Glycémie faible

Stimulus : utilisation ou mise en réserve du glucose entre les repas.

Le taux de glucose sanguin augmente jusqu'à une valeur de consigne ; l'intensité du stimulus commandant la libération de glucagon diminue.

Îlots pancréatiques : *(handwritten)*

Les cellules alpha du pancréas libèrent du glucagon dans le sang.

Le foie transforme le glycogène en glucose et cesse de synthétiser du glycogène.

GLUCAGON

Une carence insulinique peut provoquer le diabète, qui se caractérise par l'accumulation d'un surplus de glucose dans le sang, puis dans l'urine. La diurèse devient excessive et perturbe l'équilibre hydroélectrolytique de l'organisme. Les personnes touchées deviennent anormalement déshydratées et assoiffées. Sans un apport quotidien de glucose, leurs cellules épuisent leurs réserves de lipides et de protéines pour obtenir de l'énergie. La perte de poids et l'accumulation de cétones dans le sang et l'urine sont aussi des conséquences du diabète. Les cétones sont des substances acides qui résultent de la dégradation des graisses. Quand elles s'accumulent, elles entraînent des pertes de liquides et modifient le pH de l'organisme. Ces déséquilibres perturbent les activités de l'encéphale et, dans les cas graves, la mort peut survenir.

Dans le diabète de type I, l'organisme déclenche une réaction auto-immune contre les cellules bêta sécrétrices d'insuline. Dans cette situation, les leucocytes considèrent à tort les cellules bêta comme des cellules étrangères et les détruisent. Une combinaison de facteurs génétiques et environnementaux est responsable de cette maladie, moins fréquente que les autres types de diabète, mais plus grave à court terme. Généralement, les symptômes apparaissent durant l'enfance ou l'adolescence, d'où le nom de « diabète juvénile » attribué au diabète de type I. Les personnes touchées survivent grâce à des injections d'insuline.

Dans le diabète de type II, les taux sanguins d'insuline sont proches de la normale ou supérieurs, mais les cellules cibles y sont insensibles. Les symptômes apparaissent généralement chez des personnes d'âge moyen, lorsque les cellules bêta produisent moins d'insuline ou que le nombre de récepteurs à l'insuline diminue. Les personnes touchées peuvent continuer à mener une vie normale en contrôlant leur poids et leur régime alimentaire. Certains médicaments sous ordonnance peuvent amplifier l'action de l'insuline ou sa sécrétion.

Les sécrétions de certaines glandes et cellules endocrines sont des réponses homéostatiques directes à des modifications chimiques du milieu intérieur.

LES HORMONES ET LE MILIEU EXTÉRIEUR

Cette dernière section nous invite à réfléchir sur un sujet majeur : la croissance d'un individu, son développement et sa reproduction, de même que son comportement, s'effectuent grâce à des gènes et à des hormones. Toutefois, certains facteurs de l'environnement influencent couramment l'expression des gènes et la sécrétion des hormones, et ce, de façon prévisible. D'autres chapitres nous invitent à analyser des effets environnementaux précis sur les animaux. Pour le moment, contentons-nous des exemples suivants.

La longueur du jour et le corps pinéal

Le **corps pinéal** loge dans l'encéphale des vertébrés (voir la figure 36.2). En l'absence de lumière, il sécrète l'hormone appelée *mélatonine*. Le taux de mélatonine sanguin varie donc entre le jour et la nuit, et entre les saisons. Chez nombre d'espèces, ces variations permettent de réguler la croissance et le développement des gonades, les organes reproducteurs primaires. Mais comment donc ? La mélatonine est un élément de l'**horloge biologique**, une sorte de minuterie interne qui permet de régler les cycles et le comportement reproducteurs.

Observons un hamster en hiver, alors que les nuits sont plus longues que les jours. Le taux élevé de mélatonine dans le sang inhibe l'activité sexuelle. Lorsque la durée du jour est maximale, durant l'été, le taux de mélatonine est faible, et l'activité sexuelle des hamsters, élevée. De la même façon, en automne et en hiver, le taux de mélatonine supprime indirectement la croissance des gonades chez le bruant à gorge blanche (voir la figure 36.13*a*). Lorsque la longueur du jour augmente au printemps, un accroissement de l'activité des gonades se traduit par la production d'hormones qui influencent le comportement territorial de cet oiseau (voir la section 46.1). Par son chant distinctif, le bruant mâle définit alors son territoire.

La mélatonine influence-t-elle aussi le comportement humain ? Peut-être. Des observations cliniques et des études permettent de penser que des taux faibles de mélatonine pourraient déclencher la **puberté**, c'est-à-dire l'âge où les organes et les structures de la reproduction commencent leur maturation. Par exemple, des patients dépourvus d'un corps pinéal fonctionnel furent pubères prématurément.

La mélatonine agit aussi sur les neurones responsables de la diminution de la température corporelle, ce qui explique la somnolence

Figure 36.13 a) Un bruant à gorge blanche mâle chante à tue-tête, en raison indirectement d'une diminution de sécrétion de mélatonine par son corps pinéal, provoquée par une modification de son environnement. **b)** Annie se mettant à l'abri de sa dépression hivernale.

après le coucher du soleil, alors que la lumière diminue. Étant donné qu'il y a moins de mélatonine sécrétée au lever du jour, la température corporelle augmente. C'est alors qu'on se réveille et qu'on s'active. Une horloge biologique synchronisée avec la longueur du jour régit le cycle du sommeil et du réveil. Nous voyons une preuve indirecte de son action chez les travailleurs de nuit qui ne peuvent dormir le matin. La même chose arrive aux voyageurs qui vont de l'Amérique du Nord en Europe par avion et qui subissent les effets du décalage horaire : ils sont bien réveillés vers deux ou trois heures du matin et ils s'endorment au début de l'après-midi.

Les dépressions saisonnières frappent certaines personnes durant l'hiver. Ces dernières deviennent profondément déprimées, consomment de grandes quantités de sucre et ont un besoin presque irrésistible de sommeil (voir la figure 36.13*b*). Cette dépression hivernale pourrait être due au fait que l'horloge biologique n'est plus synchronisée avec les jours plus courts. Ces troubles s'aggravent si on injecte de la mélatonine à ces personnes. L'exposition à la lumière intense, qui arrête l'activité du corps pinéal, produit une amélioration remarquable.

La fonction thyroïdienne et les habitats des amphibiens

Depuis 1994, on observe dans les habitats naturels de la planète une augmentation fulgurante du nombre d'amphibiens difformes. Nous commençons à comprendre pourquoi. En 1999, des chercheurs ont exposé des embryons de crapaud à griffe (*Xenopus lævis*), une espèce essentiellement aquatique, à des eaux lacustres du Minnesota et du Vermont. La moitié des crapauds de l'échantillon venaient de lacs où le taux de difformité des amphibiens était faible. L'autre moitié, qui provenait de « points chauds » contenant jusqu'à 20 sortes différentes de pesticides dissous, présentait un taux élevé de difformité.

Lorsque les embryons de *Xenopus* se transformèrent en têtards, ceux qui provenaient des points chauds présentèrent des colonnes vertébrales tordues, ainsi que des malformations des yeux et de la bouche. Certains ne se métamorphosèrent pas en adultes (voir la figure 36.14). Les autres embryons de l'expérience eurent un développement normal.

Les hormones thyroïdiennes dirigent presque tout le développement des vertébrés. Par exemple, une augmentation de la production de ces hormones déclenche la métamorphose du têtard en adulte.

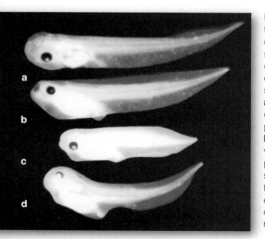

Figure 36.14 Les têtards de *Xenopus lævis*, ou crapauds à griffe, sont sensibles aux effets du milieu sur leur thyroïde et, par conséquent, sur leur développement. **a)** Un têtard provenant d'un lac où il y avait peu de têtards déformés. **b)** à **d)** Trois têtards provenant de trois lacs problématiques qui présentaient des concentrations de plus en plus élevées de substances chimiques dissoutes, naturelles et artificielles.

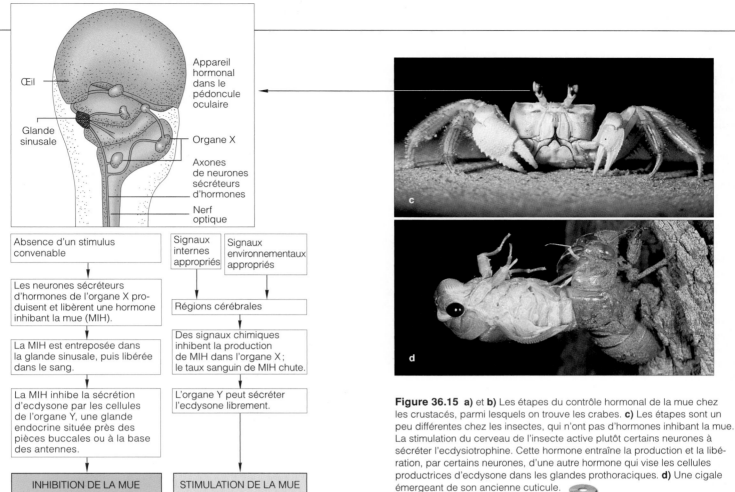

Figure 36.15 a) et **b)** Les étapes du contrôle hormonal de la mue chez les crustacés, parmi lesquels on trouve les crabes. **c)** Les étapes sont un peu différentes chez les insectes, qui n'ont pas d'hormones inhibant la mue. La stimulation du cerveau de l'insecte active plutôt certains neurones à sécréter l'ecdysiotrophine. Cette hormone entraîne la production et la libération, par certains neurones, d'une autre hormone qui vise les cellules productrices d'ecdysone dans les glandes prothoraciques. **d)** Une cigale émergeant de son ancienne cuticule.

Diagram labels (figure a):

Œil
Appareil hormonal dans le pédoncule oculaire
Glande sinusale
Organe X
Axones de neurones sécréteurs d'hormones
Nerf optique

Absence d'un stimulus convenable

Les neurones sécréteurs d'hormones de l'organe X produisent et libèrent une hormone inhibant la mue (MIH).

La MIH est entreposée dans la glande sinusale, puis libérée dans le sang.

La MIH inhibe la sécrétion d'ecdysone par les cellules de l'organe Y, une glande endocrine située près des pièces buccales ou à la base des antennes.

INHIBITION DE LA MUE

a

Signaux internes appropriés
Signaux environnementaux appropriés

Régions cérébrales

Des signaux chimiques inhibent la production de MIH dans l'organe X; le taux sanguin de MIH chute.

L'organe Y peut sécréter l'ecdysone librement.

STIMULATION DE LA MUE

b

Les conditions prévalant dans les points chauds affecteraient-elles les fonctions de la thyroïde? Peut-être. Les embryons qui se développèrent dans les eaux des points chauds ne présentaient pratiquement pas de symptômes lorsqu'on leur donnait des suppléments d'hormones thyroïdiennes.

D'autres études montrèrent une corrélation entre certaines difformités chez les crapauds causées par la lumière ultraviolette et des infections par un protiste parasite (voir la section 26.6). Les habitats constituant des «soupes chimiques» néfastes aux fonctions thyroïdiennes sont maintenant ajoutés à la liste des points chauds.

Un coup d'œil comparatif sur certains invertébrés

Même si les vertébrés ont été le sujet principal du présent chapitre, il ne faut pas oublier que tous les organismes produisent des messagers chimiques d'une sorte ou d'une autre. Analysons la régulation hormonale de la **mue**, qui consiste en l'élimination et au remplacement périodiques d'une cuticule durcie qui limiterait fortement la croissance des organismes dotés d'un exosquelette. La mue fait partie du cycle biologique de tous les insectes, crustacés et autres invertébrés dotés d'une cuticule épaisse (voir les sections 25.13, 25.15 et 25.17).

Même si la façon dont s'effectue la mue varie d'un groupe à l'autre, celle-ci est grandement régie par l'**ecdysone**. Cette hormone stéroïde, dérivée du cholestérol, est chimiquement apparentée à de nombreuses hormones-clés chez les vertébrés. Chez les insectes et les crustacés, des glandes de la mue produisent et entreposent l'ecdysone pour la libérer durant la période de mue. Des neurones du cerveau semblent réguler sa libération en sécrétant des hormones. Ces neurones réagissent à des facteurs de l'environnement, comme la lumière et la température, ainsi qu'à des signaux internes (voir la section 15.5).

La figure 36.15 donne des exemples des étapes de la mue, différentes chez les crustacés et les insectes. Durant les périodes de prémue et de mue, des interactions coordonnées entre l'ecdysone et d'autres hormones entraînent des changements morphologiques et physiologiques. Des facteurs chimiques résultant de ces interactions sont responsables du détachement de la cuticule en dissolvant les couches internes de la cuticule et en recyclant les restes. D'autres facteurs déclenchent aussi des modifications du métabolisme ainsi que de la composition et du volume du milieu intérieur. Ils stimulent la division cellulaire, les sécrétions et la formation de pigments, tous nécessaires pour la formation de la nouvelle cuticule. En même temps, les hormones régulent la fréquence cardiaque, l'activité musculaire, les changements de coloration et d'autres processus physiologiques.

Des signaux du milieu, comme les changements d'intensité lumineuse entre le jour et la nuit et les modifications de la longueur du jour selon les saisons, influencent certaines sécrétions hormonales.

RÉSUMÉ   Le chiffre en **brun** renvoie à la section du chapitre.

1. Les cellules animales échangent continuellement des substances avec le milieu intérieur de l'organisme. Ce qu'elles y prélèvent et y sécrètent est incorporé de façon à assurer la survie de l'ensemble des cellules de l'organisme. *36.1*

2. L'intégration des activités cellulaires nécessite la présence de messagers chimiques stimulateurs et inhibiteurs. *36.1, 36.2*

    a) Les messagers chimiques sont des sécrétions cellulaires qui règlent le comportement de cellules cibles.

    b) Une cellule cible est une cellule pourvue de récepteurs sensibles à un messager chimique. Une cellule cible peut être éloignée ou voisine de la cellule qui sécrète un messager chimique à son intention.

    c) Il existe différentes sortes de messagers chimiques. Les principaux sont les hormones, les neurotransmetteurs, les prostaglandines et les phéromones.

3. Les hormones exercent leur action sur les cellules cibles en activant des gènes et en stimulant la synthèse de protéines. Elles peuvent aussi modifier les propriétés de la membrane, d'enzymes ou d'autres éléments cellulaires. Les hormones produisent des effets physiologiques sur les cellules cibles en interagissant avec leurs récepteurs protéiques spécifiques situés sur la membrane ou dans le cytoplasme. *36.2*

    a) Les hormones stéroïdes entrent directement dans le noyau des cellules cibles ou s'attachent d'abord à des récepteurs intracellulaires, ou encore se lient à des récepteurs membranaires.

    b) Puisqu'elles sont hydrosolubles, les hormones peptidiques ne peuvent franchir la bicouche lipidique. Elles s'attachent à des récepteurs membranaires et exercent leur action à l'aide de protéines de transport membranaire et de seconds messagers cytoplasmiques. Ces derniers peuvent être directement responsables de la réponse hormonale.

4. La neurohypophyse entrepose et sécrète l'ADH et l'ocytocine, deux hormones hypothalamiques. L'ADH agit sur les tubules rénaux en facilitant la réabsorption d'eau, exerçant ainsi une régulation du volume du liquide extracellulaire. L'ocytocine agit sur les glandes mammaires et l'utérus pour favoriser la production de lait et les contractions utérines au moment de l'accouchement. *36.3*

5. Les hormones hypothalamiques, connues sous le nom d'*hormones de libération* et d'inhibition, régissent les sécrétions d'une variété de cellules de l'adénohypophyse. *36.3*

6. L'adénohypophyse produit et sécrète les hormones suivantes: ACTH, TSH, FSH, LH, PRL et GH. Celles-ci déclenchent les sécrétions de la corticosurrénale, de la thyroïde, des gonades et des glandes mammaires, et suscitent une diversité de réactions dans tout l'organisme. *36.3*

7. Les vertébrés ont d'autres sources hormonales; ce sont la médullosurrénale, les glandes parathyroïdes, le thymus, le corps pinéal, les îlots pancréatiques, ainsi que les cellules endocrines du foie, de l'estomac, de l'intestin grêle et du cœur. *36.1, 36.5 à 36.8*

8. Les sécrétions hormonales et l'action qu'elles exercent sont souvent influencées par les interactions hormonales, les mécanismes de rétroaction, le nombre et le type de récepteurs des cellules cibles, l'état des cellules cibles et, souvent, des facteurs environnementaux. *36.5 à 36.8*

9. La sécrétion de régulateurs locaux, comme les prostaglandines, est une réponse directe à des modifications chimiques locales. *36.7*

    a) En général, la sécrétion d'hormones comme l'insuline et la parathormone peut changer rapidement lorsque la concentration extracellulaire de certaines substances doit être régulée.

    b) Des hormones comme la GH ont des effets lents, prolongés et souvent irréversibles, sur le développement par exemple.

10. Des signaux environnementaux, comme la variation de l'intensité lumineuse entre le jour et la nuit et la variation de la longueur du jour selon les saisons, influencent la sécrétion de certaines hormones. *36.8*

Exercices

1. Nommez les glandes endocrines types de la plupart des vertébrés et indiquez la situation de chacune dans l'organisme humain. *36.1*

2. Établissez la distinction entre hormone, neurotransmetteur, prostaglandine et phéromone. *36.1*

3. Une hormone se lie à un récepteur de la membrane plasmique, mais n'entre pas dans la cellule. Cette liaison stimule un second messager intracellulaire qui entraîne une réponse amplifiée au signal déclenché par l'hormone. Cette hormone est-elle de nature peptidique ou stéroïde? *36.2*

4. Quelles sécrétions de la neurohypophyse ont un effet sur les cibles présentées ci-dessous? *36.3*

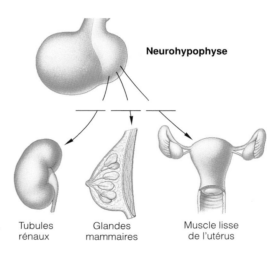

Neurohypophyse

Tubules rénaux   Glandes mammaires   Muscle lisse de l'utérus

5. Quelles sécrétions de l'adénohypophyse ont un effet sur les cibles présentées ci-dessous? *36.3*

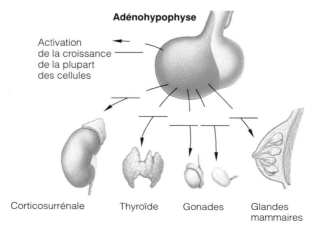

Adénohypophyse

Activation de la croissance de la plupart des cellules

Corticosurrénale   Thyroïde   Gonades   Glandes mammaires

1. Les _____ sont des molécules libérées par une cellule et ayant des effets sur des cellules cibles.
   a) hormones
   b) neurotransmetteurs
   c) phéromones
   d) prostaglandines
   e) les réponses a) et b)
   f) les réponses a) à d)

2. Les hormones sont produites par _____.
   a) les glandes endocrines
   b) certains neurones
   c) les cellules exocrines
   d) les réponses a) et b)
   e) les réponses a) et c)
   f) les réponses a) à c)

3. Les seconds messagers comprennent _____.
   a) les hormones stéroïdes
   b) les hormones peptidiques
   c) l'AMP cyclique
   d) les réponses a) et b)

4. L'ADH et l'ocytocine sont des hormones hypothalamiques sécrétées par le lobe _____ de l'hypophyse.
   a) antérieur
   b) postérieur
   c) intermédiaire
   d) secondaire

5. La GnRH est _____ sécrétée par les neurones hypothalamiques.
   a) une hormone de libération
   b) une hormone inhibitrice
   c) une corticotrophine
   d) une hormone de croissance

6. Lequel ou lesquels des événements suivants ne stimule(nt) pas la sécrétion d'hormones ?
   a) Des signaux nerveux
   b) Des modifications chimiques locales
   c) Des hormones
   d) Des facteurs environnementaux
   e) Tous ces événements stimulent la sécrétion.

7. _____ diminue la concentration de glucose sanguin ; _____ l'augmente.
   a) Le glucagon ; l'insuline
   b) L'insuline ; le glucagon
   c) La sécrétine ; l'insuline
   d) La sécrétine ; le glucagon

8. L'hypothalamus est sensible à l'augmentation de la concentration d'une hormone dans le sang et inhibe la glande qui sécrète cette hormone. Ceci est un exemple de rétroaction _____.
   a) positive
   b) négative
   c) de longue durée
   d) les réponses b) et c)

9. Associez les concepts suivants :
   _____ Médullosurrénale   a) Influencée par la longueur du jour
   _____ Thyroïde   b) Effets locaux puissants
   _____ Parathyroïdes   c) Augmente le taux sanguin de calcium
   _____ Îlots pancréatiques d) Source d'adrénaline
   _____ Corps pinéal   e) Insuline, glucagon
   _____ Prostaglandine   f) Hormones nécessitant de l'iode

Questions à développement

1. La figure 36.16 montre un jeune zèbre en train de téter. Trop jeune pour se nourrir de la végétation environnante, sa seule source de nourriture est le lait de sa mère. Montrez comment les sécrétions de l'hypothalamus et de l'hypophyse contribuent à la production de lait et à son éjection.

2. Durant l'hiver, en raison de la diminution de la longueur du jour par rapport à l'été, Maxine était extrêmement déprimée, elle se gavait d'aliments riches en sucres et elle avait cessé de s'entraîner régulièrement. Elle prit beaucoup de poids. Son médecin diagnostiqua une dépression saisonnière. Il conseilla à Maxine de se procurer un appareil d'éclairage puissant, à large spectre, et de s'y exposer au moins une heure par jour. À la suite de ce traitement, la dépression de Maxine disparut assez rapidement. À l'aide de vos connaissances sur l'activité sécrétrice du corps pinéal, expliquez les symptômes de Maxine et pourquoi le traitement proposé par son médecin fut efficace.

3. Suzanne est atteinte du diabète insulinodépendant de type I. Un jour, après s'être injecté une dose trop élevée d'insuline, elle commença à trembler et à se sentir confuse. Son médecin lui recommanda une injection de glucagon. Qu'est-ce qui causa ces symptômes ? Comment une injection de glucagon put-elle l'aider ?

Figure 36.16 Une mère zèbre nourrissant son petit.

4. Grâce à la technologie de l'ADN recombinant, la GH, ou somatotrophine, est désormais disponible pour le traitement du nanisme hypophysaire. Toutefois, même si cette activité est illégale, certains athlètes utilisent cette hormone au lieu de stéroïdes anabolisants. (Voir la question 4 de la rubrique *Questions à développement*, à la section 37.12) Mais pourquoi donc ? Parce que la GH n'est pas décélée par les tests de dépistage courants en médecine sportive. Expliquez pourquoi les athlètes peuvent penser que cette hormone peut améliorer leurs performances.

5. L'ostéoporose se caractérise par des os fragilisés en raison de la perte de calcium. Des injections de vitamine D_3 en combinaison avec d'autres traitements sont parfois recommandées. Expliquez pourquoi.

Vocabulaire

Adénohypophyse *36.3*
Corps pinéal *36.8*
Corticosurrénale *36.6*
Ecdysone *36.8*
Gonade *36.6*
Horloge biologique *36.8*
Hormone *36.1*
Hormone de libération *36.3*
Hormone d'inhibition *36.3*
Hormone peptidique *36.2*

Hormone stéroïde *36.2*
Hypophyse *36.3*
Hypothalamus *36.3*
Îlot pancréatiques *36.7*
Médullosurrénale *36.6*
Messager chimique local *36.1*
Mue *36.8*
Neurohypophyse *36.3*
Neurotransmetteur *36.1*
Glande parathyroïdes *36.7*

Phéromone *36.1*
Prostaglandine *36.7*
Puberté *36.8*
Rétroaction négative *36.6*
Rétroaction positive *36.6*
Second messager *36.2*
Système endocrinien *36.1*
Thyroïde *36.6*

Lectures complémentaires

Goodall, J. (1986). *The Chimpanzees of Gombe.* Cambridge, Massachusetts : Belknap Press of Harvard University Press.

Goodman, H. (1994). *Basic Medical Endocrinology*, 2ᵉ éd. New York : Raven Press.

Hadley, M. (1995). *Endocrinology.* 4ᵉ éd. Englewood Cliffs, New Jersey : Prentice-Hall.

Jean-Baptiste, P. (mars 2002). « Le troisième œil existe ». *Sciences et avenir*, 661 : 58-60.

Mayo, M. (juill. 2001). « La DHEA en questions ». *Science & vie*, 1006 : 132-137

Raloff, J. (2 octobre 1999). « Thyroid linked to some frog defects ». *Science News*, 156 : 212.

Sherwood, L. (2001). *Human Physiology.* 4ᵉ éd. Belmont, Californie : Wadsworth.

Lectures complémentaires en ligne : consultez l'infoTrac à l'adresse Web www.brookscole.com/biology

1. La plupart des animaux ont un système tégumentaire qui recouvre la surface de leur corps. La cuticule des insectes et la peau des vertébrés en sont des exemples. La peau protège l'organisme contre le frottement, les rayons UV, la déshydratation et de nombreux agents pathogènes. Elle joue un rôle dans la régulation de la température corporelle : une augmentation de débit sanguin y dissipe la chaleur. Ses récepteurs sensoriels sont sensibles aux stimulus externes. L'exposition de la peau à la lumière solaire lui confère une fonction endocrine en permettant la synthèse de vitamine D, une substance de type hormonal nécessaire pour l'absorption du calcium alimentaire. *37, 37.1, 37.2*

2. La peau est constituée d'une couche externe, l'épiderme, et d'une couche sous-jacente, le derme. Des divisions cellulaires rapides y remplacent les cellules mortes qui s'en détachent continuellement. Les kératinocytes, qui produisent la kératine, y sont les cellules les plus abondantes. Les autres cellules de la peau sont les mélanocytes, qui produisent la mélanine, et les cellules de Langerhans et de Granstein, qui jouent un rôle protecteur contre les agents pathogènes et les cellules tumorales. *37.1, 37.2*

3. Pour bouger son corps ou ses parties, un animal a besoin de cellules contractiles et d'une structure ou d'un milieu sur lequel s'exerce la force de contraction. *37.3*

a) Dans un squelette hydrostatique, comme celui de l'anémone de mer, les liquides corporels sont soumis aux forces de contraction, à la suite desquelles ils sont redistribués dans un espace restreint.

b) Dans un exosquelette, comme celui de l'insecte, ce sont des éléments externes rigides qui sont soumis aux forces de contraction.

c) Dans un endosquelette, comme celui des vertébrés, des structures internes telles que les os sont soumises aux forces de contraction.

4. Les os sont des organes constitués d'ostéocytes, des cellules vivantes comprises dans une substance fondamentale minéralisée et riche en collagène. Les os jouent un rôle dans le mouvement, la protection et le soutien de l'organisme. Ils entreposent des minéraux et, dans le cas des os qui renferment de la moelle osseuse rouge, ils sont le site de fabrication des globules sanguins. *37.5*

5. Dans une articulation, soit l'union de deux ou plusieurs os, du tissu conjonctif relie les os. De courtes fibres rattachent les os dans les articulations fibreuses. Du tissu cartilagineux joue le même rôle dans les articulations cartilagineuses. Des ligaments retiennent les os dans les articulations synoviales. *37.5*

6. Les tendons attachent les muscles squelettiques aux os. Ces muscles interagissent avec les os pour former des systèmes de leviers, où des structures rigides, les os, se déplacent autour de points fixes, les articulations. Beaucoup de muscles agissent ensemble ou de manière antagonique pour générer les mouvements ou les changements de position des parties du corps. *37.6*

7. Les muscles lisses, le muscle cardiaque et les muscles squelettiques se contractent en réponse à une stimulation adéquate. Un grand nombre d'organes mous internes comprennent du tissu lisse. Le muscle cardiaque ne se retrouve que dans le cœur. Le muscle squelettique est le partenaire fonctionnel des os. *37.6*

8. Chaque cellule musculaire squelettique se compose de nombreuses myofibrilles disposées parallèlement à l'axe du muscle. Les myofibrilles renferment des filaments d'actine et de myosine, également disposés en parallèle. Chaque myofibrille se compose de nombreux sous-ensembles répétitifs appelés *sarcomères*, qui sont les unités fondamentales de la contraction. L'orientation parallèle de toutes ces structures d'un même muscle dirige la force de contraction appliquée sur l'os dans une seule direction. *37.7*

9. En réponse à des stimulations du système nerveux, les muscles squelettiques raccourcissent en diminuant la longueur de tous les sarcomères. Voici les éléments-clés du modèle de glissement des filaments de la contraction musculaire : *37.7, 37.8*

a) Des potentiels d'action causent la libération d'ions calcium d'un système membraneux, le réticulum sarcoplasmique, qui s'insère à travers les myofibrilles. Le calcium diffuse dans les sarcomères et s'attache à des protéines accessoires sur les filaments d'actine. Les sites de liaison pour la myosine sont alors exposés permettant ainsi la création d'une liaison actine-myosine.

b) Chaque liaison actine-myosine est un attachement bref entre une tête de myosine et le site de liaison de l'actine. Des liaisons actine-myosine se forment de façon répétée grâce à l'ATP. L'ensemble de ces liaisons qui se font, se défont et se refont est responsable du glissement des filaments d'actine le long des filaments de myosine, ce qui entraîne globalement un raccourcissement du sarcomère.

10. Les cellules musculaires obtiennent de trois façons l'ATP nécessaire à la contraction : 1) La déphosphorylation de la créatine phosphate est une voie rapide et directe qui procure quelques secondes supplémentaires de contraction. 2) La respiration aérobie est la voie qui prédomine durant un exercice prolongé, mais modéré. 3) La glycolyse prend le relais quand un exercice intense dépasse les capacités de l'organisme à fournir suffisamment d'oxygène aux cellules musculaires. *37.9*

11. La tension musculaire est une force mécanique qui résulte de la formation de liaisons actine-myosine. La charge est la force opposée. Les muscles stimulés raccourcissent si la tension est plus forte que la charge et ils s'allongent si la tension est plus faible. L'exercice et l'âge ont un effet sur les propriétés musculaires. *37.10*

Exercices

1. Citez les fonctions de la peau. Décrivez les caractéristiques particulières à chacune de ses régions. L'hypoderme fait-il partie de la peau ? *37, 37.1*

2. Identifiez les quatre types de cellules de la peau des vertébrés et décrivez brièvement leurs fonctions. *37.1, 37.2*

3. Faites la distinction entre :
a) Squelette hydrostatique, exosquelette et endosquelette *37.3*
b) Vertèbre et disque intervertébral *37.4*
c) Ligament et tendon *37.5, 37.6*

4. Quelles sont les fonctions des os ? Qu'est-ce qu'une articulation ? *37.5*

5. Quelles hormones jouent un rôle dans la régulation de la concentration des ions calcium dans le sang ? Nommez leurs effets généraux sur le renouvellement du tissu osseux. *37.5*

6. Montrez la relation entre tendon, muscle et os, d'une part, et un système de levier, d'autre part. *37.6*

7. Étudiez la figure 37.19. Dessinez ensuite la structure fine du muscle squelettique jusqu'au niveau d'une myofibrille et légendez votre dessin. Identifiez l'unité fondamentale de la contraction dans les myofibrilles. *37.7*

8. Quel rôle le calcium joue-t-il dans la régulation de la contraction musculaire ? Quel rôle l'ATP y joue-t-elle et comment est-elle formée ? *37.8, 37.9*

Autoévaluation

1. Laquelle des fonctions ci-dessous n'en est pas une de la peau ?
a) Fabriquer la vitamine D   c) Amorcer le mouvement
b) Conserver l'eau   d) Réguler la température corporelle

2. Les _____ sont des coussins amortisseurs et des points de flexion.
a) vertèbres   c) cavités médullaires
b) fémurs   d) disques intervertébraux

3. Les globules sanguins sont formés dans _____.
a) la moelle osseuse rouge   c) certains os seulement
b) tous les os   d) les réponses a) et c)

Figure 37.27 a) Des invasions cutanées bizarres, sans valeur adaptative évidente. **b)** Des muscles gonflés à l'extrême chez un culturiste.

4. _____ est l'unité de base de la contraction.
   a) La myofibrille
   b) Le sarcomère
   c) La fibre musculaire
   d) Le filament de myosine

5. La contraction musculaire nécessite _____.
   a) des ions calcium
   b) de l'ATP
   c) un potentiel d'action
   d) toutes ces réponses

6. L'ATP nécessaire à la contraction musculaire peut être formée par _____.
   a) la respiration aérobie
   b) la glycolyse
   c) la dégradation de la créatine phosphate
   d) toutes ces réponses

7. Associez les expressions suivantes aux descriptions correspondantes.
   _____ Muscle
   _____ Secousse musculaire
   _____ Tension musculaire
   _____ Mélanine
   _____ Myosine
   _____ Moelle osseuse rouge
   _____ Os métacarpiens
   _____ Myofibrille
   _____ Fatigue musculaire

   a) Partenaire de l'actine
   b) Dans les mains seulement
   c) Site de production de cellules sanguines
   d) Diminution de la tension musculaire
   e) Pigment brun-noir
   f) Réponse d'une unité motrice
   g) Force exercée par les liaisons actine-myosine
   h) Faisceaux de cellules musculaires dans des gaines de tissu conjonctif
   i) Partie filamenteuse d'une cellule musculaire

Questions à développement

1. Le nez, les lèvres, la langue, l'ombilic et les organes génitaux sont des cibles communes pour le piercing, qui consiste à percer des trous dans le corps pour y insérer des bijoux ou d'autres objets (voir la figure 37.27 a). Le tatouage, qui consiste à tracer des dessins dans la peau à l'aide de colorants indélébiles, est une autre mode. En plus d'être douloureux, ces deux types d'invasion cutanée ouvrent la porte aux infections bactériennes, à l'hépatite virale chronique, au SIDA et à d'autres maladies graves si ceux qui pratiquent le piercing ou le tatouage réutilisent des instruments non stériles, tels que des aiguilles, des colorants, des rasoirs, des gants, des tampons ou des plateaux. Des mois peuvent se passer avant de constater l'apparition des problèmes, de sorte que le lien de cause à effet n'est pas toujours clair. Si une personne fait fi de ces risques et qu'elle porte son choix sur ces types non réglementés d'invasion tissulaire, comment pourrait-elle s'assurer que tous les instruments sont stériles ?

2. La dose quotidienne recommandée de calcium pour les jeunes femmes est de 800 mg par jour. Durant la grossesse, cette dose augmente à 1200 mg par jour. Pourquoi une telle augmentation ? Que pourrait-il arriver aux os d'une femme enceinte si elle ne prenait pas la dose recommandée ?

3. Par comparaison avec beaucoup de personnes, les coureurs de marathon ont un plus grand nombre de cellules musculaires contenant plus de mitochondries. Les sprinteurs quant à eux ont moins de mitochondries, mais leurs cellules musculaires renferment plus d'enzymes de la glycolyse. Réfléchissez à la différence entre ces deux activités. Expliquez ensuite les différences cellulaires et enzymatiques.

4. Un dimorphisme sexuel prononcé dans la taille corporelle implique des différences dans la masse musculaire des deux sexes (comparer avec la section 17.9). Cela peut être une mesure de l'investissement d'un grand nombre d'animaux mâles dans la capacité de combattre. Peut-être aussi que le coût pour se procurer les ressources et les utiliser afin de croître et de maintenir un corps massif est compensé par des récompenses reproductives. On peut aussi penser aux gratifications sociales de millions d'athlètes qui consomment des stéroïdes anabolisants pour augmenter leur masse et leur force musculaires (voir la figure 37.27 b). Les stéroïdes anabolisants sont des hormones synthétiques qui imitent la testostérone, l'hormone sexuelle qui régit les caractères sexuels secondaires et qui augmente le comportement agressif, souvent associé à la masculinité.

En stimulant la synthèse des protéines, les stéroïdes anabolisants provoquent des gains rapides de la masse et de la force musculaires pendant les séances d'exercices et de musculation. Cependant, utilisés en fortes concentrations, ils entraînent une diminution rapide de la production de testostérone avec, comme conséquences, l'acné, la calvitie, la diminution de la taille des testicules, la stérilité et, peut-être, des maladies cardiaques précoces chez les hommes. Même un usage occasionnel peut endommager les reins ou préparer le terrain aux cancers du foie, des testicules ou de la prostate. Chez les femmes, les stéroïdes anabolisants rendent la voix plus grave et produisent une abondante pilosité faciale. La taille des seins peut diminuer, et le cycle menstruel, devenir irrégulier.

Ce ne sont pas tous les consommateurs de stéroïdes anabolisants qui présentent des effets secondaires graves. On observe plus couramment des problèmes d'ordre mental, comme la psychose du culturiste. Les consommateurs deviennent plus irritables et de plus en plus agressifs. Certains hommes perdent tout contrôle sur leur agressivité, deviennent maniaques ou déments. On connaît le cas d'un consommateur qui a accéléré à toute vitesse avec sa voiture et qui a délibérément percuté un arbre.

Diriez-vous que la sélection naturelle favorise ou défavorise l'usage de stéroïdes anabolisants ? Expliquez votre réponse.

Vocabulaire

Tégument

Acide folique 37.2
Cellule de Granstein 37.2
Cellule de Langerhans 37.2
Derme 37.1
Épiderme 37.1
Kératinocyte 37.1
Mélanocyte 37.1
Peau de vertébré 37.1
Poil 37.1
Tégument 37
Vitamine D 37.2

Fonctions squelettique et musculaire

Actine 37.7
Articulation 37.5
Créatine phosphate 37.9
Dette en oxygène 37.9

Disque intervertébral 37.4
Endosquelette 37.3
Exercice 37.10
Exosquelette 37.3
Fatigue musculaire 37.10
Ligament 37.5
Modèle de glissement des filaments 37.7
Moelle osseuse jaune 37.5
Moelle osseuse rouge 37.5
Muscle squelettique 37.6
Myofibrille 37.7
Myosine 37.7
Os 37.5
Ostéoblaste 37.5

Ostéoclaste 37.5
Ostéocyte 37.5
Potentiel d'action 37.8
Remodelage osseux 37.5
Réticulum sarcoplasmique 37.8
Sarcomère 37.7
Secousse musculaire 37.10
Squelette hydrostatique 37.3
Tendon 37.6
Tension musculaire 37.10
Tétanos 37.10
Titine 37.7
Unité motrice 37.10
Vertèbre 37.4

Lectures complémentaires

Ferraris, C. (juill. 2005). « La peau reconstruite ». _Pour la science_, 333 : 70-75.

Sherwood, L. (1997). _Human Physiology_, 3e éd. Belmont, Californie : Wadsworth.

Travis, J. (15 janv. 2000). « Boning Up ». _Science News_, 157 : 41-43.

Lectures complémentaires en ligne : consultez l'infoTrac à l'adresse Web www.brookscole.com/biology

[Note manuscrite : 70 ml × ... /min | Débit cardiaque : Le volume sanguin qu'éjecte le ventricule gauche par minute dans la circulation systémique. 2 facteurs : fréquence cardiaque, volume systolique (qté de sang expulsée par le ventricule gauche) (= 70 ml)]

LE CŒUR : UNE POMPE SOLITAIRE

Le cœur humain bat tant plus de 3 milliards de fois durant une vie moyenne de 75 ans, il se doit d'être une pompe résistante. Sa structure même est garante de sa durabilité. Le péricarde, un sac à double paroi fait de tissus épithélial et conjonctif résistants, protège le cœur et l'ancre aux structures voisines. Un liquide situé entre ses parois lubrifie le cœur lors de ses incessants battements. Le feuillet interne du péricarde fait partie intégrante du cœur (voir la figure 38.12). Le myocarde, qui constitue la majeure partie de la paroi cardiaque, se compose de cellules musculaires cardiaques reliées à des fibres d'élastine et de collagène. Ces fibres sont si densément entrecroisées qu'elles servent de «squelette» contre lequel la force de contraction peut s'appliquer. Le muscle cardiaque a un si grand besoin d'oxygène qu'il a sa propre circulation, à savoir la circulation coronaire. Des artères coronaires prennent naissance au tout début de l'aorte et apportent de l'oxygène jusqu'aux lits capillaires du muscle cardiaque. La couche interne du cœur se compose de tissu conjonctif et d'endothélium. L'endothélium est un épithélium simple squameux qui tapisse la paroi interne des vaisseaux sanguins et du cœur (voir la figure 33.2).

Chaque moitié du cœur possède deux cavités, soit une oreillette et un ventricule. Le sang arrive dans une oreillette, puis passe dans un ventricule avant de sortir soit par le tronc pulmonaire, soit par l'aorte. Entre l'oreillette et le ventricule se trouve une valve auriculo-ventriculaire. Entre le ventricule et l'artère qui en est issue, soit le tronc pulmonaire ou l'aorte, se trouve une valve semi-lunaire. Toutes ces valves assurent la circulation du sang dans une seule direction et empêchent son reflux.

La révolution cardiaque

Chaque fois que le cœur bat, ses quatre cavités effectuent une contraction (la systole) et un relâchement (la diastole). La suite d'une contraction et d'un relâchement constitue une **révolution cardiaque**. Les oreillettes se remplissent d'abord de sang, et il en résulte une pression de plus en plus grande qui force les valves auriculo-ventriculaires gauche et droite à s'ouvrir. Le sang commence à remplir les ventricules jusqu'à ce que les oreillettes se contractent (voir la figure 38.13). Lorsque les ventricules se contractent à leur tour, la pression hydrostatique du sang entraîne la fermeture de ces valves. Cette pression augmente si brusquement par rapport à la pression dans les grandes artères qu'elle force l'ouverture des valves semi-lunaires pulmonaires et aortiques : le sang sort du cœur. Les ventricules se relâchent, les valves semi-lunaires se referment, les oreillettes recommencent à se remplir et le cycle se répète. La contraction auriculaire ne fait que

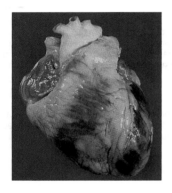

a

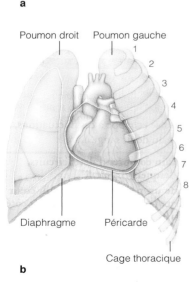

Poumon droit   Poumon gauche

Diaphragme   Péricarde

Cage thoracique

b

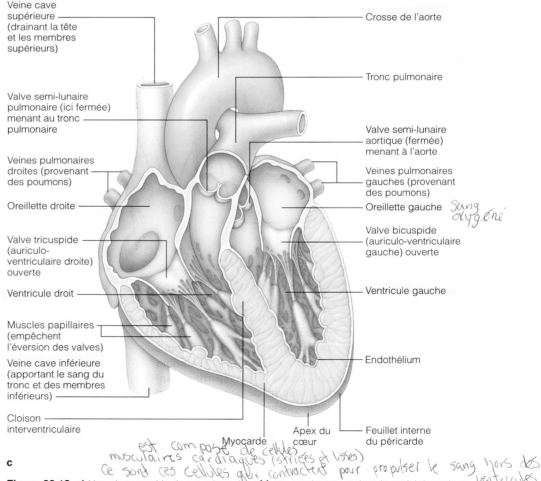

Veine cave supérieure (drainant la tête et les membres supérieurs)

Valve semi-lunaire pulmonaire (ici fermée) menant au tronc pulmonaire

Veines pulmonaires droites (provenant des poumons)

Oreillette droite

Valve tricuspide (auriculo-ventriculaire droite) ouverte

Ventricule droit

Muscles papillaires (empêchent l'éversion des valves)

Veine cave inférieure (apportant le sang du tronc et des membres inférieurs)

Cloison interventriculaire

Crosse de l'aorte

Tronc pulmonaire

Valve semi-lunaire aortique (fermée) menant à l'aorte

Veines pulmonaires gauches (provenant des poumons)

Oreillette gauche *[sang oxygéné]*

Valve bicuspide (auriculo-ventriculaire gauche) ouverte

Ventricule gauche

Endothélium

Myocarde Apex du cœur Feuillet interne du péricarde

c

[Note manuscrite : est composé de cellules musculaires cardiaques (striées et lisses). Ce sont ces cellules qui contractent pour propulser le sang hors des ventricules.]

Figure 38.12 a) Une photographie du cœur humain et **b)** son emplacement dans la cavité thoracique. **c)** Une coupe du cœur, montrant sa paroi et son organisation interne.

[Note manuscrite en haut :] Révolution cardiaque : chaque cycle comprend 2 phases alternatives : la systole et la diastole qui durent environ 0,4 sec. chacune

[Note manuscrite surlignée :] systole : ventricules se contractent et expulsent le sang en périphérie (pulmonaire ou systémique)

[Note manuscrite :] diastole : ventricules font le plein.

[Note manuscrite :] oreillette

[Note manuscrite :] adulte 65-80 batt/min

[Note manuscrite :] ventricule

[Note manuscrite :] 0,1 S

[Note manuscrite :] contraction

[Note manuscrite :] 0,3 s

[Note manuscrite :] 0,4 s

a Diastole (milieu et fin). Les ventricules se remplissent, puis les oreillettes se contractent.

b Diastole (début). Les oreillettes et les ventricules sont en diastole.

c Systole ventriculaire (les oreillettes sont en diastole). Le sang sort des ventricules.

Figure 38.13 Une révolution cardiaque. Le sang et les mouvements du cœur produisent deux bruits perceptibles au niveau de la paroi thoracique. Le premier bruit correspond à la fermeture des valves auriculo-ventriculaires, au moment où les ventricules se contractent. Le second bruit se fait entendre lorsque les valves semi-lunaires se referment, au moment où les ventricules se relâchent.

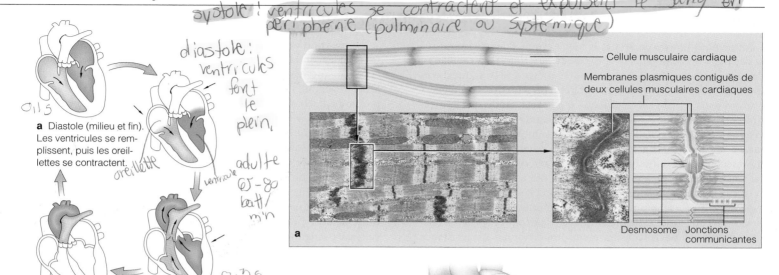

Cellule musculaire cardiaque

Membranes plasmiques contiguës de deux cellules musculaires cardiaques

Desmosome Jonctions communicantes

a

Nœud sinusal (centre d'automatisme cardiaque)

Nœud auriculo-ventriculaire

Faisceau auriculo-ventriculaire

Voies de passage du potentiel d'action depuis le nœud auriculo-ventriculaire jusqu'au myocarde des ventricules (voies constituées de cellules cardiaques qui conduisent des potentiels d'action, mais qui ne se contractent pas)

b

Figure 38.14 a) Les extrémités de cellules musculaires cardiaques contiguës retenues ensemble par des jonctions serrées et des desmosomes. Des jonctions communicantes reliant leurs cytoplasmes procurent une faible résistance électrique et accélèrent la propagation de l'excitation d'une cellule à une autre. **b)** Le système de conduction cardiaque.

[Note manuscrite :] Bruits cardiaques (toc, tac) : Les bruits du cœur que l'on entend proviennent du claquement produit par la fermeture des valves.

remplir les ventricules, alors que la contraction de ces derniers est la force responsable de la circulation du sang.

[Note manuscrite :] 1) Le 1 bruit correspond au reflux de sang qui ferme les valves auriculo-ventriculaires pendant la forte contraction des ventricules.

La contraction du muscle cardiaque

Tout comme le tissu musculaire squelettique, le tissu musculaire cardiaque est strié. En réponse à des potentiels d'action, ses sarcomères se contractent selon le mode de glissement des filaments décrit à la section 37.7. Grâce à ses mitochondries très abondantes qui lui fournissent de l'ATP, le muscle cardiaque bénéficie de toute l'énergie dont il a besoin pour accomplir ses activités. Les cellules musculaires cardiaques ont aussi une structure unique : elles sont courtes, ramifiées et reliées à leurs extrémités par des jonctions communicantes. Grâce à ces jonctions, le potentiel d'action se propage très rapidement dans l'ensemble du myocarde durant chaque contraction (voir la figure 38.14).

[Note manuscrite :] 2) Le second correspond à la fermeture des valves semi-lunaires de l'aorte et du tronc pulmonaire lors du relâchement des ventricules

Environ 1 % des cellules du cœur ne se contractent pas, car elles font partie du **système de conduction cardiaque**. Soixante-dix fois par minute environ, ces cellules spécialisées déclenchent et propagent des vagues d'excitation qui circulent des oreillettes aux ventricules. Leur excitation synchronisée détermine l'efficacité de l'activité de pompage du cœur. Chaque vague débute au niveau du nœud sinusal, un ensemble de cellules conductrices situées dans la paroi de l'oreillette droite (voir la figure 38.14), et se propage ensuite jusqu'au nœud auriculo-ventriculaire, un autre amas de cellules conductrices. Il s'agit là de l'unique liaison électrique entre les oreillettes et les ventricules, alors que toutes les autres liaisons s'effectuent directement par les éléments du système de conduction qui sont isolés par du tissu conjonctif. À partir du nœud auriculo-ventriculaire, les cellules conductrices s'organisent en faisceau dans la cloison interventriculaire. Les cellules de ce faisceau se ramifient ensuite et leurs branches transmettent la vague d'excitation jusqu'aux parois ventriculaires. Les ventricules se contractent alors dans un mouvement de torsion, s'effectuant depuis l'apex du cœur vers le haut, ce qui pousse le sang dans les grandes artères.

Le nœud sinusal génère des influx nerveux à un rythme plus rapide que le reste du système de conduction, de sorte qu'il joue le rôle de **centre d'automatisme cardiaque**. Ses contractions rythmiques et spontanées sont responsables des battements réguliers du cœur. Le système nerveux ne peut qu'ajuster la fréquence et la force de contraction dictées par ce centre d'automatisme. Même si toutes les liaisons nerveuses allant au cœur étaient coupées, celui-ci continuerait de battre par lui-même !

Le cœur est doté d'une structure en lien avec sa fonction de pompe et sa durabilité. Sous l'effet de signaux spontanés et rythmiques du centre d'automatisme cardiaque, les cellules cardiaques, qui sont ramifiées et reliées par leurs extrémités, se contractent en synchronie.

Chacune des deux moitiés du cœur se compose de deux cavités, une oreillette et un ventricule. La contraction des ventricules est la principale force responsable de la circulation du sang dans les vaisseaux sanguins.

LA PRESSION SANGUINE DANS LE SYSTÈME CARDIOVASCULAIRE

Comme nous venons de le voir, le sang s'écoule du cœur aux tissus et des tissus au cœur dans des artères, des artérioles, des capillaires, des veinules et des veines. La figure 38.15 présente la structure de ces différents vaisseaux sanguins. Les artères représentent les principaux transporteurs du sang oxygéné dans l'organisme, tandis que les artérioles constituent les vaisseaux qui contrôlent le débit sanguin dans chaque organe. Les capillaires sanguins, de même que les veinules, mais à un moindre degré, sont les sites d'échange du système cardiovasculaire. Les veines jouent le rôle de réservoirs de sang et elles ramènent le sang désoxygéné vers le cœur droit.

Deux facteurs influencent fortement le débit sanguin dans chaque type de vaisseau sanguin. D'abord, le débit est directement proportionnel au gradient de pression entre le début et la fin du vaisseau. Ensuite, il devient inversement proportionnel à la résistance du vaisseau.

La **pression sanguine** est la pression hydrostatique transmise au sang par les contractions des ventricules. Dans les circuits pulmonaire et systémique, la différence de pression entre deux points détermine le débit sanguin. Les contractions ventriculaires engendrent une forte pression au début du circuit; par la suite, le sang qui s'écoule frotte contre les parois des vaisseaux sanguins, ce qui ralentit le débit. Le principal facteur responsable de la résistance à l'écoulement sanguin est le rayon du vaisseau sanguin. En termes simples, la résistance augmente à mesure que le diamètre du vaisseau diminue; c'est ainsi qu'une réduction de moitié du diamètre d'un vaisseau augmente la résistance de 16 fois.

La pression sanguine varie dans les vaisseaux sanguins, surtout à cause de la résistance qui augmente à mesure que le diamètre des vaisseaux sanguins diminue. La pression est élevée à la sortie des ventricules et elle l'est encore au début des artères. Elle chute progressivement et c'est dans les oreillettes au repos qu'elle est la plus basse (voir la figure 38.16).

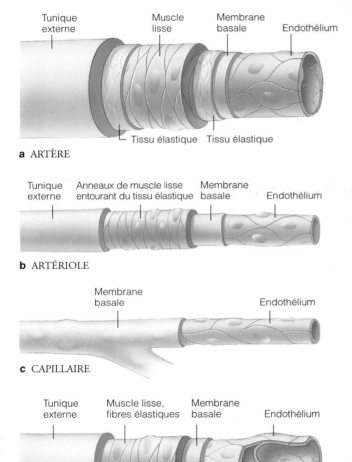

a ARTÈRE

b ARTÉRIOLE

c CAPILLAIRE

d VEINE

Figure 38.15 La structure des vaisseaux sanguins. La membrane basale entourant l'endothélium de chaque vaisseau se veut une couche de tissu acellulaire riche en protéines et en polysaccharides. Les veinules à la sortie des lits capillaires présentent une structure et une fonction similaires à celles des capillaires.

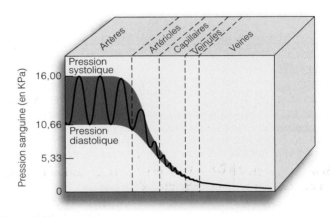

Figure 38.16 La diminution de la pression hydrostatique du sang dans la circulation systémique.

La pression artérielle

En raison de leur grand diamètre et de leur faible résistance à l'écoulement du sang, les artères transportent rapidement le sang oxygéné. Ce sont aussi des réservoirs de pression qui réduisent les variations trop grandes de pression générées au cours d'une révolution cardiaque. Leur paroi épaisse, musculaire et élastique se dilate à l'arrivée du grand volume de sang qui s'échappe du cœur lors de la systole ventriculaire. La paroi reprend ensuite sa forme, ce qui force le sang vers l'avant lorsque le cœur se relâche.

Supposons que vous souhaitiez mesurer chaque jour votre **pression artérielle**. Normalement, vous prendriez cette mesure à partir de l'artère brachiale alors que vous êtes au repos (voir la figure 38.17). Lors d'une révolution cardiaque, la pression systolique correspond à la pression maximale exercée sur les parois artérielles au moment de la contraction du ventricule gauche. La pression diastolique est la pression artérielle la plus faible de la révolution cardiaque, atteinte lorsque les ventricules se relâchent. On peut estimer la pression artérielle moyenne en additionnant la valeur de la pression diastolique à la valeur de la pression différentielle divisée par trois. (La pression différentielle correspond à la différence entre la pression systolique

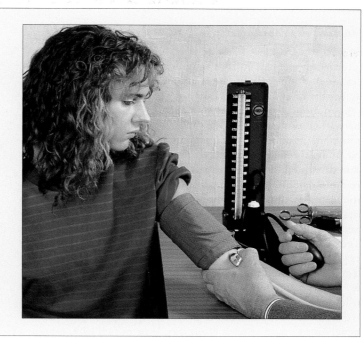

Figure 38.17 La mesure de la pression artérielle systémique.

Un brassard gonflable relié à un manomètre entoure le bras et un stéthoscope est appliqué dans le pli du coude, sur l'artère brachiale. On insuffle de l'air dans le brassard jusqu'à ce que la pression y soit supérieure à la pression systolique et qu'on n'entende plus aucun bruit. La circulation du sang dans l'artère est alors bloquée.

Lorsqu'on libère lentement de l'air du brassard, le sang, sans encore pouvoir couler librement, force le passage dans l'artère au moment de la systole, quand sa pression est maximale. On entend alors dans le stéthoscope des bruits réguliers correspondant aux systoles. La pression mesurée à l'apparition de ce bruit est dite *systolique*; elle se situe généralement autour de 16 KPa chez un jeune adulte au repos.

On continue à libérer l'air du brassard. Les sons rythmiques entendus au stéthoscope s'affaiblissent, puis cessent complètement. Ce silence correspond à la pression diastolique à la fin de la révolution cardiaque, alors que le sang circule librement dans l'artère. On lit alors une valeur se situant autour de 10,66 KPa. La pression qu'on sent en prenant le pouls correspond à la différence entre 16 et 10,66, soit 5,33 KPa. Cette pression, dite *différentielle*, demeure généralement à peu près constante chez un jeune adulte en bonne santé.

et la pression diastolique.) Si la pression artérielle est de 16/10,66 KPa, la pression artérielle moyenne est donc égale à 10,66 + (16 − 10,66)/3 = 12,40 KPa.

La régulation du débit sanguin par les artérioles

Si on suit un certain volume de sang dans la circulation systémique, on constate que la plus grande chute de pression a lieu au niveau des artérioles, qui offrent la résistance la plus élevée au sang (voir la figure 38.16). Un système de régulation permet de diriger une certaine partie du sang vers des organes spécifiques. Des signaux régulateurs agissent sur les muscles lisses dans les parois des artérioles et peuvent causer un relâchement de ceux-ci, donc une **vasodilatation**, c'est-à-dire une augmentation du diamètre des artérioles. D'autres signaux provoquent la contraction des muscles lisses, produisant alors une **vasoconstriction**, soit une diminution du diamètre des artérioles.

Le diamètre des artérioles est réglé par le système nerveux et le système endocrinien. Par exemple, des neurones du système nerveux sympathique se terminent dans les muscles lisses de nombreuses artérioles. Une augmentation de l'activité de ces neurones déclenche la vasoconstriction. L'adrénaline et l'angiotensine sont des hormones qui influent sur le diamètre des artérioles.

Le diamètre des artérioles est également ajusté quand des activités métaboliques entraînent des variations de la concentration de certaines substances dans un tissu. Ces changements chimiques locaux modifient le débit sanguin dans une région spécifique pour répondre aux besoins métaboliques des tissus. Lorsque vous courez par exemple, vos cellules musculaires squelettiques consomment beaucoup d'oxygène, et le taux sanguin de dioxyde de carbone, d'ions H^+, K^+ et d'autres solutés augmente. Ces conditions entraînent la vasodilatation des artérioles situées à proximité. Une plus grande quantité de sang s'écoule alors dans les muscles actifs pour y distribuer encore plus d'oxygène et de glucose, et pour en retirer les produits cellulaires et les déchets métaboliques. Quand les muscles se relâchent et exigent

moins de sang, le taux local d'oxygène augmente et les artérioles se contractent.

La régulation de la pression artérielle moyenne

La pression artérielle moyenne dépend du débit cardiaque et de la résistance totale des vaisseaux sanguins. Le débit cardiaque est réglé principalement par la fréquence et la force des contractions. La résistance totale est déterminée principalement par la vasoconstriction ou la vasodilatation des artérioles. Bien sûr, les demandes des tissus et des organes varient selon les besoins, de sorte que l'équilibre entre le débit cardiaque et la résistance totale est constamment réajusté.

Le **baroréflexe** est le facteur-clé permettant la régulation à court terme de la pression artérielle. Ce réflexe se déclenche quand un barorécepteur perçoit des modifications de la pression artérielle moyenne et de la pression différentielle. Les barorécepteurs les plus importants sont situés dans les artères carotides, qui apportent le sang à l'encéphale, et dans la crosse de l'aorte, qui distribue le sang dans le reste de l'organisme. Ces récepteurs génèrent continuellement des signaux qui se rendent jusqu'au centre de régulation cardiovasculaire situé dans le bulbe rachidien. Ce centre de régulation ajuste alors la pression artérielle en émettant des messages nerveux par les voies sympathiques et parasympathiques jusqu'aux artérioles et au cœur. Par exemple, lorsque la pression artérielle est trop élevée, le bulbe rachidien commande au cœur de battre plus lentement et de se contracter moins fortement; il déclenche aussi une vasodilatation des artérioles qui entraîne une diminution de la résistance totale.

En ajustant le volume et la composition du sang, les reins sont pour leur part responsables de la régulation à long terme de la pression artérielle (voir la section 42.2).

La régulation de la pression artérielle moyenne s'effectue par la modification du débit cardiaque et de la résistance totale des vaisseaux sanguins, principalement au niveau des artérioles.

DES LITS CAPILLAIRES AU CŒUR

La fonction des capillaires

LES ÉCHANGES SANGUINS C'est au niveau des lits capillaires que s'effectuent les échanges entre le sang, le liquide interstitiel et les cellules. Si elles sont privées de ces échanges, les cellules meurent rapidement. Les cellules cérébrales, qui sont les plus sensibles, meurent en moins de 4 minutes.

Entre 10 et 40 milliards de lits capillaires sont présents dans le corps humain. L'ensemble de ces capillaires offre une surface considérable pour les échanges des gaz respiratoires. Les capillaires sont présents dans presque tous les tissus de l'organisme et chacun se trouve à moins de 10 μm de chaque cellule. Cette proximité est essentielle, car la diffusion se fait beaucoup plus rapidement quand les distances sont faibles. En l'absence d'un système cardiovasculaire par exemple, l'oxygène prendrait des années à diffuser des poumons jusqu'aux pieds.

Les globules rouges, qui mesurent environ 8 μm de diamètre, se faufilent les uns à la suite des autres dans les capillaires, qui mesurent de 3 à 7 μm de diamètre. Ces cellules doivent donc se serrer les unes contre les autres et se déformer quelque peu pour y circuler. Les substances dissoutes dans le plasma et les globules rouges, qui transportent l'oxygène, sont alors en contact étroit avec la paroi capillaire, c'est-à-dire la surface d'échange.

L'ensemble de tous les capillaires de l'organisme présente une aire totale de section supérieure à celle des artérioles qui y amènent le sang. Ce dernier circule donc plus lentement dans les capillaires que dans les artérioles ; étant donné qu'à tout instant il n'y a qu'environ 5 % du sang total dans les capillaires, le liquide interstitiel a beaucoup de temps pour effectuer des échanges avec le sang (voir la figure 38.3*e*).

Chaque capillaire se compose d'une seule couche de cellules endothéliales assemblées en forme de tube (voir la figure 38.15*c*). Les cellules sont généralement collées les unes contre les autres, mais cette formation peut varier selon les organes ou les tissus. Dans la plupart des cas, de minces fentes sont présentes entre les cellules endothéliales, de sorte que du liquide peut s'échapper des capillaires dans le liquide interstitiel. Par contre, ces fentes sont inexistantes dans les capillaires de l'encéphale, en raison des jonctions serrées présentes entre les cellules ; aucune substance ne peut filtrer entre les cellules et toutes doivent traverser les cellules. Ces jonctions constituent un élément fonctionnel de la barrière hémato-encéphalique décrite à la section 34.8.

L'oxygène, le dioxyde de carbone et la plupart des autres petites substances liposolubles traversent la paroi capillaire en diffusant à travers la bicouche lipidique et le cytoplasme des cellules. Certaines protéines entrent et sortent des capillaires par endocytose ou exocytose.

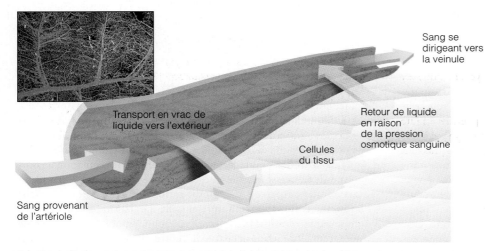

Sang se dirigeant vers la veinule

Transport en vrac de liquide vers l'extérieur

Retour de liquide en raison de la pression osmotique sanguine

Cellules du tissu

Sang provenant de l'artériole

Figure 38.18 Les échanges liquidiens dans un lit capillaire. Le mouvement de liquide ne joue pas un rôle significatif dans la diffusion des solutés. Cependant, il permet la répartition du liquide extracellulaire entre le sang et le liquide interstitiel.

Les mouvements liquidiens à travers la paroi capillaire sont le résultat des effets opposés de la filtration et de la réabsorption.

À l'extrémité artériolaire d'un capillaire, la différence entre la pression sanguine et la pression hydrostatique du liquide interstitiel pousse du liquide hors du sang, mais très peu de protéines plasmatiques s'en échappent. Ce liquide se déplace en vrac à travers les fentes situées entre les cellules endothéliales de la paroi capillaire. La filtration est le mouvement en vrac de liquide en dehors du capillaire.

La réabsorption, soit le déplacement de liquide interstitiel vers le capillaire, est attribuable à l'osmose. La pression osmotique du plasma est plus élevée que celle du liquide interstitiel parce qu'il contient beaucoup de protéines. L'eau a donc tendance à pénétrer dans le plasma et, à l'extrémité veineuse du capillaire, elle peut le faire plus facilement en raison de la diminution de la pression hydrostatique du sang.

La réabsorption à l'extrémité veineuse du capillaire tend à équilibrer la filtration qui s'effectue à l'extrémité artériolaire. Normalement, il y a une très faible sortie nette de liquide ; celui-ci est ramené dans la circulation sanguine grâce au système lymphatique.

EXTRÉMITÉ ARTÉRIOLAIRE DU LIT CAPILLAIRE	
Pression dirigée vers l'extérieur du capillaire	
Pression hydrostatique du sang	4,66 KPa
Pression osmotique due aux protéines du liquide interstitiel	3,73 KPa
Pression dirigée vers le capillaire	
Pression hydrostatique du liquide interstitiel	0
Pression osmotique due aux protéines plasmatiques	0,40 KPa
Pression de filtration nette	
(4,66–0) – (3,73–0,40) = 1,33 KPa	
FILTRATION FAVORISÉE	

EXTRÉMITÉ VEINEUSE DU LIT CAPILLAIRE	
Pression dirigée vers l'extérieur du capillaire	
Pression hydrostatique du sang	2,00 KPa
Pression osmotique due aux protéines du liquide interstitiel	3,73 KPa
Pression dirigée vers le capillaire	
Pression hydrostatique du liquide interstitiel	0
Pression osmotique due aux protéines plasmatiques	0,40 KPa
Pression de réabsorption nette	
(2,00–0) – (3,73–0,40) = –1,33 KPa	
RÉABSORPTION FAVORISÉE	

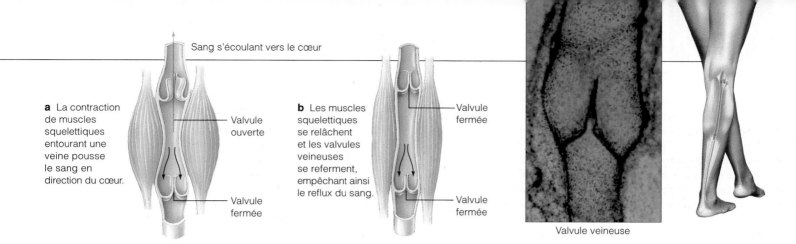

a La contraction de muscles squelettiques entourant une veine pousse le sang en direction du cœur.

Sang s'écoulant vers le cœur

Valvule ouverte

Valvule fermée

b Les muscles squelettiques se relâchent et les valvules veineuses se referment, empêchant ainsi le reflux du sang.

Valvule fermée

Valvule fermée

Valvule fermée

Valvule veineuse

Figure 38.19 La fonction veineuse. Des valvules dans les veines des membres supérieurs et inférieurs empêchent le reflux du sang. La contraction des muscles squelettiques entourant une veine crée une pression qui pousse le sang vers le cœur.

De petites substances hydrosolubles comme les ions passent dans les fentes entre les cellules endothéliales. Les globules blancs traversent également à ce niveau, comme l'indique le prochain chapitre.

LES MÉCANISMES D'ÉCHANGE La diffusion n'est pas le seul moyen d'échange de substances à travers la paroi capillaire. En effet, quand les pressions hydrostatiques s'exerçant sur la paroi sont déséquilibrées, un important transport en vrac de part et d'autre de la paroi peut se produire. Le transport en vrac de liquide est un mouvement de liquide et de solutés dans une même direction, en réponse à une pression hydrostatique.

Comme le montre la figure 38.18, l'eau et les solutés présents dans le sang et le liquide interstitiel modifient la direction de ces échanges. À l'extrémité artérielle du lit capillaire, la pression hydrostatique est plus élevée que la pression osmotique, qui est due à la présence de protéines plasmatiques et qui tend à s'opposer à la sortie des liquides du capillaire. Il en résulte une **filtration** au cours de laquelle une petite quantité de plasma dépourvu de protéines est poussée en vrac à travers les fentes capillaires. Cet équilibre des forces se modifie plus loin dans le capillaire. Alors que la pression hydrostatique du sang diminue régulièrement, la pression osmotique sanguine demeure stable. Lorsque la pression osmotique devient supérieure à la pression hydrostatique, il y a une **réabsorption** et les liquides retournent dans le capillaire.

Le résultat normal de ces échanges liquidiens est une légère perte nette de liquide provenant du lit capillaire, laquelle retourne à la circulation sanguine grâce au système lymphatique (voir la section 38.11). Ce transport en vrac de liquide permet le maintien d'un équilibre vital entre le liquide interstitiel et le sang. Une pression hydrostatique sanguine normale nécessite un volume sanguin adéquat. Si celui-ci diminue fortement, à la suite d'une hémorragie par exemple, le liquide interstitiel peut être réabsorbé pour compenser la perte de liquide.

Une pression artérielle élevée peut causer une filtration excessive et un œdème, c'est-à-dire une accumulation anormale de liquide dans les espaces interstitiels. Un léger œdème se manifeste durant une activité physique, lorsque les artérioles sont dilatées dans de nombreux tissus. On peut aussi observer de l'œdème dans les cas d'hypertension ou d'insuffisance cardiaque. On note un œdème extrême chez les sujets atteints d'éléphantiasis, une maladie due à la présence de nématodes parasites qui obstruent ou détruisent les vaisseaux lymphatiques, compromettant ainsi le retour des liquides dans le sang (voir la figure 25.16*b*).

La pression veineuse

Qu'en est-il de la pression sanguine une fois que le sang a traversé les lits capillaires et perdu beaucoup de sa pression en raison de l'étendue de l'aire totale de section de ces derniers ? Rappelons que les capillaires se rejoignent pour former des veinules, qui forment à leur tour des veines de plus grand diamètre. En raison de la diminution de l'aire totale de section des veines, la vitesse de l'écoulement sanguin augmente à mesure que le sang retourne vers le cœur.

Les veinules présentent une structure quelque peu similaire à celle des capillaires. Des solutés diffusent à travers leurs parois, qui ne sont pas tellement plus épaisses que celles des capillaires. Une certaine régulation de leur diamètre pourrait s'y exercer.

Les veines sont des vaisseaux de grand diamètre et de faible résistance qui ramènent le sang vers le cœur (voir la figure 38.15*d*). Les veines des membres supérieurs et inférieurs sont munies de valvules qui empêchent le reflux du sang. Lorsque l'effet de la gravité s'exerce sur ces veines, le retour du sang vers l'arrière emplit les valvules et les referme. Dans ces circonstances, la paroi d'une veine peut gonfler énormément sous la pression, beaucoup plus qu'une artère. Les veines constituent un réservoir de sang. On estime que l'ensemble des veines d'un adulte peut renfermer de 50 % à 60 % du volume sanguin total.

La paroi des veines renferme un peu de muscle lisse qui peut se contracter. Quand le sang circule plus rapidement, au cours d'une activité physique par exemple, la paroi veineuse devient plus rigide et la veine se gonfle moins, de sorte que la pression veineuse augmente et permet de ramener plus de sang au cœur. De surcroît, quand les membres bougent, les muscles squelettiques compriment les veines, ce qui augmente aussi la pression veineuse et pousse le sang vers le cœur (voir la figure 38.19). L'inspiration augmente aussi la pression veineuse. En effet, au cours de l'inspiration, le diaphragme descend et exerce une pression sur les organes et les veines de l'abdomen ; le sang veineux est ainsi poussé vers le cœur.

Les lits capillaires sont des zones de diffusion où prennent place les échanges entre le sang et le liquide interstitiel. Le transport en vrac de liquide contribue au maintien de l'équilibre liquidien entre le sang et le liquide interstitiel.

Les veinules présentent une structure et une fonction similaires à celles des capillaires.

Étant très extensibles, les veines jouent le rôle de réservoir sanguin et permettent d'ajuster le retour du sang vers le cœur.

Les troubles cardiovasculaires

Chaque année, les troubles cardiovasculaires perturbent l'existence de 40 millions de personnes et environ un million de personnes en meurent. Tous ces troubles, qui affectent la circulation sanguine, représentent la principale cause de mortalité aux États-Unis. Les deux troubles les plus courants se veulent l'hypertension, soit une pression sanguine élevée chronique, et l'athérosclérose, qui est caractérisée par un épaississement progressif de la paroi d'une artère entraînant la réduction de la lumière du vaisseau. Ces deux troubles causent des crises cardiaques et des accidents vasculaires cérébraux, qui touchent respectivement le muscle cardiaque et l'encéphale.

Les signes annonciateurs d'une crise cardiaque se manifestent par une douleur rétrosternale, un engourdissement ou une douleur au bras gauche, ainsi que par de la sudation et des nausées. Plus souvent encore que les hommes, les femmes ressentent les symptômes types : des douleurs au cou et au dos, de la fatigue, un souffle court, de l'anxiété, une sensation d'indigestion et un pouls rapide. La pression artérielle est faible.

LES FACTEURS DE RISQUE Les chercheurs ont établi un lien entre les facteurs ci-dessous et les risques de développer des troubles cardiovasculaires :

1. Le tabagisme (voir la section 40.7)
2. Une prédisposition génétique aux crises cardiaques
3. Un taux élevé de cholestérol sanguin
4. Une pression artérielle élevée
5. L'obésité (voir la section 41.10)
6. La sédentarité
7. Le diabète (voir la section 36.7)
8. L'âge (les risques augmentent avec l'âge)
9. Le sexe (jusqu'à l'âge de 50 ans, les hommes sont plus à risque que les femmes)

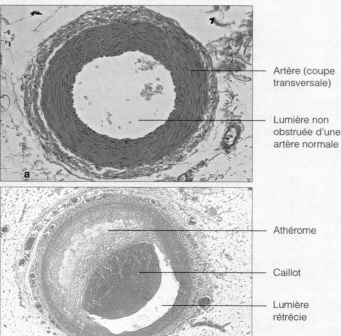

Artère (coupe transversale)

Lumière non obstruée d'une artère normale

Athérome

Caillot

Lumière rétrécie

Pratiquer des activités physiques régulières, adopter une alimentation saine et s'abstenir de fumer aident à diminuer les risques. Si une personne fait peu d'exercice et mange avec excès, sa masse de tissu adipeux augmente, entraînant ainsi un accroissement du nombre de vaisseaux sanguins et de capillaires pour irriguer ce tissu ; le cœur doit alors travailler plus fort pour pomper le sang dans des vaisseaux sanguins plus longs et plus ramifiés. Chez les fumeurs, la nicotine du tabac entraîne la sécrétion d'adrénaline par les glandes surrénales. Cette hormone provoque une vasoconstriction des vaisseaux sanguins et une augmentation consécutive de la fréquence cardiaque et de la pression artérielle. Par ailleurs, le monoxyde de carbone de la fumée de cigarette entre en concurrence avec l'oxygène pour les sites de fixation à l'hémoglobine. Encore une fois, le cœur doit travailler plus fort pour envoyer suffisamment d'oxygène aux cellules. La cigarette prédispose aussi à l'athérosclérose, même si le taux de cholestérol sanguin est normal.

Les prochains paragraphes décrivent certains troubles cardiovasculaires.

L'HYPERTENSION Une augmentation graduelle de la résistance au débit sanguin dans les artérioles cause l'hypertension. Avec le temps, la pression artérielle se maintient au-dessus de 140/90, même au repos. L'hérédité peut être un facteur prédisposant ; on a en effet noté que l'hypertension est répandue dans certaines familles. Le régime alimentaire représente aussi un facteur de risque chez certaines personnes ; en effet, une alimentation riche en sel accroît la pression artérielle et le travail du cœur. À la longue, le cœur augmente de volume et pompe le sang avec moins d'efficacité. Une pression artérielle élevée peut causer un durcissement des parois artérielles, ce qui entrave la distribution de l'oxygène à l'encéphale, au cœur et à d'autres organes vitaux.

On dit que l'hypertension est un « tueur silencieux », car les personnes touchées ne présentent pas toujours de symptômes apparents. Même s'ils savent que leur pression artérielle est élevée, certains ont tendance à ne pas vouloir prendre les médicaments appropriés, à ne pas modifier leur régime alimentaire et à ne pas faire d'exercice. Aux États-Unis, la majorité des quelque 23 millions de personnes qui souffrent d'hypertension ne cherchent pas à se soigner. Environ 180 000 personnes en meurent chaque année.

L'ATHÉROSCLÉROSE L'athérosclérose consiste en l'épaississement et la perte d'élasticité des artères. Ce trouble s'aggrave lorsque le cholestérol et d'autres lipides s'accumulent sur la paroi des artères, rétrécissant ainsi la lumière de ces vaisseaux (voir la figure 38.20).

L'introduction du chapitre 16 nous apprend que le foie produit normalement suffisamment de cholestérol pour répondre aux besoins de l'organisme et qu'un régime alimentaire riche en cholestérol augmente sa concentration dans le sang. Lorsque le cholestérol circule dans le sang, il est lié à des protéines connues sous le nom de lipoprotéines de faible densité, ou **LDL**. Les cellules de l'organisme sont munies de récepteurs pour les LDL grâce auxquels elles prélèvent celles-ci en même temps que le cholestérol pour leurs besoins métaboliques. Cependant, elles n'utilisent pas tout le cholestérol ; le surplus se lie à un autre groupe de protéines, dites *protéines de haute densité* ou **HDL**. Le sang ramène les HDL au foie, où elles sont métabolisées.

Figure 38.20 Les coupes **a)** d'une artère normale et **b)** d'une artère dont la lumière est rétrécie en raison de la présence d'une plaque d'athérome. Un caillot obstrue presque complètement la lumière de cette artère.

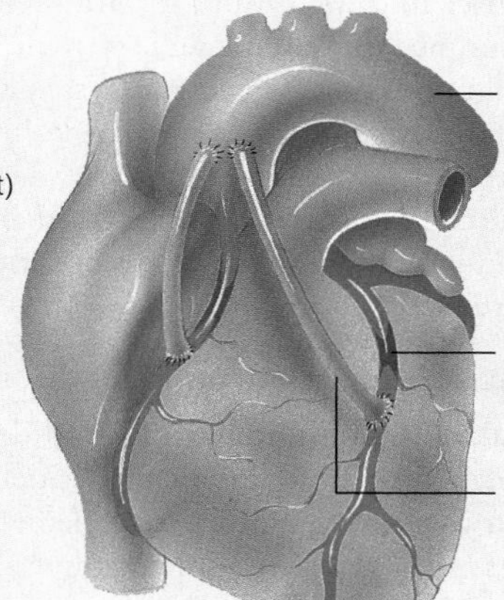

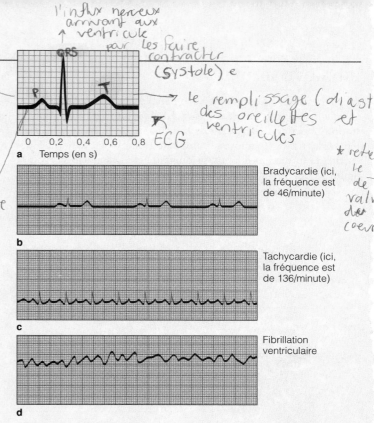

Révolution cardiaque *onde* *l'influx nerveux arrivant aux ↑ ventricule pour les faire contracter (systole) e*

influx nerveux arrivant au oreillette pour le faire contracter

le remplissage (diastole) des oreillettes et ventricules

l'aorte vide

ECG

Figure 38.21
Deux pontages coronaires (en vert) reliant l'aorte à deux artères coronaires obstruées.

Aorte

Portion bloquée de l'artère coronaire

Greffon artériel

a) Temps (en s)

b) Bradycardie (ici, la fréquence est de 46/minute)

c) Tachycardie (ici, la fréquence est de 136/minute)

d) Fibrillation ventriculaire

* retenir le jeu de valve du cœur

Figure 38.22 a) Un ECG normal chez un humain. **b)** à **d)** Des ECG anormaux.

Pour diverses raisons, certaines personnes ne peuvent prélever toutes les LDL qui circulent dans leur sang. La concentration sanguine de LDL augmente alors, en même temps que les risques d'athérosclérose. Les LDL infiltrent en effet la paroi des artères, ce qui entraîne la multiplication de cellules musculaires lisses anormales, accompagnée d'une forte augmentation de tissu conjonctif. Le cholestérol s'accumule dans les cellules endothéliales. Des dépôts de sels de calcium forment des lamelles microscopiques sur le dessus de la plaque de lipides. Puis, un réseau de fibres finit par recouvrir l'ensemble de cette masse. Voici donc une plaque athéromateuse qui obstrue la lumière d'une artère (voir la figure 38.20*b*).

Les lamelles calcaires déchirent l'endothélium. Les plaquettes sanguines s'accumulent sur ces sites et déclenchent la formation de caillots. Les conditions se dégradent lorsque des globules lipidiques d'une plaque athéromateuse s'oxydent. Ces globules changent de forme et beaucoup se mettent à ressembler à des molécules présentes sur la surface de bactéries communes. Étant donné que l'une de ces bactéries est capable de déclencher la formation de dépôts de calcium dans les poumons, les monocytes viennent à la rescousse pour phagocyter ces dépôts. Il en résulte une réaction inflammatoire ; parmi les substances chimiques qui sont libérées, certaines activent des gènes responsables de la formation de tissu osseux. Dans des conditions normales, la réaction inflammatoire est salutaire, car elle emmure les envahisseurs et empêche leur propagation dans l'organisme. Dans le cas présent, c'est un mauvais signe pour les artères.

Les plaques athéromateuses s'agrandissent et des caillots réduisent la lumière des artères ou les obstruent. Le débit sanguin local décroît ou cesse tout simplement. Le caillot qui demeure sur place prend le nom de *thrombus* ; s'il se déloge et entre dans la circulation sanguine, c'est un embole. Ayant un faible diamètre, les artères coronaires sont particulièrement vulnérables à ces caillots. Quand la lumière diminue jusqu'au quart du diamètre normal, il en résulte des symptômes qui vont de l'angine de poitrine, caractérisée par des douleurs thoraciques plus ou moins prononcées, jusqu'à l'infarctus.

Les médecins peuvent diagnostiquer l'athérosclérose dans les artères coronaires grâce à un électrocardiogramme d'effort qui enregistre l'activité électrique du cœur alors que la personne court sur un tapis roulant. Les médecins peuvent aussi pratiquer une angiographie, qui consiste à injecter un colorant opaque aux rayons X dans les vaisseaux sanguins : les vaisseaux bloqués sont mis en évidence sur la radiographie.

Des interventions chirurgicales peuvent atténuer les occlusions graves. Un pontage coronarien consiste à prélever une artère thoracique, par exemple, puis à la relier à l'aorte d'une part, et à l'artère coronaire d'autre part, en aval de la région bloquée ou obstruée (voir la figure 38.21). Dans la technique d'angioplastie au laser, des rayons laser sont dirigés sur les plaques athéromateuses pour les briser. La technique d'angioplastie transluminale percutanée permet d'aplatir ces plaques grâce à un ballonnet qu'on gonfle sur place.

LES ARYTHMIES Un ECG peut détecter des irrégularités du rythme cardiaque appelées *arythmies* (voir la figure 38.22) de même que des variations de la fréquence cardiaque. Celles-ci ne sont pas toujours anormales ; en effet, des athlètes s'exerçant en endurance peuvent présenter une bradycardie, soit un rythme cardiaque inférieur à la normale. Pour s'adapter à des activités physiques continues et épuisantes, le système nerveux de ces athlètes diminue le rythme de contraction du nœud sinusal. Dans d'autres circonstances, l'exercice ou le stress peuvent augmenter la fréquence cardiaque au-delà de 100 battements ou plus par minute : on parle alors de tachycardie.

La fibrillation auriculaire est une contraction anormale et irrégulière des oreillettes. Elle touche plus de 10 % des personnes jeunes et des personnes âgées atteintes de maladies cardiaques. Des occlusions des vaisseaux coronaires et d'autres troubles peuvent aussi causer des battements irréguliers des ventricules et il peut en résulter une condition grave appelée *fibrillation ventriculaire*. Certaines parties des ventricules se contractent alors de manière désordonnée, de sorte que l'action de pompage du cœur est inefficace. La personne touchée perd conscience en quelques secondes, ce qui est un signe de mort imminente. Un choc électrique puissant appliqué sur la poitrine réussit parfois à rétablir la fonction cardiaque.

L'onde P : faible et résulte de la dépolarisation des oreillettes qui précède leur contraction
complexe QRS : dépolarisation des ventricules qui précède leur contraction
L'onde T : repolarisation des ventricules (imperceptible) étant donné qu'elle est enregistrée en même temps que le complexe QRS

L'HÉMOSTASE

Les petits vaisseaux sanguins sont vulnérables aux bris, aux déchirures et à d'autres lésions du même genre. L'**hémostase**, le mécanisme qui stoppe les pertes de sang des vaisseaux, construit une structure pour réparer les tissus. L'hémostase comprend trois phases : le spasme vasculaire, la formation du clou plaquettaire et la coagulation (voir la figure 38.23).

STIMULUS : Vaisseau sanguin endommagé

RÉPONSE

PHASE I
Spasme vasculaire

Un spasme vasculaire, durant environ 30 min, resserre le vaisseau et limite ainsi les pertes de sang.

PHASE II
Formation du clou plaquettaire

En moins de 15 s, les plaquettes viennent s'agréger pour colmater la brèche.

PHASE III
Coagulation

La formation d'un caillot débute après 30 s ou plus.

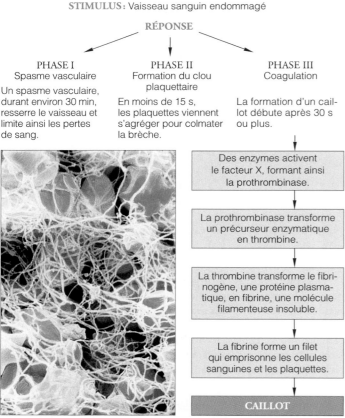

Des enzymes activent le facteur X, formant ainsi la prothrombinase.

La prothrombinase transforme un précurseur enzymatique en thrombine.

La thrombine transforme le fibrinogène, une protéine plasmatique, en fibrine, une molécule filamenteuse insoluble.

La fibrine forme un filet qui emprisonne les cellules sanguines et les plaquettes.

CAILLOT

Figure 38.23 L'hémostase.

Durant la première phase de l'hémostase, les muscles lisses de la paroi endommagée du vaisseau se compriment automatiquement à la suite de la lésion : c'est le spasme vasculaire. Cette vasoconstriction peut étancher temporairement l'écoulement sanguin. Durant la deuxième phase, les plaquettes s'agglomèrent pour former le clou plaquettaire et boucher la brèche du vaisseau. Elles libèrent des substances qui prolongent le spasme vasculaire et qui attirent encore plus de plaquettes. Durant la coagulation, des protéines plasmatiques transforment le sang en un gel et produisent un caillot. Au début, des filaments de fibrine réagissent avec les fibres de collagène exposées au site de la brèche. Ils demeurent collés ensemble et forment un filet qui retient les cellules sanguines et les plaquettes. L'ensemble de cette masse forme le caillot. Finalement, ce dernier se rétracte et forme une masse compacte qui scelle la brèche de la paroi.

L'organisme répare couramment des dommages aux vaisseaux sanguins et empêche les pertes de sang. Le processus de réparation comprend trois étapes : le spasme vasculaire, la formation du clou plaquettaire et la coagulation.

LE SYSTÈME LYMPHATIQUE

Nous concluons ce chapitre en expliquant brièvement la façon dont le système lymphatique vient compléter le système cardiovasculaire. Le système lymphatique fait le lien entre le système cardiovasculaire et le système immunitaire, car il joue un rôle important dans la défense de l'organisme contre les blessures et les agressions. Cet important système comprend des vaisseaux de drainage ainsi que du tissu et des organes lymphoïdes. La lymphe constitue le liquide qui circule dans le système lymphatique.

Le système vasculaire lymphatique

Le **système vasculaire lymphatique** comprend de nombreux vaisseaux qui prélèvent un partie du liquide interstitiel pour la ramener dans la circulation sanguine. Ses principaux éléments sont les capillaires lymphatiques et les vaisseaux lymphatiques (voir la figure 38.24).

Le système vasculaire lymphatique remplit trois fonctions. D'abord, ses vaisseaux drainent le liquide et les protéines qui se sont échappés des capillaires sanguins pour aller dans le liquide interstitiel et qui doivent être ramenés dans la circulation sanguine. Ensuite, ce système prélève les lipides absorbés par l'intestin grêle et il les déverse dans la circulation générale (voir la section 41.5). Finalement, il transporte les agents pathogènes, les cellules et substances étrangères ainsi que des débris cellulaires vers les ganglions lymphatiques, qui sont des organes d'épuration très efficaces.

Des capillaires lymphatiques, présents au niveau des lits capillaires sanguins, sont à l'origine du système vasculaire lymphatique : c'est là qu'une partie du liquide interstitiel entre dans la circulation lymphatique. Ces capillaires n'ont pas de voies d'entrée évidentes ; l'eau et les solutés passent à travers de grandes fentes intercellulaires en forme de trappe présentes entre leurs cellules endothéliales qui se chevauchent (voir la figure 38.24b). Les capillaires fusionnent ensuite pour former des vaisseaux lymphatiques de plus grand diamètre. Ces vaisseaux renferment un peu de muscle lisse dans leur paroi et sont munis de valvules qui empêchent le retour de la lymphe. Ils convergent ensuite vers des conduits collecteurs qui se déversent dans les veines subclavières.

Les organes et les tissus lymphoïdes

Une autre partie du système lymphatique joue différents rôles dans la défense de l'organisme contre des blessures et des agressions. Cette partie se compose d'organes et de tissu lymphoïdes. Les principaux organes lymphoïdes sont les ganglions lymphatiques, la rate, le thymus, les amygdales ainsi que des amas de tissu lymphoïde dans les parois de l'intestin grêle et de l'appendice.

Les **ganglions lymphatiques** sont situés à des endroits stratégiques sur le trajet des vaisseaux lymphatiques (voir la figure 38.24c). Avant de revenir dans la circulation sanguine, la lymphe est filtrée au moins une fois dans un ganglion. Des amas de lymphocytes, d'abord formés dans la moelle osseuse, sont présents dans chacun des ganglions. Lorsqu'ils viennent en contact avec des substances étrangères, ils se multiplient très rapidement et constituent d'importants bataillons cellulaires pour détruire les intrus.

La **rate** se veut le plus gros des organes lymphoïdes. Elle filtre le sang et élimine les agents pathogènes et les cellules sanguines âgées. Un de ses compartiments internes, appelé *pulpe rouge*, constitue un réservoir sanguin considérable. Chez l'embryon humain, c'est aussi la rate qui fabrique les globules rouges. L'autre compartiment de la rate, appelé *pulpe blanche*, renferme de très nombreux lymphocytes

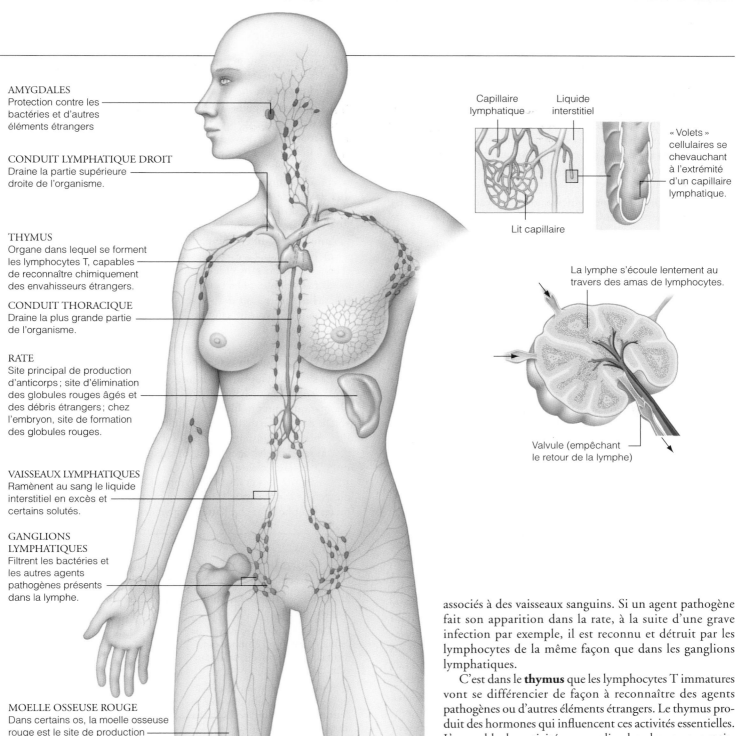

AMYGDALES
Protection contre les bactéries et d'autres éléments étrangers

CONDUIT LYMPHATIQUE DROIT
Draine la partie supérieure droite de l'organisme.

THYMUS
Organe dans lequel se forment les lymphocytes T, capables de reconnaître chimiquement des envahisseurs étrangers.

CONDUIT THORACIQUE
Draine la plus grande partie de l'organisme.

RATE
Site principal de production d'anticorps ; site d'élimination des globules rouges âgés et des débris étrangers ; chez l'embryon, site de formation des globules rouges.

VAISSEAUX LYMPHATIQUES
Ramènent au sang le liquide interstitiel en excès et certains solutés.

GANGLIONS LYMPHATIQUES
Filtrent les bactéries et les autres agents pathogènes présents dans la lymphe.

MOELLE OSSEUSE ROUGE
Dans certains os, la moelle osseuse rouge est le site de production des cellules de défense de l'organisme, ainsi que des globules rouges et des plaquettes.

Capillaire lymphatique
Liquide interstitiel

« Volets » cellulaires se chevauchant à l'extrémité d'un capillaire lymphatique.

Lit capillaire

La lymphe s'écoule lentement au travers des amas de lymphocytes.

Valvule (empêchant le retour de la lymphe)

a

associés à des vaisseaux sanguins. Si un agent pathogène fait son apparition dans la rate, à la suite d'une grave infection par exemple, il est reconnu et détruit par les lymphocytes de la même façon que dans les ganglions lymphatiques.

C'est dans le **thymus** que les lymphocytes T immatures vont se différencier de façon à reconnaître des agents pathogènes ou d'autres éléments étrangers. Le thymus produit des hormones qui influencent ces activités essentielles. L'ensemble des activités accomplis dans les organes et tissus lymphoïdes jouent un rôle essentiel dans l'immunité, qui fait l'objet du prochain chapitre.

Figure 38.24 a) Les éléments du système lymphatique et leurs fonctions. Les petits ovales en vert représentent des ganglions lymphatiques. Sont absents les plaques de tissu lymphoïde de l'intestin grêle et de l'appendice. **b)** Les capillaires lymphatiques situés au début du système vasculaire lymphatique. **c)** La coupe d'un ganglion lymphatique. Les compartiments internes sont remplis de lymphocytes qui protègent l'organisme contre les infections.

Les vaisseaux lymphatiques ramènent dans la circulation sanguine les liquides et les solutés provenant du liquide interstitiel, ainsi que les lipides alimentaires absorbés au niveau de l'intestin grêle ; les éléments étrangers sont généralement bloqués dans le ganglions lymphatiques.

Le système lymphatique comprend aussi des ganglions lymphatiques et d'autres organes lymphoïdes qui jouent un rôle spécifique dans la défense de l'organisme contre les dommages tissulaires et les maladies infectieuses.

RÉSUMÉ   Le chiffre en **brun** renvoie à la section du chapitre.

1. Le système circulatoire clos des humains et des autres vertébrés comprend un cœur, soit une pompe musculaire, de nombreux vaisseaux sanguins (artères, artérioles, capillaires, veinules et veines) et le sang. Sa fonction consiste à transporter rapidement des substances vers les cellules et à ramener des substances provenant de celles-ci. Chez les oiseaux et les mammifères, le sang circule dans deux circuits séparés, la circulation pulmonaire et la circulation systémique. *38.1, 38.5*

2. Le sang permet de maintenir des conditions favorables pour les cellules. Le sang est un tissu conjonctif qui se compose de plasma, de globules rouges et de globules blancs, ainsi que de plaquettes. Il apporte l'oxygène et d'autres substances au liquide interstitiel entourant les cellules. Il y prélève également des produits cellulaires et des déchets. *38.2*

a) Le plasma est la partie liquide du sang qui constitue le milieu de transport des cellules sanguines et des plaquettes. Il se veut un solvant pour les protéines plasmatiques, les monosaccharides, les lipides, les acides aminés, les ions, les vitamines, les hormones et les gaz respiratoires.

b) Les globules rouges transportent l'oxygène depuis les poumons jusqu'à toutes les autres régions du corps. Ces cellules sont remplies d'hémoglobine, un pigment protéique contenant du fer et capable de se lier de façon réversible à l'oxygène. Elles transportent aussi une partie du dioxyde de carbone depuis le liquide interstitiel jusqu'aux poumons.

c) Les globules blancs phagocytes nettoient les tissus en ingérant les cellules mortes, les débris cellulaires et tout autre élément reconnu comme étranger par l'organisme. Les lymphocytes sont une catégorie de globules blancs capables de proliférer en grand nombre et de s'attaquer à des bactéries, des virus et d'autres agents pathogènes.

3. Chez l'être humain, le sang circule à l'intérieur de deux circuits : *38.5*

a) La circulation pulmonaire forme une boucle entre le cœur et les poumons. Le sang désoxygéné provenant des veines systémiques entre dans l'oreillette droite, puis dans le ventricule droit pour être acheminé jusqu'aux poumons par des artères pulmonaires. Le sang s'y débarrasse de son dioxyde de carbone, y prélève de l'oxygène et revient à l'oreillette gauche par des veines pulmonaires.

b) La circulation systémique forme une boucle entre le cœur et l'ensemble des tissus. Le sang oxygéné de l'oreillette gauche passe dans le ventricule gauche pour ensuite être pompé dans l'aorte et être finalement distribué dans tous les capillaires de l'organisme, à l'exception des poumons. Le sang y cède son oxygène et y prélève le dioxyde de carbone. Les veines systémiques ramènent le sang vers l'oreillette droite.

4. Le cœur humain est une double pompe qui bat sans arrêt. Chaque moitié comprend deux compartiments, soit une oreillette et un ventricule. Le sang circule d'abord dans les oreillettes, puis dans les ventricules et dans les grosses artères. La contraction ventriculaire propulse le sang dans la circulation pulmonaire et dans la circulation systémique. Grâce à des valves unidirectionnelles, le sang ne peut circuler que dans une direction. *38.6*

5. Le système de conduction cardiaque est responsable des contractions rythmiques et spontanées du cœur. *38.6*

a) Un centième des cellules cardiaques ne sont pas contractiles. Elles sont spécialisées pour amorcer et propager des potentiels d'action, indépendamment du système nerveux. Le système nerveux ne fait qu'ajuster la fréquence et la force des contractions.

b) Le nœud sinusal déclenche les potentiels d'action les plus rapides et représente le centre d'automatisme cardiaque. Des vagues d'excitation y prennent leur origine, se répandent dans les oreillettes, puis à travers la cloison interventriculaire jusqu'aux ventricules. Ces derniers se contractent dans un mouvement de torsion qui propulse le sang hors du cœur.

6. La pression sanguine la plus élevée est observée dans les ventricules lorsqu'ils se contractent. Cette pression diminue graduellement dans les artères, les artérioles, les capillaires, puis dans les veinules et les veines. C'est dans les oreillettes qu'elle est la plus basse. *38.7, 38.8*

a) Les artères sont des vaisseaux de transport rapide et aussi des réservoirs de pression. Elles absorbent les changements de pression dus aux battements cardiaques et sont responsables d'un débit sanguin continu.

b) Les artérioles sont les principaux sites de régulation du débit sanguin vers les différentes parties du corps.

c) Les lits capillaires sont les zones de diffusion où s'effectuent les échanges entre le sang et le liquide interstitiel.

d) Les veinules ont à peu près les mêmes fonctions que les capillaires. Les veines sont des vaisseaux de transport plus lent et constituent un réservoir de sang exploité pour régler le volume du sang revenant au cœur.

7. L'hémostase est le processus qui stoppe l'écoulement sanguin des petits vaisseaux qui ont été endommagés. *38.10*

8. Le système lymphatique assume les fonctions suivantes : *38.11*

a) Les capillaires lymphatiques prélèvent le liquide et les protéines plasmatiques qui ont filtré hors des capillaires sanguins et ils les renvoient dans la circulation sanguine par des vaisseaux lymphatiques. Ils assurent le transport des lipides absorbés dans le tube digestif et ils transportent les agents pathogènes et les substances étrangères jusqu'à des sites d'élimination.

b) Les organes et les tissus lymphoïdes sont des centres de production de lymphocytes. Certains sont comme des champs de bataille où les lymphocytes combattent activement des agents pathogènes.

Exercices

1. Citez les fonctions du système circulatoire et du système lymphatique. Montrez les différences entre le sang et le liquide interstitiel. *38, 38.1*

2. Établissez la différence entre la circulation systémique et la circulation pulmonaire. *38.1*

3. Décrivez les principaux types de cellules sanguines. Donnez également la composition du plasma sanguin. *38.2*

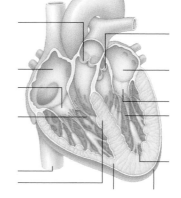

4. Décrivez la fonction des oreillettes et des ventricules du cœur de l'être humain. Identifiez les parties du cœur ci-contre. *38.6*

5. Donnez les fonctions des artères, des artérioles, des capillaires, des veinules, des veines et des vaisseaux lymphatiques. Identifiez les quatre types de vaisseaux sanguins ci-dessous. *38.7, 38.8*

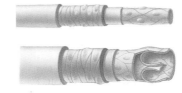

Figure 38.25 La micrographie d'un vaisseau sanguin ramifié.

Autoévaluation RÉPONSES À L'ANNEXE III

1. Les cellules échangent directement des substances avec _____.
a) les vaisseaux sanguins   c) le liquide interstitiel
b) les vaisseaux lymphatiques d) les réponses a) et b)

2. Parmi les éléments suivants, lequel (ou lesquels) ne fait(font) pas partie du sang ?
a) Le plasma
b) Les cellules sanguines et les plaquettes
c) Les gaz et d'autres substances dissoutes
d) Tous ces éléments font partie du sang.

3. _____ produit les globules rouges, qui transportent _____ et aussi _____.
a) Le foie ; l'oxygène ; des ions
b) Le pancréas ; l'oxygène ; des hormones
c) Le foie ; l'oxygène ; le dioxyde de carbone
d) La moelle osseuse ; l'oxygène ; le dioxyde de carbone

4. _____ produit(sent) des globules blancs, qui ont un rôle dans _____ et _____.
a) Le foie ; le transport de l'oxygène ; la défense
b) Les ganglions lymphatiques ; le transport de l'oxygène ; la stabilisation du pH
c) La moelle osseuse ; la maintenance ; la défense
d) La moelle osseuse ; la stabilisation du pH ; la défense

5. Dans la circulation pulmonaire, le cœur _____ pompe le sang aux poumons, puis le sang _____ revient au cœur.
a) droit ; désoxygéné   c) gauche ; désoxygéné
b) droit ; riche en oxygène d) gauche ; riche en oxygène

6. Dans la circulation systémique, le cœur _____ pompe le sang _____ dans toutes les parties du corps.
a) droit ; désoxygéné   c) droit ; riche en oxygène
b) gauche ; désoxygéné   d) gauche ; riche en oxygène

7. La pression sanguine est élevée dans les _____ et faible dans les _____.
a) artères ; veines   c) artères ; ventricules
b) veines ; artères   d) artérioles ; veines

8. La contraction des _____ est responsable du débit sanguin ; la pression sanguine est la plus élevée dans les _____ qui se contractent.
a) oreillettes ; ventricules   b) ventricules ; artères
b) oreillettes ; oreillettes   d) ventricules ; ventricules

9. Lequel des énoncés suivants ne décrit pas une fonction du système lymphatique ?
a) Le transport d'agents pathogènes vers des centres d'élimination
b) L'immunité
c) Le transport d'oxygène aux cellules
d) Le retour de liquide et de protéines plasmatiques vers le sang

10. Associez les vaisseaux avec leur fonction principale.
_____ Artères   a) Échanges
_____ Artérioles b) Régulation de la distribution du sang
_____ Capillaires c) Transport et réservoirs de sang
_____ Veinules d) Fonction proche de celle des capillaires
_____ Veines   e) Transport et réservoirs de pression

11. Associez les termes ci-dessous avec la description qui leur convient le mieux.
_____ Lits capillaires   a) Deux oreillettes, deux ventricules
_____ Système vasculaire b) Baigne toutes les cellules de l'organisme
lymphatique   c) La force qui permet au sang de circuler
_____ Cavités   d) Zones d'échanges
du cœur   e) Débute au niveau des lits capillaires
_____ Sang   f) Tissu conjonctif liquide
_____ Contractions
cardiaques
_____ Liquide interstitiel

Questions à développement

1. Adèle observe au microscope un tissu humain dans lequel elle note la présence de cellules sanguines alignées les unes à la suite des autres dans des vaisseaux très fins. Elle photographie cette image (voir la figure 38.25). Que pouvez-vous dire à propos de ce vaisseau ?

2. Chez certains individus dont les valvules veineuses se referment mal, il arrive que les parois veineuses en amont du flux sanguin deviennent saillantes en raison de l'accumulation de sang dans ces vaisseaux. Les parois veineuses deviennent à la longue étirées et distendues : ce sont des varices. Certaines personnes sont génétiquement prédisposées à ces troubles, mais des stress mécaniques cumulatifs associés à une station debout prolongée, à la grossesse et à l'âge peuvent y contribuer. Lorsque les varices sont chroniques, les jambes deviennent enflées. Expliquez pourquoi ce type d'œdème peut survenir. Expliquez aussi pourquoi ce sont particulièrement les veines superficielles des jambes, et non les veines profondes, qui deviennent variqueuses.

3. Une infection à *Streptococcus pyogenes*, une bactérie hémolytique, peut déclencher une inflammation qui endommage les valves du cœur. Des symptômes de rhumatisme articulaire aigu peuvent alors apparaître. Expliquez comment cette maladie peut affecter le fonctionnement du cœur et dites quels types de symptômes peuvent se manifester.

Vocabulaire

Agglutination *38.4*
Anémie *38.3*
Aorte *38.5*
Artère *38.5*
Artériole *38.5*
Baroréflexe *38.7*
Capillaire *38.1*
Cellule souche *38.2*
Centre d'automatisme cardiaque *38.6*
Circulation pulmonaire *38.1*
Circulation systémique *38.1*
Cœur *38.1*
Filtration *38.8*

Ganglion lymphatique *38.11*
Globule blanc *38.2*
Globule rouge *38.2*
HDL *38.9*
Hémostase *38.10*
LDL *38.9*
Liquide interstitiel *38.1*
Lit capillaire *38.1*
Numération cellulaire *38.2*
Plaquette *38.2*
Plasma *38.2*
Pression artérielle *38.7*
Pression sanguine *38.7*
Rate *38.11*
Réabsorption *38.8*
Révolution cardiaque *38.6*

Sang *38.1*
Système ABO *38.4*
Système circulatoire *38*
Système de conduction cardiaque *38.6*
Système lymphatique *38.1*
Système Rh *38.4*
Système vasculaire lymphatique *38.11*
Thymus *38.11*
Transfusion sanguine *38.4*
Vasoconstriction *38.7*
Vasodilatation *38.7*
Veine *38.5*
Veinule *38.5*

Lectures complémentaires

Amir, M. (sept.-oct. 1996). « Secrets of the heart ». *The Sciences*.
Baraga, M. (3 mai 1996). « Finding New Drugs to Treat Stroke ». *Science*, 274.
Cohen, S. et J. Leor (juill. 2005). « La reconstruction des cœurs endommagés ». *Pour la science*, 333 : 76-81.
Lehoucq, R. et J-M. Courty (janv. 2001), « Des ondes dans les artères ». *Pour la science*, 279 : 108-109.
Randall, D., W. Burggren et K. French (1997). *Eckert Animal Physiology*, 4ᵉ éd. New York : Freeman.

Lectures complémentaires en ligne : consultez l'infoTrac à l'adresse Web www.brookscole.com/biology

39

L'IMMUNITÉ

La roulette russe, une façon immunitaire

Au début du siècle dernier, des épidémies de variole frappaient continuellement les villes du monde entier. Certaines étaient tellement graves que la moitié seulement des personnes atteintes survivaient. Les survivants portaient des cicatrices permanentes au visage, sur le cou, les bras et les épaules. Cependant, ils contractaient rarement la variole de nouveau ; on disait qu'ils étaient « protégés » contre la variole.

Personne ne connaissait la cause de la variole, mais l'idée d'être protégé contre cette maladie était très attirante. Déjà en Chine, au XIIᵉ siècle, des personnes en bonne santé prenaient le risque de s'infecter avec la variole en recherchant des individus qui avaient survécu à des cas bénins de variole et qui portaient des cicatrices légères. Elles prélevaient chez eux des croûtes cicatricielles, elles les pilaient et elles en inhalaient la poudre.

Au XVIIᵉ siècle, Mary Montagu, l'épouse de l'ambassadeur de Grande-Bretagne en Turquie, se faisait le chantre de la vaccination. Elle alla jusqu'à enfoncer des fragments de croûtes de variole dans la peau de ses enfants. D'autres personnes trempaient des fils dans les liquides suintant de plaies varioliques pour ensuite les introduire dans leur peau. Certains survivaient à ces traitements dangereux et ils devenaient immunisés contre la variole. D'autres cependant furent

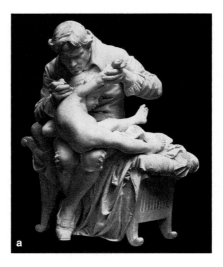

gravement infectés. Comme si le jeu n'était pas suffisamment dangereux, ces méthodes d'inoculation primitives exposaient également les gens à de nombreuses autres maladies infectieuses.

Pendant que ces immunisations de type roulette russe se poursuivaient, Edward Jenner grandissait dans la campagne anglaise. À son époque, on savait que les gens qui contractaient la vaccine, soit la variole de la vache, n'attrapaient jamais la variole. (La vaccine, aussi appelée *cow-pox*, est une maladie bénigne qui peut être transmise du bétail à l'être humain.) Personne n'avait vraiment porté

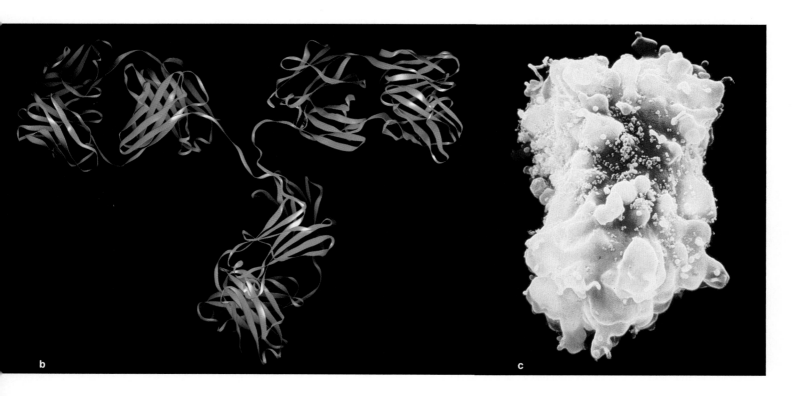

Figure 39.1 a) La statue élevée en l'honneur d'Edward Jenner pour ses travaux qui ont permis de développer un vaccin contre la variole, l'une des maladies les plus redoutées dans l'histoire de l'humanité. **b)** Un modèle généré par ordinateur d'une molécule d'anticorps, une arme chimique produite naturellement contre des agents pathogènes. **c)** Un leucocyte attaqué par le VIH (en bleu), le virus responsable du SIDA. Les immunologistes cherchent à développer des armes efficaces contre ce fléau des temps modernes.

beaucoup d'attention à cela jusqu'en 1796, quand Jenner, alors médecin, inocula du matériel provenant d'une plaie de vaccine dans le bras d'un garçon en santé. Six semaines plus tard, il injecta à ce garçon des substances provenant d'une plaie variolique (voir la figure 39.1*a*). Son hypothèse était qu'une infection préalable par la vaccine pourrait protéger le garçon contre la variole. Jenner eut heureusement de la chance : le garçon devint immunisé contre la variole, et le médecin avait mis au point une méthode de vaccination efficace contre un agent pathogène précis.

Les Français de l'époque se moquèrent de la technique de Jenner en lui donnant le nom de vaccination, qui signifie littéralement « envachement ». Un siècle plus tard, Louis Pasteur, un chimiste renommé et influent, mit au point des méthodes d'immunisation similaires contre d'autres maladies. En reconnaissance du travail novateur de Jenner, Pasteur donna le nom de *vaccination* à ses méthodes. Dès lors, ce terme devint respectable.

Grâce à l'amélioration du microscope, on avait déjà mis en évidence, à l'époque de Pasteur, des bactéries, des spores fongiques et d'autres formes de vie jusque-là inconnues. Pasteur avait également observé que l'air pouvait contenir un bon nombre de microorganismes. Selon lui, il était probable que certains d'entre eux pouvaient causer des maladies. Il montra que des bactéries de l'air pouvaient se déposer dans l'eau et les aliments, et ainsi les contaminer.

Pasteur trouva un moyen de tuer la grande majorité des agents pathogènes suspects dans les aliments et les boissons. Il savait déjà, comme d'autres chercheurs de son époque, que l'ébullition tuait les germes et que celle du vin, de la bière et du lait, entre autres, en changeait les propriétés. Il inventa un procédé qui consistait à traiter ces boissons à une température assez basse pour ne pas en altérer le goût, mais suffisamment élevée pour tuer la majorité des germes présents. De nos jours encore, on utilise couramment ce procédé, nommé *pasteurisation* en l'honneur du grand chercheur.

Vers la fin des années 1870, un médecin allemand du nom de Robert Koch établit un lien entre un agent pathogène et une maladie précise, l'anthrax ou maladie du charbon. Koch injecta à des animaux sains du sang provenant d'animaux malades. Les animaux sains devinrent malades et Koch mit en évidence dans leur sang la bactérie *Bacillus anthracis*. Il montra aussi que ces bactéries, cultivées en laboratoire, pouvaient également causer le charbon lorsqu'on les injectait à des animaux sains !

Donc, au début du XXᵉ siècle déjà, l'espoir de comprendre enfin les causes des maladies infectieuses et de l'immunité était au premier plan : la lutte contre les maladies était sur le point de débuter sérieusement. Depuis cette époque, grâce aux progrès spectaculaires en microscopie, en biochimie et en biologie moléculaire, notre compréhension des mécanismes de défense de l'organisme s'est grandement enrichie. Nous avons aujourd'hui un meilleur aperçu des réactions de l'organisme aux lésions tissulaires et des réactions immunitaires contre des agents pathogènes ou des cellules tumorales. L'étude de ces réactions constitue l'objet principal du présent chapitre.

Concepts-clés

1. L'organisme des vertébrés possède des défenses physiques, chimiques et cellulaires contre les microorganismes pathogènes, contre les cellules tumorales et contre d'autres agents capables de détruire les tissus ou l'organisme lui-même.

2. Dans les premières étapes d'une invasion des tissus, des leucocytes et certaines protéines plasmatiques s'échappent des capillaires sanguins pour mener une contre-attaque rapide en réponse à une alerte générale, et non en réponse à un germe précis. On parle alors d'une réponse inflammatoire non spécifique. Des leucocytes phagocytent les envahisseurs et éliminent les débris dans les tissus, tandis que des protéines plasmatiques favorisent la phagocytose et que d'autres détruisent directement les envahisseurs.

3. Si l'invasion se prolonge, certains leucocytes déclenchent une réaction immunitaire. Ces leucocytes peuvent reconnaître des configurations chimiques précises sur des molécules anormales ou étrangères à l'organisme, comme celles des bactéries et des virus. On appelle *antigène* toute molécule étrangère ou anormale qui déclenche une réaction immunitaire.

4. Dans un type de réaction immunitaire, des lymphocytes B activés produisent et sécrètent d'énormes quantités d'anticorps, c'est-à-dire des molécules qui s'attachent à un antigène précis et qui le marquent pour son élimination.

5. Dans un autre type de réaction immunitaire, des lymphocytes T cytotoxiques détruisent directement les cellules de l'organisme infectées par des germes intracellulaires. Ces lymphocytes peuvent également détruire certaines cellules tumorales.

LES TROIS LIGNES DE DÉFENSE

Nous croisons sans cesse le chemin d'**agents pathogènes** très diversifiés, soit des virus, des bactéries, des eumycètes, des protozoaires ou des vers parasites. Puisque les autres vertébrés et nous-mêmes avons coévolué avec la plupart de ces agents, nous possédons trois lignes de défense qui nous protègent efficacement. La majorité des agents pathogènes ne peuvent traverser la surface du corps. S'ils y parviennent, ils doivent affronter des armes chimiques ainsi que des leucocytes (ou globules blancs) qui attaquent tout ce qui est perçu comme étranger à l'organisme. D'autres catégories de leucocytes enfin visent des agents pathogènes bien précis. Le tableau 39.1 présente les trois lignes de défense de l'organisme et les éléments qui les constituent.

Les barrières de surface contre l'invasion

La plupart du temps, les agents pathogènes ne peuvent traverser les premières couches de la surface du corps, notamment la peau. Celle-ci représente en effet un habitat pauvre en humidité, ayant un pH faible et de nombreuses couches de cellules mortes. Des bactéries inoffensives tolèrent habituellement ces conditions et forment ainsi une sorte de barrière qui empêche la plupart des germes de s'établir, à moins que les conditions changent. Par exemple, si les pieds sont toujours au chaud dans des souliers humides, leurs tissus mous et affaiblis deviennent une invitation directe pour l'infection par les eumycètes responsables du pied d'athlète.

Des bactéries utiles vivent sur les muqueuses du tube digestif et du vagin. Dans le vagin par exemple, on trouve des populations abondantes de *Lactobacillus*; ces bactéries fermentent des composés organiques et contribuent ainsi à maintenir un faible pH vaginal qui inhibe la croissance d'un grand nombre de bactéries et

d'eumycètes. Les voies aériennes tubulaires et ramifiées qui mènent aux poumons sont tapissées d'un mucus relativement visqueux qui capture les bactéries présentes dans l'air inspiré. Ce mucus renferme des substances protectrices, particulièrement le **lysozyme**. Il s'agit d'une enzyme qui détruit les bactéries en digérant leur paroi cellulaire. Les cils tapissant les muqueuses respiratoires apportent la touche finale en déplaçant vers le pharynx les bactéries phagocytées ou détruites par le lysozyme.

D'autres éléments font également partie de la première ligne de défense. Les larmes, la salive et le suc gastrique contiennent du lysozyme et d'autres substances protectrices. Les larmes nettoient les yeux et en éliminent les agents pathogènes. Le faible pH de l'urine ainsi que son écoulement dans l'urètre contribuent également à les éliminer. Une diarrhée évacue les bactéries pathogènes du tube digestif, ce qui explique que traiter une diarrhée peut prolonger une infection. (Cependant, une diarrhée prolongée entraîne la déshydratation, particulièrement chez les enfants. Il faut alors recourir à une thérapie orale qui consiste à boire une solution de sels et d'eau afin de remplacer les pertes importantes de liquides et de minéraux.)

Les réponses spécifiques et non spécifiques

Tous les animaux réagissent aux lésions tissulaires. Même de petits invertébrés aquatiques possèdent des cellules phagocytaires et des substances antimicrobiennes comme le lysozyme. Cependant, plus un animal est complexe, plus ses systèmes de défense se complexifient. Pensons à l'évolution des systèmes cardiovasculaire et lymphatique des vertébrés lors du passage à la vie terrestre (voir la section 38.1). À mesure que la circulation des liquides corporels devenait plus efficace, la protection de l'organisme le devenait également. Des phagocytes et des protéines plasmatiques pouvaient être transportés rapidement vers les tissus attaqués et intercepter les germes présents dans les vaisseaux sanguins et lymphatiques.

Les protéines plasmatiques ont évolué. À la suite d'une blessure, certaines produisent une coagulation rapide alors que d'autres détruisent directement les agents pathogènes ou les marquent pour les phagocytes. Des réactions très ciblées à l'égard de dangers précis ont également évolué.

En résumé, des mécanismes internes de défense contre une très grande variété d'agents pathogènes sont déjà en place avant même qu'il y ait une infection ou des dommages tissulaires. Des leucocytes et des protéines plasmatiques sont déjà prêts à réagir. Ils sont responsables de réactions non spécifiques lorsque des tissus sont endommagés et ne visent pas d'agents précis. D'autres catégories de leucocytes peuvent reconnaître des configurations moléculaires précises ou un agent pathogène en particulier. Il en résulte alors une réponse immunitaire, que les tissus soient endommagés ou non.

Tableau 39.1	*Les trois lignes de défense des vertébrés contre les agents pathogènes*

Barrières sur les surfaces corporelles (cibles non spécifiques)

Peau intacte et muqueuses

Agents chimiques antimicrobiens (comme le lysozyme dans la salive et les larmes)

Bactéries résidantes, normalement inoffensives, sur la peau et sur certaines muqueuses, qui jouent le rôle de barrière contre des agents pathogènes

Élimination mécanique par les larmes, la salive, la miction et la diarrhée

Réactions non spécifiques (cibles non spécifiques)

Inflammation :

1) Leucocytes à action rapide (neutrophiles, éosinophiles et basophiles)

2) Macrophagocytes (qui participent aussi à la réponse immunitaire)

3) Système du complément, facteurs de coagulation et autres substances capables de combattre l'infection

Organes, comme les ganglions lymphatiques, capables de détruire les agents pathogènes

Certaines cellules cytotoxiques (comme les cellules NK), capables d'attaquer un grand nombre d'agents pathogènes

Réactions immunitaires (cibles spécifiques seulement)

Lymphocytes B et T alertés par les macrophagocytes et les cellules dendritiques

Signaux chimiques (interleukines et interférons, par exemple) et armes chimiques (comme les anticorps, les perforines)

Une peau intacte, des muqueuses, des sécrétions antimicrobiennes et d'autres barrières à la surface de l'organisme constituent la première ligne de défense contre l'invasion des agents pathogènes et les dommages tissulaires.

La réaction inflammatoire et d'autres réponses internes et non spécifiques à l'invasion forment la deuxième ligne de défense.

Les réactions immunitaires contre des envahisseurs spécifiques accomplies par des lymphocytes et leurs armes chimiques constituent la troisième ligne de défense.

LE SYSTÈME DU COMPLÉMENT

Un ensemble de protéines plasmatiques joue un rôle dans les défenses spécifiques et non spécifiques de l'organisme. On connaît environ 20 protéines qui font partie de cet ensemble, nommé **système du complément**. Celles-ci circulent dans le sang sous une forme inactive. Il suffit que quelques protéines d'une sorte deviennent activées pour déclencher une cascade de réactions qui activent d'autres protéines. Ces dernières déclenchent à leur tour une cascade de réactions du même type. Le déploiement d'un aussi grand nombre de molécules produit les effets suivants :

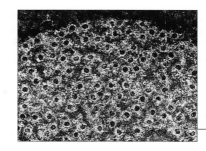

Figure 39.2
Une micrographie de la surface d'un agent pathogène. Des complexes d'attaque ont perforé la membrane.

— Trou dans la membrane

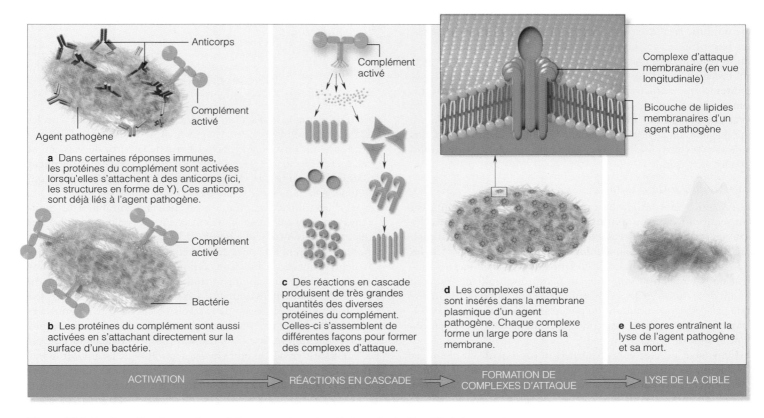

Anticorps

Complément activé

Complément activé

Agent pathogène

a Dans certaines réponses immunes, les protéines du complément sont activées lorsqu'elles s'attachent à des anticorps (ici, les structures en forme de Y). Ces anticorps sont déjà liés à l'agent pathogène.

Complément activé

Bactérie

b Les protéines du complément sont aussi activées en s'attachant directement sur la surface d'une bactérie.

c Des réactions en cascade produisent de très grandes quantités des diverses protéines du complément. Celles-ci s'assemblent de différentes façons pour former des complexes d'attaque.

Complexe d'attaque membranaire (en vue longitudinale)

Bicouche de lipides membranaires d'un agent pathogène

d Les complexes d'attaque sont insérés dans la membrane plasmique d'un agent pathogène. Chaque complexe forme un large pore dans la membrane.

e Les pores entraînent la lyse de l'agent pathogène et sa mort.

ACTIVATION → RÉACTIONS EN CASCADE → FORMATION DE COMPLEXES D'ATTAQUE → LYSE DE LA CIBLE

Figure 39.3 Une formation de complexes d'attaque membranaires. Un type de réaction débute lorsque des protéines du complément s'attachent à la surface des bactéries. Un autre type de réaction se déroule durant les réponses immunes contre des agents pathogènes spécifiques. Ces deux types de réaction entraînent la formation de pores dans la membrane des germes, provoquant ainsi la lyse cellulaire.

Certaines protéines du complément forment des complexes d'attaque sous la forme de structures moléculaires dotées d'un canal interne (voir les figures 39.2 et 39.3). Ces structures s'insèrent dans la membrane plasmique de nombreux agents pathogènes ou dans la paroi cellulaire des bactéries et déclenchent la lyse cellulaire. La **lyse**, rappelons-le, est la destruction d'une cellule causée par le bris de sa membrane plasmique ou de sa paroi cellulaire.

Certaines protéines activées favorisent l'inflammation, une réaction de défense non spécifique décrite dans la prochaine section. Par suite de réactions de synthèse en cascade, elles augmentent en nombre et s'accumulent dans les tissus irrités ou endommagés. Des leucocytes phagocytaires sont attirés par le grand nombre de protéines dans les sites d'invasion. De plus, des protéines du complément se fixent sur la surface de nombreux types d'envahisseurs pour y former une couche qui favorise la phagocytose.

C'est par ces moyens que les protéines du complément ciblent un bon nombre de bactéries, de protistes parasites et de virus enveloppés.

Le système du complément est un ensemble formé d'environ 20 sortes de protéines qui circulent dans le sang. Ces dernières participent à des réactions en cascade qui défendent l'organisme contre un bon nombre de bactéries, de protistes parasites et de virus enveloppés.

Les protéines du complément participent aux mécanismes de défense non spécifique. Elles sont également impliquées dans les réactions immunitaires, étant donné que certaines sont activées par des anticorps attachés aux agents pathogènes.

LE RÔLE DES PHAGOCYTES ET DES CELLULES APPARENTÉES

Certains types de leucocytes jouent un rôle dans la réponse initiale à une lésion tissulaire. Les leucocytes proviennent, on s'en souvient, de cellules souches de la moelle osseuse. Un grand nombre d'entre eux circulent dans le sang et la lymphe, alors que beaucoup d'autres s'établissent dans les ganglions lymphatiques ainsi que dans la rate, le foie, les reins, les poumons et le cerveau. Les sections 38.2 et 38.11 présentent les composants des systèmes cardiovasculaire et lymphatique.

À l'instar des forces de frappe militaires, trois catégories de leucocytes réagissent rapidement au danger en général, mais sont peu adaptées pour de longues batailles. Les **neutrophiles** sont les plus abondants des leucocytes et ils phagocytent les bactéries. Les **éosinophiles** sécrètent des enzymes qui perforent les vers parasites. Les **basophiles** et les **mastocytes** élaborent et sécrètent des substances chimiques qui prolongent les effets de l'inflammation, après son déclenchement.

Même s'ils prennent plus de temps à agir, les **macrophagocytes** sont d'avides phagocytes. La figure 39.4 montre un macrophagocyte en action. Ces cellules ingèrent et digèrent pratiquement n'importe quel agent étranger. Elles contribuent également à nettoyer les tissus endommagés. On appelle *monocytes* les macrophagocytes immatures qui circulent dans le sang.

La réaction inflammatoire

Une **réaction inflammatoire** survient quand les cellules d'un tissu sont endommagées ou détruites. Les infections, les piqûres, les brûlures et d'autres types d'assaut en sont des éléments déclencheurs. Grâce à un mécanisme appelé **inflammation**, les phagocytes, les protéines du complément et d'autres protéines plasmatiques s'échappent de la circulation sanguine au niveau des capillaires pour se rendre dans les tissus atteints. Leur entrée dans les tissus se manifeste par des signes montrant qu'une réaction inflammatoire est en cours. Ces signes sont la rougeur, la chaleur, l'œdème et la douleur (voir le tableau 39.2).

On trouve les mastocytes dans le tissu conjonctif. En réponse à des dommages tissulaires, ils fabriquent et libèrent, dans le liquide interstitiel, de l'**histamine** et d'autres molécules signal. Ces sécrétions

Tableau 39.2	*Les principaux signes de l'inflammation et leurs causes*
Rougeur	La vasodilatation des artérioles augmente le flux sanguin dans les tissus touchés.
Chaleur	La vasodilatation des artérioles apporte une plus grande quantité de sang aux tissus, augmentant ainsi leur chaleur.
Œdème	Des signaux chimiques augmentent la perméabilité des capillaires ; des protéines plasmatiques s'en échappent, causant ainsi un déplacement de liquide par osmose, d'où un œdème local.
Douleur	Les nocicepteurs (les récepteurs de la douleur) de la région enflammée sont stimulés par l'augmentation de pression des liquides et par des signaux chimiques locaux.

déclenchent la vasodilatation des artérioles qui serpentent dans les tissus. (La vasodilatation est l'augmentation du diamètre d'un vaisseau sanguin lorsque les muscles lisses de la paroi du vaisseau se relâchent.) Le sang engorge alors les artérioles, et les tissus deviennent plus rouges et plus chauds en raison de la chaleur métabolique qui s'en dégage.

La libération d'histamine accroît aussi la perméabilité des capillaires tissulaires en augmentant l'espace entre les cellules endothéliales au niveau des fentes capillaires. Les capillaires deviennent alors plus poreux et laissent échapper des protéines plasmatiques qui, normalement, demeurent dans la circulation sanguine. Cette fuite de protéines entraîne une augmentation de la pression osmotique du liquide interstitiel environnant. De surcroît, la pression sanguine locale augmente en raison de l'accroissement du flux sanguin vers le tissu. Il en résulte donc une augmentation de la filtration capillaire et une diminution de la réabsorption. Un œdème localisé est le résultat de ce déséquilibre hydroélectrolytique local (voir la section 38.8). Le tissu gonfle alors, et les terminaisons libres de certaines cellules nerveuses transmettent des sensations de douleur.

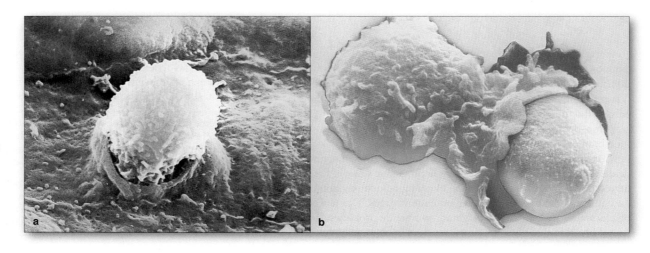

Figure 39.4

a) Un leucocyte sortant d'un capillaire au niveau d'une fente intercellulaire.

b) Un macrophagocyte en train de phagocyter une levure unicellulaire.

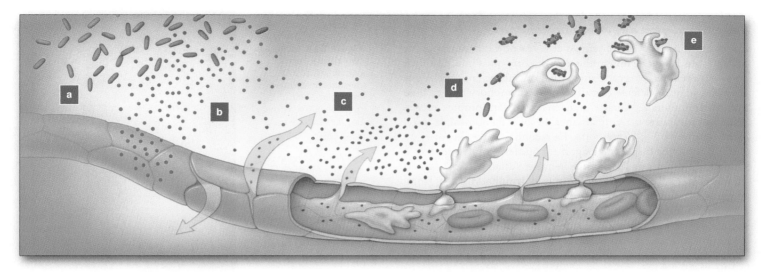

a Des bactéries envahissent un tissu et tuent des cellules ou libèrent des métabolites qui endommagent le tissu.

b Les mastocytes tissulaires libèrent de l'histamine qui déclenche ensuite la vasodilatation d'une artériole (d'où la rougeur et la chaleur) ainsi que l'augmentation de la perméabilité des capillaires.

c Du liquide et des protéines plasmatiques s'écoulent des capillaires, causant un œdème local et de la douleur.

d Les protéines du complément attaquent les bactéries. Des facteurs de coagulation circonscrivent la région enflammée.

e Les neutrophiles, les macrophagocytes et d'autres phagocytes ingèrent les agents pathogènes et les débris. Les substances sécrétées par les macrophagocytes attirent encore plus de phagocytes ; en outre, elles tuent directement les agents pathogènes, déclenchent la fièvre et entraînent la prolifération des lymphocytes B et T.

Figure 39.5 Une réaction inflammatoire en réponse à une invasion bactérienne. La réaction se traduit par une augmentation du nombre de phagocytes et de protéines plasmatiques dans les tissus. Ensemble, tous ces composants sanguins inactivent, détruisent ou circonscrivent les envahisseurs, ils éliminent les substances chimiques et les débris cellulaires et ils préparent le tissu à la guérison. Ce sont là leurs fonctions dans toutes les réactions inflammatoires.

Étant donné que les mouvements aggravent la sensation de douleur, les personnes infectées ont tendance à moins bouger, favorisant ainsi la guérison des tissus.

Bientôt, après ces réactions physiologiques, les neutrophiles se faufilent hors des capillaires et se mettent rapidement à l'œuvre. Les monocytes arrivent plus tard ; une fois hors des capillaires, ils se différencient en macrophagocytes et commencent à phagocyter les débris et les agents pathogènes de façon soutenue (voir la figure 39.5). Ce faisant, ils sécrètent des molécules signal locales qui agissent comme des médiateurs chimiques.

Ces médiateurs chimiques, les chimiotaxines, attirent encore plus de phagocytes. Parmi celles-ci, les interleukines stimulent les lymphocytes B et T, comme l'indique la section suivante, alors que la lactoférine tue directement les bactéries. Les agents pyrogènes endogènes, quant à eux, déclenchent la libération de certaines prostaglandines qui augmentent le point de consigne du thermostat hypothalamique. La **fièvre**, une augmentation de la température corporelle, se manifeste alors.

Une fièvre dont la température se situe à environ 39 °C n'est pas une perturbation nuisible puisqu'elle est nocive pour la plupart des agents pathogènes et qu'elle favorise une augmentation des activités de défense de l'hôte. L'interleukine-1 entraîne la somnolence, réduisant ainsi les demandes en énergie de l'organisme. Une plus grande quantité d'énergie peut ainsi être utilisée pour les mécanismes de défense et pour la guérison des tissus. Les macrophagocytes, quant à eux, s'affairent aux opérations de nettoyage et de réparation.

Outre les protéines du complément, les protéines plasmatiques qui s'échappent dans les tissus comprennent des facteurs de coagulation qui sont activés par des substances sécrétées par les phagocytes. Des filaments de fibrine se forment alors, s'attachent aux fibres de collagène exposées dans le tissu endommagé et capturent des globules sanguins et des plaquettes pour former un caillot (voir la section 38.10). En circonscrivant ainsi les régions enflammées, les caillots peuvent empêcher ou retarder la propagation des envahisseurs et des produits toxiques dans les tissus environnants. À la fin de la réaction inflammatoire, des facteurs anticoagulants, qui s'étaient échappés des capillaires, dissolvent les caillots.

Une réaction inflammatoire apparaît localement dans un tissu quand des cellules sont endommagées ou détruites, dans le cas d'une infection par exemple. Elle se déroule lors des réactions de défense spécifique et non spécifique.

Les mastocytes présents dans les tissus endommagés ou envahis sécrètent de l'histamine, qui entraîne la vasodilatation des artérioles et une augmentation de la perméabilité des capillaires aux liquides et aux protéines sanguines. En raison de cette vasodilatation, les tissus deviennent plus chauds et plus rouges. Un œdème se manifeste par suite de l'augmentation de liquide interstitiel dans la région entourant les capillaires. Cet œdème cause de la douleur.

La réponse inflammatoire fait participer des phagocytes, comme les macrophagocytes, qui ingèrent les envahisseurs et les débris et qui sécrètent des médiateurs chimiques. Elle nécessite des protéines plasmatiques, comme les protéines du complément qui ciblent les envahisseurs pour les détruire, aussi bien que des facteurs de coagulation qui circonscrivent les tissus enflammés.

UNE VUE D'ENSEMBLE DU SYSTÈME IMMUNITAIRE

Les particularités du système immunitaire

Il arrive que les barrières physiques et la réaction inflammatoire ne suffisent pas à contrer un envahisseur, de sorte que l'infection peut fort bien s'établir. Dans cette situation, l'organisme fait appel à une troisième ligne de défense constituée par les lymphocytes B et T du système immunitaire. Quatre caractéristiques sont propres au **système immunitaire**: la reconnaissance du soi et du non-soi, la spécificité, la diversité et la mémoire. La reconnaissance du soi et du non-soi, ainsi que la spécificité signifient que les lymphocytes B et T ignorent les cellules de l'organisme même et s'attaquent à des agents étrangers précis. La diversité signifie que les lymphocytes B et T ont, ensemble, la capacité de réagir à un milliard de menaces précises différentes. La mémoire signifie qu'une partie des lymphocytes B et T formés durant une réponse primaire à un agent étranger est gardée en réserve pour une autre bataille contre le même agent.

La reconnaissance du soi et du non-soi est due à la présence de configurations moléculaires spécifiques qui accordent une identité unique à chaque type de cellule, de virus ou de substance. Les cellules de chaque individu portent des configurations propres, qu'on appelle les *marqueurs du soi*. Les lymphocytes B et T d'un individu reconnaissent ces marqueurs du soi et n'y réagissent pas. S'ils rencontrent des marqueurs non-soi sur des agents étrangers ou des configurations anormales sur des cellules modifiées de leur propre organisme, ils se divisent sans arrêt pour former de grandes populations. Toute configuration moléculaire qui entraîne la multiplication des lymphocytes et qui devient leur cible est appelée **antigène**. Les antigènes les plus importants sont des protéines sur la surface des agents pathogènes et des cellules tumorales.

Tous les lymphocytes issus de ces divisions sont sensibilisés au même antigène. Toutefois, certaines sous-populations deviennent des effecteurs, c'est-à-dire des catégories de lymphocytes capables de tuer l'ennemi. D'autres sous-populations deviennent des lymphocytes mémoire. Au lieu de participer à la réaction immune primaire contre un antigène précis, ces lymphocytes demeurent au repos, mais en conservant le souvenir de l'antigène. Si le même antigène apparaît de nouveau, ils déclencheront une réaction immune secondaire, beaucoup plus rapide et plus intense que la première.

En résumé, les réactions immunes impliquent les événements suivants: la reconnaissance de l'antigène, des divisions cellulaires répétées qui forment d'immenses populations de lymphocytes, leur différentiation en sous-populations de lymphocytes effecteurs et de lymphocytes mémoire, tous dotés de récepteurs pour un seul type d'antigène.

Les principales cellules de défense

Les interactions entre des cellules présentatrices d'antigène, des lymphocytes B et T stimulés et des lymphocytes T cytotoxiques sont les éléments-clés de toute réaction immunitaire. Examinons ici comment certaines de ces cellules traitent et présentent l'antigène et comment d'autres cellules reconnaissent et attaquent les porteurs d'antigène.

Les **marqueurs du CMH** sont nommés d'après les gènes qui les codent, soit les gènes du complexe majeur d'histocompatibilité. Il s'agit de protéines de reconnaissance présentes sur la membrane plasmique des cellules de l'organisme (voir les sections 3.7 et 5.2). Lorsqu'ils sont accouplés à un antigène, les marqueurs du CMH déclenchent un appel aux armes.

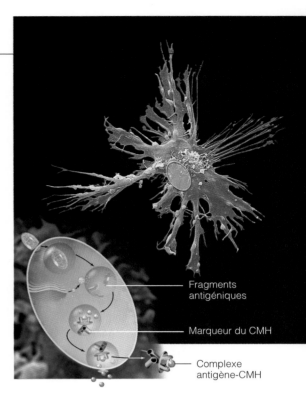

Figure 39.6 La cellule dendritique, l'une des principales cellules présentatrices de l'antigène. Cette catégorie de cellules exerce une surveillance dans le sang, les organes internes et la peau. (Les cellules de Langerhans décrites à la section 37.2 sont des cellules dendritiques.) Ces cellules phagocytent l'antigène, le transforment et l'exposent avec des marqueurs du CMH.

Fragments antigéniques

Marqueur du CMH

Complexe antigène-CMH

On appelle **cellule présentatrice de l'antigène** toute cellule capable de traiter et de présenter un antigène associé aux marqueurs du CMH et d'activer les lymphocytes T. Les macrophagocytes, les lymphocytes B et les cellules dendritiques (voir la figure 39.6) en sont des exemples. Après avoir ingéré un antigène, la vésicule d'endocytose de la cellule fusionne avec un lysosome qui, grâce à ses puissantes enzymes, fragmente l'antigène. Certains de ces fragments s'associent à des marqueurs du CMH et forment des **complexes antigène-CMH** qui se déplacent vers la membrane plasmique, où ils sont exposés.

Les **lymphocytes T auxiliaires**, appelés aussi *lymphocytes CD4*, s'attachent aux complexes antigène-CMH et sécrètent des molécules signal qui favorisent les réponses immunes. Ces molécules entraînent la division des lymphocytes B et T sensibles à l'antigène en question et leur différenciation en cellules effectrices et en cellules mémoire (voir la figure 39.7).

Les **lymphocytes T cytotoxiques** et les **cellules NK** (*natural killer*) ou **cellules tueuses naturelles**, sont responsables des réactions à médiation cellulaire contre les cellules infectées et contre les cellules tumorales. Ces deux catégories de cellules de défense reconnaissent les complexes antigène-CMH, à condition que le marqueur du CMH soit associé à un corécepteur appelé CD8. Elles libèrent des armes chimiques qui perforent les membranes plasmiques des cellules cibles.

Les **lymphocytes B** sensibilisés sont les seuls à entraîner une réaction humorale en produisant des **anticorps**, c'est-à-dire des molécules capables de s'attacher à l'antigène. Lorsque les macrophagocytes, les cellules NK ou les neutrophiles viennent en contact avec un agent étranger couvert d'anticorps, ils le détruisent.

Les cibles principales

Toute cellule ayant des complexes antigène-CMH sur sa membrane plasmique peut stimuler des lymphocytes T cytotoxiques dotés de récepteurs pour cet antigène. Cela comprend les cellules

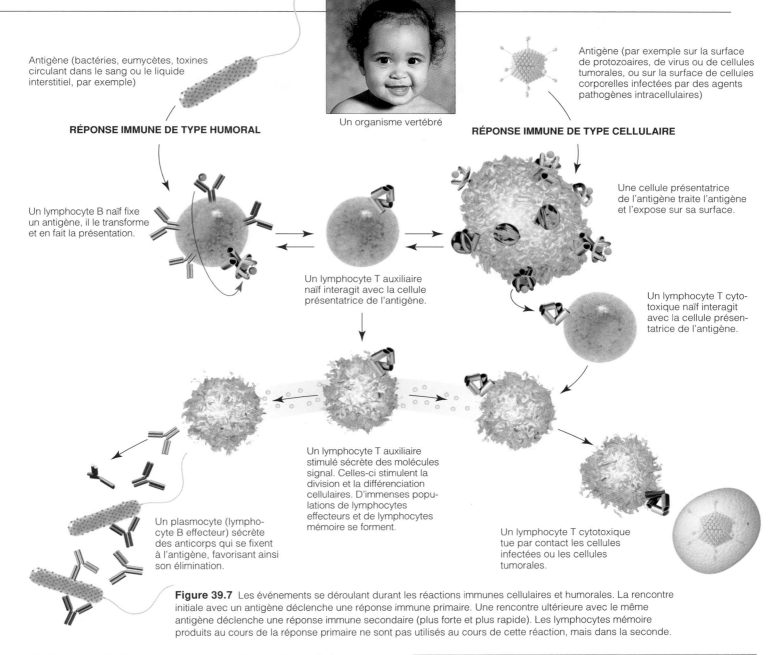

Antigène (bactéries, eumycètes, toxines circulant dans le sang ou le liquide interstitiel, par exemple)

RÉPONSE IMMUNE DE TYPE HUMORAL

Un organisme vertébré

Antigène (par exemple sur la surface de protozoaires, de virus ou de cellules tumorales, ou sur la surface de cellules corporelles infectées par des agents pathogènes intracellulaires)

RÉPONSE IMMUNE DE TYPE CELLULAIRE

Un lymphocyte B naïf fixe un antigène, il le transforme et en fait la présentation.

Un lymphocyte T auxiliaire naïf interagit avec la cellule présentatrice de l'antigène.

Une cellule présentatrice de l'antigène traite l'antigène et l'expose sur sa surface.

Un lymphocyte T cytotoxique naïf interagit avec la cellule présentatrice de l'antigène.

Un lymphocyte T auxiliaire stimulé sécrète des molécules signal. Celles-ci stimulent la division et la différenciation cellulaires. D'immenses populations de lymphocytes effecteurs et de lymphocytes mémoire se forment.

Un plasmocyte (lymphocyte B effecteur) sécrète des anticorps qui se fixent à l'antigène, favorisant ainsi son élimination.

Un lymphocyte T cytotoxique tue par contact les cellules infectées ou les cellules tumorales.

Figure 39.7 Les événements se déroulant durant les réactions immunes cellulaires et humorales. La rencontre initiale avec un antigène déclenche une réponse immune primaire. Une rencontre ultérieure avec le même antigène déclenche une réponse immune secondaire (plus forte et plus rapide). Les lymphocytes mémoire produits au cours de la réponse primaire ne sont pas utilisés au cours de cette réaction, mais dans la seconde.

de l'organisme infectées par un agent pathogène intracellulaire, car elles présentent, elles aussi, des fragments d'antigène associés à des marqueurs du CMH. Les cellules tumorales et les cellules d'organes greffés sont aussi des cibles. De surcroît, les anticorps peuvent inactiver directement les cellules présentatrices de l'antigène ainsi que les toxines dans le sang et le liquide interstitiel. Les anticorps favorisent également l'inflammation et activent le système du complément.

La régulation des réactions immunes

Un antigène déclenche une réponse immune qui se termine lorsque l'antigène est éliminé. Par exemple, au tournant de la lutte contre l'antigène, les cellules effectrices et leurs sécrétions ont déjà tué la plus grande partie des antigènes dans l'organisme. Avec la chute du nombre d'antigènes, la réponse immune décroît, puis cesse. En outre, les **lymphocytes T suppresseurs** libèrent des signaux qui vont faciliter la fin des réactions cellulaires et humorales.

Le système immunitaire se caractérise par sa capacité de reconnaissance du soi et du non-soi, ainsi que par sa spécificité, sa diversité et sa mémoire. Les lymphocytes B et T portent des récepteurs pour des millions d'antigènes spécifiques, soit autant de configurations moléculaires différentes. C'est la reconnaissance des antigènes, et non les marqueurs du soi sur les cellules de l'organisme, qui déclenche la réaction immunitaire.

De très grandes populations de lymphocytes B et T se forment par mitoses répétées à la suite de la reconnaissance d'un antigène. Ces lymphocytes se subdivisent en sous-populations de lymphocytes effecteurs et de lymphocytes mémoire, tous sensibilisés à un seul type d'antigène.

Les lymphocytes T cytotoxiques sensibilisés à l'antigène accomplissent des réponses immunes cellulaires. Les lymphocytes B sensibilisés sont responsables des réponses humorales.

COMMENT LES LYMPHOCYTES SE FORMENT ET COMMENT ILS MÈNENT LE COMBAT

La formation des lymphocytes B et T

Notre organisme est continuellement exposé à un nombre ahurissant d'antigènes. Cependant, les récepteurs de l'antigène de l'ensemble des lymphocytes B et T présentent une diversité tout aussi stupéfiante, permettant de reconnaître environ un milliard d'antigènes différents. Comment une telle diversité apparaît-elle? Dans chaque nouveau lymphocyte B et T, les séquences géniques codant des récepteurs antigéniques, c'est-à-dire des anticorps, sont constamment brassées et mélangées avant d'être exprimées. La figure 39.8 illustre ce qui arrive pendant la synthèse de ces récepteurs. Durant la synthèse de chaque récepteur, la région qui s'attache à l'antigène se replie pour former un relief unique de bosses et de sillons présentant une certaine distribution de charges. Le seul antigène au monde capable de s'attacher à cette région aura le relief complémentaire, en termes de bosses, de sillons et de charges.

Comme nous l'avons vu, les lymphocytes B proviennent de cellules souches de la moelle osseuse. Avant même de quitter la moelle osseuse, chacun acquiert des récepteurs de l'antigène uniques. Durant sa maturation, chaque lymphocyte B commence à faire la synthèse d'un grand nombre de copies uniques de molécules d'anticorps, en forme de Y. Ces anticorps se déplacent vers la membrane plasmique où la queue du Y s'enfouit dans la bicouche lipidique et où les deux bras du Y font saillie vers l'extérieur de la membrane. Le lymphocyte devient bientôt hérissé d'anticorps. C'est maintenant un lymphocyte B naïf (non sensibilisé), signifiant qu'il n'a pas encore rencontré l'antigène qu'il est génétiquement programmé à rencontrer. Ses anticorps membranaires ne reconnaissent aucun complexe antigène-CMH, mais uniquement l'antigène.

Les lymphocytes T sont également issus de cellules souches de la moelle osseuse. Ils migrent ensuite dans le thymus, où ils mûrissent et où ils acquièrent des récepteurs uniques de l'antigène appelés **TCR (récepteurs des lymphocytes T)**. Les lymphocytes T naïfs,

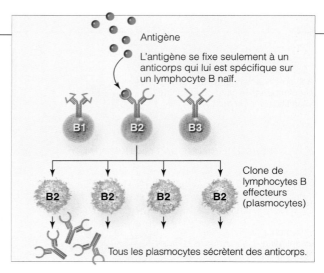

Figure 39.9 La sélection clonale d'un lymphocyte B portant l'anticorps capable de se lier à un antigène précis. Seuls les lymphocytes B et T stimulés par un antigène donnent naissance à un clone de cellules immunitaires identiques.

hérissés de ces récepteurs, quittent alors le thymus et entrent dans la circulation sanguine. Leurs TCR ignorent les antigènes libres de même que les marqueurs du CMH sans ornement à la surface des cellules de l'organisme. Leurs TCR ne reconnaissent en effet que les complexes antigène-CMH.

C'est ainsi que les lymphocytes B et T ne portent qu'un seul type de récepteur antigénique. En vertu de la théorie de la sélection clonale, un antigène ne se fixe qu'au lymphocyte B ou T portant le récepteur spécifique à cet antigène (voir la figure 39.9). Les descendants du lymphocyte activé forment une énorme population de cellules génétiquement identiques, c'est-à-dire un clone, ayant toutes le même récepteur à l'antigène. La théorie de la sélection clonale explique aussi comment un individu acquiert une mémoire immunitaire dès sa première rencontre avec un antigène. La mémoire immunitaire est la capacité du système immunitaire de déclencher une réponse immune

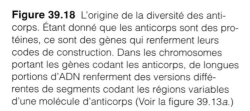

Figure 39.18 L'origine de la diversité des anticorps. Étant donné que les anticorps sont des protéines, ce sont des gènes qui renferment leurs codes de construction. Dans les chromosomes portant les gènes codant les anticorps, de longues portions d'ADN renferment des versions différentes de segments codant les régions variables d'une molécule d'anticorps (Voir la figure 39.13a.)

Différents segments géniques V et J codent la région variable. Une recombinaison de ces différents segments a lieu lors de la maturation de chaque lymphocyte B. N'importe lequel des segments V peut être réuni à n'importe lequel des segments J. Par la suite, l'intron situé entre eux est excisé. La nouvelle séquence est alors attachée à un segment C (la région constante). Il en résulte un gène d'anticorps remanié. Dès lors, ce gène sera présent chez tous les descendants de ce lymphocyte B.

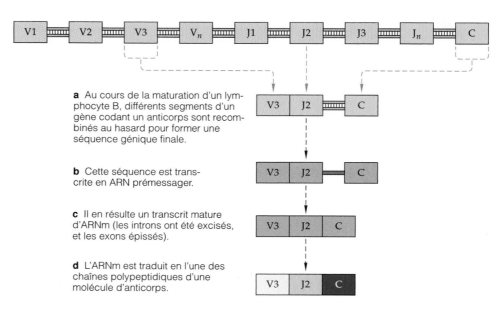

a Au cours de la maturation d'un lymphocyte B, différents segments d'un gène codant un anticorps sont recombinés au hasard pour former une séquence génique finale.

b Cette séquence est transcrite en ARN prémessager.

c Il en résulte un transcrit mature d'ARNm (les introns ont été excisés, et les exons épissés).

d L'ARNm est traduit en l'une des chaînes polypeptidiques d'une molécule d'anticorps.

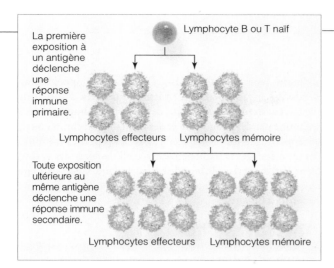

La première exposition à un antigène déclenche une réponse immune primaire.

Lymphocyte B ou T naïf

Lymphocytes effecteurs   Lymphocytes mémoire

Toute exposition ultérieure au même antigène déclenche une réponse immune secondaire.

Lymphocytes effecteurs   Lymphocytes mémoire

Figure 39.10 La mémoire immunologique. Seuls quelques lymphocytes B et T sont sensibilisés durant une réponse immune primaire à un antigène. Un grand nombre de lymphocytes continuent à circuler sous forme de lymphocytes mémoire. Ces derniers sont activés durant la réponse immune secondaire.

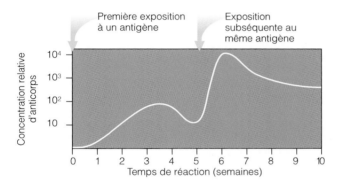

Première exposition à un antigène

Exposition subséquente au même antigène

Concentration relative d'anticorps

10^4
10^3
10^2
10

0 1 2 3 4 5 6 7 8 9 10

Temps de réaction (semaines)

Figure 39.11 Un exemple de la différence en intensité et en durée entre une réponse immune primaire et une réponse immune secondaire au même antigène. Le pic de production d'anticorps au cours de la réponse primaire s'est fait 24 jours après le début de la réponse, alors qu'il en a pris 7 pour la réponse secondaire. De plus, la concentration d'anticorps y était 100 fois plus élevée (de 10^2 pour la réponse primaire à 10^4 pour la réponse secondaire).

secondaire par suite d'une rencontre subséquente avec l'antigène ayant déclenché une réponse primaire (voir la figure 39.10).

Les lymphocytes mémoire formés durant la réponse immune primaire ne participent pas à la bataille. Ils circulent pendant des années, voire des dizaines d'années. Par comparaison avec une réponse immune primaire, la réponse secondaire est beaucoup plus rapide, car l'antigène est intercepté plus tôt par des bataillons de cellules déjà formées et patrouillant les tissus. C'est ainsi que les populations de lymphocytes effecteurs se forment plus rapidement et que l'infection se termine avant que la personne atteinte ne soit malade. Il se forme, durant la réponse secondaire, un nombre beaucoup plus élevé de lympho-cytes B et T que durant la réponse primaire (voir la figure 39.11). En termes évolutifs, la préparation en prévision de rencontres possibles avec un même agent pathogène accorde un avantage de survie à l'individu.

Figure 39.12 Les ganglions lymphatiques comportent des régions distinctes renfermant des lymphocytes et des cellules présentatrices de l'antigène. (Voir aussi la section 38.11.)

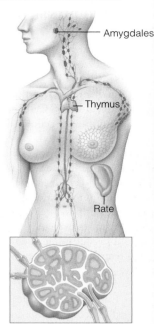

Amygdales

Thymus

Rate

Les champs de bataille des lymphocytes

À quel moment un antigène est-il capturé et traité? Dans la peau, les muqueuses et les organes internes, les macrophagocytes et les cellules dendritiques qui forment une première ligne de défense capturent l'antigène par phagocytose ou endocytose. Ils migrent ensuite vers les ganglions lymphatiques régionaux (voir la section 38.11) pour y présenter l'antigène aux lymphocytes B et T naïfs.

L'antigène présent dans le liquide interstitiel pénètre dans la circulation lymphatique. Puisque la lymphe se déverse dans le sang, il est toujours possible qu'un antigène circule dans tout l'organisme. Cependant, les ganglions lymphatiques capturent la majorité des antigènes circulants. En outre, les antigènes présents dans le sang sont filtrés dans la rate (voir la figure 39.12). Chaque jour, le nombre de lymphocytes traversant la rate est plus élevé que le nombre de lymphocytes passant par l'ensemble des ganglions lymphatiques.

Dans les ganglions lymphatiques, les antigènes passent d'abord dans une région occupée par des lymphocytes B, des macrophagocytes et des cellules dendritiques. Ils y sont capturés, traités et présentés aux lymphocytes T auxiliaires naïfs, activant ceux-ci par le fait même. D'autres cellules dendritiques portant des récepteurs de l'anticorps et du complément peuvent activer les lymphocytes B ganglionnaires. Plus profondément enfouis dans les ganglions, les lymphocytes T commencent à se multiplier et à se transformer en lymphocytes effecteurs et mémoire. Les lymphocytes B font de même, en se transformant en lymphocytes effecteurs et mémoire; arrivés à maturité, les lymphocytes B produisent des anticorps. C'est ainsi que des anticorps et des lymphocytes nouvellement formés quittent le ganglion lymphatique en grand nombre. De surcroît, en raison de leur présence, les antigènes attirent dans le ganglion les lymphocytes en provenance des capillaires avoisinants. Voilà ce qui explique l'enflure des ganglions qu'on peut parfois observer sous la mâchoire, à l'aisselle ou ailleurs.

En recombinant au hasard des segments de gènes de l'ADN codant les récepteurs de l'antigène, chaque lymphocyte B et T reçoit une séquence génique unique pour un seul récepteur de l'antigène, parmi le milliard de combinaisons possibles.

La spécificité immunitaire signifie que le clone de descendants d'une cellule sensibilisée à un antigène ne s'attachera qu'à cet antigène.

La mémoire immunitaire signifie que les lymphocytes B et T mis de côté pendant la réponse primaire peuvent produire une réponse secondaire plus rapide et plus forte lors d'une rencontre subséquente avec le même antigène.

Les macrophagocytes, les cellules dendritiques et les lymphocytes B et T déclenchent les réponses immunes dans les organes lymphoïdes. Ils sont adaptés pour interagir de façon efficace dans les ganglions lymphatiques et la rate.

LA RÉPONSE IMMUNITAIRE HUMORALE

Sans les lymphocytes T auxiliaires, les lymphocytes B ou les lymphocytes T cytotoxiques seraient comme un orchestre symphonique sans chef d'orchestre. En effet, une fois activés, les lymphocytes T auxiliaires sont responsables du déroulement des réponses humorales et cellulaires. Cette activation est soumise à un contrôle rigoureux afin que les cellules de défense soient dirigées d'une manière efficace. Un facteur-clé consiste à limiter les modes de reconnaissance de l'antigène. Les lymphocytes T auxiliaires ne reconnaissent l'antigène que si un fragment de celui-ci est couplé à un marqueur du CMH sur la surface d'un lymphocyte B, d'un macrophagocyte ou d'une cellule dendritique. De plus, à la suite de la réaction entre les lymphocytes T auxiliaires et les complexes antigène-CMH, un signal provenant des cellules présentatrices de l'antigène les pousse à se multiplier. Il en résulte un clone de lymphocytes T auxiliaires capables de diriger la réponse immunitaire.

Les rôles des anticorps

Étudions les activités d'un lymphocyte B dont la surface est hérissée d'anticorps. Étant donné que tous ces anticorps sont semblables, ils sont spécifiques pour un seul antigène. La figure 39.13 présente un site typique de fixation à l'antigène sur un anticorps. Lorsque des antigènes s'attachent aux anticorps, il s'établit des complexes antigène-anticorps qui stimulent l'endocytose par récepteur interposé : les antigènes sont alors amenés dans la cellule (voir la section 5.8). Il s'y forme des complexes antigène-CMH qui se déplacent vers la membrane plasmique du lymphocyte B où ils sont exposés.

Supposons la rencontre entre un lymphocyte T auxiliaire et le complexe antigène-CMH d'un lymphocyte B. Les deux cellules échangent un signal de costimulation, puis se désengagent. Lorsque le lymphocyte B rencontre de nouveau un antigène non traité, ses anticorps s'y attachent. Cet attachement, en même temps que les interleukines sécrétées par les lymphocytes T auxiliaires avoisinants, déclenche la mitose chez le lymphocyte B. Il en résulte un clone de lymphocytes B constitué de lymphocytes B effecteurs et de lympho-

cytes B mémoire (voir la figure 39.14). Les effecteurs, appelés **plasmocytes**, produisent et libèrent d'énormes quantités d'anticorps. Lorsque ceux-ci se fixent à un antigène, ce dernier est comme étiqueté pour être éliminé par des phagocytes et des protéines du complément.

On se rappelle que les principales cibles des réponses immunes humorales sont des agents pathogènes extracellulaires et des toxines qui circulent librement dans le liquide extracellulaire. Cela s'explique par le fait que les anticorps ne peuvent pas se lier à des germes ou à des toxines intracellulaires.

Les classes d'immunoglobulines

Les plasmocytes produisent cinq catégories d'anticorps, également appelés **immunoglobulines** ou **Ig**. Ces anticorps, des protéines, résultent du mélange de segments de gènes lorsque les lymphocytes B mûrissent et participent à des réactions immunitaires. Les différentes immunoglobulines sont désignées par les termes IgM, IgD, IgG, IgA et IgE. Chacune présente des sites de fixation à l'antigène ainsi que d'autres sites fonctionnels. Une fois sécrétées, les immunoglobulines adoptent les formes suivantes :

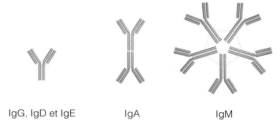

IgG, IgD et IgE   IgA   IgM

Les IgM sont les premiers anticorps à être sécrétés au cours d'une réaction immune primaire et les premiers également à être produits par les nouveau-nés. Ils forment une structure présentant 10 sites de fixation à l'antigène. En raison de leur structure, les IgM retiennent plus efficacement les cibles groupées comme des érythrocytes agglutinés (voir la section 38.4) ou des agrégats de virus.

Site de fixation à l'antigène   Site de fixation à l'antigène

Région variable de la chaîne lourde

Région charnière flexible

Région variable de la chaîne légère

Région constante de la chaîne légère

Région constante de la chaîne lourde, renfermant aussi la région charnière

a

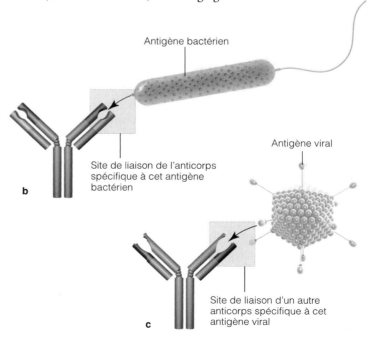

Antigène bactérien

Site de liaison de l'anticorps spécifique à cet antigène bactérien

b

Antigène viral

Site de liaison d'un autre anticorps spécifique à cet antigène viral

c

Figure 39.13 La structure d'un anticorps. **a)** Chaque anticorps est constitué de quatre polypeptides formant généralement une structure en forme de Y. **b)** et **c)** Un antigène se lie au site de fixation de l'anticorps.

Figure 39.14 Une réaction immune de type humoral en réponse à une infection bactérienne. Le modèle en ruban (à droite) représente un anticorps.

a Chaque lymphocyte B naïf est hérissé d'environ 10 millions d'anticorps identiques, tous spécifiques à un seul antigène. Lorsqu'un antigène entre en contact avec l'anticorps correspondant, l'ensemble antigène-anticorps est amené à l'intérieur du lymphocyte par endocytose pour y être dégradé. Des fragments d'antigène se lient à des molécules du CMH et sont ensuite exposés sur la surface de la cellule. Ce lymphocyte B est maintenant une cellule présentatrice de l'antigène.

b Le récepteur à l'antigène (TCR) d'un lymphocyte T auxiliaire s'attache au complexe antigène-CMH du lymphocyte B, ce qui stimule les deux lymphocytes et les amène à se diviser. Les deux lymphocytes se détachent.

c Un antigène intact se fixe au même lymphocyte B. Le lymphocyte T auxiliaire sécrète de l'interleukine (les points bleus). Ces deux événements déclenchent la division et la différenciation de ces lymphocytes. Il en résulte un très grand nombre de lymphocytes B mémoire et de lymphocytes B effecteurs, appelés plasmocytes, qui sécrètent des anticorps.

d Les anticorps produits par les plasmocytes se retrouvent dans le liquide extracellulaire. Lorsqu'ils entrent en contact avec un antigène sur une bactérie, ils s'y attachent et les marquent pour la destruction. (Comparer avec les figures 39.3 et 39.7.)

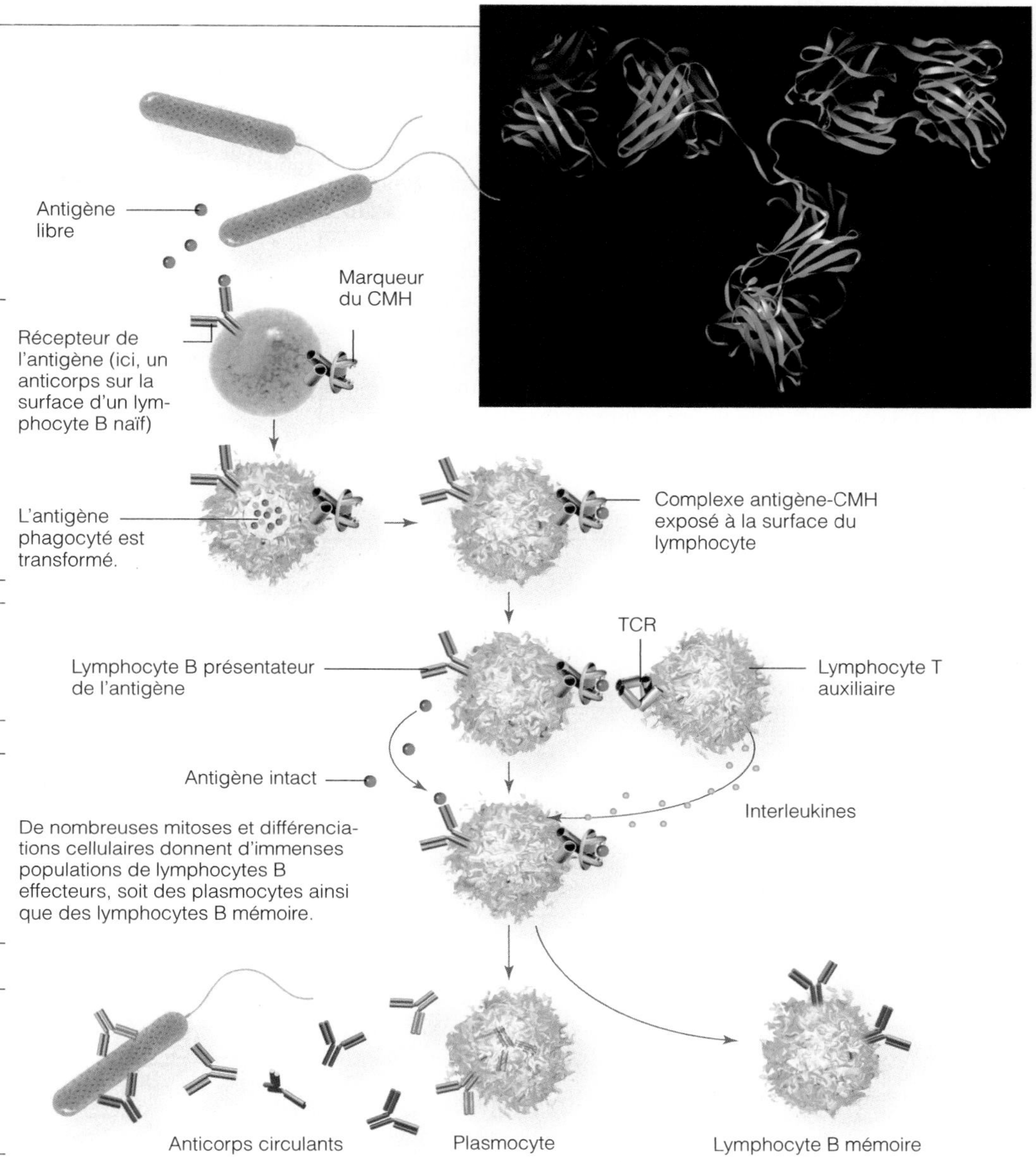

Antigène libre

Marqueur du CMH

Récepteur de l'antigène (ici, un anticorps sur la surface d'un lymphocyte B naïf)

L'antigène phagocyté est transformé.

Complexe antigène-CMH exposé à la surface du lymphocyte

Lymphocyte B présentateur de l'antigène

TCR

Lymphocyte T auxiliaire

Antigène intact

Interleukines

De nombreuses mitoses et différenciations cellulaires donnent d'immenses populations de lymphocytes B effecteurs, soit des plasmocytes ainsi que des lymphocytes B mémoire.

Anticorps circulants

Plasmocyte

Lymphocyte B mémoire

De concert avec les IgM, les IgD sont les anticorps les plus courants sur la membrane plasmique des lymphocytes B naïfs. Les IgM peuvent activer les lymphocytes T auxiliaires.

Les IgG composent environ 80 % des immunoglobulines sanguines. Ce sont les anticorps les plus efficaces pour déclencher l'activité du système du complément et ils neutralisent un grand nombre de toxines. Étant donné que ces anticorps à vie longue traversent facilement le placenta, les anticorps maternels, présents chez le fœtus, lui accordent une protection temporaire après la naissance. Les IgG apparaissant dans le colostrum, soit la première montée laiteuse, sont absorbés dans la circulation sanguine du nourrisson.

Les IgE déclenchent une réaction inflammatoire après une attaque par des vers parasites ou d'autres agents pathogènes. La queue des IgE s'implante sur les basophiles et les mastocytes, et leurs récepteurs de l'antigène font saillie du côté externe. La liaison d'un antigène à une IgE déclenche la libération d'histamine de la part des basophiles et des mastocytes, ce qui attise la réaction inflammatoire. Les IgE sont aussi mis en cause dans les réactions allergiques, l'asthme par exemple.

Les IgA sont les principaux anticorps présents dans les sécrétions des glandes exocrines, incluant les larmes, la salive et le lait maternel. Elles sont également présentes dans le mucus qui tapisse la surface des voies respiratoires, digestives et génitales, c'est-à-dire les régions les plus vulnérables à l'infection. Comme les IgM, les IgA peuvent former de grosses structures capables de fixer des antigènes volumineux. Les bactéries et les virus couverts d'IgA ne peuvent pas se fixer aux muqueuses. On reconnaît que les IgA sont efficaces pour attaquer les agents de la salmonellose, du choléra, de la gonorrhée, de la grippe et de la polio.

Les anticorps sécrétés par les plasmocytes se fixent aux antigènes des agents pathogènes extracellulaires ainsi qu'aux toxines et les marquent pour l'élimination par des phagocytes ou par les protéines du complément par exemple.

On reconnaît les cinq classes d'immunoglobulines suivantes: les IgM, IgG, IgD, IgE et IgA. Elles jouent un rôle essentiel dans la défense de l'organisme contre les attaques microbiennes.

LES RÉACTIONS IMMUNES CELLULAIRES

Si les antigènes demeuraient à l'état libre dans le milieu intérieur, il se pourrait fort bien que les mécanismes de la réponse humorale soient suffisants pour les éliminer. Cependant, un certain nombre d'agents pathogènes échappent à l'action des anticorps, car ils se terrent à l'intérieur des cellules pour s'y développer et parfois pour les tuer. Ils ne font qu'une brève apparition hors des cellules, le temps d'en sortir et d'envahir d'autres cellules. Nous connaissons déjà les virus, les bactéries, les eumycètes, les protozoaires et les sporozoaires, tous intracellulaires. Nous connaissons également les cellules modifiées, telles les cellules tumorales, qui posent un autre type de menace. Tous ces agents pathogènes et toutes ces cellules sont les cibles des acteurs impliqués dans les réponses immunes cellulaires.

Les lymphocytes T auxiliaires et les lymphocytes T cytotoxiques, de même que les cellules NK, les macrophagocytes, les neutrophiles et les éosinophiles sont les principaux exécutants. Des concentrations locales d'interleukines, d'interférons et d'autres signaux chimiques attirent leur attention et les poussent à se diviser, à se différencier et à attaquer. Par exemple, les interférons font augmenter le nombre de marqueurs du CMH, améliorant ainsi la capacité de certaines cellules à présenter l'antigène. Si des anticorps se lient à ces antigènes, ils vont eux aussi entraîner la participation d'autres cellules de défense.

Les lymphocytes T cytotoxiques sont tellement sensibles aux complexes antigène-CMH et à des configurations modifiées sur les cellules de l'organisme qu'ils n'ont pas besoin d'autre signal pour

a Un virus infecte un macrophagocyte. La machinerie métabolique du macrophagocyte commence alors à produire des protéines virales, qui sont antigéniques. Des enzymes du macrophagocyte découpent les antigènes en fragments. Certains vont se lier à une certaine catégorie de molécules du CMH.

b Certains fragments antigéniques sont liés aux protéines du CMH de classe I. (Ces protéines de classe I s'observent chez toutes les cellules nucléées et présentent l'antigène provenant de l'intérieur d'une cellule infectée.) Les complexes antigène-CMH se déplacent vers la surface de la cellule, où ils sont exposés.

f Les TCR d'un lymphocyte T cytotoxique activé se lient aux complexes antigène-CMH du macrophagocyte. Les interleukines sécrétées par le lymphocyte T auxiliaire stimulent le lymphocyte T cytotoxique à se diviser et à se différencier. Il se forme alors de grandes populations de lymphocytes T effecteurs et mémoire.

h Un lymphocyte T cytotoxique effecteur touche à la cellule infectée et la tue par contact. Ce lymphocyte libère des perforines et des toxines (points verts) sur la cellule, ce qui va entraîner sa mort.

i Le lymphocyte T cytotoxique se détache de la cellule condamnée et part à la recherche d'autres cibles. Pendant ce temps, les perforines perforent la membrane plasmique. Les toxines entrent dans la cellule, décomposent les organites et désassemblent l'ADN. La cellule meurt.

c Un autre macrophagocyte ingère et digère un virus de même type. L'antigène viral vient s'attacher à une autre classe de CMH à l'intérieur du macrophagocyte.

d Les complexes antigène-CMH migrent vers la surface où ils sont exposés.

e Un lymphocyte T auxiliaire sensibilisé s'attache aux complexes antigène-CMH de la cellule présentatrice de l'antigène. Cela stimule la cellule à sécréter des interleukines (points jaunes). Ces interleukines stimulent le lymphocyte T auxiliaire à libérer des interleukines différentes (points bleus).

g Un autre virus du même type infecte une cellule de la muqueuse respiratoire pour s'y multiplier et produire en même temps des antigènes que la cellule traitera. Certains de ceux-ci se lient à des protéines du CMH. Finalement, un complexe antigène-CMH est exposé sur la surface de la cellule infectée.

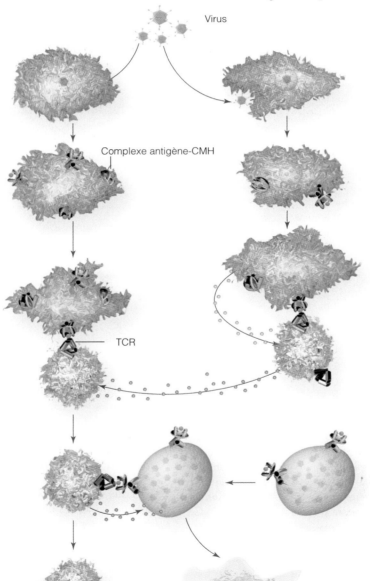

Virus

Complexe antigène-CMH

TCR

Figure 39.15 Une réponse immune cellulaire par l'entremise des lymphocytes T.

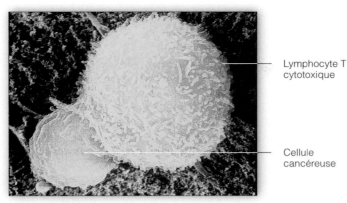

Figure 39.16 Un lymphocyte T cytotoxique en train de tuer une cellule cancéreuse par contact.

commencer à se multiplier. Ils exposent et sécrètent des molécules qui leur permettent de tuer, par simple contact, des cellules infectées ou anormales, comme on le voit aux figures 39.15 et 39.16. Par exemple, les perforines sont des protéines qui percent des pores circulaires dans la membrane plasmique des cellules cibles, un peu comme ceux qu'on voit à la figure 39.2. Les lymphocytes T cytotoxiques déclenchent également l'**apoptose**, ou suicide cellulaire, chez certaines cellules cibles (voir la section 15.6). Dans ces circonstances, le cytoplasme des cellules touchées s'écoule, les organites se brisent et l'ADN se fragmente. Après avoir effectué leur contact mortel, les lymphocytes T cytotoxiques se détachent de la cellule condamnée et entreprennent la recherche d'autres cellules cibles.

Les lymphocytes T cytotoxiques jouent aussi un rôle dans le rejet de tissus et d'organes transplantés. Certains marqueurs du CMH du donneur sont suffisamment différents de ceux du receveur pour être reconnus comme des antigènes et d'autres marqueurs sont suffisamment semblables pour déclencher un signal costimulateur. Le typage des marqueurs du CMH et la vérification de la compatibilité entre donneur et receveur permettent de diminuer les risques de rejet.

Qu'en est-il des cellules NK? Celles-ci ne sont pas stimulées par les complexes antigène-CMH, ce qui suppose que d'autres récepteurs doivent être impliqués. Certains de ces récepteurs bloquent les attaques contre les cellules ayant des marqueurs du CMH, mais il semble bien que cette inhibition disparaît pour les cellules ayant des molécules du CMH modifiées ou en nombre insuffisant. Quelle que soit la façon dont elles sont activées, les cellules NK sont mobilisées par des concentrations croissantes d'interférons et d'interleukines en raison de la présence de cellules tumorales ou d'infections par des virus ou des bactéries intracellulaires. Étant les premières cellules immunes à être activées, elles permettent de gagner du temps pendant que d'autres cellules du système immunitaire s'activent, se divisent et se différencient.

Les agents pathogènes intracellulaires ainsi que des cellules modifiées sont les cibles des lymphocytes impliqués dans les réponses immunes cellulaires.

Les lymphocytes T auxiliaires et les lymphocytes T cytotoxiques sont des cellules de défense spécifiques à un antigène. Les cellules NK, les macrophagocytes, les neutrophiles, les éosinophiles et d'autres cellules sont impliqués dans les réponses immunes non spécifiques. Toutes les catégories de cellules cytotoxiques tuent les cellules infectées et les cellules tumorales par contact.

Le cancer et l'immunothérapie

Carcinomes, sarcomes, leucémies, tous ces termes redoutables font référence à des néoplasmes malins de la peau, des os et d'autres tissus. Ils se manifestent lorsqu'une attaque virale, des radiations ou des produits chimiques modifient des gènes et que les cellules deviennent cancéreuses (voir la section 15.6). Les cellules transformées se divisent sans arrêt. À moins d'être détruits ou éliminés par chirurgie, les cancers peuvent être mortels.

Les cellules transformées portent souvent des protéines anormales et des fragments protéiques liés au CMH. Les réponses immunes contre elles peuvent entraîner une régression de la tumeur, mais être insuffisantes pour la détruire. De surcroît, certaines tumeurs « se camouflent » en libérant des copies des protéines anormales qui vont saturer les récepteurs d'antigène. Ces tumeurs cachées qui atteignent une masse critique peuvent déborder les mécanismes de défense de l'hôte. L'immunothérapie est, dans ces circonstances, un moyen d'enrôler les leucocytes pour détruire ces menaces.

LES ANTICORPS MONOCLONAUX Il y a une vingtaine d'années, deux chercheurs, Cesar Milstein et Georges Kohler, réussirent à fabriquer de petites quantités d'anticorps capables de se fixer aux antigènes spécifiques des tumeurs. Ils injectèrent d'abord un antigène à des souris et celles-ci produisirent des anticorps contre cet antigène. Ils fusionnèrent ensuite les plasmocytes de ces souris avec des lymphocytes B tumoraux. Les clones de descendants de ces cellules hybrides fabriquèrent alors des anticorps monoclonaux, c'est-à-dire des copies identiques d'anticorps. Étant donné que les souris ne peuvent pas produire des anticorps en quantité suffisante, des ingénieurs généticiens ont mis au point des vaches qui sécrètent des anticorps monoclonaux dans leur lait. Il peut toutefois être difficile de séparer ces anticorps des bactéries ou d'autres agents pathogènes qui peuvent être présents dans le lait.

De nos jours, des plantes mises au point par génie génétique peuvent produire des anticorps monoclonaux. C'est ainsi que des champs de maïs peuvent en produire en très grande quantité. En plus d'être peu coûteuses, ces plantes transgéniques représentent moins de danger que l'utilisation d'animaux aux mêmes fins. En effet, peu d'agents pathogènes végétaux infectent l'être humain. Les premiers « planticorps » ou anticorps d'origine végétale à être utilisés sur des volontaires humains ont empêché l'infection par une bactérie responsable de la carie dentaire.

LES LYMPHOCYTES TUEURS DE TUMEURS Ayant observé que des lymphocytes infiltrent fréquemment les tumeurs, des chercheurs en ont isolé d'une tumeur et les ont exposés à la lymphokine, une interleukine. Ils ont ainsi obtenu de grandes populations de lymphocytes capables d'infiltrer des tumeurs et de les détruire plus efficacement. Toutefois, ces lymphocytes, dits *LAK* (*lymphokine-activated killer cells*), semblent perdre un peu de leur efficacité lorsqu'on les réinjecte au patient.

LES VACCINS THÉRAPEUTIQUES À l'horizon se profilent des vaccins thérapeutiques qui pourraient prévenir certains types de cancer. L'une des approches consiste à fabriquer par manipulation génétique un antigène pour le rendre plus facilement reconnaissable par les lymphocytes tueurs. Considérons par exemple les cellules de Langerhans (voir la section 37.2) qui, comme d'autres cellules dendritiques, se déplacent grâce à des pseudopodes. Une fois sensibilisées à un antigène, elles migrent vers les ganglions lymphatiques et déclenchent l'alarme. Dirk Schadendorf a cultivé des cellules dendritiques de patients atteints de mélanome en présence de cellules tumorales broyées, pour ensuite les injecter par intervalles dans leurs ganglions ou leur peau. Un an plus tard, deux patients n'avaient aucune trace de mélanome. Chez trois autres, la taille des tumeurs avait diminué d'au moins la moitié de leur taille originale. De tels « vaccins » pourraient être disponibles dans un avenir prochain.

LES MÉCANISMES DE DÉFENSE AMÉLIORÉS, MAL DIRIGÉS OU COMPROMIS

L'immunisation

L'**immunisation** est une série de procédés qui augmentent la résistance aux maladies. Dans les cas d'immunisation active, un **vaccin**, soit une préparation contenant un antigène, est injecté dans l'organisme (voir la figure 39.17) pour déclencher une réponse immune primaire. Une injection de rappel produit une réponse secondaire au cours de laquelle il y a une production plus rapide d'un plus grand nombre de lymphocytes effecteurs et de lymphocytes mémoire, procurant ainsi une immunité à plus long terme.

De nombreux vaccins peuvent être élaborés à partir d'agents pathogènes tués ou affaiblis ou bien par l'utilisation de toxines naturelles inactivées. D'autres vaccins sont fabriqués à partir de virus inoffensifs qui portent des gènes provenant de deux ou trois agents pathogènes insérés dans leur ADN ou leur ARN. À la suite de la vaccination, les virus produisent des antigènes contre lesquels l'organisme fabrique des anticorps et développe une immunité.

L'immunité passive protège les individus infectés par les agents de l'hépatite B, de la diphtérie, du tétanos, de la varicelle et par d'autres agents pathogènes. Les patients reçoivent des injections d'anticorps purifiés dirigés contre ces agents pathogènes ou leurs produits. La meilleure source d'anticorps est un individu qui a déjà été infecté par l'un ou l'autre de ces agents et qui produit ces anticorps. Cependant, les effets de ces injections ne sont pas durables puisque le patient n'a ni anticorps produits naturellement ni lymphocytes mémoire. Elles servent tout au plus à contrer la première attaque.

Un vaccin peut ne pas être efficace ou produire des effets dangereux. On connaît des cas de vaccins ayant causé des problèmes immunologiques ou neurologiques. Il est bon de bien évaluer les risques et les bienfaits d'un vaccin avant de donner son accord à cette procédure préventive.

Les allergies

Chez de nombreux individus, des substances habituellement inoffensives provoquent une inflammation, des sécrétions muqueuses abondantes et parfois une réaction immunitaire. De telles substances sont des **allergènes** et l'hypersensibilité à ces produits est appelée **allergie**. Les allergènes habituels sont le pollen, de nombreux médicaments et aliments, les acariens de la poussière, des spores fongiques, du venin d'insecte, des parfums et des cosmétiques.

Certaines personnes sont génétiquement prédisposées aux allergies. Des infections, un stress émotionnel ou des changements dans la température de l'air déclenchent parfois des réactions qui, en temps normal, n'auraient pas lieu. À la suite d'une exposition à un antigène, il arrive que des IgE, et non des IgG, soient sécrétées et qu'elles se lient à des mastocytes. Lorsque ces IgE sont attachées à un antigène, les mastocytes sécrètent des prostaglandines, de l'histamine et d'autres substances qui attisent l'inflammation. Il s'ensuit une hypersécrétion de mucus et une constriction des conduits aériens. Des sinus encombrés, une respiration haletante, des éternuements et un nez qui coule sont les symptômes de l'asthme et de la fièvre des foins chez des millions d'individus (voir la figure 39.18).

Les réactions inflammatoires sont rarement mortelles. Cependant, au cours d'un choc anaphylactique, une personne allergique au venin de guêpe ou d'abeille, par exemple, peut mourir quelques minutes après une piqûre. Dans ces circonstances, les conduits respiratoires subissent une constriction massive, du plasma s'échappe en grande quantité des capillaires, qui sont devenus très perméables, et une importante chute de la pression artérielle s'ensuit. Cet état de choc circulatoire peut se conclure rapidement par la mort.

Des médicaments anti-inflammatoires comme les antihistaminiques peuvent souvent soulager les symptômes de l'allergie. Dans les programmes de désensibilisation, des tests cutanés peuvent aider à identifier les allergènes. On injecte alors progressivement au patient des doses de plus en plus grandes

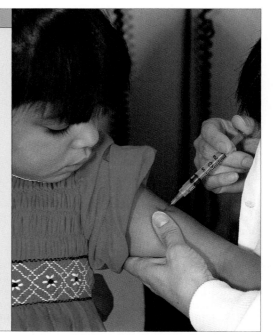

Âge	Vaccins
2, 4 et 6 mois	DCT (diphtérie, coqueluche, tétanos) Poliomyélite, pneumocoque
2, 4 et 6 mois	Hib (*Hæmophilus influenzæ* de type b) (épiglottite, pneumonie, méningite)
2 et 4 mois	Pneumocoque
6 mois	Grippe
1 an	RRO (rougeole, rubéole et oreillons)
1 an	Pneumocoque, méningocoque
18 mois	RRO, DCT, polio, Hib
Entre 4 et 6 ans	DCT, polio
4e année du primaire	Hépatite B
Entre 14 et 16 ans	DCT

Selon le Programme d'immunisation québécois (PIQ) du ministère de la Santé et des Sercices sociaux de la province de Québec (2004).

Figure 39.17
Un calendrier d'immunisation.

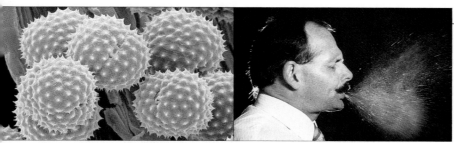

Pollen d'ambroisie (herbe à poux) et ce qu'il peut provoquer

Figure 39.18 Un exemple des effets de substances allergènes sur des personnes sensibles. Aux États-Unis, des personnes qui souffraient d'allergies sont allées s'établir dans des villes proches du désert. Ce faisant, elles ont emporté avec elles du pollen. La moitié des gens qui vivent maintenant à Tucson, en Arizona, sont sensibilisés au pollen des oliviers et des mûriers, des arbres bien présents dans les villes et les banlieues.

d'allergène. Chaque fois, l'organisme fabrique plus d'IgG et de lymphocytes B mémoire. Étant donné que ce sont des IgG et non des IgE qui vont se lier à l'antigène, la réaction allergique n'a plus lieu.

Les maladies auto-immunes

Il arrive que les mécanismes de reconnaissance du soi fassent défaut et que le système immunitaire élabore une attaque inappropriée contre les composants de l'individu même. C'est ce qu'on appelle l'**auto-immunité**. Des anticorps ou des lymphocytes T stimulés à tort peuvent causer des dommages tissulaires graves.

Dans certains cas, les freins ne sont pas appliqués à la réponse immunitaire, et les lymphocytes B et T deviennent hyperactifs. L'arthrite rhumatoïde, par exemple, est une inflammation chronique des articulations et, souvent, des tissus des systèmes respiratoire et cardiovasculaire. Les lymphocytes T attaquent les articulations et causent une réaction inflammatoire. Souvent, des autoanticorps comme des complexes IgM-IgG s'accumulent dans les articulations. Ils attisent des réactions en cascade du système du complément, renforçant ainsi l'inflammation chronique. À la longue, les articulations se remplissent de cellules de la membrane synoviale et s'immobilisent.

Dans d'autres circonstances, l'organisme fabrique des auto-anticorps dirigés contre des récepteurs hormonaux. Un exemple nous en est donné par le goitre exophtalmique, aussi appelé *maladie de Basedow*. Ici, les autoanticorps reproduisent les effets de la TSH et se fixent sur les récepteurs thyroïdiens de cette dernière, ce qui augmente la production d'hormones thyroïdiennes régulant le taux métabolique et la croissance de nombreux tissus. Les autoanticorps ne répondent plus au mécanisme habituel de rétroaction de la production d'hormones. Les symptômes se caractérisent par un taux métabolique élevé, de la tachycardie et une sudation excessive (voir la section 36.6). La sclérose en plaques est la cause la plus fréquente de troubles neurologiques. Elle survient lorsque des lymphocytes T autoréactifs déclenchent une réaction inflammatoire au niveau des gaines de myéline et qu'ils envahissent le liquide céphalorachidien, perturbant ainsi les communications nerveuses (voir la section 34.4). Les symptômes vont d'un engourdissement léger jusqu'à la paralysie et la cécité. Plus de huit gènes qui influencent la fonction immunitaire peuvent augmenter la sensibilité à la sclérose en plaques, mais l'activation des lymphocytes lors d'infections virales peut aussi déclencher son développement.

Les réponses immunitaires sont plus fortes chez les femmes que chez les hommes. De surcroît, les maladies auto-immunes sont aussi plus fréquentes chez les femmes. Nous savons qu'un récepteur

Figure 39.19 Un cas grave du syndrome d'immunodéficience sévère combinée (SCID). Ashanthi De Silva est née sans système immunitaire. Elle est porteuse d'un gène mutant de l'ADA (adénosine déaminase). Sans cette enzyme, ses cellules ne pouvaient pas dégrader l'adénosine, de sorte qu'un produit toxique pour les lymphocytes s'accumulait chez elle. Les conséquences étaient une forte fièvre, des infections graves des oreilles et des poumons, des diarrhées et l'incapacité de prendre du poids.

Les parents de cette enfant ont donné leur consentement pour la première thérapie génique approuvée par le gouvernement fédéral américain. Des ingénieurs généticiens ont épissé le gène de l'ADA dans le matériel génétique d'un virus inoffensif. Ce virus a ensuite été utilisé pour insérer le « bon » gène dans les cellules de moelle osseuse d'Ashanthi. Certaines cellules ont incorporé ce gène dans leur ADN et ont commencé à synthétiser l'enzyme manquante. Ashanthi a maintenant plus de 10 ans. Comme d'autres patients atteints du même syndrome et qui ont subi cette thérapie génique, elle se porte bien.

Des chercheurs prélèvent aussi des cellules souches de la moelle osseuse à partir du sang provenant du cordon ombilical de nouveau-nés atteints du SCID. Ils exposent ces cellules à des virus porteurs de copies du gène de l'ADA ainsi qu'à des produits stimulant la mitose et la croissance. Les cellules ainsi traitées sont réinjectées aux nouveau-nés.

pour les œstrogènes joue un rôle dans la régulation de l'expression des gènes dans l'organisme. Il se pourrait qu'il joue un rôle négatif dans les réponses immunes.

Les déficits immunitaires

La perte de la fonction immunitaire peut avoir des conséquences mortelles. Les déficits immuns primaires, présents à la naissance, sont dus à des gènes modifiés ou à un développement anormal. C'est le cas de l'immunodéficience sévère combinée ou SCID (*Severe Combined Immunodeficiency*). La figure 39.19 en décrit un type, soit le déficit en adénosine déaminase (ADA). Les déficits immunitaires secondaires sont dus à l'exposition à des agents externes tels des virus. Les déficits immuns graves rendent les individus plus sensibles aux infections par des organismes opportunistes qui, autrement, sont inoffensifs pour les gens en bonne santé.

Le SIDA (syndrome d'immunodéficience acquise) est le plus courant des déficits immuns secondaires. Le plus souvent aussi, le SIDA est mortel. La section suivante décrit comment le VIH, son agent viral, se multiplie à l'intérieur des lymphocytes et détruit la capacité de l'organisme à combattre l'infection.

Les programmes d'immunisation sont destinés à favoriser la protection contre des maladies précises.

Certains désordres héréditaires, des anomalies congénitales ou des attaques par des virus ou d'autres agents extérieurs sont responsables d'une immunité mal orientée, altérée ou inexistante.

Le SIDA

LES CARACTÉRISTIQUES DU SIDA Le SIDA est une constellation de troubles qui surviennent à la suite d'une infection par le VIH, le virus de l'immunodéficience humaine. Le virus paralyse le système immunitaire, ce qui rend l'organisme extrêmement sensible à des infections habituellement inoffensives et à certaines formes rares de cancer. On estime que plus de 40 millions de personnes dans le monde entier sont infectées (voir le tableau 39.3). Environ 21,8 millions de personnes, dont 3,8 millions d'enfants, en sont décédées à date. Le taux de mortalité est plus faible dans les pays où les gens peuvent se permettre des traitements améliorés et coûteux. La situation est toutefois consternante dans l'Afrique subsaharienne. C'est là que vivent 5 % des 13,2 millions d'enfants rendus orphelins par le SIDA. En raison de la mauvaise image liée au SIDA, les enfants sont soumis à la malnutrition, aux abus, aux maladies et à l'exploitation sexuelle. Dans sept pays de cette région, au moins 20 % des individus sont atteints.

Il n'existe présentement aucun moyen de se débarrasser des formes connues du VIH (VIH I et VIH II). La guérison n'est pas possible pour les gens déjà atteints. Au début de l'infection, la personne touchée paraît en bonne santé, ne présentant que les symptômes d'un début de grippe. Puis apparaissent les symptômes annonciateurs du SIDA, soit la fièvre, l'hypertrophie des ganglions lymphatiques, la fatigue, une perte de poids chronique et des suées nocturnes très abondantes. Des infections opportunistes font aussi leur apparition. Elles se manifestent par des mycoses de la bouche, de l'œsophage et du vagin entre autres, ainsi que par une forme de pneumonie causée par *Pneumocystis carinii*. Des plaques érythémateuses se développent particulièrement sur les jambes et les pieds (voir la figure 39.20); elles sont caractéristiques du sarcome de Kaposi, un cancer de l'endothélium des vaisseaux sanguins.

LA RÉPLICATION DU VIH Le VIH infecte les macrophagocytes présentateurs de l'antigène ainsi que les lymphocytes T auxiliaires, appelés aussi *lymphocytes CD4*. Le VIH est un rétrovirus enveloppé. Cette enveloppe est une partie de la membrane plasmique acquise au moment du bourgeonnement du virus hors d'une cellule infectée. De nombreuses protéines hérissent l'enveloppe, l'encerclant ou recouvrant sa surface interne. À l'intérieur de l'enveloppe, la capside renferme deux chaînes d'ARN et de nombreuses copies de rétrotranscriptase, une enzyme présente chez les rétrovirus.

Une fois à l'intérieur d'un lymphocyte T effecteur ou d'un lymphocyte T mémoire, l'ARN est transcrit en ADN grâce à la rétrotranscriptase. Cet ADN est ensuite inséré dans un chromosome de l'hôte. Chez certaines cellules, ces gènes demeurent silencieux, mais sont activés lors d'infections subséquentes. L'ARN viral est également transcrit en d'autres ARN viraux qui servent de matrices pour la syn-thèse de protéines virales. Il y a aussi production d'autres rétrovirus. Ceux-ci vont bourgeonner hors de la cellule, à travers la membrane plasmique (voir la figure 39.21) pour aller infecter d'autres

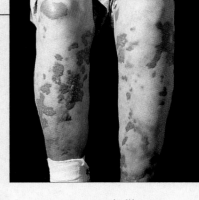

Figure 39.20 Les lésions caractéristiques du sarcome de Kaposi.

cellules. Chaque fois, il y a de plus en plus de cellules présentatrices de l'antigène et de lymphocytes T auxiliaires qui sont affaiblis ou tués.

UNE LUTTE À FINIR L'infection par le VIH marque le début d'une lutte titanesque entre ce virus et le système immunitaire de l'hôte. Les lymphocytes B fabriquent des anticorps contre les protéines du VIH. Un grand nombre de lymphocytes T auxiliaires et de lymphocytes T cytotoxiques sont mobilisés. Cependant, durant certaines phases de l'infection, le VIH infecte quotidiennement environ 2 milliards de lymphocytes T auxiliaires et il se fabrique entre 100 millions et 1 milliard de virus. (On peut quantifier directement le nombre de virus.) Tous les deux jours, environ la moitié des virus sont détruits et environ la moitié des lymphocytes T auxiliaires tués sont remplacés. D'énormes quantités de VIH et de lymphocytes T infectés s'accumulent dans les ganglions lymphatiques.

Graduellement, le nombre de virus en circulation augmente et l'issue de la bataille est incertaine. L'organisme produit de moins en moins de lymphocytes T auxiliaires en remplacement. Au bout d'une dizaine d'années ou plus, en raison de la diminution du nombre de lymphocytes T auxiliaires, le système immunitaire de l'organisme perd inévitablement sa capacité de déclencher des réactions immunitaires.

Certains virus, comme celui de la varicelle, produisent quotidiennement beaucoup plus de particules virales, mais le système immunitaire gagne habituellement la bataille. D'autres virus, comme les virus herpétiques, peuvent vivre dans l'organisme à perpétuité, mais ils sont toujours contenus par le système immunitaire. Avec le VIH cependant, l'organisme est la plupart du temps vaincu: des infections secondaires ou des cancers tuent l'individu atteint.

LA TRANSMISSION DU VIH Comme tout autre virus, le VIH doit pouvoir sortir de son hôte, survivre dans le milieu extérieur et infecter un nouvel hôte. Le VIH est transmis lorsque des liquides corporels d'une personne infectée pénètrent dans l'organisme d'une personne saine. Aux États-Unis, la transmission du VIH se faisait le plus souvent au début chez des homosexuels mâles, pendant la pénétration anale par exemple, puis chez les toxicomanes, par l'entremise de seringues et d'aiguilles contaminées. Toutefois, l'infection s'est propagée de plus en plus dans la population hétérosexuelle au cours des relations sexuelles vaginales.

Les mères sidéennes peuvent transmettre le VIH à leurs enfants durant l'accouchement et l'allaitement au sein. De surcroît, les réserves de produits sanguins contaminés avant 1985 ont contribué à l'infection. Depuis, des tests de dépistage rigoureux ont été mis en place. Des greffes de tissus ont aussi été à l'origine d'infections. Dans certains pays en voie de développement, des travailleurs de la santé ont transmis le VIH en transfusant du sang contaminé ou en réutilisant des seringues ou des aiguilles non stérilisées.

La structure moléculaire du VIH est instable hors de l'organisme humain. C'est pourquoi il doit être directement transmis d'un hôte à un autre. On a isolé ce virus dans le sang humain, le sperme, les sécrétions vaginales, la salive, les larmes, le lait maternel, le liquide

Tableau 39.3	Les cas de SIDA sur la planète*	
Afrique sub-saharienne	28 100 000
Asie du Sud et du Sud-Est	6 100 000
Amérique latine	1 400 000
Asie de l'Est et région du Pacifique	1 000 000
Asie centrale et Europe de l'Est	1 000 000
Amérique du Nord	940 000
Europe de l'Ouest	560 000
Moyen-Orient et Afrique du Nord	440 000
Caraïbes	420 000
Australie/Nouvelle-Zélande	15 000

*Données estimées en décembre 2001

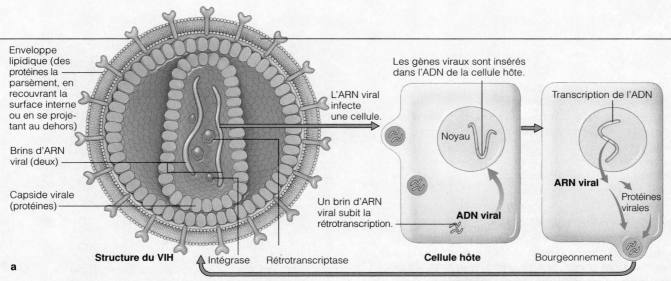

Structure du VIH

Enveloppe lipidique (des protéines la parsèment, en recouvrant la surface interne ou en se projetant au dehors)

Brins d'ARN viral (deux)

Capside virale (protéines)

Intégrase   Rétrotranscriptase

L'ARN viral infecte une cellule.

Un brin d'ARN viral subit la rétrotranscription.

Les gènes viraux sont insérés dans l'ADN de la cellule hôte.

Noyau

ADN viral

Cellule hôte

Transcription de l'ADN

ARN viral

Protéines virales

Bourgeonnement

Figure 39.21 a) Le cycle de réplication du VIH, un rétrovirus.
b) Une micrographie électronique d'un virus bourgeonnant hors d'une cellule infectée. (Comparer avec les sections 16.1 et 21.8.)

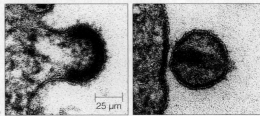

25 µm

b

amniotique, l'urine et le liquide céphalorachidien. Il est probable que le VIH soit aussi présent dans d'autres liquides de l'organisme. Jusqu'à une période récente, on croyait que seuls le sang, le sperme, les sécrétions vaginales et le lait maternel pouvaient contenir suffisamment de VIH pour transmettre le SIDA. On sait maintenant que certains cas de SIDA ont été dus à la fellation. Le VIH n'est pas facilement transmis par des aliments, l'eau, l'air, des contacts occasionnels ou par des piqûres d'insectes.

LES MÉDICAMENTS CONTRE LE VIH Les médicaments habituels ne sont d'aucune utilité pour les personnes infectées, car ils ne peuvent pas s'attaquer aux gènes du VIH qui sont incorporés dans leur génome.

En raison des mécanismes de multiplication virale et du nombre ahurissant de multiplications des virus chez une personne infectée, le VIH présente un taux élevé de mutation. Chez les personnes qui prennent des médicaments, la sélection naturelle s'opère donc en favorisant la résistance aux médicaments et, ce faisant, en augmentant le nombre de VIH résistants aux médicaments. De surcroît, l'utilisation à long terme des médicaments actuellement sur le marché entraîne des effets secondaires importants.

L'AZT (azidothymidine) et la didéoxyinosine comptent parmi les médicaments qui bloquent la rétrotranscription. Avec le temps toutefois, ils s'incorporent dans l'ADN des cellules de l'organisme et les tuent. Le Ritonavir^MD et l'Indinavir^MD sont des inhibiteurs de protéases qui empêchent la production de capsides protéiques virales. Leurs effets secondaires sont les suivants : nausées, vomissements, céphalées, diarrhées, vision trouble et perturbation du métabolisme des lipides.

En raison de leur coût très élevé, aux environs de 15 000 $ US par année, ces médicaments sont absolument hors de prix dans les pays en voie de développement où le SIDA sévit lourdement. La meilleure option semble être la mise au point d'un vaccin efficace, inoffensif et bon marché.

AU SUJET DES VACCINS La mise au point de vaccins contre le SIDA est un défi considérable pour de nombreuses raisons. En voici quelques-unes.

1) Les vaccins les plus efficaces imitent une infection naturelle dont on peut guérir, mais il n'y a pas de sidéens qui ont guéri. On connaît de rares cas où des individus ont démontré une capacité à combattre l'infection à long terme, mais il s'agit en réalité d'un ralentissement de l'attaque par le VIH ; cela ne prête pas au développement d'un vaccin.

2) La plupart des vaccins empêchent l'apparition des maladies et non l'infection. Le VIH dont le génome est intégré dans l'ADN d'une personne infectée ne peut être supprimé aisément. Le mieux qu'un vaccin anti-VIH pourrait faire, c'est de prolonger la durée de vie de la personne infectée en diminuant le nombre de VIH.

3) Les taux anormalement élevés de mutations du VIH entraînent des variations dans ses antigènes. Les formes mutantes qui ne sont pas reconnues par le système immunitaire sont alors favorisées. Il est donc difficile pour les chercheurs de sélectionner des antigènes efficaces pour la production d'un vaccin.

4) Il y a très peu de souches de VIH dotées d'une faible capacité de tuer des cellules. Ce sont de telles souches qui représenteraient le meilleur espoir de produire des antigènes qui pourraient stimuler la formation d'armées de lymphocytes T cytotoxiques, la meilleure protection contre le VIH.

5) L'innocuité de la plupart des vaccins est vérifiée avec précaution chez des animaux de laboratoire avant de l'être chez des volontaires humains. Aucun animal de laboratoire ne reproduit des infections à VIH comme chez l'humain.

Bref, en attendant le moment où les chercheurs auront mis au point des vaccins et des méthodes de traitement efficaces, le meilleur moyen d'empêcher la propagation du VIH est de persuader les gens d'éviter les comportements sociaux qui les mettent en danger ou de les modifier. La section 44.15 revient sur ce sujet.

RÉSUMÉ

Le chiffre en **brun** renvoie à la section du chapitre.

1. Les vertébrés repoussent de nombreux agents pathogènes grâce à des barrières physiques et chimiques sur leur surface externe. Ils sont également protégés grâce à des leucocytes responsables des mécanismes de défense spécifique et non spécifique. Le tableau 39.4 présente ces leucocytes. *39.1*

a) Les réponses non spécifiques à l'irritation ou à des lésions tissulaires comprennent la réaction inflammatoire et la participation d'organes ayant des fonctions phagocytaires, comme la rate et le foie.

b) Les réponses immunitaires sont effectuées contre des agents pathogènes spécifiques, des cellules étrangères ou des cellules anormales.

2. La peau et les muqueuses recouvrant les surfaces de l'organisme constituent des barrières physiques à l'infection. Les barrières chimiques comprennent les sécrétions glandulaires (comme le lysozyme dans les larmes, la salive et le mucus) et certains produits métaboliques fabriqués par les bactéries habituellement présentes à la surface de la peau. *39.1*

3. Différentes protéines plasmatiques forment le système du complément. Une fois activées, ces protéines participent à des réactions non spécifiques et à des réactions immunes contre de nombreuses bactéries, certains protozoaires et les virus enveloppés. *39.2*

4. Une réaction inflammatoire apparaît dans les tissus qui ont été endommagés, comme au cours d'une infection. *39.3*

a) Chaque réaction inflammatoire se manifeste d'abord par une vasodilatation des artérioles qui entraîne une augmentation de la circulation sanguine au tissu : celui-ci rougit et devient plus chaud. La perméabilité des capillaires augmente et il en résulte un œdème local qui cause de la douleur.

b) Les agents pathogènes ainsi que les cellules mortes ou endommagées libèrent des substances responsables de l'augmentation de la perméabilité des capillaires. Les leucocytes quittent le sang et entrent dans les tissus. Ils y libèrent alors des médiateurs chimiques et ils phagocytent les envahisseurs. Des protéines plasmatiques infiltrent aussi les tissus. Les protéines du complément se fixent aux agents pathogènes et entraînent la lyse de ces derniers ; elles attirent aussi les phagocytes. Des protéines de coagulation circonscrivent les tissus endommagés.

5. Une réponse immunitaire présente les quatre caractéristiques suivantes : *39.4*

a) La reconnaissance du soi et du non-soi. Les lymphocytes B et T ignorent les cellules de l'organisme, mais peuvent mener une attaque contre un antigène, c'est-à-dire une configuration moléculaire considérée comme étrangère (non-soi) par les lymphocytes.

b) La spécificité. Un antigène précis déclenche la réponse immunitaire.

c) La diversité. Des récepteurs uniques, portés par chacun des lymphocytes B et T, peuvent détecter des millions de sortes d'antigènes.

d) La mémoire. Une rencontre subséquente avec le même antigène déclenche une réponse secondaire plus intense et plus rapide.

6. Les cellules présentatrices de l'antigène transforment les antigènes et en relient des fragments à leurs propres marqueurs du CMH. Les récepteurs des lymphocytes T peuvent se lier à des complexes antigène-CMH. Cette liaison signale le début de la réponse immunitaire. *39.1, 39.4 à 39.7*

7. À la suite de la reconnaissance de l'antigène, des divisions cellulaires répétées produisent des clones de lymphocytes B et T. Ceux-ci se différencient en sous-populations de lymphocytes effecteurs et de lymphocytes mémoire. Des substances chimiques comme les interleukines, sécrétées par les leucocytes, dirigent les réponses immunes. *39.1, 39.4 à 39.7*

Tableau 39.4	*Les différents types de leucocytes et leurs rôles dans la défense de l'organisme*
Types de leucocyte	**Caractéristiques principales**
MACROPHAGOCYTE	Phagocyte impliqué dans les réponses spécifiques et non spécifiques ; présente l'antigène aux lymphocytes T ; nettoie les tissus et aide à leur réparation.
NEUTROPHILE	Phagocyte à action rapide ; joue un rôle dans la réaction inflammatoire, mais non dans les réponses prolongées ; très efficace contre les bactéries.
ÉOSINOPHILE	Sécrète des enzymes qui attaquent certains types de vers.
BASOPHILE ET MASTOCYTE	Sécrètent l'histamine et d'autres substances agissant sur les petits vaisseaux sanguins pour déclencher la réaction inflammatoire ; jouent un rôle dans les allergies.
CELLULE DENDRITIQUE	Phagocyte capable de présenter l'antigène aux lymphocytes T.
LYMPHOCYTES	Tous participent dans la plupart des réactions immunitaires : reconnaissance de l'antigène et formation de clones de lyphocytes effecteurs et mémoire.
LYMPHOCYTE B	Sécrète cinq types d'anticorps (IgM, IgG, IgA, IgD et IgE).
LYMPHOCYTE T AUXILIAIRE	Sécrète des interleukines qui stimulent la prolifération rapide des lymphocytes et leur différentiation en lymphocytes B et T (effecteurs et mémoire).
LYMPHOCYTE T CYTOTOXIQUE	Tue les cellules infectées, les cellules tumorales et les cellules étrangères par contact.
CELLULE NK (TUEUSE NATURELLE)	Lymphocyte non-T non-B cytotoxique capable de tuer des cellules tumorales et des cellules infectées par des virus.

8. Les lymphocytes B, qui sont formés dans la moelle osseuse et qui y parviennent à maturité, sont responsables des réponses immunes de type humoral. Eux seuls peuvent fabriquer et libérer les anticorps, des protéines en forme de Y présentant deux sites de liaison à l'antigène. La fixation des anticorps aux antigènes neutralise les toxines, étiquette les agents pathogènes pour leur destruction ou empêche ces derniers de s'attacher aux cellules. *39.6*

9. Les lymphocytes T auxiliaires et les lymphocytes T cytotoxiques sont responsables des réponses immunes de type cellulaire. Ces lymphocytes sont d'abord formés dans la moelle osseuse, mais ils arrivent à maturité dans le thymus, où ils acquièrent des récepteurs qui reconnaissent les complexes antigène-CMH mis en évidence par les cellules présentatrices de l'antigène et s'y lient. Les lymphocytes T cytotoxiques activés tuent directement les cellules infectées par des virus, les cellules tumorales ainsi que les greffons de tissu ou d'organe. *39.7*

10. Les vaccins déclenchent des réactions immunes qui entraînent la production de lymphocytes effecteurs et de lymphocytes mémoire. Il se crée alors une immunité active. Il y a immunité passive quand on injecte des anticorps purifiés pour traiter une infection. *39.9*

11. Les réactions allergiques sont des réactions immunes exagérées contre des produits inoffensifs. Au cours des réactions auto-immunes, les lymphocytes B et T attaquent de façon inappropriée les cellules de l'organisme. Il y a déficit immunitaire lorsque la réponse immunitaire est faible ou absente. *39.9, 39.10*

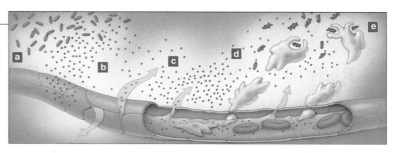

Exercices

1. Alors que vous courez pieds nus sur le sable, vous posez le pied sur une méduse. Celui-ci devient rapidement gonflé, rouge et chaud au toucher. À l'aide de la figure ci-contre, décrivez les événements qui expliquent les signes de la réaction inflammatoire. *39.3*

2. Faites la distinction entre les éléments suivants :
a) Neutrophile et macrophagocyte *39.3*
b) Lymphocyte T cytotoxique et cellule NT *39.4, 39.7*
c) Lymphocyte effecteur et lymphocyte mémoire *39.4*
d) Antigène et anticorps *39.4*

3. Décrivez les événements au cours desquels un macrophagocyte se transforme en cellule présentatrice de l'antigène. *39.4, 39.6, 39.7*

4. Pourquoi est-il si difficile de fabriquer un vaccin contre le SIDA ? *39.10*

Autoévaluation   RÉPONSES À L'ANNEXE III

1. _____ peuvent repousser un grand nombre d'agents pathogènes sur les surfaces du corps.
a) La peau intacte et les muqueuses   d) L'écoulement de l'urine
b) Les larmes, la salive et les fluides gastriques e) Toutes ces réponses
c) Les bactéries résidantes

2. La fonction des protéines du complément est de _____ .
a) neutraliser les toxines
b) augmenter le nombre de bactéries résidantes
c) faciliter la réaction inflammatoire
d) former des complexes de pores qui causent la lyse des agents pathogènes
e) les réponses a) et b)
f) les réponses c) et d)

3. Les macrophagocytes proviennent de _____ .
a) basophiles   c) neutrophiles
b) monocytes   d) éosinophiles

4. _____ sont des molécules que les lymphocytes reconnaissent comme étrangères et qui déclenchent une réponse immune.
a) Les interleukines   d) Les antigènes
b) Les anticorps   e) Les histamines
c) Les immunoglobulines

5. Les antigènes les plus importants sont _____ .
a) des nucléotides   c) des stéroïdes
b) des triacylglycérols   d) des protéines

6. La spécificité immunologique est fondée sur _____ .
a) la diversité des récepteurs de l'antigène   d) les réponses a) et b)
b) la recombinaison des gènes des récepteurs   e) toutes ces réponses
c) la prolifération de mastocytes

7. Les réponses immunes humorales sont plus efficaces contre _____ .
a) les agents pathogènes intracellulaires   d) les réponses b) et c)
b) les agents pathogènes extracellulaires   e) toutes ces réponses
c) les toxines extracellulaires

8. Quelle(s) immunoglobuline(s) augmente(nt) l'activité antimicrobienne des muqueuses de certains systèmes de l'organisme ?
a) Les IgA   c) Les IgG   e) Les IgD
b) Les IgE   d) Les IgM

9. _____ serait (ent) une cible pour un lymphocyte T cytotoxique effecteur.
a) Des virus dans le sang
b) Une cellule tumorale ou infectée par un virus
c) Des douves parasites dans le foie
d) Des bactéries dans du pus
e) Des grains de pollen dans le mucus nasal

10. Associez chaque terme à la description appropriée.
_____ Inflammation   a) Neutrophile
_____ Sécrétion d'anticorps b) Lymphocyte B effecteur
_____ Phagocyte   c) Réponse non spécifique
          rapidement actif   d) Réaction inappropriée contre
_____ Mémoire   des parties de l'organisme
          immunologique   e) Base des réactions immunes
_____ Allergie   secondaires
_____ Auto-immunité   f) Hypersensibilité à un allergène

Questions à développement

1. Comme on l'a lu à la section 39, Edward Jenner a eu de la chance. Il a effectué une expérience potentiellement dangereuse sur un garçon qui y a survécu. Que se passerait-il si Jenner ou quelqu'un d'autre faisait la même expérience aujourd'hui ?

2. Les chercheurs tentent de mettre au point une façon de faire reconnaître par l'organisme des tissus étrangers comme étant « soi ». Quelles seraient les applications cliniques si on arrivait à rendre ceci possible ?

3. Avant chaque hiver, beaucoup de gens se font vacciner contre la grippe. Il leur arrive toutefois de l'attraper quand même. Comment pourrait-on expliquer cela ? (Trois raisons au moins sont possibles.)

4. En décembre 2001, les chercheurs Akio Ohta et Michael Sitkovsky ont rapporté l'existence d'un récepteur membranaire à l'adénosine qui pourrait représenter un mécanisme pouvant mettre fin à la réaction inflammatoire. Habituellement, l'inflammation nous protège contre l'infection. Cependant, cette réaction, si elle dure trop longtemps ou si elle dérape, peut nuire à la guérison des tissus et provoquer une réponse auto-immune contre ceux-ci. Ces chercheurs ont aussi découvert que la caféine bloque l'action de l'adénosine. À votre avis, est-il bon de boire du café ou du thé lorsque vous faites de la fièvre ?

5. Hélène a attrapé la varicelle au jardin d'enfants. Plus tard, quand ses enfants ont contracté à leur tour la varicelle, elle est demeurée en santé même si elle était exposée quotidiennement à un grand nombre de virus de la varicelle. Comment expliquez-vous cela ?

6. Composez un court texte dans lequel vous expliquez comment les réponses immunitaires contribuent à la stabilité du milieu intérieur. (Lire aussi la section 28.3.)

Vocabulaire

Agent pathogène *39.1*
Allergène *39.9*
Allergie *39.9*
Anticorps *39.4*
Antigène *39.4*
Apoptose *39.7*
Auto-immunité *39.9*
Basophile *39.3*
Cellule présentatrice de l'antigène *39.4*
Cellule tueuse naturelle (NK) *39.4*
Complexe antigène-CMH *39.4*
Éosinophile *39.3*
Fièvre *39.3*

Histamine *39.3*
Immunisation *39.9*
Immuno-globuline (Ig) *39.6*
Inflammation *39.3*
Lymphocyte B *39.4*
Lymphocyte T auxiliaire (CD4) *39.4*
Lymphocyte T cytotoxique *39.4*
Lymphocyte T suppresseur *39.4*
Lyse *39.2*
Lysozyme *39.1*
Macrophagocyte *39.3*

Marqueur du CMH *39.4*
Mastocyte *39.3*
Neutrophile *39.3*
Plasmocyte *39.6*
Réaction inflammatoire *39.3*
Système du complément *39.2*
Système immunitaire *39.4*
TCR (récepteur des lymphocytes T) *39.5*
Vaccin *39.9*

Lectures complémentaires

Coisne, S. (oct. 2005). « L'étonnante résistance des porteurs sains du sida ». *La Recherche*, 390 : 82-83.

Goldsby, R., T. Kindt et B. Osborne (2000). *Kuby Immunology*, 4ᵉ éd. New York : Freeman.

Stine, G. (2001). *AIDS Update 2001*. Upper Saddle River, New Jersey : Prentice-Hall.

40

LA RESPIRATION

Des poumons et des tortues luth

Tard dans la nuit, le long d'une plage des Caraïbes, la biologiste Molly Lutcavage et ses collègues cherchent des tortues. Ils ont de la chance, cette fois-ci : une tortue luth femelle de l'Atlantique (*Dermochelys coriacea*) émerge des vagues pour venir pondre dans le sable (voir la figure 40.1). Toutes les tortues marines sont apparues il y a quelque 300 millions d'années, et elles sont maintenant au bord de l'extinction. Lutcavage et d'autres chercheurs se hâtent de recueillir le plus de renseignements possible au sujet de la morphologie, de la physiologie et du comportement de la tortue luth, car tous ces renseignements pourraient leur permettre un jour de retirer cette tortue de la liste des espèces menacées.

Habituellement, les tortues luth ne sortent de l'eau que pour s'accoupler et pondre leurs œufs. Autrement, elles passent tout leur temps à se déplacer en haute mer. Par exemple, neuf tortues luth équipées d'émetteurs satellitaires furent d'abord repérées près du Mexique, puis au sud de l'équateur jusqu'aux côtes du Chili et du Pérou. Dans ces régions, le grand nombre de bateaux de pêche pourrait être une cause du déclin des tortues luth du Pacifique, de même que l'ingestion de sacs de plastique, qu'elles confondent avec des méduses, leur proie principale.

Certains disent que la disparition imminente de cette espèce n'est pas une grosse perte, puisque ce n'est qu'une tortue. Pourtant, les adaptations de la tortue luth à la vie océanique sont remarquables. Cette tortue ne cesse pratiquement jamais de nager, même quand elle dort. L'observation satellitaire des tortues luth montre qu'elles peuvent nager plus de 12 000 km par année. Elles accomplissent aussi ce que peu d'organismes peuvent faire, soit plonger jusqu'à une profondeur de 1000 m.

Pour atteindre cette profondeur, la tortue luth nage et se laisse glisser pendant près de 40 minutes sans respirer. De son côté, l'être humain ne peut retenir son souffle pendant plus de quelques minutes sans s'évanouir.

Comme bien d'autres vertébrés très actifs, la tortue luth compte sur de grandes réserves d'énergie rendues disponibles par la respiration aérobie. Tout comme l'espèce humaine, la tortue luth dispose de deux poumons qui envoient l'oxygène dans le sang et qui en retirent le dioxyde de carbone. Mais ses réserves pulmonaires d'oxygène sont insuffisantes pour une aussi longue plongée. Même à des profondeurs de 80 à 160 m, la pression exercée par l'eau provoquerait l'affaissement de ses poumons. Pour prévenir un tel affaissement, la tortue envoie l'air de ses poumons dans les conduits pulmonaires, là où il y a très peu d'échanges de gaz, voire pas du tout.

Cependant, à l'instar des mammifères marins qui plongent en profondeur, la tortue luth a une grande quantité de myoglobine dans les cellules de son cœur et de ses muscles squelettiques qui se contractent lentement et qui résistent à la fatigue. Comme l'hémoglobine, la myoglobine peut facilement retenir, stocker et libérer l'oxygène. De plus, la tortue luth a un nombre si élevé de globules rouges remplis d'hémoglobine que son sang renferme une remarquable proportion

Figure 40.1 Si ces trois organismes se sont bien adaptés pour capter et utiliser l'oxygène au cours de la respiration cellulaire aérobie, chacun de ces organismes a toutefois un destin incertain. À gauche, des tortues luth femelles (*Dermochelys coriacea*) retournent à la mer après avoir pondu leurs œufs sur une plage sablonneuse d'une île des Antilles. Cette espèce est en danger d'extinction, après avoir été présente sur la Terre depuis environ 300 millions d'années. Au-dessus, une enfant de Mexico démontre déjà beaucoup d'aisance à fumer, une habitude qui va finalement compromettre ses capacités respiratoires.

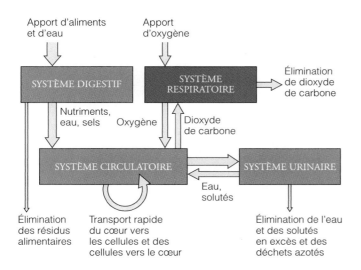

Figure 40.2 Des interactions entre le système respiratoire et d'autres systèmes de l'organisme. Ces interactions sont la pierre d'assise de l'homéostasie chez les animaux.

(Légende de la figure)

Apport d'aliments et d'eau

Apport d'oxygène

SYSTÈME DIGESTIF

SYSTÈME RESPIRATOIRE

Élimination de dioxyde de carbone

Nutriments, eau, sels

Oxygène

Dioxyde de carbone

SYSTÈME CIRCULATOIRE

SYSTÈME URINAIRE

Eau, solutés

Élimination des résidus alimentaires

Transport rapide du cœur vers les cellules et des cellules vers le cœur

Élimination de l'eau et des solutés en excès et des déchets azotés

---

volumique de 21 % d'oxygène, typique de l'être humain mais plus surprenante chez cette tortue. Enfin, la tortue luth est la seule tortue marine à pouvoir moduler le rythme et l'ampleur de sa respiration, ce qui lui permet d'optimiser sa consommation d'oxygène en plongée et de réactiver plus rapidement ses fonctions respiratoires au moment de refaire surface.

Les êtres humains qui pratiquent la plongée sous-marine doivent utiliser des bonbonnes d'oxygène pour repousser les limites de leur dépendance envers l'oxygène. Sur la terre ferme, la maladie, la fumée de cigarette et d'autres facteurs nocifs issus du milieu produisent des effets moins spectaculaires, mais les risques pour la survie de l'organisme peuvent être tout aussi grands.

La conclusion à en tirer est la suivante : l'organisme de tout animal est adapté au taux d'oxygène du milieu dans lequel il vit. L'organisation corporelle rend possible la **respiration**, c'est-à-dire l'apport d'oxygène dans le milieu intérieur et l'élimination de dioxyde de carbone à l'extérieur de l'organisme. Les besoins énergétiques élevés des animaux sont comblés par la production d'ATP au cours de la respiration cellulaire aérobie, une voie métabolique qui libère de l'énergie à partir de la combustion de substances organiques et qui produit un déchet, le dioxyde de carbone.

Le présent chapitre présente un échantillon de quelques **systèmes respiratoires** qui rendent possibles les échanges de gaz entre l'organisme et son environnement. Tout système respiratoire est en relation avec les autres systèmes de l'organisme ; collectivement, ces systèmes jouent un rôle essentiel pour l'homéostasie, c'est-à-dire le maintien de conditions de fonctionnement stables pour l'ensemble des cellules d'un même organisme (voir la figure 40.2).

Concepts-clés

1. De tous les êtres vivants, les organismes pluricellulaires sont ceux qui nécessitent le plus d'énergie pour assurer leurs activités métaboliques. Au niveau cellulaire, l'énergie provient principalement de la respiration aérobie – une voie métabolique qui utilise de l'oxygène et dégage du dioxyde de carbone, un déchet gazeux.

2. En vertu du processus physiologique appelé *respiration*, les animaux font entrer de l'oxygène dans leur milieu intérieur et rejettent à l'extérieur du dioxyde de carbone.

3. Chez l'animal, l'oxygène diffuse selon un gradient de pression. La pression d'oxygène est plus élevée dans l'air atmosphérique que dans ses cellules, où l'oxygène est utilisé rapidement. Le dioxyde de carbone diffuse aussi selon son propre gradient de pression, mais en direction opposée, puisque ce gaz, un sous-produit du métabolisme cellulaire, est plus abondant dans les cellules que dans l'air. Le dioxyde de carbone est en effet un sous-produit du métabolisme cellulaire.

4. Dans la plupart des systèmes respiratoires, l'oxygène et le dioxyde de carbone diffusent à travers une surface respiratoire, telle la membrane mince et humide à l'intérieur des poumons humains. C'est par l'intermédiaire de cette membrane que le sang prélève l'oxygène et élimine le dioxyde de carbone.

5. Les échanges gazeux sont optimisés lorsque le rythme respiratoire correspond au rythme circulatoire. Le système nerveux équilibre ces rythmes en contrôlant la vitesse et l'amplitude de la respiration.

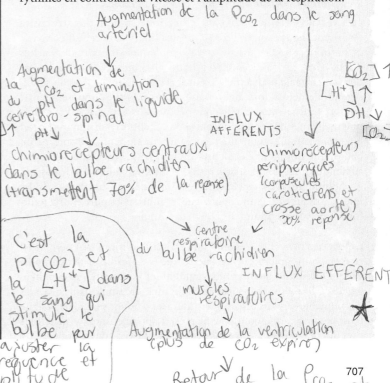

LA NATURE DE LA RESPIRATION

Les fondements des échanges gazeux

On se rappelle qu'un gradient de concentration est la différence entre les nombres de molécules ou d'ions présents dans deux régions adjacentes. Comme toute autre substance, l'oxygène et le dioxyde de carbone tendent à diffuser selon un gradient de concentration, chacun se déplaçant à partir de la région où les molécules sont plus concentrées, c'est-à-dire plus souvent en collision les unes contre les autres (voir la section 5.4). Le processus de la respiration est fondé sur la tendance de ces deux gaz à diffuser selon leur gradient de concentration respectif, ou plutôt, parce qu'il s'agit de gaz, selon les **gradients de pression** qui existent entre un animal et son milieu.

Dans un mélange, les gaz n'exercent pas tous la même pression. Lorsqu'on gonfle le pneu à plat d'une voiture sur une plage de la Gaspésie ou n'importe quel endroit situé au niveau de la mer, on le remplit avec un mélange fait de 78 % d'azote, de 21 % d'oxygène, de 0,04 % de dioxyde de carbone et de 0,96 % d'autres gaz. Sur un baromètre au mercure, la pression atmosphérique au niveau de la mer est d'environ 760 mm Hg, soit 101,3 kPa (voir la figure 40.3). L'oxygène n'exerce qu'une partie de la pression sur la paroi du pneu et cette pression partielle est supérieure à celle du dioxyde de carbone. La **pression partielle** de l'oxygène, ou sa contribution à la pression atmosphérique, est égale à 101,3 X 21/100, soit environ 21,3 kPa. Celle du dioxyde de carbone est de 0,04 kPa.

Les gaz entrent dans un organisme pluricellulaire et en sortent en traversant une **surface respiratoire**, généralement une mince couche de tissu épithélial. Cette surface doit être maintenue humide en tout temps, car les gaz respiratoires ne peuvent diffuser à travers elle que s'ils sont dissous dans un liquide. Pour connaître le nombre de molécules gazeuses pouvant traverser une surface respiratoire durant une période de temps déterminée, on applique la **loi de Fick**, selon laquelle plus la surface de contact est grande et plus le gradient de pression partielle est élevé, plus la diffusion est rapide.

Les facteurs influençant les échanges gazeux

LE RAPPORT SURFACE-VOLUME Chez tout animal, des structures favorisent la diffusion de l'oxygène vers l'intérieur et celle du dioxyde de carbone vers l'extérieur. Par exemple, les animaux dépourvus d'organes respiratoires sont très petits, plats ou tubulaires, et les gaz diffusent directement à travers leur surface corporelle. L'organisation structurale de ces animaux répond aux contraintes imposées par le rapport surface-volume, telles que décrites à la section 4.1. Pour avoir une meilleure idée de l'importance de ce rapport, imaginons un ver plat dont la taille augmente dans toutes les dimensions, comme un ballon que l'on gonfle. La surface du ver n'augmenterait alors pas autant que son volume, si bien que, dès que sa circonférence dépasserait un millimètre, la distance entre la surface de l'animal et ses cellules internes serait trop grande pour que les substances puissent bien diffuser et le ver mourrait.

LA VENTILATION De gros animaux actifs ont d'immenses besoins en oxygène, plus grands encore que ce que la diffusion seule rend possible. Différentes adaptations augmentent l'efficacité des échanges gazeux. Chez les poissons, par exemple, un morceau de tissu au-dessus des branchies – leurs organes respiratoires – bouge sans arrêt et agite l'eau environnante, contribuant ainsi à apporter de l'oxygène plus près des branchies et à en éloigner aussi le dioxyde de carbone. Chez

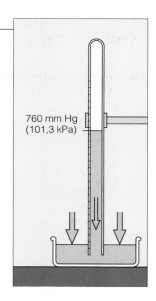

Figure 40.3 Une mesure de la pression atmosphérique à l'aide d'un baromètre à mercure. Une partie de l'appareil consiste en un tube de verre dans lequel une colonne de mercure monte ou descend selon la pression atmosphérique. Au niveau de la mer, le mercure monte jusqu'à une hauteur de 760 mm à partir de la base du tube. La pression exercée par la colonne de mercure à l'intérieur du tube est égale à la pression atmosphérique qui s'exerce sur le contenant de mercure.

760 mm Hg
(101,3 kPa)

les vertébrés, le système circulatoire transporte rapidement l'oxygène vers les cellules et ramène le dioxyde de carbone vers des branchies ou des poumons pour l'éliminer. C'est par des activités d'inspiration et d'expiration que nous ventilons nos poumons.

LES PIGMENTS RESPIRATOIRES Les taux d'échanges gazeux sont encore accrus grâce à des pigments respiratoires, particulièrement l'**hémoglobine**, qui contribuent à maintenir des gradients de pression prononcés de part et d'autre de la surface respiratoire. Par exemple, à la surface respiratoire de nos poumons, la concentration d'oxygène est élevée, et chaque molécule d'hémoglobine sanguine peut établir des liaisons faibles avec un maximum de quatre atomes d'oxygène (voir la section 3.8). Le flux sanguin emporte alors rapidement l'hémoglobine loin des poumons. Dans les tissus pauvres en oxygène, l'oxygène diffuse selon son gradient et se détache de l'hémoglobine pour entrer dans ces tissus. La diminution de la pression partielle d'oxygène du sang quittant les tissus va favoriser la diffusion d'oxygène au niveau des poumons. La **myoglobine**, une molécule semblable à l'hémoglobine mais plus petite, a une grande capacité de stockage de l'oxygène. Elle est abondante dans les cellules du muscle cardiaque et les cellules des muscles squelettiques qui résistent bien à la fatigue.

La respiration est le processus au cours duquel l'oxygène entre dans le milieu intérieur d'un organisme et le dioxyde de carbone, un déchet de la respiration cellulaire aérobie, est rejeté à l'extérieur.

L'oxygène et le dioxyde de carbone entrent dans le milieu intérieur et en sortent en diffusant à travers une surface respiratoire humide. Comme les autres gaz atmosphériques, ils tendent à se déplacer selon leur gradient respectif de pression partielle. Dans un mélange gazeux, chaque gaz exerce une pression partielle sur une surface respiratoire. Cette pression partielle est proportionnelle à la concentration du gaz dans le mélange.

Les échanges gazeux dépendent de gradients de pression partielle prononcés entre l'intérieur et l'extérieur de l'organisme. Plus la surface respiratoire est grande et plus le gradient de pression partielle d'un gaz est élevé, plus la diffusion est rapide.

LA RESPIRATION CHEZ LES INVERTÉBRÉS

Les plathelminthes, les lombrics et bien d'autres invertébrés n'ont pas une taille massive et leurs activités ne dépendent pas de taux métaboliques élevés (voir la figure 40.4*a*). Les échanges gazeux se font simplement par **respiration tégumentaire**, c'est-à-dire que les gaz diffusent directement à travers la surface corporelle. Étant donné que ce mode de respiration nécessite la présence d'une surface humide, les invertébrés qui y ont exclusivement recours sont contraints de demeurer dans un milieu aquatique ou humide. Par comparaison, les amphibiens et certains autres organismes peuvent aussi respirer par la peau, mais seulement pour compléter d'autres modes respiratoires.

Beaucoup d'invertébrés aquatiques ont des **branchies**, c'est-à-dire des organes respiratoires à paroi mince. Les parois branchiales sont largement repliées sur elles-mêmes, ce qui augmente la surface respiratoire et la vitesse des échanges entre le milieu aquatique et le sang ou d'autres liquides corporels. La figure 40.4*b* présente les branchies d'une aplysie, ou lièvre de mer (*Aplysia*). L'activité de ces branchies s'ajoute aux échanges gazeux au niveau de la surface tégumentaire et procure de bonnes quantités d'oxygène à ce gros mollusque. Certaines aplysies peuvent mesurer jusqu'à 40 cm de long.

Les araignées et d'autres invertébrés vivant en milieu sec ont un tégument épais ou durci qui n'est pas très riche en vaisseaux sanguins. Leur tégument peut retenir de l'eau, mais il ne constitue pas une bonne surface respiratoire. Ces animaux comptent plutôt sur une

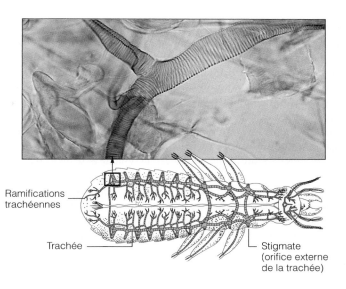

Ramifications
trachéennes

Trachée

Stigmate
(orifice externe
de la trachée)

Figure 40.5 Le système trachéen d'un insecte. Des anneaux de chitine renforcent une bonne partie des trachées ramifiées de ce système.

surface respiratoire interne. Par exemple, la plupart des araignées ont des poumons lamellaires dont les feuillets de tissus repliés font penser aux pages d'un livre (voir la section 25.14). Comme la plupart des insectes, des diplopodes, des chilopodes et d'autres araignées sont dotées d'un système de tubes internes pour la **respiration trachéenne**.

La figure 40.5 illustre le système trachéen d'un insecte. Chacun des petits orifices (les stigmates) qui perfore le tégument est le début d'un tube qui se ramifie dans le corps de l'animal. Chacune des ramifications terminales se termine en une impasse emplie de liquide, où les gaz diffusent directement entre les tissus et l'air. Les extrémités de ces tubes sont particulièrement abondantes dans les muscles et dans d'autres tissus ayant de grands besoins en oxygène.

On trouve de l'hémoglobine ou d'autres pigments respiratoires chez beaucoup d'invertébrés, mais plus rarement chez les insectes. Ces pigments font augmenter la capacité des liquides corporels à transporter l'oxygène, comme chez les vertébrés. Chez les espèces ayant une région céphalique bien développée, le sang oxygéné tend à circuler d'abord dans cette région, puis dans le reste du corps.

Les plathelminthes et d'autres invertébrés vivant dans un habitat aquatique ou humide n'ont pas de corps massif. Grâce à un système de respiration simple, appelé *respiration tégumentaire*, l'oxygène et le dioxyde de carbone diffusent directement à travers leur surface corporelle.

La plupart des invertébrés marins et beaucoup d'invertébrés dulcicoles ont des branchies, c'est-à-dire des organes respiratoires à parois humides et minces, souvent très repliées.

La plupart des insectes, des diplopodes et des chilopodes ainsi que certaines araignées ont une respiration trachéenne. Les gaz circulent dans des tubes ouverts à leurs deux extrémités, l'une se trouvant à la surface corporelle, l'autre directement dans les tissus.

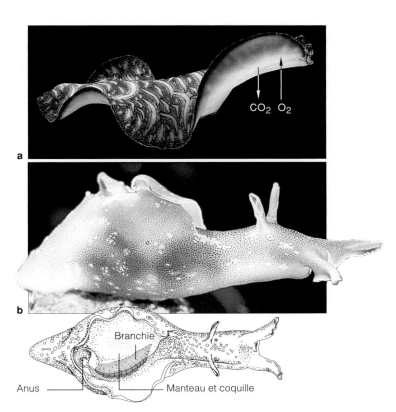

CO_2 O_2

a

b

Branchie

Anus

Manteau et coquille

Figure 40.4 Des invertébrés aquatiques. **a)** Un plathelminthe, dont la petite taille élimine la nécessité d'un système circulatoire pour transporter l'oxygène. Ce gaz diffuse facilement à travers la surface corporelle de l'animal pour se rendre à toutes les cellules. **b)** La branchie d'un lièvre de mer (*Aplysia*), un gastéropode.

LA RESPIRATION CHEZ LES VERTÉBRÉS

Les branchies des poissons et des amphibiens

Un bon nombre de vertébrés respirent à l'aide de branchies. Les larves de quelques espèces de poissons et de quelques amphibiens ont des branchies externes formant une saillie à la surface du corps. Pour leur part, les poissons adultes ont des branchies internes, généralement composées de lames parallèles de tissus situées derrière la bouche et s'étendant jusqu'à la surface de l'animal (voir la figure 40.6*a*). Quelles que soient leurs formes, les branchies comportent toujours un épithélium humide, mince et vascularisé.

Chez les poissons, l'eau entre dans la bouche et le pharynx, puis circule sur les filaments branchiaux (voir la figure 40.6*b*), dont les surfaces respiratoires sont irriguées par des vaisseaux sanguins. L'eau s'écoule d'abord le long d'un vaisseau sanguin se rendant dans l'organisme. Étant donné que le sang dans ce vaisseau est moins riche en oxygène que l'eau, l'oxygène diffuse dans le sang. Le même volume d'eau passe sur un vaisseau sanguin se rendant aux branchies. Même si cette eau a déjà cédé une partie de son oxygène, elle en renferme encore plus que le sang de ce vaisseau, de sorte qu'il y a encore de l'oxygène qui diffuse vers ce dernier. On assiste ici à la circulation de deux fluides dans des directions opposées, soit une **circulation à contre-courant**. Grâce à un tel mécanisme, un poisson peut extraire de 80 à 90 % de l'oxygène présent dans l'eau qui circule sur ses branchies. Il obtient ainsi, à un moindre coût énergétique, plus d'oxygène qu'il n'en aurait grâce à un mécanisme de circulation unidirectionnel.

L'évolution des poumons

Certains poissons ainsi que tous les amphibiens, les oiseaux et les mammifères ont des **poumons**, c'est-à-dire des surfaces respiratoires en forme de cavité ou de sac. Il y a plus de 450 millions d'années, les poumons commencèrent à se développer chez certains groupes de poissons, à partir de dilatations sacciformes de la paroi digestive. On pense que ces sacs évoluèrent rapidement en raison de la sélection naturelle. Dans les habitats pauvres en oxygène, les poumons offrirent une plus grande surface de contact pour les échanges gazeux et procurèrent donc un véritable avantage adaptatif aux premiers tétrapodes qui envahirent la terre ferme : l'air renferme en effet plus d'oxygène que l'eau (voir la section 26.5). En outre, des branchies n'auraient pas été utiles aux animaux terrestres car, hors de l'eau, les filaments branchiaux se collent les uns sur les autres et ne peuvent plus remplir leurs fonctions.

Les poissons pulmonés (ou dipneustes) vivant dans des milieux pauvres en oxygène ont encore des branchies, ainsi que de minuscules poumons pour compléter leurs échanges de gaz respiratoires.

Les amphibiens n'ont jamais terminé leur transition vers la terre ferme. Les salamandres, notamment, utilisent encore leur peau comme surface respiratoire. Les grenouilles et les crapauds comptent davantage sur leurs petits poumons pour prélever de l'oxygène, mais presque tout le dioxyde de carbone produit diffuse vers l'extérieur à travers leur peau. Les grenouilles ont un mode de respiration très exigeant : en effet, elles forcent l'air à entrer dans leurs poumons, qu'elles vident ensuite en contractant les muscles de leur paroi corporelle (voir la figure 40.7).

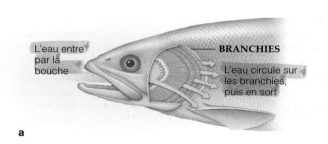

L'eau entre par la bouche

BRANCHIES

L'eau circule sur les branchies, puis en sort

a

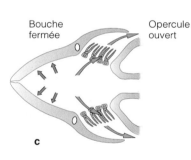

Bouche ouverte   Opercule fermé   Bouche fermée   Opercule ouvert

b   c

Figure 40.6 a) Des branchies de poisson. Un opercule osseux, qu'on a enlevé ici, protège les branchies.

b) La ventilation des branchies. L'ouverture de la bouche et la fermeture de l'opercule font circuler l'eau sur les branchies. **c)** La fermeture de la bouche et l'ouverture de l'opercule forcent l'eau vers l'extérieur.

d) Les échanges gazeux dans les branchies. Les filaments branchiaux ont des surfaces respiratoires vascularisées. Ces filaments sont structurés de façon à faire passer l'eau sur les surfaces d'échanges gazeux.

e) Un vaisseau sanguin apporte le sang désoxygéné de l'organisme dans chacun des filaments branchiaux, tandis qu'un autre vaisseau amène le sang oxygéné à l'organisme. Dans les capillaires, la circulation du sang se fait dans le sens contraire de l'eau se déplaçant sur les surfaces respiratoires. Ce type de circulation à contre-courant favorise la diffusion de l'oxygène (selon son gradient de pression partielle) de l'eau dans le sang.

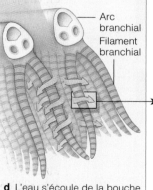

Arc branchial
Filament branchial

d L'eau s'écoule de la bouche vers l'extérieur, en passant sur les filaments branchiaux. La structure de ces derniers entraîne le passage de l'eau sur une grande surface de contact.

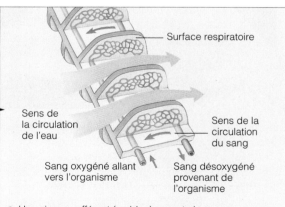

Surface respiratoire

Sens de la circulation de l'eau

Sens de la circulation du sang

Sang oxygéné allant vers l'organisme

Sang désoxygéné provenant de l'organisme

e Un vaisseau afférent (en bleu) apporte le sang désoxygéné au filament branchial. Un vaisseau efférent (en rouge) transporte le sang oxygéné dans l'organisme. Le sang des capillaires reliant les deux vaisseaux circule en direction opposée à celle de l'eau s'écoulant sur la surface d'échange de gaz.

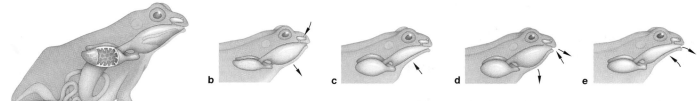

Figure 40.7 a) La respiration chez la grenouille. **b)** La bouche étant fermée, la grenouille abaisse le plancher buccal et fait entrer l'air par ses narines. **c)** Elle ferme ensuite ses narines, ouvre la glotte et élève le plancher buccal, ce qui force l'air à entrer dans ses poumons. **d)** Une ventilation rythmique assure des échanges gazeux réguliers. **e)** L'air est expiré lorsque les muscles de la paroi corporelle se contractent, faisant ainsi diminuer le volume des poumons.

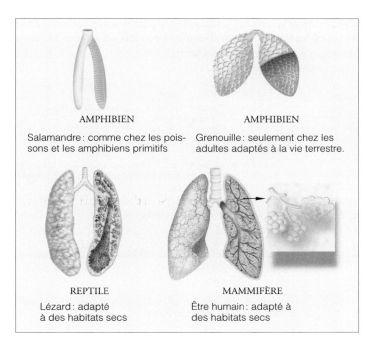

AMPHIBIEN

Salamandre : comme chez les poissons et les amphibiens primitifs.

AMPHIBIEN

Grenouille : seulement chez les adultes adaptés à la vie terrestre.

REPTILE

Lézard : adapté à des habitats secs

MAMMIFÈRE

Être humain : adapté à des habitats secs

Figure 40.8 Une structure généralisée des poumons chez les vertébrés, qui montre l'évolution allant de sacs simples, pour les échanges gazeux, à des surfaces respiratoires plus grandes et plus complexes.

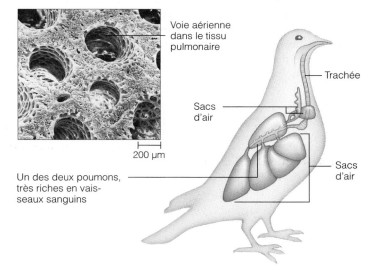

Voie aérienne dans le tissu pulmonaire

200 μm

Un des deux poumons, très riches en vaisseaux sanguins

Trachée

Sacs d'air

Sacs d'air

Figure 40.9 Un système respiratoire de l'oiseau. Deux petits poumons, non élastiques, sont reliés à des sacs d'air. En inspirant, l'oiseau fait entrer l'air dans ces sacs à travers des tubes ouverts aux deux extrémités qui s'étendent dans le tissu pulmonaire vascularisé. Celui-ci représente la surface respiratoire.

Lorsque l'oiseau expire, l'air est expulsé des sacs d'air et sort des voies respiratoires. L'air n'est donc pas seulement inhalé dans les poumons, mais il y circule de façon continue en les traversant. Cet exceptionnel système de ventilation fournit tout l'oxygène nécessaire pour des activités métaboliques très exigeantes comme celles du vol.

Comme tous les mammifères, à l'exception des baleines, les grenouilles se servent de leurs poumons pour émettre des sons. L'émission des sons débute à l'entrée du larynx, où passe l'air dans son trajet vers les poumons. Le larynx est un organe dans lequel une partie de la muqueuse est repliée pour former des **cordes vocales**, entre lesquelles se trouve une ouverture, la **glotte**. Chez les grenouilles, l'air est poussé en un mouvement de va-et-vient à travers la glotte et aussi entre les poumons et une paire de sacs vocaux, qui servent de caisses de résonance. Le mouvement de l'air fait vibrer les cordes vocales, et les grenouilles peuvent faire varier l'intensité des divers types de sons qu'elles émettent.

Une paire de poumons constitue les principaux organes respiratoires chez les reptiles, les oiseaux et les mammifères (voir la figure 40.8). Les muscles respiratoires suscitent un déplacement de l'air vers les poumons et hors des poumons, à l'intérieur desquels des capillaires forment un fin réseau autour de la surface respiratoire. L'oxygène et le dioxyde de carbone diffusent rapidement à travers cette surface, selon leur gradient respectif de pression partielle. L'oxygène entre dans les capillaires et est rapidement distribué dans le reste de l'organisme. Au niveau des tissus, là où le taux d'oxygène

est faible, l'oxygène diffuse dans le liquide interstitiel, puis dans les cellules. Le dioxyde de carbone diffuse rapidement dans l'autre direction pour ensuite être expulsé des poumons.

Ce mode d'échange gazeux est un peu plus efficace chez les oiseaux. En effet, comme l'expose la figure 40.9, les oiseaux ont ceci de particulier que non seulement l'air circule entre les poumons et l'extérieur, mais aussi qu'il traverse les poumons. La prochaine section présente le système respiratoire de l'être humain, dont le mode de fonctionnement s'applique à la majorité des vertébrés.

Un mécanisme de circulation à contre-courant dans les branchies des poissons compense les faibles concentrations d'oxygène en milieu aquatique. Des sacs d'air internes – les poumons – sont des organes plus efficaces pour les organismes vivant en milieu sec sur la terre ferme.

Les amphibiens ont recours à une respiration tégumentaire ainsi qu'à une respiration pulmonaire, accomplie grâce à de petits poumons. Les reptiles, les oiseaux et les mammifères ont une respiration pulmonaire.

LE SYSTÈME RESPIRATOIRE DE L'ÊTRE HUMAIN

transfert des molécules O₂/CO₂ entre l'animal et le milieu

Les différentes fonctions du système respiratoire

Prélever l'oxygène de l'air et éliminer le dioxyde de carbone sont les principales fonctions du système respiratoire de l'être humain. Dans le langage courant, la respiration consiste simplement à faire entrer l'air dans les poumons (inspiration) et à l'expulser (expiration). Ce renouvellement de l'air au niveau des surfaces respiratoires porte le nom plus précis de **ventilation**. Chaque poumon possède environ 300 millions d'**alvéoles**, soit de petits sacs d'air représentant la surface respiratoire des poumons. Des mécanismes homéostatiques régulent la fréquence respiratoire pour qu'elle réponde aux besoins de l'organisme.

Le système respiratoire assure aussi d'autres fonctions, dont la phonation (l'émission de sons). La respiration facilite aussi le retour du sang veineux vers le cœur ainsi que l'élimination de la chaleur et de l'eau en excès. L'équilibre acido-basique du sang est également réglé par la respiration. En effet, l'acide carbonique (H_2CO_3) formé à partir du CO_2 joue le rôle d'un système tampon en se dissociant pour donner des ions H^+ et des ions bicarbonate (HCO_3^-). S'il y a un surplus d'ions H^+ dans le sang, chacun de ces ions s'attache à un ion bicarbonate pour former de l'acide carbonique. Par contre, s'il n'y a pas assez d'ions H^+, l'acide carbonique se dissocie pour en fournir. Une respiration profonde et rapide, parce qu'elle expulse plus rapidement du CO_2, fait ainsi diminuer la concentration des ions H^+ et augmenter le pH. Une respiration superficielle et lente a l'effet opposé : du CO_2 s'accumule, plus d'acide carbonique se forme et, lorsque celui-ci se dissocie, il y a alors plus d'ions H^+ dans le sang, qui devient donc plus acide.

CAVITÉ BUCCALE (BOUCHE)
Voie aérienne complémentaire lorsque la respiration est difficile

PLÈVRE
Membrane double séparant les poumons des autres organes de la cage thoracique ; la cavité très mince, remplie de liquide, entre les deux feuillets de la plèvre joue des rôles essentiels dans la respiration

MUSCLES INTERCOSTAUX
Muscles squelettiques de la cage thoracique remplissant diverses fonctions dans la respiration

DIAPHRAGME
Membrane musculaire, entre la cavité thoracique et la cavité abdominale, qui joue un rôle essentiel dans la respiration

CAVITÉ NASALE
Cavité où l'air inspiré est humidifié, réchauffé et filtré, qui sert aussi de caisse de résonance

PHARYNX (GORGE)
Passage aérien reliant la cavité nasale et la cavité buccale au larynx ; amplifie les sons ; également relié à l'œsophage

ÉPIGLOTTE *entrée de l'air*
Se rabat sur le larynx lors de la déglutition

LARYNX *sons*
Conduit d'air et organe de production des sons ; fermé durant la déglutition

TRACHÉE
Conduit d'air reliant le larynx à deux bronches qui dirigent l'air vers chacun des poumons

POUMON
Organe, lobé et élastique, de la respiration qui permet les échanges gazeux entre le milieu intérieur et l'air

ARBRE BRONCHIQUE
Conduits d'air ramifiés débutant aux deux bronches principales et se terminant aux saccules alvéolaires

a Système respiratoire de l'être humain

Figure 40.10 a) Les organes et les fonctions du système respiratoire de l'être humain. Des muscles, comprenant le diaphragme et d'autres muscles du squelette axial, jouent des rôles importants dans la ventilation. **b)** et **c)** L'emplacement des alvéoles par rapport aux bronchioles et aux capillaires pulmonaires.

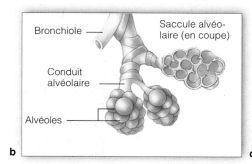

Bronchiole

Saccule alvéolaire (en coupe)

Conduit alvéolaire

Alvéoles

b

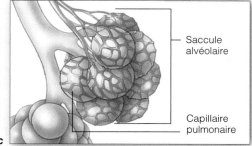

Saccule alvéolaire

Capillaire pulmonaire

c

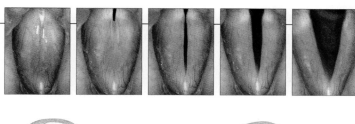

Le système respiratoire est aussi assorti de mécanismes intrinsèques qui s'attaquent aux substances étrangères et aux agents pathogènes présents dans l'air inspiré. Il élimine, inactive ou modifie certaines substances parvenant du sang, et ce avant qu'elles puissent se répandre dans l'organisme.

Le rôle du système respiratoire se termine au niveau des alvéoles. C'est là en effet que le sang capillaire se charge d'oxygène et élimine le CO_2. Ces deux gaz diffusent à travers les alvéoles et les capillaires pulmonaires.

Des voies respiratoires aux alvéoles

De la naissance jusqu'à l'âge de 75 ans, un être humain respire au moins 300 millions de fois. On peut se passer de manger quelques heures ou même quelques jours, mais si on cesse de respirer ne serait-ce que cinq minutes, les fonctions normales du cerveau sont alors détruites à jamais.

La figure 40.10 montre les voies respiratoires empruntées par l'air inspiré. Sauf en cas d'essoufflement ou de respiration difficile, l'air entre par les narines et non par la bouche. Une fois dans les cavités nasales, il est réchauffé et humidifié au contact des sécrétions muqueuses. Les poils à l'entrée des narines filtrent les grosses poussières et les particules, tandis que, dans les cavités nasales, le mucus retient les particules plus fines et les agents pathogènes. Les cils des cellules épithéliales de la muqueuse battent constamment pour pousser le mucus vers le pharynx. Plus haut dans la cavité nasale se trouvent les récepteurs olfactifs à l'origine du sens de l'odorat (voir la section 35.3). L'air passe ensuite par le **pharynx**, aussi appelé *gorge*, puis se rend au **larynx**, une voie de passage renfermant deux paires de replis muqueux horizontaux, dont la paire inférieure constitue les cordes vocales. L'air inspiré et expiré passe dans la glotte, soit l'espace entre les cordes vocales. Comme chez la grenouille (voir la section 40.3), l'écoulement de l'air fait vibrer les cordes vocales, qui peuvent alors émettre une large gamme de sons.

Des bandes de ligaments élastiques relient les cordes vocales à des cartilages. Lorsque les muscles du larynx se contractent et se relâchent, ces ligaments se tendent ou se détendent pour modifier le degré d'étirement des cordes vocales. C'est le système nerveux qui coordonne l'ouverture et la fermeture de la glotte. Par exemple, lorsque la tension des muscles du larynx augmente, l'espace entre les cordes vocales diminue et les sons émis deviennent plus aigus. Les lèvres, les dents, la langue et le palais mou contribuent à la production de sons donnant lieu à la parole et au chant, par exemple.

Lors s'une inflammation des cordes vocales résultant d'une infection ou d'une irritation, le mucus qui s'accumule affecte leur capacité de bien vibrer. Lorsque la voix est vraiment enrouée, il s'agit alors d'une laryngite.

L'**épiglotte** est une structure relativement rigide située à l'ouverture du larynx. Lors de la respiration, l'épiglotte est relevée et l'air entre librement dans le larynx, puis dans la **trachée**. Au cours de la déglutition, l'épiglotte s'incline et ferme l'entrée des voies aériennes, dirigeant ainsi les aliments dans l'œsophage, un conduit qui relie le pharynx à l'estomac.

La trachée se divise en deux **bronches**, menant chacune à un poumon. Comme le larynx et la trachée, les bronches et leurs ramifications

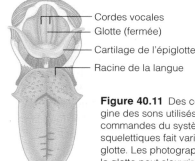

Cordes vocales
Glotte (fermée)
Cartilage de l'épiglotte
Racine de la langue
Glotte (ouverte)

Figure 40.11 Des cordes vocales humaines, à l'origine des sons utilisés pour la parole. En réponse à des commandes du système nerveux, l'action de muscles squelettiques fait varier le degré d'ouverture de la glotte. Les photographies du haut montrent comment la glotte peut s'ouvrir ou se refermer.

intrapulmonaires sont tapissées de cellules ciliées et de cellules sécrétrices de mucus. Le mucus retient les fines particules de même que les agents pathogènes, et les cils amènent le mucus jusqu'au pharynx. Ce mucus est alors dégluti ou expectoré.

Les poumons sont des organes élastiques de forme conique qui servent aux échanges gazeux. Ils sont situés dans la cage thoracique, à droite et à gauche du cœur et au-dessus du diaphragme. Le **diaphragme** est une cloison musculaire qui sépare la cavité thoracique de la cavité abdominale. Une double membrane, la plèvre, tapisse la paroi interne de la cage thoracique et la surface externe de chacun des poumons.

Un mince film de liquide lubrifiant entre ces deux membranes diminue la friction entre elles lors des mouvements respiratoires. La pleurésie est une inflammation de la plèvre ayant pour effet que les membranes deviennent enflées et frottent l'une contre l'autre, de sorte que la respiration devient douloureuse.

L'air pulmonaire circule dans les ramifications de plus en plus fines de l'arbre bronchique (voir la figure 40.10*a*) jusqu'aux **bronchioles**. Les bronchioles sont des éléments très fins de l'arbre bronchique qui apportent l'air aux bronchioles respiratoires, puis aux alvéoles. Les alvéoles sont généralement réunies pour former un saccule alvéolaire, comme le présente la figure 40.10*b* et *c*. L'ensemble des alvéoles offre une très grande surface pour les échanges de gaz entre l'air alvéolaire et le sang. On estime que la surface totale des alvéoles correspond à la superficie d'un terrain de racquetball, soit 74,2 m^2 !

L'apport d'oxygène et l'élimination de dioxyde de carbone représentent les fonctions essentielles du système respiratoire de l'être humain. À l'intérieur des poumons, le sang prélève l'oxygène et se débarrasse de son dioxyde de carbone.

Le système respiratoire contribue également à la phonation, à l'odorat, au retour veineux vers le cœur, à l'équilibre acidobasique et à la défense contre des substances ou des germes aéroportés.

LA VENTILATION PULMONAIRE

Le cycle respiratoire

La respiration, qui est cyclique, a pour fonction de ventiler les poumons, c'est-à-dire d'y renouveler l'air. Chaque **cycle respiratoire** comprend deux parties : l'inspiration (l'entrée d'air dans les voies respiratoires) et l'expiration (la sortie de l'air).

Un coup d'œil sur la figure 40.12 *b* et *c* révèle que l'inspiration est toujours un processus actif qui nécessite de l'énergie. Quand on respire calmement, l'inspiration s'effectue grâce aux contractions du diaphragme et, dans une moindre mesure, des muscles intercostaux externes. Il en résulte une augmentation du volume de la cavité thoracique. Si on inspire plus profondément, ce volume augmente encore plus parce que ces muscles se contractent davantage et que les muscles du cou rattachés au sternum et aux deux premières paires de côtes tirent la cage thoracique vers le haut.

Durant un cycle respiratoire, le volume de la cage thoracique augmente et diminue, de sorte que les gradients de pression entre l'air à l'intérieur des poumons et l'air atmosphérique varient. La pression de l'air atmosphérique au niveau de la mer est de 101,3 kPa (760 mm Hg) et correspond à la pression exercée par l'ensemble des gaz de l'air sur les voies respiratoires pulmonaires. Avant l'inspiration, la pression intrapulmonaire dans toutes les alvéoles est de 101,3 kPa (voir la figure 40.12*a*).

C'est grâce à un gradient de pression différent que les poumons adhèrent à la cage thoracique durant le cycle respiratoire, particulièrement durant l'expiration, quand le volume de la cavité thoracique devient plus grand que celui des poumons (voir la figure 40.13 *b* et *c*). Lorsque le volume de la cavité thoracique augmente, celui des poumons s'accroît aussi en raison d'un gradient de pression à travers la paroi des poumons.

Chez une personne au repos, la pression entre les deux membranes de la plèvre, soit la pression intrapleurale, est en moyenne de 100,8 kPa, donc plus faible que la pression atmosphérique. Cette pression négative fait adhérer les poumons à la cage thoracique. Au moment de l'inspiration, la cage thoracique prend de l'expansion et les poumons suivent le mouvement à cause de cette adhérence. La différence de pression, soit 0,5 kPa, suffit pour que les poumons s'étendent et remplissent la cavité thoracique.

La cohésion des molécules d'eau dans la cavité pleurale contribue également à retenir constamment les poumons contre la paroi thoracique, de la même façon que deux plaques de verre assorties d'un film d'eau entre elles glissent facilement l'une contre l'autre, mais sont difficiles à décoller l'une de l'autre. Les poumons sont ainsi pratiquement collés à la paroi thoracique. Lorsque celle-ci prend de l'expansion, les poumons suivent le mouvement.

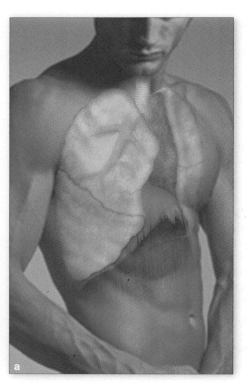

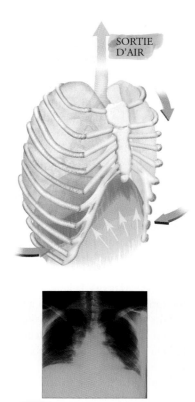

Figure 40.12 a) Localisation des poumons et du diaphragme. **b)** et **c)** Modifications du volume de la cavité thoracique durant un cycle respiratoire. Les radiographies montrent bien qu'une inspiration forcée en fait augmenter le volume.

b Inspiration. En se contractant, le diaphragme s'abaisse. Les muscles intercostaux externes se contractent et tirent la cage thoracique vers le haut et l'avant. Le volume de la cavité thoracique augmente, de même que celui des poumons.

c Expiration. Le diaphragme et les muscles intercostaux externes se relâchent et reprennent leur position de repos : la cage thoracique s'abaisse et le diaphragme remonte. Les poumons se vident passivement de leur air.

pour le calcul de la ventilation alvéolaire

- fréquence respiratoire individuelle (nb. resp/min), environ 15 resp/mn repos

- volume courant (VC) = 500 mL

- Espace mort anatomique (EMA) = 150 mL si pas de tabac, pas de maladie

$$VA = F_R \times (VC - EMA)$$

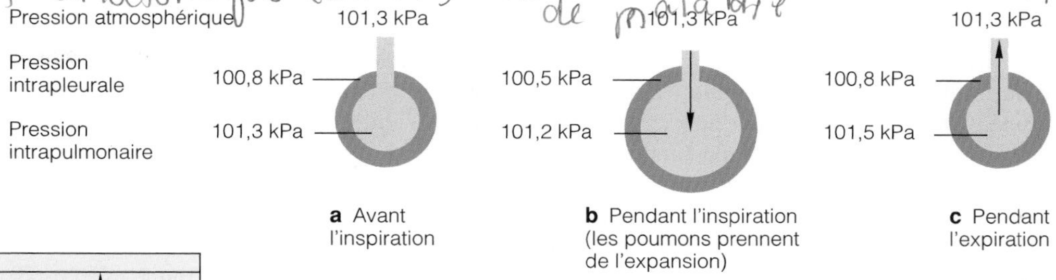

Figure 40.13 Des modifications de la pression intrapulmonaire et du volume pulmonaire durant un cycle respiratoire.

Pression atmosphérique — 101,3 kPa

Pression intrapleurale — 100,8 kPa

Pression intrapulmonaire — 101,3 kPa

a Avant l'inspiration

101,3 kPa — 100,5 kPa — 101,2 kPa

b Pendant l'inspiration (les poumons prennent de l'expansion)

101,3 kPa — 100,8 kPa — 101,5 kPa

c Pendant l'expiration

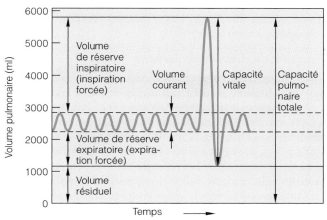

Figure 40.14 Des volumes et des capacités pulmonaires. Le volume courant correspond au volume d'air inspiré et expiré durant une respiration calme. Le volume de réserve inspiratoire est le volume d'air supplémentaire qui peut entrer dans les poumons lors d'une inspiration forcée. Le volume de réserve expiratoire est le volume d'air supplémentaire qui peut sortir des poumons lors d'une expiration forcée. Le volume résiduel est le volume d'air qui demeure toujours dans les voies respiratoires, même à la suite d'une expiration forcée. La capacité vitale est la somme du volume courant, du volume de réserve inspiratoire et du volume de réserve expiratoire. La capacité pulmonaire totale correspond au volume d'air total des poumons, soit à la somme de tous les autres volumes pulmonaires.

La figure 40.12*b* montre ce qui se passe quand on commence à inspirer. Le diaphragme s'aplatit et s'abaisse et la cage thoracique est tirée vers le haut et l'avant. La cavité thoracique prend alors de l'expansion, de même que les poumons. La pression de l'air alvéolaire étant initialement inférieure à la pression atmosphérique, l'air obéit à ce gradient de pression et entre dans les voies respiratoires pulmonaires pour aller jusqu'aux alvéoles.

La deuxième partie du cycle respiratoire, l'expiration, est un processus passif lorsqu'on respire calmement. Les muscles actifs lors de l'inspiration se relâchent, de sorte que la cage thoracique s'abaisse également et que le diaphragme remonte. La pression de l'air alvéolaire devient alors supérieure à la pression atmosphérique et l'air est expulsé des poumons (voir la figure 40.13*c*).

L'expiration forcée est une activité qui exige de l'énergie et qui s'effectue par exemple au cours d'activités physiques intenses. Les muscles abdominaux se contractent alors et poussent les organes de l'abdomen vers le haut, contre le diaphragme, qui est poussé davantage dans la cavité thoracique. Les muscles intercostaux internes jouent aussi un rôle en se contractant davantage : la cage thoracique se comprime encore plus vers l'intérieur et le bas et la paroi thoracique s'aplatit. Le volume pulmonaire diminue aussi, grâce à l'élasticité des fibres conjonctives des poumons.

Les volumes et capacités pulmonaires

Les poumons peuvent contenir jusqu'à 5,7 l d'air environ chez un homme adulte et 4,2 l chez une femme adulte qui sont jeunes et en bonne santé. Ce sont des moyennes, car l'âge, la carrure et l'état de santé des poumons influencent leur capacité totale. Durant une ventilation normale, les poumons ne se remplissent pas complètement, loin de là. En général, ils contiennent 2,7 l à la fin de l'inspiration et 2,2 l à la fin de l'expiration. En outre, les poumons ne se vident jamais complètement de leur air, car, même à la suite d'une expiration forcée, ils continuent à adhérer à la cage thoracique en raison de la pression négative de la plèvre.

Le volume d'air qui sort durant une expiration forcée suivant une inspiration maximale est appelé **capacité vitale** et représente le volume d'air total échangeable. Les humains utilisent rarement plus de la moitié de leur capacité vitale, même durant de profondes inspirations lors d'exercices épuisants (voir la figure 40.14). Parce que les poumons ne sont jamais vides d'air, les échanges gazeux entre l'air alvéolaire et le sang se poursuivent, même après une expiration maximale. Ainsi, les concentrations de gaz dans le sang demeurent constantes durant un cycle respiratoire.

Durant une inspiration et une expiration calmes, le volume d'air déplacé, appelé **volume courant**, correspond en moyenne à 500 ml. À la suite d'une expiration maximale, les poumons retiennent un volume d'air résiduel d'environ 1,2 l. Seulement 350 ml d'air frais atteint les alvéoles à chaque inspiration. Si la fréquence respiratoire est de 15 fois/min, alors les alvéoles reçoivent en 1 min 5,25 l d'air frais.

La ventilation pulmonaire se fait de façon rythmique. Le cycle respiratoire consiste en une inspiration suivie d'une expiration.

L'inspiration est toujours un processus actif qui nécessite de l'énergie pour la contraction du diaphragme et des muscles intercostaux externes, soit les principaux muscles respiratoires.

Durant une ventilation calme, l'expiration est toujours un processus passif. Les muscles actifs lors de l'inspiration se relâchent, le volume de la cavité thoracique diminue et les poumons reprennent leur volume initial en raison de leur caractère élastique. Une expiration forcée est un processus actif qui nécessite la contraction des muscles abdominaux, entre autres.

Au cours de la ventilation pulmonaire, les gradients de pression entre l'air alvéolaire et l'air atmosphérique ne cessent de s'inverser.

LES ÉCHANGES ET LE TRANSPORT DES GAZ RESPIRATOIRES

(Handwritten note, top:) une légère baisse de PO₂ déclenche une imp. ↑ de la libération de O₂

(Handwritten note:) Une forte [CO₂] fait chuter le pH ce qui ↓ l'affinité de l'Hb₀₂ pour l'O₂ ce qui le libère dans les tissus

Les échanges au niveau de la membrane respiratoire

Une alvéole est une structure plus ou moins sphérique composée d'une seule couche de cellules épithéliales s'appuyant sur une membrane basale. Un capillaire pulmonaire est formé de cellules endothéliales dont la membrane basale fusionne avec celle des cellules alvéolaires. La membrane respiratoire est formée de l'épithélium alvéolaire, de l'endothélium capillaire et de leurs membranes basales (voir la figure 40.15). Les gaz diffusent très rapidement à travers cette fine membrane.

L'oxygène et le dioxyde de carbone diffusent à travers la membrane respiratoire selon leurs gradients de pression partielle. Le gradient de pression partielle d'oxygène se maintient parce que les inspirations ne cessent jamais et qu'elles apportent continuellement aux alvéoles l'oxygène frais que les cellules consomment sans arrêt. Quant au gradient de pression partielle de dioxyde de carbone, il se maintient parce que ce gaz est constamment produit par les cellules et qu'il diffuse du sang vers l'air alvéolaire pour être rejeté hors de l'organisme au cours de l'expiration.

Le transport de l'oxygène

L'oxygène se dissout mal dans le plasma, de sorte qu'il ne peut pas y être transporté adéquatement. Chez les vertébrés, les besoins élevés en oxygène sont comblés à l'aide de molécules d'hémoglobine, un pigment respiratoire présent en grande quantité dans les globules rouges. Une molécule d'hémoglobine est une protéine globulaire formée de quatre chaînes polypeptidiques et de quatre **groupements hème**, qui contiennent chacun un atome de fer auquel l'oxygène se lie de façon réversible (voir la figure 3.21). Chez l'être humain, 98,5 % de l'oxygène est transporté par les groupements hème de l'hémoglobine.

Dans des conditions normales, l'air inspiré parvenant aux alvéoles est riche en oxygène, contrairement aux capillaires pulmonaires dont le sang est désoxygéné. Ainsi, l'oxygène alvéolaire diffuse d'abord dans le plasma, puis dans les globules rouges, où il se lie à l'hémoglobine pour former l'**oxyhémoglobine**, ou HbO_2.

La quantité de HbO_2 qui se forme en un temps donné dépend de la pression partielle de l'oxygène. Plus élevée est cette pression, plus grande est la concentration d'oxygène et plus nombreuses sont les molécules d'oxygène qui se lient aux groupements hème de l'hémoglobine. Ce processus se poursuit jusqu'à ce que les quatre sites de liaison de l'hémoglobine soient saturés.

L'hémoglobine retient faiblement l'oxygène et le libère là où la pression partielle de l'oxygène est plus faible que dans les poumons. La libération d'oxygène est encore plus rapide lorsque le sang est plus chaud, que le pH est plus faible et que la pression partielle de dioxyde de carbone est plus élevée. On trouve de telles conditions dans les tissus métaboliquement actifs.

Le transport du dioxyde de carbone

Le dioxyde de carbone diffuse dans les capillaires sanguins de tous les tissus où sa pression partielle est plus élevée que celle du sang. À partir de là, le dioxyde de carbone est transporté aux poumons de trois façons. Environ 10 % est dissous dans le plasma, quelque 30 % se lie directement à l'hémoglobine pour former la **carbhémoglobine** ($HbCO_2$) et le reste, soit environ 60 %, est transporté sous forme d'ions bicarbonate (HCO_3^-). Comment ces ions sont-ils formés ? L'acide carbonique se forme d'abord lorsque le CO_2 réagit avec l'eau dans le sang, mais il se scinde ensuite rapidement en ions bicarbonate et hydrogène (H^+) :

$$CO_2 \; + \; H_2O \; \rightleftharpoons \; \underset{\text{ACIDE CARBONIQUE}}{H_2CO_3} \; \rightleftharpoons \; \underset{\text{BICARBONATE}}{HCO_3^-} \; + \; H^+$$

Lorsqu'elle se déroule dans le plasma, cette réaction transforme une molécule de dioxyde de carbone sur mille, ce qui n'est pas beaucoup. Toutefois, dans les globules rouges, il en va autrement. En effet, ceux-ci renferment de l'**anhydrase carbonique**, une enzyme qui rend la vitesse de réaction 250 fois plus rapide. Presque tout le dioxyde de carbone qui n'est pas lié à l'hémoglobine est transformé en acide carbonique de cette façon, ce qui réduit rapidement le taux de dioxyde de carbone dans le sang et maintient un gradient favorisant la diffusion vers le sang du dioxyde de carbone liquide interstitiel.

(Handwritten notes:) L'hémoglobine = rouge, due aux 4 atomes de fer qui fixent 4O₂
Fixation de O₂ par hémoglobine doit être réversible

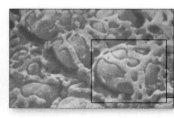

a Alvéoles recouvertes de capillaires sanguins

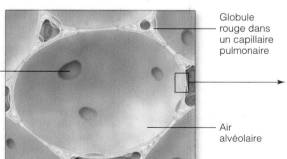

Pore laissant passer l'air d'une alvéole à l'autre

Globule rouge dans un capillaire pulmonaire

Air alvéolaire

b Alvéole pulmonaire en coupe et capillaires pulmonaires

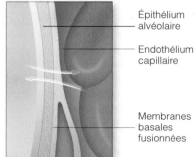

Épithélium alvéolaire

Endothélium capillaire

Membranes basales fusionnées

c Les trois composantes de la membrane respiratoire

Figure 40.15 Des vues en gros plan des structures de la membrane respiratoire.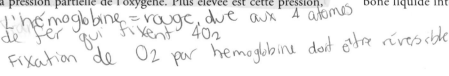

Qu'arrive-t-il au HCO_3^- formé durant ces réactions? Il tend à sortir des globules rouges pour aller dans le plasma, tandis que les ions H^+ se lient à l'hémoglobine. L'hémoglobine joue ici le rôle d'un système tampon qui, en liant les ions H^+, empêche le sang de devenir trop acide. Un système tampon désigne une molécule ou un groupe de molécules qui empêche des variations trop prononcées du pH (voir la section 2.6).

Ces réactions sont inversées dans les alvéoles, où la pression partielle du dioxyde de carbone est plus faible que celle du sang capillaire. Il se forme alors de l'eau et du dioxyde de carbone, puis ce gaz diffuse dans l'air alvéolaire et est rejeté au cours de l'expiration.

La figure 40.16 résume les gradients de pression partielle de l'oxygène et le dioxyde de carbone dans les différentes parties du système respiratoire et du système cardiovasculaire de l'être humain.

L'ajustement du débit de l'air au débit sanguin

Les échanges gazeux sont optimaux lorsque le débit de l'air et le débit sanguin s'équilibrent. Le système nerveux assure un tel équilibre en régulant la fréquence et l'amplitude respiratoires, c'est-à-dire le rythme et la profondeur de l'inspiration et de l'expiration.

La régulation de la respiration relève d'un centre respiratoire situé dans le bulbe rachidien. Un groupe de neurones y détermine le rythme des signaux nerveux envoyés aux muscles inspiratoires. Un signal déclenche l'inspiration; lorsqu'il cesse, les muscles se relâchent et l'air est expiré. Quand l'expiration doit être plus forte, d'autres neurones du centre respiratoire envoient des signaux aux muscles expiratoires.

Dans une région (le pont) située au-dessus du bulbe rachidien, d'autres centres nerveux régularisent le rythme de la ventilation déterminé par le centre respiratoire. Un centre apneustique prolonge l'inspiration, tandis qu'un centre pneumotaxique l'abrège.

L'amplitude de la ventilation dépend des pressions partielles de l'oxygène et du dioxyde de carbone, ainsi que de la concentration des ions H^+ dans le sang artériel. C'est le dioxyde de carbone qui exerce l'effet le plus prononcé sur cette régulation. Des chimiorécepteurs dans le bulbe rachidien sont sensibles aux ions H^+ du liquide cérébrospinal (rappelons que les ions H^+ sont un sous-produit des réactions qui se déroulent lorsque la concentration sanguine de dioxyde de carbone est trop élevée). Lorsque la concentration des ions H^+ est trop élevée, un message nerveux est acheminé aux muscles respiratoires pour qu'ils ajustent la fréquence et l'amplitude de la ventilation.

Des chimiorécepteurs situés dans la crosse de l'aorte et dans les artères carotides communes sont stimulés lorsque la pression partielle de l'oxygène du sang artériel devient inférieure à 8,0 kPa. Une telle baisse de pression partielle d'oxygène peut se produire à des altitudes très élevées ou lors de graves maladies respiratoires.

Dans certaines circonstances comme l'apnée, une personne cesse brièvement de respirer, puis recommence spontanément. L'apnée peut durer quelques secondes, 1 ou 2 min, et peut se produire dans certains cas jusqu'à 500 fois par nuit! Dans le cas du syndrome de mort subite du nourrisson, l'enfant qui dort ne peut sortir de son état d'apnée. Ce syndrome a peut-être une origine génétique, car on l'a relié à des mutations qui entraînent une fréquence cardiaque irrégulière. Le risque de mourir est trois fois plus élevé chez l'enfant dont la mère a fumé durant sa grossesse ou a été exposée à la fumée

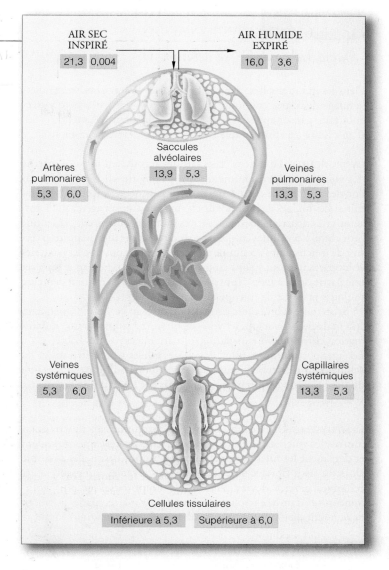

Figure 40.16 Les gradients de pression partielle (kPa) de l'oxygène (en rose) et de dioxyde de carbone (en bleu) dans les voies respiratoires et vasculaires.

secondaire. Les enfant qui dorment sur le dos ou le côté sont moins sujets à ce syndrome que ceux qui dorment sur le ventre.

L'oxygène diffuse, selon son gradient de pression partielle, depuis l'air alvéolaire jusque dans les capillaires pulmonaires. Le dioxyde de carbone diffuse dans la direction opposée, selon son gradient de pression partielle.

L'hémoglobine, présente dans les globules rouges, fait énormément augmenter la capacité du sang de transporter l'oxygène. Presque tout le dioxyde de carbone est transporté dans le sang sous forme d'ions bicarbonate, la plus grande partie de ces ions ayant résulté d'une action enzymatique dans les globules rouges.

Les centres respiratoires du tronc cérébral régularisent la fréquence et l'amplitude de la respiration, de façon à maintenir constants les taux d'oxygène, de dioxyde de carbone et d'ions hydrogène dans le sang artériel.

Quand les poumons se détériorent

Dans les grandes villes, dans certains lieux de travail et même dans le nuage de fumée entourant un fumeur, des particules aéroportées et certains gaz sont présents en concentrations anormalement élevées. Il en résulte un effort supplémentaire pour le système respiratoire.

LA BRONCHITE Le mucus et les cils qui recouvrent la paroi interne des voies respiratoires humaines (voir la figure 40.17) constituent l'un des systèmes de défense qui nous protègent des infections respiratoires. Les toxines de la fumée de cigarette et d'autres agents polluants aéroportés irritent la paroi des petites bronches et peuvent causer une bronchite. Les cellules épithéliales sécrètent alors une quantité excessive de mucus, qui s'accumule alors en même temps que les bactéries et les particules qui y sont emprisonnées. La toux réussit à expulser une partie de ce mucus. Toutefois, si la source de l'irritation demeure toujours présente, la toux persistera.

Si on traite la bronchite à son début, on peut la guérir. Cependant, si la maladie se poursuit, les voies respiratoires subissent une inflammation chronique. Leurs parois sont attaquées par des bactéries ou des agents chimiques, puis les cellules ciliées sont détruites et les cellules qui sécrètent le mucus se multiplient. Il apparaît ensuite du tissu cicatriciel fibreux qui peut finir par rétrécir ou obstruer les voies aériennes.

L'EMPHYSÈME Durant une bronchite chronique, un mucus épais obstrue les voies respiratoires et des enzymes bactériennes attaquent et dégradent les fines parois alvéolaires, autour desquelles se forme alors du tissu fibreux non élastique. Les alvéoles qui assurent les échanges gazeux deviennent moins nombreuses et plus volumineuses et la surface respiratoire diminue. Avec le temps, les poumons deviennent distendus et moins élastiques, de sorte que l'équilibre

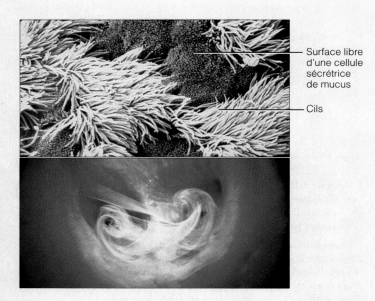

délicat entre la ventilation alvéolaire et le débit sanguin est compromis de façon permanente.

Si on compare les figures 40.18*a* et *b*, on voit pourquoi il devient si difficile de marcher, de courir et d'expirer lorsqu'on souffre d'emphysème, une maladie respiratoire qui touche plus d'un million de personnes aux États-Unis.

Certains individus ont une prédisposition génétique pour l'emphysème. Il leur manque le gène codant l'antitrypsine, une enzyme qui inhibe l'activité bactérienne dans les alvéoles. Un régime alimentaire déficient, des rhumes persistants ou répétés, de même que d'autres infections respiratoires peuvent aussi causer l'emphysème à un âge avancé. Cependant, c'est le tabac qui en est la principale cause. Chez les fumeurs, l'emphysème se développe lentement, sur une vingtaine ou une trentaine d'années; si l'emphysème n'est pas dépisté à temps, les tissus pulmonaires ne peuvent être réparés.

LES CONSÉQUENCES DU TABAGISME Dans le monde entier, plus de trois millions de personnes meurent chaque année des suites de complications reliées au tabac. Des organismes reconnus, y compris l'Organisation mondiale de la santé, estiment que le taux de mortalité chez les fumeurs pourrait même dépasser le taux de mortalité dû au sida dès 2020. Toutes les 13 secondes aux États-Unis, 1 fumeur sur 50 millions décède des suites de l'emphysème, d'une bronchite chronique ou d'une maladie du cœur. Un non-fumeur sur 50 millions décède également des mêmes affections parce qu'il a respiré la fumée ambiante ou secondaire, c'est-à-dire la fumée produite par les fumeurs. Les enfants en contact avec la fumée secondaire, à la maison ou ailleurs, sont beaucoup plus sujets aux allergies et aux maladies respiratoires.

Le tabagisme est la principale cause du cancer du poumon. Pourtant, chaque jour qui passe, de 3000 à 5000 Américains grillent une cigarette pour la première fois. Même les enfants dépensent un milliard de dollars par année pour acheter des cigarettes. Chaque année, les coûts médicaux directs qu'entraîne le traitement des maladies respiratoires causées par le tabac s'élèvent à 22 milliards de dollars.

Comment la fumée de cigarette endommage-t-elle les poumons? Les particules nocives dans la fumée d'une seule cigarette immobilisent les cils des petites bronches et des bronchioles pendant plusieurs heures, déclenchent une sécrétion de mucus pouvant obstruer les voies respiratoires et tuent les macrophagocytes alvéolaires. Ce qui débute par une «toux du fumeur» peut se terminer par une bronchite chronique et de l'emphysème.

Comment le tabac peut-il causer le cancer du poumon? Certains éléments présents dans le goudron et la fumée inhalés sont transformés en substances cancérigènes qui provoquent des divisions cellulaires incontrôlées dans les tissus pulmonaires. On estime que 90 % des fumeurs atteints d'un cancer du poumon vont en mourir. La figure 40.18 et les renseignements qui l'accompagnent devraient inviter à la réflexion toute personne qui fume ou qui songe à commencer à fumer.

LES EFFETS DE LA FUMÉE DE LA MARIJUANA En l'an 2000, quelque 10,7 millions de personnes âgées de 12 ans ou plus fumaient de la marijuana (*Cannabis*) aux États-Unis, dans le but d'en tirer une certaine euphorie. Environ 1,5 million d'entre elles ne peuvent plus s'en passer. Cependant, le sentiment de bien-être éprouvé ne dure pas très

Figure 40.17 Des cellules ciliées et des cellules sécrétrices de mucus dans une bronche (en haut). La fumée de cigarette s'engouffrant dans la trachée, à l'entrée des bronches souches (en bas). Quel est l'effet de cette fumée sur les cellules illustrées ci-dessus?

Surface libre d'une cellule sécrétrice de mucus

Cils

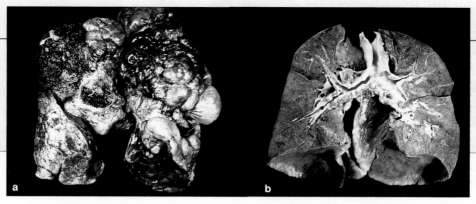

RISQUES ASSOCIÉS AU TABAC	DIMINUTION DES RISQUES POUR CEUX QUI CESSENT DE FUMER
DIMINUTION DE L'ESPÉRANCE DE VIE Les non-fumeurs vivent en moyenne 8,3 ans de plus que ceux qui fument deux paquets de cigarettes par jour à partir de l'âge de 20 ans.	Diminution cumulative du risque : après 10 à 15 ans, l'espérance de vie des anciens fumeurs est proche de celle des non-fumeurs.
BRONCHITE CHRONIQUE, EMPHYSÈME Chez les fumeurs, la probabilité de mourir de ces maladies est de 4 à 25 fois plus élevée que chez les non-fumeurs.	Plus grande probabilité d'amélioration des fonctions pulmonaires et de ralentissement de leur détérioration.
CANCER DU POUMON La cigarette est la principale cause du cancer du poumon.	Après 10 à 15 ans, le risque est semblable à celui des non-fumeurs.
CANCER DE LA BOUCHE Probabilité de 3 à 10 fois plus élevée chez les fumeurs.	Après 10 à 15 ans, le risque est semblable à celui des non-fumeurs.
CANCER DU LARYNX Probabilité de 2,7 à 17,7 fois plus élevée chez les fumeurs.	Après 10 ans, le risque est semblable à celui des non-fumeurs.
CANCER DE L'ŒSOPHAGE Probabilité de 2 à 9 fois plus élevée d'en mourir.	Risque proportionnel à la quantité de tabac fumé. L'arrêt devrait entraîner une diminution du risque.
CANCER DU PANCRÉAS Probabilité de 2 à 5 fois plus élevée d'en mourir.	Risque proportionnel à la quantité de tabac fumé. L'arrêt devrait entraîner une diminution du risque.
CANCER DE LA VESSIE Probabilité de 7 à 10 fois plus élevée chez les fumeurs.	Après 7 ans d'arrêt, le risque est sensiblement le même que celui des non-fumeurs.
MALADIE CORONARIENNE Le tabagisme est une cause majeure.	Après un an d'arrêt, le risque est fortement diminué. Après 10 ans, il est le même que chez les non-fumeurs.
CONSÉQUENCES POUR LES ENFANTS Chez les femmes enceintes qui fument, la probabilité d'accoucher d'un enfant mort-né est plus élevée. Le poids des nouveau-nés est inférieur à la moyenne (ceux-ci sont donc plus sujets aux maladies).	Les risques disparaissent si la femme cesse de fumer avant quatre mois de grossesse.
FONCTIONS IMMUNITAIRES DIMINUÉES Augmentation des réactions allergiques, destruction des macrophagocytes alvéolaires.	Risques évitables si on ne fume pas.
GUÉRISON DES OS Il semble que la guérison des os fracturés ou coupés par chirurgie nécessite 30 fois plus de temps chez les fumeurs, probablement parce que la fumée fait diminuer la quantité de vitamine C dans l'organisme et la quantité d'oxygène se rendant aux tissus. La vitamine C et l'oxygène sont nécessaires à la formation de fibres de collagène, un élément constitutif essentiel des os. Les recherches à ce sujet se poursuivent.	Risques évitables si on ne fume pas.

c

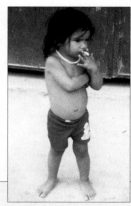

Figure 40.18 a) L'apparence des poumons chez une personne atteinte d'emphysème. **b)** Les poumons normaux. **c)** La liste des risques auxquels les fumeurs s'exposent et des bienfaits encourus s'ils cessent de fumer.

longtemps et est rapidement remplacé par l'apathie, la dépression et la fatigue. Ces consommateurs chroniques continuent alors à fumer simplement pour éviter ces effets négatifs.

En plus de susciter une dépendance psychologique, l'usage à long terme de la marijuana peut causer des irritations chroniques de la gorge, une toux persistante, la bronchite et l'emphysème.

On note présentement, dans un nombre croissant de pays, qu'il est interdit de fumer la cigarette dans les endroits clos, de même que dans les avions et les aéroports, les restaurants et les cinémas. La vente aux personnes mineures est interdite et la publicité n'est plus permise. Certains se demandent toutefois si les fabricants de cigarettes ne visent pas le marché des femmes et des enfants dans les pays en voie de développement. C'est ce que pense Mark Palmer, ancien ambassadeur des États-Unis en Hongrie, qui ajoute que c'est la pire chose qui puisse arriver aux habitants de ces pays. L'Organisation mondiale de la santé estime que l'usage du tabac tue 4 millions de personnes par année sur la planète et que ce nombre passera à 10 millions par année en 2030, dont 70 % dans les pays en voie de développement. Comme l'a souligné G. H. Brundtland, médecin et ex-directrice de l'Organisation mondiale de la santé, le tabac demeure le seul produit de consommation légal qui tue la moitié de ses utilisateurs habituels.

L'ESCALADE EN HAUTE MONTAGNE ET LA PLONGÉE EN EAU PROFONDE

La respiration en haute altitude

La plupart des êtres humains vivent à basse altitude. L'oxygène compte pour environ 20 % de l'air respiré. Dès qu'on s'élève au-dessus du niveau de la mer, la pression atmosphérique commence à diminuer. Plus on s'élève, moins les molécules de gaz sont abondantes, de sorte que leurs pressions partielles diminuent et que la respiration devient plus difficile. À haute altitude, on peut s'attendre à être atteint d'hypoxie, c'est-à-dire d'une déficience en oxygène. Des récepteurs sensoriels du tronc cérébral sont sensibles à toute diminution de la pression partielle d'oxygène ; les centres de régulation vont alors déclencher une hyperventilation, soit une fréquence et une amplitude respiratoires plus prononcées.

Au-dessus de 3300 m, l'équilibre ionique dans le liquide cérébrospinal est fortement perturbé. Cela peut se traduire par des palpitations cardiaques, un souffle court, des maux de tête, des nausées et des vomissements, soit autant de signes qui montrent que les cellules manquent d'oxygène.

Rappelons-nous la section 28.2. Par rapport aux personnes qui vivent à basse altitude, les lamas et d'autres animaux qui demeurent continuellement à haute altitude ont des poumons beaucoup plus riches en alvéoles et en vaisseaux sanguins. Parce que leurs ventricules sont plus gros, leur cœur peut pomper de plus grands volumes de sang. De plus, leurs cellules musculaires renferment plus de mitochondries. L'hémoglobine du lama a aussi une plus grande affinité pour l'oxygène, si bien qu'elle le prélève mieux que ne le fait l'hémoglobine humaine (voir la figure 40.19).

Est-ce que cela signifie qu'une personne en santé ayant vécu au niveau de la mer ne pourra jamais vivre à haute altitude ? Non. Grâce à des mécanismes d'**acclimatation**, l'organisme peut procéder à des adaptations physiologiques et comportementales à long terme dans un nouveau milieu. À haute altitude, des changements graduels de la fréquence et de l'amplitude de la respiration et du débit cardiaque peuvent amoindrir l'intensité des premières réactions de l'organisme à l'hypoxie.

En moins de quelques jours, l'hypoxie amène les reins à sécréter plus d'**érythropoïétine** (EPO), une hormone qui déclenche une mitose répétée chez les cellules souches de la moelle osseuse afin qu'elles produisent davantage de globules rouges. Chez un adulte, de 2 à 3 millions de globules rouges sont produits chaque seconde pour remplacer ceux qui meurent. L'augmentation de la sécrétion d'EPO peut multiplier par 6 la production de globules rouges, lorsque la pression partielle de l'oxygène est très faible. Des globules rouges plus nombreux dans la circulation sanguine accentuent la capacité du sang à transporter de l'oxygène. Lorsque la concentration d'oxygène sanguin redevient suffisamment élevée, la sécrétion d'EPO diminue.

L'EPO est l'hormone qui joue le rôle le plus important dans la production de globules rouges. Cependant, étant donné que la masse musculaire et les besoins en oxygène des hommes sont plus élevés que ceux des femmes, la testostérone, une hormone sexuelle mâle, stimule aussi le taux de production des globules rouges. C'est pourquoi le nombre de globules rouges par unité de volume chez un homme est supérieur à celui d'une femme. Un plus grand nombre de globules rouges n'est toutefois pas sans inconvénient, puisque les globules rouges augmentent la viscosité du sang et la résistance au débit sanguin et que le cœur doit battre plus fort pour faire circuler le sang.

L'empoisonnement au monoxyde de carbone

L'hypoxie ne survient pas seulement à haute altitude, mais peut aussi résulter d'un empoisonnement au monoxyde de carbone (CO). Ce gaz incolore et inodore est présent, entre autres, dans les gaz d'échappement des véhicules à essence, de même que dans la fumée du charbon, du bois et de la cigarette. Le monoxyde de carbone rivalise avec l'oxygène pour se lier à l'atome de fer de l'hémoglobine. Étant donné que son affinité pour l'hémoglobine est environ 200 fois plus forte que celle de l'oxygène, le monoxyde de carbone peut, même à de très faibles concentrations, se lier à plus de 50 % de l'hémoglobine. C'est ainsi que ce gaz peut gravement entraver le transport de l'oxygène aux tissus.

La respiration en eau profonde

Plus on monte, plus la pression atmosphérique diminue, mais plus on plonge en profondeur, plus la pression de l'eau augmente. À moins d'utiliser des bonbonnes d'air comprimé, tout plongeur risque d'être atteint du mal des caissons, ou narcose à l'azote. Pourquoi ? Parce qu'à une profondeur supérieure à 45 m, un plus grand volume d'azote (N_2) se dissout dans les tissus en raison de la pression élevée. Étant liposoluble, l'azote traverse plus facilement la bicouche lipidique de la membrane plasmique et perturbe le métabolisme cellulaire. Un plongeur éprouve alors un sentiment d'euphorie, puis de somnolence, comme s'il était un peu ivre. Certains plongeurs dans cet état ont même

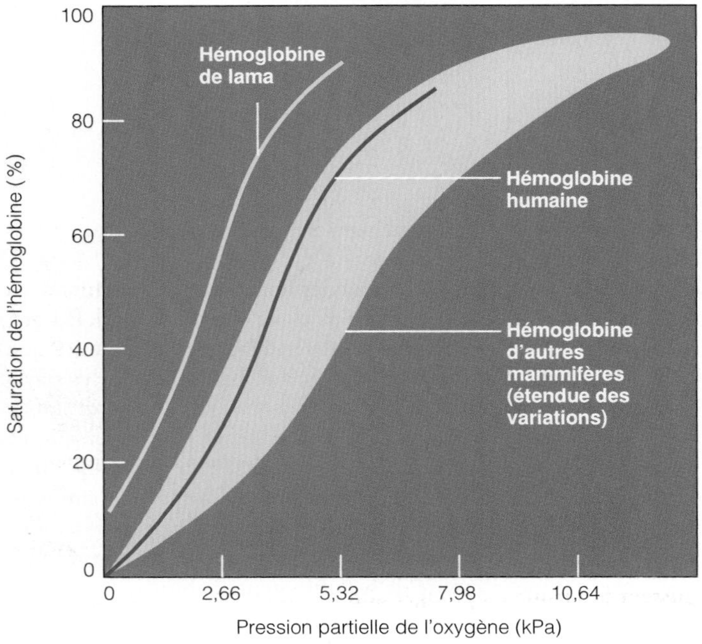

Figure 40.19 Un aperçu comparatif de la capacité de fixation de l'oxygène de l'hémoglobine chez différents mammifères.

présenté à des poissons l'embout buccal de leurs bonbonnes! À de plus grandes profondeurs, un plongeur devient maladroit, faible et comateux, en raison de la narcose à l'azote.

Le retour à la surface après une plongée en profondeur doit se faire avec précaution. À mesure que la pression diminue, l'azote sort des tissus et entre dans la circulation sanguine. Si la remontée est trop rapide, l'azote entre dans le sang plus rapidement que les poumons ne peuvent l'éliminer, de sorte que des bulles d'azote se forment dans le sang et les tissus. La douleur qui se manifeste aux articulations est appelée *mal de décompression*. Si les bulles d'azote empêchent le sang d'irriguer suffisamment le cerveau, il peut en résulter une surdité, une diminution de la vision et une paralysie musculaire.

Les humains qui s'entraînent à plonger en apnée peuvent demeurer submergés pendant un maximum de 3 min. Les plongeurs professionnels, comme les Ama de la Corée et du Japon, réussissent à y demeurer à peine plus longtemps. Mais alors, comment font les dauphins, les baleines, les phoques et d'autres mammifères marins qui plongent couramment sous l'eau, où ils ne peuvent inspirer de l'oxygène et expirer du dioxyde de carbone?

On ne parle pas ici de plongée brève. Le phoque de Weddell (*Leptonychotes weddelli*) en Antarctique peut demeurer sous l'eau pendant plus d'une heure. Il plonge souvent à une profondeur de 400 m et certains ont déjà été observés à 600 m de profondeur. On a déjà repéré au sonar un cachalot à une profondeur de 2250 m. Par ailleurs, même s'il n'a pas besoin de plonger en profondeur pour attraper ses proies, le grand dauphin peut descendre à 550 m et y demeurer une dizaine de minutes.

Lorsque ces mammifères marins plongent, des mécanismes respiratoires très spécialisés entrent en jeu. Avant d'aller sous l'eau, ils remplissent leurs poumons d'air, duquel l'oxygène se lie à l'hémoglobine ainsi qu'à la myoglobine des cellules musculaires. Durant de courtes plongées ils peuvent recourir ainsi à la respiration aérobie. Durant des plongées plus longues cependant, l'oxygène est distribué en priorité au cœur et au système nerveux central, qui nécessitent un apport constant d'ATP.

De fait, le sang est maintenu à l'écart de la plupart des organes pour être envoyé principalement aux poumons et au cerveau, puis retourné au cœur. Les muscles squelettiques utilisent l'oxygène lié à la myoglobine ainsi que celui lié à l'hémoglobine présente dans les capillaires denses qui les irriguent. Plus tard, ils doivent passer à la respiration anaérobie, et le lactate s'accumule alors dans leurs tissus. Quand l'animal refait surface, la circulation sanguine vers les muscles est rétablie.

De retour à la surface, le cachalot et le dauphin expirent l'air en le faisant passer des poumons dans une épiglotte tubulaire, puis dans un évent à la surface de leur tête. Avant de plonger de nouveau, ils respirent rapidement et remplissent d'air leurs grands poumons élastiques.

En plongée, des valves ferment l'évent, et des anneaux de muscles et de cartilage ferment les bronchioles. La surface respiratoire du cachalot n'est pas particulièrement grande, mais des valves bien situées et des plexus de vaisseaux sanguins locaux optimisent le stockage et la répartition du sang et des gaz. La fréquence cardiaque et le métabolisme du cachalot ralentissent, ainsi que l'utilisation d'oxygène et la formation de dioxyde de carbone. De surcroît, par rapport aux mammifères terrestres, le centre respiratoire du cachalot est moins sensible aux taux élevés de dioxyde de carbone.

Figure 40.20 Deux grands dauphins (*Tursiops truncatus*) faisant des acrobaties aériennes.

Les mammifères marins plongeurs économisent l'oxygène en se laissant beaucoup glisser. Par exemple, lorsqu'un dauphin plonge à plus de 80 m, quelque 78 % de son temps est consacré à glisser.

Durant de brefs séjours à haute altitude, l'organisme humain réagit de plusieurs façons pour s'adapter à la faible concentration d'oxygène dans l'air. Lorsqu'il y demeure plus longtemps, il procède à diverses adaptations des fréquences respiratoire et cardiaque.

Tous les mammifères marins plongeurs recourent à des adaptations spécialisées pour respirer. Quand ils font surface, ils rejettent l'air vicié par un évent dorsal, et l'oxygène qu'ils inspirent se lie à l'hémoglobine et à la myoglobine. Quand ils sont en plongée, ils envoient davantage de sang au cœur et au cerveau. De plus, ils glissent beaucoup en plongée afin d'économiser leur énergie.

RÉSUMÉ   Le chiffre en **brun** renvoie à la section du chapitre.

1. La respiration aérobie est la principale voie métabolique qui procure suffisamment d'énergie aux organismes actifs. Elle utilise de l'oxygène et libère, comme sous-produit, du dioxyde de carbone. La respiration est le processus par lequel un animal prélève de l'oxygène et se débarrasse du dioxyde de carbone. *40, 40.1*

2. L'air est un mélange d'oxygène, de dioxyde de carbone et d'autres gaz, chacun exerçant une pression partielle. Chaque gaz se déplace d'une région où sa pression partielle est élevée vers une région où elle est plus basse. C'est ce qui se passe au cours de la respiration. *40.1*

3. Chez les animaux, les gaz diffusent à travers une surface respiratoire. Dans les poumons humains, cette surface est formée d'un épithélium alvéolaire, d'un endothélium capillaire et de leurs membranes basales. *40.1, 40.6*

4. Les animaux se caractérisent par divers modes de respiration. *40.2, 40.3*

a) Chez les invertébrés ayant une faible masse corporelle, la surface respiratoire est le tégument ; l'oxygène et le dioxyde de carbone diffusent tout simplement à travers la surface du corps. On observe aussi ce mode de respiration chez certains animaux plus gros, comme les amphibiens.

b) Un bon nombre d'invertébrés marins et certains invertébrés dulcicoles sont munis de branchies, c'est-à-dire des organes respiratoires humides, minces et souvent dotés de parois fortement repliées. La plupart des insectes et certaines araignées ont une respiration trachéenne, en vertu de laquelle les gaz s'écoulent à travers des tubes ouverts aux deux extrémités, de la surface du corps directement jusqu'aux tissus. Beaucoup d'araignées ont aussi des poumons lamellaires, présentant des replis en forme de feuillets.

c) Les poissons dépensent plus d'énergie pour respirer que les petits invertébrés et les mammifères. La circulation d'eau à contre-courant sur une paire de branchies compense les faibles taux d'oxygène des milieux aquatiques où ils vivent. Une paire de poumons constitue le principal moyen de respiration chez les reptiles, les oiseaux et les mammifères.

5. Les voies aériennes du système respiratoire de l'être humain comprennent les cavités nasales, le pharynx, le larynx, la trachée, les bronches et les bronchioles. Situées à l'extrémité des bronchioles, les alvéoles sont les principaux sites des échanges gazeux. *40.4*

6. La ventilation renouvelle l'air dans les poumons. Chaque cycle respiratoire comprend une inspiration et une expiration. Au cours de l'inspiration, la cavité thoracique prend de l'expansion, la pression dans les poumons devient inférieure à la pression atmosphérique et l'air entre dans les poumons. Le processus s'inverse au cours de l'expiration. *40.5*

7. Grâce à son gradient de pression partielle, l'oxygène dans les poumons diffuse des alvéoles vers les capillaires pulmonaires, puis dans les globules rouges pour s'y lier faiblement à l'hémoglobine. L'hémoglobine libère l'oxygène dans les lits capillaires des tissus métaboliquement actifs, et l'oxygène diffuse alors dans le liquide interstitiel puis dans les cellules. *40.6*

8. Grâce à son gradient de pression partielle, le dioxyde de carbone diffuse des cellules tissulaires dans le liquide interstitiel, puis dans le sang. La plus grande partie du dioxyde de carbone réagit avec l'eau pour former des ions bicarbonate. Ces réactions s'inversent dans les poumons : le dioxyde de carbone diffuse des capillaires pulmonaires dans l'air alvéolaire, puis il est expiré. *40.6*

Figure 40.21 Un plongeur.

Exercices

1. Définissez les termes « respiration » et « respiration aérobie ». *40, 40.1*

2. Définissez le terme « surface respiratoire ». Expliquez pourquoi les gradients de pression partielle de l'oxygène et du dioxyde de carbone doivent être prononcés. *40.1*

3. Quel nom donne-t-on au principal pigment respiratoire ? *40.1*

4. Des amis qui n'ont jamais suivi de cours de biologie aimeraient savoir à quoi ressemblent les poumons des insectes. Que leur répondez-vous (en supposant que votre professeur ne soit pas loin et qu'il vous écoute) ? *40.2, 40.3*

5. Expliquez pourquoi le mécanisme de diffusion à contre-courant dans les branchies des poissons est si efficace pour prélever l'oxygène dissous dans l'eau. *40.3*

6. Parmi les animaux suivants, lesquels ont des sacs d'air qui ventilent leurs poumons : les poissons, les amphibiens, les reptiles, les oiseaux ou les mammifères ? *40.3*

7. Expliquez la différence entre les éléments suivants :
a) respiration trachéenne et trachée *40.2, 40.4*
b) pharynx et larynx *40.4*
c) bronchiole et bronche *40.4*
d) plèvre et alvéole *40.4*

8. Définissez les fonctions du système respiratoire de l'être humain. Dans la figure ci-dessous, identifiez les différentes structures respiratoires, ainsi que les os et les muscles associés à la respiration. *40.4*

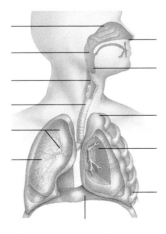

9. Expliquez pourquoi la personne que l'on voit dans la figure 40.21 ne pourrait pas survivre longtemps ainsi sous l'eau. *40, 40.8*

1. La plupart des insectes et certaines araignées respirent au moyen _____.

    a) d'une trachée   c) de leur tégument
    b) de poumons   d) les réponses a) et c)

2. _____ ont des pigments respiratoires en abondance.

    a) Beaucoup d'invertébrés   c) Tous les photoautotrophes
    b) Les vertébrés   d) Les réponses a) et b)

3. Chez les oiseaux, l'air _____.

    a) entre dans des poumons   c) entre dans des sacs d'air
        et en ressort   d) toutes ces réponses
    b) circule à travers des poumons

4. Chaque poumon humain comprend _____.

    a) un diaphragme   c) une plèvre
    b) des bronches   d) les réponses b) et c)

5. Dans les poumons humains, les échanges de gaz ont lieu dans _____.

    a) les bronches   c) les saccules alvéolaires
    b) la plèvre   d) les réponses b) et c)

6. Quand on respire calmement, l'inspiration est _____ et l'expiration est _____.

    a) passive ; passive   c) passive ; active
    b) active ; active   d) active ; passive

7. L'hypoxie déclenche une sécrétion _____.

    a) d'anhydrase carbonique   c) d'érythropoïétine
    b) de monoxyde de carbone   d) de myoglobine

8. Après avoir diffusé dans les capillaires pulmonaires, l'oxygène entre dans _____ et se lie _____.

    a) le liquide interstitiel ; aux globules rouges
    b) le liquide interstitiel ; au gaz carbonique
    c) les globules rouges ; à l'hémoglobine
    d) les globules rouges ; au gaz carbonique

9. L'oxyhémoglobine (HbO_2) libère l'oxygène plus rapidement dans les tissus où _____ que dans les poumons.

    a) le pH est plus faible   c) la pression partielle de O_2 est plus élevée
    b) le sang est plus froid   d) la pression partielle de CO_2 est plus faible

10. Dans le sang humain, 60 % du dioxyde de carbone est présent sous forme _____ et 30 % sous forme _____.

    a) de dioxyde de carbone ; d'acide carbonique
    b) d'anhydrase carbonique ; de bicarbonate
    c) de bicarbonate ; de carbhémoglobine
    d) de carbhémoglobine ; de bicarbonate

11. Associez chaque description ci-dessous à l'élément qui lui correspond chez l'humain.

    _____ Trachée   a) Conduit d'air entrant dans un poumon
    _____ Pharynx   b) Espace entre les cordes vocales
    _____ Alvéole   c) Fine ramification de l'arbre bronchique
    _____ Hémoglobine   d) Tube d'air placé devant l'œsophage
    _____ Bronche principale   e) Pigment respiratoire
    _____ Bronchiole   f) Site des échanges de gaz respiratoires
    _____ Glotte   g) Gorge

Questions à développement

1. Certains manufacturiers de cigarettes recommandent aux gens de « fumer de façon responsable ». Quels sont les problèmes sociaux et biologiques que soulève cet énoncé ? Par exemple, qu'en est-il des risques pour un conjoint non-fumeur ou pour les enfants d'un fumeur ? Pour les clients non-fumeurs dans un restaurant ? Pour le fœtus d'une femme qui fume durant sa grossesse ? À votre avis, quel type de comportement doit-on associer au fait de « fumer de façon responsable » ?

2. Des personnes s'empoisonnent parfois au monoxyde de carbone en faisant brûler du charbon de bois dans un lieu fermé. Dans l'hypothèse où les secours

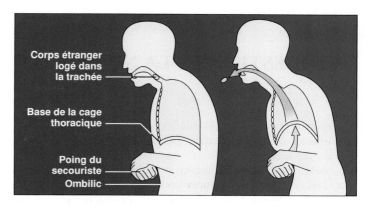

Figure 40.22 La manœuvre de Heimlich. Cette procédure d'urgence permet de déloger un corps étranger pris dans la trachée. D'abord, se tenir derrière la victime, mettre un poing légèrement au-dessus de l'ombilic et en dessous de la cage thoracique, le pouce vers le haut. Poser l'autre main par-dessus votre poing. Enfoncer le poing dans l'abdomen et vers le haut. Si nécessaire, répéter cette manœuvre. On peut l'appliquer sur une personne debout, assise ou couchée.

arriveraient à temps, quel serait le meilleur traitement : 1) emmener la victime dehors, à l'air frais, ou 2) lui donner de l'oxygène pur ? Expliquez votre réponse.

3. Quand on avale des aliments, l'épiglotte se place au-dessus du larynx et empêche les aliments d'entrer dans la trachée et de bloquer ainsi la respiration. Pourtant, chaque année, des milliers de personnes meurent en s'étouffant, parce que des aliments ont pénétré dans leur trachée et ont bloqué l'entrée d'air pendant pas plus de quatre ou cinq minutes. La manœuvre de Heimlich, illustrée à la figure 40.22, est une procédure d'urgence qui permet de déloger les aliments pris dans la trachée.

Lorsqu'elle est appliquée correctement, cette manœuvre élève brusquement le diaphragme et cause alors une forte diminution du volume de la cavité thoracique ainsi qu'une augmentation abrupte de la pression alvéolaire. L'air remontant ainsi dans la trachée peut déloger les aliments qui y sont pris. Cela fait, un médecin doit immédiatement examiner la victime, car un sauveteur inexpérimenté pourrait involontairement causer des dommages internes ou casser une côte.

Dans un contexte social où des poursuites judiciaires sont fréquemment entamées, prendriez-vous le risque d'appliquer cette technique pour sauver la vie d'un parent ? D'un étranger ? Expliquez votre réponse.

Vocabulaire

Acclimatation *40.8*
Alvéole *40.4*
Anhydrase carbonique *40.6*
Branchie *40.2*
Bronche *40.4*
Bronchiole *40.4*
Capacité vitale *40.5*
Carbhémoglobine (HbCO₂) *40.6*
Circulation à contre-courant *40.3*
Corde vocale *40.3*
Cycle respiratoire *40.5*
Diaphragme *40.4*

Épiglotte *40.4*
Érythropoïétine *40.8*
Glotte *40.3*
Gradient de pression *40.1*
Groupement hème *40.6*
Hémoglobine *40.1*
Larynx *40.4*
Loi de Fick *40.1*
Myoglobine *40.1*
Oxyhémoglobine (HbO₂) *40.6*
Poumon *40.3*
Pharynx *40.4*

Pression partielle *40.1*
Respiration *40*
Respiration tégumentaire *40.2*
Respiration trachéenne *40.2*
Surface respiratoire *40.1*
Système respiratoire *40*
Trachée *40.4*
Ventilation *40.4*
Volume courant *40.5*

Lectures complémentaires

Filoche, M. et B. Sapoval (juill.-sept. 2004). « Le poumon, entre efficacité et sécurité ». *Pour la science*, Dossier 44 : 116-120.

Gorman, J. (31 mars 2001). « Breathing on the Edge ». *Science News*, 159 : 202-204.

LA DIGESTION ET LA NUTRITION

Vous le perdez, et il revient

Beaucoup de personnes aux États-Unis ont une fixation quasi obsessionnelle sur les autres qui n'ont pas un gramme de graisse excédentaire sur leur corps parfait. Après tout, on pourrait rationaliser nos quelques grammes en surplus par le truisme selon lequel la beauté est quelque chose de superficiel. Mais on ne peut rationaliser le fait que le diabète, les crises cardiaques, les attaques d'apoplexie et d'autres troubles physiologiques assaillent les individus ayant une surcharge pondérale.

La proportion de réserves de graisse en fonction de la masse totale de tissu corporel est maintenant censée être de 18 à 24 % chez les femmes âgées de moins de 30 ans. Chez les hommes, on estime que cette proportion devrait être comprise entre 12 et 18 %. Au moins 34 millions d'Américains dépassent de beaucoup ces chiffres.

Quel que soit le régime alimentaire suivi, les grammes perdus semblent toujours trouver le chemin du retour. Ce dilemme physiologique est le résultat de l'évolution humaine. Comme la plupart des autres mammifères, les êtres humains ont, dans leurs tissus adipeux, une abondance de cellules capables de faire des réserves de graisse. Ces cellules dites *adipeuses* sont le produit d'une adaptation à la survie et constituent un entrepôt d'énergie qui ouvre ses portes quand la nourriture se fait rare. Une fois que les cellules adipeuses se sont formées, elles sont là pour rester. Les variations de notre alimentation ne font que modifier le degré auquel ces cellules se remplissent ou se vident.

L'adoption d'une diète ne fait qu'ouvrir l'entrepôt de graisse. En effet, le cerveau interprète cette situation comme un état de famine et induit un ralentissement du métabolisme. En réponse, l'organisme commence à utiliser l'énergie de façon beaucoup plus efficace, même pour des tâches aussi simples que la respiration et la digestion. Il ingère désormais moins de nourriture pour accomplir les mêmes activités.

On a tous déjà entendu dire qu'il était inutile de suivre une diète sans faire en même temps des activités physiques. Pourquoi donc? Parce que les muscles squelettiques s'adaptent aux signaux de famine et consomment moins d'énergie qu'auparavant. On pourrait par exemple jouer au tennis 8 h d'affilée ou jogger pendant 4 h, et on ne perdrait que 500 g de graisse. En même temps, l'appétit bondirait. À partir du moment où on met fin à la diète, les cellules adipeuses affamées se remplissent rapidement. À moins de réduire l'apport alimentaire et de faire de l'exercice de façon modérée toute la vie, on ne peut pas s'empêcher de gagner du poids (voir la figure 41.1).

Que se passe-t-il quand on grossit? Un gain de poids fait augmenter l'activité métabolique de l'organisme, de sorte qu'on utilise de 15 à 20 % plus d'énergie qu'auparavant, à moins de perdre ce poids excédentaire.

Mais ce n'est pas tout! Les émotions affectent les gains et les pertes de poids. Un cas extrême est celui de l'anorexie, un trouble de l'alimentation qui peut être mortel. Les personnes qui en souffrent évaluent erronément ce que devrait être leur masse corporelle. La plupart des anorexiques redoutent de grossir et d'avoir faim. Beaucoup se privent de manger, font trop d'activités physiques et craignent de grandir et de devenir sexuellement matures. Ces personnes ont souvent de grandes attentes irrationnelles au sujet de leurs performances personnelles.

Figure 41.1 Quelques êtres humains en train de corriger les déséquilibres entre l'apport alimentaire et la dépense d'énergie.

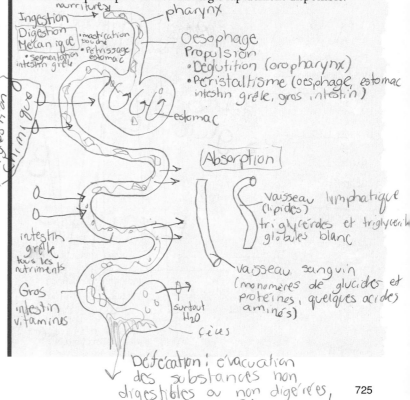

Handwritten annotations (top left):

Digestion mécanique : Prépare la nourriture à la dégradation par les enzymes. Processus physiques

Digestion chimique : Série de processus par lesquels les grosses molécules sont dégradées en leurs unités de base. Nécessite des enzymes

Absorption : Passage des produits de la digestion du tube digestif vers le sang ou la lymphe.

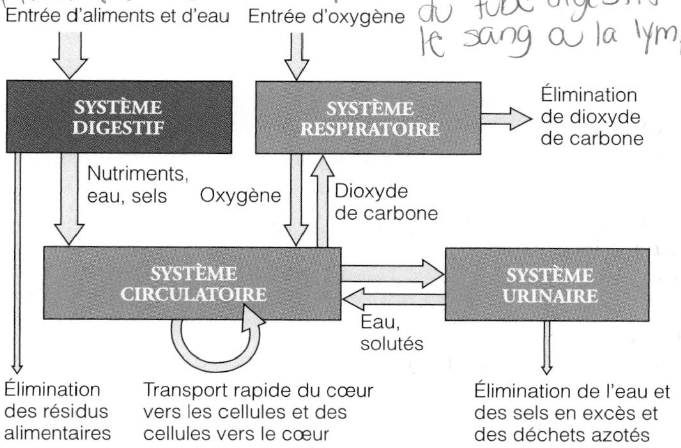

Figure diagram labels:

Entrée d'aliments et d'eau — Entrée d'oxygène

SYSTÈME DIGESTIF — SYSTÈME RESPIRATOIRE → Élimination de dioxyde de carbone

Nutriments, eau, sels — Oxygène — Dioxyde de carbone

SYSTÈME CIRCULATOIRE — SYSTÈME URINAIRE

Eau, solutés

Élimination des résidus alimentaires — Transport rapide du cœur vers les cellules et des cellules vers le cœur — Élimination de l'eau et des sels en excès et des déchets azotés

Figure 41.2 Des liens fonctionnels entre les systèmes digestif, respiratoire, circulatoire et urinaire. Ces systèmes et les autres systèmes de l'organisme agissent de façon coordonnée pour approvisionner les cellules en matières premières et éliminer les déchets.

Un autre trouble extrême de l'alimentation est la boulimie, qui se caractérise par une fringale excessive, non contrôlée. En une seule heure, un boulimique peut consommer plus de 200 000 kJ, soit l'équivalent de 7 kg de nourriture, pour ensuite se débarrasser de tous ces aliments en les régurgitant ou en prenant des purgatifs. Certains mangent à l'excès pour ensuite se purger, dans l'espoir de perdre «facilement» du poids. D'autres n'aiment tout simplement pas manger, mais se purgent pour épancher leurs frustrations et leur colère. Cependant, l'utilisation de purgatifs endommage la muqueuse intestinale, et le vomissement chronique apporte à la bouche du suc gastrique qui ronge les dents jusqu'à la racine. Dans les cas graves, la paroi de l'estomac peut se rompre et il se produit parfois une insuffisance cardiaque ou rénale.

Est-ce que les troubles de l'alimentation sont rares? Non. Aux États-Unis seulement, on estime qu'environ 7 millions de femmes et 1 million d'hommes sont anorexiques ou boulimiques. Les personnes touchées sont pour la plupart des adolescents ou des adultes au début de la vingtaine, mais on observe de plus en plus de cas chez les préadolescents. Chaque année, de 5 à 6 % de ces individus meurent par suite de complications dues à leur mode d'alimentation.

Ces réflexions sont un simple préambule à l'étude de la **nutrition**. Ce terme englobe tous les processus d'ingestion et de digestion des aliments par un animal, ainsi que l'absorption des nutriments et leur transformation en glucides, en lipides, en protéines et en acides nucléiques nécessaires à l'organisme.

Les processus nutritifs se déroulent dans le **système digestif**. Il s'agit d'une cavité ou d'un tube corporels qui procède à la dégradation mécanique et chimique des aliments en particules, puis en molécules assez petites pour être absorbées dans le milieu intérieur. Le système digestif élimine aussi les résidus non absorbés. D'autres systèmes de l'organisme, notamment ceux présentés à la figure 41.2, participent aux processus nutritifs.

Handwritten annotations (top right):

Ingestion : Nourriture introduite dans la bouche. Processus actif et volontaire

Propulsion : La nourriture est transformée par plusieurs organes du tube digestif, elle doit donc y voyager. Dans toutes les sections

Concepts-clés

1. Chez la majorité des animaux, des interactions entre les systèmes digestif, circulatoire, respiratoire et urinaire apportent des matières premières aux cellules, éliminent les déchets et maintiennent le volume et la composition du milieu intérieur.

2. La plupart des systèmes digestifs comprennent des régions spécialisées pour le transport, le traitement et le stockage des aliments. Différentes régions assurent la dégradation mécanique et chimique des aliments, absorbent les produits de la dégradation et éliminent les résidus non absorbés.

3. On appelle *nutrition* l'ensemble des processus au cours desquels un animal ingère et digère des aliments pour ensuite absorber les nutriments libérés par les activités digestives. Ces nutriments sont ensuite transformés en glucides, en lipides, en protéines et en acides nucléiques nécessaires à l'animal.

4. Les processus nutritifs comprennent aussi l'ingestion d'aliments constituant de bonnes sources de vitamines, de minéraux et de certains acides aminés et acides gras, soit autant d'éléments que l'organisme ne peut synthétiser lui-même.

5. Le maintien d'un poids corporel convenable et d'une bonne santé globale repose sur le nécessaire équilibre entre les entrées et les sorties d'énergie, qui résulte surtout des activités métaboliques de l'organisme et d'exercices physiques réguliers. Les glucides complexes sont la principale source de glucose alimentaire. Chez les animaux, le glucose est la principale source d'énergie rapidement disponible.

Handwritten annotations (bottom right, diagram labels):

nourriture — pharynx
Ingestion
Digestion Mécanique : mastication bouche, pétrissage estomac, segmentation intestin grêle
Oesophage
Propulsion
• Déglutition (oropharynx)
• Péristaltisme (oesophage, estomac, intestin grêle, gros intestin)
estomac

Digestion

Absorption
vaisseau lymphatique (lipides) triglycérides et triglycérides globules blanc
vaisseau sanguin (monomères de glucides et protéines, quelques acides aminés)
intestin grêle tous les nutriments
Gros intestin vitamines
surtout H₂O
fèces

Défécation : évacuation des substances non digestibles ou non digérées, sous forme de fèces

LA NATURE DES SYSTÈMES DIGESTIFS

Les systèmes digestifs incomplets et complets

Le chapitre 25 indique qu'on ne commence à voir des organes qu'à partir des plathelminthes. Ceux-ci comptent parmi les petits invertébrés dotés d'un **système digestif incomplet**, ce qui signifie qu'ils ingèrent les aliments et qu'ils éliminent les déchets par un même orifice. Chez les plathelminthes, la cavité digestive a l'aspect d'un sac très ramifié qui s'amorce à l'entrée d'un pharynx tubulaire (voir la figure 41.3*a*). Une fois dans la cavité digestive, les aliments sont partiellement dégradés et acheminés aux cellules de l'animal par les nombreuses ramifications de la cavité digestive. Les résidus, quant à eux, sont acheminés des cellules à cette cavité. Une telle circulation bidirectionnelle des aliments dans une même voie ne favorise pas une spécialisation régionale.

Les animaux plus complexes ont un **système digestif complet**. Il s'agit fondamentalement d'un tube, appelé **tube digestif**, qui est pourvu de deux orifices, l'un au début du tube (la bouche) pour l'ingestion des aliments, l'autre à l'extrémité du tube (l'anus) pour l'élimination des résidus non absorbés. Entre ces deux orifices, le tube digestif est subdivisé en régions spécialisées qui font circuler les aliments dans une seule direction en vue de leur dégradation mécanique et chimique en nutriments et de leur absorption. Ce tube digestif peut aussi servir au stockage temporaire des aliments.

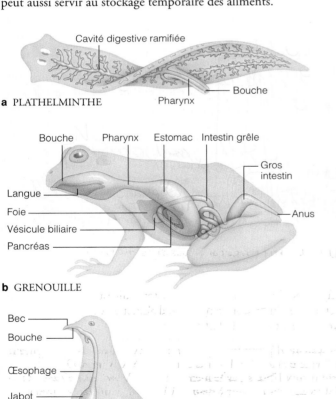

a PLATHELMINTHE

Cavité digestive ramifiée
Bouche
Pharynx

b GRENOUILLE

Bouche — Pharynx — Estomac — Intestin grêle
Gros intestin
Langue
Foie
Vésicule biliaire
Pancréas
Anus

c OISEAU (pigeon)

Bec
Bouche
Œsophage
Jabot
Estomac glandulaire
Gésier (estomac musculeux)
Intestins
Cloaque (portion terminale de l'intestin, jouant aussi un rôle dans la reproduction)

Observons le système digestif complet d'une grenouille (voir la figure 41.3*b*). Entre la bouche et l'anus se trouvent le pharynx, l'estomac, l'intestin grêle et le gros intestin. Le foie, la vésicule biliaire et le pancréas – des organes jouant un rôle accessoire dans la digestion – sont reliés à l'intestin grêle. Les oiseaux aussi sont munis d'un système digestif complet, ainsi que de régions spécialisées qui leur sont propres (voir la figure 41.3*c*).

Quelle que soit sa complexité, un système digestif complet accomplit les cinq grandes tâches suivantes :

1. **Dégradation mécanique** et **propulsion** : mouvements qui brisent et mélangent les aliments et qui les font circuler de la bouche à l'anus.

2. **Sécrétion** : libération d'enzymes digestives et d'autres substances à l'intérieur du tube digestif.

3. **Digestion** : dégradation chimique des aliments en particules plus petites, puis en nutriments suffisamment petits pour être absorbés.

4. **Absorption** : passage des nutriments et des liquides du tube digestif dans le milieu intérieur de l'animal.

5. **Défécation** : expulsion, à l'extrémité du tube digestif, des résidus non digérés ou non absorbés.

Les activités digestives et le comportement alimentaire

On peut établir une corrélation entre les spécialisations de n'importe quel système digestif d'un animal et son comportement alimentaire. Voyons par exemple le pigeon illustré à la figure 41.3*c*. La partie qui prélève les aliments est un bec adapté à picorer des graines sur le sol. Les graines entrent dans la bouche, puis dans un long tube (l'œsophage), avant de passer dans une région centrale et compacte où sont transformés les aliments. La compacité de cette région procure au pigeon un meilleur équilibre durant le vol. Comme chez les autres granivores, une partie de l'œsophage se renfle pour former le jabot, un organe qui peut s'étirer considérablement et qui permet à l'oiseau de manger rapidement et de fuir tout aussi promptement en cas de danger. Comme tous les oiseaux, le pigeon mange durant le jour et emplit son jabot. La nuit tombée, les aliments sont transférés du jabot à l'estomac pour être digérés et absorbés, ce qui lui permet de maintenir ses activités métaboliques.

La première partie de l'estomac du pigeon présente un revêtement glandulaire qui sécrète des enzymes et d'autres substances digestives. La seconde partie, le gésier, est un organe musculeux qui broie les aliments et peut les rediriger vers l'estomac glandulaire. Relativement à sa taille, les intestins du pigeon sont plus courts que ceux du canard et de l'autruche. Ces derniers se nourrissent plutôt de végétaux riches en cellulose, un glucide complexe résistant et fibreux dont la digestion exige plus de temps que celle des graines.

Qu'en est-il du système digestif de l'antilope d'Amérique (*Antilocapra americana*) ? De l'automne à l'hiver, depuis les crêtes

Figure 41.3 a) Le système digestif incomplet d'un plathelminthe est pourvu d'un seul orifice, et la circulation des aliments et des substances non digérées et non absorbées s'y fait dans les deux sens. **b)** et **c)** Ces systèmes digestifs complets sont pourvus de deux orifices, et les aliments y sont acheminés dans une seule direction.

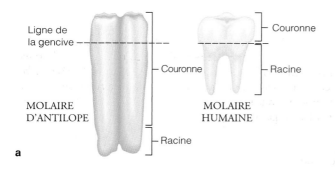

Ligne de la gencive

MOLAIRE D'ANTILOPE

Couronne

Racine

Couronne

Racine

MOLAIRE HUMAINE

Couronne

a

Ingestion, régurgitation et ré-ingestion

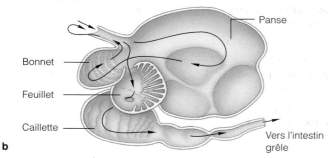

Bonnet

Feuillet

Caillette

Panse

Vers l'intestin grêle

b

Figure 41.4 Des spécialisations du système digestif de l'antilope d'Amérique (*Antilocapra americana*).

a) Une molaire d'antilope comparée à une molaire humaine. **b)** L'estomac pluri-compartimenté de l'antilope. Dans les deux premiers compartiments, les aliments sont mélangés à des liquides, malaxés et exposés aux enzymes fermentatives de bactéries, de protozoaires et d'eumycètes, tous des symbiotes. Certains de ces symbiotes dégradent la cellulose, alors que d'autres élaborent des composés organiques, des acides gras et des vitamines dont l'hôte se nourrit. Les aliments malaxés sont régurgités dans la bouche pour être mâchés une seconde fois et avalés de nouveau. Ils entrent dans la troisième chambre stomacale et ils y sont digérés de nouveau avant d'entrer dans le dernier compartiment stomacal.

Figure 41.5 Un repas gargantuesque d'un serpent affamé.

montagneuses du centre du Canada jusqu'au nord du Mexique, cette antilope se nourrit de sauge sauvage. Au printemps, elle se déplace vers les prairies et les déserts pour se nourrir des nouvelles pousses (voir la figure 41.4).

Pensons maintenant aux molaires humaines, des dents qui ont une couronne aplatie pour broyer les aliments. La couronne des molaires de l'antilope éclipse celle des molaires humaines (voir la figure 41.4*a*). Pourquoi cette différence? Parce que les êtres humains mangent généralement des aliments qui ne contiennent pas de matière abrasive. Quand cette antilope se nourrit, elle ingère des particules du sol en même temps que des végétaux, de sorte que ses molaires s'usent plus rapidement. La sélection naturelle a favorisé une couronne plus haute chez ces animaux pour compenser l'usure.

L'antilope est un **ruminant**, une catégorie de mammifères ongulés dotés d'un estomac à quatre compartiments dans lesquels la cellulose est lentement dégradée. La dégradation de la cellulose débute dans les deux premiers compartiments (voir la figure 41.4*b*), où des microorganismes symbiotiques produisent des enzymes digestives qui extraient les nutriments de la cellulose. Pendant l'activité enzymatique, l'antilope régurgite les aliments et les remâche encore une fois pour ensuite les avaler de nouveau. C'est ce qu'on appelle « ruminer ». La mastication répétée des aliments en augmente la surface de contact avec les enzymes et donne plus de temps aux symbiotes pour digérer la cellulose et en libérer les sucres simples, dont l'antilope, aussi bien que les symbiotes, se nourrit. L'estomac d'un ruminant peut recevoir sans interruption des aliments durant des périodes prolongées, puis en libérer lentement les nutriments quand l'animal est au repos.

Qu'en est-il des mammifères prédateurs et nécrophages? Ils se gorgent de nourriture autant qu'ils le peuvent, car ils doivent parfois attendre longtemps avant de pouvoir manger de nouveau (voir la figure 41.5). Une partie de leur système digestif se spécialise dans le stockage d'une grande quantité d'aliments, qui peuvent ensuite être digérés et absorbés tranquillement.

Un système digestif incomplet se compose d'une cavité corporelle en forme de sac. Les aliments sont ingérés par un orifice et les résidus sont libérés par le même orifice. Un système digestif complet comprend un tube à deux orifices ainsi que des organes spécialisés entre les deux.

Un système digestif complet accomplit les activités suivantes de façon coordonnée: des mouvements qui brisent, mélangent et broient les aliments pour ensuite les propulser plus loin; la sécrétion d'enzymes digestives et d'autres substances; la dégradation chimique des aliments; l'absorption des nutriments et l'élimination des résidus non digérés ou non absorbés.

UNE VUE D'ENSEMBLE DU SYSTÈME DIGESTIF HUMAIN

Les humains ont un système digestif complet, soit un tube à deux orifices qui est pourvu de nombreux organes spécialisés (voir la figure 41.6). Chez un adulte, la longueur totale de ce tube est de 6,5 à 9 m. D'un bout à l'autre, une muqueuse recouvre chaque surface en contact avec la lumière (la lumière est la cavité à l'intérieur d'un organe creux). Un mucus épais et humide protège la paroi digestive et favorise la diffusion de substances à travers elle.

Les aliments ingérés sont propulsés dans une direction à partir de la bouche et passent dans le pharynx, l'œsophage, l'estomac, l'intestin grêle, le côlon (le gros intestin) et le rectum, jusqu'à l'anus. Les glandes salivaires, le foie, le pancréas et la vésicule biliaire sont des organes annexes qui libèrent diverses substances dans différentes parties du tube digestif.

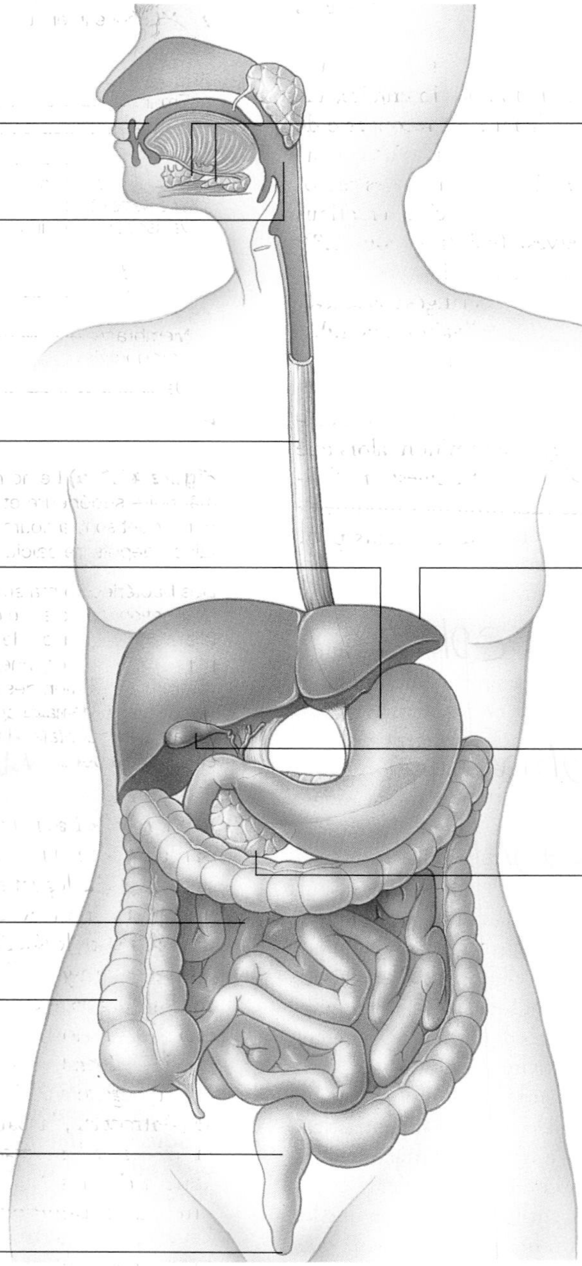

Organes principaux

BOUCHE (CAVITÉ BUCCALE)

Voie d'entrée dans le système digestif ; humidification et mastication des aliments ; début de la digestion des polysaccharides.

PHARYNX

Voie d'entrée dans la partie tubulaire du système digestif (et du système respiratoire) ; propulsion des aliments par une série de contractions successives.

ŒSOPHAGE

Tube musculeux où le bol alimentaire est acheminé du pharynx à l'estomac.

ESTOMAC

Sac musculeux s'étirant pour recevoir des aliments, qui sont ingérés plus rapidement qu'ils ne sont transformés ; le suc gastrique se mélange aux aliments et détruit aussi de nombreux agents pathogènes ; début de la digestion des protéines. Sécrète la ghreline, une hormone stimulant l'appétit.

INTESTIN GRÊLE

La première partie est le duodénum, en forme de C et mesurant 25 cm environ, qui reçoit les sécrétions du foie, de la vésicule biliaire et du pancréas.
La deuxième partie est le jéjunum, mesurant environ 2,5 m, où la plupart des nutriments sont digérés et absorbés.
La troisième partie est l'iléum, mesurant environ 3,6 m, qui propulse les substances non absorbées vers le côlon.

CÔLON (GROS INTESTIN)

Concentre et stocke les substances non digérées en absorbant les minéraux et l'eau. Mesurant environ 150 cm de longueur, il comprend le côlon ascendant, le côlon transverse et le côlon descendant.

RECTUM

Sa distension stimule l'évacuation des fèces.

ANUS

Extrémité distale du système digestif ; orifice terminal et voie de passage des fèces.

Organes annexes

GLANDES SALIVAIRES

Ensemble de glandes (composé de trois paires de glandes principales et d'autres glandes mineures) sécrétant la salive, soit un liquide renfermant des enzymes qui dégradent les polysaccharides, ainsi que des substances tampons et du mucus (qui humidifie et lubrifie les aliments).

FOIE

Sécrète la bile, qui émulsifie les lipides ; joue un rôle dans le métabolisme des glucides, des lipides et des protéines.

VÉSICULE BILIAIRE

Stocke et concentre la bile sécrétée par le foie.

PANCRÉAS

Sécrète des enzymes qui dégradent toutes les principales molécules alimentaires ; sécrète des substances tampons pour inhiber l'acide chlorhydrique provenant de l'estomac. Sécrète l'insuline et le glucagon, des hormones de régulation de la glycémie.

Figure 41.6 Le système digestif humain : une vue d'ensemble des organes principaux, des organes annexes et de leurs fonctions.

DE LA BOUCHE À L'ESTOMAC

C'est dans la bouche, ou cavité buccale, que les aliments sont d'abord mastiqués et que commence la dégradation des polysaccharides. La bouche de l'adulte humain contient 32 dents (voir la figure 41.7). Chaque **dent** se compose d'un revêtement d'émail (formé de dépôts durcis de calcium), de dentine (une couche épaisse à caractère osseux) et d'une chambre pulpaire interne comprenant des nerfs et des vaisseaux sanguins. Cette merveille d'ingénierie peut résister à des années de stress chimique et mécanique. Les incisives (en forme de ciseau) coupent et tranchent les aliments, les canines pointues les déchirent, puis les prémolaires et les molaires, avec leurs couronnes larges et leurs cuspides arrondies, les écrasent et les broient.

La bouche renferme aussi la **langue**, un organe constitué de muscles squelettiques contribuant à la formation du bol alimentaire, à la déglutition et à la parole. La surface de la langue est recouverte de nombreuses structures circulaires dans lesquelles sont enfouis les bourgeons du goût (voir la figure 41.8). Ceux-ci contiennent des récepteurs sensoriels pouvant discerner dans les aliments les cinq sensations gustatives primaires et les acheminer au cerveau (voir la section 35.3). C'est ainsi que sont perçus des milliers de goûts différents.

Au cours de la mastication, les aliments sont mélangés à la **salive**, un liquide qui renferme une enzyme (l'amylase salivaire), une substance tampon (des ions bicarbonate ou HCO_3^-), des mucines et de l'eau. Des glandes salivaires situées en dessous et à l'arrière de la langue produisent et sécrètent la salive, que des conduits déversent à l'intérieur de la bouche. L'amylase salivaire dégrade l'amidon, alors que les ions HCO_3^- stabilisent le pH buccal pendant l'ingestion d'aliments acides. Pour leur part, les mucines (des protéines modifiées) participent à la production du mucus qui se lie aux aliments pour

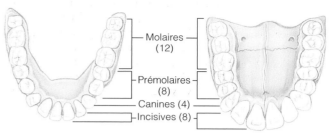

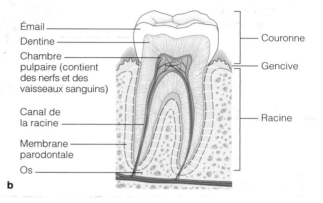

a Mâchoire inférieure   Mâchoire supérieure

Figure 41.7 a) Le nombre et la disposition des dents humaines sur la mâchoire supérieure et la mâchoire inférieure. **b)** Les principales parties d'une dent sont la couronne et la racine. L'émail qui recouvre la couronne est fait de dépôts de calcium : c'est la substance la plus dure de l'organisme.

Des bactéries normalement inoffensives vivent sur les dents et entre elles. L'utilisation quotidienne de la soie dentaire, le brossage des dents et une faible consommation de sucres empêchent la multiplication incontrôlée des populations bactériennes et préviennent ainsi les caries dentaires et la gingivite (inflammation des gencives). Une infection peut aussi attaquer le ligament alvéolo-dentaire qui retient la dent à la mâchoire. Dans le cas d'une maladie parodontale, l'infection détruit progressivement le tissu osseux entourant la dent.

former le bol alimentaire, c'est-à-dire une masse molle, lubrifiée par la salive et prête à être déglutie.

Lors de la déglutition, la langue pousse le bol alimentaire dans le **pharynx**, une voie d'entrée tubulaire menant à l'œsophage et au larynx. Pour bloquer la respiration au moment où le bol alimentaire quitte le pharynx, l'épiglotte (une valve en forme de clapet) et les cordes vocales ferment la trachée, ce qui prévient généralement un étouffement lors de l'ingestion d'aliments (voir le numéro 3 de la rubrique *Questions à développement* des sections 40.4 et 40.9).

Un organe tubulaire, l'**œsophage**, relie le pharynx à l'estomac. En se contractant, la paroi musculeuse de l'œsophage propulse les aliments dans l'estomac à travers un sphincter. Un **sphincter** est un anneau de muscles lisses dont les contractions entraînent la fermeture d'un conduit ou d'un orifice de l'organisme.

Au cours de la mastication, les aliments sont mélangés à la salive et broyés par l'action des dents et de la langue pour former le bol alimentaire, une masse lubrifiée qui est ensuite acheminée jusqu'à l'estomac. Des enzymes salivaires commencent la digestion des polysaccharides.

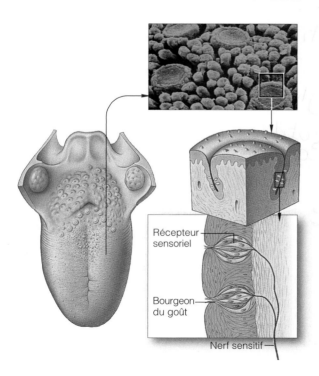

Figure 41.8 La langue humaine. Des structures circulaires à la surface de la langue renferment de nombreux bourgeons du goût. Les papilles filamenteuses adjacentes dirigent les aliments vers ces bourgeons sensoriels.

[Note manuscrite en haut : Estomac : récepteurs transmettent l'information vers SNC qui poursuit activation de la portion parasympathique du SNA]

LA DIGESTION DANS L'ESTOMAC ET DANS L'INTESTIN GRÊLE

Les principaux organes de transformation des aliments sont l'estomac et l'intestin grêle. Tous les deux sont revêtus de couches de muscles lisses dont les contractions brisent, mélangent et dirigent dans une seule direction les aliments. La lumière de ces organes reçoit des enzymes digestives et d'autres sécrétions qui dégradent les aliments et les réduisent en molécules assez petites pour être absorbées. Le tableau 41.1 donne la liste des principales enzymes digestives. La digestion chimique des glucides débute dans la bouche, tandis que celle des protéines s'amorce dans l'estomac. La digestion de la quasi-totalité des glucides, des lipides, des protéines et des acides nucléiques alimentaires se termine dans l'intestin grêle.

L'estomac

[Note manuscrite : augmente l'absorption ↑ ratio surface/volume → Plis gastriques de la muqueuse : ↑ surface, contact et broyage]

L'estomac est un sac musculeux et extensible (voir la figure 41.9a) qui remplit trois fonctions importantes : d'abord, le mélange et le stockage des aliments ingérés, ensuite, la dissolution et la dégradation de ces aliments (surtout les protéines), enfin, leur envoi dans l'intestin grêle.

La muqueuse de l'estomac comprend un épithélium glandulaire qui sécrète quotidiennement environ deux litres d'acide chlorhydrique (HCl), du mucus, du pepsinogène et d'autres substances qui constituent le **suc gastrique**. Grâce à la forte acidité du suc gastrique et aux puissantes contractions de la paroi stomacale, le bol alimentaire est transformé en une bouillie qu'on appelle le **chyme**. L'acidité du chyme tue les nombreux agents pathogènes présents dans le bol alimentaire, mais elle provoque aussi une sensation de brûlure quand du chyme remonte dans l'œsophage.

La dégradation des protéines résulte du fait que le pH très acide modifie leur structure tridimensionnelle, expose leurs liaisons peptidiques et transforme les pepsinogènes en pepsines, des enzymes actives qui brisent ces liaisons. Des polypeptides s'accumulent alors dans la cavité gastrique. En même temps, les cellules glandulaires de la muqueuse gastrique sécrètent aussi de la gastrine, une hormone qui stimule la sécrétion d'HCl et de pepsinogène par cette muqueuse.

[Note manuscrite : Cryptes gastriques de la muqueuse : ↑ surface. Pour production du suc gastrique et hormone. Sécrétions exocrines : mucus - HCl - enzymes]

Les ulcères gastroduodénaux apparaissent lorsque les enzymes digestives et les sécrétions gastriques corrodent la muqueuse gastrique ou duodénale, soit parce que les sécrétions de mucus ou de substances tampons sont insuffisantes, soit parce que l'estomac sécrète trop de HCl. L'hérédité, le stress chronique, le tabagisme et la consommation excessive d'alcool ou d'acide acétylsalicylique (aspirine) constituent autant de facteurs aggravants. Cependant, on estime qu'au moins 80 % des ulcères gastroduodénaux sont causés par la bactérie *Helicobacter pylori* (voir la section 21.1). On peut traiter ces ulcères au moyen d'antibiotiques.

L'estomac se vide par péristaltisme, c'est-à-dire des vagues de contraction et de relâchement successives. Ces mouvements mélangent le chyme et s'amplifient à l'approche du sphincter pylorique situé à la jonction unissant l'estomac et le duodénum (voir la figure 41.9b). Une forte contraction provoque la fermeture de ce sphincter, ce qui fait refouler presque tout le chyme : ainsi, celui-ci ne se déverse pas tout d'un coup dans le duodénum, mais bien peu à peu.

L'intestin grêle

[Note manuscrite : ↑ ratio surface/volume ; 6 m de long. Plis circulaires : crêtes de 10 mm haut. ↑ surf. Le chyme est ralenti par déplacement en spirale]

L'intestin grêle comporte trois régions, appelées respectivement *duodénum*, *jéjunum* et *iléum* (voir la figure 41.6). En moyenne, 9 l de chyme gastrique et de sécrétions provenant du **pancréas**, du **foie** et de la **vésicule biliaire** entrent quotidiennement dans le duodénum. Au moins 95 % de ce liquide est réabsorbé par la muqueuse intestinale.

Les enzymes sécrétées par le pancréas et par la muqueuse de l'intestin grêle décomposent les aliments en monosaccharides (comme le glucose), en monoglycérides (chacun étant constitué d'une molécule de glycérol liée à un acide gras), en acides gras, en glycérols, en acides aminés, en nucléotides et en bases azotées. Par exemple, deux enzymes pancréatiques, la trypsine et la chymotrypsine, dégradent les protéines en peptides, puis une autre enzyme transforme ces peptides en acides aminés. Le pancréas sécrète également du bicarbonate, une substance tampon qui neutralise le pH acide du chyme provenant de l'estomac.

Tableau 41.1 — *Les principales enzymes digestives et leurs produits de dégradation*

Enzyme	Origine	Lieu d'action	Substrat	Principaux produits de dégradation
DIGESTION DES GLUCIDES				
Amylase salivaire	Glandes salivaires	Bouche, estomac	Polysaccharides	Disaccharides
Amylase pancréatique	Pancréas	Intestin grêle	Polysaccharides	Disaccharides
Disaccharidases	Muqueuse intestinale	Intestin grêle	Disaccharides	MONOSACCHARIDES* (comme le glucose)
DIGESTION DES PROTÉINES				
Pepsine	Muqueuse gastrique	Estomac	Protéines	Polypeptides
Trypsine et chymotrypsine	Pancréas	Intestin grêle	Polypeptides	Peptides
Carboxypeptidase	Pancréas	Intestin grêle	Peptides	ACIDES AMINÉS*
Aminopeptidase	Muqueuse intestinale	Intestin grêle	Peptides	ACIDES AMINÉS*
DIGESTION DES LIPIDES				
Lipase	Pancréas	Intestin grêle	Triglycérides	ACIDES GRAS, MONOGLYCÉRIDES*
DIGESTION DES ACIDES NUCLÉIQUES				
Nucléases pancréatiques	Pancréas	Intestin grêle	ADN, ARN	NUCLÉOTIDES*
Nucléases intestinales	Muqueuse intestinale	Intestin grêle	Nucléotides	BASES AZOTÉES, MONOSACCHARIDES*

* Ces produits de dégradation sont suffisamment petits pour être absorbés à travers la muqueuse intestinale et entrer dans le milieu intérieur.

Figure 41.9 a) La structure de l'estomac. **b)** L'activité péristaltique dans l'estomac. **c)** La structure de l'intestin grêle. Cet organe comporte une muqueuse interne, formée d'un épithélium et d'une couche de tissu conjonctif, une sous-muqueuse, composée de tissu conjonctif irrigué par des vaisseaux sanguins et lymphatiques et assorti de plexus nerveux qui régulent localement la digestion, et deux couches de muscles lisses, l'une circulaire et l'autre longitudinale, qui modifient le diamètre et la longueur de l'intestin. La partie la plus externe est une séreuse, soit une couche de cellules épithéliales et de tissu conjonctif.

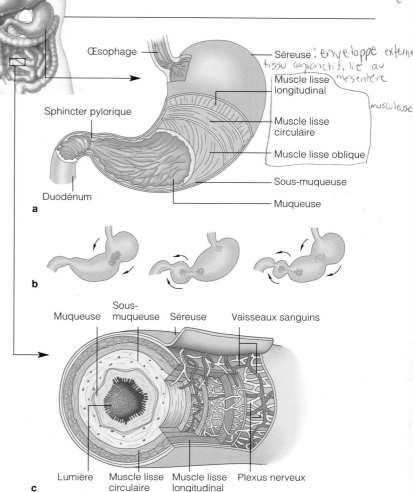

Œsophage

Séreuse : *enveloppe externe tissu conjonctif, lié au mésentère* — *musculeuse*

Muscle lisse longitudinal

Sphincter pylorique

Muscle lisse circulaire

Muscle lisse oblique

Sous-muqueuse

Duodénum

Muqueuse

a

b

Sous-muqueuse   Séreuse   Vaisseaux sanguins

Muqueuse

Lumière   Muscle lisse circulaire   Muscle lisse longitudinal   Plexus nerveux

c

Le rôle de la bile dans la digestion des lipides

La digestion des lipides nécessite non seulement des enzymes, mais aussi de la **bile**. Ce liquide, sécrété par le foie, contient des sels biliaires, des pigments biliaires, du cholestérol et de la lécithine (un phosphoglycérolipide). L'un de ces pigments est la bilirubine, issue de la dégradation de l'hémoglobine des globules rouges. Après que l'estomac s'est vidé, un sphincter referme le principal conduit de la bile provenant du foie. La bile reflue alors vers la vésicule biliaire pour y être entreposée et concentrée.

Les sels biliaires sont à l'origine de l'**émulsification** des lipides, un processus qui accélère leur digestion. En effet, la plupart des lipides alimentaires sont des triglycérides qui, étant insolubles dans l'eau, ont tendance à s'agglomérer pour former de gros globules de graisse dans le chyme. L'activité des muscles lisses de la paroi de l'intestin grêle (voir la figure 41.9*c*) entraîne le brassage du chyme et la rupture des globules lipidiques en gouttelettes, qui sont ensuite enveloppées de sels biliaires. Ceux-ci portant des charges négatives, les gouttelettes se repoussent les unes des autres et demeurent séparées. L'émulsion désigne précisément la formation, par suite d'une action mécanique et chimique, de ces gouttelettes lipidiques en suspension.

Parce qu'elles sont beaucoup plus petites que les globules lipidiques, ces gouttelettes d'émulsion offrent une plus grande surface de contact à la lipase pancréatique, qui peut alors dégrader plus rapidement les triglycérides en acides gras et en monoglycérides.

La régulation de la digestion

Les mécanismes de régulation homéostatique s'opposent à des modifications du milieu intérieur. Cependant, les mécanismes régulant la digestion sont actifs avant même que les nutriments ne soient absorbés dans le liquide extracellulaire. Le système nerveux, le système endocrinien et des plexus nerveux locaux dans la paroi du tube digestif assurent cette régulation.

Lorsque le bol alimentaire arrive dans l'estomac, il en étire les parois et stimule des mécanorécepteurs. Des signaux nerveux sont alors acheminés dans de courtes voies réflexes vers les muscles lisses et les glandes de l'estomac (des signaux nerveux se rendent aussi vers l'encéphale, dans des voies réflexes plus longues). Il en résulte, entre autres, une contraction des muscles de l'estomac et la libération de sécrétions gastriques dans l'estomac et d'hormones dans le sang. L'ampleur de cette réaction dépend en partie du volume et de la composition du bol alimentaire qui arrive dans l'estomac. Un gros repas active plus de mécanorécepteurs dans la paroi gastrique, de sorte que les contractions sont plus fortes et que l'estomac se vide plus rapidement. Une acidité élevée ou une grande quantité de lipides dans le duodénum stimulent par ailleurs la sécrétion d'hormones

qui ralentissent la sortie du chyme gastrique. De cette façon, l'évacuation de celui-ci ne se fera pas plus rapidement que sa dégradation dans l'intestin. La peur, la dépression et d'autres perturbations émotives déclenchent aussi un ralentissement des activités de l'estomac.

Quelles sont les hormones associées à la régulation des activités digestives? Si le chyme est riche en acides aminés et en peptides, des cellules de la muqueuse gastrique vont sécréter de la gastrine, qui déclenche la sécrétion d'HCl dans l'estomac. À l'arrivée du chyme dans le duodénum, la sécrétine agit sur le pancréas pour faire libérer du bicarbonate, alors que la CCK (cholécystokinine) provoque la contraction de la vésicule biliaire ainsi que la sécrétion d'enzymes pancréatiques. En présence de glucose et de lipides dans l'intestin grêle, le GIP (peptide insulinotrophique de glucose) induit la libération d'insuline par le pancréas, ce qui accélère le transport du glucose à travers la paroi intestinale.

La dégradation des glucides débute dans la bouche et celle des protéines s'amorce dans l'estomac. C'est dans l'intestin grêle que la plupart des macromolécules sont dégradées en nutriments, soit en molécules suffisamment petites pour être absorbées et acheminées dans le milieu intérieur.

La régulation de la digestion s'effectue grâce à des hormones, à des plexus nerveux dans la paroi du tube digestif et à des signaux nerveux issus de l'encéphale.

L'ABSORPTION DANS L'INTESTIN GRÊLE

Les rapports entre la structure et les fonctions de l'intestin grêle

Seuls l'alcool et quelques autres substances sont absorbés par l'estomac, tandis que la plupart des nutriments sont absorbés par l'intestin grêle. Les figures 41.9 et 41.10 présentent la structure de la paroi intestinale. On note d'abord les très nombreux replis de la muqueuse qui se projettent dans la lumière intestinale. Au microscope, on observe, sur chacun de ces replis, un très grand nombre de petites projections digitiformes. À un plus fort grossissement, on voit des cellules épithéliales dont la surface présente des projections encore plus petites, toutes exposées dans la lumière intestinale.

Toutes ces circonvolutions engendrent un rapport surface-volume élevé. Elles font énormément augmenter la surface de la muqueuse intestinale en contact avec le chyme et, par conséquent, favorisent beaucoup la digestion et l'absorption (voir les sections 4.1 et 28.6). En l'absence d'une si grande surface, l'absorption se ferait des centaines de fois plus lentement et rendrait impossible la survie de l'organisme.

La figure 41.10c et d illustre des **villosités**, soit les structures d'absorption de la muqueuse intestinale. Mesurant environ 1 mm de long, ces villosités sont si denses (plusieurs millions) qu'elles donnent un aspect velouté à la muqueuse. À l'intérieur de chaque villosité se trouvent un capillaire lymphatique, une artériole et une veinule qui contribuent au transport des substances et à l'évacuation des déchets.

Les cellules épithéliales d'une villosité présentent, sur leur surface libre, des **microvillosités**, soit des projections filamenteuses très fines. Chaque cellule possède environ 1700 microvillosités, d'où le nom de « bordure en brosse » qu'on attribue à l'ensemble de ces structures. Par ailleurs, des cellules glandulaires dans la muqueuse intestinale sécrètent des enzymes digestives, pendant que des macrophagocytes exercent une surveillance immunitaire et protègent la muqueuse (voir la figure 41.10e).

Figure 41.10 a) et **b)** La structure de l'intestin grêle d'un mammifère. Les plis circulaires de la muqueuse intestinale sont permanents. **c)** Des villosités sur la surface libre de chaque pli. **d)** La structure fine d'une villosité. Les monosaccharides et les acides aminés traversent la muqueuse intestinale pour entrer dans un capillaire sanguin, alors que les lipides vont dans un capillaire lymphatique. **e)** Les types de cellules composant la muqueuse d'une villosité. Les cellules absorbantes ont des microvillosités exposées dans la lumière intestinale.

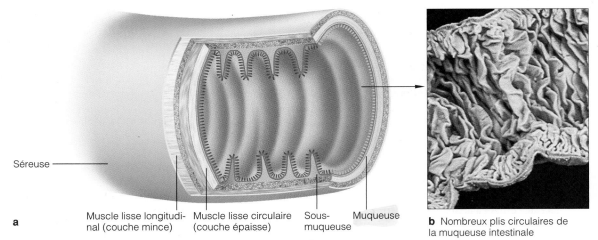

a

Séreuse — Muscle lisse longitudinal (couche mince) — Muscle lisse circulaire (couche épaisse) — Sous-muqueuse — Muqueuse

b Nombreux plis circulaires de la muqueuse intestinale

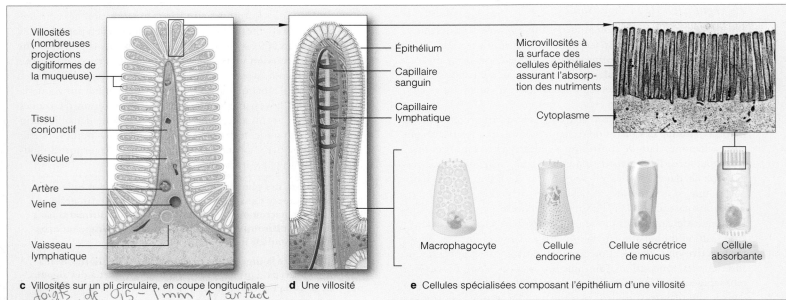

Villosités (nombreuses projections digitiformes de la muqueuse)

Tissu conjonctif

Vésicule

Artère

Veine

Vaisseau lymphatique

c Villosités sur un pli circulaire, en coupe longitudinale

Épithélium

Capillaire sanguin

Capillaire lymphatique

d Une villosité

Microvillosités à la surface des cellules épithéliales assurant l'absorption des nutriments

Cytoplasme

Macrophagocyte — Cellule endocrine — Cellule sécrétrice de mucus — Cellule absorbante

e Cellules spécialisées composant l'épithélium d'une villosité

Au niveau des cellules absorbantes de la muqueuse en brosse du petit intestin

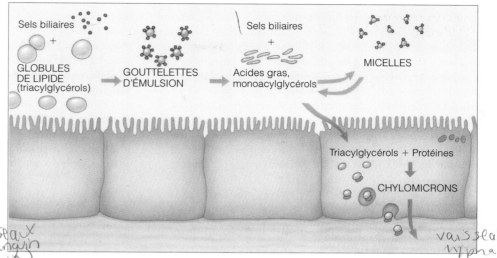

LUMIÈRE DE L'INTESTIN

Glucides → Monosaccharides

Protéines → Acides aminés

CELLULE ÉPITHÉLIALE

LIQUIDE EXTRACELLULAIRE

vaisseaux sanguin (foie)

Sels biliaires + GLOBULES DE LIPIDE (triacylglycérols)

GOUTTELETTES D'ÉMULSION

Sels biliaires + Acides gras, monoacylglycérols

MICELLES

Triacylglycérols + Protéines

CHYLOMICRONS

vaisseaux lymphatique (coeur)

a La dégradation des glucides en monosaccharides et des protéines en acides aminés est accompli grâce à des enzymes sécrétées par le pancréas et par les cellules de la muqueuse intestinale.

b Les monosaccharides et les acides aminés traversent activement la membrane plasmique des cellules intestinales, pour ensuite sortir de ces cellules et aller dans le liquide extracellulaire, puis dans les capillaires sanguins.

c Émulsification. Le mouvement incessant de la paroi intestinale brise les globules lipidiques en gouttelettes, qui sont alors enveloppées de sels biliaires pour former des gouttelettes d'émulsion. Ainsi recouvertes, ces dernières ne peuvent fusionner. La lipase pancréatique dégrade ensuite ces gouttelettes en acides gras et en monoacylglycérols.

d Les micelles sont formées quand les sels biliaires enveloppent les acides gras et les monoacylglycérols. Ceux-ci peuvent spontanément entrer dans les micelles et en sortir.

e La concentration des acides gras et des monoacylglycérols fait augmenter leur gradient. Ces substances diffusent alors à travers la bicouche lipidique des cellules bordant les villosités.

f Les acides gras et les monoacylglycérols sont assemblés en triacylglycérols à l'intérieur des cellules. Les triacylglycérols sont ensuite associés à des protéines et sortent des cellules par exocytose pour aller dans le liquide extracellulaire.

Figure 41.11 La digestion et l'absorption dans l'intestin grêle.

Les mécanismes d'absorption

L'absorption est le passage de nutriments, d'eau, de minéraux et de vitamines dans le milieu intérieur. La grande surface d'absorption de l'intestin grêle facilite ce processus, qui est de surcroît favorisé par l'activité des muscles lisses. Au cours de la **segmentation**, des anneaux de muscle lisse circulaire se contractent et se relâchent alternativement, et il s'ensuit un mouvement oscillant qui brasse sans arrêt le chyme et le met en contact avec la surface d'absorption de l'intestin grêle.

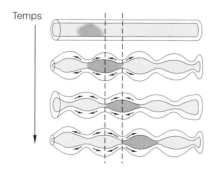

Temps

Lorsque le chyme est à mi-chemin dans l'intestin, il est presque complètement dégradé et digéré. L'eau traverse la muqueuse par osmose, pendant que les minéraux sont absorbés de façon sélective. Des protéines dans la membrane plasmique des microvillosités transportent activement les nutriments, dont les monosaccharides et les acides aminés. En raison de leur caractère liposoluble, les acides gras

Volume des lipides ingérés, sécrétés absorbés et excrétés dans le tube digestif par jour → par osmose

et les monoacylglycérols diffusent directement à travers la bicouche lipidique membranaire (voir la figure 41.11).

Dans la lumière intestinale, des sels biliaires enveloppent les acides gras et les monoacylglycérols pour former des microgouttelettes appelées **micelles**. Les molécules de ces produits permutent constamment avec celles qui sont en suspension dans le chyme. Cependant, les micelles à proximité de la muqueuse intestinale concentrent les acides gras et les monoacylglycérols, jusqu'à ce que leur gradient de concentration soit suffisamment élevé pour qu'ils puissent s'extraire des micelles et entrer dans les cellules intestinales. Une fois à l'intérieur, ils sont assemblés en triacylglycérols qui se combinent ensuite avec des protéines pour former des chylomicrons. Ces derniers sortent ensuite des cellules intestinales par exocytose pour entrer dans le milieu extracellulaire.

Une fois absorbés, le glucose et les acides aminés se rendent directement dans les capillaires sanguins, alors que les chylomicrons entrent d'abord dans les capillaires lymphatiques et seront ultimement déversés dans la circulation sanguine (voir la section 38.11).

Grâce à sa muqueuse fortement repliée, à ses millions de villosités et à ses centaines de millions de microvillosités, l'intestin grêle présente une immense surface d'absorption.

Les nutriments traversent les cellules des villosités grâce à des mécanismes d'osmose et de transport actif, ainsi que par diffusion à travers la bicouche lipidique des cellules.

LE SORT RÉSERVÉ AUX NUTRIMENTS ABSORBÉS

La section 8.6 aborde certains des mécanismes qui régissent le métabolisme, plus particulièrement le traitement du glucose et d'autres composés organiques dans leur ensemble. Elle offre quelques exemples des voies de transformation par lesquelles les glucides, les lipides et les protéines sont dégradés en composés intermédiaires pouvant être utilisés dans les réactions de la respiration aérobie. Ici, la figure 41.12 présente une vue d'ensemble des principales voies métaboliques par lesquelles l'organisme utilise les nutriments.

Toutes les cellules de l'organisme recyclent continuellement des glucides, des lipides et des protéines en les décomposant. Elles en utilisent ensuite les produits en tant que source d'énergie et éléments

adipeuses dégradent les graisses en glycérol et en acides gras pour ensuite les libérer dans le sang. Pour sa part, le foie décompose le glycogène pour produire du glucose et l'envoyer dans la circulation. La plupart des cellules de l'organisme utilisent les acides gras aussi bien que le glucose pour produire de l'ATP au cours de la respiration cellulaire.

Le foie ne fait pas que stocker et transformer des composés organiques : il maintient leurs concentrations dans le sang au niveau approprié et il inactive la plupart des hormones avant leur transport jusqu'aux reins et leur élimination dans l'urine. Le foie supprime aussi les globules sanguins âgés et désactive certaines toxines, dont

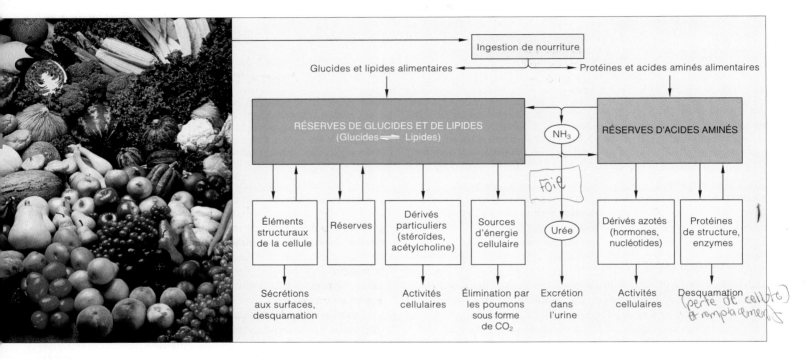

Figure 41.12 Une vue d'ensemble des principales voies métaboliques des nutriments. Les cellules produisent et dégradent sans arrêt des glucides, des lipides et des protéines. L'urée est principalement formée dans le foie (voir les sections 8.6 et 42.1).

de base pour la synthèse d'autres composés organiques. Ce renouvellement massif est coordonné par le système nerveux et le système endocrinien.

Voyons quelques-uns des éléments importants du métabolisme. Après un repas, l'organisme ajoute les nutriments absorbés aux autres composés organiques qu'il possède déjà. Si la plupart des glucides et des autres composés organiques ingérés en excès et absorbés par le tube digestif sont transformés en lipides et stockés dans le tissu adipeux, quelques-uns sont toutefois convertis en glycogène dans le foie et le tissu musculaire. Pendant l'absorption et le stockage de ces composés, la plupart des cellules utilisent le glucose comme principale source d'énergie. Durant toutes ces activités, il n'y a pas de dégradation de protéines musculaires ou d'autres tissus.

Entre les repas, l'encéphale utilise les deux tiers du glucose sanguin, alors que presque toutes les autres cellules de l'organisme puisent dans les réserves de glycogène et de graisse. Les cellules

l'alcool (voir la section 4.5). Par exemple, la dégradation des acides aminés libère de l'ammoniac (NH_3), qui est toxique en concentration élevée. Le foie transforme alors l'ammoniac en urée, une substance beaucoup moins toxique qui est excrétée dans l'urine.

Immédiatement après un repas, les cellules prélèvent le glucose absorbé par le tube digestif et l'utilisent comme source d'énergie rapidement disponible. Une partie du glucose est convertie en glycogène, qui est stocké principalement dans le foie et les muscles. Le glucose en excès ainsi que d'autres composés organiques sont transformés surtout en lipides, que le tissu adipeux met en réserve.

Entre les repas, le cerveau utilise les deux tiers du glucose sanguin. La plupart des autres cellules de l'organisme se servent de leurs réserves de lipides comme principale source d'énergie. Les lipides sont transformés en glycérol et en acides gras, et ces produits s'associent ensuite aux voies de production de l'ATP.

LE GROS INTESTIN

Qu'arrive-t-il aux substances qui ne sont pas absorbées ni digérées par l'intestin grêle? Elles entrent dans le gros intestin, aussi appelé **côlon**. Cet organe concentre et stocke les fèces, soit un mélange d'eau, de substances ni digérées ni absorbées et de bactéries. Il débute au cæcum, une structure sacciforme (voir les figures 41.6 et 41.13). À partir de là, le côlon monte du côté droit de la cavité abdominale, traverse vers le côté gauche et descend vers le bassin pour s'unir à un court tube, le rectum.

Les fonctions du côlon

Le contenu du côlon se concentre à mesure que l'eau est absorbée par la paroi intestinale. Des cellules de la muqueuse du côlon procèdent au transport actif des ions sodium hors de la lumière. La concentration de ces ions diminuant, le contenu intestinal devient hypotonique et l'eau se déplace par osmose hors de la lumière. Les mêmes cellules sécrètent alors un mucus qui lubrifie les fèces et protège la paroi intestinale. Elles produisent aussi des ions bicarbonate qui neutralisent les produits acides élaborés par les diverses populations bactériennes présentes dans le côlon. Tant qu'elles ne percent pas la paroi du côlon pour envahir la cavité abdominale, ces bactéries sont généralement inoffensives.

Sur la paroi du côlon, des bandelettes de muscle lisse longitudinal attachées à leurs extrémités se resserrent en différents endroits pour former des poches. En se contractant et se relâchant successivement, ces bandelettes produisent un mouvement de va-et-vient qui met en contact le contenu du côlon avec la surface d'absorption. Des complexes nerveux régulent ce mouvement, semblable à la segmentation dans l'intestin grêle, mais beaucoup plus lent.

Le lent transit des résidus alimentaires favorise la croissance rapide des bactéries dans le côlon, contrairement à ce qui se passe dans l'intestin grêle où le déplacement du chyme est plus rapide. Dans le côlon, les fibres de cellulose et les autres substances non digérées dont le volume ne peut être réduit par absorption forment le **lest**, qui peut alors ralentir le passage des matières.

À la fin de chaque repas, la sécrétion de gastrine et l'émission de signaux par le système nerveux autonome stimulent la contraction simultanée de grandes parties des côlons ascendant et transverse. En quelques secondes seulement, le contenu peut être propulsé sur une bonne distance, faisant ainsi de la place pour l'arrivée du chyme intestinal.

Les matières fécales sont stockées dans la partie distale du gros intestin (le rectum) jusqu'à ce que sa paroi soit suffisamment étirée pour déclencher le réflexe de défécation. Le système nerveux contrôle ce réflexe en stimulant ou en inhibant la contraction du sphincter entourant l'anus, par où sont expulsées les fèces.

Les troubles reliés au côlon

La fréquence de la défécation peut varier de trois fois par jour à une fois par semaine. L'âge, le stress émotif, un régime pauvre en fibres alimentaires, une blessure ou la maladie peuvent causer la constipation, soit un retard dans l'élimination des fèces. Plus le délai est long et plus l'absorption d'eau est prononcée, de sorte que les matières fécales s'assèchent et durcissent. Le malaise abdominal alors ressenti est accompagné d'une perte d'appétit, de maux de tête et souvent de nausées et d'un état dépressif.

Des matières fécales durcies peuvent se loger dans l'**appendice vermiforme**, un prolongement tubulaire étroit rattaché au cæcum

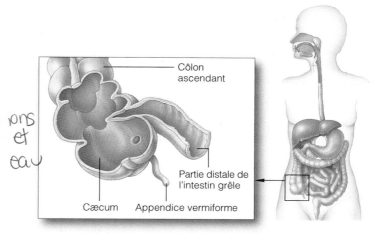

Figure 41.13 Le cæcum et l'appendice vermiforme du gros intestin.

(voir la figure 41.13). L'appendice n'a aucune fonction digestive connue, mais, comme l'iléum, il renferme une forte concentration de lymphocytes qui protègent l'organisme contre les agents pathogènes. La présence de matières fécales durcies peut gêner le flux normal du sang et causer une appendicite, soit une inflammation de l'appendice, qui, à défaut d'une ablation rapide, peut ensuite se rompre. Les bactéries, même celles qui sont inoffensives, pourraient alors envahir la cavité abdominale et y causer une infection extrêmement grave.

Le côlon est également sujet au cancer, qui survient le plus souvent au sein des populations les mieux nanties et les mieux nourries. Un bon nombre de ces personnes sautent des repas, mangent trop ou trop rapidement lorsqu'elles s'assoient à la table, et s'alimentent de façon irrégulière. Leur alimentation tend à être riche en sucres, en cholestérol et en sels, et pauvre en fibres. Or, une alimentation pauvre en fibres augmente la durée du transit dans le côlon. Plus se prolonge le contact des résidus potentiellement cancérigènes et irritants avec la paroi du côlon, plus il peut y avoir d'effets néfastes. Les symptômes du cancer du côlon se caractérisent par une modification du rythme de défécation, par des saignements rectaux et par la présence de sang dans les fèces. Certaines personnes semblent avoir une prédisposition génétique au cancer du côlon, mais un régime alimentaire trop pauvre en fibres alimentaires peut aussi favoriser l'apparition de ce cancer.

Le cancer du côlon est rare dans les régions rurales de l'Inde et en Afrique, où la plupart des gens se nourrissent surtout de céréales riches en fibres alimentaires. Lorsque ces mêmes personnes migrent dans un pays plus riche et modifient leurs habitudes alimentaires, on note chez elles une augmentation de la fréquence du cancer du côlon.

Le gros intestin absorbe l'eau et les minéraux. Il compacte aussi en fèces les résidus non absorbés, en vue de leur expulsion par l'anus.

LES BESOINS NUTRITIONNELS DES HUMAINS

Depuis les années 1950, le gouvernement américain tente d'implanter des recommandations alimentaires pour favoriser une bonne santé. Après diverses études ayant coûté quelques centaines de millions de dollars, les chercheurs en sont venus à la conclusion qu'un régime alimentaire faible en lipides et riche en fibres était optimal pour une bonne santé. La **pyramide alimentaire** présentée à la figure 41.14 illustre les conclusions actuelles des recherches en alimentation. On y note les quantités recommandées pour chaque groupe alimentaire. Pour un homme adulte de taille moyenne, la consommation quotidienne d'aliments devrait comprendre de 55 à 60 % de glucides complexes, de 15 à 20 % de protéines (moins pour les femmes) et de 20 à 25 % de lipides. Comme on peut le constater, une moindre consommation de lipides favorise la perte de poids et prolonge l'espérance de vie.

Il existe un grand nombre de régimes alimentaires différents. Par exemple, le régime de type méditerranéen est d'abord plus riche en céréales, puis en fruits, en légumes, en noix et en légumineuses, et ensuite en huile d'olive, pour le groupe des lipides, de même qu'en fromage et en yogourt. La consommation hebdomadaire de poisson, de volaille, d'œufs et de sucres simples est assez peu abondante et celle des viandes rouges l'est encore moins. L'huile d'olive représente 40 % de l'énergie consommée. Ce lipide monoinsaturé a moins tendance que les graisses saturées à élever le taux de cholestérol. L'huile d'olive est aussi un bon antioxydant, qui facilite l'élimination des radicaux libres.

D'autres régimes alimentaires limitent la consommation de glucides et privilégient l'apport de protéines et de lipides. L'hypothèse sous-jacente est que les glucides font grossir et que moins une personne en mange, plus son poids va diminuer et plus elle va vivre longtemps. Cependant, depuis 30 ans, cette thèse est réfutée par l'Association médicale américaine, les principaux organismes de santé et la plupart des nutritionnistes.

Par ailleurs, au milieu de l'année 2002, Gary Taubes a donné un compte rendu de ses entrevues avec des nutritionnistes et des endocrinologues réputés des États-Unis. Ceux-ci ont été nombreux à dire que les régimes alimentaires à faible teneur en glucides ont été efficaces pour des millions d'individus et que la prémisse selon laquelle tous les lipides sont mauvais pourrait être responsable de la présente épidémie d'obésité. L'**obésité** résulte d'un excès de lipides dans les tissus adipeux et est généralement causée par un déséquilibre entre les apports et les dépenses d'énergie.

Qui donc a raison ? On ne le sait pas encore. Voici quand même ce que nous savons. Le pourcentage d'Américains obèses n'a pas beaucoup varié dans les années 1970 et 1980. Il a toutefois fortement augmenté dans les années 1980, lorsqu'on croyait que tous les lipides étaient nuisibles. Aujourd'hui, un Américain sur quatre est obèse. Il y a environ trois fois plus d'enfants avec un surpoids, et on commence à observer chez eux des cas de diabète de type 2. Pourtant, au cours des 20 dernières années, les Américains ont en général mangé moins de lipides, les taux de cholestérol ont baissé et le temps consacré aux loisirs est demeuré à peu près le même.

LAIT, FROMAGE, YOGOURT

2 portions par jours (3 portions pour les adolescents, les femmes enceintes, les femmes qui allaitent et les femmes qui ont terminé leur ménopause)

250 ml de lait partiellement ou entièrement écrémé ou de lait de soya enrichi en vitamines
250 ml de yogourt ou de fromage cottage
45 g de fromage

FRUITS

2 à 4 portions par jour

1 pomme, 1 orange, 1 banane ou 1 mangue
1 tranche de pastèque ou d'ananas
250 ml de baies fraîches
185 ml de jus de fruits non sucré
125 ml de fruits non sucrés
60 ml de fruits secs

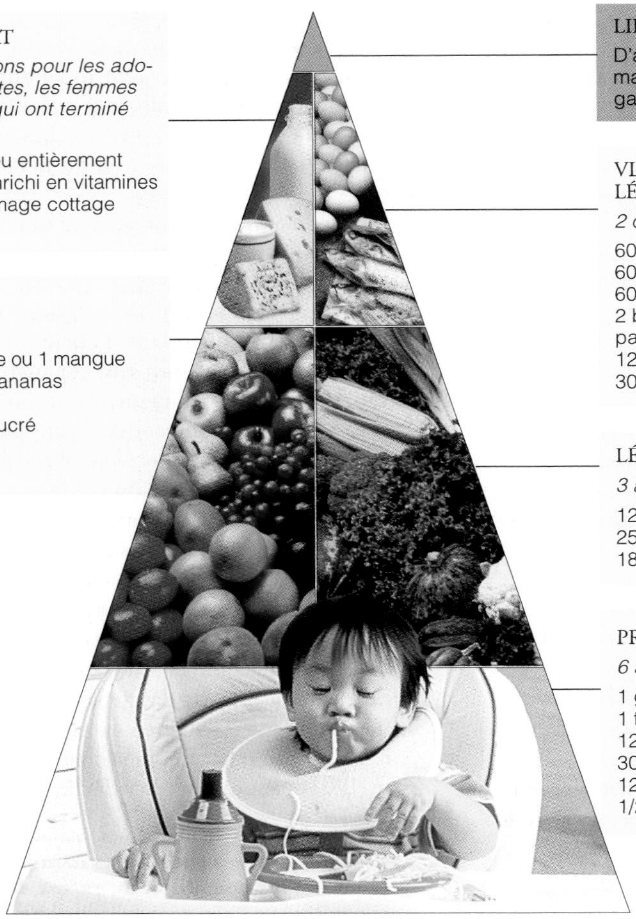

LIPIDES ET SUCRES SIMPLES AJOUTÉS

D'autres aliments en renferment beaucoup. Limiter la consommation de beurre, de vinaigrette, de sucreries, de boissons gazeuses et d'amuse-gueules

VIANDE MAIGRE, VOLAILLE, POISSON, LÉGUMINEUSES, ŒUFS

2 ou 3 portions par jour

60-85 g de viande maigre cuite
60-85 g de volaille cuite, sans peau
60-85 g de poisson cuit
2 blancs d'œuf ou un œuf entier (limiter le nombre de jaunes par semaine)
125 ml de légumineuses (équivaut à 1/3 de portion)
30 ml de beurre d'arachides (équivaut à 1/3 de portion)

LÉGUMES

3 à 5 portions par jour

125 ml de légumes crus ou cuits
250 ml de légumes feuillus vert foncé, non cuits
185 ml de jus de légumes

PRODUITS CÉRÉALIERS (PAIN, CÉRÉALES, PÂTES)

6 à 11 portions par jour

1 gâteau sec, petit pain ou muffin
1 tranche de pain
125 ml de céréales cuites ou de pâtes
30 g de céréales sèches non sucrées
125 ml de riz (le riz brun est plus riche en nutriments)
1/2 bagel ou muffin anglais

Figure 41.14 Un régime alimentaire faible en lipides et riche en glucides, fondé sur les directives du ministère de l'Agriculture des États-Unis.

Figure 41.15 Quelques régimes alimentaires végétariens. Les huit acides aminés essentiels, représentant une petite partie de la consommation totale de protéines, doivent être disponibles simultanément, en certaines quantités, pour que les cellules puissent synthétiser leurs propres protéines. Le lait et les œufs renferment des protéines complètes, ce qui signifie qu'ils contiennent les huit acides aminés essentiels en quantité suffisante et dans les bonnes proportions pour répondre aux besoins humains.

Presque toutes les protéines végétales sont incomplètes. Les végétariens doivent donc veiller à éviter des carences en acides aminés essentiels. Ils peuvent par exemple combiner différents produits figurant dans le tableau ci-contre, qui présente les acides aminés absents ou en quantité insuffisante chez différents végétaux. Les végétaliens (qui ne consomment aucun aliment d'origine animale, y compris les produits laitiers et les œufs) doivent prendre des suppléments de vitamines B_{12} et B_2 (riboflavine). Dans les régions du monde où les protéines animales sont un luxe, les cuisines traditionnelles conjuguent les bonnes combinaisons de protéines végétales, comprenant du riz et des fèves, du chili et du maïs, du tofu et du riz, des lentilles et du pain de blé.

Protéines complètes	Faible en lysine	Faible en méthionine	Faible en tryptophane
Légumineuses: soya (tofu, lait de soya, par exemple)	Légumineuses: arachides	Légumineuses: fèves séchées, doliques à œil noir, pois chiches, lentilles, haricots de Lima, haricots mungo, arachides	Légumineuses: fèves séchées, pois chiches, haricots de Lima, haricots mungo, arachides
Céréales: germe de blé	Céréales: orge, riz, sarrasin, avoine, maïs, seigle, blé	Noix: noisettes	Céréales: semoule de maïs
Lait	Noix: amandes, noix de cajou, noix de coco, noix de Grenoble, noisettes, noix de pacane	Légumes frais: asperges, pois, brocoli, champignons, persil, pommes de terre, soya, bettes à carde	Noix: amandes, noix de noyer commun
Fromages (et non la crème)			Légumes frais: maïs, petits pois, champignons, bettes à carde
Yogourt	Graines: citrouille, tournesol		
Œufs			
(Viande)			

Le lien entre les glucides et l'insuline

La réduction des lipides alimentaires coïncide souvent avec une grande augmentation de la consommation quotidienne de glucides raffinés – 1675 kJ de plus par jour, le plus souvent sous la forme de sucres simples et de féculents. De nos jours, les plus nuisibles sont la farine et les «glucides liquides», soit les boissons gazeuses, les boissons aux fruits et les prétendues boissons pour les sportifs qui représentent maintenant plus de 10 % de l'apport calorique moyen. Ces glucides raffinés présentent un indice glycémique élevé; quelques minutes après leur ingestion, on note une augmentation des taux de glucose et d'insuline dans le sang.

Une hausse subite du taux d'insuline déclenche une entrée rapide de glucose dans les cellules. La concentration de glucose sanguin, soit la **glycémie**, diminue quelques heures plus tard, ce qui provoque une sensation de faim. Cependant, l'insuline qui continue à circuler empêche les cellules de l'organisme de puiser dans les réserves de lipides, que les cellules métabolisent seulement quand le taux d'insuline est faible (voir la section 36.7).

Plus on mange, plus on sécrète de l'insuline et plus on produit des réserves de lipides, principalement sous la forme de triacylglycérols. Après un certain temps, chez 30 à 40 % de la population, un taux élevé de triacylglycérols peut être un facteur de risque plus grave qu'un taux élevé de cholestérol en ce qui concerne les cardiopathies et le diabète de type 2.

Alors, que faut-il manger ?

Si l'insuline joue un rôle dans le métabolisme des lipides, alors une approche sensée consisterait à éviter toute augmentation rapide du taux d'insuline. Les aliments riches en fibres, comme les céréales, les légumes verts, les légumineuses et les fruits, se digèrent un peu plus lentement, de sorte que la glycémie augmente de façon graduelle et non pas subitement. Les régimes alimentaires végétariens sont riches en fibres, sauf que leurs adeptes doivent prendre garde aux carences protéiques (voir la figure 41.15). Les lipides et les protéines empêchent aussi la sécrétion trop rapide d'insuline.

Les lipides sont indispensables à l'alimentation humaine : les membranes plasmiques incorporent la lécithine, un phosphoglycérolipide, et les lipides constituent des réserves énergétiques, forment des coussinets autour de nombreux organes ainsi qu'une couche isolante sous la peau, et stockent des vitamines liposolubles. L'organisme peut synthétiser la plupart de ses propres lipides à partir de protéines et de glucides, mais il ne peut en produire certains autres, comme l'acide linoléique, qui sont des **acides gras essentiels**. Les aliments entiers en renferment en grande quantité. La consommation quotidienne d'une cuillerée à thé ou deux d'huile insaturée, comme l'huile d'olive ou de maïs, comble les besoins en acides gras essentiels.

Comme les autres graisses animales, le beurre est un lipide saturé qui tend à faire augmenter le taux de cholestérol sanguin. Comme l'ont souligné d'autres chapitres, le cholestérol sert à la synthèse des sels biliaires et d'hormones stéroïdes et il se retrouve aussi dans la membrane plasmique des animaux. Une trop grande quantité de cholestérol peut cependant nuire à la circulation sanguine.

L'organisme humain ne peut pas se passer des protéines, car il a besoin des acides aminés alimentaires pour synthétiser ses propres protéines. Parmi les 20 acides aminés, 8 sont des **acides aminés essentiels** : la méthionine, l'isoleucine, la leucine, la lysine, la phénylalanine, la thréonine, le tryptophane et la valine. Puisque les cellules humaines ne peuvent les synthétiser, elles doivent les obtenir dans les aliments. La plupart des aliments d'origine animale sont complets, car ils renferment tous les acides aminés essentiels. Les protéines végétales sont généralement incomplètes, car il leur manque au moins un acide aminé essentiel.

Si on se nourrit de lipides et de protéines, on ne ressent pas la faim aussi souvent. Cependant, le taux d'insuline peut devenir suffisamment bas pour provoquer la cétose. Les muscles squelettiques puisent alors dans les réserves de lipides. Le foie produit de son côté des cétones, une catégorie de lipides qui serait issue de l'évolution, étant donné qu'ils peuvent servir de source d'énergie de renfort pour les cellules nerveuses, lorsque l'organisme manque de nourriture pendant plusieurs jours. Il ne faut pas confondre la cétose avec l'acidocétose, qui est une augmentation anormale de corps cétoniques. En l'absence de traitement, certains diabétiques peuvent en mourir. Cependant, une trop grande quantité de protéines et une trop faible quantité de glucides complexes peuvent endommager les reins.

Que faut-il retenir de tout ça? Il semble que les guides alimentaires vont être révisés d'ici quelques années. Le sort des protéines et des lipides n'a pas encore été réglé, mais il est certain qu'aucun nutritionniste ou endocrinologue réputé n'est prêt à affirmer que les sucres raffinés et les féculents sont bons pour la santé.

Depuis 30 ans, les nutritionnistes ont recommandé une alimentation faible en lipides et riche en glucides. Beaucoup trop d'individus ont malheureusement cru que les glucides comprenaient aussi les sucres raffinés et les féculents. De nouvelles études sont en cours et apporteront peut-être de nouvelles recommandations alimentaires.

LES VITAMINES ET LES MINÉRAUX

Les **vitamines** sont des composés organiques essentiels à la croissance et à la survie, car aucune autre substance ne peut accomplir leurs rôles métaboliques. La plupart des végétaux peuvent synthétiser les vitamines qui leur sont nécessaires. Cependant, presque tous les animaux ont perdu cette capacité et doivent donc trouver dans leurs aliments les vitamines dont ils ont besoin.

L'organisme humain a besoin au moins des 13 vitamines citées dans le tableau 41.2, dont chacune remplit des fonctions métaboliques spécifiques. De nombreuses réactions nécessitent la présence de plusieurs de ces vitamines pour s'accomplir, et l'absence d'une seule peut affecter les fonctions des autres.

Tableau 41.2 *Les principales vitamines : leurs sources, leurs fonctions et les conséquences des carences ou des excès*[*]

Vitamine	Sources courantes	Fonctions principales	Effets d'une carence	Effets d'un excès
VITAMINES LIPOSOLUBLES				
A	Le précurseur provient de la bêta-carotène dans les fruits jaunes et dans les légumes verts et jaunes feuillus. Aussi dans le lait entier, le jaune d'œuf, le poisson, le foie	Synthèse des pigments de la vision, des dents et des os. Maintien de l'épithélium	Peau sèche, écailleuse ; résistance diminuée aux infections ; cécité nocturne, cécité permanente	Malformation du fœtus ; perte de cheveux, problèmes cutanés ; lésion au foie et aux os ; douleur osseuse
D	Formation du précurseur D_3 dans la peau, l'huile de foie de poisson, le jaune d'œuf et le lait entier	Favorise la croissance et la minéralisation des os, ainsi que l'absorption du calcium	Rachitisme (difformité des os) chez les enfants ; ramollissement des os chez les adultes	Retard de croissance ; troubles rénaux ; dépôts de calcium dans les tissus mous
E	Grains entiers, légumes vert foncé, huiles végétales	Atténue les effets des radicaux libres ; maintient l'intégrité de la membrane cellulaire ; empêche la dégradation des vitamines A et C dans le tube digestif	Lyse des globules rouges ; lésions nerveuses	Faiblesse musculaire, fatigue, maux de tête, nausées
K	Presque entièrement fournie par les entérobactéries ; aussi dans les légumes verts feuillus et le chou	Coagulation sanguine ; formation d'ATP (par les chaînes de transport d'électrons)	Coagulation anormale ; hémorragies graves	Anémie ; lésions hépatiques et jaunisse
VITAMINES HYDROSOLUBLES				
B_1 (thiamine)	Grains entiers ; légumes verts feuillus ; légumineuses, viandes maigres, œufs	Formation du tissu conjonctif ; utilisation du folate ; coenzyme	Rétention d'eau dans les tissus, sensation de picotement ; problèmes cardiaques ; mauvaise coordination des mouvements	Aucun problème connu ; réaction de choc possible par suite d'injections répétées
B_2 (riboflavine)	Grains entiers, volaille, poisson, blanc d'œuf, lait	Coenzyme	Lésions cutanées	Aucun problème connu
Niacine	Légumes verts feuillus, pomme de terre, arachide, volaille, poisson, porc, bœuf	Coenzyme	Pellagre (lésions de la peau, du tube digestif, du système nerveux, etc.)	Rougeurs cutanées ; lésions hépatiques possibles
B_6	Épinard, tomate, pomme de terre, viandes	Coenzyme : métabolisme des acides aminés	Lésions cutanées, musculaires et nerveuses ; anémie	Coordination diminuée ; pieds engourdis
Acide pantothénique	Surtout dans les viandes, la levure et le jaune d'œuf	Coenzyme : métabolisme du glucose, synthèse des acides gras et des stéroïdes	Fatigue, picotements dans les mains, maux de tête, nausées	Aucun problème connu ; peut causer la diarrhée à l'occasion
Folate (acide folique)	Légumes vert foncé, grains entiers, levure, viandes maigres ; les entérobactéries en produisent	Coenzyme : métabolisme des acides nucléiques et des acides aminés	Anémie, inflammation de la langue, diarrhée, retard de croissance, troubles mentaux ; risque de spina-bifida chez le nouveau-né	Masque la déficience en vitamine B_{12}
B_{12}	Volaille, poisson, viande rouge, produits laitiers (sauf le beurre)	Coenzyme : métabolisme des acides nucléiques	Anémie, fonctions nerveuses diminuées	Aucun problème connu
Biotine	Légumineuses, jaune d'œuf ; les entérobactéries en produisent	Coenzyme : métabolisme des lipides, du glycogène et des acides aminés	Peau écailleuse (dermatite), langue irritée, dépression, anémie	Aucun problème connu
C (acide ascorbique)	Fruits et légumes (agrumes, baies, cantaloup, chou, brocoli et poivron vert)	Synthèse de collagène ; inhibition possible des radicaux libres ; structuration des os, des cartilages et des dents ; métabolisme des glucides	Scorbut, cicatrisation lente, immunité affaiblie	Diarrhée et autres troubles digestifs ; peut modifier les résultats de certains tests de laboratoire

[*] Selon le guide de la *Food and Drug Administration* des États-Unis

Tableau 41.3 *Les principaux minéraux : leurs sources, leurs fonctions et les conséquences des carences ou des excès**

Minéral	Sources courantes	Fonctions principales	Effets d'une carence	Effets d'un excès
Calcium	Produits laitiers, légumes vert foncé, légumineuses sèches	Formation des os et des dents ; coagulation ; activités neuronale et musculaire	Croissance retardée ; diminution possible de la masse osseuse (ostéoporose)	Malabsorption d'autres minéraux ; calculs rénaux chez certaines personnes
Chlore	Sel de table (habituellement trop abondant dans l'alimentation)	Formation d'HCl dans l'estomac ; équilibre acidobasique de l'organisme ; activité neuronale	Crampes musculaires ; croissance diminuée ; faible appétit	Hypertension chez certaines personnes
Cuivre	Noix, légumineuses, fruits de mer, eau potable	Synthèse de la mélanine, de l'hémoglobine et de certaines protéines de transport	Anémie, modifications osseuses et vasculaires	Nausée, lésions hépatiques
Fer	Grains entiers, légumes verts feuillus, légumineuses, noix, œufs, viande maigre, mélasse, fruits séchés, crustacés	Synthèse d'hémoglobine et de cytochrome (une des protéines de transport d'électrons)	Anémie ferriprive, fonctions immunitaires diminuées	Lésions hépatiques, état de choc, insuffisance cardiaque
Fluor	Eau fluorée, thé, fruits de mer	Maintien des dents et des os	Caries dentaires	Troubles digestifs ; dents décolorées et squelette déformé dans les cas chroniques
Iode	Poissons marins, crustacés, sel iodé, produits laitiers	Formation d'hormone thyroïdienne	Thyroïde hypertrophiée (goitre), troubles métaboliques	Goitre toxique
Magnésium	Grains entiers, légumineuses, noix, produits laitiers	Coenzyme dans le cycle ATP-ADP ; activités neuronale et musculaire	Muscles affaiblis ou douloureux ; fonctions nerveuses diminuées	Fonctions nerveuses diminuées
Phosphore	Grains entiers, volaille, viande rouge	Composant des os, des dents, des acides nucléiques, de l'ATP, des phosphoglycérolipides	Faiblesse musculaire ; déminéralisation des os	Diminution de l'absorption des minéraux dans le tissu osseux
Potassium	Quantités suffisantes fournies par une saine alimentation	Fonctions musculaires et nerveuses ; synthèse des protéines et équilibre acidobasique de l'organisme	Faiblesse musculaire	Faiblesse musculaire, paralysie, insuffisance cardiaque
Sodium	Sel de table ; une saine alimentation en fournit une quantité suffisante, sinon excédentaire	Rôle-clé dans l'équilibre acidobasique de l'organisme ; fonctions musculaires et nerveuses	Crampes musculaires	Hypertension chez certaines personnes
Soufre	Protéines alimentaires	Composant de protéines	Aucun problème connu	Peu probables
Zinc	Grains entiers, légumineuses, noix, viandes, fruits de mer	Composant des enzymes digestives ; rôle dans la croissance, la cicatrisation des blessures, la spermatogenèse et les sens de l'odorat et du goût	Croissance diminuée, desquamation de la peau, fonctions immunitaires diminuées	Nausée, vomissement, diarrhée, fonctions immunitaires diminuées, anémie

* Selon le guide de la *Food and Drug Administration* des États-Unis

Les **minéraux** sont des substances inorganiques tout aussi essentielles à la croissance et à la survie, car aucune autre substance ne peut accomplir leurs fonctions métaboliques. Par exemple, toutes les cellules humaines ont besoin de fer pour leurs chaînes de transport d'électrons, et, en l'absence de fer dans leur hémoglobine, les globules rouges ne peuvent transporter l'oxygène. Les neurones cessent de fonctionner en l'absence de sodium et de potassium (voir le tableau 41.3).

Les personnes en bonne santé obtiennent toutes les vitamines et tous les minéraux nécessaires dans un régime équilibré composé d'aliments complets. Les suppléments de vitamines et de minéraux sont généralement essentiels pour les végétaliens, les personnes âgées et les gens souffrant d'une maladie chronique ou prenant des médicaments qui entravent l'utilisation de nutriments spécifiques. Par exemple, la prise de suppléments de vitamine K favorise la rétention du calcium et amoindrit l'ostéoporose chez les femmes moins jeunes. La vitamine C, la vitamine E et le bêta-carotène, soit le précurseur de la vitamine A, peuvent amoindrir certains effets du vieillissement et améliorer les fonctions immunitaires en inactivant les radicaux libres. Un radical libre est un atome ou un groupe d'atomes très réactifs ayant un électron non apparié.

Cependant, le métabolisme varie dans ses éléments d'un individu à l'autre, de sorte que personne ne devrait consommer beaucoup de suppléments de vitamines ou de minéraux sans supervision médicale. En outre, des quantités excessives de vitamines et de minéraux sont nuisibles à tous (voir les tableaux 41.2 et 41.3). Par exemple, les vitamines A et D, comme les autres vitamines liposolubles, s'accumulent dans les tissus et gênent les activités métaboliques normales lorsqu'elles sont prises en quantités exagérées. De la même façon, le sodium, le constituant du sel de table, est également présent dans les tissus animaux et végétaux. Il joue un rôle dans l'équilibre hydrique de l'organisme ainsi que dans l'activité musculaire et les fonctions nerveuses. Cependant, une consommation excessive et prolongée de sodium peut causer l'hypertension chez certaines personnes.

Des carences graves ou des excès de vitamines et de minéraux peuvent rompre le délicat équilibre des activités métaboliques de l'organisme et ainsi nuire à sa santé.

Des questions importantes, des réponses fascinantes

Qui ne s'est pas déjà interrogé sur ce que devrait être son poids idéal ? Qui ne craint pas tout simplement d'être gros ? Ce qui constitue de l'obésité peut être une norme culturelle et varier d'une culture à une autre. Par exemple, une étudiante se désespérait d'être grassouillette jusqu'à ce qu'elle entreprenne des études universitaires en Afrique, où de nombreux hommes la considérèrent comme l'une des femmes les plus désirables de la planète. Cependant, le choix d'être replet dépend de la santé et de l'espérance de vie que l'on souhaite pour soi. En général, les personnes minces vivent plus longtemps, car elles produisent moins de radicaux libres (voir l'introduction du chapitre 6).

Aux États-Unis, l'obésité est maintenant la deuxième cause de mortalité : 300 000 personnes environ meurent chaque année des conséquences de cette condition évitable. Chaque année, les cas de diabète de type 2 reliés à l'obésité, les maladies cardiaques, l'hypertension, le cancer du sein, le cancer du côlon, la goutte, les calculs biliaires et l'arthrose entraînent des dépenses totales de 100 milliards de dollars. L'avenir ne paraît pas plus rose : les enfants sont aujourd'hui 42 % plus gras qu'ils ne l'étaient en 1980.

À LA POURSUITE DU POIDS IDÉAL La figure 41.16 présente des tableaux permettant la détermination du poids « santé » d'un adulte. Un autre indicateur des risques pour la santé dus à l'obésité est l'indice de masse corporelle (IMC), qu'on peut déterminer à l'aide de la formule suivante :

$$\text{IMC} : \frac{\text{Poids (kg)}}{[\text{Taille (m)}]^2}$$

La santé est menacée si l'indice est supérieur à 27. Parmi les autres facteurs qui accentuent le risque pour la santé figurent le tabagisme, les antécédents familiaux de troubles cardiaques, l'utilisation d'hormones sexuelles après la ménopause et la répartition des graisses dans l'organisme. Celles qui se retrouvent dans l'abdomen peuvent être considérées comme un signe de problèmes potentiels pour la santé.

Le fait de suivre une diète ne peut à lui seul faire diminuer l'indice de masse corporelle. En effet, lorsqu'on mange moins, l'organisme diminue son taux métabolique pour conserver son énergie. Comment alors peut-on mener une existence normale à long terme tout en conservant un poids acceptable ? Il faut équilibrer les apports alimentaires (les calories) et les dépenses d'énergie. Pour la plupart des gens, cela signifie qu'ils doivent prendre des repas nutritifs et peu caloriques et faire régulièrement de l'exercice. L'énergie contenue dans les aliments s'exprime en **kilojoules** (kJ), mais on utilise souvent le terme de « **calorie** » pour désigner aussi la quantité d'énergie dans les aliments. Cependant, on retrouve plus souvent le terme de *grande calorie*, qui correspond à 1000 calories ou à 1 kilocalorie. Une grande calorie équivaut à 4,18 kJ.

Pour déterminer la consommation quotidienne de kilojoules assurant le maintien du poids santé donné dans la figure 41.16, il faut multiplier ce poids par 90 pour une personne peu active physiquement, par 140 pour une personne modérément active et par 180 pour une personne très active. On doit ensuite soustraire le nombre correspondant à sa propre catégorie d'âge, comme ceci :

Âge		Soustraire	
	25–34 ans		0
	35–44 ans		420
	45–54 ans		840
	55–64 ans		1260
	Plus de 65 ans		1680

Par exemple, si une personne pèse 54 kg et est très active, alors $54 \times 180 = 9720$ kJ. Si elle est âgée de 35 ans, alors $(2425 - 420)$ ou 9300 kJ. Ces calculs donnent une estimation brute des besoins en kilojoules. Il faut cependant tenir compte d'autres facteurs comme la taille, l'ossature et la musculature. Une personne active mesurant 1,55 m n'a pas besoin d'autant d'énergie qu'une personne mesurant 1,80 m et ayant le même poids.

POIDS SANTÉ POUR LES FEMMES

À partir d'un poids idéal de 49 kg environ pour une femme qui mesure 1,52 m, voici les poids recommandés pour chaque augmentation de taille de 4 cm.

Taille (m)	Poids (kg)
1,52	49
1,56	52
1,60	55
1,64	57
1,68	60
1,72	63
1,76	66
1,80	69

POIDS SANTÉ POUR LES HOMMES

À partir d'un poids idéal de 52 kg environ pour un homme qui mesure 1,52 m, voici les poids recommandés pour chaque augmentation de taille de 4 cm.

Taille (m)	Poids (kg)
1,52	52
1,56	55
1,60	58
1,64	61
1,68	64
1,72	67
1,76	70
1,80	73

Figure 41.16 L'estimation du poids « idéal » d'un adulte. Les valeurs présentées ici sont compatibles avec les résultats d'une étude à long terme, menée par l'université Harvard, sur le lien entre le poids excédentaire et l'augmentation du risque de troubles cardiovasculaires. Compte tenu de facteurs spécifiques, comme la grosseur de l'ossature, le poids idéal peut varier de plus ou moins 10 %.

LES GÈNES RESPONSABLES DE L'EMBONPOINT Un Américain sur trois en moyenne mange trop et éprouve beaucoup plus de difficulté que les autres à prévenir l'embonpoint. Il semble bien que les gènes jouent un certain rôle à cet égard, ce que des chercheurs soupçonnaient depuis longtemps. C'est l'observation de vrais jumeaux (dont les gènes sont identiques), séparés à leur naissance et élevés dans des familles différentes, qui leur a fourni des indices en ce sens. En effet, ces jumeaux avaient un poids identique à l'âge adulte. Il semblait donc que les individus naissent avec un point de réglage pour les graisses corporelles. Se pourrait-il alors qu'ils ne puissent faire varier ce point et soient condamnés à avoir toujours le poids qui leur est génétiquement attribué ?

De nombreuses expériences ont confirmé une telle hypothèse. Les premières furent effectuées dans les années 1950 sur une souris gravement obèse (voir la figure 41.17). En 1995, des spécialistes de la génétique moléculaire identifièrent chez cette souris l'un des gènes qui oriente le point de réglage des graisses corporelles ; le gène normal fut appelé **gène *ob***. Quels furent les indices ayant facilité sa découverte ? La séquence de nucléotides dans le gène concerné des souris obèses est différente de celle des souris normales. Ce gène est actif dans le tissu adipeux et nulle part ailleurs ; il code une protéine qui est libérée dans le sang par les cellules adipeuses et qui serait une hormone.

En 1994, Jeffrey Friedman mit cette hormone en évidence chez la souris et la dénomma **leptine**. Une hormone presque identique fut isolée chez l'humain. La leptine n'est que l'un des nombreux facteurs chimiques qui servent d'intermédiaire aux commandes de l'encéphale destinées à inhiber ou à stimuler l'appétit, mais elle joue un rôle vraiment essentiel. En mesurant le taux sanguin de leptine, un centre de l'appétit situé dans l'hypothalamus évalue si l'organisme a prélevé suffisamment de lipides pour ses besoins quotidiens. Dans l'affirmative, l'hypothalamus émet des signaux qui font augmenter le taux métabolique et qui inhibent donc l'appétit.

Il semblerait que, sous sa forme mutante, le gène *ob* perturbe ce centre de régulation hypothalamique et qu'il stimule vivement l'appétit tout en faisant diminuer les activités métaboliques de l'organisme. Les souris obèses auxquelles on injecte de la leptine perdent rapidement du poids.

Il ne sera pas facile de mettre au point des thérapies contre l'obésité, car la régulation hormonale peut jouer des tours. En effet, la leptine inhibe aussi la formation osseuse ; son emploi thérapeutique pourrait donc favoriser l'ostéoporose. Des chercheurs viennent de découvrir la **ghrelin**, une hormone peptidique que sécrète la muqueuse de l'estomac et qui stimule directement le centre de l'appétit. Contrairement à la leptine et à la cholécystokinine, qui inhibent ce centre, la ghrelin procure une sensation de faim et empêche l'organisme d'éliminer ses lipides. Le problème pour une personne qui perd du poids, c'est que son organisme accroît sa sécrétion de ghrelin.

La leptine, la ghrelin et l'insuline ne sont que trois des acteurs des voies hormonales complexes auxquelles est associé le cerveau. Il semble peu probable qu'un médicament permettant de traiter l'obésité soit bientôt mis sur le marché. Les chercheurs doivent en effet identifier toutes les étapes des voies métaboliques qui régulent le poids de l'organisme, puis déterminer les liens entre tous ces composants et leurs rôles dans les fonctions de l'organisme. Peut-être alors pourra-t-on mettre au point des médicaments efficaces à cette fin.

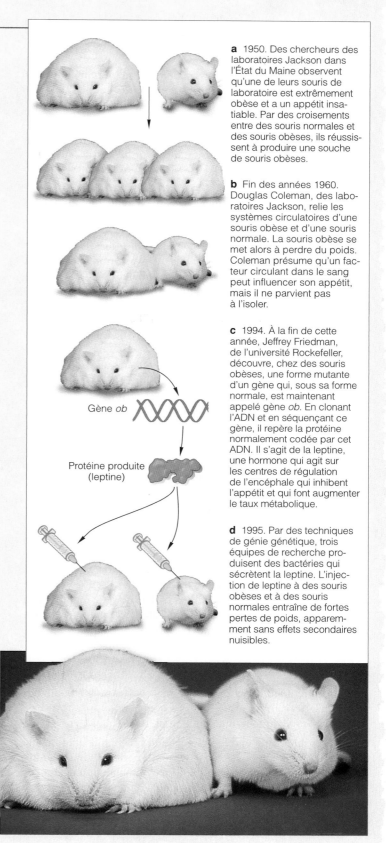

a 1950. Des chercheurs des laboratoires Jackson dans l'État du Maine observent qu'une de leurs souris de laboratoire est extrêmement obèse et a un appétit insatiable. Par des croisements entre des souris normales et des souris obèses, ils réussissent à produire une souche de souris obèses.

b Fin des années 1960. Douglas Coleman, des laboratoires Jackson, relie les systèmes circulatoires d'une souris obèse et d'une souris normale. La souris obèse se met alors à perdre du poids. Coleman présume qu'un facteur circulant dans le sang peut influencer son appétit, mais il ne parvient pas à l'isoler.

c 1994. À la fin de cette année, Jeffrey Friedman, de l'université Rockefeller, découvre, chez des souris obèses, une forme mutante d'un gène qui, sous sa forme normale, est maintenant appelé gène *ob*. En clonant l'ADN et en séquençant ce gène, il repère la protéine normalement codée par cet ADN. Il s'agit de la leptine, une hormone qui agit sur les centres de régulation de l'encéphale qui inhibent l'appétit et qui font augmenter le taux métabolique.

d 1995. Par des techniques de génie génétique, trois équipes de recherche produisent des bactéries qui sécrètent la leptine. L'injection de leptine à des souris obèses et à des souris normales entraîne de fortes pertes de poids, apparemment sans effets secondaires nuisibles.

Gène *ob*

Protéine produite (leptine)

Figure 41.17 La chronologie des travaux de recherche qui ont abouti à la découverte d'un gène-clé jouant un rôle essentiel dans la régulation du poids corporel.

RÉSUMÉ

Le chiffre en **brun** renvoie à la section du chapitre.

1. Chez les animaux, le terme *nutrition* renvoie aux processus par lesquels l'organisme ingère et digère des aliments pour en absorber et utiliser les nutriments. *41*

2. La plupart des animaux ont un système digestif complet, c'est-à-dire un tube muni de deux orifices (bouche et anus) et des régions spécialisées situées entre eux. Un épithélium recouvert de mucus tapisse et protège chaque partie du tube digestif et y facilite la diffusion. *41.1*

3. Diverses activités se déroulent dans un système digestif. *41.1*

a) Digestion et motilité mécaniques : mouvements qui brisent, mélangent et propulsent les aliments.

b) Sécrétion : libération, dans la lumière du tube digestif, d'enzymes digestives et d'autres substances provenant du pancréas et du foie, de même que de l'épithélium glandulaire.

c) Digestion : dégradation mécanique des aliments en particules, puis en nutriments suffisamment petits pour être absorbés.

d) Absorption : diffusion et transport des nutriments, des liquides et des minéraux de la lumière du tube digestif vers le milieu intérieur.

e) Défécation : expulsion des résidus ni digérés ni absorbés.

4. Le système digestif de l'humain est pourvu d'une bouche, d'un pharynx, d'un œsophage, d'un estomac, d'un intestin grêle, d'un gros intestin, d'un rectum et d'un anus. Les glandes salivaires, le foie, le pancréas et la vésicule biliaire jouent des rôles secondaires dans les fonctions du système digestif (voir le tableau 41.4). *41.2 à 41.4*

5. La digestion de l'amidon débute dans la bouche et celle des protéines s'amorce dans l'estomac. La digestion se termine dans l'intestin grêle, là où la plupart des nutriments sont absorbés. Le pancréas sécrète les principales enzymes digestives. La bile, sécrétée par le foie, rend possible la digestion des lipides. *41.3, 41.4*

6. La régulation des activités digestives est assurée par le système nerveux, le système endocrinien et des plexus nerveux de la paroi du tube digestif. Un bon nombre de ces activités sont régies par le volume et la composition des aliments dans le tube digestif et se manifestent par des contractions musculaires et par la sécrétion d'hormones et d'enzymes digestives. *41.4*

7. Au cours de l'absorption des nutriments, le glucose et les acides aminés sont activement transportés à travers la paroi digestive. Les acides gras et les monoacylglycérols diffusent à travers la bicouche membranaire des cellules de la paroi et y sont ensuite recombinés en tryacylglycérols pour être libérés par exocytose, sous forme de chylomicrons, dans le liquide interstitiel. *41.5*

8. Les nutritionnistes suggèrent une ration alimentaire quotidienne adaptée aux besoins de chacun. Par exemple, pour un homme adulte de poids moyen et en bonne santé, ils recommandent une alimentation composée de 55 à 60 % de glucides complexes, de 15 à 20 % de protéines (moins pour les femmes) et de 20 à 25 % de lipides. Un régime bien équilibré composé d'aliments entiers procure habituellement tous les minéraux et toutes les vitamines nécessaires à l'organisme. *41.8, 41.9*

9. Pour demeurer en bonne santé et conserver un poids idéal, on doit veiller à ce que l'apport de calories (énergie) corresponde à la dépense d'énergie. *41, 41.10*

Tableau 41.4	*Les organes du système digestif et leurs rôles*
Organes principaux	
BOUCHE (cavité buccale)	Début du système digestif ; mastication et humidification des aliments ; début de la digestion des polysaccharides.
PHARYNX	Carrefour des voies respiratoires et des voies digestives.
ŒSOPHAGE	Tube musculeux et humidifié par la salive qui propulse le bol alimentaire depuis le pharynx jusqu'à l'estomac.
ESTOMAC	Organe en forme de sac ; mélange du bol alimentaire avec le suc gastrique et début de la dégradation des protéines ; s'étire pour stocker les aliments ingérés plus vite qu'ils ne sont décomposés ; action germicide du pH acide de l'estomac.
INTESTIN GRÊLE	La première partie, le duodénum, reçoit les sécrétions du foie, de la vésicule biliaire et du pancréas.
	Dégradation et absorption de la plus grande partie des nutriments dans la deuxième partie, le jéjunum.
	Absorption de certains nutriments dans la dernière partie, l'iléum ; propulsion dans le côlon des aliments ni absorbés ni digérés.
CÔLON	Absorption d'eau et de minéraux ; concentration et stockage des substances ni digérées ni absorbées.
RECTUM	La distension du rectum par les matières fécales déclenche leur expulsion.
ANUS	Orifice terminal du tube digestif.
Organes annexes	
GLANDES SALIVAIRES	Glandes qui sécrètent la salive, un liquide comprenant des enzymes de dégradation des polysaccharides, des substances tampons et du mucus qui humidifie et lubrifie les aliments ingérés.
PANCRÉAS	Sécrète les enzymes qui digèrent tous les principaux composés organiques, ainsi que du bicarbonate pour contrer l'acidité des aliments en provenance de l'estomac.
FOIE	Sécrète la bile (pour l'émulsification des lipides) et joue des rôles importants dans le métabolisme des glucides, des protéines et des lipides.
VÉSICULE BILIAIRE	Stocke et concentre la bile en provenance du foie.

Exercices

1. Définissez les cinq tâches accomplies par un système digestif complet. Montrez comment certains organes d'un tel système digestif peuvent expliquer le comportement alimentaire d'un type d'animal en particulier. *41.1*

2. Sur le schéma ci-contre, identifiez les organes principaux et les organes annexes du système digestif de l'être humain et précisez les principales fonctions de chacun. *Tableau 41.4*

3. Définissez la segmentation. Dites si on observe de la segmentation dans l'estomac. Se produit-elle dans l'intestin grêle, dans le côlon ou dans les deux ? *41.5, 41.7*

4. En vous servant des traits noirs de la figure 41.18 comme guides, nommez les types de produits de dégradation qui sont suffisamment petits pour être absorbés par la paroi intestinale et aller dans le milieu intérieur. *41.5*

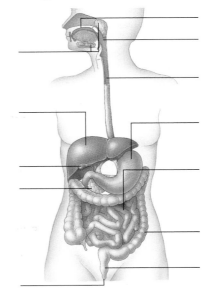

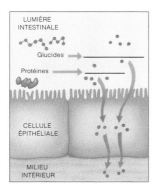 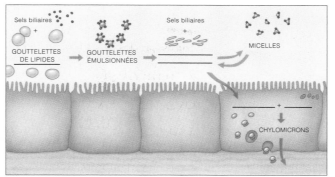

Figure 41.18 Remplissez les espaces en y inscrivant le nom des substances qui traversent la paroi de l'intestin grêle.

Autoévaluation   RÉPONSES À L'ANNEXE III

1. Le _____ stabilise le milieu intérieur, fournit des nutriments aux cellules et élimine les déchets métaboliques.
- a) système digestif
- b) système circulatoire
- c) système respiratoire
- d) système urinaire
- e) toutes ces réponses

2. La plupart des systèmes digestifs sont dotés de régions pour _____ des aliments.
- a) le transport
- b) la transformation
- c) le stockage
- d) toutes ces réponses

3. Les sécrétions _____ ne contribuent pas à la digestion et à l'absorption.
- a) des glandes salivaires
- b) du thymus
- c) du foie
- d) du pancréas

4. À la fin de la digestion, la majorité des nutriments sont absorbés dans _____.
- a) la bouche
- b) l'estomac
- c) l'intestin grêle
- d) le côlon

5. La bile joue un rôle dans la digestion et l'absorption des _____.
- a) glucides
- b) lipides
- c) protéines
- d) acides aminés

6. Les monosaccharides et la plupart des acides aminés sont absorbés _____.
- a) par transport actif
- b) par diffusion
- c) dans les vaisseaux lymphatiques
- d) sous forme de gouttelettes de lipides

7. Le métabolisme des lipides est influencé par _____.
- a) l'insuline
- b) la leptine et la ghrelin
- c) les nucléases pancréatiques
- d) les réponses a) et b)

8. L'organisme ne peut produire lui-même l'ensemble des _____ dont il a besoin.
- a) vitamines et minéraux
- b) acides gras
- c) acides aminés
- d) les réponses a), b) et c)
- e) les réponses a) et c)

9. Pour être en bonne santé et avoir un poids santé, il est essentiel de maintenir un équilibre entre les apports _____ et les dépenses _____.

10. Associez chaque terme à la définition la plus appropriée.
_____ Vésicule biliaire
_____ Estomac
_____ Côlon
_____ Pancréas
_____ Glande salivaire
_____ Intestin grêle
_____ Foie

- a) Sécrète la bile; rôles métaboliques nombreux
- b) Dégrade et absorbe presque tous les nutriments
- c) Stocke, mélange et dégrade les aliments; amorce la dégradation des protéines
- d) Stocke et concentre la bile
- e) Concentre les substances non digérées
- f) Sécrète des substances qui humidifient les aliments; début de la dégradation des polysaccharides
- g) Sécrète des enzymes digestives et du bicarbonate

Questions à développement

1. Un verre de lait entier renferme du lactose, des protéines, des matières grasses (surtout des triacylglycérols), des vitamines et des minéraux. Expliquez ce qu'il advient de chacune de ces substances dans votre tube digestif.

2. À mesure que les personnes vieillissent, le nombre de leurs cellules et leurs besoins énergétiques diminuent constamment. Si vous aviez à composer un régime alimentaire pour une personne âgée, quels aliments seraient importants et pourquoi? Lesquels ne seraient pas importants à vos yeux?

3. En utilisant la section 41.10 comme référence, déterminez votre poids santé et élaborez un régime alimentaire équilibré, assorti de périodes d'activité physique, qui vous aiderait à atteindre ou à maintenir ce poids.

4. Les repas de célébration sont souvent plus copieux et renferment plus de lipides que les repas quotidiens. Après s'être empiffrés au dîner du jour de l'An, Richard et les autres membres de sa famille se sont sentis inconfortables durant une bonne partie de la journée. En vous appuyant sur ce que vous avez appris au sujet de la régulation de la digestion, donnez une explication biochimique de leurs malaises.

5. Nommez et expliquez certains des moyens que votre système digestif utilise pour vous protéger des agents pathogènes susceptibles d'avoir contaminé les aliments que vous mangez (la section 39.1 pourrait vous être utile).

6. Angeline est une anorexique chronique. Des tests cliniques montrent que sa pression artérielle est très faible et que son cœur bat plus lentement que la moyenne (bradycardie). Son cœur est même plus petit que la normale. Comment l'anorexie a-t-elle induit un tel état chez Angeline?

Vocabulaire

Absorption *41.1*	Foie *41.4*	Pyramide alimentaire *41.8*
Acide aminé essentiel *41.8*	Gène *ob 41.10*	Ruminant *41.1*
	Ghrelin *41.10*	Salive *41.3*
Acide gras essentiel *41.8*	Glycémie *41.8*	Sécrétion *41.1*
Appendice vermiforme *41.7*	Kilojoule *41.10*	Segmentation *41.5*
	Langue *41.3*	Sphincter *41.3*
Bile *41.4*	Leptine *41.10*	Suc gastrique *41.4*
Calorie *41.10*	Lest *41.7*	Système digestif *41*
Chyme *41.4*	Micelle *41.5*	Système digestif complet *41.1*
Côlon *41.7*	Microvillosité *41.5*	
Défécation *41.1*	Minéral *41.9*	Système digestif incomplet *41.1*
Dégradation mécanique *41.1*	Nutrition *41*	
	Obésité *41.8*	Tube digestif *41.1*
Dent *41.3*	Œsophage *41.3*	Vésicule biliaire *41.4*
Digestion *41.1*	Pancréas *41.4*	Villosité *41.5*
Émulsification *41.4*	Pharynx *41.3*	Vitamine *41.9*
Estomac *41.4*	Propulsion *41.1*	

Lectures complémentaires

Lescroart, M., *et al.* (mars 2004). « Le corps humain et son histoire ». *Science & vie*, Hors série 226: 1-160.

Sizer, F., E. Whitney (2003). *Nutrition: Concepts and Controversies*, 9ᵉ éd. Belmont, Californie: Wadsworth.

Taubes, G. (7 juillet 2002). « What If It's All Been A Big Fat Lie? ». New York Times.

Lectures complémentaires en ligne: consultez l'infoTrac à l'adresse Web www.brookscole.com/biology

LE MILIEU INTÉRIEUR

L'histoire du rat du désert

En observant attentivement un poisson ou tout autre animal vivant dans la mer, on constate que ses cellules sont magnifiquement adaptées à la vie dans un milieu liquide riche en sels. Pourtant, il y a environ 375 millions d'années, certains groupes d'animaux dont l'évolution s'était déroulée dans la mer migrèrent vers la terre ferme. Ils y parvinrent parce que, dans une certaine mesure, ils apportaient avec eux un liquide salé, qui constituait un milieu intérieur pour leurs cellules. Malgré cela, il ne s'agissait pas d'une transition facile. Les colonisateurs de la terre ferme et leurs descendants devaient affronter la lumière intense du soleil, des vents secs, des variations plus prononcées de température, des sources d'eaux d'une salinité fluctuante et, parfois, un manque total d'eau.

Comment ces pionniers s'y prenaient-ils pour conserver ou pour renouveler l'eau et les sels qu'ils perdaient lors de leurs activités courantes ? Comment parvenaient-ils à maintenir une chaleur confortable quand leur milieu devenait trop froid ou trop chaud ? Ils étaient tenus d'accomplir ces activités, sinon la composition, le volume et la température de leur milieu intérieur auraient échappé à leur contrôle. En bref, la question se résume à ceci : « comment les descendants terrestres d'animaux marins maintenaient-ils des conditions internes assurant le bon fonctionnement de leurs cellules ? »

L'observation des descendants actuels de ces pionniers permet de trouver des réponses à cette question. Pensons par exemple à un tout petit mammifère, le rat-kangourou, qui vit dans un désert du Nouveau-Mexique (voir la figure 42.1). Après une brève saison des pluies, le soleil chauffe les sables de ce désert pendant des mois. La seule eau liquide qu'on y trouve vient d'ailleurs, tombant de temps à autre du bidon d'un chercheur ou d'un touriste. Pourtant, sans même une petite gorgée d'eau, le rat-kangourou résiste quotidiennement à cette menace pour son milieu intérieur.

Il se réfugie dans un terrier pour fuir la chaleur du jour, puis profite de la fraîcheur de la nuit pour partir à la recherche de graines ou d'une plante grasse. Il est loin d'être paresseux dans sa recherche : il sautille rapidement de-ci de-là, cherchant des graines et fuyant devant les coyotes ou les serpents. Toute cette activité requiert de l'énergie provenant de l'ATP et de l'eau, et ce sont les graines, riches en glucides, qui les fournissent. En effet, les réactions métaboliques qui libèrent l'énergie des glucides et d'autres composés organiques produisent également de l'eau. Chaque jour, cette « eau métabolique » représente jusqu'à 90 % de l'apport total d'eau du rat-kangourou. Par comparaison, l'eau métabolique ne constitue chez l'humain que 12 % de l'apport quotidien d'eau.

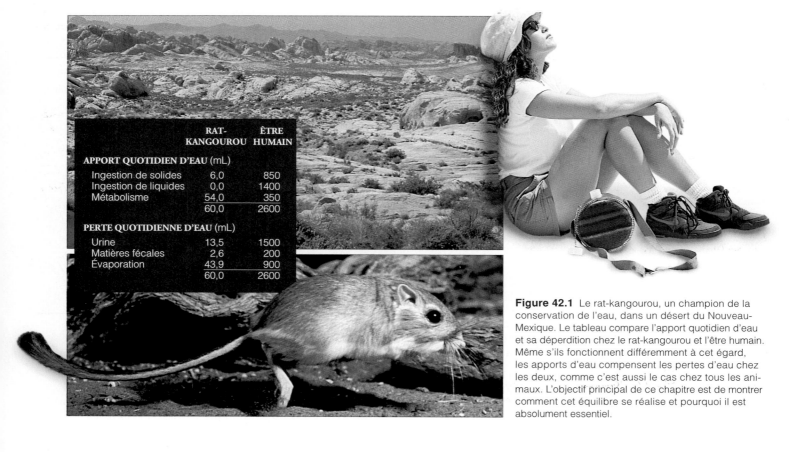

	RAT-KANGOUROU	ÊTRE HUMAIN
APPORT QUOTIDIEN D'EAU (mL)		
Ingestion de solides	6,0	850
Ingestion de liquides	0,0	1400
Métabolisme	54,0	350
	60,0	2600
PERTE QUOTIDIENNE D'EAU (mL)		
Urine	13,5	1500
Matières fécales	2,6	200
Évaporation	43,9	900
	60,0	2600

Figure 42.1 Le rat-kangourou, un champion de la conservation de l'eau, dans un désert du Nouveau-Mexique. Le tableau compare l'apport quotidien d'eau et sa déperdition chez le rat-kangourou et l'être humain. Même s'ils fonctionnent différemment à cet égard, les apports d'eau compensent les pertes d'eau chez les deux, comme c'est aussi le cas chez tous les animaux. L'objectif principal de ce chapitre est de montrer comment cet équilibre se réalise et pourquoi il est absolument essentiel.

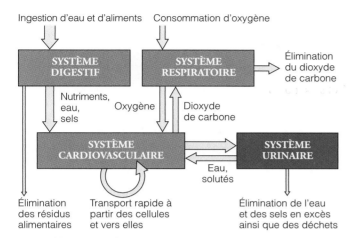

Figure 42.2 Les relations entre le système urinaire et les autres systèmes qui contribuent au maintien de l'homéostasie, soit la stabilisation des conditions permettant le bon fonctionnement de l'organisme animal.

Quand le rat-kangourou se repose au frais dans son terrier, il conserve et recycle son eau. Il humidifie et réchauffe l'air qu'il inspire et, lorsqu'il expire, l'humidité se condense dans ses fosses nasales plus fraîches, et peut humidifier à nouveau l'air au cours de l'inspiration suivante. Après une nuit occupée à la recherche de nourriture, le rat-kangourou vide ses abajoues pleines de graines. En sortant de sa bouche, celles-ci recueillent l'eau qui suinte de son nez. Quand le rat-kangourou mange ces graines humides, il récupère l'eau perdue.

Le rat-kangourou ne peut pas perdre d'eau par sa transpiration, car il est dépourvu de glandes sudoripares. Il perd de l'eau dans son urine, mais ses reins spécialisés n'en laissent pas échapper beaucoup. Les reins sont des organes servant à filtrer l'eau et les solutés du sang, y compris les sels dissous. Ils ajustent continuellement la quantité d'eau réabsorbée dans le sang par rapport à celle qui est perdue dans l'urine et ils déterminent quels solutés sont réabsorbés.

En général, les rats-kangourous et les autres animaux absorbent suffisamment d'eau et de solutés pour compenser leurs pertes quotidiennes (voir la figure 42.1). Dans ce chapitre, nous nous attarderons d'abord à montrer comment ils réalisent cet équilibre. Nous verrons par la suite comment les mammifères résistent à la chaleur, au froid et aux fluctuations souvent imprévisibles de la température dans les milieux terrestres.

En guise de point de départ, rappelons les principaux liquides internes présents chez la plupart des animaux. Le **liquide interstitiel** comble les espaces entre les cellules et entre les autres constituants des tissus. Le **sang**, un tissu conjonctif liquide, transporte des substances vers toutes les régions du corps grâce au système circulatoire. Le liquide interstitiel et la partie liquide du sang (le plasma) forment la plus grande partie du **liquide extracellulaire**. On donne le nom de **milieu intérieur** à l'ensemble des liquides extracellulaires d'un organisme pluricellulaire. Chez beaucoup d'animaux, un système urinaire bien développé contribue à maintenir le volume et la composition du liquide extracellulaire dans des limites acceptables pour le fonctionnement cellulaire. Nous verrons que les principaux systèmes de l'organisme agissent de concert avec le système urinaire pour réaliser cette fonction homéostatique (voir la figure 42.2).

Concepts-clés

1. Les animaux absorbent et perdent continuellement de l'eau et des solutés, et ils produisent sans cesse des déchets métaboliques. Malgré tous ces gains et toutes ces pertes, la composition et le volume du milieu intérieur se maintiennent dans l'ensemble dans des limites que peuvent tolérer les cellules.

2. Chez l'humain comme chez les autres vertébrés, le système urinaire se veut essentiel pour équilibrer l'apport et la déperdition d'eau et de solutés. Il filtre sans répit l'eau et les solutés du sang, il en récupère une certaine quantité et élimine le reste. Des quantités différentes d'eau et de solutés sont récupérées à différents moments, de façon à maintenir la constance du volume et de la composition du milieu intérieur.

3. Les reins représentent les organes responsables de la filtration du sang. Le système urinaire des mammifères comprend deux reins à l'intérieur desquels s'entassent un grand nombre de néphrons.

4. Dans sa partie proximale, chaque néphron forme une coupe autour d'un bouquet de capillaires sanguins, et recueille l'eau et les solutés qui s'en échappent. La plus grande partie du filtrat retourne au sang, en passant des parties tubulaires du néphron aux capillaires qui se faufilent entre elles.

5. L'eau et les solutés qui ne sont pas réabsorbés dans le sang au niveau des reins forment l'urine, le liquide qui est évacué à l'extérieur du corps. À tout moment, des mécanismes de régulation effectuent les ajustements amenant la formation d'une urine plus concentrée ou plus diluée. Deux hormones, l'ADH et l'aldostérone, jouent un rôle fondamental dans ces ajustements.

6. La température interne d'un animal résulte de la chaleur métabolique que produit ce dernier, de la chaleur qu'il absorbe de son environnement et de celle qu'il perd.

7. La température interne de l'organisme se maintient à l'intérieur de limites favorables grâce à la régulation de l'activité métabolique et à des adaptations morphologiques et comportementales.

LE SYSTÈME URINAIRE DES MAMMIFÈRES

[handwritten: ; contrer les modifications du Milieu intérieur (& des liquides extra cellulaires corporels)]

Le défi : contrer les modifications du milieu intérieur

Divers aliments solides et des boissons pénètrent de façon intermittente dans le tube digestif des mammifères. Par la suite, des quantités variables d'eau, de nutriments et d'autres substances sont absorbées dans le sang, qu'elles quitteront plus tard pour passer dans le liquide interstitiel et les cellules. De telles activités pourraient facilement modifier le volume et la composition du liquide extracellulaire au-delà des limites tolérables pour l'organisme. Toutefois, celui-ci effectue les ajustements compensatoires qui équilibrent les apports et les pertes d'eau et de solutés, de sorte que, en un temps donné, il en absorbe autant qu'il en élimine.

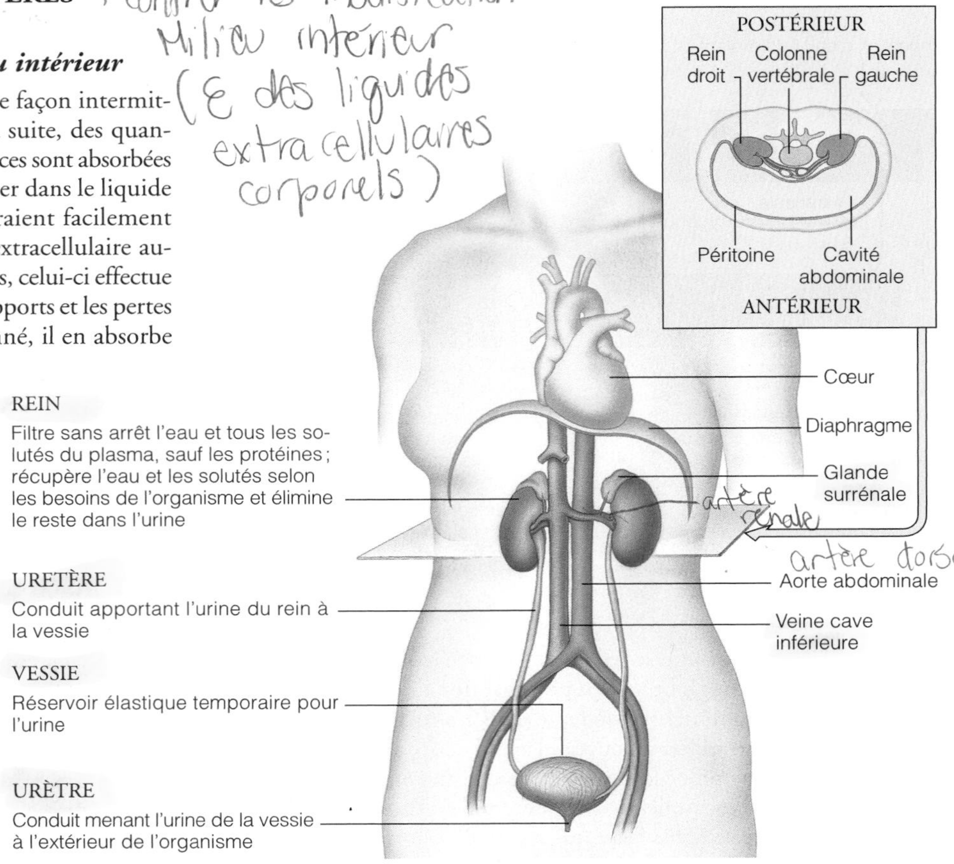

LES GAINS ET LES PERTES D'EAU Chez l'être humain et les autres mammifères, les apports d'eau proviennent essentiellement de deux sources :

L'absorption par le tube digestif *[handwritten: (de la soif p.749)]*
Le métabolisme

Le tube digestif absorbe une quantité considérable d'eau à partir des aliments solides et des liquides ingérés. Par ailleurs, l'eau est aussi un sous-produit normal de nombreuses réactions métaboliques. Chez les mammifères terrestres, la quantité d'eau qui pénètre dans l'intestin dépend d'abord du mécanisme de la soif. Un mammifère qui a perdu trop d'eau cherchera un ruisseau ou quelque autre source d'eau pour y boire. Nous abordons le mécanisme de la soif plus loin dans le présent chapitre.

Les pertes normales d'eau d'un mammifère sont attribuables aux quatre processus physiologiques suivants, dont le premier est le plus important :

L'excrétion urinaire *[handwritten: principal]*
L'évaporation à partir des poumons et de la peau
La transpiration (chez certaines espèces)
L'élimination intestinale

[handwritten: perte d'eau]

REIN
Filtre sans arrêt l'eau et tous les solutés du plasma, sauf les protéines ; récupère l'eau et les solutés selon les besoins de l'organisme et élimine le reste dans l'urine

URETÈRE
Conduit apportant l'urine du rein à la vessie

VESSIE
Réservoir élastique temporaire pour l'urine

URÈTRE
Conduit menant l'urine de la vessie à l'extérieur de l'organisme

POSTÉRIEUR
Rein droit — Colonne vertébrale — Rein gauche
Péritoine — Cavité abdominale
ANTÉRIEUR

Cœur
Diaphragme
Glande surrénale
[handwritten: artère rénale]
[handwritten: artère dorsale]
Aorte abdominale
Veine cave inférieure

Figure 42.3 Les organes du système urinaire humain et leurs fonctions. Les deux reins, les deux uretères et la vessie sont situés à l'extérieur du péritoine, la membrane séreuse tapissant la cavité abdominale (voir la section 25.1).

L'excrétion urinaire est le principal mécanisme responsable de la régulation des pertes d'eau. Ce mécanisme permet d'éliminer l'eau et les solutés en excès par la formation, dans un système urinaire comme celui qui est représenté à la figure 42.3, d'un liquide appelé *urine*. La perte d'eau peut aussi se produire par évaporation au niveau des surfaces respiratoires et, chez certaines espèces, par la transpiration. Finalement, l'élimination intestinale d'eau, bien que réelle, est très réduite chez un mammifère en bonne santé ; la plus grande partie de l'eau est absorbée et non éliminée dans les matières fécales.

LES APPORTS ET LES PERTES DE SOLUTÉS Quatre processus sont surtout responsables des apports de solutés chez les mammifères :

L'absorption digestive
La sécrétion par les cellules
La respiration
Le métabolisme

Par exemple, le tube digestif des mammifères absorbe des nutriments, des vitamines, des ions minéraux, des médicaments et des additifs alimentaires. Les sécrétions et les sous-produits du métabolisme cellulaire, tel le dioxyde de carbone, passent dans le liquide interstitiel puis dans le sang pour s'y dissoudre. Le système respiratoire fournit quant à lui l'oxygène au sang.

Les pertes de solutés des mammifères sont attribuables aux trois mécanismes suivants :

L'excrétion urinaire
La respiration
La transpiration (chez certaines espèces)

L'urine des mammifères contient différents déchets produits par la dégradation des composés organiques. De l'ammoniac se forme par exemple lorsque le groupement amine est retiré d'un acide aminé. Puis l'**urée**, un déchet important qui est éliminé dans l'urine, se forme dans le foie quand deux molécules d'ammoniac s'unissent à du dioxyde de carbone. On trouve également dans l'urine de l'acide urique (provenant de la dégradation des acides nucléiques et des acides aminés), des produits de dégradation de l'hémoglobine, des médicaments et des additifs alimentaires. En plus de ces pertes de solutés, certains mammifères perdent aussi des ions minéraux lorsqu'ils transpirent. Par ailleurs, tous les mammifères éliminent du dioxyde de carbone, le déchet le plus abondant, par leur respiration.

[handwritten: Urine = ammoniac (désamination) + urée (2 ammoniac liés à CO2) + acide urique (dégradation acides nucléiques et acides aminés) + bilirubine (Hb O2 dégradé) + ions minéraux + eau]

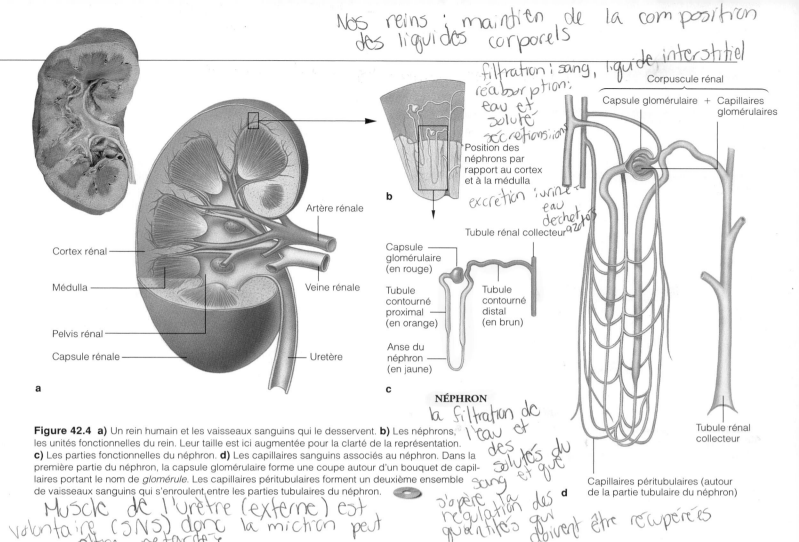

Handwritten annotations (top):
Nos reins : maintien de la composition des liquides corporels

filtration : sang, liquide interstitiel
réabsorption : eau et soluté
sécrétions :

excrétion : urine = eau déchets azotés

la filtration de l'eau et des solutés du sang et que s'opère la régulation des quantités qui doivent être récupérées

Figure 42.4 a) Un rein humain et les vaisseaux sanguins qui le desservent. **b)** Les néphrons, les unités fonctionnelles du rein. Leur taille est ici augmentée pour la clarté de la représentation. **c)** Les parties fonctionnelles du néphron. **d)** Les capillaires sanguins associés au néphron. Dans la première partie du néphron, la capsule glomérulaire forme une coupe autour d'un bouquet de capillaires portant le nom de *glomérule*. Les capillaires péritubulaires forment un deuxième ensemble de vaisseaux sanguins qui s'enroulent entre les parties tubulaires du néphron.

Figure labels: Artère rénale; Cortex rénal; Médulla; Pelvis rénal; Capsule rénale; Veine rénale; Uretère; a; b; Position des néphrons par rapport au cortex et à la médulla; Corpuscule rénal; Capsule glomérulaire + Capillaires glomérulaires; Tubule rénal collecteur; Capsule glomérulaire (en rouge); Tubule contourné proximal (en orange); Tubule contourné distal (en brun); Anse du néphron (en jaune); c; NÉPHRON; Tubule rénal collecteur; Capillaires péritubulaires (autour de la partie tubulaire du néphron); d

Handwritten (above left column):
Muscle de l'urètre (externe) est volontaire (SNS) donc la miction peut être retardée

Les composants du système urinaire

Les mammifères neutralisent constamment les modifications de la composition et du volume de leur milieu intérieur, surtout grâce à leur **système urinaire**. Celui-ci se compose des reins, des uretères, de la vessie et de l'urètre. Les **reins** d'un adulte humain sont des organes pairs en forme de haricot et de la taille approximative d'un poing (voir les figures 42.3 et 42.4). Une capsule de tissu conjonctif recouvre chacun d'eux. Des capillaires sanguins sillonnent leurs deux régions internes, le cortex et la médulla.

Les reins filtrent l'eau, les ions, les déchets organiques et d'autres substances du sang. Ils règlent ensuite la composition du filtrat et en retournent 99 % dans le sang. La petite quantité d'eau et de solutés qui n'est pas récupérée constitue l'urine. Par définition, l'**urine** est un liquide qui débarrasse l'organisme de l'eau et des solutés qui excèdent les quantités requises pour maintenir constants le volume et la composition du milieu intérieur.

Du rein, l'urine s'écoule dans l'**uretère**, un conduit tubulaire qui la mène jusqu'à la **vessie.** Celle-ci est un sac musculeux dans lequel l'urine est brièvement entreposée avant de s'écouler dans l'**urètre**, un conduit musculeux, qui s'ouvre à la surface du corps.

L'évacuation de l'urine, une activité réflexe, porte le nom de *miction*. Lorsque la vessie est pleine, un sphincter lisse situé autour de son col, à la jonction avec l'urètre, s'ouvre. Les muscles lisses de la vessie se contractent et poussent l'urine dans l'urètre. Une portion de ce conduit est entourée de muscles squelettiques qui, par leur contraction volontaire, peuvent empêcher la miction.

Le néphron, l'unité fonctionnelle du rein

Chaque rein humain contient plus de un million de **néphrons**, de fins tubules entassés dans des lobes qui s'étendent du cortex rénal jusque dans la médulla. C'est au niveau des néphrons que s'effectue la filtration de l'eau et des solutés du sang et que s'opère la régulation des quantités qui doivent être récupérées.

Dans la première partie du néphron, la **capsule glomérulaire** (ou capsule de Bowman) forme une coupe autour d'un bouquet de **capillaires glomérulaires** (le **glomérule**). La capsule et le glomérule constituent une unité de filtration du sang, le **corpuscule rénal** (voir la figure 42.4*d*). La capsule se prolonge par le **tubule contourné proximal**, l'**anse du néphron** (ou anse de Henle), qui adopte la forme d'une épingle à cheveux, et le **tubule contourné distal** (le plus éloigné de la capsule). La dernière portion du néphron est représentée par le **tubule rénal collecteur**, qui fait partie d'un système de conduits débouchant sur la cavité centrale du rein (le pelvis rénal), puis dans l'uretère.

Le sang ne se défait pas de toute son eau et de tous ses solutés. La portion qui n'est pas filtrée circule dans des capillaires qui se faufilent entre les parties tubulaires du néphron. L'eau et les solutés sont réabsorbés dans le sang de ces **capillaires péritubulaires** ; le sang emprunte ensuite des veines pour regagner la circulation générale.

Le système urinaire neutralise les modifications du volume et de la composition du milieu intérieur. Les reins filtrent l'eau et les solutés du sang. L'organisme en récupère la plus grande partie, mais les quantités excédentaires quittent les reins sous forme d'urine.

Handwritten (bottom):
Évacuation de l'urine = réflexe assuré par la contraction (SNA) de la musculeuse de la vessie et le relâchement du sphincter lisse de l'urètre interne — système nerveux autonome parasympathique

Filtrat : composition semblable au plasma sanguin (filtration non sélective)
Urine : filtrat après sécrétion et réabsorption
— urée
— eau
— sels
— hypertonique... sauf si on a bu bcp

LA FORMATION DE L'URINE

3 MÉCANISM

Trois mécanismes permettent la formation de l'urine par les néphrons : la filtration, la réabsorption tubulaire et la sécrétion tubulaire. Ces mécanismes reposent sur les propriétés des cellules de la paroi du néphron. Les mécanismes de transport membranaire de celles-ci et leur perméabilité varient en effet dans les différentes portions du néphron.

La pression artérielle résultant des battements cardiaques génère la **filtration** – le passage forcé de l'eau et de tous les solutés du sang, sauf les protéines, à partir des capillaires glomérulaires vers la chambre glomérulaire, c'est-à-dire l'espace rempli de liquide à l'intérieur de la capsule glomérulaire. Le filtrat dépourvu de protéines s'écoule ensuite dans le tubule contourné proximal (voir la figure 42.5).

La **réabsorption tubulaire** permet aux capillaires péritubulaires de récupérer la plus grande partie de l'eau et des solutés qui circulent dans le tubule contourné proximal (voir la figure 42.6). Par la suite, dans le tubule contourné distal, une régulation hormonale contribue à ajuster les quantités d'eau et de solutés qui sont conservées ou excrétées durant un intervalle donné.

Le sang qui circule dans les capillaires péritubulaires contient des ions en excès (surtout des ions H^+ et K^+), des métabolites comme l'urée, des neurotransmetteurs, de l'histamine et, parfois, des médicaments ou des toxines. Ces substances diffusent dans le liquide interstitiel entourant les capillaires péritubulaires et peuvent, grâce à la **sécrétion tubulaire**, pénétrer dans la portion tubulaire du néphron à l'aide de protéines de transport membranaire (voir la figure 5.5). Ces substances sont ensuite éliminées dans l'urine.

Les facteurs qui influencent la filtration

Chaque minute, environ 1,5 L de sang traverse les reins d'un adulte et 120 mL d'eau et de petits solutés sont filtrés dans les néphrons, ce qui correspond à 180 L de filtrat par jour ! Cet important taux de filtration est surtout attribuable à la perméabilité des capillaires glomérulaires, qui est de 10 à 100 fois plus élevée que celle des autres capillaires. La pression sanguine y est aussi plus élevée, parce que l'artériole afférente, qui apporte le sang au glomérule, a une lumière plus grande que l'artériole efférente, qui recueille le sang qui en sort. Le sang engorge ainsi le corpuscule rénal et contribue à y maintenir une pression élevée.

Le taux de filtration dépend aussi du débit sanguin dans les reins. Des mécanismes régulateurs nerveux, endocriniens et locaux maintiennent le débit, même si la pression sanguine se modifie. Par exemple, si une personne danse jusqu'au petit matin, son système nerveux émettra des commandes afin de détourner de ses reins une certaine quantité du sang qui s'y rend normalement pour le diriger vers les cellules du cœur et des muscles squelettiques qui ont un besoin accru d'oxygène. Une telle redistribution du volume sanguin repose sur une coordination de la vasoconstriction et de la vasodilatation des artérioles dans l'ensemble de l'organisme.

La paroi des artérioles qui apportent le sang aux néphrons est sensible à la pression. Ces artérioles peuvent se dilater si la pression sanguine diminue ou se contracter si elle augmente. Elles contribuent ainsi à maintenir le taux de filtration constant quand la pression sanguine

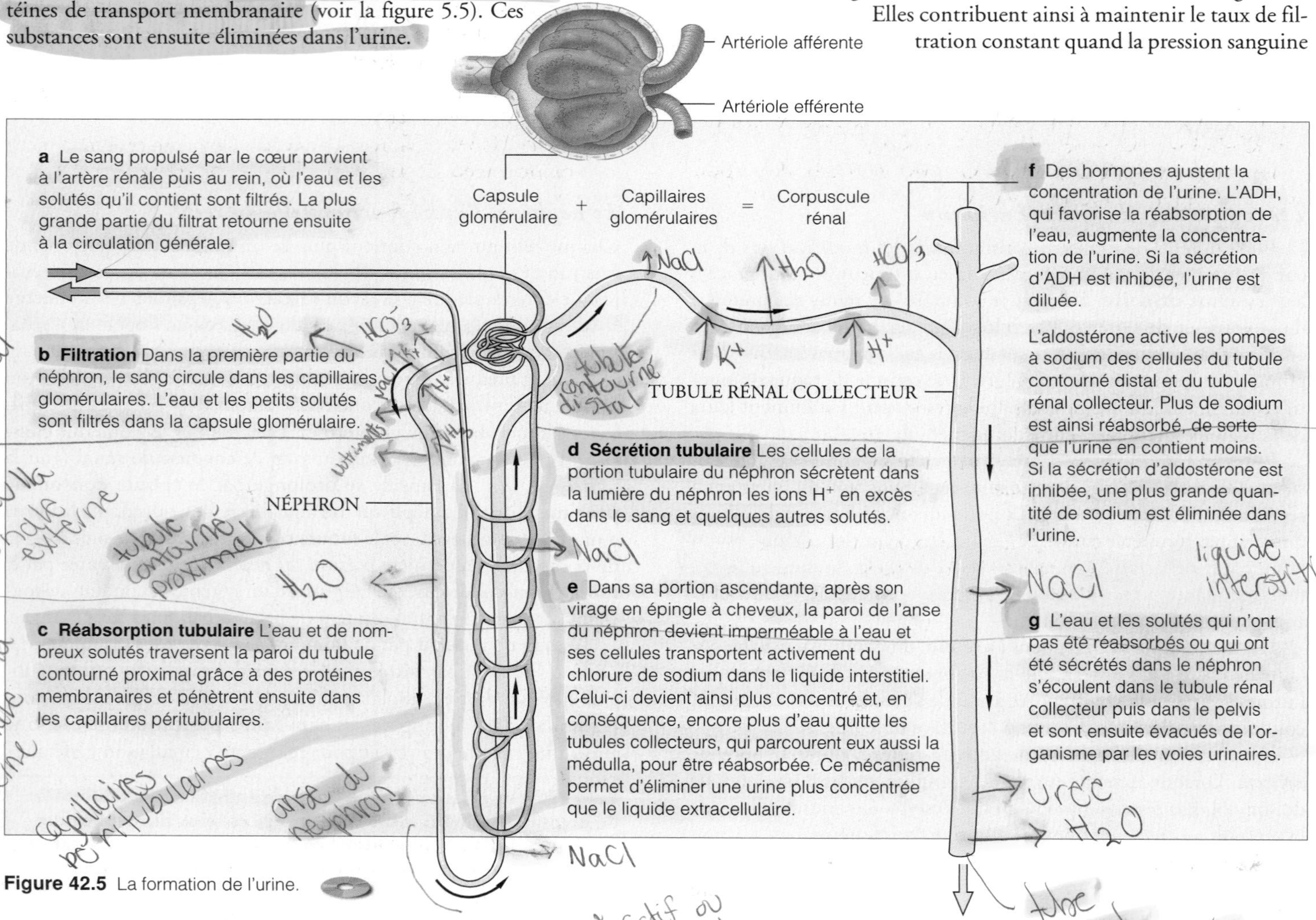

Figure 42.5 La formation de l'urine.

— Artériole afférente
— Artériole efférente

a Le sang propulsé par le cœur parvient à l'artère rénale puis au rein, où l'eau et les solutés qu'il contient sont filtrés. La plus grande partie du filtrat retourne ensuite à la circulation générale.

Capsule glomérulaire + Capillaires glomérulaires = Corpuscule rénal

b **Filtration** Dans la première partie du néphron, le sang circule dans les capillaires glomérulaires. L'eau et les petits solutés sont filtrés dans la capsule glomérulaire.

NÉPHRON

c **Réabsorption tubulaire** L'eau et de nombreux solutés traversent la paroi du tubule contourné proximal grâce à des protéines membranaires et pénètrent ensuite dans les capillaires péritubulaires.

d **Sécrétion tubulaire** Les cellules de la portion tubulaire du néphron sécrètent dans la lumière du néphron les ions H^+ en excès dans le sang et quelques autres solutés.

e Dans sa portion ascendante, après son virage en épingle à cheveux, la paroi de l'anse du néphron devient imperméable à l'eau et ses cellules transportent activement du chlorure de sodium dans le liquide interstitiel. Celui-ci devient ainsi plus concentré et, en conséquence, encore plus d'eau quitte les tubules collecteurs, qui parcourent eux aussi la médulla, pour être réabsorbée. Ce mécanisme permet d'éliminer une urine plus concentrée que le liquide extracellulaire.

TUBULE RÉNAL COLLECTEUR

f Des hormones ajustent la concentration de l'urine. L'ADH, qui favorise la réabsorption de l'eau, augmente la concentration de l'urine. Si la sécrétion d'ADH est inhibée, l'urine est diluée.

L'aldostérone active les pompes à sodium des cellules du tubule contourné distal et du tubule rénal collecteur. Plus de sodium est ainsi réabsorbé, de sorte que l'urine en contient moins. Si la sécrétion d'aldostérone est inhibée, une plus grande quantité de sodium est éliminée dans l'urine.

g L'eau et les solutés qui n'ont pas été réabsorbés ou qui ont été sécrétés dans le néphron s'écoulent dans le tubule rénal collecteur puis dans le pelvis et sont ensuite évacués de l'organisme par les voies urinaires.

cortex rénal
médulla rénale externe
médulla rénale interne
tubule contourné proximal
tubule contourné distal
anse du néphron
capillaires péritubulaires
liquide interstitiel
$NaCl$ H_2O HCO_3 K^+ H^+ urée H_2O

en rose : transport actif ou cotransport
en jaune : transport passif
filtre rénal collecteur

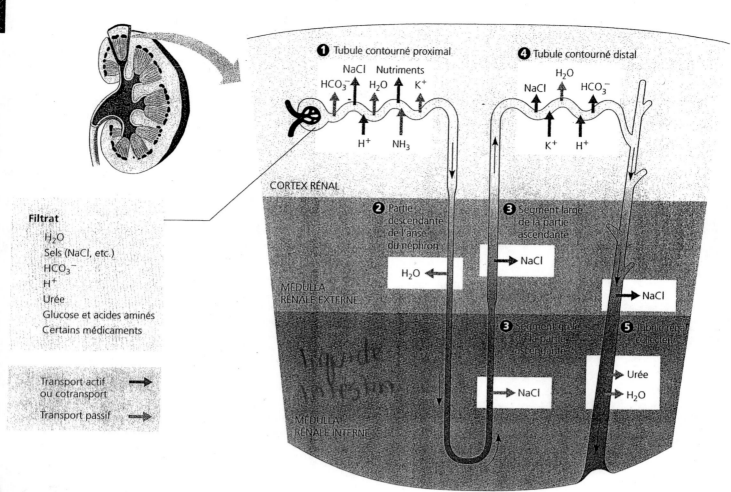

FIGURE 44.22 Le néphron et le tubule rénal collecteur : fonctions des différentes régions de l'épithélium de transport. Les éléments numérotés du schéma renvoient aux chiffres encerclés et mis en évidence dans le texte de la présente section.

élevée du liquide interstitiel présent dans la médulla rénale. L'exode de sel du filtrat se poursuit dans le segment large de la partie ascendante ; cependant, dans cette région, l'épithélium procède au transport actif de NaCl vers le liquide interstitiel. En perdant du sel sans perdre de l'eau, le filtrat se dilue progressivement, à mesure qu'il remonte vers le cortex rénal dans la partie ascendante de l'anse du néphron.

❹ **Tubule contourné distal.** Le tubule contourné distal constitue un autre site important de sécrétion et de réabsorption. Il joue un rôle clé dans la régulation de la concentration du K^+ et du NaCl dans les liquides corporels : il fait varier la quantité de K^+ sécrétée dans le filtrat et la quantité de NaCl réabsorbée du filtrat par cotransport ou transport actif. À l'instar du tubule contourné proximal, le tubule contourné distal participe à la régulation du pH, et ce, par la sécrétion contrôlée de H^+ à l'aide d'un transport actif et par la réabsorption des ions hydrogéno-carbonate (HCO_3^-) par cotransport.

❺ **Tubule rénal collecteur.** Le tubule rénal collecteur transporte le filtrat à travers la médulla rénale jusqu'au pelvis rénal. En réabsorbant activement le NaCl, l'épithélium de transport du tubule rénal collecteur joue un rôle important en ce qui a trait à la détermination de la quantité de sel excrétée dans

l'urine. L'épithélium est perméable à l'eau, mais pas au sel ni à l'urée (dans le cortex rénal). Ainsi, à mesure que le tubule rénal collecteur traverse le gradient d'osmolarité dans le rein, le filtrat se concentre de plus en plus en perdant de l'eau par osmose au profit du liquide interstitiel hyperosmotique. Dans la médulla rénale interne, l'épithélium du tubule rénal collecteur devient perméable à l'urée. En raison de sa concentration élevée dans le filtrat à ce moment, une certaine partie de l'urée diffuse (par transport passif) hors du tubule vers le liquide interstitiel. Avec le NaCl, cette urée interstitielle contribue de manière importante à l'osmolarité élevée du liquide interstitiel présent dans la médulla rénale. Et c'est cette osmolarité élevée du liquide qui permet au rein de conserver de l'eau en excrétant une urine hyperosmotique par rapport aux liquides corporels en général.

La capacité du rein mammalien à conserver l'eau est une adaptation essentielle à la vie terrestre

L'osmolarité du sang humain s'élève à environ 300 mmol/L, mais le rein peut excréter une urine jusqu'à quatre fois plus concentrée (dont l'osmolarité atteint 1 200 mmol/L). Quelques mammifères peuvent faire encore mieux. Par exemple, certaines souris du désert australien, qui vivent dans un milieu très sec,

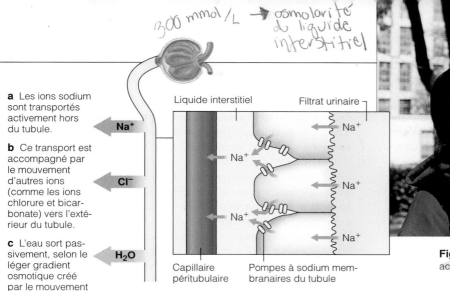

a Les ions sodium sont transportés activement hors du tubule.

Na⁺

b Ce transport est accompagné par le mouvement d'autres ions (comme les ions chlorure et bicarbonate) vers l'extérieur du tubule.

Cl⁻

c L'eau sort passivement, selon le léger gradient osmotique créé par le mouvement des ions.

H₂O

Liquide interstitiel

Filtrat urinaire

Na⁺

Na⁺

Na⁺

Na⁺

Na⁺

Na⁺

Capillaire péritubulaire

Pompes à sodium membranaires du tubule

(annotation manuscrite en haut : « 300 mmol/L → osmolarité du liquide interstitiel »)

Figure 42.6 Les pompes membranaires du tubule rénal. Leur activité s'ajuste selon les quantités d'eau et de sel ingérées.

varie, comme c'est le cas quand on pratique un exercice puis qu'on se repose ensuite.

La réabsorption de l'eau et du sodium

LE MÉCANISME DE LA RÉABSORPTION Les reins ajustent avec finesse la quantité d'eau et d'ions sodium que l'organisme excrète ou conserve. Si on boit trop d'eau ou pas assez, qu'on engloutit des croustilles salées ou qu'on perd trop de sodium par la sueur, la réaction ne tarde pas à se manifester. Quand le filtrat parvient au tubule contourné proximal, les cellules transportent activement des ions sodium vers le liquide interstitiel. D'autres ions suivent le sodium, ainsi que l'eau, qui quitte le filtrat par osmose. La paroi du tubule contourné proximal est si perméable qu'environ les deux tiers de l'eau du filtrat y sont ainsi réabsorbés (voir la figure 42.5*c* et *d*).

Le liquide interstitiel est plus concentré en sel près de la courbure de l'anse du néphron. L'eau sort du filtrat par osmose avant la courbure, de sorte que le liquide qui reste dans l'anse devient plus salé et finit par atteindre la même concentration que celle du liquide interstitiel. Dans sa portion ascendante, la paroi de l'anse devient imperméable à l'eau, mais le chlorure de sodium y est pompé dans le liquide interstitiel par des mécanismes de transport actif. Le liquide interstitiel devient ainsi plus concentré en sel, de sorte qu'il attire encore plus d'eau hors du filtrat qui ne fait qu'arriver dans la portion descendante de l'anse (voir la figure 42.5*e*).

Le retrait de sodium aide à diluer le liquide qui parvient au tubule contourné distal. À partir de là, des régulations ajusteront la concentration de l'urine (de très diluée à très concentrée).

LA RÉGULATION HORMONALE Lorsque le volume du liquide extracellulaire diminue ou que sa concentration osmotique augmente, l'hypothalamus commande la libération de l'hormone antidiurétique, ou **ADH**, par la neurohypophyse (voir la section 36.3). L'ADH se lie à des récepteurs du tubule contourné distal et du tubule rénal collecteur, et augmente la perméabilité de leur paroi à l'eau. Une plus grande quantité d'eau est ainsi réabsorbée, de sorte que l'urine devient plus concentrée (voir la figure 42.5*f*). Par contre, lorsque le volume du liquide extracellulaire est trop élevé ou que sa concentration est trop faible, la sécrétion d'ADH diminue ; les parois du tubule contourné distal et du tubule collecteur étant alors moins perméables, une moins grande quantité d'eau est réabsorbée, et l'urine demeure diluée.

L'**aldostérone** stimule la réabsorption du sodium. Quand les pertes de sodium sont importantes, le volume du liquide extracellulaire

diminue. En conséquence, la pression artérielle diminue également. Des cellules sensibles à la pression situées au niveau des artérioles afférentes des corpuscules rénaux sont alors stimulées et sécrètent de la rénine, une enzyme qui scinde une protéine plasmatique, dont l'un des fragments est converti en **angiotensine II**. Ce messager chimique agit sur des cellules du cortex surrénalien (une partie de la glande surrénale qui coiffe chaque rein) pour y stimuler la sécrétion d'aldostérone (voir la figure 42.3). Cette hormone accélère la réabsorption du sodium par les cellules du tubule contourné distal et du tubule rénal collecteur, de sorte que moins de sodium est excrété. À l'inverse, lorsqu'un surplus de sodium se retrouve dans l'organisme, la sécrétion d'aldostérone diminue, de sorte que le sodium est moins réabsorbé et davantage excrété.

LA SOIF Un **centre de la soif** situé dans l'hypothalamus déclenche un comportement de recherche d'eau. Les osmorécepteurs de ce centre détectent la diminution du volume sanguin et l'augmentation de concentration des solutés du sang. Les signaux émis par ces récepteurs activent le centre de la soif et les cellules cérébrales responsables de la sécrétion d'ADH. Ainsi, la prise d'eau augmente en même temps que l'excrétion urinaire est réduite.

L'angiotensine II stimule aussi la soif par ses effets directs sur les cellules cérébrales contrôlant la sécrétion d'ADH. Elle contribue de cette façon à ajuster l'équilibre sodique en même temps que l'équilibre hydrique. La soif se déclenche aussi quand des terminaisons nerveuses libres détectent la sécheresse de la bouche, l'un des premiers signes de déshydratation.

Dans les reins, la filtration, la réabsorption et la sécrétion contribuent à maintenir la composition et le volume du liquide extracellulaire.

Le taux de filtration du sang dépend de la pression artérielle élevée générée par les battements du cœur et de la régulation – nerveuse, hormonale et locale – de la quantité de sang qui circule dans les reins.

Le tubule contourné proximal réabsorbe la plus grande partie de l'eau et des solutés filtrés. Certains ajustements se font dans le tubule contourné distal : l'ADH favorise la conservation de l'eau (la concentration de l'urine), tandis que l'aldostérone favorise celle du sodium (la dilution de l'urine).

Certains solutés en excès diffusent hors des capillaires péritubulaires vers le liquide interstitiel puis, grâce à la sécrétion tubulaire, ils pénètrent dans le néphron pour être excrétés par la suite.

Quand les reins tombent en panne

On a sans doute compris, arrivé à ce point du chapitre, que la santé repose sur le bon fonctionnement des reins. Il peut arriver, par suite d'une maladie ou d'un accident, que les néphrons des deux reins d'une personne soient endommagés et ne soient plus en mesure d'accomplir leurs fonctions de régulation et d'excrétion. Cet état, qui porte le nom d'**insuffisance rénale**, est irréversible lorsqu'il est chronique.

L'insuffisance rénale peut être provoquée par des agents infectieux qui atteignent le rein par la voie sanguine ou par l'urètre. Elle peut également apparaître par suite d'une ingestion de plomb, d'arsenic, de pesticides ou d'autres toxines. La prise prolongée de fortes doses d'aspirine ou d'autres médicaments peut aussi la provoquer. La rétention anormale de déchets métaboliques qui accompagne l'insuffisance rénale, comme les sous-produits de la dégradation des protéines, occasionne une intoxication urémique. L'athérosclérose, l'insuffisance cardiaque, une hémorragie ou un état de choc font diminuer le flux sanguin et perturbent la pression de filtration dans les reins.

Des complexes immuns circulants peuvent se déposer dans le glomérule et provoquer une glomérulonéphrite, une maladie plutôt rare heureusement. S'ils ne sont pas supprimés par des macrophagocytes ils continueront d'activer le complément et d'autres agents qui causent une inflammation étendue et des dommages tissulaires.

Des calculs rénaux se forment lorsque de l'acide urique, des sels de calcium et d'autres déchets présents dans l'urine se déposent dans le pelvis rénal. En général, ces concrétions sont éliminées avec l'urine, mais il peut arriver qu'elles se logent dans l'uretère ou dans l'urètre. Si elles interrompent l'écoulement de l'urine, on devra les retirer par diverses interventions (médicaments, chirurgie) afin de prévenir l'insuffisance rénale.

Aux États-Unis seulement, environ 13 millions de personnes souffrent d'insuffisance rénale. L'usage d'un hémodialyseur parvient souvent à rétablir chez elles l'équilibre des solutés. Cet appareil agit comme un rein artificiel en permettant de rétablir la composition du liquide extracellulaire par l'ajustement sélectif des solutés du sang. Une dialyse est en fait un échange de substances à travers une membrane artificielle séparant deux solutions de composition différente.

Lors d'une hémodialyse, l'appareil, branché sur une artère ou une veine, pompe le sang du patient dans des tubes submergés dans un bain d'eau salée. Les échanges entre le mélange de sels, de glucose et d'autres substances de ce bain et le sang rétablissent les concentrations normales des solutés dans celui-ci, qui retourne ensuite dans le corps. On doit se soumettre à la dialyse rénale trois fois par semaine afin d'obtenir un résultat optimal. Chaque fois, le traitement dure environ quatre heures, car le sang du patient doit circuler à plusieurs reprises dans le bain pour améliorer sa concentration de solutés.

Au cours d'une dialyse péritonéale, on introduit une solution dans la cavité abdominale du patient ; ce liquide demeure en place pendant une durée déterminée, puis est retiré. Dans ce cas, c'est le revêtement même de la cavité, le péritoine, qui agit comme membrane de dialyse.

La dialyse rénale se veut une mesure temporaire dans les cas de troubles rénaux réversibles. Dans les cas chroniques, le patient devra s'y soumettre durant toute sa vie, à moins qu'une transplantation lui procure un nouveau rein fonctionnel. Ce traitement, conjugué à un régime contrôlé, permet à de nombreux patients de reprendre des activités assez normales.

L'ÉQUILIBRE ACIDO-BASIQUE DE L'ORGANISME

En plus de maintenir la constance du volume et de la composition du liquide extracellulaire, les reins contribuent à l'empêcher de devenir trop acide ou trop basique (alcalin). L'**équilibre acido-basique** global de ce liquide est obtenu par la régulation de la concentration des ions H^+ et d'autres ions dissous. L'importance du maintien de cet équilibre est soulignée par l'acidose métabolique, un état dont les conséquences peuvent être létales. Ce désordre survient lorsque les reins ne parviennent pas à excréter suffisamment d'ions H^+ par rapport à ceux qui se forment au cours du métabolisme.

Des systèmes tampons, la respiration et l'excrétion urinaire agissent de concert pour réguler l'équilibre acido-basique. Un système tampon, rappelons-le, est constitué d'un acide et d'une base faibles qui peuvent se lier de façon réversible avec des ions, de façon à réduire au minimum les variations de pH (voir la section 2.6).

Normalement, le pH du liquide extracellulaire du corps humain se maintient entre 7,35 et 7,45. Comme nous le savons, un acide diminue le pH et une base l'augmente. Des substances acides ou basiques diverses pénètrent dans le sang après leur absorption par le tube digestif ou en tant que sous-produits normaux du métabolisme. En règle générale, les activités cellulaires produisent un excédent d'acides, qui se dissocient en H^+ et en d'autres ions, de sorte que le pH diminue. Cet effet perd de l'ampleur quand les ions hydrogène en excès réagissent avec des molécules tampons, par exemple dans le système acide carbonique-bicarbonate :

$$H^+ + HCO_3^- \rightleftharpoons H_2CO_3 \rightleftharpoons CO_2 + H_2O$$

BICARBONATE   ACIDE CARBONIQUE

Dans le cas présent, le bicarbonate neutralise les ions H^+ en excès, et le dioxyde de carbone qui se forme au cours des réactions est éliminé par les poumons. Cependant, comme les autres systèmes tampons de l'organisme, celui-ci n'a qu'un effet temporaire puisqu'il n'élimine pas les ions H^+. Seul le système urinaire peut les éliminer et, de ce fait, restaurer les systèmes tampons.

Les mêmes réactions se déroulent à l'inverse dans les cellules de la paroi des tubules rénaux. Les ions HCO_3^- se déplacent vers le liquide interstitiel puis dans les capillaires péritubulaires, après quoi ils empruntent la circulation générale pour jouer leur rôle de tampon en neutralisant l'acidité excédentaire. Les ions H^+ sont sécrétés dans le filtrat urinaire, où ils peuvent s'unir au HCO_3^-. Le CO_2 ainsi formé peut retourner dans le sang, puis être éliminé par la respiration. Les ions H^+ peuvent aussi se combiner avec des ions phosphate ou de l'ammoniac (NH_3) pour être éliminés dans l'urine.

Les reins agissent de concert avec les systèmes tampons, qui neutralisent les acides et les bases, et avec le système respiratoire pour empêcher le liquide extracellulaire de devenir trop acide ou trop basique (alcalin).

Le système tampon acide carbonique-bicarbonate neutralise temporairement les ions hydrogène en excès. Seul le système urinaire élimine des ions H^+ en excès et restaure ainsi les tampons.

Le système tampon acide carbonique-bicarbonate constitue l'un des mécanismes-clés dans le maintien de l'équilibre acido-basique.

DES POISSONS, DES GRENOUILLES ET DES RATS-KANGOUROUS

Maintenant que nous avons exposé comment l'organisme humain s'y prend pour maintenir des niveaux adéquats d'eau et de solutés, voyons ce qui se passe chez certains autres vertébrés, y compris le rat-kangourou que nous avons suivi dans sa quête de graines au début de ce chapitre.

Les poissons osseux et les amphibiens qui vivent en eau douce acquièrent de l'eau et perdent des solutés (voir la figure 42.7*a*). Ils ne se procurent pas leur eau en buvant ; celle-ci pénètre plutôt dans leur milieu intérieur par osmose. Elle diffuse à travers les fines membranes des branchies des poissons et la peau des amphibiens adultes. L'eau en excès est éliminée dans l'urine diluée formée par les reins. Ces deux groupes de vertébrés compensent leurs pertes de solutés par leur nourriture ou par le transport actif du sodium au niveau de leurs branchies ou de leur peau.

Les liquides corporels du hareng, du vivaneau et des autres poissons marins se veulent environ trois fois moins salés que l'eau de mer. Ces poissons perdent de l'eau par osmose et ils la remplacent en buvant davantage. Ils excrètent les solutés ingérés à l'encontre de leurs gradients de concentration (voir la figure 42.7*b*). Les reins de ces poissons sont dépourvus d'anses du néphron, de sorte que l'urine ne peut pas devenir plus concentrée que les liquides corporels. Des cellules de leurs branchies transportent activement hors du sang la plus grande partie des solutés en excès.

La figure 42.7*c* décrit comment un saumon, qui passe une partie de sa vie en eau douce et l'autre en eau salée, réalise son équilibre eau-solutés.

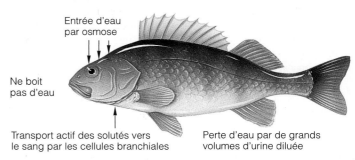

Entrée d'eau par osmose

Ne boit pas d'eau

Transport actif des solutés vers le sang par les cellules branchiales

Perte d'eau par de grands volumes d'urine diluée

a Poisson osseux dulcicole (liquides corporels beaucoup plus salés que le milieu)

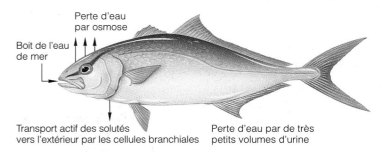

Perte d'eau par osmose

Boit de l'eau de mer

Transport actif des solutés vers l'extérieur par les cellules branchiales

Perte d'eau par de très petits volumes d'urine

b Poisson osseux marin (liquides corporels moins salés que le milieu)

Figure 42.7 a) et **b)** L'équilibre eau-solutés chez les poissons.

c) L'équilibre eau-solutés chez le saumon, qui vit en eau salée et en eau douce. Les saumons naissent en effet dans des ruisseaux et suivent plus tard le courant pour atteindre la mer, où ils se nourrissent et atteignent leur maturité. Ils retournent par la suite à leur ruisseau d'origine pour frayer.

Pour la plupart des saumons, la tolérance au sel résulte d'une modification des taux hormonaux qui semble déclenchée par l'augmentation de la longueur du jour au printemps. La prolactine, une hormone hypophysaire, joue un rôle déterminant dans la rétention du sodium dans les habitats dulcicoles. En effet, comme l'ont démontré certaines expériences, des poissons à qui on a retiré l'hypophyse meurent par suite de pertes de sodium, mais ceux à qui on administre de la prolactine survivent.

La tolérance au sel des saumons repose sur le cortisol, une hormone stéroïde du cortex surrénalien. On a établi une corrélation entre la sécrétion de cette hormone et l'augmentation de l'excrétion du sodium, de l'activité des pompes à sodium et à potassium dans les branchies et de l'absorption digestive d'ions et d'eau. La sécrétion de cortisol – et donc la tolérance au sel – augmente avant la migration du jeune saumon vers la mer.

Saumon évitant un ours brun tout en maintenant son équilibre eau-solutés

c

Que dire du rat-kangourou ? Les anses de ses néphrons sont, toutes proportions gardées, considérablement plus longues que les nôtres, ce qui signifie qu'une grande quantité de sodium est transportée hors du néphron. La concentration en solutés du liquide interstitiel dans lequel baignent les anses devient par conséquent très élevée. Le gradient osmotique entre le liquide à l'intérieur des anses du néphron et l'urine est tellement marqué que pratiquement toute l'eau qui atteint le tubule collecteur, aussi long que l'anse, est réabsorbée. Le rat-kangourou ne produit qu'une quantité minime d'urine et celle-ci est de trois à cinq fois plus concentrée que l'urine la plus concentrée des êtres humains.

Les systèmes urinaires des vertébrés diffèrent par certaines de leurs particularités, comme la longueur de l'anse du néphron. Ils sont adaptés pour équilibrer les apports et les pertes d'eau et de solutés dans des habitats particuliers.

LE MAINTIEN DE LA TEMPÉRATURE CENTRALE DE L'ORGANISME

Nous abordons maintenant un autre aspect important du milieu intérieur, soit sa température. De nombreuses réactions physiologiques et comportementales contribuent à maintenir la **température centrale** de l'organisme dans les limites de tolérance de ses enzymes. La température centrale constitue la température interne du corps, par opposition à la température des tissus qui se trouvent près de sa surface.

Les gains et les déperditions de chaleur

La température centrale de l'organisme dépend de la chaleur absorbée par le corps et de la chaleur produite par les réactions métaboliques. Elle est aussi affectée par la chaleur que l'organisme perd au profit d'un environnement plus frais. La température centrale reste stable quand le taux de déperdition de chaleur est en équilibre avec la production de chaleur et l'apport de chaleur par l'environnement. Le contenu thermique d'un animal dépend donc de la somme de ces gains et de ces pertes :

$$\begin{array}{ccccc} \text{FLUCTUATION DE LA} \\ \text{CHALEUR CORPORELLE} \end{array} = \begin{array}{c} \text{CHALEUR} \\ \text{PRODUITE} \end{array} + \begin{array}{c} \text{CHALEUR} \\ \text{GAGNÉE)} \end{array} - \begin{array}{c} \text{CHALEUR} \\ \text{PERDUE} \end{array}$$

Les gains et les pertes de chaleur se produisent au niveau de la peau et de certaines autres surfaces par suite d'échanges qui dépendent de quatre phénomènes : le rayonnement, la conduction, la convection et l'évaporation.

Par **rayonnement**, la surface d'un corps chaud émet de la chaleur sous forme d'énergie radiante. Par exemple, beaucoup de longueurs d'onde continuellement émises par le soleil se situent dans le domaine infrarouge, une forme d'énergie thermique. De même, l'activité métabolique des animaux génère de la chaleur qu'ils émettent par rayonnement.

Au cours de la **conduction**, il se produit un transfert thermique entre un animal et une surface de température différente avec laquelle il est en contact direct. Un animal perd ainsi de la chaleur quand il entre en contact avec une surface plus froide que lui, tandis qu'il en gagne quand il est en contact avec une surface plus chaude (voir la figure 42.8).

L'air ou l'eau en mouvement peuvent transférer de la chaleur par **convection**, un phénomène dans lequel la conduction joue un rôle, car la chaleur se déplace selon un gradient thermique entre le corps et l'air ou l'eau qui l'entoure. Le transfert de masse y joue aussi un

Tableau 42.1	*La température corporelle et la température de l'environnement*
Intervalle des températures internes permettant les activités métaboliques :	0 °C à 40 °C
Intervalle des températures de l'air au-dessus des surfaces terrestres :	− 70 °C à + 85 °C
Intervalle des températures de surface de l'océan :	− 2 °C à + 30 °C

rôle, puisque des courants éloignent la chaleur loin du corps ou l'en rapprochent. En effet, l'air réchauffé, en devenant moins dense, s'éloigne du corps. Même quand l'air est immobile, le corps perd de la chaleur, car ses mouvements créent de la convection.

Un liquide se transforme en gaz par **évaporation** et de la chaleur se dissipe au cours de ce processus, puisque c'est la chaleur du liquide qui fournit l'énergie pour cette conversion (voir la section 2.5). L'évaporation à la surface du corps produit donc un effet de refroidissement parce que les molécules d'eau qui s'échappent apportent avec elles une certaine quantité d'énergie thermique.

Le taux d'évaporation dépend de l'humidité et de l'agitation de l'air. L'eau ne s'évapore pas si l'air près de la surface du corps est déjà saturé d'eau, c'est-à-dire si l'humidité relative y est de 100 %. Par contre, quand l'air est chaud et sec, l'évaporation peut représenter le seul moyen de lutter contre l'élévation de la température en raison de la production métabolique de chaleur et des gains thermiques résultant du rayonnement et de la convection.

Les ectothermes, les endothermes et les autres

Les animaux peuvent régler, par leur comportement et leur physiologie, la quantité de chaleur qu'ils gagnent ou qu'ils perdent. Certains sont toutefois mieux équipés que les autres pour accomplir ces tâches. Les amphibiens, les serpents, les lézards et les autres reptiles font partie des animaux qui ont un faible taux métabolique et une isolation médiocre (voir la figure 42.8). Ils absorbent rapidement de la chaleur, surtout ceux faisant partie des petites espèces, et leur température centrale dépend plus des gains thermiques réalisés aux dépens de leur environnement que de leurs activités métaboliques. C'est pourquoi on désigne ces organismes sous le nom d'**ectothermes**.

Lorsque la température extérieure change, l'ectotherme doit modifier son comportement afin de procéder à la régulation comportementale de sa température. L'iguane qu'on voit à la page 565 doit par exemple se prélasser sur les rochers chauffés par le soleil pour se réchauffer. Il oriente constamment son corps afin d'en exposer la plus grande partie possible aux rayons infrarouges du soleil. Étant donné qu'il perd de la chaleur après le coucher du soleil, il se faufile, avant que son taux métabolique diminue, dans une crevasse ou sous les rochers, là où la déperdition de chaleur est moins importante et où il est moins exposé aux prédateurs.

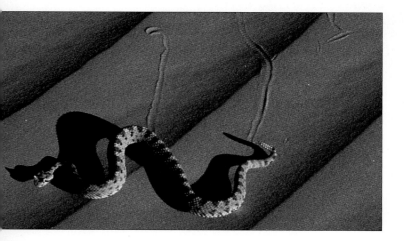

Figure 42.8 Un crotale laissant son empreinte caractéristique sur le sable au crépuscule. Comment cet ectotherme peut-il se procurer de la chaleur ou en perdre ?

Figure 42.9 Des adaptations à court et à long terme aux températures du milieu. **a)** Par une froide nuit d'hiver, des suricates, bien loin des terriers de leur habitat naturel, absorbent de l'énergie radiante dans un zoo d'Allemagne. **b)** Le durbec des sapins est pourvu de plumes ébouriffées qui l'isolent du froid de l'hiver. Les suricates et le durbec font partie des endothermes. **c)** Les dromadaires, des hétérothermes occasionnels, laissent leur température centrale s'élever d'autant que 14 °C durant les heures les plus chaudes du jour.

La plupart des oiseaux et des mammifères se veulent des **endothermes**. Leur taux métabolique élevé leur permet de demeurer actifs sous des conditions variées de température. (Par comparaison avec un lézard du même poids, une souris en quête de nourriture dépense jusqu'à 30 fois plus d'énergie.) C'est le métabolisme associé à des régulations morphologiques et comportementales qui permettent alors le maintien de la température centrale. Des plumes ébouriffées, un pelage épais, des couches de graisse et même des vêtements limitent la déperdition de chaleur (voir la figure 42.9*a* et *b*).

Les mammifères des climats froids sont souvent plus massifs que leurs proches parents des climats plus chauds. Par exemple, le lièvre d'Amérique (voir la figure 47.8) est pourvu d'un corps beaucoup plus compact, ainsi que de pattes et d'oreilles beaucoup plus courtes que le lièvre de Californie qu'on rencontre dans le Sud-Ouest américain. Son corps contient ainsi un plus grand volume de cellules productrices de chaleur métabolique, par rapport à la surface exposée aux déperditions de chaleur. De surcroît, la chaleur qui se dissipe de ses pattes et de ses oreilles se veut de beaucoup inférieure à celle que le lièvre de Californie peut perdre par ses longues extrémités.

Certains oiseaux et certains mammifères se comportent parfois comme des **hétérothermes** (par opposition aux **homéothermes**, qui exercent une régulation de leur température corporelle). Même s'ils maintiennent une température centrale assez constante à certains moments, ces animaux peuvent supporter des variations importantes de température dans d'autres circonstances. Par exemple, la température centrale du dromadaire s'élève pendant la partie la plus chaude de la journée dans le désert, puis s'abaisse durant la nuit (voir la figure 42.9*c*). Un mécanisme hypothalamique hausse le point de consigne du « thermostat » du dromadaire durant la journée sans provoquer d'effet négatif. Les colibris offrent un autre exemple d'hétérothermie : ces minuscules oiseaux, qui possèdent un taux métabolique élevé, repèrent et boivent le nectar durant la journée seulement. La nuit, ils peuvent cesser presque toutes leurs activités : leur taux métabolique baisse considérablement et leur température diminue jusqu'à s'approcher de celle de leur environnement. Ils conservent de cette façon une énergie précieuse.

Les dromadaires adoptent certains comportements en réaction à la température extérieure, comme lorsqu'ils s'étendent sur des surfaces rafraîchies par la nuit. Ils ne halètent pas et ne transpirent pas, à moins que leur température centrale ne se soit considérablement élevée. De plus, les poils longs et épais du pelage de leur dos renvoient à l'environnement une partie de la chaleur radiante qu'ils ont absorbée par convection et par rayonnement.

Les ectothermes sont généralement favorisés dans les régions chaudes et humides, en particulier sous les tropiques. Ayant besoin de peu d'énergie pour maintenir leur température centrale, ils peuvent en consacrer davantage à la reproduction et à d'autres tâches. Aussi, sur le plan du nombre et de la diversité, les reptiles dépassent-ils largement les mammifères dans les régions tropicales. Les endothermes sont plutôt avantagés dans les régions tempérées et froides. Le lièvre d'Amérique, le renard arctique et d'autres endothermes occupent ainsi des habitats polaires où un lézard, par exemple, n'aurait aucune chance de survivre.

La température centrale d'un animal se maintient quand les gains et les pertes de chaleur sont en équilibre.

Le métabolisme génère dans l'organisme de la chaleur qui peut se déplacer selon des gradients thermiques entre la surface du corps et l'environnement par rayonnement, conduction et convection. La refroidissement par évaporation dissipe de la chaleur du corps.

Les animaux présentent des adaptations morphologiques, physiologiques et comportementales aux températures de l'environnement. La chaleur des ectothermes provient surtout de leur environnement, alors que les endothermes génèrent la chaleur de l'intérieur. Les hétérothermes, à l'opposé des homéothermes, n'exercent pas de régulation de leur température interne.

LA THERMORÉGULATION CHEZ LES ANIMAUX

Les centres régulateurs de la température centrale des mammifères se situent dans l'hypothalamus. Celui-ci reçoit de façon continue des données en provenance des thermorécepteurs périphériques de la peau et des thermorécepteurs centraux situés à l'intérieur du corps (voir la figure 42.10). Lorsque la température s'écarte de son point de consigne, les centres thermorégulateurs élaborent des réponses complexes qui mettent en jeu les muscles squelettiques, les muscles lisses des artérioles qui irriguent la peau et, souvent, les glandes sudoripares. Des boucles de rétroaction négative, dirigées vers l'hypothalamus, interrompent ces réactions au retour d'une température convenable. Il pourrait être intéressant ici de revoir la section 28.3.

Les réactions déclenchées par la chaleur

Le tableau 42.2 dresse une liste des principales réactions des mammifères à un stress thermique. Lorsque la température centrale d'un mammifère augmente trop, les centres thermorégulateurs de l'hypothalamus commandent une **vasodilatation périphérique**, amenant la dilatation des vaisseaux sanguins cutanés. Une plus grande quantité de sang peut ainsi atteindre la peau, qui se charge de dissiper la chaleur en excès (voir la figure 42.10).

Le **refroidissement par évaporation** se définit comme une réaction déclenchée par un stress thermique, laquelle se produit au niveau des surfaces respiratoires humides et de la peau grâce à la transpiration ou à d'autres adaptations. L'être humain et d'autres mammifères possèdent par exemple des glandes sudoripares qui libèrent de la sueur, un mélange d'eau et de solutés, par des pores situés à la surface de la peau. Un adulte humain moyen compte 2,5 millions ou plus de ces glandes. L'évaporation de chaque litre de sueur entraîne la déperdition de 2510 kJ d'énergie thermique.

Toutefois, la sueur qui ruisselle sur la peau ne dissipe pas de chaleur. La température externe doit être suffisamment élevée pour permettre à l'eau de la sueur de s'évaporer. Ainsi, par une journée chaude et humide, le taux d'évaporation ne peut égaler le taux de sécrétion de sueur parce que l'humidité de l'air ralentit le processus. Au cours d'un exercice intense, la transpiration peut contribuer à compenser la production de chaleur par les muscles squelettiques. Toutefois, une sudation extrême, comme au cours d'un marathon, s'accompagne de la perte de sels vitaux (en particulier le chlorure de sodium) et d'eau. Ces pertes importantes de solutés peuvent perturber le volume et la composition du liquide extracellulaire à un point tel qu'un coureur peut s'effondrer et s'évanouir.

Qu'en est-il des mammifères qui ne transpirent pratiquement pas ? Certains adoptent des réactions comportementales, comme lécher leur pelage ou haleter. Le halètement consiste en des respirations rapides et peu profondes qui augmentent l'évaporation au niveau des voies respiratoires. Le corps se rafraîchit ainsi quand l'eau s'évapore des cavités nasales, de la bouche et de la langue (voir la figure 28.9).

Il arrive parfois que la vasodilatation et le refroidissement par évaporation ne parviennent pas à contrer le stress dû à la chaleur et que l'hyperthermie s'installe. Une telle augmentation de la température centrale, même si elle n'est que de quelques degrés au-dessus de la normale, peut entraîner des conséquences graves chez l'être humain et les autres endothermes.

La fièvre

La fièvre, rappelons-le, fait partie de la réaction inflammatoire à une lésion tissulaire (voir la section 39.3). L'hypothalamus modifie alors le réglage du thermostat que possède l'organisme pour déterminer où la température centrale doit se maintenir. Même si les mécanismes qui augmentent la production de chaleur métabolique et qui diminuent la déperdition de chaleur sont à l'œuvre au cours de la fièvre, ils s'appliquent maintenant à maintenir une température plus élevée. C'est pourquoi une personne tremble de froid lors d'un accès de fièvre. Ensuite, quand la fièvre « tombe » et que son corps essaie de rétablir la température centrale normale, elle a trop chaud et elle transpire abondamment à cause de la vasodilatation périphérique.

L'acide acétylsalicylique (comme l'Aspirine^MD) et d'autres médicaments anti-inflammatoires peuvent abaisser la fièvre, mais ils risquent ce faisant de

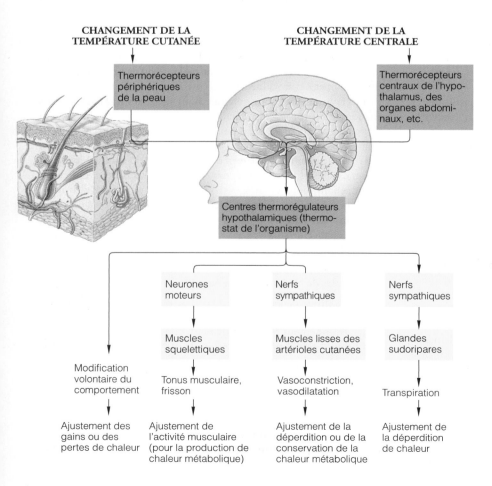

CHANGEMENT DE LA TEMPÉRATURE CUTANÉE

CHANGEMENT DE LA TEMPÉRATURE CENTRALE

Thermorécepteurs périphériques de la peau

Thermorécepteurs centraux de l'hypothalamus, des organes abdominaux, etc.

Centres thermorégulateurs hypothalamiques (thermostat de l'organisme)

Neurones moteurs | Nerfs sympathiques | Nerfs sympathiques

Muscles squelettiques | Muscles lisses des artérioles cutanées | Glandes sudoripares

Modification volontaire du comportement | Tonus musculaire, frisson | Vasoconstriction, vasodilatation | Transpiration

Ajustement des gains ou des pertes de chaleur | Ajustement de l'activité musculaire (pour la production de chaleur métabolique) | Ajustement de la déperdition ou de la conservation de la chaleur métabolique | Ajustement de la déperdition de chaleur

Figure 42.10 Les ajustements physiologiques et comportementaux d'un mammifère type aux fluctuations de la température externe. On a choisi pour exemple les principales voies de la thermorégulation chez l'être humain.

Tableau 42.2	*Les réactions des mammifères aux changements de leur température centrale*	
Stimulus	Réactions principales	Résultat
Chaleur	Vasodilatation périphérique ; ajustements comportementaux ; transpiration et halètement chez certaines espèces	Dissipation de la chaleur corporelle
	Diminution de l'activité musculaire	Diminution de la production de chaleur
Froid	Vasoconstriction périphérique généralisée ; réflexe pilomoteur ; ajustements comportementaux (par exemple, diminution de la surface exposée)	Conservation de la chaleur corporelle
	Augmentation de l'activité musculaire ; frisson ; production de chaleur sans frisson	Augmentation de la production de chaleur

Figure 42.11 Le cas de l'ours blanc (ou ours polaire, *Ursus maritimus*). À la différence des autres ours, qui entrent en torpeur, l'ours blanc demeure actif tout au long du rude hiver arctique. La couche la plus externe de son pelage est constituée de grossiers poils de garde creux sur lesquels l'eau glisse lorsqu'il se secoue après un bain, un comportement qui contribue à empêcher son corps de se refroidir. La sous-couche de poils, épaisse et douce, retient la chaleur. Une couche de tissu adipeux brun, qui atteint fréquemment plus de 10 cm d'épaisseur, se trouve sous la peau et produit de la chaleur métabolique en plus de former une couche isolante.

Les centres de régulation hypothalamique, qui ajustent la température centrale des ours blancs et des autres mammifères homéothermes, réagissent à un refroidissement de la peau et du sang atteignant à peine quelques dixièmes de degré. Si on retire chirurgicalement ces centres, l'animal ne peut plus exercer la régulation de sa température centrale.

prolonger le temps nécessaire pour la guérison. On ne devrait administrer des médicaments que si la fièvre s'élève de façon considérable.

Les réactions déclenchées par le froid

Le tableau 42.2 dresse la liste des réactions des mammifères au froid. Il s'agit de la vasoconstriction périphérique, du réflexe pilomoteur, des ajustements comportementaux, du frisson et de la production de chaleur sans frisson. Les oiseaux présentent les mêmes réactions, mais le point de consigne de leur température corporelle est plus élevé.

Si les thermorécepteurs périphériques détectent une diminution de la température externe, ils en avisent l'hypothalamus, qui commande alors la contraction des muscles lisses des artérioles de la peau. Dans la **vasoconstriction périphérique** qui en résulte, le sang qui circule dans les artérioles au diamètre réduit distribue moins de chaleur aux surfaces corporelles. Quand on a les doigts ou les orteils glacés, 99 % du sang qui irriguerait autrement la peau est détourné vers d'autres régions du corps.

La lutte contre le froid peut aussi mettre en jeu d'autres réactions. Des contractions musculaires font « dresser les poils » (ou les plumes) dans un **réflexe pilomoteur** – la chair de poule de l'humain – visant à créer une couche d'air immobile près de la peau et à réduire les pertes de chaleur par convection et par rayonnement. Des modifications comportementales, lorsque par exemple une personne serre fermement les bras contre elle ou que de petits ours blancs se blottissent contre leur mère (voir la figure 42.11), permettent aussi de diminuer la surface exposée et de réduire la perte de chaleur.

Une exposition prolongée au froid peut entraîner le **frisson**. Ces tremblements rythmiques sont produits par les muscles squelettiques qui se contractent de 10 à 20 fois par seconde lorsqu'ils sont activés par un signal provenant de l'hypothalamus. Les frissons multiplient la production de chaleur, mais ils représentent un coût énergétique élevé et ne s'avèrent pas efficaces à long terme.

Une exposition prolongée au froid ou une exposition à un froid extrême peuvent déclencher une réaction hormonale, soit une augmentation de l'activité de la glande thyroïde qui entraîne un accroissement du taux métabolique. Cette **production de chaleur sans frisson** implique de façon typique le tissu adipeux brun, un

tissu conjonctif richement pourvu de vaisseaux sanguins et de mitochondries. Le transport contrôlé des ions H^+ dans les mitochondries sert alors à produire de la chaleur plutôt que de l'ATP.

On observe du tissu adipeux brun chez les ours blancs et d'autres animaux acclimatés à des milieux froids ou qui hibernent (voir la figure 42.11), ainsi que chez les nouveau-nés humains. Les adultes humains en possèdent peu, à moins d'être adaptés à des conditions très froides, comme les plongeuses japonaises ou coréennes qui passent jusqu'à six heures par jour dans des eaux très froides, à récolter des crustacés et des mollusques.

Si les défenses contre le froid s'avèrent insuffisantes, l'hypothermie peut se produire. Il s'agit d'un état dans lequel la température centrale tombe sous la normale. Chez l'humain, une diminution de quelques degrés seulement peut affecter les fonctions cérébrales et entraîner la confusion ; s'il se prolonge, le refroidissement conduit au coma, puis à la mort. Beaucoup de mammifères peuvent se remettre d'une hypothermie sévère. Toutefois, les cellules endommagées par le froid peuvent mourir, à moins que les tissus ne soient dégelés sous une étroite supervision médicale. On donne le nom de *gelures* aux lésions tissulaires consécutives à une exposition localisée à un froid intense.

Les mammifères luttent contre le froid par la vasoconstriction des vaisseaux cutanés, par des ajustements comportementaux, par une activité musculaire accrue et par une production de chaleur associée ou non à des frissons.

Les mammifères luttent contre la chaleur par une vasodilatation périphérique généralisée et par le refroidissement par évaporation.

RÉSUMÉ   Le chiffre en **brun** renvoie à la section du chapitre.

La régulation du volume et de la composition du milieu intérieur

1. Le milieu intérieur de l'organisme animal se compose d'eau et de diverses substances qui y sont dissoutes. Il comprend principalement le liquide interstitiel (dans les espaces tissulaires) et le plasma. Le maintien de son volume et de sa composition chez un animal repose sur l'équilibre entre les apports et les pertes quotidiens d'eau et de solutés. Chez les mammifères, les mécanismes suivants maintiennent cet équilibre : *42, 42.1*

a) Les apports d'eau sont attribuables à l'absorption digestive et à la production métabolique, alors que les pertes sont dues à l'excrétion urinaire, à l'évaporation par les poumons, à la transpiration et à l'élimination dans les matières fécales.

b) Les solutés proviennent de l'absorption intestinale, de la sécrétion, de la respiration et du métabolisme. Ils sont perdus par l'excrétion urinaire, la respiration et la transpiration.

c) La régulation des pertes d'eau et de solutés est principalement effectuée par l'ajustement du volume et de la composition de l'urine.

2. Le système urinaire des mammifères se compose de deux reins, de deux uretères, de la vessie et de l'urètre. *42.1*

3. Les reins contiennent de nombreux néphrons qui filtrent le sang et fabriquent l'urine. Un néphron est en relation avec deux ensembles de capillaires : les capillaires glomérulaires et les capillaires péritubulaires. *42.1*

a) La première partie du néphron, la capsule glomérulaire rénale, adopte la forme d'une coupe ; le néphron se prolonge ensuite par trois régions tubulaires : le tubule contourné proximal, l'anse du néphron et le tubule contourné distal qui se jette dans le tubule collecteur rénal.

b) Le corpuscule rénal se définit comme l'unité de filtration du sang constituée par la capsule glomérulaire et les capillaires glomérulaires très perméables qu'elle entoure. La pression sanguine pousse l'eau et les petits solutés des capillaires dans la chambre glomérulaire. La plus grande partie du filtrat est réabsorbée dans les régions tubulaires du néphron et retourne au sang ; le reste constitue l'urine.

4. Trois mécanismes permettent la formation de l'urine dans le néphron : *42.2*

a) La filtration. La filtration du sang dans le glomérule assure le passage de l'eau et des solutés dans le néphron.

b) La réabsorption. L'eau et les solutés qui doivent être conservés quittent les parties tubulaires du néphron et gagnent les capillaires qui s'enroulent autour d'elles. Une petite quantité d'eau et de solutés demeure dans le néphron.

c) La sécrétion. Quelques substances peuvent quitter le sang des capillaires péritubulaires et pénétrer dans le néphron pour être évacuées dans l'urine.

5. Deux hormones, qui agissent sur les cellules du tubule contourné distal et du tubule rénal collecteur, ajustent la concentration de l'urine. L'ADH conserve l'eau en augmentant la réabsorption de celle-ci à travers la paroi du néphron. Lorsqu'elle est absente, une plus grande quantité d'eau est éliminée (l'urine est diluée). L'aldostérone augmente la réabsorption du sodium. En son absence, plus de sodium est éliminé. L'angiotensine II stimule la sécrétion d'aldostérone (la conservation du sodium) et la soif (la conservation de l'eau par la stimulation de la sécrétion d'ADH). *42.2*

6. Le système urinaire travaille de concert avec les systèmes tampons et le système respiratoire pour maintenir l'équilibre acido-basique du liquide extracellulaire. *42.4*

La régulation de la température corporelle

1. Le maintien de la température centrale (interne) d'un animal dépend de l'équilibre entre la chaleur produite par le métabolisme et celle qui est absorbée de l'environnement d'une part et celle qui est perdue au profit de l'environnement d'autre part. *42.6*

2. Les échanges de chaleur entre un animal et son environnement reposent sur quatre processus : *42.6*

a) Le rayonnement. Il s'agit de l'émission ou de l'absorption d'énergie radiante (ondes infrarouges et autres longueurs d'onde) par la surface du corps de l'animal, une énergie qui sera ensuite convertie en énergie thermique.

b) La conduction. La conduction se définit comme le transfert direct d'énergie thermique entre un animal et les surfaces avec lesquelles ce dernier entre en contact.

c) La convection. Il s'agit du transfert de chaleur par des courants dans l'air ou dans l'eau ; elle implique la conduction et le transfert de masse par des courants chauds vers le corps de l'animal ou vers son environnement.

d) L'évaporation. C'est la conversion d'un liquide en gaz grâce à l'énergie inhérente au contenu thermique du liquide. Certains animaux utilisent le refroidissement par évaporation pour contrôler leur température.

3. La température centrale dépend du taux métabolique ainsi que de l'anatomie, du comportement et de la physiologie. *42.6*

a) Chez les ectothermes, la température centrale dépend plus des échanges thermiques avec l'environnement que de la chaleur métabolique.

b) Pour les endothermes, la température centrale résulte davantage d'un taux métabolique élevé et d'une régulation précise de la production et de la déperdition de chaleur.

c) Certains animaux se comportent parfois comme des hétérothermes. Leur température centrale varie avec la température du milieu à certains moments, alors qu'à d'autres ils exercent une régulation de leur équilibre thermique.

Exercices

1. Exposez les fonctions du système urinaire en termes de gains et de pertes pour le milieu intérieur. Énumérez les composants du système urinaire des mammifères et précisez leur fonction. *42.1*

2. Identifiez les parties du rein et du néphron sur les schémas ci-dessous. *42.1*

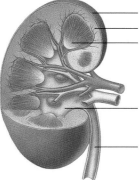 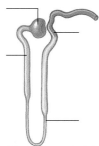

3. Donnez une définition de la filtration, de la réabsorption tubulaire et de la sécrétion. Expliquez comment la formation de l'urine contribue à maintenir la constance du milieu intérieur. *42.2*

4. Quelle(s) hormone(s) favorise(nt) a) la conservation de l'eau, b) la conservation du sodium et c) le mécanisme de la soif ? *42.2*

5. Énumérez les phénomènes physiques par lesquels un animal peut gagner ou perdre de la chaleur et donnez une définition de chacun. Quelles sont les principales réactions physiologiques au froid et à la chaleur chez les mammifères ? *42.6, 42.7*

Température corporelle	Les réactions physiologiques déclenchées par le froid
36 - 34 °C	Frisson ; augmentation de la fréquence respiratoire, production de chaleur métabolique. Vasoconstriction périphérique : le sang se retire vers le centre du corps. Vertiges, nausée.
33 - 32 °C	Arrêt des frissons ; diminution de la production de chaleur métabolique.
31 - 30 °C	Perte de la capacité de se déplacer volontairement. Inhibition des réflexes des yeux et des tendons. Perte de conscience. Les contractions cardiaques deviennent irrégulières.
26 - 24 °C	Fibrillation ventriculaire (voir la section 38.9). La mort s'ensuit.

Figure 42.12 Le naufrage du Titanic, reconstitué d'après un témoin oculaire.

Autoévaluation RÉPONSES À L'ANNEXE III

1. Les apports d'eau chez les mammifères reposent sur _____.
a) l'absorption digestive c) le mécanisme de la soif
b) le métabolisme d) toutes ces réponses

2. Chez les mammifères, les pertes d'eau se font par _____.
a) la peau d) le système urinaire
b) le système respiratoire e) les réponses c) et d)
c) le système digestif f) les réponses a) à d)

3. L'eau et les petits solutés pénètrent dans le néphron au cours de _____.
a) la filtration c) la sécrétion tubulaire
b) la réabsorption tubulaire d) les réponses a) et c)

4. Le rein retourne de l'eau et de petits solutés au sang par _____.
a) la filtration c) la sécrétion tubulaire
b) la réabsorption tubulaire d) les réponses a) et b)

5. Certains solutés en excès sortent des capillaires péritubulaires qui cheminent autour des parties tubulaires du néphron. Ces solutés pénètrent ensuite dans le néphron grâce à _____.
a) la filtration c) la sécrétion tubulaire
b) la réabsorption tubulaire d) les réponses a) et c)

6. Les mécanismes de réabsorption du néphron mettent en jeu _____.
a) l'osmose à travers la paroi du néphron
b) le transport actif du sodium à travers la paroi du néphron
c) un important gradient de concentration de solutés
d) toutes ces réponses

7. _____ favorise la conservation de l'eau.
a) L'ADH
b) L'aldostérone
c) Une diminution du volume du liquide extracellulaire
d) Les réponses a) et c)

8. _____ augmente la réabsorption du sodium.
a) L'ADH
b) L'aldostérone
c) Une diminution du volume du liquide extracellulaire
d) Les réponses b) et c)

9. Associez au terme de gauche la description qui lui convient le mieux.
_____ Corpuscule rénal
_____ Ajustement de la concentration de l'urine
_____ Anse du néphron
_____ Équilibre acido-basique
_____ Rat-kangourou

a) Entouré(e) de liquide plus concentré en sels
b) Possède des anses du néphron très longues
c) Met en jeu des systèmes tampons
d) Unité de filtration du sang
e) Tâche de l'ADH et de l'aldostérone

10. Associez au terme de gauche la description qui lui convient le mieux.
_____ Ectotherme
_____ Endotherme
_____ Évaporation
_____ Hétérotherme
_____ Rayonnement
_____ Conduction
_____ Convection

a) Transfert de chaleur par des courants dans l'air ou dans l'eau
b) Il ne s'exerce pas de régulation de la température centrale.
c) Émission d'énergie radiante
d) Transfert direct de chaleur entre deux objets en contact
e) La température centrale dépend du métabolisme.
f) La température centrale dépend de l'environnement.
g) Conversion d'un liquide en gaz

Questions à développement

1. Dans de rares cas de perte de poids extrêmement rapide, il peut arriver que le tissu adipeux qui maintient les reins en place diminue et que les reins glissent de leur position normale. Que pourrait-il arriver aux reins si ce glissement provoquait une torsion d'un des uretères ou des deux et empêchait l'écoulement de l'urine ?

2. Si une personne boit 1 L d'eau en 1 h, à quels changements dans le fonctionnement des reins et dans la composition de l'urine devrait-on s'attendre ?

3. En 1912, le paquebot Titanic quitta l'Europe pour son voyage inaugural vers les États-Unis et, presque au même moment, au Groenland, le bord antérieur d'un glacier se détacha et partit à la dérive sur l'océan. Tard dans la nuit, au large des côtes de Terre-Neuve, l'iceberg et le Titanic se présentèrent à leur rendez-vous funeste. On disait que le Titanic était insubmersible et on avait négligé les exercices de sauvetage. Il n'y avait pas suffisamment de chaloupes de sauvetage pour ne serait-ce que la moitié des 2200 passagers. Le Titanic mit environ 2 h 30 avant de sombrer. Des navires de secours arrivèrent sur les lieux en moins de 2 h, mais il était trop tard pour les 1517 naufragers, dont le corps fut repêché dans une mer calme. Toutes ces personnes portaient un gilet de sauvetage et aucune d'elles ne s'était noyée. Indiquez la cause probable de leur mort en vous fondant sur le tableau de la figure 42.12.

4. Quand un iguane souffre d'une infection, il passe de longues périodes d'immobilité au soleil. Proposez une hypothèse pour expliquer ce comportement.

5. Olivier, qui accompagne pour la première fois Géraldine au cinéma, lui prend la main dans le noir. « Ah ! Ah ! se dit-il, mains froides, cœur chaud ! » Qu'est-ce que cela révèle au sujet de la régulation de la température centrale, sans parler des sentiments d'Olivier ?

Vocabulaire

Équilibre eau-solutés

ADH (hormone antidiurétique) *42.2*
Aldostérone *42.2*
Angiotensine II *42.2*
Anse du néphron *42.1*
Capillaires glomérulaires *42.1*
Capillaires péritubulaires *42.1*
Capsule glomérulaire *42.1*
Centre de la soif *42.2*
Corpuscule rénal *42.1*
Équilibre acido-basique *42.4*
Excrétion urinaire *42.1*
Filtration *42.2*
Glomérule *42.1*
Insuffisance rénale *42.3*
Liquide extracellulaire *42*

Liquide interstitiel *42*
Milieu intérieur *42*
Néphron *42.1*
Réabsorption tubulaire *42.2*
Rein *42.1*
Sang *42*
Sécrétion tubulaire *42.2*
Système urinaire *42.1*
Tubule contourné distal *42.1*
Tubule contourné proximal *42.1*
Tubule rénal collecteur *42.1*
Urée *42.1*
Uretère *42.1*
Urètre *42.1*
Urine *42.1*
Vessie *42.1*

Température corporelle

Conduction *42.6*
Convection *42.6*
Ectotherme *42.6*
Endotherme *42.6*
Évaporation *42.6*
Frisson *42.7*
Hétérotherme *42.6*
Homéotherme *42.6*
Production de chaleur sans frisson *42.7*
Rayonnement *42.6*
Réflexe pilomoteur *42.7*
Refroidissement par évaporation *42.7*
Température centrale *42.6*
Vasoconstriction périphérique *42.7*
Vasodilatation périphérique *42.7*

Lectures complémentaires

Mayo, M. (août 2004). « Pourquoi a-t-on très chaud à 37 °C ? ». *Science & vie*, 1043 : 118.

Sherwood, L. (2001). *Human Physiology*, 4ᵉ éd. Monterey, Californie : Brooks/Cole.

Lectures complémentaires en ligne : consultez l'infoTrac à l'adresse Web www.brookscole.com/biology

LES PRINCIPES DE LA REPRODUCTION ET DU DÉVELOPPEMENT

De grenouille à grenouille et d'autres mystères

La grenouille mâle proclame l'arrivée des chaudes pluies du printemps, des mares et des nuits consacrées au sexe par un appel vibrant, poussé sur un ton grave, que seule une femelle de sa race peut trouver séduisant. Quand août arrivera, le soleil de l'été aura desséché la terre et l'empire de l'étang aura pris fin. Mais cette nuit, c'est la nuit des grenouilles !

Dans le noir, une femelle stimulée par ses hormones se déplace vers la voix du mâle. Ils se rencontrent et badinent en adoptant les comportements prescrits pour leur espèce. De ses pattes antérieures, il l'agrippe au-dessus de son abdomen gonflé par les œufs et la serre longuement (voir la figure 43.1a). Dans l'eau s'échappe alors un chapelet de centaines d'œufs que le mâle couvre d'un nuage laiteux de sperme. Peu de temps après, les œufs fécondés – des **zygotes** – sont suspendus dans l'eau.

Pour la grenouille léopard, *Rana pipiens*, tout un scénario commence alors à se dérouler, comme il a été joué chaque printemps, sans grande modification, depuis de nombreux millions d'années. Moins de quelques heures après la fécondation, chaque zygote se divise en deux cellules, qui se divisent à leur tour pour en donner quatre, puis huit. Moins de 24 heures après la fécondation, les divisions mitotiques ont produit une sphère de cellules pas plus grosse que le zygote. Il s'agit d'un stade embryonnaire précoce, la blastula.

Les cellules continuent à se diviser, mais elles commencent maintenant à interagir grâce à des structures qu'elles portent à leur surface et à des sécrétions chimiques. À des moments déterminés, beaucoup d'entre elles changent de forme et migrent vers des destinations précises. Bien qu'elles aient toutes reçu du zygote la même information génétique, elles commencent maintenant à adopter une apparence et des fonctions différentes !

Les cellules s'associent pour former des couches de tissus embryonnaires, puis les organes de l'embryon. Deux régions tissulaires à la surface de l'embryon interagissent avec les tissus sous-jacents pour donner naissance à une paire d'yeux. Le cœur se forme à l'intérieur de l'embryon et commence bientôt ses incessants battements rythmiques. En moins d'une semaine, ces événements transforment l'embryon de grenouille en une larve qui nage et se nourrit d'algues, le têtard.

Plusieurs mois passent. Les pattes se forment ; la queue raccourcit puis disparaît. La bouche se développe en mâchoires qui peuvent se refermer en claquant sur des insectes et des vers. Ces transformations finissent par produire une grenouille adulte qui, avec un peu de chance, réussira dans les mois suivants à échapper aux prédateurs, aux maladies et aux autres menaces, et qu'on retrouvera peut-être une nuit dans une mare éclairée par la lune, en train de pousser son chant vibrant pour entretenir le cycle de la vie.

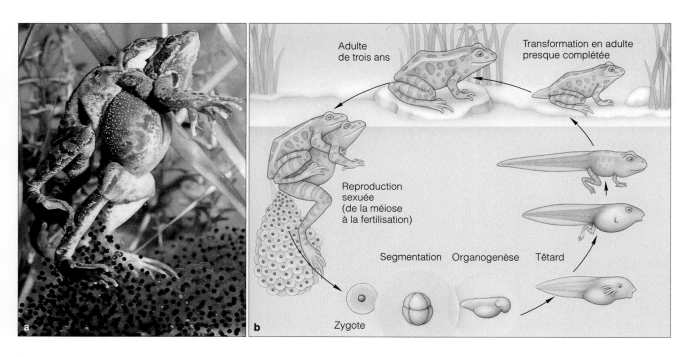

Figure 43.1 La reproduction et le développement de la grenouille léopard (*Rana pipiens*). **a)** et **b)** Un zoom sur le cycle biologique : un mâle enserre étroitement une femelle dans un comportement reproducteur qui porte le nom d'*amplexus*. Le mâle libère son sperme au-dessus des œufs que la femelle relâche dans l'eau. Un zygote se forme chaque fois que le noyau d'un œuf fusionne avec le noyau d'un spermatozoïde au moment de la fécondation. **c)** Des embryons de grenouille en suspension dans l'eau. **d)** Un têtard. **e)** et **f)** La transition entre un têtard et une jeune grenouille adulte.

Chacun d'entre nous a aussi entrepris, il y a un certain nombre d'années, son périple de croissance lorsqu'un zygote a commencé à se segmenter. Après trois semaines déjà, cet organisme embryonnaire portait l'étiquette de « vertébré ». Et à peine cinq semaines plus tard, sa forme permettait d'y reconnaître un être humain !

Nous abordons dans ce chapitre l'un des aspects les plus captivants de la vie – le développement d'une progéniture à l'image de parents qui se reproduisent de façon sexuée. La question qui nous servira de fil conducteur est celle-ci : « Comment l'unique cellule d'un zygote unicellulaire de grenouille, d'humain ou de tout autre animal complexe se transforme-t-elle pour former toutes les cellules spécialisées et toutes les structures d'un adulte ? » Les réponses à cette question se dessineront au cours de l'étude des principes de base que nous aborderons dans le présent chapitre, puis par l'étude, dans le chapitre suivant, de la reproduction et du développement chez l'être humain.

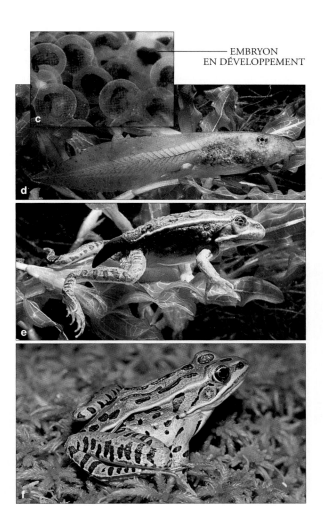

EMBRYON
EN DÉVELOPPEMENT

Concepts-clés

1. La reproduction sexuée est au cœur du cycle biologique de presque tous les animaux, mais la présence de sexes séparés représente un certain coût biologique. Des structures reproductrices spécialisées doivent être élaborées et entretenues, et des mécanismes de régulation hormonale de même que des comportements complexes doivent être accordés à l'environnement ainsi qu'aux partenaires éventuels et aux rivaux.

2. La séparation des sexes procure un avantage sélectif en raison de la variabilité des caractères de la progéniture, une variabilité qui améliore la probabilité qu'en cas de modifications inattendues de l'environnement quelques individus au moins survivent et puissent se reproduire. Cet avantage reproductif compense le coût biologique de la séparation des sexes.

3. Le cycle biologique de nombreux animaux passe par six étapes de développement embryonnaire : la gamétogenèse, puis la fécondation, la segmentation, la gastrulation, l'organogenèse et finalement la croissance et la spécialisation tissulaire.

4. Chaque étape du développement se fonde sur les tissus et les structures qui se sont formés à l'étape précédente.

5. Dans un embryon en développement, la destinée de chaque type de cellule est déterminée en partie par la segmentation, qui distribue les différentes portions du cytoplasme de l'œuf fécondé aux cellules filles. Elle dépend également des interactions entre les cellules de l'embryon. Ces activités sont à la base de la différenciation cellulaire et de la morphogenèse.

6. Au cours de la différenciation cellulaire, chaque type cellulaire utilise certains gènes de façon sélective pour synthétiser des protéines qui ne se trouvent pas chez les autres types et pour acquérir ainsi une unicité de structure et de fonction. Au cours de la morphogenèse, la taille, la forme et les proportions des tissus et des organes se modifient et ils s'organisent les uns par rapport aux autres selon des plans déterminés.

7. Tous les organismes pluricellulaires qui présentent une importante différenciation cellulaire subissent un vieillissement. La structure et le fonctionnement de leurs cellules se dégradent petit à petit, ce qui conduit à un déclin des tissus, des organes, et finalement de l'organisme entier.

LES MODES DE REPRODUCTION

La reproduction sexuée et la reproduction asexuée

Nous abordons dans d'autres chapitres de ce manuel les bases cellulaires de la **reproduction sexuée**. Rappelons qu'en règle générale, dans ce type de reproduction, la méiose et la gamétogenèse se déroulent chez deux parents potentiels. Au moment de la fécondation, le gamète d'un parent fusionne avec celui de l'autre parent pour former un zygote, qui est la première cellule du nouvel individu. Nous abordons également la **reproduction asexuée**, au cours de laquelle un organisme unique peut produire une progéniture par divers mécanismes. Voyons maintenant quelques aspects anatomiques, comportementaux et écologiques de ces deux modes de reproduction.

Imaginons qu'un plongeur en apnée heurte accidentellement une éponge et qu'un fragment de tissu s'en détache. Des divisions mitotiques et une différenciation cellulaire permettraient à ce fragment de croître et de se développer en une nouvelle éponge. Imaginons encore un de ces plathelminthes glissant en douceur dans l'eau et capable de subir une division transversale. Une constriction marque d'abord le centre de son corps, puis la partie située derrière la constriction s'agrippe au substrat et entame une partie de souque-à-la-corde avec la partie antérieure, de laquelle elle se détache quelques heures plus tard. Les deux moitiés vont ensuite leur chemin, régénérant les structures manquantes pour former un ver entier. Seules certaines espèces peuvent se reproduire de cette façon.

Dans de tels cas de reproduction asexuée, toute la progéniture est génétiquement identique, ou presque, à l'unique parent et, par conséquent, les phénotypes aussi sont presque identiques. On peut supposer que l'uniformité des phénotypes est avantageuse quand les caractéristiques héréditaires de chaque individu représentent une adaptation élevée à un ensemble limité de conditions environnementales assez constantes. La plupart des variations qui apparaîtraient dans un groupe de gènes finement accordés ne seraient pas avantageuses et pourraient même être nuisibles dans nombre de cas.

Cependant, la plupart des animaux vivent dans des milieux dont les conditions sont très variables quant aux opportunités, aux ressources et aux dangers qu'ils présentent. Ces animaux se reproduisent pour la plupart de façon sexuée, le mâle et la femelle transmettant à leur progéniture des combinaisons variées d'allèles. Comme on l'expose à la section 10.1, la variabilité des caractères qui en résulte augmente les chances qu'une partie au moins de la progéniture survive et se reproduise, même si les conditions du milieu se modifient.

Les coûts et les bénéfices de la reproduction sexuée

La séparation des sexes présente des inconvénients. Les cellules qui serviront de gamètes doivent être entreposées et nourries. Des structures reproductrices spécialisées sont nécessaires pour abriter les gamètes et les déposer près d'un partenaire éventuel ou même à l'intérieur de son corps. De plus, l'accouplement exige souvent d'investir dans une parade nuptiale et il requiert des mécanismes intrinsèques de régulation afin de synchroniser la formation des gamètes et la réceptivité sexuelle chez deux individus.

Considérons seulement le problème que cause la synchronisation de la reproduction. Comment les spermatozoïdes matures d'un individu peuvent-ils être disponibles au moment même où les ovocytes d'un autre individu deviennent matures? La synchronisation repose sur les dépenses énergétiques que consentent les deux parents pour élaborer, maintenir et utiliser des mécanismes nerveux et endocriniens de régulation. La production de gamètes matures par les deux parents doit aussi répondre aux mêmes signaux, comme le changement saisonnier de la longueur du jour, qui détermine le moment le plus approprié pour la reproduction de leur espèce. Chez les orignaux par exemple, le mâle et la femelle ne sont sexuellement actifs qu'à la fin de l'été et au début de l'automne. Cette synchronisation assure que les petits naîtront au printemps suivant, quand le temps se sera amélioré et que la nourriture promettra d'être abondante pendant de nombreux mois.

Repérer et choisir un partenaire possible de la même espèce représentent tout un défi. Alors que beaucoup d'animaux investissent dans la production de signaux chimiques appelés *phéromones*, d'autres misent plutôt sur des signaux visuels, tels la couleur et le motif des plumes. Beaucoup de mâles concentrent leur énergie pour faire la cour à leurs partenaires et pour les conserver, comme dans le cas des rituels complexes permettant la formation de liens affectifs ou encore la défense d'un territoire à coup de griffes ou grâce à un corps massif (voir la figure 43.2).

Figure 43.2 Certains des coûts biologiques associés à la reproduction sexuée. **a)** Des tétras des prairies mâles luttant pour un territoire… et l'accès aux femelles. Beaucoup d'énergie et de matériaux sont consacrés à la fabrication **b)** des plumes du paon, **c)** des taches du léopard des neiges et **d)** de la masse corporelle de l'éléphant de mer.

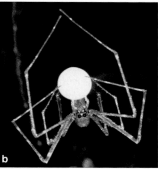

Figure 43.3 Des exemples qui s'ajoutent à ceux des chapitres 25 et 26 pour montrer où les embryons des invertébrés et des vertébrés se développent, comment ils sont nourris et, dans certains cas, comment leurs parents les protègent. Les escargots **a)** et les araignées **b)** sont ovipares. Ils libèrent des œufs desquels les petits écloront. Les escargots, qui sont hermaphrodites, abandonnent leurs œufs, alors que, chez les araignées, les œufs se développent dans un sac de soie que la femelle fixe à un substrat ou qu'elle transporte avec elle. Il arrive souvent que les femelles meurent après avoir fabriqué ce sac. Certaines araignées surveillent leur sac d'œufs, puis transportent et nourrissent les petites araignées pendant quelques jours.

c) Les oiseaux, dont ce colibri d'Allen, sont aussi ovipares. Les œufs fécondés, qui contiennent une grande quantité de vitellus, se développent et éclosent à l'extérieur du corps de la mère. À la différence des escargots, l'un des deux parents, et parfois les deux, dépense des quantités considérables d'énergie pour nourrir les petits et s'occuper d'eux.

d) La plupart des requins, certains poissons, tous les lézards et beaucoup de serpents sont ovovivipares. Leurs embryons se développent à l'intérieur de la mère et tirent leur nourriture de réserves de vitellus. Ils quittent le corps de leur mère lorsque leur développement est terminé, comme ce petit requin-citron.

La plupart des mammifères sont vivipares ; les embryons tirent leurs nutriments des tissus maternels et quittent le corps de la mère lorsqu'ils ont atteint une certaine maturité. **e)** Chez les kangourous et certaines autres espèces, les petits, qui sont en quelque sorte inachevés au moment de leur naissance, terminent leur développement dans la poche ventrale de leur mère, où ils se nourrissent grâce aux sécrétions des glandes mammaires de celle-ci. **f)** Chez l'espèce humaine, l'œuf fécondé se développe aussi à l'intérieur du corps de la mère, mais il y reste, se nourrissant à partir des tissus maternels, jusqu'à la fin de son développement (voir le chapitre 44).

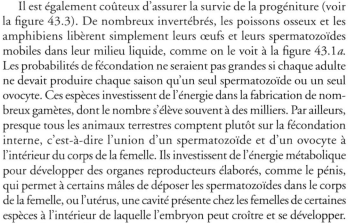

Il est également coûteux d'assurer la survie de la progéniture (voir la figure 43.3). De nombreux invertébrés, les poissons osseux et les amphibiens libèrent simplement leurs œufs et leurs spermatozoïdes mobiles dans leur milieu liquide, comme on le voit à la figure 43.1*a*. Les probabilités de fécondation ne seraient pas grandes si chaque adulte ne devait produire chaque saison qu'un seul spermatozoïde ou un seul ovocyte. Ces espèces investissent de l'énergie dans la fabrication de nombreux gamètes, dont le nombre s'élève souvent à des milliers. Par ailleurs, presque tous les animaux terrestres comptent plutôt sur la fécondation interne, c'est-à-dire l'union d'un spermatozoïde et d'un ovocyte à l'intérieur du corps de la femelle. Ils investissent de l'énergie métabolique pour développer des organes reproducteurs élaborés, comme le pénis, qui permet à certains mâles de déposer les spermatozoïdes dans le corps de la femelle, ou l'utérus, une cavité présente chez les femelles de certaines espèces à l'intérieur de laquelle l'embryon peut croître et se développer.

Finalement, les animaux consacrent aussi une certaine quantité d'énergie pour assurer l'alimentation de l'individu en développement jusqu'à ce qu'il soit en mesure de le faire lui-même. Les œufs de presque tous les animaux contiennent par exemple du **vitellus**, une substance riche en protéines et en lipides qui nourrit l'embryon. Or, les œufs de certaines espèces en contiennent beaucoup plus que les autres. Les oursins font de tout petits œufs contenant peu de vitellus qu'ils libèrent en grandes quantités, limitant ainsi l'investissement biochimique qu'ils consacrent à chacun. En moins de 24 heures, chaque œuf fécondé s'est transformé en une larve qui se déplace librement et qui est capable de s'alimenter. Les étoiles de mer et d'autres prédateurs mangent la plupart

des œufs, de sorte qu'il est avantageux pour les oursins, en termes de succès reproductif, de consacrer le moins d'énergie métabolique possible à chacun des nombreux gamètes qu'ils produisent.

À l'opposé, les oiseaux femelles pondent des œufs contenant beaucoup de vitellus. Celui-ci nourrit l'embryon pendant la longue période de développement qui se déroule à l'intérieur d'une coquille formée après la fécondation. Et en ce qui concerne l'être humain, la femme impose de sévères contraintes à son corps afin de protéger et de nourrir l'embryon au cours des neuf mois qu'exige son développement à partir d'un ovocyte pratiquement dépourvu de vitellus. Après s'être implanté dans l'utérus, l'embryon est nourri tout au long de la grossesse grâce à des échanges avec les tissus de la mère (voir la figure 43.3*f*).

Ces quelques exemples indiquent qu'il existe une grande diversité dans les modes de reproduction et de développement des animaux. Les sections suivantes nous permettront toutefois de constater qu'il existe une certaine uniformité dans le développement à travers tout le règne animal.

L'existence de sexes séparés – mâle et femelle – exige la présence de cellules et de structures reproductrices spéciales, de mécanismes nerveux et endocriniens de régulation, ainsi que de comportements appropriés.

La variabilité des caractères de la descendance est un avantage sélectif qui compense les coûts biologiques associés à la séparation des sexes.

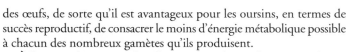

UN APERÇU DES ÉTAPES DU DÉVELOPPEMENT

L'**embryon** est l'une des formes de transition entre l'œuf fécondé et l'adulte. Bien qu'ils commencent tous leur vie en tant que cellule unique, les embryons d'espèces différentes adoptent souvent des apparences différentes au cours de leur croissance et de leur développement. Par exemple, un être humain et une grenouille ne se ressemblent pas plus à l'âge adulte que leurs jeunes embryons ne se ressemblent. Il est toutefois possible, malgré ces apparences divergentes, de constater une certaine uniformité dans le développement des embryons de presque toutes les espèces animales.

La figure 43.4 offre un aperçu des étapes du développement animal. La toute première étape est la **gamétogenèse**, au cours de laquelle les spermatozoïdes et les ovules se développent à l'intérieur des organes reproducteurs des parents. La **fécondation** constitue la deuxième étape ; elle s'amorce lorsque la membrane plasmique d'un spermatozoïde fusionne avec celle d'un ovule et se termine quand les noyaux du spermatozoïde et de l'ovule fusionnent pour former un zygote.

La troisième étape porte le nom de **segmentation**. Il s'agit d'une suite ordonnée de divisions mitotiques qui vont scinder le cytoplasme de l'ovocyte en un certain nombre de **blastomères**, soit des cellules plus petites dont chacune est dotée de son noyau. La segmentation ne fait qu'augmenter le nombre de cellules sans modifier le volume initial du cytoplasme de l'ovule. Quand la segmentation tire à sa fin,

le taux des divisions mitotiques ralentit et l'embryon entame la **gastrulation**. On assiste au cours de cette quatrième étape du développement animal à une importante réorganisation cellulaire. Les nouvelles cellules s'organisent en une gastrula formée de deux ou trois couches de tissus primaires auxquelles on donne le nom de *feuillets embryonnaires* et dont les descendants cellulaires donneront naissance à tous les tissus et à tous les organes de l'adulte :

1. L'**ectoderme**. Il s'agit du feuillet le plus externe. C'est aussi celui qui se forme le premier chez l'embryon de tous les animaux. L'ectoderme est le précurseur embryonnaire des lignées cellulaires qui forment les tissus du système nerveux et de la couche externe du système tégumentaire.

2. L'**endoderme**. Ce feuillet est le plus interne ; il est à l'origine du revêtement interne du tube digestif ainsi que des organes dérivés de celui-ci.

3. Le **mésoderme**. Ce feuillet embryonnaire s'intercale entre les deux autres et donnera naissance aux muscles, à la plus grande partie du squelette, aux organes des systèmes circulatoire, reproducteur et excréteur, ainsi qu'au tissu conjonctif du tube digestif et du système tégumentaire. Apparu il y a des centaines de millions d'années, il a représenté une étape cruciale dans l'évolution de presque tous les animaux complexes.

Après leur formation, les feuillets embryonnaires sont à l'origine de sous-populations de cellules, ce qui marque le début de l'**organogenèse**. Les cellules des sous-populations se spécialisent et acquièrent une structure et une fonction déterminées ; c'est elles qui vont donner naissance aux tissus et aux organes.

Au cours de la dernière étape du développement animal, soit la **croissance** et la **spécialisation tissulaire**, les tissus et les organes acquièrent graduellement leur taille finale, leur forme, leurs proportions et leurs fonctions. Cette étape se poursuit jusqu'à l'âge adulte.

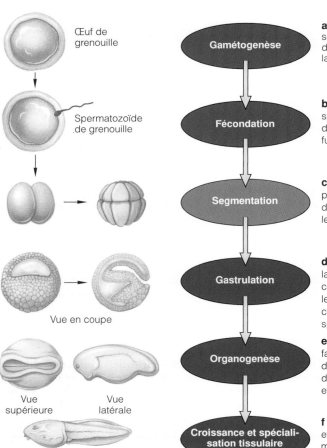

Œuf de grenouille

Spermatozoïde de grenouille

Vue en coupe

Vue supérieure   Vue latérale

Gamétogenèse

a Les ovules et les spermatozoïdes se forment et subissent leur maturation dans les organes reproducteurs de la femelle et du mâle respectivement.

Fécondation

b La membrane plasmique du spermatozoïde fusionne avec celle de l'ovocyte, puis leurs noyaux fusionnent pour former le zygote.

Segmentation

c Une série de divisions mitotiques partagent les différentes régions du cytoplasme de l'ovocyte entre les cellules filles.

Gastrulation

d Les mitoses successives ainsi que la migration et le réarrangement des cellules produiront deux ou trois feuillets embryonnaires qui seront les précurseurs des tissus et des organes spécialisés.

Organogenèse

e Les sous-populations cellulaires sont façonnées pour former des tissus et des organes spécialisés selon un plan déterminé d'organisation spatiale et à des moments prescrits.

Croissance et spécialisation tissulaire

f La taille des organes augmente et ces derniers assument graduellement des fonctions spécialisées.

Figure 43.4 Les étapes du développement animal. Les exemples illustrés correspondent au développement de la grenouille.

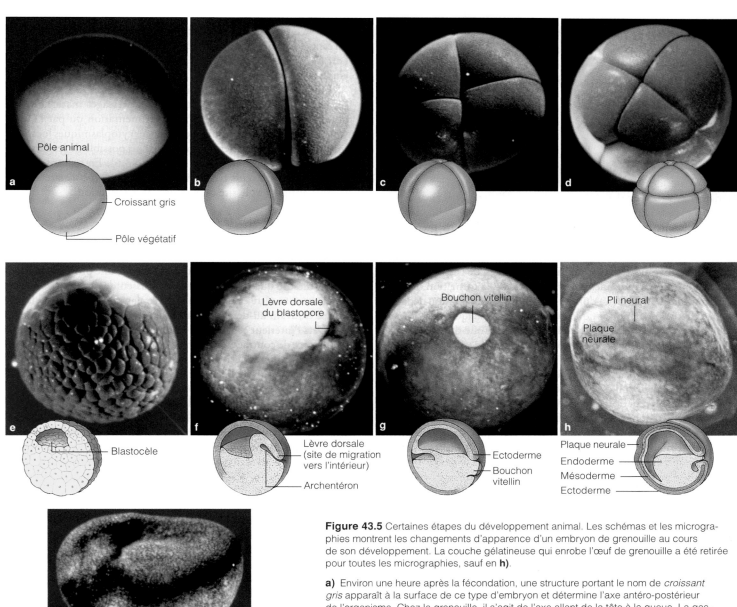

Figure 43.5 Certaines étapes du développement animal. Les schémas et les micrographies montrent les changements d'apparence d'un embryon de grenouille au cours de son développement. La couche gélatineuse qui enrobe l'œuf de grenouille a été retirée pour toutes les micrographies, sauf en **h)**.

a) Environ une heure après la fécondation, une structure portant le nom de *croissant gris* apparaît à la surface de ce type d'embryon et détermine l'axe antéro-postérieur de l'organisme. Chez la grenouille, il s'agit de l'axe allant de la tête à la queue. La gastrulation s'amorce à partir de cette région. **b)** à **e)** La segmentation produit un blastocyste, soit une sphère de cellules creusée d'une cavité remplie de liquide, le blastocèle.

f) et **g)** Au cours de la gastrulation, les cellules migrent vers de nouveaux emplacements et se réarrangent. **h)** et **i)** Les feuillets embryonnaires se forment, puis une cavité digestive primitive prend place. La différenciation cellulaire se poursuit, et l'embryon de transforme peu à peu en têtard, comme on le voit à la figure 43.1.

Les photos et les schémas de la figure 43.5 illustrent plusieurs étapes du développement embryonnaire d'un animal type, la grenouille. Cette illustration vient à l'appui d'un concept important: les structures qui se forment au cours d'une étape du développement posent les fondations de l'étape suivante. Le succès du développement n'est assuré que si toutes les structures se forment selon le plan prévu et la séquence prescrite.

Après la gamétogenèse, le développement animal, qui commence au moment de la fécondation, se poursuit par la segmentation, la gastrulation, l'organogenèse et, finalement, par la croissance et la spécialisation tissulaire.

Le développement ne peut se dérouler correctement sans que chaque étape soit complétée avec succès avant le début de l'étape suivante.

LA REPRODUCTION ET LE DÉVELOPPEMENT CHEZ L'ÊTRE HUMAIN

Le sexe et l'héritage mammalien

Sexe et amour! L'association des deux se fait très tôt et très souvent dans l'esprit des cultures occidentales. Des agences de publicité se servent du sexe pour vendre de tout, des films jusqu'aux sous-vêtements, et ne semblent pas se rendre compte, tout comme les auteurs des romans à l'eau de rose, qu'elles banalisent ainsi l'héritage mammalien.

Les glandes mammaires d'un mammifère femelle servent d'abord à nourrir une progéniture trop vulnérable pour survivre par elle-même. Toute femelle de mammifère qui a des petits se dévoue pour les protéger pendant un certain temps de dépendance et d'apprentissage. Ces soins prolongés permettent au nouvel individu de survivre jusqu'à ce qu'il soit assez vieux pour se débrouiller seul. On peut penser qu'il s'agit ici d'un résultat de la sélection naturelle puisqu'un tel comportement augmente les chances de succès reproductif de la nouvelle génération.

On observe ce phénomène chez tous les mammifères. Moins de quatre mois après s'être accouplée, une lionne donnera naissance à un petit lionceau aveugle. Elle ne s'accouplera pas à nouveau avant deux ans et concentrera son attention sur cet individu vulnérable (voir la figure 44.1). Les autres femelles de sa troupe l'aideront à le protéger – souvent contre des mâles qui sont enclins à tuer les lionceaux s'ils en ont l'occasion.

Environ neuf mois après être devenue enceinte, une femme donne naissance à son enfant. En plus de prendre davantage de temps que le lionceau à se développer dans le corps de sa mère, ce nouvel individu demandera des soins plus intensifs et beaucoup plus prolongés. Il s'écoule environ 12 ans entre la naissance et la puberté, le moment où les organes sexuels primaires deviennent fonctionnels. Dans le cours de l'évolution humaine, les hommes ont imité certains comportements des femelles. À l'instar de ces dernières, ils sont devenus des protecteurs et des pourvoyeurs pour les petits.

Le chapitre précédent expose certains principes qui régissent la reproduction et le développement des animaux en général. Nous

Figure 44.1 Un aperçu des soins maternels. C'est chez les mammifères que ce comportement s'est le plus développé. La progéniture de ces espèces à reproduction sexuée exige une longue période de développement, de dépendance et d'apprentissage.

Les 4 phases de la réponse sexuelle

(notes manuscrites)

1. Phase d'excitation (vaso congestion)
♂ : érection du pénis
♀ : érection du clitoris et lubrification du vagin

2. Phase plateau (suite de la phase 1)
♀ : élévation de l'utérus

Effet du SN sympathique : ↑ FC et ↑ FR

---

allons maintenant porter notre attention sur l'étude d'un mammifère représentatif et voir comment s'appliquent ces principes.

Débutons par un énoncé qui semble évident : dans la nature, la fonction première du sexe n'est pas de constituer un amusement, mais plutôt d'assurer la perpétuation des gènes d'un individu. Rappelons que ces gènes sont renfermés dans des gamètes. Les gamètes du mâle et de la femelle de l'espèce humaine amorcent leur formation dans les organes sexuels primaires, soit les gonades. Les spermatozoïdes se forment dans les **testicules**, les gonades mâles, et les ovules, dans les **ovaires**, les gonades femelles.

Les organes sexuels primaires sécrètent des hormones qui agissent sur la fonction reproductrice ainsi que sur le développement de **caractères sexuels secondaires**. Il s'agit là de caractéristiques associées à l'homme et à la femme, mais qui ne jouent pas un rôle direct dans la reproduction. Pensons par exemple à la quantité et à la répartition de la graisse corporelle, à la pilosité et à la masse musculaire.

Rappelons que le jeune embryon humain n'est ni mâle ni femelle (voir la section 12.3). Toutefois, sept semaines après la fécondation, une paire d'ovaires commencent à se développer chez les embryons qui n'ont pas hérité d'un chromosome Y porteur du gène maître intervenant dans la détermination du sexe. Les testicules ne se développent que chez les embryons XY. À la naissance, les ovaires et les testicules seront complètement formés. Il leur faudra environ une décennie pour atteindre leur pleine taille et devenir fonctionnels pour la reproduction. C'est là que notre étude commence.

3. Orgasme = myotonie (SNA sympa)
♂ : 2 étapes
  • émission : contraction des glandes = sperme dans urètre
  • éjaculation : contraction de l'urètre
♀ : contraction utérus et vagin

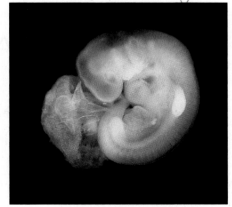

JEUNE EMBRYON HUMAIN

4. Phase de résolution = retour à la normale des organes (taille et couleur)

Concepts-clés

1. Le système reproducteur humain comprend une paire d'organes sexuels primaires, ou gonades, ainsi qu'un certain nombre de conduits et de glandes annexes. Les gonades de l'homme sont les testicules, qui produisent des spermatozoïdes, et celles de la femme sont les ovaires, qui produisent les ovules.

2. Les gonades libèrent des hormones en réponse à des signaux provenant de l'hypothalamus et de l'hypophyse. Ces hormones orchestrent les différents aspects de la fonction reproductrice ainsi que le développement des caractères sexuels secondaires.

3. Les mâles de l'espèce humaine produisent des spermatozoïdes de manière continue à partir de la puberté. La testostérone, la LH et la FSH constituent les hormones qui contrôlent la fonction reproductrice de l'homme.

4. À partir de la puberté, la femelle de l'espèce humaine présente des périodes cycliques de fertilité. À chacun des mois de sa vie reproductive, l'un de ses ovaires libère un ovule et la muqueuse de son utérus se prépare à une grossesse éventuelle. Les œstrogènes, la progestérone, la FSH et la LH constituent les hormones qui contrôlent ces activités cycliques.

5. Comme c'est le cas chez presque tous les animaux, le développement embryonnaire des êtres humains débute par la formation des gamètes et se poursuit, après la fécondation, par la segmentation, la gastrulation, l'organogenèse, puis par la croissance et la spécialisation des tissus.

(notes manuscrites)

Rôle du système nerveux dans la réponse sexuelle :

système nerveux somatique
mvt volontaire (acte)

système nerveux sympathique
myotonie (contraction rythmique des muscles squelettiques (SNS), lisses et des glandes (SNA sympa)
↑ fréquence cardiaque, ↑ fréquence respiratoire

système nerveux parasympathique
vasocongestion (engorgement des tissus érectiles et lubrification (SNA para)

777

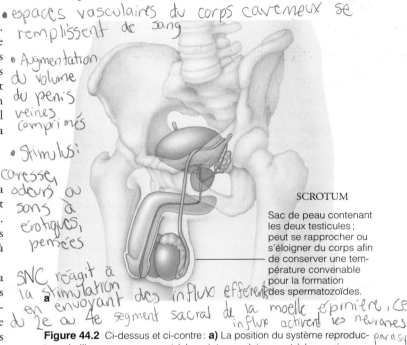

Handwritten notes at top:

Érection: Excitation sexuelle déclenche un réflexe parasympathique qui provoque la libération de (NO)
- NO augmente la production de GMPc, cause = relâchement des muscles lisses des vaisseaux et entraîne dilatation
- espaces vasculaires du corps caverneux se remplissent de sang
- Augmentation du volume du pénis
- veines comprimés
- Stimulus: caresse, odeurs ou sons à érotiques, pensées

SNC réagit à la stimulation en envoyant des influx efferents du 2e au 4e segment sacral de la moelle épinière, ces influx activent les neurones parasymp. innervant les artères profondes du pénis

LE SYSTÈME REPRODUCTEUR DE L'HOMME

La figure 44.2 montre les organes sexuels de l'adulte humain mâle. C'est dans les testicules que la formation des spermatozoïdes débute et que les hormones sexuelles sont produites. Celles-ci sont sécrétées à partir de la puberté, le moment où les caractères sexuels secondaires font leur apparition. Une augmentation de la taille des testicules est souvent le premier signe qui marque le début de la puberté d'un garçon. Ce changement se produit en général entre 12 et 16 ans. Il est suivi d'une poussée de croissance; la pilosité se développe dans la figure et ailleurs sur le corps, et la voix devient plus grave.

La formation des spermatozoïdes

Comme le souligne la section 12.3, les testicules se forment dans la cavité abdominale des embryons XY. Avant la naissance, ils descendent dans le scrotum, un sac de peau suspendu sous la région pelvienne. Au moment de la naissance, les testicules sont des répliques miniatures des organes adultes. Ils commencent à produire des spermatozoïdes à la puberté.

La figure 44.2 montre la position du scrotum chez un adulte. La température à l'intérieur du scrotum doit être inférieure de quelques degrés à la température centrale de l'organisme pour que les spermatozoïdes se forment et se développent adéquatement. Un mécanisme de régulation stimule ou inhibe la contraction de muscles lisses situés dans la paroi du scrotum. Si l'air ambiant est trop frais, les contractions musculaires tirent le scrotum vers le haut et le rapprochent de la masse corporelle, qui est plus chaude. Quand l'air devient plus chaud, les muscles se relâchent et le scrotum s'éloigne du corps.

À l'intérieur de chaque testicule s'entassent les **tubules séminifères**, de nombreux petits tubes fortement enroulés sur eux-mêmes. C'est là que les spermatozoïdes se forment et commencent leur développement, ce qui fait l'objet de la prochaine section.

La formation du sperme

Les spermatozoïdes des mammifères empruntent, à partir des testicules, une série de conduits qui les amèneront jusqu'à l'urètre. Ils n'ont pas tout à fait atteint leur maturité lorsqu'ils entrent dans le premier conduit, l'épididyme, un long tube enroulé. Les cellules glandulaires logées dans la paroi de ce tube sécrètent des substances qui provoqueront la maturation finale des spermatozoïdes. Lorsque celle-ci est terminée, les spermatozoïdes matures sont entreposés dans le dernier segment de l'épididyme. Durant la vie reproductive d'un homme, ils y resteront jusqu'à ce qu'une éjaculation les expulse hors du corps.

Chez un homme sexuellement excité, les muscles de la paroi des organes reproducteurs se contractent pour propulser les spermatozoïdes matures dans une paire de conduits à la paroi épaisse, les conduits déférents. D'autres contractions les entraîneront encore plus loin, dans les conduits éjaculateurs, puis dans l'urètre. Ce dernier conduit chemine dans le pénis, l'organe copulateur de l'homme, et débouche à son extrémité. L'urètre sert aussi à l'évacuation de l'urine.

Au cours de leur trajet dans l'urètre, les spermatozoïdes se mêlent à des sécrétions glandulaires provenant des vésicules séminales et de la prostate pour former le **sperme**, un liquide épais émis par le pénis au moment de l'éjaculation.

Handwritten note: Éjaculation : SNA sympathique

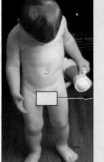

SCROTUM

Sac de peau contenant les deux testicules; peut se rapprocher ou s'éloigner du corps afin de conserver une température convenable pour la formation des spermatozoïdes.

Figure 44.2 Ci-dessus et ci-contre: **a)** La position du système reproducteur de l'homme par rapport à la ceinture pelvienne et à la vessie. La section sagittale médiane, en **b)**, illustre les composants du système et énumère les fonctions de chacun, qu'on retrouve aussi résumées au tableau 44.1.

Tableau 44.1	Les organes et les glandes annexes du système reproducteur de l'homme
ORGANES REPRODUCTEURS	
Testicules	Production des spermatozoïdes et des hormones sexuelles
Épididymes	Maturation et entreposage des spermatozoïdes
Conduits déférents	Transport rapide des spermatozoïdes
Conduits éjaculateurs	Transport des spermatozoïdes jusqu'à l'urètre
Pénis	Organe copulateur
GLANDES ANNEXES	
Vésicule séminale	Sécrétion d'un constituant du sperme
Prostate	Sécrétion d'un constituant du sperme
Glandes bulbo-urétrales	Production d'un mucus lubrifiant

Les vésicules séminales contribuent à la formation du sperme en y ajoutant du fructose, un sucre qui servira de source d'énergie pour les spermatozoïdes. Elles sécrètent également des prostaglandines qui stimulent les contractions musculaires. Ces messagers chimiques exercent peut-être leurs effets au cours de l'activité sexuelle en induisant par exemple des contractions des voies reproductrices de la femme pour favoriser le déplacement des spermatozoïdes vers l'ovule.

Les sécrétions de la prostate pourraient quant à elles aider à neutraliser l'acidité du vagin. (Le pH vaginal se situe autour de 3,5 à 4,0,

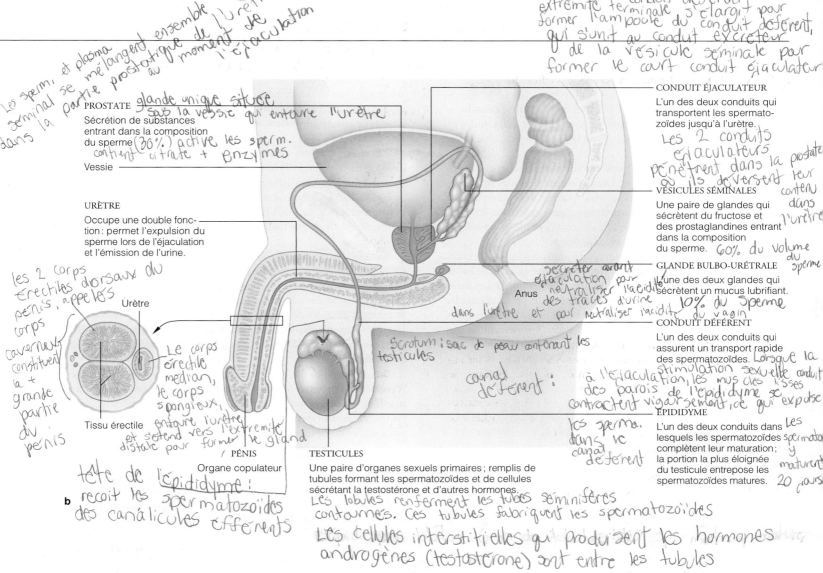

PROSTATE
Sécrétion de substances entrant dans la composition du sperme.

Vessie

URÈTRE
Occupe une double fonction : permet l'expulsion du sperme lors de l'éjaculation et l'émission de l'urine.

Urètre

Tissu érectile

PÉNIS
Organe copulateur

b

CONDUIT ÉJACULATEUR
L'un des deux conduits qui transportent les spermatozoïdes jusqu'à l'urètre.

VÉSICULES SÉMINALES
Une paire de glandes qui sécrètent du fructose et des prostaglandines entrant dans la composition du sperme.

GLANDE BULBO-URÉTRALE
L'une des deux glandes qui sécrètent un mucus lubrifiant.

Anus

CONDUIT DÉFÉRENT
L'un des deux conduits qui assurent un transport rapide des spermatozoïdes.

ÉPIDIDYME
L'un des deux conduits dans lesquels les spermatozoïdes complètent leur maturation ; la portion la plus éloignée du testicule entrepose les spermatozoïdes matures.

TESTICULES
Une paire d'organes sexuels primaires ; remplis de tubules formant les spermatozoïdes et de cellules sécrétant la testostérone et d'autres hormones.

Handwritten annotations:

Les sperm. et plasma séminal se mélangent ensemble à l'urètre de la partie prostatique au moment de l'éjaculation

glande unique située sous la vessie qui entoure l'urètre (30 %) active les sperm. contient citrate + enzymes

extrémité terminale conduit déférent : son extrémité terminale s'élargit pour former l'ampoule du conduit déférent, qui s'unit au conduit excréteur de la vésicule séminale par former le court conduit éjaculateur

Les 2 conduits éjaculateurs pénètrent dans la prostate où ils déversent leur contenu dans l'urètre

60 % du volume du sperme

sécréter avant éjaculation pour neutraliser l'acidité des traces d'urine dans l'urètre et par neutraliser l'acidité du vagin 10 % du sperme

les 2 corps érectiles dorsaux du pénis, appelés corps caverneux constituent la + grande partie du pénis

Le corps érectile médian, le corps spongieux, entoure l'urètre et s'étend vers l'extrémité distale pour former le gland

Scrotum : sac de peau contenant les testicules

canal déférent :

à l'éjaculation, les muscles lisses des parois de l'épididyme se contractent vigoureusement ce qui expulse les sperm. dans le canal déférent

tête de l'épididyme : reçoit les spermatozoïdes des canalicules efférents

Les sperm. maturent 20 jours

Les lobules renferment les tubes séminifères contournés. Ces tubules fabriquent les spermatozoïdes

Les cellules interstitielles qui produisent les hormones androgènes (testostérone) sont entre les tubules

---

alors que le pH optimal pour la motilité des spermatozoïdes se situe autour de 6,0.) À ces sécrétions s'ajoutent celles des glandes bulbo-urétrales, qui libèrent dans l'urètre un liquide muqueux lorsqu'un homme est sexuellement excité.

Les cancers de la prostate et des testicules

Jusqu'à récemment, les cancers du tractus reproducteur de l'homme ne jouissaient pas d'une grande couverture médiatique. Pourtant, le cancer de la prostate représente la deuxième cause de mortalité chez les hommes, supplanté uniquement par les cancers des voies respiratoires.

Aux États-Unis, on estimait que, en 2002, environ 189 000 nouveaux cas de cancer de la prostate seraient diagnostiqués et que près de 32 000 hommes pourraient en mourir. Même le taux de mortalité associé au cancer du sein, auquel on donne beaucoup plus de publicité, n'est pas si élevé. Ces chiffres représentent pourtant une diminution spectaculaire du taux de cancer de la prostate par rapport à ceux des années 1989 à 1992, probablement en raison des moyens de dépistage précoce plus répandus. En plus du cancer de la prostate, le cancer du testicule est une cause fréquente de mortalité chez les hommes jeunes. Aux États-Unis, on en diagnostique environ 5000 cas chaque année.

Ces deux cancers ne causent pas de douleur dans leurs premiers stades. S'ils ne sont pas détectés à temps, ils se répandent silencieusement dans les ganglions lymphatiques de l'abdomen, du thorax, du cou, puis dans les poumons. Le pronostic n'est pas très bon quand des métastases se sont ainsi formées. Le cancer des testicules tue jusqu'à la moitié des hommes qui en sont atteints.

Les médecins peuvent détecter le cancer de la prostate par un examen physique et des tests de sang. Le dosage de l'antigène spécifique de la prostate (PSA) augmente alors dans le sang. À partir de leur puberté, les hommes devraient procéder à un examen mensuel de leurs testicules, après un bain chaud ou une douche, quand les muscles du scrotum sont relâchés. Ils doivent alors rouler doucement chaque testicule entre le pouce et l'index afin de déceler la présence d'une bosse, un durcissement ou une augmentation de taille. S'il se produit un changement de ce type, qu'il provoque ou non de l'inconfort, la personne doit consulter un médecin, qui pourra procéder à un examen plus poussé. Le taux de réussite du traitement du cancer du testicule se veut l'un des plus élevés à condition que le cancer soit diagnostiqué avant d'avoir pu se répandre.

Les mâles de l'espèce humaine sont pourvus d'une paire de testicules – les organes sexuels primaires qui produisent les spermatozoïdes et les hormones sexuelles – ainsi que de conduits et de glandes annexes. Les hormones agissent sur la formation des spermatozoïdes et sur le développement des caractères sexuels secondaires.

Handwritten top margin: La route du spermatozoïde: 1) Lumière du tuble séminifère contourné 2) Épididyme 3) Conduit déférent 4) Conduit éjaculateur 5) Urètre 6) Méat urinaire 7) vagin 8) Utérus 9) trompe utérine

LA FONCTION REPRODUCTRICE DE L'HOMME

La spermatogenèse

Chaque testicule renferme environ 125 mètres de tubules séminifères. L'intérieur du testicule est compartimenté en près de 300 lobules en forme de coin contenant chacun deux ou trois tubules enroulés (voir les figures 44.3 et 44.4).

On observe dans la paroi des tubules séminifères des cellules indifférenciées appelées *spermatogonies*. Des divisions cellulaires continues les écartent de la paroi du tubule et les déplacent vers la lumière de celui-ci. Au cours de cette migration forcée, ces cellules se divisent par mitose. Ce sont leurs cellules filles, qu'on nomme *spermatocytes de premier ordre*, qui vont se diviser par méiose.

Comme le montre la figure 44.4a, ces divisions nucléaires s'accompagnent d'une division incomplète du cytoplasme et les cellules en développement restent reliées par des ponts cytoplasmiques. Les substances nécessaires pour le développement des cellules peuvent circuler librement entre ces dernières, de sorte que les divisions successives de chaque spermatogonie donnent une génération de cellules qui

atteignent leur maturité en même temps. Ces précurseurs des spermatozoïdes reçoivent des nutriments et des signaux d'un deuxième type cellulaire observé dans les tubules séminifères, soit les **cellules de Sertoli**.

Les spermatocytes de deuxième ordre résultent de la première division méiotique. Les chromosomes de ces cellules haploïdes sont toujours doubles, chacun consistant en deux chromatides sœurs (voir la section 10.5). Ces dernières vont se séparer au cours de la deuxième division méiotique, produisant ainsi des spermatides haploïdes qui se transformeront graduellement en spermatozoïdes, les gamètes de l'homme.

Chaque spermatozoïde mature est une cellule flagellée. L'ADN est entassé dans sa tête et des microtubules forment le centre de sa queue (voir la figure 44.4b). L'acrosome, qui recouvre presque toute la tête, contient des enzymes qui aideront le spermatozoïde à percer le matériel extracellulaire qui entoure l'ovule avant la fécondation. Une pièce intermédiaire placée derrière la tête du spermatozoïde contient des mitochondries qui fourniront l'énergie nécessaire aux battements du flagelle.

La formation de chaque spermatozoïde nécessite 9 à 10 semaines. À partir de la puberté, un mâle de l'espèce humaine produit des spermatozoïdes sur une base continue, de sorte qu'à un moment donné les testicules contiennent de nombreux millions de spermatozoïdes à des stades de développement différents.

La régulation hormonale

Des sécrétions coordonnées de LH, de FSH, de testostérone et d'autres hormones régissent la fonction reproductrice de l'homme. La figure 44.3b montre les **cellules interstitielles** (ou **de Leydig**) entre les tubules séminifères. Ces cellules sécrètent de la **testostérone**, une hormone stéroïde essentielle pour la croissance, la formation et le fonctionnement des voies reproductrices de l'homme. En plus de tenir un rôle primordial dans la spermatogenèse, la testostérone stimule le développement des caractères sexuels secondaires masculins. Elle stimule également les comportements sexuels et les comportements agressifs.

La **LH** (hormone lutéinisante) et la **FSH** (hormone folliculostimulante) sont des sécrétions du lobe antérieur de l'hypophyse (voir la section 36.3). Le nom de ces hormones vient des effets qu'elles

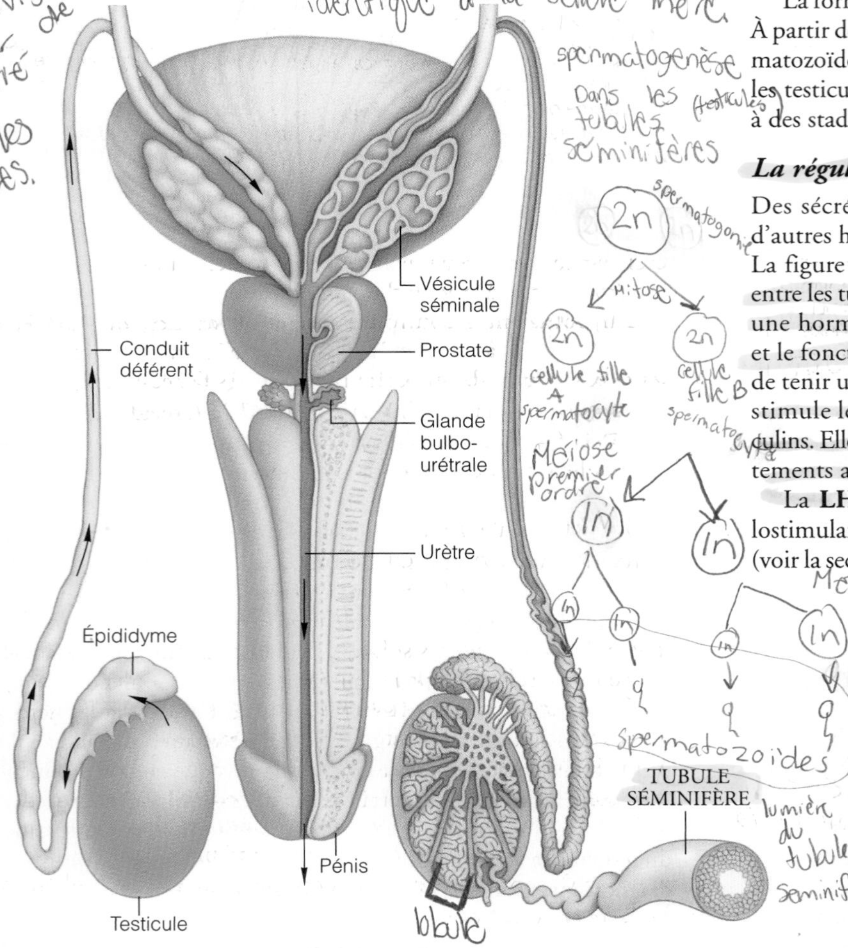

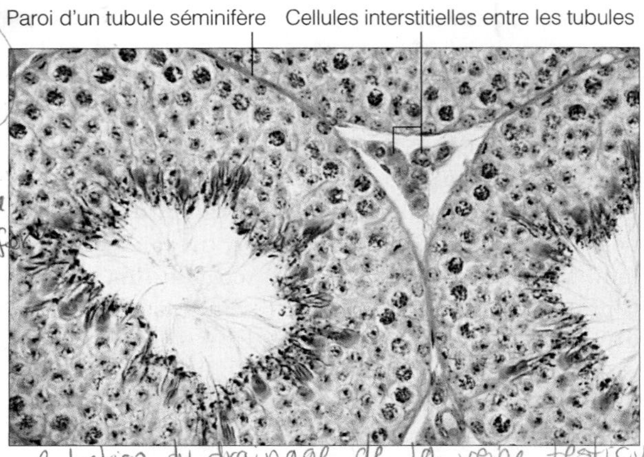

Handwritten annotations (left): La méiose est une division cellulaire. Suite à la mitose, on obtient donc 2 cellules filles diploïdes identique à la cellule mère. Se diviser de moitié les cellules filles.

Labels: Vésicule séminale, Prostate, Conduit déférent, Glande bulbo-urétrale, Urètre, Épididyme, Pénis, Testicule

Handwritten (center): spermatogenèse dans les tubules (testicules) séminifères; 2n spermatogonie; Mitose; 2n cellule fille A spermatocyte; 2n cellule fille B spermatocyte; Méiose premier ordre; n; Méiose deuxième ordre; n; spermatozoïdes; TUBULE SÉMINIFÈRE; lumière du tubule séminifère; bbule

Micrograph labels: Paroi d'un tubule séminifère; Cellules interstitielles entre les tubules

Figure 44.3 a) Un aspect postérieur des organes du système reproducteur de l'homme montrant le trajet des spermatozoïdes lors de l'éjaculation. **b)** Une micrographie photonique des cellules de trois tubules séminifères adjacents, en coupe transversale. Les cellules interstitielles (de Leydig) occupent les espaces entre les tubules.

Handwritten bottom: Varicocèle: Réduction du drainage de la veine testiculaire cause une augmentation de la t°C intrascrotale. Cause du déclin de l'empire masculin: composés aux effets œstrogéniques dans l'air et l'alimentation. Antibiotiques tétracyclines. Radiations, pH, pesticides, marijuana et alcool en grande quantité.

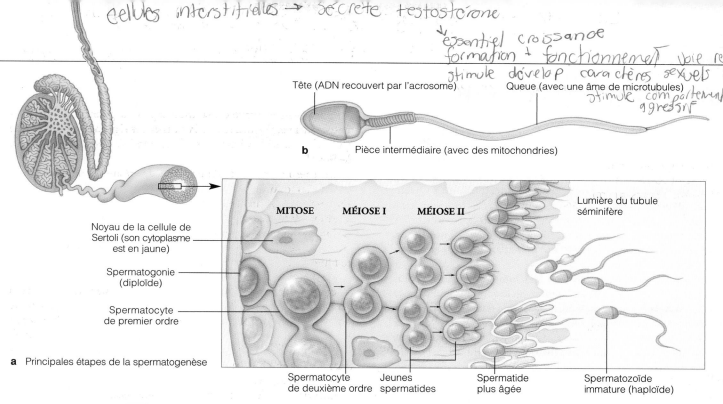

cellules interstitielles → sécrète testostérone

essentiel croissance formation + fonctionnement voie reprodu...
stimule dévelop caractères sexuels second.
stimule comportement sexuel aggressif

Tête (ADN recouvert par l'acrosome)

Queue (avec une âme de microtubules)

b

Pièce intermédiaire (avec des mitochondries)

MITOSE **MÉIOSE I** **MÉIOSE II**

Lumière du tubule séminifère

Noyau de la cellule de Sertoli (son cytoplasme est en jaune)

Spermatogonie (diploïde)

Spermatocyte de premier ordre

a Principales étapes de la spermatogenèse

Spermatocyte de deuxième ordre

Jeunes spermatides

Spermatide plus âgée

Spermatozoïde immature (haploïde)

Figure 44.4 a) La spermatogenèse. Le processus commence par une spermatogonie, une cellule germinale diploïde. Des divisions cellulaires, par mitose, par méiose, et des divisions incomplètes du cytoplasme produisent des cellules haploïdes immatures. Celles-ci se différencieront et se transformeront en spermatozoïdes matures. **b)** La structure d'un spermatozoïde humain mature.

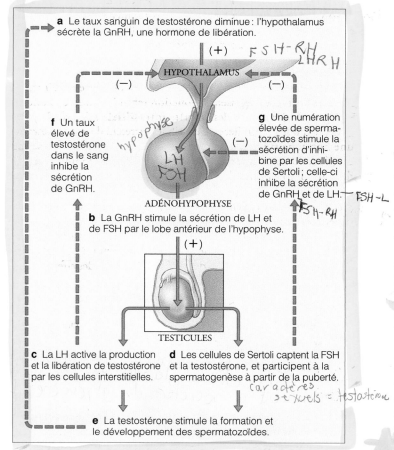

a Le taux sanguin de testostérone diminue : l'hypothalamus sécrète la GnRH, une hormone de libération.

(+) FSH-RH
LHRH

HYPOTHALAMUS

(−) *(−)*

hypophyse

f Un taux élevé de testostérone dans le sang inhibe la sécrétion de GnRH.

g Une numération élevée de spermatozoïdes stimule la sécrétion d'inhibine par les cellules de Sertoli ; celle-ci inhibe la sécrétion de GnRH et de LH.

LH
FSH
(−)

FSH-L

ADÉNOHYPOPHYSE

FSH-RH

b La GnRH stimule la sécrétion de LH et de FSH par le lobe antérieur de l'hypophyse.

(+)

TESTICULES

c La LH active la production et la libération de testostérone par les cellules interstitielles.

d Les cellules de Sertoli captent la FSH et la testostérone, et participent à la spermatogenèse à partir de la puberté.

caractères sexuels = testostérone

e La testostérone stimule la formation et le développement des spermatozoïdes.

Figure 44.5 La régulation hormonale de la spermatogenèse et les boucles de rétroaction négative allant des testicules vers l'hypothalamus et le lobe antérieur de l'hypophyse. Ces boucles permettent de ralentir la production de testostérone quand elle atteint des niveaux trop élevés dans le sang. Le taux de testostérone est ainsi maintenu à un niveau optimal pour la spermatogenèse.

exercent chez la femme, mais on sait maintenant que leur structure moléculaire est identique chez les deux sexes.

L'hypothalamus contrôle la sécrétion de LH, de FSH et de testostérone et, par le fait même, contrôle la spermatogenèse. Quand les taux sanguins de testostérone et d'autres facteurs sont faibles, il relâche une hormone de libération, la **GnRH** (gonadolibérine) (voir la figure 44.5). La gonadolibérine agit sur le lobe antérieur de l'hypophyse pour activer la libération de LH et de FSH, dont les cellules cibles sont situées dans les testicules.

La LH stimule la sécrétion de testostérone par les cellules interstitielles, une hormone qui stimule à son tour la spermatogenèse. Les cellules interstitielles possèdent aussi des récepteurs pour la FSH, qui est nécessaire pour le déclenchement de la spermatogenèse à la puberté. On ne sait pas si la FSH est aussi nécessaire au fonctionnement normal des testicules matures.

On peut également observer à la figure 44.5 les boucles de rétroaction qui agissent sur l'hypothalamus pour arrêter la sécrétion de testostérone et la spermatogenèse. Un taux élevé de testostérone dans le sang diminue la libération de GnRH. En outre, quand la numération des spermatozoïdes est élevée, les cellules interstitielles libèrent de l'**inhibine**, une hormone protéique qui agit sur l'hypothalamus et l'hypophyse pour arrêter la libération de GnRH et de FSH.

La spermatogenèse dépend de la régulation hormonale exercée par la LH, la FSH et la testostérone. Des boucles de rétroaction négative allant des testicules à l'hypothalamus et à l'hypophyse régulent la sécrétion de ces hormones.

Handwritten top notes: cycle menstruel: 1) phase menstruel. Jour 1 à 5. les niveaux de LH, FSH et d'hormones ovariennes sont au plus bas. FSH commence à augmenter

LE SYSTÈME REPRODUCTEUR DE LA FEMME

Handwritten: voir p. 786 pour cycle

Les organes reproducteurs

Attardons-nous maintenant au système reproducteur de la femme. La figure 44.6 en montre les éléments et le tableau 44.2 présente un résumé de leurs fonctions. Les organes sexuels primaires de la femme sont les ovaires, qui produisent les ovules et sécrètent les hormones sexuelles. On donne le nom d'**ovocytes** aux ovules immatures. Quand un ovaire libère un ovocyte, celui-ci se déplace vers la trompe utérine correspondante (ou trompe de Fallope, l'équivalent de l'oviducte des animaux). La trompe utérine est un conduit qui mène à l'**utérus**, un organe creux adoptant la forme d'une poire dans lequel l'embryon effectue son développement.

Une épaisse couche de muscle lisse, le myomètre, constitue la plus grande partie de la paroi utérine. Comme on le voit plus loin dans ce chapitre, l'**endomètre**, la muqueuse qui forme le revêtement intérieur de cet organe, est essentiel au développement. Il se compose de tissu conjonctif, de glandes et de vaisseaux sanguins. Le col est la partie inférieure rétrécie de l'utérus. Le vagin, qui s'étend du col de l'utérus jusqu'à la surface du corps, est un tube musculeux qui reçoit les spermatozoïdes et permet le passage du bébé à la naissance.

Les organes génitaux externes, qu'on désigne collectivement sous le nom de *vulve*, se trouvent à la surface du corps et comprennent les organes qui interviennent dans la stimulation sexuelle. Les grandes lèvres forment la limite externe de la vulve; ce sont des replis cutanés matelassés de tissu adipeux qui entourent des replis plus petits, les petites lèvres. Celles-ci sont richement vascularisées, mais ne contiennent pas de tissu adipeux. Les petites lèvres bordent le clitoris, un organe sexuel très sensible à la stimulation. L'ouverture de l'urètre se trouve à peu près à mi-chemin entre le clitoris et l'ouverture vaginale.

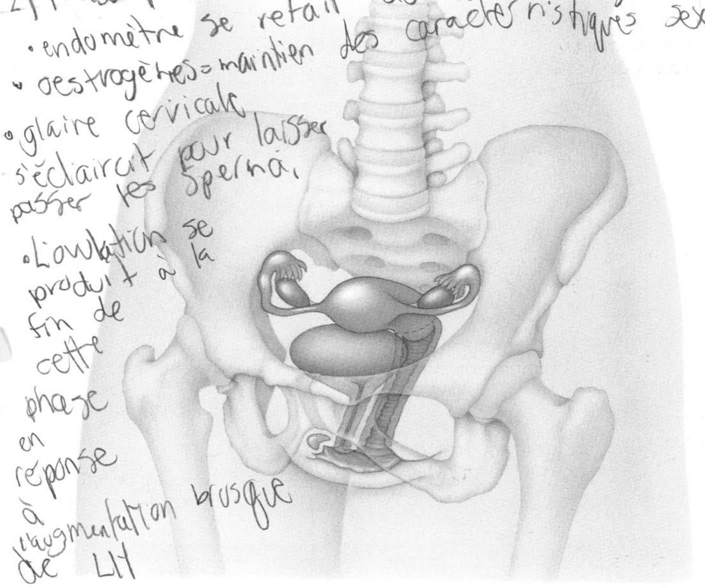

Un aperçu du cycle menstruel

Les femelles de la plupart des espèces de mammifères sont soumises à un cycle œstrien. Elles ne sont en chaleur, c'est-à-dire fertiles et sexuellement réceptives pour les mâles, qu'à certains moments de l'année. Les femelles des primates, y compris les femmes, suivent plutôt un **cycle menstruel**. Elles sont fertiles de façon intermittente et de manière cyclique, mais leur réceptivité sexuelle n'est pas nécessairement synchronisée avec les périodes fertiles. En d'autres termes, une femelle primate en âge de se reproduire ne peut devenir enceinte qu'à certains moments au cours de l'année, mais elle peut être sexuellement réceptive n'importe quand.

En bref, au cours de chaque cycle menstruel, l'un des ovaires libère un ovocyte parvenu à maturité. L'endomètre se prépare à recevoir et à nourrir un embryon pour le cas où un spermatozoïde pénétrerait cet ovule et le féconderait. Si cet ovocyte n'était pas fécondé, une centaine de millilitres d'un liquide constitué en bonne partie de sang s'écoulerait de l'utérus dans le vagin. C'est ce qu'on appelle la *menstruation*. Cette dernière indique qu'il n'y a pas d'embryon cette fois-ci. Le premier jour de la menstruation marque le début d'un nouveau cycle; le nid utérin se détache et un nouveau s'apprête à se développer.

Les événements exposés brièvement ci-dessus se déroulent en trois étapes. Le cycle débute par la phase folliculaire. La menstruation (la desquamation de l'endomètre) marque le début de cette phase, qui se poursuit par la reconstruction de l'endomètre et par la maturation d'un ovocyte. L'étape suivante se limite à la libération de l'ovocyte par l'ovaire; c'est ce qu'on appelle l'**ovulation**. Durant la phase lutéinique, qui suit l'ovulation, le corps jaune, une structure

Handwritten notes (right of figure): Desquamation de l'endomètre qui provoque saignements. Au jour 5, les follicules ovariens commencent à sécréter l'oestrogène. 2) phase proliferative (Jours 6 à 14) · endomètre se refait dû à l'oestrogène · oestrogènes = maintien des caractéristiques sexuels fém · glaire cervicale s'éclaircit pour laisser passer les sperma. · L'ovulation se produit à la fin de cette phase en réponse à l'augmentation brusque de LH

a

Figure 44.6 Ci-dessus et ci-contre **a)** La position des organes reproducteurs de la femme par rapport à la ceinture pelvienne et à la vessie. La section sagittale médiane en **b)** illustre les composants de ce système et énumère leurs fonctions.

Handwritten: 3) Phase sécrétoire Jours 15 à 28 · L'endomètre se prépare à recevoir l'embryon

Tableau 44.2	*Les organes reproducteurs de la femme*
Ovaires	Formation et maturation des ovocytes; sécrétion des hormones sexuelles
Trompes utérines	Conduits reliant les ovaires à l'utérus; la fécondation s'y produit normalement.
Utérus	Siège du développement du nouvel individu
Col de l'utérus	Sécrétion de mucus qui favorise le mouvement des spermatozoïdes vers l'utérus et, après la fécondation, réduit les risques d'infection bactérienne chez l'embryon
Vagin	Organe de la relation sexuelle; passage de l'enfant à la naissance

Handwritten: · La progestérone favorise le développement des artères spiralées. Les glandes utérines grossissent et commencent à sécréter du glycogène. · La glaire cervicale reprend une consistance visqueuse

endocrine, se développe dans l'ovaire, et l'endomètre se prépare à nouveau pour une grossesse éventuelle (voir le tableau 44.3).

Ces trois étapes sont régies par des boucles de rétroaction allant de l'ovaire à l'hypothalamus et à l'hypophyse. La FSH et la LH provoquent les changements cycliques dans les ovaires. Ainsi qu'on l'expose plus loin, la FSH et la LH stimulent également la sécrétion des hormones sexuelles – **œstrogènes** et **progestérone** – par les ovaires, des hormones qui entraînent à leur tour les modifications cycliques de l'endomètre.

Handwritten: · S'il n'y a pas fécondation, la chute du niveau hormonal prive l'endomètre de son soutien hormonal. Les cellules endométriales manquent d'oxygène et la couche fonctionnelle...

Handwritten bottom: Les artères spiralées deviennent tortueuses, les cellules... de nutriments et commencent à mourir. Les lysosomes cellulaires se rompent et la couche fonctionnelle...

OVAIRE
L'un des deux organes sexuels primaires, où se déroulent la formation et la maturation des ovocytes; sécrète des hormones (œstrogènes et progestérone) qui stimulent la maturation des ovocytes et la préparation de la muqueuse utérine pour une grossesse éventuelle.

TROMPE UTÉRINE
L'un des deux conduits ciliés captant l'ovocyte et reliant l'ovaire à l'utérus; site habituel de la fécondation.

UTÉRUS
Compartiment dans lequel se développe l'embryon; sa portion inférieure rétrécie (le col) sécrète du mucus qui facilite le mouvement des spermatozoïdes et qui fait barrière aux bactéries.

MYOMÈTRE
Couche musculaire épaisse de la paroi utérine, qui peut se distendre considérablement durant la grossesse.

ENDOMÈTRE
(muqueuse utérine)
Revêtement interne de l'utérus; site de l'implantation du blastocyste (stade embryonnaire précoce); s'épaissit, se charge de nutriments et devient abondamment vascularisé durant la grossesse; est à l'origine de la portion maternelle du placenta, l'organe qui offre le support métabolique au développement embryonnaire et fœtal.

Vessie
Urètre

Ouverture du col utérin

CLITORIS
Petit organe sensible à la stimulation sexuelle

PETITE LÈVRE
Repli cutané interne de la vulve

GRANDE LÈVRE
Repli cutané externe adipeux de la vulve

Anus

VAGIN
Organe de la relation sexuelle; passage du bébé à la naissance.

b

Handwritten annotations:
- Dans le cortex, on retrouve les follicules ovariens formés d'un ovocyte et d'une à plusieurs couches de cellules
- L'ovaire est constitué d'un cortex, qui renferme les gamètes en voie de formation. région médullaire : contient nerfs + vaisseaux sanguins
- structure interne et externe
- Paroi utérine : - Périmétrium - Myomètre (expulser bébé lors de l'accouchement) - Endomètre
- Les glandes vestibulaires lubrifient la muqueuse vaginale
- Les cellules épithéliales libèrent du glycogène transformé en acide lactique par les bactéries du vagin = rend le pH acide donc protège bac nuit au sperma

---

Tableau 44.3	Les événements du cycle menstruel	
Étape	**Événements**	**Jours du cycle***
Phase folliculaire	Le follicule se développe et l'endomètre se reconstitue.	1 à 5
	Menstruation (desquamation de l'endomètre)	6 à 13
Ovulation	Libération de l'ovocyte par l'ovaire	14
Phase lutéinique	Le corps jaune se forme et sécrète de la progestérone; l'endomètre s'épaissit et se développe.	15 à 28

* Pour un cycle de 28 jours

Handwritten: menstruel / proliférative / sécrétoire

Chez la femme, les cycles menstruels débutent entre l'âge de 10 et 16 ans. Chaque cycle dure environ 28 jours, mais ceci ne représente qu'une moyenne, sa longueur pouvant varier considérablement d'une femme à l'autre. Les cycles menstruels se poursuivent jusqu'à la fin de la quarantaine ou le début de la cinquantaine, au moment où la réserve d'ovocytes s'amenuise et où les sécrétions hormonales diminuent graduellement. C'est la ménopause, qui marque la fin de la fertilité chez la femme.

L'endométriose désigne un état dans lequel du tissu de l'endomètre croît de façon anormale et se répand hors de l'utérus. Du tissu cicatriciel endométrial peut se former sur les ovaires ou les trompes utérines et provoquer la stérilité. L'endométriose toucherait chaque année 10 millions de femmes aux États-Unis. Peut-être cette condition apparaît-elle lorsqu'une partie du flux menstruel remonte les trompes utérines et se répand dans la cavité abdominale. Peut-être est-elle plutôt due à la mauvaise localisation de cellules embryonnaires avant la naissance, des cellules qui deviennent actives à la puberté sous l'effet des hormones sexuelles qui commencent alors à être produites. Quoi qu'il en soit, les œstrogènes stimulent aussi ces cellules mal placées et il en résulte des douleurs lors des menstruations, des relations sexuelles ou de la miction.

Les ovaires, soit les organes sexuels primaires de la femme, produisent des ovocytes et des hormones sexuelles. L'endomètre tapisse l'intérieur de l'utérus, un organe creux dans lequel se développent les embryons.

La sécrétion des hormones sexuelles (œstrogènes et progestérone) se fait de façon cyclique durant toutes les années de la vie reproductive.

Le cycle menstruel débute par la desquamation de l'endomètre et l'écoulement sanguin qui l'accompagne. Puis l'endomètre se reconstruit et un ovocyte poursuit sa maturation. Après l'ovulation, soit la libération d'un ovocyte par un ovaire, le cycle continue par la formation du corps jaune et la préparation de l'endomètre en vue d'une grossesse éventuelle.

LA FONCTION REPRODUCTRICE DE LA FEMME

Les changements cycliques dans l'ovaire

La section 10.5 présente un aperçu de la méiose. À la naissance, les ovaires d'une petite fille contiennent environ 2 millions d'ovocytes de premier ordre. Lorsqu'elle atteint l'âge de 7 ans, il n'en reste qu'environ 300 000 ; les autres se sont résorbés. Ces ovocytes ont déjà entrepris la première division de la méiose, mais la division nucléaire s'y est interrompue et ne reprendra, dans un ovocyte à la fois, qu'à partir du premier cycle menstruel. La femme libérera de 400 à 500 ovocytes au cours de sa vie reproductive.

La figure 44.7 montre un ovocyte de premier ordre près de la surface d'un ovaire. Une couche de cellules granuleuses (qui forment la granulosa) l'entoure et le nourrit. L'ensemble formé par l'ovocyte de premier ordre et les cellules qui l'entourent est appelé **follicule**. Au début d'un cycle menstruel, l'hypothalamus sécrète de la GnRH en quantité suffisante pour déclencher la sécrétion de FSH et de LH par l'adénohypophyse. L'augmentation de ces hormones dans le sang stimule la croissance du follicule.

La taille de l'ovocyte augmente et d'autres couches se forment autour de lui. Des glycoprotéines se déposent entre les couches cellulaires et l'ovocyte, augmentant la distance entre eux. Elles finissent par former la **zone pellucide**, un enrobage acellulaire autour de l'ovocyte.

À l'extérieur de la zone pellucide, la FSH et la LH stimulent la sécrétion d'œstrogènes par les cellules de la granulosa. Un liquide riche en œstrogènes s'accumule dans le follicule, ce qui provoque une augmentation du taux d'œstrogènes dans le sang. Huit à dix heures avant sa libération par l'ovaire, l'ovocyte complète la première division méiotique. Son cytoplasme se divise, donnant deux cellules. L'une d'elles, l'**ovocyte de deuxième ordre**, reçoit presque tout le cytoplasme. L'autre, beaucoup plus petite, est appelée **globule polaire**. Ces deux cellules renferment un nombre haploïde de chromosomes (voir la section 10.3). Comme le décrit la section 44.6, la méiose ne se termine que si l'ovocyte de deuxième ordre est fécondé.

À peu près au milieu du cycle menstruel, l'hypophyse détecte l'augmentation d'œstrogènes dans le sang et y réagit par une brève libération de LH. Cette brusque augmentation de la LH entraîne des changements vasculaires rapides qui font gonfler le follicule. Des enzymes digèrent alors sa paroi qui fait saillie à la surface de l'ovaire ; celle-ci se rompt, libérant un peu de liquide en même temps que l'ovocyte de deuxième ordre (voir les figures 44.7 et 44.8).

C'est par conséquent l'augmentation subite de LH au milieu du cycle qui déclenche l'ovulation – la libération d'un ovocyte de deuxième ordre par l'ovaire.

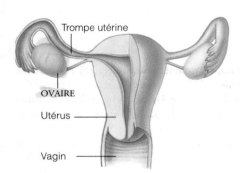

Trompe utérine

OVAIRE

Utérus

Vagin

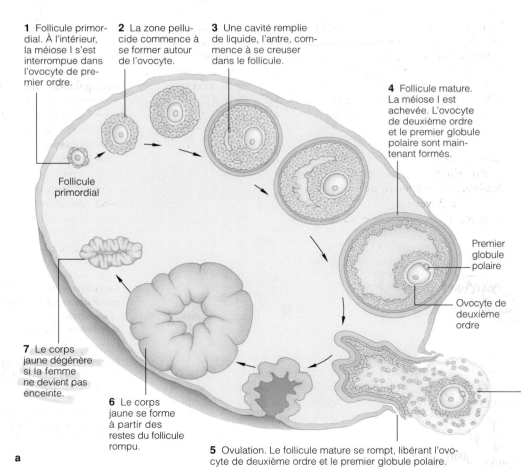

1 Follicule primordial. À l'intérieur, la méiose I s'est interrompue dans l'ovocyte de premier ordre.

2 La zone pellucide commence à se former autour de l'ovocyte.

3 Une cavité remplie de liquide, l'antre, commence à se creuser dans le follicule.

4 Follicule mature. La méiose I est achevée. L'ovocyte de deuxième ordre et le premier globule polaire sont maintenant formés.

Follicule primordial

Premier globule polaire

Ovocyte de deuxième ordre

7 Le corps jaune dégénère si la femme ne devient pas enceinte.

6 Le corps jaune se forme à partir des restes du follicule rompu.

5 Ovulation. Le follicule mature se rompt, libérant l'ovocyte de deuxième ordre et le premier globule polaire.

a

Figure 44.7 a) Les événements cycliques dans l'ovaire de la femme (coupe transversale). Le follicule occupe la même position dans l'ovaire tout au long du cycle menstruel et ne se déplace pas comme sur ce schéma, qui montre la séquence des événements.

Durant la première phase du cycle, un follicule croît et entreprend sa maturation. Au moment de l'ovulation, soit la deuxième étape, le follicule arrivé à maturité se rompt et libère un ovocyte de deuxième ordre. Au cours de la troisième phase, le corps jaune se forme à partir des restes du follicule. Si la femme ne devient pas enceinte au cours de ce cycle, le corps jaune dégénérera.

Page suivante **b)** Un ovocyte de deuxième ordre au moment de sa libération par un ovaire. Il pénétrera dans la trompe utérine, qui conduit jusqu'à l'utérus. **c)** Les replis ondulants de la surface interne d'une trompe utérine.

Figure 44.8 La régulation par rétroaction de la sécrétion hormonale pendant le cycle menstruel. Une boucle de rétroaction allant de l'ovaire à l'hypothalamus provoque la brusque augmentation de la sécrétion de LH qui déclenchera l'ovulation. Après la libération de l'ovocyte de deuxième ordre par l'ovaire, des boucles de rétroaction dirigées vers l'hypothalamus et l'hypophyse inhibent la sécrétion de FSH, empêchant la maturation d'un autre follicule avant la fin de ce cycle.

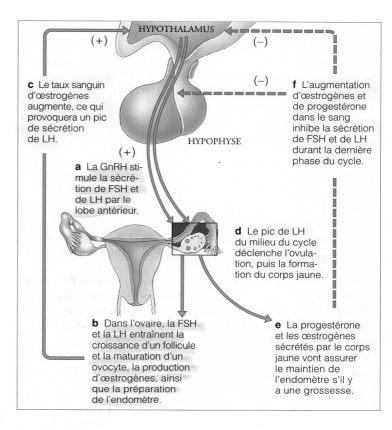

c Le taux sanguin d'œstrogènes augmente, ce qui provoquera un pic de sécrétion de LH.

a La GnRH stimule la sécrétion de FSH et de LH par le lobe antérieur.

b Dans l'ovaire, la FSH et la LH entraînent la croissance d'un follicule et la maturation d'un ovocyte, la production d'œstrogènes, ainsi que la préparation de l'endomètre.

f L'augmentation d'œstrogènes et de progestérone dans le sang inhibe la sécrétion de FSH et de LH durant la dernière phase du cycle.

d Le pic de LH du milieu du cycle déclenche l'ovulation, puis la formation du corps jaune.

e La progestérone et les œstrogènes sécrétés par le corps jaune vont assurer le maintien de l'endomètre s'il y a une grossesse.

Les changements cycliques dans l'utérus

Les œstrogènes sécrétés au début du cycle menstruel contribuent à préparer une grossesse éventuelle. Ils stimulent la croissance de l'endomètre et de ses glandes. Avant le pic de LH du milieu du cycle, les cellules folliculaires sécrètent des œstrogènes. Les vaisseaux sanguins se développent rapidement dans l'endomètre épaissi. Au moment de l'ovulation, les œstrogènes agissent sur les tissus du col utérin, qui commence alors à sécréter des quantités importantes d'un mucus clair et transparent qui représente un milieu idéal pour le déplacement des spermatozoïdes.

Le même pic de LH qui a provoqué l'ovulation entraîne aussi le développement, à partir des cellules de la granulosa du follicule rompu, d'une structure glandulaire, le **corps jaune**, dont les sécrétions influenceront le reste du cycle.

Le corps jaune sécrète de la progestérone et une certaine quantité d'œstrogènes. La progestérone prépare les voies reproductrices à l'arrivée du **blastocyste**, soit le type de blastula qui se forme à partir d'un ovule fécondé de mammifère (voir la section 43.3). C'est cette hormone qui va par exemple modifier la consistance du mucus cervical, le rendant épais et collant. Ce mucus permettrait de garder hors de l'utérus les bactéries résidantes normales du vagin. La progestérone va également permettre le maintien de l'endomètre durant la grossesse.

Le corps jaune se maintient environ 12 jours. Pendant cet intervalle, l'hypothalamus ne commande qu'une sécrétion minimale de FSH, de sorte que d'autres follicules ne se développent pas. Si aucun blastocyste ne s'enfouit dans l'endomètre, le corps jaune sécrétera des prostaglandines qui causeront son autodestruction dans les derniers jours du cycle.

Par la suite, les taux sanguins d'œstrogènes et de progestérone diminuent rapidement, de sorte que l'endomètre commence à se désagréger. Privés d'oxygène et de nutriments, les vaisseaux sanguins de la paroi se contractent et les tissus meurent. Du sang s'échappe

des capillaires, dont les parois commencent à se rompre. L'écoulement menstruel, qui dure de trois à six jours, se compose de ce sang et des tissus qui se détachent de l'endomètre. Un nouveau cycle commence alors, marqué par une augmentation du taux d'œstrogènes qui entraînera la réparation de l'endomètre et sa croissance.

À mesure qu'une femme vieillit, les ovules qu'elle libère courent plus de risques de présenter des anomalies du nombre ou de la structure des chromosomes. L'une des conséquences possibles est que le bébé soit atteint de trisomie 21 (voir la section 12.9). À la ménopause, la réserve d'ovocytes s'amenuise, les sécrétions hormonales ralentissent, les cycles menstruels finissent par s'arrêter et la fertilité disparaît.

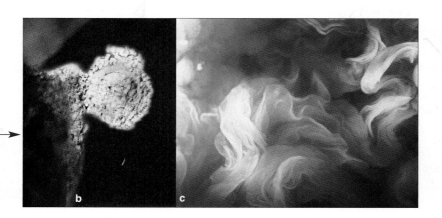

Au cours d'un cycle menstruel, la FSH et la LH stimulent la croissance d'un follicule ovarien (formé d'un ovocyte de premier ordre et des couches cellulaires qui l'entourent). La première division méiotique génère un ovocyte de deuxième ordre et le premier globule polaire.

Un pic de LH au milieu du cycle déclenche l'ovulation – la libération de l'ovocyte de deuxième ordre et du premier globule polaire par l'ovaire.

Au début du cycle, les œstrogènes stimulent la réparation et la croissance de l'endomètre. Dans la seconde partie du cycle, les œstrogènes et la progestérone préparent l'endomètre et d'autres parties des voies reproductrices en vue d'une éventuelle grossesse.

UN RÉSUMÉ ILLUSTRÉ DU CYCLE MENSTRUEL

Les sections précédentes de ce chapitre nous ont permis de constater que le cycle menstruel se comparerait davantage à une symphonie hormonale grandiose qu'à une simple mélodie jouée en solo.

Avant de poursuivre, prenons un moment pour observer la figure 44.9, qui présente les relations entre les événements cycliques se déroulant dans l'ovaire et dans l'utérus, et les variations de concentrations des hormones déclenchant ces événements. Ce sommaire illustré devrait permettre une meilleure compréhension de ce qui se passe au cours d'un cycle menstruel.

Figure 44.9 Des modifications de l'ovaire et de l'utérus, en relation avec les variations des taux d'hormones à chaque étape du cycle menstruel. Les flèches en vert mettent en évidence les hormones qui exercent l'action la plus importante durant la première phase du cycle (quand le follicule poursuit sa maturation), puis pendant la seconde phase (quand le corps jaune se forme).

a) à **c)** La sécrétion de FSH et de LH entraîne des modifications dans la structure de l'ovaire et dans son fonctionnement. **d)** et **e)** La sécrétion d'œstrogènes et de progestérone par l'ovaire stimule les changements de l'endomètre.

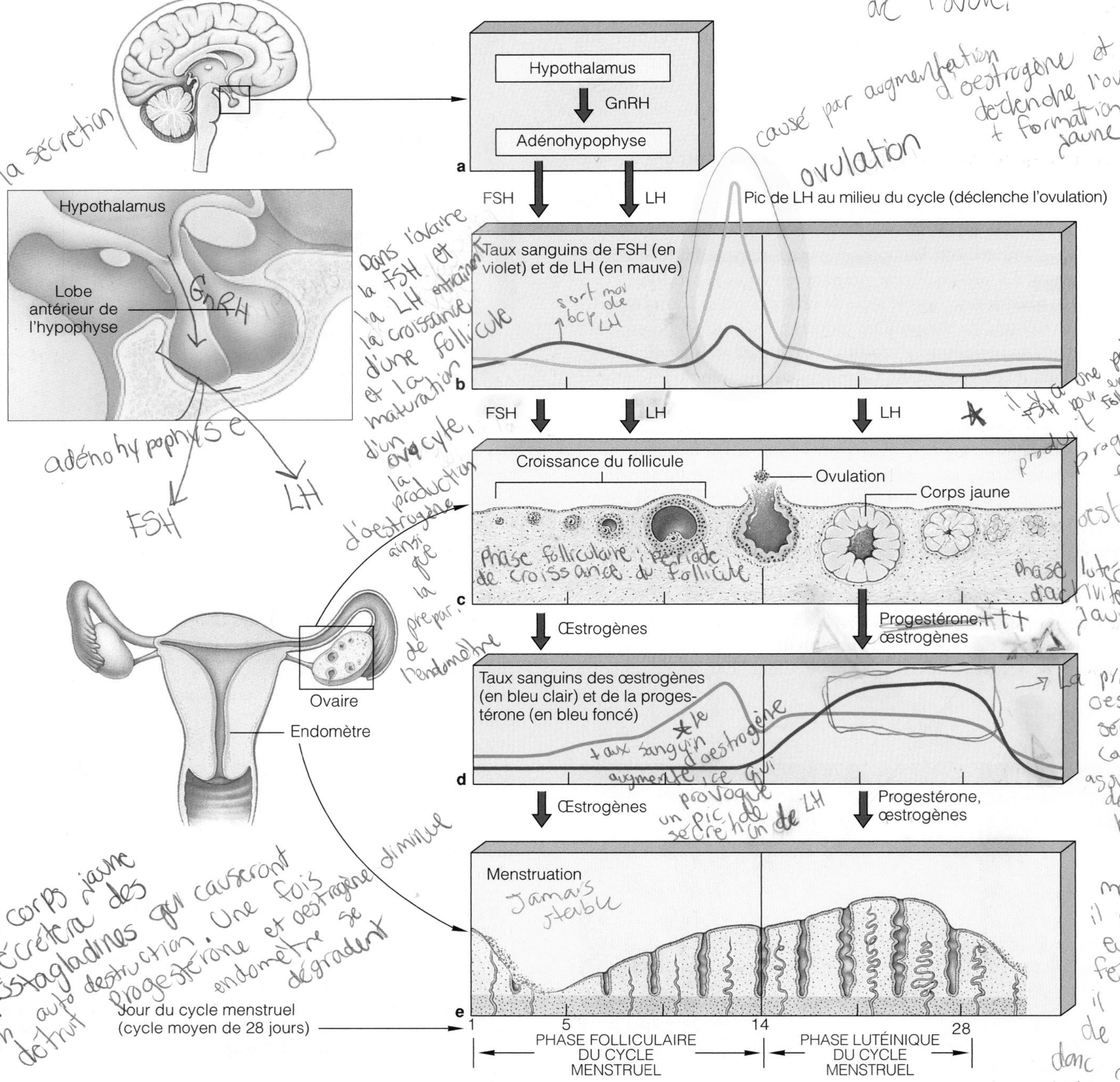

LA GROSSESSE

Les rapports sexuels

Supposons que l'ovocyte de deuxième ordre soit en chemin dans la trompe utérine lorsque la femme a des rapports sexuels (ou **coït**) avec un homme. Chez ce dernier, l'acte sexuel nécessite une érection permettant au pénis, normalement flasque, de durcir et de s'allonger, et il se termine normalement par l'éjaculation, l'expulsion vigoureuse du sperme hors de l'urètre à l'extrémité du pénis. La figure 44.2 permet de voir que le pénis contient des cylindres de tissu érectile. Son extrémité élargie, le gland, possède de nombreux récepteurs sensibles au frottement. En dehors de l'excitation sexuelle, les grosses artères irriguant les tissus érectiles sont en vasoconstriction. Si l'homme devient excité, elles se dilatent et le sang entre dans le pénis plus vite qu'il n'en sort, de sorte qu'il s'accumule dans ces tissus spongieux. L'engorgement qui en résulte durcit l'organe et l'allonge, ce qui lui permet de s'introduire dans le vagin.

Durant le coït, les poussées du bassin stimulent le pénis, le clitoris de la femme ainsi que ses parois vaginales. La stimulation mécanique induit des contractions involontaires des voies reproductrices de l'homme qui poussent dans l'urètre les spermatozoïdes de l'épididyme ainsi que le contenu des vésicules séminales et de la prostate. Ces constituants se mélangent pour former le sperme, qui est alors éjaculé dans le vagin. Un sphincter ferme l'ouverture de la vessie à ce moment afin d'éviter que de l'urine se mêle au sperme.

Une émotion intense, une respiration pantelante, une augmentation de la force des battements cardiaques ainsi que des contractions des muscles squelettiques accompagnent habituellement les secousses des muscles pelviens. Durant l'orgasme, la fin de l'acte sexuel, de fortes sensations de libération physique, de chaleur et de relaxation dominent. Des sensations similaires caractérisent l'orgasme féminin. Il est faux de penser qu'une femme ne peut devenir enceinte si elle n'atteint pas l'orgasme.

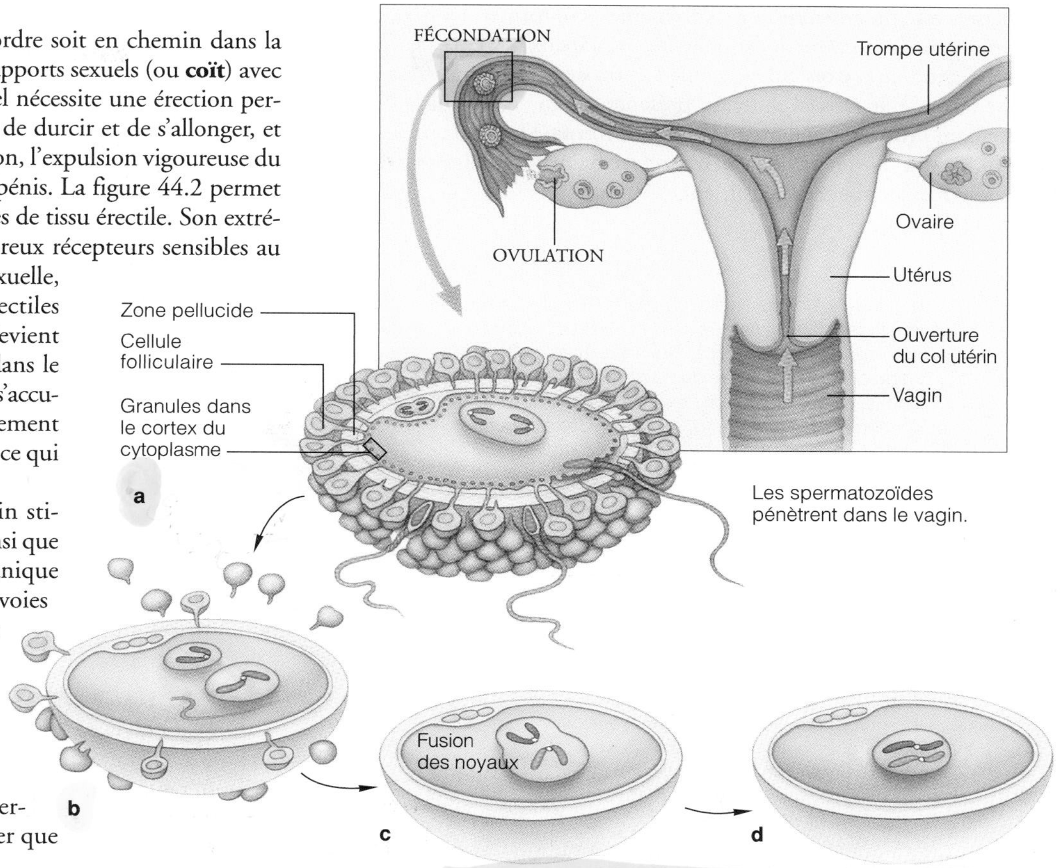

Figure 44.10 La fécondation. **a)** De nombreux spermatozoïdes entourent un ovocyte de deuxième ordre. Les enzymes de l'acrosome tracent un chemin à travers la zone pellucide. **b)** Lorsqu'un spermatozoïde pénètre dans l'ovocyte de deuxième ordre, les granules du cortex de l'ovocyte libèrent des substances qui rendent la zone pellucide impénétrable pour tout autre spermatozoïde. L'entrée du spermatozoïde stimule aussi la méiose II dans le noyau de l'ovocyte. **c)** La queue du spermatozoïde dégénère ; son noyau grossit et fusionne avec le noyau de l'ovocyte. **d)** La fécondation se complète par cette fusion. Le zygote est formé.

La fécondation

Une éjaculation peut déposer de 150 à 350 millions de spermatozoïdes dans le vagin. Il peut y avoir fécondation s'ils y arrivent dans les quelques jours qui entourent l'ovulation. Moins de 30 minutes après l'éjaculation, des contractions les poussent vers l'amont des voies reproductrices de la femme. Quelques centaines seulement atteindront la portion supérieure de la trompe utérine, où la fécondation se produit.

La figure de la page 149, au début de la deuxième partie de ce manuel, montre des spermatozoïdes entourant un ovocyte de deuxième ordre. Quand les spermatozoïdes atteignent un ovocyte, ils libèrent des enzymes digestives qui ouvrent un chemin à travers la zone pellucide. Bien que beaucoup de spermatozoïdes peuvent se rendre aussi loin, un seul pourra en général fusionner avec l'ovocyte (voir la figure 44.10). Il dégénère à l'intérieur du cytoplasme de l'ovocyte jusqu'à ce qu'il ne

reste que son noyau et ses centrioles. La pénétration du spermatozoïde amène l'ovocyte de deuxième ordre et le premier globule polaire à terminer la deuxième division méiotique.

Il y a maintenant trois globules polaires et un œuf mature ou **ovule**. Le noyau du spermatozoïde et celui de l'ovule fusionnent et restaurent de la sorte le nombre diploïde de chromosomes chez ce tout nouveau zygote.

Les événements physiologiques intenses qui accompagnent le coït remplissent une fonction biologique : mettre en contact un spermatozoïde et un ovocyte. La fécondation se conclut par la fusion des noyaux du spermatozoïde et de l'ovocyte, ce qui a pour résultat la formation d'un zygote diploïde.

LA FORMATION DU JEUNE EMBRYON

Une grossesse dure en moyenne 38 semaines après la fécondation. La blastocyste prend environ deux semaines à se former. La période embryonnaire, au cours de laquelle les principaux systèmes se forment, s'étend de la troisième semaine à la fin de la huitième. Quand elle se termine, le nouvel individu présente des caractéristiques distinctement humaines et il prend le nom de **fœtus**. Durant la période fœtale, qui va du début de la neuvième semaine à la naissance, les organes grossissent et se spécialisent.

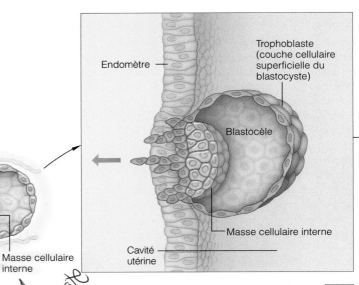

Endomètre

Trophoblaste (couche cellulaire superficielle du blastocyste)

Blastocèle

Masse cellulaire interne

Cavité utérine

d JOUR 5. Un blastocèle (une cavité remplie de liquide) se creuse dans la morula sous l'action des sécrétions des cellules superficielles. Quand la morula atteint le stade où elle est formée de 32 cellules, les cellules de la masse cellulaire interne se différencient déjà. Elles donneront l'embryon proprement dit. Cette structure embryonnaire porte le nom de blastocyste.

Masse cellulaire interne

blastocyste

c JOUR 4. Après 96 heures, une sphère de 16 à 32 cellules qui ressemble à une mûre s'est formée ; il s'agit de la morula. Les cellules de sa couche superficielle permettront l'implantation et donneront naissance à une membrane, le chorion.

b JOUR 3. Après la troisième segmentation, les cellules se rapprochent soudainement pour former une sphère compacte qui se stabilise grâce à de nombreuses jonctions serrées entre les cellules externes. Des jonctions communicantes s'établissent entre les cellules plus internes et améliorent la communication intercellulaire.

a JOURS 1 ET 2. La segmentation débute dans les 24 heures suivant la fécondation. Le premier sillon de division s'étend entre les globules polaires. Les divisions suivantes présenteront une rotation par rapport aux précédentes, de sorte que les cellules ne seront pas disposées de façon symétrique (voir la section 43.3). Tant qu'il y a moins de 8 cellules, celles-ci sont disposées de façon lâche, avec des espaces considérables entre elles.

e JOURS 6 ET 7. Les cellules superficielles du blastocyste s'attachent à l'endomètre et commencent à s'y enfouir, ce qui constitue le début de l'implantation.

Taille réelle

On peut diviser la grossesse en trois trimestres. La figure 44.11 et les figures suivantes montrent les caractéristiques du nouvel individu aux différents stades de son développement.

La segmentation et l'implantation

Trois ou quatre jours après la fécondation, le zygote a déjà entrepris une segmentation à mesure qu'il progressait dans la trompe utérine vers l'utérus. Des gènes commencent à s'exprimer puisque les premières divisions requièrent leurs produits. Lorsqu'on arrive au stade formé de huit cellules, celles-ci se resserrent en une masse compacte. Au cinquième jour, un blastocyste s'est formé. Il se compose d'une couche superficielle de cellules (le trophoblaste), d'une cavité emplie des sécrétions de ces cellules (le blastocèle) et d'un amas de cellules portant le nom de *masse cellulaire interne* ou *embryoblaste* (voir la figure 44.11*d*).

L'**implantation** débute six ou sept jours après la fécondation. Le blastocyste se colle alors contre la muqueuse utérine et certaines de ses cellules poussent des projections qui envahissent les tissus maternels et marquent l'établissement de rapports qui fourniront un support métabolique à l'embryon en développement au cours des mois suivants. En même temps que cette invasion se poursuit, la masse cellulaire interne se développe en deux couches cellulaires adoptant une forme aplatie et plutôt circulaire. Ces deux couches forment le disque embryonnaire qui donnera bientôt naissance à l'embryon lui-même.

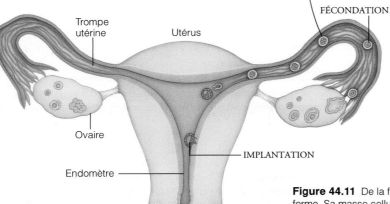

Trompe utérine

Utérus

FÉCONDATION

Ovaire

IMPLANTATION

Endomètre

Figure 44.11 De la fécondation à l'implantation. Au cours de la segmentation, le blastocyste se forme. Sa masse cellulaire interne donne naissance à un embryon qui adopte la forme d'un disque. Trois membranes embryonnaires (l'amnios, le chorion et le sac vitellin) commencent à se former. La quatrième membrane (l'allantoïde) n'apparaîtra qu'après l'implantation du blastocyste.

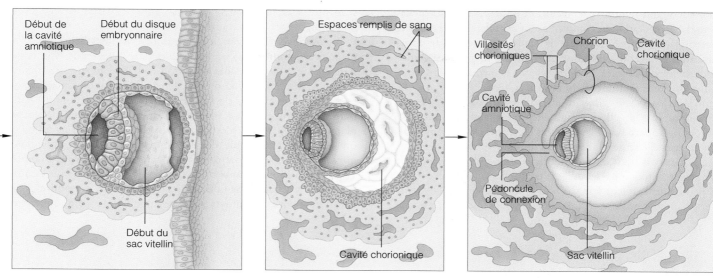

Début de la cavité amniotique · Début du disque embryonnaire · Espaces remplis de sang · Villosités chorioniques · Chorion · Cavité chorionique · Cavité amniotique · Pédoncule de connexion · Début du sac vitellin · Cavité chorionique · Sac vitellin

f JOURS 10 ET 11. Le sac vitellin, le disque embryonnaire et la cavité amniotique ont commencé à se former à partir de certaines parties du blastocyste.

 Taille réelle

g JOUR 12. Des espaces remplis de sang se forment dans les tissus maternels. La cavité chorionique commence à se former.

 Taille réelle

h JOUR 14. Un pédoncule de connexion s'est formé entre le disque embryonnaire et le chorion. Les villosités chorioniques, qui feront partie du placenta, commencent à se former.

 Taille réelle

Les membranes embryonnaires

À mesure que l'implantation progresse, des membranes commencent à se former à l'extérieur de l'embryon. Une cavité amniotique remplie de liquide se crée d'abord entre le disque embryonnaire et une partie de la surface du blastocyste (voir la figure 44.11*f*). Puis des cellules migrent vers la paroi de cette cavité pour former l'**amnios**, une membrane qui entourera l'embryon. Le liquide à l'intérieur de cette cavité agira comme un berceau flottant dans lequel l'embryon pourra croître et se déplacer librement, tout en étant protégé contre les brusques variations de température et les chocs mécaniques. En même temps que l'amnios se forme, d'autres cellules migrent autour de la paroi interne de la première cavité du blastocyste. Elles vont y former un revêtement qui deviendra le **sac vitellin**. Ces membranes embryonnaires rappellent l'héritage des vertébrés terrestres (voir la section 26.8). Chez la plupart des animaux dont les œufs sont contenus dans une coquille, ce sac renferme le nourrissant vitellus. Chez l'être humain, une partie du sac vitellin deviendra un site de formation des cellules sanguines. Une autre partie sera à l'origine des cellules germinales, les précurseurs des gamètes.

Avant que le blastocyste soit complètement implanté, des espaces se créent dans les tissus maternels et se remplissent du sang qui s'écoule des capillaires brisés. Dans le blastocyste, une autre cavité s'ouvre autour de l'amnios et du sac vitellin. Le revêtement de cette cavité constitue le **chorion**, à partir duquel des projections digitiformes commencent à se former. Cette nouvelle membrane deviendra une partie du placenta, une structure spongieuse faite de tissus gorgés de sang.

Après l'implantation du blastocyste, une extension du sac vitellin formera la quatrième membrane embryonnaire – l'**allantoïde**. Celle-ci assume des fonctions différentes chez divers groupes animaux.

Chez les reptiles, les oiseaux et certains mammifères, elle intervient dans la respiration et dans l'entreposage des déchets métaboliques. Chez l'espèce humaine, elle est à l'origine des vaisseaux sanguins qui irriguent le placenta et de la vessie.

Il faut ajouter à cela que des cellules du blastocyste sécrètent une hormone, la **HCG** (gonadotrophine chorionique humaine), qui stimulera le corps jaune afin qu'il poursuive sa sécrétion de progestérone et d'œstrogènes. De cette façon, le blastocyste lui-même empêche l'apparition d'une menstruation qui l'emporterait avant que le placenta prenne la relève dans la sécrétion de progestérone et d'œstrogènes, ce qui se produit environ 11 semaines plus tard. Au début de la troisième semaine, on peut déceler la présence de HCG dans le sang ou dans l'urine de la mère. Les tests de grossesse qu'on peut administrer soi-même contiennent un réactif qui change de couleur si la HCG est présente dans l'urine.

Un blastocyste humain se compose d'une couche superficielle de cellules entourant une cavité remplie de liquide (le blastocèle) et d'une masse cellulaire interne qui donnera naissance à l'embryon lui-même.

Six ou sept jours après la fécondation, le blastocyste s'implante dans l'endomètre. Des projections de sa surface envahissent les tissus maternels et constituent le point de départ de connexions qui offriront un support métabolique à l'embryon en développement.

Certaines parties du blastocyste sont à l'origine de l'amnios, du sac vitellin, du chorion et de l'allantoïde. Ces membranes embryonnaires assument diverses fonctions. Elles sont collectivement essentielles pour le développement structural et fonctionnel de l'embryon.

LA MISE EN PLACE DU PLAN D'ORGANISATION VERTÉBRÉ

Au moment où une femme se rend compte d'un retard de ses menstruations, la segmentation est complétée et la gastrulation est entamée. La **gastrulation**, rappelons-le, est un stade marqué par de nombreuses divisions cellulaires ainsi que par des migrations et des réarrangements des cellules qui aboutissent à la formation des feuillets embryonnaires (voir les sections 43.2 et 43.4).

Jusqu'alors, la masse cellulaire interne (embryoblaste) se comportait comme si elle se développait encore sur la grosse sphère de vitellus qui est apparue chez les ancêtres reptiliens des mammifères. C'est pourquoi elle se développe en un disque embryonnaire aplati formé de deux couches, comme chez les reptiles et les oiseaux. Elle est maintenant entourée par l'amnios et par le chorion, sauf à l'endroit où un pédoncule l'attache à la paroi interne du chorion. Des divisions et des migrations des cellules de l'une des couches ont formé

se former selon une séquence précise, dans des parties déterminées de l'embryon.

Par exemple, au 18ᵉ jour, le disque embryonnaire présente deux plis neuraux qui vont se rejoindre pour former le tube neural (voir la figure 44.12b). Tôt au cours de la troisième semaine, un diverticule allongé se forme sur le sac vitellin ; il s'agit de l'allantoïde. Rappelons que, chez l'être humain, le rôle de cette membrane se limite à participer à la formation de la vessie et des vaisseaux sanguins irriguant le placenta. Une partie du mésoderme se replie pour constituer un tube qui deviendra la notocorde. Celle-ci n'est qu'une charpente structurale qui servira d'assise à la formation des segments osseux de la colonne vertébrale. Vers la fin de la troisième semaine, le mésoderme donne également naissance à de nombreux segments pairs, les **somites**, qui constituent l'origine embryonnaire de la plupart des os du squelette

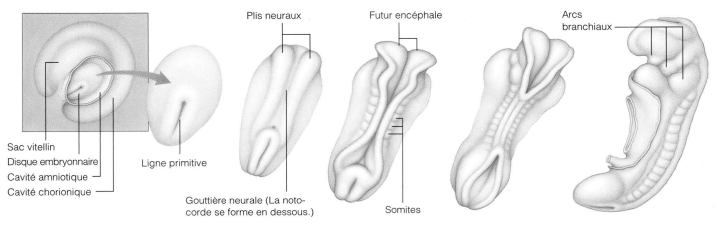

a JOUR 15. Une bande peu marquée apparaît autour d'une dépression le long de l'axe du disque embryonnaire. Il s'agit de la ligne primitive. Cette étape marque le début de la gastrulation chez l'embryon de vertébré.

b JOURS 18 À 23. L'organogenèse s'amorce par des divisions cellulaires, des migrations des cellules, le repliement de tissus et d'autres événements de la morphogenèse. Les plis neuraux vont se rejoindre pour créer le tube neural. Les somites (des protubérances du mésoderme) apparaissent près de la surface dorsale de l'embryon. Ils donneront naissance à presque toute la portion axiale du squelette, aux muscles squelettiques et à la plus grande partie du derme.

c JOURS 24 ET 25. Certaines cellules de l'embryon ont maintenant donné naissance aux arcs branchiaux qui contribueront à la formation de la figure, du cou, de la bouche, des cavités nasales, du larynx et du pharynx.

Figure 44.12 Les étapes caractéristiques de la période embryonnaire de l'être humain et des autres vertébrés. La ligne primitive, puis la notocorde apparaissent d'abord. Les plis neuraux, les somites et les arcs branchiaux se formeront plus tard. **a)** et **b)** L'aspect dorsal de l'embryon. **c)** L'aspect latéral. Schémas à comparer avec les photographies de la figure 44.14.

le revêtement du sac vitellin. L'autre couche commence maintenant à générer l'embryon lui-même.

Des divisions et des migrations des cellules font légèrement épaissir la partie centrale de cette couche autour d'une dépression de sa surface qui forme une ligne primitive qui s'allongera et s'épaissira le jour suivant. S'amorce alors la gastrulation (voir la figure 44.12a). C'est la ligne primitive qui définit l'axe antéropostérieur de l'embryon et, par là, sa symétrie bilatérale. L'endoderme et le mésoderme se forment à partir des cellules qui migrent vers l'intérieur de cet axe. Maintenant, la mise en place du plan d'organisation commence, telle que décrite à la section 43.5. Des inductions embryonnaires et des interactions entre des groupes de gènes maîtres organisent le plan corporel caractéristique de tous les vertébrés. Des tissus spécialisés et des organes commencent à

axial, des muscles squelettiques de la tête et du tronc, ainsi que du derme qui recouvre ces régions.

Les arcs branchiaux, qui contribueront à la formation de la figure, du cou, de la bouche, du nez, du larynx et du pharynx, commencent à se développer. De minuscules espaces apparaissent dans le mésoderme ; ils finiront par se réunir pour constituer le cœlome.

> **Durant la troisième semaine après la fécondation – quand la femme se rend compte d'un retard dans ses règles –, le plan d'organisation vertébré émerge chez le nouvel individu.**
>
> **Chez tous les vertébrés, la ligne primitive, le tube neural, les somites et les arcs branchiaux s'élaborent pendant la période embryonnaire. C'est la ligne primitive qui détermine l'axe antéro-postérieur de l'organisme et sa symétrie bilatérale.**

L'IMPORTANCE DU PLACENTA

Avant même le début de la période embryonnaire, les membranes embryonnaires ont engagé des interactions avec l'utérus afin de soutenir la croissance rapide de l'embryon. À la troisième semaine, de minuscules projections digitiformes du chorion se sont répandues de façon invasive dans le sang maternel accumulé dans les espaces de l'endomètre. Ces projections – les villosités chorioniques – accroissent les échanges de substances entre la mère et le nouvel individu. Ce sont des composantes fonctionnelles du placenta.

Le **placenta**, un organe gorgé de sang, se compose de tissus de l'endomètre et des membranes embryonnaires. À son plein développement, il occupera le quart de la surface interne de l'utérus (voir la figure 44.13).

Le placenta permet de sustenter le fœtus tout en permettant à ses vaisseaux sanguins de se développer indépendamment de ceux de la mère. L'oxygène et les nutriments diffusent des vaisseaux maternels

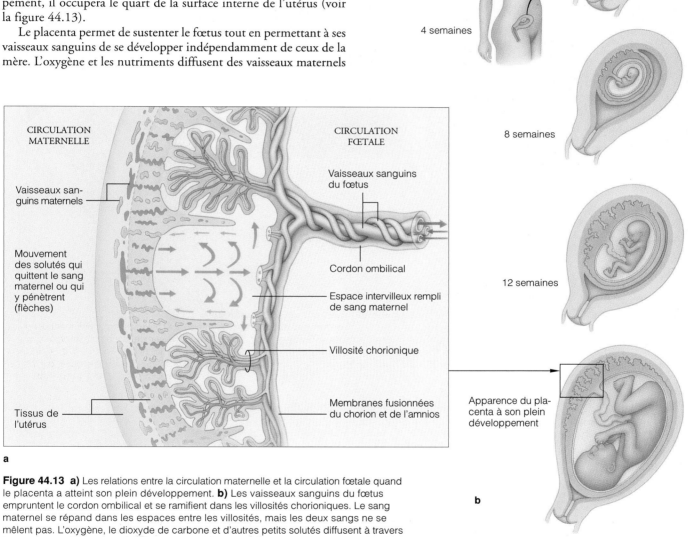

4 semaines

8 semaines

12 semaines

Apparence du placenta à son plein développement

b

Figure 44.13 a) Les relations entre la circulation maternelle et la circulation fœtale quand le placenta a atteint son plein développement. **b)** Les vaisseaux sanguins du fœtus empruntent le cordon ombilical et se ramifient dans les villosités chorioniques. Le sang maternel se répand dans les espaces entre les villosités, mais les deux sangs ne se mêlent pas. L'oxygène, le dioxyde de carbone et d'autres petits solutés diffusent à travers la membrane placentaire.

à travers les espaces remplis de sang du placenta, puis dans les vaisseaux sanguins du fœtus. (Ces vaisseaux convergent vers le cordon ombilical, la ligne de vie qui relie le placenta et le nouvel individu.) Le dioxyde de carbone et les autres déchets diffusent dans la direction inverse ; ils seront rapidement éliminés par les poumons et les reins de la mère. Après le troisième mois, le placenta sécrète de la progestérone et des œstrogènes – de façon à maintenir la muqueuse utérine.

Le placenta, un organe gorgé de sang, se compose de tissus de l'endomètre et des membranes embryonnaires. Il permet les échanges entre la mère et le fœtus sans que leurs sangs se mélangent. Il soutient ainsi le développement du fœtus tout en permettant à ses vaisseaux sanguins de se développer indépendamment de ceux de la mère.

L'APPARITION DES CARACTÉRISTIQUES HUMAINES

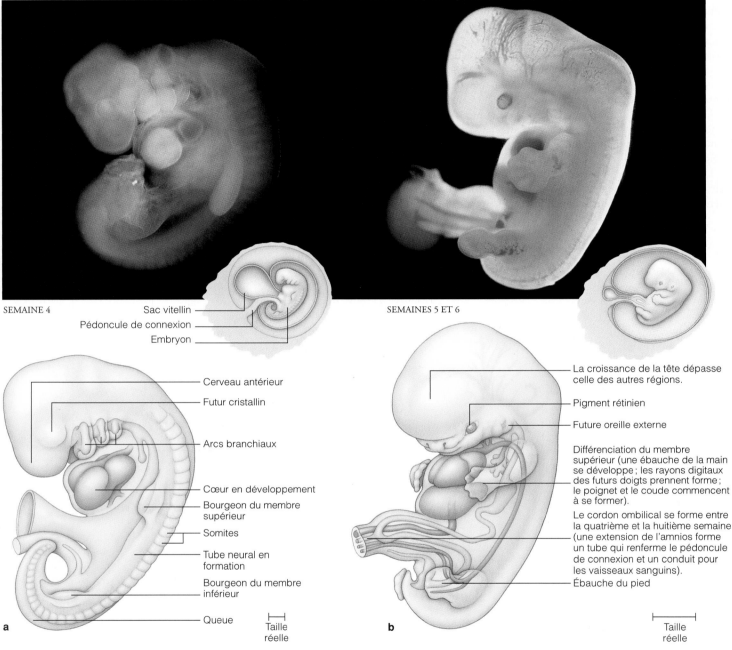

SEMAINE 4

Sac vitellin
Pédoncule de connexion
Embryon

SEMAINES 5 ET 6

Cerveau antérieur

Futur cristallin

Arcs branchiaux

Cœur en développement

Bourgeon du membre supérieur

Somites

Tube neural en formation

Bourgeon du membre inférieur

Queue

Taille réelle

La croissance de la tête dépasse celle des autres régions.

Pigment rétinien

Future oreille externe

Différenciation du membre supérieur (une ébauche de la main se développe ; les rayons digitaux des futurs doigts prennent forme ; le poignet et le coude commencent à se former).

Le cordon ombilical se forme entre la quatrième et la huitième semaine (une extension de l'amnios forme un tube qui renferme le pédoncule de connexion et un conduit pour les vaisseaux sanguins).

Ébauche du pied

Taille réelle

a

b

À la fin de la quatrième semaine de la période embryonnaire, l'embryon a multiplié par 500 sa taille initiale. Le placenta a soutenu cette poussée de croissance, mais le rythme va maintenant ralentir pour permettre le développement des détails des organes. Les membres se forment ; les orteils et les doigts sont sculptés à partir des membres palmés de l'embryon. Le cordon ombilical se développe également et le système cardiovasculaire devient complexe. La croissance de la tête se veut maintenant supérieure à celle de toute autre partie du corps (voir la figure 44.14). La période embryonnaire se termine à la fin de la huitième semaine. L'embryon est plus qu'un simple vertébré : ses caractéristiques en font maintenant clairement un fœtus humain.

Figure 44.14 a) Un embryon humain, quatre semaines après la fécondation. Il possède, comme tous les vertébrés, une queue et des arcs branchiaux. **b)** Un embryon de cinq ou six semaines. **c)** Un embryon à la limite entre la période embryonnaire et la période fœtale. Il présente maintenant des caractéristiques humaines et flotte dans le liquide amniotique. **d)** Un fœtus de 16 semaines. Il commence à bouger, à mesure que ses nerfs établissent des connexions fonctionnelles avec les muscles en formation. Les jambes donnent des coups, les bras s'agitent, la bouche se crispe. Ces activités réflexes seront essentielles à la survie dans le monde extra-utérin.

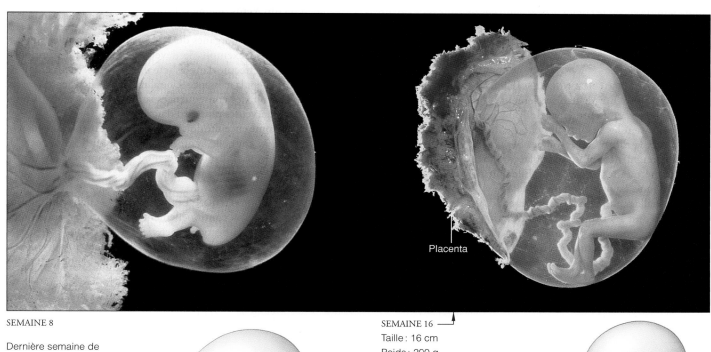

SEMAINE 8

Dernière semaine de
la période embryon-
naire ; l'embryon a une
apparence nettement
humaine par rapport
aux autres embryons
de vertébrés.

Les membres supérieurs
et inférieurs sont bien
formés ; les doigts et les
orteils se sont séparés.

Les tissus primordiaux
de toutes les structures
internes et externes sont
maintenant développés.

La queue est devenue
tronquée.

Placenta

SEMAINE 16 ——
Taille : 16 cm
Poids : 200 g

SEMAINE 29
Taille : 27,5 cm
Poids : 1300 g

SEMAINE 38 (à terme) ——→
Taille : 50 cm
Poids : 3400 g

Pendant la période fœtale,
la taille mesurée va du sommet du crâne au talon (pour
l'embryon, on prend plutôt
la plus grande dimension
mesurable, comme du som-
met du crâne au coccyx).

c |—— Taille réelle ——|

d

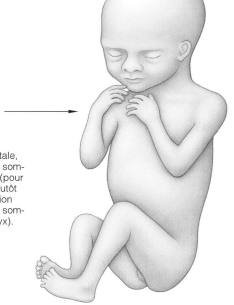

Durant le deuxième trimestre, le fœtus peut bouger ses muscles faciaux. Il fronce les sourcils et bouge les yeux. Il pratique activement le réflexe de succion, dont il est question à la prochaine section. La mère peut maintenant percevoir avec facilité les mouvements des bras et des jambes du fœtus. Un fin duvet, le lanugo, recouvre le corps de ce dernier. La peau est rougeâtre, ridée et protégée contre l'abrasion par un revêtement épais et crémeux. Durant le sixième mois, de délicates paupières et de fins cils se forment. Au cours du septième mois, le fœtus ouvre les yeux.

Un fœtus né trop prématurément (avant 22 semaines) ne peut survivre. La situation est également préoccupante dans le cas d'une naissance survenant avant 28 semaines, surtout en raison du développement insuffisant des poumons. Après ce moment, les risques diminuent. À 36 semaines, le taux de survie est de 95 %. Un fœtus né entre 36 et 38 semaines éprouve tout de même des difficultés respiratoires et a du mal à maintenir sa température interne, même avec les meilleurs soins médicaux. Idéalement, la naissance se produit environ 38 semaines après le temps estimé de la fécondation.

Durant la période fœtale, les tissus primaires formés chez l'embryon se sculptent pour créer les caractéristiques distinctives de l'espèce humaine.

À PARTIR DE LA NAISSANCE

La naissance

La grossesse se termine 38 semaines après la fécondation, plus ou moins quelques semaines. On donne le nom de **parturition** ou d'**accouchement** au processus de la naissance. En général, l'amnios se rompt juste avant la naissance, de sorte que les eaux (le liquide amniotique) s'écoulent par le vagin. Durant le travail de l'accouchement, le col utérin se dilate et le fœtus progresse de l'utérus jusqu'au vagin, puis dans le monde extérieur. Ce sont les contractions puissantes de l'utérus, stimulées par l'ocytocine, qui provoquent l'expulsion du fœtus.

De faibles contractions utérines marquent le dernier trimestre. La **relaxine**, une hormone sécrétée par le corps jaune et le placenta, entraîne un assouplissement du tissu conjonctif du col utérin ainsi qu'un relâchement des articulations des os pelviens. Le fœtus « descend »; sa tête touche habituellement le col (voir la figure 44.17). Les contractions rythmiques qui annoncent le commencement du travail vont augmenter en fréquence et en intensité pendant deux à

dix-huit heures. Elles vont normalement expulser le fœtus environ une heure après la dilatation complète du col utérin.

De fortes contractions détachent par la suite le placenta et l'expulsent; c'est la délivrance. Des contractions resserrent les vaisseaux sanguins aux endroits où ils se sont rompus et arrêtent l'hémorragie. On coupe et on attache le cordon ombilical. Le tronçon qui en reste va se dessécher puis tomber après quelques jours, laissant une cicatrice, le nombril ou ombilic.

L'alimentation du nouveau-né

Une fois que la ligne de vie le reliant à sa mère est coupée, le nouveau-né entame la période de dépendance et d'apprentissage typique de tous les primates. Sa survie première exige un apport constant de lait ou d'un substitut nutritionnel. La **lactation**, ou production du lait, se réalise dans les glandes mammaires logées dans les seins de la femme (voir la figure 44.18). Avant la grossesse, les seins sont principalement formés de tissu adipeux et d'un système de conduits non développés. Leur taille dépend de la quantité de tissu adipeux qu'ils contiennent et non de leur aptitude à produire du lait. Durant la grossesse, les œstrogènes et la progestérone agissent pour développer le système glandulaire de production du lait.

Pendant les premiers jours qui suivent l'accouchement, les glandes mammaires sécrètent un liquide riche en protéines et en lactose. La **prolactine**, l'hormone qui stimule la synthèse des enzymes nécessaires à la production du lait, est sécrétée par le lobe antérieur de l'hypophyse (voir la section 36.3).Quand le nouveau-né tète, l'hypophyse libère de l'**ocytocine**, une hormone qui provoque les contractions poussant le lait dans les conduits des glandes et qui permet à l'utérus de retrouver sa taille d'avant la grossesse.

Une autre hormone, la **CRH** (corticolibérine) contribue au déroulement du travail. Elle pourrait cependant être responsable de la dépression post-partum. La CRH est sécrétée par le placenta. Son taux sanguin est multiplié par trois durant la grossesse. Cette augmentation pourrait déclencher la sécrétion de cortisol, l'hormone du stress,

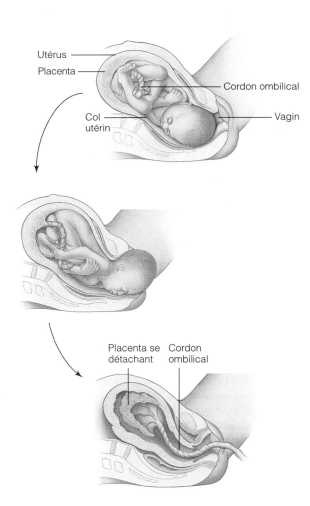

Figure 44.17 L'accouchement et la délivrance (l'expulsion du placenta, de liquide et de sang).

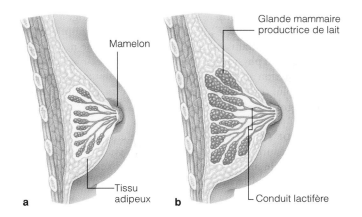

Figure 44.18 a) Le sein d'une femme qui n'est pas enceinte. **b)** Le sein d'une femme enceinte.

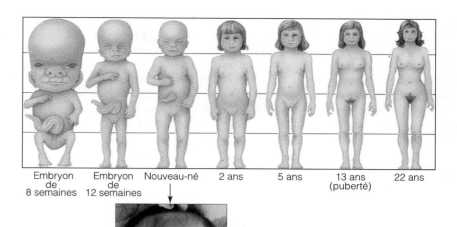

Figure 44.19 Des modifications observables des proportions du corps humain durant la croissance prénatale et postnatale. Les changements de l'apparence physique globale se veulent lents, mais observables jusqu'à l'adolescence. Par exemple, par comparaison avec la période embryonnaire, la tête devient proportionnellement plus petite, les jambes plus longues, et le tronc plus court. Mettre ces dessins en relation avec les stades du tableau 44.4.

Embryon de 8 semaines — Embryon de 12 semaines — Nouveau-né — 2 ans — 5 ans — 13 ans (puberté) — 22 ans

pour aider la mère à faire face aux fortes pressions occasionnées par la grossesse et l'accouchement. Une fois le placenta expulsé, le taux de CRH s'effondre jusqu'à des niveaux qu'on observe au cours de certaines dépressions. La dépression post-partum cesse quand la sécrétion de CRH par l'hypothalamus revient à la normale.

Tableau 44.4	*Les stades du développement humain*
PÉRIODE PRÉNATALE	
Zygote	Cellule unique résultant de la fusion du noyau du spermatozoïde et de celui de l'ovule lors de la fécondation.
Morula	Sphère compacte de cellules produites par la segmentation.
Blastocyste	Sphère comprenant des cellules de surface, une cavité remplie de liquide et une masse cellulaire interne (embryoblaste).
Embryon	Toutes les étapes de développement allant de deux semaines après la fécondation jusqu'à la fin de la huitième semaine.
Fœtus	Toutes les étapes de développement de la neuvième semaine jusqu'à la naissance (environ 38 semaines après la fécondation).
PÉRIODE POSTNATALE	
Nouveau-né	Les 2 premières semaines de la vie.
Nourrisson	De 2 semaines à environ 15 mois.
Enfant	De la petite enfance jusqu'à 10 ou 12 ans.
Puberté	Moment où les caractères sexuels secondaires se développent; entre 10 et 15 ans pour les filles, entre 12 et 16 ans pour les garçons.
Adolescent	De la puberté jusqu'à environ 3 ou 4 ans plus tard; maturation physique, mentale et émotionnelle.
Adulte	Jeune âge adulte: entre 18 et 25 ans; fin de la formation des os et de la croissance. Les changements sont très lents par après.
Vieillesse	Le vieillissement se poursuit tard dans la vie.

Le cancer du sein

Aux États-Unis, on diagnostique en moyenne 100 000 cas de cancer du sein chaque année. L'obésité ainsi que des taux élevés de cholestérol et d'œstrogènes contribuent à la transformation cancéreuse. Le pronostic est excellent si le cancer est détecté et traité précocement. Une femme devrait procéder à un autoexamen de ses seins une fois par mois, environ une semaine après le début de ses menstruations.

Le développement postnatal

Comme chez beaucoup d'espèces, les êtres humains commencent leur vie comme ce qui peut ressembler à une version miniature de l'adulte, puis leur taille et leurs proportions se modifient jusqu'à ce qu'ils atteignent leur maturité sexuelle. La figure 44.19 illustre quelques-unes des modifications qui surviennent dans les proportions du corps, de la vie prénatale jusqu'à l'âge adulte.

La croissance postnatale est la plus rapide entre 13 et 19 ans. C'est alors que les hormones sexuelles commencent à sécréter, et qu'elles entraînent le développement des caractères sexuels secondaires, de même que la maturité sexuelle. Les os n'atteignent leur pleine maturité qu'à l'âge adulte. C'est au début de cette période que les tissus de l'organisme sont dans leur meilleure condition. À mesure que les années passent, il devient plus difficile de les maintenir en bon état et de les réparer. Ils se détériorent graduellement par des processus de vieillissement (voir la section 43.7).

Le cycle biologique de l'être humain se déroule naturellement, à partir de la naissance, à travers la croissance et le développement, jusqu'à la production de la propre progéniture de l'individu, et se termine par le vieillissement et la mort.

La régulation de la fertilité humaine

La transformation d'un zygote en un adulte d'une grande complexité soulève des questions profondes. Quand le développement commence-t-il? Comme il a été démontré, des événements majeurs du développement prennent place même avant la fécondation. Quand la vie débute-t-elle? Au cours de sa vie, une femme peut produire jusqu'à 500 ovules, tous vivants. Lors d'une éjaculation, un homme libère un quart de millions de spermatozoïdes, qui sont vivants. Avant qu'un ovule et un spermatozoïde fusionnent de façon aléatoire pour établir la constitution génétique d'un nouvel individu, ces cellules vivantes sont aussi nombreuses que n'importe quelle autre forme de vie. Par conséquent, il est difficile de prétendre que la vie commence à la fécondation. La vie a débuté il y a plus de trois milliards d'années; et chaque gamète, chaque zygote, chaque individu ayant atteint sa maturité sexuelle n'a traversé que l'un des stades fugaces dans la continuité de ce commencement.

Cette perspective plus vaste de la vie ne peut amoindrir le sens de la conception. C'est merveilleux de donner à un nouvel individu le cadeau de la vie, enveloppé dans les fils de la trame évolutive unique de notre espèce et transmis à travers une immense étendue de temps.

Pourtant, comment réconcilier la merveille que représente une naissance individuelle avec l'étonnant taux de natalité de notre espèce? Environ 15 000 nouveau-nés voient le jour chaque heure. Avant que ce jour finisse, il pourrait y avoir plus de 361 381 nouveau-nés de plus sur Terre qu'il n'y en avait hier soir à la même heure. Dans moins de trois mois, il pourrait y en avoir 32 975 994 de plus – presque autant qu'il y a de personnes dans tout l'État de la Californie…

La croissance de la population humaine est en train d'outrepasser les ressources globales de la planète. Des millions de personnes souffrent de la faim. Peu des habitants de notre pays savent ce que signifie donner naissance à un enfant et ne pas avoir assez de nourriture pour le garder en vie.

Et comment réconcilier la merveille d'une naissance avec la confusion qui entoure les grossesses non désirées? Même les pays très développés n'ont pas de programmes éducatifs adéquats en ce qui concerne la fécondité. Et beaucoup de personnes négligent d'exercer un contrôle sur leur fertilité. En 2000, des mères adolescentes ont donné naissance à près de 480 000 bébés aux États-Unis. Beaucoup de parents encouragent des relations amoureuses précoces chez leurs enfants sans penser aux risques des rapports sexuels prémaritaux et des grossesses non planifiées. Les conseils se limitent souvent à un bref: «Ne le fais pas. Mais si tu le fais, sois prudent(e).» Il y a probablement plus d'un million d'avortements chaque année aux États-Unis, tous groupes d'âge confondus.

Les motifs qui poussent à entreprendre une relation sexuelle ont évolué au cours de centaines de millions d'années. Quelques siècles d'argumentation morale et écologique dans le but de réprimer ces nombreuses grossesses non désirées n'y ont pas mis fin. Des facteurs sociaux complexes contribuent aujourd'hui à un taux de croissance de la population qui échappe à notre contrôle. Comment réconcilier notre passé biologique avec la nécessité actuelle de limiter la croissance de la population? Réussira-t-on à contrôler la fertilité humaine? Comment? C'est un point délicat que nous abordons de nouveau dans le prochain chapitre, dans le contexte des principes qui gouvernent la croissance et la stabilité de toutes les populations.

LA RÉGULATION DES NAISSANCES

Quelles sont les options disponibles pour les personnes qui choisissent de différer une grossesse ou d'y renoncer complètement? La méthode la plus efficace de régulation des naissances est l'abstinence complète, ce qui signifie aucun rapport sexuel quel qu'il soit. Les données prouvent qu'il n'est pas réaliste de s'attendre à ce que de nombreuses personnes pratiquent cette méthode.

Des variations moins fiables de l'abstinence peuvent cependant être pratiquées: la méthode rythmique, ou abstinence périodique, et la méthode symptothermique, qui consistent à éviter les rapports sexuels durant la période de fertilité de la femme, à partir de quelques jours avant l'ovulation jusqu'à quelques jours après. La femme doit identifier le moment de sa période fertile. Elle enregistre à cette fin des données sur la longueur de ses cycles menstruels et prend sa température tous les matins au réveil. (La température centrale de l'organisme s'élève légèrement juste avant la période de fertilité.) Cependant, il est possible que les ovulations ne soient pas régulières et de nombreuses erreurs de calcul surviennent fréquemment. Il se peut aussi que les spermatozoïdes déposés dans le vagin quelques jours plus tôt survivent jusqu'à l'ovulation. La méthode rythmique n'est pas onéreuse; elle ne nécessite que l'achat d'un thermomètre. Elle n'exige pas d'ajustements ou d'examens médicaux périodiques, mais son efficacité pour empêcher une grossesse se veut limitée (voir la figure 44.20).

Le coït interrompu, soit le retrait du pénis avant l'éjaculation, est une méthode qui remonte au moins aux temps bibliques. Toutefois, cette pratique demande beaucoup de volonté et peut de toute façon s'avérer inefficace, puisque le liquide émis par le pénis avant l'éjaculation peut contenir des spermatozoïdes.

Les douches vaginales pratiquées après les rapports sexuels sont pratiquement inutiles, car les spermatozoïdes se trouvent hors de portée de la douche 90 secondes après l'éjaculation.

Le contrôle de la fertilité par des méthodes chirurgicales est moins aléatoire. Les hommes peuvent choisir la vasectomie. Cette brève intervention s'effectue sous anesthésie locale. Le médecin, après avoir pratiqué une petite incision dans le scrotum, coupe et ligature les deux conduits déférents. Par la suite, les spermatozoïdes n'ont pas la possibilité de quitter les testicules; ils ne peuvent donc être présents dans le sperme. Jusqu'à ce jour, aucune preuve solide n'indique que la vasectomie interrompe les fonctions hormonales ou nuise à l'activité sexuelle. L'intervention est réversible, mais la moitié de ceux qui ont subi une vasectomie peuvent développer plus tard des anticorps contre les spermatozoïdes et être incapables de retrouver leur fertilité.

Les femmes peuvent avoir recours à la ligature des trompes. Au cours de cette intervention chirurgicale, qui se déroule habituellement à l'hôpital, on cautérise les trompes utérines ou on les coupe et on les ligature. Quand elle est effectuée correctement, la ligature des trompes constitue la méthode contraceptive la plus efficace. Certaines femmes qui l'ont subie peuvent souffrir de douleurs récurrentes dans la région pelvienne. L'opération peut parfois être réversible.

Des méthodes moins rigoureuses de contrôle de la fertilité font intervenir des barrières physiques ou chimiques qui empêchent les spermatozoïdes de pénétrer dans l'utérus et les trompes utérines. Les mousses et les gelées spermicides se veulent toxiques pour les spermatozoïdes. Un applicateur permet de les introduire dans le vagin avant les rapports sexuels. Ces produits ne sont pas toujours fiables, à moins d'être utilisés avec un autre dispositif, comme un diaphragme ou un condom. Les dispositifs intra-utérins, qu'on appelle aussi *stérilets*, sont des spirales qu'un médecin introduit dans l'utérus. Ils provoquent parfois des maladies inflammatoires pelviennes.

Figure 44.20 L'efficacité des diverses méthodes contraceptives aux États-Unis. Les pourcentages indiquent le nombre de grossesses non désirées chez 100 couples qui ont utilisé cette méthode durant un an. Par exemple, une efficacité de 94 % pour la contraception orale (la pilule) signifie qu'en moyenne 6 femmes sur 100 deviendront enceintes.

EXTRÊMEMENT EFFICACES

Abstinence totale	100 %
Ligature des trompes ou vasectomie	99,6 %
Implant hormonal (Norplant^{MD})	99 %

TRÈS EFFICACES

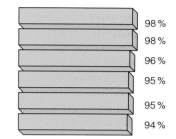

Dispositif intra-utérin + hormones à libération lente	98 %
Dispositif intra-utérin + spermicide	98 %
Injection de Depo-Provera^{MD}	96 %
Dispositif intra-utérin seul	95 %
Condom de latex de bonne qualité + spermicide avec nonoxynol-9	95 %
Contraceptif oral (la pilule)	94 %

EFFICACES

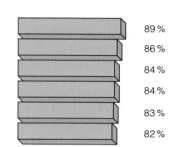

Cape cervicale	89 %
Condom de latex seul	86 %
Diaphragme + spermicide	84 %
Méthode symptothermique	84 %
Éponge vaginale + spermicide	83 %
Mousse spermicide	82 %

MODÉRÉMENT EFFICACES

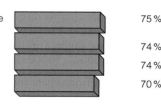

Crème, gelée ou suppositoire spermicide	75 %
Méthode rythmique (température quotidienne)	74 %
Coït interrompu	74 %
Condom bon marché	70 %

NON FIABLES

Douche vaginale	40 %
Hasard (pas de méthode)	10 %

Le diaphragme est un dispositif flexible en forme de coupole. On l'insère dans le vagin avant la relation de façon à ce qu'il coiffe le col utérin. Il est assez efficace si sa taille a été correctement ajustée par un médecin, s'il est utilisé avec une mousse ou une gelée spermicide, renouvelée juste avant chaque relation sexuelle, s'il est inséré convenablement chaque fois et laissé en place par la suite pendant le temps prescrit.

Les bonnes marques de condoms – des gaines minces et ajustées portées sur le pénis pendant les rapports sexuels – présentent une efficacité qui peut atteindre 95 % si elles sont utilisées avec un spermicide. Seuls les condoms en latex offrent une protection contre les maladies transmissibles sexuellement (voir la section 44.15). Il est fréquent toutefois que les condoms se déchirent ou se percent, auquel cas ils deviennent tout à fait inutiles.

Les contraceptifs oraux contiennent des œstrogènes et des progestatifs (des hormones ressemblant à la progestérone) de synthèse. Prise quotidiennement sauf pendant les sept derniers jours du cycle menstruel, « la pilule » empêche la maturation des ovocytes et l'ovulation. Elle réussit parfois à régulariser le cycle menstruel et à diminuer les douleurs menstruelles. Chez certaines femmes, elle peut occasionner des nausées, un gain de poids, de l'œdème et des maux de tête. Avec plus de 50 millions de femmes qui l'utilisent aux États-Unis, la pilule se veut le moyen contraceptif le plus utilisé. Quand elle est prise correctement, son efficacité s'élève à 94 % ou même plus. On a associé les premiers contraceptifs oraux à la formation de caillots sanguins, à une augmentation de la pression sanguine et possiblement au cancer. Les doses hormonales plus faibles des nouvelles formules pourraient réduire les risques de cancers du sein et de l'endomètre. La possibilité qu'il existe une corrélation entre la pilule et le cancer du sein fait l'objet de recherches.

On peut également utiliser des injections ou des implants de progestatifs pour bloquer l'ovulation. Une injection de Depo-Provera^{MD} agit durant trois mois et présente une efficacité de 96 %. Le Norplant^{MD} (six bâtonnets implantés sous la peau) agit pendant cinq ans et présente une efficacité de 99 %. Ces deux méthodes peuvent occasionner des saignements sporadiques importants et il est parfois difficile de retirer les implants Norplant^{MD}.

Un test de grossesse ne peut être positif qu'après l'implantation du blastocyste. Étant donné que, selon un certain point de vue, une femme n'est pas enceinte avant ce moment, on peut considérer que la pilule du lendemain constitue une méthode pouvant empêcher une femme de devenir enceinte. De fait, les pilules de ce genre agissent jusqu'à 72 heures après des rapports sexuels non protégés en interférant avec les hormones qui contrôlent les événements se déroulant entre l'ovulation et l'implantation. Preven^{MD} fait partie de ces produits ; il vient en kits comprenant des doses élevées de contraceptifs qui suppriment l'ovulation et empêchent le fonctionnement du corps jaune. Le RU-486, qui est plutôt utilisé comme abortif, peut aussi faire office de pilule du lendemain. Il peut empêcher la fécondation et l'implantation, qui dépend de la progestérone. Il peut également provoquer un avortement s'il est pris durant les sept semaines qui suivent l'implantation ;

il s'oppose alors à la progestérone, qui se veut essentielle pour le maintien de la grossesse. Chez certaines femmes, il peut provoquer une élévation de la pression sanguine, la formation de caillots ou le cancer du sein. Le RU-486, qu'on connaît maintenant sous le nom de Mifeprex^{MD}, est disponible en Europe. Bien que controversée, son utilisation aux États-Unis a reçu l'approbation de la FDA (Food and Drug Administration) en 2000. L'utilisation de Preven^{MD}, un produit qui a d'abord servi comme contraceptif avant d'être recyclé en pilule du lendemain, n'a pas été aussi controversée et a reçu l'approbation de la FDA en 1998.

Le contrôle de la fertilité humaine constitue une question délicate qui exige de réconcilier notre passé biologique avec les points de vue très différents qui marquent notre culture actuelle.

Choisir ou refuser la grossesse

Environ 15 % des couples américains ne peuvent concevoir un enfant en raison de leur stérilité ; celle-ci peut être imputable, par exemple, à des déséquilibres hormonaux de la femme qui empêchent l'ovulation ou encore à la numération des spermatozoïdes de l'homme, qui est trop faible pour que la fécondation soit possible sans intervention médicale.

La **fécondation in vitro** désigne la conception à l'extérieur de l'organisme. Un couple peut y avoir recours si l'homme et la femme peuvent produire des spermatozoïdes et des ovules normaux. La femme reçoit d'abord des injections d'hormones afin de préparer ses ovaires à l'ovulation. On retire ensuite un ovocyte préovulatoire à l'aide d'un appareil aspirant. On place entre-temps des spermatozoïdes de l'homme dans une solution similaire aux sécrétions des trompes utérines. La fécondation peut se produire quelques heures après qu'on a mis les spermatozoïdes et l'ovocyte en présence. Douze heures plus tard, l'embryon est transféré dans une solution qui peut soutenir son développement durant les premières segmentations. L'amas de cellules résultantes est transféré dans l'utérus de la mère deux à quatre jours plus tard.

Les tentatives de fécondation in vitro coûte environ 8000 dollars américains chacune, et la plupart d'entre elles ne sont pas couronnées de succès. En 1994, chaque « bébé éprouvette » a coûté de 60 000 à 100 000 dollars en moyenne au système de santé américain. Les couples sans enfants peuvent considérer qu'aucun prix n'est trop élevé, mais on est toutefois en mesure de se demander, à une époque où la croissance de la population s'accentue et où les soins couverts par les assurances médicales diminuent, si le prix n'est pas trop lourd à payer pour la société. Cette question fait l'enjeu de certaines batailles juridiques.

À l'autre extrême, il y a l'**avortement**, soit l'expulsion provoquée d'un blastocyste, d'un embryon ou d'un fœtus de l'utérus. Il fut un temps ou l'avortement était illégal aux États-Unis, à moins que la vie de la mère ne soit menacée par la poursuite de la grossesse. La Cour suprême décida plus tard que l'État n'avait pas le droit d'interdire l'avortement durant les premiers stades de la grossesse (pouvant aller jusqu'à cinq mois). Avant l'adoption de cette loi, des tentatives d'avortement dangereuses, traumatisantes et souvent fatales étaient faites par les femmes enceintes elles-mêmes ou par des charlatans.

Du point de vue clinique, l'avortement par aspiration et d'autres méthodes rendent l'avortement indolore pour la femme, rapide et exempt de complications quand il est réalisé au cours du premier trimestre. Les avortements pratiqués au cours des deuxième et troisième trimestres sont extrêmement controversés à moins que la vie de la femme ne soit en danger. Même ainsi, pour des considérations médicales et humanitaires, la majorité des gens s'entendent pour dire que l'avortement ne constitue pas le moyen idéal de régulation des naissances. Un comportement sexuel responsable doit plutôt prévenir en premier lieu les grossesses non désirées.

Le présent ouvrage ne peut proposer « la » bonne réponse à un problème moral à cause des raisons invoquées à la section 1.7. Cependant, il peut expliquer soigneusement et en détail les étapes de développement d'un nouvel individu. Le choix de la bonne réponse apportée à la question morale que pose l'avortement n'est que cela – un choix. Par contre, il peut se fonder sur une connaissance objective de la nature de la vie.

RÉSUMÉ
Le chiffre en **brun** renvoie à la section du chapitre.

1. Les êtres humains possèdent une paire d'organes sexuels primaires (les testicules qui produisent les spermatozoïdes chez l'homme et les ovaires qui produisent les ovocytes chez la femme), ainsi que des conduits et des glandes annexes. Les testicules et les ovaires sécrètent aussi des hormones qui régissent la fonction reproductive et les caractères sexuels secondaires. *44.1 à 44.3*

a) La LH, la FSH et la testostérone constituent les hormones qui contrôlent la spermatogenèse. Elles font partie de boucles de rétroaction allant des testicules à l'hypothalamus et au lobe antérieur de l'hypophyse. *44.2*

b) Les œstrogènes, la progestérone, la FSH et la LH forment les hormones qui contrôlent la maturation et la libération des ovocytes de l'ovaire, de même que les modifications cycliques de l'endomètre (la muqueuse utérine). Leur sécrétion fait partie de boucles de rétroaction allant des ovaires à l'hypothalamus et au lobe antérieur de l'hypophyse. *44.3 à 44.5*

2. Le cycle menstruel se veut un cycle récurrent de fertilité intermittente durant les années de la vie reproductive de la femme et de la femelle d'autres primates. *44.3, 44.5*

a) La phase folliculaire : Un des nombreux follicules entreprend sa maturation dans un ovaire. Chaque follicule se compose d'un ovocyte et des couches cellulaires qui l'entourent. Pendant ce temps, l'endomètre se prépare en vue d'une grossesse éventuelle. Il dégénère à chaque cycle s'il n'y a pas de grossesse.

b) L'ovulation : Un pic de LH au milieu du cycle déclenche l'ovulation, soit la libération par l'ovaire d'un ovocyte de deuxième ordre.

c) La phase lutéinique : Après l'ovulation, le corps jaune, une structure glandulaire, se développe à partir des restes du follicule. Il sécrète de la progestérone et des œstrogènes qui préparent l'endomètre pour l'implantation. Lorsqu'il y a fécondation, le corps jaune se maintient.

3. Après la fécondation, un blastocyste se forme par segmentation et s'implante dans l'endomètre. Trois feuillets embryonnaires se constituent ; ils donneront naissance à tous les organes. Il s'agit de l'ectoderme, du mésoderme et de l'endoderme. *44.7, 44.8*

4. Quatre membranes embryonnaires se forment lors du développement de l'embryon de l'espèce humaine et des autres vertébrés : *44.7, 44.8*

a) L'amnios forme un sac rempli de liquide entourant l'embryon pour le protéger contre la déshydratation, les chocs mécaniques et les changements brusques de température.

b) Le sac vitellin renferme le vitellus nutritif de la plupart des œufs munis d'une coquille. Chez l'être humain, une partie de ce sac devient un site important de formation des cellules sanguines et une autre partie donnera naissance aux cellules germinales (qui sont à l'origine des spermatozoïdes et des ovocytes).

c) Le chorion, une membrane protectrice, entoure l'embryon et les autres membranes embryonnaires. Il devient aussi un constituant majeur du placenta.

d) Chez l'être humain, la vessie et les vaisseaux sanguins irriguant le placenta proviennent de l'allantoïde.

5. Le placenta, un organe gorgé de sang, se compose d'endomètre et de membranes embryonnaires. Il permet aux vaisseaux sanguins de l'embryon de se développer indépendamment de ceux de la mère, tout en permettant à l'oxygène, aux nutriments et aux déchets de diffuser entre eux. *44.9*

6. Le placenta agit dans une certaine mesure comme une barrière protectrice pour le fœtus. Il ne peut toutefois protéger celui-ci contre les effets nocifs des déficiences alimentaires de la mère, de ses infections et de sa consommation de médicaments, de drogues, d'alcool ou de tabac. *44.11*

7. Pendant la grossesse, les œstrogènes et la progestérone stimulent la croissance et le développement des glandes mammaires. Durant le travail de l'accouchement, de fortes contractions utérines expulsent le fœtus puis le placenta. Lorsqu'un bébé prend le sein, il stimule la libération de prolactine et d'ocytocine, des hormones qui stimulent à leur tour la production et la libération du lait. *44.12*

8. Décider ou non d'exercer un contrôle sur la sexualité et sur la fertilité humaine représente une question éthique majeure. Un comportement sexuel responsable est en général jugé préférable à l'avortement comme moyen de régulation des naissances. *44.13, 44.14, 44.16*

Exercices

1. Nommez les organes sexuels primaires de l'homme et précisez où commence la spermatogenèse dans ces organes. Le sperme est-il constitué de spermatozoïdes, de sécrétions glandulaires, ou des deux ? *44.1*

2. La spermatogenèse met-elle en jeu la mitose, la méiose, ou les deux processus ? *44.2*

3. Après avoir observé la figure 44.5, schématisez vous-même les boucles de rétroaction (allant des testicules vers l'hypothalamus et à l'adénohypophyse) qui régissent la spermatogenèse. Indiquez le nom des hormones de libération, des hormones et des cellules testiculaires participant à ces boucles. *44.2*

4. Nommez les organes sexuels primaires de la femme. Qu'est-ce que l'endomètre ? *44.3*

5. Établissez la différence entre :
   a) un ovocyte et un ovule. *44.4, 44.6*
   b) la phase folliculaire et la phase lutéinique du cycle menstruel. *44.5*
   c) un follicule et un corps jaune. *44.4*
   d) l'ovulation et l'implantation. *44.3, 44.7*

6. Qu'est-ce que le cycle menstruel ? Nommez quatre hormones qui interviennent dans ce cycle. Laquelle déclenche l'ovulation ? *44.3 à 44.5*

7. Après avoir observé les figures 44.8 et 44.9, schématisez vous-même les boucles de rétroaction (allant des ovaires à l'hypothalamus et à l'adénohypophyse) qui régissent le cycle menstruel. Indiquez le nom des hormones de libération, des hormones et des cellules ovariennes qui participent à ces boucles. *44.4, 44.5*

8. Décrivez les modifications cycliques de l'endomètre au cours du cycle menstruel. Quel est le rôle du corps jaune dans ces modifications ? *44.4, 44.5*

9. Établissez la distinction entre la période embryonnaire et la période fœtale du développement humain. Décrivez l'organisation générale du blastocyste. *44.7, 44.10*

10. Identifiez l'origine embryonnaire de l'amnios, du sac vitellin, du chorion et de l'allantoïde. Indiquez les fonctions de chaque membrane embryonnaire en relation avec la structure ou le fonctionnement de l'individu en développement. *44.7*

11. Énumérez quelques-uns des premiers organes qui sont caractéristiques de la période embryonnaire des humains et des autres vertébrés. *44.10*

12. Décrivez la structure du placenta et sa fonction. Les vaisseaux sanguins de la mère et du fœtus communiquent-ils directement dans cet organe ? *44.9*

13. Nommez l'hormone de libération qui tient un rôle-clé dans l'accouchement. Précisez comment les œstrogènes, la progestérone, la prolactine et l'ocytocine permettent d'assurer une production constante de lait pour le nourrisson. *44.12*

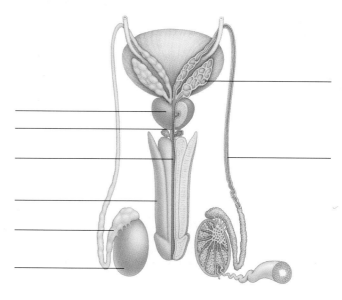

14. Identifiez les composants du système reproducteur de l'homme et indiquez la fonction de chacun. *44.1, 44.2*

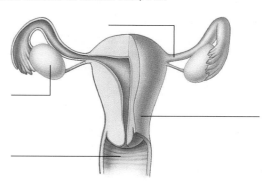

15. Identifiez les composants du système reproducteur de la femme et indiquez la fonction de chacun. *44.3, 44.4*

Autoévaluation   RÉPONSES À L'ANNEXE III

1. _____ et l'hypophyse contrôlent la sécrétion des hormones sexuelles par les testicules et les ovaires.

2. La fonction reproductrice de l'homme met en jeu _____.
   a) la FSH   d) la GnRH
   b) la LH   e) l'inhibine
   c) la testostérone   f) toutes ces hormones

3. Pendant le cycle menstruel, un pic _____ survenant au milieu du cycle déclenche l'ovulation.
   a) d'œstrogènes   c) de LH
   b) de progestérone   d) de FSH

4. Pendant le cycle menstruel, _____ et _____ que sécrète le corps jaune préparent l'endomètre à la grossesse.
   a) la FSH ; la LH   c) les œstrogènes ; la progestérone
   b) la FSH ; la testostérone   d) seuls les œstrogènes

5. À l'implantation, _____ s'enfouit dans l'endomètre.
a) un zygote
b) une gastrula
c) un blastocyste
d) une morula

6. _____ forme un sac rempli de liquide qui entoure et protège l'embryon contre les chocs mécaniques et l'empêche de se déshydrater.
a) Le sac vitellin
b) L'allantoïde
c) L'amnios
d) Le chorion

7. À son plein développement, le placenta _____ .
a) se compose uniquement de membranes embryonnaires
b) établit une connexion directe entre les vaisseaux sanguins de la mère et ceux du fœtus
c) maintient une séparation entre les vaisseaux sanguins de la mère et ceux du fœtus

8. On observe _____ chez les embryons de tous les vertébrés.
a) une plaque neurale
b) des somites
c) des arcs branchiaux
d) une ligne primitive
e) les réponses a), b) et c)
f) les réponses a), b), c) et d)

9. Les caractéristiques nettement humaines apparaissent chez l'embryon à la fin de la _____ semaine après la fécondation.
a) deuxième
b) troisième
c) quatrième
d) cinquième
e) huitième
f) seizième

10. Associez chaque terme avec la description appropriée.
_____ Blastocyste
_____ Tubule séminifère
_____ Corps jaune
_____ Ovocyte de deuxième ordre
_____ CRH, cortisol
_____ Puberté

a) Les caractères sexuels secondaires se développent.
b) Ces sécrétions influencent l'accouchement.
c) La formation des spermatozoïdes commence ici.
d) Sécrète des œstrogènes et de la progestérone pour préparer l'arrivée du blastocyste et maintenir l'endomètre durant la grossesse
e) Type de blastula formé à partir de l'œuf fécondé des mammifères
f) Se transforme en œuf mature après la fécondation

Questions à développement

1. Supposons que, au moment de la segmentation d'un zygote humain, les deux premiers blastomères se séparent complètement l'un de l'autre. Les cellules de chacun des deux blastomères continuent à se diviser et suivent le programme prévu de développement. Il en résulte deux vrais jumeaux, c'est-à-dire deux individus normaux génétiquement identiques (voir la section 43.3). Par opposition, des jumeaux fraternels se forment lorsque deux ovocytes de deuxième ordre sont fécondés en même temps par deux spermatozoïdes. En vous basant sur ces informations, expliquez pourquoi on observe une variabilité génétique considérable chez des jumeaux fraternels, mais non chez des vrais jumeaux.

2. Une infection par le virus de la rubéole semble avoir un effet inhibiteur sur la mitose. Des anomalies congénitales graves peuvent apparaître si une femme est contaminée au cours du premier trimestre de la grossesse, mais pas si elle l'est plus tard. Revoyez les étapes du développement qui se produisent au cours de la grossesse afin expliquer pourquoi il en est ainsi.

3. Vous êtes un(e) obstétricien(ne) qui voit pour la première fois une cliente nouvellement enceinte. Quels conseils lui donnerez-vous quant à son alimentation et à son comportement durant sa grossesse ?

4. Aux États-Unis, les grossesses chez des adolescentes et les MTS sont un véritable fléau. Imaginez qu'on vous consulte afin de définir des pratiques permettant de réduire ces deux phénomènes. Quelles mesures pourraient être les plus efficaces ? Quelle collaboration ou quelle résistance faut-il attendre de la part des adolescents du milieu ? de la part des adultes ? Expliquez pourquoi.

Vocabulaire

Reproduction

Caractère sexuel secondaire *44*
Cellule de Sertoli *44.2*
Cellules interstitielles (de Leydig) *44.2*
Coït *44.6*
Corps jaune *44.4*
Cycle menstruel *44.3*
Endomètre *44.3*
Follicule *44.4*
FSH (hormone folliculostimulante) *44.2*
Globule polaire *44.4*
GnRH (gonadolibérine) *44.2*
Inhibine *44.2*
LH (hormone lutéinisante) *44.2*
Maladie transmissible sexuellement (MTS) *44.15*
Œstrogène *44.3*
Ovaire *44*
Ovocyte *44.3*
Ovocyte de deuxième ordre *44.4*
Ovulation *44.3*
Ovule *44.6*
Progestérone *44.3*
Sperme *44.1*
Testicule *44*

Testostérone *44.2*
Tubule séminifère *44.1*
Utérus *44.3*
Zone pellucide *44.4*

Développement

Accouchement *44.12*
Allantoïde *44.7*
Amnios *44.7*
Avortement *44.16*
Blastocyste *44.4*
Chorion *44.7*
CRH (corticolibérine) *44.12*
Fécondation in vitro *44.16*
Fœtus *44.7*
Gastrulation *44.8*
HCG (gonadotrophine chorionique humaine) *44.7*
Implantation *44.7*
Lactation *44.12*
Ocytocine *44.12*
Parturition *44.12*
Placenta *44.9*
Prolactine *44.12*
Relaxine *44.12*
Sac vitellin *44.7*
Somite *44.8*

Lectures complémentaires

Caldwell, M. (nov. 1992). « How does a single cell become a whole body ? ». *Discover*, 13(11) : 86-93.

Cohen, J. et I. Stewart (avril 1994). « Our genes aren't us ». *Discover*, 15(4) : 78-84.

Gilbert, S. (2000). *Developmental Biology*, 6ᵉ éd. Sunderland, Massachusetts : Sinauer.

Larsen, W. (1993). *Human Embryology*. New York : Churchill Livingston.

McGinnis, W. et M. Kuziora (févr. 1994). « The molecular architects of body design ». *Scientific American*, 270(2) : 58-66.

Nilsson, L., *et al.* (1986). *A Child Is Born*. New York : Delacorte Press/Seymour Lawrence.

Nusslein-Volhard, C. (août 1996). « Gradients that organize embryonic development ». *Scientific American*, 54-61.

Rathus, S. et S. Boughn (1993). « AIDS : What every student needs to know ». Dallas, Texas : Harcourt Brace.

Sender, E. (mai 2005). « Grossesse *in vitro* ». *Sciences et avenir*, 699 : 56-60.

Sherwood, L. (2001). *Human Physiology*, 4ᵉ éd. Belmont, Californie : Brooks/Cole.

Zack, B. (juill. 1981). « Abortion and the limitations of science ». *Science*, 213 : 291.

Lectures complémentaires en ligne : consultez l'infoTrac à l'adresse Web www.brookscole.com/biology

VII L'écologie et le comportement

Deux organismes bien différents : un renard tapi dans l'ombre d'une épinette saupoudrée de neige. Quelles sont la nature et les conséquences des interactions qu'ils entretiennent l'un avec l'autre, avec d'autres types d'organismes et avec leur milieu ? L'étude de cette dernière partie du manuel révélera l'existence d'un monde qui demeure invisible au premier coup d'œil.

L'ÉCOLOGIE DES POPULATIONS

Quelques histoires de nombres cauchemardesques

Face à Sausalito, en Californie, les parois escarpées d'Angel Island s'élèvent à partir des eaux de la baie de San Francisco (voir la figure 45.1*a*). Transformée en réserve faunique, l'île est restée à l'abri du développement urbain, mais pas de la reproduction des quelques chevreuils que des amoureux de la nature bien intentionnés y avaient laissés au début du xxᵉ siècle. En l'absence de prédateurs naturels, les chevreuils sont devenus de plus en plus nombreux, et même trop pour les ressources alimentaires limitées que leur offrait un tel habitat insulaire. L'île attirait également son lot constant d'amateurs de pique-nique qui fuyaient la ville pour quelques heures. Voyant que les chevreuils étaient sous-alimentés, certains pique-niqueurs laissaient à leur intention quelques paniers de nourriture.

Les visiteurs apportaient suffisamment de denrées alimentaires pour que les chevreuils affamés puissent survivre et se reproduire. Les chevreuils ont peu à peu brouté l'herbe présente sur l'île, dont les racines contribuaient à ralentir l'érosion du sol sur les flancs escarpés d'Angel Island. Ils ont mangé toutes les petites feuilles des nouvelles pousses et fait mourir les petits arbres en rongeant leur écorce. Le troupeau de chevreuils était en train de détruire son propre habitat.

En désespoir de cause, les gestionnaires de la faune ont proposé de faire appel à quelques chasseurs pour réduire le troupeau, mais une telle solution a été jugée trop cruelle. Ils ont alors suggéré de faire venir sur l'île quelques coyotes, les prédateurs naturels des chevreuils, mais des défenseurs des droits des animaux ont refusé.

On s'est alors entendu sur un compromis consistant à capturer quelque 200 des 300 chevreuils du troupeau et à les envoyer par bateau dans des habitats adéquats situés ailleurs en Californie. De nombreux chevreuils ont reçu un collier muni d'un émetteur radio afin que les gestionnaires de la faune puissent suivre leurs déplacements dans leur nouvel habitat. Il s'est avéré que, en moins de deux mois, la plupart de ces chevreuils ont été tués par des chiens, des coyotes, des lynx roux et des chasseurs, ou à la suite de collisions avec des voitures ou des camions. En fin de compte, le transfert de chaque chevreuil survivant a coûté près de 4000 $ aux contribuables californiens. Les autorités de l'État de la Californie ont refusé de répéter l'expérience, et personne ne s'est porté volontaire pour acquitter les coûts futurs d'une nouvelle démarche analogue.

Puisque les frontières d'Angel Island se montrent nettement délimitées et qu'il s'avère facile de suivre les déplacements de la faune qui occupe l'endroit, on peut tirer de l'histoire précédente une leçon assez simple : la croissance d'une population est liée aux ressources de son milieu, et les tentatives de « faire mieux que la nature » par une intervention modifiant les conséquences parfois cruelles de la limitation des ressources ne font que différer le résultat inévitable. Cette leçon vaut-elle aussi pour d'autres populations et en d'autres lieux ? Tout à fait, comme le montre bien l'histoire suivante.

À la fin de 2002, la Terre comptait plus de 6 milliards d'habitants, dont quelque 3 milliards vivaient sous le seuil de la pauvreté, avec 1

Figure 45.1 a) Angel Island a constitué un bon laboratoire naturel pour l'étude de la croissance d'une population. **b)** Des Indiens se sont rassemblés sur une rive du Gange en vue de s'y baigner. Ils forment un petit échantillon de la population humaine mondiale, qui dépasse 6,2 milliards de personnes. Le présent chapitre traite des principes régissant la croissance et le maintien de toutes les populations.

ou 2 dollars par jour pour subvenir à leurs besoins. L'Inde se veut le deuxième pays du monde, après la Chine, pour la taille de sa population (voir la figure 45.1*b*), qui est maintenant supérieure à 1 milliard d'habitants et qui croît de 18 millions par année.

Près de 40 % des Indiens vivent dans des bidonvilles infestés de rats, manquent de nourriture et d'eau douce, et doivent laver leurs vêtements et leur vaisselle dans des égouts à ciel ouvert. L'étendue des terres cultivables diminue en moyenne de 148 ha par jour, parce que les terres irriguées deviennent trop salines en raison de leur drainage insuffisant et de la rareté de l'eau qui serait nécessaire pour l'élimination des sels surabondants.

Les pays plus riches et moins densément peuplés pourraient-ils aider l'Inde ? Après tout, ils consomment la plus grande partie des ressources mondiales. Ils pourraient s'orienter vers une consommation plus rationnelle et plus frugale, et inciter par exemple leurs habitants à se nourrir simplement de céréales et d'eau, à se débarrasser de leurs voitures, appartements luxueux, climatiseurs, téléviseurs et lave-vaisselle ; ils pourraient cesser de prendre des vacances et de laver leurs vêtements aussi fréquemment ; ils pourraient également fermer les centres commerciaux, les restaurants, les cinémas, etc.

Les pays plus riches pourraient aussi accroître leurs dons de nourriture destinés aux pays plus pauvres. Seulement voilà, des dons plus généreux représenteraient-ils une véritable solution ou ne feraient-ils que favoriser la dépendance de ces pays et une croissance démographique encore plus forte ? Par ailleurs, que se passerait-il après l'épuisement des surplus alimentaires ?

Il s'agit là d'un énorme dilemme. D'un côté, une redistribution des ressources à l'échelle mondiale favoriserait la survie du plus grand nombre, mais à un niveau de vie plus bas. De l'autre côté, le versement d'une aide étrangère aux seuls pays qui limitent leur croissance démographique pourrait susciter une diminution des naissances et procurer à chacun une meilleure qualité de vie.

L'actuel programme d'aide étrangère des États-Unis repose sur deux prémisses : d'abord, les membres de toute nation ont le droit irrévocable d'avoir des enfants, même si l'absence de restrictions sur les naissances a pour effet de détruire l'habitat qui doit assurer leur survie ; ensuite, puisque la vie humaine se veut plus importante que tout, les pays plus riches ont l'obligation morale absolue de sauver des vies partout.

Quelle que soit la position que les pays adoptent à ce sujet, ils doivent prendre en compte le fait incontournable suivant : certains principes régissent le maintien et la croissance des populations au fil du temps. Ces mêmes principes constituent le fondement de l'**écologie**, c'est-à-dire l'étude systématique des interactions mutuelles des organismes et de leurs rapports avec leur milieu physico-chimique. Les interactions écologiques s'amorcent au sein des populations et entre elles, puis elles s'étendent aux communautés, aux écosystèmes et à toute la biosphère. Elles sont au cœur de cette dernière partie de l'ouvrage.

Le présent chapitre traite des relations qui influent sur les caractéristiques des populations et il se conclut par l'étude des principes fondamentaux de la croissance démographique de même que par l'examen de leur incidence sur le passé, le présent et l'avenir de l'espèce humaine.

Concepts-clés

1. Des principes écologiques régissent le maintien et la croissance de toutes les populations, y compris la population humaine.

2. Les formes que peut prendre la croissance d'une population relèvent de facteurs génétiques, de la taille, de la densité et de la distribution des individus, ainsi que de l'ampleur respective des diverses classes d'âge.

3. La croissance d'une population peut devenir exponentielle lorsque le taux de natalité se montre supérieur au taux de mortalité et que l'immigration et l'émigration s'équilibrent.

4. Une croissance dite *exponentielle* désigne généralement l'augmentation d'une quantité initiale selon un pourcentage fixe sur une période de temps donnée. Elle résulte d'un accroissement soutenu du nombre d'individus qui vont atteindre ou ont déjà atteint l'âge de la reproduction.

5. La pénurie de toute ressource nécessaire aux individus limite la croissance d'une population.

6. La capacité limite désigne le nombre maximal des individus d'une population qui peuvent vivre indéfiniment des ressources d'un milieu donné. Ce nombre varie selon la quantité de ressources disponibles.

7. Une population peut se caractériser par une croissance logistique, qui se définit comme suit : à partir d'une densité (soit le nombre d'individus habitant un territoire particulier à une époque donnée) initialement faible, la taille de la population augmente rapidement, puis elle finit par se stabiliser lorsque la rareté de ressources disponibles empêche toute autre augmentation ou entraîne un déclin.

8. Certaines populations présentent des fluctuations quantitatives que ne peut expliquer un modèle de croissance unique.

9. La croissance de toutes les populations est assujettie à certaines limites, car aucun milieu ne peut supporter indéfiniment un nombre d'individus toujours croissant. La compétition, la maladie, la prédation et de nombreux autres facteurs régulent la croissance des populations. Tous ces facteurs produisent des effets relatifs variables sur les populations des diverses espèces et se modifient au fil du temps.

LES LIMITES DE LA CROISSANCE DES POPULATIONS

Les facteurs limitants

En général, les conditions qui règnent dans un milieu ne permettent pas à une population quelconque d'exprimer son potentiel biotique. C'est pour cette raison que les étoiles de mer, dont les femelles peuvent produire quelque 2 500 000 œufs par année, ne remplissent pas les océans et que les populations humaines ne submergeront jamais la surface de la planète.

Dans les milieux naturels, des interactions complexes s'établissent entre des populations d'espèces différentes et au sein même de ces populations, de sorte qu'il est difficile de cerner tous les facteurs qui contribuent à limiter la croissance d'une population. Pour avoir un aperçu des facteurs à l'œuvre, on peut de nouveau prendre pour point de départ une bactérie placée en milieu de culture, où il est possible de contrôler toutes les variables. On ajoute d'abord au milieu de culture du glucose et d'autres nutriments nécessaires à la croissance bactérienne, puis on laisse les bactéries se reproduire pendant maintes générations.

Le résultat initial ressemble à une croissance exponentielle, puis la croissance ralentit. Ensuite, la taille de la population demeure relativement stable, après quoi elle chute assez rapidement, jusqu'à ce que toutes les bactéries meurent.

Que s'est-il passé ? Au cours de sa croissance accélérée, la population de bactéries consommait de plus en plus de nutriments, qui devenaient donc toujours plus rares. Cette rareté a amené les cellules à cesser de se diviser (voir la section 9.2). Ensuite, après avoir épuisé tous les nutriments, elles sont mortes de faim.

Toute ressource essentielle présente en quantité limitée, qu'il s'agisse de nourriture, de certains minéraux, d'un abri contre les prédateurs, d'un espace habitable ou d'un milieu exempt de pollution, peut constituer un **facteur limitant** de la croissance d'une population. Les facteurs limitants peuvent être très nombreux et produire des effets variés, mais il arrive souvent qu'un seul suffise à freiner la croissance d'une population.

Même si la culture bactérienne dépeinte ci-dessus bénéficiait d'un approvisionnement constant de tous les nutriments nécessaires, la population de bactéries, après une période de croissance exponentielle, finirait par s'éteindre. À l'instar de tous les autres organismes, les bactéries produisent des déchets métaboliques qui, présents en grandes quantités, altèrent fortement les conditions de vie dans le milieu de culture. Par suite de ses propres activités métaboliques, la population de bactéries a pollué son habitat expérimental et a ainsi mis fin à sa croissance exponentielle.

La capacité limite et la croissance logistique

Considérons maintenant le cas d'une petite population dont les individus sont dispersés dans l'ensemble de l'habitat. La croissance d'une telle population a pour effet que les individus sont de plus en plus nombreux à devoir partager les nutriments, les espaces habitables et les autres ressources. À mesure que la part de chaque individu diminue, les naissances deviennent moins fréquentes, et la mortalité due au manque de nutriments se veut plus importante. Le taux de croissance de cette population diminuera alors jusqu'à ce que le nombre de décès soit égal ou supérieur au nombre de naissances. En fin de compte, la disponibilité des ressources renouvelables devient le facteur déterminant de la taille de la population. La **capacité limite** correspond au nombre maximal d'individus d'une population (ou d'une espèce) qu'un milieu donné peut supporter indéfiniment.

Le modèle de la **croissance logistique** révèle l'incidence de la capacité limite sur la taille d'une population. Selon ce modèle, la taille d'une petite population croît d'abord lentement, ensuite plus rapidement, puis elle finit par se stabiliser lorsque la capacité limite du milieu est atteinte. Ce modèle peut être représenté à partir de la croissance exponentielle (définie à la section 45.3), à laquelle vient s'ajouter le terme $(K - N) / K$, où K désigne la capacité limite :

$$G = r_{max} \, N \, \frac{K - N}{K}$$

Ce terme indique le nombre d'individus pouvant s'ajouter à la population, en fonction de la proportion des ressources encore disponibles. La valeur de $(K - N)$ est près de 1 lorsque la population s'avère peu nombreuse, mais elle tend vers 0 à mesure que la taille de la population se rapproche de la capacité limite du milieu. On peut représenter le phénomène ainsi :

Croissance de la population	=	Taux d'accroissement maximal de la population	×	Nombre d'individus	×	Proportion des ressources non encore utilisées

Un graphique de la croissance logistique produit une courbe sigmoïde (voir la figure 45.6), mais une telle courbe n'offre qu'une approximation du processus qui se déroule dans la nature. Ainsi, dans le cas d'une population qui dépasse la capacité limite du milieu parce qu'elle croît trop rapidement, le taux de mortalité monte en flèche, le taux de natalité s'effondre et il s'ensuit que le nombre d'individus diminue jusqu'à ce qu'il soit égal ou inférieur à la capacité limite (voir la figure 45.7).

Les facteurs dépendants de la densité

L'équation de la croissance logistique définie ci-dessus décrit en fait la régulation exercée par les **facteurs dépendants de la densité**, soit tous les facteurs qui ont une incidence sur les individus d'une population et qui varient en fonction de la densité de cette dernière.

Par exemple, une petite population peut croître d'abord rapidement mais, lorsqu'elle atteindra la capacité limite de son milieu, elle se stabilisera, voire déclinera. De même, la présence d'autres facteurs naturels peut ramener le nombre d'individus d'une population sous la capacité limite initiale du milieu. Ainsi, la mortalité augmente avec la densité de population dans un habitat, et ce, tout simplement parce que les prédateurs, les parasites et les agents pathogènes peuvent interagir davantage avec leurs proies ou leurs hôtes et en abaisser alors la densité. La diminution de la taille de la population entraîne une baisse des interactions dépendantes de la densité, une baisse qui ouvre la voie à une nouvelle croissance de cette population.

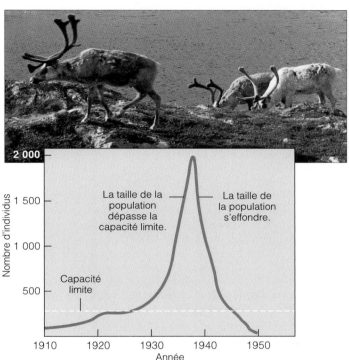

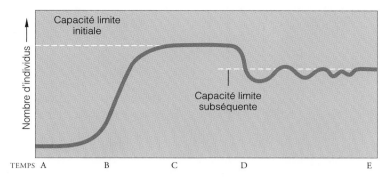

Figure 45.6 Une courbe sigmoïde idéale qui caractérise une croissance logistique. La croissance ralentit après une phase d'augmentation rapide (temps B à C), puis la courbe forme un palier lorsque la capacité limite du milieu est atteinte (temps C à D). Une courbe de croissance sigmoïde peut ensuite fluctuer lorsque des modifications affectant le milieu abaissent la capacité limite (temps D à E). C'est ce qu'a vécu la population humaine en Irlande avant 1900, lorsque le mildiou, une maladie causée par une moisissure, a détruit les récoltes de pommes de terre, qui constituaient alors la base du régime alimentaire de cette population (voir la section 22.8).

Figure 45.7 En 1910, on a laissé 4 rennes mâles et 22 femelles sur l'île Saint-Mathieu, dans la mer de Béring. Moins de 30 ans plus tard, le troupeau comptait 2000 individus, qui se sont disputé la maigre végétation disponible jusqu'à ce que celle-ci disparaisse presque complètement. En 1950, il n'y avait plus que 8 individus vivants sur l'île. La courbe de croissance montre bien que la taille de la population a fortement dépassé la capacité limite du milieu, puis s'est effondrée.

Les facteurs indépendants de la densité

Certains événements entraînent parfois une augmentation de la mortalité ou une diminution de la natalité, sans égard à la densité de la population concernée. Ainsi, les monarques se veulent des papillons qui migrent chaque année. Ils vivent dans le sud du Canada l'été et descendent en hiver dans les forêts montagneuses du Mexique. L'exploitation forestière pratiquée dans celles-ci a toutefois causé la disparition d'une grande quantité d'arbres, qui offrent normalement une protection contre les écarts de température. En 2002, un gel soudain, associé à la déforestation, a causé la mort de millions de monarques. Le gel et la déforestation ont tous deux constitué des **facteurs indépendants de la densité**, c'est-à-dire que leurs conséquences n'étaient pas liées à la densité de la population.

De façon analogue, un épandage soutenu d'insecticides dans un jardin peut tuer la plupart des insectes, des souris, des chats, des oiseaux et d'autres animaux, quelle que soit la densité de leurs populations.

Des ressources peu abondantes imposent des limites à la croissance d'une population. L'ensemble des facteurs limitants agissant sur une population détermine le nombre d'individus que celle-ci peut compter.

La capacité limite désigne le nombre maximal des individus d'une population que peuvent supporter indéfiniment les ressources d'un milieu donné. Ce nombre fluctue selon la quantité des ressources disponibles.

Une croissance logistique se caractérise par le fait que la taille d'une population de faible densité croît lentement, passe par une phase de croissance rapide et se stabilise lorsque la capacité limite du milieu pour cette population est atteinte.

Des facteurs de régulation dépendants et indépendants de la densité peuvent faire diminuer la taille d'une population.

La peste bubonique et la peste pulmonaire représentent deux maladies dangereuses qui constituent des facteurs de régulation dépendants de la densité. Elles sont causées toutes deux par *Yersinia pestis*, une bactérie encore très présente chez les lapins et les lièvres, les rats et d'autres petits mammifères. Les puces qui piquent leurs hôtes se veulent les vecteurs de cette bactérie. Celle-ci se reproduit rapidement dans le tube digestif des puces. En raison de leur nombre et de leurs activités métaboliques, les bactéries finissent par perturber la digestion des puces, provoquant chez celles-ci une sensation de faim. Les puces s'alimentent alors plus souvent et chez un plus grand nombre d'hôtes, et répandent ainsi davantage la maladie.

Au XIVᵉ siècle, une grave épidémie de peste bubonique a ravagé plusieurs villes européennes qui se caractérisaient par une forte promiscuité, de mauvaises conditions sanitaires et une abondance de rats. À la fin de l'épidémie, les populations urbaines d'Europe avaient perdu 25 millions d'individus. La peste bubonique et la peste pulmonaire menacent encore aujourd'hui différentes populations dans le monde.

L'HISTOIRE NATURELLE ET LES STRATÉGIES DÉMOGRAPHIQUES

Jusqu'ici, la question des populations a été traitée comme si les membres de celles-ci étaient tous identiques pendant une période donnée. Chez la plupart des espèces, les individus d'une population se trouvent toutefois à des stades différents de développement et interagissent de diverses façons avec d'autres organismes et avec leur milieu. À des moments distincts de leur cycle biologique, ils peuvent s'être adaptés à l'utilisation de ressources différentes, comme les chenilles qui mangent des feuilles alors que les papillons préfèrent le nectar. En outre, les individus peuvent être plus ou moins vulnérables selon leur âge.

En d'autres termes, chaque espèce possède sa propre **histoire naturelle**, c'est-à-dire un ensemble d'adaptations qui influent sur la survie, la fécondité et l'âge de la première reproduction. Il s'agit d'un ensemble de conditions découlant du cycle de reproduction de l'individu. Cette section et la suivante traitent de quelques-uns des facteurs écologiques qui sont au fondement des tendances liées à l'histoire naturelle en fonction de l'âge.

Les tables de survie

Si chaque espèce a une espérance de vie qui lui est propre, rares sont les individus qui atteignent l'âge maximal caractéristique de leur espèce. La mort se veut plus fréquente à certains âges qu'à d'autres. De plus, les membres d'une espèce tendent à se reproduire ou à migrer au cours d'une période particulière de leur vie.

Les traits liés à l'âge qui s'observent dans les populations ont d'abord suscité la curiosité des compagnies d'assurance-vie et d'assurance-maladie, puis des écologistes. Les spécialistes en la matière portent généralement leur attention sur une **cohorte**, soit un groupe d'individus étudiés de la naissance jusqu'à la mort du dernier membre du groupe. De plus, ils consignent le nombre de descendants des individus dans chaque classe d'âge. Une table de survie rassemble les données relatives à l'âge des individus au moment de leur mort ou, selon un angle plus positif, à la proportion d'individus atteignant un âge donné, comme le montrent le tableau 45.1 ainsi que le tableau 45.2, qui traite de la population humaine des États-Unis en 1989.

La répartition d'une population en classes d'âge et la détermination du taux de natalité et de risques de mortalité comportent des applications pratiques. En effet, les données ainsi obtenues, contrairement à celles d'un simple recensement, peuvent servir de fondement à la prise de décisions politiques éclairées au sujet de la lutte contre les organismes nuisibles, de la protection des espèces menacées, de la planification sociale pour les populations humaines, etc. Par exemple, les tables de naissance et de survie de la chouette tachetée du Nord ont été prises en compte dans des jugements fédéraux prononcés aux États-Unis pour faire cesser l'exploitation forestière mécanisée de l'habitat de cet oiseau (les vieux peuplements forestiers).

Les stratégies démographiques et les courbes de survie

Du point de vue de l'évolution, le succès reproductif des individus se mesure par le nombre de descendants qui survivent. Ce nombre varie

Tableau 45.1 *La table de survie d'une cohorte de plantes annuelles (Phlox drummondii)**

Classe d'âge (en jours)	Survie (nombre de survivants au début de l'intervalle)	Nombre de décès durant l'intervalle	Taux de mortalité (rapport entre le nombre de morts et le nombre de survivants)	Taux de «natalité» durant l'intervalle (nombre de graines produites par individu)
0 - 63	996	328	0,329	0
63 - 124	668	373	0,558	0
124 - 184	295	105	0,356	0
184 - 215	190	14	0,074	0
215 - 264	176	4	0,023	0
264 - 278	172	5	0,029	0
278 - 292	167	8	0,048	0
292 - 306	159	5	0,031	0,33
306 - 320	154	7	0,045	3,13
320 - 334	147	42	0,286	5,42
334 - 348	105	83	0,790	9,26
348 - 362	22	22	1,000	4,31
362 -	0	0	0	0
		996		

* Les données sont tirées de W. J. Leverich et D. A. Levin, *American Naturalist*, 1979, vol. 113, p. 881 à 903.

Tableau 45.2 *La table de survie de la population humaine des États-Unis en 1989*

Classe d'âge (en années)	Survie (nombre d'individus vivants au début de l'intervalle, par 100 000 individus)	Mortalité (nombre de décès durant l'intervalle)	Espérance de vie (durée de vie moyenne restant au début de l'intervalle)	Naissances vivantes rapportées pour toute la population
0 - 1	100 000	896	75,3	
1 - 5	99 104	192	75,0	
5 - 10	98 912	117	71,1	
10 - 15	98 795	132	66,2	11 486
15 - 20	98 663	429	61,3	506 503
20 - 25	98 234	551	56,6	1 077 598
25 - 30	97 683	608	51,9	1 263 098
30 - 35	97 077	737	47,2	842 395
35 - 40	96 340	936	42,5	293 878
40 - 45	95 404	1 220	37,9	44 401
45 - 50	94 184	1 766	33,4	1 599
50 - 55	92 418	2 727	28,9	
55 - 60	89 691	4 334	24,7	
60 - 65	85 357	6 211	20,8	
65 - 70	79 146	8 477	17,2	
70 - 75	70 669	11 470	13,9	
75 - 80	59 199	14 598	10,9	
80 - 85	44 601	17 448	8,3	
85 +	27 153	27 153	6,2	
			Total :	4 040 958

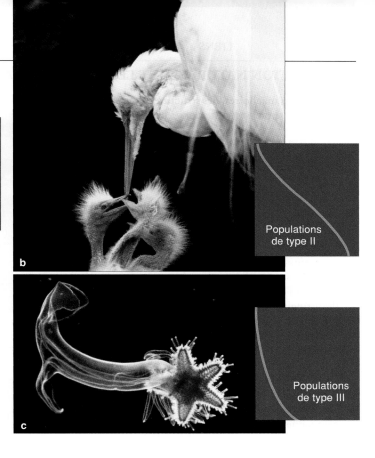

Figure 45.8 Trois types de courbes de survie. **a)** Les éléphants font partie des populations de type I, qui présentent un haut taux de survie jusqu'à un certain âge, puis un taux élevé de mortalité. **b)** Les aigrettes neigeuses font partie des populations de type II, qui ont un taux de mortalité assez constant. **c)** Les larves d'étoiles de mer font partie des populations de type III, qui présentent un faible taux de survie au début de leur vie.

toutefois selon les espèces, qui diffèrent les unes des autres par la quantité de temps et d'énergie consacrée à la production des gamètes, à la recherche de partenaires sexuels et aux soins parentaux, ainsi que par la taille des jeunes. Il semble que certaines adaptations aient résulté des pressions de sélection, comme les conditions de vie dans l'habitat et le type d'interactions entre les espèces.

On obtient une **courbe de survie** lorsqu'on établit sur un graphique le rapport entre le nombre d'individus survivants d'une cohorte et leur âge. Chaque espèce présente une courbe de survie distinctive.

On retrouve dans la nature trois types de courbe de survie. Une courbe de type I reflète un haut taux de survie jusqu'à un âge assez avancé, puis une forte hausse du taux de mortalité. Elle s'observe typiquement chez l'éléphant et d'autres grands mammifères ne portant que peu de petits à la fois et leur prodiguant ensuite des soins pendant une longue période de temps (voir la figure 45.8*a*). Ainsi, une éléphante donne naissance à quatre ou cinq petits durant sa vie et consacre plusieurs années aux soins donnés à chacun d'eux.

La courbe de type I caractérise aussi les populations humaines dont les individus ont accès à des services de santé adéquats. Encore aujourd'hui, cependant, la mortalité infantile cause une forte chute au début de la courbe de survie des populations humaines habitant des régions où les services de santé sont peu développés. Après cette chute initiale, la courbe se redresse, de l'enfance au début de l'âge adulte.

Une courbe de type II correspond à un taux de mortalité assez constant pendant toutes les périodes de vie. Elle se rencontre chez les organismes susceptibles d'être tués ou de mourir d'une maladie à toute période de leur vie, comme les lézards, les petits mammifères et les gros oiseaux (voir la figure 45.8*b*).

Une courbe de type III apparaît quand le taux de mortalité s'avère le plus élevé au début de la vie des individus. Elle s'observe chez les espèces qui engendrent un grand nombre de rejetons de petite taille et qui ne leur accordent pratiquement pas de soins. La figure 45.8*c* montre l'aspect de la courbe pour les étoiles de mer. Les individus de cette espèce produisent un nombre d'œufs ahurissant et leurs larves minuscules doivent être rapidement en mesure de manger, de croître et d'achever seules leur développement, sans aide ni protection de la part de leurs parents. C'est ce qui explique que la plupart d'entre elles se font rapidement dévorer par les coraux et d'autres animaux. La courbe de survie des étoiles de mer se retrouve aussi chez de multiples invertébrés marins, chez la plupart des insectes et beaucoup de poissons, de végétaux et d'eumycètes.

Auparavant, les écologistes croyaient que la sélection naturelle favorisait soit la production hâtive et rapide d'un grand nombre de descendants de petite taille, soit la production tardive de quelques descendants plus gros. Ils savent maintenant que ces deux modèles constituent les deux extrêmes d'une large gamme de stratégies démographiques possibles. De plus, ces deux modèles, ainsi que des modèles intermédiaires, se veulent parfois présents chez différentes populations d'une même espèce, comme le montre la prochaine section.

L'observation d'une cohorte (un groupe d'individus) de la naissance à la mort du dernier individu révèle des modes de reproduction, de mortalité et de migration qui caractérisent les populations d'une espèce.

Les courbes de survie font apparaître des différences entre les espèces en ce qui concerne la survie liée à l'âge. Dans certains cas, on peut même observer de telles différences entre des populations d'une même espèce.

LA CROISSANCE DE LA POPULATION HUMAINE

La population humaine se veut maintenant supérieure à 6,2 milliards d'individus. Au milieu de l'année 2002, les taux d'accroissement naturel de la population dans divers pays variaient de 3,5 % à moins de 1 %, pour un taux annuel moyen de 1,3 %, soit l'équivalent de la population de la ville de New York qui s'ajoute chaque mois. En outre, l'augmentation annuelle de la population mondiale se traduira par une hausse absolue plus élevée chaque année dans un avenir prévisible.

La forte croissance de la population humaine se poursuit surtout dans les parties du monde déjà surpeuplées, et ce, en dépit du fait que 1,2 milliard de personnes souffrent de malnutrition et ne disposent ni d'eau potable ni d'un logement adéquat et que 790 millions de personnes n'ont aucun accès à un système de soins de santé ni à un réseau de traitement des eaux usées. La quasi-totalité des 6,2 milliards d'habitants de la planète occupent à peine 10 % des terres émergées, et 4 milliards d'entre eux vivent à moins de 480 km de la mer.

Même s'il était possible de doubler la production alimentaire pour suivre le rythme de la croissance démographique, il n'en résulterait que le maintien de conditions de vie minimales pour la majorité des habitants, et plus de 10 millions de personnes mourraient encore de faim chaque année. Par ailleurs, un tel doublement de la production alimentaire entraînerait de graves conséquences pour l'environnement : l'épuisement des terres arables, la destruction des pâturages et des forêts, et la pollution qui en découlerait n'augureraient rien de bon pour l'avenir de l'espèce humaine.

Pendant un certain temps, la situation serait analogue à celle qui a cours dans le jardin de la Dame de cœur, dans *De l'autre côté du miroir*, de Lewis Carroll, où il faut courir le plus rapidement possible pour être en mesure de rester sur place. Que se passera-t-il lorsque la population humaine aura encore doublé ? On ne peut simplement plus fermer les yeux sur une telle éventualité sous prétexte qu'elle se situe dans un avenir lointain, car c'est en fait le sort qui attend les enfants de la prochaine génération.

Esquiver les facteurs limitants

Quelle est l'origine de ce grave problème ? Si la population humaine s'est accrue assez lentement pendant la plus grande partie de son histoire, le taux de croissance démographique a connu une accélération foudroyante depuis deux siècles. Trois phénomènes peuvent expliquer une telle situation :

> Les êtres humains ont constamment accru leur capacité d'occuper de nouveaux habitats et de nouvelles zones climatiques.
>
> Ils ont augmenté la capacité limite de leurs habitats.
>
> Les populations humaines ont esquivé les facteurs limitants.

Examinons le premier phénomène. Les premiers êtres humains ont habité des forêts claires, puis des savanes. Ils étaient surtout végétariens et se limitaient à de rares morceaux de viande. Des petits groupes de chasseurs-cueilleurs ont peu à peu quitté l'Afrique il y a

2 millions d'années. Il y a 40 000 ans, leurs descendants occupaient la plus grande partie du monde (voir la section 26.15).

La plupart des espèces ne peuvent se répandre ainsi dans une aussi vaste gamme d'habitats. Dotés d'un cerveau assez complexe, les premiers êtres humains ont exploité leurs capacités d'apprentissage et de mémorisation pour acquérir la maîtrise du feu, construire des abris, fabriquer des vêtements et des outils, et planifier des chasses collectives. L'expérience acquise ne disparaissait pas à la mort des individus, mais se transmettait d'un groupe à un autre grâce au langage, la source d'une extraordinaire communication culturelle. La population humaine a ainsi occupé de nouveaux milieux diversifiés à un rythme beaucoup plus rapide que la lente dispersion géographique qui caractérise les autres types d'organismes.

Qu'en est-il du deuxième phénomène ? Il y a quelque 11 000 ans, de nombreux groupes de chasseurs-cueilleurs ont commencé à pratiquer l'agriculture. Plutôt que de suivre les troupeaux d'animaux migrateurs, ils se sont installés dans des vallées fertiles et d'autres régions se prêtant à des récoltes saisonnières de fruits et de graines. Ils se sont ainsi dotés de moyens de survie plus fiables, surtout grâce à la domestication de graminées sauvages, dont les ancêtres des espèces actuelles de blé et de riz. Ils ont entrepris de récolter, d'entreposer et de semer des graines. Ils ont domestiqué des animaux destinés à labourer la terre ou à leur servir de nourriture. Ils ont ensuite creusé des tranchées pour détourner des cours d'eau et irriguer les terres cultivées.

Leurs pratiques agricoles ayant entraîné une hausse de la productivité, ils disposaient de sources alimentaires plus importantes et plus fiables, ce qui a augmenté le taux de croissance démographique. Des villages et des villes se sont constitués dans la foulée d'une agriculture plus intensive. Par la suite, les sources alimentaires se sont à nouveau multipliées grâce à l'utilisation de fertilisants, d'herbicides et de pesticides, et à l'amélioration des moyens de transport et de distribution de la nourriture. Ainsi, la gestion des ressources alimentaires grâce à l'agriculture a entraîné une hausse de la capacité limite du milieu de la population humaine.

Quant au troisième phénomène, soit le contournement des facteurs limitants, il relève surtout de l'amélioration des pratiques médicales et des conditions sanitaires. Avant le XVIIIe siècle, la mauvaise hygiène, la malnutrition et les maladies contagieuses maintenaient le taux de mortalité à peu près aussi élevé que le taux de natalité. Les maladies contagieuses, l'un des facteurs dépendants de la densité, ravageaient des agglomérations et des villes surpeuplées et infestées de puces et de rongeurs. Par la suite, la plomberie et les méthodes de traitement des eaux usées sont apparues. Au fil du temps, les vaccins, les antitoxines et les antibiotiques mis au point ont beaucoup favorisé la lutte contre de nombreux agents pathogènes. Conséquemment, le taux de mortalité a fortement baissé, les naissances ont commencé à surpasser les décès, puis une rapide croissance démographique s'est amorcée.

C'est au milieu du XVIIIe siècle qu'on a appris à extraire l'énergie accumulée dans les combustibles fossiles, en premier lieu le charbon. En quelques dizaines d'années, de grandes sociétés industrialisées se sont formées en Europe occidentale et en Amérique du Nord, puis le développement de technologies efficaces a suivi la Première Guerre mondiale. On a construit de grandes usines pour la production massive de tracteurs, de voitures et d'autres biens abordables. Des machines

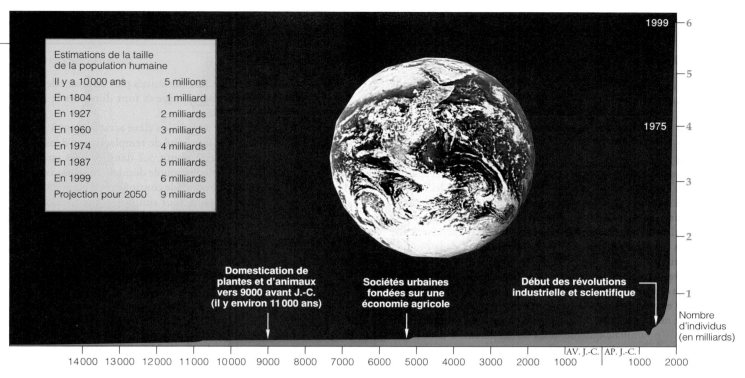

Estimations de la taille de la population humaine	
Il y a 10 000 ans	5 millions
En 1804	1 milliard
En 1927	2 milliards
En 1960	3 milliards
En 1974	4 milliards
En 1987	5 milliards
En 1999	6 milliards
Projection pour 2050	9 milliards

Domestication de plantes et d'animaux vers 9000 avant J.-C. (il y a environ 11 000 ans)

Sociétés urbaines fondées sur une économie agricole

Début des révolutions industrielle et scientifique

Nombre d'individus (en milliards)

Figure 45.12 La courbe de croissance (en rouge) de la population humaine. L'axe vertical correspond à la population mondiale exprimée en milliards de personnes. L'entaille située entre les années 1347 et 1351 représente le décès rapide de 60 millions de personnes des suites d'une épidémie de peste bubonique ayant ravagé d'abord l'Asie, puis l'Europe. Des révolutions agricoles, l'industrialisation et de meilleurs soins de santé sont à l'origine de la croissance accélérée de la population humaine depuis 200 ans. L'encadré indique à quel rythme la population humaine est passée de 5 millions à 6 milliards d'individus.

ont remplacé un grand nombre des agriculteurs qui avaient produit la nourriture jusque-là, de sorte qu'un plus petit nombre d'agriculteurs parvenaient à approvisionner une population plus nombreuse.

Ainsi, grâce à la maîtrise de maints agents pathogènes et à l'exploitation de sources existantes d'énergie concentrée (les combustibles fossiles), les êtres humains ont pu esquiver les importants facteurs qui avaient auparavant limité la croissance de leur population.

La croissance actuelle et la croissance future

Où donc nous ont menés les progrès spectaculaires et l'expansion généralisée de l'agriculture, de l'industrialisation et des soins de santé ? Si on part de l'époque d'*Homo habilis* (voir la section 26.13), on constate qu'il a fallu 2,5 millions d'années à la population humaine pour atteindre 1 milliard de personnes, seulement 123 ans pour franchir le cap des 2 milliards, 33 autres années pour s'élever à 3 milliards, 14 autres années pour parvenir à 4 milliards, 13 autres années pour totaliser 5 milliards et 12 autres années pour dépasser 6 milliards ! (voir la figure 45.12).

Compte tenu des principes connus régissant la croissance des populations, on peut s'attendre à ce que cette croissance subisse un déclin en raison de la baisse du taux de natalité ou de la hausse du taux de mortalité. Il est cependant possible que la croissance se poursuive si des percées technologiques devaient amener une augmentation de la capacité limite du milieu. Il n'en demeure pas moins que la croissance démographique ne pourra se poursuivre indéfiniment.

Pourquoi ? Une augmentation constante de la taille de la population peut favoriser l'apparition de facteurs dépendants de la densité. Ainsi, la présence de la bactérie *Vibrio choleræ* dans le sang déclenche la maladie dénommée *choléra*. Cette bactérie attaque les hôtes qui consomment de l'eau ou des aliments contaminés par des eaux usées

non traitées. Elle se multiplie dans l'intestin et y produit une toxine qui provoque une grave diarrhée et une perte massive de liquides. Les personnes infectées et non traitées peuvent mourir de déshydratation sévère au bout de deux à sept jours.

Pendant des centaines d'années, *V. choleræ* a proliféré et a muté dans les fleuves et les estuaires où ont été déversées les eaux usées (voir la figure 49.34). Encore aujourd'hui, des millions de personnes ne peuvent faire autrement que de se laver dans les eaux polluées des nombreux bidonvilles qu'on retrouve partout dans le monde. La plus vaste épidémie de choléra depuis un siècle fait rage depuis 1992 en Asie méridionale. À l'instar de six épidémies antérieures, elle s'est amorcée en Inde, s'est ensuite répandue en Afrique, au Moyen-Orient et sur le bassin méditerranéen, avant de parvenir en Amérique centrale et aux États-Unis. Cette résurgence du choléra pourrait faire jusqu'à cinq millions de victimes, car les vaccins actuels ne produisent aucun effet sur la souche bactérienne mutante qui est responsable de la maladie.

Le problème est aggravé par les migrations humaines à grande échelle. Selon certaines estimations, les difficultés économiques et les tensions sociales ont suscité le déplacement de 50 millions de personnes d'un pays à un autre ou au sein d'un même pays. Leur établissement ailleurs se déroulera-t-il pacifiquement ? Ces personnes bénéficieront-elles d'un apport durable de nourriture, d'eau potable et d'autres ressources essentielles ?

Par suite de l'occupation de nouveaux habitats, d'interventions culturelles et de progrès technologiques, la population humaine a temporairement pu esquiver la résistance du milieu à la croissance. La croissance accélérée de la population humaine ne pourra toutefois pas se poursuivre indéfiniment.

LA CROISSANCE DÉMOGRAPHIQUE ET LE DÉVELOPPEMENT ÉCONOMIQUE

RÉSUMÉ   Le chiffre en **brun** renvoie à la section du chapitre.

1. Une population se définit comme un groupe d'individus de la même espèce qui occupent un territoire donné. Elle se caractérise par sa taille, sa densité, sa distribution et sa structure d'âge, ainsi que par les caractères héréditaires qui lui sont propres. *45.1*

2. Le taux de croissance d'une population pendant une certaine période peut être déterminé grâce au calcul des taux de natalité, de mortalité, d'immigration et d'émigration. Pour simplifier les calculs, on peut négliger les effets de l'immigration et de l'émigration, et associer les taux de natalité et de mortalité en une seule variable, r (le taux d'accroissement naturel). On peut alors représenter la croissance de la population (G) à l'aide de la formule $G = rN$, où N désigne le nombre d'individus pendant la période donnée. *45.3*

a) Dans le cas d'une croissance exponentielle, l'effectif reproducteur s'accroît et la taille de la population augmente d'un certain pourcentage pendant des périodes successives, ce qui donne, sur un graphique, une courbe de croissance en forme de J.

b) Toute population connaîtra une croissance exponentielle tant que son taux de natalité demeurera supérieur à son taux de mortalité.

c) Dans le cas d'une croissance logistique, la taille d'une population augmente d'abord lentement, s'accroît ensuite rapidement et se stabilise dès que la capacité limite du milieu est atteinte.

3. La capacité limite correspond au nombre maximal d'individus d'une population qui peuvent vivre indéfiniment des ressources disponibles dans leur milieu. *45.4*

4. La quantité de ressources renouvelables disponibles ainsi que d'autres facteurs limitant la croissance d'une population en déterminent la taille pendant une période donnée. Les facteurs limitants varient dans le temps et produisent des effets relatifs diversifiés, de sorte que la taille de la population se modifie aussi avec le temps. *45.4*

5. La compétition pour les ressources, ainsi que les maladies et la prédation représentent autant de facteurs dépendants de la densité. Quant aux facteurs indépendants de la densité, comme des conditions climatiques rigoureuses, ils entraînent généralement une hausse du taux de mortalité ou une baisse du taux de natalité qui ne sont pratiquement pas liées à la densité de la population. *45.4*

6. Les modes de reproduction, de mortalité et de migration varient au cours de la vie d'une espèce. Les facteurs écologiques contribuent à déterminer les traits d'histoire naturelle (liés à l'âge). *45.5*

7. La population humaine a récemment dépassé les 6,2 milliards. Son taux de croissance annuel se veut maintenant négatif dans quelques pays développés, tandis qu'il se montre supérieur à 3 % dans certains pays en voie de développement. En 2001, le taux de croissance annuel de la population humaine mondiale se chiffrait à 1,3 %. *45.7*

8. La croissance rapide de la population humaine depuis 200 ans a entraîné l'occupation de nouveaux habitats nombreux et diversifiés et a été favorisée par les multiples progrès agricoles, médicaux et technologiques ayant accru la capacité limite de la Terre. En dernière instance, l'espèce humaine devra affronter les contraintes qu'imposent la capacité limite du milieu et les limites de la croissance d'une population. *45.7 à 45.9*

Exercices

1. Donnez une définition de la taille, de la densité et de la distribution d'une population. Nommez et décrivez les différentes catégories d'une population en tenant compte de la structure d'âge. *45.1*

2. Définissez le terme « croissance exponentielle », sans oublier d'énoncer l'importance de la variation de l'effectif reproducteur. *45.3*

3. Donnez une définition de la capacité limite du milieu et mettez-la en relation avec une courbe de croissance logistique. *45.4*

4. Donnez des exemples de facteurs limitants qui entrent en jeu lorsque la densité d'une population de mammifères (lièvres, chevreuils, êtres humains, etc.) devient très élevée. *45.4*

5. Donnez une définition du temps de doublement. En quelle année prévoit-on que la population humaine dépassera les 9 milliards ? *45.3, 45.8*

6. Comment les premières populations humaines sont-elles parvenues à occuper constamment de nouveaux milieux ? Comment ont-elles pu accroître la capacité limite de leurs habitats successifs ? L'espèce humaine a-t-elle réussi à éviter certains facteurs limitants de la croissance démographique ? Nourrit-elle plutôt l'illusion d'avoir réussi à le faire ? *45.7*

Autoévaluation   RÉPONSES À L'ANNEXE III

1. _____ se définit comme l'étude des interactions des organismes entre eux ainsi qu'avec leur milieu physico-chimique.

2. _____ représente un groupe d'individus de la même espèce qui occupe un territoire donné.

3. La croissance d'une population varie en fonction du taux _____.
  a) de natalité   c) d'immigration   e) toutes ces réponses
  b) de mortalité   d) d'émigration

4. La croissance d'une population se veut exponentielle lorsque _____.
  a) la taille de cette population augmente de plus en plus rapidement pendant des périodes égales de temps
  b) la taille d'une petite population s'accroît d'abord lentement, puis rapidement, et se stabilise ensuite, après l'atteinte de la capacité limite du milieu
  c) les réponses a) et b)

5. Pour une espèce donnée, le taux d'accroissement maximal, dans des conditions idéales, correspond _____.
  a) au potentiel biotique   c) à la résistance du milieu
  b) à la capacité limite du milieu   d) à la maîtrise de la densité

6. La compétition pour les ressources, ainsi que les maladies et la prédation représentent des facteurs _____ qui ont une incidence sur le taux de croissance d'une population.
  a) indépendants de la densité   c) liés à l'âge
  b) de survie d'une population   d) dépendants de la densité

7. L'histoire naturelle d'une population correspond à un ensemble d'adaptations qui touchent _____ des individus.
  a) la survie   c) l'âge de la reproduction
  b) la fécondité   d) toutes ces réponses

8. Au milieu de l'année 2001, le taux de croissance annuel moyen de la population humaine se chiffrait à _____.
  a) 0 %   b) 1,05 %   c) 1,3 %   d) 1,55 %   e) 2,7 %   f) 4,0 %

9. Associez chaque terme à la description appropriée.
  _____ Capacité limite   a) Taux de croissance maximal, dans des conditions idéales
  _____ Croissance exponentielle
  _____ Potentiel biotique   b) Croissance de la population représentée, sur un graphique, par une courbe sigmoïde
  _____ Facteur limitant
  _____ Croissance logistique   c) Nombre maximal d'individus qui peuvent vivre des ressources d'un milieu
                                    d) Croissance de la population représentée, sur un graphique, par une courbe en forme de J
                                    e) Ressource essentielle à une population dont la disponibilité est réduite

Questions à développement

1. Un chat et une chatte non stérilisés qui exploitent entièrement leur potentiel biotique peuvent engendrer une descendance très nombreuse : 12 chatons la première année, 72 la deuxième année, 429 la troisième année, 2574 la quatrième année, 15 416 la cinquième année, 92 332 la sixième année, 553 019 la septième année, 3 312 280 la huitième année et 19 838 741 la neuvième année. S'agit-il ici d'un cas de croissance logistique, de croissance exponentielle ou d'un comportement irresponsable des propriétaires de chats ?

2. Un tiers de la population mondiale est âgée de moins de 15 ans. Décrivez l'incidence d'une telle répartition d'âge sur le futur taux de croissance de la population humaine. Si vous en concluez que les conséquences s'avéreront très graves, quelles recommandations feriez-vous pour encourager les individus de cette classe d'âge à restreindre le nombre d'enfants qu'ils auront ? Indiquez quelques facteurs sociaux, économiques et écologiques qui pourraient les inciter à ne pas suivre ces recommandations.

3. Rédigez un court texte au sujet d'une population présentant l'une des deux structures d'âge ci-dessous. Décrivez ce que pourraient être les répercussions pour les classes les plus jeunes et les classes les plus âgées lorsque les individus changeront de classe d'âge.

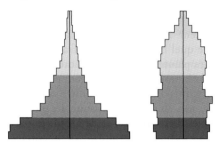

4. La figure 45.17 illustre un graphique de l'immigration légale aux États-Unis de 1820 à 1997. La loi de maîtrise et de réforme de l'immigration adoptée en 1986 explique la récente augmentation spectaculaire, car elle a régularisé la situation des immigrants sans papiers qui ont pu prouver qu'ils résidaient aux États-Unis depuis plusieurs années. La récession économique des années 1980 et 1990 a alimenté l'hostilité contre les nouveaux arrivants. Certains estiment que le quota annuel d'immigrants légaux devrait se chiffrer à seulement 300 000 à 450 000 et que les immigrants illégaux devraient être expulsés. D'autres affirment qu'une telle mesure ternirait la réputation des États-Unis en tant que pays se targuant d'offrir de vastes possibilités à tous et qu'elle engendrerait une discrimination contre les immigrants légaux ayant la même origine ethnique que les immigrants illégaux qui seraient expulsés.

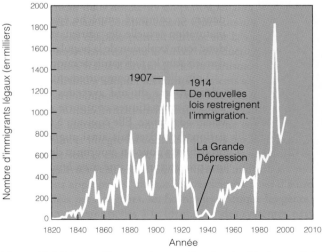

Figure 45.17 Un graphique représentant l'immigration légale aux États-Unis, de 1820 à 1997.

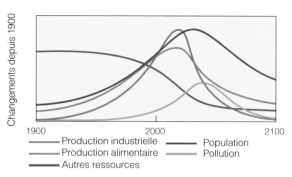

Figure 45.18 Une projection informatique de ce qui pourrait advenir si la taille de la population humaine continuait d'augmenter au rythme actuel, sans changements politiques radicaux ni innovations technologiques notables. Cette projection est fondée sur les prémisses suivantes : la population a déjà dépassé la capacité limite de la Terre et les tendances actuelles se maintiendront telles quelles.

Après quelques recherches, rédigez un texte sur les aspects positifs et négatifs des deux positions formulées ici à ce sujet (le site http://www.census.gov peut constituer un bon point de départ).

5. Dans son ouvrage intitulé *Living in the Environment*, G. Tyler Miller souligne que la projection selon laquelle la population mondiale s'élèvera à 9 milliards en 2050 soulève de graves questions. Y aura-t-il assez de nourriture, d'énergie, d'eau et de ressources diverses pour supporter un si grand nombre de personnes ? Les États seront-ils en mesure d'offrir à tous des services d'éducation, de logement, de santé et d'autres services sociaux adéquats ? Les modèles informatiques laissent entrevoir une réponse négative à ces questions (voir la figure 45.18). Pourtant, certaines personnes prétendent qu'une adaptation sociale et politique à un monde beaucoup plus peuplé est possible, à condition que les récoltes s'accroissent grâce à des innovations technologiques, que chaque hectare de terre arable soit cultivé et que tous ne mangent que des céréales.

Il n'existe pas de réponses simples à ces questions. Si vous ne l'avez pas encore fait, commencez à étudier les arguments avancés à ce sujet dans les journaux et les revues, à la télévision et sur Internet. Vous deviendrez un(e) citoyen(ne) bien informé(e) capable de participer à un débat mondial dont l'incidence sur votre avenir sera certainement décisive.

Vocabulaire

Capacité limite *45.4*	Histoire naturelle *45.5*
Caractéristique démographique *45.1*	Immigration *45.3*
Cohorte *45.5*	Méthode de capture-recapture *45.2*
Courbe de survie *45.5*	Migration *45.3*
Croissance exponentielle *45.3*	Potentiel biotique *45.3*
Croissance logistique *45.4*	Structure d'âge *45.1*
Croissance nulle *45.3*	Taille de la population *45.1*
Densité de la population *45.1*	Taux d'accroissement maximal (r_{max}) *45.3*
Descendance finale *45.8*	
Distribution de la population *45.1*	Taux d'accroissement naturel
Écologie *45*	(ou taux de croissance : *r*) *45.3*
Effectif reproducteur *45.1*	Taux de mortalité *45.3*
Émigration *45.3*	Taux de natalité *45.3*
Facteur dépendant de la densité *45.4*	Temps de doublement *45.3*
Facteur indépendant de la densité *45.4*	Transition démographique *45.9*
Facteur limitant *45.4*	

Lectures complémentaires

Bloom, D. et D. Canning (18 févr. 2000). « The Health and Wealth of Nations ». *Science*, 287 : 1207–1209.

Cohen, J. (oct. 2005). « Quel avenir pour l'humanité ? ». *Pour la science*, 336 : 32-39.

Miller, G. T. (2002). *Living in the Environment*, 12ᵉ éd. Belmont, Californie : Brooks/Cole.

LES SIGNAUX DE COMMUNICATION

La compétition pour se nourrir, la défense du territoire, l'alerte donnée aux autres en cas de danger, les manifestations de la réceptivité sexuelle, la formation de liens avec un partenaire, les soins donnés aux petits : voilà autant de relations intraspécifiques qui s'appuient sur diverses formes de communication entre les animaux, comme le montrent les cris des grands corbeaux de la section précédente.

La nature des signaux de communication

Les relations intraspécifiques relèvent d'un ensemble de comportements instinctifs et de comportements acquis par lesquels les individus envoient des indications chargées d'information et encodées dans des stimuli, et y réagissent. Ce sont là des **signaux de communication**, porteurs d'un sens dépourvu d'ambiguïté pour l'espèce concernée. Ils comprennent des odeurs, des couleurs, des motifs, des sons, des postures et des mouvements particuliers.

Les signaux de communication qu'envoie un individu, l'**émetteur**, visent à modifier le comportement de ses congénères, et ceux qui réagissent constituent les **récepteurs**. Un signal apparaît chez une espèce ou s'y maintient dans la mesure où il favorise le succès reproductif de l'émetteur et du récepteur. Lorsqu'un signal s'avère désavantageux pour son émetteur ou son récepteur, la sélection naturelle favorisera les individus qui ne l'émettent pas ou qui n'y réagissent pas.

Les **phéromones** se définissent comme les signaux chimiques que s'échangent les individus d'une même espèce. Les odeurs chimiques issues de la nourriture ou émises en cas de danger ont constitué les principaux stimuli auxquels les premiers animaux ont dû réagir. Au fil de l'évolution, la plupart des animaux ont peu à peu recouru à des phéromones de signalisation pour inciter un récepteur à réagir rapidement. Certaines de ces phéromones, y compris des signaux d'alarme chimiques, suscitent un comportement agressif ou défensif, tandis que d'autres représentent des attraits sexuels, telles les molécules de bombykol que libèrent les femelles du bombyx du mûrier (ver à soie, voir la section 36.1). Pour leur part, les phéromones d'activation provoquent des réactions physiologiques généralisées. Ainsi, une odeur volatile se dégageant de l'urine de certaines souris mâles déclenche et stimule l'ovulation des souris femelles.

Figure 46.8 Ce chien s'incline sur ses pattes avant pour montrer qu'il veut jouer.

Les signaux sonores sont également très répandus dans la nature, comme le montrent les nombreux oiseaux chanteurs mâles, dont le chant sert à délimiter un territoire et à attirer une partenaire sexuelle, et les grenouilles tungara, qui émettent des coassements distinctifs la nuit pour attirer des femelles et éloigner des mâles rivaux.

Certains signaux ne varient jamais : les oreilles d'un zèbre révèlent toujours une attitude hostile lorsqu'elles sont rabattues sur l'arrière de la tête, alors qu'elles manifestent l'absence d'hostilité lorsqu'elles pointent vers le haut. Par ailleurs, d'autres signaux évoquent l'intensité du message de l'émetteur. Un zèbre ayant replié ses oreilles vers l'arrière n'est pas très irrité s'il garde la gueule légèrement entrouverte, mais il peut être dangereux s'il a la gueule grande ouverte. Dans ce dernier cas, il envoie un **signal composite**, soit un signal de communication dont l'information est encodée dans deux indications (ou plus).

Le sens d'un signal varie souvent en fonction du contexte dans lequel ce dernier est émis. Ainsi, un lion produit un puissant rugissement pour garder le contact avec sa troupe ou pour menacer des rivaux. De même, un signal peut transmettre une information au sujet des signaux qui vont suivre. Les chiens et les loups qui veulent susciter un comportement de jeu s'inclinent sur leurs pattes avant, comme le montre la figure 46.8. Si l'émetteur du signal ne s'inclinait pas ainsi, le récepteur pourrait donner aux comportements qui suivent une signification agressive, sexuelle ou même exploratoire, mais il n'y verrait pas un jeu.

Quelques exemples de comportements de communication

L'inclinaison sur les pattes avant évoquée ci-dessus constitue un **comportement de communication**, c'est-à-dire un type de comportement qui représente un signal social. Le **comportement de menace** se veut un autre type de comportement courant qui sert à indiquer sans la moindre équivoque que l'émetteur du signal est prêt à attaquer le récepteur. Ainsi, un babouin mâle dominant roule les yeux vers le haut et s'ouvre la gueule pour exposer ses dangereuses canines lorsqu'un rival convoitant la même femelle réceptive s'approche de lui (voir la figure 46.9). L'émetteur du signal tire parti de la fuite de son rival, puisqu'il garde la femelle à sa portée sans avoir eu à se battre. Le récepteur du signal tire aussi parti de sa fuite, puisqu'il évite un combat risqué, des blessures susceptibles de s'infecter et peut-être même la mort.

Figure 46.9 En haut : l'exposition des canines constitue un élément du comportement de menace de ce babouin mâle. En bas : la parade nuptiale précède l'accouplement et s'assortit de signaux visuels, tactiles et sonores. Un albatros mâle déploie ici ses ailes à l'intention d'une femelle (voir aussi la section 18.1).

Figure 46.10 La danse des abeilles constitue un exemple de communication tactile. **a)** Une abeille qui trouve une source de nourriture située près de sa ruche effectue une danse circulaire sur les rayons. Les ouvrières ayant maintenu un contact avec cette éclaireuse au cours de la danse sortent et vont chercher la nourriture près de la ruche.

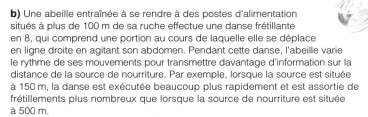

b) Une abeille entraînée à se rendre à des postes d'alimentation situés à plus de 100 m de sa ruche effectue une danse frétillante en 8, qui comprend une portion au cours de laquelle elle se déplace en ligne droite en agitant son abdomen. Pendant cette danse, l'abeille varie le rythme de ses mouvements pour transmettre davantage d'information sur la distance de la source de nourriture. Par exemple, lorsque la source est située à 150 m, la danse est exécutée beaucoup plus rapidement et est assortie de frétillements plus nombreux que lorsque la source de nourriture est située à 500 m.

c) Karl von Frisch a découvert que l'orientation de la ligne droite suivie pendant une danse varie selon la direction dans laquelle se trouve la source de nourriture. Après qu'il eut placé un plat de miel à un endroit situé sur une ligne reliant la ruche et le soleil, les butineuses l'ayant trouvé sont retournées à la ruche et ont orienté leur danse en ligne droite vers le haut des rayons. Puis, après qu'il eut placé le plat de miel à un endroit situé à angle droit par rapport à la ligne reliant la ruche et le soleil, les butineuses ont orienté leur danse à 90° par rapport à la verticale. Ainsi, une abeille invitée à chercher de la nourriture oriente son vol par rapport au soleil et à sa ruche, et minimise le temps et l'énergie nécessaires à la recherche de nourriture.

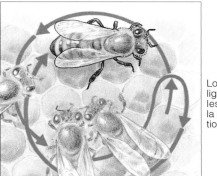

a

b

Lorsqu'une abeille se déplace en ligne droite vers le bas des rayons, les butineuses se dirigent vers la source de nourriture dans la direction opposée à celle du soleil.

Lorsqu'une abeille se déplace vers la droite de la verticale, les butineuses se dirigent à la droite du soleil selon un angle de 90°.

Lorsqu'une abeille se déplace en ligne droite vers le haut des rayons, les butineuses se dirigent directement vers le soleil.

c

De tels comportements sont ritualisés et s'accompagnent de modifications volontaires de la fonction des modèles courants. L'animal peut alors exagérer et simplifier des mouvements normaux ou se figer dans certaines postures. Il arrive souvent que les plumes, la crinière, les griffes et d'autres parties du corps deviennent visiblement plus volumineuses, présentent un motif et se colorent. La ritualisation est fréquemment très élaborée lors d'une **parade nuptiale** entre des partenaires éventuels. Par exemple, des manifestations liées à l'alimentation sont courantes chez de nombreux oiseaux. Un oiseau mâle peut lancer des cris pendant qu'il se penche vers l'avant, comme s'il picorait le sol pour trouver de la nourriture. Lorsqu'une femelle s'approche de lui, il déploie ses ailes comme s'il voulait attirer l'attention de la femelle sur le sol devant lui (voir la figure 46.9). Dans ce cas-ci, un comportement précis, soit la recherche de nourriture, sert plutôt à attirer une femelle en vue d'un accouplement possible. Un autre exemple est offert par les éclairs bioluminescents des lucioles (voir la section 6.8). La luciole mâle se sert de son organe producteur de lumière pour émettre un signal clignotant bien visible lors de sa parade nuptiale. Si une femelle réceptive de son espèce lui répond rapidement en émettant elle-même un éclair lumineux, les deux insectes s'échangent des signaux jusqu'à ce qu'ils se rejoignent.

De manière analogue, une **communication tactile** se caractérise par le fait que l'émetteur touche le récepteur selon divers rituels. Après avoir découvert une source de pollen ou de nectar, une abeille butineuse revient à sa ruche et exécute une danse complexe, pendant laquelle elle suit une trajectoire circulaire en se heurtant dans l'obscurité à une foule d'ouvrières. D'autres abeilles qui la suivent et qui demeurent en contact physique avec elle peuvent acquérir l'information nécessaire au sujet de l'emplacement général, de la distance et de la direction de la source de pollen ou de nectar (voir la figure 46.10).

Les émetteurs et les récepteurs illégitimes de signaux

Il arrive parfois que des individus autres que les destinataires interceptent des signaux de communication. Les termites adoptent un comportement défensif dès qu'ils perçoivent la moindre odeur provenant d'une fourmi qui pénètre dans leur nid. Par son odeur, la fourmi s'identifie en tant que membre de sa colonie et suscite un comportement de coopération de la part de ses congénères. Cette odeur est destinée à des fonctions élaborées, mais certainement pas à annoncer l'invasion d'une termitière, puisqu'elle pourrait être détectée par un termite qui tuerait alors la fourmi. Dans un tel cas, le termite constitue le **récepteur illégitime** d'un signal destiné aux individus membres d'une autre espèce.

Il existe aussi des **émetteurs illégitimes** de signaux. Certains réduves (punaises assassines) placent sur leur dos le corps mort et déshydraté de termites qu'ils ont tués pour en acquérir l'odeur. En usurpant ainsi un signal d'appartenance à une colonie de termites, ils peuvent chasser plus facilement ceux-ci. La femelle de certaines lucioles prédatrices recourt aussi à une telle tromperie. Lorsqu'elle repère l'éclair lumineux d'une luciole mâle d'une autre espèce, elle répond en émettant aussi un éclair lumineux. Le mâle qui s'approche suffisamment pour être à portée d'attaque constituera alors le prochain repas de la femelle, comme quoi la réaction généralement appropriée à un signal de rapprochement peut aussi comporter ses inconvénients…

Un signal de communication entre des individus d'une même espèce exerce un effet bénéfique net pour l'émetteur et le récepteur. La sélection naturelle tend à favoriser les signaux de communication qui améliorent le succès reproductif.

LES BÉNÉFICES ET LES COÛTS DE LA VIE EN SOCIÉTÉ

Un examen du monde animal révèle la présence de divers groupes sociaux. Les individus de certaines espèces passent la plus grande partie de leur vie seuls ou au sein d'un petit groupe familial, tandis que d'autres, comme les termites et les abeilles, vivent en groupes formés de milliers d'individus apparentés. D'autres encore, comme les populations humaines, font partie d'unités sociales regroupant surtout des individus non apparentés. Les biologistes de l'évolution tentent souvent de cerner les bénéfices et les coûts de la vie en groupe en ce qui a trait au succès reproductif individuel, mesuré à l'aune des contributions au pool génique de la prochaine génération.

La coopération pour la protection contre les prédateurs

Certains groupes font preuve de coopération pour se protéger contre un prédateur et réduisent ainsi le risque net pour tout individu membre du groupe. Au sein d'un troupeau, des individus vulnérables peuvent repérer les prédateurs, s'associer en vue d'une contre-attaque ou adopter un comportement défensif plus efficace (voir les figures 46.14 et 46.15).

Birgitta Sillén-Tullberg, une biologiste qui a mis en évidence les avantages de la coopération, a étudié les chenilles d'une mouche à scie australienne (une sorte d'hyménoptères) qui vivent en groupes sur des branches d'arbres, comme le montre la figure 46.15. Lorsque ces chenilles sont importunées, elles se redressent toutes sur leur branche et se contorsionnent, tout en régurgitant des feuilles d'eucalyptus partiellement digérées. Ces dernières sont imprégnées de composés chimiques qui se veulent toxiques pour la plupart des prédateurs, notamment les oiseaux chanteurs qui se nourrissent de ces chenilles.

Sillén-Tullberg a formulé l'hypothèse que chaque chenille tire parti de l'action coordonnée du groupe pour repousser les oiseaux prédateurs, ce qui l'a amenée à prédire que ceux-ci sont plus susceptibles de capturer et de manger des chenilles solitaires. Pour vérifier la justesse de sa prédiction, elle a donné à de jeunes mésanges charbonnières (*Parus major*) l'occasion de manger de telles chenilles. Elle leur a offert un même nombre de fois des chenilles isolées et des

Figure 46.15 Un comportement social défensif. Les chenilles de mouches à scie se regroupent sur des branches et régurgitent ensemble un liquide (les petites gouttes jaunes) qui se veut toxique pour la plupart de leurs prédateurs. Lorsque tout danger est écarté, les chenilles avalent ce liquide.

chenilles en groupes de vingt. Elle a alors pu constater que les 10 oiseaux ayant reçu les chenilles une à la fois en ont mangé 5,6 en moyenne, mais que les 10 oiseaux auxquels elle avait offert des groupes de chenilles n'en ont mangé que 4,1 en moyenne. Sa prédiction s'est donc avérée juste : les chenilles risquaient moins d'être dévorées lorsqu'elles formaient un groupe.

Le troupeau égoïste

Simplement en vertu de leur emplacement au sein d'un groupe, certains individus forment un bouclier vivant contre les risques de prédation pour les autres individus. Ils forment ensemble un **troupeau égoïste**, soit un groupe social simple maintenu (inconsciemment) par l'intérêt reproductif de chacun des individus qui le composent. L'hypothèse du troupeau égoïste a été mise à l'épreuve dans le cas des crapets arlequin mâles, qui aménagent des nids adjacents au fond des lacs. Les femelles viennent déposer leurs œufs aux endroits où les mâles ont creusé de petites dépressions dans la boue à l'aide de leurs nageoires.

Si une colonie de crapets arlequin mâles constitue effectivement un troupeau égoïste, on peut prédire l'existence d'une compétition pour les sites les plus sûrs, soit au centre de la colonie. En effet, les œufs déposés dans les nids situés à cet endroit sont moins susceptibles d'être mangés par des escargots et des achigans à grande bouche que les œufs déposés dans les nids périphériques. Cette compétition existe réellement ; les mâles les plus gros et les plus forts s'emparent des emplacements centraux, alors que les plus petits absorbent les attaques des prédateurs. Même ainsi, les plus petits sont mieux de demeurer à la périphérie du groupe que de se retrouver isolés pour repousser les attaques des achigans.

Les hiérarchies sociales

Dans un troupeau égoïste, les avantages que la vie commune offre à chaque individu sont tout simplement supérieurs aux inconvénients. Par contre, certains individus peuvent, à leur propre détriment, en aider d'autres à survivre et à se reproduire. Un tel comportement bienveillant constitue peut-être un inconvénient de la vie en groupe, mais il se peut aussi que ces individus ne renoncent pas complètement à se reproduire.

Ces deux possibilités se manifestent lorsque s'établit une **hiérarchie sociale**. Dans divers groupes sociaux, certains individus sont subordonnés à d'autres. Ainsi, lorsqu'un individu dominant d'un groupe de babouins émet un signal de menace, les subordonnés abandonnent les aires de sommeil les plus sûres, les meilleurs morceaux de nourriture et les femelles sexuellement réceptives. Chaque babouin

Figure 46.14 Les bœufs musqués (*Ovibos moschatus*) présentent un comportement défensif collectif : les adultes forment un cercle, souvent autour des petits, et regardent vers l'extérieur en montrant leurs cornes pour dissuader tout prédateur de passer à l'action.

Figure 46.16
Certains des bénéfices et des coûts de comportements sociaux.

a) Un babouin faisant partie d'un groupe est mieux protégé contre les léopards qu'un individu solitaire à découvert. Celui-ci a tenté de se défendre par un comportement de menace, mais en vain.

b) On peut imaginer avec quelle facilité les agents pathogènes et les parasites pourraient se répandre parmi cette colonie de gorfous de Schlegel qui vit sur l'île Macquarie, entre la Nouvelle-Zélande et l'Antarctique.

connaît bien sa place dans la hiérarchie du groupe. La hiérarchie se veut également très développée chez les chimpanzés, comme le montre le début du chapitre 36.

Pourquoi les individus subordonnés demeurent-ils dans le groupe, même s'ils doivent ainsi abandonner des ressources utiles ? Ils le font pour être moins exposés aux blessures causées par des prédateurs et pour bénéficier de la protection du groupe. Il est parfois impossible de survivre seul : un babouin solitaire à découvert aiguise certainement l'appétit du premier léopard qui l'aperçoit (voir la figure 46.16*a*). L'individu qui se mesure à un adversaire fort risque de subir de graves blessures et de mourir. Un comportement d'abnégation peut donner à un individu subordonné la possibilité de se reproduire s'il survit assez longtemps ou si l'individu dominant est victime d'un prédateur ou du vieillissement. Certains loups ou babouins subordonnés qui font preuve de patience finissent d'ailleurs par s'élever dans la hiérarchie de cette façon.

Les coûts du comportement social

Si l'adoption d'un comportement social se montre si avantageuse, pourquoi y a-t-il si peu d'espèces sociales chez la plupart des groupes d'animaux ? Tout simplement parce que, dans certains milieux, les coûts l'emportent sur les bénéfices. Ainsi, il est clair que plus nombreux sont les individus d'une espèce à vivre ensemble, plus la compétition pour la nourriture est prononcée. Les chiens de prairie, les gorfous de Schlegel, les goélands argentés et les hirondelles à front blanc ne représentent que quelques-unes des multiples espèces animales qui vivent en colonies gigantesques (voir la figure 46.16*b*). Tous luttent pour obtenir une partie des mêmes ressources écologiques.

Les groupes sociaux de très grande taille offrent aussi un terrain propice aux parasites et aux maladies contagieuses qui se transmettent rapidement d'un individu à l'autre. Ce phénomène s'observe chez les populations humaines très denses lors de la propagation soudaine d'une épidémie.

Un autre coût réside dans le risque d'être exploité ou tué par d'autres membres du groupe. Lorsque l'occasion se présente, des couples de goélands argentés s'empressent de dévorer les œufs ou les petits de leurs voisins. Les lions vivent en troupes, mais un lion solitaire pourrait souvent manger davantage de viande chaque jour. La vie en groupe amoindrit la part de nourriture et le succès reproductif des lionnes. Pourquoi alors ces dernières demeurent-elles dans un groupe ? Peut-être parce qu'elles peuvent ainsi mieux défendre leur territoire contre des groupes rivaux. En outre, comme des lions agressifs manifestent un comportement infanticide et qu'ils finissent presque toujours par tuer les lionceaux d'une lionne solitaire, plusieurs lionnes se défendant ensemble parviennent quelquefois à sauver la vie de leurs propres petits.

Les individus faisant partie d'un groupe social en tirent des bénéfices, notamment parce qu'ils peuvent coopérer pour se protéger ou se défendre contre les prédateurs.

Ils subissent aussi certains inconvénients, sous la forme d'une compétition accrue pour la nourriture, l'espace vital, les partenaires sexuels et d'autres ressources limitées. En outre, ils s'exposent davantage aux maladies contagieuses et aux infections parasitaires.

Ils risquent aussi d'être exploités par des congénères ou de voir leurs petits se faire tuer par d'autres membres du groupe social.

L'ÉVOLUTION DE L'ALTRUISME

Un animal subordonné qui se soumet à un individu dominant peut agir ainsi dans son propre intérêt. Or, un véritable altruisme fait d'abnégation a évolué au sein de nombreux groupes de vertébrés, et atteint un degré extrême chez les colonies de termites, d'abeilles et de fourmis.

Les colonies de termites

Dans les forêts d'eucalyptus du Queensland, en Australie, les termites construisent pour leur colonie des tunnels d'alimentation dans des troncs d'arbres morts. Dès qu'un tunnel est endommagé, de petits insectes blanchâtres commencent à se frapper la tête sur ses parois, puis s'enfuient. Le signal sonore qu'ils ont ainsi envoyé produit des vibrations qui incitent les termites soldats dorés à adopter une attitude défensive (voir la figure 46.17).

Les soldats possèdent une tête large, fuselée et dépourvue d'yeux, qui se prolonge par un long bec pointu. Lorsqu'un soldat est importuné, il lance par son bec de minces jets d'un liquide argenté qui libère des composés volatils ; ceux-ci attirent sur les lieux d'autres soldats afin qu'ils affrontent ensemble la source du danger (il s'agit généralement d'une invasion de fourmis). Les soldats peuvent ainsi sacrifier leur vie pour défendre la colonie.

Des termites ouvriers pâles construisent des tunnels menant aux endroits où ils stockent en toute sécurité des fibres de cellulose tirées du bois. Puis, ils transportent ces dernières dans leur nid souterrain, où ils cultivent un champignon comestible. Des hyphes fongiques poussent dans les fibres et en absorbent les nutriments. Par la suite, les termites mangent des parties du champignon et mâchent du bois pour le décomposer en petits morceaux qu'ils peuvent avaler. Contrairement à d'autres espèces de termites, ceux-là ne synthétisent pas d'enzymes digérant la cellulose et doivent s'en remettre pour ce faire aux symbiotes vivant dans leurs intestins.

Les soldats et les ouvriers sont stériles et adoptent un comportement d'abnégation pour aider leurs congénères à survivre. Une seule reine et un ou plusieurs rois font office de « parents » pour toute la colonie.

Les colonies d'abeilles

Dans une colonie d'abeilles, aussi appelée *ruche*, la reine se veut la seule femelle fertile (voir la figure 46.18*a*). Ses filles ouvrières stériles la nourrissent et dispersent dans la ruche les phéromones qu'elle émet pour diriger les activités de toutes les abeilles. La reine est plus grosse que les ouvrières, surtout en raison des énormes ovaires présents dans son abdomen.

Ce n'est qu'à certains moments de l'année que les faux bourdons, dépourvus de dard, se développent et atteignent l'âge adulte (voir la figure 46.18*b*). Plutôt que de travailler pour la colonie, ils quittent cette dernière et tentent de s'accoupler avec les reines d'autres ruches. Ceux qui y parviennent pourront ainsi perpétuer une partie des gènes de leur famille.

Une ruche comprend de 30 000 à 50 000 ouvrières (voir la figure 46.18*c*) chargées de nourrir les larves, d'assurer l'entretien et le nettoyage de la ruche, et de construire des rayons à l'aide de sécrétions cireuses. Les ouvrières entreposent du miel et du pollen dans les rayons, qui abritent aussi des générations d'abeilles allant des œufs aux larves (à différents stades de leur développement), puis aux nymphes et finalement aux adultes (voir la figure 46.18*d*).

Vivant pendant environ six semaines au printemps et en été, les ouvrières adultes procèdent aussi à la dispersion d'odeurs, c'est-à-dire qu'elles font passer de l'air au-dessus de la glande odorante exposée d'une abeille. Les phéromones s'échappant de cette glande aident les abeilles à s'orienter par rapport à l'entrée de la ruche lorsqu'elles partent pour une expédition de butinage ou en reviennent. De retour à la ruche après avoir repéré une bonne source de nectar ou de pollen,

Figure 46.17 Des soldats défendant une colonie de termites en surveillant une brèche dans un tunnel creusé par les ouvriers dans un tronc d'arbre mort. Les soldats peuvent projeter par leur bec pointu des jets de liquide gluant afin d'immobiliser les fourmis et les autres intrus qui ont envahi la colonie.

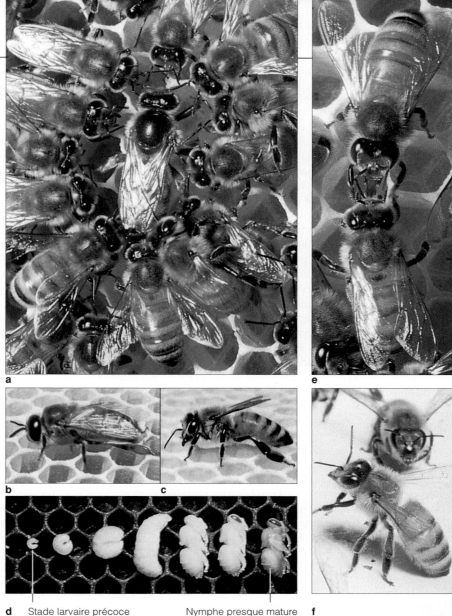

Figure 46.18 La vie dans une colonie d'abeilles. **a)** Accompagnée ici de ses filles ouvrières stériles, la reine est la seule femelle de la colonie qui peut se reproduire. **b)** Un faux bourdon, dépourvu de dard. **c)** Une des 30 000 à 50 000 ouvrières de la ruche. **d)** Des ouvrières entreposent du miel ou du pollen dans les rayons, qui abritent les nouvelles générations d'abeilles. Ce sont les jeunes ouvrières qui nourrissent les larves. **e)** Des ouvrières s'échangent de la nourriture. **f)** Des ouvrières surveillent l'entrée de la ruche.

d Stade larvaire précoce — Nymphe presque mature **f**

les butineuses entament une danse qui constitue une communication tactile incitant d'autres ouvrières à s'envoler en direction de cette source (voir la figure 46.10).

Les ouvrières manifestent d'autres comportements de coopération : certaines s'échangent de la nourriture et d'autres surveillent l'entrée de la ruche (voir la figures 46.18*e* et *f*), prêtes à sacrifier leur vie pour repousser les envahisseurs.

La sélection de parentèle

Aucun des individus altruistes de la colonie de termites et de la ruche d'abeilles ne peut transmettre de gènes à la prochaine génération. Comment alors les gènes sous-tendant le comportement altruiste se perpétuent-ils ? Selon la **théorie de l'adaptation inclusive** qu'a formulée W. Hamilton, des gènes associés au comportement altruiste en faveur des parents proches d'un individu pourraient être favorisés dans certaines situations.

Un parent diploïde à reproduction sexuée qui donne des soins à sa progéniture ne favorise pas des copies génétiques exactes de lui-même. Chaque gamète qu'il produit, et donc chacun de ses descendants, hérite de la moitié de ses gènes. Les autres individus du groupe social qui ont les mêmes ancêtres partagent aussi des gènes avec leurs parents. Deux frères ou sœurs présentent la même ressemblance génétique qu'un parent avec chacun de ses petits. Pour leur part, les neveux et nièces ont hérité d'environ un quart des gènes de leur oncle ou de leur tante.

Posons l'hypothèse que l'altruisme sélectif constitue un prolongement des soins parentaux et supposons qu'un oncle aide sa nièce à survivre assez longtemps pour qu'elle se reproduise. Cet oncle a alors apporté une contribution génétique indirecte à la prochaine génération, par l'intermédiaire des gènes qu'il partage avec sa nièce. Il fait montre d'un altruisme qui représente un certain coût, puisqu'il s'expose à ne pas être en mesure de se reproduire lui-même. Cependant, si ce coût est moindre que les bénéfices, l'oncle verra son action favoriser la propagation de ses gènes et de son type d'altruisme au sein de son espèce. Pour un oncle, sauver la vie de deux nièces équivaut à engendrer une fille survivante.

Dans le même ordre d'idée, les ouvrières stériles faisant partie de colonies d'insectes propagent indirectement leurs gènes d'« abnégation » par le biais d'un comportement altruiste exceptionnel en faveur

de leurs proches parents. En général, tous les individus qui font partie d'une colonie de termites, d'abeilles ou de fourmis se veulent les membres d'une même parentèle. Les ouvrières stériles de la famille aident leurs frères et sœurs, dont certains deviendront les rois et reines de leur colonie. Lorsqu'une abeille gardienne plante son dard dans la peau d'un ours ou d'un raton laveur, elle meurt peu après, mais ses sœurs habitant la même ruche pourraient bien perpétuer une partie de ses gènes.

Le comportement altruiste atteint son degré le plus poussé dans certaines sociétés d'insectes, notamment les colonies d'abeilles et de termites.

Il peut se maintenir lorsque des individus transmettent indirectement leurs gènes en aidant leurs proches parents à survivre et à se reproduire.

Selon la théorie de l'adaptation inclusive, les gènes associés au comportement altruiste en faveur des membres de la parentèle peuvent se répandre au sein d'une population dans certaines situations.

Pourquoi se sacrifier soi-même ?

La stérilité et l'abnégation totale se veulent rares chez les groupes sociaux de vertébrés. Le rat-taupe nu (*Heterocephalus glaber*) constitue une des exceptions connues à ce sujet. Habitant les régions arides de l'Afrique de l'Est, ce mammifère presque complètement dépourvu de poils passe sa vie dans des galeries souterraines creusées en groupe. Les rats-taupes nus se regroupent toujours en clans – de petites unités sociales – comprenant de 25 à 300 individus (voir la figure 46.19).

Chaque clan est dominé par une femelle reproductrice qui s'accouple avec un à trois mâles. Les autres membres du clan, qui ne se reproduisent pas, assurent les soins et la protection de la « reine », du ou des « rois » et de leur progéniture. Les fouisseurs non reproducteurs creusent de multiples galeries et chambres souterraines qui servent de tanières et d'aires de stockage des déchets. Ils repèrent et découpent de gros tubercules pour en apporter les morceaux à la reine, à sa cour de mâles et à ses petits.

Les fouisseurs donnent également de la nourriture à d'autres congénères qui vivent en permanence dans une proximité étroite avec la famille « royale ». Les membres de cet entourage rapproché passent à l'action lorsque le clan est menacé par un serpent ou un autre ennemi. Prêts à courir de grands risques individuels, ils attaquent collectivement le prédateur pour le faire fuir, voire le tuer.

À l'aide de la théorie de la sélection de parentèle, on peut formuler une hypothèse expliquant l'altruisme des rats-taupes qui ne se reproduisent jamais.

Si un comportement utile aux autres se veut génétiquement avantageux pour certains individus appartenant à un clan de rats-taupes nus (c'est l'hypothèse), les membres altruistes du clan seront apparentés aux individus reproducteurs qui bénéficient de leur comportement (c'est la prédiction).

Pour vérifier la valeur de cette prédiction, on doit connaître les liens génétiques unissant les membres du clan de rats-taupes nus.

Pour ce faire, on pourrait tenter de déterminer les descendants et les ascendants de chaque individu. L'établissement de l'arbre généalogique de toute une colonie représenterait cependant une tâche difficile et fastidieuse, tout simplement parce qu'il existe plusieurs mâles reproducteurs et que les reines meurent et sont remplacées par d'autres.

H. Kern Reeve et ses collègues ont plutôt adopté une méthode plus pratique, fondée sur l'obtention des empreintes génétiques, pour établir le degré de parenté entre les individus. Au cours de cette technique de laboratoire (voir la section 16.3), on doit d'abord obtenir des fragments de restriction de molécules d'ADN, puis mettre au point une représentation visuelle de divers ensembles de fragments d'ADN provenant d'individus différents. Des vrais jumeaux présentent une empreinte génétique identique (leur ADN comporte la même séquence de bases), alors que des individus nés d'un même père et d'une même mère ont un ADN similaire et par conséquent des empreintes génétiques similaires, mais pas identiques. En moyenne, les empreintes génétiques de deux individus non apparentés présentent beaucoup plus de différences que celles de deux membres d'une même famille.

Après avoir établi les empreintes génétiques de rats-taupes nus, Reeve a pu constater que tous les individus d'un même clan sont très étroitement apparentés, tout en étant génétiquement très différents des membres d'autres clans. Ses résultats ont ainsi révélé que chaque clan de rats-taupes nus est fortement consanguin par suite des accouplements entre frères et sœurs, mères et fils, et pères et filles pendant plusieurs générations. Comme le souligne la section 17.11, l'endogamie des individus d'une population donne lieu à une diversité génétique extrêmement réduite.

Il s'avère ainsi qu'un rat-taupe nu se sacrifiant pour ses congénères contribue à perpétuer une forte proportion de ses allèles. Les génotypes des individus d'un clan s'avèrent en effet identiques dans une proportion s'élevant parfois à 90 % !

Figure 46.19 Des rats-taupes nus (*Heterocephalus glaber*).

UNE INTERPRÉTATION ÉVOLUTIONNISTE DU COMPORTEMENT SOCIAL HUMAIN

S'il est pertinent d'analyser le fondement évolutif du comportement des termites, des rats-taupes nus et d'autres animaux, ne serait-il pas fort intéressant de faire de même au sujet du comportement humain ? Beaucoup éprouvent des réticences à le faire, car ils semblent croire que tenter d'établir la valeur adaptative d'un caractère humain équivaut à en déterminer la valeur morale ou sociale. Pourtant, il existe une grande différence entre vouloir expliquer un comportement à partir de son évolution et tenter de le justifier. «Adaptatif» ne signifie pas «moralement juste». Pour les biologistes, ce terme renvoie simplement à l'utilité d'un caractère pour la transmission des gènes d'un individu.

Prenons un exemple tiré des sociétés humaines. L'**adoption** désigne l'acceptation, par un individu, des descendants d'autres individus comme s'ils étaient les siens. Ce comportement semble altruiste. Pour mieux l'étudier, on peut s'appuyer sur une théorie évolutionniste en vue de formuler une hypothèse.

Cela ne signifie pas qu'on tente ainsi de juger si l'adoption constitue un comportement moral ou même socialement souhaitable. Le caractère «moral» ou «souhaitable» d'un comportement représente une question sur laquelle un biologiste n'a rien de plus ou de moins à dire que quiconque.

On peut supposer que toutes les adaptations comportent des bénéfices et des coûts. Un de ces bénéfices réside dans le fait que certains comportements adaptatifs peuvent être réorientés dans des circonstances inhabituelles. Ainsi, chez de nombreuses espèces, des adultes ayant perdu un petit en adoptent un de substitution : des cardinaux nourrissent parfois des poissons rouges ; une baleine va tenter de soulever un billot hors de l'eau comme s'il s'agissait d'un baleineau mal en point qui tenterait de remonter à la surface ; des manchots empereurs se battent pour adopter un orphelin, comme le montre la figure 46.20.

John Alcock a souligné à juste titre que de tels exemples suscitent la formulation d'hypothèses sur l'adoption au sein des sociétés humaines. La volonté des êtres humains d'adopter un enfant peut se manifester «par erreur» lorsque le comportement parental devient axé sur des enfants non apparentés. Si on pose l'hypothèse que l'« erreur d'adaptation » résulte du désir non satisfait d'enfanter, on peut avancer la prédiction que les couples qui ont perdu leur seul enfant ou qui sont stériles et ne peuvent enfanter eux-mêmes devraient être particulièrement désireux d'adopter des enfants étrangers. Cette prédiction n'a toutefois pas encore été rigoureusement vérifiée.

Figure 46.20 Deux manchots empereurs adultes rivalisent pour adopter un orphelin, que chacun est disposé à accepter en tant que descendant de substitution.

Par ailleurs, pendant la plus grande partie de leur histoire, les êtres humains ont vécu au sein de petits groupes, puis dans de petits villages. Ils ont probablement eu peu d'occasions d'adopter des enfants étrangers ou ont été peu enclins à le faire. Néanmoins, ils étaient sans doute bien disposés à accepter l'enfant d'un parent décédé. Cependant, comment des parents adoptifs auraient-ils acquis une représentation génétique dans la génération suivante ? En s'appuyant sur la théorie de l'adaptation inclusive pour expliquer le comportement d'adoption des êtres humains, on pourrait prédire que la plupart des adoptions qui surviennent dans les sociétés traditionnelles concernent des parents qui adoptent un neveu, une nièce ou un autre membre de leur famille.

Joan Silk, un biologiste du comportement, a vérifié cette prédiction au sein de certaines sociétés traditionnelles : les résultats qu'elle a obtenus révèlent que les membres de ces sociétés adoptent beaucoup plus souvent des enfants leur étant apparentés que des enfants qui ne le sont pas.

Bien sûr, il existe aussi des individus qui adoptent des enfants étrangers, notamment dans les grandes sociétés industrialisées qui ont mis sur pied des organismes de bien-être social ainsi que divers mécanismes d'aide à l'adoption. Ces sociétés représentent un type de milieu évolutif. Les mécanismes de soins parentaux ont connu une longue évolution, et leur réorientation en faveur d'enfants non apparentés en révèle davantage à propos de l'évolution des êtres humains que de la transmission de leurs gènes.

Les hypothèses évolutionnistes au sujet de la valeur adaptative d'un comportement peuvent être vérifiées et les résultats issus d'une telle vérification donnent un aperçu de l'évolution du comportement humain.

Il est possible de vérifier des hypothèses évolutionnistes au sujet de la valeur adaptative de différents types de comportement humain.

De telles vérifications seront peut-être mieux acceptées lorsqu'on comprendra plus clairement que les notions de «comportement adaptatif» et de «comportement socialement souhaitable» se veulent tout à fait distinctes.

En biologie, la notion d'«adaptabilité» signifie uniquement qu'un caractère propre à un individu favorise la transmission des gènes qui en sont à l'origine.

RÉSUMÉ   Le chiffre en **brun** renvoie à la section du chapitre.

1. Le comportement animal (soit des réactions coordonnées à des stimuli) repose d'abord sur des gènes qui codent les produits nécessaires au développement et au fonctionnement des systèmes nerveux, endocrinien et musculosquelettique. *46, 46.1*

2. Un comportement manifesté sans avoir été appris par expérience est instinctif, c'est-à-dire qu'il constitue une réaction prédéterminée à un ou deux signaux simples et bien définis (stimuli déclencheurs) qui proviennent du milieu extérieur et qui provoquent une action appropriée, comme un stéréotype moteur. Des expériences vécues peuvent entraîner une variation ou une modification des réactions aux stimuli (comportement acquis). L'apprentissage résulte de facteurs génétiques et environnementaux. *46.1, 46.2*

3. Un comportement d'origine génétique est sujet à une évolution par voie de sélection naturelle. Il résulte de différences individuelles relativement au succès reproductif dans les générations antérieures, lorsque les bénéfices d'un comportement en surpassaient les coûts en matière de reproduction. *46.3*

4. Les groupes sociaux s'appuient sur l'interdépendance coopérative des membres d'une espèce. La vie en groupe est favorisée par les signaux de communication qu'un individu (l'émetteur) envoie pour modifier le comportement d'un autre individu (le récepteur) membre de la même espèce. *46.4*

5. Les signaux chimiques, visuels, sonores et tactiles se veulent des éléments de comportements de communication. *46.4*

   a) Les phéromones servent à la communication chimique. Des phéromones de signalisation comme les attraits sexuels et les signaux d'alarme peuvent susciter une modification immédiate du comportement du récepteur du signal. Les phéromones d'activation donnent lieu à une réaction physiologique généralisée du récepteur.

   b) Les signaux visuels (actes ou signes observables) représentent les éléments-clés de la parade nuptiale et des comportements de menace.

   c) Les signaux sonores, comme les coassements d'accouplement des grenouilles, se veulent des sons transmettant une information précise propre à une espèce.

   d) Les signaux tactiles constituent des types précis de contact physique entre un émetteur et un récepteur de signal.

6. Les membres d'une même espèce cherchent souvent à entraver le succès reproductif de leurs congénères, que ce soit en choisissant de façon sélective un partenaire sexuel ou en rivalisant pour approcher de potentiels partenaires sexuels. *46.5*

7. L'appartenance à un groupe social comporte des inconvénients, dont la compétition pour des ressources limitées et une exposition accrue aux maladies contagieuses et aux parasites. Les avantages surpassent de tels inconvénients dans certaines situations, par exemple lorsque la pression de prédation est forte. *46.6*

8. Les individus adoptant un comportement d'abnégation (altruiste) sacrifient leurs possibilités de se reproduire pour aider des membres de leur groupe. Dans la plupart des groupes sociaux, les individus ne sacrifient pas leurs possibilités de reproduction pour aider les autres. *46.7*

   a) Dans une hiérarchie sociale, certains individus se soumettent à des membres de leur groupe. Les dominants obligent souvent les subordonnés à leur céder de la nourriture ou d'autres ressources.

   b) Lorsque les individus subordonnés se soumettent aux membres dominants de leur groupe, ils bénéficient parfois en retour d'un avantage lié à la vie commune, comme la protection contre les prédateurs. Chez certaines espèces, les individus subordonnés parviennent à se reproduire lorsqu'ils survivent assez longtemps et que les membres dominants meurent ou perdent leur position élevée dans la hiérarchie.

9. Selon une théorie de l'adaptation inclusive, les gènes associés au comportement consistant à donner des soins aux proches parents (non pas aux descendants directs, mais aux individus partageant une partie des mêmes gènes) se veulent favorisés dans certaines situations. La sélection de parentèle peut donner lieu à un altruisme extrême, comme celui que pratiquent les rats-taupes nus et les ouvrières (qui ne se reproduisent généralement pas) chez quelques espèces d'insectes sociaux. L'altruisme contribue à la survie des individus apparentés qui se reproduisent, de sorte que les individus altruistes transmettent, « par procuration », les gènes déterminant le développement de ce comportement. *46.7*

10. Pour vérifier la valeur adaptative du comportement humain, il faut d'abord comprendre que la notion d'« adaptabilité » désigne uniquement le fait qu'un caractère est utile pour la transmission des gènes d'un individu. Le caractère socialement souhaitable d'un comportement constitue une question distincte. *46.9*

Exercices

1. Expliquez en quoi les gènes et les produits qu'ils codent, y compris les hormones, influent sur les mécanismes sous-tendant les types de comportement. *46.1*

2. Définissez les termes suivants : comportement instinctif, stimulus déclencheur, stéréotype moteur et comportement acquis. *46.1, 46.2*

3. Faites ressortir les différences entre un comportement altruiste et un comportement égoïste. Pourquoi l'un ou l'autre de ces types de comportement se maintient-il au sein d'une population ? *46.3*

4. Décrivez les caractéristiques des signaux de communication, puis donnez un exemple d'un comportement de communication. *46.4*

5. Décrivez un comportement d'alimentation ou un comportement d'accouplement à la lumière de la sélection naturelle (individuelle). *46.4, 46.5*

6. Énumérez des bénéfices et des coûts occasionnés par la vie en groupe. *46.6, 46.7*

Autoévaluation   RÉPONSES À L'ANNEXE III

1. « Les étourneaux sansonnets luttent contre la présence d'acariens dans leur nid en garnissant ce dernier de brindilles de carotte sauvage », ont déclaré Clark et Mason. Cette affirmation constitue _____.
   a) une hypothèse non vérifiée c) la vérification d'une hypothèse
   b) une prédiction   d) une conclusion immédiate

2. Les gènes influent sur le comportement des individus en _____.
   a) orientant le développement du système nerveux
   b) influençant les types d'hormone produits par un individu
   c) régissant le développement des muscles et du squelette
   d) toutes ces réponses

3. En général, la vie au sein d'un groupe social comporte des inconvénients pour les individus, dont _____.
   a) la compétition pour la nourriture et d'autres ressources
   b) l'exposition à des maladies contagieuses
   c) la compétition pour des partenaires sexuels
   d) toutes ces réponses

4. L'affirmation selon laquelle la surpopulation pousse les lemmings à migrer dans des endroits plus favorables pour la reproduction _____.
   a) est conforme à la théorie de l'évolution de Darwin
   b) s'appuie sur une théorie de l'évolution par voie de sélection de groupe
   c) est confirmée par le fait que la plupart des animaux adoptent un comportement altruiste

Figure 46.21 Une chenille affrontant un prédateur.

Figure 46.23 Une aigrette ardoisée tente d'attirer un poisson vers elle.

5. La similarité génétique entre un oncle et son neveu est _____.
a) la même que celle qui existe entre un parent et ses enfants
b) plus grande que celle entre deux enfants issus des mêmes parents
c) liée au nombre total des neveux de l'oncle
d) moins grande que celle entre une mère et sa fille

6. Associez chaque terme à la description la plus appropriée.

_____ Stéréotype moteur
_____ Altruisme
_____ Base du comportement instinctif et du comportement acquis
_____ Empreinte

a) Type d'apprentissage lié au temps et nécessitant une exposition à des stimuli déclencheurs
b) Association des gènes et de l'expérience
c) Activité motrice dont l'exécution complète se veut indépendante de toute rétroaction issue du milieu extérieur
d) Aide apportée à un autre individu, à son propre détriment

Questions à développement

1. Une grosse chenille rampe sur une branche dans la forêt tropicale. Quand vous lui touchez, les segments antérieurs de son corps se détachent de la branche et se gonflent (voir la figure 46.21). Décrivez le mécanisme interne qui pourrait susciter ce comportement défensif. Expliquez en quoi ce dernier peut avoir une valeur adaptative. Comment vérifieriez-vous vos deux hypothèses?

2. Pour laisser des traces de son odeur sur des plantes situées dans son territoire, un guépard libère certains produits chimiques provenant de glandes exocrines. Quels faits devriez-vous relever pour démontrer que ce comportement du guépard représente un signal de communication évolué?

3. Vous observez des canards colverts dans un étang, puis vous constatez qu'un coq s'approche d'eux en manifestant un comportement de reproduction (voir la figure 46.22). Que s'est-il sans doute passé au début de la vie du coq?

4. Formulez une hypothèse relative à la valeur adaptative du comportement suivant : un lion tue les petits des femelles qu'il acquiert après avoir chassé le mâle dominant de la troupe qui s'était accouplé avec ces femelles.

Figure 46.22 Un coq manifeste un comportement confus.

Comment pourriez-vous vérifier votre hypothèse au sujet de ce comportement infanticide?

5. Quels sont les bénéfices et les coûts probables, pour une mouche scorpion mâle, d'offrir un cadeau nuptial à sa partenaire sexuelle éventuelle? En quoi la sélection méticuleuse de la femelle pourrait-elle être fonction de ces bénéfices et de ces coûts?

6. Au cours d'un voyage en Afrique, vous apercevez dans un lac une aigrette ardoisée qui a déployé ses ailes au-dessus de sa tête comme s'il s'agissait d'un parapluie (voir la figure 46.23). Vous pourriez croire que, comme d'autres espèces d'aigrettes, elle cherche à attraper un poisson, mais la plupart des espèces gardent les ailes repliées pendant la chasse. Quelle est la valeur adaptative de ce comportement? Les petits poissons sont-ils attirés par l'ombre que fait cette aigrette à la surface de l'eau parce qu'ils y voient un abri? Comment pourriez-vous vérifier une telle hypothèse?

7. En 2002, Svante Paabo a établi une corrélation entre une importante mutation d'un gène et l'origine du langage. Tous les mammifères possèdent le gène *FOXP2*, qui comporte une séquence de 715 paires de bases. Le gène *FOXP2* de l'être humain ne diffère de celui de la souris que par trois paires de bases, et de celui du chimpanzé, par deux paires de bases. Cette mutation, avec d'autres, a modifié des parties du cerveau qui contrôlent les muscles du visage, de la gorge et des cordes vocales. Elle semble s'être produite il y a quelque 200 000 ans, et le gène mutant a rapidement remplacé le gène non mutant chez les populations immédiatement antérieures à *Homo sapiens*. En vous appuyant sur les sections 26.11 à 26.13, conjecturez au sujet de l'incidence de cette mutation sur le comportement social et l'apprentissage.

Vocabulaire

Adoption *46.9*	Imprégnation *46.2*
Centre vocal *46.1*	Lek (arène) *46.5*
Communication tactile *46.4*	Parade nuptiale *46.4*
Comportement *46*	Phéromone *46.4*
Comportement acquis *46.2*	Récepteur *46.4*
Comportement adaptatif *46.3*	Récepteur illégitime *46.4*
Comportement altruiste *46.3*	Sélection naturelle *46.3*
Comportement de communication *46.4*	Sélection sexuelle *46.5*
	Signal composite *46.4*
Comportement de menace *46.4*	Signal de communication *46.4*
Comportement égoïste *46.3*	Stéréotype moteur *46.1*
Comportement instinctif *46.1*	Stimulus déclencheur *46.1*
Comportement social *46.3*	Succès reproductif *46.3*
Émetteur *46.4*	Territoire *46.3*
Émetteur illégitime *46.4*	Théorie de l'adaptation inclusive *46.7*
Hiérarchie sociale *46.6*	Troupeau égoïste *46.6*

Lectures complémentaires

Alcock, J. (2001). *Animal Behavior: An Evolutionary Approach*, 7e éd. Sunderland (Massachusetts) : Sinauer.

Frisch, K. von (1961). *The Dancing Bees*. New York : Harcourt Brace Jovanovich.

Lescroart, M. (mars 2005). «Culture animale : un territoire à explorer». *Science & vie*, Hors série, 230 : 126-133.

Lectures complémentaires en ligne : consultez l'infoTrac à l'adresse Web www.brookscole.com/biology

47

LES INTERACTIONS AU SEIN DES COMMUNAUTÉS

Aucun pigeon ne vit seul

Dans les forêts équatoriales de la Nouvelle-Guinée, on peut observer un extraordinaire pigeon bleu cobalt arborant de longues plumes en dentelle sur le dessus de la tête (voir la figure 47.1). Il est presque aussi gros qu'un dindon et bat des ailes si lentement et si bruyamment qu'on croirait entendre un camion au ralenti lorsqu'il est en vol. À l'instar des 11 autres espèces de pigeons plus petits qui vivent dans ces forêts, il se perche sur des branches d'arbre pour y manger des fruits.

Comment est-ce possible que 12 espèces de petits et grands pigeons frugivores partagent le même espace dans une forêt? La compétition pour la nourriture ne devrait-elle pas favoriser une espèce aux dépens des autres? En fait, chaque espèce habitant la forêt équatoriale vit, croît et se reproduit d'une façon qui lui est propre, en fonction de ses relations avec les autres organismes et son environnement.

Figure 47.1 Ci-dessus : un goura de Victoria (*Goura*) bleu cobalt, de la taille d'un dindon. À droite : un représentant d'une espèce de pigeons moins volumineux habitant la même forêt équatoriale de la Nouvelle-Guinée. Dans cet habitat, chaque espèce a sa propre niche écologique.

Les pigeons de grande taille se perchent sur les branches les plus solides pour se nourrir de gros fruits. Les pigeons plus petits, dotés d'un bec moins fort, sont incapables d'ouvrir les gros fruits. Ils se nourrissent donc de fruits moins volumineux suspendus à des branches plus fines qui ne peuvent supporter le poids d'un pigeon aussi gros que le goura de Victoria. Dans ces forêts, les espèces d'arbres varient selon la taille de leurs fruits et la grosseur de leurs branches; elles attirent donc des pigeons présentant des caractères diversifiés. C'est ainsi que les 12 espèces de pigeon se partagent l'ensemble des fruits produits par ces arbres.

En quoi est-il avantageux pour un arbre d'inciter les pigeons à manger ses fruits? Les graines logées dans ces derniers sont munies d'un épisperme dur qui résiste à l'action des enzymes digestives intestinales des pigeons. À mesure que les graines ingérées descendent dans les intestins, les pigeons volent dans la forêt et les éparpillent aux divers endroits où ils laissent tomber leurs fientes. Ils les dispersent ainsi à une certaine distance des arbres qui les ont produites. Après la germination des graines, il est très probable que certains des nouveaux plants n'auront pas à rivaliser avec leurs parents pour la lumière solaire, l'eau et les ions minéraux. Les graines qui tombent près de leur arbre d'origine ne peuvent tout simplement pas rivaliser avec les capacités d'obtention des ressources que possèdent les arbres adultes, déjà dotés d'un grand réseau de racines et d'un feuillage bien développé.

Dans la même forêt, des insectes se nourrissant respectivement de feuilles, de fruits et de bourgeons interagissent de multiples façons avec d'autres organismes et le milieu, tout comme le font les insectes, les oiseaux et les chauves-souris qui, en se nourrissant de nectar, pollinisent les fleurs. Il en va de même pour les bactéries, les champignons, les coléoptères, les vers et d'autres invertébrés qui décomposent les débris organiques sur le sol forestier. Certains nutriments libérés pendant le processus de décomposition sont réutilisés par les arbres.

À l'instar des êtres humains, aucun pigeon ne vit seul, à l'écart du monde vivant. Les 12 espèces de pigeon de la Nouvelle-Guinée mangent des fruits de différentes tailles et dispersent des graines provenant de diverses essences d'arbre. Une telle dispersion circonscrit les endroits où pousseront les nouveaux arbres et où croîtront les décomposeurs. En fin de compte, la répartition des arbres et les activités de décomposition influent sur l'organisation de toute la communauté forestière.

Directement ou non, les populations coexistantes structurent, par leurs interactions la communauté dont elles font partie. Le présent chapitre amorce l'étude de la **structure des communautés**, qui est déterminée par le nombre d'espèces différentes et l'abondance de chacune, les interactions interspécifiques et la biodiversité locale.

Concepts-clés

1. Un habitat est l'endroit où les individus d'une espèce vivent habituellement. Une communauté correspond à l'ensemble de toutes les populations qui occupent un même habitat.

2. Chaque espèce au sein d'une communauté possède sa propre niche écologique, qui se traduit par l'ensemble des activités accomplies et des relations entretenues par ses membres pour acquérir et utiliser les ressources nécessaires à leur survie et à leur reproduction.

3. La structure d'une communauté se fonde sur les caractères adaptatifs qui procurent aux individus de chaque espèce la capacité de tirer parti des caractéristiques physiques et chimiques propres à leur habitat ainsi que de l'utilisation des ressources disponibles au fil du temps.

4. Les interactions interspécifiques orientent la structure d'une communauté. Elles englobent les interactions mutuellement bénéfiques, la compétition, la prédation et le parasitisme.

5. La structure d'une communauté varie en fonction de la situation géographique et de la taille de l'habitat, des taux de naissance et de mortalité des espèces qui en font partie, et de la succession des perturbations physiques affectant l'habitat.

6. Les premières espèces qui occupent un certain type d'habitat font place à d'autres espèces, auxquelles succèdent encore d'autres espèces, et ainsi de suite selon une séquence prévisible. Dénommé *succession primaire*, ce processus donne lieu à une communauté climacique, qui regroupe un ensemble stable et durable d'espèces en équilibre les unes avec les autres et avec leur milieu.

7. Différents stades de succession s'observent souvent au sein d'un même habitat. Une telle variation résulte de différences locales relativement aux sols et aux autres caractéristiques de l'habitat, de perturbations récurrentes (comme les incendies de forêt saisonniers) et d'événements aléatoires.

LES INTERACTIONS DES PRÉDATEURS ET DES PROIES

La coévolution des prédateurs et des proies

Les **prédateurs** se veulent des consommateurs qui se nourrissent d'organismes vivants ou de leurs parties – leurs **proies** – sans nécessairement les tuer. On a souvent en tête l'image d'un carnivore lorsqu'on pense à un prédateur, mais tout être vivant qui se nourrit d'un autre être vivant est un prédateur, même une plante qui attrape des insectes ou un orignal qui se nourrit de végétaux.

De nombreuses adaptations chez les prédateurs et les proies résultent d'une **coévolution**, soit l'évolution conjointe d'au moins deux espèces qui exercent une pression de sélection l'une sur l'autre par suite d'une interaction écologique étroite. Prenons l'exemple d'une proie bénéficiant d'un nouveau moyen de défense héréditaire qui se répand graduellement au sein de la population de ses congénères. Certains prédateurs parviendront alors mieux que d'autres à contrer ce nouveau moyen de défense, de sorte qu'ils mangeront davantage et seront plus susceptibles de survivre et de se reproduire, tout comme leurs descendants. Ces prédateurs exerceront une pression de sélection qui favorisera l'apparition de meilleurs moyens de défense chez les proies.

Le mécanisme de la coévolution a été mis en évidence chez les escargots marins et les crabes qui les mangent : la coquille des escargots s'est épaissie au fil des générations et la pince des crabes est devenue plus forte et donc plus apte à briser l'« armure » plus épaisse des escargots.

Les modèles d'interaction des prédateurs et des proies

Dans certaines circonstances, des prédateurs peuvent limiter la taille d'une population de proies. L'ampleur d'une telle diminution varie en fonction de divers facteurs, dont l'un des plus importants est la façon dont les prédateurs réagissent à une hausse ou à une baisse de la densité des proies. On reconnaît trois modèles généraux de réaction fonctionnelle des prédateurs, comme le montre la figure 47.7 a.

Selon le modèle I, chaque prédateur consomme toujours un même nombre de proies par période de temps donnée, quelle que soit l'abondance de la proie. Ce modèle repose sur les prémisses suivantes : la proie bénéficie d'un taux de reproduction élevé et sa population augmente sans cesse ; le prédateur n'est jamais rassasié et il n'a pas à consacrer du temps à manger et à digérer la proie qu'il vient de capturer. Cependant, si cette situation devait se poursuivre trop longtemps, la population de la proie atteindrait sa capacité limite et elle s'effondrerait.

Selon le modèle II, chaque prédateur augmente sa consommation de proies, mais cette augmentation n'est pas aussi rapide que la hausse de la densité des proies. Selon le modèle III, la réaction des prédateurs est plus faible lorsque la densité des proies est à son degré le plus bas et que la pression de prédation diminue. Cette réaction se produit souvent lorsque les prédateurs se tournent vers de nouvelles proies. La réaction la plus forte se rencontre en situation de densité intermédiaire des proies, puis elle se stabilise.

Les prédateurs qui manifestent une réaction fonctionnelle correspondant aux modèles II et III peuvent maintenir la densité des proies à un point d'équilibre.

Des facteurs autres que la réaction individuelle des prédateurs à la densité des proies entrent aussi en jeu. Ainsi, les taux de reproduction des prédateurs et des proies influent également sur les interactions ; il faut également tenir compte de la facilité avec laquelle les proies peuvent se soustraire à l'attention des prédateurs, de même que de la présence ou non d'autres espèces de prédateurs et de proies. Les fluctuations des conditions écologiques peuvent faire en sorte que les densités des populations de prédateurs et de proies vont varier entre un seuil inférieur et un seuil supérieur. Au seuil inférieur, la prédation suscite une forte diminution de la densité des proies, tandis que, au seuil supérieur, la prédation est absente et la population des proies s'approche de la **capacité limite**. Rappelons ici que la capacité limite représente le nombre maximal d'individus que peut supporter un milieu donné durant une période de temps déterminée (voir la section 45.4).

Le lynx du Canada et le lièvre d'Amérique

Dans certains cas, les populations de prédateurs et de proies se caractérisent par une oscillation, telle que l'oscillation décennale des populations de lynx du Canada et de sa principale proie, le lièvre d'Amérique (voir la figure 47.8). Afin de déterminer le fondement d'un tel mécanisme cyclique, Charles Krebs et ses collègues ont relevé pendant 10 ans la densité des populations de lièvres dans la vallée du fleuve Yukon, en Alaska. Ils ont établi des parcelles témoins de 1 km², puis des parcelles expérimentales munies de clôtures électriques pour en interdire l'accès aux mammifères prédateurs. Ces dernières parcelles ont bénéficié d'un épandage d'engrais pour favoriser la croissance végétale et ont reçu un surcroît de nourriture. En outre, les chercheurs

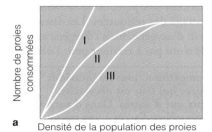

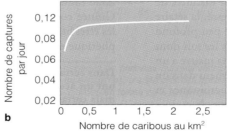

a Densité de la population des proies

b Nombre de caribous au km²

Figure 47.7 a) Trois modèles de réaction des prédateurs à la densité des proies. Modèle I : l'augmentation de la consommation de proies est proportionnelle à l'augmentation de la densité des proies. Modèle II : la consommation de proies est initialement forte, puis elle se stabilise lorsque les prédateurs sont rassasiés. Modèle III : la chasse aux proies dure plus longtemps lorsque la densité de ces derniers est peu élevée, si bien que la réaction des prédateurs est faible. **b)** La réaction en milieu naturel correspondant au modèle II. Durant un mois d'hiver en Alaska, B.W. Dale et ses collègues ont observé quatre meutes de loups (*Canis lupus*) se nourrir de caribous (*Rangifer taranuds*). Les résultats obtenus correspondent au modèle II de réaction des prédateurs à la densité des proies.

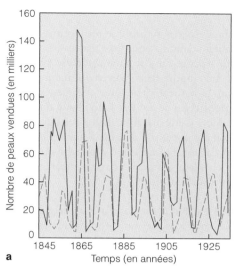

Figure 47.8 a) La correspondance entre l'abondance des lynx du Canada (ligne pointillée) et l'abondance des lièvres d'Amérique (ligne pleine), établie à partir des quantités de peaux que des trappeurs ont vendues à la Compagnie de la baie d'Hudson sur une période de 90 ans.

b) Une photographie confirmant l'observation de Charles Krebs selon laquelle la prédation suscite un sentiment de crainte généralisée chez les lièvres d'Amérique, qui demeurent constamment aux aguets pendant la phase de déclin de chaque cycle. **c)** Une photographie appuyant l'hypothèse de Krebs postulant l'existence d'une interaction à trois variables, associant des végétaux, des herbivores et des prédateurs.

Le graphique ci-dessus constitue un bon moyen de mettre à l'épreuve la tendance de chacun à accepter les conclusions d'autrui sans remettre en question leur fondement scientifique, comme l'évoquent les sections du chapitre 1 portant sur la nature de la méthode scientifique.

Quels autres facteurs auraient pu avoir une incidence sur les cycles démographiques du lynx et du lièvre illustrés ici? Y a-t-il eu des variations de température telles que des hivers plus rigoureux ont suscité une plus forte consommation de lièvres (pour permettre aux lynx de maintenir constante leur température interne) et donc un taux de mortalité plus élevé? Les lynx ont-ils dû rivaliser avec d'autres prédateurs, comme les oiseaux de proie? Les prédateurs se sont-ils tournés vers d'autres proies lorsque la population de lièvres a atteint son seuil inférieur? Les trappeurs ont-ils capturé plus de lynx lorsque le prix des fourrures a augmenté en Europe? L'activité des trappeurs a-t-elle diminué lorsque l'offre de peaux est devenue nettement supérieure à la demande?

ont capturé plus d'un millier de lièvres, de lynx, d'écureuils et de coyotes, ont posé à chacun d'eux un collier muni d'un émetteur radio et les ont ensuite libérés.

Ils ont constaté que la densité des lièvres a doublé dans les parcelles exemptes de prédateurs, qu'elle a triplé dans les parcelles ayant un surcroît de nourriture et qu'elle est devenue 11 fois plus élevée dans les parcelles expérimentales comptant peu de prédateurs et un surcroît de nourriture.

Toutefois, les mesures prises dans le cadre de ces expériences n'ont fait que retarder le déclin cyclique de la densité de population, sans jamais l'interrompre. Pourquoi? Parce que les clôtures électriques n'ont pas empêché la présence de hiboux et d'autres rapaces, de sorte que 83 % des lièvres munis d'un collier ont été capturés par des prédateurs et que seulement 9 % d'entre eux sont morts de faim. Krebs en a conclu qu'un simple modèle prédateur-proie ou herbivore-plante ne peut expliquer les résultats de ses expériences menées dans la vallée du fleuve

Yukon. L'explication réside plutôt, en ce qui a trait aux cycles du lynx du Canada et du lièvre d'Amérique, dans le fait qu'un plus grand nombre de variables interviennent. L'expérience réalisée par Krebs et ses collègues tenait compte de trois variables seulement, soit le prédateur, la proie et la quantité de nourriture disponible pour la proie.

Les prédateurs et les proies engagés dans des interactions à long terme exercent les uns sur les autres des pressions adaptatives.

La stabilité des interactions prédateur-proie est fonction de la capacité limite, de la densité respective des populations, des lieux de refuge pour les proies, de l'habileté des prédateurs et parfois de la présence d'autres proies.

Un modèle à trois variables associant des plantes, des herbivores et des carnivores est insuffisant pour rendre véritablement compte des variations des cycles démographiques du lynx du Canada et du lièvre d'Amérique.

UNE COURSE AUX ARMEMENTS ÉVOLUTIVE

Dans une communauté, les interactions prédateur-proie exercent une pression de sélection sur chacune de ces catégories d'organismes. Les proies doivent en effet se défendre contre leurs prédateurs et ces derniers doivent vaincre les moyens de défense de leurs proies. C'est à partir d'une telle situation que s'est déroulée, au cours de l'évolution, une course aux armements évolutive ayant donné lieu à des adaptations tout à fait étonnantes.

LE CAMOUFLAGE Certaines espèces de proie se protègent grâce au **camouflage** en se dissimulant dans des endroits à découvert. L'adaptation de leurs formes, de leurs motifs, de leurs couleurs et de leurs comportements les aide à se fondre dans leur environnement et à échapper à toute détection. La figure 47.9 présente quelques exemples d'adaptation classique, dont celui de *Lithops*, une plante du désert ayant l'apparence d'un caillou. Cette plante ne fleurit que durant une brève saison des pluies, soit au moment même où d'autres plantes en pleine croissance attirent davantage l'attention des herbivores et où les animaux peuvent étancher leur soif avec l'eau disponible en abondance, plutôt qu'avec ses tissus succulents.

LA COLORATION D'AVERTISSEMENT De nombreuses espèces de proie ont un goût désagréable, sont toxiques ou infligent des douleurs à leurs prédateurs. Les proies toxiques présentent souvent une **coloration d'avertissement**, c'est-à-dire des motifs ou des couleurs flagrants que les prédateurs apprennent à assimiler à des signaux d'évitement. Un jeune oiseau inexpérimenté va parfois capturer une guêpe à bandes jaunes ou un monarque à motifs orangés, mais il apprendra vite à associer les couleurs vives et les motifs de ces insectes à la piqûre douloureuse de la guêpe ou au goût infect et vomitif des toxines amères du papillon.

Les espèces dangereuses ou répugnantes ne font pratiquement pas d'efforts pour se cacher; citons, par exemple, les mouffettes et les grenouilles appartenant au genre *Dendrobates*, qui font partie des organismes les plus colorés et les plus venimeux (voir la figure 33.4).

LE MIMÉTISME Beaucoup d'espèces de proie ressemblent à s'y méprendre à des espèces dangereuses, non comestibles ou difficiles à attraper. Le **mimétisme** désigne l'ensemble des ressemblances étroites de forme ou de comportement entre une espèce qui constitue le modèle d'une tromperie et une autre qui en est l'imitateur. La figure 47.10 montre à quel point des imitateurs comestibles, mais sans défense, présentent une ressemblance physique avec des espèces que les prédateurs ont appris à laisser de côté. Dans les cas de mimétisme « de rapidité », des espèces de proie lentes ressemblent à d'autres espèces rapides que les prédateurs ne tentent même plus de capturer.

LES MOYENS DE DÉFENSE DE DERNIER RECOURS Lorsque la chance les abandonne, les proies pourchassées ou acculées peuvent faire appel à des moyens de défense de dernier recours pour survivre. Lorsqu'un léopard parvient à rattraper un babouin, comme le montre la figure 46.16, celui-ci peut se retourner soudainement et exposer ses grosses canines dans l'espoir de figer son prédateur assez longtemps

Figure 47.9 Des proies démontrant l'art délicat du camouflage. **a)** Où est l'oiseau? Lorsqu'un prédateur s'approche du nid d'un petit blongios, ce dernier s'étire le cou (de la même couleur que les tiges de roseau environnantes), pointe son bec vers le haut et ondule doucement à la manière des roseaux bercés par le vent. **b)** Est-ce une déjection d'oiseau pas très appétissante? Non. La coloration que présente cette chenille et la position rigide qu'elle adopte l'aident à se camoufler (c'est-à-dire à se dissimuler dans un endroit à découvert) afin de passer inaperçue aux yeux des oiseaux prédateurs. **c)** Ces plantes (*Lithops*) se dissimulent dans des endroits à découvert pour échapper à l'attention des herbivores grâce à leur forme, à leur motif et à leur coloration typiques d'un caillou.

c Le modèle dangereux **d** Un de ses imitateurs comestibles **e** Un autre imitateur comestible

Figure 47.10 Des exemples de mimétisme chez les insectes. Maints prédateurs évitent les proies qui ont un goût désagréable, qui sécrètent des toxines ou qui infligent des morsures ou des piqûres douloureuses. De telles proies exhibent généralement un signal d'avertissement (une coloration vive, des motifs frappants ou les deux) et ne cherchent souvent pas à se cacher. D'autres espèces de proie non apparentées à celles qui sont non comestibles ont acquis une ressemblance comportementale et morphologique remarquable avec celles-ci.

Le papillon non comestible en **a)** est le modèle d'un imitateur comestible, *Dismorphia*, en **b)**. La guêpe jaune en **c)**, qui inflige une douloureuse piqûre, est peut-être le modèle d'une guêpe comestible qui ne pique pas, en **d)**, et d'un coléoptère, en **e)**, qui présentent une apparence similaire.

Figure 47.11 Des exemples de réactions adaptatives de certains prédateurs aux moyens de défense de proies. **a)** Des coléoptères projettent un liquide chimique nocif sur leurs attaquants et réussissent parfois à les éloigner. **b)** Quelquefois, une souris à sauterelles parvient à enfouir dans le sol la partie arrière du coléoptère, d'où est projeté le liquide chimique, et elle peut ainsi en manger la partie antérieure. **c)** La scorpène est un prédateur venimeux aux flancs charnus, aux couleurs variées et aux épines très nombreuses, rendu presque invisible par le camouflage. **d)** Il est très difficile de distinguer cette mante religieuse fuchsia parmi des fleurs de la même couleur.

pour s'enfuir et se réfugier ailleurs. D'autres animaux traqués crachent des toxines ou des liquides chimiques irritants. Les dermaptères, les carabes pygmées et les mouffettes émettent des odeurs particulièrement désagréables, alors que certains coléoptères projettent des liquides nocifs.

De même, le feuillage et les graines d'un grand nombre de plantes contiennent des produits répulsifs amers ou difficiles à digérer. Par exemple, il suffit de mâcher brièvement les pétales jaunes attirants d'une renoncule (*Ranunculus*) pour s'infliger une brûlure chimique à la bouche.

LES RIPOSTES DES PRÉDATEURS AUX MOYENS DE DÉFENSE DES PROIES
Dans une telle course aux armements évolutive, les prédateurs ripostent aux moyens de défense des proies en procédant eux-mêmes à diverses adaptations, qui prennent la forme d'actions furtives, de camouflages et de manières habiles d'éviter les produits répulsifs. Ainsi, pour pouvoir manger un coléoptère comestible qui projette un liquide chimique nocif vers ses attaquants, la souris à sauterelles

le saisit et lui enfouit dans le sol la partie arrière, d'où sort ce liquide, et elle peut alors manger la partie avant non protégée (voir la figure 47.11*a* et *b*).

Le caméléon peut demeurer immobile pendant de longues périodes, de sorte que sa proie ne le repère parfois pas du tout avant d'être saisie subitement par le coup de langue très rapide de son prédateur bien camouflé (voir la figure 33.10). Ce n'est pas non plus par hasard que les prédateurs les plus furtifs se dissimulent si bien dans leur environnement, tels l'ours polaire aussi blanc que la neige autour de lui, le tigre du Bengale jaune-roux couché dans des herbes hautes dorées et les insectes prédateurs de couleur pastel dissimulés dans des fleurs de même couleur. Et on ne souhaite à personne de mettre le pied nu sur une scorpène tapie dans le sable au fond de l'eau…

Les prédateurs et les proies exercent les uns sur les autres une pression de sélection.

LES INTERACTIONS DES PARASITES ET DE LEURS HÔTES

L'évolution du parasitisme

Un **parasite** vit à la surface ou à l'intérieur d'un autre organisme vivant – son **hôte** – et se nourrit, durant une partie de son cycle biologique, des tissus de l'hôte, qui peut mourir ou non des suites d'une infection. Dans le cadre de cette interaction écologique, un organisme croît en prélevant des nutriments d'un autre organisme, qui en est alors affaibli. Le même mécanisme caractérise aussi la prédation, sauf qu'un prédateur n'utilise pas un autre organisme en tant que nourriture et habitat simultanément.

Les parasites exercent une influence très forte sur les populations. En se nourrissant des nutriments de leurs hôtes, ils modifient les quantités d'énergie et de nutriments qu'une population extrait de son habitat. Les hôtes affaiblis sont plus exposés à la prédation et moins attirants pour d'éventuels partenaires sexuels. Certaines infections entraînent la stérilité, tandis que d'autres modifient la proportion des mâles par rapport aux femelles chez leurs hôtes. Ainsi, les infections parasitaires font diminuer le taux de natalité et augmenter le taux de mortalité, et elles influent sur les compétitions intraspécifiques et interspécifiques.

Parfois, le prélèvement graduel de nutriments lors d'une infection parasitaire entraîne indirectement la mort de l'hôte, car celui-ci s'affaiblit suffisamment pour succomber ensuite à une infection secondaire. D'un point de vue évolutif, le décès d'un hôte n'est

cependant pas propice à la réussite de reproduction du parasite. Une infection prolongée donne à ce dernier beaucoup plus de temps pour produire davantage de descendants. On peut donc supposer que la sélection naturelle favorise plutôt, chez les parasites et leurs hôtes, des adaptations qui débouchent sur une certaine tolérance mutuelle et produisent des effets non mortels.

En général, seuls deux types d'interaction entraînent le décès de l'hôte : soit le parasite s'attaque à un nouvel hôte n'ayant acquis aucune défense contre lui, soit l'hôte accueille un trop grand nombre de parasites actifs au même moment.

Les types de parasites

Des chapitres antérieurs présentent diverses espèces de parasites. Ceux-ci se répartissent en ectoparasites, qui vivent à la surface de leurs hôtes, et en endoparasites, qui vivent dans le corps de leurs hôtes. Par ailleurs, certains parasites vivent à la surface ou à l'intérieur de leurs hôtes tout au long de leur cycle biologique, tandis que d'autres mènent une existence autonome pendant une partie de leur vie et infestent différents hôtes à divers stades de leur cycle biologique. Beaucoup de parasites se servent d'insectes et d'autres arthropodes pour se transporter d'un organisme hôte à un autre.

Un grand nombre de virus, de bactéries, de protozoaires et de sporozoaires font partie des microparasites, c'est-à-dire qu'ils sont de taille microscopique et se reproduisent rapidement. Quant aux macroparasites, ils comprennent de nombreux plathelminthes et nématodes (voir la figure 47.12), ainsi que d'autres invertébrés comme les mouches, les tiques, les mites et les poux. La figure 47.13*a* présente une micrographie d'un chytride, un champignon parasitaire qui décime les amphibiens des forêts tropicales. Les sections 21.9, 22.2 à 22.6, 24.5, 25.7 et 25.18 donnent plus de détails sur les parasites appartenant aux règnes des procaryotes, des protistes, des eumycètes et des animaux.

Même le monde des végétaux comprend des parasites : les plantes holoparasites sont non photosynthétiques et prélèvent dans de jeunes racines les nutriments et l'eau qui leur sont nécessaires, alors que les orobanches parasitent les racines de chêne et de hêtre. Si les hémiparasites comme le gui peuvent effectuer la photosynthèse, ils extraient néanmoins de leurs hôtes végétaux les nutriments et l'eau dont ils ont

Figure 47.12 Une infection parasitaire très grave causée par des nématodes (*Ascaris*), des endoparasites vivant dans l'intestin grêle des porcs et des humains.

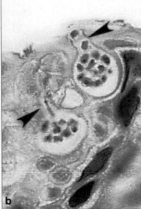

Figure 47.13 a) La grenouille arlequin (*Atelopus varius*) d'Amérique centrale. **b)** La coupe de peau d'une grenouille arlequin atteinte de chytridomycose, une infection fongique. Les flèches indiquent la présence de deux cellules (en forme de poire) du chytride parasite. Chaque cellule contient des spores fongiques qui en sortent par la partie supérieure pour se rendre à la surface de la peau de la grenouille.

La chytridomycose constitue l'une des causes des innombrables décès récents d'amphibiens vivant dans les forêts tropicales. Même des régions forestières non touchées (exemptes d'activités agricoles, de déforestation et de pollution) sont frappées par un déclin à long terme catastrophique de nombreuses espèces d'amphibiens dans une grande partie de leurs habitats, ce qui montre que les énormes pertes subies par les populations résultent de modifications anormales.

Figure 47.14 Le parasitisme social. Le coucou gris pond ses œufs dans le nid d'autres espèces. En réponse à un signal issu du milieu extérieur, le coucou nouveau-né manifeste le comportement inné décrit à la section 46.1 : avant même d'ouvrir les yeux, il réagit à la forme sphérique des œufs de son hôte en poussant ceux-ci hors du nid. Ses parents adoptifs continuent à le nourrir même après qu'il devient plus gros qu'eux.

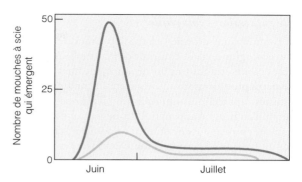

Figure 47.15 Un graphique illustrant l'effet de l'activité d'une guêpe parasitoïde sur le nombre de mouches à scie adultes qui émergent de leurs cocons sur le sol forestier. La ligne en brun représente le nombre de mouches à scie qui émergent lorsqu'on empêche expérimentalement les attaques des guêpes, tandis que la ligne en fuchsia correspond au nombre de mouches à scie qui émergent après de telles attaques. Les guêpes ont surtout concentré leurs assauts contre les mouches qui ont hâtivement émergé des cocons enfouis le moins profondément dans le sol de la forêt.

besoin. Le gui produit en effet de longues branches qui envahissent l'aubier des arbres-hôtes, comme le montre la figure 23.19.

Un **parasite social** modifie le comportement social d'une autre espèce pour mener à terme son propre cycle biologique. Par exemple, les femelles adultes du coucou et de la carouge pondent leurs œufs dans les nids d'autres espèces, puis leurs petits poussent hors du nid les œufs de celles-ci et se font nourrir par leurs parents adoptifs (voir les figures 46.6 et 47.14).

Les parasitoïdes

Se situant entre les prédateurs et les parasites, les **parasitoïdes** se veulent des insectes dont les larves vivent dans le corps de leurs hôtes, généralement des larves ou des nymphes d'autres insectes, et qui s'en nourrissent. Peter Price a étudié le comportement d'une guêpe parasitoïde qui pond ses œufs sur les cocons de mouches à scie. Ces mouches se reproduisent une fois par an et pondent leurs œufs dans les arbres. Une fois fécondés, les œufs se transforment en larves, qui se nourrissent des feuilles de leur hôte. Par la suite, les larves tombent au sol, s'y enfouissent plus ou moins profondément et tissent des cocons.

Price a observé que les premières mouches à scie adultes émergent des cocons enfouis le moins profondément et que les autres mouches n'émergent des autres cocons que plus tard dans la saison (voir la figure 47.15). Pour leur part, les guêpes parasitoïdes pondent généralement leurs œufs sur les cocons le plus près de la surface du sol. Elles exercent une forte pression de sélection sur la population de mouches à scie, puisque les individus enfouis plus profondément que les autres sont plus susceptibles d'échapper à la détection des guêpes. Le nombre de cocons peu profonds étant limité, les guêpes capables de repérer les cocons plus profonds seront mieux à même de procurer de la nourriture à leurs larves.

Dans une telle épreuve coévolutive, c'est l'hôte qui garde le haut du pavé. Plus les larves de mouche à scie s'enfouissent profondément, plus les guêpes femelles consacrent du temps à les repérer et moins elles pondent d'œufs, si bien que la population des guêpes est maîtrisée.

Les parasites en tant qu'agents de contrôle biologiques

Puisque les parasites et les parasitoïdes exercent un certain contrôle sur la croissance des populations d'autres espèces, beaucoup font l'objet d'un élevage commercial et sont ensuite libérés sélectivement en tant qu'agents de contrôle biologiques. On voit souvent en eux une bonne solution de rechange aux pesticides chimiques, mais moins de 20 % d'entre eux représentent de véritables moyens de défense efficaces contre les organismes nuisibles.

Comme C. Huffaker et C. Kennett l'ont souligné, un bon agent de contrôle biologique possède cinq qualités : il est bien adapté aux espèces hôtes et à leur habitat ; il repère facilement son hôte ; son taux de croissance est plus élevé que celui de la population de son hôte ; ses descendants sont suffisamment mobiles pour se disperser largement ; son adaptation (selon le modèle III) aux fluctuations de la population de son hôte nécessite peu de temps.

La libération de plusieurs agents de contrôle biologiques dans une même région peut susciter une compétition entre eux et faire diminuer l'efficacité globale. Elle comporte aussi certains risques, car les parasites peuvent s'attaquer à des espèces non visées. Par exemple, F. Howarth a rapporté en 1983 que les populations indigènes de papillons diurnes et de papillons de nuit étaient en déclin à Hawaii, en partie par suite de la libération de guêpes censées agir en tant qu'agents de contrôle biologiques contre des organismes nuisibles. Les effets sur les populations indigènes qu'entraîne l'introduction de nouvelles espèces dans un habitat sont examinés plus en détail vers la fin du présent chapitre.

À l'instar des prédateurs et de leurs proies, les parasites et leurs hôtes s'affrontent dans des épreuves coévolutives à long terme.

La sélection naturelle favorise les espèces parasites qui exercent des effets modérés, car celles-ci peuvent alors compter sur la présence constante d'un nombre d'hôtes suffisant.

Des effets trop prononcés tuent rapidement les hôtes et limitent la durée possible d'une attaque, ce qui réduit la quantité de descendants que peuvent produire les parasites.

LES FORCES CONTRIBUANT À LA STABILITÉ D'UNE COMMUNAUTÉ

Le modèle de succession écologique

Comment une communauté se forme-t-elle ? Selon le modèle classique de la **succession écologique**, elle se constitue de manière séquentielle, à partir d'espèces pionnières jusqu'à un déploiement final et stable d'espèces. Les **espèces pionnières** se veulent généralement des colonisateurs opportunistes capables de supporter les conditions difficiles régnant dans un milieu neuf ou appauvri. Elles bénéficient d'un taux de croissance rapide et produisent de nombreux descendants. En outre, elles présentent un taux de dispersion élevé. Des espèces rivales plus fortes succèdent ensuite aux espèces pionnières, puis elles sont remplacées par d'autres, jusqu'à ce que l'éventail des espèces présentes se stabilise dans les conditions qui ont cours au sein de l'habitat. Une communauté en état d'équilibre porte le nom de **communauté climacique** : elle représente l'aboutissement d'une succession écologique. Tant que les conditions physico-chimiques demeureront les mêmes, cette communauté ne subira pas de changement.

La **succession primaire** s'amorce lorsque des espèces pionnières colonisent un habitat sans vie, comme une nouvelle île volcanique ou une terre exposée après le retrait d'un glacier (voir la figure 47.16). Les espèces pionnières comprennent des lichens et des plantes de petite taille ayant un cycle biologique court et qui sont adaptés à un sol très pauvre en nutriments ; elles peuvent supporter un rayonnement solaire intense ainsi que des changements de température prononcés. Au cours des premières années, des plantes à fleurs rustiques produisent beaucoup de petites graines qui se dispersent rapidement.

Une fois établies, les espèces pionnières contribuent à améliorer les conditions du milieu ; elles préparent ainsi le terrain pour les espèces qui les remplaceront. Certains des nouveaux arrivants sont des plantes fixatrices d'azote (voir la section 30.2) qui, dans ces habitats pauvres en azote, prennent graduellement le dessus sur les espèces pionnières. Les graines des espèces nouvellement établies sont protégées par le couvert végétal peu élevé formé par les espèces pionnières, trop petites pour recouvrir de leur ombre les nouvelles pousses. Peu à peu, les déchets organiques s'accumulent sur le sol, le rendent plus épais et plus riche en nutriments, et permettent ainsi à de nouvelles espèces de s'y enraciner. Les espèces subséquentes finissent par devenir plus abondantes que les espèces pionnières, dont les spores et les graines sont emportées par le vent et l'eau, parfois à destination d'un nouvel habitat temporaire.

Dans le cas d'une **succession secondaire**, une région perturbée au sein d'une communauté se rétablit et évolue de nouveau vers un état climacique. Un tel processus se produit généralement dans des champs abandonnés, des forêts incendiées et des régions littorales frappées par des tempêtes fréquentes. Il survient aussi après que la chute d'un gros arbre crée une trouée dans le couvert végétal d'une forêt bien établie, permettant ainsi aux rayons du soleil d'atteindre les graines et les jeunes pousses déjà présentes, et d'en stimuler la croissance.

Les colonisateurs préparent-ils vraiment le terrain pour laisser la place à leurs successeurs ? Selon une autre hypothèse, les premiers arrivés rivaliseraient contre toute espèce susceptible de les remplacer, de sorte que la séquence de succession végétale pourrait différer selon les types d'espèces pionnières à s'implanter dans un nouvel habitat.

Le modèle de climax écologique

À une certaine époque, des écologistes croyaient que le même type général de communauté se constituait toujours dans une région

Figure 47.16 a) La succession primaire dans la région de Glacier Bay, en Alaska. Le glacier visible sur la photo recule depuis 1794. Page ci-contre : **b)** Lorsqu'un glacier recule, l'eau de fonte dissout l'azote et les minéraux issus du sol nouvellement exposé. La glace recouvrait encore ce sol pauvre en nutriments il y a à peine une dizaine d'années. Des lichens, des prèles de même que des graines d'épilobe à feuilles étroites et de dryade des montagnes (*Dryas*) constituent les premiers colonisateurs de ce sol. **c)** *Dryas*, une espèce pionnière, croît et se répand rapidement sur le till du glacier grâce à des bactéries fixatrices d'azote présentes dans le sol.

d) Une vingtaine d'années plus tard, de petits plants d'aulne, de peuplier deltoïde et de saule, eux aussi en relations symbiotiques avec des bactéries fixatrices d'azote, se sont enracinés dans des canaux de drainage. **e)** Une cinquantaine d'années plus tard, les aulnes matures ont formé des bosquets denses dans lesquels les peupliers deltoïdes, les pruches et quelques épinettes vont croître rapidement. **f)** Quelque 80 ans plus tard, les peupliers deltoïdes et les épinettes sont devenus beaucoup plus nombreux que les aulnes matures. **g)** Les régions d'où un glacier s'est retiré depuis plus d'un siècle sont dominées par des forêts denses de pruches de l'Ouest et d'épinettes de Sitka.

donnée en raison des contraintes imposées par le climat. Toutefois, il s'avère que des communautés stables autres que la communauté climacique se maintiennent couramment dans une région, telle la prairie aux grandes graminées de l'Ouest américain qui s'étend jusqu'aux forêts de feuillus de l'Indiana. En vertu du **modèle climacique**, une communauté est adaptée à de nombreux facteurs écologiques – la topographie, le climat, le sol, les vents, les interactions interspécifiques, les perturbations récurrentes, les événements aléatoires, etc. – dont l'influence varie à l'échelle d'une région. Il s'ensuit que, dans une même région, une communauté climacique peut en chevaucher une autre, en suivant des gradients de conditions environnementales.

Les changements non directionnels cycliques

Beaucoup de changements à petite échelle se produisent à répétition dans de petites parcelles d'un habitat. Ces changements récurrents contribuent à la dynamique interne de la communauté dans son ensemble. Si on observait une petite parcelle perturbée d'un habitat, on pourrait conclure que de fortes fluctuations des espèces présentes sont à l'œuvre. Cependant, si on observait la communauté à une plus grande échelle, on pourrait constater qu'elle comprend toutes les espèces pionnières qui colonisent la petite parcelle, en plus des espèces climaciques dominantes.

prévenir non seulement les feux accidentels d'origine humaine, mais aussi les feux naturels causés par la foudre. La prévention de feux modestes favorise l'accumulation de débris végétaux, de sorte que le sous-bois se remplit lentement d'espèces facilement combustibles. Cependant, la densification du sous-bois empêche la germination des graines de séquoia et alimente des incendies de forêt plus violents, qui endommagent beaucoup les arbres géants. Aujourd'hui, les gardiens de ces parcs déclenchent parfois des feux contrôlés qui, en éclaircissant périodiquement le sous-bois, favorisent les conditions propices au renouvellement cyclique de la communauté.

L'écologie de la restauration

Comme l'évoque le début du chapitre 29, qui décrit le retour de la croissance végétale après l'éruption du mont Saint Helens en 1980, la succession secondaire peut rétablir à grande échelle une situation écologique saine. Or, une telle restauration naturelle des communautés nécessite souvent beaucoup de temps. C'est pourquoi on pratique maintenant une restauration active visant le rétablissement de la biodiversité dans des régions-clés affaiblies ou détruites par l'agriculture, l'étalement urbain ou d'autres activités humaines.

Le chapitre 27 en donne des exemples. En voici quelques autres. Des écologistes et des bénévoles érigent des récifs artificiels le long des côtes et remettent à leur état naturel des terrains marécageux et des prairies. Par ailleurs, en Illinois, des espèces propres aux communautés naturelles de prairie étaient apparues dans de vieux cimetières et d'autres terres laissées en friche. Elles ont alors été transplantées dans un site de restauration, qui s'étend désormais sur 180 hectares. Les bénévoles qui en assurent l'entretien à l'aide de petits feux contrôlés, de désherbage manuel et d'autres moyens ont pour objectif de retracer la totalité des 150 à 200 espèces connues qui faisaient partie de la communauté d'origine.

Prenons l'exemple d'une forêt tropicale : cette dernière se développe lentement au cours des phases de colonisation par les espèces pionnières, acquiert des espèces plus diversifiées et atteint sa maturité. Elle est toutefois frappée sporadiquement par de forts vents qui causent la chute de certains arbres, ce qui crée des éclaircies dans le couvert végétal et permet à la lumière d'atteindre le sol. Là, les conditions vont favoriser la croissance de petits arbres auparavant privés de rayonnement solaire direct, ainsi que la germination d'espèces pionnières ou d'espèces tolérant mal l'ombre.

Quant aux forêts de séquoias de la Sierra Nevada (Californie), certains arbres faisant partie de cette communauté climacique se veulent des géants âgés de plus de 4000 ans. Leur persistance découle en partie des feux de brousse récurrents qui frappent certaines parties de ces forêts. Les graines de séquoia ne germent qu'en l'absence d'espèces végétales beaucoup plus petites qui tolèrent bien l'ombre ; de surcroît, la présence de nombreux débris végétaux sur le sol entrave la germination de ces graines. Les incendies de forêt de faible ampleur éliminent les arbres et les buissons rivalisant avec les jeunes séquoias, mais ils n'endommagent pas les arbres géants. Les séquoias adultes sont dotés d'une écorce épaisse qui brûle difficilement et qui protège les cellules du liber contre les dommages modérés causés par la chaleur.

À une certaine époque, dans de nombreuses forêts de séquoias situées dans des parcs nationaux des États-Unis, on s'efforçait de

La structure d'une communauté résulte de l'équilibre des forces en présence, dont la prédation et la compétition, qui exercent des effets à long terme.

Une communauté climacique regroupe un éventail stable et durable d'espèces en équilibre les unes avec les autres et avec leur habitat. Son développement prend la forme d'une succession d'espèces, à partir des espèces pionnières.

Des communautés climaciques peuvent persister le long de gradients régis par les facteurs écologiques et les interactions interspécifiques. Des modifications récurrentes à petite échelle structurent de nombreuses communautés.

Une restauration écologique d'origine naturelle ou humaine peut souvent faciliter le rétablissement d'une communauté climacique gravement endommagée, à condition que des espèces appropriées soient disponibles pour la reconstitution de la biodiversité d'origine.

LES FORCES CONTRIBUANT À L'INSTABILITÉ D'UNE COMMUNAUTÉ

Les sections précédentes pourraient laisser croire que toutes les communautés finissent par se stabiliser de diverses façons prévisibles, mais ce n'est pas toujours le cas. La stabilité d'une communauté résulte du rapport entre des forces en équilibre fragile. Les ressources se renouvellent à condition que les populations ne s'approchent pas dangereusement de leur capacité limite. Les prédateurs et les proies coexisteront tant et aussi longtemps qu'un des deux groupes ne l'emportera pas sur l'autre. Les espèces compétitrices n'ont pas le sens de l'équité. Les espèces mutualistes sont économes : les plantes produisent seulement la quantité de nectar nécessaire pour attirer les pollinisateurs, alors que ces derniers prélèvent le plus de nectar possible au prix du moindre effort.

À court terme, des perturbations peuvent entraver la croissance de certaines populations, comme le montre l'exemple mentionné à la section 45.3. De même, des modifications à long terme affectant le climat ou une autre variable écologique engendrent souvent des effets déstabilisants. Lorsque l'instabilité devient très grande, une communauté peut subir des changements tels qu'ils vont se maintenir même après la disparition de la source de cette instabilité. En outre, les espèces de cette communauté qui sont rares ou qui ne rivalisent pas bien avec les autres peuvent finir par s'éteindre.

L'effet déterminant de l'espèce-clé

Le fragile équilibre des forces au sein d'une communauté a été mis en lumière par des études ayant porté sur **l'espèce-clé** d'une communauté, c'est-à-dire l'espèce qui en détermine la structure. Jane Lubchenco a ainsi pu constater que le bigorneau (*Littorina littorea*), un mollusque se nourrissant d'algues qui vit dans les régions littorales, peut faire augmenter ou diminuer la diversité des espèces d'algues dans différents milieux. Dans des mares intertidales, les bigorneaux se nourrissent de l'algue dominante (*Enteromorpha*) et facilitent ainsi la survie de nombreuses autres espèces d'algues. Par contre, le chondrus et d'autres algues rouges prédominent sur les rochers exposés uniquement à marée basse. Les bigorneaux ne touchent pas à ces dernières espèces, plus résistantes et moins appétissantes, et se nourrissent des mêmes algues qu'ils laissent de côté dans les mares intertidales. Ainsi, ils favorisent la diversité des algues dans ces mares et l'amoindrissent sur les rochers régulièrement exposés aux vagues (voir la figure 47.17).

Robert Paine a étudié l'incidence des espèces-clés en procédant à quelques expériences dans les régions littorales de la côte ouest nord-américaine. De fortes vagues, marées et tempêtes perturbent constamment ces régions littorales, où l'espace vital se fait rare. Paine a placé, dans des sites témoins, des étoiles de mer (*Pisaster ochraceus*) avec leurs proies préférées, soit des moules (*Mytilus*), des anatifes, des patelles et des chitons, puis il a enlevé toutes les étoiles de mer qui se trouvaient dans les sites expérimentaux.

Les moules ont rapidement dominé les sites expérimentaux et ont éliminé sept des quinze espèces d'invertébré présentes. Constituant la proie favorite des étoiles de mer, elles forment donc, en l'absence de ces dernières, les compétiteurs les plus forts. En situation normale, la prédation des étoiles de mer entraîne le maintien de la diversité des espèces de proie parce qu'elle restreint l'exclusion compétitive

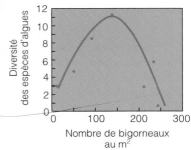

d Diversité des algues dans les mares intertidales

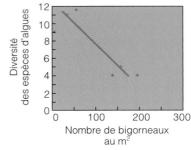

e Diversité des algues sur les rochers exposés à marée basse

Figure 47.17 Les conséquences de la compétition et de la prédation sur la structure d'une communauté. **a)** Les bigorneaux (*Littorina littorea*) font varier le nombre d'espèces d'algues de diverses façons dans différents habitats marins. *Chondrus*, en **b)**, et *Enteromorpha*, en **c)**, sont deux espèces d'algues, visibles ici dans leur habitat naturel respectif. **d)** Dans des mares intertidales, les bigorneaux se nourrissent de l'algue dominante (*Enteromorpha*), si bien que les algues moins résistantes, qui autrement pourraient disparaître, en sont avantagées. **e)** La diversité des algues est plus faible sur les rochers exposés à marée basse, là où les bigorneaux ne mangent pas les chondrus ni les autres algues rouges, qui sont les espèces dominantes.

Tableau 47.2 *Les effets négatifs de l'introduction de certaines espèces aux États-Unis*

Espèces introduites	Origine	Mode d'introduction	Résultat
Jacinthe d'eau	Amérique du Sud	Introduction volontaire (1884)	Obstruction des voies navigables; élimination d'autres plantes
Maladie hollandaise de l'orme *Ophiostoma ulmi* (champignon) Scolyte (vecteur)	Europe	Introduction accidentelle, par des billots d'orme infectés (1930) Introduction accidentelle, par des billots d'orme sans écorce (1909)	Destruction de millions d'ormes adultes
Chancre du châtaignier	Asie	Introduction accidentelle, par des plants de pépinières (1900)	Mort de la quasi-totalité des châtaigniers de l'est de l'Amérique du Nord
Fourmi rouge d'Argentine	Argentine	Dans des cargaisons de café venues du Brésil (1891)	Dommages causés aux récoltes; disparition des communautés de fourmis indigènes; mort d'oiseaux nichant au sol
Scarabée japonais	Japon	Introduction accidentelle, par des iris ou des azalées (1911)	Défoliation de plus de 250 espèces végétales (les agrumes, par exemple)
Lamproie	Atlantique Nord	Sur des coques de navire, par des canaux (les années 1860, 1921)	Disparition de la truite et du corégone des Grands Lacs
Étourneau	Europe	Introduction volontaire à New York (1890)	Déplacement des oiseaux chanteurs indigènes; dommages causés aux récoltes; vecteur de maladies porcines; énormes populations bruyantes et malpropres
Moineau domestique	Angleterre	Introduction volontaire (1853)	Dommages causés aux récoltes; déplacement des oiseaux chanteurs indigènes; transmission de certaines maladies
Algue verte (souche modifiée de *Caulerpa taxifolia*)	Mers tropicales	Introduction probablement accidentelle, à partir d'un aquarium d'eau salée (2000)	Possibilité d'une destruction massive des écosystèmes marins côtiers, comme en Méditerranée

causée par la présence des moules. Lorsqu'on enlève toutes les étoiles de mer, la communauté ne compte bientôt plus que huit espèces, au lieu de quinze.

L'effet déterminant de l'introduction d'une nouvelle espèce

Il arrive que certaines espèces d'une communauté bien établie quittent leur région d'origine et s'implantent ailleurs. Dénommé **dispersion géographique**, un tel déplacement peut s'effectuer de trois façons distinctes.

Premièrement, au fil des générations, une population peut s'étendre dans des régions adjacentes qui lui sont favorables. Deuxièmement, certains individus peuvent être rapidement transportés sur de grandes distances. En vertu d'une telle dispersion par saut, des individus traversent des régions où ils ne pourraient pas survivre seuls, à l'instar d'insectes parvenant à Maui (Hawaii) à bord de cargos. Troisièmement, une population peut se déplacer avec une lenteur imperceptible au cours des époques géologiques, en raison de la dérive des continents, par exemple.

La dispersion d'espèces et la colonisation de lieux vacants peuvent se dérouler très rapidement et s'avérer très fructueuses, comme l'a démontré Amy Schoener aux Bahamas en plaçant des éponges de plastique sur les fonds sablonneux nus du lagon Bimini. À quelle vitesse les espèces aquatiques ont-elles occupé ces nouveaux lieux de résidence artificiels? Un mois plus tard, Schoener a dénombré 220 espèces!

Quelque 4500 espèces non indigènes, parmi toutes celles qui sont aujourd'hui connues, se sont ainsi implantées avec succès aux États-Unis à l'issue d'une dispersion par saut. Quelques-unes, dont le soja, le riz, le blé, le maïs et la pomme de terre, ont été intégrées au régime alimentaire humain, mais la plupart ont une incidence négative sur les communautés indigènes et les terres agricoles (voir le tableau 47.2 et la section 47.9).

Les habitants du nord-est de l'Amérique du Nord ont peut-être entendu parler de la spongieuse nord-américaine (*Lymantria dispar*). En 1869, cette spongieuse s'est échappée d'un laboratoire de Boston et ses descendants sont aujourd'hui responsables de la défoliation de forêts entières. Il y a également le cas de la moule zébrée (*Dreissena polymorpha*), qui s'est probablement introduite dans les Grands Lacs, fixée à la coque d'un cargo. Cette moule s'attache aux parois des tuyaux des réseaux d'aqueduc municipaux et y obstrue la circulation de l'eau, causant des dommages évalués à ce jour à plus de six milliards de dollars. *Cryphonectria parasitica*, un ascomycète, s'est introduit en Amérique du Nord il y a plus d'une centaine d'années; responsable de la maladie du chancre du châtaigner, il a fait mourir presque tous les châtaigniers d'Amérique.

Quant aux habitants du sud-est des États-Unis, ils connaissent bien la douloureuse piqûre des fourmis rouges (*Solenopsis invicta*). Il y une cinquantaine d'années, cette fourmi a été accidentellement importée d'Amérique du Sud, sans doute à bord d'un cargo ayant accosté à Mobile (Alabama). Chaque année, des fourmis rouges infligent à quelque 70 000 personnes des piqûres assez graves pour nécessiter le recours à des soins médicaux.

Quant aux abeilles africaines introduites en Amérique du Sud, leurs descendantes ont fini par remonter vers le nord et gagner le Mexique et les États-Unis, comme le mentionne le début du chapitre 8. Des essaims ont déjà tué plusieurs centaines de personnes en Amérique latine et agressé 140 personnes aux États-Unis, dont deux sont décédées des suites des multiples piqûres subies.

Des changements climatiques à long terme, l'introduction rapide et l'implantation fructueuse d'une nouvelle espèce ainsi que de nombreuses autres causes de perturbation peuvent modifier de façon permanente la structure d'une communauté.

Les espèces exotiques et les espèces menacées

Quiconque s'épanche avec enthousiasme au sujet d'une **espèce exotique** n'est sans doute pas un écologiste. On qualifie d'exotique toute espèce qui fait partie d'une communauté bien établie, qui a été déplacée, volontairement ou accidentellement, hors de son habitat d'origine et qui s'est implantée ailleurs. Contrairement à la plupart des espèces importées, qui sont incapables de s'établir à l'extérieur de leur propre habitat, une espèce exotique s'installe en permanence au sein d'une nouvelle communauté. Le tableau 47.2 en donne quelques exemples.

Les nouvelles espèces sont parfois inoffensives et peuvent même exercer des effets bénéfiques. Cependant, leur présence a plus souvent pour conséquence de faire des espèces indigènes des **espèces menacées**, c'est-à-dire extrêmement vulnérables ou même en voie d'extinction (voir la section 27.2). Le sort de près de 70 % de toutes les espèces qui figurent sur la liste des espèces rares ou menacées ou encore qui se sont éteintes récemment est attribuable au fait qu'elles ont été déplacées par des espèces exotiques.

LES LAPINS QUI ONT RAVAGÉ L'AUSTRALIE   Au cours des années 1800, les colons britanniques établis en Australie ne sont jamais parvenus à apprécier la présence des koalas et des kangourous, de sorte qu'ils ont commencé à importer des animaux plus familiers originaires de leur pays natal. En 1859, un propriétaire terrien du nord de l'Australie déclencha ce qui devait devenir une catastrophe totale lorsqu'il importa puis libéra deux douzaines de lapins de garenne sauvages (*Oryctolagus cuniculus*), parce qu'il les trouvait agréables à chasser et bons à manger. Il leur offrait un habitat idéal et exempt de tout prédateur naturel.

Six ans plus tard, ce propriétaire terrien avait tué 20 000 lapins de garenne et était assiégé par 20 000 autres. Les lapins avaient chassé le bétail et même les kangourous. L'Australie se retrouve aujourd'hui avec 200 à 300 millions de ces lapins qui gambadent dans la moitié méridionale du pays. Ils mangent avidement toutes les herbes vivaces qui se trouvent sur leur chemin, ainsi que, dans les périodes de sécheresse, l'écorce des arbustes et des arbres. Ils laissent des traces très visibles de leur passage : les prairies et les régions arbustives deviennent de véritables déserts (voir la figure 47.18). On a lancé des campagnes d'abattage et d'empoisonnement massives ; leurs terriers ont été détruits, fumigés et dynamités. Cependant, même après une réduction de 70 % de leur

population totale, il leur a fallu moins d'un an pour la reconstituer, grâce à leur taux de reproduction très rapide. Le projet de construction d'une clôture de 3200 km de long destinée à protéger l'ouest de l'Australie contre leur invasion a échoué : les lapins ont réussi à gagner cette région avant la fin de la construction…

En 1951, des fonctionnaires australiens ont introduit le virus de la myxomatose par l'intermédiaire de lapins sud-américains légèrement infectés, qui sont ses hôtes habituels. Ce virus cause la myxomatose, une maladie qui produit des effets bénins chez les lapins sud-américains ayant coévolué avec le virus, mais qui avait presque toujours été mortelle pour les lapins de garenne. Des insectes piqueurs, surtout des moustiques et des mouches, transmettent rapidement le virus d'un hôte à l'autre. Puisqu'ils ne disposaient d'aucune défense contre ce virus nouveau pour eux, les lapins d'origine européenne ont été décimés. Toutefois, comme il fallait le prévoir, la sélection naturelle a depuis lors favorisé la croissance rapide des lapins qui ont développé une résistance au virus.

En 1991, des chercheurs australiens ont libéré, sur une île inhabitée dans le golfe Spencer, une population de lapins auxquels ils avaient injecté un calicivirus. Les lapins sont morts rapidement, et sans beaucoup souffrir, par suite de la formation de caillots de sang dans les poumons, le cœur et les reins. En 1995, le virus utilisé s'est échappé de l'île, peut-être transporté par des insectes, et a tué de 80 % à 95 % des lapins adultes en Australie. Aujourd'hui, les chercheurs s'efforcent de déterminer si le calicivirus devrait être utilisé à grande échelle et s'il peut franchir la barrière des espèces et infecter des animaux autres que les lapins (comme les êtres humains), et, le cas échéant, tentent d'établir la nature des conséquences à long terme.

LES PLANTES QUI ONT ENVAHI LA GÉORGIE   Une espèce de vigne nommée *kudzu* (*Pueraria lobata*) a été volontairement importée du Japon aux États-Unis, où elle n'est exposée à aucune menace grave de la part d'herbivores, d'agents pathogènes ou de plantes compétitrices (voir la figure 47.19). Dans les régions tempérées de l'Asie, le kudzu se veut une légumineuse utile dotée d'un système racinaire bien développé. Son utilisation en vue de maîtriser l'érosion sur les collines et les remblais d'autoroute dans le sud-est des États-Unis a semblé une bonne idée. En effet, en l'absence de tout obstacle à leur prolifération, les pousses de kudzu gagnent plus de 30 cm par jour. Le kudzu recouvre

Figure 47.18 Une partie de la clôture érigée pour bloquer le passage aux quelque 200 à 300 millions de lapins de garenne qui détruisent la végétation australienne.

Figure 47.19 a) Le kudzu (*Pueraria lobata*), qui a déjà envahi une partie de Lyman (Caroline du Sud). Il s'étend maintenant de l'est du Texas jusqu'en Floride et il a remonté jusqu'en Pennsylvanie. **b)** *Caulerpa taxifolia* est en train d'étouffer un écosystème marin.

maintenant les rives des cours d'eau, les arbres, les poteaux de téléphone, les maisons et presque tout ce qui se trouve sur son passage. Les tentatives de le déraciner ou de le brûler ont toutes été vaines. On a fait appel à des chèvres et à des herbicides pour en endiguer la progression, mais les premières mangent aussi d'autres plantes et les derniers contaminent les sources d'eau potable. Le kudzu pourrait parvenir dans la région des Grands Lacs d'ici 2040.

Par ailleurs, une entreprise japonaise a construit une ferme pour la culture du kudzu et une usine de traitement du kudzu en Alabama. Puisque les Asiatiques ajoutent un extrait d'amidon tiré du kudzu à des boissons, à des médicaments phytothérapeutiques et à des bonbons, cette entreprise vise à exporter sa production d'amidon en Asie, où la demande est actuellement supérieure à l'offre. De plus, le kudzu pourrait un jour contribuer à une diminution des activités d'exploitation forestière, car des chercheurs de l'Institut de technologie de la Géorgie, aux États-Unis, ont indiqué qu'il pourrait constituer une nouvelle source de papier.

LE TRIOMPHE D'UNE ALGUE L'algue verte *Caulerpa taxifolia* est tellement plaisante à observer dans un aquarium d'eau salée, avec ses branches semblables à des plumes et ses feuilles d'un beau vert vif! Les responsables de l'aquarium de Stuttgart, en Allemagne, en ont même développé une souche de très belle apparence qu'ils ont partagée avec d'autres établissements d'études marines. Est-ce à partir du Musée océanographique de Monaco que cette souche s'est échappée dans la nature? Certains le croient, mais on le nie à Monaco.

Cette souche de *Caulerpa taxifolia* se reproduit de façon asexuée et sa croissance, de quelques cm par jour, est assurée par des stolons. De surcroît, sa dispersion est accélérée par les hélices de bateau et les filets de pêche. Depuis 1984, cette algue a recouvert plus de 30 000 hectares de fonds marins le long des côtes de la Méditerranée (voir la figure 47.19*b*). Elle prolifère sur les rives sablonneuses et rocheuses et sur les fonds vaseux, mais elle ne survit que 10 jours en milieu marécageux. Contrairement à ses parents tropicaux, cette souche s'est bien adaptée aux eaux froides et même aux eaux polluées. Elle produit une toxine qui dissuade les herbivores de s'en nourrir et elle provoque le déplacement d'algues, d'invertébrés et de poissons indigènes. Elle a récemment envahi les eaux côtières de l'Australie et des États-Unis, où elle détruit les réseaux alimentaires, la biodiversité et les ressources halieutiques.

En 2000, des plongeurs ont découvert la présence de cette algue dans un lagon situé au nord de San Diego (Californie). Quelqu'un avait sans doute vidé l'eau de son aquarium dans un égout pluvial ou directement dans le lagon. Comme l'a dit Alan Miller, «les Californiens ont décidé de tirer d'abord et de poser des questions ensuite». On a recouvert le lagon d'une énorme bâche pour intercepter la lumière solaire, on y a pompé du chlore pour empoisonner l'algue et on s'est servi de torches à souder sous-marines pour la brûler. On a également constaté que deux limaces de mer, *Aplysia depilans* et *Elysia subornata*, peuvent manger l'algue sans en être affectées par la toxine. On ne connaît toutefois pas l'incidence que ces deux espèces importées auraient sur les écosystèmes côtiers, de sorte qu'on ne les utilise pas encore en tant qu'agents de contrôle biologiques.

S'il est maintenant interdit d'utiliser *Caulerpa taxifolia* aux États-Unis, cette algue est toujours commercialisée sur Internet et continue d'être importée, car il est facile de la confondre avec les espèces moins envahissantes qui lui sont apparentées. Les fabricants d'aquariums ont réussi à empêcher l'interdiction de toutes les espèces de *Caulerpa*, bien que la plupart des inspecteurs soient incapables de distinguer une algue d'aquarium d'une autre.

LA NATURE DES ÉCOSYSTÈMES

Un aperçu des participants

Divers systèmes naturels sont présents à la surface de la Terre. Selon le climat, la topographie, le sol, la végétation, la vie animale et d'autres particularités, les déserts, par exemple, sont très différents des forêts de feuillus, qui sont elles-mêmes très différentes de la toundra et des prairies. Par sa biodiversité et ses propriétés physiques, la haute mer se distingue des récifs, qui eux sont différents des lacs. Pourtant, malgré leurs divergences, de tels systèmes partagent de nombreux traits structurels et fonctionnels analogues.

À quelques exceptions près, ces systèmes tirent leur énergie du rayonnement solaire capté par des autotrophes (des organismes produisant eux-mêmes leur nourriture), dont les plus répandus se veulent les végétaux et d'autres organismes photosynthétiques. Les autotrophes transforment l'énergie solaire en énergie chimique et l'utilisent pour produire des composés organiques à partir de matières premières inorganiques. Les fonctions qu'ils remplissent ainsi en font les **producteurs** de l'ensemble des écosystèmes dont ils font partie (voir la figure 48.2).

Tous les autres organismes du système sont des hétérotrophes, c'est-à-dire qu'ils ne produisent pas eux-mêmes leur nourriture. Ils tirent leur énergie des composés organiques élaborés par les producteurs. Pour leur part, les **consommateurs** se nourrissent des tissus d'autres organismes. Parmi les consommateurs, on retrouve les herbivores, qui se nourrissent de végétaux, les carnivores, qui mangent surtout de la chair, et les parasites, qui ingèrent les tissus d'hôtes vivants, mais qui ne les tuent généralement pas. Les déchets et les restes des producteurs et des consommateurs constituent les sources alimentaires des **décomposeurs**. Regroupant les eumycètes et les bactéries hétérotrophes, ceux-ci pratiquent la digestion et l'absorption extracellulaires : ils sécrètent des enzymes qui digèrent les composés organiques présents autour d'eux pour ensuite absorber certains des produits de dégradation. À cet égard, les décomposeurs diffèrent des **détritivores**, qui, tels les vers de terre et les crabes, sont des hétérotrophes se nourrissant de petits morceaux de matière organique en décomposition, comme des feuilles mortes.

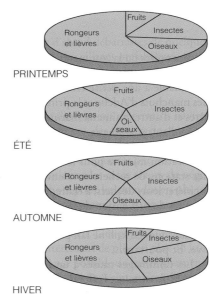

Figure 48.3 Le renard roux, un omnivore dont le régime alimentaire fluctue selon les variations saisonnières de la nourriture disponible. Des rongeurs, des lièvres et certains oiseaux forment la plus grande partie de son menu en hiver et au printemps, auquel il ajoute des fruits et des insectes en été et en automne.

Certains consommateurs font partie de plus d'une de ces catégories, comme les nombreux omnivores qui se nourrissent d'animaux, de végétaux, d'eumycètes, de protistes et même de bactéries, à l'exemple du renard roux (voir la figure 48.3). De même, un renard affamé qui trouve un oiseau mort va s'en repaître à l'instar d'un charognard, c'est-à-dire tout animal qui se nourrit parfois ou toujours de végétaux ou d'animaux morts, tels les vautours, les termites et de nombreux coléoptères.

Quels sont les nutriments d'un système naturel ? Les producteurs prélèvent l'eau et le dioxyde de carbone dans leur milieu pour en faire leur source d'hydrogène, d'oxygène et de carbone. Ils en extraient également du phosphore, de l'azote et d'autres minéraux, qui constituent la matière première des glucides, des lipides, des protéines et des acides nucléiques. L'ingestion de restes d'organismes par les décomposeurs et les détritivores entraîne la libération, dans le milieu, de nombreux nutriments que les autotrophes vont généralement utiliser de nouveau, sauf lorsque ces nutriments sont emportés hors du système naturel, comme dans le cas de minéraux provenant d'un champ cultivé et trouvant leur chemin dans un cours d'eau.

La description générale qui précède est celle d'un **écosystème**, soit l'ensemble formé par des organismes et leur milieu physique dont les interactions reposent sur la circulation d'énergie unidirectionnelle et le recyclage des matières qui y sont présentes. Il s'agit d'un système ouvert qui ne peut se maintenir sans apport extérieur et qui s'appuie sur des intrants d'énergie, provenant du soleil par exemple, et habituellement sur des intrants de nutriments, comme les minéraux dissous que le courant d'un ruisseau transporte jusque dans un lac. Un écosystème comporte aussi des extrants d'énergie et des extrants de nutriments. Puisque l'énergie ne peut être recyclée, il s'ensuit qu'une partie de l'énergie fixée par les autotrophes se dissipe dans le milieu, surtout sous forme de chaleur d'origine métabolique. De la même façon, une certaine quantité de nutriments disparaît. Le présent chapitre porte essentiellement sur les intrants, les transferts internes et les extrants d'un écosystème.

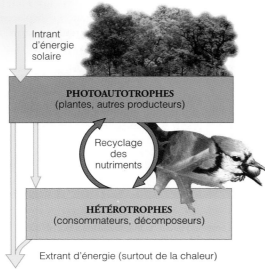

Figure 48.2 Un modèle simple d'écosystème. L'énergie circule dans une seule direction : elle entre dans l'écosystème, par l'intermédiaire de ses organismes vivants, puis elle en ressort. Les nutriments de l'écosystème sont recyclés par les autotrophes et les hétérotrophes. Dans le présent modèle, la circulation d'énergie est amorcée par les autotrophes qui peuvent capter l'énergie solaire.

Intrant d'énergie solaire

PHOTOAUTOTROPHES
(plantes, autres producteurs)

Recyclage des nutriments

HÉTÉROTROPHES
(consommateurs, décomposeurs)

Extrant d'énergie (surtout de la chaleur)

Niveaux trophiques	Catégories d'organisme	Principales sources d'énergie	Exemples d'organisme
5	**Consommateurs quaternaires** (hétérotrophes)		
	Grands carnivores, parasites, détritivores, décomposeurs	Consommateurs de troisième niveau	Busard Saint-Martin, puces, tiques, mouches parasites
4	**Consommateurs tertiaires** (hétérotrophes)		
	Carnivores, parasites, détritivores, décomposeurs	Consommateurs de deuxième niveau	Maubèche des champs, corneille noire, puces, tiques, mouches parasites
3	**Consommateurs secondaires** (hétérotrophes)		
	Carnivores, parasites, détritivores, décomposeurs	Consommateurs de premier niveau	Blaireau, belette, coyote, araignées, couleuvre rayée, grenouille léopard, puces, tiques, mouches parasites
2	**Consommateurs primaires** (hétérotrophes)		
	Herbivores, parasites, détritivores, décomposeurs	Producteurs	Vers de terre; papillons de nuit, papillons diurnes (adultes et larves; par exemple, le ver gris); bruant des plaines; campagnol; sauterelles; gaufre à poches; spermophile; bactéries et champignons saprobes
1	**Producteurs** (autotrophes)		
	Photoautotrophes	Rayonnement solaire	Herbes, composées, autres plantes à fleurs
	Chimioautotrophes	Substances inorganiques	Bactéries nitrifiantes

Figure 48.4 Les niveaux trophiques dans une prairie à grandes graminées, typique de certaines parties du Midwest américain.

La structure des écosystèmes

On peut classer tous les organismes faisant partie d'un écosystème selon les rôles fonctionnels qu'ils jouent dans la hiérarchie des relations alimentaires, nommées **niveaux trophiques**. En d'autres termes, il s'agit de savoir qui mange quoi. Lorsque l'organisme **B** se nourrit de l'organisme **A**, une certaine quantité d'énergie passe de **A** à **B**. Tous les organismes situés à un niveau trophique donné sont séparés par un même nombre d'étapes de transfert d'un intrant d'énergie dans un écosystème.

Examinons le cas des organismes faisant partie d'un écosystème de prairie (voir la figure 48.4). Puisqu'ils sont les premiers à capter de l'énergie (issue du soleil), les végétaux et d'autres producteurs sont au premier niveau trophique. Ils constituent la nourriture des consommateurs primaires, comme les sauterelles (des herbivores) et les vers de terre (des détritivores), qui sont au niveau suivant. Les consommateurs primaires servent d'aliments aux consommateurs secondaires, soit des carnivores et des parasites situés au troisième niveau trophique, et ainsi de suite, jusqu'au sommet de la hiérarchie.

À chaque niveau trophique, les organismes interagissent avec les mêmes ensembles de prédateurs et de proies. Étant donné que les omnivores se nourrissent à plus d'un niveau, on les répartit entre différents niveaux ou on leur en attribue un à eux seuls.

Une **chaîne alimentaire**, dite aussi *chaîne trophique*, constitue une suite d'étapes linéaire dans laquelle l'énergie emmagasinée dans des tissus autotrophes est transférée aux niveaux trophiques plus élevés. Il est difficile de trouver une chaîne alimentaire simple et isolée dans la nature, tout simplement parce que les espèces font généralement partie de plusieurs chaînes alimentaires, notamment les espèces se trouvant à un niveau trophique peu élevé. Il est plus utile de se représenter les chaînes alimentaires avec les relations mutuelles qui les unissent, soit en tant que **réseaux alimentaires** (ou trophiques).

Les producteurs, les consommateurs, les décomposeurs, les détritivores et leur milieu physique constituent un écosystème. Leurs liens mutuels reposent sur la circulation unidirectionnelle de l'énergie et le recyclage de la matière.

Une chaîne alimentaire, c'est-à-dire une suite linéaire d'organismes qui se nourrissent successivement les uns des autres, se constitue à partir des autotrophes. Un réseau alimentaire est formé de chaînes alimentaires interreliées.

48.2

LA NATURE DES RÉSEAUX ALIMENTAIRES

Le schéma d'une chaîne alimentaire comprenant une plante qui pousse dans une prairie à grandes graminées, un ver gris qui se nourrit de cette plante, une couleuvre rayée qui mange le ver, une maubèche des champs qui mange la couleuvre et un busard Saint-Martin qui mange la maubèche devrait ressembler à la figure 48.5.

Déterminer la composition d'une chaîne alimentaire constitue un moyen simple de se représenter qui mange quoi dans un écosystème, mais le portrait ainsi obtenu est incomplet. Le plus souvent, les espèces rivalisent pour la nourriture disponible et forment plutôt un vaste ensemble complexe, notamment aux niveaux trophiques moins élevés. Ainsi, comme le montre le réseau alimentaire

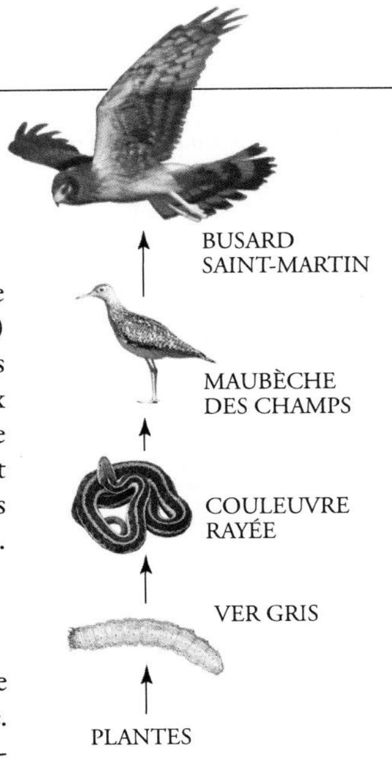

Figure 48.5 Une chaîne alimentaire simple.

BUSARD SAINT-MARTIN

MAUBÈCHE DES CHAMPS

COULEUVRE RAYÉE

VER GRIS

PLANTES

illustré à la figure 48.6, on peut dire que les producteurs (plantes à fleurs) dans une prairie à grandes graminées servent d'aliments aux insectes et aux mammifères herbivores, mais cela ne donnerait qu'une image extrêmement simplifiée de toutes les interactions des espèces présentes dans un tel écosystème.

Le nombre de transferts d'énergie

Il serait sans doute très difficile de séparer tous les fils d'une toile d'araignée. Pourtant, des écologistes ont fait l'équivalent pour décortiquer de nombreux réseaux alimentaires dans la nature. La comparaison entre les chaînes de différents réseaux alimentaires a fait ressortir une constante : en général, l'énergie que les producteurs ont initialement captée passe par un maximum de quatre ou cinq niveaux trophiques, quelle que soit la quantité d'énergie qui circule dans l'écosystème concerné. Il faut se rappeler qu'une petite quantité d'énergie se perd lors de chaque passage d'un niveau au suivant (voir le chapitre 6). À un certain moment, la quantité d'énergie qu'un organisme devrait utiliser pour en capturer un autre à un niveau trophique plus élevé serait supérieure à la quantité d'énergie

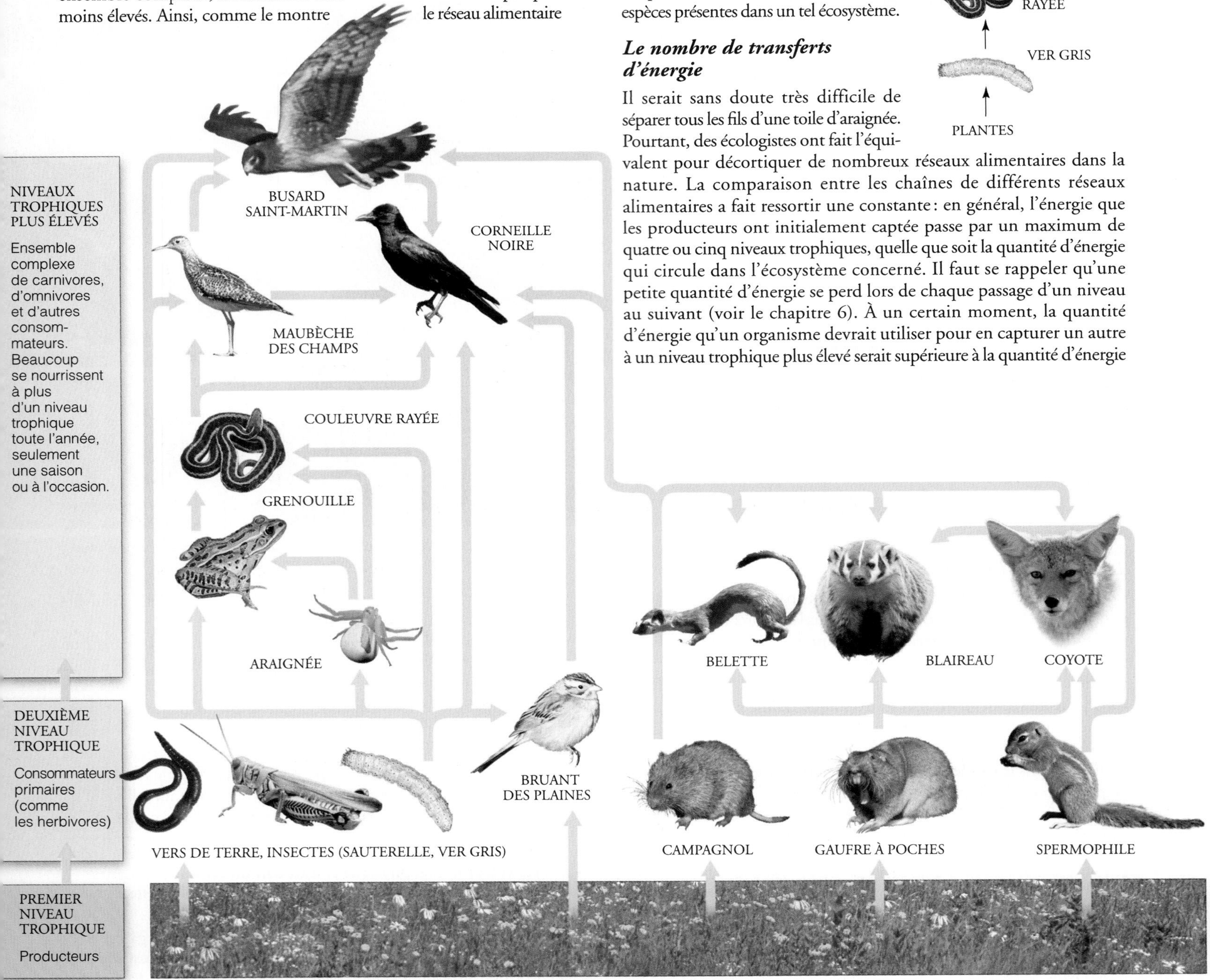

NIVEAUX TROPHIQUES PLUS ÉLEVÉS

Ensemble complexe de carnivores, d'omnivores et d'autres consommateurs. Beaucoup se nourrissent à plus d'un niveau trophique toute l'année, seulement une saison ou à l'occasion.

BUSARD SAINT-MARTIN

CORNEILLE NOIRE

MAUBÈCHE DES CHAMPS

COULEUVRE RAYÉE

GRENOUILLE

ARAIGNÉE

BELETTE

BLAIREAU

COYOTE

DEUXIÈME NIVEAU TROPHIQUE

Consommateurs primaires (comme les herbivores)

VERS DE TERRE, INSECTES (SAUTERELLE, VER GRIS)

BRUANT DES PLAINES

CAMPAGNOL

GAUFRE À POCHES

SPERMOPHILE

PREMIER NIVEAU TROPHIQUE

Producteurs

GRAMINÉES, COMPOSÉES

Figure 48.6 Les interactions propres aux espèces faisant partie d'un réseau alimentaire dans une prairie à grandes graminées.

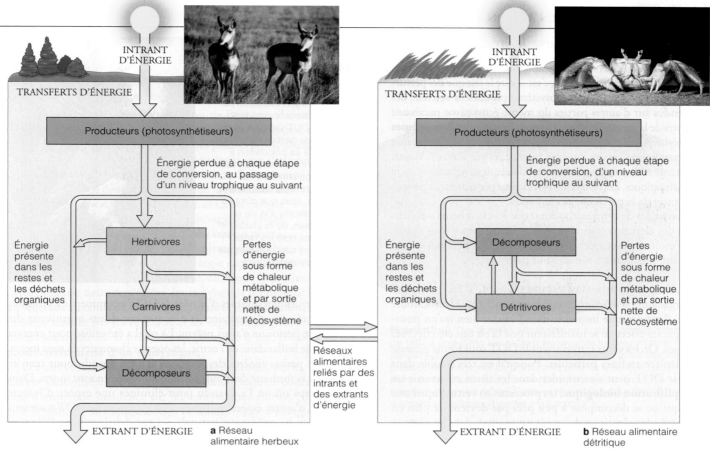

Figure 48.7 La circulation unidirectionnelle de l'énergie au sein d'un réseau alimentaire herbeux, en **a)**, et d'un réseau alimentaire détritique, en **b)**.

qu'il en tirerait. Même les écosystèmes riches en réseaux alimentaires complexes, comme celui illustré à la figure 48.6, ne comportent pas de longues chaînes alimentaires.

Des études sur le terrain et des simulations informatiques ayant porté sur les réseaux alimentaires d'écosystèmes marins, fluviaux, lacustres et terrestres ont révélé d'autres traits récurrents. Ainsi, les chaînes des réseaux alimentaires sont généralement courtes lorsque les conditions ambiantes varient, qu'il s'agisse de la température, de l'humidité, de la salinité ou du pH. Par contre, les chaînes sont plus longues dans des milieux stables, comme certaines parties des abysses océaniques. D'autre part, les réseaux les plus complexes (dans les prairies à grandes graminées, par exemple) comprennent non seulement le plus grand nombre d'espèces herbivores, mais aussi les chaînes alimentaires les plus courtes, tandis que les réseaux alimentaires simples comportent davantage de grands carnivores.

Les deux catégories de réseau alimentaire

Dans quelle direction l'énergie circule-t-elle au sein des écosystèmes terrestres? Les végétaux ne fixent qu'une petite proportion de l'énergie solaire. Ils emmagasinent la moitié environ de cette énergie dans les liaisons chimiques des nouveaux tissus et perdent le reste sous forme de chaleur métabolique. D'autres organismes prélèvent de l'énergie ayant été emmagasinée dans les tissus, les restes et les déchets végétaux, puis ils perdent eux aussi de la chaleur métabolique. Ensemble, toutes ces pertes de chaleur correspondent à la circulation unidirectionnelle de l'énergie qui sort de l'écosystème concerné.

L'énergie provenant d'une source primaire circule dans une direction au sein de deux types de réseau. Dans un **réseau alimentaire herbeux**, elle va des photoautotrophes aux herbivores, puis aux carnivores.

En revanche, dans un **réseau alimentaire détritique**, elle passe des photoautotrophes aux détritivores, puis aux décomposeurs (voir la figure 48.7). Par ailleurs, les deux réseaux sont interreliés dans la quasi-totalité des écosystèmes. Ainsi, un lien se forme lorsqu'un goéland argenté opportuniste faisant partie d'un réseau alimentaire herbeux mange un crabe faisant partie d'un réseau alimentaire détritique.

La quantité d'énergie circulant dans un réseau alimentaire diffère d'un écosystème à l'autre et varie souvent avec les saisons. En général, toutefois, la plus grande partie de la production primaire nette circule au sein des réseaux alimentaires détritiques. Pourtant, dans le cas du bétail qui consomme beaucoup de plantes dans des champs, environ la moitié de la production primaire nette entre dans un réseau alimentaire herbeux. Cependant, le bétail n'utilise pas toute l'énergie emmagasinée, de sorte que beaucoup de matières végétales non digérées et d'excréments deviennent accessibles pour les décomposeurs et les détritivores. Les écosystèmes aquatiques que constituent les marais en offrent un autre exemple : la plus grande partie de l'énergie emmagasinée est utilisée seulement après qu'une partie des herbes marécageuses sont mortes et devenues disponibles pour des espèces faisant partie des réseaux alimentaires détritiques.

En raison de la perte d'énergie survenant lors de chaque transfert dans une chaîne alimentaire, les écosystèmes ne comportent pas plus de quatre ou cinq niveaux trophiques.

Les tissus des photosynthétiseurs constituent le fondement des réseaux alimentaires herbeux, alors que les restes et les déchets des photosynthétiseurs et des consommateurs forment la base des réseaux alimentaires détritiques.

LES FORÊTS DENSES ÉQUATORIALES ET LES AUTRES FORÊTS DE FEUILLUS

Dans les biomes forestiers, les grands arbres croissent les uns près des autres et forment ainsi une couverture végétale assez complète sur un vaste territoire. Parmi les trois principaux types d'arbre existants, le type qui domine une région se détermine en partie par la distance entre celle-ci et l'équateur. Les feuillus à feuilles persistantes prévalent entre les latitudes de 20° nord et de 20° sud, les feuillus à feuilles caduques se retrouvent aux latitudes en milieu humide et tempéré où les hivers se montrent doux, alors que les conifères à feuilles persistantes poussent surtout aux latitudes élevées et froides et sur les montagnes des zones tempérées. Les forêts de conifères à feuilles persistantes sont examinées plus en détail à la section 49.8.

Les **forêts de feuillus à feuilles persistantes** couvrent les régions tropicales de l'Afrique, les Indes orientales et l'archipel malais, l'Asie du Sud-Est, l'Amérique du Sud et l'Amérique centrale. La pluviosité annuelle se chiffre parfois à plus de 200 cm, mais ne se situe jamais

à moins de 130 cm. Le biome que constitue la **forêt dense équatoriale** se caractérise par des pluies régulières et abondantes, une température moyenne annuelle de 25 °C et un taux d'humidité atteignant au moins 80 % (voir la figure 49.16). Les arbres de cette forêt très productive acquièrent de nouvelles feuilles et perdent les plus anciennes toute l'année, mais la litière ne s'accumule pas, car la décomposition et le recyclage minéral s'y veulent particulièrement rapides en raison du climat chaud et humide. Les sols sont lessivés; ils comportent très peu d'humus et constituent de pauvres réservoirs de nutriments. Le prochain chapitre traite davantage de ces forêts.

Les **forêts de feuillus à feuilles caduques** commencent dans les régions où les températures demeurent douces, mais où les précipitations se montrent plus faibles une partie de l'année. Les arbres des forêts de feuillus en milieu tropical perdent une partie ou la totalité de leurs feuilles au cours d'une saison sèche prononcée, tout comme

Figure 49.16 Les binomes que constituent les forêts denses équatoriales présentent une grande biodiversité. Parmi les millions d'espèces connues qui y vivent, on retrouve le jaguar et *Rafflesia*, une plante sans feuilles qui dégage une odeur nauséabonde et dont la fleur, pollinisée par des mouches, s'étend sur trois mètres. Les bromélies, les orchidées et d'autres épiphytes croissent sur les arbres et extraient leurs minéraux nécessaires des débris organiques de feuilles, d'insectes et d'autres éléments de la litière qui se dissolvent dans l'eau accumulée à la base de leurs feuilles.

PRINTEMPS

ÉTÉ

HIVER

AUTOMNE

Figure 49.17 Une forêt de feuillus à feuilles caduques, en milieu tempéré, au sud de Nashville (Tennessee). Ce type de forêt change notablement d'apparence à mesure que se succèdent le printemps, l'été, l'automne et l'hiver.

certains arbres des forêts de mousson en Inde et en Asie du Sud-Est. Plus au nord, soit dans la zone tempérée, la pluviosité se veut encore plus faible : les hivers y sont si froids que l'eau se transforme en neige et en glace. Les forêts de feuillus en milieu tempéré, comme celles qui sont situées dans le sud-est des États-Unis, dominent cette zone (voir la figure 49.17). La décomposition s'y montre plus lente que dans les régions tropicales humides, de sorte qu'un grand nombre de nutriments se conservent dans la litière accumulée sur le sol de la forêt.

Des forêts complexes de frênes, de hêtres, de bouleaux, de châtaigniers, d'ormes et de chênes à feuilles caduques couvraient autrefois le nord-est de l'Amérique du Nord, l'Europe et l'est de l'Asie. Elles ont toutefois subi un déclin rapide lorsque les agriculteurs les ont défrichées pour cultiver la terre. Des espèces pathogènes introduites en Amérique du Nord ont fait mourir presque tous les châtaigniers et de nombreux ormes (voir la section 47.8). Aujourd'hui, les érables et les bouleaux prédominent dans le nord-est de l'Amérique du Nord. Plus à l'ouest s'imposent successivement des forêts de chênes et de caryers, des forêts claires de chênes puis des prairies aux grandes graminées.

Dans les biomes forestiers, les conditions climatiques favorisent la constitution de massifs denses de grands arbres qui forment une couverture végétale continue sur une grande région.

LES FORÊTS DE CONIFÈRES

Les conifères constituent les producteurs des **forêts de conifères** et la plupart d'entre eux sont dotés de feuilles en forme d'aiguilles présentant des cuticules épaisses et des stomates encastrés, très bien adaptés à la conservation de l'eau pendant les sécheresses et les hivers. Ils dominent les forêts boréales, les forêts de conifères en régions montagneuses, les forêts humides en milieu tempéré et les forêts de pins.

Également nommées *taïgas* (mot signifiant «forêt marécageuse»), les **forêts boréales** s'étendent en Europe septentrionale, en Asie et en Amérique du Nord. La plupart d'entre elles se trouvent dans des régions glaciaires parsemées de lacs et de cours d'eau très froide (voir la figure 49.18*a*). La pluie tombe surtout en été et l'évaporation se veut faible dans l'air frais estival. L'hiver froid et sec se montre plus rigoureux dans les parties orientales de ces biomes que dans les parties occidentales, où les vents océaniques tempèrent le climat. Si les

coupe sur une des plus imposantes forêts humides intactes en milieu tempéré qui subsistaient encore à l'extérieur des régions tropicales. Les grands arbres qui constituent cette forêt, dont certains ont plus de 800 ans, recouvrent la vallée de Kitlope (Colombie-Britannique).

Les **pinèdes méridionales** dominent les plaines côtières du sud-est des États-Unis et des États longeant le golfe du Mexique. Les espèces de pin se sont adaptées au sol sec, sablonneux et pauvre en nutriments de ces régions ainsi qu'aux incendies de forêt d'origine naturelle ou non, qui ne se veulent pas assez intenses pour endommager les arbres, mais qui dégagent le sous-bois. Des forêts de pins, de chênes nains et d'aristides bleutés croissent au New Jersey, alors que des sabals poussent sous les pins et les pins tædas dans le sud des

épinettes et les sapins baumiers dominent les forêts boréales nord-américaines, les forêts de pins, de bouleaux et de trembles se constituent davantage dans les régions où les arbres ont été brûlés ou abattus. Par contre, des tourbières fortement acides rassemblant des mousses, des arbustes et des arbres nains prévalent là où le sol est peu drainé. Les forêts boréales se montrent moins denses dans les régions plus nordiques, où elles cèdent peu à peu la place à la toundra arctique.

Dans l'hémisphère nord, les forêts de conifères s'étendent vers le sud sur les grandes chaînes de montagnes. Les épinettes et les sapins qui prédominent au nord et en altitude sont peu à peu remplacés par des sapins et des pins au sud et à basse altitude (voir les figures 3.1 et 49.18*b*). Par ailleurs, certaines basses terres en milieu tempéré accueillent des forêts de conifères. La forêt humide en milieu tempéré qui longe la côte ouest de l'Amérique du Nord, de l'Alaska au nord de la Californie, contient quelques-uns des plus grands arbres du monde, soit des épinettes de Sitka à l'extrême nord et des séquoias au sud. L'exploitation forestière a cependant détruit une grande partie de ce biome. Sur une note plus réjouissante, on peut signaler qu'une entreprise forestière a renoncé, en 1994, à ses droits de

Figure 49.18 a) Forêt boréale dominée par des épinettes. **b)** Forêt de conifères dans la vallée Yosemite de la Sierra Nevada (Californie). **c)** Pompier luttant contre les flammes dans une forêt de pins, de chênes et de sabals, près de Daytona Beach (Floride).

États-Unis. Lors d'une canicule récente en Floride, des incendies ont détruit quelque 130 000 ha de forêt. Les petits incendies contrôlés avaient été interdits dans les comtés où la construction immobilière empiétait sur ces forêts. Il en avait résulté une forte croissance d'un sous-bois dense et très sec qui a alimenté ces incendies (voir la figure 49.18*c*).

Les forêts de conifères prédominent dans les régions marquées par l'alternance d'une saison froide et sèche et d'une saison fraîche et pluvieuse.

LES TOUNDRAS ARCTIQUE ET ALPINE

Le mot « **toundra** » vient de *tuntura*, un mot finnois qui désigne la grande plaine sans arbres située entre la calotte glaciaire et les ceintures de forêts boréales en Europe, en Asie et en Amérique du Nord. Cette plaine forme la toundra arctique (voir la figure 49.19*a* et *b*), qui se caractérise par des températures extrêmement basses, un faible drainage, de courtes saisons de croissance (lorsque l'ensoleillement se montre presque permanent) et une faible décomposition de la matière organique. Variant d'une région à l'autre, les précipitations annuelles (pluie et neige fondante) demeurent toutefois inférieures à 25 cm. Des lichens et de petits végétaux vivaces à racines peu profondes forment la base de réseaux alimentaires qui comprennent les campagnols, les lièvres arctiques, les caribous et d'autres herbivores. Les renards arctiques, les loups et les ours polaires font partie des carnivores qui vivent dans la toundra, où nichent en été de nombreuses espèces d'oiseaux migrateurs.

s'accumule en amas détrempés. Environ 95 % du carbone fixé par les photoautotrophes de la toundra arctique est enfermé dans d'énormes tourbières.

Un biome analogue prédomine aux hautes altitudes montagneuses dans le monde, comme le montre la toundra alpine illustrée à la figure 49.19*c*. La température nocturne descend habituellement sous le point de congélation et le froid s'y montre trop intense pour que des arbres puissent y survivre. Contrairement à la toundra arctique, toutefois, la toundra alpine se veut exempte de permafrost et présente un sol mince et bien drainé. Des herbes, des bruyères et d'autres arbustes à petites feuilles forment des buissons bas et compacts qui peuvent résister aux bourrasques de vent.

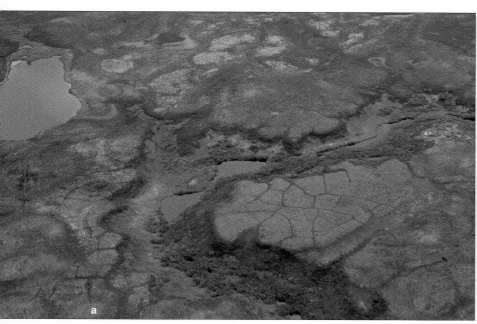

Figure 49.19 La toundra arctique en Russie l'été, en **a)**, et l'hiver, en **b)**. Environ 4 % des masses continentales de la Terre se trouvent dans la toundra arctique, recouverte de neige jusqu'à neuf mois par année. La toundra arctique se situe surtout dans le nord de la Russie et au Canada, et un peu en Alaska et en Scandinavie. De petits groupes d'êtres humains ont pratiqué la chasse, la pêche et l'élevage de rennes pendant des centaines de milliers d'années dans ces régions faiblement peuplées. Aujourd'hui, on y exploite des gisements de minerais et de combustibles fossiles, notamment en Russie. Il s'agit là de biomes fragiles, où les végétaux et les animaux doivent survivre à des froids extrêmes en hiver et sont parfois exposés à des sources de pollution industrielle. Les changements climatiques prononcés qui, prévoit-on, vont résulter du réchauffement planétaire accru pourraient les rendre particulièrement vulnérables. Les petits végétaux vivaces et compacts qu'on voit en **c)** caractérisent la toundra alpine.

L'été ne dure que de 50 à 60 jours et la température moyenne oscille entre 3 °C et 12 °C, ce qui signifie que seule la surface du sol dégèle. De telles conditions climatiques se veulent propices à la prolifération de moustiques, de mouches et d'autres insectes. Immédiatement sous la surface du sol se trouve une couche gelée, nommée **permafrost**, qui ne fond jamais et qui atteint une profondeur de 500 m en certains endroits. Puisque le permafrost empêche le drainage, le sol qui le recouvre demeure engorgé d'eau. Un tel milieu frais et anaérobie entrave le recyclage des nutriments, ce qui fait que la matière organique se décompose lentement et

Même en été, des plaques de neige continuent à couvrir des parties ombragées de la toundra alpine. Le sol, mince, se draine rapidement et se veut pauvre en nutriments, si bien que la productivité primaire demeure faible.

La toundra arctique s'étend dans les hautes latitudes et s'accompagne d'un été court et frais, et d'un hiver long et froid. La toundra alpine se retrouve plutôt dans les hautes montagnes où les variations saisonnières diffèrent selon la latitude, mais où le climat se montre trop froid pour que se constituent des forêts.

LES ÉTENDUES D'EAU DOUCE

Les étendues d'eau douce et d'eau salée couvrent une plus grande partie de la surface de la Terre que tous les biomes terrestres réunis. Comprenant les océans, les lacs, les étangs, les zones humides et les récifs coralliens, elles présentent une immense variété : certains étangs se traversent à pied, alors que le lac Baïkal, en Russie, atteint plus de 1700 m de profondeur. Si tous les écosystèmes aquatiques présentent des gradients de pénétration de lumière, de température et de gaz dissous, les valeurs diffèrent beaucoup. Notre bref examen d'une si grande diversité s'amorce avec les étendues d'eau douce.

Les écosystèmes lacustres

Un **lac** se définit comme une étendue d'eau douce immobile formée à la suite d'une activité géologique, tel un glacier qui, en avançant, arrache le sol sous lui. Puis, après le recul du glacier, de l'eau s'accumule dans le bassin alors exposé (voir la figure 49.20). Peu à peu, l'érosion et la sédimentation modifient les dimensions du lac, qui finit généralement par se remplir ou se drainer.

Un lac comporte des zones littorale, limnétique et profonde (voir la figure 49.21). La zone littorale s'étend sur toutes les rives du lac et jusqu'à la profondeur à laquelle les plantes aquatiques racinées cessent de pousser. La diversité la plus prononcée se situe dans les eaux chaudes, peu profondes et bien éclairées du lac. Au-delà de la zone littorale se trouve la zone limnétique, qui va des eaux libres et éclairées par le soleil aux profondeurs où la lumière et la photosynthèse se veulent négligeables. Les cyanobactéries, les algues vertes et les diatomées dominent le phytoplancton d'un lac et servent de nourriture aux rotifères, aux copépodes et autres espèces du zooplancton. Quant à la zone profonde, elle commence à la profondeur où les rayons solaires nécessaires à la photosynthèse ne pénètrent plus et elle se prolonge jusqu'au fond du lac. Les détritus traversent cette zone avant de parvenir au fond du lac. Des communautés de décomposeurs microscopiques variés vivent dans les sédiments du fond, où ils enrichissent l'eau en nutriments.

LES CHANGEMENTS SAISONNIERS DANS UN LAC Dans les régions tempérées aux étés chauds et aux hivers froids, des variations saisonnières de densité et de température affectent tant les eaux superficielles que les eaux profondes d'un lac. Une couche de glace recouvre la surface de nombreux lacs en plein hiver. L'eau près du point de congélation se montre moins dense et s'accumule sous la glace. L'eau à 4 °C, la plus dense, s'accumule dans des couches plus profondes et un peu moins froides que la couche superficielle en plein hiver.

Au printemps, les jours allongent et l'air se réchauffe, de sorte que la glace du lac fond, que les eaux superficielles atteignent 4 °C et que

Figure 49.20 Dans les montagnes Rocheuses du Canada, le bassin du lac Moraine a résulté de l'action des glaciers pendant la plus récente glaciation.

la température de l'eau du lac devient uniforme. Les vents soufflant sur les eaux superficielles suscitent un **brassage printanier** : de puissants mouvements verticaux apportent au fond du lac l'oxygène dissous qui se trouvait près de la surface, et les nutriments libérés par la décomposition passent des sédiments à la surface du lac.

Au milieu de l'été se forme une thermocline, une couche d'eau intermédiaire où un écart de température bloque tout mouvement vertical de l'eau (voir la figure 49.22). Se voulant plus chaudes et moins denses, les eaux superficielles flottent sur la thermocline, alors que les décomposeurs éliminent l'oxygène dissous dans les eaux plus froides et plus profondes. En automne, les eaux superficielles se refroidissent, deviennent plus denses, s'enfoncent et font disparaître la thermocline. Au cours d'un tel **brassage automnal**, les eaux se déplacent à la verticale, si bien que l'oxygène dissous est entraîné vers le fond et que les nutriments remontent.

La productivité primaire est liée à la succession des saisons. Après un brassage printanier, l'allongement des jours et le recyclage des nutriments favorisent des taux de photosynthèse plus élevés. Le phytoplancton et les plantes aquatiques racinées absorbent rapidement du phosphore, de l'azote et d'autres nutriments. Pendant la saison de croissance, la thermocline interrompt les déplacements d'eau verticaux, et les nutriments captifs dans les débris d'organismes s'enfoncent dans les eaux profondes. À la fin de l'été, la pénurie de nutriments au-dessus de la thermocline limite la photosynthèse. Puis, le brassage automnal ramène des nutriments à la surface, ce qui suscite une

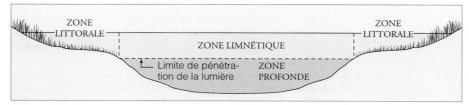

Figure 49.21 Une zonation d'un lac. La zone littorale couvre toutes les rives du lac et s'étend à la profondeur où les plantes aquatiques racinées cessent de pousser. La zone profonde englobe toutes les eaux situées sous la limite de pénétration de la lumière. Au-dessus de cette zone se trouvent les eaux libres et éclairées de la zone limnétique.

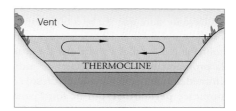

Figure 49.22 Des couches thermiques observées en été dans de nombreux lacs des régions tempérées.

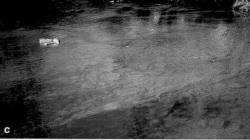
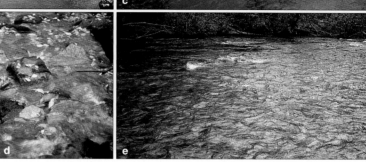

poussée de productivité primaire. Cependant, la diminution des heures d'ensoleillement ne permet pas une poussée à long terme, et ce n'est qu'au printemps suivant que la productivité primaire recommencera à augmenter.

LA NATURE TROPHIQUE DES LACS La topographie, le climat et l'histoire géologique d'un lac déterminent le nombre et les types des espèces qui y vivent, leur dispersion dans le milieu aquatique ainsi que la façon dont elles recyclent les nutriments. Les sols de la région environnante et du bassin du lac influent sur les types et les quantités de nutriments qui seront à la disposition des organismes.

La forme du bassin, de même que les interactions du climat, du sol et des activités métaboliques des espèces qui y vivent déterminent le caractère oligotrophe ou eutrophe d'un lac. Un lac oligotrophe se veut généralement profond, limpide et pauvre en nutriments, de sorte que la productivité primaire s'y montre faible. Par contre, un lac eutrophe se veut habituellement peu profond et riche en nutriments, si bien que la productivité primaire s'y montre élevée. De telles conditions se produisent de façon naturelle lorsque les sédiments s'accumulent dans le bassin d'un lac. L'eau devient de moins en moins limpide et de moins en moins profonde, par rapport à celle d'un lac oligotrophe, et les communautés aquatiques sont bientôt dominées par le phytoplancton. L'accumulation prolongée de sédiments peut aboutir au remplissage du bassin et à l'assèchement du lac.

Comme le souligne la section 48.11, l'**eutrophisation** désigne tout processus par lequel un plan d'eau s'enrichit en nutriments. Dans le cas du lac Washington, à Seattle, ce sont les activités humaines qui ont abouti à l'eutrophisation. De 1941 à 1963, le déversement d'eaux usées riches en phosphates dans ce lac a favorisé la prolifération des cyanobactéries. Les amas limoneux qui se formaient en été rendaient le lac impropre aux activités récréatives. Avec l'abondance du phosphore, l'azote est devenu le facteur limitant (voir la section 45.4). Les cyanobactéries, capables de fixer l'azote, ont fini par dominer. On a par la suite interdit tout déversement d'eaux usées dans le lac, ce qui a permis à ce dernier d'être relativement rétabli dès 1975.

Les écosystèmes propres aux cours d'eau

Les écosystèmes dans lesquels l'eau est en mouvement portent le nom de **cours d'eau**. Ceux-ci prennent d'abord la forme de petites sources d'eau douce et peuvent s'élargir de plus en plus en aval pour former des ruisseaux, des rivières et des fleuves. Entre les deux extrémités d'un même cours d'eau, on peut retrouver trois types d'habitat : des zones de courant, des fosses et des plats (voir la figure 49.23). Une zone de courant se définit comme la partie agitée et peu profonde où l'eau coule rapidement sur un fond rocheux, sablonneux et inégal. Une fosse constitue la partie où l'eau se veut profonde et coule

Figure 49.23 Des habitats de cours d'eau en Caroline du Nord et en Virginie. **a)** Une fosse. **b)** Une fosse débouchant sur une zone de courant. **c)** Un plat. **d)** Des feuilles mortes dans une zone de courant. **e)** Une zone de courant vue de près.

doucement sur un fond lisse, sablonneux ou vaseux. Un plat représente la partie où l'eau se montre calme en surface et coule rapidement sur un fond rocheux ou mi-rocheux, mi-sablonneux.

La température et le débit moyens d'un cours d'eau varient en fonction des précipitations, de la fonte des neiges, de la géographie, de l'altitude et même de l'ombre projetée par la végétation. Par ailleurs, les concentrations en solutés du cours d'eau se déterminent par la composition de son lit et par la présence ou non de déchets d'origines agricole, industrielle et urbaine.

Les cours d'eau reçoivent la plus grande partie de la matière organique des réseaux alimentaires, surtout dans les écosystèmes forestiers. Lorsque les arbres jettent de l'ombre et entravent la photosynthèse, leurs branches et feuilles mortes forment la base des réseaux alimentaires détritiques. Les organismes aquatiques absorbent et libèrent constamment des nutriments pendant que l'eau s'écoule en aval. Les nutriments ne peuvent retourner en amont que dans les tissus de poissons migrateurs et d'autres animaux. On peut considérer que les nutriments ne cessent jamais de circuler entre les organismes aquatiques et l'eau.

Dès l'apparition des premières villes, les cours d'eau ont servi de décharges pour les déchets industriels et municipaux. Aujourd'hui, ceux-ci, ainsi que d'autres agents polluants issus de terres agricoles mal gérées, engorgent de sédiments un très grand nombre de cours d'eau et y engendrent une contamination chimique. Les cours d'eau sont néanmoins résistants et peuvent se rétablir assez rapidement lorsque leur pollution est endiguée.

Les étendues d'eau douce et d'eau salée se veulent beaucoup plus grandes que l'ensemble des biomes terrestres. Tous les écosystèmes aquatiques présentent leurs propres gradients de pénétration de la lumière, de température et de gaz dissous.

LES RÉGIONS OCÉANIQUES

Les océans du monde, qui couvrent près des trois quarts de la surface de la Terre, se divisent en deux grandes régions. Commençant aux plateaux continentaux et s'étendant jusqu'aux fosses océaniques, la région benthique englobe aussi les sédiments et les roches des fonds océaniques (voir la figure 49.24). Pour sa part, la région pélagique comprend tout le volume de l'eau océanique et comporte deux zones : la zone néritique, qui correspond à toute l'eau située au-dessus des plateaux continentaux, et la zone océanique, qui représente l'eau des bassins océaniques.

Les océans ne cessent d'impressionner en raison de leur immensité : leur surface s'étend à perte de vue à l'horizon, sans montagnes, ni vallées, ni plaines pour atténuer l'ampleur de l'effet visuel produit. L'impression ne serait sans doute pas la même si on pouvait voir toutes les montagnes, les vallées et les plaines submergées de la région benthique !

La productivité primaire des océans

Tout comme en milieu terrestre, la photosynthèse à la surface des océans se déroule à une échelle massive et la productivité primaire y varie d'une saison à l'autre (voir la section 7.8 et la figure 49.25). Les énormes « pâturages » de phytoplancton qui dérivent dans l'eau forment la base de réseaux alimentaires comprenant des copépodes, du krill, des baleines, des calmars et des poissons. Les restes et les déchets organiques provenant de ces communautés coulent jusqu'au fond des bassins océaniques, où ils enrichissent les réseaux alimentaires détritiques de la plupart des communautés benthiques.

Près de la surface des océans, 70 % de la productivité primaire pourrait être attribuable à l'**ultraplancton**, c'est-à-dire des bactéries photosynthétiques d'une taille ne dépassant pas deux micromètres. Dans les mers tropicales et subtropicales, qu'on croyait autrefois presque dépourvues de producteurs, 0,035 g d'eau peut renfermer jusqu'à 3 millions de bactéries. Dans les eaux trop profondes pour permettre la photosynthèse, les réseaux alimentaires reposent sur la **neige marine**, constituée de débris organiques qui s'enfoncent dans l'eau et deviennent la base alimentaire d'une biodiversité étonnante (pouvant atteindre quelque 10 millions d'espèces) dans les eaux médioocéaniques. Procédant aux plus grandes migrations circadiennes connues, certaines espèces remontent sur de très grandes distances pour aller se nourrir dans des eaux moins profondes la nuit, puis elles retournent vers le fond le lendemain matin. Les grands carnivores comprennent des espèces connues, comme les requins et les calmars géants, et des espèces nettement plus exotiques (voir la figure 49.26a).

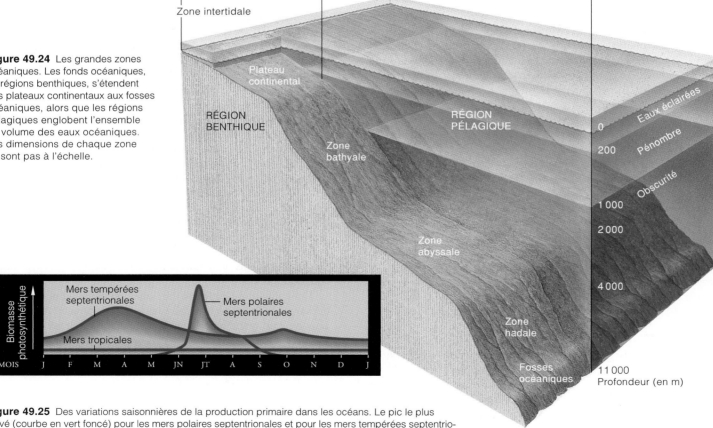

Figure 49.24 Les grandes zones océaniques. Les fonds océaniques, ou régions benthiques, s'étendent des plateaux continentaux aux fosses océaniques, alors que les régions pélagiques englobent l'ensemble du volume des eaux océaniques. Les dimensions de chaque zone ne sont pas à l'échelle.

Figure 49.25 Des variations saisonnières de la production primaire dans les océans. Le pic le plus élevé (courbe en vert foncé) pour les mers polaires septentrionales et pour les mers tempérées septentrionales correspond aux proliférations de phytoplancton déclenchées par l'allongement des jours. Le pic moins élevé représente une hausse des nutriments disponibles, analogue à celle que produit le brassage automnal dans de nombreux lacs. Dans la plupart des mers tropicales, la longueur des jours et la quantité de nutriments disponibles ne varient pas beaucoup, à l'instar de la productivité primaire.

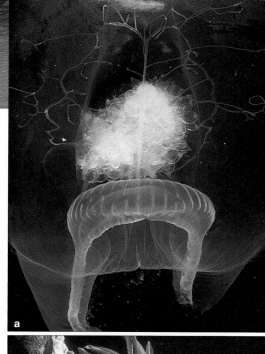

Figure 49.26 Au fond des océans se trouve un vaste milieu de vie marine encore largement inexploré. *Praya dubia*, en **a)**, est apparenté à la physalie. Ce siphonophore bioluminescent urticant se veut un des plus grands animaux connus et peut mesurer jusqu'à 50 m de longueur, de son extrémité supérieure pulsatoire et natatoire sans bouche à la pointe d'un pédoncule étroit, auquel s'attachent des méduses reproductrices, des tentacules et des polypes. *P. dubia* se déplace à la verticale durant ses migrations circadiennes. **b)** Des vers tubicoles vivant à proximité d'une cheminée hydrothermale. **c)** Une baudroie des grands fonds.

Les cheminées hydrothermales

Le rift des Galápagos constitue une frontière à activité volcanique entre deux plaques de la croûte terrestre, où des communautés se sont bien développées près de **cheminées hydrothermales**. L'eau très froide qui s'écoule dans les fissures des fonds océaniques est alors chauffée à des températures extrêmement élevées. À mesure que l'eau ainsi chauffée remonte sous pression, elle lessive des ions minéraux avant d'être expulsée des cheminées hydrothermales. Des sulfures de fer, de zinc et de cuivre ainsi que des sulfates de magnésium et de calcium dissous dans l'eau expulsée s'accumulent sur le plancher océanique et forment peu à peu de riches dépôts minéraux. Certains de ces minéraux deviennent des sources d'énergie pour des chimioautotrophes, qui constituent la base des communautés vivant près des cheminées hydrothermales. Les bactéries chimioautotrophes constituent les producteurs de réseaux alimentaires comprenant des vers tubicoles rouges, des crustacés, des myes et des poissons (voir la figure 49.26b). D'autres écosystèmes de cheminées hydrothermales se trouvent dans le Pacifique Sud près de l'île de Pâques, dans le golfe de Californie (à quelque 240 km au sud de Baja California, au Mexique) et dans l'Atlantique. En 1990, une équipe de scientifiques américains et russes a découvert un tel écosystème au fond du lac Baïkal, le lac le plus profond du monde. Le bassin de ce lac semble être en train de se rompre, ce qui expliquerait l'apparition de cheminées hydrothermales.

La vie est-elle d'abord apparue autour de ces cheminées riches en nutriments? Les conditions qui régnaient à la surface de la Terre primitive se voulaient on ne peut plus inhospitalières. Des cellules vivant dans les fonds océaniques auraient alors été protégées contre les rayonnements destructeurs qui bombardaient la Terre avant la formation de son atmosphère riche en oxygène. Certains descendants de ces cellules ont-ils été transportés plus près de la surface lorsque les fonds océaniques ont été soulevés au cours des mouvements de la croûte terrestre? Il s'agit là de quelques questions auxquelles tentent de répondre les chercheurs en biologie de l'évolution. Les sections 7.9 (le numéro 3 de la rubrique *Question à développement*) et 20.1 traitent de quelques hypothèses formulées à ce sujet.

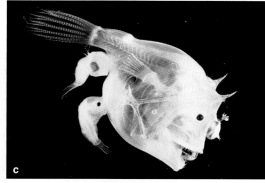

Si les caractéristiques de la terre nous sont bien connues, il n'en demeure pas moins que la plus grande partie de la surface de la Terre est couverte par les océans, dont la productivité primaire et la biodiversité se montrent tout à fait étonnantes.

RÉSUMÉ   Le chiffre en **brun** renvoie à la section du chapitre.

1. La biosphère englobe les eaux de la Terre, la basse atmosphère et les parties supérieures de la croûte terrestre où vivent les organismes. La circulation de l'énergie dans la biosphère se veut unidirectionnelle et la matière s'y déplaçant à grande échelle exerce ses effets dans tous les écosystèmes. *49*

2. La répartition des espèces dans la biosphère résulte de l'histoire, de la topographie et du climat de la Terre ainsi que des interactions des espèces. *49, 49.1, 49.2*

a) Le climat fait référence aux conditions météorologiques moyennes, dont la température, l'humidité, la vitesse des vents, la couverture nuageuse et la pluviosité. Il résulte de différences entre les quantités de rayonnement solaire parvenant aux régions équatoriales et aux régions polaires, de la rotation et de la translation de la Terre, de la répartition des continents et des mers, et de l'altitude des terres émergées.

b) Les interactions des facteurs climatiques sous-tendent les vents dominants et les courants océaniques, qui eux-mêmes modèlent les caractères généraux du temps. Les conditions météorologiques influent sur la composition des sols et les volumes d'eau disponibles, qui à leur tour orientent la répartition et la croissance des producteurs dans les écosystèmes.

3. Les terres émergées se répartissent en six grands domaines biogéographiques. Chacun se trouve plus ou moins isolé des autres par des océans, des chaînes de montagnes ou des déserts qui restreignent souvent la dispersion des gènes d'un domaine à l'autre, si bien que chacun renferme généralement un ensemble d'espèces qui lui est propre. *49.3*

4. Les caractéristiques des biomes (qui forment une catégorie de grands écosystèmes terrestres) s'expliquent par les variations régionales du climat, de la topographie et des sols. Les végétaux dominants reflètent les conditions qui prévalent dans les différents biomes: déserts, régions arbustives en milieu sec et forêts claires en milieu sec, prairies, forêts de feuillus (telles les forêts tropicales), forêts de conifères et toundra. *49.3 à 49.9*

5. Couvrant plus de 71 % de la surface de la Terre, les étendues d'eau comprennent les plans d'eau calme (comme les lacs et les étangs), les plans d'eau courante (dont les cours d'eau) et les océans. Tous les écosystèmes aquatiques comportent des gradients de pénétration de la lumière, de température de l'eau, de salinité et de gaz dissous, soit autant de facteurs qui présentent des variations quotidiennes et saisonnières et qui influent sur la productivité primaire. *49.10*

6. Les zones humides, les zones intertidales, les rivages rocheux et sablonneux, les récifs tropicaux et la haute mer constituent les principaux écosystèmes marins. L'activité photosynthétique la plus intense se situe dans les eaux côtières peu profondes et les régions d'upwelling. Un upwelling, un mouvement ascendant des eaux océaniques froides et profondes, pousse souvent des nutriments vers la surface. *49.12, 49.13*

Exercices

1. Donnez la définition de la biosphère. Dans le cadre de votre réponse, formulez aussi la définition de l'atmosphère, de la lithosphère et de l'hydrosphère. *49*

2. Énumérez les principaux facteurs interreliés qui déterminent le climat. *49.1*

3. Énumérez quelques-unes des façons dont les courants aériens et les courants océaniques influent sur la région où vous vivez. *49.1, 49.2*

4. Indiquez les endroits dans le monde où les biomes ci-dessous se retrouvent le plus souvent et décrivez-en quelques traits essentiels. *49.5 à 49.9*

a) Désert	f) Forêt à feuilles caduques
b) Régions arbustives en milieu sec	g) Toundra arctique
c) Forêt claire en milieu sec	h) Toundra alpine
d) Prairies	i) Forêt boréale
e) Forêt de feuillus à feuilles persistantes	j) Forêt alpine

5. Donnez la définition d'un sol, puis expliquez en quoi la composition des sols régionaux affecte la répartition des écosystèmes. *49.4*

6. Décrivez les caractéristiques des zones littorale, limnétique et profonde d'un grand lac en milieu tempéré en ce qui concerne la productivité primaire saisonnière. *49.10*

7. Donnez les définitions des deux principales régions d'un océan. La haute mer est-elle exempte de toute vie? *49.11*

8. Donnez la définition et les caractéristiques des écosystèmes suivants: zone humide de mangrove, estuaire et zone intertidale. *49.12*

Autoévaluation   RÉPONSES À L'ANNEXE III

1. Le rayonnement solaire régit la répartition des systèmes météorologiques et influe ainsi sur _____.
a) les zones climatiques   c) les variations saisonnières
b) la répartition des pluies   d) toutes ces réponses

2. _____ constitue un bouclier de protection contre le rayonnement ultraviolet.
a) La haute atmosphère   c) La couche d'ozone
b) La basse atmosphère   d) L'effet de serre

3. Les variations régionales des modèles généraux de pluviosité et de température sont liées _____.
a) à la circulation de l'air dans le monde   c) à la topographie
b) aux courants océaniques   d) toutes ces réponses

4. Une ombre de pluie désigne une diminution des précipitations sur _____ d'une chaîne de montagnes.
a) le côté au vent   c) le point le plus élevé
b) le côté sous le vent   d) le point le moins élevé

5. Les domaines biogéographiques sont _____.
a) les étendues de terre et d'eau
b) les six principales étendues de terre
c) divisés en biomes
d) les réponses b) et c)

6. La répartition des biomes correspond approximativement aux variations régionales _____.
a) du climat   b) des sols
c) de la topographie   d) toutes ces réponses

7. Les végétaux dominants des _____ sont très bien adaptés à la récurrence des incendies de forêt allumés par la foudre.
a) étendues d'arbustes en milieu sec   c) pinèdes méridionales
b) prairies   d) toutes ces réponses

8. Lors _____, les eaux profondes, souvent riches en nutriments, se déplacent jusqu'à la surface d'un plan d'eau.
a) d'un brassage printanier   c) d'un upwelling
b) d'un brassage automnal   d) toutes ces réponses

9. Associez chaque terme à la description la plus appropriée.
_____ Forêt boréale
_____ Permafrost
_____ Chaparral
_____ Forêt dense équatoriale

a) Forte productivité; recyclage rapide des nutriments (mauvais réservoir)
b) « Forêt marécageuse »
c) Type d'étendue d'arbustes en milieu sec
d) Caractéristique de la toundra arctique

LAC OLIGOTROPHE	LAC EUTROPHE
Profond, aux rives escarpées	Peu profond, au littoral ample
Volume des eaux profondes élevé par rapport au volume des eaux de surface	Volume des eaux profondes peu élevé par rapport au volume des eaux de surface
Très limpide	Limpidité moindre
Eau bleue ou verte	Eau verte, jaune-vert ou brun-vert
Faible teneur en nutriments	Forte teneur en nutriments
Abondance d'oxygène à tous les niveaux, à longueur d'année	Appauvrissement en oxygène dans les eaux profondes, en été
Peu de phytoplancton ; surtout des algues vertes et des diatomées	Nombreux et volumineux agrégats de phytoplancton ; cyanobactéries abondantes
Grande quantité de décomposeurs aérobies dans la zone profonde	Décomposeurs anaérobies
Biomasse peu élevée dans la zone profonde	Biomasse élevée dans la zone profonde

Figure 49.35 Le lac Crater (Oregon), en **a)**, résulte de l'effondrement d'un cône volcanique, qui s'est ensuite rempli d'eau de pluie et de neige fondue. Comme d'autres volcans des Cascades, celui-ci doit sa forme à l'action des forces tectoniques qui s'exerçaient au début du cénozoïque. **b)** Les principales caractéristiques d'un lac oligotrophe et d'un lac eutrophe.

10. Associez chaque terme à la description la plus appropriée.

_____ Neige marine
_____ Remontée
_____ Eutrophisation
_____ Estuaire
_____ Région benthique

a) Mouvement ascendant des eaux océaniques froides, profondes et souvent riches en nutriments
b) Sédiments et roches situés sur les fonds océaniques
c) Mélange, partiellement enclavé, d'eau de mer et d'eau douce
d) Enrichissement en nutriments d'un plan d'eau ; limpidité réduite et prolifération du phytoplancton
e) Base des réseaux alimentaires médio-océaniques

Questions à développement

1. Le kangourou fait partie des mammifères marsupiaux à fourrure, et le raton laveur, des mammifères placentaires à fourrure. Tentez d'expliquer pourquoi le kangourou est apparu en Australie et non en Amérique du Nord, et pourquoi l'inverse s'avère vrai dans le cas du raton laveur (voir les sections 26.9 et 26.10).

2. Compte tenu de la répartition des terres émergées et des eaux océaniques, expliquez pourquoi les biomes prairies se forment généralement à l'intérieur des continents et non près des côtes.

3. Une zone humide se définit comme une aire de transition séparant un écosystème terrestre et un écosystème aquatique, une aire dans laquelle les végétaux se sont adaptés à un sol saturé d'eau par périodes ou en permanence. Parmi les zones humides figurent les marais de mangrove et les zones riveraines (voir la section 27.6). Partout, les zones humides sont transformées en vue d'activités agricoles, de constructions immobilières ou d'autres activités humaines. La grande valeur écologique des zones humides pour l'ensemble du pays l'emporte-t-elle sur les droits des propriétaires privés d'une grande partie des zones humides des États-Unis ? Ces propriétaires devraient-ils être tenus de céder leurs terres à l'État ? Dans l'affirmative, qui devrait déterminer la valeur des terres et payer pour les acquérir ? Une expropriation de ce genre se voudrait-elle contraire aux lois en vigueur aux États-Unis ?

4. Observez l'état d'un lac près de chez vous ou dans un lieu de villégiature que vous connaissez. Ou encore, regardez la photo du lac Crater (Oregon) que présente la figure 49.35a. À partir des données mentionnées à la figure 49.35b, estimez-vous que le lac Crater peut se qualifier d'oligotrophe ou d'eutrophe ? Va-t-il le demeurer ?

5. Le Service des forêts et le Laboratoire de dynamique géophysique des États-Unis ont mis au point des programmes informatiques simulant les conséquences possibles d'une tendance au réchauffement planétaire (voir la section 48.9). Selon les résultats des simulations, les États-Unis vont subir d'ici 2030 de fréquents incendies de forêt dévastateurs. De violentes tempêtes et des précipitations plus abondantes dans les États de l'Ouest vont accélérer l'érosion, surtout sur les côtes et dans les régions escarpées ou montagneuses.

L'accélération du dépôt de sédiments produira des effets négatifs pour les cours d'eau, les fleuves et les estuaires. Des régions arbustives en milieu sec et des forêts claires en milieu sec pourraient bien remplacer les forêts à feuilles caduques au Minnesota, en Iowa et au Wisconsin, ainsi que dans certaines parties du Missouri, de l'Illinois, de l'Indiana et du Michigan. Le rôle de grenier à blé que joue le Midwest américain sera bientôt assumé par le Canada. En songeant à l'endroit où vous vivez actuellement ou à celui où vous aimeriez vivre plus tard, expliquez en quoi de tels changements vous toucheraient ? Les pays du monde devraient-ils s'efforcer activement de trouver des moyens d'enrayer le réchauffement planétaire ? Croyez-vous plutôt que les scientifiques concernés tiennent un discours alarmiste à ce sujet et que leurs craintes ne sont pas fondées ? Expliquez comment vous en êtes venu(e) à pareille conclusion.

6. Les océans couvrent la plus grande partie de la surface de la Terre. Leurs parties les plus profondes comptent parmi les plus éloignées des populations humaines. Envisagez maintenant le problème contemporain suivant : que faire des déchets nucléaires et des autres matières véritablement dangereuses ? Le prochain chapitre traite particulièrement de ce grave problème. À l'heure actuelle, les États-Unis stockent de grandes quantités de déchets très dangereux et ne disposent d'aucun lieu sûr à cette fin. Serait-il faisable, sinon légitime, de transformer les fonds océaniques en « dépotoirs » de déchets dangereux ? Expliquez votre réponse.

Vocabulaire

Atmosphère 49
Biogéographie 49
Biome 49.3
Biosphère 49
Brassage automnal 49.10
Brassage printanier 49.10
Cheminée hydrothermale 49.11
Climat 49
Cours d'eau 49.10
Désert 49.5
Désertification 49.5
Domaine biogéographique 49.3
Écorégion 49.3
El Niño 49.13

Estuaire 49.12
Eutrophisation 49.10
Forêt boréale 49.8
Forêt claire en milieu sec 49.6
Forêt de conifères 49.8
Forêt de feuillus à feuilles caduques 49.7
Forêt de feuillus à feuilles persistantes 49.7
Forêt dense équatoriale 49.7
La Niña 49.13
Lac 49.10
Mousson 49.2
Neige marine 49.11

Océan 49.2
Ombre de pluie 49.2
Permafrost 49.9
Pinède méridionale 49.8
Prairie 49.6
Région arbustive en milieu sec 49.6
Savane 49.6
Sol 49.4
Toundra 49.9
Ultraplancton 49.11
Upwelling 49.13
Zone climatique 49.1
Zone humide de mangrove 49.12
Zone intertidale 49.12

Lectures complémentaires

Abarca Del Rio, R., *et al.* (mars 2001). « El Niño et la rotation de la Terre ». *Pour la science*, 281 : 78-85.

Dold, C. (févr. 1999). « The Cholera Lesson ». *Discover*, 71-76.

Garrison, T. (1996). *Oceanography*, 2e éd. Belmont, Californie : Wadsworth.

Olson, D.M. et E. Dinerstein (1998). « The Global 200 : A Representation Approach to Conserving the Earth's Most Biologically Valuable Ecoregions ». *Conservation Biology*, 12(3).

Smith, R. (1996). *Ecology and Field Biology*, 5e éd. New York : HarperCollins.

Lectures complémentaires en ligne : consultez l'infoTrac à l'adresse Web www.brookscole.com/biology

915

QUELQUES EXEMPLES DE POLLUTION DE L'AIR

La présente étude de l'incidence des activités humaines s'amorce par une définition de la pollution, qui représente actuellement un grave problème. Les **agents polluants** constituent des substances inédites (par leur nature ou leur concentration) dans l'évolution des écosystèmes, ce qui signifie que ceux-ci n'ont pu acquérir les mécanismes d'adaptation nécessaires pour leur résister. En ce qui concerne plus précisément les êtres humains, les agents polluants désignent les substances qui s'accumulent suffisamment pour nuire à la santé, aux activités et même à la survie.

Les polluants atmosphériques en sont des exemples bien connus. Comme le montre le tableau 50.1, ils comprennent le dioxyde de carbone, les oxydes de soufre, les oxydes d'azote, les chlorofluorocarbones ainsi que les oxydants photochimiques issus de l'action des rayons solaires sur certains produits chimiques. À eux seuls, les États-Unis produisent chaque jour 700 000 t métriques de polluants atmosphériques, dont la concentration à la source ou la dissémination est fonction des conditions climatiques et de la topographie locales.

Le smog

Une **inversion thermique** se produit lorsque les conditions météorologiques ont pour effet d'enfermer une couche d'air froid et dense sous une couche d'air plus chaud. Les agents polluants présents dans l'air ainsi enfermé ne peuvent être dispersés par les vents et sont susceptibles d'atteindre des concentrations dangereuses. Les inversions thermiques ont joué un rôle primordial dans quelques-uns des pires cas de pollution de l'air, car elles intensifient le phénomène atmosphérique que constitue le smog (voir la figure 50.2).

On retrouve deux types de smog (le smog industriel ou smog gris et le smog photochimique) dans les grandes villes. Dans les milieux aux hivers froids et humides, le **smog industriel** prend la forme d'un brouillard grisâtre recouvrant les villes industrielles où on recourt

Tableau 50.1	*Les principales catégories de polluants atmosphériques*
Oxydes de carbone	Monoxyde de carbone (CO), dioxyde de carbone (CO_2)
Oxydes de soufre	Dioxyde de soufre (SO_2), trioxyde de soufre (SO_3)
Oxydes d'azote	Monoxyde d'azote (NO), dioxyde d'azote (NO_2), oxyde nitreux (N_2O)
Composés organiques volatils	Méthane (CH_4), benzène (C_6H_6), chlorofluorocarbones (CFC)
Oxydants photochimiques	Ozone (O_3), nitrates de peroxyacétyle (PAN), peroxyde d'hydrogène (H_2O_2)
Particules en suspension	Solides (poussières, suie, amiante, plomb, etc.) et gouttelettes (acide sulfurique, huiles, pesticides, etc.)

au charbon et à d'autres combustibles fossiles pour assurer la fabrication de biens, satisfaire les besoins de chauffage et produire de l'énergie électrique. L'utilisation de ces combustibles dégage divers polluants atmosphériques : poussières, fumée, suie, cendres, amiante, huiles, particules de plomb et autres métaux lourds, et oxydes de soufre. Lorsqu'ils ne sont pas dispersés par les vents ou la pluie, les polluants atmosphériques peuvent atteindre des concentrations mortelles. Ainsi, un épisode de smog industriel a entraîné la mort de 4000 personnes à Londres, en 1952. Avant l'imposition de restrictions à l'utilisation du charbon, des villes américaines comme New York, Pittsburgh et Chicago étaient recouvertes d'un nuage de pollution grisâtre. À l'heure actuelle, le smog industriel est toutefois davantage présent en Chine, en Inde et dans d'autres pays en voie de développement de même que dans les pays d'Europe de l'Est qui utilisent beaucoup de charbon.

Dans les régions plus chaudes, le **smog photochimique** forme plutôt un brouillard brunâtre recouvrant les grandes villes et se concentre surtout au-dessus des bassins naturels, comme à Los Angeles et à Mexico (voir la figure 50.2). Le principal agent polluant se veut le monoxyde d'azote émis par les véhicules motorisés, lequel réagit ensuite avec l'oxygène de l'air pour former du dioxyde d'azote. Exposé à la lumière solaire, celui-ci réagit à son tour avec des hydrocarbures pour former des oxydants photochimiques. La plupart des hydrocarbures proviennent du déversement ou de la combustion incomplète d'essence. Parmi les principaux oxydants figurent l'ozone et les **nitrates de peroxyacétyle (PAN),** dont la présence à l'état de simples traces suffit pour irriter les yeux et les poumons, et causer des dommages aux récoltes.

Les dépôts acides

Les oxydes de soufre et d'azote font partie des polluants atmosphériques les plus nocifs. Alors que les centrales thermiques au charbon, les fonderies et les usines émettent les plus grandes quantités de dioxyde de soufre, ce sont les véhicules motorisés, les centrales thermiques au gaz et au pétrole ainsi que les engrais riches en azote qui constituent les principales sources d'oxydes d'azote. Après avoir été émis dans un air sec, ces oxydes demeurent brièvement en suspension et retombent au sol, où ils forment un **dépôt acide sec**. Dans un air humide, ils forment plutôt de la vapeur d'acide nitrique, des gouttelettes d'acide sulfurique et des sels de sulfate et de nitrate. Le

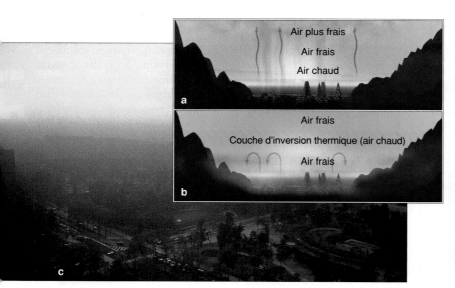

Figure 50.2 a) La circulation normale de l'air dans les régions où se forme du smog. **b)** Des polluants atmosphériques sont enfermés sous une couche d'inversion thermique. **c)** Une vue de Mexico par un matin ensoleillé. La topographie, le très grand nombre d'habitants et de véhicules motorisés ainsi que la production industrielle combinent leurs effets pour produire un des smogs les plus denses du monde. Respirer l'air de Mexico équivaut à fumer deux paquets de cigarettes par jour.

Figure 50.3 Une carte de l'acidité moyenne des précipitations aux États-Unis, en 1998. Les points en rouge indiquent la présence de grandes centrales thermiques au charbon ou de vastes établissements industriels. L'exposition prolongée aux polluants atmosphériques accélère le déclin des forêts partout dans le monde. Les arbres affaiblis par la pollution résistent beaucoup moins bien à la sécheresse, aux maladies et aux organismes nuisibles.

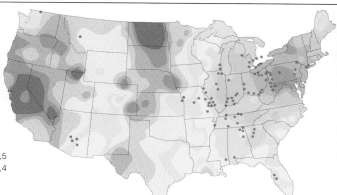

• Grandes centrales thermiques au charbon ou vastes établissements industriels

>5,3	5,0–5,1	4,7–4,8	4,4–4,5
5,2–5,3	4,9–5,0	4,6–4,7	4,3–4,4
5,1–5,2	4,8–4,9	4,5–4,6	<4,3

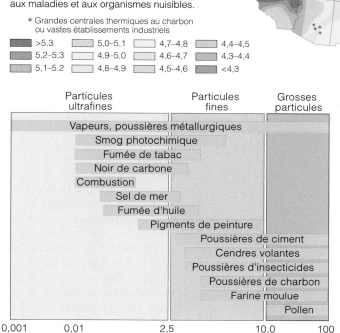

Particules ultrafines · Particules fines · Grosses particules

Vapeurs, poussières métallurgiques
Smog photochimique
Fumée de tabac
Noir de carbone
Combustion
Sel de mer
Fumée d'huile
Pigments de peinture
Poussières de ciment
Cendres volantes
Poussières d'insecticides
Poussières de charbon
Farine moulue
Pollen

0,001 · 0,01 · 2,5 · 10,0 · 100
Diamètre moyen des particules (en µm)

Figure 50.4 Les particules en suspension consistent en gouttelettes solides et liquides suffisamment petites pour se maintenir dans l'air plus ou moins long-temps. Les particules ultrafines parviennent aux alvéoles des poumons et provoquent divers troubles respiratoires. Produit à hauteur de quelque six millions de tonnes par année, le noir de carbone. C'est une poudre dérivée du carbone, entre dans la fabrication de peintures, de pneus et d'autres biens. Pour leur part, les cendres volantes représentent d'importants sous-produits de la combustion du charbon dont les émissions s'élèvent à 45 millions de tonnes par année.

vent les disperse parfois loin de leurs sources d'émission et, lorsqu'ils tombent au sol avec la pluie ou la neige, ils donnent lieu à des précipitations acides, comme les **pluies acides**. Si l'eau de pluie normale montre un pH d'environ 5, l'eau de pluies acides peut devenir de 10 à 100 fois plus acide, soit autant que le jus de citron ! En plus d'altérer les métaux, le marbre des édifices, le caoutchouc, les plastiques, les bas de nylon et d'autres matériaux, les dépôts acides perturbent la physiologie des organismes, la chimie des écosystèmes et la biodiversité.

Selon le type de sol et la couverture végétale qui les caractérisent, certaines régions sont beaucoup plus sensibles que d'autres aux pluies acides (voir la figure 50.3). À l'instar d'une eau à haute teneur en carbonate, un sol fortement alcalin peut neutraliser les acides avant que ceux-ci n'atteignent les cours d'eau et les lacs d'un bassin-versant. Cependant, maints bassins-versants du nord de l'Europe, du sud-est du Canada et de plusieurs régions des États-Unis ne comportent qu'une mince couche de terre recouvrant du granit massif, soit un type de sol qui atténue très peu les apports acides.

Les pluies tombant sur l'est de l'Amérique du Nord se veulent aujourd'hui de 30 à 40 fois plus acides qu'il y a à peine quelques

dizaines d'années, et les rendements agricoles ne cessent de diminuer. Les populations de poissons sont déjà disparues dans plus de 200 lacs de la région des monts Adirondack (New York). Par ailleurs, on estime que 48 000 lacs en Ontario ne compteront plus aucun poisson d'ici 20 ans. La pollution dans les régions industrielles modifie l'acidité des précipitations à un degré tel qu'elle contribue aussi au déclin des forêts et des mycorhizes qui favorisent la régénération (voir la section 24.4).

Des chercheurs ont confirmé depuis longtemps que les émissions des centrales thermiques, des usines et des véhicules motorisés constituent les principales sources de polluants atmosphériques. En 1995, des chercheurs rattachés à l'École de santé publique de l'université Harvard et à l'université Brigham Young ont publié les résultats d'une étude détaillée sur la qualité de l'air. Ils ont constaté que l'espérance de vie diminue d'un an chez les personnes habitant une ville où l'air est chargé de fines particules de poussière, de suie et de fumée ou de gouttelettes acides. Les particules plus petites endommagent les tissus pulmonaires, et de fortes concentrations de particules ultrafines peuvent causer le cancer du poumon (voir la figure 50.4).

À une certaine époque, la plus haute cheminée d'usine dans le monde, qui se trouvait en Ontario, rejetait à elle seule 1 %, en poids, de toutes les émissions annuelles de dioxyde de soufre dans le monde. Or, le Canada reçoit aujourd'hui plus de dépôts acides provenant des régions industrialisées du Midwest américain qu'il n'en émet vers son voisin du Sud. De même, la plupart des polluants atmosphériques qui se retrouvent dans les pays scandinaves, aux Pays-Bas, en Autriche et en Suisse sont issus des régions industrialisées de l'Europe de l'Ouest et de l'Est. Les vents dominants, à l'instar des polluants atmosphériques, ne s'arrêtent pas aux frontières nationales.

Les agents polluants constituent des substances inédites dans l'évolution des écosystèmes, ce qui signifie que ceux-ci n'ont pu acquérir les mécanismes d'adaptation nécessaires pour leur résister.

L'accumulation d'agents polluants peut nuire aux organismes, notamment lorsqu'elle atteint des concentrations produisant des effets nocifs pour la santé humaine.

Le smog résulte surtout de l'utilisation de combustibles fossiles en régions urbaines et industrialisées. Les polluants atmosphériques acides retombent au sol sous forme de particules sèches ou de composants des pluies acides.

La formation de smog et les dépôts acides constituent deux types de pollution de l'air dans certaines régions. Toutefois, les vents dominants transportent souvent des agents polluants au-delà des frontières nationales.

L'AMINCISSEMENT DE LA COUCHE D'OZONE : UNE CONSÉQUENCE PLANÉTAIRE DE LA POLLUTION DE L'AIR

La couche d'ozone se trouve à une altitude presque deux fois supérieure à celle du mont Everest, le plus haut sommet sur la Terre. De septembre à la mi-octobre, elle s'amincit aux latitudes élevées près de l'Antarctique. L'**amincissement de la couche d'ozone** saisonnier se veut si prononcé qu'il a déjà été qualifié de « trou dans la couche d'ozone ». Depuis 1999, il a atteint une superficie de 26 millions de km², soit la taille de l'Amérique du Nord (voir la figure 50.5).

Pourquoi l'amincissement de la couche d'ozone se montre-t-il si préoccupant ? Parce qu'il en résulte une hausse du rayonnement ultraviolet parvenant jusqu'à la Terre et une augmentation notable des cas de cancer de la peau, de cataracte et d'affaiblissement du système immunitaire. Un rayonnement ultraviolet accru a également une incidence négative sur la photosynthèse. Une diminution marquée du dégagement d'oxygène de la part du phytoplancton seulement pourrait modifier la composition de l'atmosphère (voir la section 7.8).

Les **chlorofluorocarbones (CFC)** constituent les principaux agents responsables de l'amincissement de la couche d'ozone. Inodores et invisibles, ces composés faits de chlore, de fluor et de carbone se retrouvent dans les réfrigérateurs et les climatiseurs (en tant qu'agents refroidissants) ainsi que dans les solvants et les mousses plastiques. Les CFC s'échappent lentement dans l'air et résistent à la dégradation. Une molécule de CFC libre qui absorbe un rayonnement ultraviolet libère un atome de chlore. La réaction entre cet atome et une molécule d'ozone produit de l'oxygène et du monoxyde de chlore, qui lui-même réagit avec de l'oxygène libre pour former un autre atome de chlore. Au total, un seul atome de chlore finit par décomposer plus de 10 000 molécules d'ozone !

Les concentrations de monoxyde de chlore au-dessus de l'Antarctique se veulent de 100 à 500 fois plus fortes qu'aux latitudes moyennes. L'explication est la suivante. Des nuages glacés se forment à haute altitude durant l'hiver, en Antarctique, et les vents qui tournent autour du pôle Sud pendant la plus grande partie de l'hiver agissent un peu comme une barrière dynamique qui empêche les nuages glacés de s'étendre à d'autres latitudes (voir la figure 50.5). Le même phénomène se produit aussi en Arctique, mais à une échelle moindre. Les cristaux de glace représentent des surfaces sur lesquelles les composés chlorés se dégradent rapidement. Lorsque l'air se réchauffe au printemps, le chlore se libère et va détruire l'ozone.

Les CFC ne constituent pas les seuls agents destructeurs de l'ozone. Le bromure de méthyle, un fongicide, ne demeure que peu de temps dans l'atmosphère, mais son utilisation est si largement répandue qu'il deviendra bientôt responsable d'environ 15 % de l'amincissement de la couche d'ozone si sa production ne cesse pas.

Quelques scientifiques ne croient pas que les produits chimiques contenant du chlore et du brome constituent une menace. Cependant, la majorité de ceux qui ont étudié les programmes de modélisation des écosystèmes ont plutôt conclu que ces produits représentent bel et bien une menace, tant pour la santé humaine que pour certaines récoltes et la vie animale dans son ensemble. Des produits de substitution sont maintenant disponibles pour la plupart des CFC et d'autres sont en voie d'être développés.

En vertu d'un accord international, la production de CFC a été progressivement éliminée dans les pays développés et le sera aussi dans les pays en voie de développement d'ici 2010, l'année où cessera également la production de bromure de méthyle. Des simulations informatiques récentes indiquent que la partie de la couche d'ozone qui s'amincit ne s'amplifiera pas si les objectifs internationaux en la matière sont atteints, auquel cas il faudra tout de même 50 ans pour que la couche d'ozone retrouve le même état qu'en 1985 et de 100 à 200 années supplémentaires pour qu'elle redevienne ce qu'elle était avant les années 1950. D'ici là, les générations actuelles et futures devront subir les effets des produits chimiques qui détruisent la couche d'ozone. Et si les quantités de gaz à effet de serre continuent aussi d'augmenter, il faut s'attendre à ce que la taille et la durée de l'amincissement saisonnier de la couche d'ozone s'accentuent constamment.

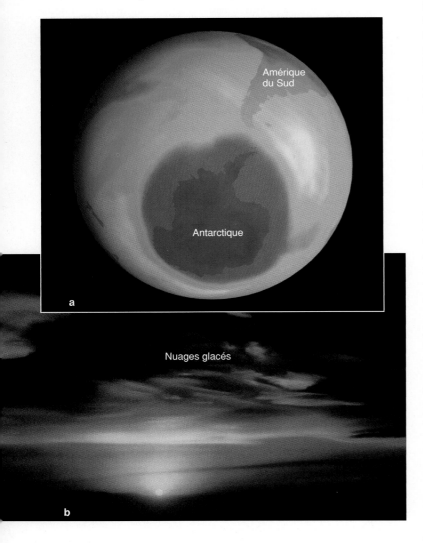

Figure 50.5 a) L'amincissement saisonnier de la couche d'ozone au-dessus de l'Antarctique, durant l'automne 2001. La coloration bleu foncé correspond à la superficie (la plus vaste jamais observée à cette époque) où la couche d'ozone se veut la plus mince. Les nuages glacés au-dessus de l'Antarctique, en **b)**, jouent un rôle dans l'amincissement annuel de la couche d'ozone.

La pollution de l'air se répercute à l'échelle planétaire, comme dans le cas des CFC et des autres composés responsables d'un amincissement de la couche d'ozone qui protège la vie sur Terre contre le rayonnement ultraviolet du Soleil.

DEUX PROBLÈMES : L'ÉLIMINATION DES DÉCHETS SOLIDES ET LA CONVERSION DE TERRES À DES FINS AGRICOLES

Éviter d'être enterré sous ses propres déchets

Dans un écosystème naturel, les déchets d'un organisme constituent des ressources utiles pour d'autres organismes, de sorte que la matière se recycle dans l'ensemble de l'écosystème. Dans les pays en voie de développement, la rareté d'un grand nombre de ressources incite la population à préserver ces dernières le plus possible et à jeter peu de choses. Aux États-Unis et dans certains autres pays développés, la plupart des gens utilisent un objet une seule fois, le jettent et en achètent un autre. Chaque année, les quantités de déchets solides jetés, incinérés ou enfouis s'élèvent à des millions de tonnes métriques. Le papier et les produits qui en sont dérivés représentent la moitié du volume total de ces déchets, qui englobent également quelque 50 milliards de bouteilles et de canettes non consignées. Chaque semaine, la publication de l'édition dominicale des quotidiens aux États-Unis nécessite l'abattage de 500 000 arbres. Si les lecteurs recyclaient un dixième des journaux publiés, 25 millions d'arbres de moins seraient transformés en papier chaque année. Par rapport à la fabrication de papier neuf, le recyclage du papier entraîne une diminution de 95 % des polluants atmosphériques et nécessite un apport d'énergie de 30 % à 50 % moindre.

La tendance humaine à tout jeter après usage, un phénomène unique dans la nature, se traduit par une accumulation colossale de déchets solides dans les écosystèmes humains et naturels. Si on décide d'enterrer les déchets dans des sites d'enfouissement, que se passera-t-il lorsqu'on mettra en valeur les terrains vacants autour des grandes villes ? En outre, les sites d'enfouissement ne sont pas étanches et finissent par menacer les nappes phréatiques. Par contre, si on décide de brûler les déchets dans des incinérateurs, il faut se rappeler qu'ils émettent beaucoup d'agents polluants dans l'atmosphère et produisent des cendres très toxiques qui doivent être éliminées elles aussi.

Le recyclage se veut relativement facile à faire et peu coûteux. À l'échelle individuelle, chacun peut y contribuer en refusant d'acheter des biens suremballés, vendus dans des contenants non biodégradables ou conçus pour un usage unique, et en utilisant un bac à recyclage. Il vaut certainement mieux agir ainsi qu'encourager la construction d'énormes centres de récupération des ressources. Pour être rentables, de tels centres doivent traiter un volume de déchets si élevé que leurs propriétaires préfèrent souvent encourager la tendance à tout jeter après usage. De plus, les cendres toxiques issues du processus de récupération doivent ensuite être envoyées dans les mêmes sites d'enfouissement non étanches.

La conversion de terres marginales à des fins agricoles

La population humaine utilise aujourd'hui près de 21 % des terres émergées pour l'agriculture ou le pâturage. Par ailleurs, la proportion des terres qui pourraient être converties à des fins agricoles s'élève à 28 %, mais leur productivité serait si faible que les bénéfices obtenus seraient inférieurs aux coûts d'une telle conversion (voir la figure 50.6).

L'Asie et d'autres régions densément peuplées sont aujourd'hui aux prises avec de graves pénuries alimentaires récurrentes, bien que plus de 80 % des terres productives y soient déjà cultivées. Des scientifiques ont déployé des efforts soutenus pour faire augmenter la production des terres agricoles. Dans le cadre d'une **révolution verte**, leurs travaux ont été surtout axés sur une amélioration des caractéristiques

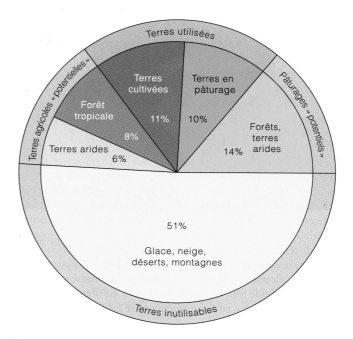

Figure 50.6 La classification des terres en fonction de leur utilisation possible à des fins agricoles. En théorie, le défrichage de vastes superficies de forêt tropicale et l'irrigation de terres marginales pourraient faire plus que doubler la surface des terres cultivées dans le monde. Cependant, il en résulterait une destruction de ressources forestières précieuses, une dégradation de l'environnement, de graves pertes de biodiversité et des coûts peut-être plus élevés que les bénéfices ainsi obtenus.

génétiques des plantes cultivées, en vue d'en accroître le rendement, et sur une exportation accrue du matériel et des pratiques agricoles vers les pays en voie de développement. Bon nombre de ces pays pratiquent une agriculture de subsistance, fondée sur le recours à l'énergie solaire, au travail manuel et à l'énergie animale, surtout celle de bœufs et d'autres animaux de trait. Par contre, l'agriculture mécanisée exige d'énormes apports d'engrais et de pesticides, une irrigation massive pour l'obtention de récoltes à haut rendement et l'utilisation de combustibles fossiles pour les machines agricoles. Ces pratiques modernes donnent des rendements agricoles quatre fois plus élevés, mais elles nécessitent l'emploi de 100 fois plus d'énergie et de minéraux. De plus, il semble que des facteurs limitants pourraient ralentir la hausse des rendements agricoles.

Les pressions en faveur d'une hausse de la production agricole se font surtout sentir dans les régions de l'Amérique centrale, de l'Amérique du Sud, de l'Asie, du Moyen-Orient et de l'Afrique où les populations humaines s'établissent de plus en plus sur des terres marginales. Il s'agit là d'un phénomène dont les répercussions dépassent les frontières nationales, comme on le verra bientôt.

La croissance de la population humaine se répercute sur l'état des terres émergées dans le monde. Les êtres humains produisent d'énormes quantités de déchets solides, mais pratiquent très peu la réutilisation ou le recyclage. Ils convertissent des terres marginales à des fins agricoles, souvent au prix d'une utilisation massive d'énergie et d'une dégradation de l'environnement.

RÉSUMÉ

Le chiffre en **brun** renvoie à la section du chapitre.

1. La croissance extraordinairement rapide de la population humaine s'accompagne d'un accroissement de la demande énergétique et de la pollution. **50, 50.1**

2. Un agent polluant désigne toute substance inédite, par sa nature ou sa concentration, dans l'évolution des écosystèmes, ce qui signifie que ceux-ci n'ont pu acquérir les mécanismes nécessaires pour l'absorber ou la recycler. Maints agents polluants se veulent des produits de l'activité humaine qui nuisent à la santé, aux activités ou à la survie même de tous les organismes. **50.1**

3. Le smog, une forme de pollution de l'air, caractérise les régions industrialisées et urbaines utilisant des combustibles fossiles. Il se concentre surtout dans les bassins terrestres propices à l'inversion thermique (une couche d'air frais et dense qui demeure enfermée sous une couche d'air plus chaud). Le smog industriel se forme dans les régions aux hivers froids et humides où se concentrent des industries ayant recours au charbon. Le smog photochimique se retrouve plutôt dans les grandes villes au climat plus chaud où circulent un grand nombre de véhicules motorisés. Le monoxyde d'azote émis par ces derniers réagit avec des hydrocarbures sous l'effet de la lumière solaire pour former des oxydants photochimiques tels que les nitrates de peroxyacétyle. **50.1**

4. Dans un climat sec, les polluants atmosphériques acides (comme les oxydes d'azote et de soufre) retombent au sol et forment des dépôts acides secs. Ils se dissolvent également dans l'eau atmosphérique et retombent au sol sous forme de précipitations acides humides, c'est-à-dire surtout de pluies acides. **50.1**

5. L'amincissement saisonnier de la couche d'ozone aux latitudes élevées est devenu prononcé en raison des chlorofluorocarbones et d'autres polluants atmosphériques présents dans la stratosphère, qui s'attaquent à l'ozone et permettent ainsi à plus de rayons ultraviolets solaires d'atteindre la surface de la Terre. **50.2**

6. Les surfaces terrestres se dégradent pour les raisons suivantes :

a) L'acceptation passive du rejet, de l'incinération et de l'enfouissement des déchets solides et l'absence d'efforts concertés en faveur du recyclage et de la réutilisation des matières, et d'une réduction de la production de déchets. **50.3**

b) La déforestation constante (la destruction de larges pans de biomes forestiers). **50.4**

c) La désertification (la transformation à grande échelle de prairies naturelles, de terres cultivées et de terres de pâturage en régions désertiques). **50.6**

7. La croissance de la population humaine s'appuie sur l'expansion de l'agriculture, une expansion rendue possible par une irrigation à grande échelle et par le recours massif aux engrais et aux pesticides. Bien qu'elles soient limitées, les sources d'eau douce dans le monde continuent d'être polluées par le ruissellement d'origine agricole (qui comporte des sédiments, des pesticides et des engrais), les déchets industriels et les eaux usées d'origine humaine. **50.7**

8. Les combustibles fossiles se veulent des sources d'énergie non renouvelables et de moins en moins abondantes, dont l'extraction et l'utilisation ont des incidences écologiques négatives. L'énergie nucléaire s'avère moins polluante, mais les coûts et les risques associés au confinement des combustibles nucléaires et au stockage des déchets radioactifs sont très importants. La croissance rapide de la population humaine impose la mise au point rapide de solutions de rechange abordables, comme le recours à l'énergie éolienne et à l'énergie solaire. **50.8, 50.9**

Exercices

1. Donnez la définition de la pollution et indiquez quelques exemples précis d'agents polluants de l'eau. *50.1, 50.7*

2. Établissez la distinction entre les phénomènes suivants. *50.1*
a) Le smog industriel et le smog photochimique
b) Les dépôts acides secs et les précipitations acides

3. Donnez la définition des chlorofluorocarbones et expliquez en quoi ils semblent contribuer à l'amincissement saisonnier de la couche d'ozone dans la stratosphère. *50.2*

4. Quel est le pourcentage des terres cultivées par rapport à l'ensemble des terres émergées de la Terre ? Quel est le pourcentage des terres émergées qui pourraient être converties en terres agricoles dans un avenir rapproché ? *50.3*

5. Donnez la définition de la déforestation et celle de la désertification et décrivez-en les conséquences possibles. *50.4, 50.5, 50.6*

6. Quelle activité humaine est responsable de la plus importante utilisation d'eau douce ? *50.7*

Autoévaluation   RÉPONSES À L'ANNEXE III

1. Depuis quelques siècles, la croissance de la population humaine _____.
a) s'est stabilisée   c) s'est accélérée
b) a légèrement augmenté   d) a été insignifiante

2. Les agents polluants perturbent les écosystèmes parce que _____.
a) leurs composants diffèrent de ceux qui forment les substances naturelles
b) seuls les êtres humains savent les utiliser
c) les écosystèmes n'ont pas acquis de mécanismes permettant de leur résister
d) leur incidence n'affecte que les écosystèmes, et non les êtres humains

3. Lors d'une inversion thermique, les conditions météorologiques ont pour effet d'enfermer une couche d'air _____ sous une couche d'air _____.
a) chaud ; frais   c) chaud ; rempli de suie
b) frais ; chaud   d) frais ; rempli de suie

4. _____ constitue une source de pollution de l'air produisant des effets à l'échelle régionale.
a) Le smog   c) L'amincissement de la couche d'ozone
b) La formation de pluies acides   d) Les réponses a) et b)

5. _____ constitue une source de pollution de l'air produisant des effets à l'échelle mondiale.
a) Le smog   c) L'amincissement de la couche d'ozone
c) La formation de pluies acides   d) Les réponses b) et c)

6. Les deux tiers de l'eau douce utilisée chaque année dans le monde sont destinés _____.
a) aux centres urbains   c) aux usines de traitement
b) à l'agriculture   d) les réponses a) et c)

7. La limite supérieure à laquelle le sol est saturé d'eau est dénommée _____.
a) eau souterraine   c) nappe phréatique
b) aquifère   d) limite de salinisation

8. L'énergie tirée des combustibles fossiles est _____ ; l'extraction et l'utilisation de ces combustibles ont une _____ incidence négative sur l'environnement.
a) renouvelable ; faible   c) renouvelable ; forte
b) non renouvelable ; faible   d) non renouvelable ; forte

9. L'énergie nucléaire se montre généralement _____ polluante que les combustibles fossiles ; elle comporte _____ de risques que l'utilisation de combustibles fossiles.
a) moins ; moins   c) plus ; moins
b) plus ; plus   d) moins ; plus

10. Associez chaque terme à la description la plus appropriée.

_____ Désertification	a) Peut-être une des meilleures options disponibles
_____ Déforestation	
_____ Révolution verte	b) Occasionne un appauvrissement des sols, des dommages aux bassins-versants et une altération des régimes des pluies
_____ Hydrogène solaire	
_____ Chlorofluorocarbones	
	c) Tentative d'amélioration des rendements agricoles des terres cultivées
	d) Transformation de grandes prairies naturelles en terres désertiques
	e) Composés invisibles et inodores qui contribuent à l'amincissement de la couche d'ozone

Figure 50.19 Une ville en tant qu'écosystème.

Questions à développement

1. Christine, une diplômée d'université, s'aperçoit que son idéalisme ne s'accorde pas du tout avec la réalité. Elle croit fermement que les personnes qui habitent aux États-Unis sont tenues de rendre le monde équitable pour tous les êtres humains, de promouvoir l'égalité en matière d'accès aux ressources, de soins de santé, de scolarisation et de sécurité économique, et d'œuvrer en faveur d'un environnement sain pour tous. Par ailleurs, elle comprend que la taille même de la population humaine rend tout cela impossible.

Christine refuse d'être associée à des choix et des mesures difficiles qui se veulent contraires à ses idéaux et elle a décidé de laisser la nature régler le problème. Dites ce que vous pensez de cette histoire vécue.

2. Effectuez une recherche pour déterminer la provenance de l'eau qui approvisionne votre ville et pour établir par où elle est passée avant d'y arriver.

3. Dressez une liste des avantages que vous procure le fait d'être membre d'une société riche et industrialisée. Énumérez ensuite quelques inconvénients qui y sont liés. Les avantages l'emportent-ils sur les inconvénients? Il ne s'agit pas d'une question piège.

4. D'aucuns affirment que ce sont des guerres économiques, davantage que des guerres militaires, qui départageront les gagnants et les perdants parmi les pays du monde, et ce, dans un avenir rapproché. La croissance économique dans certains pays qui faisaient partie de l'Union soviétique et dans quelques pays de l'Extrême-Orient a eu des effets dévastateurs pour l'environnement. Ailleurs, les efforts déployés par des biologistes du développement pour assurer le respect des normes de protection de l'environnement font augmenter le coût des biens produits et désavantagent beaucoup les pays se conformant à ces normes, dans un monde régi par la concurrence.

Les États-Unis devraient-ils rendre les lois sur l'environnement moins rigoureuses afin d'assurer leur survie économique? Pourquoi? Devraient-ils exercer des pressions sur les pays indifférents afin d'encourager la lutte contre les pratiques nuisibles? Pourquoi?

5. Pour faire diminuer la quantité de nouvelles espèces n'ayant pas encore reçu un nom et pour assurer son financement, un groupe de taxinomistes allemands offre à tous la possibilité, pour 2500 $ ou plus, d'attribuer un nom à une nouvelle espèce (voir le site Web de Biopat). Ainsi, l'épouse de Stan Lai, un banquier d'affaires, a donné le nom de son mari à un crapaud brun à rayures jaunes de la Bolivie (*Bufo stanlaii*, soit «crapaud de Stan Lai»). Elle a offert ce geste à son conjoint en guise de cadeau d'anniversaire.

En général, le nom d'une espèce évoque l'apparence de celle-ci ou rend hommage à son découvreur, mais pas toujours, comme le montre le cas d'un moucheron appelé *Dicrotendipes thanatogratus* (moucheron «Grateful Dead»). La Commission internationale de nomenclature zoologique, à Londres, s'oppose à la possibilité de laisser la taxinomie entre les mains du public, affirmant que cette façon de faire nuirait à la science et entraverait les efforts de protection des espèces. Qu'en pense Mme Lai? «Désormais, chaque fois que j'entends parler de la Bolivie, je deviens attentive. Après tout, je ne veux pas que notre crapaud disparaisse.»

Le fait d'offrir au public la possibilité d'acheter leur contribution à la taxinomie se veut-il nuisible pour la science? Est-ce une bonne ou une mauvaise façon de sensibiliser davantage le public à la biologie de la conservation?

6. Les populations de toutes les espèces utilisent des ressources et produisent des déchets. Prenez la figure 50.19 comme point de départ et rédigez un court texte portant sur l'accumulation et les utilisations de l'énergie et de la matière, y compris les déchets, par la population humaine d'une grande ville. Lorsque vous aurez terminé, comparez votre description à la circulation de l'énergie et au recyclage de la matière qui caractérisent la population naturelle d'un autre organisme.

7. De nombreux psychologues croient que chacun consacre, consciemment ou non, une grande partie de sa vie à se donner des racines qui pourraient le rassurer en une époque de changements déroutants ou inquiétants. Certains philosophes ont affirmé que chacun doit trouver une montagne, un fleuve, un jardin ou tout autre endroit qui suscite le sentiment d'un lien solide avec la nature. D'autres estiment plutôt que la formation d'un lien sentimental avec la nature procède d'une vision romantique ou mystique de celle-ci. Selon eux, il serait préférable d'acquérir une compréhension scientifiquement fondée de la nature et de mettre au point les moyens techniques nécessaires pour la protection et le maintien des ressources naturelles.

Êtes-vous d'accord avec l'un ou l'autre de ces deux points de vue? Ou considérez-vous qu'ils ne sont pas incompatibles?

Vocabulaire

Agent polluant *50.1*	Fusion nucléaire *50.9*
Amincissement de la couche d'ozone *50.2*	Inversion thermique *50.1*
Chlorofluorocarbone (CFC) *50.2*	Nappe phréatique *50.7*
Combustible fossile *50.8*	Nitrate de peroxyacétyle (PAN) *50.1*
Culture itinérante *50.4*	Parc éolien *50.9*
Déforestation *50.4*	Pluie acide *50.1*
Dépôt acide sec *50.1*	Révolution verte *50.3*
Désalinisation *50.7*	Salinisation *50.7*
Désertification *50.6*	Smog industriel *50.1*
Énergie solaire-hydrogène *50.9*	Smog photochimique *50.1*
Fusion d'un réacteur *50.8*	Traitement des eaux usées *50.7*

Lectures complémentaires

Kaiser, J. (18 févr. 2000). «Ecologists on a mission to save the world». *Science*, n° 287 : 1188-1192. Ouvrage traitant de la portée que les scientifiques écologistes devraient donner à l'interprétation de leurs résultats destinée aux responsables politiques.

Miller, G. T., jr (2003). *Environmental Science*, 9ᵉ éd. Belmont (Californie) : Brooks/Cole.

Tardieu, V., *et al.* (sept. 2002). «La terre est-elle vraiment malade?». *Science & vie*, 1020 : 98-181.

Terrell, K. (29 avr. 2002). «Running on fumes». *U.S. News & World Report*, p. 58-59. Article traitant de la nécessité des postes d'hydrogène pour les voitures à hydrogène.

Lectures complémentaires en ligne : consultez l'infoTrac à l'adresse Web www.brookscole.com/biology

ANNEXE I.   LE SYSTÈME DE CLASSIFICATION

Le présent système de classification a été établi à partir de plusieurs systèmes utilisés en microbiologie, en botanique et en zoologie. Si les principaux regroupements font l'objet d'un consensus plus ou moins général, ce n'est pas toujours le cas du nom de certains regroupements particuliers et de leur emplacement précis au sein de la structure d'ensemble. Plusieurs raisons expliquent l'absence d'un plein consensus à l'heure actuelle.

D'abord, les archives fossiles ne sont pas toujours complètes ou de grande qualité (voir la section 19.1), de sorte que la parenté phylogénétique unissant un groupe à d'autres groupes est parfois sujette à interprétation. Les études comparatives contemporaines à l'échelle moléculaire apportent déjà des réponses à certaines questions, mais le travail n'est pas terminé.

Ensuite, depuis l'époque de Linné, les systèmes de classification sont fondés sur les similarités et les différences morphologiques perçues chez les organismes. Bien que certaines interprétations initiales soient maintenant remises en question, les façons de se représenter les organismes sont si bien ancrées dans les esprits que toute nouvelle classification ne progresse souvent que lentement. Voici quelques exemples : traditionnellement, les oiseaux et les reptiles étaient regroupés dans des classes séparées ; pourtant, de solides arguments ont été avancés en faveur du regroupement des lézards et des serpents dans une classe, et des crocodiliens, des dinosaures et des oiseaux dans une autre classe. Certains biologistes préconisent un système de classification comportant six règnes (les archéobactéries, les eubactéries, les protistes, les végétaux, les eumycètes et les animaux). Beaucoup d'autres favorisent plutôt actuellement un système à trois domaines : les archéobactéries, les eubactéries et les eucaryotes.

Enfin, des chercheurs œuvrant en microbiologie, en mycologie, en botanique, en zoologie et dans d'autres champs d'étude ont hérité d'un vaste ensemble de publications reposant sur des systèmes de classification qui ont graduellement été mis au point dans chacun de ces champs d'étude. Nombreux sont ceux qui ne souhaitent pas abandonner une terminologie établie qui offre un accès au passé.

Ainsi, les opinions sont assez polarisées au sujet du règne des protistes : certains protistes pourraient facilement être regroupés avec les végétaux, les eumycètes ou les animaux. D'ailleurs, le terme « protozoaire » est un vestige d'un ancien système de classification

dans lequel certains organismes unicellulaires étaient considérés comme des animaux simples.

Compte tenu de ces difficultés, pourquoi les systématiciens consacrent-ils autant d'efforts à la formulation d'hypothèses concernant l'histoire de la vie ? Simplement parce que des systèmes de classification qui représentent précisément les parentés évolutives s'avèrent très utiles et confèrent une grande valeur prédictive aux analyses comparatives. Ils procurent également un bon cadre à l'étude du monde vivant, qui constituerait autrement un domaine de connaissances difficile à embrasser en raison de son ampleur. Il faut également souligner que les classifications facilitent la recherche de l'information relative aux organismes vivants.

La présente annexe portant sur la classification est simplement un document de référence perfectible et toujours inachevé. Les noms placés entre guillemets désignent des groupes polyphylétiques ou paraphylétiques en voie de réorganisation. Les regroupements de certains embranchements animaux reflètent l'existence d'un ancêtre commun (des nématodes aux arthropodes, des némertes aux annélides), comme l'indiquent les dernières données moléculaires obtenues. Par ailleurs, les espèces tout récemment découvertes (surtout dans la région médio-océanique) ne figurent pas dans les tableaux qui suivent, pas plus que de multiples espèces actuelles ou éteintes faisant partie d'embranchements mineurs. La présente annexe porte essentiellement sur les organismes mentionnés dans le corps du texte.

LES PROCARYOTES ET LES EUCARYOTES : UNE COMPARAISON

Rappelons d'abord que la quasi-totalité des eubactéries et des archéobactéries sont de taille microscopique et que leur ADN est concentré dans un nucléoïde (une région du cytoplasme) et non dans un noyau délimité par une membrane. Toutes sont unicellulaires ou participent à des associations simples de cellules. Elles se reproduisent par scissiparité ou par bourgeonnement et transfèrent des gènes par conjugaison.

Le tableau A rassemble divers types de procaryotes autotrophes et hétérotrophes. L'ouvrage de référence en la matière, *Bergey's Manual of Systematic Bacteriology*, qui a qualifié l'époque actuelle de transition taxinomique, identifie les groupes selon la taxinomie numérique (voir la section 21.3) plutôt qu'en fonction de la phylogénie. Le système de classification utilisé ici reflète l'existence de parentés évolutives chez quelques groupes de bactéries.

Les premières formes de vie ont été des procaryotes. Les traits similaires des eubactéries et des archéobactéries ont une origine plus lointaine que ceux des eucaryotes.

Contrairement aux procaryotes, toutes les cellules eucaryotes sont dotées d'un noyau renfermant l'ADN et d'organites membraneux et toutes possèdent des chromosomes auxquels sont rattachées de nombreuses histones et d'autres protéines. Elles comprennent des espèces unicellulaires ou pluricellulaires extrêmement diversifiées, dont la reproduction s'effectue par méiose, par mitose ou par les deux mécanismes.

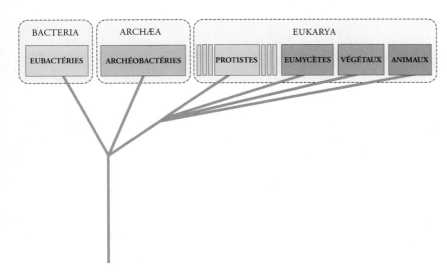

DOMAINE DES EUBACTÉRIES (*BACTERIA*)

RÈGNE DES EUBACTÉRIES Cellules procaryotes Gram moins et Gram plus. Paroi cellulaire composée de peptidoglycane. Grande diversité métabolique : comprennent des organismes photoautotrophes, photo-hétérotrophes, chimioautotrophes et chimiohétérotrophes.

EMBRANCHEMENT DES FIRMICUTES Généralement Gram plus. Hétérotrophes. *Bacillus, Staphylococcus, Streptococcus, Clostridium, Actinomycetes.*

EMBRANCHEMENT DES GRACILICUTES Généralement Gram moins. Autotrophes (photosynthétiques et chimiosynthétiques) et hétéro-trophes. *Anabæna* et autres cyanobactéries. *Escherichia, Pseudomonas, Neisseria, Myxococcus.*

EMBRANCHEMENT DES TENERICUTES Gram moins, absence de paroi. Hétérotrophes (saprophytes, agents pathogènes). *Mycoplasma.*

DOMAINE DES ARCHÉOBACTÉRIES (*ARCHÆA*)

RÈGNE DES ARCHÉOBACTÉRIES Méthanogènes, halophiles extrêmes, thermophiles extrêmes. D'un point de vue évolutif, plus près des cellules eucaryotes que des eubactéries. Toutes sont des anaérobies strictes vivant dans des habitats aussi hostiles que ceux qui prévalaient sans doute sur la Terre primitive. Par comparaison avec les eubactéries, les archéobactéries ont une paroi cellulaire caractéristique et des séquences d'ARN, des ribo-somes et des lipides membranaires uniques. *Methanobacterium, Halobacterium, Sulfolobus.*

Tableau A *Les eubactéries et les archéobactéries typiques regroupées selon la taxinomie numérique*

Groupes importants	Principaux habitats	Caractéristiques	Représentants
EUBACTÉRIES			
Photoautotrophes			
Cyanobactéries, bactéries sulfureuses vertes et pourpres	Lacs et étangs surtout ; habitats marins et terrestres	Photosynthétiques ; utilisent l'énergie solaire et du dioxyde de carbone ; les cyanobactéries utilisent une voie non cyclique produisant de l'oxygène ; certaines utilisent aussi une voie cyclique.	*Anabæna, Nostoc, Rhodopseudomonas, Chloroflexus*
Photohétérotrophes			
Bactéries non sulfureuses vertes et pourpres	Milieux anaérobies : sols boueux et riches en matière organique et sédiments d'habitats aquatiques.	Utilisent l'énergie solaire et des composés organiques comme donneurs d'électrons ; certaines bactéries non sulfureuses pourpres peuvent aussi croître comme des chimiohétérotrophes.	*Rhodospirillum, Chlorobium*
Chimioautotrophes			
Bactéries nitrifiantes et bactéries oxydant le fer ou le soufre	Sol ; habitats marins et habitats d'eau douce	Utilise le dioxyde de carbone ; composés inorganiques utilisés comme donneurs d'électrons ; effets sur les rendements agricoles et le recyclage des nutriments dans les écosystèmes	*Nitrosomonas, Nitrobacter, Thiobacillus*
Chimiohétérotrophes			
Spirochètes	Habitats aquatiques ; parasites des animaux	Forme spiralée, mobiles ; espèces parasites et auto-nomes ; beaucoup sont d'importants agents pathogènes.	*Spirochæta, Treponema*
Bâtonnets et cocci Gram moins aérobies	Sol, habitats aquatiques ; parasites des animaux et des végétaux	Comprennent d'importants agents pathogènes ; d'autres fixent l'azote (*Rhizobium*)	*Pseudomonas, Neisseria, Rhizobium, Agrobacterium*
Bâtonnets Gram moins anaérobies facultatifs	Sol, végétaux, intestins des animaux	Beaucoup sont d'importants agents pathogènes ; un est bioluminescent (*Photobacterium*)	*Salmonella, Escherichia, Proteus, Photobacterium*
Rickettsies et chlamydies	Infectent les animaux	Parasites intracellulaires ; beaucoup sont pathogènes	*Rickettsia, Chlamydia*
Myxobactéries	Matière organique en décomposition, habitats d'eau douce	Cellules en forme de bâtonnet, pouvant glisser sur des surfaces ; s'assemblent en amas et se déplacent en groupe	*Myxococcus*
Cocci Gram plus	Sol ; peau et muqueuses des animaux	Beaucoup sont d'importants agents pathogènes	*Staphylococcus, Streptococcus*
Bâtonnets et cocci Gram plus formant des endospores	Sol ; intestins des animaux	Beaucoup sont d'importants agents pathogènes	*Bacillus, Clostridium*
Bâtonnets Gram plus non sporulés	Matière végétale et animale en fermentation ; intestins, vagin	Certains jouent un rôle important pour l'industrie laitière ; d'autres sont d'importants agents contaminants du lait et du fromage	*Lactobacillus, Listeria*
Actinomycètes	Sol ; certains habitats aquatiques	Anaérobies et aérobies stricts ; importants producteurs d'antibiotiques	*Actinomyces, Streptomyces*
ARCHÉOBACTÉRIES (ARCHÆA)			
Méthanogènes	Sédiments anaérobies de lacs et de marais ; intestins animaux	Chimiosynthétiques ; producteurs de méthane ; utilisés dans les usines de traitement d'eaux usées	*Methanobacterium*
Halophiles extrêmes	Saumures (eaux extrêmement salées)	Hétérotrophes ; chez quelques-unes, formation de pig-ments photosynthétiques uniques (bactériorhodopsines)	*Halobacterium*
Thermophiles extrêmes	Sol acide, sources chaudes, bouches hydrothermales	Hétérotrophes ou chimiosynthétiques ; utilisent des subs-tances inorganiques en tant que donneurs d'électrons	*Sulfolobus, Thermoplasma*

par lequel les phénotypes intermédiaires d'un éventail de variations sont favorisés au détriment des phénotypes extrêmes, qui se trouvent éliminés.

Sénescence Ensemble de tous les processus qui mènent naturellement à la mort d'un végétal ou de certaines de ses parties.

Sens spéciaux Vue, odorat, ouïe ou tout autre sens dont les récepteurs se trouvent dans une région particulière du corps comme les yeux, les oreilles ou le nez.

Sensation somatique Perception du toucher, de la douleur, de la pression, de la température, du mouvement ou d'un changement de position des parties anatomiques.

Sensation Prise de conscience de la présence d'un stimulus.

Séquençage d'ADN automatisé Méthode de séquençage rapide de l'ADN cloné ou amplifié par PCR.

Séquence des nucléotides Ordre spécifique des bases des nucléotides d'un brin d'ADN ou d'ARN.

Séquences répétées en tandem Courtes séquences d'ADN qui se succèdent dans un chromosome. Ces séquences sont mises à profit dans la technique des empreintes génétiques.

Série d'allèles multiples Présence de trois formes moléculaires différentes d'un gène ou plus chez les individus d'une population donnée.

Sève brute Solution composée principalement d'eau et de minéraux puisés dans le sol; circule dans le xylème.

Sève élaborée Solution composée principalement d'eau et de substances organiques; circule dans le phloème.

Signal composite Signal de communication dont l'information est encodée dans deux indications (ou plus).

Signaux de communication Indications sociales encodées dans des stimuli comme les couleurs, les motifs, les odeurs, les sons et les postures.

Sillon de division Dépression annulaire qui définit le plan de division d'une cellule animale.

Simiens Groupe comprenant les singes, les singes anthropoïdes et les humains.

Site actif Région d'une enzyme où se fixe le substrat et où une réaction spécifique est catalysée.

Smog industriel Brouillard grisâtre et pollué recouvrant les villes industrielles en hiver quand le temps est froid et humide.

Smog photochimique Brouillard brunâtre et malodorant recouvrant les grandes villes où les véhicules motorisés sont nombreux; apparaît surtout par temps chaud.

Sol Mélange composé de particules minérales et de quantités variables de matière organique en décomposition; entre les particules, l'espace est occupé par de l'air et de l'eau.

Soluté Toute substance mise en solution.

Solution hypertonique Solution dont la concentration en soluté est plus élevée qu'une autre solution.

Solution hypotonique Solution dont la concentration en soluté est plus faible qu'une autre solution.

Solution isotonique Solution dont la concentration en soluté est la même qu'une autre solution.

Solvant Tout liquide (par exemple, l'eau) dans lequel une ou plusieurs substances se dissolvent.

Somite L'un des nombreux segments pairs d'un embryon de vertébrés; donne naissance à la plupart des os du squelette axial, des muscles squelettiques de la tête et du tronc, ainsi qu'au derme.

Sommation spatiale Addition des signaux simultanés en provenance de plus d'un neurone présynaptique et atteignant en même temps le pôle récepteur.

Sonde ADN Très court fragment d'ADN qui a été marqué avec un radio-isotope; conçue pour s'apparier avec une portion de gène présent dans un échantillon d'ADN étudié.

Souche Organisme qui révèle des différences mineures par rapport à un organisme connu, des différences insuffisantes pour le classer comme une nouvelle espèce.

Spéciation Formation d'une nouvelle espèce à partir d'une population ou d'une sous-population d'une espèce parentale par des processus microévolutifs. Les mécanismes de spéciation varient par leur nature et leur durée.

Spéciation allopatrique Mode de spéciation par lequel une barrière physique qui s'élève entre des populations ou des sous-populations d'une espèce interrompt le flux génétique entre elles et favorise les divergences qui aboutissent à la spéciation.

Spéciation parapatrique Mode de spéciation par lequel des populations voisines deviendraient des espèces distinctes tout en maintenant des contacts le long d'une frontière commune.

Spéciation sympatrique Mode de spéciation par lequel une espèce peut se former à l'intérieur de l'aire de répartition d'une espèce existante en l'absence de barrière physique. De telles espèces peuvent se former instantanément, par exemple par polyploïdie.

Spectre d'absorption Gamme de longueurs d'onde qu'un ou plusieurs pigments donnés peuvent absorber.

Spectre électromagnétique Gamme de longueurs d'onde allant de l'énergie rayonnante de moins de 10^{-5} nm aux ondes radio de plus de 10 km.

Spermatozoïde Gamète mâle mature.

Sperme Liquide émis par le pénis au moment de l'éjaculation et qui contient les spermatozoïdes.

Sphénophytes Groupe de plantes vasculaires dont font partie les prêles.

Sphincter Anneau musculaire dont la contraction ferme un conduit ou un orifice, et dont le relâchement l'ouvre.

Spirilles Procaryotes hélicoïdaux.

Spore Structure de reproduction ou de dormance constituée d'une ou de quelques cellules, qui est souvent entourée d'une capsule ou d'une paroi; utilisée pour résister aux conditions défavorables, pour la dispersion ou pour les deux; peut être sexuée ou non sexuée et se forme par méiose; certaines bactéries, les apicomplexés, les eumycètes et les végétaux forment des spores.

Sporophore Structure portant des spores formées par certaines bactéries et certains eumycètes.

Sporophyte Organisme végétal qui produit des structures portant des spores et qui croît par mitose à partir d'un zygote végétal.

Squelette hydrostatique Cavité remplie d'un liquide ou d'une masse cellulaire contre lesquels les cellules contractiles appliquent une force.

Statolithe Amas de grains d'amidon dans des plastes modifiés, grâce auxquels fonctionnent des mécanismes sensibles à la gravité.

Stèle Dans les racines, arrangement de tissus conducteurs formant un cylindre central.

Stéréotype moteur Programme d'activités musculaires coordonnées dont l'exécution complète est indépendante de toute rétroaction provenant du milieu extérieur.

Stéroïde Lipide dont le squelette rigide est composé de quatre cycles carbonés rattachés entre eux (le cholestérol en est un exemple). Les stéroïdes diffèrent les uns des autres par le nombre, l'emplacement et la nature de leurs groupements fonctionnels.

Stimulus Toute forme d'énergie spécifique (par exemple, la pression, la lumière et la chaleur)

qui active un récepteur sensoriel capable de la détecter.

Stimulus déclencheur Signal simple et bien défini provenant du milieu; déclenche une réaction à un stimulus qui est reconnu d'emblée par le système nerveux.

Stomate Structure située sur l'épiderme de la feuille ou de la tige. Chaque stomate se compose d'un orifice, l'ostiole, délimité par deux cellules appelées *cellules stomatiques*. Son ouverture ou sa fermeture régule l'entrée du dioxyde de carbone dans la plante et la sortie de l'eau et de l'oxygène.

Straménopiles L'un des principaux groupes de protistes. Sont délimitées par quatre membranes et possèdent des mastigonèmes (de fins filaments) qui recouvrent l'un de leurs deux flagelles. Les moisissures aquatiques incolores, les agents du mildiou et les chrysophytes photosynthétiques (diatomées, algues vert-jaune, algues dorées et coccolithophores) en sont des exemples.

Stratification Empilement de couches de roches sédimentaires par le dépôt graduel de cendre volcanique, de limon et d'autres matériaux pendant de longues périodes.

Strobile Chez les ptéridophytes, ensemble de sporophylles formant des grappes serrées au bout des tiges.

Stroma Matrice semi-liquide située entre la membrane des thylakoïdes et la double membrane du chloroplaste.

Stromatolites Tapis fossilisés de communautés microbiennes, surtout composées de cyanobactéries, trouvés dans les eaux peu profondes et datant de la période située entre l'archéen et le précambrien. Les rayons UV étaient bloqués par les sécrétions cellulaires. Les sédiments s'amassaient sur les anciens stromatolites et les nouveaux tapis s'accumulaient les uns par-dessus les autres. Certains ont une épaisseur de près d'un kilomètre et s'étendent sur des centaines de kilomètres.

Structure d'âge Nombre d'individus faisant partie de l'une ou l'autre des diverses classes d'âge.

Structure d'une communauté Organisation d'une communauté déterminée par le nombre d'espèces différentes et l'abondance de chacune, les interactions interspécifiques et la biodiversité locale.

Structures analogues Chez des lignées peu apparentées, parties corporelles qui étaient différentes à l'origine, mais dont la structure et la fonction finissent par se ressembler en réponse à des pressions environnementales comparables.

Structures homologues Chez des lignées distinctes, structures corporelles comparables qui présentent une similitude profonde en dépit d'une différence de taille, de forme ou de fonction. Aboutissement d'une divergence morphologique à partir d'un ancêtre commun.

Substitution d'une paire de bases Remplacement d'un acide aminé par un autre pendant la synthèse d'une protéine.

Substrat Réactif ou précurseur d'une réaction métabolique précise où intervient une enzyme.

Suc gastrique Mélange très acide de sécrétions (comprenant notamment du HCl, du mucus et du pepsinogène) produit par l'épithélium glandulaire de l'estomac et qui participe à la dégradation des aliments.

Succès reproductif Nombre de descendants survivants et fertiles que produit un individu.

Succession écologique Processus par lequel une communauté se constitue de manière séquentielle, à partir d'espèces pionnières jusqu'à un déploiement final et stable d'espèces dans une région donnée.

Succession primaire Processus qui s'amorce lorsque des espèces pionnières colonisent un habitat sans vie, une nouvelle île volcanique par exemple.

Succession secondaire Processus par lequel une région perturbée au sein d'une communauté se rétablit et évolue de nouveau vers un état climacique.

Surface respiratoire Mince couche de tissu épithélial maintenue humide qui joue un rôle dans les échanges gazeux.

Symbiose Interaction étroite entretenue par des individus d'une espèce qui vivent à proximité, à l'intérieur ou sur des individus d'une autre espèce pendant au moins une partie de leur cycle biologique (le commensalisme, le mutualisme et le parasitisme en sont des exemples).

Symétrie bilatérale Plan d'organisation corporelle constitué d'un axe qui traverse l'organisme de la région antérieure à la région postérieure. Le corps est séparé en un côté droit et un côté gauche le long de cet axe, et présente une face dorsale et une face ventrale.

Symétrie radiaire Plan d'organisation corporelle constitué d'un axe central autour duquel se déploient au moins quatre parties à peu près égales (par exemple, l'anémone).

Synapse chimique Jonction entre le pôle effecteur d'un neurone et le pôle récepteur d'un neurone voisin et au niveau de laquelle les neurotransmetteurs diffusent.

Syndrome Ensemble de symptômes qui caractérise un trouble génétique ou une maladie.

Systématique Science de la classification des êtres vivants.

Système Différents organes qui interagissent physiquement ou chimiquement ou des deux façons dans un même but.

Système ABO Système caractérisé par la présence ou l'absence de différents marqueurs cellulaires (A et B) à la surface des globules rouges.

Système aquifère Chez les étoiles de mer et les oursins, système constitué de nombreux pieds ambulacraires qui se déploient avec coordination pour assurer un déplacement tout en souplesse.

Système binominal En taxinomie, système de nomenclature qui attribue un nom de genre et une épithète spécifique à chaque espèce.

Système caulinaire Parties végétales épigées (au-dessus du sol), par exemple les tiges, les feuilles et les fleurs.

Système circulatoire Système qui transporte des substances vers les cellules ou à partir de celles-ci ; favorise souvent le maintien de la température corporelle et du pH. Se compose habituellement d'un cœur, de vaisseaux sanguins et de sang.

Système de classification Outil qui permet de rechercher et d'extraire de l'information au sujet d'une espèce.

Système de classification en six règnes Système phylogénétique qui regroupe tous les organismes en six règnes, soit les eubactéries, les archéobactéries, les protistes, les eumycètes, les végétaux et les animaux.

Système de classification en trois domaines Système de classification comprenant trois grands embranchements, les eubactéries, les archéobactéries et les eucaryotes, ceux-ci comprenant les protistes, les végétaux, les eumycètes et les animaux.

Système de conduction cardiaque Système formé par des cellules cardiaques spécialisées qui déclenchent les battements cardiaques par des excitations régulières et synchronisées.

Système digestif Cavité corporelle ou tube, souvent constitué de régions spécialisées, où les aliments sont ingérés, digérés et absorbés, et où les résidus non absorbés sont éliminés. Les systèmes incomplets sont dotés d'une seule ouverture ; les systèmes complets en ont deux.

Système digestif complet Conduit corporel pourvu d'une bouche à une extrémité et d'un anus à l'autre, et d'organes spécialisés entre les deux.

Système digestif incomplet Système dans lequel l'ingestion des aliments et l'élimination des déchets se produisent par le même orifice.

Système du complément Ensemble de protéines qui circulent dans le sang des vertébrés sous une forme inactive. Certaines d'entre elles favorisent l'inflammation, induisent la lyse des agents pathogènes et stimulent les phagocytes pendant les réactions de défense non spécifiques et la réponse immunitaire.

Système endocrinien Ensemble des glandes, tissus et cellules interagissant avec le système nerveux et exerçant une régulation à l'aide d'hormones et d'autres substances chimiques qu'il libère.

Système endomembranaire Ensemble d'organites dans lesquels les nouveaux polypeptides sont modifiés, et les lipides, synthétisés.

Système immunitaire Système formé entre autres de leucocytes qui défendent les vertébrés par des mécanismes de reconnaissance du soi et du non-soi, de spécificité et de mémoire. Les lymphocytes B et T ignorent les cellules de l'organisme même, mais ont, ensemble, la capacité de réagir à un milliard de menaces précises. Une partie des lymphocytes B et T formés durant une réponse primaire est gardée en réserve comme des cellules mémoire pour une autre bataille contre le même antigène.

Système limbique Dans chaque hémisphère du cerveau, centre qui gouverne les émotions ; joue un rôle dans la mémoire.

Système lymphatique Assiste le système circulatoire des vertébrés ; ramène des liquides et des solutés du liquide interstitiel dans le sang ; ses organes lymphoïdes jouent un rôle dans la défense de l'organisme.

Système nerveux Système d'intégration dont les neurones interagissent dans des voies analysant l'information et acheminant le signal ; détecte et analyse les stimuli, puis commande une réponse aux effecteurs.

Système nerveux autonome Réseau qui comprend les nerfs spinaux et crâniens qui innervent les muscles lisses, le muscle cardiaque et les glandes des viscères.

Système nerveux central Système constitué du cerveau et de la moelle épinière.

Système nerveux parasympathique Système constitué de nerfs autonomes qui tendent à ralentir de manière globale les activités et à détourner l'énergie vers la réalisation des fonctions de base ; contribue à ajuster l'activité des différents organes de l'organisme, car il agit continuellement contre les signaux du système sympathique.

Système nerveux périphérique Système constitué des nerfs qui acheminent les signaux vers le système nerveux central et du système nerveux central vers les muscles et les glandes ; comprend les ganglions situés près de la moelle épinière.

Système nerveux somatique Réseau de nerfs issus du système nerveux central qui innervent les muscles squelettiques.

Système nerveux sympathique Système constitué de nerfs autonomes qui tendent principalement à accélérer de manière globale les activités de l'organisme dans les moments de stress, d'excitation ou de danger ; contribue à ajuster l'activité des différents organes, car il agit continuellement contre les signaux du système parasympathique.

Système racinaire Parties végétales, généralement souterraines, qui absorbent l'eau et les minéraux, servent d'ancrage pour les parties épigées et stockent souvent les nutriments.

Système respiratoire Système responsable des échanges de gaz entre l'organisme et son environnement ; joue un rôle dans l'homéostasie.

Système Rh Système caractérisé par la présence ou l'absence d'une certaine protéine portée par les globules rouges à leur surface. Les globules rouges RH^+ présentent cette protéine contrairement à ceux qui sont RH^-.

Système sensoriel « Porte d'entrée » du système nerveux ; détecte les signaux externes et internes, et transmet l'information à des centres d'intégration qui commandent une réponse.

Système tampon Système formé par un acide faible et la base qui se forme quand l'acide se dissout dans l'eau. L'association de l'acide faible et de sa base neutralise les faibles variations de pH.

Système urinaire Système qui règle le volume et la composition du sang et, par le fait même, ceux du milieu intérieur.

Taille de la population Nombre total d'individus qui composent une population.

Taux d'accroissement maximal (r_{max}) Accroissement démographique qui se produit quand tous les membres d'une population ont accès à une nourriture abondante et se reproduisent autant que leur capacité physiologique le permet.

Taux d'accroissement naturel (ou taux de croissance r) Variable trouvée dans les équations décrivant la croissance d'une population. On assume que le taux de natalité et le taux de mortalité sont constants et qu'ils sont intégrés en une seule variable, r.

Taux de mortalité Nombre de morts par unité de temps dans une population de n'importe quelle taille.

Taux de mutation Probabilité qu'une mutation spontanée survienne à un locus durant la réplication de l'ADN ou entre les cycles de réplication.

Taux de natalité Nombre de naissances par unité de temps dans une population de n'importe quelle taille.

Taxinomie Domaine de la biologie qui tente d'identifier, de nommer et de classifier les espèces.

Taxinomie numérique Étude du degré de parenté entre un organisme inconnu et un groupe connu, qui se fonde sur une comparaison de caractéristiques ; utilisée pour classifier les espèces procaryotes.

Taxon supérieur Regroupement intermédiaire utilisé pour refléter les parentés entre les espèces. La famille, l'ordre, la classe, l'embranchement et le règne en sont des exemples.

TCR (récepteur des lymphocytes T) Récepteur des lymphocytes T sur lequel se lie les complexes antigène-CMH.

Tectonique des plaques Voir **Théorie de la tectonique des plaques**

Tégument Chez les animaux, enveloppe protégeant le corps (par exemple, la peau). Chez les plantes à graines, une ou plusieurs enveloppes qui entourent l'ovule et qui deviendront l'épisperme.

Télomère Coiffe de séquences répétitives d'ADN située à l'extrémité d'un chromosome ; leur nombre diminue avec les divisions du noyau. La division cesse quand il n'en reste qu'un petit morceau.

Télophase Étape de la mitose et de la méiose II pendant laquelle les chromosomes, qui ont atteint les pôles du fuseau, deviennent moins denses et prennent la forme de filaments et où les noyaux des cellules filles se forment. En méiose I, étape au cours de laquelle l'un des chromosomes doubles de chaque paire est parvenu au pôle du fuseau.

Température Mesure de l'énergie cinétique des ions ou des molécules dans une région donnée.

Température centrale Température interne du corps.

Temps de doublement Temps nécessaire pour que la taille d'une population double.

Tendon Cordon ou bande de tissu conjonctif dense qui relie un muscle à un os.

Tension musculaire Force mécanique exercée par un muscle contracté ; résiste aux forces opposées (par exemple, la gravité ou la masse de la charge).

Terminaison nerveuse libre Récepteur sensoriel le plus simple ; est présent dans la peau et dans les tissus internes. Ses ramifications sont faiblement myélinisées ou ne le sont pas du tout.

Terre arable Couche supérieure du sol ; la plus importante pour la croissance des végétaux.

Territoire Endroit défendu par un ou plusieurs individus contre des rivaux pour protéger son accès à un partenaire sexuel, à la nourriture, à l'eau, à un espace vital et à d'autres ressources.

Testicule Organe reproducteur primaire (gonade) ; produit des gamètes mâles et des hormones sexuelles.

Testostérone Hormone sexuelle essentielle pour la croissance, la formation et le fonctionnement des voies reproductrices des vertébrés mâles.

Tétanos Contraction prolongée qui résulte de stimulations répétées d'une unité motrice de sorte que les secousses musculaires finissent par ne former qu'une seule contraction continue. Dans le tétanos, une maladie du même nom, des toxines bactériennes inhibent le relâchement musculaire.

Tétrapodes Vertébrés à quatre pattes ou descendants de ce groupe.

Thalamus Région du cerveau antérieur qui a évolué pour devenir un centre de coordination des influx sensitifs et une station de commutation de ces influx à destination du cerveau.

Théorie cellulaire Théorie selon laquelle un organisme est composé d'une ou de plusieurs cellules, la plus petite entité capable de subvenir à ses propres besoins. Dans les conditions terrestres actuelles, cette forme de vie ne peut plus apparaître spontanément.

Théorie de l'adaptation inclusive Théorie selon laquelle les gènes associés au comportement altruiste en faveur des parents proches d'un individu pourraient être favorisés dans certaines situations.

Théorie de l'impact d'un astéroïde KT Théorie selon laquelle un astéroïde géant a heurté la Terre à la limite crétacé-tertiaire ; les derniers dinosaures périrent pendant l'extinction massive consécutive à cet impact.

Théorie de la cohésion-tension Théorie selon laquelle la force collective de toutes les liaisons hydrogène établies par les molécules d'eau aspire vers le haut les molécules d'eau le long des conduits du xylème. Ce phénomène est causé par la transpiration au niveau des feuilles.

Théorie de la mise en place du plan d'organisation Voir **Mise en place du plan d'organisation**

Théorie de la tectonique des plaques Théorie selon laquelle de grands fragments (plaques) de la croûte terrestre flottent sur un manteau malléable et chaud. Toutes les plaques se déplacent lentement et, avec le temps, ont déplacé les continents vers de nouvelles positions.

Théorie du courant de masse Théorie selon laquelle les composés organiques sont acheminés dans le phloème en réponse à un gradient de pression et de concentration maintenu entre les organes sources (comme les feuilles) et les organes cibles (comme les parties végétales en croissance), où ils seront utilisés ou stockés.

Théorie scientifique Explication de la cause ou des causes d'un ensemble de phénomènes reliés. Mise à l'épreuve de façon rigoureuse, elle demeure sujette à l'expérimentation, à des révisions et à une acceptation ou à un rejet provisoire. On s'en sert pour interpréter d'autres données ou de nouvelles observations, qui pourraient donner lieu à d'autres hypothèses.

Thérapie génique Généralement, transfert d'un ou de plusieurs gènes normaux dans un organisme afin de corriger un trouble génétique ou d'amoindrir ses effets indésirables.

Thermophile extrême Archéobactérie qui vit dans des habitats aquatiques très chauds (par exemple, les sources chaudes).

Thermorécepteur Cellule sensorielle ou cellule spécialisée voisine de cette dernière ; détecte l'énergie calorifique.

Thigmotropisme Changement d'orientation de la croissance d'un végétal après un contact avec un objet solide (par exemple, les vrilles qui s'enroulent autour d'une tige).

Thymine (T) Une pyrimidine ; base azotée constitutive des nucléotides de l'ADN.

Thymus Organe lymphoïde dont les hormones ont un effet sur les lymphocytes T, qui sont formés dans la moelle osseuse, mais qui migrent vers cet organe pour s'y différencier.

Thyroïde Glande endocrine ; ses hormones ont des effets sur la croissance, le développement et le métabolisme des animaux à sang chaud.

Tissu Ensemble de cellules et de substances intercellulaires qui interagissent pour remplir une ou plusieurs fonctions chez les organismes pluricellulaires.

Tissu adipeux Tissu conjonctif composé d'une quantité considérable de cellules emmagasinant des graisses.

Tissu cartilagineux Tissu conjonctif spécialisé dont la matrice extracellulaire est flexible, solide et résistante à la compression.

Tissu conducteur Comprend le xylème et le phloème.

Tissu conjonctif Tissu animal le plus répandu. Les tissus conjonctifs proprement dits (lâche, dense irrégulier ou dense régulier) se distinguent par la composition et la disposition des fibroblastes, des fibres et de la substance fondamentale. Le tissu adipeux, le tissu cartilagineux, le tissu osseux et le sang sont des tissus conjonctifs spécialisés.

Tissu conjonctif dense irrégulier Tissu animal contenant des fibroblastes et de nombreuses fibres orientées dans toutes les directions dans la substance fondamentale. On l'observe dans la peau et il forme aussi l'enveloppe protectrice de certains organes.

Tissu conjonctif dense régulier Tissu animal dont les fibroblastes sont disposés en rangées entre plusieurs faisceaux parallèles de fibres de collagène. Les tendons et les ligaments en sont constitués.

Tissu conjonctif lâche Tissu animal dont les fibres et les fibroblastes baignent lâchement dans une substance fondamentale semi-liquide.

Tissu de revêtement Tissu qui couvre et protège les surfaces de la plante.

Tissu fondamental Tissu constituant la majeure partie de plante. Le parenchyme en est un bon exemple.

Tissu musculaire cardiaque Tissu contractile qui ne se trouve que dans la paroi du cœur.

Tissu musculaire lisse Tissu contractile non strié trouvé dans les organes internes.

Tissu musculaire squelettique Tissu contractile strié présent dans les muscles qui s'attachent aux os du squelette.

Tissu nerveux Tissu composé de neurones et fréquemment de névroglie.

Tissu osseux Tissu qui constitue le squelette des vertébrés ; sa matrice extracellulaire, sécrétée par les ostéoblastes, est durcie par des sels minéraux.

Titine Protéine élastique et mince grâce à laquelle les filaments de myosine demeurent centrés dans le sarcomère ; permet aussi aux muscles au repos de résister passivement à un étirement.

Torsion Au cours du développement de certains mollusques, rotation radicale des parties du corps, la masse viscérale y compris.

Toundra Biome qui se caractérise par des températures extrêmement basses, un faible drainage, de courtes saisons de croissance et une faible décomposition de la matière organique. La toundra arctique est une grande plaine sans arbres située entre la calotte glaciaire et les ceintures de forêts boréales. La toundra alpine prédomine aux hautes altitudes montagneuses partout dans le monde.

Tourbière Couche dense, très humide et très acide composée de restes de sphaigne.

Toxicomanie Dépendance chimique à une drogue qui joue un rôle biochimique « essentiel » après que l'organisme a développé une accoutumance et une tolérance à celle-ci.

Toxine Produit métabolique normal d'une espèce donnée qui nuit à un autre organisme ou peut même le tuer.

Trachée Voie aérienne du système respiratoire. Chez les vertébrés terrestres, conduit reliant le larynx aux deux bronches principales qui amènent l'air vers chacun des poumons.

Trachéide L'un des deux types de cellules conductrices d'eau et de minéraux du xylème.

Traduction Étape de la synthèse des protéines pendant laquelle la séquence des nucléotides d'un ARNm est convertie en une séquence d'acides aminés pour former une nouvelle chaîne polypeptidique ; se déroulera à l'aide d'interactions entre l'ARNr, des ARNt et l'ARNm.

Traitement des eaux usées Procédé par lequel les eaux usées sont débarrassées notamment de la boue et de la matière organique.

Transcription Première étape de la synthèse des protéines. Un brin d'ARN est assemblé sur les nucléotides exposés d'un brin d'ADN déroulé. La séquence de nucléotides du transcrit est complémentaire à celle de l'ADN.

Transfusion sanguine Processus par lequel le sang d'un donneur est transfusé à un receveur.

Transition démographique Théorie selon laquelle les modifications de la croissance démographique peuvent être corrélées avec les changements qui se produisent souvent pendant les quatre phases du développement économique.

Translocation Dans le cas des cellules, partie rompue d'un chromosome qui s'attache à un chromosome non homologue, sans perte moléculaire. Chez les végétaux, acheminement des composés organiques par le phloème.

Transpiration Évaporation des molécules d'eau par les parties aériennes d'un végétal ; survient surtout au niveau des feuilles.

Transport actif Mode de transport par lequel des substances particulières sont transportées à l'encontre des gradients au travers de la membrane cellulaire à l'aide d'une protéine de transport. Nécessite un apport d'énergie, généralement l'ATP.

Transporteur ABC L'une des familles de pompes membranaires alimentées par l'ATP, chacune assurant le transport d'un substrat particulier (par exemple, des ions, des sucres simples, des acides aminés).

Transporteur d'énergie Molécule qui transporte de l'énergie d'un site de réaction à un autre ; principalement l'ATP.

Transposon Segment d'ADN qui peut se déplacer de façon aléatoire au sein du génome ; peut inactiver les gènes dans lesquels il s'insère et provoquer une modification du phénotype.

Triacylglycérol (ou triglycéride) Graisse neutre ; lipide qui se compose de trois chaînes d'acides gras liées à une molécule de glycérol. Ils sont les lipides les plus abondants de l'organisme animal et constituent sa source d'énergie la plus riche.

Triglycéride Voir **Triacylglycérol**

Tronc cérébral Premier tissu nerveux qui s'est formé dans le cerveau antérieur, le cerveau moyen et le cerveau postérieur des vertébrés.

Trouble génétique Condition héritée à l'origine de problèmes médicaux légers ou graves.

Troupeau égoïste Groupe social simple maintenu par l'intérêt reproductif de chacun de ses individus.

Tube criblé Élément conducteur du phloème spécialisé dans le transport de la sève élaborée.

Tube de Malpighi L'un des nombreux petits tubes qui aident les insectes terrestres à se débarrasser de leurs déchets toxiques tout en limitant les pertes d'eau.

Tube digestif Système digestif complet des animaux complexes.

Tube neural Précurseur de l'encéphale et de la moelle épinière chez l'embryon et aussi au cours de l'évolution.

Tubule contourné distal Partie tubulaire qui fait suite à l'anse du néphron et où l'eau et le sodium sont réabsorbés de manière sélective.

Tubule contourné proximal Partie tubulaire du néphron qui prolonge la capsule glomérulaire.

Tubule rénal collecteur Dernière portion du néphron.

Tubule séminifère L'un des nombreux petits tubes fortement enroulés sur eux-mêmes où les spermatozoïdes se forment.

Type sauvage Se dit de l'allèle qui occupe le plus fréquemment le locus d'un gène donné chez les individus d'une population. Se dit d'un organisme qui présente le phénotype normal des représentants sauvages de l'espèce, ou d'un caractère normal qui ne provient pas d'une mutation.

Ultraplancton Ensemble composé de bactéries photosynthétiques d'une taille ne dépassant pas deux micromètres ; compte pour 70 % de la productivité primaire des océans.

Uniformisme Voir **Uniformitarisme**

Uniformitarisme (ou uniformisme) Théorie selon laquelle la surface de la Terre subit des changements graduels, se répétant uniformément, à l'exception de certaines catastrophes qui surviennent parfois, comme les grands tremblements de terre et les inondations. Cette théorie a amené Darwin à modifier sa conception de l'évolution. Elle a depuis été remplacée par la théorie de la tectonique des plaques.

Unité motrice Ensemble constitué par un neurone moteur et toutes les cellules musculaires qu'il stimule par ses multiples terminaisons axonales.

Upwelling Mouvement ascendant des eaux froides, souvent riches en nutriments, ayant lieu le long de la côte ; cause un déplacement des eaux de surface, qui s'éloignent de la côte quand le vent change de direction.

Uracile Base azotée qui se retrouve dans l'ARN mais pas dans l'ADN. À l'instar de la thymine, elle s'apparie avec l'adénine.

Urée Déchet important qui se forme dans le foie quand l'ammoniac s'unit à du dioxyde de carbone ; éliminée dans l'urine.

Uretère Paire de conduits tubulaires qui mènent l'urine des reins à la vessie.

Urètre Conduit musculaire qui part de la vessie et s'ouvre à la surface du corps.

Urine Liquide qui contient des déchets ainsi que l'eau et les solutés en excès ; se forme dans les reins par filtration, réabsorption et sécrétion.

Urochordés Chordés en forme de sac pourvus d'une notochorde caudale. La majeure partie de ces animaux aquatiques est dotée d'un cerveau rudimentaire.

Utérus Chez les mammifères placentaires, organe musculeux adoptant la forme d'une poire dans lequel l'embryon effectue son développement.

Vaccin Substance préparée à partir d'agents pathogènes ou de leurs produits et capable de déclencher une réponse immune primaire et la production de lymphocytes mémoire qui confèrent une immunité.

Vacuole centrale Organite de stockage rempli de liquide trouvé chez les cellules végétales ; sa croissance augmente la surface de la cellule.

Vacuole pulsatile Organite de certains protistes qui évacue l'eau excédentaire.

Valeur d'adaptation Potentiel d'un gène ou d'un caractère d'améliorer l'adaptation à l'environnement.

Variable Au cours d'une expérience, élément spécifique d'un objet ou d'un événement qui peut varier dans le temps ou entre les individus. On ne doit agir que sur une seule variable si on désire confirmer ou infirmer une prédiction.

Variation continue Éventail plus ou moins continu de légères différences d'un caractère donné chez les individus d'une population.

Vasoconstriction Diminution du diamètre d'un vaisseau sanguin en réponse à un stimulus.

Vasoconstriction périphérique Réduction du diamètre des artérioles cutanées ; se traduit par une moins grande distribution de la chaleur aux surfaces corporelles.

Vasodilatation Augmentation du diamètre d'un vaisseau sanguin en réponse à un stimulus.

Vasodilatation périphérique Dilatation des vaisseaux sanguins cutanés ; une plus grande quantité de sang atteint la peau, qui se charge de dissiper la chaleur en excès.

Vecteur de clonage Plasmide, ADN viral ou tout autre ADN utilisé pour isoler et amplifier l'ADN étudié.

Végétal Organisme généralement pluricellulaire et photoautotrophe doté d'un système de racines et de feuilles bien développé, de cellules photosynthétiques contenant des granules d'amidon et de la chlorophylle *a* et *b*, et dont la paroi cellulaire est constituée de cellulose, de pectine et d'autres polysaccharides.

Végétaux Voir **Végétal**

Veine Dans le système cardiovasculaire, vaisseau de grand diamètre qui revient au cœur.

Veinule Petit vaisseau sanguin intermédiaire entre le capillaire et la veine.

Ventilation Renouvellement d'air dans les cavités respiratoires.

Vérification Moyen permettant d'établir l'exactitude d'une prédiction, par exemple en effectuant des observations systématiques, en mettant au point des modèles et en procédant à des expériences. Les vérifications scientifiques sont réalisées dans la nature ou en laboratoire en contrôlant les diverses conditions.

Vernalisation Stimulation de la floraison par de basses températures.

Vertébré Animal muni d'une colonne vertébrale.

Vertèbre Élément osseux de la colonne vertébrale qui protège la moelle épinière.

Vésicule Minuscule sac membraneux qui circule dans le cytoplasme et qui joue un rôle dans le transport, le stockage et la digestion des substances.

Vésicule biliaire Organe qui stocke la bile sécrétée par le foie ; son conduit est relié à l'intestin grêle.

Vessie Sac musculeux dans lequel l'urine est entreposée avant d'être éliminée.

Vessie natatoire Organe de flottaison qui permet aux poissons de conserver leur position dans l'eau. Son volume est modifié par un mécanisme d'échanges gazeux avec le sang.

Vieillissement Chez un organisme pluricellulaire, état caractérisé par une différenciation cellulaire importante, et une détérioration graduelle et escomptée du corps avec le temps.

Villosité Projection digitiforme de certaines muqueuses, notamment celle de l'intestin grêle ; joue un rôle dans l'absorption.

Viroïde Particule infectieuse constituée de petits fragments d'ARN circulaires ou filamenteux densément repliés sur eux-mêmes.

Virus Agent infectieux non cellulaire constitué d'ADN ou d'ARN, d'une coque protéique et, chez certains, d'une enveloppe externe de lipides ; ne se reproduit que si son matériel génétique pénètre dans une cellule hôte et prend le contrôle de sa machinerie métabolique.

Vitamine Composé organique dont un organisme a besoin en petite quantité pour son métabolisme et qu'il ne peut habituellement pas synthétiser. Il en existe environ une douzaine.

Vitamine D Aussi appelée calciférol, une vitamine liposoluble ; favorise l'absorption du calcium.

Vitellus Substance riche en protéines et en lipides qui nourrit l'embryon dans les œufs des animaux.

Voie métabolique Séquence de réactions enzymatiques grâce auxquelles une cellule maintient, augmente ou diminue la concentration de substances précises.

Volume courant Volume d'air déplacé durant une inspiration et une expiration calmes.

Vue Sens de la perception des stimuli visuels. La lumière est focalisée sur une couche dense de photorécepteurs qui captent les détails d'un stimulus lumineux. L'information est ensuite envoyée au cerveau pour la formation d'une image.

Xénotransplantation Transplantation d'un organe d'une espèce à un individu d'une autre espèce.

Xylème Chez les plantes vasculaires, tissu complexe qui conduit l'eau et les solutés dans des conduites constituées de cellules dont les parois sont interconnectées. À maturité, ces cellules meurent.

Zone adaptative Mode de vie ou portion de niche écologique adoptés par des organismes possédant les adaptations physiques, évolutives ou écologiques nécessaires.

Zone climatique Zone de température dans le monde définie par sa latitude (par exemple, tempéré frais, tempéré doux, tropical).

Zone humide de mangrove Écosystème riche en nutriments des zones humides tropicales influencées par les marées.

Zone hybride Secteur dans lequel des populations voisines se croisent et produisent une progéniture hybride.

Zone intertidale Zone située entre les lignes de marée basse et haute des rivages rocheux ou sablonneux.

Zone pellucide Enrobage acellulaire de l'ovocyte.

Zone riveraine Frange de végétation relativement étroite bordant un ruisseau ou une rivière.

Zygomycètes Eumycète parasite ou saprophyte qui produit une spore sexuée (zygote diploïde) munie d'une paroi épaisse et recouverte d'une mince enveloppe (zygosporange).

Zygospore Spore sexuée des zygomycètes.

Zygote Première cellule d'un individu ; provient de la fusion du noyau d'un spermatozoïde avec le noyau d'un ovule au moment de la fécondation ; ovule fécondé.

SOURCES DES PHOTOS ET DES ÉLÉMENTS GRAPHIQUES, ET REMERCIEMENTS

Nous avons déployé tous les efforts possibles pour retracer les titulaires des droits de propriété intellectuelle des éléments utilisés dans le présent ouvrage de même que pour obtenir leur autorisation de les reproduire ici. S'il devait être établi que des éléments ont été utilisés de façon inappropriée, nous apporterons les corrections nécessaires dans les éditions ultérieures du présent ouvrage. Nous remercions les graphistes de leur magnifique travail, ainsi que les auteurs, les éditeurs et les dépositaires pour nous avoir autorisés à utiliser les éléments dont ils détiennent les droits.

TABLE DES MATIÈRES
Page iv En haut à gauche, © Gary Head; en haut à droite, modèle réalisé par le docteur David B. Goodin, The Scripps Research Institute; en bas à gauche, DigitalVision/Picture Quest. **Page v** Mary Osborn, Max Planck Institute for Biophysical Chemistry, Goettingen, FRG. **Page vi** Larry West/FPG. **Page vii** En haut, Lisa Starr; en bas, © 2002 PhotoDisc, exploitées par ordinateur par Lisa Starr. **Page ix** De gauche à droite, Lisa Starr avec John McNamara, www.paleodirect.com; © Alfred Kamajian; C. Jégou/PUBLIPHOTO; Christopher Ralling. **Page x** De gauche à droite, K. G. Murti/Visuals Unlimited; © Oliver Meckes/Photo Researchers, Inc.; Robert C. Simpson/Nature Stock; © Jim Christensen, Fine Art Digital Photographic Images. **Page xi** En haut, de gauche à droite, © 2002 PhotoDisc/Getty Images; Stanley Sessions, Hartwick College; Pieter Johnson; en bas à gauche, Jane Burton/Bruce Coleman. **Page xii** De gauche à droite, © David Parker/SPL/Photo Researchers, Inc.; Ed Reschke; David Cavagnaro/Peter Arnold, Inc.; Juergen Berger, Max Planck Institute for Developmental Biology, Tuebingen, Germany. **Page xiii** À gauche, © Cory Gray; à droite, © David Scharf/Peter Arnold, Inc. **Page xiv** De gauche à droite, Eric A. Newman; © 2002 Ken Usami/PhotoDisc/Getty Images; Kenneth Garrett/National Geographic Image Collection. **Page xiv** De gauche à droite, Bone Clones®, www.boneclones.com; docteur John D. Cunningham/Visuals Unlimited; NSIBC/SPL/Photo Researchers, Inc. **Page xvi** À gauche, © micrographie Ed Reschke; à droite, Gunter Ziesler/Bruce Coleman. **Page xvii** De gauche à droite, docteur Maria Leptin, Institute of Genetics, University of Koln, Allemagne; © Minden Pictures; Nigel Cook/Daytona Beach News Journal/Corbis Sygma. **Page xviii** De gauche à droite, © W. Perry Conway/CORBIS; Australian Broadcasting Company; Robert Vrijenhoek, MBARI. **Page xix** Gerry Ellis/The Wildlife Collection.

INTRODUCTION
NASA Space Flight Center.

CHAPITRE 1
1.1 John McColgan, Bureau of Land Management. **1.2** Lisa Starr. **1.3** Tous, Jack de Coningh. **1.4** © Y. Arthrus-Bertrand/Peter Arnold, Inc. **1.5** À gauche, élément graphique, Gary Head; photos, à gauche, Paul DeGreve/FPG; à droite, Norman Meyers/Bruce Coleman. **1.6** Élément graphique, Lisa Starr; photos a) Walt Anderson/Visuals Unlimited; b) Gregory Dimijian/Photo Researchers, Inc.; c) Alan Weaving/Ardea, London. **1.7 Page 8** Sens horaire en débutant en haut, © Lewis Trusty/Animals Animals; photo *Emiliania huxleyi*, Vita Pariente, la micrographie à balayage électronique a été effectuée avec un instrument Jeol T330A, Texas A&M University Electron Microscopy Center; Carolina Biological Supply Company; R. Robinson/Visuals Unlimited, Inc.; © Oliver Meckes/Photo Researchers, Inc.; © James Evarts; élément graphique, Gary Head. **Page 9** Sens horaire en débutant en haut à gauche, Ed Reschke; Edward S. Ross; Edward S. Ross; Robert C. Simpson/Nature Stock; © Stephen Dalton/Photo Researchers, Inc.; CNRI/SPLPhoto Researchers, Inc.; © P. Hawtin, University of Southampton/SPL/Photo Researchers, Inc.; Gary Head.

1.8 Toutes les photos, J. A. Bishop et L. M. Cook. **1.9** Toutes les photos, courtoisie de Derrell Fowler, Tecumseh, Oklahoma. **1.10** Gary Head. **1.11** Toutes les photos, © Gary Head. **1.12** Éléments graphiques, Gary Head et Preface, Inc.; photos, docteur Douglas Coleman, The Jackson Laboratory. **1.13** Courtoisie du docteur Michael S. Donnenberg. **1.14** James Carmichael Jr/NHPA. **Page 18** © Digital Vision/PictureQuest.

PARTIE I
Page 19 © Cabisco/Visuals Unlimited.

CHAPITRE 2
2.1 a) Éléments graphiques, Lisa Starr; b) Jack Carey. **2.2** Lisa Starr. **2.3** Photo, Gary Head; élément graphique, Lisa Starr. **2.4** a) © John Griffin/MediChrome; b), c) éléments graphiques, Raychel Ciemma; d) docteur Harry T. Chugani, M.D., UCLA School of Medicine. **2.5** Micrographie, Maris and Cramer. **2.6, 2.7** Lisa Starr. **2.8** Gary Head et Lisa Starr. **2.9** a), b) Éléments graphiques, Lisa Starr; micrographie, © Bruce Iverson. **2.10** Vandystadt/Photo Researchers, Inc. **2.11** Lisa Starr. **2.12** a) à c) Éléments graphiques, Lisa Starr; b) à droite, photos Steve Lissau/Rainbow; c) à droite, © Kennan Ward/CORBIS. **2.13** a) H. Eisenbeiss/Frank Lane Picture Agency; b) élément graphique, Lisa Starr. **2.14** Lisa Starr. **2.15** élément graphique, Lisa Starr; photos, © 2000 PhotoDisc, Inc. **2.16** Michael Grecco/Picture Group. **Page 33** À gauche, Lisa Starr; à droite, Raychel Ciemma.

CHAPITRE 3
3.1 En haut, Dave Schiefelbein; en bas, © Ron Sanford/Michael Agliolo/Photo Researchers. **Page 35** NASA. **Page 36** Lisa Starr. **3.2, 3.3, 3.4,** Lisa Starr. **3.5** Élément graphique, Gary Head. **3.6** Photo, Tim Davis/Photo Researchers, Inc.; élément graphique, Lisa Starr. **3.7, 3.8, 3.9** Lisa Starr. **3.10** Éléments graphiques et photo, Lisa Starr. **3.11** © David Scharf/Peter Arnold, Inc. **3.12** a) Élément graphique, Precision Graphics; b) élément graphique, Precision Graphics. **3.13** a) Élément graphique, Precision Graphics; b) Clem Haagner/Ardea, London. **3.14** a) Élément graphique, Lisa Starr; b) élément graphique, Precision Graphics. **3.15** a) Élément graphique, Precision Graphics; b) Larry Lefever/Grant Heilman Photography, Inc.; c) Kenneth Lorenzen. **Page 43** Lisa Starr. **3.16** Photos, © 2002 PhotoDisc/Getty Images; élément graphique, Gary Head. **3.17, 3.18, 3.19** Lisa Starr. **3.20** a) Photo, Al Giddings/Images Unlimited; élément graphique, Lisa Starr; b) élément graphique, Lisa Starr. **3.21** a), b) Lisa Starr; c), d) Gary Head et Lisa Starr. **3.22** a) Élément graphique, Preface, Inc.; b), c) Stanley Flegler/Visuals Unlimited. **3.23** Gary Head et Lisa Starr. **3.24** Gary Head. **3.25** Lisa Starr. **3.26** © 2002 Charlie Waite/Stone/Getty Images. **Page 53** Lisa Starr.

CHAPITRE 4
4.1 a) © Bettmann/Corbis; b) Armed Forces Institute of Pathology; c) National Library of Medicine; e) Francis A. Countway Library of Medicine. **4.2** a) Manfred Kage/Bruce Coleman; b) George J. Wilder/Visuals Unlimited. **4.3** a) Precision Graphics; b) Raychel Ciemma; c) Lisa Starr. **4.4** Lisa Starr. **4.5** Photo, Hans Pfletschinger; élément graphique, Raychel Ciemma. **4.6** a) Leica Microsystems, Inc., Deerfield, IL; b) élément graphique, Gary Head. **4.7** a) Photo, George Musil/Visuals Unlimited; élément graphique, Gary Head. **4.8** Élément graphique, Raychel Ciemma; micrographie, Driscoll, Youngquist, Baldeschwieler/CalTech/Science Source/Photo Researchers, Inc. **4.9** Jeremy Pickett-Heaps, School of Botany, University of Melbourne. **4.10** Raychel Ciemma et Precision Graphics. **4.11** Micrographies, Stephen Wolfe; élément graphique, Raychel Ciemma. **4.12** a) À gauche, Don W. Fawcett/Visuals Unlimited; à droite, A. C. Faberge, *Cell and Tissue Research*, 151: 403-415, 1974; élément graphique, Raychel

Ciemma; b) élément graphique, Lisa Starr. **4.13** Élément graphique, Raychel Ciemma et Precision Graphics. **4.14** Micrographies a), b), Don W. Fawcett/Visuals Unlimited; élément graphique, Raychel Ciemma. **4.15** Élément graphique, à gauche, Raychel Ciemma; à droite, Robert Demarest d'après un modèle de J. Kephart; micrographie, Gary Grimes. **4.16** Micrographie, B. Longcore/Photoresearchers/PUBLIPHOTO; élément graphique, Raychel Ciemma. **4.17** Élément graphique, en haut, Lisa Starr; micrographie, L. K. Shumway. **4.18** Éléments graphiques, Raychel Ciemma et Preface, Inc.; micrographie, M. C. Ledbetter, Brookhaven National Laboratory. **4.19** Micrographie, G. L. Decker; éléments graphiques, Raychel Ciemma et Preface, Inc. **4.20** a) © J. W. Shuler/Photo Researchers, Inc.; b) courtoisie du docteur Vincenzo Cirulli, Laboratory of Developmental Biology, The Whittier Institute for Diabetes, University of California, San Diego, Californie; c) courtoisie de Mary Osborn, Max Planck Institute for Biophysical Chemistry, Goettingen, FRG. **4.21** Lisa Starr. **4.22** a) John Lonsdale, www.johnlonsdale.net; b) David C. Martin, Ph. D. **4.23, 4.24** Lisa Starr. **4.25** Photos a) © Lennart Nilsson; b) CNRI/SPL/Photo Researchers, Inc.; élément graphique, Precision Graphics d'après Stephen Wolfe, *Molecular and Cellular Biology*, Wadsworth, 1993; c) © Andrew Syred/SPL/Photo Researchers, Inc.; d) éléments graphiques, Precision Graphics d'après Stephen L. Wolfe, *Molecular and Cellular Biology*, Wadsworth, 1993. **4.26** Ronald Hoham, Dept. of Biology, Colgate University. **4.27** Photos a) Walter Hodge/Peter Arnold, Inc.; c) courtoisie de Burlington Mills; micrographie, Eurelios/SPL/PUBLIPHOTO; élément graphique, Raychel Ciemma. **4.28** a) George S. Ellmore; b) Ed Reschke. **4.29** Raychel Ciemma et Lisa Starr. **4.30** a) Élément graphique, Lisa Starr; b) courtoisie du docteur G. Cohen-Bazire; c) K. G. Murti/Visuals Unlimited; d) R. Calentine/Visuals Unlimited; e) Gary Gaard, Arthur Kelman. **Page 78** À gauche, Raychel Ciemma; à droite, Lisa Starr. **Page 79** Lisa Starr.

CHAPITRE 5
5.1 a) S. Fraser/SPL/PUBLIPHOTO; b) Lisa Starr. **5.2** a), b) Éléments graphiques, Precision Graphics; c) élément graphique, Raychel Ciemma. **5.3, 5.4, 5.5** Lisa Starr. **Page 86** Raychel Ciemma d'après Pinto daSilva, D. Branton, *Journal of Cell Biology*, 45: 98, avec la permission de The Rockefeller University Press. **5.6** Gary Head et Precision Graphics. **5.7** Lisa Starr. **5.8** Raychel Ciemma et Gary Head. **5.9** Lisa Starr et Gary Head. **5.10** Lisa Starr. **5.11** Lisa Starr. **5.12** Precision Graphics. **5.13** a) Élément graphique, Raychel Ciemma; b) M. Sheetz, R. Painter et S. Singer, *Journal of Cell Biology*, 70: 193 (1976) avec la permission de The Rockefeller University Press. **5.14** Lisa Starr. **5.15** Raychel Ciemma. **5.16** Lisa Starr. **5.17** Micrographies a) à d) M. M. Perry et A. M. Gilbert; e) courtoisie de John Heuser/www.cellbio.wustl.edu. **5.18** a) © Juergen Berger/Max Planck Institute/SPL/Photo Researchers, Inc.; b) élément graphique, Raychel Ciemma. **5.19** Raychel Ciemma. **5.20** Lisa Starr. **5.21** © Prof. Marcel Bessis/SPL/Photo Researchers, Inc. **5.22** Frieder Sauer/Bruce Coleman.

CHAPITRE 6
6.1 a), b) Modèles du docteur David B. Goodin, The Scripps Research Institute. **6.2** a), b) Photos par Gary Head; c) élément graphique, Raychel Ciemma. **6.3** Evan Cerasoli. **6.4** En haut, NASA; en bas, Manfred Kage/Peter Arnold, Inc. **6.5** Lisa Starr utilisant les photos © 1997, 1998 provenant du Jet Propulsion Laboratory/California Institute of Technology and NASA, 1972. **6.6** Gary Head. **6.7** Lisa Starr. **6.8** Precision Graphics. **6.9** Lisa Starr et Gary Head. **6.10** Gary Head. **6.11** a), b) Lisa Starr, de B. Alberts *et al.*, *Molecular Biology of the Cell*, 1983, Garland Publishing; c) Lisa Starr. **6.12** a), b) Lisa Starr utilisant

les photos © 1997, 1998 provenant du Jet Propulsion Laboratory, California Institute of Technology et NASA, 1972. **6.13** a), b) Thomas A. Steitz. **6.14** Lisa Starr. **6.15** Lisa Starr. **6.16** Lisa Starr. **6.17** a) Douglas Faulkner/Sally Faulkner Collection; b), c) éléments graphiques, Gary Head. **6.18** À gauche, courtoisie du docteur Edward C. Klatt; à droite, courtoisie du Downstate Medical Center, Department of Pathology, Brooklyn, NY. **6.19** a) © Frank Borges Llosa/www.frankley.com. b) Sara Lewis, Tufts University; c) élément graphique, Lisa Starr. **6.20** Professor J. Woodland Hastings, Harvard University. **6.21** a), b) C. Contag, *Molecular Microbiology*, nov. 1985, 18 (4): 593. «Photonic Detection of Bacterial Pathogens in Living Hosts», réimprimé avec la permission de Blackwell Science. **Page 113** Modèle réalisé par le docteur David B. Goodin, The Scripps Research Institute.

CHAPITRE 7

7.1 Élément graphique, Raychel Ciemma; micrographie, Carolina Biological Supply Company. **7.2** Élément graphique, Lisa Starr; photo, Wernhner Krutein/PhotoVault. **Page 115** Lisa Starr. **7.3** Lisa Starr avec Preface, Inc. **Page 117** Gary Head. **7.4** Gary Head et Lisa Starr avec une photo de David Neal Parks. **7.5** a) Precision Graphics; b) en haut, © 2002 PhotoDisc; b) en bas, Bobby Mantoni. **Page 118** Gary Head. **7.6** a), b) Lisa Starr d'après Stephen L. Wolfe, *Molecular and Cellular Biology*, Wadsworth; c) Precision Graphics et Gary Head d'après Govindjee. **7.7** À gauche, Precision Graphics; a), b) Lisa Starr. **7.8** a) Douglas Faulkner/Sally Faulkner Collection; b) Hervé Chaumeton/Agence Nature. **7.9** Larry West/FPG. **7.10** Lisa Starr. **7.11** Lisa Starr. **Page 122** Gary Head. **7.12** Lisa Starr. **7.13** Lisa Starr. **7.14** E. R. Degginger. **7.15** Lisa Starr. **7.16** Lisa Starr. **Page 125** Gary Head. **7.17** a) En haut, © Bill Beatty/Visuals Unlimited; a) en bas, micrographie, Bruce Iverson, exploitée par ordinateur par Lisa Starr; b) en haut, © 2001 PhotoDisc; b) en bas, micrographie par Ken Wagner/Visuals Unlimited, exploitée par ordinateur par Lisa Starr. **Page 126** Gary Head. **7.18** Gary Head. **7.19** © 2002/Jeremy Woodhouse/PhotoDisc/Getty Images; Gary Head. **7.20** a), b) NASA. **7.21** Lisa Starr. **Page 130** Lisa Starr. **7.22** Steve Chamberlain, Syracuse University. **7.23** Sens horaire en débutant en haut à gauche, Lisa Starr; © 2002/PhotoDisc/Getty Images; C. B. Frith et D. W. Frith/Bruce Coleman, Ltd.; © 2002/PhotoDisc/Getty Images; © Rudiger Lhenen/SPL/Photo Researchers, Inc.

CHAPITRE 8

8.1 Stephen Dalton/Photo Researchers, Inc., exploitée par ordinateur par Lisa Starr. **8.2** Raychel Ciemma et Gary Head. **8.3** a) À gauche, Gary Head; a) à droite, Ed Reschke; b) Paolo Fioratti; c) Lisa Starr et Gary Head. **Page 136** Lisa Starr. **8.4 Page 136** Raychel Ciemma et Lisa Starr. **Page 137** Lisa Starr et Gary Head, d'après Ralph Taggart. **Page 137** Lisa Starr. **8.5** a) Élément graphique, Raychel Ciemma; micrographie, B. Longcore/Photoresearchers/PUBLIPHOTO; b), c) éléments graphiques, Lisa Starr. **8.6** Photo, © 2001 PhotoDisc, Inc.; élément graphique, à gauche, Raychel Ciemma; élément graphique, à droite, Lisa Starr. **8.7** En haut, Raychel Ciemma; en bas, Lisa Starr. **8.8** Lisa Starr avec Preface, Inc. **8.9** Lisa Starr. **Page 142** Lisa Starr. **8.10** a) Lisa Starr et Gary Head; b) Adrian Warren/Ardea, London; c) David M. Phillips/Visuals Unlimited. **8.11** William Grenfell/Visuals Unlimited. **8.12** Élément graphique, Lisa Starr; photo, Gary Head. **Page 146** Élément graphique, Gary Head; photo R. Llewellyn/SuperStock. **Page 147** Lisa Starr. **Page 148** Thomas D. Mangelsen/Images of Nature.

PARTIE II

Page 149 © Francis Leroy, Biocosmos/Science Photo Library/Photo Researchers.

CHAPITRE 9

9.1 À gauche et à droite, au centre, Chris Huss; à droite en haut et en bas, Tony Dawson. **9.2** Gary Head.

9.3 Élément graphique, Lisa Starr et Raychel Ciemma; micrographies a) C. J. Harrison *et al.*, *Cytogenetics and Cell Genetics*, 35: 21-27 © 1983 S. Karger, A. G. Basel; c) B. Hamkalo; d) O. L. Miller jr, Steve L. McKnight. **9.4** Raychel Ciemma et Gary Head. **9.5** Toutes les micrographies sont une courtoisie d'Andrew S. Bajer, University of Oregon. **9.6** Gary Head. **9.7** Élément graphique, Raychel Ciemma et Gary Head; micrographies, © Ed Reschke. **9.8** Élément graphique, Lisa Starr; micrographie, © R. Calentine/Visuals Unlimited. **9.9** Élément graphique, Raychel Ciemma; d) micrographie, © D. M. Phillips/Visuals Unlimited. **9.10** a) à c), e) Lennart Nilsson de *A Child Is Born* © 1966, 1977 Dell Publishing Company, Inc.; d) Lennart Nilsson de *Behold Man*, © 1974 by Albert Bonniers Förlag et Little, Brown & Company, Boston. **9.11** Photo à droite, courtoisie de la famille d'Henrietta Lacks; micrographie, docteur Pascal Madaule, France. **Page 161** Raychel Ciemma.

CHAPITRE 10

10.1 a) Jane Burton/Bruce Coleman; b) Dan Kline/Visuals Unlimited. **10.2** Raychel Ciemma. **10.3** © CNRI/SPL/Photo Researchers, Inc. **Page 165** Raychel Ciemma. **10.4** Micrographies, avec des remerciements à John Innes Foundation Trustees, exploitées par ordinateur par Gary Head; élément graphique, Raychel Ciemma; **10.5, 10.6** Raychel Ciemma. **10.7** Élément graphique, Preface, Inc.; photos, a) David Maitland/Seaphot Limited, b) USDA/Photoresearchers/PUBLIPHOTO. **10.8** Lisa Starr. **10.9** Micrographie, David M. Phillips/Visuals Unlimited; élément graphique, Lisa Starr. **10.10** Raychel Ciemma. **10.11** Precision Graphics. **Page 175** Raychel Ciemma. **10.12** © Richard Corman/Corbis Outline.

CHAPITRE 11

11.1 Photo de Tom Cruise, ©AFP/CORBIS; photo de Charles Barkley, Mike Powell/Getty Images; peinture représentant Gregor Mendel, The Moravian Museum, Brno; photo de Joan Chen, Fabian/Corbis Sygma. **11.2** Élément graphique, Jennifer Wardrip; photo, Jean M. Labat/Ardea, London. **11.3** Lisa Starr. **11.4** Precision Graphics. **11.5** Raychel Ciemma et Precision Graphics. **11.6** Precision Graphics. **11.7** Raychel Ciemma avec Precision Graphics. **Page 182** Raychel Ciemma et Precision Graphics. **11.8** Raychel Ciemma. **11.9** Raychel Ciemma et Precision Graphics. **11.10** Photos, William E. Ferguson; élément graphique, Raychel Ciemma. **11.11** Élément graphique, Precision Graphics. **11.12** a) © Bettmann/CORBIS; b) élément graphique, Lisa Starr. **11.13** Élément graphique, Preface, Inc.; photos, a), b) Michael Stuckey/Comstock, Inc.; c) Bosco Broyer; photo, Gary Head. **11.14** David Hosking. **11.15** Photos, Ted Somes. **11.16** En haut et en bas, Frank Cezus/FPG; Frank Cezus/FPG; © 2001 PhotoDisc, Inc.; Ted Beaudin/FPG; Stan Sholik/FPG. **11.17** a) Les photos sont une courtoisie de Ray Carson, University of Florida News and Public Affairs; élément graphique, Gary Head. **11.18** Photo, Jane Burton/Bruce Coleman; élément graphique, D. Hennings et V. Hennings. **11.19** Photo, © Pamela Harper/Harper Horticultural Slide Library; élément graphique, Lisa Starr, se rapportant au professeur Otto Wilhelm Thomé, *Flora von Deutschland Österreich und der Schweiz*, 1885, Gera, Allemagne. **11.20** À gauche, Eric Crichton/Bruce Coleman; à droite, William E. Ferguson. **11.21** Evan Cerasoli. **Page 192** Gary Head. **11.22** Leslie Faltheisek. Clacritter Manx. **11.23** © Joe McDonald/Visuals Unlimited.

CHAPITRE 12

12.1 De «Multicolor Spectral Karyotyping of Human Chromosomes», par E. Schrock, T. Ried *et al.*, *Science*, 26 juill. 1966, 273: 495. Utilisé avec la permission de E. Schrock et T. Reid, et American Association for the Advancement of Science, exploité par ordinateur par Lisa Starr. **12.2** De P. Maslak, Blast Crisis of Chronic Myelogenous Leukemia. Paru en ligne le 5 décembre 2001. ASH Image Bank. Tous droits réservés,

utilisé avec la permission de l'American Society of Hematology. **12.3** Raychel Ciemma. **12.4** Photo, Charles D. Winters/Photo Researchers; micrographie, Omikron/Photo Researchers; élément graphique, Raychel Ciemma. **12.5** Élément graphique, Precision Graphics et Gary Head; photos à gauche, © 2001 EyeWire; à droite, © 2001 PhotoDisc, Inc. **12.6** a) Photo, de Lennart Nilsson, *A Child Is Born*, © 1966, 1977 Dell Publishing Company, Inc.; b) Robert Demarest d'après Patten, Carlson *et al.*; c) Robert Demarest avec la permission de M. Cummings, *Human Heredity: Principles and Issues*, p. 126, 3e éd., © 1994 Brooks/Cole. Reproduction interdite. **12.7** Élément graphique, Raychel Ciemma et Preface, Inc.; photo, Carolina Biological Supply Company. **12.8** Raychel Ciemma. **12.9** a), b) Precision Graphics; b) docteur Victor A. McKusick; c) Steve Uzzell. **Page 204** Precision Graphics. **12.10** Lisa Starr. **12.11** Giraudon/Art Resource, New York. **12.12** a) Lisa Starr; b) photo © Bettmann/Corbis, élément graphique d'après V. A. McKusick, *Human Genetics*, 2e éd., © 1969, réimprimé avec la permission, Prentice-Hall, Inc., Englewood Cliffs, N.J. **12.13** C. J. Harrison. **12.14** Eddie Adams/AP/Wide World Photos. **Page 206** Precision Graphics. **12.15** a), b) Courtoisie de G. H. Valentine. **12.16** De «Multicolor Spectral Karyotyping of Human Chromosomes», par E. Schrock, T. Ried *et al.*, *Science*, 26 juill. 1966, 273: 496. Utilisé avec la permission de E. Schrock et T. Reid, et de l'American Association for the Advancement of Science. **Page 207** Precision Graphics. **12.17** Raychel Ciemma. **12.18** À gauche, avec la permission de Carole Lafrate; au centre, courtoisie de la Peninsula Association for Retarded Children and Adults, San Mateo Special Olympics, Burlingame, CA; à droite, courtoisie de Special Olympics; caryotype, © 1997, Hironao Numabe, M.D., Tokyo Medical University. **12.19** Preface, Inc. **12.20** À gauche, UNC Medical Illustration and Photo; à droite, © 1997, Hironao Numabe, M.D., Tokyo Medical University. **12.21** a) © 1997, Hironao Numabe, M.D., Tokyo Medical University; b) insertion, Stefan Schwarz. **12.22** Raychel Ciemma. **12.23** Élément graphique, Lisa Starr; photos, courtoisie de Lennart Nilsson de *A Child Is Born*, © 1966, 1977 Dell Publishing Company, Inc. **12.24** Photo, a) Fran Heyl Associates © Jacques Cohen, exploité par ordinateur par © Pix Elation; b) Raychel Ciemma. **12.25** Carolina Biological Supply Company. **12.26** Precision Graphics. **12.27** Raychel Ciemma. **Page 215** © Mitchell Gerber/CORBIS.

CHAPITRE 13

13.1 A. C. Barrington Brown, © 1968 J. D. Watson. **13.2** Lisa Starr. **13.3** Raychel Ciemma. **13.4** a), b) Raychel Ciemma; c) Lee D. Simon/Science Source/Photo Researchers, Inc. **13.5** Raychel Ciemma. **13.6** Élément graphique, en haut, Raychel Ciemma; en bas, Gary Head; micrographie, Biophoto Associates/SPL/Photo Researchers, Inc. **Page 221** Preface, Inc. **13.7** Lisa Starr. **13.9, 13.10** Precision Graphics. **13.11** a) Daniel Fairbanks; b) PA News Photo Library. **13.12** Courtoisie d'Advanced Cell Technology, Inc., Worcester, Massachusetts.

CHAPITRE 14

14.1 En haut, Dennis Hallinan/FPG; en bas, © Bob Evan/Peter Arnold, Inc. **14.2, 14.3** Precision Graphics. **14.4** Lisa Starr. **14.5** Gary Head. **14.6, 14.7** Precision Graphics. **14.8** a) Modèle par le docteur David B. Goodin, The Scripps Research Institute; b), c) Lisa Starr. **14.9** a) Courtoisie de Thomas A. Steitz de Science; b) Lisa Starr. **14.10** Lisa Starr. **14.11** a) Lisa Starr; b) Precision Graphics. **14.12** Lisa Starr. **14.13** À gauche, Nik Kleinberg; à droite, Peter Starlinger. **14.14** Lisa Starr. **14.15** Courtoisie de la National Neurofibromatosis Foundation.

CHAPITRE 15

15.1 Photos a) Ken Greer/Visuals Unlimited; b) Biophoto Associates/Science Source/Photo Researchers; c) James Stevenson/SPL/Photo Researchers; à droite, Gary Head. **Page 238** Lisa Starr. **15.2** Raychel Ciemma et Gary Head. **15.3** Lisa Starr. **15.4** Raychel Ciemma. **15.5** a) Carolina Biological Supply Company; b) UCSF Computer Graphics Laboratory, National Institutes, NCRR Grant 01081. **15.6** a) Docteur Karen Dyer Montomery; b) Raychel Ciemma. **15.7** Jack Carey. **15.8** En haut, Raychel Ciemma; en bas, W. Beerman. **15.9** a) Raychel Ciemma et Gary Head; b) Frank B. Salisbury. **15.10** a) Lennart Nilsson © Boehringer Ingelheim International GmbH; b), c) Betsy Palay/Artemis. **15.11** Betsy Palay/Artemis. **15.12** Slim Films. **Page 251** Lisa Starr.

CHAPITRE 16

16.1 Lewis L. Lainey. **16.2** Science VU/Visuals Unlimited. **16.3** a) © Professor Stanley Cohen/SPL/Photo Researchers, Inc.; b) docteur Huntington Potter et docteur David Dressler. **Page 254** Preface, Inc. **16.4** Lisa Starr. **16.5** Gary Head. **16.6** Gary Head. **16.7** En haut, Damon Biotech, Inc.; en bas, Cellmark Diagnostics, Abingdon, UK. **16.8, 16.9** Lisa Starr. **16.10** Stephen Wolfe, *Molecular and Cellular Biology*. **16.11** Élément graphique, Lisa Starr; photo, Hervé Chaumeton/Agence Nature. **16.12** Keith V. Wood. **16.13** Photos a) Docteur Vincent Chiang, School of Forestry and Wood Products, Michigan Technology University; b) courtoisie de Calgene LLC. **16.14** R. Brinster, R. E. Hammer, School of Veterinary Medicine, University of Pennsylvania. **Page 265** En haut, photo, Lisa Starr; au centre, © 2002 PhotoDisc; en bas, docteur Vincent Chiang, School of Forestry and Wood Products, Michigan Technology University, exploitées par ordinateur par Lisa Starr. **Page 266** Preface, Inc. **16.15** En haut, © Adrian Arbib/Still Pictures; en bas, © AP/Wide World Photos. **Page 268** © 2002 PhotoDisc, exploitée par ordinateur par Lisa Starr.

PARTIE III

Page 269 © S. Stammers/SPL/Photo Researchers, Inc.

CHAPITRE 17

17.1 Elliot Erwitt/Magnum Photos, Inc. **17.2** a) Jen & Des Bartlett/Bruce Coleman; b) Kenneth W. Fink/Photo Researchers, Inc.; c) Dave Watts/A.N.T. Photo Library. **17.3** Raychel Ciemma. **17.4** a) Courtoisie de George P. Darwin, Darwin Museum, Down House; b) photo, Heather Angel, exploitée par ordinateur par Lisa Starr; c) Christopher Ralling; d) élément graphique, Leonard Morgan; e) élément graphique, Precision Graphics; f) ITN Archive/Stills/. **17.5** a) Peinture, Charles R. Knight (negatif CK21T), © The Field Museum, CK20T; b) © Philip Boyer/Photo Researchers, Inc.; c) www.fossilmuseum.net. **17.6** a) Heather Angel; b) David Cavagnaro; c) docteur P. Evans/Bruce Coleman; d) Alan Root/Bruce Coleman. **17.7** Courtoisie de Down House and The Royal College of Surgeons of England. **Page 278** Courtoisie de Derrell Fowler, Tecumseh, Oklahoma. **17.8** Alan Solem. **17.9** Raychel Ciemma et Gary Head. **17.10** Precision Graphics. **17.11** a), b) J. A. Bishop et L. M. Cook. Tableau **17.1** Données d'après H. B. Kettlewell. **17.12** Precision Graphics. **17.13** a), b) Warren Abrahamson; c) Forest W. Buchanan/Visuals Unlimited; d) Kenneth McCrea, Warren Abrahamson; exploitée par ordinateur par Gary Head. **17.14** Precision Graphics. **17.15** a), b) Thomas Bates Smith; c) Preface, Inc. **17.16** Bruce Beehler. **17.17** Precision Graphics, d'après Ayala *et al*. **17.18** En haut, David Neal Parks; en bas, W. Carter Johnson. **17.19** a), b) Éléments graphiques, Precision Graphics, d'après des modèles informatiques développés par Jerry Coyne. **17.20** Élément graphique, Raychel Ciemma; photo, David Cavagnaro. **17.21** Kjell Sandved/Visuals Unlimited. **Page 291** Precision Graphics. **17.22** Precision Graphics, utilisant les données NIH.

CHAPITRE 18

18.1 a) Photo, Gary Head; escargot, courtoisie de Larry Reed; b) Gary Head, adapté de R. K. Selander et D. W. Kaufman, *Evolution*, 29(3), 31 déc. 1975. **18.2** Élément graphique, Jennifer Ward Rip.

18.3 Precision Graphics, d'après F. Ayala et J. Valentine, Evolving, Benjamin-Cummings, 1979. **18.4** a) G. Ziesler/Zefa; b) Alvin E. Staffan/Photo Researchers, Inc.; c) John Alcock/Arizona State University. **18.5** a) Fred McConnaughey/Photo Researchers, Inc.; b) Patrice Geisel/Visuals Unlimited; à droite, Tom Van Sant/The Geosphere Project, Santa Monica, CA. **18.6** Preface, Inc. **18.7** Raychel Ciemma. **18.8** En haut, Steve Gartlan; en bas, Tom Van Sant/The Geosphere Project, Santa Monica, CA. **18.9** Lisa Starr d'après W. Jensen et F. B. Salisbury, *Botany: An Ecological Approach*, Wadsworth, 1972. **18.10** Photos, à gauche © H. Clarke, VIREO/Academy of Natural Sciences; à droite, Robert C. Simpson/Nature Stock; élément graphique, Preface, Inc. **18.11** Precision Graphics. **18.12** Photos en haut, Jack Dermid; en bas, Leonard Lee Rue III/FPG; élément graphique, Precision Graphics d'après P. Dodson, *Evolution: Process and Products*, 3ᵉ éd., PWS. **18.13** Jen et Des Bartlett/Bruce Coleman.

CHAPITRE 19

19.1 a), b) Lisa Starr; c) © David A. Kring, NASA/University of Arizona Space Imagery Center; d) NASA Galileo Imaging Team; e) élément graphique, Don Davis. **19.2** Vatican Museums. **19.3** a) Donald Baird, Princeton Museum of Natural History; b) A. Feduccia, *The Age of Birds*, Harvard University Press, 1980; c) H. P. Banks; d) Jonathan Blair. **19.4** À gauche, globes, Lisa Starr; tableau, Gary Head. **19.5** Gary Head. **19.6** a) © 2001 PhotoDisc, Inc.; b), c) Lisa Starr. **19.7** © Danny Lehman/CORBIS. **19.8** a) NOAA/NGDC; b) Leonard Morgan; c) Gary Head. **19.9** Lisa Starr, d'après A. M. Ziegler, C. R. Scotese et S. F. Barrett, « Mesozoic and Cenozoic Paleogeographic Maps », et J. Krohn et J. Sundermann (éds), *Tidal Friction and the Earth's Rotation II*, Springer-Verlag, 1983; photo, Martin Land/Photo Researchers, Inc. **19.10** Raychel Ciemma. **19.11** a) Élément graphique, Lisa Starr et Raychel Ciemma se rapportant à la Natural History Collection, Royal BC Museum; photos a) Stephen Dalton/Photo Researchers, Inc., exploitée par ordinateur par Lisa Starr; b) Frans Lanting/Minden Pictures, exploitée par ordinateur par Lisa Starr; c) J. Scott Altenbach, University of New Mexico, exploitée par ordinateur par Lisa Starr. **19.12** Élément graphique, Precision Graphics et Gary Head, d'après E. Guerrant, *Evolution*, 36: 699-712; photos, Gary Head. **19.13** De T. Storer *et al.*, *General Zoology*, 6ᵉ éd., McGraw-Hill, 1979, reproduit avec la permission de McGraw-Hill, Inc. **19.14** Raychel Ciemma. **19.15** Precision Graphics. **19.16** De gauche à droite, Kjell B. Sandved/Visuals Unlimited; Jeffrey Sylvester/FPG; Thomas D. Mangelsen/Images of Nature. **19.17** De gauche à droite, Larry Lefever/Grant Heilman Photography, Inc.; R.I.M. Campbell/Bruce Coleman; Runk & Schoenberger/Grant Heilman Photography, Inc.; Bruce Coleman. **Page 318** Preface, Inc. **19.18, 19.19, 19.20** Gary Head. **19.21** Lisa Starr et Gary Head. **19.22** a) P. Morris/Ardea London; b) Raychel Ciemma. **19.23** a) John Klausmeyer, University of Michigan, Exhibit of Natural History; b) © Bruce J. Mohn; b) insertion, Phillip Gingerich, Director, University of Michigan, Museum of Paleontology; c) © 2002 Peter Timmermans/Stone/Getty Images. **19.24** © 2002 Paolo Curto/The Image Bank/Getty Images.

CHAPITRE 20

20.1 Jeff Hester et Paul Scowen, Arizona State University et NASA. **20.2** Peinture, William K. Hartmann. **20.3** a) Peinture, Chesley Bonestell; b) Raychel Ciemma. **20.4** Precision Graphics. **20.5** a) Sidney W. Fox; b) courtoisie de W. Hargreaves et D. Deamer; c) © Phillippa Uwins/University of Queensland; d) Preface, Inc. **20.6** Raychel Ciemma et Precision Graphics. **20.7** Bill Bachmann/Photo Researchers, Inc. **20.8** a) Stanley M. Awramik; b) à f) Andrew H. Knoll, Harvard University. **20.9** Micrographie, P. L. Walne et J. H. Arnott, *Planta*, 77: 325-354, 1967. **20.10** Raychel Ciemma. **20.11** Robert K. Trench. **Page 336** Lisa Starr.

20.12 a), b) Neville Pledge/South Australian Museum; c), d) docteur Chip Clark. **20.13** a), b) Illustrations par Zdenek Burian, © Jiri Hochman et Martin Hochman; c) Patricia G. Gensel; d) © John Barber. **Pages 337, 338** Lisa Starr. **20.14** Peinture de Megan Rohn, courtoisie de David Dilcher; élément graphique, Gary Head; photos, sens horaire en débutant en bas, Runk & Schoenberger/Grant Heilman Photography, Inc.; Robert et Linda Mitchell; Ed Reschke; Lee Casebere. **20.15** a) © John Sibbick; b); c) © Karen Carr Studio/www.karencarr.com. **Page 340** Lisa Starr. **20.16** Peinture © Ely Kish. **20.17** a) Peinture de Charles R. Knight, Field Museum of Natural History, Chicago (negatif CK8T); b) Karen Carr Studio, www.karencarr.com. **20.18** Globes, L. K. Townsend d'après A. M. Ziegler, C. R. Scotese et S. F. Barrett, « Mesozoic and cenozoic paleogeographic maps », et J. Krohn et J. Sundermann, « Paleotides before the permian », dans F. Brosche et J. Sundermann (éds), *Tidal Friction and the Earth's Rotation II*, Springer-Verlag, 1983.

PARTIE IV

Page 345 © 1990 Arthur M. Green.

CHAPITRE 21

21.1 a) à c) Tony Brian, David Parker/SPL/Photo Researchers, Inc. **21.2** Lee D. Simon/Researchers, Inc. **21.3** Lisa Starr. **21.4** a) Stanley Flegler/Visuals Unlimited; b) P. Hawtin, University of Southampton/SPL/Photo Researchers, Inc.; c) CNRI/SPL/Photo Researchers, Inc. **21.5** a), b) courtoisie de K. Amako et d'A. Umeda, Kyshu University, Japon. **21.6** L. J. LeBeau, University of Illinois Hospital/BPS. **21.7** Raychel Ciemma; micrographie, L. Santo. **21.8** Raychel Ciemma. **21.9** Gary Head. **21.10** © Alan L. Detrick/Science Source/Photo Researchers, Inc. **21.11** a) Courtoisie de Jack Jones, *Archives of Microbiology*, vol. 136, 1983, p. 254-261. Réimprimé avec la permission de Springer-Verlag; b) R. Robinson/Visuals Unlimited; c) © 2000 PhotoDisc, Inc. **21.12** a) Barry Rokeach; b) NASA. **21.13** a) Docteur Jeremy Burgess/Science Photo Library/Photo Researchers, Inc.; b) Tony Brain/SPL/Photo Researchers; c) P. W. Johnson et J. McN. Sieburth, Univ. Rhode Island/BPS. **21.14** docteur Terry J. Beveridge, Dept of Microbiology, University of Guelph, Ontario, Canada. **21.16** Richard Blake More. **21.17** Courtoisie de Hans Reichenbach, GBF, Braunschweig, Allemagne. **21.18** Raychel Ciemma, d'après Stephen L. Wolfe. **21.19** a) K. G. Murti/Visuals Unlimited; b) George Musil/Visuals Unlimited; c), d) Kenneth M. Corbett. **21.20** Precision Graphics. **21.21** Raychel Ciemma. **21.22** a) © Camr/B. Dowsett/SPL/Photo Researchers, Inc.; b) University of Erlangen. **21.23** À gauche, Gary Head; à droite, E. A. Zottola, University of Minnesota. **Page 363** En haut, à droite, élément graphique, Raychel Ciemma; photos, en bas, Tony Brian et David Parker/SPL/Photo Researchers, Inc.

CHAPITRE 22

22.1 a) Lewis Trusty/Animals Animals; b) courtoisie d'Allan W. H. Bé et de David A. Caron; c) courtoisie de www.hiddenforest.co.nz; d) Gary W. Grimes et Steven L'Hernault. **22.2** Lisa Starr et Gary Head. **22.3** En haut, © Richard Triemer, Rutgers; en bas, Raychel Ciemma. **22.4** En haut, Lisa Starr, d'après Prescott *et al.*, *Microbiology*, 3ᵉ éd.; en bas, © Oliver Meckes/Photo Researchers, Inc. **22.5** a) Professeur Louis De Vos; b), c) docteur Stan Erlandsen, University of Minnesota. **22.6** a) M. Abbey/Visuals Unlimited; b) docteur Howard J. Spero; c) courtoisie de John Kinross; d) John Clegg/Ardea, London; e) © G. Shih et R. Kessel/Visuals Unlimited; f) Neal Ericsson. **22.7** a) Raychel Ciemma, redessiné à partir de la source: V. & J. Pearse et M. & R. Buchsbaum, *Living Invertebrates*, The Boxwood Press, 1987. Utilisé avec la permission; b) Raychel Ciemma; c) courtoisie de © James Evarts; d) courtoisie du professeur Steve Beck, Nassau Community College; e) Micrographie de V. & J. Pearse et M. & R. Buchsbaum, *Living Invertebrates*, The Boxwood Press, 1987. Utilisé avec la permission ; élément graphique, Raychel Ciemma. **22.8** Photo en haut à gauche, © John Walsh/SPL/Photo Researchers, Inc. ; élément graphique, Raychel Ciemma. **22.9** Courtoisie de Saul Tzipori, Division of Infectious Diseases, Tufts University School of Veterinary Medicine. **22.10** Photo de Lauren et Homer par Gary Head. **22.11** Élément graphique, Leonard Morgan ; micrographie, Steven L'Hernault. **22.12** a) À gauche, © courtoisie de Virginia Institute of Marine Science ; b) au centre, à droite, North Carolina State University, Aquatic Botany Lab ; c) C. C. Lockwood. **22.13** © S. Berry/Visuals Unlimited. **22.14** a) Claude Taylor et University of Wisconsin, Department of Botany ; b) Heather Angel ; c) International Potato Center, Lima, Peru. **22.15** a) Jack Kelly Clark, © Regents of the University of California ; b) docteur Pavel Svihra. **22.16** a), b) Ronald W. Hoham, Department of Biology, Colgate University ; c) Greta Fryxell, University of Texas, Austin ; d) *Emiliania huxleyi* photo, Vita Pariente, la micrographie à balayage électronique a été effectuée avec un instrument Jeol T330A, Texas A&M University Electron Microscopy Center ; e) courtoisie de Keith Abineri. **22.17** a) Élément graphique, Precision Graphics ; b) Steven C. Wilson/Entheos ; c) © Jeffrey Levinton, State University of New York, Stony Brook. **22.18** a) Courtoisie de Monterey Bay Aquarium ; b) Brian Parker/Tom Stack & Associates, élément graphique, Raychel Ciemma ; c) courtoisie du professeur Astrid Saugestad ; d) © Andrew Syred ; e) courtoisie de Knut Norstog et de Botanical Society of America ; f), g) D. S. Littler. **22.19** a) Raychel Ciemma ; b) courtoisie du professeur Michel Cavalla. **22.20** Carolina Biological Supply Company. **22.21** En haut, Raychel Ciemma ; en bas, © PhotoDisc/Getty Images. **22.22** D. P. Wilson/Eric et David Hosking. **22.23** Élément graphique, a) Leonard Morgan ; photos, b) M. Claviez, G. Gerish et R. Guggenheim ; c) London Scientific Films ; d) à f) Carolina Biological Supply Company ; g) courtoisie de Robert R. Kay, de R. R. Kay *et al., Development*, 1989 Supplement, p. 81-90, © The Company of Biologists Ltd., 1989.

CHAPITRE 23

23.1 a) Pat and Tom Leeson/Photo Researchers, Inc. ; b) Craig Wood/Visuals Unlimited ; c) Robert Potts, California Academy of Sciences : d) © Greg Allikas/ www.orchidworks.com. **23.2** Raychel Ciemma d'après E. O. Dodson et P. Dodson, *Evolution : Process and Product*, 3e éd., p. 401, PWS. **23.3** Gary Head. **23.4** Photo, H. P. Banks ; élément graphique, Preface, Inc. **23.5** Photo, Jane Burton/Bruce Coleman ; élément graphique, Raychel Ciemma. **23.6** a) Fred Bavendam/ Peter Arnold, Inc. ; b) docteur John D. Cunningham/ Visuals Unlimited. **23.7** a) À gauche, National Park Services, Paul Stehr-Green ; a) à droite, National Park Services, Martin Hutten ; b) © Wayne P. Armstrong, Professor of Biology and Botany, Palomar College, San Marcos, Californie. **23.8** a) Ed Reschke/Peter Arnold, Inc. ; b) Kingsley R. Stern ; c) William Ferguson ; d) W. H. Hodge ; e) Kratz/Zefa. **23.9** Élément graphique, Raychel Ciemma ; photos, insertion, A. & E. Bomford/ Ardea, London ; à droite, Lee Casebere. **23.10** Élément graphique, Raychel Ciemma ; photos, en haut, Brian Parker/Tom Stack & Associates, en bas, © The Field Museum, GEO85637c. **23.11** a) Kathleen B. Pigg, Arizona State University ; b) George J. Wilder/Visuals Unlimited. **23.12** a) Stan Elams/Unlimited ; b) Gary Head. **23.13** © Jeff Gnass Photography. **23.14** a) R. J. Erwin/ Photo Researchers, Inc. ; b), d) Robert and Linda Mitchell Photography ; c) Doug Sokell/Visuals Unlimited ; e) © Kingsley R. Stern. **23.15** a) © E. Webber/Visuals Unlimited ; b) K. R. Robertson, The Illinois Natural History Survey ; c) Runk/Schoenberger/Grant Heilman, Inc. ; d) Harrisons Trees, New Zealand. **23.16** a) Docteur Daniel L. Nickrent ; b), d) William Ferguson ; c) Robert and Linda Mitchell Photography ; e) Biological Photo Service. **23.17** Élément graphique, Raychel Ciemma ; photos, à gauche, Edward S. Ross ; en haut à droite, Robert and Linda Mitchell Photography ; en bas à droite, R. J. Erwin/Photo Researchers, Inc. **23.18** a) David Hiser, Photographers/Aspen, Inc. ; b) Terry Livingstone ; c) © 1993 Trygve Steen ; d) © 1994 Robert Glenn Ketchum. **23.19** a) Preface, Inc. ; b) M. P. L. Fogden/Bruce Coleman ; c) © Gregory G. Dimijian/Photo Researchers, Inc. ; d) © Darrell Gulin/CORBIS ; e) Peter F. Zika/Visuals Unlimited ; f) photo fournie par DLN/Permission du docteur Daniel L. Nickrent. **23.20** Raychel Ciemma. **23.21** a) © Ralph Pleasant/FPG ; b) Earl Roberge/Photo Researchers, Inc. ; c) John Mason/Ardea, London ; d) George Loun/Visuals Unlimited ; e) courtoisie de la South Africa Water Research Commission. **23.22** Bob Cerasoli. **Page 401** Precision Graphics. **23.23** À gauche, au centre, © 1989, 1991 Clinton Webb ; à droite, Gary Head.

CHAPITRE 24

24.1 © Sherry K. Pittam. **24.2** Toutes les photos, Robert C. Simpson/Nature Stock. **24.3** a) Robert C. Simpson/ Nature Stock ; b) Jane Burton/Bruce Coleman ; c) Thomas J. Duffy. **24.4** Raychel Ciemma d'après T. Rost *et al., Botany*, Wiley, 1979 ; micrographie, Garry T. Cole, University of Texas, Austin/BPS. **Page 408** docteur John D. Cunningham/Visuals Unlimited. **24.5** Élément graphique, Raychel Ciemma ; micrographies, Ed Reschke. **24.6** a) © Michael Wood/mykoweb.com ; b) © North Carolina State University, Department of Plant Pathology ; c) © Fred Stevens/mykoweb.com ; d) Dennis Kunkel Microscopy, Inc. ; e) Garry T. Cole, University of Texas, Austin/BPS. **24.7** Nallin et G. L. Barron. **24.8** a) Raychel Ciemma, d'après Raven, Evert et Eichhorn, *Biology of Plants*, 4e éd., Worth Publishers, New York, 1986 ; b) Mark E. Gibson/Visuals Unlimited ; c) Gary Head ; d) Stephen Sharnoff ; e) Edward S. Ross. **24.9** a) Professeur D. J. Read, University of Sheffield ; b) © 1990 Gary Braasch ; c) F. B. Reeves. **24.10** a) Docteur P. Marazzi/SPL/Photo Researchers, Inc. ; b) Eric Crichton/Bruce Coleman ; c) J. Walsh/SPL/PUBLOPHOTO. **24.11** John Hodgin.

CHAPITRE 25

25.1 Courtoisie du Department of Library Services, American Museum of Natural History (negative K10273). **25.2** Photo Lisa Starr ; élément graphique, Gary Head. **25.3** Leonard Morgan. **25.4** Raychel Ciemma. **25.5** À gauche, d'après Laszlo Meszoly, dans L. Margulis, *Early Life*, Jones and Bartlett, 1982. **25.6** Bruce Hall. **25.7** a) à c) P. Scoones/SPL/ PUBLOPHOTO ; d) à gauche, Precision Graphics, d'après Bayer and Owre, *The Free-Living Lower Invertebrates*, © 1968 Macmillan ; photos, d) à droite, Don W. Fawcett/Visuals Unlimited ; e) Marty Snyderman/Planet Earth Pictures. **25.8** Raychel Ciemma d'après Eugene Kozloff. **25.9** a), b) Raychel Ciemma ; photos, c) courtoisie du docteur William H. Hammer ; d) Kim Taylor/Bruce Coleman ; e) F. S. Westmorland/ Tom Stack & Associates. **25.10** a) Élément graphique, Precision Graphics d'après T. Storer *et al., General Zoology*, 6e éd., © 1979 McGraw-Hill ; photos, b) P. Scoones/SPL/PUBLOPHOTO ; c) Christian DellaCorte. **25.11** Photo, Kim Taylor/Bruce Coleman ; élément graphique, Raychel Ciemma. **25.12** a) Robert and Linda Mitchell Photography ; b) Cath Ellis, University of Hull/SPL/Photo Researchers, Inc. **25.13** Élément graphique, Lisa Starr ; micrographie, J. Sulston, MRC Laboratory of Molecular Biology. **25.14** Raychel Ciemma. **25.15** Élément graphique, Raychel Ciemma ; photo, Carolina Biological Supply Company. **25.16** a) © L. Jensen/Visuals Unlimited ; b) Dianora Niccolini. **25.17** et **page 426** Éléments graphiques, Precision Graphics. **25.18** Élément graphique, Palay/Beaubois ; photo par Danielle C. Zacherl avec John McNulty. **25.19** a) Gary Head ; b) David Doubilet ; c) Jeff Foott/Tom Stack & Associates ; d) J. Grossauer/Zefa ; e) Frank Park/A.N.T. Photolibrary ; f) Bob Cranston ; g) © E. Webber/Visuals Unlimited. **25.20** a) Palay/Beaubois ; b) élément graphique, Precision Graphics ; c) Hervé Chaumeton/Agence Nature ; d) © B. Borrell Casals/Frank Lane Picture Agency/CORBIS. **25.21** a) Raychel Ciemma ; b) Hervé Chaumeton/Agence Nature. **25.22** Raychel Ciemma. **25.23** J. A. L. Cooke/Oxford Scientific Films. **25.24** a) © Cabisco/Visuals Unlimited ; b) Jon Kenfield/Bruce Coleman ; c) Precision Graphics, d'après Eugene Kozloff, *Invertebrates* © 1990 par Saunders, reproduit avec la permission de l'éditeur ; d) Precision Graphics, adapté de Rasmussen, « Ophelia », vol. 11, dans Eugene Kozloff, *Invertebrates*, 1990. **25.25** Raychel Ciemma. **25.26** Jane Burton/Bruce Coleman. **25.27** a) Jane Burton/Bruce Coleman ; b) Angelo Giampiccolo/FPG. **25.28** a) Redessiné d'après de *Living Invertebrates*, V. & J. Pearse/M. &. R. Buchsbaum, The Boxwood Press, 1987. Utilisé avec la permission ; b) P. J. Bryant, University of California-Irvine/BPS. **25.29** a) Hervé Chaumeton/ Agence Nature ; b) Frans Lanting/Bruce Coleman ; c) Fred Bavendam/Peter Arnold, Inc. ; d) Agence Nature ; élément graphique, Precision Graphics, d'après D. H. Milne, *Marine Life and the Sea*, Wadsworth, 1995. **25.30** Precision Graphics. **25.31** a) © Michael & Patricia Fogden/CORBIS ; b) Steve Martin/Tom Stack & Associates. **25.32** Raychel Ciemma. **25.33** Precision Graphics, d'après G. Pasteur, « Jean Henri Fabre », *Scientific American*, juill. 1994. © 1994 par *Scientific American*. Reproduction interdite. **25.34** a) à c), e) à g) Edward S. Ross ; d) USDA/Photoresearchers/ PUBLIPHOTO ; h) ©Mark Moffett/Minden Pictures ; i) courtoisie du Karen Swain, North Carolina Museum of Natural Sciences ; j) Chris Anderson/Darklight Imagery ; k) Joseph L. Spencer. **25.35** a) John H. Gerard ; b) GK & Vikki Hart. **25.36** a) Courtoisie de Pfizer Central Research ; b) Wadsworth Center, NY ; c) Edward S. Ross ; d) Preface, Inc. **25.37** B. Backes, Arizona State University. **25.38** a) Marlin E. Rice, Iowa State University ; b), c) John Obermeyer, Department of Entymology, Purdue University. **25.39** a) © Fred Bavendam/Minden Pictures ; b) Chris Huss/The Wildlife Collection ; c) Jan Haaga, Kodiak Lab, AFSC/ NMFS ; d) © George Perina, www.seapix.com. **25.40** a), b) Élément graphique, L. Calver ; c), d) photos, Hervé Chaumeton/Agence Nature. **Page 441** Jane Burton/Bruce Coleman. **25.41** Raychel Ciemma. **25.42** Ian Cartwright. **25.43** a) J. Solliday/BPS ; b) Hervé Chaumeton/Agence Nature.

CHAPITRE 26

26.1 a) Tom McHugh/Photo Researchers, Inc. ; b) © Lawson Wood/CORBIS. **26.2** Élément graphique, Gary Head. **26.3** a), b) redessiné d'après *Living Invertebrates*, V. & J. Pearse et M. & R. Buchsbaum, The Boxwood Press, 1987. Utilisé avec la permission ; c) © 2002 Gary Bell/Taxi/Getty Images. **26.4** a) Raychel Ciemma ; b) Runk and Schoenberger/Grant Heilman Photography, Inc. ; c) © John and Bridgette Sibbick. **26.5** a) à c) Raychel Ciemma, adapté de A. S. Romer et T. S. Parsons, *The Vertebrate Body*, 6e éd., Saunders, 1986 ; d) à gauche, photo, Lisa Starr ; d) à droite, courtoisie de John McNamara, www.paleodirect.com. **26.6** En haut, d'après D. H. Milne, *Marine Life and the Sea*, Wadsworth, 1995 ; a), b) © Brandon D. Cole/CORBIS. **26.7** En haut, d'après D. H. Milne, *Marine Life and the Sea*, Wadsworth, 1995 ; photo, en bas, Heather Angel. **26.8** a) © Jonathan Bird/Oceanic Research Group, Inc. ; © 1999 Gido Braase/Deep Blue Productions ; c) Tom McHugh/Photo Researchers, Inc. **26.9** a) Bill Wood/ Bruce Coleman ; b) Raychel Ciemma ; c) Robert and Linda Mitchell Photography ; d) © Shedd Aquarium/www.fishphotos.org ; e) © Norbert Wu/Peter Arnold, Inc. ; f) Wernher Krutein/photovault.com. **26.10** a) © Alfred Kamajian ; b), c) Laszlo Meszoly et D. & V. Hennings. **26.11** a) Stephen Dalton/Photo Researchers, Inc. ; b) John Serraro/Visuals Unlimited ; c) Jerry W. Nagel ; d) Leonard Morgan adapté de A. S. Romer et T. S. Parsons, *The Vertebrate Body*, 6e éd., Saunders, 1986 ; e) Juan M. Renjifo/Animals Animals. **26.12** a) Pieter Johnson ; b) Stanley Sessions, Hartwick College. **26.13** a) © 1989 D. Braginetz ; b) Z. Leszczynski/Animals Animals ; c) Raychel Ciemma. **26.14** D. & V. Hennings et Gary Head.

26.15 a) Mark Grantham ; b) Raychel Ciemma ; c), d) © Stephen Dalton/Photo Researchers, Inc. ; d) insertion, Raychel Ciemma ; e) Heather Angel ; f) Kevin Schafer/Tom Stack & Associates. 26.16 a) Lisa Starr ; b) Rajesh Bedi. 26.17 Raychel Ciemma. 26.18 a) Gerard Lacz/A.N.T. Photolibrary ; b) © 2002 PhotoLink/PhotoDisc/Getty Images ; éléments graphiques b) à d) tirés de *The Life of Birds*, 4ᵉ éd., L. Baptista et J. C. Whelty, © 1988, Saunders, reproduits avec la permission de l'éditeur ; e), f) courtoisie du docteur M. Guinan, Anatomy, Physiology, and Cell Biology, School of Veterinarian Medicine, University of California, Davis. 26.19 a) Sandy Roessler/FPG ; b) Leonard Lee Rue III/FPG ; c) élément graphique, Raychel Ciemma, d'après M. Weiss et A. Mann, *Human Biology and Behavior*, 5ᵉ éd., Harper Collins, 1990. 26.20 Lisa Starr. 26.21 a) Gean Phillipe Varin/Jacana/Photo Researchers, Inc. ; b) D. and V. Blagden/A.N.T. Photolibrary ; c) Corbis Images/Picture Quest ; d) Mike Jagoe/Talune Wildlife Park, Tasmanie, Australie. 26.22 Raychel Ciemma. 26.23 a) © Stephen Dalton/Photo Researchers, Inc. ; b) © Merlin D. Tuttle/Bat Conservation International ; c) © David Parker/SPL/Photo Researchers, Inc. ; d) Douglas Faulkner/Photo Researchers, Inc. ; e) Bryan and Cherry Alexander Photography ; f) Christopher Crowley. Page 464 Éléments graphiques, D. et V. Hennings. 26.24 a) Larry Burrows/Aspect Photolibrary ; b) Ralph Hopkins ; c) © Art Wolfe/Photo Researchers, Inc. ; d) © Dallas Zoo, Robert Cabello ; e) courtoisie du docteur Takeshi Furuichi, Biology, Meiji-Gakuin University-Yokohama ; f) Allen Gathman, Biology Department, Southeast Missouri State University ; g) Bone Clones®, www.boneclones.com ; h) Gary Head. 26.25 Gary Head. 26.26 a) Time, Inc., 1965. Larry Burrows Collection. 26.27 Precision Graphics d'après *National Geographic*, fév. 1997, p. 82. 26.28 a) Docteur Donald Johanson, Institute of Human Origins ; b) Louise M. Robbins ; c), d) Kenneth Garrett/National Geographic Image Collection. 26.29 *Sahelanthropus tchadensis*, MPFT/Corbis Sygma ; autres éléments graphiques, Lisa Starr. 26.30 Kenneth Garrett/National Geographic Image Collection. 26.31 À gauche, C. Jégou/PUBLOPHOTO ; à droite, Lisa Starr. 26.32 À gauche © Elizabeth Delaney/Visuals Unlimited ; les autres, John Reader © 1981. 26.33 Lisa Starr. 26.34 Lisa Starr. 26.35 Raychel Ciemma. 26.36 À gauche, © Sandak/FPG ; à droite, Douglas Mazonowicz/Gallery of Prehistoric Art. 26.37 Preface, Inc. 26.38 Lisa Starr ; photo, NASA. 26.39 Andrew Dennis/A.N.T. Photolibrary.

CHAPITRE 27

27.1 © Tom Till/Stone/Getty Images. 27.2 Éléments graphiques, Gary Head. 27.3 a) Peinture de Charles Knight (negative 2425), Department of Library Services, American Museum of Natural History ; b) Mansell Collection/Time, Inc. 27.4 Lisa Starr. 27.5 Steve Hillebrand, U.S. Fish & Wildlife Service. 27.6 a) © Greenpeace/Cunningham ; b) Lisa Starr, tiré des bilans (1940-1984) de la Commission baleinière internationale. 27.7 a) C. B. & D. W. Frith/Bruce Coleman ; b) Douglas Faulkner/Photo Researchers, Inc. ; c) Douglas Faulkner/Sally Faulkner Collection ; d) Sea Studios/Peter Arnold, Inc. 27.8 a) T. Garrison, *Oceanography : An Invitation to Marine Science*, 3ᵉ éd., Brooks/Cole, 2000. Reproduction interdite ; b) © Greenpeace/Grace ; c) en haut, de gauche à droite, Douglas Faulkner and Sally Faulkner Collection ; Peter Scoones/Planet Earth Pictures ; c) au centre, de gauche à droite, Jeff Rotman ; Michael Aw ; Douglas Faulkner/Sally Faulkner Collection ; c) en bas, Douglas Faulkner/Sally Faulkner Collection. 27.9 Eric Hartmann/Magnum Photos. 27.10 Lisa Starr. 27.11 Élément graphique, Lisa Starr, avec les photos de © 2000 PhotoDisc, Inc. 27.12 Bureau of Land Management. 27.13 Lisa Starr. 27.14 Photo, courtoisie de www.eternalreefs.com

PARTIE INTRODUCTION
Page 487 © 2002 Stuart Westmorland/Stone/Getty Images.

CHAPITRE 28

28.1 Galen Rowell/Peter Arnold, Inc. 28.2 a) © K. G. Vock/Okapia/Photo Researchers, Inc. ; b) © Patrick Johns/CORBIS. 28.3 En haut, à gauche, courtoisie de Charles Lewallen ; au centre, à gauche, © Bruce Iverson ; en bas, à gauche, © Bruce Iverson ; à droite, Raychel Ciemma. 28.4 En haut, à gauche, © CNRI/SPL/Photo Researchers, Inc. ; en bas, à gauche, docteur Roger Wagner/University of Delaware, www.udel.edu/Biology/Wags ; à droite, élément graphique, Lisa Starr avec © 2002 PhotoDisc, Inc. 28.5 a) Gary Head ; b) John W. Merck jr, University of Maryland. 28.6 À gauche © Thomas Mangelsen ; à droite, © Anthony Bannister/Photo Researchers, Inc. 28.7 À gauche, Giorgio Gwalco/Bruce Coleman ; à droite, © David Parker/SPL/Photo Researchers, Inc. 28.8 © K & K Ammann/Taxi/Getty Images ; élément graphique, Precision Graphics. 28.9 À gauche, élément graphique, Preface, Inc. ; à droite, photo, Fred Bruemmer. 28.10 a) Gary Head avec la permission de Alex Shigo ; b) tiré de *Tree Anatomy*, par le docteur Alex L. Shigo, Shigo Trees and Associates ; Durham, New Hampshire. 28.11 a) Wes Walker ; b) G. J. McKenzie (MGS) ; c) Frank B. Salisbury. 28.12 a) Courtoisie de Hall and Bleecker ; b) Juergen Berger, Max Planck Institute for Developmental Biology, Tuebingen, Allemagne. 28.13 Kevin Somerville et Gary Head. 28.14 À gauche, © Darrell Gulin/The Image Bank/Getty Images ; à droite, © Pat Johnson Studios Photography. Page 500 En haut, ©PhotoDisc/Getty Images ; en bas, © Cory Gray. 28.15 a) Heather Angel ; b) © Biophoto Associates/Photo Researchers, Inc. 28.16 a) © Geoff Tompkinson/SPL/Photo Researchers, Inc. ; b) © John Beatty/SPL/Photo Researchers, Inc.

PARTIE V
Page 503 © Jim Christensen, Fine Art Digital Photographic Images.

CHAPITRE 29

29.1 a) R. Barrick/USGS ; b), c) © 1980 Gary Braasch ; d) Don Johnson/Photo Nats, Inc. 29.2 Élément graphique, Raychel Ciemma. 29.3 Élément graphique, Precision Graphics. 29.4 Élément graphique, Raychel Ciemma. 29.5 Micrographie, James D. Mauseth, *Plant Anatomy*, Benjamin-Cummings, 1988. 29.6 Toutes les photos, Biophoto Associates. 29.7 a) D. E. Akin et I. L. Rigsby, Richard B. Russel Agricultural Research Center, Agricultural Research Service, U.S. Department of Agriculture, Athens, Georgia ; b) Kingsley R. Stern. 29.8 Élément graphique, Precision Graphics. 29.9 George S. Ellmore. 29.10 Élément graphique, D. & V. Hennings. 29.11 Élément graphique, Raychel Ciemma. 29.12 a) Robert and Linda Mitchell Photography ; b) Roland R. Dute ; c) Gary Head. 29.13 Élément graphique, D. & V. Hennings ; a) à gauche, Ray F. Evert ; a) à droite, James W. Perry ; b) à gauche, Carolina Biological Supply Company ; b) à droite, James W. Perry. 29.14 Élément graphique, D. & V. Hennings. 29.15 a) Heather Angel ; b) Gary Head ; c) © 2001 PhotoDisc, Inc. 29.16 a) Élément graphique, Raychel Ciemma ; b) C. E. Jeffree *et al.*, *Planta*, 172(1) : 20-37, 1987, réimprimé avec la permission de C. E. Jeffree et Springer-Verlag ; c) docteur Jeremy Burgess/SPL/Photo Researchers, Inc. 29.17 a) Élément graphique, d'après Salisbury and Ross, *Plant Physiology*, 4ᵉ éd., Wadsworth ; b) micrographie, John Limbaugh/Ripon Microslides, Inc. ; c), d) éléments graphiques, Raychel Ciemma. 29.18 Micrographies, a) Chuck Brown ; b) Carolina Biological Supply Company. 29.19 Photos, John Limbaugh/Ripon Microslides ; élément graphique d'après T. Rost *et al.*, *Botany : A Brief Introduction to Plant Biology*, 2ᵉ éd., © 1984, John Wiley & Sons, Inc. 29.20 a) Raychel Ciemma ; b) Alison W. Roberts, University of Rhode Island. 29.21 Élément graphique, Raychel Ciemma. 29.22 Éléments graphiques, Precision

Graphics. 29.23 John Lotter Gurling/Tom Stack & Associates. 29.24 a), c) Lisa Starr ; b) H. A. Core, W. A. Cote et A. C. Day, *Wood Structure and Identification*, 2ᵉ éd., Syracuse University Press, 1979. 29.25 a) © Jon Pilcher ; b) © George Bernard/SPL/Photo Researchers, Inc. ; c) © Peter Ryan/SPL/Photo Researchers, Inc. 29.26 a), b) Edward S. Ross. 29.27 À gauche, NASA/USGS ; à droite, courtoisie du professeur David W. Stahle, University of Arkansas.

CHAPITRE 30

30.1 a), b), d) Robert and Linda Mitchell Photography ; c) © John N. A. Lott, *Scanning Electron Microscope Study of Green Plants*, St. Louis : C. V. Mosby Company, 1976. 30.2 David Cavagnaro/Peter Arnold, Inc. 30.3 a) William Furgeson ; b) USDA NRCS ; c) U.S. Department of Agriculture. 30.4 a), c), d) Éléments graphiques, Leonard Morgan ; b) micrographie, Chuck Brown. 30.5 Courtoisie de Mark Holland, Salisbury University. 30.6 Photos a) Adrian P. Davies/Bruce Coleman ; c) Mark E. Dudley et Sharon R. Long ; a), b) éléments graphiques, Jennifer Wardrip. 30.7 NifTAL Project, University of Hawaii, Maui. 30.8 Micrographies a) Alison W. Roberts, University of Rhode Island ; b), c) H. A. Cote, W. A. Cote et A. C. Day, *Wood Structure and Identification*, 2ᵉ éd., Syracuse University Press, 1979. 30.9 À gauche, Natural History Collections, The Ohio Historical Society ; Raychel Ciemma. 30.10 À gauche, M. Ricketts, School of Biological Sciences, The University of Sydney, Australie ; insertion, Aukland Regional Council. 30.11 et 30.12 Docteur Dennis Kunkel 30.13 © À gauche, Don Hopey, Pittsburgh Post-Gazette, 2002, reproduction interdite, réimprimé avec la permission ; a), b) Docteur Jeremy Burgess/SPL/Photo Researchers, Inc. 30.14 a) Courtoisie du professeur John Main, PLU ; b) © James D. Mauseth, University of Texas. 30.15 Martin Zimmerman, *Science*, 1961, 133 : 73-79, © AAAS. 30.16 À gauche, Palay/Beaubois ; à droite, Precision Graphics. Page 535 Palay/Beaubois. 30.18 James T. Brock.

CHAPITRE 31

31.1 Photos, à gauche, courtoisie de Merlin D. Tuttle/Bat Conservation International ; à droite, John Alcock, Arizona State University. 31.2 a) Robert A. Tyrrell ; b), c) Thomas Eisner, Cornell University. 31.3 Éléments graphiques, Raychel Ciemma et Precision Graphics ; photos, Gary Head. 31.4 John Shaw/Bruce Coleman. 31.5 a) David M. Phillips/Visuals Unlimited ; b) © docteur Jeremy Burgess/SPL/Photo Researchers, Inc. ; c) David Scharf/Peter Arnold, Inc. 31.6 Raychel Ciemma. 31.7 a), c), e), f) Michael Clayton, University of Wisconsin ; b) Raychel Ciemma ; d) docteur Charles Good, Ohio State University, Lima. 31.8 a) Docteur Dan Legard, University of Florida GCREC, 2000 ; b) Richard H. Gross ; c) © Andrew Syred/SPL/Photo Researchers, Inc. ; e) Mark Rieger ; f) à) Janet Jones. 31.9 a) R. Carr ; b) Gary Head ; c) Rein/Zefa. 31.10 John Alcock, Arizona State University. 31.11 Russell Kaye, © 1993 The Walt Disney Co. Réimprimé avec la permission de *Discover Magazine*. 31.12 a) Runk & Schoenberger/Grant Heilman Photography, Inc. ; b) Kingsley R. Stern. Page 548 Raychel Ciemma. 31.13 Gary Head.

CHAPITRE 32

32.1 a) Michael A. Keller/FPG ; b), c) R. Lyons/Visuals Unlimited. 32.2 Sylvan H. Wittwer/Visuals Unlimited. 32.3 © Docteur John D. Cunningham/Visuals Unlimited. 32.4 a), b) Raychel Ciemma ; b) Hervé Chaumeton/Agence Nature. 32.5 a), b) Raychel Ciemma ; c) Barry L. Runk/Grant Heilman Photography, Inc. ; d) De Mauseth. 32.6 a), b) Raychel Ciemma ; c) Biophot. 32.7 a) Kingsley R. Stern ; b) Precision Graphics. 32.8 a) Michael Clayton, University of Wisconsin ; b) John Digby et Richard Firn. 32.9 a), b) Les micrographies sont une courtoisie de Randy Moore, de « How Roots Respond to Gravity », M. L. Evans, R.

Moore et K. Hasenstein, *Scientific American*, déc. 1986.
32.10 a) © Adam Hart-Davis/SPL/Photo Researchers, Inc.;
b), c) Lisa Starr. **32.11** Gary Head. **32.12** Cary Mitchell.
32.14 Precision Graphics. **32.15** Plante de jours longs,
© Clay Perry/CORBIS; Plante de jours courts, © Eric
Chrichton/CORBIS; élément graphique, Gary Head.
32.16 a) Jan Zeevart; b) Ray Evert, University of
Wisconsin. **32.17** En haut, N. R. Lersten; en bas,
© Peter Smithers/CORBIS.**32.18** Larry D. Nooden.
32.19 R. J. Down. **32.20** Élément graphique, Lisa Starr;
photo, Eric Welzel/Fox Hill Nursery, Freeport, Maine.
32.21 Gary Head et Preface Graphics Inc. **32.22** Inga
Spence/Tom Stack & Associates. **32.23** Grant Heilman
Photography, Inc.

PARTIE VI
Page 565 Kevin Schafer.

CHAPITRE 33
33.1 David Macdonald. **33.2** a) Photo, Photodisc/Getty
Images; micrographie, Manfred Kage/Bruce Coleman;
élément graphique, Lisa Starr; b) photos, de gauche à
droite, © Ray Simons/Photo Researchers, Inc.;
© Ed Reschke/Peter Arnold, Inc.; © Don W. Fawcett;
élément graphique, Lisa Starr. **33.3** Raychel Ciemma
et Lisa Starr. **33.4** Photo, Gregory Dimijian/Photo
Researchers, Inc.; élément graphique, Raychel Ciemma,
adapté de C. P. Hickman jr, L. S. Roberts et A. Larson,
Integrated Principles of Zoology, 9e éd., W. C. Brown, 1995.
33.5 Élément graphique, Lisa Starr; photos a) à c), e) Ed
Reschke, d) Fred Hossler/Visuals Unlimited; f) en haut,
professeur P. Motta/Department of Anatomy, University
« La Sapienza », Rome/SPL/Photo Researchers, Inc.;
f) en bas, Ed Reschke. **33.6** Photo, Roger K. Burnard;
élément graphique, à gauche, Joel Ito; à droite, L. Calver.
33.7 Ed Reschke. **33.8** Élément graphique, Lisa Starr;
micrographies a), c) Ed Reschke; b) © Biophoto
Associates/Photo Researchers, Inc. **33.9** Robert
Demarest. **33.10** a) Lennart Nilsson de *Behold Man*,
© 1974 Albert Bonniers Förlag and Little, Brown and
Company, Boston; b) Kim Taylor/Bruce Coleman.
33.11 L. Calver. **33.12** Palay/Beaubois. **Page 576** a) Ed
Reschke/Peter Arnold, Inc.; b) à d) Ed Reschke. **Page
576** De Lennart Nilsson. **33.13** docteur Preston Maxim
et docteur Stephen Bretz, Department of Emergency
Services, San Francisco General Hospital.

CHAPITRE 34
34.1 À gauche, ©2002 Darren Robb/Stone/Getty
Images; à droite, Kevin Somerville. **34.2** Élément
graphique, Robert Demarest; micrographie, Manfred
Kage/Peter Arnold, Inc. **Page 581** Lisa Starr. **34.3**,
34.4 et **34.5** Lisa Starr. **34.6** Precision Graphics.
34.7 a), c) Éléments graphiques, Lisa Starr; micrographie,
docteur Constantino Sotelo, *International Cell Biology*,
p. 83, 1977. Tous droits réservés, utilisé avec la permission
de Rockefeller University Press. **34.8** Micrographie,
© Don Fawcett, Bloom and Fawcett, 11e éd., d'après
J. Desaki et Y. Uehara/Photo Researchers, Inc.; élément
graphique, Kevin Somerville. **34.9** Gary Head.
34.10 Robert Demarest. **34.12** a) Kevin Sommerville et
Precision Graphics; b) Robert Demarest. **34.13** En haut,
© 2002 Ken Usami/PhotoDisc/Getty Images; élément
graphique, Raychel Ciemma. **34.14** a) Élément graphique,
Lisa Starr, d'après Eugene Kozloff; b) Ron Koss,
University of Alberta, Canada. **34.15** Raychel Ciemma.
34.16 Kevin Somerville. **34.17** Kevin Somerville
et Precision Graphics. **34.18** Robert Demarest et
Precision Graphics. **34.19** a) Robert Demarest;
b) Manfred Cage/Peter Arnold, Inc. **34.20** Kevin
Somerville. **34.21** a) Kenneth Garrett/National
Geographic Image Collection; b) Kevin Somerville.
34.22 Kevin Somerville. **34.23** C. Yokochi et J. Rohen,
Photographic Anatomy of the Human Body, 2e éd., Igaku-
Shoin, Ltd., 1979. **34.24** À gauche, élément graphique,
Palay/Beaubois, d'après Penfield and Rasmussen,
The Cerebral Cortex of Man, © 1950 Macmillan Library
Reference. Renouvelé en 1978 par Theodore Rasmussen.
Réimprimé avec la permission de The Gale Group;

à droite, Colin Chumbley/Science Source/Photo
Researchers, Inc. **34.25** a) Élément graphique, Raychel
Ciemma; b) Marcus Raichle, Washington University
School of Medicine. **34.26** Lisa Starr. **34.30** Robert
Demarest. **34.31** À gauche © David Stoecklein/
CORBIS; au centre, © Lauren Greenfield/Corbis
Sygma; à droite, AP/Wide World Photos.
34.32 a), b) Tomographes par émission de positrons de
E. D. London *et al.*, *Archives of General Psychiatry*, 47:
567-574, 1990; photo. **34.33** © Kathy Plonka,
courtoisie de The Spokesman-Review.

CHAPITRE 35
35.1 a) Eric A. Newman; b) Merlin D. Tuttle, Bat
Conservation International. **35.2** a) © David Turnley/
CORBIS; b) Robert Demarest; c) à e) Kevin Somerville
et Preface, Inc. **35.3** De Hensel and Bowman, *Journal of
Physiology*, 23: 564-568, 1960. **35.4** Palay/Beaubois
d'après *The Cerebral Cortex of Man*, par Penfield and
Rasmussen, Macmillan Library Reference, © 1950
Macmillan Library Reference. Renouvelé en 1978 par
Theodore Rasmussen. Réimprimé avec la permission de
The Gale Group. **35.5** Raychel Ciemma. **35.6** Gary
Head. **35.7** Precision Graphics. **35.8** Micrographie
a) Omikron/SPL/Photo Researchers, Inc.; élément
graphique, Robert Demarest. **35.9** a), c) Kevin
Somerville; b) Lisa Starr. **Page 613** © AFP Photo/
Timothy A. Clary/CORBIS. **35.10** Gary Head.
35.11 a) Élément graphique, Robert Demarest; en haut,
à droite, photo image de Mireille Lavigne-Rebillard
(INSERM, U.254, Montpellier), de *Promenade around
the cochlea* (www.the-cochlea.info), par R. Pujol, S.
Blatrix, T. Pujol et V. Reclar (CRIC, University
Montpellier 1); en bas, à droite, photo, Mike Powell/
Getty Images; b) élément graphique, Precision Graphics;
c) Medtronic Xomed; d) micrographie du docteur
Thomas R. Van De Water, University of Miami Ear
Institute; élément graphique, Robert Demarest.
35.12 a), b) Robert E. Preston, courtoisie de Joseph E.
Hawkins, Kresge Hearing Research Institute, University
of Michigan Medical School. **35.13** a) à c) Raychel
Ciemma; d) Keith Gilbert/Tom Stack & Associates.
35.14 Raychel Ciemma, d'après M. Gardiner, *The
Biology of Vertebrates*, McGraw-Hill, 1972; E. R.
Degginger. **35.15** G. A. Mazohkin-Porshnykov (1958).
Réimprimé avec la permission de *Insect Vision*, © 1969
Plenum Press. **35.16** À gauche, Fritz Goro; à droite,
Raychel Ciemma. **35.17** Robert Demarest. **35.18** Chase
Swift. **35.19**, **35.20** Kevin Somerville. **35.21**
www.2.gasou.edu/psychology/courses/muchinsky et
www.occipita.cfa.cmu.edu; b) Lennart Nilsson ©
Boehringer Ingelheim International Gmbh. **35.22** À
gauche, Palay/Beaubois, d'après S. Kuffler et J. Nicholls,
From Neuron to Brain, Sinauer, 1977; à droite, Preface,
Inc. **35.23** © Lydia V. Kibiuk. **35.24**, **35.25** Éléments
graphiques, Kevin Somerville; photo by Gerry Ellis/
The Wildlife Collection. **Page 624** Robert Demarest.
35.26 Douglas Faulkner and Sally Faulkner Collection.
35.27 Edward W. Bauer © 1991 TIB.

CHAPITRE 36
36.1 Photodisc. **36.2** Kevin Somerville. **36.3**, **36.4**
Éléments graphiques, Lisa Starr. **36.5**, **36.6** Éléments
graphiques, Robert Demarest. **36.7** a) Mitchell Layton;
b) Mirrorpix; c) courtoisie du docteur William H.
Daughaday, Washington University School of Medicine,
de A. I. Mendelhoff et D. E. Smith, éds, *American
Journal of Medicine*, 1956, 20: 133. **36.8** Leonard
Morgan. **36.9** a), b) Raychel Ciemma; c) Gary Head;
d) © Bettmann/Corbis. **36.10** Precision Graphics.
36.11 Biophoto Associates/SPL/Photo Researchers, Inc.
36.12 Leonard Morgan. **36.13** a) John S. Dunning/
Ardea, London; b) Evan Cerasoli. **36.14** The Stover
Group/D. J. Fort. **36.15** R. C. Brusca et G. J. Brusca,
Invertebrates, © 1990 Sinauer Associates. Utilisé avec
la permission; photos c) Frans Lanting/Bruce Coleman;
d) Robert et Linda Mitchell Photography.
Page 642 Robert Demarest. **36.16** Roger K. Bernard.

CHAPITRE 37
37.1 John Brandenberg/Minden Pictures. **37.2** L. Calver.
37.3 a) Docteur John D. Cunningham/Visuals
Unlimited; b) Robert Demarest; c) © CNRI/SPL/Photo
Researchers, Inc. **37.4** a) M. P. L. Fogdon/Bruce
Coleman; b) W. J. Weber/Visuals Unlimited.
37.5 Robert Demarest. **37.6** a) Lisa Starr; b) Frank
Trapper/Corbis Sygma; c) © AFP/CORBIS.
37.7 Michael Keller/FPG. **37.8** David Wrobel.
37.9 En haut, D. A. Parry, *Journal of Experimental
Biology*, 1959, 36: 654; en bas, © Stephen
Dalton/Photo Researchers, Inc. **Page 649** Precision
Graphics. **37.10** a), c), d) D. & V. Hennings; b) à
gauche, Bone Clones®, www.boneclones.com;
b) à droite, © docteur Paul A. Zahl/Photo Researchers, Inc.
37.11 Élément graphique, Raychel Ciemma; photo,
C. Yokochi et J. Rohen, *Photographic Anatomy of the Human
Body*, 2e éd., Igaku-Shoin, Ltd., 1979. **37.12** Élément
graphique, Joel Ito; micrographie, EdReschke.
37.13 K. Kasnot. **37.14** a), b) Prof. P. Motta, Dept. of
Anatomy/University « La Sapienza » Rome/Science Photo
Library/Photo Researchers, Inc. **37.15** Raychel Ciemma.
37.16 a) à c) N.H.P.A./A.N.T. Photolibrary. **37.17**
Robert Demarest. **37.18** Raychel Ciemma.
37.19 a), c) Robert Demarest; photo de ballet provenant
du Dance Theatre of Harlem, par Frank Capri;
micrographies b), c) © Don Fawcett/Visuals Unlimited,
de D. W. Fawcett, *The Cell*, Philadelphia; W. B. Saunders
Co., 1966; compilation de Gary Head. **37.20** a) En
haut, Robert Demarest; a) à g) Nadine Sokol et Gary
Head. **37.21** Robert Demarest. **37.22** Lisa Starr.
37.24 Kevin Somerville et Gary Head. **37.25** Gary
Head. **37.26** Peinture, sir Charles Bell, 1809,
courtoisie du Royal College of Surgeons, Edinburgh.
37.27 a) © Sean Sprague/Stock, Boston, LLC;
b) Michael Neveux.

CHAPITRE 38
38.1 a) De A. D. Waller, *Physiology: The Servant of
Medicine*, Hitchcock Lectures, University of London
Press, 1910; b) courtoisie de The New York Academy of
Medicine Library; c) Preface, Inc. **38.2** Gary Head.
38.3 a), c) Precision Graphics; b), d) Raychel Ciemma;
e) d'après M. Labarbera et S. Vogel, *American Scientist*,
1982, 70: 54-60. **38.4** Precision Graphics. **38.5** Élément
graphique, Palay/Beaubois. **38.6** Photo, © David
Scharf/Peter Arnold, Inc. **38.7** Lisa Starr, élément
graphique avec référence de Bloodline Image Atlas,
University of Nebraska-Omaha/Sherri Wicks, Human
Physiology and Anatomy, University of Wisconsin
Biology Web Education System *et al.*; photo © EyeWire,
Inc. **38.8** Photos, a), b) Lester V. Bergman & Associates,
Inc.; c) Gary Head d'après F. Ayala et J. Kiger, *Modern
Genetics*, © 1980 Benjamin-Cummings. **38.9** Nadine
Sokol, d'après G. J. Tortora et N. P. Anagnostakos,
Principles of Anatomy and Physiology, 6e éd. © 1990 par
Biological Sciences Textbook, Inc., A& P Textbooks, Inc.
et Elia-Sparta, Inc. Réimprimé avec la permission de
John Wiley & Sons, Inc. **38.10** Precision Graphics.
38.11 Kevin Somerville. **38.12** a) Photo, C. Yokochi et
J. Rohen, *Photographic Anatomy of the Human Body*,
2e éd., Igaku-Shoin, Ltd., 1979; b), c) Raychel Ciemma.
38.13 Élément graphique, Precision Graphics.
38.14 a) Élément graphique, Lisa Starr, micrographie par
Don W. Fawcett; b) Raychel Ciemma. **38.15** Robert
Demarest, d'après A. Spence, *Basic Human Anatomy*,
Benjamin-Cummings, 1982. **38.16** Precision Graphics.
38.17 Sheila Terry/SPL/Photo Researchers, Inc.
38.18 Micrographie, © Biophoto Associates/Photo
Researchers, Inc.; élément graphique, Lisa Starr.
38.19 a), b) Kevin Somerville; micrographie,
docteur John D. Cunningham/Visuals Unlimited;
à droite, Lisa Starr, utilisant © 2001 PhotoDisc, Inc.
photo. **38.20** a) © Ed Reschke; b) © Biophoto
Associates/Photo Researchers, Inc. **38.21** L. Calver.
38.22 Precision Graphics. **38.23** Photo, prof. P. Motta/
Dept. of Anatomy/University « La Sapienza »,
Rome/Science Photo Library/Photo Researchers, Inc.;
élément graphique, Gary Head. **38.24** a), b) Raychel

Ciemma; c) Lisa Starr. **Page 684** Raychel Ciemma; Robert Demarest. **38.25** Lennart Nilsson de *Behold Man*, © 1974 par Albert Bonniers Förlag and Little, Brown and Company, Boston.

CHAPITRE 39

39.1 a) The Granger Collection, New York; b) Lisa Starr avec L. J. Harris; S. B. Larson; K. W. Hasel; A. McPherson; *Biochemistry* 36, p. 1581, 1997; c) Lennart Nilsson © Boehringer Ingelheim International GmbH. **39.2** Robert R. Dourmashkin, courtoisie du Clinical Research Centre, Harrow, Angleterre. **39.3** Lisa Starr. **39.4** a) NSIBC/SPL/Photo Researchers, Inc.; b) Biology Media/Photo Researchers, Inc. **39.5** Raychel Ciemma. **39.6** Élément graphique, Lisa Starr; photo, © David Scharf/Peter Arnold, Inc. **39.7** Élément graphique, Lisa Starr; photo © Ken Cavanagh/Photo Researchers, Inc. **39.8** Precision Graphics. **39.9** Lisa Starr. **39.10** Lisa Starr. **39.11** Preface, Inc. **39.12** Raychel Ciemma. **39.13** Lisa Starr. **Page 696** Lisa Starr. **39.14** Élément graphique, Lisa Starr; photo de L. J. Harris; S. B. Larson; K. W. Hasel; A. McPherson; *Biochemistry* 36, p. 1581, 1997, structure en ruban. **39.15** Lisa Starr. **39.16** © Docteur A. Liepins/SPL/Photo Researchers, Inc. **39.17** En haut, Lowell Georgia/Science Source/Photo Researchers, Inc.; en bas, Matt Meadows/Peter Arnold, Inc. **39.18** À gauche, David Scharf/Peter Arnold, Inc.; à droite, Kent Wood/Photo Researchers, Inc. **39.19** Ted Thai/TimePix. **39.20** © Zeva Olbaum/Peter Arnold, Inc. **39.21** a) Élément graphique, Raychel Ciemma, d'après Stephen Wolfe, *Molecular Biology of the Cell*, Wadsworth, 1993; b) micrographies, Z. Salahuddin, National Institutes of Health. **Page 705** Raychel Ciemma.

CHAPITRE 40

40.1 Galen Rowell/Peter Arnold, Inc.; insertion, courtoisie du docteur Joe Losos. **40.2** Gary Head et Precision Graphics. **40.3** Precision Graphics. **40.4** Photos a) Peter Parks/Oxford Scientific Films; b) Hervé Chaumeton/Agence Nature; élément graphique, Precision Graphics. **40.5** Micrographie, Ed Reschke; élément graphique, Precision Graphics. **40.6** Raychel Ciemma et Precision Graphics. **40.7** Raychel Ciemma. **40.8** Lisa Starr. **40.9** Micrographie, H. R. Duncker/Justus-Liebig University, Giessen, Allemagne; élément graphique, Raychel Ciemma. **40.10** Kevin Somerville. **40.11** Les photos sont une courtoisie de Kay Elemetrics Corporation; élément graphique, modifié de A. Spence et E. Mason, *Human Anatomy and Physiology*, 4ᵉ éd., 1992, West Publishing Company. **40.12** a) Lisa Starr utilisant une photo de © 2000 PhotoDisc, Inc.; b), c) éléments graphiques, Lisa Starr; rayons X de SIU/Visuals Unlimited. **40.14** De L. G. Mitchell, J. A. Mutchmor et W. D. Dolphin, *Zoology*, © 1988 par The Benjamin-Cummings Publishing Company. Réimprimé avec la permission. **40.15** a) R. Kessel/Visuals Unlimited, b), c) Lisa Starr. **40.16** Leonard Morgan. **40.17** En haut, © CNRI/SPL/Photo Researchers, Inc.; photo en bas, Lennart Nilsson de *Behold Man*, © 1974 par Albert Bonniers Förlag and Little, Brown and Company, Boston. **40.18** a), b) © O. Auerbach/Visuals Unlimited; insertion, courtoisie du docteur Joe Losos. **40.19** Gary Head. **40.20** © 2002 Stuart Westmorland/Stone/Getty Images. **40.21** Courtoisie de Ron Romanosky. **Page 722** Kevin Somerville. **40.22** Precision Graphics.

CHAPITRE 41

41.1 Hulton Getty Collection/Stone/Getty Images. **41.2** Gary Head et Precision Graphics. **41.3** Raychel Ciemma. **41.4** a), b) Éléments graphiques adaptés par Lisa Starr d'après A. Romer et T. Parsons, *The Vertebrate Body*, 6ᵉ éd., Saunders Publishing Company, 1986; photo, Russel Illig. **41.5** Gunter Ziesler/Bruce Coleman. **41.6** Kevin Somerville. **41.7** Nadine Sokol. **41.8** Élément graphique, Robert Demarest; micrographie, Omikron/SPL/Photo Researchers, Inc. **41.9** En haut, à gauche, Kevin Somerville; a), b) d'après A. Vander *et al.*, *Human Physiology : Mechanism of Body Function*, 5ᵉ éd. McGraw-Hill, © 1990. Utilisé avec la

permission de McGraw-Hill; c) redessiné d'après *Human Anatomy and Physiology*, 4ᵉ éd., par A. Spence et E. Mason, 1992, Brooks/Cole. Reproduction interdite. **41.10** Élément graphique, Lisa Starr d'après Sherwood *et al.*; b) micrographie, courtoisie de Mark Nielsen, University of Utah; e) Micrographie © D. W. Fawcett/Photo Researchers, Inc. **41.11** Raychel Ciemma. **Page 733** D'après A. Vander *et al.*, *Human Physiology : Mechanisms of Body Function*, 5ᵉ éd., McGraw-Hill, 1990. Utilisé avec la permission de McGraw-Hill. **41.12** Photo, Ralph Pleasant/FPG; élément graphique, Precision Graphics. **41.13** Precision Graphics et Kevin Somerville. **41.14** Élément graphique, Gary Head; photos, en haut, © 2001 PhotoDisc, Inc.; au centre, © Ralph Pleasant/FPG; en bas, Elizabeth Hathon/CORBIS. **41.16** Gary Head. **41.17** docteur Douglas Coleman, The Jackson Laboratory; élément graphique, Precision Graphics et Gary Head. **Page 742** Kevin Somerville. **41.18** Raychel Ciemma.

CHAPITRE 42

42.1 Photos en arrière-plan, à gauche, David Noble/FPG; en bas, à gauche, Claude Steelman/Tom Stack & Associates; à droite, Gary Head. **42.2** Gary Head et Precision Graphics. **42.3** Robert Demarest. **42.4** a) À gauche, photo © Ralph T. Hutchings; a) à d) éléments graphiques, Robert Demarest. **42.5** Élément graphique, en haut, Robert Demarest; en bas, Precision Graphics. **42.6** À gauche, Precision Graphics; photo, Gary Head. **42.7** a), b) Tirés de T. Garrison, *Oceanography: An Invitation to Marine Science*, Brooks/Cole, 1993. Reproduction interdite; c) © Thomas D. Mangelsen/Images of Nature. **42.8** © Bob McKeever/Stack & Associates. **42.9** a) Everett C. Johnson; b) © S. J. Krasemann/Photo Researchers, Inc.; c) © David Parker/SPL/Photo Researchers, Inc. **42.10** À gauche, Robert Demarest; à droite, Kevin Somerville. **42.11** © Dan Guravich/CORBIS. **Page 756** Robert Demarest. **42.12** © Bettmann/CORBIS.

CHAPITRE 43

43.1 a) Hans Pfletschinger; b) Raychel Ciemma; c) John H. Gerard; d), e) © David M. Dennis/Tom Stack & Associates; f) John Shaw/Tom Stack & Associates. **43.2** a) © W. Perry Conway/CORBIS; b) © Ron Watts Conway/CORBIS; c) © Anthony Bannister/CORBIS; d) © George D. Lepp/CORBIS. **43.3** a) Freder Sauer/Bruce Coleman; b) © Matjaz Guntner; c) © George D. Lepp/CORBIS; d) © Doug Perrine, seapics.com; e) Fred McKinney/FPG; insertion en e), Carolina Biological Supply Company; f) Gary Head. **43.4** Palay/Beaubois et Precision Graphics. **43.5** Élément graphique, L. Calver; micrographies, Carolina Biological Supply Company. **43.6** Élément graphique, Robert Demarest. **43.7** a), b) Precision Graphics; c) Gary Head. **43.8** docteur Maria Leptin, Institute of Genetics, University of Koln, Allemagne. **43.9** Série de photos, Carolina Biological Supply Company; photo en arrière-plan, à droite, Peter Parks/Oxford Scientific Films/Animals Animals; élément graphique, Precision Graphics. **43.10** a) Élément graphique, Lisa Starr; b) Raychel Ciemma d'après B. Burnside, *Developmental Biology*, 1971 : 26 : 416-441. Utilisé avec la permission de Academic Press. **43.11** a), b) Éléments graphiques, Lisa Starr; c) photo, Prof. Jonathon Slack. **43.12** Photo, à gauche, Peter Parks/Oxford Scientific Films/Animals Animals; a), b) Raychel Ciemma d'après S. Gilbert, *Developmental Biology*, 4ᵉ éd. **43.13** a) Precision Graphics; b) à d) F. R. Turner. **43.14** a) Palay/Beaubois d'après Robert F. Weaver et Philip W. Hedrick, *Genetics*, © 1989 W. C. Brown Publishers; b) élément graphique, Precision Graphics d'après Scott Gilbert, *Developmental Biology*, 4ᵉ éd. Sinauer; c) réimprimé de *Mechanisms of Development*, vol. 49, 1995, John Reinitz et David Sharp, *Mechanism of Formation of Eve Stripes*, p. 133-158, © 1995, avec la permission d'Elsevier Science. **Page 773** © David Seawell/CORBIS. **Page 774** Carolina Biological Supply Company. **43.15** Palay/Beaubois adapté de R. G. Ham et M. J. Veomett, *Mechanisms of Development*, St. Louis, C. V. Mosby Co., 1980.

CHAPITRE 44

44.1 À gauche © Minden Pictures; à droite, © Charles Michael Murray/CORBIS. **Page 777** Lennart Nilsson de *A Child Is Born*, © 1966, 1977 Dell Publishing Company, Inc. **44.2** a), b) Raychel Ciemma avec Lisa Starr. **Page 778** © Laura Dwight/CORBIS. **44.3** a) Raychel Ciemma; b) Ed Reschke. **44.4** Raychel Ciemma. **44.5** Raychel Ciemma et Precision Graphics. **44.6** a), b) Raychel Ciemma. **44.7** a) À gauche, Robert Demarest; à droite, Raychel Ciemma; b), c) Lennart Nilsson de *A Child Is Born*, © 1966, 1977 Dell Publishing Company, Inc. **44.8** Raychel Ciemma et Precision Graphics. **44.9** Robert Demarest, Kevin Somerville et Preface, Inc. **44.10, 44.11** Raychel Ciemma. **44.12, 44.13** Raychel Ciemma. **44.14** Éléments graphiques, Raychel Ciemma; photos, Lennart Nilsson de *A Child Is Born*, © 1966, 1977 Dell Publishing Company, Inc. **44.15** Raychel Ciemma, modifié par K. L. Moore, *The Developing Human: Clinically Oriented Embryology*, 4ᵉ éd., Philadelphie, Saunders Co., 1988. **44.16** a) Lennart Nilsson de *A Child Is Born*, © 1966, 1977 Dell Publishing Company, Inc.; b) James W. Hanson, M.D. **44.17** Robert Demarest. **44.18** Raychel Ciemma. **44.19** Raychel Ciemma, adapté de L. B. Arey, *Developmental Anatomy*, Philadelphia, W. B. Saunders Co., 1965; photo, Lisa Starr. **44.20** Preface, Inc. **44.21** © CNRI/SPL/Photo Researchers, Inc. **44.22** a) Docteur John D. Cunningham/Visuals Unlimited; b) David M. Phillips/Visuals Unlimited; c) © Kenneth Greer/Visuals Unlimited. **Page 803** Raychel Ciemma; Robert Demarest.

PARTIE VII

Page 805 Alan et Sandy Carey.

CHAPITRE 45

45.1 a) Gary Head; b) Antoinette Jongen/FPG. **45.2** Precision Graphics. **45.3** a) E. R. Degginger; insertion, Jeff Foott Productions/Bruce Coleman; b) © Paul Lally/Stock, Boston, LLC. **45.4** Photo, © Jeff Lepore/Photo Researchers, Inc.; Precision Graphics art. **45.5** a) Élément graphique, Precision Graphics; b) micrographie, Stanley Flegler/Visuals Unlimited. **45.6** Gary Head. **45.7** Photo, E. Vetter/Zefa; élément graphique, Gary Head. **Tableau 45.1** Photo, Eric Crichton/Bruce Coleman. **Tableau 45.2** Compilé par Marion Hansen, basé sur les données de U. S. Bureau of the Census, Statistical Abstract of the United States, 1992 (éd. 112). **45.8** a) © Joe McDonald/CORBIS; b) © Wayne Bennett/CORBIS; c) © Douglas P. Wilson/CORBIS; élément graphique, Preface, Inc. **45.9** a) Photo, Helen Rodd; b), c) en haut, David Reznick, University of California-Riverside; exploitées par ordinateur par Lisa Starr; b), c) en bas, Hippocampus Bildarchiv. **45.10** a), b) John A. Endler. **45.11** Precision Graphics. **45.12** Élément graphique, Precision Graphics; photo, NASA. **45.13** b) Adapté de *Environmental Science* par G. Tyler Miller jr, p. 247. © 2003 by Brooks/Cole, une division de Thomson Learning. **45.14** Élément graphique, Precision Graphics et Preface, Inc.; photo, United Nations. **45.15** Données de Population Reference Bureau d'après G. T. Miller jr, *Living in the Environment*, 8ᵉ éd., Brooks/Cole, 1993. Reproduction interdite. **45.16** Photo, United Nations; élément graphique, Precision Graphics. **45.17, 45.18** D'après G. T. Miller jr, *Living in the Environment*, 6ᵉ éd., Brooks/Cole, 1997. Reproduction interdite.

CHAPITRE 46

46.1 À gauche, John Bova/Photo Researchers, Inc.; à droite, Robert Maier/Animals Animals. **46.2** a) Tiré de L. Clark, *Parasitology Today*, 6(11), Elsevier Trends Journals, 1990, Cambridge, UK; b) Jack Clark/Comstock, Inc. **46.3** a) Eugene Kozloff; b), c) Stevan Arnold, Inc. **46.4** Photo, Hans Reinhard/Bruce Coleman; spectrogrammes, de G. Pohl-Apel et R. Sussinka, *Journal for Ornithologie*, 123 : 211-214. **46.5** a) Evan Cerasoli; b) de A. N. Meltzoff et M. K. Moore, « Imitation of facial and manual gestures by human neonate», *Science*, 1977, 198 : 75-78. ©1977 par AAAS. **46.6** Eric Hosking. **46.7** © Nina Leen/TimePix. **Page 831** Àgauche, © 2001 PhotoDisc, Inc. ; à droite, © Ed Reshke. **46.8** Mark Bekoff. **46.9** En haut, Edward S. Ross ; en bas, E. Mickleburgh/Ardea, London. **46.10** Éléments graphiques, D. & V. Hennings ; photo, © Stephen Dalton/Photo Researchers, Inc. **46.11** a) John Alcock, Arizona State University ; b) Ray Richardson/Animals Animals. **46.12** a) Michael Francis/The Wildlife Collection ; b) © Layne Kennedy/CORBIS. **46.13** Frank Lane Agency/Bruce Coleman. **46.14** © Paul Nicklen/National Geographic/Getty Images. **46.15** John Alcock, Arizona State University. **46.16** a) John Dominis, *Life Magazine*, © Time, Inc. ; b) A. E. Zuckerman/Tom Stack & Associates. **46.17** John Alcock, Arizona State University. **46.18** Kenneth Lorenzen. **46.19** Gregory D. Dimijian/Photo Researchers, Inc. **46.20** Yvon Le Maho. **46.21** Lincoln P. Brower. **46.22** F. Schutz. **46.23** Eric Hosking.

CHAPITRE 47
47.1 À gauche, Donna Hutchins ; à droite, Edward S. Ross ; en arrière-plan, à droite, © B. G. Thomson/Photo Researchers, Inc. **47.2** a), c) Harlo H. Hadow ; b) Bob et Miriam Francis/Tom Stack & Associates. **47.3** Élément graphique, Precision Graphics ; photo, Clara Calhoun/Bruce Coleman. **47.4** Preface, Inc., d'après G. Gause, 1934. **47.5** a), b) Stephen G. Tiley. **47.6** Precision Graphics d'après N. Weland et F. Bazazz, *Ecology*, 56 : 681-688, © 1975 Ecological Society of America. **47.7** Gary Head, d'après Rickleffs & Miller, *Ecology*, 4ᵉ éd., p. 459 (fig. 23.12*a*) et p. 461 (fig. 23.14) ; photo à droite © W. Perry Conway/CORBIS. **47.8** a) Precision Graphics ; b) Ed Cesar/Photo Researchers, Inc. ; c) © Keenan Ward. **47.9** a) James H. Carmichael ; b) Edward S. Ross ; c) W. M. Laetsch. **47.10** Edward S. Ross. **47.11** a), b) Thomas Eisner, Cornell University ; c) Douglas Faulkner/Sally Faulkner Collection ; d) Edward S. Ross, *Entomology*, 1972, 104 : 1003-1016. **47.12** © C. James Webb/Phototake USA. **47.13** a) Courtoisie de Ken Nemuras ; b) CDC. **47.14** Stephen Dalton/Photo Researchers, Inc. **47.15** Gary Head, données de P. Price et H. Tripp, *Canadian Entomology*, 1972, 104 : 1003-1016. **47.16** a) à e) Roger K. Burnard ; f) E. R. Degginger ; g) Roger A. Powell. **47.17** a), c) Jane Burton/Bruce Coleman ; b) Heather Angel ; d), e) Precision Graphics basé sur Jane Lubchenco, *American Naturalist*, 112 : 23-29, © 1978 par The University of Chicago Press. **47.18** À gauche, John Carnemolla/Australian Picture Library/Westlight ; à droite, Peter Bird/Australian Picture Library/Westlight. **47.19** a) Angelina Lax/Photo Researchers, Inc. ; b) © Pr. Alexande Melinesz, University of Nice-Sophia Antipolis. **47.20** Gary Head d'après W. Dansgaard *et al.*, *Nature*, 364 : 218-220, 15 juill. 1993 ; D. Raymond *et al.*, *Science*, 259 : 926-933, fevr. 1993 ; W. Post, *American Scientist*, 78 : 310-326, juill.-août 1990. **47.21** Photo, docteur Harold Simon/Tom Stack & Associates ; élément graphique, Gary Head d'après S. Fridriksson, *Evolution of Life on a Volcanic Island*, Butterworth, London, 1975. **47.22** a), b) Élément graphique, Gary Head d'après J. M. Diamond, *Proceedings of the National Academy of Sciences*, 69 : 3199-3201, 1972 ; photos a) © PhotoDisc, Inc. ; c) Frans Lanting/Minden Pictures, modifiées par ordinateur par Lisa Starr. **47.23** a), b) Edward S. Ross. **47.24** Heather Angel/Biofotos.

CHAPITRE 48
48.1 a) Wolfgang Kaehler ; b) Frans Lanting/Minden Pictures. **48.2** Élément graphique, Gary Head et Lisa Starr ; photos, en haut, PhotoDisc, Inc. ; en bas, David Neal Parks. **48.3** Photo, Alan et Sandy Carey ; élément graphique, Gary Head, d'après R. L. Smith, *Ecology and Field Biology*, 5ᵉ éd. **48.4**, **48.5**, **48.6** Lisa Starr a disposé et organisé les photos ; prairie, © Ann B. Swengel/Visuals Unlimited ; bactérie, Stanley W. Watson, *International Journal of Systematic Bacteriology*, 21 : 254-270, 1971 ; larve de lépidoptère (ver gris), © Nigel Cattlin/Holt Studios International/Photo Researchers, Inc. ; spermophile et campagnol, © Tom McHugh/Photo Researchers, inc. ; crécerelle, © Rod Planck/Photo Researchers, Inc ; araignée-crabe, Michael Jeffords ; grenouille, John H. Gerard ; couleuvre, Michael Jeffords ; belette, courtoisie de Biology Department, Loyola Marymount University ; pluvier, © O. S. Pettingill jr/Photo Researchers, Inc. ; corneille, © Ed Reschke ; faucon, © J. Lichter/Photo Researchers, Inc. ; toutes les autres, © 2000 PhotoDisc, Inc . **48.7** Élément graphique, Precision Graphics et Gary Head ; photos a) Russel Illig ; b) Frans Lanting/Bruce Coleman. **48.8** © David T. Grewcock/CORBIS. **48.9** Photo, Gary Head. **Page 873** Preface, Inc. **48.10** Fourni par SeaWiFS Project, NASA/Goddard Space Flight Center et ORBIMAGE. **48.11**, **48.12** Precision Graphics. **48.13** Photo, Gerry Ellis/The Wildlife collection ; élément graphique, Gary Head. **48.14** Lisa Starr. **48.15** a) Gary Head ; b) USGS ; c) docteur David Post, CSIRO, Australie ; d) Gene E. Likens de G. E. Likens *et al.*, *Ecology Monograph*, 40(1) : 23-47, 1970 ; e) élément graphique, Gary Head d'après G. E. Likens et F. H. Bormann, «An experimental approach to New England landscapes», dans A. D. Hasler (éd.), *Coupling of Land and Water Systems*, Chapman & Hall, 1975. **48.16** Lisa Starr d'après un dessin de Paul Hertz ; photos, © 2000 PhotoDisc, Inc. **48.17**, **48.18** Lisa Starr et Gary Head, figures basées sur des photos de la NASA provenant de la JSC Digital Image Collection. **48.19** Lisa Starr, compilation des archives historiques des carottes glaciaires de Vostok et du Law Dome, d'après les travaux de Barnola, Raynaud et Lorius, Laboratoire de glaciologie et de géophysique de l'environnement ; N. I. Barkov, Arctic and Antarctic Research Institute, and Atmospheric CO_2 concentrations from the South Pole ; Keeling and Whorf, Scripps Institute of Oceanography ; Jones, Osborn et Briffa, Climatic Research Unit, University of East Anglia ; Parker, Hadley Centre for Climate Prediction and Research ; ensemble de données des carottes glaciaires de Vostok, J. Chapellaz et J. Jouzel, NOAA/NGDC Paleoclimatology Program. **48.20** a) Élément graphique, Lisa Starr, compilation des données de Mauna Loa Observatory, Keeling and Whorf, Scripps Institute of Oceanography ; photos, © 2000 PhotoDisc, Inc. ; b) Lisa Starr, compilation des données de Prinn *et al.*, CDIAC, Oak Ridge National Laboratory ; World Resources Institute ; Khalil and Rasmussen, Oregon Graduate Institute of Science and Technology, CDIAC DB-1010 ; Leifer and Chan, CDIAC DB-1019 ; photos, © 2000 PhotoDisc, Inc. et EyeWire, Inc. ; c), d) élément graphique, Lisa Starr, compilation des données du World Resources Institute ; carottes glaciaires du Law Dome, Etheridge, Pearman et Fraser, Commonwealth Scientific and Industrial Research Organisation ; Prinn *et al.*, CDIAC, Oak Ridge National Laboratory ; Leifer et Chan, CDIAC DB-1019 ; photo, © 2000 PhotoDisc, Inc. **48.21** Élément graphique, Lisa Starr avec Gary Head d'après un dessin de P. Hertz ; photos, © 2000 PhotoDisc, Inc. **48.22** USDA Forest Service. **48.23** Élément graphique, Lisa Starr et Gary Head ; photo, © 2000 PhotoDisc, Inc. **48.24** D. W. Schindler, *Science*, 184 : 897-899. **48.25** Élément graphique, Gary Head ; photo, Bruce Coleman. **48.26** D'après R. Noss, J. M. Scott et E. LaRose. **48.27** Courtoisie de Matthew Lazzara, Antarctic Meteorological Research Center, University of Wisconsin-Madison.

CHAPITRE 49
49.1 a) En haut, Edward S. Ross ; en bas, David Noble/FPG ; b) en haut, Edward S. Ross ; en bas, Colin Mead. **49.2** Edward S. Ross. **49.3** Preface, Inc. ; photo NASA. **49.4** a) Precision Graphics ; b), c) L. Calver. **49.5** Precision Graphics. **49.6** Lisa Starr, photo de la NASA. **49.7**, **49.8** Lisa Starr. **49.9**, **49.10** Lisa Starr, d'après The World Wildlife Fund et d'autres sources, ainsi qu'une photo de la NASA. **49.11** Lisa Starr, utilisant les photos de © 2000 PhotoDisc, Inc. **49.12** Élément graphique, D. & V. Hennings d'après Whittaker, Bland et Tilman. **49.13** Harlow H. Hadow. **Page 897** Lisa Starr. **49.14** En haut, docteur John D. Cunningham/Visuals Unlimited ; insertion, AP/Wide World Photos ; en bas, Jack Wilburn/Animals Animals. **Page 899** Lisa Starr. **49.15** a) Kenneth W. Fink/Ardea, London ; b) Ray Wagner/Save the Tall Grass Prairie, Inc. ; c) Daryl Balfour. **49.16** À gauche, © 1991 Gary Braasch ; à droite, Thase Daniel ; en bas, à gauche, Adolf Schmidecker/FPG ; en bas, à droite, Edward S. Ross. **49.17** Thomas E. Hemmerly. **Page 901** Lisa Starr. **Page 902** Lisa Starr. **49.18** a) Dennis Brokaw ; b) Jack Carey ; c) Nigel Cook/Daytona Beach News Journal/Corbis Sygma. **Page 903** Lisa Starr. **49.19** a), b) docteur Peter Kuhry, Arctic Center, University of Lapland, Finlande ; c) Roger N. Clark. Reproduction interdite. **49.20** D. H. MacManiman. **49.21** Precision Graphics. **49.22** Precision Graphics, adapté de E. S. Deevy jr, *Scientific American*, oct. 1951. **49.23** E. F. Benfield, Virginia Tech. **49.24** L. K. Townsend. **49.25** Gary Head, d'après T. Garrison. **49.26** En haut, Ulli Seer/Stone ; a) Steven Haddock, MBARI ; b) Robert Vrijenhoek, MBARI ; c) © Peter David/FPG/Getty Images. **49.27** a) Courtoisie de Everglades National Park ; b) © Beth Davidow/Visuals Unlimited. **49.28** E. R. Degginger. **49.29** a) © Nancy Sefton ; b) courtoisie de J. L. Sumich, *Biology of Marine Life*, 5ᵉ éd., W. C. Brown, 1992. **49.30** © Paul A. Souders/CORBIS. **49.31** a) à c) Éléments graphiques, à gauche, Lisa Starr ; photo, à droite, Australian Broadcasting Corporation. **49.32** a), b) Lisa Starr ; c) © Hans Silvester/Rapho ; d) © Reuters NewMedia, Inc./CORBIS ; e) courtoisie de John Goodwin. **49.33** a), b) NASA-Goddard Space Flight Center Scientific Visualization Studio ; c) Hans Silvester/Rapho. **49.34** a) © Dennis Kunkel/Phototake USA ; b) courtoisie du docteur Rita Colwell/University of Maryland Department of Microbiology and Immunology ; c) courtoisie du docteur Anwar Huq et du docteur Rita Colwell, University of Maryland ; d) Raghu Rai/Magnum Photos. **49.35** Jack Carey.

CHAPITRE 50
50.1 Photo, Gary Head ; cartes géographiques, U. S. Geological Survey. **50.2** a), b) Lisa Starr ; c) United Nations. **50.3** Gary Head, adapté de *Living in the Environment*, par G. Tyler Miller jr, p. 428. © 2002 par BrooksCole, une division de Thomson Learning ; photo, Heather Angel. **50.4** Gary Head. **50.5** a) NASA ; b) National Science Foundation. **50.6** Precision Graphics basé sur les données de G. T. Miller jr. **50.7** Photo, R. Bieregaard/Photo Researchers, Inc. ; élément graphique, Gary Head d'après G. T. Miller jr, *Living in the Environment*, 8ᵉ éd., Brooks/Cole, 1993. Reproduction interdite. **50.8** NASA. **50.9** William Campbell/TimePix. **50.10** Gerry Ellis/The Wildlife Collection. **50.11** USDA Soil Conservation Service/Thomas G. Meier. **50.12** Agency for International Development. **50.13** docteur Charles Henneghien/Bruce Coleman. **50.14** Water Resources Council. **50.15** Ocean Arks International. **50.16** Tiré de G. T. Miller jr, *Living in the Environment*, 10ᵉ éd., Brooks/Cole. Reproduction interdite. **50.17** Photo, a) AP/Wide World Photos ; b) élément graphique, Precision Graphics, d'après M. H. Dickerson, «ARAC : Modeling an ill wind», dans *Energy and Technology Review*, août 1987. Utilisé avec la permission de University of California, Lawrence Livermore National Laboratory et U.S. Dept. of Energy. **50.18** a), b) Alex MacLean, Landslides. **Page 931** © Joseph Sohm, Visions of America/CORBIS. **50.19** © 1983 Billy Grimes.

INDEX GÉNÉRAL

Index des applications

Plus d'applications dans le texte

Pour repérer rapidement les thèmes des chapitres et des rubriques portant sur la science, la santé, l'environnement et la bioéthique en action.

Pour une perspective supplémentaire des applications, consulter la liste des « Liens » à la page XXIII de la préface.

Système digestif

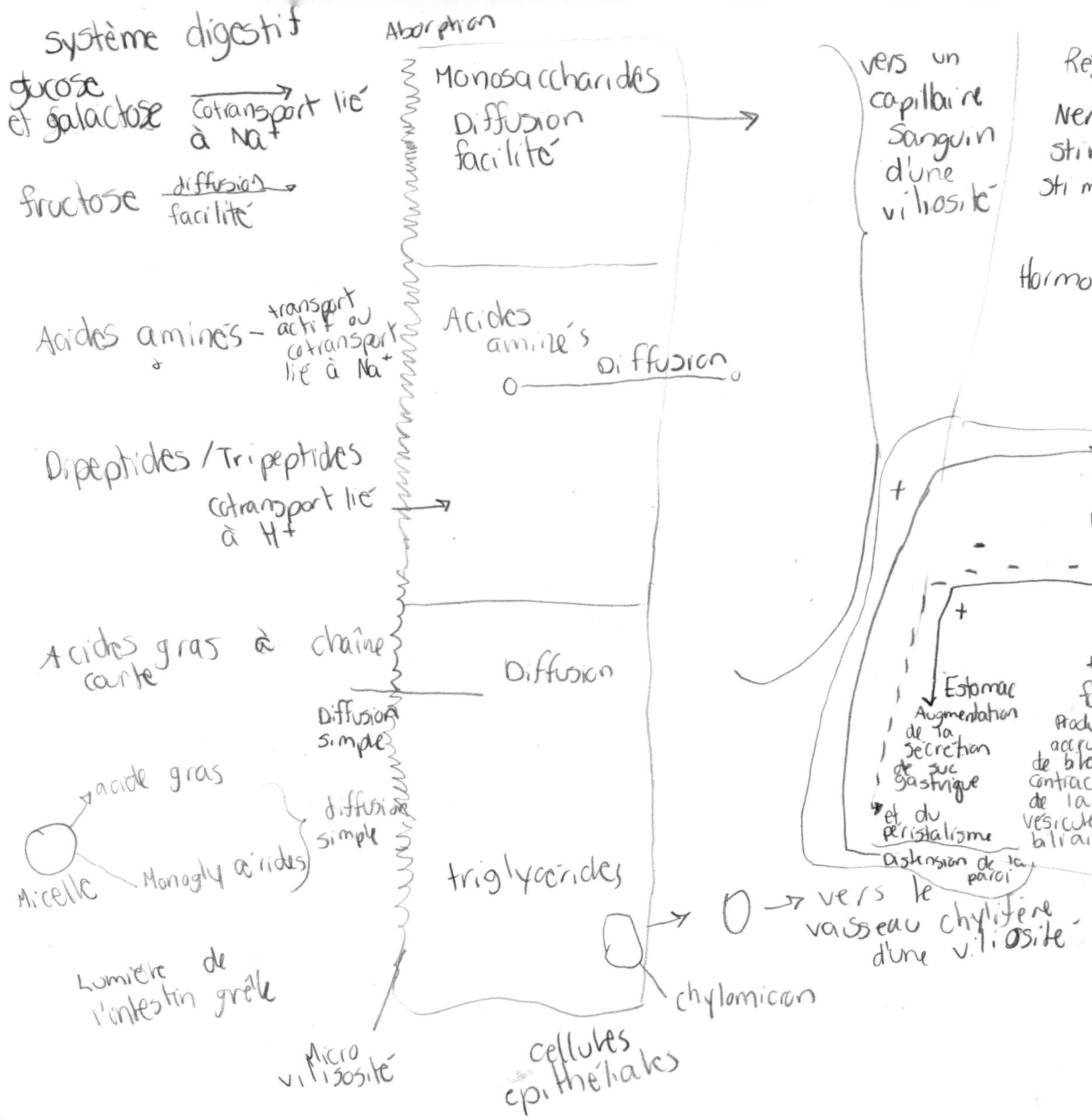

glucose et galactose →(Cotransport lié à Na⁺)→ | Monosaccharides — Diffusion facilité → | vers un capillaire sanguin d'une villosité

fructose →(diffusion facilité)→

Aborption

Acides amines —transport actif ou cotransport lié à Na⁺ → | Acides aminés ⊘ — Diffusion →

Dipeptides / Tripeptides — Cotransport lié à H⁺ →

Acides gras à chaîne courte →(Diffusion simple)→ | Diffusion

acide gras | diffusion simple

Micelle ← Monogly acides) | triglycérides → ⊘ → vers le vasseau chylifère d'une villosité

chylomicron

Lumière de l'intestin grêle

Micro villosité | cellules épithéliales

Regulation

Nerveuse :
stimuli externes : sens
stimuli internes : distension paroi estomac

Hormonale : gastrine
sécrétine
CCK
GIP

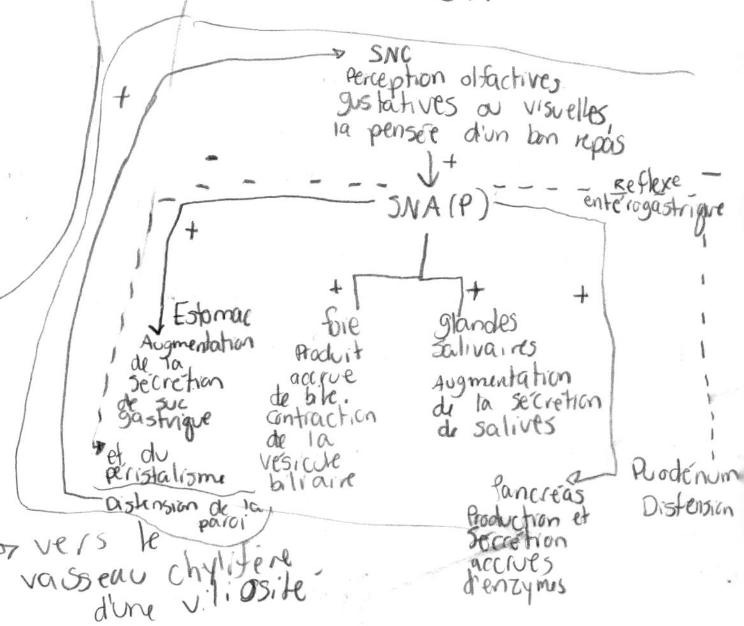

SNC — perception olfactives, gustatives ou visuelles, la pensée d'un bon repas
↓ +
SNA (P) — — — Reflexe entérogastrique

+ → Estomac — Augmentation de la sécrétion de suc gastrique et du péristaltisme — Distension de la paroi

+ → foie — Produit accrue de bile, Contraction de la vésicule biliaire

+ → glandes salivaires — Augmentation de la secretion de salives

Pancréas — Production et sécrétion accrues d'enzymes

Duodénum Distension

Jeu Hormonal

Nourriture dans l'estomac
↓
Liberation de gastrine par les cellules de la muqueuse stomacale
↓
Stimulation de la secretion HCl, de pepsine et augmentation de la motilité gastrique
↓
Augmentation d passage du chyme acide dans l'intestin grêle
↓
Liberation de cholécytoskinine par la muqueuse intestinale | Liberation de sécrétine par la muqueuse intestinale

Reduction du pH

liberation GIP

Graisses et protéines non digérées

Liberation de bile par la vésicule biliaire → Liberation d'enzymes digestives par le pancréas → Liberation de bicarbonate par le pancréas → Neutralisation d'acide → Digestion de la nourriture

· Le système circulatoire

Physiologie du système circulatoire (débit cardiaque et pression artérielle)

Facteurs influençant le débit cardiaque et la pression artérielle

↑ du volume sanguin	Pompe musculaire (mvt muscles squel.)	Pompe respiratoire (mvt cage thoracique)

Nerveux Hormonal

↓ des influx parasympathiques

↑ des influx sympathiques et ↑ adrénaline et NA (exercice et stress)

↑ du retour veineux
↑ étirement du cœur

Perte d'eau ↑osm. du sang

↑ taille corporelle (obésité)

↑ des influx sympathiques et adrénaline et NA (exercice et stress)

↑ viscosité du sang

↑ de la longueur totale des vaisseaux sanguins

↓ du rayon des vaisseaux sanguins

↑ contractilité

↑ du volume systolique (VS) vol /batt

↑T°

↑ de la fréquence cardiaque (FC) (batt/min)

↑ de la résistance périphérique (RP) artère

Rôle essentiel dans l'homéostasie:
- Équilibre dynamique (exercices)
- Distribution des nutriments (monomères organique et oxygène)
- Élimination des déchets
- Défenses de l'organisme
- Système circulatoire clos
- 2 circulation mais sang oxygéné et désoxygé différent
- cœur, vaisseaux, sang

↑ du débit cardiaque (DC) volume

$DC = F_C \times V_s$

↑ de la pression artérielle moyenne (PAM)

Pression artérielle : force hydrostatique que le sang exerce contre la paroi d'un vaisseau
· + élevée artères que veines
· atteint max dans artère lors systole ventriculaire
· Résistance périphérique : force opposée par les artérioles (ne facilen sang sur les vaines
· Muscles lisses : dans les paroi des artérides qui peuvent les contracter ou les relacher : faisant ↑ ou ↓ la pression. Contrôle de facteurs nerveux et hormonaux